FINANCIAL MANAGEMENT

현대 재무관리

제2판

- 조지호 / 정성훈 -

박영사

머 리 말

이 책은 경영학분야를 공부하는 학생들에게 재무이론을 보다 쉽게 이해하기 위하여 쓰여졌으며, 강의시간에 학생들이 이해하기 어려워하는 부분을 고려하여 저자 나름대로 최선을 다하여 쉽게 저술하였다. 많은 학생들이 재무관리를 어렵고 피해가고 싶은 과목이라고 하는 것은 대부분의 교과서들이 재무이론의 내용을 설명할 때 원리보다는 계량적인 면을 지나치게 강조하기 때문이라 생각된다.

재무분야 교과서는 국내외 유명한 교재가 많이 있는데도 저자가 이 책을 낸 동기가 바로 여기에 있다. 교재의 선택의 폭이 넓어질수록 독자들의 선택 가능 영역이 넓어져 독자의 만족도를 높일 수 있다는 믿음 속에서 이 책이 쓰여졌다.

재무관리는 경영학을 전공하는 학생이나 기업의 재무관리 담당자는 물론, 투자가 · 채권자 · 재무분석가 또는 펀드매니저에게도 매우 필요하다. 특히 재무관리 담당자는 기업의 경영활동 과정에서 발생되는 재무상의 제 문제를 파악하고 분석하여 이에 대한 과학적인 정책을 수립하고 집행할 수 있는 능력이 있어야 한다.

본서의 특징은 재무관리의 중요과제를 중심으로 하여 이에 관련되는 이론과 실제의 제 문제를 비교적 자세히 다루려고 노력했다. 즉 재무관리에 관한 추상적인 이론전개에서 벗어나 재무관리상의 제 문제에 내포되는 요인들과 그 분석방법도 설명하였다. 그리고 이 책은 재무상의 문제를 효과적으로 해결하는 방안으로서 재무정책결정과 그 집행 및 관리방법 등을 연구하는 데 참고가 될 수 있도록 집필하였다.

과거 우리나라의 재무관리연구방법은 이론면에 치중하고 그 실제면을 경시한 감이 없지 않았다. 그러나 실천적 응용과학으로서의 재무관리는 이론을 토대로 하여 실제적인 문제를 과학적으로 해결하는 데 도움이 될 수 있도록 해야 한다. 따라서 본서는 이런 문제점을 고려하여 집필하였으며 특히 다음과 같은 점에 유의하였다.

첫째, 7편 25장으로 이루어진 본서의 구성기준은 가능한 한 전통적인 재무관리와 현대재무이론의 조화와 통합을 도모하는 것이었다.

둘째, 독자들에게 재무이론이나 기업들을 쉽게 이해할 수 있도록 내용과 설명을 하고자 하였다. 특히 제2장의 화폐의 시간적 가치, 제3장의 증권의 가치평가, 제14장의 채권, 제15장의 리스금융, 제21장의 옵션거래 그리고 제22장의 선물거래 내용들은 학생들에게 강의하는 동안에 이해하는 데 어려워하던 부분을 쉽게 풀어 설명하고자 했다.

셋째, 재무이론과 실무의 관련성을 부각시키고, 현실 적응력을 높이기 위하여 최근의 새로운 지식 및 사례들을 신문기사 등으로 다양하게 구성하여 제시하였다. 재무이론이 현실과 어떻게 관련되어 있는지를 알기 쉽게 제시하기 위해서 노력함으로써 독자들이 흥미를 가질 수 있도록 최대한 배려하였다.

넷째, 기존 연습문제 수준보다 심도 있는 연습문제 풀이를 원하는 독자들을 위해, CPA 기출문제를 많이 출제하였고, 이론적 내용을 보다 이해시키기 위해 재무계산기 사용법을 첨부하여 보다 실용적으로 자세히 설명하고자 하였다.

다섯째, 전통적 재무이론에 한계점을 극복할 수 있는 중요한 학문분야로 부각되고 있는 행동재무론(Behavioral finance)부분에 대해 독자들이 이해하기 쉽도록 하기 위해, 제12장 금융시장에서 자세히 설명하였다.

본서를 펴내는 데에는 많은 분들의 도움과 지원이 있었음은 물론이다. 원고의 작성과 교정에 이르기까지 열과 성의를 다해 도와준 한양대 대학원생 이충복, 주성철, 한유건 군에게 감사를 표한다. 이 책을 발간하도록 물심양면으로 도와주신 박영사 안종만 회장님과 교정에 많은 수고를 하신 우석진 부장님, 그리고 자료정리를 위해 도와주신 박노일 부장님께 감사를 드린다.

2012년 2월

저 자 씀

차 례

제 1 편 재무관리의 기본과제

제 1 장 재무관리의 기본과제

제 2 편 가치평가와 자본예산

제 2 장 화폐의 시간적 가치

제 5 장　투자의사결정 선택이론

제 3 편　포트폴리오이론과 자본자산가격결정모형

제 6 장　포트폴리오이론

제 12 장 금융시장

제 13 장 증권시장과 주식

제 14 장 채 권

제 17장 현금 및 유가증권의 관리

제 18장 매출채권과 재고자산의 관리

제 19 장 재무분석

제 20 장 영업레버리지와 재무레버리지의 분석

제6편 위험관리

제21장 옵션거래

제22장 선물거래

제 7 편 재무관리의 특수 문제들

제 24 장 기업합병과 재무문제

제25장 국제재무관리

제1편

재무관리의 기본과제

제 1 장
재무관리의 기본과제

FINANCIAL MANAGEMENT

제 1 절 재무관리의 의의와 기능

1. 재무관리의 의의

재무관리란 특정 조직이 필요로 하는 자금조달 및 자금운용과 관련된 일련의 관리행위이다. 이와 같은 재무관리의 문제는 영리를 추구하는 기업뿐만 아니라 개인 · 단체 및 정부기관에서도 연구할 수 있다.

기업의 재무관리는 재무상태표[1)]를 중심으로 생각할 수 있다. 즉 기업에서 경영활동을 하려면 현금 · 예금 · 유가증권 · 외상매출금 · 받을어음 · 원재료 · 재공품 · 제품 · 기타유동자산 · 투자 · 토지 · 건물 · 기계 · 기구 등의 각종 자산이 필요하다. 이와 같은 자산에 어느 정도씩 자본을 투자하여 운용하는 것이 수익성과 유동성을 높일 수 있는지를 검토하게 된다. 그리고 이상의 자산 투자에 소요되는 자본을 외상매입금 · 지급어음 · 단기차입금 · 기타유동부채 · 장기차입금 · 자기자본 등으로 조달한다. 이와 같은 자본 중에서 각각 어느 정도씩 조달하여야 금융비용을 최소로 하여 수익성을 높이고 동시에 유동성을 유지할 수 있느냐에 관하여 연구하는 것이 기업에서의 재무관리라 할 수 있다.

종전에는 부기 · 현금관리 · 자본조달의 과제가 재무관리의 연구대상이었으나, 최근에는 기업의 자본조달과 그 투자운용에 관련된 제반 과제가 재무관

---

1) 과거의 대차대조표가 국제회계기준(IFRS)이 도입되면서 재무상태표로 바뀌었음.

리의 연구대상이 되었다. 즉 자본조달결정은 재무위험(financial risk) · 자본 비용(capital cost) · 자본구조(capital structure)의 문제와 관련된다. 그리고 자본운용결정은 투자가치의 극대화(maximization of the return on investment), 기업이익의 극대화(maximization of the business), 자산구조(assets structure) 등이 주요과제가 된다. 이와 같은 주요과제에 관련된 재무상의 제 문제에 관하여 의사결정을 하는 것이 재무관리이다.[2)]

기업의 자본구성과 자산구성이 합리적으로 되면 일반적으로 기업의 유동성이 계속적으로 유지되고 수익성은 향상될 것이다. 기업의 자본구성과 자산구성을 합리적으로 하기 위하여 재무계획을 하고 이 계획에 따라 재무통제를 하게 된다.

2. 재무관리의 기능

재무관리의 기능(financial management function)이란 재무관리자가 수행하게 되는 역할을 의미하는데, 이 책에서는 재무기능을 과학적으로 실행하는 제 방법을 설명하겠다. 재무관리의 기능은 학자들에 따라 각각 상이하게 표현되고 있다. 마더(Iqbal Mathur)는 기업의 자산구성과 자본구성의 관리로 설명하고 있다.[3)] 밴혼(James C. Van Horne)은 투자결정 · 자본조달결정 그리고 배당결정으로 재무기능을 구분하였다. 존슨(Robert W. Johnson)은 재무계획 · 재무통제 · 자산관리 그리고 자금 조달로 설명하고 있다.[4)]

위에서 살펴본 바와 같이 재무기능에서 가장 중요한 것은 자산관리와 자금조달기능, 그리고 합리적으로 자산관리와 자금조달을 하기 위한 재무계획과 재무통제라 할 수 있는데, 이하에서는 이 4가지 기능에 대하여 살펴보도록 한다.[5)]

(1) 효과적 기업자산의 구성

제조기업이 경영활동을 하기 위해서는 각종 유동자산과 고정자산을 마련

2) John D. Martin, J. William Petty, Arthur J. Keown, and David E. Scott, Jr., *Basic Financial Management*, Prentice-Hall, Inc., 1979, pp. 3~10.

3) Mathur, *op. cit.*, pp. 9~10.

4) Van Horne, *op. cit.*, pp. 10~11.

5) Johnson, *op. cit.*, pp. 12~14.

해야 하는데, 각종 자산에 각각 어느 정도씩 자본을 투자해야 기업 자산이 가장 효과적으로 구성되나 하는 것을 연구하는 것이 재무관리의 주요기능이다. 기업자산의 구성은 기업이 조달한 자본을 투자 운용한 결과가 되므로 자본의 운용효율을 평가하게 된다.

가령 모 제조 회사가 신제품을 생산 판매하려 할 때에는 생산원가 · 판매단가와 총매출가능액을 추정하여 경제성과 시장성을 분석한다. 사업의 경제성 또는 수익성이 있다고 인정되면 신제품 생산을 계획하게 된다. 신제품 생산을 위한 공장을 새로 건축하느냐 또는 기존 공장을 개수 또는 근대화하느냐 하는 것을 결정해야 할 것이다.

신제품을 생산하게 되면 이것을 현금판매만 할 것이냐 외상판매도 할 것이냐 하는 것과, 또 어느 정도를 현금판매하고 어느 정도를 외상판매할 것이냐 하는 것을 결정해야 한다. 외상판매가 증가되면 외상매출금이나 받을어음 계정에 많이 투자해야 한다. 그리고 이 회사는 어느 정도의 제품재고량을 보유하는 것이 좋은가 하는 것을 결정해야 하는데 이것이 과다하면 투자액의 증가로 금융비용(financial cost: 타인 자본은 이자지급, 자기자본은 이익배당과 자본조달에 부수적으로 발생되는 제 비용)이 증대되어 이익이 적든지 손실을 보게 된다. 이와 반대로 제품재고량이 과소하면 판매기회를 놓치는 경우가 생기게 되어 이익이 감소될 수 있으므로 적정재고량을 보유하도록 해야 할 것이다.

즉, 현금 · 예금 · 유가증권 · 받을어음 · 외상매출금 · 재고자산 등의 활동자산과 토지, 건물 등의 고정자산에 각각 어느 정도씩 투자하는 것이 조달된 자본을 가장 효과적으로 투자 운용하는 것인가를 검토해야 한다. 재무관리자는 투자위험을 줄이고 유동성을 유지하며, 기업주는 주주의 이익을 장기적으로 높일 수 있도록 각종 자산에 효과적으로 투자해야 한다.[6]

(2) 합리적 기업자본의 구성

기업의 경영 활동에 필요한 소요자금이 결정되면, 이 자금을 어떠한 원천으로부터 각각 어느 정도씩 조달하는 것이 가장 합리적인 자본구성인가 연구해야 하는데, 이것 또한 중요한 재무기능 중의 하나이다. 기업이 조달할 수 있는 자본은 자기자본과 타인자본으로 구분할 수도 있고, 단기자본과 장기자본으로 분류할 수도 있다.

6) Mathur, *op. cit.*, p. 9.

자기자본은 주주가 출자한 자금이고, 타인자본은 채권자가 공급한 부채인데, 타인자본을 너무 많이 이용하면 유동성이 약화되고 지급 능력을 상실할 가능성이 높아진다. 또한 자기자본을 과다하게 이용하고 타인 자본의 이용이 과소하면 주주의 이익이 감소될 수도 있다.

단기자본은 보통 1년 이내에 지급 또는 상환해야 할 부채로서 매입채무 · 지급어음 · 미지급경비 · 미지급법인세 등의 유동부채이다. 장기자본은 보통 1년 이상에 걸쳐서 지급 또는 상환해야 할 장기 차입금이나 채권 · 차관 등 장기 부채와 주주가 출자한 불입 자본금 · 이익 잉여금 · 자본 잉여금 등의 자기자본이 있다. 타인자본은 경영이익의 유무에도 불구하고 약정 기일에 지급 또는 상환해야 하므로 위험성이 자기자본에 비하여 일반적으로 높다. 자기자본은 기업에서 장기간 이용할 수 있고 안전한 자금이어서 유리하지만 이것도 적정량을 조달해야 주주의 이익이 증대되고 기업이 성장할 수 있다.

기업은 어떤 종류의 자본으로 각각 어느 정도씩 조달해야 가장 합리적으로 자본구성이 되는 것인가 검토해야 할 것이다. 기업이 조달할 수 있는 자본에는 한계가 있으며, 모든 종류의 자본은 각각 상이한 금융비용이 발생되는 것이므로 자본 비용이 가급적 적은 방법으로 자본 구성을 해야 바람직하다. 후장에서 설명하겠지만 각종 자본은 금융비용, 위험성, 지배권 및 주주의 수익에 상이한 영향을 미치게 된다. 따라서 재무 관리자는 기업자산의 구성을 참작하여 합리적으로 자본 구성을 하되 위험성을 줄이고, 유동성과 높은 수익성이 항상 유지될 수 있도록 재무관리를 해야 할 것이다.

(3) 과학적 재무계획

재무관리자는 앞으로 경영활동에 소요되는 자본을 어떠한 원천으로부터 얼마씩 조달하여 어떠한 기업자산에 각각 어느 정도씩 투자 운용하는 것이 가장 과학적 재무관리 방법인가 하는 것을 미리 계획해야 한다. 동액의 자본을 조달하여도 그 조달방법에 따라서 자본 비용, 위험성, 지배권, 유동성 및 주주의 이익에 상이한 영향을 미치게 되므로 합리적인 자본구성을 계획해야 한다.

또한 동액의 자본을 기업 자산에 투자 운용하여도 각종 자산에 투자하는 방법에 따라서 위험성, 유동성 및 주주의 이익에 영향을 미치게 되므로 효과적인 자산구성을 계획해야 한다. 기업의 생산 및 판매 가능량이 증가되어 경영 규모가 확대되면 추가적인 자본과 자산이 필요하게 되며, 추가적 자본 조달 방법과 자산 투자 방법도 미리 과학적으로 계획하여 실행해야 한다.

(4) 합리적 재무통제

재무통제란 자본을 조달한 결과인 자본구성과 자본의 투자운용 결과인 자산구성이 그 계획대로 되었나 하는 것을 검토하고 조정하는 재무기능이다. 만약에 일정 기간의 자본조달과 자본운용이 재무 계획대로 집행되지 못하였으면 그 이유를 파악하여 이에 대한 개선책을 마련하여 장차 더 효과적인 재무관리를 할 수 있는 계획을 수립하여 집행해야 한다.

재무통제의 방법으로 실수분석, 비율분석 및 기타 여러 가지 분석방법이 있는데, 이에 대하여 후장에서 설명하겠다. 재무관리는 경영관리의 일부분으로서 생산 · 판매 · 인사 · 회계 등과 밀접한 관계가 있으므로 전반적인 경영 계획에 따라 재무계획을 과학적으로 수립하고 집행하여 재무관리의 목표를 달성해야 한다.[7)]

제 2 절 재무관리의 목표

기업이 경영활동을 하려면 자본이 필요하며 소요자본을 조달하여 투자한 결과로 이익 또는 손실을 보게 되는 것이다. 즉 생산, 판매 등의 모든 활동은 자금의 뒷받침이 필요하고, 재무관리의 효율은 기업경영의 성과로 나타나게 되므로 재무관리의 목표는 기업의 목표와 일치한다고 할 수 있다. 이러한 재무관리의 주요목표는 주주의 부를 극대화하고, 경영자는 사회적 책임을 다하는 것이라 하겠다.

1. 주주부의 극대화

종전의 재무관리의 목표는 기업이익의 극대화로 표현되어 왔으나 이에는 많은 문제가 있다. 첫째, 기업이익을 단기적으로 보느냐 장기적으로 보느냐에 따라 상이할 것이다. 즉, 단기적 이익을 극대화하다가 장기적으로 이익이 크

7) Carl A. Dauten, *op. cit.*, pp. 2∼11.

게 감소되는 경우가 많다. 예컨대 현재 기업 이익률이 높아서 과대한 투자를 하였다가 후년에 이익률이 감소되어 장차 큰 손실을 받게 되기도 한다.

둘째, 기업이익은 자본의 투자에 대한 수익인데 즉, 이에는 위험(risk)과 불확실성(uncertainty)이 내포되어 있다. 투자활동은 일정수준의 이익실현을 기대하게 되지만 계획한 대로 이익을 올리지 못하거나 손실을 볼 가능성도 있다.

셋째, 기업이익은 총수익에서 총비용을 차감한 것인데, 이 이익을 크게 하려면 주식발행을 증대하여 경영규모를 확대하면 된다. 예컨대 A회사는 10억원의 자본금으로 2억원의 이익을 올렸고, B회사는 20억원의 자본금으로 3억원의 이익을 올렸다면 이익의 절대액은 후자가 더 크다. 그러나 이것을 자본이익률로 보면,

$$\text{A회사} = \frac{\text{이익 2억원}}{\text{자본금 10억원}} \times 100 = 20\%$$

$$\text{B회사} = \frac{\text{이익 3억원}}{\text{자본금 20억원}} \times 100 = 15\%$$

로서 오히려 A회사가 B회사보다 더 높다.

또한 이 두 회사의 주식 1주당 가격이 5,000원이어서 A회사는 20만 주 그리고 B회사는 40만 주의 주식을 발행하였다면, 이들 회사의 주당순이익(earnings per share)은 다음과 같다.

$$\text{A회사의 주당순이익} \quad \frac{\text{2억원}}{\text{20만 주}} = 1{,}000$$

$$\text{B회사의 주당순이익} \quad \frac{\text{3억원}}{\text{40만 주}} = 750$$

이 경우에 A회사의 주주는 B회사의 주주보다 동일한 자본을 투자하여 더 많은 이익배당을 받게 된다. 즉 A회사는 재무관리와 경영관리를 잘해서 A회사 주주 부를 B회사 주주 부보다 더 크게 늘려 주었다는 의미이다.[8)]

다시말해 A회사의 경영자는 투자 결정을 합리적으로 하여 이익률이 B회

---

8) James C. Van Horne, *Financial Management and Policy*, Prentice-Hall, Inc., 1974, pp. 7~8.

사의 이익률보다 높아 경영을 잘한 것이다. 결과적으로 A회사의 주가는 B회사의 주가보다 높게 형성될 것이다.[9)] 주가에 미치는 영향은 이익률 이외에도 여러 가지 요인이 작용하지만 회사의 배당정책도 주가에 영향을 미치게 되므로 합리적으로 책정해야 한다.

주주의 부를 극대화하기 위해서 재무 관리자는 기대위험과 이익률(expected risk-return)의 관계를 잘 검토해야 한다. 일반적으로 높은 이익률을 기대하려면 높은 위험성이 따르는 경우가 많다. 예컨대 타인자본을 많이 이용하면 주주의 이익률이 높아질 수 있지만 또한 지급능력이 약화되어 도산될 위험성도 높다. 그리고 운전자본을 줄이고 재고자산의 보유(투자)를 적게 한다면 자본이익률은 높아지겠지만 재고자산이 부족하여 판매가 감소되고 이익의 감소나 손실을 보게 될 위험성도 있다.[10)] 따라서 기업의 수익성(profita-bility)을 높이고 유동성(liquidity) 즉, 기업의 단기 지급 능력을 항상 유지할 수 있도록 하여야 영속적인 경영이 가능하다. 재무관리자나 경영자는 단기적으로뿐만 아니라 장기적으로 주주의 부의 극대화(maximization of shareholder wealth)를 위해서는 이익을 높은 수준으로 계속 유지하고 시장에서 그 기업 자산의 가치가 높게 평가되어 주가가 상승하도록 해야 한다.

2. 경영자의 사회적 책임

경영자는 기업경영의 합리화로 주주의 부의 극대화를 위하여 노력할 뿐만 아니라 그 기업의 관계자와 관계 집단을 위하여 상호이익 조정 역할도 하여야 한다. 즉 주주, 종업원, 고객, 일반 대중 또는 지역사회의 이해관계 집단의 이익을 위하여 공평하고 균형있는 업무처리를 해야 할 것이다. 주주에게는 비교적 높은 적정 수준의 이익을 올려 주어야 하며 종업원에게도 공정한 임금을 지급해야 한다. 그리고 소비자를 보호하기 위하여 양질의 제품을 공정한 가격으로 제공하고 거래 고객이나 일반 대중의 공정한 이익을 도모해서 기업이 영속적으로 존재하고 성장되도록 해야 할 사회적인 책임이 있는 것이다.

---

9) 그러나 종종 금융시장이 비효율적 움직임으로 나타나 재무성과와 상관없이 주가가 형성되곤 한다. 즉, 재무이론과 실제는 차이가 나타나기 때문에 증권투자자들이 투자성과를 내기가 상당히 어렵다.

10) Martin, Petty, Keoun, and Scott, Jr., *op. cit.*, pp.7~8; M.C.findlay and G.A.Whitmore, "Beyond Shareholder Wealth Maximization," *Financial Management*, vol. 3, no. 4, 1974, pp. 25~35.

단기적인 이익의 극대화를 위하여 기업 관계 집단의 이익에 위배되는 업무처리를 하여 주주의 부를 잠정적으로 극대화하였다면 결국 그 기업은 성장하기 곤란할 것이다. 그리고 지역사회나 일반 대중의 비난을 받게 되면 그 기업의 평판이 떨어지게 될 것이다. 또 나아가서는 이익의 감소 또는 손실의 발생, 주가의 하락 및 주주의 부의 감소 현상이 나타날 것이다.[11)]

주주나 경영자가 이해관계집단의 공동이익을 계속적으로 도모할 수 있다는 것은 결국 경영자 자신을 위한 것이다. 특히 주식이 널리 분산되어 경영과 소유가 분리되어 있는 회사의 경영자들은 소신 있는 경영활동으로 매출액이나 기업규모를 확대하여 이익을 증대시킴으로써 그 기업의 이해관계집단으로부터 인정을 받으려 한다.

경영자는 비합리적인 경영을 하여 기업의 이해관계집단간의 문제가 발생한다든지 기업의 이익을 일정수준까지 올리지 못하면 새로운 경영자로 대체되는 경우도 있다. 따라서 장기적으로 주주의 부를 극대화하는 것을 명심하고, 그 이해관계자들의 공동이익을 고려하면서 기업을 계속적으로 존속 · 성장시켜서 사회적인 책임을 다해야 기업 또는 재무관리의 목표를 효율적으로 달성하게 되는 것이다.

제 3 절 재무관리 역할의 증대

1. 기업가치에 영향을 미치는 경제적 환경요인

재무관리자가 내리는 각종 재무의사결정은 기업의 가치에 영향을 미치나, 이외에도 기업의 가치에 영향을 미치는 근본적인 경제적 요인(factor)들이 있다. 즉 외부압력(external constraints)과 경제활동 수준(level of economic activity), 세금(taxes), 주식시장의 환경 등이 그것이다. 〈그림 1-1〉은 이러한 경제적 환경요인이 주식의 가치에 영향을 미치는 관계를 도식화한 것이다.

〈그림 1-1〉에 나타난 바와 같이 맨 위에 외부압력요인이 있고 이 요인들

11) James C. Van Horne, *op. cit.*, pp.8~10; R. Anthony, "Trouble with Profit Maximization," *Harvard Review*, vol. 38, no.6, 1960, pp.126~134.

〈그림 1-1〉 기업가치에 영향을 미치는 요인

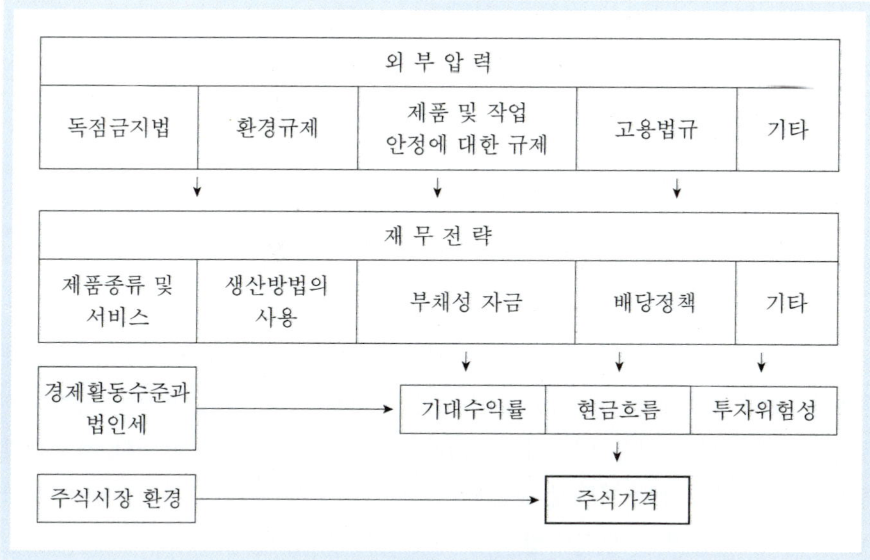

은 장기적인 재무전략에 영향을 미친다. 이 재무전략은 기대수익률, 현금흐름의 시기, 위험의 정도에 영향을 미치며 또한 이 3가지 요인들은 경제활동의 수준과 법인세에 의해서도 영향을 받는다. 그리고 이 3가지 요인은 궁극적으로 주식의 가격에 영향을 미치게 된다. 또한 이 주식가격은 주식시장의 환경에도 영향을 받는다. 따라서 재무관리자는 재무의사결정을 할 때 이러한 환경요인들을 잘 고려하여 기업의 가치를 극대화하는 최상의 의사결정을 하여야 한다.

2. 재무관리의 역사적 발전과정

재무관리가 무엇을 공부하는 학문인가를 파악하기 위해서는 재무관리의 발전과정을 아는 것이 매우 중요하다. 경제학의 한 분야인 재무관리는 1900년

대에 이르러서야 독자적인 학문으로 발전을 하게 된다. 따라서 이하에서는 재무관리에 연관되어 있는 영역을 살펴보고, 1900년대 이후 재무관리의 연대에 따른 주요연구관심사와 발전과정을 살펴보고자 한다. 재무관리는 다음과 같은 경제의 세 영역과 연관되어 있다.

- 화폐시장과 자본시장 (Money and Capital Market)
- 투자 (Investment)
- 기업의 재무관리 (Managerial finance)

이 세 영역들은 상호 유기적인 관계에 있다. 즉 자금의 여유가 있는 투자자들은 금융시장이나 자본시장에 자금을 투자하고, 자금이 필요한 기업들은 금융시장과 자본시장을 이용하여 자금을 조달하는 것이다. 따라서 재무관리 담당자는 자본시장이 어떻게 운영되고 있으며 투자 시에는 자산들을 어떻게 평가하여야 하는지를 반드시 알고 있어야 하는 것이다.

재무관리는 1900년대 초에 독립된 학문으로 분리된 이후 많은 변화를 겪어 왔다. 1900년대 초의 주요 연구대상 분야는 주로 합병(consolidations), 기업의 창설, 증권의 발행이었다. 산업화(industrialization) 이후 미국의 주요기업들은 더 많은 자본이 필요하게 되었다. 이때의 자본시장은 비록 초기단계이기는 하지만 증권발행을 통한 개인 투자자들의 자금을 기업들에게 이전시키는 역할을 수행하였다.

증권발행에 대한 관심이 1920년대에는 집중되었다. 그렇지만 1930년대의 경제공황이 오면서 보다 근본적인 변화가 발생하게 되었다. 즉 이 시기에 수많은 기업들이 파산을 하게 되었고, 결과적으로 재무관리의 연구분야는 기업의 파산(bankruptcy), 재조직(reorganization), 유동성(liquidity), 증권시장에서의 정부의 규제로 옮겨가게 되었다. 이때까지의 재무관리는 아직도 서술적(descriptive)인 면을 벗어나지 못한 상태였다.

1940년대와 1950년대 초반까지 재무관리는 계속적으로 서술적 연구에 중점을 두었으며 주로 제도상의 문제를 다루었다. 그렇지만 한편으로는 기업의 이윤이나 증권가격을 극대화하려는 재무관리기법(managerial fiance techniques)이 관심을 받기 시작하였다.

1950년대 후반에는 재무상태표상의 부채(liabilities)와 자본(capital)에 관심을 두었다. 이 때부터는 컴퓨터가 사용되어 재고, 현금, 고정 자산 등을 관리하기 위한 모델이 개발되기도 하였다. 그리고 기업내부에서의 재무의사결정이 중요해짐에 따라 외부자의 입장이 아닌 기업 내부자의 입장에서 재무관리를 다루게 되었다. 이 때에도 서술적인 연구이고 주로 제도적인 문제를 다루기는 했지만 기업재무 의사결정의 맥락 내에서 다루어졌다.

1960년대와 1970년대에는 다음과 같은 재무상태표상의 부채와 자본에 대한 연구가 새로운 관심사로 대두되었다.

- 증권들의 최적조합(optimal mix of securities)
- 개인투자자들의 의사결정방법과 이것이 기업재무에 미치는 영향

즉, 이 시기의 기업재무관리는 기업의 가치(value of the firm), 그리고 주주의 부를 극대화하는 데 초점이 모아졌다.

1980년대에 들어서는 다음과 같은 문제들이 주요 연구 관심사가 되었다.

- 인플레이션과 이자율
- 특수목적사업을 수행하는 금융기관을 다양한 금융서비스를 제공하는 금융기관으로 변화하게 하는 경향과 함께 금융제도의 규제완화(deregulation)
- 컴퓨터와 통신을 이용한 재무의사결정

이 시대에는 인플레이션하에서의 재무의사결정에 관한 연구가 이루어졌으며, 한편 여러 다양한 금융기관과 산업이 탄생하게 되었다. 예를 들면 이자율 선물시장(interest rate futures market)이 바로 그 예라 하겠다. 또한 종전의 금융기관들은 근본적인 구조적 변화를 겪게 되는데, 이로써 은행을 저축과 대출의 기관만으로 볼 수 없으며, 보험회사를 금융중개기관(brokerage firm)만으로도 볼 수 없게 되었다. 예를 들면 미국 Bank of America라는 은행은 주식중개회사(stock brokerage firm)를 소유하게 되며, Merrill Lynch라는 증권회사는 은행에서 제공하여 왔던 결제서비스를 제공하기에 이른다.

컴퓨터 기술의 발달과 소프트웨어 패키지의 발달 그리고 통신의 발달로 인하여 수치적 분석이 예전보다 용이해졌으며, 결과적으로 재무관리에 근본적인 변화를 가져오게 되었다.

이상에서의 설명을 도표로 요약하여 정리하면 〈표 1-1〉과 같다.

〈표 1-1〉 재무관리의 역사적 발전 과정

<table>
<tr><th>1900
~1920</th><th>1930</th><th>1940</th><th>1950</th><th>1960</th><th>1970</th><th>1980</th><th>1990</th><th>2000</th></tr>
<tr><td rowspan="2">합병
설립
증권 발행</td><td rowspan="2">파산
재조직
유동성
정부규제</td><td rowspan="2">기업이윤
증권가치의 극대화에 관심</td><td colspan="2">부채와 자본에 관심 컴퓨터 사용의 시작</td><td></td><td rowspan="2">인플레이션.
Deragulation.
컴퓨터와 통신을 이용한 재무 의사결정</td><td rowspan="2">기업 지배구조와 M & A에 관심</td><td rowspan="2">타분야와 융합
재무 파생상품 개발</td></tr>
<tr><td></td><td colspan="2">증권의 최적배합. 개인투자자의 의사결정 방법과 기업재무에 주는 영향</td></tr>
</table>

3. 재무관리의 중요성 증대

변화하는 환경으로 인하여 재무관리의 중요성은 더욱 커지게 되었다. 이전에는 마케팅 관리자는 판매를 예측하고, 기술 또는 생산 부문의 관리자들은 그 수요에 맞추어 생산에 필요한 자산들을 결정하였고 그리고 재무관리자의 업무는 단순히 필요한 설비, 장비, 그리고 재고품들을 구매하는 데 필요한 자금을 조달하는 것이 주된 업무이었다. 그러나 현재는 이와 같은 운영의 형태는 더 이상 행해지고 있지 않다. 즉 지금의 경영 의사 결정은 전 부문의 통합적이며 유기적인 형태를 취하며, 그리고 재무관리자는 일반적으로 통제과정상에 직접적인 책임을 갖게 되었다.

실제 미국 인디애나의 공익사업(Public Service of Indiana, PSI)의 예를 들어 이와 같은 재무관리의 중요성에 대하여 살펴보기로 하자. 몇 년 전에 PSI의 주요 경영간부들은 앞으로 전력수요가 증가할 것으로 예측하였고 이에 따라 새로운 전력 발전소(power plants)를 세우기로 하였다. 재무부서는 단순히 엔지니어들이 필요하다고 말한 만큼의 자본을 조달하는 역할만을 하였다. 그러나 인플레이션, 기업과 관련된 법규들, 그리고 다른 여러 요인들이 겹쳐서 건축비용은 2배 또는 심지어 3배까지 증가하게 되었고, 그래서 추가로 새로운 자본이 필요하게 되었다. 이와 동시에 연료비용의 상승으로 전기료는 급격하게 오르게 되었고, 이로 인해 전기수요는 낮아졌으며 계획한 공장건축의 상당부분이 필요 없게 되었다. 결과적으로 이러한 실상이 투자자들에게 알려지자 투자자들은 그 공장을 완성하는 데 필요한 자금을 PSI에게 제공하지 않았다.

결국 $25(억)규모의 투자를 없었던 것으로 해야만 했다. 그러자 PSI 주가는 1970년대 후반에 약 $35이었던 것이 1985년에는 $6.8로 떨어졌다. 이와 같은 경험으로 이제 PSI는(한편 대부분의 다른 회사들도) 계획(Planning), 통제(control)부문에도 역점을 두게 되었으며, 이로 인하여 재무의 중요성은 더욱 증대되게 되었다.

1990년와 2000년대에 들어서는 경제위기로 인하여 IMF로부터 자금지원을 받은 이후 기업들은 생존을 위해 재무구조에 관심을 갖기 시작했으며, 특히 유동성 유지와 신용평가에 관한 많은 연구가 시작됐다. 또한 금융시장이 Global화 됨에 따라 기업지배구조 분야 또한 활발한 연구가 진행되고 있다.

제 4 절 재무관리기능 수행을 위한 조직

기업의 재무기능을 효과적으로 수행하기 위해서는 재무부문의 조직이 필요하다. 재무조직은 경영조직의 일 부문이며 재무활동은 생산 · 판매 및 인사활동과 더불어 경영활동의 기본적인 것이다. 재무기능은 영리를 목적으로 하는 기업에서뿐만 아니라 학교 · 병원 및 기타 사회단체에 있어서도 중요한 것이다. 따라서 한 소직 내에서 재무관리자를 중심으로 한 독립적인 재무부문을 가지게 된다.

재무부문의 조직은 기업 또는 단체의 종류나 규모에 따라서 상이할 수 있다. 예를 들면 금융기관에 있어서는 재무부문의 조직이 다른 업종에 비하여 더욱 중요하고 보다 더 많은 사람이 종사하고 있음을 알 수 있다. 그리고 대규모 기업이나 단체의 재무부문 조직은 중소기업의 경우보다 더 복잡한 것을 알 수 있다. 소규모의 기업에서는 기업주 자신이 생산 · 판매 · 재무 및 기타의 제 기능까지 직접 관리하고 그 책임을 전담하는 경우가 많다. 그리고 중규모의 기업에서는 재무관리자가 재무 및 회계상 제 기능을 맡는 것이 보통이다. 그러나 대규모의 기업에서는 재무관리자와 회계책임자가 구분되어서 그 직무를 분담하게 된다. 그리고 대기업의 재무관리자와 회계책임자는 재무 담당 부사장에게 재무상의 계획, 집행 및 그 통제방법 등을 보고하는 것이 통례이다.

재무부문상의 계산 · 통계 · 원가 · 조세 · 감사 및 회계 등과 같이 관리회

〈그림 1-2〉 재무부문 조직표

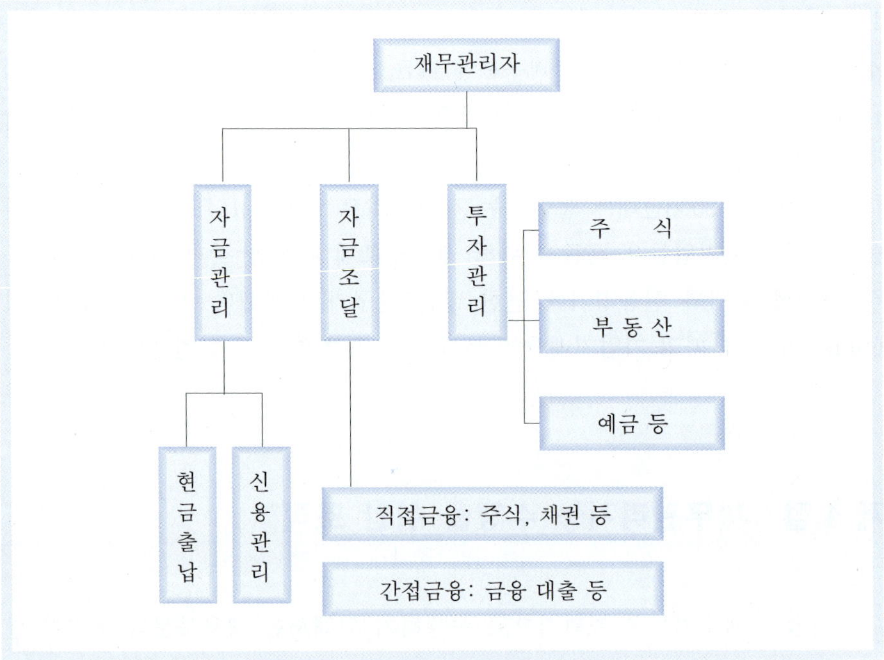

계제도와 관련된 부문은 회계책임자의 지도하에서 이루어지는데, 이들은 보다 더 효과적인 재무기능을 수행할 수 있도록 돕기 위한 것이다. 최근 선진국의 대기업에서는 컨트롤러(controller)부가 따로 있어서 종합적인 경영계획 관리 및 재무통제 등에 참고자료를 제공 분석하여 조정하는 기능을 하기도 한다. 그러나 중소기업에서는 컨트롤러 기능이 재무책임자에 의하여 이루어지고 있다.[12] 자본조달과 그 운영을 중심으로 살펴본 대규모 제조기업의 일반적인 재무부문 조직표는 〈그림 1-2〉와 같다.

현금출납부문에서는 경영활동에 따르는 현금의 수입과 지출 및 그 장부정리에 관계되는 업무를 담당하게 된다. 신용관리 부문에서는 외상매입과 외상판매 그리고 그 대금의 결제와 회수에 관계되는 제 업무를 다루게 되며 또한 신용정책이 이 부문에서 세워지는 것이 보통이다. 자금조달부문은 자기자본 · 타인자본 또는 사내유보(자기금융) 등에 의한 자금조달의 방법을 결정하여 조달하는 제 업무를 담당하게 된다. 투자관리 부문에서는 조달된 자금을

12) 古川榮一, 「재무관리」, 經林書房, 1980, pp. 354~370.

투자하고 효과적으로 운용하는 데 관련된 문제를 주로 취급한다. 보험관리는 선진국의 대규모 기업에 있어서 특히 중요시되고 있으나 우리나라에서는 아직도 그 비중이 크지 못하다는 것을 알 수 있나. 이상과 같은 재무부문의 조직은 재무기능을 효율적으로 수행하기 위해서 매우 필요하다.

위에서 살펴본 현금출납 · 신용관리 · 자금조달 · 투자관리 및 보험관리의 제 문제는 재무관리자하에서 계획되고 이루어진다. 그러나 사실상 재무기능상의 중요한 문제는 그 회사의 최고 경영자층(사장 · 부사장 · 이사 · 재무 책임자 또는 기타 중역) 등에 의하여 최종결정이 되고, 그 다음에 이것을 집행하게 되는 것이다.[13]

'인도기업 재무부서 허술' – E&Y조사

인도기업들이 회사 자금관리에 허점을 보이고 있다. 인도 경제지 라이브민트는 3일(현지시각) 회계법인 언스트앤영(E&Y)의 설문조사 결과를 인용, 이같이 보도했다.

E&Y가 최근 인도 내 대기업 34곳을 대상으로 설문조사를 실시한 결과 85%는 회사에 재무부서를 두고 있지만 대부분의 경우 큰 비중을 차지하는 못하는 것으로 나타났다.

재무부서는 일반적으로 회사 자금을 주식 · 채권시장에 투자하는데 이어 외환 리스크를 관리하고 자금을 조달하는 역할도 맡는다. 기업이 성장하기 위해 꼭 필요한 부서임에도 불구하고 인도에서는 상대적으로 홀대를 받고 있다.

설문조사에 따르면 인도기업 재무부서의 61%는 인원이 5명 미만에 의해 운영되고 있다. 그마저도 일부는 다른 부서 업무를 병행하고 있어 재무와 회계의 경계가 모호한 상태다. E&Y는 "기업들은 재무부서의 중요성을 인지하면서도 실질적으로 지원을 거의 안하고 있다"고 지적했다.

E&Y는 자금 거래규모가 적은 것도 인도기업 재무부서들의 특징이라고 밝혔다. 연매출 규모가 1,000억루피(약 2조3,000억원) 넘는 업체의 경우도 58% 가량이 거래규모는 10억루피(230억원)도 채 안된 것으로 나타났다.

업체들은 외환 리스크관리가 허술하다는 지적을 받았다. 설문조사에

---

13) Raymond E. Glos and Harold A. Baker, *Introduction to Business*, South-Western Publishing Co., 1963, p.411.

따르면 기업들은 단기적인 안목으로 리스크에 대한 헤지를 하고 있다. 현지 대기업 힌두자그룹의 프라발 바너지 최고재무책임자(CFO)는 그러나 "외환시장이 불안정한 상황에서는 헤지를 너무 길게 해도 문제"라면서 이런 관행에 문제가 없다고 말했다.

바너지 CFO는 "우리가 자금 운영을 소심하게 하는 편이긴 하지만 회사 방침은 핵심사업에서 돈을 버는 것이지 돈 놓고 돈 먹는 것이 아니다"고 전했다.

한편 인도에서 활동하는 한 다국적기업의 관계자는 설문조사 결과가 사실과 다르다고 주장했다. 그는 "대기업들은 재무부서 인원을 10~20명씩 보유하고 있으며 지원부서까지 둔 경우도 있다"며 "재무관리를 잘 모르는 것은 중소기업인 듯하다"고 밝혔다.

– 아시아경제신문 기사

EXERCISE 연 습 문 제

1. 재무관리의 의의와 기능에 대해 설명하시오.

2. 재무관리의 목표에 대해 설명하시오.

3. 재무관리의 중요성이 증대되는 원인이 무엇인지 설명하시오.

4. 기업의 재무기능을 효과적으로 수행하기 위해서는 재무부문의 조직이 필요한데 이 조직의 활동을 구체적으로 설명하시오.

제 2 편

가치평가와 자본예산

제 2 장
화폐의 시간적 가치

FINANCIAL MANAGEMENT

제 1 절 화폐의 시간가치

화폐의 시간가치(time value of money)란 시간이 경과됨에 따라 화폐의 가치가 달라진다는 것이다. 즉 미래화폐의 1단위에 대한 현재가치(현가)는 미래의 화폐 1단위 가치보다 더욱 중요성이 크다. 가령 오늘 100,000원을 정기예금이나 위험이 없는 투자안에 투자하면 그 이자나 원금이 들어오게 되어 미래에는 100,000원 이상이 된다.

기업의 운전자본은 일반적으로 단기간에 유입되고 유출되므로 화폐의 시간가치가 그리 중요하지 않다. 그러나 장기자본을 고정자산에 투자하게 되면 이 자본은 장기간 동결되고 수년 또는 수십 년에 걸쳐서 그 투자액의 일부분이 매년 현금으로 유입된다. 이러한 경우에 현재의 1단위 가치는 1년 또는 10년 후의 화폐 1단위의 가치보다 더욱 크다는 것이다.

투자는 일반적으로 현시점에서 하게 되지만 투자된 기업자산을 이용하여 그 대가로 얻어지는 수익은 미래에 실현된다. 즉 투자를 위한 현금의 지출시기와 투자의 결과 기대수익금이 들어오게 되는 시기 간에 차이가 있다. 따라서 투자안을 결정할 때에는 미래에 들어오게 될 기대수익금을 현재가치로 환산하여 현재 투자되는 지출액과 앞으로 유입되는 기대수익금을 동등한 기준에서 비교하여야 한다. 즉 미래의 수익 또는 비용을 현재의 수익 또는 비용의 가치로 환산하여 비교하게 되는 것이다. 이러한 현재가치의 문제는 자본예산을

계획할 때에 중요한 역할을 하게 된다.[1)]

1. 미래가치(future value)

현재 어떤 금액을 소유하고 있는 것이 다음 연도에 소유하는 것보다도 훨씬 가치가 있다. 왜냐하면, 현재 소유한 금액을 투자수익률이 높은 투자안에 투자할 기회가 있기 때문이다. 예를 들어, 어떤 투자자 甲이 10,000원을 갖고 있는데 이 금액을 1년 이자율이 5%인 은행에 예금했다고 하자. 그러면 1년 후에 얼마의 금액을 받을 수 있을까? 1년 후에 받을 금액을 계산하기 위하여 다음과 같은 용어를 정의하기로 하자.

PV(present value) → 예금액의 현재가치
k → 연간 이자율
I → 1연말에 지급되는 이자금액, $PV(k)$
FV → 미래가치
n → 연수

$n=1$ 이면, 즉 1년 후의 미래가치 FV_1 는 다음과 같이 구할 수 있다.

$$\begin{aligned} FV_1 &= PV + I \\ &= PV + PV(k) \\ &= PV(1+k) \end{aligned}$$

1기간 말에 받을 금액 즉, 미래가치는 원금에 (1+이자율)을 곱해 준 것이다. 그러면, 투자자 甲이 10,000원을 은행에 예금한다면 1연말에 얼마의 금액을 받게 되는지 위 식을 이용하여 계산해 보면 다음과 같이 10,500원이 된다.

$$\begin{aligned} FV_1 &= 10,000(1+0.05) \\ &= 10,000(1.05) \\ &= 10,500 \end{aligned}$$

투자자 갑은 1 연말에 받게 되는 500원의 이자와 원금을 합쳐서 10,500원

1) 위험이 없는 투자안의 대표적인 투자안은 국가에서 발행하는 채권, 즉 국채가 있다.

을 받게 된다. 이제 이 투자자가 이 금액을 1년이 아닌 5년간 예금한다고 가정해 보자. 그러면 투자자 A는 〈표 2-1〉에 나타난 계산절차와 같이 12,763원을 받게 될 것이다. 〈표 2-1〉을 자세히 살펴보면 5년 후에 받게 될 금액이 어떻게 계산되는지 알 수 있을 것이다.

이 표에서의 계산과정을 살펴보면 다음과 같다.

〈표 2-1〉 복리이자계산

연 수	매년 초 금액	(1+K)	매년도 말	이 자 액
1	₩10,000	1.05	10,500	₩500
2	10,500	1.05	11,025	525
3	11,025	1.05	11,576	551
4	11,576	1.05	12,155	579
5	12,155	1.05	12,763	608
				2,763

① 10,000원을 투자하여 첫해 연도 말에 이자금액 500원을 얻고

② 원금(₩10,000)에 이자액을 합한 금액이 두 번째 연도의 새로운 원금이 되어 두 번째 연도 말에 525원의 이자금액을 얻는다.

③ 두 번째 연도의 원금에 이자금액 525원을 합하여 세 번째 연도의 원금이 되고, 세 번째 연도 말에 551원의 이자금액을 받게 된다.

이러한 방식으로 5년도 말까지 계산이 되어 5년도 말에 12,763원을 얻게 되는 것이다.[2)] 위 표에서 2년 후의 미래가치 FV_2는 다음 식으로 나타낼 수 있다.

$$\begin{aligned} FV_2 &= FV_1(1+k) \\ &= PV(1+k)(1+k) \\ &= PV(1+k)^2 \end{aligned}$$

3 기간 후의 미래가치는 위와 동일한 과정을 거쳐 다음과 같이 구할 수 있다.

2) 이와 같이 원금에 대한 이자가 다음 해에는 원금에 가산되어 다시 이자가 계산되는데 이러한 이자의 계산방식을 복리(compound interest)라고 부른다.

$$FV_3 = FV_2(1+k)$$
$$= PV(1+k)^3$$

일반적으로 FV_n을 구하는 식은 다음과 같은 식으로 나타낸다.

$$PV(1+k)^n$$

이 식을 이용하여 표에서와 같은 계산절차를 거쳐 구한 미래가치를 구할 수 있다.

$$FV_5 = 10{,}000(1.05)^5$$
$$= 10{,}000(1.2763)$$
$$= 12{,}763$$

여기서 $(1.05)^5$의 값(미래가치 이자요소)은 책의 부록에 연도와 이자율에 따라 나타나 있다. 이 값을 단순히 원금에 곱해 준다. 그러므로 연도와 이자율만 알면 미래가치를 구하는 것은 그렇게 어려운 일은 아니다. 다음의 표는 미래가치요소(FVIF)를 나타낸 것이다.

〈그림 2-1〉에서 1원이 시간이 흐름에 따라, 다양한 이자율에 의해서 미래가치가 변화하는 모습을 나타내고 있다. 이자율이 높을수록 미래가치가 급속히 상승하는 것을 볼 수 있다. 여기서 이자율(interest rate)은 사실상, 성장률

〈표 2-2〉 미래가치이자요소표

$FVIF=(1+k)^n$										
기간(n)	1%	2%	3%	4%	5%	6%	7%	8%	9%	10%
1	1.0100	1.0200	1.0300	1.0400	1.0500	1.0600	1.0700	1.0800	1.0900	1.1000
2	1.0201	1.0404	1.0609	1.0816	1.1025	1.1236	1.1449	1.1664	1.1881	1.2100
3	1.0303	1.0612	1.0927	1.1249	1.1576	1.1910	1.2250	1.2597	1.2950	1.3310
4	1.0406	1.0824	1.1255	1.1699	1.2155	1.2625	1.3108	1.3605	1.4116	1.4641
5	1.0510	1.1041	1.1593	1.2167	1.2763	1.3382	1.4026	1.4693	1.5386	1.6105
6	1.0615	1.1262	1.1941	1.2653	1.3401	1.4185	1.5007	1.5869	1.6771	1.7716
7	1.0721	1.1487	1.2299	1.3159	1.4071	1.5036	1.6058	1.7138	1.8280	1.9487
8	1.0829	1.1717	1.2668	1.3686	1.4775	1.5938	1.7182	1.8509	1.9926	2.1436
9	1.0937	1.1951	1.3048	1.4233	1.5513	1.6895	1.8385	1.9990	2.1719	2.3579
10	1.1046	1.2190	1.3439	1.4802	1.6289	1.7908	1.9672	2.1589	2.3674	2.5937

〈그림 2-1〉 기간과 이자율 변화에 따른 미래가치 변화

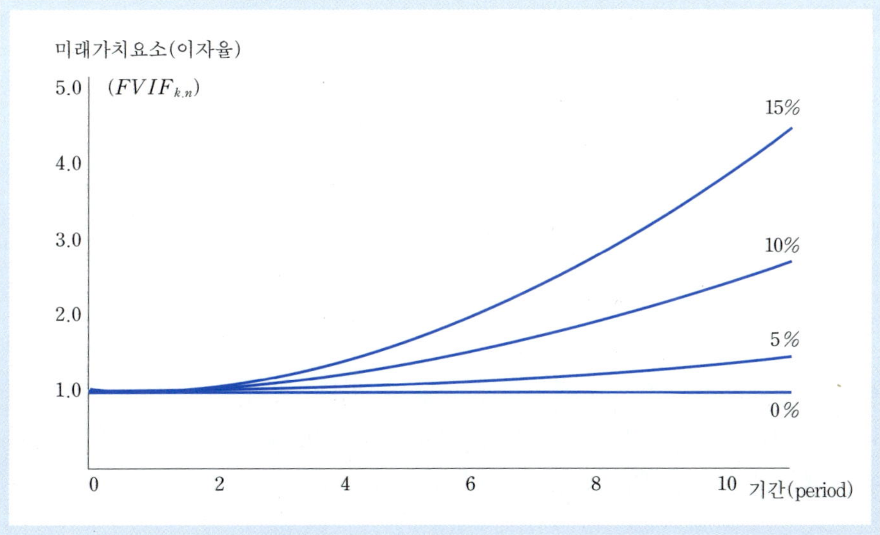

이라고 볼 수 있다. 따라서 이러한 계산 원리(formulas)는 판매량, 인구증가, 주당이익 등 성격상 성장과 관련된 어떤 것에도 적용할 수 있다.

2. 현재가치(present value)

어떤 두사자에게 5년 후에 12,763원을 받는 안과 현재 X원을 받는 안이 있다고 하자. 5년 후에 12,763원을 받는 안은 위험이 없고 현재의 X원은 은행에 예금하면 5% 이자율로 받을 수 있다. 여기서, 5%는 다른 투자안에 투자하였을 경우의 기회비용, 또는 동일한 위험을 가진 다른 투자안에서 얻을 수 있는 이자율이다. 그렇다면, 이 두 가지 안의 선택을 무차별하게 하는 X원의 현재가치는 얼마나 될까? 위의 미래가치를 구하는 표에서 원금이 10,000원이라면 5년 말의 가치는 12,763원이다. 따라서 현재의 10,000원과 5년 말의 12,763원의 선택은 무차별하다. 여기서 10,000원은 12,763원의 현재가치로 정의되고, 결과적으로 X금액이 10,000보다 작으면 5년 후에 받게 될 12,763원을 더 선호할 것이다. 그러나 X금액이 10,000보다 크면 X를 선택할 것이다.

일반적으로 원금 10,000원에 대한 n년도까지 계산한 미래가치에 대한 현

재가치를 구하면, 10,000원의 금액과 동일하게 된다. 복리계산의 반대 즉, 할인(discounting)을 함으로써 현재가치를 구할 수 있다.

$$FV_n = PV(1+k)^n$$

앞의 식을 PV에 대해 정리하면

$$PV = \frac{FV_n}{(1+k)^n} = FV_n(1+k)^{-n} = FV_n\left(\frac{1}{1+k}\right)^n$$

미래가치를 현재가치로 환산한 현재가치계수표가 본서 후면에 있다. 이 표를 이용하면 현재가치를 간단하게 구할 수 있다. 만기가 5년이고 이자율이 5%인 현재가치요소($PVIF_{k,n}$)를 표에서 찾으면 0.7835이다. 이 값을 이용하여 현재가치를 구해보면, 다음과 같이 구할 수 있다.

$$\begin{aligned} PV &= FV_5(PVIF_{5\%,\ 5년}) \\ &= 12,763(0.7835) \\ &= 10,000 \end{aligned}$$

〈그림 2-2〉는 할인율 및 기간의 변화에 따른 현가이자요소의 변화 값을 나타낸 것이다. 현가이자요소는 복리이자요소와 역수의 관계이므로 현가이자

〈표 2-3〉 현재가치 이자요소표

$PVIF = \frac{1}{(1+k)^n} = \left(\frac{1}{1+k}\right)^n$										
기간(n)	1%	2%	3%	4%	5%	6%	7%	8%	9%	10%
1	.9901	.9804	.9709	.9615	.9524	.9434	.9346	.9259	.9174	.9091
2	.9803	.9612	.9426	.9246	.9070	.8900	.8734	.8573	.8264	.8264
3	.9706	.9423	.9151	.8890	.8638	.8396	.8163	.7938	.7722	.7513
4	.9610	.9238	.8885	.8548	.8227	.7921	.7629	.7350	.7084	.6830
5	.9515	.9057	.8626	.8219	.7835	.7473	.7130	.6806	.6499	.6209
6	.9420	.8880	.8375	.7903	.7462	.7050	.6663	.6302	.5963	.5645
7	.9327	.8706	.8131	.7599	.7107	.6651	.6227	.5835	.5470	.5132
8	.9235	.8535	.7894	.7307	.6768	.6274	.5820	.5403	.5019	.4665
9	.9143	.8368	.7664	.7026	.6446	.5919	.5439	.5002	.4606	.4241
10	.9053	.8203	.7441	.6756	.6139	.5584	.5083	.4632	.4224	.3855

〈그림 2-2〉 기간과 이자율 변화에 따른 현재가치의 변화

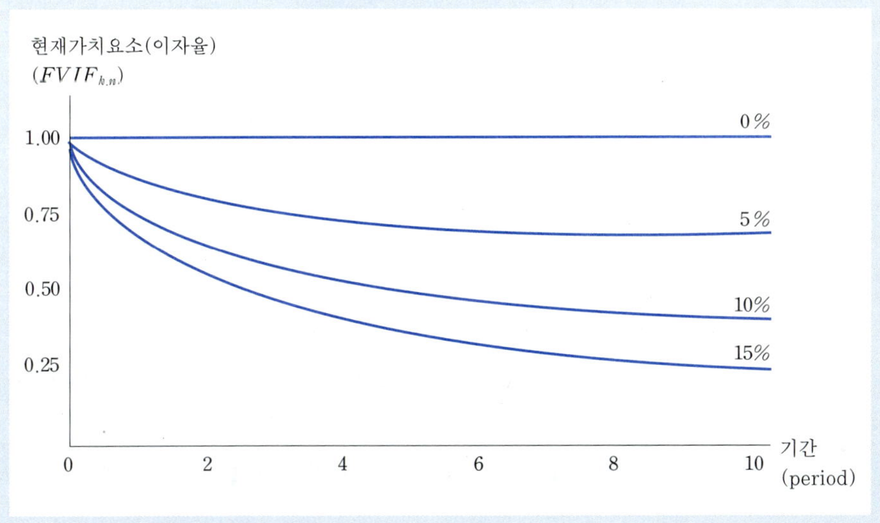

역시 할인율 및 기간의 변화에 따라 체감하게 된다.

3. 연금(annuity)의 미래가치

연금은 특정기간 동안 일정한 금액을 고정된 이자율로 정기적으로 지급하는 것이다. 다음과 같은 예를 들어 연금의 미래가치 계산방법을 살펴보기로 한다. 3년간 연간 이자율 4%로 10,000원의 금액을 예금한다고 하자. 그러면 3년 말에 받게 되는 금액은 얼마가 될까? 이러한 연금의 계산과정은 다음 〈그

〈그림 2-3〉 연금의 미래가치

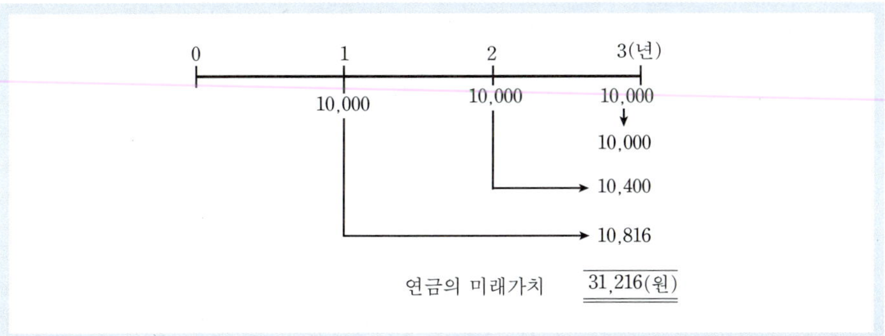

림 2-3〉에 나타나 있다.

〈그림 2-3〉을 살펴보면 첫번째 예금액은 2년간 복리계산이 되고, 두 번째 예금은 1년간 복리계산이 된다. 그리고 마지막 지급액은 이자계산이 없다. 이러한 예금액의 미래가치를 더하면 연금의 미래가치가 되는 것이다. 따라서 연금의 미래가치는 31,216원이 된다. 연금의 미래가치를 구하는 과정을 식으로 나타내면 다음과 같다.

$$
\begin{aligned}
(FVA_n) &= PMT(1+k)^{n-1} + PMT(1+k)^{n-2} + \\
&\cdots\cdots + PMT(1+k)^1 + PMT(1+k)^0 \\
&= PMT[(1+k)^{n-1} + (1+k)^{n-2} \cdots + (1+k)^1 + (1+k)^0] \\
&= \sum_{t=1}^{n} (1+k)^{n-t} \\
&= PMT(FVIA_{k,n}) = \text{연금의 미래가치}
\end{aligned}
$$

$FVIFA_{k,n}$는 연금의 미래가치요소라고 하며, 상이한 이자율 k와 상이한 기간 n에 대한 $FVIFA_{k,n}$의 값을 계산해 둔 복리표가 이 책의 뒷부분에 수록되어 있다. 이러한 연금의 미래가치요소를 이용하여 연금의 미래가치를 구해보자.

$$FVA_n = PMT(FVIFA_{k,n})$$

〈표 2-4〉 연금의 복리표

$$FVFA_{k,\,n} = \sum_{t=1}^{n} (1+k)^{n-t} = \frac{(1+k)^{n-1}}{k}$$

기간(n)	1%	2%	3%	4%	5%	6%	7%	8%	9%	10%
1	1.0000	1.0000	1.0000	1.0000	1.0000	1.0000	1.0000	1.0000	1.0000	1.0000
2	2.0100	2.0200	2.0300	2.0400	2.0500	2.0600	2.0700	2.0800	2.0900	2.1000
3	3.0301	3.0604	3.0909	3.1216	3.1525	3.1836	3.2149	3.2464	3.2781	3.3100
4	4.0604	4.1216	4.1836	4.2465	4.3101	4.3746	4.4399	4.5061	4.5731	4.6410
5	5.1010	5.2040	5.3091	5.4163	5.5256	5.6371	5.7507	5.8666	5.9847	6.1051
6	6.1520	6.3081	6.4684	6.6330	6.8019	6.9753	7.1533	7.3359	7.5233	7.7156
7	7.2135	7.4343	7.6625	7.8983	8.1420	8.3938	8.6540	8.9228	9.2004	9.4872
8	8.2857	8.5830	8.8932	9.2142	9.5491	9.8975	10.260	10.637	11.028	11.436
9	9.3685	9.7546	10.159	10.583	11.027	11.491	11.978	12.488	13.021	13.579
10	10.462	10.950	11.464	12.006	12.578	13.181	13.816	14.487	15.193	15.937

$$
\begin{aligned}
FVA_3 &= 10,000(FVIFA_{4\%, 3년}) \\
&= 10,000(3.1216) \\
&= 31,216원
\end{aligned}
$$

4. 연금의 현재가치

연금의 현재가치는 미래의 일정한 기간마다 받을 금액을 현재가치로 환산하여 모두 더한 금액이다. 예를 들어, 매년 말 10,000원씩 3년간 받을 금액을 연간이자율 4%로 계산하여 현재시점에서 일시불로 받을 경우의 계산과정을 살펴보면 〈그림 2-4〉와 같다.

〈그림 2-4〉 연금의 미래가치

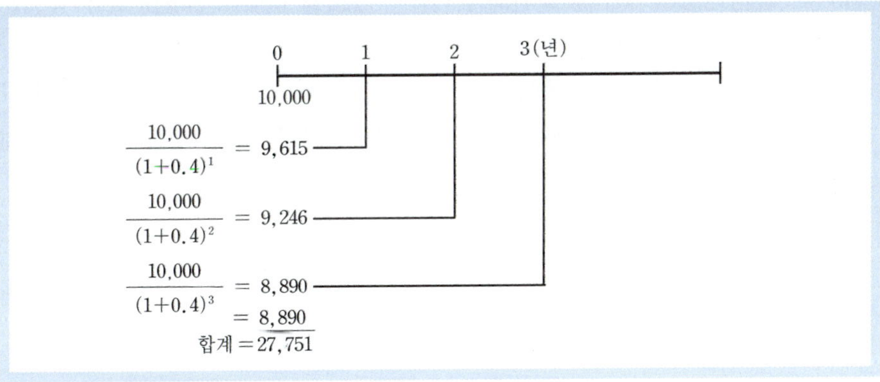

이러한 계산과정을 거친 연금의 현재가치는 결국 27,751원이 된다. 이렇게 복잡한 과정을 거치지 않고도 연금 현재가치 계 수표를 이용하면 간단하게 연금의 현재가치를 구할 수 있다. 연금현재가치의 계산과정을 식으로 살펴보면 다음과 같다.

$$
\begin{aligned}
PVA_n &= PMT\left(\frac{1}{1+k}\right)^1 + PMT\left(\frac{1}{1+k}\right)^2 + \cdots + PMT\left(\frac{1}{1+k}\right)^n \\
&= PMT\left[\frac{1}{(1+k)^1} + \frac{1}{(1+k)^2} + \cdots + \frac{1}{(1+k)^n}\right] \\
&= PMT \sum_{t=1}^{n}\left(\frac{1}{(1+k)}\right)^t \\
&= PMT(PVIFA_{k,n})
\end{aligned}
$$

〈표 2-5〉 연금의 현재가치 이자요소표

$$PVIF_{k,n}=\sum_{t=1}^{n}\frac{1}{(1+k)^t}=\frac{1-\frac{1}{(1+k)^n}}{k}=\frac{1}{k}-\frac{1}{k(1+k)^n}$$

기간(n)	1%	2%	3%	4%	5%	6%	7%	8%	9%	10%
1	0.9901	0.9804	0.9709	0.9615	0.9524	0.9434	0.9346	0.9259	0.9174	0.9091
2	1.9704	1.9416	1.9135	1.8861	1.8594	1.8334	1.8080	1.7833	1.7591	1.7355
3	2.9410	2.8839	2.8286	2.7751	2.7232	2.6730	2.6243	2.5771	2.5313	2.4869
4	3.9020	3.8077	3.7171	3.6299	3.5460	3.4651	3.3872	3.3121	3.2397	3.1699
5	4.8534	4.7135	4.5797	4.4518	4.3295	4.2124	4.1002	3.9927	3.8897	3.7908
6	5.7955	5.6014	5.4171	5.2421	5.0757	4.9173	4.7665	4.6229	4.4859	4.3553
7	6.7282	6.4720	6.2303	6.0021	5.7864	5.5824	5.3893	5.2064	5.0330	4.8684
8	7.6517	7.3255	7.0197	6.7327	6.4632	6.2098	5.9713	5.7466	5.5348	5.3349
9	8.5660	8.1622	7.7861	7.4353	7.1078	6.8017	6.5152	6.2469	5.9952	5.7590
10	9.4713	8.9826	8.5302	8.1109	7.7217	7.3601	7.0236	6.7101	6.4177	6.1446

이 식에서 ( )안에 있는 k(할인율 또는 이자율)와 n(기간)에 대하여 어떤 값을 주고 계산한 것이 연금현재가치계수($PVIFA$)이다. 이 계수를 이용하여 계산을 하면 다음과 같이 된다.

$$\begin{aligned}\text{연금의 현재가치} &= PMT(PVIFA)\\ &= 10{,}000\,(2{,}7751)\\ &= 27{,}751\,(\text{원})\end{aligned}$$

5. 불연속한 현금흐름의 현재가치

지금까지 살펴본 연금은 현금흐름이 특정기간 동안에 일정하였다. 그렇지만 현실적으로, 현금의 흐름이 일정하지 않은 것이 사실이다. 예를 들면, 일반적으로 보통주는 시간의 흐름에 따라서 증가하는 배당금을 지급하며 자본예산에 있어서도 일정한 현금흐름이 있는 것은 아니다.

이러한 사실 때문에 불연속한 현금흐름에 대한 현재가치계산이 필요한 것이다. 이러한 불연속적인 미래 현금흐름의 현재가치는 각각의 개별 현금흐름의 현재가치를 더한 것이 된다. 〈그림 2-5〉를 보면 불연속한 현금흐름의 현재가치 계산과정을 이해할 수 있을 것이다. 할인율은 6%이다.

〈그림 2-5〉 불연속적인 현금흐름의 현재가치

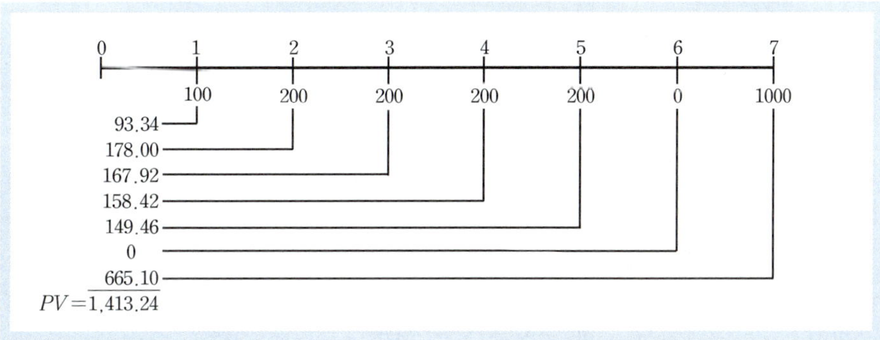

연 도	현금흐름 ×	현재가치요소($PVIF_{6\%,N}$) =	개별현금흐름의 현재가치
1	100	0.9434	93.34
2	200	0.8900	178.00
3	200	0.8396	167.92
4	200	0.7921	158.42
5	200	0.7473	149.46
6	0	0.7050	0
7	1,000	0.6651	665.10
			PV = 1,413.24

〈그림 2-5〉에서 보는 바와 같이 각 기간에서의 현금흐름을 각각의 현가요소와 곱하여 현재가치를 구한 다음 이를 더하면 현금흐름의 현가를 구할 수 있다. 여기서 계산한 현가는 1,413.24원이 된다.[3)]

위 그림에서 2～5년의 기간에서는 연금계산방법을 이용하여 구할 수도 있다. 다음의 4단계를 걸친 계산과정을 보자.

단계 1: 1년 말의 100원에 대한 현재가치를 구한다.

$$100\,(0.9434) = 94.34$$

단계 2: 2년 말에서 5년 말의 200원에 대한 연금의 현재가치에서 1년 말의 연금의 현재가치를 뺀다.

---

3) 불연속적인 현금흐름의 현재가치를 구하는 일반적인 식은 다음과 같은 식으로 구한다.

$$PV = \sum_{t=1}^{n} PMT\left(\frac{1}{1+k}\right)^{t} = \sum_{t=1}^{n} PMT_{t}(PVIF_{k,t})$$

$$\begin{aligned}\text{연금의 현재가치} &= 200(PVIFA_{6\%,\,5\text{년}}) - 200(PVIFA_{6\%,1\text{년}}) \\ &= 200(PVIFA_{6\%,\,5\text{년}} - PVIFA_{6\%,1\text{년}}) \\ &= 200(4.2124 - 0.9434) \\ &= 200(3.2690) = 653.80\end{aligned}$$

단계 3: 7년 말의 1,000원에 대한 현재가치를 구한다.

$$1{,}000(0.6651) = 665.10$$

단계 4: 각 단계에서 구한 금액을 모두 더한다.

$$94.34 + 653.80 + 665.10 = 1{,}413.24$$

6. 영구연금

대부분의 연금은 예를 들어 3년 동안 매년 $1,000,000 지급과 같은 식으로, 얼마간의 한정된 기간에 걸쳐 지급되는 금액이 있어야 한다. 그러나 어떤 연금들은 무기한으로 진행되는데 즉, 여기서 지급되는 금액은 영구히 계속되며 이러한 일련의 지급금액의 흐름은 영구연금(perpetuity)으로 정의된다. 영구연금의 현재가치는 다음 식을 적용해서 구할 수 있다.

$$\begin{aligned}PV(\text{영구연금}) &= \frac{C}{(1+k)} + \frac{C}{(1+k)^2} + \frac{C}{(1+k)^3} + \cdots \\ &= \frac{C}{K}\end{aligned}$$

위 식은 1기간 말부터 현금이 발생하는 영구연금의 현재가치이다. 또한 다음과 같은 무한등비수열의 합 공식으로 영구연금을 구할 수 있다.

$$PV = \frac{\text{초항}}{1-\text{공비}} = \frac{\left(\frac{1}{1+k}\right)}{1-\frac{1}{1+k}} = \frac{C}{K}$$

영구연금은 영국정부에 의해 발행되어 온 몇몇의 특수한 채권으로 설명될 수 있다. 1815년 나폴레옹 전쟁 후 영국정부는 방대한 양의 채권을 발행하여 그 자금을 전쟁 이전에 유통되어 오던 소규모의 채권액을 상환(pay off)하는 데 사용하였다. 새로운 채권의 발행목적이 이전의 부채를 통합해서 정리하는 것이었으므로 이 채권은 영구채권 즉, 통합재권(consols)이라 불리었다. 만약 이 통합채권이 매년 $90의 이자 지급을 영구히 보장하며, 현행이자율 혹은 할인율이 8%라 할 때 각 채권의 가치는 얼마일까? 이 채권의 가치는 $1,125가 된다. 다음과 같이 계산할 수 있다.

$$\text{채권가치} = \frac{\$90}{0.08} = \$1,125$$

여기서 이자율이 12%로 오른다면 이 통합채권의 가치는 $750로 변한다.

$$\text{채권가치} = \frac{\$90}{0.12} = \$750$$

만약 할인율(k)이 4%로 떨어진다면 이 통합채권의 가치는 $2,250로 오를 것이다. 따라서 영구연금의 가치는 이자율의 변화에 따라 변동됨을 알 수 있다.

7. 재무계산기 사용법

Ⅰ. BAII Plus 계산기 기본 Setting 요령

계산기의 사용에 앞서 먼저 계산기 세팅을 해야 합니다.

◎ 〔2ND〕 버튼의 기능

계산기의 각 버튼의 바로 윗 부분을 보면 작은 글씨로 써있는 기능이 있습니다. 우측의 그림에서 보면 ENTER 버튼 위에 [SET] 버튼이 있습니다. 2ND 버튼이 이 기능을 활성화시키는 버튼입니다.

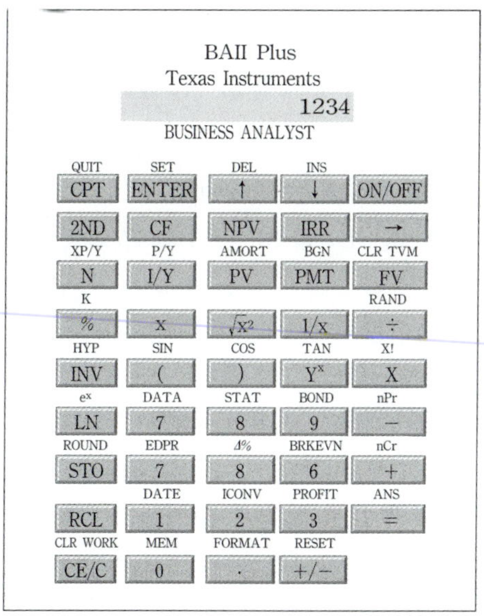

[SET]기능을 활성화 시키려면 2ND 버튼과 ENTER 버튼을 차례로 누르면 됩니다

여기서 2ND 버튼은 컴퓨터의 shift 기능을 한다고 생각하면 됩니다. 이제 세팅하는 방법을 차례로 알아보겠습니다.

ON/OFF 를 눌러 전원을 켭니다.

(1) 2ND [FORMAT] 기능

2ND [FORMAT] 버튼을 차례로 눌러 기본 세팅을 할 수 있습니다.

1) 소수점 자리 수 표시 설정

2ND [FORMAT]을 차례로 누르면 화면에 소수점 자리수를 뜻하는 DEC=2.00이 나옵니다. 이것은 소수점 둘째 자리까지 표시된다는 것입니다. 소수점 셋째자리까지 표시되는 것을 원할 경우 3 ENTER 을 누르시면 DEC=3.000으로 나옵니다.

계산기 조작 방법: 2ND · (FORMAT) 3 ENTER (SET) 2ND CPT (QUIT)

2) 각도 표시 설정: 2ND · (FORMAT) ↓

소수점 자리수 설정후 ↓ 를 누르면 DEG가 나타납니다. 이것은 각도 표시 단위로, RAD(라디안)으로 변경을 원하시면 2ND [SET]를 누르면 됩니다. 다시 DEG로 변경하려면 2ND [SET]을 한 번 더 누르면 됩니다.

3) 날짜 표시 설정: 2ND · (FORMAT) ↓ ↓

다시 ↓ 를 누르면 US 12-31-1990이라는 메시지가 나옵니다. 미국식 날짜표시방식을 나타내는 것이며, 유럽식으로 변경하실 경우 2ND [SET]를 누르시면 EUR 31-12-1990으로 변경됩니다. 우리나라의 경우는 미국식 표시방식을 사용하기 때문에 다시 2ND [SET]를 눌러 미국식으로 Setting 하시기 바랍니다.

4) 화폐 단위 표시 설정: 2ND · (FORMAT) ↓ ↓ ↓

날짜 표시 설정 후 ↓ 를 누르면 US 1,000,000이 나타납니다. 이 역시 날짜 표시 설정과 동일하게 2ND [SET]를 한번 더 누르면 유럽식으로 바뀝니다. 우리나라는 미국식을 따르기 때문에 다시 한번 더 눌러 미국식으로

바꿉니다.

5) 계산 방식 설정: 2ND FORMAT[.] ↓ ↓ ↓ ↓

화폐 단위 표시 설정 후 ↓를 누르면 chn이 나타납니다. chn이란 Chain 방식을 뜻하는 것으로 입력한 순서대로 계산하는 방식을 뜻합니다. 예를 들면 5+4×3=27의 결과값이 나옵니다.

AOS(Alegebraic Operating System) 방식은 사칙연산의 법칙에 맞게 계산됩니다. 여기서 설명되는 모든 계산기의 조작 방법은 chn으로 설명 되므로 chn으로 설정하도록 합니다

(2) 2ND [P/Y] 기능

2ND [P/Y]를 누르시면 P/Y=1.000가 나타납니다. 이것은 채권, 연금 계산시 연간 지불되는 횟수를 나타내는 것으로 P/Y=1.000이라는 것은 연간 지불 횟수가 1회임을 뜻합니다. P/Y=12.000로 바꾸려면, 1 ├ 2 ├ ENTER ├ 2ND ├ QUIT[CPT]의 순서로 버튼을 누릅니다. 하지만 1로 설정하는 것을 권장합니다. 다만 1년에 지불횟수가 4회일 경우 이자율 I/Y을 4로 나눠주고 기간 연수 N를 4로 곱하여 계산하면 됩니다.

(3) 2ND [BGN] 기능

2ND [BGN]를 누르면 화면에 END라고 나타납니다. 이것은 적금, 보험금등의 지불시기가 기말임을 뜻하는 것입니다. 2ND [SET]을 누르면 BGN으로 바뀌게 되는데, 이것은 지불시기가 기초임을 뜻하는 것입니다.

Ⅱ. 실습예제

1) 기본 버튼 설명

I/Y	연 이자율	N	기간 연도
PMT	지급 금액	PV	현재 가치
FV	미래 가치	CPT	계산

2) 적립금의 현재가치

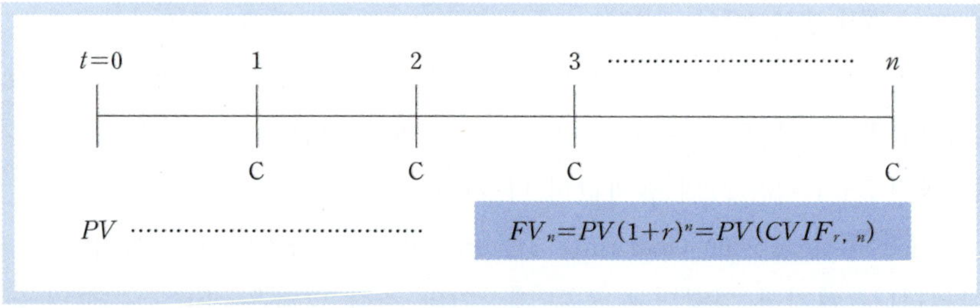

예제 1) 이자율 10%로 1,000만원을 8년간 예치 후 찾게 될 금액은 얼마인가?

[2ND] [QUIT] [2ND] [CLR TVM] : 현금흐름계산을 위해 기존 메모리를 삭제

10 [I/Y]

8 [N]

10,000,000 [+/−] : 현재 시점에서 투자하는 금액이므로 − 개념으로 생각한다.

[PV]

[CPT] [FV] ≅135,794,769

예제 2) 시장 이자율 5%, 10년 뒤 5,000만원을 받게 될 경우 현재 투자해야 될 금액은 얼마인가?

[2ND] [QUIT] [2ND] [CLR TVM]

5 [I/Y]

10 [N]

50,000,000 [FV]

[CPT] [PV] ≒−30,695,663

(현재 투자해야 하는 금액이므로 (−)의 형태로 나타남)

3) 연리 r로 연간 m번 할인 계산되는 경우 현재가치

예제 3) 이자가 12%이며 이자지급은 연간 4회이다. 4년 후 3,000,000원을 받게 될 경우 현재시점에서 얼마를 투자해야 하는가?

2ND QUIT 2ND CLR TVM

12÷4 I/Y

4×4 N

3,000,000 FV

CPT PV ≒ −1,869,501

(현재 투자해야 하는 금액이므로 (−)의 형태로 나타남)

4) 영구연금(perpetuity): 연금의 형태이지만 발생기한이 무한한 현금흐름

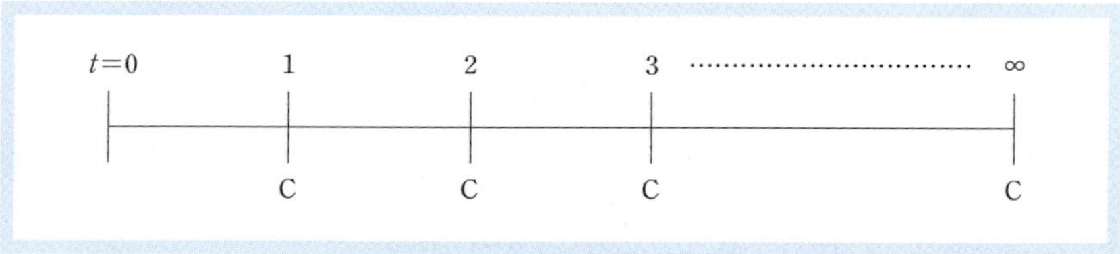

$$PV(\text{영구연금}) = \frac{C}{(1+r)} + \frac{C}{(1+r)^2} + \frac{C}{(1+r)^3} + \cdots = \frac{C}{r}$$

예제 4) 시장이자율 6%로 매년 말 영구적으로 1000만원의 장학금이 지급되는 연금의 가치는 얼마인가?

$$PV_{(p)} = \frac{10,000,000}{0.06} \cong 166,666,667\text{원}$$

5) 연금의 현재 가치

예제 5) 시장이자율이 10%, 20년동안 매년 말 1,000만원씩 지급되는 연금의 현재가치는?

2ND QUIT 2ND CLR TVM

10 I/Y

20 N

10,000,000 PMT

CPT PV ≒ −85,135,637

6) 정상연금의 미래가치

예제 6) 시장 이자율은 6%이며, 향후 10년동안 매년 말 300만원씩 불입한다면 만기 시 찾게 될 금액은 얼마인가?

[2ND] [QUIT] [2ND] [CLR TVM]

6 [I/Y]

10 [N]

3,000,000 [+/−]

[PMT]

[CPT] [FV] ≒39,542,385

참고) 정상연금(Ordinary Annuity) 이란 연금의 현금흐름이 매 기말에 일정하게 발생하는 경우 이고 그에 반해, 연금의 현금흐름이 매 기초에 발생하는 연금을 이상연금(Annuity Due)이라한다

7) 순현가(NPV) 내부수익률(IRR) 구하기

예제 7) 투자안 A에 대한 자본비용이 10%일 경우 NPV과 IRR을 구하라.

매년 발생하는 현금흐름은 다음과 같다

Year	0	1	2	3	4	5
Cash flow	−1,000	500	2500	−1,000	450	1,000

[CF] [2ND] [CLR WORK]

1000 [+/−] [ENTER] [↓]

500 [ENTER] [↓] [↓]

2500 [ENTER] [↓] [↓]

1000 [+/−] [ENTER] [↓] [↓]

450 [ENTER] [↓] [↓]

1000 [ENTER]

[NPV] 10 [ENTER] [↓] [CPT] =3200.253

IRR 구하는 방법) NPV를 구한 상태에서 [IRR] [CPT]를 누르면 105.831이란 값이 계산할 수 있다.

8) 채권의 평가

예제 10) A 회사의 회사채 액면가 10,000 표면 이자율 13%, 3년 만기로 발행되었다. 이자는 매년 말 지급되며 시장이자율이 10%라고 할 경우 A 회사의 채권의 가격은 얼마인가?

[2ND] [QUIT] [2ND] [CLR TVM]

10 [I/Y]

3 [N]

1,300 [PMT] : PMT에 1,300을 넣는 이유는 액면가에 표면이자율 13%을 곱한 값이다.

10,000 [FV]

[CPT] [PV] ≒ −10,746

9) 통계 연산

예제 1) 다음 변수에 대한 평균, 분산, 표준편차를 구하라.

100, 125, 75, 150, 50

[2ND] [DATA] [2ND] [CLR WORK]

100 [ENTER] [↓] [↓]

125 [ENTER] [↓] [↓]

75 [ENTER] [↓] [↓]

150 [ENTER] [↓] [↓]

50 [ENTER]

[2ND] [STAT] [↓] [↓]

$\overline{X}=100$ [↓]

Sample standard deviation $= S_x = 39.528$ [↓]

Population standard deviation $= \sigma_x = 35.355$

$\sigma_x{}^2 \cong 1250$

예제 2) 아래의 X, Y의 관찰치에 대한 평균, 분산, 표준편차 X, Y의 Correlation을 구하라.

	Year 1	Year 2	Year 3	Year 4
$R_m(X)$	11%	8%	13%	6%
$R_i(Y)$	17%	20%	25%	12%

[2ND] [DATA] [2ND] [CLR WORK]

11 [ENTER] [↓]

17 [ENTER] [↓]

8 [ENTER] [↓]

13 [ENTER] [↓]

25 [ENTER] [↓]

6 [ENTER] [↓]

12 [ENTER] [↓]

[2ND] [STAT] [↓] [↓]

Mean of X=9.5 [↓]

Sample standard deviation X=3.109 [↓]

Population standard deviation X=2.693 [↓]

Mean of Y=18.5 [↓]

Sample standard deviation X=5.447 [↓]

Population standard deviation X=4.717 [↓]

Intercept term=a=5.069 [↓]

Slope coefficient=b=1.414 [↓]

Correlation=r=0.807

제 2 절 이자율의 결정과 부채상각

1. 이자율의 결정

자금이 필요한 사람이 은행에서 5년 말에 1,610,500원을 상환하기로 하고 1,000,000원을 대출받는다면 이 계약에서 얼마의 이자율이 적용되는 것일까? 이러한 계약을 살펴봄으로써 이자율을 구하는 방법을 고찰해 보기로 하자.

다음의 예에서 사용한 계수표는 단일 수입이나 연금에서 쓰이는 암묵적인 이자율을 찾는 데 이용될 수 있지만, 불규칙적인 수입흐름에서의 이자율을 찾는 것에는 어려움이 따른다. 이는 시행착오법을 사용하거나 내부수익률기능을 지닌 공업용계산기를 이용해서 해결할 수 있다.

보기 1. 은행에서 1,000,000원을 차입하고 5년 말에 가서 1,610,500원을 상환하기로 하는 계약을 한다면 은행이 요구하는 이자율은 얼마인가?

1) 차입금 1,000,000원은 5년 말 1,610,500의 현새가치이다.

$$PV = 1,000,000 = 1,610,500 \times PVIF_{k,\ 5년}$$

2) $PVIF_{k,\ 5년} = \dfrac{1,000,000}{1,610,500} = 0.6209$

3) 이 책 부록의 현가계수표에서 기간 5의 가로줄에서 0.6209를 찾아서 그에 해당하는 이자율을 찾으면 10%이다. 따라서 이러한 대출을 받기 위해 10%의 이자를 지급해야 하는 것이다.

보기 2. 집을 사기 위해 은행에서 25,000,000원을 대출 받고, 앞으로 25년간 매년 말에 2,545,160원을 지급하기로 하는 저당증서(mortgage)를 발행한다면 은행에서 요구하는 이자율은 얼마인가?

1) 차입금 25,000,000원은 25년 말 2,545,160의 지급하는 연금의 현재가치이다.

$$PV = 25,000,000 = \Sigma \frac{2,545,160}{(1+k)^t}$$

$$= 2,545,160 \times PVIFA_{k,25년}$$

2) $PVIFA_{k,25년}$에 대해 계산하면

$$PVIFA_{k,25년} = \frac{25,000,000}{2,545,160} = 9.8226$$

3) 현가계수표에서 기간 25에서 9.8226을 찾으면 그 세로줄은 9%임을 알 수 있다. 그러므로 이 저당대출의 이자율은 9%이다.

2. 연간 유효이자율

경제전반에 있어서 다양한 투자 형태에 대해 서로 다른 복리기간이 적용된다. 예를 들면 은행은 일반적으로 매월 또는 매일 기준으로 그 이자지급을 계산하고 대부분의 채권은 6개월 기준으로 이자를 지급하며, 주식은 분기별로 배당을 지급하고 대부분의 대여금은 연간 이자를 지급한다. 그러므로 다른 형태의 복리기간을 가진 증권들을 비교할 때 동일기준에서 비교해야 한다. 이러한 필요성에 따라 연간유효이자율의 개념이 개발되었다. 명목이자율은 은행이나 기타대출기관에서 공표될 때, 종종 연간이익률로 불리기도 한다. 예를 들면 은행이 제시하는 이자율 6%의 6개월 복리와 이자율 6.09%의 1년 복리로 계산한 미래가치는 동일한 금액이 되는 것이다. 일반적으로 연간유효이자율은 주어진 명목이자율을 다음 식을 이용하여 구할 수 있다.

$$\text{연간유효이자율} = \left(1 + \frac{k(\text{명목이자율})}{m}\right)^m - 1.0$$

k= 명목이자율
m= 복리계산횟수

예를 들어 명목이자율이 6%이고 6개월 복리를 적용하는 예금이 있다면, 이 예금의 연간유효이자율은 다음과 같이 구할 수 있다.

$$\begin{aligned}\text{연간유효이자율} &= \left(1 + \frac{0.06}{2}\right)^2 - 1.0 \\ &= 1.0609 - 1.0 \\ &= 0.0609 \\ &= 6.09\%\end{aligned}$$

원금이 100,000원에 명목이자율이 6.09%인 1년 복리를 적용하는 예금의 미래가치는 다음과 같이 구할 수 있다.

$$\begin{aligned}\text{미래가치} &= 100{,}000(1 + 0.0609)^1 \\ &= 106{,}090(\text{원})\end{aligned}$$

이자율이 6%인 6개월 복리의 미래가치는

$$\begin{aligned}\text{미래가치} &= 100{,}000\left(1 + \frac{0.06}{2}\right)^2 \\ &= 100{,}000(1.0609) \\ &= 106{,}090(\text{원})\end{aligned}$$

3. 연속적인 이자율 계산

위에서 설명한 6개월 복리에 관한 설명은 다음과 같이 일반화될 수 있다.

1년에 한번 이상의 복리기간을 가질 때 $FV_n = PV(1+k)^n$의 식을 다음과 같이 수정하여 원리금의 미래가치를 구할 수 있다.

$$FV_n = PV\left(1+\frac{k}{m}\right)^{nm}$$

이자율표는 복리계산 횟수가 연간 한번 이상일 때도 사용할 수 있다. 단순히 명목이자율을 복리계산횟수(m)로 나누고, 복리계산횟수(m)를 연수에 곱한다. 예를 들어 8%의 명목이자율(k)이 적용되고 6개월 복리(2: 복리계산횟수)로 계산될 때 1,000원의 5년 후 미래가치는 8%를 2로 나누고 5년을 2로 곱하면 된다. 〈표 2-2〉에서 이자율 4%와 기간 10에 해당하는 미래가치계수를 찾으면 그 이자계수는 1.4802이다. 여기에 1,000원을 곱하면 그 가치는 1,480.2원이 되고, 이것이 곧 1,000원의 6개월 복리 5년 후의 가치가 되는 것이다. 이것은 1,000원에 대한 8% 명목이자율의 연간 복리(1년에 이자를 한번 계산) 1,469.30원과 비교해 보면 크다는 것을 알 수 있다.

위 식에서 m이 무한대로 증가하면 $\left(1+\frac{k}{m}\right)^{nm}$은 e의 값을 $i \cdot n$승한 값에 접근하게 된다. 여기서 자연대수 e는 이자율이 100%일 경우 $\lim_{m\to\infty}\left(1+\frac{1}{m}\right)^m$의 값으로서 2.71828의 값을 갖는다. 따라서 이자계산이 연속적 복리인 경우 다음과 같이 나타낼 수 있다.

$$P_n = P_0 e^{kn}$$
$$e = \lim_{m\to\infty}\left(1+\frac{1}{m}\right)^m$$

4. 부채의 상각

연속복리가 적용되는 중요한 예의 하나가 일정한 기간에 걸쳐서 원금의 일부분인 분할금으로서 조달한 금액 내지 이에 상당하는 가치를 지불해 나가는 방식이 있다. 자동차 대부, 주택저당 대부 등이 바로 그 예이다. 어떤 대부가 동일한 기간(월별, 분기별, 연별)으로 상환되면 균등상환채무(amortized loan)라고 한다. 예를 들면, 어떤 회사가 3년 동안 매년 말에 일정액의 변제지급을 약속하고 1,000만원을 차입한다고 가정하자. 대부자는 각 시점에서 미청산대부액의 6% 이자를 받게 된다. 먼저 회사는 매년 변제해야 하는 금액을 결정하기 위해 차입한 1,000만원을 3년 동안 1년마다 일정액씩 지급하는 연금의 현재가치로써 6%의 할인율을 이용하여 구한다.

$$\text{연금의 현재가치} = \frac{\text{지급액}}{(1+k)^1} + \frac{\text{지급액}}{(1+k)^2} + \frac{\text{지급액}}{(1+k)^3}$$

$$= \frac{\text{지급액}}{(1.06)^1} + \frac{\text{지급액}}{(1.06)^2} + \frac{\text{지급액}}{(1.06)^3}$$

$$= \text{지급액}\left[\frac{1}{(1.06)} + \frac{1}{(1.06)^2} + \frac{1}{(1.06)^3}\right]$$

$$= \text{지급액}(PVIFA_{6\%,3\text{년}})$$

$PVIFA$가 2.6730이므로 지급액(년 상환액)은 다음 식을 이용하여 구할 수 있다.

〈표 2-6〉 부채상환계획표 (단위: 만원)

연도	상환원금 + 이자	이 자	상환원금	잔 액
1	374.11	60.00	314.11	685.89
2	374.11	41.45	332.96	352.93
3	374.11	21.18	352.93	0
	1,122.33	122.33	1,000.00	

$$1{,}000(\text{만원}) = \text{지급액}\,(2.6730)$$

지급액에 대해서 정리하면

$$\text{지금액} = \frac{1{,}000\,(\text{만원})}{2.6730} = 374.11(\text{만원})$$

부채상환계획표의 이자는 첫째 연도의 1,000만원×0.06=60만원으로 구할 수 있고, 둘째 연도의 이자는 685.89만원×0.06=41.15만원으로 구할 수 있다. 그리고 셋째 연도의 이자는 352.93×0.06=21.18만원을 구할 수 있다. 이 계획표에서 상환원금과 이자를 합하면 매년 상환하여야 할 금액 374.11만원이 구해진다.

[돈 좀 법시다(보험)]

노후준비, 현재 미래 화폐가치 따져 설계

최근 통계개발원이 용역을 통해 발표한 '2009 한국의 사회 동향' 보고서를 보면 앞으로 8년 후면 우리나라 인구가 감소하기 시작하고 2050년께는 노동인구 1명이 1명의 노인을 부양해야하는 것으로 분석했다.

이 보고서는 특히 인구 고령화의 심각성을 경고했는데, 인구의 고령화는 경제적 활동성을 떨어뜨리고 건강보험이나 국민연금의 안정성을 위협하고 있다고 지적했다. 고령화로 인한 전체 의료비 지출은 2050년께에는 국내총생산 대비 10%를 넘고 2043년부터는 국민연금의 재정 건전성이 위협받을 수 있다는 주장을 펼쳤다.

이 보고서는 20~30대 직장인이 은퇴하는 시점인 2050년대 사회상에 대한 예측을 담고 있어 눈길을 끈다. 앞으로 실제 일어날 현실과 예측 보고서가 정확히 일치할지 장담할 수 없지만 어느 정도의 트렌드를 반영한다는 측면에서 의미가 있다. 특히 인생 생애주기에 따른 장기적인 플랜을 마련하는 보험 상품을 설계하는 입장에서 위와 같은 리포트는 중요하다.

연금보험과 노후자금을 마련할 때 현재의 가치(화폐)가 미래에 얼마나 되는지와 미래가치가 현재가치로 얼마가 되는지를 따져보면 효율적인 설계가 가능하다. 이 경우 고려해야 할 요소 가운데 하나가 물가상승이다. 물가상승(인플레이션)은 일반적으로 화폐가치의 하락을 가져와 실질소득(이자소득, 임금 등)을 감소시키기 때문이다.

따라서 연금보험에 가입할 경우 물가상승률에 따라 조정되거나 상승하도록 마련하는 것이 필요하다. 또 연금보험과 같은 복리상품은 가입기간이 길면 길수록 효과가 크기 때문에 적은 금액이라도 한 살이라도 젊었을 때 준비하는 것이 중요하다. 특히 정확한 미래가치와 현재가치의 계산이 필요하다면 전문가의 상담을 통해 구체적인 노후자금을 설계해보는 것도 도움이 된다. 이브닝신문=이수한 FC(미래에셋생명)

– 이투데이신문 기사

연 습 문 제

1. 다음 용어를 간략히 설명하시오.
   ① 화폐의 시간가치(time value of money)
   ② 영구연금(Perpetuity)
   ③ 균등상환채무(amortized loan)

2. 만일 당신이 5년 후에 1610.5(만원)을 지불하기로 하면 은행은 당신에게 지금 1,000만원을 빌려 줄 것이다. 그렇다면 이 때의 $PVIF$는 몇 %인가?

3. 한양기업은 기계교체를 위해 3년 후에 1,500,000원이 필요하다. 지금 얼마를 저축하면 비용을 마련할 수 있을까? 단, 이자율은 12%이다.

4. 만일 3번 문제에서 이자가 분기마다 복리계산된다면 지금 얼마를 저축해야 하는가?

5. 한 투자가 2001년 1월 1일부터 2004년까지 매년 초 15,000원을 이자율 10%로 적립한다고 가정하자.
   ① 2004년 12월 31일에 받을 수 있는 금액은 얼마인가?
   ② 매년 15,000원을 적립하는 대신 2002년 말에 60,000원을 한꺼번에 적립한다면 2002년에 받을 수 있는 금액은 얼마인가?
   ③ 만일 ②에서 이자율이 0%, 8%, 12%로 변한다면 각각의 미래가치는 어떻게 변하는지 비교하고 간략히 도시하라.

6. 5년 후부터 60,000원씩 영구연금을 받는다고 하면 영구연금의 현가는 얼마인가? 단, 할인율은 10%이다.

7. 할인율이 13%라 할 때 다음 중 가치가 가장 큰 것은 어느 것인가?
   ① 6년 후에 190,000원을 받는다.

② 18,500원을 10년 동안 받는다.
③ 100,000원을 지금 받는다.
④ 10,800원을 영구연금으로 받는다.

8. (주)한양은 액면가 10,000원, 상환가 10,000원, 만기 5년, 연이자율 12%(단, 이자는 연 2회 지급됨)인 회사채를 발행하였다. 투자자들이 이 채권으로부터 요구하는 수익률이 연 18%라면, 투자자들은 이 채권에 대해 현재 얼마까지 지불하고자 할 것인가?

9. 건설장비를 1억원에 구입하고자 하는 한양기업에게 해당기업은 다음과 같은 세 가지 조건을 제시했다면 어떤 조건으로 구입하는 게 가장 유리한가? (단, 이자율은 연 10%이다.)
① 구입할 때 1,000만원을 지불하고 나머지 30개월에 매월 300만원씩 분할해 지급하는 조건
② 현금구입조건으로 10%의 할인을 받는 조건
③ 500만원을 할인받아 구입할 때 2,000만원을 지불하고 나머지는 매월 말 1,500만원씩 5개월 동안 분할하여 지불하는 조건

제 3 장
증권의 가치평가(VALUATION)

이 장에서는 채권과 주식의 가치평가를 배우게 된다. 기업은 장기자본 조달을 위해 채권과 주식을 발행하게 되는데, 증권의 가치는 자본 조달비용과 연관된다. 여기서 자산이라 하는 것은 부동산, 공장, 기계, 유전, 광산, 농장, 주식 그리고 채권 등 모든 것을 포함하는 의미로서의 자산이다. 이 장에서는 경영자와 투자자가 현금흐름의 할인을 통하여 주식과 채권의 가치를 평가하는 가치평가모델에 대하여 살펴보기로 한다. 사실, 모든 기업에 있어서 중요한 의사결정 대부분이 기업의 주식가격(가치)에 영향을 주므로 경영자는 주식, 채권 등의 가격이 어떻게 형성되는지는 기본적으로 알아야 하는 것이다.

제 1 절 채권의 가치

기업은 보통 채권과 보통주를 이용하여 기업이 필요로 하는 자금을 조달한다. 기업은 채권을 발행하여 자금을 조달하게 될 경우 분기별 또는 6개월 또는 년별로 이자를 지급하지만, 일반적으로는 분기별 3년 만기 회사채로 지급한다. 즉, 투자자의 입장에서는 이러한 일정한 이자수입이 미래의 일정한 현금흐름이 되는 것이다. 기업이 필요자금을 조달하는 한 방법이 되는 채권의 발행은 투자자의 입장에서는 투자자산이 된다. 이러한 채권의 가치를 결정하는 것에 대해 알아보기 위하여 채권에 대한 정의를 보면 다음과 같다. 채권이란 회사나 정부에 의해 발행된 장기계약증권이며 비교적 장기간 사용하기 위해 자금을 차용하는 유가증권이다. 채권에 대한 이해를 돕기 위해 다음 설명과 같은 예를 들기로 한다. 2010년 1월 2일 한국자동차(주)가 액면가 10,000원, 연이자율(coupon rate) 12%, 만기 5년의 회사채(corporate bond)를 발행하여 50,000,000원의 자금을 조달했다면, 한국자동차(주)는 매년 채권매입자에게 6,000,000원의 이자를 지급하고 만기일에 50,000,000원의 원금을 갚아야 하는 것이다. 이와 같은 약속을 함으로써 투자자들은 기꺼이 한국자동차(주)로부터 채권을 50,000,000원에 매입하는 것이고, 이 때 채권의 가치는 50,000,000원이 되는 것이다. 그렇다면 채권매입가격 50,000,000원을 결정하는 원리는 무엇일까? 바로 이것이 이 장에서 논의하고자 하는 주요 문제가 된다. 이 채권의 가치결정을 설명하는 데 있어서 우선 이 채권과 관련된 몇 가지 용어를 정의하면 다음과 같다.

1. 채권과 관련된 용어

(1) 액면가(par value)

액면가(par value)는 채권 하나에 표시된 금액이다. 액면가는 일반적으로 미래에 회사가 갚기로 약속하고, 회사가 빌린 금액의 양을 말한다.

(2) 만기일(maturity date)

채권은 일반적으로 액면가를 갚기로 한 특정 만기(maturity date)가 있다. 예를 들면 한국자동차(주)의 채권이 2000년 1월 2일 발행되고 2015년 1월 2일이 만기가 되면, 15년 만기로 발행된 것이다. 국내 대부분의 채권은 최초 만기(채권을 발행할 때의 만기)가 있는데 보통 3년에서 10년이 보통이다. 그러나 어떤 만기는 법적으로 정해져 있는 것도 있다. 물론 채권의 만기는 발행 후 차차 감소한다. 따라서 한국자동차(주)의 채권도 발행 시에는 15년인데 2001년에는 14년으로 감소하게 된다.

(3) 수시상환조약(call provision)

어떤 채권은 만기 전에 발행자가 상환할 수 있는 조항이 있는데 이것을 수시상환조약(call provisions)이라고 한다. 투자자가 수시상환채권을 보유하고 있다면 만기전에 상환될 수 있으므로 만기수익률을 적용하여 채권가격과 수익률을 평가해서는 안된다.

(4) 액면이자율(coupon rate)

채권발행자인 기업은 채권보유자에게 1년(또는 3개월, 6개월)마다 액면이자(coupon)을 지급한다. 액면이자는 약정된 액면이자율(coupon rate)과 액면가를 곱한 금액으로 계산한다. 예를 들면, 한국자동차(주) 채권의 액면가가 10,000원이고 액면이자율이 15%라면 액면이자는 1,500원이 되는 것이다. 액면이자율은 보통 채권을 발행할 때 정하며 계약기간 동안은 고정되어 있다. 즉, 고정금리를 적용한 확정이자부채권을 말한다.

(5) 신(新)채권 발행과 기(旣)발행 채권(new issues versus outstanding bonds)

채권의 가치는 이자지급과 채권의 시장가치에 의해 결정된다. 채권이 발행될 때 액면이자율은 대개 채권의 시장가치를 액면가와 동등하게 되도록 형성된다. 위의 한양자동차(주)의 예를 들면, 액면이자율이 낮으면 채권의 가치가 낮아지게 되며, 투자자는 채권 1단위에 대해 10,000원을 지급하려고 하지 않을 것이다. 반대로 액면이자율이 높으면 투자자는 채권을 10,000원보다 더 높은 가격으로도 인수하려고 할 것이다.

채권은 처음 발행될 때 신채권(new issue)이라고 하며, 과거에 잠시 시장에서 유통되었다면 그 채권은 신주가 아니라 기발행채권(outstanding bonds)이 된다. 새로 발행된 채권의 가격은 액면가에 아주 근접해 있다. 하지만, 기발행채권의 가격은 액면가와는 다르다. 왜냐하면 액면이자율은 일정하나 경제적 상황이 변할 때마다 시장의 이자율이 변동되기 때문이다. 즉 위의 한국자동차(주)의 경우 이자율 15%로서 이자가 1,500원일 때 경제상황이 바뀌면 액면가는 1,000원보다 높거나 낮게 형성될 수 있는 것이다.

2. 채권가치의 평가

채권은 매년 이자를 지급하고 만기에 원금을 지급한다. 따라서 앞으로 지급받게 되는 이자와 원금의 현재가치를 합한 금액이 채권의 현재가치이다. 다음 그림에서 이와 같은 채권의 현금흐름의 예와 채권의 가치를 구하는 모델이 나타나 있다.

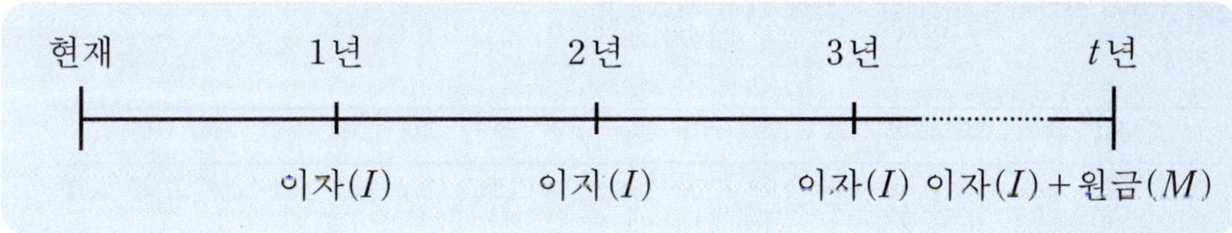

$$채권의\ 가치=\sum_{t=1}^{n}\left(\frac{I}{1+k}\right)^{t}+\left(\frac{M}{1+k}\right)^{t}$$
$$=I(PVIFA_{\ k,\ t})+M(PVIF_{\ k,\ t})$$

단, I: 매년 지급되는 이자(액면이자율×액면가)
M: 만기금액
k: 채권수익률
t: 만기까지 남은 연도

위의 식을 이용하여 한국자동차(주)의 액면가 10,000원, 이자 지급액 1,500원, 만기 15년인 채권가치를 구해보면

$$I=1{,}500원$$
$$M=10{,}000원$$
$$PVIFA(15\%,\ 15년)=5.8474$$
$$PVIF(15\%,\ 15년)=0.1229$$

($PVIFA$와 $PVIF$는 만기 15년, 채권수익률 15%의 연금의 현재가치요소와 현재가치요소이다.)

$$채권의\ 가치=1{,}500(5.8474)+10{,}000(0.1229)$$
$$=8{,}771.1+1{,}229$$
$$=10{,}000$$
$$=10{,}000(k=14\%)$$

채권수익률이 15%을 유지하고 있다면 1년 후의 채권의 가치는 얼마일까? 즉, 1년이 지난 후 기간이 14년이 남았을 때의 채권의 가치를 말하는 것으로 가치평가모형에 대입하여 계산하면 다음의 결과와 같이 10,000원이 된다. 그리고 채권의 가치는 채권수익률이 15%로 유지되는 한 10,000원이다.

$$채권의\ 가치=1{,}500(5.7245)+10{,}000(0.1413)$$
$$=9{,}999.8=10{,}000$$

〈그림 3-1〉 한국자동차(주)의 채권에 대한 현금흐름 (단위: 원)

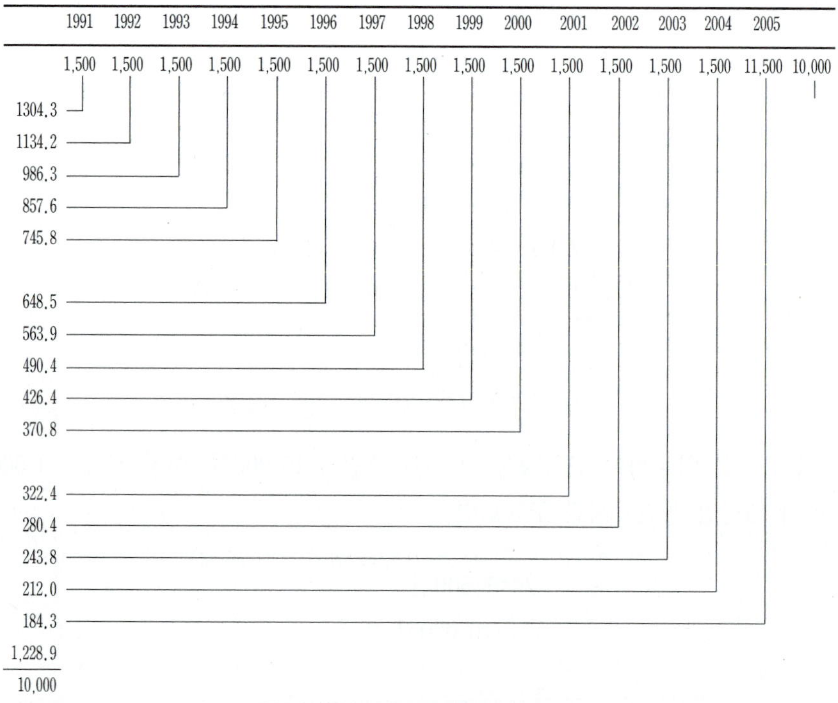

(주) 시장 이자율 k가 15%일 때 채권의 현재가치는 10,000원이다.

한국자동차(주)가 채권 발행 후에 채권수익률 k가 15%에서 10%로 하락한다면, 위의 채권가치평가모델에 10%의 채권수익률을 고려한 $PVIF$와 $PVIFA$가 적용되어 1년 후의 채권의 가치는 13,683원이 된다.

$$
\begin{aligned}
\text{채권의 가치} &= 1{,}500(PVIFA_{\ 10\%,\ 14\text{년}}) + 1{,}000(PVIF_{\ 10\%,\ 14\text{년}}) \\
&= 1{,}500(7.3667) + 10{,}000(0.2633) \\
&= 11{,}050.1 + 2{,}633.0 \\
&= 13{,}683
\end{aligned}
$$

이렇게 채권수익률이 하락할 경우 채권은 액면가를 넘는 프리미엄을 포함해서 매도된다. 그렇다면 프리미엄이 포함되는 원인은 무엇일까? 그 이유는 간단하다. 채권수익률 K_d가 10%로 하락했다는 것은, 투자자가 10,000원을 투자하려 할 때 매년 지급되는 이자가 100원인 새로운 채권을 구입해야 한다는 것을 의미한다. 투자자는 당연히 이자지급이 높은 채권에 투자를 하려고 할 것이다. 이러한 사실은 모든 투자자들이 인식하게 되고 한국자동차(주)의 액면이자율이 15% 적용되는 채권에 투자를 하려고 할 것이다. 결과적으로 채권의 가격이 13,683원이 되는 수준까지 투자자들은 이 채권을 매입하려고 하기 때문이다.

채권수익률이 10%로 투자기간의 14년 동안 유지된다면 채권의 가치는 13,683원에서 만기의 가치 10,000원으로 점진적으로 떨어진다. 그러면 1년 후 13년의 기간이 남은 채권의 가치를 구해 보자.

$$\begin{aligned}\text{채권의 가치} &= 1{,}500(PVIFA_{10\%,\,13\text{년}}) + 10{,}000(PVIF_{10\%,\,13\text{년}}) \\ &= 1{,}500(7.1034) + 10{,}000(0.2897) \\ &= 13{,}552\end{aligned}$$

따라서 채권가격은 13,683원에서 13,552원으로 떨어진다. 즉, 만기가격에 점점 접근해 가는 것을 알 수 있다. 만약 채권을 13,683원의 가격에 구입하고 1년 후에 다시 팔았을 때(k는 여전히 10%)131원의 자본손실(13,683−13,552=131)을 보게 된다. 즉, 1,500원의 이자수익에서 131원을 차감하면 총수익이 1,369원이 된다. 총수익은 이자수익+자본이익이므로 1,500+(−131)=1,369로 구할 수 있고 총수익률은 다음과 같이 구할 수 있다.

반대로 발행 후 채권수익률이 15%에서 20%로 상승하면 한국자동차(주)의 채권의 가치는

$$\text{이자수익률} = \frac{1{,}500}{13{,}683.1} = 0.1096 = 10.96\%$$

$$\text{자본수익률} = \frac{-131}{13{,}683.1} = -0.0096 = -0.96\%$$

$$\text{총수익률} = \frac{1{,}369}{13{,}683.1} = 0.1001 = 10.00\%$$

7,695원으로 떨어진다.

$$\begin{aligned}\text{채권의 가치} &= 1{,}500(PVIFA_{20\%,\,14\text{년}}) + 10{,}000(PVIF_{20\%,\,14\text{년}}) \\ &= 1{,}500(4.6106) + 10{,}000(0.0779)\end{aligned}$$

$$=6915.9+779$$
$$=7,695$$

이 경우에 있어서 액면가를 2,305원만큼 할인해서 발행한 경우이다. 계산식을 살펴보면

할인액 = 가격 − 액면가
= 7,695 − 10,000
= −2,305

채권의 할인액이나 프리미엄은 다음과 같은 식으로 계산된다.

할인액 또는 프리미엄 = [채권수익률이 변하기 전의 채권의 이자 지급액 − 채권수익률이 변한 후의 사채의 이자 지급액] $(PVIF_{k,n})$

n = 채권수익률이 변하기 전의 채권에 대한 만기까지 기간
k = 현재 채권수익률, 혹은 신채권에 대한 만기 수익률

그러면, 위에서 설명한 채권수익률이 15%에서 20%로 변할 경우 한국자동차(주)의 채권을 예로 들어 할인액을 계산해 보자

한국자동차(주)의 채권이 1년 후 20%로 이자율이 증가하면

할인액 = [1,500 − 2,000] × (4.6106)
= −2,305

위에서 계산된 값은 소수점을 제외하면 먼저 계산한 −2,305와 같다. 따라서 여기서 알 수 있는 것은 할인액은 채권수익률이 변한 후의 채권에 비해 채권수익률이 변하기 전의 채권을 구매함으로 인해 희생된 이자 지급액의 현재가치이라는 것이다. 이것은 만기까지의 기간이 길수록 희생된 이자지급이 크므로 할인액도 커지게 되는 것이다.

〈그림 3-2〉는 채권수익률이 15%, 20%, 10% 변함에 따라 채권의 가치를 표시한 것이다. 채권수익률이 일정하지 않으면 채권의 가치는 유동적이나, 채권수익률과 상관없이 채권의 가치가 만기에 가까와짐으로 인해 10,000원에

〈그림 3-2〉 액면이자율이 일정하고 채권수익률이 변할 때의 채권의 가치

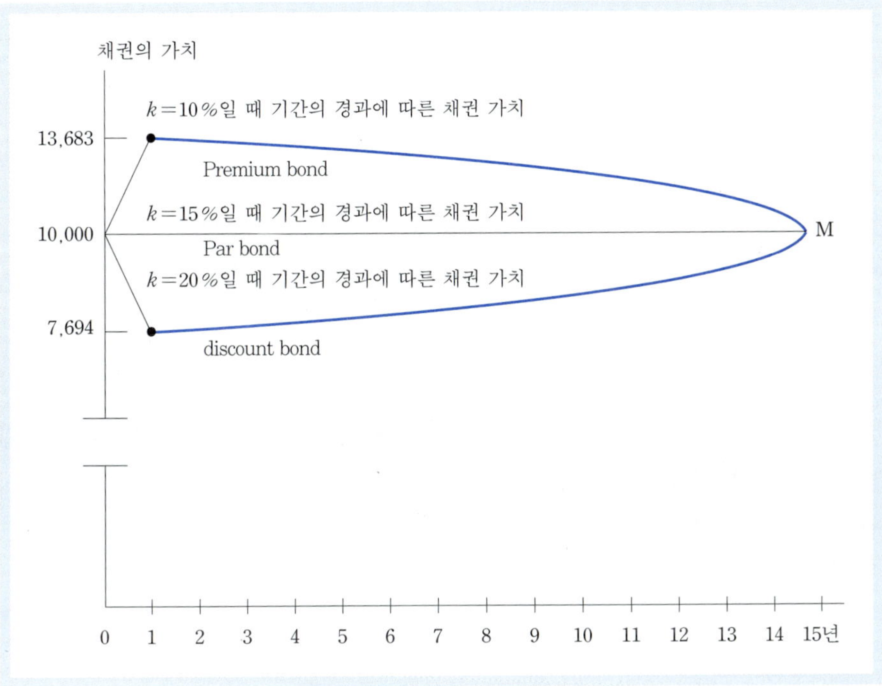

접근한다. 〈그림 3-2〉는 다음과 같은 중요점을 시사하고 있다.

① 채권수익률이 액면이자율과 동등하면 채권의 가치와 액면가치는 동일하다.

② 채권수익률이 액면이자율보다 크면 채권은 할인발행된다.

③ 채권수익률이 액면이자율보다 작으면 채권은 할증발행된다.

④ 채권수익률이 증가하면 기발행 채권 가격이 하락하고, 채권수익률이 하락하면 기 발행 채권의 가격은 상승한다.

⑤ 채권의 시장가치는 만기가 가까워짐에 따라 액면가로 접근한다.

채권투자자는 이자율이 오르고 내림에 따라 자본이익이나 손실을 보기 때문에, 위의 다섯 가지는 특성을 잘 파악하고 있어야 투자손실을 줄일 수 있다.

(1) 만기수익률(yield to maturity)

채권을 만기까지 소유할 경우 채권에 대한 수익률을 말한다. 예를 들어 투자기간이 14년, 액면이자율이 15%, 액면가 10,000원인 채권의 가치가 13,683

원일 때 이 채권을 만기까지 가지고 있을 때 채권의 수익률을 계산하면 얼마일까? 이때의 수익률을 채권의 만기수익률(YTM)이라 한다. 만기까지의 수익률은 다음의 채권가치를 평가하는 식에서 K 값을 구하면 된다.

$$\text{채권의 가치}=\sum_{t=1}^{n}\left(\frac{I}{1+k}\right)^{t}+\left(\frac{M}{1+k}\right)^{t}$$

$$\begin{aligned}\text{채권의 가치}&=\frac{1{,}500}{(1+k)^{1}}=\frac{1{,}500}{(1+k)^{2}}+\cdots+\frac{1{,}500}{(1+k)^{14}}+\frac{10{,}000}{(1+k)^{14}}\\&=1{,}500(PVIFA_{k,\ 14\text{년}})+10{,}000(PVIF_{k,\ 14\text{년}})\\&=13{,}683\end{aligned}$$

k를 구하기 위해 $PVIFA$와 $PVIF$의 알맞은 값을 계속 대입시켜서 구할 수 있다. 이때 처음 사용하는 가장 적절한 이자율은 무엇일까? 먼저 채권의 시장가치가 13,683원이면 할증발행되는 것이므로 만기수익률은 15%보다 낮다. 따라서 이자율 12%에 해당하는 $PVIFA$와 $PVIF$를 대입해보면

$$1{,}500(6.6282)+10{,}000(0.2040)=11{,}988$$

채권의 가치는 11,988원이 나오고 13,683원과 같지 않다. 12%를 대입했을 때의 채권가치가 실제 시장가치보다 낮으므로 YTM은 12%가 아니다. 그러므로 12%보다 더 낮은 이자율 10%에 해당하는 $PVIFA$와 $PVIF$를 대입해서 계산하면

$$\begin{aligned}\text{채권의 가치}&=1{,}500(7.3667)+10{,}000(0.2633)\\&=11{,}050.1+2{,}633.0\\&=13{,}683\end{aligned}$$

10%를 대입했을 때의 채권가치가 채권의 시장가치와 같아지므로 이때 10%가 만기수익률(YTM)이 된다. 채권가 액면가로 발행되면 YTM은 액면이자율과 같다. 채권가 액면가와 다르게 발행되면 YTM은

$$YTM=\text{이자수익자본이익(손실)}$$

로 구성된다. YTM은 채권수익률이 변할 때 수시로 변한다. 채권 소유주는

만기에 원금을 받으나 구입과 만기 사이의 기간에는 YTM이 빈번하게 변하게 되는 것이다.

(2) 수시상환채권의 수익률

투자자가 수시상환채권을 보유하고 있다면 만기 전에 상환될 수 있으므로 만기수익률을 적용하여 채권가격과 수익률을 평가해서는 안 된다. 예를 들어 행당(주)가 수시상환할 수 있는 액면이자율이 15%, 액면가 10,000원, 만기가 15년인 채권을 발행하고 채권수익률이 15%에서 10%로 하락하면 행당(주)는 기 발행채권을 상환하고 액면이자율이 10%인 채권로 대체할 것이다. 그러면 행당(주) 입장에서는 채권 1단위당 매년 1,500－1,000＝500원만큼의 비용을 절약할 수 있을 것이다. 이는 행당(주)에서는 이익이나 채권 소유주에게는 매우 불리한 약정이 될 수 있는 것이다. 따라서 투자자는 만기수익률(YTM)보다는 콜수익률(YTC)로 채권의 수익률을 평가해야 한다. 콜 수익률(YTC)은 아래의 수식에서 k값을 구하는 것이다.

$$\text{수시상환채권 가격} = \sum_{t=1}^{n} \frac{I}{(1+k)^t} + \frac{call\ price}{(1+k)^n}$$

n: 회사가 상환할 때까지의 기간
$call\ price$: 회사가 상환하기 위해 지불하는 금액
k: 만기수익률(YTC)

(3) 이자율이 반년마다 계산되는 채권의 가치

반년마다 이자가 지급되는 채권의 가치는 다음에 나타난 식으로 구한다. 이 식은 연이자율이 적용되는 채권의 가치를 구하는 식을 수정하여 구할 수 있다. 이자율이 반년마다 계산되는 채권의 가치를 계산하기 위해서 다음과 같이 세 단계를 걸친 계산과정을 거친다. 위에서 예를 든 한국자동차(주)의 경우를 살펴보기로 하자. 예를 들어 설명하면 다음과 같다.

1. 1년 이자율을 2로 나누어 6개월 이자율을 구한다.
2. $n \times 2$하여 반년마다 이자가 지급되는 채권의 만기를 계산한다.
3. $\frac{k}{2}$하여 반년마다 이자율을 산출한다.

$$채권의\ 가치 = \sum_{t=1}^{2n} \frac{I}{2}\left(\frac{1}{1+\frac{k}{2}}\right)^t + M\left(\frac{1}{1+\frac{k}{2}}\right)^{2n}$$

$$= \frac{I}{2}(PVIFA_{k/2,\ 2n}) + M(PVIF_{k/2,\ 2n})$$

앞에서 예를 들어 설명한 한국자동차(주)의 경우 채권이자는 6개월마다 750원씩 지급된다. 채권수익률이 10%일 때, 채권의 가치는 다음 계산 결과와 같다. 반년마다 이자를 지급하는 채권가격은 1년마다 이자를 지급하는 채권가격보다 약간 높다. 이는 이자에 이자가 계산되는 복리를 생각하면 쉽게 이해될 수 있는 부분이다.

(4) 채권에 대한 이자율 위험

채권수익률은 시간이 흐름에 따라 변화하고, 채권수익률이 변함에 따라 채권의 가치도 또한 변하게 된다. 가령 여러분이 이자율이 15%인 한국자동차(주)의 채권을 10,000원의 가격으로 샀을 때, 채권수익률이 20% 오르면 채권의 가치는 7,695원으로 하락하여 채권단위당 2,305원만큼 손해를 본다. 즉, 이자율이 변함에 따라 채권소유주는 이자율 변동위험에 노출되게 되는데, 이것을 이자율 위험(interest rate risk)이라 한다.

이자율 위험 노출은 채권의 만기가 길수록 크다. 이것은 액면이자율 15%, 1년 만기채권의 가치와 14년 만기채권의 가치를 채권수익률 변동에 따른 채권가치변동으로 비교해 보면 알 수 있다.

만기 1년과 14년의 채권의 가치를 〈표 3-1〉과 〈그림 3-3〉에 요약·정리했다.

〈표 3-1〉과 〈그림 3-3〉을 살펴보면, 채권수익률 변화에 따라 장기채권는 매우 민감하게 변하고 있는 것을 알 수 있다. 채권수익률이 15%인 경우에는 장·단기 채권의 가치가 일치한다. 20%로 오르면 장기채권의 가치는 7,695원으로 떨어지는데 단기채권의 가치는 9,583원밖에 하락하지 않는다. 즉, 같은 액면이자율(coupon rate)을 가진 장·단기 두 채권의 가치는 채권수익률이 변함에 따라 항상 장기이자율이 변화가 크다.

따라서 부도위험이 동일하여도 장기채권이 채권수익률이 하락할 때 더욱 위험하다. 이것을 간단한 예를 들어 설명하기로 하자. 투자자가 만기 14년, 액

〈표 3-1〉 만기에 따른 채권의 가치

〈1년 만기채권〉

⊙ 채권수익률이 20%일 때

채권의 가치=1,500(0.8333)+10,000(0.8333)
=1,250+8,333
=9,583

◎ 채권의 가치=9,583원

채권수익률이 20% 상승

⊙ 채권수익률이 15%일 때

채권의 가치=1,500(0.8696)+10,000(0.8096)
=1,304.4+8,696
=10,000

◎ 채권의 가치=10,000원

채권수익률이 10% 하락

⊙ 채권수익률이 10%일 때

채권의 가치=1,500($PVIFA_{10\%,\,1년}$)+10,000($PVIF_{10\%,\,1년}$)
=1,500(0.9091)+10,000(0.9091)
=1,363.7+9,091
=10,454.7

◎ 채권의 가치=10,454.7원

〈14년 만기채권〉

⊙ 채권수익률이 20%일 때

채권의 가치=1,500(4.6106)+10,000(0.0779)
=6,915.9+779
=7,694.9

◎ 채권의 가치=7,694.9원

채권수익률이 20% 상승

⊙ 채권수익률이 15%일 때

채권의 가치=1,500(5.7245)+10,000(0.1413)
=8,586.75+1,413
=10,000

◎ 채권의 가치=10,000원

채권수익률이 10% 하락

⊙ 채권수익률이 10%일 때

채권의 가치=1,500(4.6106)+10,000(0.2633)
=11,050.05+2,633
=13,683.05

◎ 채권의 가치=13,683원

면이자율(coupon rate) 15%, 액면가 10,000원의 채권을 샀을 경우에는 14년 동안에 매년 1,500원의 이자수익을 얻는다. 이러한 채권을 매수 후에 채권수익

〈그림 3-3〉 만기에 따른 채권의 가치

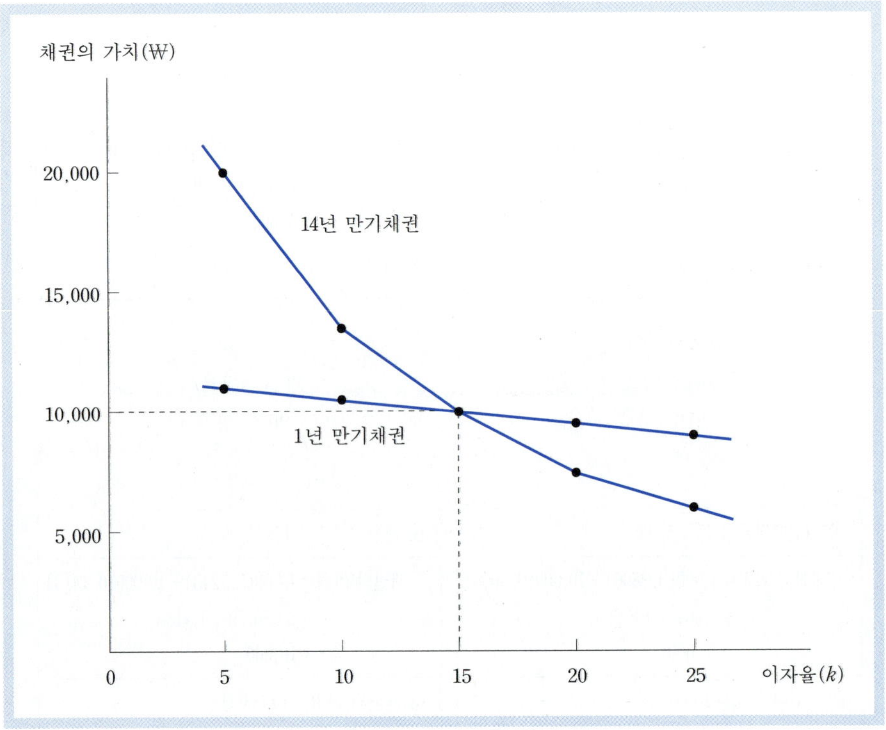

률이 20%로 오르는 경우 단지 14년 동안 이자지급액 1,500원만큼 매년 받는다. 그러나 이자율이 15%일 때, 만기 1년의 채권에 투자하고, 1년 후 원금 10,000원과 이자지급액 1,500원을 받고, 이자율이 20%로 오른 후에 나머지 13년 동안은 10,000원을 20%의 이자율이 적용되는 채권에 투자하여 매년 2,000원의 이자지급액을 받을 수 있게 된다. 그러나 1년짜리 채권을 구입하게 되면 재투자수익률위험(reinvestment rate risk)이 존재한다. 가령 만기 1년, 액면이자율 15%, 채권을 구입했을 때 채권수익률이 10%로 하락한다면 1년 후에 10,000원과 이자지급액 1,500원을 받아 이자율이 10%인 채권에 투자하게 되므로 1년에 1,500원－1,000원＝500원의 손해를 본다. 투자자가 1년만 투자하고자 한다면 만기 1년짜리 채권은 (파산이 없다면) 10,000원＋이자를 보장해 준다. 그러나 14년짜리 채권은 1년 후에 이자율이 오르면 되팔 경우 10,000원보다 작은 금액을 보장하게 된다.

제 2 절 이자율의 기간구조

채권투자는 만기가 다른 투자대상에 투자하게 되므로 장기수익률과 단기수익률의 관계를 정확히 파악하는 것이 매우 중요하다. 이자율의 기간구조(Term Structure of Interest Rates)라고 하는 장기 수익률과 단기 수익률과의 관계는 자금의 차입을 단기부채의 발행을 통할 것인지, 장기부채의 발행을 통할 것인지를 결정해야만 하는 기업재무담당자에게 매우 중요한 개념이다. 또한 장기채권을 구입할 것인지, 혹은 단기채권을 구입할 것인지에 대한 의사결정을 해야 하는 투자자에게 있어서도 매우 중요하다. 따라서

① 장기 수익률과 단기 수익률이 어떻게 상호 관련되어 있는가?

② 각 수익률의 상대적인 위치를 변화시키는 요인이 무엇인가?

를 이해하는 것은 매우 중요하다. 〈그림 3-4〉는 미국의 만기가 다른 두 재무성 채권의 수익률을 보여 주고 있다.

〈그림 3-4〉 상이한 기간에 따른 재무성채권의 수익률

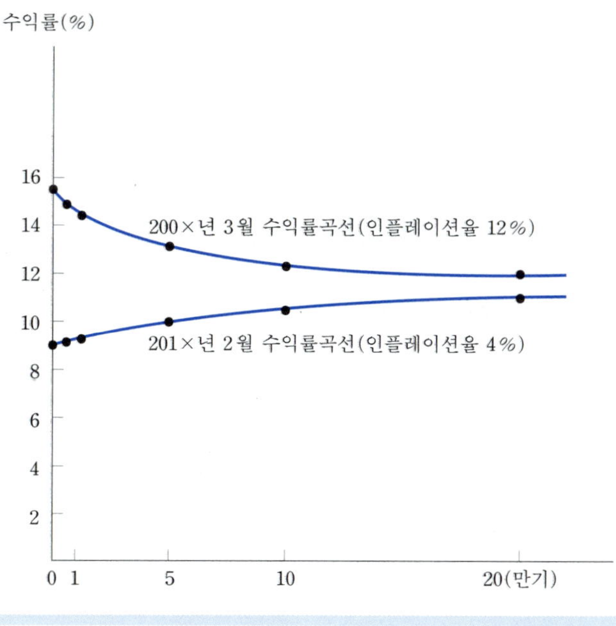

만 기	수익률	
	200×년 3월	201×년 2월
6개월	15.0%	7.2%
1년	14.0	7.6
5년	13.5	8.2
10년	12.8	8.4
20년	12.5	9.0

채권의 만기가 길어짐에 따라 수익률곡선이 변화하는 것을 볼 수 있다. 200×년 3월에서는 단기 수익률이 장기 수익률보다 높아서 그 날의 수익률곡선은 아래로 하향하고 있다. 그러나 201×년 2월에는 단기 이자율이 장기 이자율보다 낮아서 그 날의 수익률곡선은 위로 상승하는 모습을 보이고 있다. 만약에 우리가 2010년 1월 동안에 장기채권과 단기채권의 수익률이 같다고 하면, 수익률곡선은 수평이 될 것이다. 〈그림 3-4〉에서는 미국 재무성채권의 수익률곡선을 보여 주지만, 이것을 회사채(社債)로 대체하여 수익률곡선을 그려보면 의무불이행 프리미엄 때문에 회사 수익률곡선은 같은 날에 있는 재무성채권보다 위쪽에 있겠지만 그 모양은 재무성증권과 같은 모습을 취할 것이다. 위로 상승하는 수익률곡선은 "정상적"수익률곡선이라 하고 아래로 하향하는 수익률 곡선은 역행적 혹은 "비정상적"수익률 곡선이라고 일컫는다. 그래서 〈그림 3-4〉에서는 200×년 3월 수익률곡선이 역행적이지만 201×년 2월은 정상적인 것을 보여 주고 있다.

채권수익률의 기간구조이론

채권의 만기에 따라서 수익률에 차이가 나는 이유에 대해서 여러 이론이 있다. 수익률곡선의 모양에 대한 세 가지 주요한 이론은 (1) 시장분할이론과 (2) 유동성 선호이론, (3) 기대이론이다. 각 이론에 대하여 살펴보기로 하자.

(1) 시장분할이론

시장분할이론은 단기채와 장기채 시장이 별도로 존재한다고 주장한다. 자금 공급자와 차입자 간에 선호하는 만기가 별도로 존재한다는 것이다. 예를

〈그림 3-5〉 시장분할이론에 의한 수익률곡선

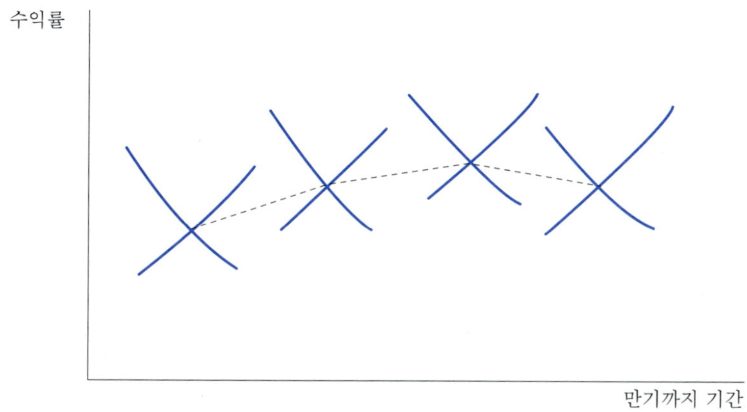

들어 집과 같은 자산을 구입하기 위해서, 전자설비회사에서는 발전소를 건설하기 위해서 장기대출을 받길 원한다. 그러나 9월에 크리스마스의 계절 수요에 대비하기 위해 제품을 구입하려는 소매상은 단기대출을 선호할 것이다. 저축하는 사람 사이에도 유사한 차이가 존재한다. 다음 여름 학기에 방학을 맞을 사람은 여유자금을 단기채권 시장에 공급하려고 하지만, 20년 후에 퇴직하려는 사람은 아마 장기채권을 매입하여 저축할 것이다. 따라서 채권시장의 구성은 서로 만기가 상이한 몇개의 하부시장으로 이루어지며, 수익률은 각각의 하부시장에서 수요 · 공급의 법칙에 의하여 결정된다. 이 이론은 위험회피형의 투자자와 시장의 불완전성을 가정하고 있으므로 장 · 단기채권시장은 재정거래가 존재할 수 없는 분할된 시장으로 존재하는 것이다. 시장분할이론에 대한 비판은 수익률곡선의 경사가 단기채권 시장에서의 수요 · 공급에 따라 결정되는 것이 아니라 장기채권시장에서의 수요 · 공급 조건에 따라 결정된다는 것이다.

(2) 유동성 선호이론

유동성 선호이론(Liquidity Preference Theory)은 다음의 두 가지 이유로 인하여 단기채권보다 장기채권의 수익률이 높다고 주장한다.

① 투자자는 일반적으로 단기채권을 가지길 선호한다.

② 동시에 차입자는 정반대의 입장을 보여 장기채권을 선호한다.

따라서 이 두 선호 체계를 함께 고려하면 정상적인 조건하에서 수익률곡선은 위로 상승하는 것을 의미한다. 즉, 장기채권일수록 이자율 변동으로 인한 가격변동폭이 크고, 원리금회수가 불가능할 위험이 존재하는 것이다. 따라서 일반적으로 위험회피형인 투자자는 장기채권에 대하여 높은 수익률을 요구할 것이다.

(3) 기대이론

기대이론(Expectation Theory)은 수익률곡선이 미래 기간별 단기수익률에 대한 기대에 의존한다는 것이다. 따라서 투자자들이 앞으로 기간별 단기이자율이 상승할 것으로 기대할 때는 만기가 길수록 수익률곡선이 상승하며, 기간별 단기이자율이 하락할 것으로 예상하면 만기가 길수록 수익률곡선은 하락할 것이다. 투자자들이 미래 인플레이션을 고려하여 수익률곡선을 예상할 때, 다음의 계산결과를 살펴보자.

〈표 3-2〉 평균기대인플레이션의 계산

연도별 기대 인플레이션율		2008~2010년 간 평균기대인플레이션율
2008년	9%	$\frac{9\%}{1}=9\%$
2009년	6%	$\frac{(9\%+6\%)}{2}=7.5\%$
2010년	3%	$\frac{(9\%+6\%+3\%)}{3}=6.0\%$

〈표 3-3〉 재무성채권의 이자율

	실질이자율 (k^*)		인플레이션프리미엄 (평균기대인플레이션)		재무성채권 이자율
1년 만기채권	2%	+	9.0%	=	11.0%
2년 만기채권	2%	+	7.5%	=	9.5%
3년 만기채권	2%	+	6.0%	=	8.0%

만기가 t기인 미국 재무성채권의 명목이자율을 k_t라 할 때

$$k_t = k^* + IP_t$$

IP_t는 인플레이션 프리미엄으로서 채권 만기 전의 기간의 평균 인플레이션과 같다. 예를 들어, 2007년 12월의 실질 이자율이 $k^*=2\%$이고 3년 동안 기대 인플레이션율과 평균기대인플레이션이 〈표 3-2〉와 같을 때 〈표 3-3〉과 같은 이자율 유형이 존재한다.

만약, 기대된 인플레이션율이 반대로 된다면(기대된 인플레이션이 3%, 6%, 9%) 〈표 3-4〉와 같이 채권의 이자율이 계산된다.

〈표 3-4〉 인플레이션이 반대일 경우 재무성채권의 이자율

	실질이자율 (k^*)		인플레이션프리미엄 (평균기대인플레이션)		재무성채권 이자율
1년 만기채권	2%	+	3.0%〔(3.0%)/1〕	=	5.0%
2년 만기채권	2%	+	4.5%〔(3%+6%)/2〕	=	6.5%
3년 만기채권	2%	+	6.0%〔(3%+6%+9%)/3〕	=	8.0%

위와 같이 계산된 재무성채권의 이자율은 〈그림 3-6〉에 나타나 있다. 기대이론에 따라서 매년 인플레이션율이 감소한다고 예상되면 수익률곡선은 하향하고, 반대로 인플레이션이 증가한다고 예상되면 수익률곡선은 상승할 것이

〈그림 3-6〉 인플레이션기대에 따른 수익률곡선

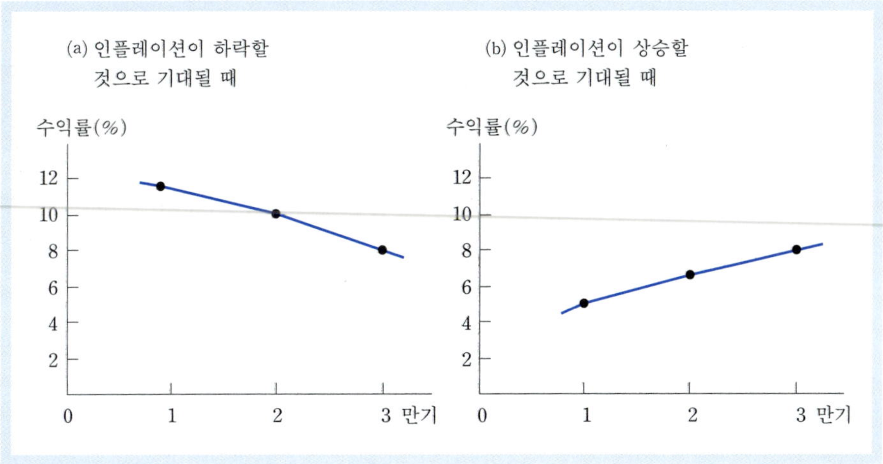

다. 이러한 상황이 〈그림 3-6〉에 잘 나타나 있다.

여러 이론에 대한 검증을 실시해 본 결과 이 세 가지 이론들은 타당성이 있는 것으로 나타나고 있다. 그래서 어느 주어진 시점에서 수익률곡선의 모양은 장·단기 시장에서의 수요·공급 조건, 유동성 선호와 미래 인플레이션에 대한 기대에 의해 영향받는다. 어느 한 요인이 다른 시점을 지배하고, 다른 어떤 요인이 다른 시점에서 지배할 수 있지만 이것들은 모두 이자율의 구조에 영향을 미친다.

제 3 절 이자율의 결정요인

일반적으로 채권에 적용되는 명목 채권수익률 k는 경제의 실질성장률 k^*에 인플레이션, 증권의 위험, 증권의 시장성(혹은 유동성)에 대한 몇 가지 프리미엄이 반영되어 결정된다. 이런 관계는 다음과 같이 수식으로 나타낼 수 있다.

$$k = k^* + IP + DP + LP + MP$$

k = 명목 채권수익률
k^* = 실질이자율
IP = 인플레이션 프리미엄
DP = 채무불이행 프리미엄
LP = 유동성 프리미엄
MP = 만기 위험 프리미엄

1. 순수이자율(pure rate of interest)

순수이자율(pure rate of interest) k^*는 인플레이션이 기대되지 않을 때 무위험 채권에 적용되는 균형이자율로서 정의할 수 있다. 순수이자율은 또한, 실질무위험이자율이라고 일컫는데, 인플레이션이 없는 세계에서 단기채권에 적용되는 이자율이라 생각할 수 있다. 순수이자율은 경제상황에 의존하여 시간이 지남에 따라 변한다.

2. 인플레이션 프리미엄

인플레이션은 이자율에 영향을 미치는 주요한 요인이다. 예를 들어 투자자가 1,000,000원을 만기가 1년이고 액면 이자율이 5%인 국채에 투자한다면 투자자는 1년 후에 1,050,000원을 받을 수 있다. 만약, 이 기간 동안에 인플레이션율이 10%라면, 채권보유자가 채권으로부터 수령하는 액면이자와 액면가의 가치는 각각 연평균 10% 하락하게 될 것이다. 그러므로 균형 채권수익률은 인플레이션으로 인한 가치하락률을 포함하게 될 것이다.

이자율 산정에 반영되는 인플레이션은 과거에 경험한 인플레이션이 아니라 미래에 기대되는 인플레이션이다. 따라서 평균기대인플레이션이 6%라 하면, 6% 인플레이션을 현재의 이자율 산정에 반영하여 이자율을 산출할 수 있다.

또한 어떤 증권의 이자율에 반영된 인플레이션율은 증권의 만기 동안의 기대된 평균인플레이션율이다. 따라서 1년 만기채권에 반영된 인플레이션은 다음 1년 동안 기대되는 인플레이션이지만, 30년 만기채권에 반영된 인플레이션은 다음 30년 동안 기대되는 평균 인플레이션이다.

미래 인플레이션의 기대는 비록 완전한 상관관계를 갖지 않지만 최근에 발생한 인플레이션율과 밀접한 관련이 있다. 그러므로 만약 지난 몇 달 동안에 인플레이션이 증가되었다면, 투자자는 미래 인플레이션에 대한 그들의 기대를 증가시키고, 이런 기대변화 원인은 이자율 증가의 원인이 되는 것이다.

3. 채무불이행 프리미엄

이 위험은 차입자가 대부금에 대한 의무불이행을 함으로써, 차입자가 원금이나 이자를 상환하지 않는 것으로 채권의 이자율에도 영향을 미친다. 의무불이행이 클수록 이자율은 높다. 회사채(社債)에 있어서 채권의 신용등급이 높을수록 채무불이행은 낮아 결과적으로 이자율도 낮다. 따라서 만기와 유동성이 같다면, 회사의 신용등급이 우수한 회사의 채권이, 낮은 등급의 회사채보다 이자율이 낮아, 회사에게 있어서는 금융비용의 축소를 기대할 수 있고, 투자자에게 있어서는 채무불이행에 의한 위험이 축소될 수 있다.

4. 유동성 프리미엄

대부분의 유동성이 있는 자산은 짧은 기간 동안에 현금으로 전환할 수 있다. 그러나 만약 채권에 유동성이 없다면 투자자는 채권의 채권수익률에 유동성 프리미엄(LP)을 추가할 것이다. 이는 투자자가 자금을 필요로 할 때 바로 현금화하지 못하는 위험을 반영한 것으로 유동성 프리미엄을 측정하기는 어렵지만 유사한 위험과 만기를 갖는 자산 중에서 유동성이 제공되는 자산과 그렇지 못한 자산 간에는 1～2%의 이자율 차이가 존재하는 것으로 알려져 있다.

5. 만기위험 프리미엄

모든채권은 이자율 위험이라 불리는 위험요소가 있어, 채권의 가격은 채권수익률이 상승할 때마다 급속히 하락하는 경향이 있다. 일반적으로 회사채는 만기가 길수록 이자율 위험은 더 높다. 이는 만기위험 프리미엄(MP)의 반영으로 만기가 길수록, 높게 요구되는 이자율로 표현된다. 만기위험 프리미엄의 영향은 단기채권에 적용되는 이자율보다도 장기채권에 적용되는 이자율이 비교적 높게 나타난다. 다른 프리미엄처럼 이 프리미엄도 측정하기가 어렵지만 일반적으로 시간이 지남에 따라, 이자율의 변동이 클 때 상승하고 이자율이 안정적일 때 하락한다.

6. 이자율수준에 영향을 미치는 요인

실질이자율과 인플레이션을 향한 명목이자율은 인플레이션 기대화 경제성장 외에 추가적으로 다른 요인들에 의해서도 영향을 받는다. 가장 크게 영향을 미치는 요인들은 정부제도의 정책, 정부예산 수준 등을 들 수 있다.

(1) 정부의 정책

대부분의 경제학을 공부하는 사람들은 i) 경제활동수준과 인플레이션에 주요한 영향을 미치는 것이 통화량의 공급수준이며 ii) 정부체제하에서 통화량을 통제한다는 사실을 알고 있을 것이다. 만약 경제를 활발하게 하기 위해서 통화량을 증가시켜 경제성장률을 증가시키길 원한다면, 이런 활동에 대한 초기 영향은 이자율을 감소시키는 원인이 되었지만 또한 기대 인플레이션을 증가시켜서 이자율을 증가시킬 수 있을 것이다. 정부가 통화량 공급정책을 억제한다면 반대의 효과도 얻을 수 있다. 예를 들어 20○○년 인플레이션은 꽤 높았다. 그래서 정부는 통화량 공급을 억제하였다. 정부는 주로 단기시장을 다루어서 (지준을 강화, 통안증권매각) 이런 정책은 단기 이자율을 급속히 상승시키는 직접적인 영향을 가지고 왔다. 동시에 장기 인플레이션의 감소를 이끄는 강한 활동을 취해 장기 인플레이션은 감소하여서 장기 수익률이 하락하는 것을 보여 주었다. 단기채권의 이자율은 그 후 급격히 하락하였다. 정부가 시장에 강력한 중재를 하는 동안 수익률곡선은 왜곡될 수 있을 것이다. 이렇게 정부의 정책은 이자율 변동에 상당한 영향을 미치는 요인이 된다.

(2) 정부예산 부족

만약 정부가 세수수익보다 많은 자금을 사용한다면 국가를 운영하는 데 있어서 자금이 부족하여 그 부족액을 차입하거나 통화를 발행하여 보충해야 한다. 만약 정부가 자금을 차입한다면 이 자금은 이자율을 상승시킬 것이다. 따라서 정부예산 부족액이 많을수록 다른 조건이 일정하게 유지되는 한 이자율 수준은 높을 것이다. 일반적으로 예산 부족액이 수익률곡선의 기울기에 어떤 영향을 미치는지는 명확히 알 수 없어서 장기 혹은 단기 이자율 중 어느 것이 재정 부족액에 의존하는지는 알 수 없다.

7. 이자율수준과 주식가격

이자율은 기업이익에 두 가지 측면에서 영향을 미친다.

① 이자는 비용이다. 따라서 이자율이 높을수록 다른 여타의 수익요인이 일정하게 유지되는 한 회사의 이익은 낮고

② 이자율은 경제활동 수준에 영향을 미치고 사업이익은 경제활동에 의해 영향을 받는다.

이러한 측면을 고려할 때 분명히 이자율은 주식가격에 영향을 미친다. 그렇지만 더 중요한 것은 주식과 채권 간에 유가증권시장에서의 경쟁으로 인한 효과를 갖는다는 것이다. 만약 이자율이 급격히 상승한다면, 투자자들은 주식시장보다 채권시장에서 더 많은 수익을 얻을 수 있어서 주식시장에서 채권시

장으로 자금이 이전하여 주식을 매도하도록 하는 요인이 된다. 물론 이자율이 감소한다면 반대의 효과가 나타난다. 예를 들면 2000년에 한양자동차(주)의 주식은 주당 10,000원에 매매되었고 1,000원의 배당을 주었다. 배당수익률은 1,000/10,000 = 10%이다. 그리고 당시 한양자동차(주)의 채권수익률은 10%이었다. 투자자가 1,000,000원으로 주식이나 채권에 투자했다면 매년 수입은 100,000원이었을 것이다. 그러나 2001년 초 이자율이 낮아져 채권의 수익률은 단지 7%가 되었다. 만일 이때 주식이 10%의 수익률을 갖는다면 투자자는 채권에서 1,000,000원을 빼어 주식을 구입할 것이다. 이 과정을 통해 연간 소득은 70,000원에서 100,000으로 증가하게 된다. 결국, 이러한 과정을 통해 다시금 주식수익률과 채권수익률은 같아지게 될 것이다.

8. 이자율과 경영의사결정

〈그림 3-4〉에서 나타난 201×년 2월 수익률곡선은 미국정부가 201×년 동안에 1년, 5년, 10년의 기간 동안에 자금을 차입하고 상환해야 할 금액이 얼마인가를 보여 준다. 사업자금을 차입하는 기업측으로서는 정부보다 다소 많은 금액을 지불해야만 될 것이다. 201×년 시점에서 기업측에서 위의 수익률곡선이 적용된다는 가정 하에 다음의 예를 살펴보기로 하자. 지금 한양(주)이

① 20년 동안 사용할 수 있는 새로운 공장을 1억원의 자금으로 건설하고

② 자금의 조달을 채권 등 부채를 통하여 조달한다면

한양(주)이 단기부채를 사용할 때, 즉 만기가 1년인 채권을 발행할 때 지불하는 이자비용은 연간이자율이 7.6%이므로 7,600,000원이 될 것이고, 장기(20년)로 조달한다면 9.0%인 9,000,000원의 이자를 지불할 것이다. 그러므로 얼핏 보기에는 경영자가 단기부채를 사용할 것으로 보인다. 그러나 이러한 결정을 한다면 큰 실수를 하게 되는 것이다. 만약 경영자가 단기부채를 이용한다면 경영자는 매년 새로운 자금 차입계약을 해 그 시점의 단기이자율의 적용을 받을 것이다. 이자율이 200×년 3월 수준의 14%로 되어 201×년까지 계속된다면 한양(주)는 이자율 14%의 적용을 받아 매년 1,400,000원을 지불했을 것이다. 이런 높은 이자 지불은 한양(주)의 이익을 감소시킬 것이다. 결과적으로 한양(주)의 감소된 이익은 기업의 위험을 증가시키고 이것은 기업채권의 신용등급을 낮게 하여 자금조달비용을 증가시켜 한양(주)에게 큰 부담을 줄

것이다.

만약 투자자가 새롭게 자금을 대부하는 계약 즉, 한양(주)의 채권 매입을 거부하고 또한 한양(주)로부터 부채를 상환할 것을 요구한다면 한양(주)의 경영진은 현금을 마련하기 위해 고통을 받을 것이며, 이러한 상황을 해결하기 위하여 경영자가 자산을 싸게 팔아 현금으로 전환한다면 경영자는 기업에 큰 손해를 입히거나 심지어는 기업이 파산지경에 이를 것이다.

반면에 경영자가 201×년에 장기조건으로 자금을 차입한다면 이때의 이자율은 9%이므로 한양(주)의 이자비용은 매년 9,000,000원일 것이다. 이에 따라 이자율이 상승한다고 하여도 한양(주)는 손해를 입히지 않을 것이다. 심지어는 한양(주)가 파산된 경쟁기업을 싼 가격으로 구입할 수 있을 것이다. 왜냐하면 이자율이 상승 시 급격한 파산기업이 증가하는 것을 볼 수 있는데 이는 많은 기업들이 단기부채를 이용하기 때문이다.

그러나 이러한 요인으로 인하여 기업이 항상 단기부채를 피해야만 하는가? 반드시 그렇지만은 않다. 만약 정부의 경제계획이 성공적으로 운영되었다면 인플레이션은 다음 몇 년 동안 낮을 것이고 이러한 영향으로 이자율도 낮아질 것이다. 만약 기업이 201×년 2월 9%인 장기조건으로 자금을 차입했다면 기업의 9%의 이자지급은 기업에게 불이익이 됐을 것이다. 왜냐하면 경쟁기업들은 단지 7% 혹은 8%의 낮은 이자율의 적용을 받아 상대적으로 낮은 이자비용을 지급하기 때문이다. 반면에 정부의 계획이 성공적으로 운영되지 못하여 실패했다면, 이런 경우에는 한양(주)은 201×년에 장기이자율이 적용되는 장기채권이 유리할 것이다.

만약 우리가 미래를 정확하게 예측한다면 재무의사결정은 쉬울 것이다. 그러나 불행히도 미래의 이자율 예측은 어렵거나 불가능하다. 우리는 미래 이자율 수준을 예측하기에는 어렵다 할지라도 이자율이 변동한다는 예측은 쉽게 할 수 있다. 따라서 효율적 재무의사결정은 자본뿐만 아니라 장기 · 단기부채를 고려한 것이 되어야 하며, 이러한 재무의사결정은 기업이 여러 가지 이자율위험에 노출되어 있는 현 상황에서 생존할 수 있는 기본적인 여건이 될 수 있는 것이다.

제 4 절 우선주의 가치

우선주(preferred stock)는 어떤 점에서 채권과 비슷하고, 또 어떤 점에서는 보통주와 비슷하다. 그러므로 채권의 성격과 보통주의 성격이 복합된 주식 형태라고 볼 수 있다. 기업이 해산될 때 잔여재산청구권과 기업에 대한 이익청구권의 우선순위가 채권보다는 낮지만 보통주보다는 높은 증권이 우선주이다. 보통주에 대한 배당금을 지급하기 전에 먼저 지급하는 배당금은 보통주식과 같이 수익이 낮으면 배당금을 지급하지 않을 수도 있다. 그리고 대부분의 우선주는 만기 전에 보통주로 전환된다. 우선주는 보통주와 마찬가지로 만기가 없다. 그러나, 기업들은 우선주를 영구적인 자본조달의 원천으로 보지 않기 때문에 전환이나 상환의 규정을 두는 것이 보통이다. 전환우선주(convertible preferred stock)는 특정 기간만 우선주의 성격을 갖고 그 기간 이후에는 보통주로 전환되는 주식이며, 상환우선주(redeemable preferred stock)는 우선주로 발행한 후 만기가 되면 상환하는 것으로 상환을 위하여 감채기금이 적립되기도 한다. 우리나라의 경우 대부분 전환이나 상환의 조건이 없는 우선주로 발행된다. 그러나, 최근 들어(1996년 이후) 발행한 우선주는 전환우선주 또는 상환우선주가 대부분이다. 우선주는 소유주에게 고정된 배당금을 지급한다. 따라서 그 가치는 다음과 같이 구할 수 있다.

$$\text{우선주가치} = D/k$$

D: 배당금
k: 요구수익률

한국자동차(주)가 매년 8,000원의 배당을 지급하는 우선주를 발행하고, 요구수익률이 10%라면 우선주의 가치는 다음의 계산 결과와 같이 80,000원이다.

$$\text{우선주가치} = 8{,}000 \div 0.10 = 80{,}000$$

제 5 절 보통주의 가치

보통주는 기업에 대한 소유권을 나타내는 것으로, 투자가들에게 다음과 같은 두 가지 특징을 부여하고 있다.

첫 번째는, 회사가 배당금을 지급할 수 있는 이익이 발생했고, 그 회사의 경영자가 이익을 유보하는 것보다 배당금을 지급하기로 결정했다면 보통주의 소유주는 배당금을 받을 수 있다. 채권의 경우에는 이자를 지급한다는 약속을 담고 있는 반면에, 주식의 경우에는 그러한 약속을 담고 있지 않다. 따라서 만약 주식을 소유하는 경우에 배당금을 받을 수 있는 기대를 가질 수도 있지만, 이러한 기대가 항상 충족되는 것은 아니다. 예를 들어, 미국의 Long Island Lighting 회사의 경우 50년 이상 동안 보통주식에 대하여 배당을 지급해 왔고, 또한 사람들도 이러한 배당이 계속될 것이라고 기대했다.

그러나 그 회사는 1984년 심각한 경영상의 문제에 당면했을 때 채권에 대해서는 계속해서 이자를 지급했지만 보통주에 대해서는 배당을 중지하였다. 만약 이러한 배당의 중지가 없었다면, 그 회사는 결국 파산을 하게 됐을 것이고, 따라서 채권자에게 그 회사는 넘어갔을 것이다.

두 번째 특성은 미래에 과거 매수가격보다 더 높은 가격으로 팔 수 있는 가능성이 있다는 사실이다. 만약 미래에 매수가격보다 더 높은 가격으로 팔 수 있다면 투자가들은 자본이익을 실현할 수 있을 것이다. 일반적으로 어떤 시점에 사람들이 보통주를 매수한다면 그들은 자본이익을 기대하고 있는 것이라고 볼 수 있다. 그러나 이러한 자본이익에 대한 기대가 때때로 자본손실을 가져오기도 한다.

1. 주식의 가치평가모델에 이용되는 용어의 정의

주식은 미래에 현금흐름을 제공한다. 따라서 주식은 다른 재무자산의 가치평가방법과 같은 방법으로 가치를 구할 수 있다. 기대되는 현금흐름은 다음과 같이 두 가지가 있다.

① 매년마다 기대되는 배당

② 투자가들이 주식을 팔 때 받을 것으로 기대되는 주식가격

앞서 재무관리자들은 회사의 주식가치를 극대화하려고 한다는 것을 보았다. 경영자들의 의사결정이 어떻게 이루어지느냐에 따라서 투자가들의 현금흐름 유입에 영향을 미치고, 또한 회사의 위험에도 영향을 미친다. 그러므로 경영자들은 자신들의 경영에 대한 의사결정이 주가에 어떻게 영향을 미치는 지를 정확히 알아야만 한다. 여기서는 이러한 주식의 가치가 많은 상황 하에서 어떻게 결정되는지를 보는 데 도움을 줄 수 있는 모델을 소개하고자 한다. 우선 다음의 용어부터 정의하고 시작하도록 한다.

D_t: 주주가 t년도의 말에 가서 받을 것으로 기대되는 배당금
D_0: 가장 최근에 지급된 배당금
D_1: 이번 연도 말에 지불될 예정의 배당금
D_2: 2년도 말에 지불될 예정의 배당금

$\hat{p}_t$: 매년 t시점의 말에 기대되는 주식가격
g : 투자자들이 기대하는 배당성장률 (growth rate)
k_s: 최소요구수익률 (required rate of return)
$\hat{k}_s$: 투자자들이 최저필수 수익률보다 높을 것이라 기대하는 기대수익률 (expected rate of return)
$\overline{k}_s$: 실제 투자를 한 후의 실현된 실현수익률 (actual rate of return)

$\frac{D_1}{P_0}$: 기대배당수익률

$\frac{P_1-P_0}{P_0}$: 기대자본이익

총기대수익률: 주식의 기대자본이익과 기대배당수익률을 함께 고려한 수익률 (expected total yield)

2. 주식가치에 포함되는 기대배당

채권에 대한 가치의 평가에 있어서, 채권의 만기까지의 지급되는 각 기간의 이자에 대한 현재가치의 합계에 채권의 만기에 지급되는 원금의 현재가치를 더한 금액이 그 채권의 가치가 됨을 배웠다. 다음 식이 채권의 가치를 구하는 모델이다.

$$\text{채권의 가치} = \sum_{t=1}^{n}\left(\frac{I}{1+k}\right)^{t} + \left(\frac{M}{1+k}\right)^{t}$$
$$= \frac{I}{(1+k)^{1}} + \frac{I}{(1+k)^{2}} + \cdots + \frac{I}{(1+k)^{t}} + \frac{M}{(1+k)^{t}}$$

주식가치도 마찬가지로 미래 현금흐름의 현재가치로서 결정될 수 있는데, 기본적인 주식의 가격을 구하는 식은 채권가치평가방법과 유사하다. 기업이 주주들에게 제공해야 하는 현금흐름은 무엇일까? 첫번째로 만약 주식을 영원히 보유할 목적으로 구입하는 투자자를 고려해 보면, 이러한 경우에 투자자들이 받는 것은 배당의 흐름이고, 현재의 주식의 가치는 배당의 무한한 흐름의 현재가치로서 계산될 수 있다.

$$\text{주식의 가치} = \text{미래 배당금의 기대되는 현재가치}$$
$$= \frac{D_1}{(1+k)^{1}} + \frac{D_2}{(1+k)^{2}} + \cdots + \frac{D_\infty}{(1+k)^{\infty}}$$

좀 더 구체적인 예를 들어보면, 기업의 경영실적이 악화되면 기업은 배당지급을 중지하게 된다. 기업이 채권에 대한 현금흐름(액면이자율과 원금)을 지급하지 못하는 경우에는 파산에 이르게 된다. 하지만 기업의 주인인 주주에게 지급되는 배당은 그 지급이 중지되더라도 파산과 직접 연결되지는 않는다. 이와 같은 주식의 가치는 위 식에 의하여 결정된다. 투자자에게 기대되는 현금흐름은 기대배당과 예상(기대)되는 주식의 매도가격이다. 그러므로 현재 투자가 받는 매도가격은 투자자들이 기대하는 미래의 배당금에 달려 있는 것이다. 이것을 다르게 설명하면, 회사가 파산하지 않는다면, 그 회사가 주주들에게 제공하는 현금흐름은 오직 배당금으로만 구성되고, 그 주식의 가치는 기대되는 배당금의 현재가치로서 구할 수 있는 것이다.

주식의 가치를 구하는 모델의 유용성은 다음과 같은 질문에 의해 더욱 확신될 수 있다. 투자자가 주식을 매입하고 그것을 1년 동안 보유한다고 가정하면, 1년 동안의 배당금의 현재가치에 그 주식을 1년 후에 매도함으로써 받는 금액에 대한 현재가치의 합이 그 주식의 가치가 될 것이다. 이러한 과정은 무한히 계속될 것이고 결국엔 주식의 가치를 구하는 식으로 귀결될 것이다. 주식의 가치를 구하는 모델은 일반화된 평가모델이다. 즉, D_t는 올라갈 수도 내려갈 수도 일정할 수도, 또는 무작위적으로 변할 수도 있다. 일정한 배당금을 지급하는 경우에는 단순한 주식가치평가 모델을 이용할 수 있다. 다음의 설명에서는 제로성장을 하는 경우, 일정한 성장을 하는 경우, 비정상적인 성장을 하는 경우로 나누어 주식의 가치를 구하는 것을 살펴보도록 하자.

3. 무(Zero)성장 주식의 가치

앞으로 배당이 증가하지 않고 일정할 것으로 기대된다면, 이것을 무성장주식(zero growth stock)이라 하고 미래에 기대되는 배당은 일정한 금액을 유지하게 된다. 말하자면, $D_1 = D_2 = D_3$와 같이 각 연도 말에 지급되는 배당금이 동일하게 된다. 그러므로 우리는 주식평가모델을 다음과 같이 쓸 수 있다.

$$p_0 = \frac{D_1}{(1+k_s)^1} + \frac{D_2}{(1+k_s)^2} + \cdots + \frac{D_\infty}{(1+k_s)^\infty}$$

무성장주식은 영구증권(perpetuity)으로 간주할 수 있으며, 이 주식은 일정한 배당금 흐름을 무한히 제공하는 것이다. 그러나 각 배당금은 이전 연도에 지급한 배당금보다 현재가치면에서 그 가치가 더 작으므로, 기간이 길수록 미래배당의 현재가치는 0에 가까워진다. 예를 들어

$D = 1{,}000$원(배당금)

$k_s = 0.16$(최소요구 수익률)

이라고 하면 무성장주식의 가치는 다음과 같이 구할 수 있다.

$$p_0 = \frac{1{,}000}{(1.16)^1} + \frac{1{,}000}{(1.16)^2} + \frac{1{,}000}{(1.16)^3} + \cdots + \frac{1{,}000}{(1.16)^{50}}$$

$$+\cdots+\frac{1,000}{(1.16)^{100}}+\cdots$$

이러한 형태의 현금흐름이 있는 영구증권을 그래프의 형태로 표현하면 〈그림 3-7〉과 같이 나타낼 수 있다. 수평선은 일정한 배당흐름을 나타낸다. 점차로 감소하는 직선들은 각 미래배당의 현재가치를 나타내 준다. 만약 우리가 이러한 분석을 확장하고 미래배당금액의 현재가치를 모두 합한다면, 그 합은 무성장주식의 가치가 되는 것이다.

주식의 가치는 각 기간에서의 현금흐름을 할인율에 의하여 나눈 값이다. 따라서 무성장주식의 가치는 다음 식으로 계산할 수 있다.

$$p_0=\frac{D}{k_s}$$

〈그림 3-7〉에서 예로 든 주식을 $p_0=\frac{D}{k_s}$식을 이용하여 평가하면 다음의 결과와 같이 주식의 가치는 6,250원이 된다.

$$p_0=\frac{1,000}{0.16}=6,250$$

〈그림 3-7〉 무성장주식 배당금흐름의 현재가치

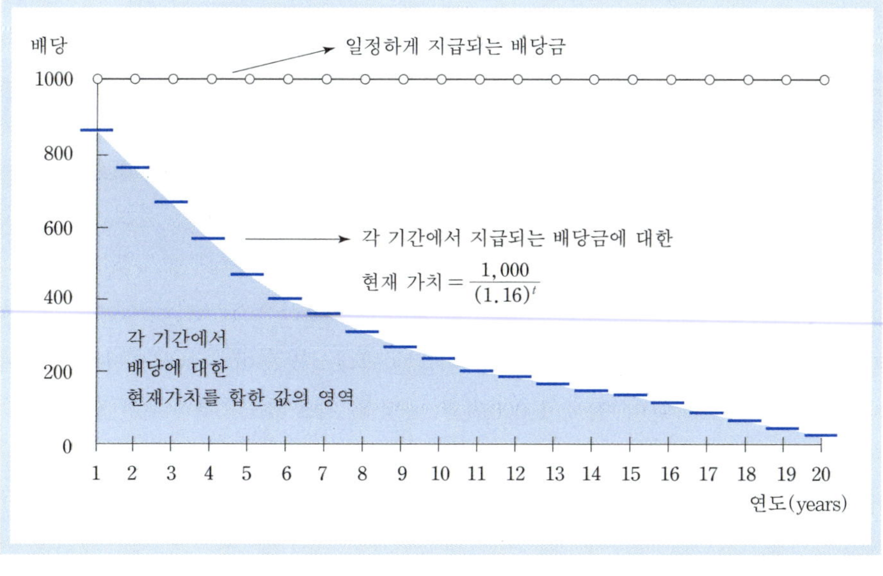

그러므로, 〈그림 3-7〉을 영구히 확장하고, 배당의 현재가치를 구한다면, 주식의 가치는 6,250원으로 구할 수 있는 것이다. 그러나 현실적으로 주식의 실제시장가치는 6,250보다 크거나, 작거나 혹은 같을 수 있다. 무성장주식의 가치를 구하는 식 $p_0=\frac{D}{k_s}$에서 K_s와 P_0의 위치를 바꾸면 다음 식과 같다.

$$k_s=\frac{D}{p_0}$$

투자자는 가장 최근에 지급된 배당금 D와 주식의 가격 P_0를 알 수 있는데, $\frac{D}{p_0}$에 의해서 구한 값은 투자자가 주식을 매수한다면 얻을 것으로 기대되는 수익률이다. 그러므로 만약 투자자가 주식을 6,250원의 가격으로 매입한다면, 그리고 1,000원의 일정한 배당을 받는다고 기대된다면 기대수익률은 다음과 같이 구할 수 있다.

$$k_s=\frac{1,000}{6,250}=0.16=16\%$$

4. 항상(일정한)성장을 하는 주식의 가치

무성장모델은 주식의 가치를 구하는 데 있어서 일반적으로 이용되는 모델이기는 하지만, 대부분 기업의 배당과 이익은 매년 증가한다고 볼 수 있다. 이렇게 기대되는 성장은 기업마다 차이가 존재하기는 하지만, 배당의 성장은 명목적인 국민총생산과 같은 비율로 계속 성장하는 것이 보통이다. 이러한 맥락에서 정상적인 기업이 8~10% 성장할 것이 기대되고 정상적 또는 일정한 성장을 하는 기업의 마지막으로 지불된 배당이 D_0라면 미래의 시점 t에서 배당은

$$D_t=D_0(1+g)^t$$

과 같이 예측될 수 있고, 여기서 g는 일정한 기대성장률이다. 예를 들면, 한국자동차(주)가 바로 얼마 전에 1,000원의 배당을 지불했고, 투자자가 한국자동차(주)의 배당성장률을 10%로 예상하고 주식을 매입했다면, 첫번째 연도 말에 지급될 배당은 다음과 같이 구할 수 있다.

$$D_1 = 1{,}000(1.10)^1 = 1{,}100$$

D_2 즉, 두 번째 연도 말에 지급될 배당은 다음과 같이 구할 수 있다.

$$D_2 = 1{,}000(1.10)^2 = 1{,}210$$

그리고 5년 후에 지급될 배당은 다음과 같이 구할 수 있다.

$$\begin{aligned} D_5 &= D_0(1+g)^5 \\ &= 1{,}000(1.10)^5 \\ &= 1{,}611 \end{aligned}$$

이렇게 미래에 지불될 배당금을 측정하는 방법을 이용하여 우리는 주식의 현재가치 P_0를 구할 수 있다. 즉, 기대되는 각 연도의 배당금의 현재가치를 계산할 수 있고, 또한 이러한 현재가치의 합은 곧 주식의 가치가 된다. 그러므로 주식의 가치는 기대되는 미래배당의 현재가치와 같게 된다. 만약 배당성장률(g)이 일정하다면 이러한 형태의 주식가치는 다음과 같은 식으로 구할 수 있다.

$$\text{주식가치} = \frac{D_0(1+g)}{k_s - g} = \frac{D_1}{k_s - g}$$

위 식을 이용하여 한국자동차(주)의 주식가치를 구하면 18,333원이 된다.

$$\text{주식가치} = \frac{1{,}000}{0.16 - 0.10} = \frac{1{,}100}{0.06} = 18{,}333$$

주식가치 $= \frac{D_1}{k_s - g}$과 같이 표현되는 항상성장모델은 마이런 이후 모델을 발전시키고 대중화시킨 고든의 이름을 따서 고든모델이라고 한다. 이 모델은 무성장모델을 포함하며, 만약 성장률이 '0'이라면 이것은 일정성장 모델의 특수한 경우에 속하고, 주식가치 $= \frac{D}{k_2}$ 같게 된다. 고든모델을 유도하기 위한 필요충분조건은 K_s가 g보다 클 때이다. 만약 K_s가 g보다 크지 않다면 그 결과는 의미가 없게 된다. 일정한 성장률을 가진 배당의 현재가치는 〈그림 3-8〉에 잘 나타나 있다.

배당성장률은 매년 10%(g=10%)이고, $K_s > g$이기 때문에 각 미래배당

〈그림 3-8〉 일정한 성장률을 가진 배당의 현재가치 ($D_0=1,000$, $g=10\%$, $k_s=16\%$)

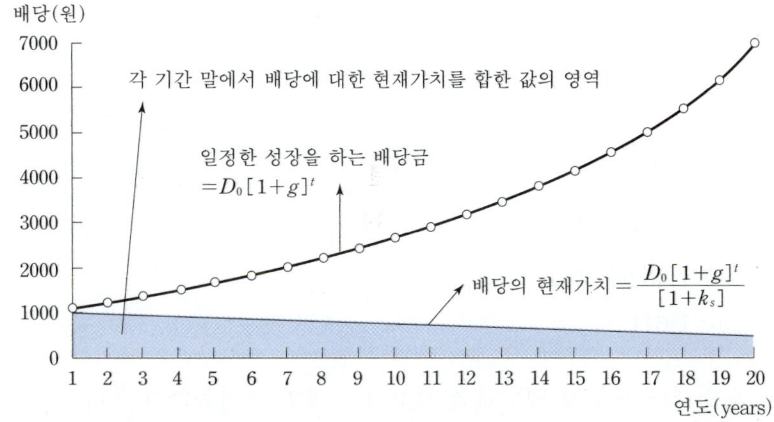

의 현재가치는 감소한다. 첫번째 연도의 배당금에 대한 현재가치는

$$\begin{aligned} D_1 &= D_0(1+g)^1 \\ &= 1,000(1.10) = 1,100 \end{aligned}$$

이다. 그리고 이러한 첫번째 연도의 배당금의 현재가치를 구하기 위해서 16%로 할인하면

$$\begin{aligned} PV(D_1) &= \frac{1.100}{(1.16)^1} \\ &= \frac{1,100}{(1.16)} = 948 \end{aligned}$$

948원이 된다. 두 번째 연도에 기대되는 배당금은 1,100(1.10)=1,210원이 되고, 이러한 배당의 현재가치는 899원으로 떨어지게 된다. 계속해서 $D_3=$ 1,331원이 되고 $PV(D_3)=852$원이 된다. 이와 같이 기대되는 배당은 계속해서 증가하나, 연속적인 배당의 현재가치는 감소하게 된다.

미래배당에 대한 현재가치를 더한다면, 이러한 합은 주식의 가치가 될 것이다. 우리가 위에서 살펴본 바와 같이 g가 일정하다면, 이러한 미래의 각 기간 말의 배당의 합은 주식가치$=\frac{D_1}{k_s-g}$로 구한 값과 같게 된다. 그러므로

〈그림 3-8〉에서 점차로 낮아지는 선을 무한히 확장한다면 그리고 각 미래의 배당의 현재가치를 더한다면 이 합은 주식가치 $=\frac{D_1}{k_s-g}$에 의하여 구한 18,333원이 된다.

배당금의 증가는 주로 EPS의 증가의 결과이며 이러한 EPS의 증가는 재투자의 결과이거나 이익의 유보로 인한 것이다. 만약 회사의 이익이 배당으로 지불되지 않는다면(이익의 부분이 유보된다면) 그리고 다른 투자안에 투자를 한다면 이것은 이익과 배당의 증가를 가져올 수도 있다.

5. 항상성장주식에 대한 기대수익률

주식가치 $=\frac{D_1}{k_s-g}$에서 k_s에 대하여 정리하면 다음과 같다.

$$k_s=\frac{D_1}{p_0}+g$$

그러므로 만약 어떤 투자자가 주식을 18,333원에 매수하고 1,100원의 배당을 기대한다면, 그리고 지금으로부터 1년 후의 성장률이 10%이라면 이 투자자의 기대수익률은 16%가 될 것이다.

$$k_s=\frac{1,100}{18,333}+10\%$$

$$=6\%+10\%=16\%$$

기대수익률 = 기대배당률 + 기대자본이익률

여기에서 k_s는 총기대수익률이고, 이것은 기대되는 배당률 $D_1/P_0=6\%$에 기대되는 성장률 또는 자본이익률($g=10\%$)로 구성되어 있다.

위의 분석이 2009년 1월 1일에 행해졌다면, $P_0=18,333$원은 2003년 1월 1일의 주식가치이고, $D_1=1,100$원은 2003년 말의 기대되는 배당금이다. 그러면 2003년 말의 주식가격은 얼마이어야 하는가? $\frac{D_1}{k_s-g}$을 이용할 수도 있지만, 2004년도의 배당을 이용하여

$$D_2=D_1(1+g)=1,100(1.10)=1,210$$

$$=p_{1/1/1994}=\frac{D_{1994}}{k_s-g}=\frac{1,210}{0.16-0.10}=20,166$$

20,166원은 2003년 1월 1일의 18,333원보다 10% 증가한 금액이다.

$$18,333(1.10)=20,166$$

그러므로 자본이익은 2010년도의 주식가치에서 2009년의 주식가치를 빼주면 되고 계산결과는 다음과 같다.

$$20,166-18,333=1,833$$

1,833원의 자본이익을 기대할 수 있고, 자본이익률을 구하면 10%인 것을 알 수 있다.

$$\text{자본이익률}=\frac{\text{자본이익}}{\text{초기가격}}=\frac{1,833}{18,333}=0.10=10\%$$

미래에 매년마다 기대되는 자본이익률은 기대되는 배당의 성장률, g와 같을 것이다. 2010년의 배당률은 다음과 같이 측정될 수 있다.

$$\text{배당률}_{2004}=\frac{D_{1994}}{p_{1/1/1994}}=\frac{1,210}{20,166}=0.06=6\%$$

이와 같이 2010년의 배당률은 6%가 된다. 이상에서 살펴본 바와 같이 일정 성장주식의 가치평가모델은 다음과 같은 조건을 필요로 한다.

① 배당은 일정한 성장률 g로 성장할 것으로 기대된다.

② 주식가격은 같은 율로 성장할 것으로 기대된다.

③ 기대되는 배당률은 일정하다.

④ 기대되는 자본이익률 또한 일정하고, 그것은 g와 같다.

⑤ 기대되는 총 수익률 K_s는 기대되는 배당률에 기대되는 성장률을 더한 값과 같다.

6. 비정상적 성장을 하는 주식가치

기업들은 대부분 기업수명주기(life cycle)를 갖는다. 이러한 기업수명주기의 초기에 성장은 전체적으로 경제의 성장보다 빠른 경향이 있고 시간이 지날수록 경제의 성장과 비슷하다가 결국에는 경제성장보다 낮게 되는 경향을 보

〈그림 3-9〉 배당성장률의 비교

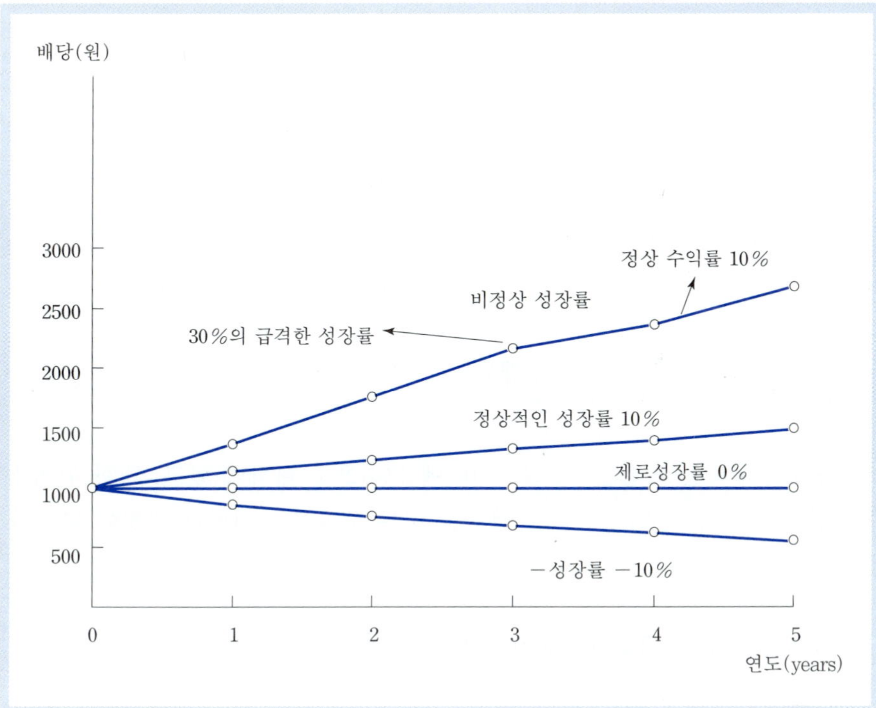

인다. 미국의 경우 1920년대에 자동차 제조회사와 컴퓨터회사들은 기업수명주기의 초기 부분에 해당되는 예이다. 그리고 이러한 회사는 불규칙적 또는 일정하지 않은 성장을 하는 회사라 볼 수 있다. 〈그림 3-9〉는 그러한 비정상적인 성장과 정상적인 성장, 무성장 그리고 음(－)의 성장을 비교한 것이다.

3년 동안 30% 이상으로 성장하다가, 그 후 10%로 성장률이 떨어지는 기업을 비정상적인 성장을 하는 기업으로 분류한다면, 이러한 기업의 가치는 다른 기업들과 마찬가지로 기대되는 미래배당의 현재가치를 모두 더한 값이다. 이러한 비정상적인 성장률을 가진 주식의 가치를 구하기 위해서는 다음과 같은 3가지 단계를 밟게 된다.

① 비정상적인 성장률을 보인 기간 동안에 배당의 현재가치 계산.

② 비정상적인 성장률을 보인 기간의 말에 주식가격의 계산.

(그 시점 이후에 주식은 일정한 성장률을 갖게 되고 이 시점에서 구한 주식가격을 현재가치로 할인)

③ 주식의 가치를 구하기 위해서 이러한 두 가지 요소를 결합.

이러한 비정상적인 성장률을 가진 주식의 가치평가를 위해서 다음과 같이 정의하기로 하자.

> K_s = 주주의 요구수익률 = 16%
> N = 비정상적인 성장연도 = 3년
> g_s = 비정상적인 성장기간 동안에 이익과 배당의 성장률 = 30%
> g_n = 비정상적인 성장기간 후의 성장률 = 10%
> D_0 = 회사가 지불한 마지막 배당 = 1,000원

가치를 구하는 과정은 〈그림 3-10〉에 그래프로 나타나 있고, 또한 위의 3가지 단계에 따라서, 비정상적인 성장을 하는 주식의 가치평가 과정이 나타나 있다.

〈그림 3-10〉 비정상적 성장을 하는 주식의 가치평가 과정

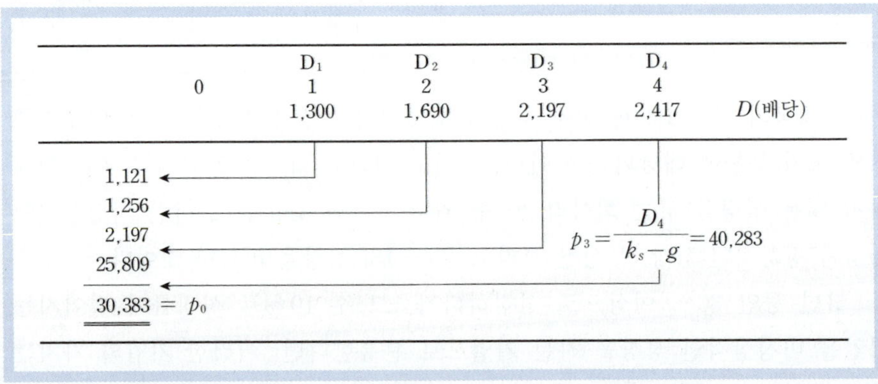

단계 1: 다음에 계산하는 방법은 비정상적 성장률을 보인 기간 3년간의 매기 말에 지급하는 배당의 현재가치를 구하는 것이다.

	D_0	×	$FVIF_{30\%,t}$	=	D_t	×	$PVIF_{30\%,t}$	=	PVD_t
D_1:	1,000	×	1.3000	=	1,300	×	0.8621	=	1,121
D_2:	1,000	×	1.6900	=	1,690	×	0.7432	=	1,256
D_3:	1,000	×	1.1970	=	2,197	×	0.6407	=	2,197
					비정상적 성장을 하는 배당의 현재가치			=	4,574

단계 2: 비정상적인 성장률을 보인 기간 말 이후에 일정한 수익률을 갖게 되므로 이 시점에서 구한 주식가격을 현재가치로 할인

① 3년 말에 주식의 기대가치를 구한다.

$$\hat{p}_3 = \frac{D_4}{k_s - g_n} = \frac{D_0(1+g_s)(1+g_n)^3}{k_s - g_n} = \frac{D_3(1+g_n)}{0.16 - 0.10}$$

② 3년 말에 구한 주식의 기대가치를 가지고 다시 현재가치를 구한다.

$$PV\ \hat{p}_3 = 40{,}283(PVIF_{18\%,\ 3년}) = 40{,}283(0.6407) = 25{,}809$$

단계 3: 위의 두 단계에서 구한 값을 합하여 주식의 현재가치 P_0를 구한다.

$$\hat{p}_0 = 4{,}574 + 25{,}809 = 30{,}383$$

7. 서로 다른 기대성장률을 가진 회사들의 비교

〈그림 3-9〉에 그려진 4가지 성장률을 가진 기업들을 비교함으로써 지금까지의 주식가치평가모델을 요약해 보자. 첫번째는 '무'성장기업이고, 두 번째는 10%성장률을 가진 기업이고, 세 번째는 매년 10%씩 이윤이 감소하는 기업이고, 네 번째는 성장이 일정하지 않은 기업이다. 이러한 4가지 기업에 대해서 주식가격(가치)과 배당률, 자본이익, 그리고 총 기대수익률과 가격수익비율에 대한 값을 구해 보면 이러한 각각의 값은 〈표 3-5〉와 같다.

각 기업이 최근에 보고한 EPS가 1,876원이고 보고된 이익의 53.3%를 배당으로 지불하였다. 그리고 각 기업의 최근 마지막 연도의 주당 배당은 1,000원이라고 하면, 기업마다 배당성장률이 다르기 때문에 D_1의 가치는 회사마다 다르게 계산될 것이다. 또한 각 주식의 가치는 시장가격과 동일하고,

〈표 3-5〉 16%의 최저필수수익률하에서의 서로 다른 성장률을 갖는 기업에 대한 주식가치(가격), 배당수익률, 주가수익비율

	주식가치(가격)	배당수익률 (D_1/P_0)	자본이익률 $[(P_1-P_0)/P_0]$	총기대수익률	주가수익비률 P/E
감소성장기업 (−10%)	$p_0=\frac{D_1}{k_s-g}=3,461$	26%	−10	16%	1.84
제로성장기업 (0%)	$p_0=\frac{D_1}{k_s}=6,250$	16%	0.0	16%	3.33
정상성장기업 (10%)	$p_0=\frac{D_1}{k_s-g}=18,333$	6%	10.0	16%	9.77
비정상성장기업 (앞의 단계 1, 2 참조)	30,383	4.4%	11.6	16%	16.2

기대되는 요구수익률은 성장률이 다른 각 기업마다 16%이다($K_s=16\%$). 성장이 감소하는 회사에 있어서는 이러한 요구수익률 16%는 매년 −10%의 자본손실과 결합될 때, 26%의 높은 배당률로 구성된다. 무성장회사의 경우에는 자본이익도 자본손실도 없어서 배당수익률과 같으며, 정상적인 성장을 하는 기업의 경우에는 6%의 배당수익률과 10%의 자본이익으로 구성된다. 비정상적인 성장률을 가진 기업의 경우 낮은 배당수익률을 갖지만 높은 자본이익을 가진다. 그렇다면, 시간이 지남에 따라 4개의 기업의 주식의 가격에 기대되는 변화는 무엇일까? 무성장기업의 가격은 일정할 것으로 기대된다. 성장이 감소하는 회사는 주식가격이 떨어질 것으로 기대된다. 일정한 성장률을 가진 회사의 주식가격은 일정한 비율 10%로 성장할 것으로 기대된다. 비정상적인 성장률을 보이는 기업의 성장률은 3년간 매년 11.6%이고, 비정상적인 수익률을 보인 기간이 끝나고 다음 연도부터는 주식가치는 기간 말에 10%로 하락할 것이다.

제 6 절 실제주식가격과 수익률

지금까지 기대되는 주식가격과 수익률에 대하여 초점을 맞추어 왔다. 주

식투자를 해 본 사람이라면 '기대되는'과 '실현된'이라는 단어 사이의 차이를 명백히 알 수 있을 것이다. 투자자들은 스스로 주식이나 채권의 가치를 평가하고 투사를 하지만 결코 예상되는 바와 같이 투자결과가 이루어지지는 않는다. 다음의 미국의 IBM기업의 예를 보면서 이러한 현상을 살펴보자.

미국에서 1991년 1월 1일 IBM의 주식의 가격은 주당 \$67.875이었고, 1990년도의 배당은 (D_0)\$3.44이었고, 대부분의 증권분석가들의 일치된 견해는 IBM이 앞으로 11%의 성장을 할 것으로 내다 봤다. 그러나 IBM의 주식을 \$67.875에 산 투자가들은 16.6%의 수익률을 올릴 것으로 기대했다.

$$\overline{k}_s = \text{기대되는 배당률} + \text{기대되는 성장률(또는 기대되는 자본이익률)}$$

$$\begin{aligned}\overline{k}_s &= D_0\frac{(1+g)}{p_0}+g \\ &= \frac{\$3.82}{\$67.875}+11\% \\ &= 5.6\%+11\% = 16.6\%\end{aligned}$$

사실 모든 것이 기대한 대로 이루어지는 것은 아니다. 1991년에 경제는 예측된 것보다 불경기였고, IBM의 수익은 기대한 것과 같이 성장하지는 않았다. 이러한 경제상황에도 불구하고 배당은 \$3.44로 유지되었다. 또한, 이자율은 1991년에 높게 치솟았기 때문에, 자금이 채권시장으로 몰렸다. 이러한 2가지 경제적 현상은 IBM의 주식가격을 하락시켰고, 12월 31일에는 \$56.875로 1년 동안 \$11나 떨어졌다. 따라서 연초에 \$67.875를 투자했던 투자가는 1991년에 −11.1%나 수익률이 떨어진 것이다.

$$\begin{aligned}\overline{k}_s &= \text{실제 배당률} + \text{실제자본이익률} \\ &= \frac{\$3.44}{\$67.875}-\frac{\$11}{\$67.875} \\ &= 5.1\% - 16.2\% \\ &= -11.1\%\end{aligned}$$

대부분의 다른 주식들도 IBM과 비슷한 현상을 보였다. 그러나 1991년 후에 경제는 회복기로 접어들게 되었고, IBM의 배당과 주식가격은 높게 향상됐다. 1993년에는 30%, 1994년에는 5% 그리고, 1995년에는 다시 30%의 증가율을 기록했다. 1990대의 IBM의 주식의 평균 실현수익률은 30%이었고, 이것은 투자자들에게 기대한 수익률 이상의 수치였다. 그러나 수익률은 1996년 이후에는 하락하게 되었다.

10년만에 주식가치 63배, 바이오 '갑부' 탄생

코스닥 시장에 바이오 갑부가 탄생했다.

지난 10일 코스닥시장에 상장된 씨젠(31,550원 4100 14.9%)의 천종윤 대표가 그 주인공이다. 천 대표가 2000년 회사설립 당시 액면가 500원에 받았던 주식은 10일 종가 기준 3만 1,550원으로 10년 만에 주식의 가치가 63.1배가 됐다. 이에 따라 이 회사 주식 32.69%(208만 572주)를 보유하고 있는 천 대표의 지분 평가액은 656억원 상당에 달하고 있다. 천 대표와 특수 관계인인 친인척들이 보유한 주식(388만 5,472주, 61%)을 모두 평가하면 이들 천대표 친인척의 지분평가액은 무려 1,225억 8,664만원 상당에 이른다. 다만 이 주식은 1년간 보호예수된다.

건국대 농대를 졸업, 미국에서 생명공학을 전공한 천 대표는 이화여대 생물과학과 교수로 재직하던 2000년 9월 유전자 진단제품 연구를 본격화하면서 씨젠을 설립했다. 그는 "분자진단은 스위스 로슈와 같은 글로벌 기업들도 20~30년 전의 기술을 쓰고 있었다"며 "연구 당시 기존 기술이 아닌 새 기술로 새로운 제품을 만들어낸다면 승산이 있을 것이라고 판단, 2006년 분자진단 사업에 진출했다"고 말했다.

이 회사가 주력으로 하고 있는 분자진단사업은 DNA와 RNA 등 유전자를 분석해 질병 여부를 진단하는 것. 분자진단은 항원 · 항체 반응을 이용하는 기존 면역진단법에 비해 빠르고 정확하다. 그는 회사 창립 이후 오로지 분자진단만을 연구했다. 새로운 아이디어가 생각나면 외부와 연락도 끊고 연구에 몰입했다. 회사의 자본금을 까먹는 상황에 직면해도 연구개발 만큼은 포기하지 않았다. 천 대표는 "분자진단 분야에 대한 확신이 있었다"며 "최고의 기술을 갖추면 성공할 것이라는 목표가 확실했기 때문에 실패에 대한 두려움은 없었다"고 말했다. 그러다 씨젠은 'DPO(Dual Priming Oligonucleotide: 이중 특이성부여 유전자 증폭기술)'기술을 이용한 호흡기 질환 및 성감염증 원인균 진단 제품을 개발하면서 성공신화의 대열에 동참하게 된다.

씨젠이 간편하고 경제적인 분자진단 시약을 내놓자 시장의 반응은 폭발적이었다. 회사의 거래처가 국내 60여 개 종합병원 및 해외 50개 국가로 늘면서 매출도 가파르게 증가했다. 2007년 18억원의 매출을 시작으로, 2008년에는 42억원, 2009년에는 131억원의 매출을 기록하며 연평균 170%의 폭발적인 성장세를 구가하고 있다. 수출 비중도 2007년 29.8%였으나, 2008년 46.5%, 2009년에는 55.0%를 달성하며 마침내 수출이 내수 비중을 넘어서게 됐다. 2010년 상반기는 111.6억원 매출에 수출 비중이 60%에 이르는 성과를 달성했다. 올해 매출 300억원 달성도 무난하다. 이것은 씨젠이 지속적으로 해외시장 개척에 나선 결과다. 동시에 씨젠의 기술력이 세계적으로도 인정받기에 가능했다.

천 대표는 "기존의 글로벌 기업들이 보유한 기술이 '아날로그'였다면, 씨젠의 동시다중 기술은 '디지털'이었다는 점"을 성공요인으로 꼽으며, "분자진단은 전기 · 전자 · 기계 · 반도체 · IT기술이 동시에 요구되는 융복합 기술산업이라, 여러 바이오산업 영역 가운데에서도 국가 경쟁력 확보에 가장 적합한 분야"라고 설명했다.

천 대표는 "씨젠의 분자진단사업은 신약 개발에 비해 개발기간이 짧고 개발비용이 매우 낮기 때문에 사업성과 역시 빠르다"며 "씨젠이 국내에서 분자진단을 표방하는 여타 바이오기업과 다른 점은, 동시다중 검사라는 독자적인 기술기반을 구축한 것이며 이 기술력이 세계적으로 크게 인정받고 있기 때문에 성장 가능성이 크다"고 말했다.

씨젠은 미국 바이오레퍼런스(나스닥)라는 대형검사센터와 독점공급계약을 체결해 올해 상반기 307만달러 상당을 공급했다. 바이오레퍼런스사는 현재 미국 14개수에서 씨젠의 성인성질환 맞춤형 검사 제품을 이용하여 성황리에 수탁 검사 사업을 전개하고 있다. 씨젠은 이 밖에도 결핵, 패혈증, 뇌수막염, 자궁경부암 등 진단제품도 개발해 냈다.

씨젠은 이번 코스닥 상장을 통해 200억원 정도의 일반공모자금을 받는다. 로슈가 독점하다시피 한 실시간 진단시스템에 본격 진출한다고 한다. 분자진단 시장의 45%를 차지하고 있는 미국 시장 진출을 위해 공모자금으로 미국 식품의약국(FDA) 기준에 맞는 생산시설도 갖출 예정이다.

– 재경일보신문 기사

연 습 문 제

1. 다음 용어를 설명하시오.

① 재정증권
② 표면이자율
③ IPO(initial public offering)시장
④ 할증발행
⑤ 담보부채권
⑥ 제로성장주식
⑦ 내재가치
⑧ zero-coupon bond
⑨ 신주인수권
⑩ 자본이익

2. 한양(주)는 1982년 1월 1일에 채권을 발행했다. 발행조건은 액면가 1,000원, 표면 이자율 12%, 만기 30년, 지급은 6개월마다(6월과 12월) 이루어진다. 다음 질문에 답하시오.

① 2002년 1월 1일 시점에서의 한양(주) 채권의 만기수익률은 얼마인가?

② 이자율이 10%로 하락했다고 가정할 경우에 5년 뒤의 채권가격은 얼마인가?

③ 2007년 12월 1일 시점에서의 수익률과 자본이익을 계산하시오

④ 2025년 7월 1일에 채권이 916.42원에 팔렸다. 이 시기의 만기수익률은?

⑤ 2025년 7월 1일의 수익률과 자본이익은 얼마인가?

3. 한양(주)는 표면 이자율 8%, 액면가 1,000원으로 채권을 발행하였다. 만기까지는 12년이 남아 있다.

① 이자가 매년 지급되고 요구수익률이 각각 7%, 8%, 12%일 때의 채권가격은 얼마인가?

② 위의 각각의 경우에 있어서 채권이 할인발행, 할증발행 또는 액면발행인지 평가하시오.

③ 요구수익률이 10%이고, 이자가 반년에 한 번씩 지급된다고 할 때 채권 가격을 구하시오.

4. 한양(주)는 채권은 현재 1,150원에 팔리고 있고, 표면이자율 11%, 액면가

1,000원, 이자지급은 반년에 한 번씩 이루어지고 만기는 18년이다.

① 채권의 만기수익률을 구하여라.

② 위에서 계산된 수익률과 채권의 표면이자율을 비교하시오.

5. 한양(기업)에서 발행한 만기가 5년인 채권을 발행하였다. 표면이자율은 10%이며, 액면가는 100,000원이다. 이 회사채에 대한 투자자의 요구수익률은 15%이다.

① 이 채권의 시장가격은 얼마인가?

② 요구수익률이 10%라 할 때 시장가격은 얼마인가?

③ 요구수익률이 5%일 때는 얼마인가?

6. 한양(주)은 매년 보통주 1주당 1.80원씩 배당금을 지불한다. 요구수익률이 12%인 경우에, 다음의 배당성장률을 가정할 때 보통주의 가치를 구하시오.

① 제로성장이 예상될 때

② 영원히 5%성장한다고 할 때

7. 당신은 동일한 업종에 종사하는 두 기업의 주식을 매입하려고 고려하고 있는 중이다. 그들 두 기업은 배장정책을 제외하고는 매우 동질적인 특징들을 지니고 있자. 두 기업 모누 올해 주낭 6원의 딩기순익이 발생할 것으로 기대된다.

기업 D는 배당금으로 당기순익 전액을 지급한다. 반면에 기업 G는 당기 순익의 $\frac{1}{3}$만큼 지출한다. 다시 말해서, 주당 2원이다. 기업 D의 주가는 40원이고, 기업 G와 D는 동일한 위험을 갖고 있다. 다음의 기술 중에서 어떤 설명이 사실인가?

① 기업 G는 기업 D보다 더 빠르게 성장할 것이다. 따라서, 기업 G의 주가는 40원보다 커야만 한다.

② G의 성장률이 D를 초과할지라도, D의 현재 배당은 G의 배당을 초과하고, 따라서, D의 주가가 G를 초과하는 결과를 낳는다.

③ 주식 D에 투자한 투자자는 D가 배당금을 많이 지급하므로 투자자금을 빨리 회수할 것이다. 따라서, 어떤 의미에서는 D는 단기채권과 유

사하고, G는 장기채권과 유사하다.

경제변동으로 k_d와 k_s는 증가되고, D로부터 배당이 기대되고, G가 일정하게 유지된다면 주식 G와 D의 가치는 하락하는데 그 중에서 D의 주가는 더 하락할 것이다.

④ D의 기대수익률(=요구수익률)은 k_s=15%이고. G의 기대수익률은 높은 기대성장률 때문에 더 높을 것이다.

⑤ G의 주가가 40원이라고 하면, G의 추정성장률은 10%이다.

8. 한양(주)의 현재 주가는 36원이다. 마지막으로 지불한 배당금은 2.40원이었다. 한양(주)의 재무상태와 저 위험을 고려해 볼 때, 요구수익률은 12%이다. 배당률이 일정하게 성장할 것이라고 예상되고, k_s=12%로 일정하게 유지된다면, 한양(주)의 5년 후의 주가는 얼마로 예상할 수 있는가?

9. 한양(주)는 현재 빠른 속도로 기업이 성장하고 있다. 이익과 배당금이 향후 2년 동안 15%의 비율로 성장할 것으로 기대되고 3년째는 13%까지 기대된다.

그 이후부터는 6%의 항상성장이 기대된다. 한양(주)의 마지막 배당금액은 1.15원이었고, 주식에 대한 요구수익률은 12%이다.

① 현재의 한양(주) 주가를 구하시오.

② P_1과 P_2를 계산하시오.

③ 기간 1, 2, 3년에 대한 배당률과 자본이익을 구하시오.

10. 한별소프트(주)는 자기자본만으로 자금을 조달하여 운영하는 회사인데 매년 2억원의 기대영업이익이 영구적으로 예상되며 현재 자기자본비용은 15%이다. 이 회사는 자본구조를 바꾸기 위하여 8억원의 부채를 10%의 이자율로 조달하여 주식의 일부를 재매입하고자 한다. 부채 만기 후 부채는 동일한 조건으로 재조달할 수 있다고 가정한다. 법인세율은 25%이며 법인세가 존재하는 것 이외에 자본시장은 완전하다고 가정한다.

① 자본구조 변경 후의 기업가치는 얼마인가?

② 자본구조 변경 후 이 기업의 자기자본비용과 가중평균자본비용을 각각 구하라.(퍼센트 기준으로 반올림하여 소수점 첫째 자리까지만 표시한다.)

③ 만약 기업의 부채비율을 400%로 조정하고자 한다면 지문에서 제시된 8억원 대신 얼마의 부채를 조달하여 주식의 일부를 재매입해야 하는가? 부채의 조달조건은 금액에 관계없이 동일하다고 가정하라.

(2005년 CPA 기출문제)

11. 수년간 적자를 보아 온 제약회사 (주)다나는 최근 암치료에 획기적인 성과가 있는 신약을 개발해 국제특허를 획득했다. (주)다나가 신약을 대량으로 생산하기 위해서는 거액의 시설투자를 해야 한다. (주)다나의 지분 60%를 보유하고 있는 전자회사 (주)파라는 업종전문화 차원에서 (주)다나를 매각하려고 한다.

이에 의료기기를 생산하는 (주)사라가 레버리지를 통해 (주)다나를 차입매수(LBO)하려는 계획을 세웠다. 인수 후 (주)다나는 향후 몇 년간 배당을 지급하지 않을 것이고 부채비율은 심하게 변동할 것으로 예상된다. 주당순자산이 미미한 (주)다나의 인수가격을 결정하기 위해 사용할 기업가치평가모형 중 가장 적절한 것은? 정답 ④

① 안정성장 주주잉여현금흐름모형(FCFE)
② 3단계성장 주주잉여현금흐름모형(FCFE)
③ 안정성장 기업잉여현금흐름모형(FCFE)
④ 3단계성장 기업잉여현금흐름모형(FCFE)
⑤ PER 또는 PBR을 이용한 상대가치평가모형

(2004년 CPA 기출문제)

제 4 장
자본예산: 투자안의 평가방법

전장에서는 주식과 채권의 가치평가문제를 중심으로 살펴보았다. 본장에서는 자본예산을 결정하고 장기적인 투자결정을 하는 자본예산과 투자의 기본적인 과제에 대해서 설명하겠다. 그리고 투자결정을 하는 여러 가지 기법을 비교하여 보겠다. 투자는 본래의 수익을 기대하고 하게 되는 것인데 이것은 불확실한 것이며 또한 위험이 따르는 것이다.

본장에서는 자본예산을 편성하고 투자결정을 하는 데 있어서 이해하여야 할 기본적인 과제를 검토하겠다. i) 자본예산의 의의와 중요성, ii) 자본예산의 단계, iii) 투자의 의의, iv) 장기자금의 운용과 조달 등에 대하여 차례로 설명하겠다.

제 1 절 자본예산의 의의와 중요성

자본예산(capital budgeting)이란 기업의 목표를 효율적으로 달성하기 위한 경영계획하에 장기간에 걸쳐 자본의 운용과 자본의 조달계획을 미리 수립하는 것이다. 즉 비유동자산 투자여부의 결정과 이에 소요되는 장기자본의 조달 및 배분에 관한 장기계획이 자본예산이다. 기업에서는 자본과 인적 요소 등을 효율적으로 투자운용하고 이에 소요되는 자본을 합리적으로 조달하여야 경영성과를 향상시킬 수 있다.

운전자본관리에 관계되는 현금 · 예금 · 유가증권 · 매출채권 및 재고자산의 관리에 대하여 추후에 설명하고, 본편에서는 비유동자산에 투자결정을 하고 관리하는데 관련되는 문제를 검토하겠는데 비유동자산에 투자하면 자금이 장기간 동결된다. 따라서 비유동자산은 장기자본으로 투자하게 되는 것이 보편적이며, 이것은 비유동자산에 장기간 투자하고 그 투자액의 일부분이 매년 감가상각을 통하여 현금화된다.

비유동자산 투자여부와 그 금액 및 시기를 결정하려면 자본예산이 편성되어야 한다. 자본예산에는 공장, 기계시설, 임대차계약과 장기간에 걸친 현금, 매출채권 및 재고자산 등의 수준이 결정되어 계상된다. 그리고 이와 같은 자본을 장기간에 걸쳐서 어떤 방법으로 조달하게 될 것이며 또한 그 자본비용과 이익이 어떻게 될 것인가 하는 내용도 자본예산에 포함된다.[1)]

자본예산의 중심과제는 투자가치를 평가하여 그 가치가 있다고 인정되면 투자하고 그 가치가 작든지 없다면 투자하지 아니하는 투자결정(investment decisions)을 한다. 즉 장기간 투자하게 되는 비유동자산의 투자여부와 이에 투자시에 장기자본을 조달하여 배분하는 장기재무계획이 자본예산이다.

이와 같은 자본예산에 대한 연구가 본격적으로 이루어진 것은 1950년대였다. 1951년에 조엘 딘(Joel Dean)이 처음으로 「자본예산론」(*Capital Budgeting*)이라는 책을 썼으며, 동년에 룻츠(Friederich & Vera Lutz)가 「기업투자론」(*The Theory of Investment of the Firm*)을 저술하였다.[2)]

예산을 편성한다는 것은 비유동자산 투자에 결정을 하고 이에 소요되는 자본조달을 실현하여 배분하면 그 자본비용이 발생하기 시작하는데 그 대가인 수익은 미래에 발생된다. 이와 같이 장기투자를 하면 앞으로 여러 해에 걸쳐서 비용과 수익이 동시에 발생된다. 그러나 이와 같은 장기투자에는 위험이 따르고 확실한 것이 아니므로 최근에는 위험과 불확실성하의 투자결정에 관한 연구를 많이 하게 되었다.[3)]

---

1) Iqbal, Mathur, *Introduction to Financial Management*, Macmillan Publishing, Co., Inc., 1979, pp. 184~185.

2) Joel Dean, *Capital Budgeting*, Columbia University Press, 1951; Friederich & Vera Lutz, *The Theory of Investment of the Firm*, 1951.

3) Ezra Solomon and John J. Pringle, *An Introduction to Financial Management*, Good-year Publishing Co., Inc., 1977, p. 305.

제 2 절 자본예산의 단계

자본예산은 위에서 설명한 바와 같이 공장 · 기계설비 등의 비유동자산에 장기간 투자하는 것을 전제로 편성된다. 비유동자산에 투자는 i) 판매 및 생산량이 증가되어 추가적인 비유동자산 투자가 필요할 때, ii) 원가절감이나 품질향상을 위하여 비유동자산 투자가 필요할 때, iii) 신제품 생산을 위하여 비유동자산 투자가 필요할 때, iv) 현재의 비유동자산이 감모되어 더 이상 경제적으로 이용하기 곤란할 때에 이루어진다.

비유동자산 투자가 필요하다고 인정되면 장기자본을 조달하여 이에 투자하게 되는 계획이 자본예산에 반영된다. 이와 같이 비유동자산 투자의 필요성을 인정하고 확정하려면 몇 가지 단계를 거쳐야 한다.

① 앞으로의 판매계획을 정확히 수립해야 한다. 장차 자기기업에서 생산하고 있는 제품이 언제 어느 정도 판매될 것인가의 판매예측을 해야 한다. 정확한 판매예측을 하려면 앞으로 경기가 어떻게 될 것인가 하는 국민경제의 전반적인 경기예측을 하여야 한다. 또한 자기기업이 속하고 있는 동일산업의 경기전망을 예측하여야 한다. 그리고 자기기업 제품의 장·단점을 비교하고 과거의 판매실적을 참작하면서 연도별 판매계획을 과학적으로 세워야 한다.[4)]

② 앞으로의 생산계획을 합리적으로 세워야 한다. 생산계획은 판매계획에 맞추어서 작성되는데, 판매가능성이 있다고 해서 반드시 생산 가능한 것은 아닐 것이다. 비유동자산에 신규투자를 하여 생산활동을 하는 경우에 기술적 타당성분석(technical feasibility analysis)이 필요할 경우가 있다. 공장의 입지, 규모, 생산시설의 획득, 생산기술 등에 관하여 검토하여야 한다. 생산시설이나 생산기술이 국내에 없으면 외국에서 도입할 수도 있으나 그 가능성과 경제성의 문제를 분석해야 한다.

③ 재무분석을 과학적으로 하여야 한다. 앞으로 일정량을 판매할 수 있고 또 생산할 수 있겠다면 생산과 판매에 소요되는 자본조달가능성과 수익성의 문제를 분석해야 한다. 아무리 많이 생산하여 판매하여도 이익이 없으면 투자

4) 임익순 · 박정욱 공저, 「경기예측」, 박영사, 1981, pp. 160~162.

가치가 없고 경제성이 없는 투자안이 된다. 따라서 새로운 투자안에 대한 수익과 비용을 예측하여 대비해 보아야 한다. 수익을 추정하려면 추정판매단가와 추정판매량이 결정되어야 한다. 비용을 추정하려면 재료비 · 노무비 · 제조경비와 같은 제조원가와 자본비용, 일반관리비, 판매비 및 기타 제 비용을 합리적으로 추정해야 한다. 추정수익은 크게 계상하고 추정비용은 적게 계상하여 결국 손실을 보게되는 경우가 있으므로 과학적인 분석이 필요하다. 수익성이 있는 투자안이라도 자본조달이 여의치 못하면 도중에 곤란을 받고 손실을 보게 될 수도 있으므로 자본조달가능성을 정확히 판단해야 한다.

④ 자본예산의 편성과 투자를 실시하게 된다. 위에서 분석한 판매계획 · 생산계획 · 재무계획이 과학적으로 수립되어 유리한 투자안이라고 판단되면 자본을 조달하여 투자하게 된다. 비유동자산 투자에는 일반적으로 거액의 자본이 소요되며 장기간 자금이 동결되므로 위험과 불확실성이 따르게 된다. 따라서 신중히 연구분석하여 투자안을 결정하고 합리적인 자본예산을 편성하여 집행할 것이다.

제 3 절 투자의 의의

투자(investment)란 앞으로 실현될 보다 더 큰 수익(greater return)을 기내하고 현금자금을 투하하는 것이다.[5)] 즉 현재 투자한 가치보다 동일한 시간과 리스크에 대해 더 많은 수익을 미래에 올려서 투자효과를 올릴 수 있을 때에만 비로소 자금을 투하하게 된다. 이와 같은 투자의 정의에는 시간적인 개념과 비용과 수익의 개념이 포함되어 있다.

① 투자는 현재자금의 투하가 이루어지는 것을 의미한다. 현재자금이 투하되면 바로 현금이 유출되고 자본비용이 발생되기 시작한다. 이 현금을 정기예금을 하면 이자수입이 있고 또 기타 자산에 투자하면 수익을 얻을 수 있으므로 투자는 기회비용이 뒤따른다.

② 투자는 투자액보다 더 많은 수입을 기대하고 이루어진다. 투자한 금액

---

5) Harold Bierman Jr. and Seymour Smidt, ***The Capital Budgeting Decision***, Macmillan Co., 1971, p. 4.

은 일시에 수입의 형태로 입금되는 것이 아니고 그 투자기간 동안에 걸쳐서 여러 차례의 현금수입이 되는 것이다. 이와 같은 현금수입은 일반적으로 판매대금의 형태로 유입되는데 그 투자기간에 유입되는 현금은 현재투자된 현금보다는 더 커야 한다. 그러나 현재 투자액보다도 적은 현금이 그 투자기간에 회수될 수도 있는데 이때에는 손실을 보게 된다.

③ 투자는 현재 자금이 투하되지만 그 수입은 미래의 일정기간에 걸쳐서 입금된다. 따라서 현금의 투하되는 시기와 수입이 입금되는 시기에 차이가 있으므로 화폐의 시간가치(time value of money)의 문제가 생긴다. 즉 현재 투하된 화폐의 가치와 미래에 유입되는 화폐의 가치 사이에 차이가 있는데 이 문제는 후장에서 자세히 설명하겠다.

④ 투자의 대가인 수입은 미래의 장기간에 걸쳐서 여러 차례에 유입이 된다. 미래에 대해서는 정확히 예측하기 곤란하며 자산수익에 대한 위험과 불확실성이 따르고 있다. 즉 투자가 이루어졌는데 미래의 수익이 계획보다 더 적어진다든지 또는 각종 비용이 계획보다 더 커진다면 투자액만큼 현금이 수입되지 못하게 될 위험성도 내포되어 있다.

위에서 살펴본 바와 같이 투자안이 결정되어 집행될 때에는 그 경제성이 인정되었기 때문이다. 현재자금의 투하는 되었지만 앞으로 일정기간 동안에 실현될 수입은 확정하기 곤란하다. 그리고 비유동자산 투자는 거액이 소요되며 장기간 자금을 동결하게 되어 오랜 기간중에 투자액의 일부분씩 현금이 매년 수입되므로 수학적 분석과정을 거쳐서 투자결정을 해야 할 것이다.

제 4 절 장기자금의 운용과 조달

자본예산을 편성한다는 것은 장기자본의 운용과 그 조달방안에 대한 계획을 세우는 것을 의미한다. 비유동자산 등에 장기간 투자하여 운용하게 되면 장기자금을 운용하는 것이다. 그리고 이와 같은 장기자금은 고정부채나 자기자본으로 조달하는 것이 원칙이다. 따라서 언제 어떠한 비유동자산에 얼마씩을 투자하고 이에 소요되는 자금은 언제, 어떠한 방법으로 얼마씩 조달하느냐 하는 것을 자본예산에 계상하여야 한다.

비유동자산 투자는 일반적으로 거액이며 또한 장기간 자금이 동결되므로 그 투자여부를 결정하기 전에 신중히 검토해야 한다. 즉 비유동자산을 이용하여 제품을 경제적으로 생산가능하며 또한 생산된 제품이 유리하게 판매가능한가 검토해야 한다. 그리고 비유동자산을 획득하는 데 소요되는 자금을 효율적으로 조달가능한가 하는 것을 분석한 다음에 비유동자산에 대한 투자안을 결정하게 된다.

비유동자산 투자안에 대한 결정을 하려면 이상과 같은 생산기술 · 판매예측 · 수익성 및 자본조달가능성 등을 종합검토하여야 한다. 그 결과 이 투자안은 수락될 수도 있고 포기되기도 한다. 여러 가지 투자안이 유리하여 수락되었을 때에는 자본조달 등의 문제가 있기 때문에 여러 투자안에 대한 우선순위를 결정하여 순차적으로 하나씩 투자하게 된다.

투자순위는 그 투자안의 수익성 · 위험성 등이 동시에 종합검토되어 결정된다. 즉 투자의 효율이 가장 높은 방법으로 자금을 운용하여야 기업의 가치를 극대화하고 나아가서는 주주의 부를 극대화할 수 있다. 기업의 가치와 주주의 부를 극대화한다는 두 가지 목표는 기업의 목표이고 재무관리의 목표이다.

이 두 가지 목표를 효율적으로 달성하려면 자금의 운용을 효과적으로 하는 동시에 자금의 조달을 합리적으로 하여야 한다. 운전자본관리에 대하여는 앞에서 설명하였으므로 여기서는 장기자본의 조달문제를 살펴보겠다.

장기자금은 내부자본과 외부자금 그리고 타인자본과 자기자본으로 분류할 수 있다. 내부자금은 사내유보금과 감가상각액을 말하는데 이들은 기업 내부에서 조달할 수 있는 금융으로서 자기금융(self-financing)이라고 부른다. 외부자금은 장기차입금이나 보통주 · 우선주 및 채권 등을 발행하여 외부로부터 조달하는 자금이다.

장기타인자본에는 금융기관 등에서 장기차입을 한 자금과 차관액 그리고 채권발행액 등이 있다. 자기자본은 전부가 장기자본이고 이에는 불입자본금 · 이익잉여금 · 자본잉여금 등이 포함되는데 이들은 장기타인자본보다 더 오랜 기간 동안 기업에서 이용할 수 있는 장기자본이다.

이상과 같은 장기자본을 조달하게 되면 자본비용이 발생되는데 그 크기는 자본의 종류에 따라 상이하다. 기업경영의 성과가 양호하여 총자본이익률이 비교적 클 경우에는 자기자본의 자본비용보다 타인자본의 자본비용이 더 낮게 나타난다. 그렇다고 타인자본을 과다하게 이용하면 수익성이 저하될 경우 지급능력을 상실하게 될 위험성이 있다. 따라서 수익성과 유동성이 동시에 유지되면서 기업의 평균자본비용을 최소로 줄일 수 있는 자본구조가 최적자본구조인데 이에 대해서는 10장에서 자세히 설명하겠다.

제 5 절 주식투자의 수익

주식에 투자하여 주주가 되면 앞으로 배당을 받을 수 있고 주식매매차익과 차손을 보게 된다. 지금 주식에 투자하는 것은 미래에 보다 더 많은 수익을 기대하기 때문이다. 그러나 불량주식에 투자하면 배당도 못 받고 주가도 하락하여 투자손실을 볼 수도 있다.

아래에서 보통주에 투자하였을 경우에 배당과 주가를 추정하여 그 투자수익을 검토하겠다. 가령 서울식품주식회사의 주식을 11,000원에 매수하였는 데 1년 후에 2,500원의 배당이 예상되며 배당 후 이 주가가 12,500원이 될 것이라면 이 주식의 투자수익률(r)은 아래와 같이 36%가 될 것이다.

$$r = \frac{(2{,}500 + 12{,}500)}{11{,}000} - 1 = 0.36 \tag{4-1}$$

이 주식에 투자하였을 경우에 투자수익률(return on investment)을 계산하는 방법은 아래와 같은 공식으로 산출된다.

$$\frac{2{,}500}{(1+r)^1} + \frac{12{,}500}{(1+r)^1} - \frac{11{,}000}{(1+r)^0} \tag{4-2}$$

(4-2)식에서 r가 36%로 된다. 이때에 현재 매수하게 되는 주식가격(P_0) 1,100원은 1년 후에 250원의 배당과 1년 후의 주가(P_1)를 기대하고 형성되므로 아래와 같은 공식이 적용된다.

$$P_0 = \frac{D_1}{(1+r)^1} + \frac{P_1}{(1+r)^1} \tag{4-3}$$

가령 주식투자자가 앞으로 5년간 그 주식을 보유하려고 하며 이에 대해 기대되는 배당이 D원이고 5년 후에 이 주식가격을 P_5라고 한다면 그 주가의 현재가치는 아래와 같은 공식이 이용된다.

$$P_0 = \sum_{t=1}^{5} \frac{D_t}{(1+r)^t} + \frac{P_5}{(1+r)^5} \tag{4-4}$$

위 식에서 r는 주식투자수익률이 되며, 이 r의 크기에 따라서 현재의 주가를 평가하게 될 것이다. 주식을 보유하고 있는 주주는 장기간 계속 투자할 수도 있지만 또한 단기간 투자하여 수익을 보려고 하기도 한다. 그러나 대주주가 되어 그 기업이 존속하는 한 영구히 같은 주식을 보유한다고 가정한다면 이때에 투자대가는 매년 받게 되는 배당의 현재가치이기 때문에 아래와 같은 공식이 적용된다.

$$P_0 = \sum_{t=1}^{\infty} \frac{D_t}{(1+r)^t} \tag{4-5}$$

이상과 같이 그 주식을 영속적으로 보유할 주주가 받게 되는 투자수익은 그 기업이 매년 지급하는 배당의 합계액이다. 따라서 주식투자에 있어서 가장 중요한 것은 그 기업이 어느 정도의 이익을 올려서 어느 정도의 배당을 할 수 있겠느냐 하는 것이다.[6)]

제 6 절 기업성장과 투자의 대가

한 가지 주식에 영속적으로 투자하여 보유하되 배당이 동일하다면 그 주가는 큰 변동이 없을 것이다. 그러나 기업은 수익과 배당이 동일하지 않고 변동된다. 가령 성장되고 있는 유망한 기업에서는 일정률씩 증가된 배당을 할 수 있는데 그 증가율을 g라고 하면 다음과 같은 공식이 전개된다.

$$P_0 = \frac{D_0(1+g)^1}{(1+r)^1} + \frac{D_0(1+g)^2}{(1+r)^2} + \cdots + \frac{D_0(1+g)^\infty}{(1+r)^\infty} \tag{4-6}$$

6) James C. Van Horne, *Financial Management*, 1977, p. 21.

양변에 $\frac{1+r}{1+g}$ 을 곱하면

$$\frac{P_0(1+r)}{(1+g)^1}=D_0+\frac{D_0(1+g)}{(1+r)^1}+\cdots+\frac{D_0(1+g)^\infty}{(1+r)^\infty} \tag{4-7}$$

(4-7)식에서 (4-6)식을 빼면 아래와 같다.

$$\frac{P_0(1+r)}{(1+g)}-P_0=D_0-\frac{D_0(1+g)^\infty}{(1+r)^\infty} \tag{4-8}$$

(4-8)식에서 $r>g$ 인 경우에는

$$\frac{D_0(1+g)^\infty}{(1+r)^\infty}=0$$

이 된다. 그러므로 (4-8)식은 (4-9)식으로 변형된다.

$$\frac{P_0(1+r)}{(1+g)}-P_0=D_0 \tag{4-9}$$

양변에 $(1+g)$를 곱하여 (4-9)식을 변형하면

$$P_0(1+r)-P_0(1+g)=D_0(1+g)$$
$$P_0(r-g)=D_0(1+g)$$
$$\therefore P_0=\frac{D_0(1+g)}{r-g}=\frac{D_1}{r-g}\,[\because D_1=D_0(1+g)] \tag{4-10}$$

(4-10)식을 r로 표현하면

$$P_0r-P_0g=D_1$$
$$P_0r=P_0g+D_1$$
$$\therefore r=\frac{D_1}{P_0}+g \tag{4-11}$$

위 식을 성장모형(growth model)[7]이라고 한다. 성장기업의 주가는 그 연도 말의 배당(D_1)과 앞으로의 배당이 계속적으로 일정률의 증가를 나타낼 수 있

7) M. J. Gordon and Eli Shapirs, "Capital Equipment Analysis: The Required Rate of Profit," in *The Management of Corporate Capital*, 1967, pp. 141~149.

을 것이라는 배당증가율(g)과 기대되는 투자수익률(r)로 결정된다. 가령 서울식품주식회사의 현재의 주가가 1,100원이고 1년 후에 250원의 배당이 있고 그 후년도부터 5%의 배당증가율이 예상된다면 투자수익률(r)은 아래 공식에서와 같이 27.7%가 된다.

$$r=\frac{250}{1,100}+0.05=0.277 \tag{4-12}$$

그러나 앞으로의 배당증가율이 동일하지 않고 일정기간 이후에 그 증가율이 증가 또는 감소된다고 예상되면 (4-12)식을 변경하면 된다. 가령 서울식품주식회사의 5년간의 배당증가율이 5%이고 5년 후부터의 배당증가율이 3%라고 가정하여 이 주식을 계속적으로 보유한다면 그 주가의 현재가치(P_0)는 아래 공식과 같이 된다.

$$P_0=\sum_{t=1}^{5}\frac{D_0(1+0.05)^t}{(1+r)^t}+\sum_{t=6}^{\infty}\frac{D_5(1+0.03)^{t-5}}{(1+r)^t} \tag{4-13}$$

제 7 절 전통적 방법

1. 평균회계이익률법

평균회계이익률(average accounting return: AAR)은 일정액의 투자에 대한 예상 연평균이익률을 의미한다.

$$\text{AAR}=\frac{\text{세후 연평균순이익}}{\text{평균투자액}}$$

여기서 연평균 투자액은 잔존가치가 없고, 투자수명 기간 동안 정액법으로 상각함을 가정하고 있다.

새로 투자를 하여 발생하게 될 세금공제 후의 순이익이 그 투자액의 몇 %가 되느냐 하는 것은 투자결정시에 중요하다. 평균회계이익률법을 투자결정시에 이용하는 방법은 비교적 간단하다.

평균회계이익률법은 가장 간단한 방법으로서 자본의 투자액과 자본투자기간의 평균이익률을 계산하는 것이다. 가령 어떤 투자안의 투자액이 1,000만원인데 그 투자기간의 평균이익이 200만원이라면 아래와 같이 이 투자안의 평균회계이익률은 20%가 된다.

$$\text{평균회계이익률} = \frac{\text{이익 200만원}}{\text{투자액 1,000만원}} \times 100 = 20\% \tag{4-14}$$

즉, 투자액에 대한 투자기간의 연평균이익률이 20%라는 뜻이다. 투자기대이익률이 20% 이하이면 이 투자안은 기각되고, 20% 이상이면 받아들이게 된다. 평균회계이익률법은 계산이 간단하나 현금의 흐름이나 화폐의 시간적 가치가 고려되지 않은 문제점이 있고 또한 장부가치로만 계산했기 때문에 실질가치를 반영하지 못해 좋은 투자가치의 평가방법이라 하기 곤란하다. 그러나 이 평균회계이익률은 간단히 이해할 수 있으므로 투자결정시에 이 방법을 이용하기도 한다.

2. 회수기간법

회수기간(payback period, payoff period)이란 최초의 투자액에 상당하는 금액을 그 투자로부터 기대되는 현금유입액으로 회수할 수 있는 기간을 의미한다. 이 현금유입액은 납세 후의 순이익을 이용하는 것이 합리적이다.

자본회수기간법에서는 다른 요인이 동일하다면 투자자본의 회수기간이 짧을수록 유리한 투자안이 될 것이다. 즉 몇 가지 투자안을 검토할 경우에는 자본투자기간이 짧은 것이 우선투자순위로 결정된다. 자본회수기간은 아래와 같은 공식으로 산출된다.

$$P = \frac{I}{Y} \tag{4-15}$$

P = 자본회수기간
I = 순투자액
Y = 연간현금유입액

어떤 회사에서 A, B 두 가지 투자안을 검토 중에 있다. A투자안은 1,000

〈표 4-1〉 A, B 안의 최초투자액과 연중현금유입액 (단위: 만원)

	연 도	A안	B안
최초투자액	Y_0	1,000	1,200
순현금유입액(납세 후)	Y_1	1,400	1,450
	Y_1	1,400	1,450
	Y_2	1,400	1,450
	Y_3	1,400	1,450
	Y_4	1,400	1,400
	Y_5	1,400	1,400

만원, B투자안은 1,200만원의 최초 투자액이 소요된다. 이 경우 법인세 납세 후 5년간에 현금유입액은 〈표 4-1〉과 같다.

〈표 4-1〉에서 보는 바와 같이 A안은 최초에 1,000만원을 투자하면 법인세 납부 후 매년 400만원씩 5년간에 2,000만원의 순현금유입(순이익)이 있다. 그리고 B안은 최초에 1,200만원을 투자하면 3년간은 450만원씩 그리고 그 후 2년간은 400만원씩의 순현금유입액이 있어서 그 합계로 2,150만원이다.

최초에 투자액만큼 순현금유입이 되는 기간인 회수기간은 A안이 $P_a = \frac{1,000}{400} = 2.5$년이고, B안은 $P_b = \frac{1,200}{450} = 2.67$년이 된다. A안과 B안의 회수기간은 모두 3년 미만이다. 만약 이 회사에서 기대되는 회수기간이 5년이라고 가정하면 이 두 안은 채택된다. 그리고 한 가지 안만 택한다면 A안의 회수기간이 B안보다 짧으므로 A안이 우선적으로 채택되어야 한다.

투자결정을 할 경우에 회수기간법을 많이 이용하게 된다. 회수기간법은 아래와 같은 장단점이 있다.

그 장점으로는 i) 회수기간을 용이하게 계산할 수 있고, ii) 이 방법을 쉽게 이해할 수 있으며, iii) 투자자본의 회수대금을 현금유입에 계상하여 자금계획에 활용할 수 있다. 회수기간법의 단점은 다음과 같다. i) 회수기간이 경과한 후에도 현금유입이 이루어지고 잔존가치도 있을 수 있으므로 정확한 투자수익률을 산정하기 곤란하다. ii) 자금의 시간가치를 등한시하여 현재가치에 의한 자본의 투자수익률은 다시 환산해야 한다. iii) 투자에 대한 정확한 위험과 불확실성을 충분히 고려하지 못하고 있다.[8)]

8) Joel Dean, *Capital Budgeting*, Columbia University Press, 1964, pp. 29~30; O. Maurice Joy, *Introduction to Financial Management*, Richard D. Irwin, Inc., 1980, pp. 154~159.

투자결정시에 회수기간의 장단점은 매우 중요하다. 그러나 이 방법에는 상술한 바와 같은 장점과 단점이 있으므로 이들을 종합적으로 검토하여 어떤 투자안이 가장 유리한 것인가 결정해야 한다.

제 8 절 할인현금흐름에 의한 투자가치평가

투자가치를 측정하려면 투자안의 현금흐름(cash flow)을 근거로 한 화폐의 시간적 가치를 알아야 한다. 즉 투자로 지출되는 현금유출액의 현재가치와 이 투자로부터 미래에 기대되는 현금유입액의 현재가치를 서로 비교하여 투자가치를 평가한다. 현재가치는 현금흐름을 일정률로 할인하여 산출하게 되므로 할인현금흐름 또는 현금흐름의 할인방법에 의하여 계산된다. 할인현금흐름법에 의한 투자가치 결정은 내부수익률법 · 순현가법이 있다.

1. 내부수익률법(투자수익률법)

투자수익률(rate of return on investment) · 내부수익률(internal rate of return)은 수익률(yield) · 이익률(rate of profit) 등으로 불리는데 이들은 동의어라 할 수 있다. 내부수익률은 어떤 투자의 결과로 예상되는 현금유입(cash in-flow)의 현재가치와 그 투자에 소요되는 현금유출(cash outflow)의 현재가치를 동일하게 만드는 할인율이다. 일반적으로 현금유입액은 법인세 납부 후의 순이익에다 감가상각액을 가산하여 산출하고, 현금유출액은 실제로 투자에 지출된 금액을 이용한다. 즉 어떤 투자안의 현금유입액과 현금유출액을 그 투자수익률로 현재가치화하여 그 가치를 동일하게 하는 비율이 내부수익률이다. 이 내부수익률은 아래와 같은 공식이 이용된다.

$$\sum_{t=0}^{n}\frac{I_t}{(1+r)^t}=\sum_{t=0}^{n}\frac{O_t}{(1+r)^t} \tag{4-16}$$

I_t= 기간의 현금유입
t = 기간
O_t= 기간의 현금유출

r = 내부수익률(투자수익률)

(4 16)식에서 투자수익률 r을 계산할 때에는 시행착오(trial-and-error)에 의하여 산출하게 된다. 이와 같이 산출된 내부수익률은 그 기업 내의 최소한도의 요구수익률인 자본비용이나 기회비용과 비교한다. 이 투자에 의한 수익률이 그 회사의 자본비용이나 기회비용보다 크거나 같으면 이 투자안은 채택되고, 수익률이 기회비용보다 적으면 이 투자안은 기각된다. 기업의 자본비용에 관해서는 후장에서 자세히 설명하겠다.

앞에서 〈표 4-1〉에 예시한 A 투자안과 B 투자안의 내부수익률을 아래에서 산출하여 보겠다.

(1) A 투자안의 내부수익률

A 투자안에 의하면 최초투자액이 1,000만원이고 순현금유입은 앞으로 5년간 400만원씩이어서 모두 2,000만원이 입금된다. 이 계수를 이용하여 실행착오식 계산방법으로 내부수익률 r을 계산하면 다음과 같다.

$$\frac{O_0}{(1+r)^0}=\frac{I_1}{(1+r)^1}+\frac{I_2}{(1+r)^2}+\frac{I_3}{(1+r)^3}+\frac{I_4}{(1+r)^4}+\frac{I_5}{(1+r)^5} \quad (4\text{-}17)$$

그러므로

$$\frac{1,000}{(1+r)^0}=\frac{400}{(1+r)^1}+\frac{400}{(1+r)^2}+\frac{400}{(1+r)^3}+\frac{400}{(1+r)^4}+\frac{400}{(1+r)^5} \quad (4\text{-}18)$$

$\frac{1,000}{(1+r)^0}$은 1,000만원의 현재가치이고 $\frac{400}{(1+r)^1}$은 400만원의 1년 후의 현재가치이다.

위 식에서 내부수익을 r을 산출하여 이 투자에서 들어오는 현금유입액의 현재가치와 현금유출액인 투자액이 같도록 해야 한다. 위의 수치를 이용하여 임의의 수치를 r에 대입하여 시행착오에 의한 r의 근사치를 발견해야 한다. r의 수치를 25%로 대입하여 보면 (4-18)식의 현재가치는 1,013만원이어서 r이 너무 작다. 본서 후면의 〈부표-4〉 연금현재가치계수표를 보면 r의 수치 25%는 2.6893이다. 따라서 400만원×2.6893=1,076만원이 된다. 그리고 r의 수치를 30%로 대입하면 그 현재가치가 974만원이어서 r이 너무 크다. r의 수치를 28%로 하면 그 현재가치가 1,013만원이고 r을 29%로 하면 993만원이

〈표 4-2〉 A 투자안의 내부수익률

할 인 율	현금유입의 현재가치	현금유출의 현재가치
20%	1,196만원	1,000만원
25%	1,076만원	1,000만원
28%	1,013만원	1,000만원
29%	993만원	1,000만원
30%	974만원	1,000만원

된다. 즉 r는 28%와 29% 사이에 있음을 알 수 있다.

〈표 4-2〉는 A 투자안의 내부수익률은 〈표 4-4〉의 A, B 안 투자액과 연간 현금유입액의 통계자료와 본서 후면의 〈부표-4〉 연금현재가치계수표를 이용하여 현재가치화한 것이다. 〈표 4-2〉에서 보는 바와 같이 내부수익률 r의 근사치가 28%와 29% 사이에 있으므로 만원 이하를 반올림하여 보간법으로 계산하면 다음과 같다.

할 인 율	금액유입의 현재가치
28%	1,013만원
−29%	−993만원
1%	20만원

$$1{,}013\text{만원} - 1{,}000\text{만원} = 13\text{만원} \quad \frac{13\text{만원}}{20\text{만원}} = 0.65\%$$

따라서 A 투자안의 내부수익률 r은 28.65%(28%+0.65%)이다.

(1) B 투자안의 내부수익률

〈표 4-1〉에 제시된 B 투자안은 1,000만원을 최초에 투자하고 처음 3년간은 450만원씩 현금유입이 되고 그 후 2년간은 400만원씩 현금유입이 되는 것으로 계상되어 있다. 이것을 수식으로 표시하면 다음과 같다.

$$\frac{1{,}200}{(1+r)^0} = \frac{450}{(1+r)^1} + \frac{450}{(1+r)^2} + \frac{450}{(1+r)^3} + \frac{450}{(1+r)^4} + \frac{450}{(1+r)^5} \quad (4\text{-}19)$$

위의 수치를 이용하여 B 투자안의 내부수익률을 계산하면 다음과 같다.

A 투자안에서 계산한 방법으로 현금유입의 현재가치를 계산하여 보면 〈표

〈표 4-3〉 B 투자안의 투자배수율

할 인 율	현금유입의 현재가치	현금유출의 현재가치
19%	1,330만원	1,200만원
23%	1,222만원	1,200만원
24%	1,197만원	1,200만원
25%	1,173만원	1,200만원

4-3〉과 같다. 동표에서 보면 현금유출 1,200만원에 상당하는 A안의 현금유입 현재가치를 내부수익률로 측정하면 그 근사치가 23%와 24%의 할인율 사이에 있다. 이 두 비율의 현금유입의 현재가치를 만원 이하 반올림하여 보간법으로 계산하면 다음과 같다.

할 인 율	금액유입의 현재가치
23%	1,222만원
− 24%	− 1,197만원
1%	25만원

1,222만원 − 1,200만원 = 22만원

$$\frac{22\text{만원}}{25\text{만원}} = 0.88\%$$

따라서 B투자안의 내부수익률 r는 23.88%(23% + 0.88%)이다.

이상에서 계산한 A투자안의 내부수익률은 28.65%이고 B투자안은 23.88%이다. 이 회사의 최소한도의 기대수익률인 자본비용가 20%라고 가정한다면 A, B 양안은 모두 채택된다. 그리고 내부수익률이 더 큰 A투자안이 B투자안보다 더 유리하다. 그러므로 한 가지 안만 선택한다면 A안이 채택될 것이다.

이상에서 설명한 내부수익률법은 화폐의 시간가치를 고려한 것이므로 이 방법을 이용하여 투자결정을 하면 다른 방법을 이용하는 것보다 합리적이다. 즉 화폐의 시간가치를 등한시한 평균이익률법이나 자본회수기간법보다는 내부수익률법이 더 과학적이라 할 수 있다.

2. 순현가법

순현가법(net present value method)은 내부수익률법과 같은 할인현금흐름법의 하나이다. 순현가란 어떤 투자로부터 발생되는 현금유입을 그 기업의 최소한도의 기대수익률 r로 할인하여 현재가치화한 후에 현금유입의 현재가치에서 현금유출의 현재가치를 차감한 순차액이다. 순현가는 아래와 같은 공식으로 산출된다.

$$NPV = \sum_{t=0}^{n} \frac{I_t}{(1+r)^t} - \sum_{t=0}^{n} \frac{O_t}{(1+r)^t} \tag{4-20}$$

I_t = 기간중 현금유입
O_t = 기간중 현금유출
t = 기간
k = 기대수익률(자본비용)

순현가법에 의하여 투자결정할 때에는 일정한 할인률에 의하여 계산된 순현가가 0보다 크거나 같으면 이 투자안은 채택된다. 그러나 순현가가 0보다 작을 경우에는 이 투자안은 기각된다. 기업에서 실제로 투자를 할 때에는 순현가가 0보다 크든지 같을 때($NPV \geq 0$)만 채택된다. 이와 반대로 순현가가 0보다 작을 때($NPV < 0$)에는 이 투자안은 기각되는 것이 당연하다. 따라서 순현가가 큰 투자안은 순투자가치가 작은 투자안보다 유리하고 먼저 채택된다.

(1) A 투자안의 순현가

〈표 4-1〉에 제시된 A 투자안은 최초에 1,000만원을 투자하고 미래의 5년간 매년 400만원씩 현금유입이 되어 도합 2,000만원이 들어온다. 이 기업이 자본비용을 20%로 가정하면 A 투자안의 순현가는 다음과 같이 산출된다.

$NPV = \sum_{t=0}^{n} \frac{I_t}{(1+r)^t} - \sum_{t=0}^{n} \frac{O_t}{(1+r)^t}$ 일 때 A 투자안의 순현가는,

$$NPV = \left[\frac{400}{(1+0.20)^1} + \frac{400}{(1+0.20)^2} + \frac{400}{(1+0.20)^3} + \frac{400}{(1+0.20)^4} + \frac{400}{(1+0.20)^5} \right] - \frac{1,000}{(1+0.20)^0} \tag{4-21}$$

$$NPV = 1{,}196\text{만원} - 1{,}000\text{만원} = 196\text{만원}$$

본서 후면의 〈부표-4〉를 이용하여 20% 할인료로 계산한 2,000만원(400만원×5)은 약 1,196만원이 된다. 본서 후면의 〈부표-4〉 연금현재가치계수표에서 5년의 기간을 갖고 할인율이 20%인 것을 보면 2.9906이다. 따라서 400만원×2.9906=1,196만원이 된다. 따라서 1,196만원의 현금유입현재가치에서 최초에 투자된 현금유출현재가치 1,000만원을 빼면 순현가는 196만원이다.

(2) B투자안의 순현가

〈표 4-1〉에 제시된 B투자안은 최초에 1,200만원을 투자하면 처음 3년간은 450만원씩 현금유입이 되고 그 후 2년간은 400만원씩 현금유입이 되어 모두 2,150만원의 현금이 유입된다. 이 경우에도 이 기업의 자본비용을 20%로 가정하면 B투자안의 순현가는 다음과 같이 계산된다.

$$NPV = \left[\frac{450}{(1+0.20)^1} + \frac{450}{(1+0.20)^2} + \frac{450}{(1+0.20)^3} + \frac{450}{(1+0.20)^4} + \frac{450}{(1+0.20)^5}\right] - \frac{1{,}200}{(1+0.20)^0} \qquad (4\text{-}22)$$

$$NPV = 1{,}302\text{만원} - 1{,}200\text{만원} = 102\text{만원}$$

위의 A투자안의 현재가치와 같은 방법으로 계산하면 B투자안의 순현가는 투자로부터 5년간에 걸쳐 들어오게 되는 현금유입의 현재가치 1,302만원에서 현금유출현재가치 1,200만원을 뺀 102만원이 된다.

위에서 산출한 바와 같이 A와 B투자안의 순현가는 0보다 크므로 이 두 안은 채택될 것이다. 그리고 투자안을 비교해 볼 때, A투자안의 순현가는 196만원이어서 B투자안의 102만원보다 더 크므로 A안이 B안보다 더 유리한 투자안이다.

3. 수익성지수법

수익성지수법(profitability index: PI)은 투자된 현금유출과 이 투자로부터 발생되는 현금유입을 비율로 환산하는 방법이다. 수익성지수법에는 비할인현금유출입비율법과 할인현금유출입비율법이 있다.

비할인현금유출입비율법은 현금유입 합계액을 현금유출 합계액으로 비교하는 것이다. 즉 $\frac{\text{현금유입 합계액}}{\text{현금유출 합계액}}$의 산식으로 비율을 계산하여 투자여부를 결정하는 방법이다. 이 방법은 현금흐름의 시간가치문제를 고려하지 않으므로 투자결정기준으로 좋은 방법이라 할 수 없다.

할인현금유출입비율법은 퀴린(G. D. Quirin)이 투자수익률비용비율(benefitcost ratio)이라고 불렀다. 이 방법은 화폐의 시간가치문제를 고려한 현재가치의 개념으로 비율을 계산하게 되므로 투자결정기준으로는 과학적이다. 반혼(Van Horne)은 이 할인현금유출입비율법을 수익성지수(profitability index)라고 부른다.[9)]

할인현금유출입비율은 현금유입 합계액의 현재가치를 현금유출 합계액으로 나눈 비율이다. 이 비율을 공식으로 표시하면 다음과 같다.

$$\text{할인현금유출입비율} = \sum_{t=0}^{n} \frac{I_t}{(1+k)^t} \Big/ \sum_{t=0}^{n} \frac{O_t}{(1+k)^t} \tag{4-23}$$

몇 가지 투자안에 대한 우선순위를 결정하고자 할 때에는 할인현금유출입비율을 이용하는 것이 더욱 좋다. 즉 할인현금유출입비율은 투자안에 대한 현금유입과 현금유출이 현재가치로 환산되어 산출되므로 좋은 투자기준이 된다. 할인현금유출입비율이 1보다 크든지 같으면 이 투자안은 채택된다. 이와 반대로 이 비율이 1보다 작으면 그 투자안은 불리한 것이므로 채택될 수 없다.

〈표 4-1〉에 있는 A투자안과 B투자안의 현금유입과 현금유출의 현재가치로 할인현금유출비율을 계산하여 검토하여 보겠다.

$$\text{할인현금유출입비율} = \frac{\text{현금유입의 현재가치}}{\text{현금유출의 현재가치}}$$

$$\text{A투자안의 할인현금유출입비율} = \frac{1{,}196\text{만원}}{1{,}000\text{만원}} = 1.196 \tag{4-24}$$

$$\text{B투자안의 할인현금유출입비율} = \frac{1{,}302\text{만원}}{1{,}200\text{만원}} = 1.085 \tag{4-25}$$

이상의 A와 B투자안은 할인현금유출입비율이 1보다 크므로 이 두 안은

9) 지청, 「현대재무관리론」, 무역경영사, 1979, pp. 273~274: G. David Quirin, *The Capital Expenditure Decision,* 1967, pp. 34~38: James C. Van Horne, *Financial Management and Policy,* Prentice-Hall, Inc., 1977, p. 87.

채택될 수 있다. 그러나 A투자안의 이 비율은 1.196으로 B투자안의 1.085보다 크므로 A안이 더 유리한 투자가 된다. 따라서 투자순위는 A안이 B안보다 우위에 있어 A안이 먼저 채택되어야 한다.

4. 할인현금흐름에 의한 투자가치평가의 비교

이상에서 세 가지 할인현금흐름에 의한 투자가치평가방법을 설명하였다. 위에서 A투자안과 B투자안을 내부수익률법 · 순현재가치법 그리고 할인현금유출입법으로 투자가치를 평가하는 방법을 살펴보았다. 그 평가결과는 다같이 $r>k$이며, $NPV>0$이고 또한 할인현금유출입비율 $PI>1$이어서 모두 채택될 수 있는 방법이라는 것이 증명되었다.

이 세 가지 투자평가방법은 각각 단점을 지니고 있으며 상이한 특성을 가지고 있어서 이용도에 차이도 있다.

① 어떤 한 가지 투자안에 대한 채택 여부를 결정할 때에는 위의 세 가지 방법을 이용하여도 똑같은 결론이 나온다. 따라서 단일투자안은 이 세 가지 방법 중 어느 것을 이용하여도 된다.

② 상호 배타적인 투자안에 대하여 평가할 때에는 순현가의 크기로서 채택할 투자안과 기각할 투자안을 선택한다.

③ 여러 가시 투자안이 있는데 모두 투자할 가치는 있지만 자본이 부족하

〈표 4-4〉 할인현금흐름법에 의한 투자가치평가의 비교

방 법	산 정	투자결정기준	계산결과	투자여부
내부수익률	$\sum_{t=0}^{n}\frac{I_t}{(1+r)^t}=\sum_{t=0}^{n}\frac{O_t}{(1+r)^t}$	$r\geq k$면 채택 $r<k$면 기각	A안 28.65% B안 23.88% ($r=20\%$)	可 可
순현재가치법	$NPV=\sum_{t=0}^{n}\frac{I_t}{(1+k)^t}-\sum_{t=0}^{n}\frac{O_t}{(1+k)^t}(k=20\%)$	$NPV\geq 0$면 채택 $NPV<0$면 기각	A안 196만원 B안 102만원	可 可
할인현금유출입 비 율 법	$PI=\sum_{t=0}^{n}\frac{I_t}{(1+k)^t}/\sum_{t=0}^{n}\frac{O_t}{(1+k)^t}(k=20\%)$	$PI\geq 1$면 채택 $PI<1$면 기각	A안 1.196 B안 1.085	可 可

면 자본을 할당해야 한다. 이 경우에는 할인현금 유출입비율법을 이용하여 투자의 우선순위에 따라 한 가지씩 투자하는 것이 좋겠다.

〈표 4-4〉에서 보면 내부수익률법에 의한 A와 B투자안은 모두 이 기업의 자본비용 20%보다 높은 내부수익률이므로 채택하는 것이 좋다. 순현재가치법에 의한 평가결과는 0보다 A, B안의 순현가가 크므로 이 양안은 채택가능하다. 그리고 할인현금유출입비율법에 의한 투자평가도 PI가 1보다 크므로 두 안이 다 채택될 것이다. 그러나 이상과 정반대의 투자결정기준으로 나타나면 이들은 투자대상에서 제외되어야 할 것이다. 환언하면 내부수익률이 20%보다 작다든지 순현가가 0보다 작다든지 또는 PI가 1보다 작은 투자안은 불리한 것이므로 기각되어야 한다.[10)]

5. 현금흐름과 법인세 및 감가상각

현금흐름은 일정률의 할인율을 이용하여 투자 여부를 결정할 때에 검토하게 된다. 현금흐름에 있어서 법인세와 감가상각의 문제가 중요하므로 이들을 고려한 현금유출과 유입을 검토하여 보겠다. 새로운 투자를 할 경우에 유출되는 현금과 그 투자로부터 유입되는 현금의 현재가치를 비교하여 순현가를 산출한다.

신투자에 대한 내용연수[11)]와 그 내용연수가 경과한 후에 잔존가치(scrap value)[12)]의 문제도 투자의 순현재가치를 산출할 경우에 고려해야 한다. 그리고 신투자를 결정할 때에 내부수익률 또는 그 기업의 자본비용 등도 아울러 검토해야 한다. 아래에서 현금유출과 현금유입에 대하여 더 자세히 설명하겠다.

(1) 현금유출

투자에는 현금유출(cash outflows)이 따르게 되는데 최초에 현금투자가 이루어지고 또 일정기간 이후에 추가적으로 현금투자가 되는 경우도 있다. 건물

10) O. Maurice Joy, *Introduction to Financial Management,* Richard D. Irwin, Inc., 1980, pp. 143~157.

11) 내용년수란 건물 · 기계 등의 비유동자산을 경제적으로 이용할 수 있는 기간을 의미하는데 수명 또는 내용연한이라고도 한다.

12) 잔존가치는 건물 · 기계 등의 비유동자산의 내용연한이 경과한 후에 처분하여 들어올 수 있는 자금의 가치이다.

이나 기계 등의 비유동자산을 획득하기 위하여 지출되는 현금은 자본적 지출이고, 원재료 · 노무비 등으로 지출되는 현금은 수익적 지출이라 한다. 비유동자산에 대한 투자는 운전자본을 소요로 하는데 새로운 투자에 필요한 총현금 지출의 문제도 연구되어야 한다.

어떤 목적을 달성하기 위하여 추가적으로 소요되는 비용은 증분비용(incremental cost)이라고 한다. 가령 신제품을 생산하기 위하여 새로운 공장을 건설하면 이 비용은 신제품의 비용이다. 그러나 새 공장의 일부분을 기존 제품 생산에 이용하게 된다면 그 부분만큼은 신제품비용에서 공제되어야 한다.

신제품의 생산을 위하여 기존 공장의 일부나 기존 창고의 일부를 사용하게 되면 여기서 발생되는 비용을 기회비용(opportunity cost)이라고 하는데 이것도 신제품비용에 산입하여야 한다. 회사의 관리자나 종업원의 시간의 일부가 신제품 생산에 쓰여진다면 그 비용만큼 신제품원가에 들어간다. 그러나 이러한 기회비용은 별도로 검토되어야 할 것이다.

투자액의 일부가 차입자본으로 조달되었을 경우에는 이에 상당하는 이자가 현금으로 유출된다. 그러나 투자시에는 투자에 소요되는 자금의 이자는 현금유출로 보지 않는 것이 보통이다. 투자안을 검토할 때에 미리 할인율을 설정하여 화폐의 시간적 가치를 고려한 현재가치로 평가되기 때문에 지급이자는 현금유출로 보지 않는다. 투자안 검토시에 투자액에 대한 지급이자를 현금유출로 계산하면 할인율과 더불어 이중계산을 하는 것이 된다.

(2) 현금유입

투자 후에 경영활동을 하면 미래의 현금유입이 된다. 투자결정시에는 미래의 현금유입은 추상적이어서 기대치이지 확정된 것이 아니다. 실제로는 이 기대현금유입액보다 더 많든지 더 적은 것이 보통이다. 투자에 따른 현금유입은 법인세(우리나라는 방위세 및 주민세 포함), 감가상각, 잔존가치 및 운전자본의 문제도 아울러 검토하여야 한다. 잔존가치가 있은 경우에는 현금유입에 가산되어야 한다.[13)]

1) 법인세와 현금유출입

투자안이 채택되어 투자 후 이익이 발생되면 이익에 대한 법인세를 납부하고 난 잔액이 순이익이 된다. 그러나 법인세는 기업이익이 발생된 기간에

13) Van Horne, *op. cit.*, pp. 85~97.

〈표 4-5〉 손익계산서상의 납세 후 순이익 (단위: 만원)

구분 \ 연도	1	2	3	4	계
납세 전 이익	300	400	450	0	1,150
세금(40%)	120	160	180	0	460
납세 후 순이익	180	240	270	0	690
납세 후 순이익의 현재가치 (할인율 10%)	164	198	203	0	565

〈표 4-6〉 현금흐름에 의한 납세 후 순이익 (단위: 만원)

구분 \ 연도	1	2	3	4	계
납세 전 이익	300	400	450	0	1,150
세금(40%)	0	120	160	180	460
납세 후 순이익	300	280	290	−180	690
납세 후 순이익의 현재가치 (할인율 10%)	273	231	218	−123	599

지급하는 것이 아니고 그 다음 기간에 지급된다. 따라서 법인세액에 상당하는 현금의 유출입의 이익이 발생된 다음 기간에 이루어진다.

가령 1,000만원의 투자를 하여 법인세 지급 전의 이익이 3년간에 각각 300만원, 400만원 및 450만원이었고 법인세율이 40%라고 가정하겠다. 이 경우에 손익계산서의 납세 후의 순이익과 현금흐름을 고려한 후의 납세 후의 순이익은 〈표 4-5〉, 〈표 4-6〉과 같다.

〈표 4-5〉에서 손익계산서상의 납세 후 순이익의 3년간의 합계액의 현재가치는 10% 할인율로 565만원이다. 그리고 〈표 4-6〉에서 보면 현금흐름에 의한 납세 후의 순이익의 3년간의 합계액의 현재가치는 599만원이다. 따라서 손익계산서상의 납세 후의 순이익과 현금흐름에 의한 납세 후 순이익의 현재가치는 34만원(599만원−565만원)의 차이가 있다. 즉 법인세 등은 이익이 발생된 기간 중에 지급되는 것이 아니고 그 다음 회계연도에 지급된다. 주식회사에서는 회계연도가 끝나면 그 종료일로부터 60일 이내(외부회계감사를 받는 법인도 60일)에 결산을 확정하고 그 결산확정일로부터 15일 이내(외부조정계산서 첨부법인은 30일)에 법인세를 세무당국에 자진신고 납부하게 되지만 위의

예에서는 결산 후 1년 이후에 지급하는 것으로 가정하여 현재가치를 계산하였다.

2) 감가상각과 법인세

감가상각(depreciation)이란 건물 · 기계 등의 비유동자산에 투자하여 이것을 사용하면 감모되어 투자가치가 줄게 되는 것을 말한다. 비유동자산의 감모된 부분에 상당하는 가치가 감가상각비로 되어 제품의 원가에 포함된다. 그리고 감가상각비는 비유동자산 취득 시에 투자된 금액 중에서 줄게 되지만 매년 현금유출되는 것이 아니다. 그러나 감가상각비는 제품을 판매해 들어온 현금에 포함되지만 그 해에 현금유출이 되지 않는다. 따라서 투자 시에 고려하게 되는 할인현금흐름방법에 있어서 현금유입은 납세 후 순이익과 감가상각을 합계한 것이 된다.

할인현금흐름에 있어서 비유동자산에 투자되면 그 자산의 내용년수 동안에 발생되는 감가상각은 현금유입이 되는데 이것은 투자원금의 회수가 된다. 납세 전의 현금유입은 매출액에서 현금지출액을 뺀 금액이다.

$$\text{납세 전 현금유입} = \text{매출액} - \text{현금지출액} \qquad (4\text{-}26)$$

(4-26)식에서의 현금지출액은 투자원금을 제외한 모든 현금지출비용을 의미한다. (4-26)식의 현금지출액에는 감가상각은 포함되지 않는다. 납세 후의 현금유입은 (4-26)식에서 법인세를 빼면 된다.

$$\text{납세 후 현금유입} = \text{매출액} - \text{현금지출액} - \text{법인세} \qquad (4\text{-}27)$$

법인세액은 과세표준에다 세율을 곱하여 아래와 같이 산출된다.

$$\text{법인세} = \text{과세표준} \times \text{법인세율} \qquad (4\text{-}28)$$

법인세 과세표준은 아래와 같이 산출된다.

$$\begin{aligned}\text{법인세 과세표준} = \text{매출액} &- \text{감가상각 이외의 현금지출액} \\ &- \text{감가상각} \qquad (4\text{-}29)\end{aligned}$$

현금흐름에 의한 납세 후의 현금유입은 아래와 같이 산출된다. (4-29)식을 (4-28)식에 대입하면 아래와 같다.

$$납세\ 후\ 현금유입 = (1 - 법인세율) \times (매출액 - 감가상각\ 이외의\ 현금지출액) + 감가상각 \times 법인세율 \quad (4\text{-}30)$$

(4-30)식에서 1에서 법인세율을 뺀 것은 법인세 납입 후에 현금유입이 되기 때문이다. 감가상각에다 법인세율을 곱한 금액을 현금유입으로 한 것은 법인세 지급 후의 현금유입을 보기 위해서이다.

사례 1 추가투자의 사례연구

서울식품주식회사에서 1억원에 상당하는 새로운 기계를 설치하기 위하여 투자를 하고자 한다. 이 경우에 내용연수는 4년이고 정액법에 의하여 매년 2,500만원씩 감가상각을 하는 것으로 되어 있다. 1억원의 신기계가 설치되면 연간 9,000만원의 매출액이 증가되고 감가상각을 제외한 현금지출이 매년 4,000만원이 발생된다. 4년 후에 잔존가치는 0이며 법인세율은 40%이고 이 회사의 자본비용은 1년에 20%라고 가정하겠다. 이상과 같은 투자안이 경제성이 있는 것인가 할인현금흐름을 현재가치로 분석해 보겠다.

위의 예에서 4년간에 법인세가 어느 정도 지급될 것인가에 대해 〈표 4-7〉에서 계산해 보겠다.

〈표 4-7〉에서 보면 1억원에 상당하는 기계를 설치하여 앞으로 4년간 매년 9,000만원의 매출액이 증가한다. 감가상각 이외의 현금지출 4,000만원과 감가상각 2,500만원을 매출액 9,000만원에서 빼면 과세표준은 2,500만원이 된다. 2,500만원에 법인세율 40%를 곱하면 1,000만원의 법인세가 산출되는데 이 세액은 4년간 동일하다.

〈표 4-8〉에서 보면 1차연도에도 법인세를 1,000만원 납부해야 하겠지만 실제로는 법인세가 발생한 다음 연도에 이것이 지급된다. 〈표 4-8〉의 현금유입은 2차연도부터 매년 4,000만원씩인데 이것은 (4-30)식을 이용하면 4,000만원[(9,000만원 − 4,000만원)(1 − 0.40) + 0.40 × 2,500만원]이 된다. 따라서 1차연도의 현금유입은 5,000만원이고, 본서 후면의 〈부표-3〉에서 본 할인율이 20%인 1년 후의 현재가치계수는 0.8333이므로 이를 곱하면 현금유입의 현재가치는 5,000만원이 4,167만원으로 환산된다. 4개년간의 현금유입의 현

〈표 4-7〉 법인세의 계산 (단위: 만원)

연 도	매 출 액	감가상각외의 현금지출	감가상각	과세대상 이 익	법인세율	법 인 세
1	9,000	4,000	2,500	2,500	40%	1,000
2	9,000	4,000	2,500	2,500	40%	1,000
3	9,000	4,000	2,500	2,500	40%	1,000
4	9,000	4,000	2,500	2,500	40%	1,000

〈표 4-8〉 현금유입의 현재가치계산 (단위: 만 원)

연 도	매 출 액	감가상각외의 현금지출	법 인 세	현금유입	현가계수 할인율20%	현금유입의 현 가
1	9,000	4,000	0	5,000	0.8333	4,167
2	9,000	4,000	1,000	4,000	0.6944	2,778
3	9,000	4,000	1,000	4,000	0.5787	2,315
4	9,000	4,000	1,000	4,000	0.4823	1,929
합 계						11,189

가를 합계하면 11,189만원이 된다. 이 기계를 사기 위하여 투자되는 최초의 금액이 10,000만원(1억원)이어서 현금유입의 현가는 현금유출의 현가보다 크므로 이 투자안은 채택되어야 한다.

이상에서 추가적인 기계시설에 투자하는 사례를 살펴보았다. 다음에서는 기존 시설을 신시설로 대체하는 사례를 검토하여 보겠다.

사례 2 대체투자의 사례연구

태일식품주식회사에서는 6,000만원을 투자하여 새로운 기계를 설치하고자 검토하고 있다. 이 신기계의 내용연수는 6년이고 정액법에 의하여 매년 1,000만원씩 감가상각하는 것으로 가정하겠다. 신기계의 잔존가치는 0이며 법인세율은 방위세와 주민세를 포함하여 50%(비공개법인임)이고 이 회사의 자본비용은 연 18%라고 가정하겠다.

6,000만원의 신기계는 현재 사용하고 있는 기계를 대체하기 위한 것이다. 현 기계의 장부가격은 2,000만원이고 앞으로 4년 후에 내용년수가 끝나며 잔

〈표 4-9〉 대체투자결정의 모형 (단위: 만원)

구 분	과세 전	과세 후	연 수	현가계수 할인율18%	현 가
현금유출					
신기계투자	6,000	6,000	—	1,000	6,000
구기계의 잔존가치	6,500	6,500	—	1,000	−500
구기계처분세금혜택	1,500	6,750	—	1,000	−750
총유출(현가)					4,750
현금유입					
신기계의 이득	1,500	6,750	6	3.498	2,624
신기계감가상각	1,000	6,500	6	3.498	1,749
구기계감가상각	6,500	6,250	4	2.690	−673
총현금유입(현가)					3,700

존가치는 500만원으로 추산된다. 신기계로 대체하게 되면 노무비 및 기타 비용이 1년에 1,500만원씩 절감되어 그만큼의 이익이 증대될 것이다. 신기계로 대체하는 데는 5일이 소요된다. 이런 투자안에 대하여 투자 여부를 검토하고자 한다.

신기계로 대체할 현금유출과 유입을 현재가치로 환산하여 본 것이 〈표 4-9〉이다.

〈표 4-9〉에서 신기계 매입에 6,000만원이 투자되지만 구기계의 잔존가치 500만원과 그 세금혜택이 장부가격에서 잔존가치를 뺀 금액 1,500만원의 50%인 750만원은 현금유출을 상쇄하는 것으로 보았다. 현금유입에서 신기계의 절감액이 매년 1,500만원과 기계의 감가상각은 50% 납세 후에 이루어진다. 현가계수는 〈부표-4〉에서 18% 6년과 4년란을 참작하였다.

투자의 순현가는 −1,050만(=3,700만원−4,750만원)원이다. 즉 총현금유출의 현가는 4,750만원이고 총현금유입의 현가는 3,700만원이어서 현금유입이 1,050만원 적다. 이것은 이 회사의 자본비용 18%에도 미치지 못하는 현금유입(이익)이어서 투자가치가 없다는 뜻이다.

이 투자안을 할인현금유출비율이 $\left(\frac{\text{현금유입의 현재가치(3,700만원)}}{\text{현금유출의 현재가치(4,750만원)}}\right)$0.78 이어서 1보다 작다. 따라서 이 투자안은 이 회사의 연 자본비용이나 기대이익률에 미치지 못하므로 기각되어야 한다.

6. 인플레이션과 자본예산

자본예산을 편성할 경우에 인플레이션문제를 고려할 것인지도 중요한 문제이다. 물가가 오르면 현금유출과 현금유입에 같은 영향을 미치기 때문에 상쇄되어 인플레이션의 문제를 자본예산 편성에 고려할 필요가 없다는 견해가 있다. 그러나 자본예산상의 현금유출과 현금유입의 각 항목별로 보면 물가상승률이 상이할 수 있다. 또한 우리나라와 같이 물가상승률이 높은 경우에는 인플레이션의 문제를 고려하지 않을 수 없다는 것이다.

화폐현금흐름(money cash flow)을 인플레이션율을 고려하여 그 구매력(purchasing power)을 환산하여 평가하면 실질화폐흐름(real cash flow)이 된다. 가령 현재 10,000원을 투자하는데 1년 후에 20%의 물가상승이 이루어졌다고 가정하면 20%의 이자율을 적용하여 1년 후의 화폐현금으로는 12,000원이 될 것이다. 환언하면 1년 후에 12,000원은 20%의 물가상승률을 적용하면 금년의 10,000원과 구매력으로 보아 동일하다는 것이다.

가령 금년의 물가지수가 130이고 내년에 150이면 내후년에 170이 된다고 가정하여 보자. 그러면 금년의 상대물가지수(price index relatives)를 1이라 하면 1년 후에는 1.15$\left(\frac{150}{130}\right)$이고, 2년 후에는 1.31$\left(\frac{170}{130}\right)$이 된다. 이 상대물가지수를 이용하여 1년 후와 2년 후의 10,000원의 현금의 구매력을 평가하면 8,696원$\left(\frac{10,000}{1.15}\right)$과 7,634원$\left(\frac{10,000}{1.31}\right)$이 된다.

위의 예의 반대로 어떤 투자안이 현재 1,000만원 투자되고, 1년 후에 다시 1,000만원이 투자되어 모두 2,000만원이 소요되는 데 20%의 할인율을 적용하여 보겠다. 현재 투자되는 현재가치는 10,000원이지만 1년 후에 투자되는 현재가치는 20% 할인율을 적용하면 〈부표-3〉에서 보면 8,333원이 된다. 따라서 현재는 10,000원 투자하고 1년 후에는 10,000원 투자한 현재가치는 20% 할인율로 18,333원이 된다. 인플레이션을 고려한 자본예산 편성과 현금흐름을 사례로 다음에서 보겠다.

사례 3 인플레이션과 자본예산의 사례연구

광명식품주식회사에서 1,000만원에 상당하는 기계를 구매하기 위한 투자안을 검토 중에 있다. 이 기계의 내용연수는 4년이고 정액법으로 감가상각을

〈표 4-10〉 인플레이션과 자본예산

(단위: 만원)

현금유입과 유출	인플레이션 불고려시	인플레이션 고려시
1) 매출수입	4,000원×1만 개=4,000	4,000만원×1.10=4,400
2) 원재료비	2,000원×1만 개=2,000	2,000만원×1.10=2,200
3) 인 건 비	900	900만원×1.15=1,035
4) 기타경비	100	900만원×1.15= 115
5) 감가상각비	250	250
6) 이 익	750	800
7) 법인세(40%)	−300	−3202
8) 순 이 익	450	480
9) 순현금흐름	700	730
10) 순현금흐름현재가치(15%)	609	635

하되 1년에 250만원의 감가상각비가 발생되며 그 잔존가치는 0이라고 추정된다. 이 기계가 설치되면 1만 개의 제품을 생산하여 1개당 4,000원씩 판매할 수 있다. 이 제품의 원재료비는 1개당 2,000원이고 1만 개 생산을 위한 인건비는 900만원이다. 이 자료를 이용하여 1년 후의 순현금흐름을 인플레이션을 고려하지 않을 때와 고려하였을 경우를 대비하여 보면 〈표 4-10〉과 같다.

〈표 4-10〉에서 인플레이션을 고려하지 않을 경우 450만원의 순이익이 발생된다. 450만원의 순이익에다 감가상각비 250만원을 합계하면 700만원의 순현금흐름이 있다. 1년 후에 유입되는 700만원에 대해서 〈부표-3〉 현재가치계수표에 있는 15%의 할인율을 적용하여 1년 후에 700만원을 현재가치화하면 609만원(700만원 × 0.8696)이 된다.

〈표 4-10〉의 우측의 계수는 항목별로 예상되는 인플레이션율을 이용하여 산출한 것이다. 1년 후에 제품의 판매단가가 10% 인상되고, 원재료단가도 10% 인상될 것으로 보았다. 그리고 인건비와 기타 경비는 15%가 인상될 것으로 예상하였다. 이 경우 순이익은 480만원이고 순현금흐름은 730만원이어서 15% 할인율을 적용한 현재가치는 635만원이다. 즉 이상과 같은 인플레이션을 고려하면 고려하지 않을 경우보다 순이익과 순현금흐름이 30만원 증가된다. 이 순현금흐름을 15%의 할인율을 적용한 현재가치는 인플레이션을 고려하였을 경우에 26만원(635만원 − 609만원)이 더 크다.

〈표 4-10〉은 투자하고 1년 후에 나타난 순현금의 흐름을 본 것이다. 그러나 이 기계는 4년간의 내용연수가 있고 정액법에 의하여 매년 250만원의 감가

〈표 4-11〉 연도별 인플레이션과 자본예산

(단위: 만원)

연도 / 현금유입과 유출	1	2	3	4	합 계
1) 판매수입	4,400	4,400 × 1.1 = 4,840	4,840 × 1.1 = 5,324	5,324 × 1.1 = 5,856	20,420
2) 원재료비	2,200	2,200 × 1.1 = 2,420	2,420 × 1.1 = 2,662	2,662 × 1.1 = 2,928	10,210
3) 인 건 비	1,035	1,035 × 1.15 = 1,190	1,190 × 1.15 = 1,369	1,369 × 1.15 = 1,574	5,168
4) 기타경비	115	115 × 1.15 = 132	132 × 1.15 = 152	152 × 1.15 = 175	574
5) 감가상각비	250	250	250	250	1,000
6) 이 익	800	848	891	929	3,468
7) 법인세(40%)	−320	−339	−356	−237	−1,387
8) 순 이 익	480	509	535	557	2,081
9) 순현금흐름 (5 + 8)	730	759	785	807	3,081
10) 순현금흐름현재가치(15%)	635	574	516	461	2,186

상각이 된다. 그리고 〈표 4-11〉은 1차연도와 같이 각 항목에 대한 인플레이션이 4년간 계속된다고 가정하여 자본예산을 살펴본 것이다.

〈표 4-11〉은 앞으로 4년간 제품판매단가와 원재료비는 매년 10%씩 인상되고 인건비와 기타 경비는 매년 15%씩 인상될 것을 예상하고 자본예산을 마련한 것이다. 순이익의 4년간 합계액이 2,081만원이고, 순현금흐름의 합계액은 3,081만원이다. 순현금흐름을 연 15% 할인율로 환산한 현재가치의 합계액은 〈표 4-11〉에서 볼 수 있는 바와 같이 2,186만원이다.

그러나 인플레이션을 고려하지 않을 경우에는 매년 450만원의 순이익과 250만원의 감가상각비를 합계한 700만원의 순현금흐름이 있다. 앞으로 4년간 매년 700만원씩 순현금흐름을 15% 할인율로 〈부표-3〉을 이용하여 산출하면 아래와 같다.

1차연도 700만원 × 0.8696 = 609만원
2차연도 700만원 × 0.7561 = 529만원
3차연도 700만원 × 0.6575 = 460만원
4차연도 700만원 × 0.5718 = 400만원
합 계 1,998만원

4년 동안 700만원씩 유입되는 순현금의 현재가치 합계액은 1,998만원이다. 인플레이션을 고려하였을 경우에는 이것을 고려하지 않을 경우보다 순현금흐름의 현재가치 합계액이 188만원(2,186만원 − 1,998만원)이 더 크다. 따라서 실제로 자본예산을 편성할 경우 인플레이션을 참작하는 것이 도움이 될 것이다.

제 9 절 위험투자에 대한 일반적 평가방법

1. 위험조정할인율법

위험조정할인율법은 현재가치법을 이용한 것이다. 즉 순현재가치(net

present value: NPV)는 다음과 같이 표시된다.

$$NPV=\sum_{t=0}^{n}\left(\frac{I_t}{(1+k)^t}\right)-\sum_{t=0}^{n}\left(\frac{O_t}{(1+k)^t}\right)$$

상기식에는 k의 개념이 기업의 할인율 또는 자본비용의 의미만을 포함하고 있어 실제로 위험요소를 고려한다면 할인율은 k보다 더 커야 한다는 것이다. 즉 기업의 할인율을 (k + 위험률)만큼 가산하여야 한다는 것이다. 위험률을 k_r이라고 한다면 NPV'는 다음과 같다.

$$NPV'=\sum_{t=0}^{n}\left(\frac{I_t}{(1+k+k_r)^t}\right)-\sum_{t=0}^{n}\left(\frac{O_t}{(1+k+k_r)^t}\right)$$

예를 들면 최초투자액 100,000만원을 요하는 투자가 있을 경우 앞으로 3년간, 해마다 현금유입이 45,000만원이라 하고 이 기업의 자본비용이 10%라고 한다면 이 투자안에 대한 순현재가치는 11,911만원이 된다.

$$NPV=\left\{\frac{45,000}{(1+0.1)}+\frac{45,000}{(1+0.1)^2}+\frac{45,000}{(1+0.1)^3}\right\}-100,000=11,911$$

NPV가 0보다 크기 때문에 상기 투자안은 채택될 것이다. 이 투자안에 대하여 8%의 위험률을 가산하여 평가한다면 순현재가치는 (−)2,156만원이 되어 0보다 적게 되어 이 투자안은 기각하여야 한다는 결론이 된다.

$$NPV=\left\{\frac{45,000}{(1+0.1+0.08)}+\frac{45,000}{(1+0.1+0.08)^2}+\frac{45,000}{(1+0.1+0.08)^3}\right\}$$
$$-100,000=(-)2,156\text{만원}$$

이와 같은 것은 내부수익률(internal rate of return)에도 적용할 수 있다. 즉 내부수익률이 위험조정할인율($k+k_r$)보다 큰 경우에는 그 투자안이 채택되어야 할 것이고 내부수익률이 위험조정할인율보다 작으면 그 투자안은 기각되어야 하는 것이다.

그러나 위험조정할인율법에서는 할인율을 어떻게 결정하느냐가 가장 어려운 문제인 것이다. 일반적으로 다음과 같은 방법을 사용하여 할인율을 구하고 있다. 첫째는 특정한 투자안에 대하여 그 자신의 위험 및 불확실성에 대한 판단에 의해서 임의로 그 할인율을 결정하는 것이다. 둘째로 기업에서 예견할 수 있는 모든 투자기회를 위험급수별로 분류하여 각 위험급수에 해당하는 위험률을 부과하는 방법이다. 셋째로 모든 투자기회 그 자체에 대한 위험을 고려하는 것이 아니고 그 기업체나 혹은 그 기업체가 소속하여 있는 산업 자체에 대한 평균위험률을 계산하는 것이다.

그러나 이러한 모든 위험률이 전적으로 임의적이라고 할 수 없다. 다만 계산이 편리하고 위험과 불확실성에 대한 요소를 반영하였다고 할 수 있어 전술한 자본회수기간법과 같이 실무에 많이 이용되고 있다.

2. 민감도분석

투자결정을 행할 경우에는 현 시장의 규모, 앞으로의 시장의 성장률과 시장점유율 등 모든 요인을 고려하여 현금유입을 계산한다. 그리고 투자비와 경상운영비를 예측하여 현금유출을 계산하여 투자에 대한 수입을 계산하는데, 이 때 위험분석에 의한 방법으로 민감도분석(sensitive analysis)을 행할 수 있다. 민감도분석은 투자로부터 발생될 수 있는 몇 가지의 기대치를 추정하여 이를 투자의 평가에 이용하는 방법으로, 불확실한 상황하의 의사결정에 매우 유익한 접근방법으로 인식되고 있다.

이 방법은 기대치의 분산 정도를 감지하기 위하여, 투자로부터 기대되는 현금흐름에 대한 몇 개의 발생가능한 기대치를 투자의 평가에 이용하고 있다. 민감도분석의 가장 보편적인 방법은 투자로부터 기대되는 낙관적 수치·평균수치 및 비관적 수치를 추정하는 것이다.[14] 또한 투자가치를 현재가치화하든지 내부수익률과 비교하기 위해서 필요한 기업의 기회비용이나 할인율 등의 변동이 순현재가치나 현금유출입 등에 어떤 영향을 미치는가를 검토할 수도 있는 것이다.[15]

이상과 같은 민감도분석은 아직 미숙한 방법임에는 틀림없으나 경영자에게 한 개 이상의 기대치를 제시함으로써 그로 하여금 투자의 위험을 감지할 수 있도록 하여 위험분석을 위한 기초가 되고 있다. 그리고 이 분석방법은 외국인투자가들이 투자의 타당성분석을 행할 때 주로 이용되고 있다.

---

14) Lawrence J. Gitman, ***Principles of Managerial Finance***, Harper International, 1976, Chap. 14 참조.

15) S. E. McGaughey and E. Thorbecke, "Project Selection and Macroeconomic Objec-tives: A Methodology Applied to Peruvian Irrigation Projects," ***American Journal of Agricultural Economics***, February 1972, pp. 36~37.

"제주는 한국형 종합카지노리조트 최적지"

제주지역이 한국형 종합카지노리조드 개발 시범사업에 최적지이며, 관광카지노는 새로 만드는 것보다 기존 시설을 활용하는 것이 더 효율적이라는 연구결과가 나왔다.

11일 제주도의회 도민의방에서 열린 '제주지역 관광카지노 추진방안' 용역보고회에서 제주관광대학 양일용 교수는 "국제 수준의 거점 카지노 복합단지를 개발하되 주변 관광자원을 연계하는 클러스터 개념을 도입, 총체적 매력도를 극대화하기 위해서는 천혜의 자연조건과 관광인프라가 갖추어진 제주지역이 최적의 장소"라며 이같이 밝혔다.

양 교수는 또 "카지노의 사회 · 문화적 부작용을 최소화하기 위해 지정학적 · 법률적으로 비교적 독립된 제주지역에서 시범사업을 시행하는 방안을 강구할 필요가 있다"고 강조했다.

연구결과 시범사업을 시행할 때 게임금액과 이용횟수, 광고를 제한하고 출입은 제주도민을 배제한 순수 관광객 중 21세 이상의 성인남녀로 한정해 입장료를 징수해야 부작용을 줄일 수 있는 것으로 나타났다.

또 카지노 선진국인 미국, 유럽, 호주 등의 카지노 관련 제도를 상세히 검토한 뒤 제주 실정에 맞는 제도적 시스템을 구축하되, 관광진흥법을 제주도로 이관받아 지자체의 카지노관리법(Casino Control Act)을 제정하는 방안이 바람직한 것으로 분석됐다.

장기적인 관점에서 한국형 종합카지노리조트 개발이 필요한 만큼 이를 위해 내수 시장(내국인 카지노) 개방이 요구되며, 약 10년간 단계별 준비과정을 거쳐 사회적 부작용을 최소화하고 국민적 공감대를 형성할 필요가 있는 것으로 조사됐다.

양 교수는 "관광카지노가 도입될 경우 연매출액은 보수적 관점(게임이용금액 한도 50만원)에서 455억원, 중도적 관점(〃 100만원)에서 910억원, 낙관적 관점(〃 200만원)에서 1천 820억원 규모일 것"이라고 추정했다.

그는 "관광카지노 개발로 제주지역에 미치는 생산유발효과가 최소 약 640억원에서 최대 2천 559억원에 이르며, 고용유발효과는 최소 1천 559명에서 최대 6천 238명에 달할 것"이라고 추산했다.

그는 "분석결과 투자효율성 지표인 NPV(순현가법)와 IRR(내부수익률)을 동시에 만족시키는 투자금액은 보수적 관점에서 100억원 미만, 중도적 관점에서 200억원 미만, 낙관적 관점에서도 300억원 미만으로 나타났다"며

"300억원 이상의 투자는 경제성이 없는 것으로 평가된 만큼 지역경제활성화를 위해서라도 우선 시범사업으로 기존 카지노시설을 이용하는 방안을 적극 고려해야 한다"고 주장했다.

한국카지노업관광협회 권정규 사무국장은 "이미 마카오 카지노가 라스베이거스의 매출액을 추월했고, 일본 등이 카지노산업 진출을 준비하고 있는 만큼 우리나라에선 제주도가 앞장서야 한다"고 덧붙였다.

– 연합뉴스 신문기사

연 습 문 제

1. 다음 용어들을 간단히 설명하시오.
   ① 자본예산 ② 투자
   ③ 대체투자 ④ 전략투자
   ⑤ NPV법 ⑥ IRR법

2. 자본예산의 의의와 중요성에 대해 설명하시오.

3. 장기자금의 운용과 조달에 대해 설명하시오.

4. 주식투자의 수익에 대해 설명하시오.

5. 다음과 같은 두 가지 투자안이 있다. 각 투자안은 10,000천원의 초기 자금이 있다. 각 투자안의 자본비용은 12%이다. 투자안의 기대 현금흐름이 아래와 같다.

연 도	0	1	2	3	4
투자안 X	(10,000)	6,500	3,000	3,000	1,000
투자안 Y	(10,000)	3,500	3,500	3,500	3,500

① 투자안을 회수기간법, NPV, IRR, MIRR법으로 평가하시오.
② 투자안들이 서로 독립적이라면, 채택은 어떻게 하는가?
③ 상호배타적이라면 어느 투자안을 선택해야 하는가?
④ 자본비용의 변화는 NPV와 IRR을 이용하여 투자안을 평가할 때, 어떤 차이가 존재하는가?(힌트: NPV profile를 이용하시오.)

6. 다음의 현금흐름을 지닌 투자안이 존재한다. 투자안의 자본비용은 10%이다.

기 간	0	1	2
현금흐름	100	−300	250

① 내부수익률로 투자안을 평가하시오.

② MIRR법을 이용한 투자안 분석과 NPV를 이용한 투자안 분석방법과 서로 비교하시오.

7. 한양(주)는 3년 전의 설비를 새로운 설비로 교체하려고 한다. 현재 사용하고 있는 설비의 구입가격은 100천원이었고, 잔존가치는 0이고, 향후 7년을 더 사용할 수 있다. 처분가는 40천원이다. 새로운 설비는 180천원, 내용연수는 7년, 잔존가치는 40천원이다. 다음은 신·구 설비의 이익과 감가상각비를 합한 금액이다.

연 수	신 설비	구 설비
1 ~ 4	300,000	400,000
5 ~ 7	200,000	400,000

단, 이 기업은 정액법으로 감가상각을 하며, 요구수익률은 10%, 법인세율이 34%이다. 신 설비의 투자안을 평가하시오.

8. 한양(주)는 펄프회사이다. 올해 판매액은 250,000,000원이다. 이익이 영원히 유지된다고 가정한다. 이 기업은 100,000주의 보통주를 발행한 전액자기자본기업으로서 자기자본비용은 15%이다.(단, 초기 투자비용이 400,000,000원이 소요되고, 6억 원의 현가를 제공하는 투자안에 투자하려고 고려중에 있다) 한양(주)의 주당가격을 구하시오.

9. 한양(주)는 3,000만원을 들여 새 설비를 구입하려 한다. 이 회사가 새 설비를 구입할 경우 영업수익은 5년 동안 매년 1,000만원씩 늘어난다고 한다. 이 설비는 5년에 걸쳐 매년 600만원씩 감가상각된다. 현재 한양(주)의 법인세율은 40%이고 자본비용은 10%이다. 이 때의 NPV는 얼마가 되는가?

10. 앞으로의 상황은 불황과 호황의 두 가지 상황만 존재하며 각각의 확률은 0.3과 0.7이다. 균형상황에서, (주)천기의 수익률과 무위험 수익률은 다음과 같다.

상황	(주)천기의 수익률(%)	무위험 수익률(%)
불황	−10	10
호황	30	10

(주)천기는 호황이 되면 152억원, 불황이 되면 90억원을 얻는 투자안에 100억원을 투자하려 한다. 옵션모형을 이용하여 이 투자안의 순현재가치를 구하라(세금이나 거래비용 등은 존재하지 않는다).

(2003년 CPA 기출문제)

11. 상록기업은 다음과 같은 신규투자를 고려하고 있다. 신규투자안 A, B는 모두 100원의 투자원금을 필요로 하며 투자기간은 1년이고 상호배타적이다. 이들 투자안의 1년말 총현금흐름은 다음과 같다.

(단위: 원)

상황	확률	투자안 A	투자안 B
불황	0.5	110	50
호황	0.5	130	180

각 경제주체들은 위험중립적이며, 무위험이자율(혹은 시장이자율)은 10%이고, 부채조달시 채권만기는 투자기간과 동일하다. 아래의 각 물음에 근거와 함께 답하라. 단, 계산은 소수점 셋째 자리에서 반올림할 것.

① 상록기업의 소유경영자가 투자원금 전액을 자기자본으로 조달한다면 어떤 투자안을 선택할 것인가?

② 상록기업은 투자안 선택에 상관없이 시장이자율로 투자원금 전액을 부채로 조달한다고 하자. 이때 상록기업의 소유경영자는 어떤 투자안을 선택할 것인가?

③ 채권시장은 완전경쟁시장이므로, 채권은 기대순현가가 0이 되도록 시가발행된다. 상록기업의 소유경영자는 투자원금을 부채로 100% 조달할 예정이며, 각 투자안별로 별도의 가격조건으로 부채를 조달한다. 이때 상록기업의 소유경영자는 어떤 투자안을 선택할 것인가?

④ 위의 ③에서와 동일한 상황이며, 단지 차이점은 상록기업이 최대한 부채조달을 통해 투자하려고 하지만 부채여력(debt capacity)이 제한되어

있어 투자원금의 나머지는 자기자본으로 조달해야 한다는 것이다. 현재 상록기업이 조달가능한 부채의 만기시 약속원리금은 두 투자안 모두 88원이며, 파산시에는 16원의 파산비용이 발생한다. 이때 상록기업의 소유경영자는 어떤 투자안을 선택할 것인가?

(2004년 CPA 기출문제)

12. 대영(주)는 이테크(주)의 흡수합병을 검토하고 있다. 모두 무부채기업인 두 기업의 재무정보는 다음과 같다.

	대영(주)	이테크(주)
주식수	200만주	50만주
당기순이익	60억원	16.5억원
당시주가	30,000원	21,000원
베타	0.8	1.4

2005년말 합병 검토 당시 무위험자산수익률은 4%, 시장포트폴리오 수익률은 10%이고 법인세율은 합병전후 두 기업 모두 40%로 같다.

① 피합병기업인 이테크(주)의 주주의 입장에서 더 유리한 합병조건은 주당순이익(EPS)기준인가 아니면 주당가격 기준인가? 단, 합병 여부 판단은 주식교환비율에 따른 EPS크기의 변화로 측정하고 합병시너지는 없다고 가정한다.

② 이테크(주)의 주주는 당시주가에 6,000원의 프리미엄을 추가한 주당가격 기준으로 대영(주)와 주식교환비율을 결정하자고 요구하고 있다. 대영(주) 주주의 입장에서 이 제안을 수용할 것인지를 판단하라. 단, 합병 여부 판단은 주식교환비율에 따른 EPS크기의 변화로 측정하고 합병시너지는 없다고 가정한다.

③ 이테크(주)는 당시주가에 6,000원의 프리미엄을 추가한 주당가격으로 전체 발행주식을 현금으로 인수해 줄 것을 대영(주)에게 요구하고 있다.

④ 대영(주)는 합병 당시의 주가가 가장 적절한 주당 인수금액이라고 판단한다. 이 경우 합병후 대영(주)의 주주가 요구하는 요구수익률은 얼마인가? (퍼센트기준 소수점 둘째 자리까지만 표시한다.)

⑤ 합병에 따른 매년 말 기준 증분현금흐름은 다음과 같이 예상된다. 주어진 증분현금흐름만을 고려하여 이테크(주)의 요구가 적절한지 대영(주) 주주의 입장에서 판단하라.

기간(t)	증분현금흐름
1	12억원
2	10억원
3	7억원
4	6억원

⑥ 위 문제에서와 같은 증분현금흐름을 예상할 때 대영(주)가 합병요구를 수용할 수 있게 하려면 이테크(주)가 당시 주가에 추가할 수 있는 최대한의 프리미엄은 얼마인가?(가격은 1원단위까지 구한다. 소수점은 절사한다.)

(2005년 CPA 기출문제)

13. 신제품 생산라인을 도입할 예정인 P사는 동일한 성능을 지닌 두 기계 A와 B 중 하나를 선택하는 상호배타적 투자안을 평가 중이다. 기계 A는 내용연수가 2년이고 구입 및 설치비용이 100원이며 매년 말 유지비용이 20원 소요된다. 내용연수 만료시 10원에 매각이 가능할 것으로 예상된다. 한편 기계 B는 내용연수가 3년이고 구입 및 설치비용이 100원이며 매년 말 유지비용이 30원 소요된다. 기계 B는 잔존가치가 없다. 모든 투자안 가치평가에 10%의 할인율이 적용된다. 법인세는 없다(모든 수치는 소수점 셋째 자리에서 반올림하시오).

연간할인율, 연수	10%, 2년	10%, 3년	10%, 4년
현가이자요소(PVIF)	0.8264	0.7513	0.6830
연금의 현가이자요소(PVIFA)	1.7355	2.4868	3.1699

① 두 기계 A와 B 모두 내용연수 만기와 동시에 동일한 조건의 동종기계로 지속적으로 대체한다는 가정하에 최적 투자안을 선택하시오.

② 현재 외부업체가 기계 C를 개발하고 있으며 상용화가 될 확률이 50%이다. P사가 최초에 기계 A를 도입한 경우에 한해서 2년 후 시점

(t=2)에 기계 A 혹은 기계 C로 대체할 수 있다. 일단 대체할 기계가 결정되면 계속해서 동일 기계를 사용해야 한다. 기계 C의 성능은 기계 A와 동일하다. 내용연수 2년간 소요되는 기계 C의 비용의 현가는 2년 후 시점(t=2)을 기준으로 100원이다. ①과 동일한 가정하에 $t=0$시점에서 기계 A와 기계 B의 도입 안을 비교하여 최적투자안을 선택하시오.

(2007년 CPA 기출문제)

14. 이동통신사업을 무부채로 경영해오고 있던 ABC기업은 새로운 이동통신 콘텐츠사업을 담당할 자회사 설립을 고려하고 있다. 해당 자회사의 설립에는 90억원이 소요되고, 설립 첫해에는 20억원의 세전영업이익이 발생한 후 매년 2%씩 영속적으로 늘어나며, 감가상각비는 없을 것으로 예상된다. 동종 콘텐츠회사인 XYZ기업의 경우 주식베타가 1.92이며, 부채비율(타인자본/자기자본)은 200%이다. 무위험이자율은 10%, 시장위험프리미엄은 10%, 그리고 법인세율은 30%이다. 금액은 억원 단위로 표기하고, 반올림하여 소수점 넷째자리까지 계산하시오.

① ABC기업이 100% 주식발행만으로 자회사 설립을 고려할 경우, 순현가(NPV)를 이용하여 해당 투자안의 경제성을 평가하시오.
② ABC기업은 자회사 설립시 투자액의 1/3을 무위험부채를 통해 조달하고, 나머지는 주식으로 조달하려고 한다. 해당 투자안의 경제성을 조정현가(APV)법을 이용하여 평가하시오.
③ ABC기업은 모든 투자안에 대해 18%의 필수수익률(cut-off rate)을 요구한다고 하자. 자회사 설립 투자안에 대한 내부수익률(internal rate of return)을 구하고, 투자여부를 판단하시오.

(2009년 CPA 재무관리 2차 시험)

15. M사는 임대건물의 신축과 주차장의 신축이라는 두 가지의 투자안을 고려하고 있다. 임대건물의 신축안은 초기투자액이 18억원이며, 1년 후에 24억원으로 매각할 수 있다고 한다. 주차장의 신축안은 단위당 1백만원을 초기투자하면 1년 후부터 매년 1백만원의 현금유입이 영구히 발생된다고 한다. 주차장의 신축 단위에는 제한이 없고, 신축규모에 대하여 수익률이 일정하다고 가정한다. 할인율을 동일하게 연 20%로 적용할 경우, 양 투자

안의 순현가(NPV)가 같아지기 위해서는 주차장을 몇 단위 신축해야 하는가?
정답 ⑤

① 10 ② 20 ③ 30 ④ 40 ⑤ 50

(2005년 CPA 기출문제)

16. 증분현금흐름(incremental cash flow)을 고려해 투자의사결정을 해야 하는 다음의 상황에서 가장 적절하지 못한 주장은?
정답 ①

① 은행이 부실기업에 대한 추가 자금지원 여부를 검토할 때, 추가로 지원할 자금과 함께 이미 부도처리된 대출금에 대해서도 원금과 이자를 회수할 수 있는지 고려해야 한다.

② 100억원에 구입한 토지에 30억원을 들인 주차장 시설을 철거하고 상가건물을 신축할지 여부를 검토할 때, 장부가치인 120억원이 아니라 토지와 주차장시설을 매각하면 받을 수 있는 150억원(세후기준)을 비용으로 고려해야 한다.

③ 제주도의 한 호텔이 인근 골프장 인수 여부를 검토할 때, 골프장 예약이 수월해짐에 따라 증가하는 투숙객으로부터 예상되는 수입과 호텔 예약이 수월해짐에 따라 증가하는 골프장 이용객으로부터 예상되는 수입도 고려해야 한다.

④ 신제품발매 여부를 검토할 때, 원자재 추가구입에 따른 외상매입금의 증가와 재고자산 및 보관창고 비용의 증가 그리고 현금보유액의 증가도 고려해야 한다.

⑤ 공장직원을 해외로 교육연수 보낼지 여부를 검토할 때, 항공료와 등록금은 물론 해당 직원의 업무를 맡은 신규채용 임시직원에게 지급할 급여도 함께 고려해야 한다.

(2004년 CPA 기출문제)

17. (주)한국은 기존의 생산라인 제어시스템을 교체하는 것을 고려하고 있다. 시스템이 교체되는 경우 (주)한국은 연간 약 50억원의 비용을 절감할 수 있을 것으로 예상된다. 신규 시스템의 구입비용은 총 200억원이며 내용연수는 5년이다. 이 시스템은 정액법으로 감가상각되며 5년 사용 후 잔존

가치는 없을 것으로 예상된다. 현재의 시스템도 전액 감가상각되었고 시장가치는 없다. 한편, 신규 시스템을 가동하기 위하여 순운전자본이 약 10억원 가량 추가로 필요하다. (주)한국의 법인세율은 20%이고 이 투자안에 대한 할인율은 15%라면 이 투자안의 순현가는 약 얼마인가? 정답 ③

(n=5)	현재가치계수	연금의 현재가치계수
15%	0.4972	3.3522
20%	0.4019	2.9906

① 66억원 ② 49억원 ③ −44억원
④ −49억원 ⑤ −66억원

(2005년 CPA 기출문제)

제 5 장
투자의사결정 선택이론

FINANCIAL MANAGEMENT

제 1 절　위험하의 통계적 투자결정방법

일반적인 투자결정방법인 자본회수기간법 · 위험조정할인율법과 민감도 분석 등은 위험에 대한 합리적인 측정이 결여되어 있으며 미래의 현금흐름에 대한 확률분포를 무시하고 있다. 이를 보완하기 위하여 통계적 투자결정방법을 소개하고자 한다.

1. 투자기대가치의 극대화

투자기대가치의 극대화란 위험 하에서의 투자결정이 미래에 나타날 상황에 대한 확률분포를 알고 있을 때에 최대의 기대가치를 가지고 있는 투자안을 채택하여야 한다는 것이다. 기대가치라 함은 임의의 변수에 대한 가치를 그 가치에 대한 확률로 곱한 다음 이들을 모두 합한 수치를 말한다.[1)]

이를 수학적인 기호로 표시하여 X_1, X_2, X_3, …, X_n을 임의의 변수에 대한 투자가치라 하고, P_1, P_2, P_3, …, P_n(단, $P_1+P_2+P_3+\cdots+P_n=1$)를 각 투자가치에 대한 확률분석라고 하면 이 투자안에 대한 투자의 기대가치(expected

1) Robert Schlaifer, ***Probability and Statistics for Business***, New York: McGraw-Hill Co., Inc., 1959, p. 87; Samuel B. Richmond, ***Statistical Analysis***, 2 nd ed., New York: The Ronald Press Co., 1964, p. 119.

value: EV)는 다음과 같이 구할 수 있다.

$$EV = X_1P_1 + X_2P_2 + X_3P_3 + \cdots + X_nP_n$$

이 방법에 의하면 투자기회가 여러 가지 있을 경우 투자기대가치가 가장 큰 투자안을 채택하여야 한다는 것이다.

만일 우리가 복수의 투자기회를 가지고 있고 이에 따른 확률분포를 알고 있는 경우 각 투자기회에 대한 투자가치는 다음과 같이 구할 수 있다.

$$EV_1 = X_{11}P_1 + X_{12}P_2 + X_{13}P_3 + \cdots + X_{1n}P_n$$
$$EV_2 = X_{21}P_1 + X_{22}P_2 + X_{23}P_3 + \cdots + X_{2n}P_n$$
$$\vdots$$
$$EV_i = X_{i1}P_1 + X_{i2}P_2 + X_{i3}P_3 + \cdots + X_{in}P_n$$

이상과 같이 투자에 대한 기대가치는 미래에 예상되는 투자가치에 그 측정치에 수반되는 확률을 곱함으로써 구할 수 있다. 각각의 투자안에 대한 기대가치를 구하여 그 중 가장 큰 것을 선택하는 것이 투자기대가치의 극대화에 의한 투자결정방법이다.

만일 어떤 기업의 투자결정자가 2가지의 투자안을 가지고 있고 이 2개의 안에 따른 순현금흐름의 현재가치 및 이에 수반되는 확률의 분포가 다음과 같다면 각각의 안에 대한 투자기대가치는 〈표 5-1〉과 같이 구할 수 있다.

이와 같이 EV_1과 EV_2를 비교하여 두 개의 투자기대치 중 큰 것을 선택하여 투자하기로 결정하는 것이다. 위의 경우에는 제 2 안이 채택되는 것이다.

그러나 이 방법은 미래에 나타난 확률이 동률이어야 한다는 것이나, 화폐

〈표 5-1〉 확률분포에 따른 투자기대가치

확률분포	제 1 안에 대한 순현금흐름의 현재가치	제 2 안에 대한 순현금흐름의 현재가치
0.10	30(백만원)	50(백만원)
0.20	40	90
0.50	50	40
0.20	0	(−)25

주: $EV_1 = (30 \times 0.10) + (40 \times 0.20) + (50 \times 0.50) + (0 \times 0.20) = 36$(백만원).
$EV_2 = (50 \times 0.10) + (90 \times 0.20) + (40 \times 0.50) + (-)25 \times 0.20 = 38$(백만원).

가치에 대한 효용을 완전히 무시하고 있다는 결점을 갖고 있다. 이는 투자기대효용의 극대화에 의한 방법으로 보완될 수 있다.

2. 투자기대효용의 극대화

여기에서는 표준갬블법(standard gamble technique)을 중심으로 한 전통적인 효용취급방법을 이용하여 설명하겠다. 표준갬블법에 의한 효용함수의 결정은 노이만(John Von Neumann)과 모겐스턴(Oscar Morgenstern)에 의하여 주장된 것이다.[2)] 표준갬블법은 다음과 같은 가정하에서 전개된 것이다.

첫째, 위험을 내포하고 있거나 있지 않거나 특정인 또는 여러 사람들이 어떤 것을 선택할 때에 일련의 선호를 갖게 된다.

둘째, 이와 같은 선호는 숫자로 표시할 수 있으며 이 경우 이를 효용이라고 부른다.

셋째, 이때의 궁극적인 목표는 어떻게 하면 될 수 있는대로 효용을 극대화할 수 있느냐가 된다.

앞서 투자 제1안과 2안의 경우를 가지고 기대효용의 문제를 취급하고자 한다. 먼저 1안과 2안을 합하여 현금흐름을 그 크기의 순서대로 배열한다. 배열에 있어서 가장 큰 수치인 90(백만원)과 가장 작은 (−)25(백만원)을 가지고 여타의 수치에 대한 효용을 구하는 것이 제1단계의 작업이다. 따라서 90(백만원)인 경우에 효용은 1로 (−)25(백만원)인 경우에 효용을 0에 놓고 여타의 효용을 구한다. 따라서 50(백만원)인 경우는 1의 효용을 가지고 있는 90(백만원)과 0의 효용을 가지고 있는 (−)25(백만원)의 결합과 확실성하에서의 50(백만원) 중 어느 것을 택할 것인가 하는 문제가 된다. 여기에 있어서 확실성하에서의 50(백만원)은, 1의 효용을 가지는 90(백만원)과 0의 효용을 가지는 (−)25(백만원)가 무차별한 상태에 놓여 있을 경우에 50(백만원)에 대한 효용이 결정되는 것이다. 즉 50(백만원)에 대한 효용은,

$$1\times\frac{50+25}{90+25}=1\times\frac{75}{115}=1\times\frac{15}{23}$$

2) John Von Neumann and Oscar Morgenstern, *Theory of Game and Economic Behavior*, 2nd ed., Princeton University Press, 1947 참조.

〈표 5-2〉 각 수치에 대한 효용

수 치	효 용	수 치	효 용
90(백만원)	1	30	11/23
50	15/23	0	5/23
40	13/23	(−)25	0

이와 같은 방법으로 40에 대한 효용을 구하면 $\frac{13}{23}$이 된다. 이와 같이 하여 각 수치에 대한 효용을 구하면 〈표 5-2〉와 같이 된다. 따라서 앞서의 투자안에 대하여 화폐가치 대신에 여기에서 구한 효용을 대입하면 다음과 같이 표시할 수 있다.

효용을 기초로 하여 투자기대효용을 구하면 다음과 같다.

제 1 안에 대한 투자기대효용

$$EV_1=(11/23\times0.10)+(13/23\times0.20)+(15/23\times0.50)$$
$$+(5/23\times0.20)=0.530$$
$$EV_2=(15/23\times0.10)+(1\times0.20)+(13/23\times0.50)+(0\times0.20)$$
$$=0.548$$

따라서 이때의 투자결정은 제 2 안을 택하여야 된다는 결론이 된다. 그러나 이와 같이 투자기대효용의 극대화문제는 개인의 효용함수를 객관화할 수 있는가, 그리고 효용함수의 사용이 기업의 궁극적인 목적인 주주에 대한 부의 극대화와 일관성이 있는가라는 문제점을 안고 있다. 엄밀한 의미에서는 주주에 대한 부의 극대화를 위해서는 투자기대가치의 극대화에 의하여 투자결정을 하여야 하기 때문이다. 다만 기대효용의 극대화를 주장하는 학자들은 기업의 궁극적인 목표가 주주에게 극대화를 가져오는 것이기는 하지만 기대가치의 극

〈표 5-3〉 각 확률분포에 대한 효용

확률분포	제 1 안에 대한 효용	제 2 안에 대한 효용
0.10	11/23	15/23
0.20	13/23	1
0.50	15/23	13/23
0.20	5/23	0

대화가 아니고 기대효용의 극대화라고 하고 있다.

제 2 절 의사결정수 접근방법(decision tree approach)

의사결정수 접근방법은 투자문제를 나무에 비유하여 나무의 가지를 가지고 투자안과 상황의 상호관계성을 나타내며 이에 의하여 최종적인 투자결정을 하는 것이다.

전통적 의사결정수 접근방법은 근본적으로 투자기대가치의 극대화의 연장이라고 볼 수 있다. 이는 매기(John F. Magee) 교수가 1964년 "의사결정을 위한 결정수"라는 논문을 발표하고 이어서 "자본투자에 있어서 어떻게 결정수를 이용할 것인가"(How to Use Decision Trees in Capital Investment)를 발표한 이래 투자결정문제에 있어서 이용되기에 이르렀다.[3)]

의사결정수를 이용하기 위한 기본적 단계는 다음과 같다.

첫째, 투자안의 검토를 통하여 어떠한 투자안을 가지고 있으며 이들 투자안에 따르는 비용 · 수요 · 가격 등에 따르는 위험 및 불확실성과 이에 수반되는 확률의 분포 등을 파악하는 것이다. 따라서 투자분석에 있어서는 시장분석 · OR · 재무분석이 매우 중요한 역할을 하게 되는 것이다. 그러나 보다 중요한 것은 이와 같은 여러 가지 분석을 어떻게 하나로 통합하느냐는 문제이다. 따라서 이와 같은 모든 요소는 기초연구조사와 관련하여 투자에 대한 최종적인 의사결정을 위하여 결합되어야 할 것이다.

둘째로 결정수 배열의 단계에서는 의사결정수를 만들기 위한 모든 자료를 실제로 미래에 발생되리라고 예상되는 상황과 투자안의 결합관계를 나무가지 모형으로 만드는 것이다.

셋째로 판매예상에 따르는 현금유출을 비교하여 보는 것이다. 만일이 단계에서 현금의 유입과 유출에 대한 현금가치 개념을 도입한다면 특정 기업에 맞는 자본비용을 구하여 이에 의하여 할인하는 과정을 거치면 된다. 그리하여 투자결정에 있어서 궁극적인 목표가 기대가치의 극대화를 도모하는 것이므로

3) John F. Magee, "Decision Tree for Decision Making," *Harvard Business Review*, July-August 1964, pp. 126~138.

최대의 기대가치를 주는 투자안을 택하면 된다.

사례 1 의사결정수 접근방법의 예

만일 커피를 파는 투자안과 사이다를 파는 투자안이 있다고 하겠다. 날씨가 더운 경우의 판매액이 커피는 200,000원, 사이다는 400,000원이다. 반대로 날씨가 추운 경우의 판매액은 커피는 300,000원, 사이다는 100,000원이라고 한다. 그런데 날씨가 더울 확률이 0.4이고 추울 확률이 0.6이라면 커피를 판매하는 투자안을 택할 것인가 사이다를 판매하는 투자안을 택할 것인가라는 문제가 생긴다. 이 경우에는 다음과 같은 방안에 의하여 투자안을 택하게 된다.

	더운 날씨	추운 날씨
커 피 판 매 액	200,000	300,000
사이다 판매액	400,000	100,000
확 률	0.4	0.6

1) 커피 판매시의 기대가치

$$EV\ \text{coffee} = (200{,}000 \times 0.4) + (300{,}000 \times 0.6) = 260{,}000$$

2) 사이다 판매시의 기대가치

$$EV\ \text{cider} = (400{,}000 \times 0.4) + (100{,}000 \times 0.6) = 220{,}000$$

따라서 우리는 커피를 판매하는 투자안을 택하여야 할 것이다.

제 3 절 피셔(Fisher)의 분리정리

피셔의 분리정리는 기업을 소유하고 있는 주주들이 전문경영인에게 투자결정을 맡길 수 있다는 것을 의미한다. 개별 주주들마다의 특정 효용함수와 관계없이 경영자는 투자안의 수익률이 시장이자율과 같아질 때까지 투자를 증가시킴으로써 주주들의 부를 극대화할 수 있다. 이러한 피셔의 분리정리의 이해를 위해 효용, 무차별곡선, 소비의 시간적 이전, 투자기회선에 대해서 살펴보기로 한다.

1. 효용(utility)

우선 효용(utility)의 개념을 파악해 보기로 하자. 효용이란 선호나 호감에서 얻는 정신적 만족감을 계량적으로 표현한 것이다.[4] 여기서 선호란 한 개인이 2개 또는 그 이상의 사물이나 성질이 있을 때 그 가운데 어느 하나에 대하여 갖는 심리적 호감(likes)을 상대적으로 표시한 것이다. 그러나 여기서 하나의 사물이나 성질만을 놓고 이야기할 때는 상대적 비교를 할 수 없으므로 이 때에는 호감이라고 한다.

효용을 계량적으로 나타낼 수 있다고 했는데 한 가지 예를 들어보기로 하자. 귤과 사과가 있는데 한 개인이 귤 하나를 먹음으로 해서 얻는 만족감이 8이고 사과 하나를 먹음으로써 얻는 만족감이 4라면 이 개인의 귤에 대한 효용은 8이고 사과의 효용은 4라고 할 수 있다. 이 예에서 이 개인은 사과 하나보다는 귤 하나를 두 배 더 좋아한다는 의미이며 그 이상의 의미는 존재하지 않는다. 따라서 이러한 선호를 계량적으로 나타낼 수 있다면 사물이나 성질에 대한 효용을 기수적으로 나타내고 이것을 함수로써 표현할 수 있을 것이다. 이러한 관계를 수식으로 나타낸 것을 효용함수라고 한다. 현재와 미래소비에 대한 무차별곡선을 구하기 위하여 이하에서는 소비에 대한 효용을 함수로 나타낼 것이다.

2. 무차별곡선

개개인의 무차별곡선을 도출하기 위하여 다음과 같은 가정을 하자.

① 투자로부터 얻을 수 있는 모든 성과(outcome)를 확실히 알 수 있다.

② 단일 기간에서 의사결정이 이루어진다.

③ 기초, 기말의 소득이 주어진다.

④ 소비의 한계효용이 언제나 정(正)의 값을 갖는다.

⑤ 소비의 한계효용은 체감한다.

4) 盧炳卓 · 金台煥, 「정보경제학」, 박영사, 1986.

〈그림 5-1〉 현재소비의 효용곡선

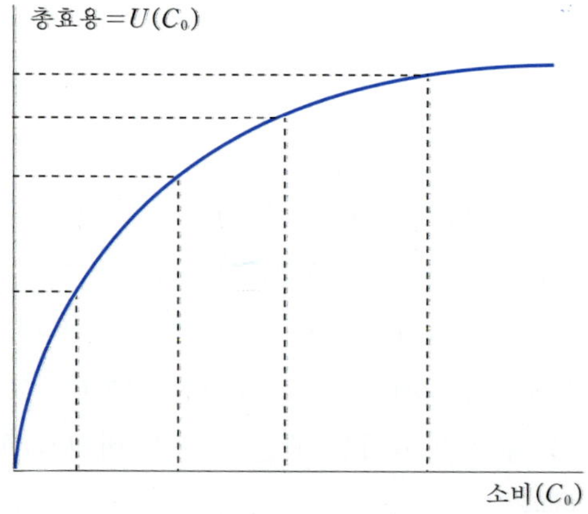

⑥ 두 번째 기간의 소비가 일정하다.

이러한 가정 하에서, 위에서 설명한 바와 같이 소비에 대한 효용을 기수적으로 나타내어 그 관계를 함수로 표현한 것이 효용곡선이다. 현재 소비와 미래 소비에 대한 효용을 나타내는 함수를 그림으로 나타내면 〈그림 5-1〉, 〈그림 5-2〉와 같다.

현재소비의 효용곡선 $U(C_0)$와 미래소비의 효용곡선 $U(C_1)$의 위 두 그림

〈그림 5-2〉 미래소비의 효용곡선

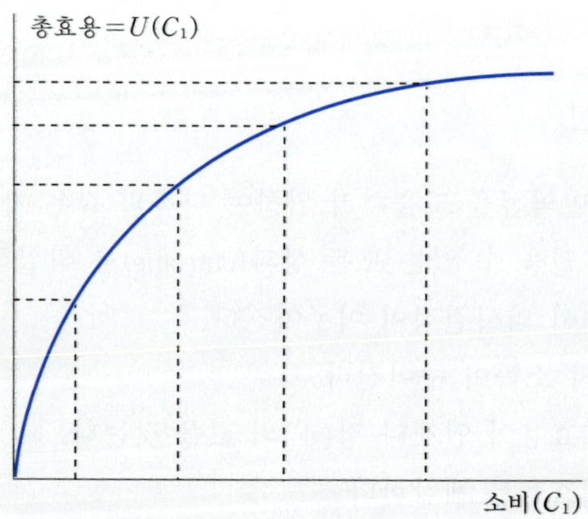

〈그림 5-3〉 현재소비와 미래소비간의 교환관계

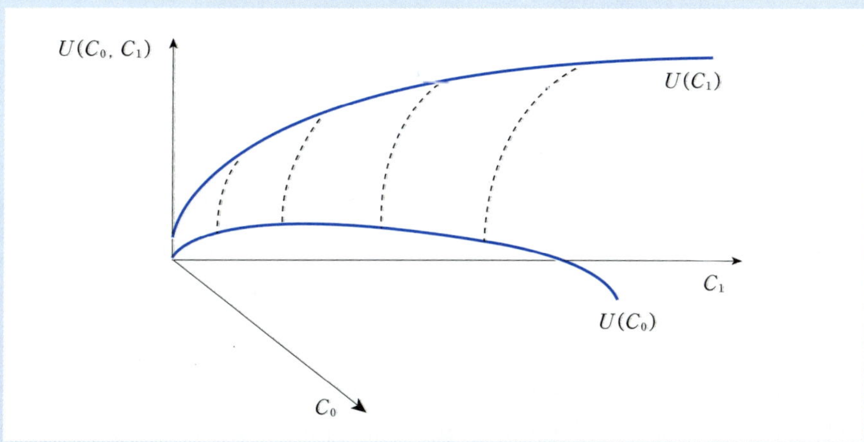

을 결합하면 현재소비 (C_0)와 미래소비 (C_1)간의 교환관계를 〈그림 5-3〉에 나타난 점선으로 표시할 수 있다. 이 점선은 동일한 총효용 하에서의 교환관계를 나타내는 것이다.

〈그림 5-3〉에서 점선의 등고선상에서는 동일한 총효용을 나타내므로 개개인들은 이 선상에서의 모든 점들에 대하여는 무차별할 것이다. 그러므로 이러한 등고선을 무차별곡선이라고 한다. 또한 이러한 무차별곡선을 현재소비를 횡축, 미래소비를 종축으로 평면도상에 나타내면 〈그림 5-4〉와 같이 나타낼 수 있다.

〈그림 5-4〉 무차별곡선

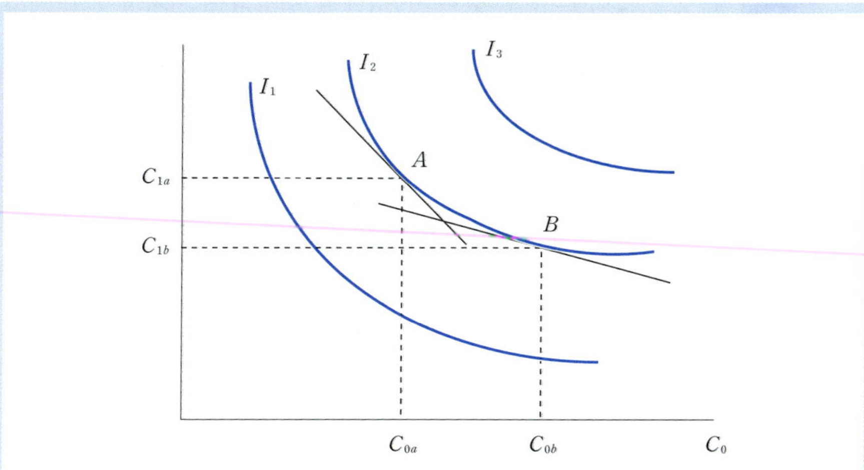

〈그림 5-4〉에서 무차별곡선 I_2선상의 A와 B점의 현재소비와 미래소비의 조합은 무차별하다. 그리고 A나 B점에서의 기울기는 현재소비와 미래소비와의 교환비율을 나타내는 것이며, 이 비율을 한계대체율(marginal rate of substitution: MRS)이라고 한다. 이 비율이 의미하는 것은 동일한 효용 하에서 현재의 소비 1단위를 포기하는 대신 미래소비를 얼마나 받아야 하는 가이다. 〈그림 5-4〉에서 A점의 MRS가 B점의 MRS보다 크며, B점에서 A점으로 올라갈수록 현재소비를 1단위 포기하는 대신 받아야 할 미래소비에 대한 양이 점차 증가하고 있다. 결과적으로 이러한 관계를 나타내는 무차별곡선은 원점에 대하여 볼록한 형태를 취하게 된다. 그리고 이러한 무차별곡선은 개개인의 주관적 선호에 따라 상이한 형태를 취하며 원점에서 멀어질수록 더 많은 효용을 나타낸다. 한계대체율을 수식으로 표현하면 다음과 같이 나타낸다.

$$\text{한계대체율}(MRS)=\frac{\partial C_1}{\partial C_0}\Big|_{\text{효용}=\text{일정}}=-(1+r_i)$$

이 식에서 r_i는 개인의 시차선호를 나타낸다.

3. 소비의 시간적 이전

자본시장이 존재하므로 개개인들은 현재소비와 미래소비를 적절히 조절하여 소득을 처분할 수 있다. 또한 미래소득을 근거로 현재소득으로 소비할 수 있는 이상의 것을 소비할 수도 있다. 시장에서 결정되는 이자율 r로 차입하거나 대출할 수 있는 자본시장이 존재하므로써 개개인의 효용이 증가되는 것을 살펴보기로 하자. 〈그림 5-5〉의 I로 나타난 무차별곡선에서 최초로 주어진 소득(IC_0, IC_1)부터 시작하기로 하자

〈그림 5-5〉에서 보듯이 자본시장이 존재하지 않으면 주어진 소득 (IC_0, IC_1)조합으로 이루어진 현재소비와 미래소비를 해야 한다. 그러나 주어진 (IC_0, IC_1)소득조합의 부의 수준에서 이자율 r의 자본시장이 존재하면, 개개인은 무차별곡선의 기울기를 자본시장과 일치시킴으로써 소비의 시간적 이전을 할 수 있게 된다. 결국 개개인은 이러한 소비의 이전을 함으로써 효용이 증가되는 것이다.

〈그림 5-6〉에서 보듯이 자본시장선이 존재하므로 I_1 형태의 무차별곡선

〈그림 5-5〉 자본시장선이 존재하지 않을 경우 개인의 효용

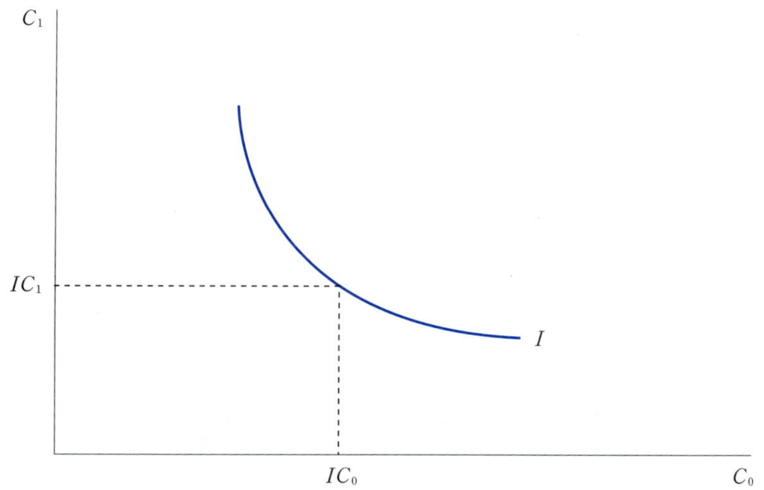

을 소유한 개개인은 현재소득 중에서 IC_0에서 (C_0*, IC_0)만큼을 자본시장에 이자율 r로 투자를 하여 미래소득을 (IC_1, C_1*)만큼 얻을 수 있다. 따라서 자본시장의 존재로 말미암아 소득의 조합이 (C_0*, C_1*)로 변화하고 개개인의 효용은 증가하는 것이다. 이와 같이 자본시장선의 기울기[$-(1+r)$]와 무차별곡선의 접선의 기울기(MRS)가 같은 점까지 주어진 소득에서 투자를 증가시켜 무차별곡선 I_2에 해당하는 효용을 얻을 수 있는 것이다.

〈그림 5-6〉에서 I_1의 효용을 나타내는 무차별곡선상의 A점의 현재소득(IC_0)을 자본시장에 투자하여 미래에 받기로 하고, 이 미래에 받을 금액을 F라 하면 다음과 같이 표시할 수 있다.

$$F = IC_0 + rIC_0$$
$$F = (1+r)IC_0$$

여기서 F에 해당하는 금액은 (IC_1, W_1)이다. 따라서 점 B에서 결정된 현재소득과 미래소득의 현재가치는 다음과 같이 구할 수 있다.

$$W_0 = C_0^* + \frac{C_1^*}{1+r}$$

〈그림 5-6〉 자본시장선

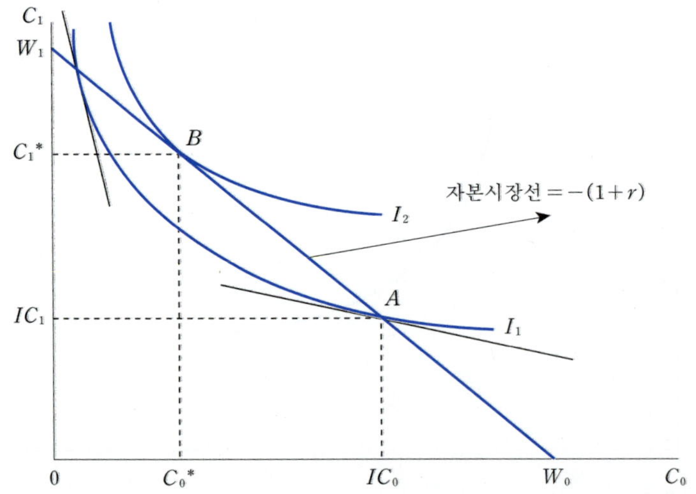

이 식을 C_1^*에 대하여 정리하면 자본시장선을 구할 수 있다.

$$C_1^* = W_0(1+r) - (1+r)C_0^*$$

$W_0(1+r) = W_1$이므로 다음과 같이 나타낼 수 있다.

$$C_* = W_1 - (1+r)C_0^*$$

이 식에서 W_1은 종축의 절편을 나타내고 $-(1+r)$은 자본시장선의 기울기를 나타낸다. 자본시장선에서 주의할 점은 자본시장선을 따라 소비의 조합을 결정할 때 부(富)의 수준은 변하지 않는다는 것이다. 단지 보다 높은 효용을 얻을 수 있을 뿐이다.

4. 생산기회선

지금까지 설명한 것은 주어진 소득에서 현재소비와 미래소비의 결정에 관한 것이었다. 즉 현재 소비하고 남은 여유소득을 자본시장에 투자함으로써 소비를 다음 시기로 이전하는 것이었다. 그러나 이러한 여유자금을 자본시장에만 투자하는 경우 외에 생산기회에 투자하는 경우도 포함시키는 것이 더욱 현실적일 것이다.

생산기회에 투자하는 경우 일반적으로 한계투자액이 증가함에 따라 한계수익이 감소하는 현상이 나타난다. 이러한 현상을 나타내는 것이 생산기회선이다. 따라서 이 생산기회선은 한계투자액이 늘어남에 따라 점차 곡선상의 접선의 기울기(한계전환율: MRT)는 감소하게 되며 곡선의 모양은 원점에 대하여 오목한 모양을 취하게 된다.

〈그림 5-7〉에서 P, Q의 곡선이 생산기회곡선을 나타낸다. 〈그림 5-7〉에서 현재 주어진 소득 IC_0 중 P_1만큼을 생산기회에 투자하여 다음 기(미래)에 P_1'만큼의 소득을 얻을 수 있다. 다시 P_2만큼 투자를 하면 다음 기에 P_2'의 소득을 얻을 수 있고 P_3는 P_3'만큼의 소득을 얻을 수 있다. 이와 같이 투자를 증가시킬수록 다음 기에 얻을 수 있는 소득은 점차 줄어든다. 여기서, 현재 투자하는 단위소득을 무한히 작게 한다면 미래에 얻을 수 있는 단위소득은 무한히 작게 나타나고, 이것은 한계전환율(MRT: marginal rate of transformation)로서 생산기회선의 접선의 기울기로 나타난다. 〈그림 5-7〉에서 보듯이 이러한 생산기회곡선상의 한계전환율(MRT)이 투자를 증가시킬수록 점차 작아지

〈그림 5-7〉 생산기회선

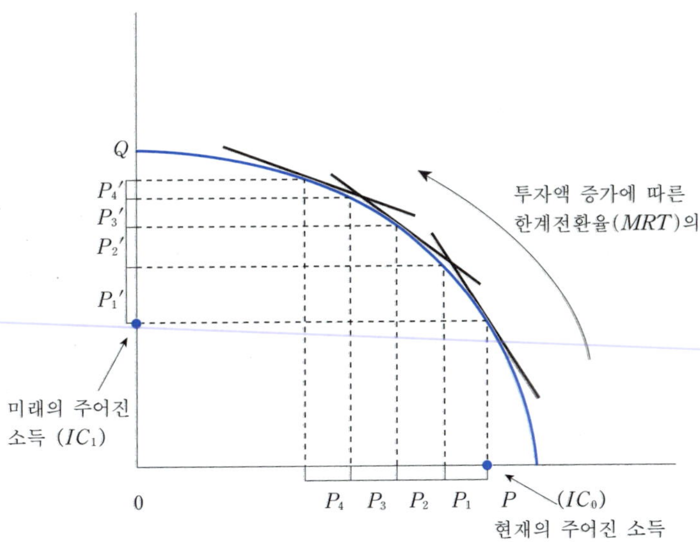

〈그림 5-8〉 생산기회만 존재할 경우의 투자·소비 결정

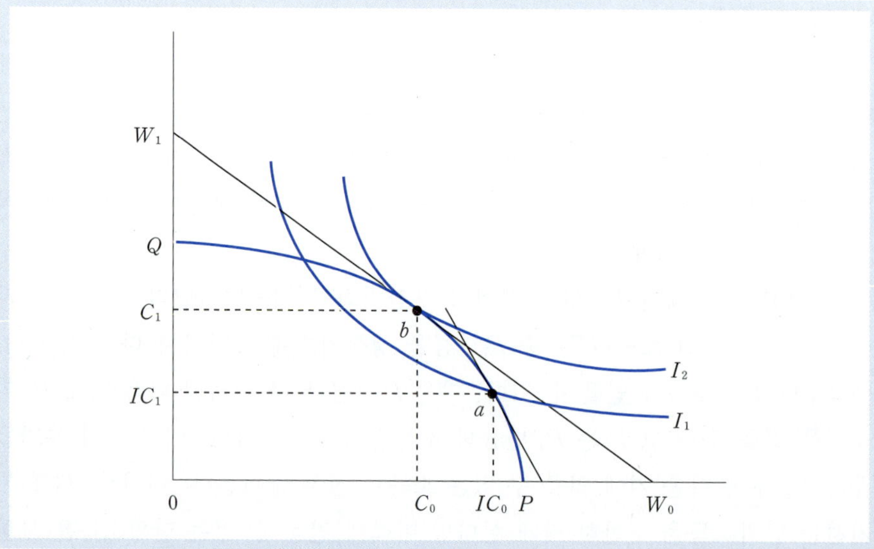

는 것을 볼 수 있다.

〈그림 5-8〉에서 무차별곡선 I_1을 소유한 개인은 생산기회가 존재하지 않을 경우 주어진 IC_0와 IC_1의 현재·미래소득을 소비할 수밖에 없다(a점). 그러나 생산기회선이 존재하므로 해서 이 개인은 자신의 무차별곡선의 기울기(MRT)와 생산기회선의 기울기(MRS: marginal rate of substitution)가 일치하는 C_0의 현재소득과 C_1의 미래소득의 조합으로 소비를 함으로써 보다 높은 효용을 얻을 수 있다. 그러므로 생산기회만이 존재할 경우 $MRS = MRT$가 성립되는 점에서 최적 소비·생산이 결정되는 것이다.

5. 자본시장과 생산기회의 존재

앞의 내용에서 자본시장과 생산기회가 존재하지 않을 경우에 현재소비와 미래소비의 조합, 자본시장이 존재하여 소비의 시간적 이전이 가능하여 개인의 효용이 증가하는 경우, 그리고 생산기회만이 존재할 경우 소비·투자에 대하여 살펴보았다. 그렇다면 자본시장선과 생산기회가 동시에 존재할 경우에는 최적투자 소비의 결정이 어떻게 이루어질까? 〈그림 5-9〉는 자본시장과 생산기회가 동시에 나타나 있다. 〈그림 5-9〉에서 최적투자와 최적소비가 분리되

〈그림 5-9〉 자본시장선과 투자기회가 존재할 경우 투자 · 소비 결정

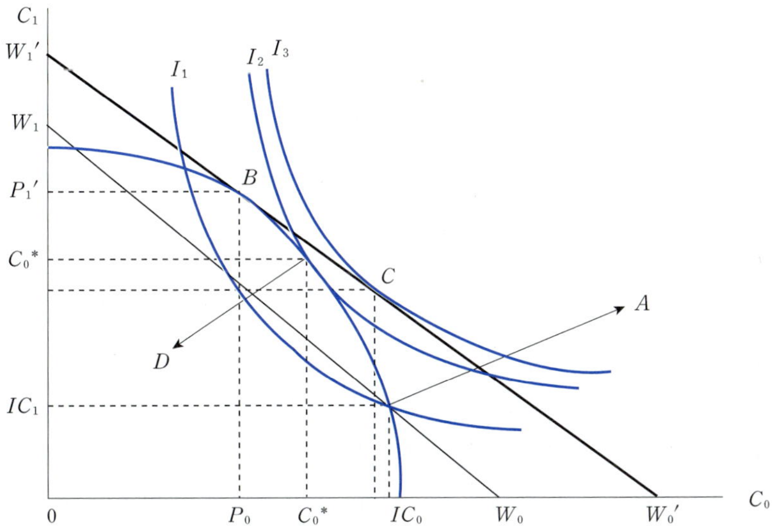

는 과정을 살펴보기로 하자.

점 A에서 주어진 소득(IC_0, IC_1)에서 개인은 효용을 극대화하기 위하여 자본시장선 또는 생산기회에 투자할 수 있다. 이 점 A에서는 한계대체율(MRS)의 기울기가 가장 낮다. 따라서 개인은 효용을 증가시키기 위하여 자본시장선과 생산기회에 투자할 수 있지만 생산기회에 투자하는 경우가 훨씬 수익률이 높으므로(기울기가 다른 여타 선분의 기울기보다 가파름) 생산기회선을 따라 투자를 증가시키게 된다. 결과적으로 D점에 이르기까지 생산기회에 투자하여 I_2에 해당하는 효용을 얻을 수 있는 것이다. 그러나 여기에 또 자본시장선이 존재하므로 자본시장선의 기울기와 D점에서의 접선의 기울기를 비교하면 아직도 생산기회선의 한계수익률(접선의 기울기)이 더 크므로 개인은 투자기회에 투자를 더 증가시켜 점 B점에까지 투자를 하게 된다.

점 B점까지 투자를 증가시킨 개인은 (IC_0, P_0)만큼을 생산기회에 투자하여 미래에 (IC_1, P_1*)만큼 소득을 증가시킬 수 있다. B점에서 무차별곡선을 교차시키면(I_1무차별곡선을 상향이동) I_1보다는 효용이 높지만 I_2보다는 효용이 낮다. 따라서 자본시장이 존재하지 않으면 최적투자 · 소비 결정은 D점이 될 것이다. 그렇지만 자본시장이 존재하므로 자본시장을 이용하여 B점까지 투자

를 증가시키고 소비를 무차별곡선의 기울기(MRS)와 자본시장선이 일치하는 C점에서 결정함으로써 I_3의 높은 효용을 얻을 수 있다. 결국은 C점에서 $MRS = MRT = -(1+r)$가 되고 이러한 조건이 만족되는 점에서 최적 투자 · 소비가 결정되는 것이다.

이상에서 설명한 바와 같이 자본시장선과 투자기회가 존재하는 경우 투자결정과 소비의 결정은 분리되는 것을 알 수 있다. 즉, 생산기회곡선의 기울기와 자본시장선의 기울기가 일치할 때까지 투자결정을 하고 무차별곡선의 기울기와 자본시장선의 기울기가 일치하는 점에서 소비결정을 함으로써 최적 소비를 결정하게 된다. 바로 이것이 Fisher의 분리정리이다.

Fisher의 분리정리가 뜻하는 바는 투자의 결정과 소비의 결정이 분리된다는 것으로서 기업의 경우 투자결정을 부문경영자에게 위임할 수 있다는 것이다. 다시 말하면 개별 주주의 소비시점간의 선호와는 상관없이 NPV를 극대화하는 ($NPV>0$) 최적 투자결정을 하게 되면 주주들은 기업의 가치가 극대화된 상태에서 금융시장을 통해 자신의 효용을 극대화 시키는 소비를 선택할 수 있게 된다. 생산기회가 주어지지 않으면 (IC_0, IC_1)의 소득수준에서 I_1효용을 갖는 개인은 W_1, W_0의 자본시장선의 기울기와 무차별곡선 I_1의 기울기가 일치할 때까지 곡선을 이동시킴으로써 효용을 증가시킬 수 있다. 이때의 소득의 현가는 W_0이 된다. 그렇지만 생산기회가 존재함으로 해서 소득의 현가는 W_0'가 되고 W_0과 W_1의 차이가 NPV가 된다. 따라서 경영자는 이러한 NPV를 극대화하는 최적 의사결정만 하면 된다.

[마켓 투데이]

수익과 위험 사이 … '내 몸에 맞는 투자'가 답이다

현대사회는 정보화 시대다. 투자의 세계도 예외는 아니다. 정보가 없어서 투자를 못하는 게 아니라 정보가 너무 많아서 어떤 정보를 선택해 투자해야 하는지가 더 중요해졌다. 자신에게 적합한 투자정보를 어떻게 적절히 가려낼 수 있을까. 답을 찾으려면 투자의 원칙부터 다시 한번 살펴볼 필요가 있다.

금융상품에 투자하기 위해 금융회사를 찾으면 가장 먼저 '투자자 위험성향 분석'이라는 설문을 한다. 이를 통해 어느 정도 원금 손실을 감내할 수 있는지 위험 성향을 파악할 수 있다. 자칫 요식 행위처럼 보이는 이 절차는 투자의사를 결정하는 데 대단히 중요한 과정이다. 감당할 수 있는 위험수준이 정해져야 어떤 종류의 자산에, 얼마만큼 투자할지 결정할 수 있기 때문이다.

스포츠에서도 경량급부터 중량급까지 체급별로 경쟁하는 종목이 있다. 선수들의 서로 다른 체격 조건을 고려해 공정하게 경쟁하기 위해서다. 스포츠에서도 의사결정 순서를 보면 경쟁할 체급을 먼저 정하고 난 뒤 어떤 전략을 사용할 것인가 결정한다. 투자도 마찬가지다. 투자 의사결정을 하기 위해서는 자신의 투자위험 성향을 먼저 파악해야 한다. 위험 성향을 제대로 파악하지 못하면 자신과 다른 위험 성향을 가진 투자자의 성과만 보고 부러워하거나 본인이 감내할 수 있는 위험수준을 고려하지 않은 채 높은 수익만 보고 투자했다가 손실의 고통을 경험할 수 있다.

위험 성향을 파악한 후에는 본인에게 적합한 투자전략을 세울 수 있다. 투자전략이라고 하면 어떤 자산이 가장 높은 수익을 낼지 전망하는 것이라고 생각하기 쉽다. 하지만 실제 투자전략의 원칙은 투자자가 감내할 수 있는 위험과 투자전략이 갖는 위험을 적절하게 조화시키는 것이다. 중간 정도의 위험 성향을 가진 투자자에게 중간 정도의 위험을 감내하도록 투자 전략을 설계하는 게 중요하다. 중간 정도의 위험 성향을 가진 투자자가 위험자산인 주식에 투자하고 싶다면 주식과 안전자산인 현금을 섞거나 상관관계가 낮은 자산에 분산 투자해 위험수준을 낮추는 것이 좋다.

이처럼 위험 성향에 대한 이해가 있으면 투자의 관심사는 어떤 자산이 최고 수익을 낼 것인가에서 투자자산의 조합이 위험 성향에 잘 맞는가로 옮겨간다. 이런 투자 의사결정 체계를 '위험 예산관리(risk budgeting)'라고 한다. 투자의 관점을 수익에서 위험으로 바꾸면 본인이 감내하고자 했던 위험 내에서 투자 여부를 결정하고 성과를 평가한 뒤 다시 위험수준의 적절성을 재검토하는 체계적인 투자 절차를 따를 수 있다. 본인의 투자 성향을 먼저 파악하는 투자자는 넘쳐나는 투사정보 속에서 자신에게 맞는 정보를 취사 선택해 효율적으로 활용할 수 있다.

– 동아일보 신문기사

연 습 문 제

1. 표준 갬블법이 무엇인지에 대해 설명하시오.

2. 의사결정수를 이용하기 위한 기본적 단계는 무엇인가에 대해 설명하시오.

3. 피셔의 분리정의에서 무차별곡선을 도출하기 위한 가정에 관하여 설명하시오.

4. 피셔의 분리정의가 뜻하는 바에 대해 설명하시오.

제 3 편

포트폴리오이론과 자본자산가격결정모형

제 6 장
포트폴리오이론

포트폴리오(portfolio)란 둘 또는 그 이상의 개별자산의 결합(combination of two or more assets)을 의미하는데, 여기에서 개별자산이란 좁은 의미로는 유가증권을 가리키고 넓은 의미로는 유가증권을 비롯하여 토지 · 건물 · 기계설비 · 상품 등 경제성 있는 모든 자산을 의미한다. 예를 들어 투자자가 농심, 삼성증권, 현대건설의 세 가지 주식을 소유하고 있다면 이 투자자는 세 가지 주식으로 구성된 포트폴리오를 갖고 있는 것이다. 이러한 포트폴리오의 개념으로 볼 때 모든 개별 증권이나 증권의 집합은 포트폴리오의 일부분이 된다고 볼 수 있다.

그리고 투자자들은 그들이 하나의 자산에 투자하는 것보다 여러 자산에 분산투자함으로써 위험을 감소시킬 수 있으므로, 여러 자산의 조합인 포트폴리오를 구성하려고 하며, 따라서 투자자에게 있어서 이에 관한 이론은 매우 중요시된다.

포트폴리오이론이란 증권시장에서 투자자는 어떻게 행동을 하여야 하는가 하는 문제를 다루는 것으로, 투자가가 어떠한 증권에 자기가 보유하고 있는 자금의 어느 정도를 투자하여야 하는가의 문제를 규범론적으로 제시하고 있는데, 여기에는 개별증권의 분석, 포트폴리오의 분석, 그리고 포트폴리오선택에 관한 내용으로 구성하고 있다.

그런데 포트폴리오이론을 증권시장에서의 투자자의 행동과 연관되게 하는 것은 포트폴리오이론의 적용이 주로 이 분야에 많았기 때문이며, 본서에서도 포트폴리오이론을 증권시장에서의 투자자의 행동으로 국한시키고 마코위츠의 포트폴리오선택이론을 중심으로 전개하여 보기로 한다.

제 1 절 포트폴리오이론의 가정

일반적으로 이론이란 현실을 단순화하여 질서있게 설명한 것으로, 현실의 모든 현상을 상세하게 설명하지는 못하지만 현상을 단순화 혹은 추상화함으로써 현실세계에 내재하고 있는 몇 가지 근본적인 변수들 간의 관계를 도출해 낼 수 있다.

일반적으로 이론이라는 것은 현실을 단순화시키기 위해서 몇 가지의 기본적인 가정이 필요하며, 포트폴리오이론도 그 배경이 되는 몇 가지의 가정을 가지고 전개된다.

포트폴리오의 기본적인 가정은 다음과 같다.

① 시장에는 합리적인 투자자만이 존재한다. 합리적인 투자자의 의미는 위험회피적이고 기대효용극대화를 목표로 한다는 것이다.

② 투자자는 동질적인 예측을 한다. 투자자는 주식수익률의 확률분포를 이미 알고 있으며, 확률분포에 대해 모든 투자자가 동질적으로 예측함을 의미한다.

③ 투자자의 효용은 기대수익률과 위험에 의해 결정된다. 기대수익률은 평균으로 나타낼 수 있고 위험은 분산 또는 표준편차로 나타낼 수 있다. 그러므로 투자하고자 하는 주식의 평균과 분산을 비교하여 투자대상을 선정한다.

④ 단일기간의 투자기간을 고려하는 투자자들로 구성되어 있다.

이상 4가지 가정은 마코위츠가 그의 이론을 전개하면서 사용하였던 것으로 현재까지도 포트폴리오이론의 기본적인 가정으로 인식되고 있는데, 이들 가정은 다소 현실과는 차이점은 있으나 현실에 크게 벗어나는 것은 아니고, 이론의 배경이 되는 가정으로서 무리한 것이 아니므로, 포트폴리오이론의 타당성이나 존재가치에는 아무런 영향을 주지 않는다.

제 2 절 수익과 위험의 측정

1. 개별증권의 수익과 위험

포트폴리오이론을 전개하기 위한 첫번째 단계는 포트폴리오를 구성하고 있는 개별증권의 가치를 평가하는 것이다. 개별증권의 가치는 포트폴리오이론의 가정에서와 같이 증권에 대한 미래수익률의 확률분포를 고려한 기대수익률과 분산정도를 기준으로 평가되며, 개별증권의 기대수익률과 분산은 다음과 같이 측정된다.

(1) 개별증권의 기대수익

개별증권의 기대수익은 현실적으로 추정하기가 곤란하지만 미래의 경제상황 변화를 기초로 미래수익률 확률분포(probability distribution)를 작성 · 이용하여 미래수익률의 평균치인 기대수익률(expected return)로 측정할 수 있다. 확률분포를 이용한 기대수익률의 계산식은 아래와 같다.

$$E(r_i)=\sum_{i=1}^{n} r_i P_i \tag{6-1}$$

r_i : i 상황의 수익률
P_i : i 상황이 발생할 확률

예를 들어 다음과 같이 여러 가지 상황에서 A 증권의 미래투자수익률이 발생한다고 하자.

위 식 (6-1)에 따르면 A 증권의 기대수익률은

A 증권의 실현가능수익률(r_i)	발생확률(P_i)
0.25	0.10
0.20	0.20
0.10	0.35
0.04	0.25
−0.10	0.10

$$E(r_i)=\sum_{i=1}^{n} r_i P_i$$
$$=0.1$$

이 된다.

한편 미래수익률의 확률분포를 이용하여 기대수익률을 측정하는 방법은 미래수익률의 확률분포를 현실적으로 추정하기가 매우 어려우므로 일반적으로 과거의 자료를 이용하여 미래수익률을 측정하고 있다.

이는 식 (6-2)로 계산된 일정단위기간의 수익률 r_{it}는 일정기간 동안의 평균수익률로 측정하는데 그 계산식은 식 (6-3)과 같다.

$$r_{i,t}=\frac{(P_{i,t}-P_{i,t-1})+D_t}{P_{i,t-1}} \quad (6\text{-}2)$$

P_{it}: i주식의 t시점에서의 시장가격
P_{it-1}: i주식의 $t-1$시점에서의 시장가격
D_t: t시점과 $t-1$시점 사이에서의 i주식의 1주에 대한 배당금

$$\overline{r_i}=(1/T)\sum_{t=1}^{n} r_{it} \quad (6\text{-}3)$$

그런데 $t-1$시점에서 t시점 동안 i주식의 유 · 무상증자 혹은 액면분할 등이 발생할 경우에는 이에 따른 가격변화를 고려하여 수익률을 측정하여야 하는 점에 주의하여야 한다.

그러나 과거의 수익률을 기초로 한 식 (6-3)으로 계산된 평균수익률을 미래수익률로 사용하는 것은 미래수익률의 양상이 과거수익률의 양상과 같다는 가정상의 문제점이 있으므로, 이론적으로는 미래수익률의 확률분포를 이용한 기대수익률이 보다 더 타당한 미래수익률이라 할 수 있다.

(2) 개별증권의 위험

위험(risk)이란 미래의 불확실성(uncertainty)으로부터 발생되는 것으로 개별증권의 위험은 예측된 미래수익이 미래에 실현되는 오차 정도로 나타낼 수 있다. 따라서 개별증권의 위험은 증권투자가로부터 미래에 획득가능한 수익이 어떠한 분포를 하고 있는가 하는 수익의 확률분포에 관한 것이며, 미래수익분포의 분산정도로 표시된다. 식 (6-1)을 이용하는 계산된 기대수익률의 위험인

분산(variance) 혹은 표준편차(standard deviation)[1]는 아래의 식으로 측정된다.

$$Var(r_i) = \sigma_i^2 = \sum_{i=1}^{n} \{r_i - E(r_i)\}^2 \cdot P_i \qquad (6\text{-}4)$$
$$\sigma_i = \sqrt{\sigma_i^2}$$

이상의 방법으로 측정된 수익률의 분산이나 표준편차가 크면 클수록 미래 수익률의 분포는 넓어지므로 위험은 증가한다.

앞의 예에서 A 증권의 위험은 다음과 같다.

$$Var(r_i) = \sum_{i=1}^{n} \{r_i - E(r_i)\}^2 \cdot P_i$$
$$\fallingdotseq 0.00915$$
$$\sigma_i = \sqrt{Var(r_i)}$$
$$\fallingdotseq 0.096$$

위와 같이 개별증권의 위험을 측정하면 몇 가지 문제점에 직면할 수 있다. 첫째, 평균값의 오른쪽 부분은 투자자가 기대한 수익보다 훨씬 더 많은 수익을 얻은 것이기 때문에 위험이라고 할 수 있는지에 대한 의문을 제기할 수 있다. 둘째, 미래수익률의 확률분포를 추정하여 분산 및 표준편차를 계산해야 하지만 현실적으로는 과거의 자료로 계산하는 것이기 때문에 그 타당성에 대한 문제에 부딪힐 수 있다. 마지막으로 분산과 표준편차로 위험을 구할 수 있는 것은 수익률의 분포가 정규분포라는 가정 하에 구하는 것이다. 그러나 Fama의 실증분석 결과 정규분포보다 덜 뾰족하고 꼬리가 두터운 Fat-tail 형태의 분포를 나타낸다는 것이 입증되었다. 그렇기 때문에 정규분포를 가정해서 위험을 구하면 왜곡된 값이 도출될 수 있다는 문제점이 존재한다.

---

1) 변량들의 흩어진 정도를 나타내는 값을 산포도라고 하고 그 대표적인 것이 분산과 표준편차이다. 분산은 편차(변량−평균)의 제곱의 평균이고 표준편차는 분산의 양의 제곱근을 말한다. 편차의 합이 항상 0이 되기 때문에 편차의 평균을 못 구하므로 편차를 제곱해서 구한값 즉, 분산을 이용한다. 그런데 원래의 변량의 단위와 분산의 단위가 일치하지 않기에 비교분석하기 불편하므로 양의 제곱근을 취한 표준편차를 더 많이 사용한다.

2. 포트폴리오의 수익과 위험

포트폴리오의 수익과 위험은 개별증권과 마찬가지로 기대수익률과 분산 혹은 표준편차로 표시되며, 포트폴리오의 가치 역시 수익과 위험을 기준으로 평가한다.

포트폴리오의 기대수익률은 포트폴리오를 구성하고 있는 개별증권의 기대수익의 합으로 나타나지만, 포트폴리오의 위험은 개별증권의 분산(혹은 표준편차)의 합으로 나타나는 것이 아니라는 점에 유의하여야 한다.

(1) 포트폴리오의 기대수익

포트폴리오의 기대수익은 포트폴리오를 구성하고 있는 개별증권의 기대수익률을 각 증권의 투자구성비율에 따라 가중평균한 평균수익률로 표시된다. 어떤 포트폴리오가 n개의 증권으로 구성되어 있고, 각 주식에 투자한 금액이 총투자액에서 차지하는 비율을 $W_i(i=1, 2, 3\cdots n)$이라고 한다면, 이 포트폴리오의 기대수익률 $E(r_p)$는 다음의 식으로 나타난다.

$$E(r_p)=W_i \cdot E(r_i) \qquad (6\text{-}5)$$

(이때 $\sum_{i=1}^{n} W_i=1$, $E(r_i)$는 i증권의 기대수익률)

(2) 포트폴리오의 위험

포트폴리오의 위험, 즉 분산(혹은 표준편차)은 구성증권의 분산(혹은 표준편차)의 단순한 가중평균치가 아니라, 구성증권들의 수익률의 확률분포에 나타나는 상관관계를 고려해서 측정되어야 한다. 포트폴리오의 위험은 실제로 각 개별증권의 표준편차의 단순가중평균한 값보다 훨씬 작다. 포트폴리오의 위험을 나타내는 분산은 다음의 식으로 계산된다.

$$\sigma_p^2=\sum_{i=1}^{n} W_i^2\sigma_i^2+\sum_{\substack{i=1 \\ i\neq j}}^{n}\sum_{j=1}^{n} W_iW_jCov(r_i, r_j) \qquad (6\text{-}6)$$

또는 $\sigma_p^2=\sum_{i=1}^{n}\sum_{j=1}^{n} W_iW_jCov(r_i, r_j)$

W_i : i증권의 투자구성비율

W_j : j증권의 투자구성비율

σ_i^2 : i증권의 미래수익률의 분산
σ_j^2 : j증권의 미래수익률의 분산
$Cov(r_i, r_j)$: i증권과 j증권의 미래수익률의 공분산

증권 i와 j의 수익률의 공분산(covariance)은 증권 i와 j가 공동으로 분산에 미치는 정도를 나타내는 것으로 $Cov(r_i, r_j)$ 혹은 σ_{ij}로 표시되며 식 (6-7)로 측정된다.

$$Cov(r_i, r_j) = \sum_{i=1}^{n} \sum_{j=1}^{n} [\{r_i - E(r_i)\}\{r_j - E(r_j)\}] \cdot P(r_i r_j) \tag{6-7}$$

$P(r_i r_j)$: r_i와 r_j가 동시에 발생될 확률

공분산은 포트폴리오이론에서 매우 중요한 개념이다. 그 이유는 그것이 두 개의 수익률간의 상호 변화방향을 그 값에 반영함으로써 포트폴리오의 위험의 크기로서의 분산에 영향을 미치기 때문이다. 환언하면 공분산은 두 개 자산의 수익률변수가 그 기대치를 중심으로 같은 방향으로 움직일 경우 +값을 가지게 되고, 반대로 하나의 수익률변수가 그 기대치보다 높게 될 때 다른 수익률은 해당기대치보다 낮은 경우처럼 서로의 변화 방향이 상반될 때 공분산의 값은 마이너스가 된다.

이 공분산의 값이 +값인가 −값인가에 따라 그것이 포트폴리오의 분산값에 미치는 영향은 식 (6-6)을 보면 쉽게 알 수 있다. 공분산의 −값이 크면 클수록 포트폴리오의 전제 분산은 줄어들고 따라서 그 수익률의 위험도는 감소한다. 다시 말해서 2개의 투자자산에 대한 수익률의 동시확률분포(joint probability distribution)가 그 변화방향이 서로 상반될 때 그 투자위험은 더 감소할 수 있다는 것이다.

그러나 현실적으로 공분산은 두 개 확률변수의 그 각각의 기대치를 중심으로 한 상호 변화 방향을 나타내 주기는 하지만 그 상관관계의 강도(degree of correlation)를 정확하게 표현하지 못한다. 즉 공분산의 값이 플러스이면 두 변수는 기대치를 중심으로 같은 방향으로, 마이너스이면 반대방향으로 움직인다는 사실은 알려주면서도 얼마나 그 상관관계가 밀접한지는 말해 주지 않는다. 공분산의 값은 극단적으로 크거나 작은 값을 가질 수 있으므로 그 상대적인 크기를 계량할 수 없기 때문이다.

이를 해결하는 것이 상관계수(correlation coefficient)라는 통계학적 측정이다. 개별증권이 변동하는 방향에 대한 정도를 나타내는 것을 상관관계

(correlation)라 하고 방향의 정도를 측정하는 것을 상관계수 r(correlation coefficient r)라고 한다. r_i와 r_j간의 상관계수를 ρ_{ij}라 하면 이는 다음과 같다.

$$\rho_{ij}=\frac{Cov(r_i,\ r_j)}{\sigma_i\sigma_j}$$

r_i와 r_j의 공분산을 각각의 표준편차인 σ_i, σ_j로 나눈 값인 상관계수 ρ_{ij}는 $-1\leq\rho_{ij}\leq 1$의 값을 갖는다. $\rho_{ij}=1$의 값을 가질 때 r_i, r_j는 완전 정의 상관관계(perfectly positive correlation)를 가져 r_i의 증가는 반드시 r_j의 상응한 증가를 가져오고, r_i의 감소는 항상 r_j의 감소와 함께 실현된다. 역으로 $\rho_{ij}=-1$의 경우 r_i, r_j는 완전 부의 상관관계(perfectly negative correlation)를 갖는다고 하며 $\rho_{ij}=0$의 경우는 그 변화가 상호 독립적이다. 이 관계를 그림으로 나타내면 〈그림 6-1〉과 같다.

〈그림 6-1〉 증권의 상관관계

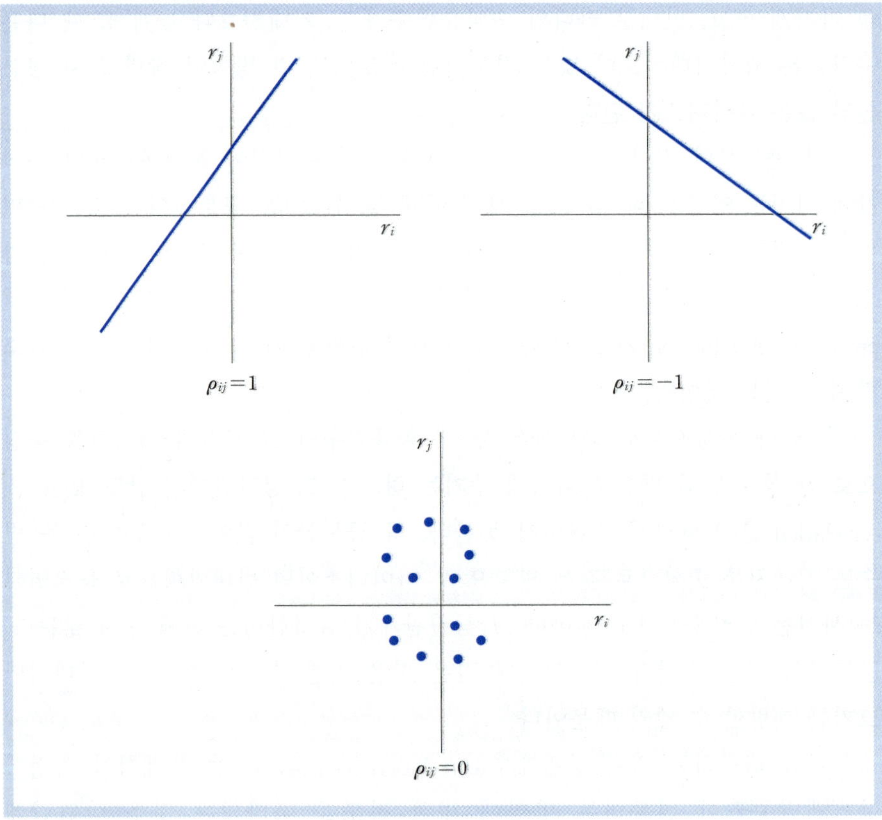

이와 같은 상관관계의 정의와 그 의미를 토대로 우리는 포트폴리오의 분산을 공분산 대신 상관계수에 의하여 표현할 수 있다. 즉 공분산은

$$Cov(r_i, r_j)=\rho_{ij}\sigma_i\sigma_j$$

이므로 식 (6-6)은 다음과 같이 계산될 수 있다.

$$\sigma_p{}^2=\sum_{i=1}^{n} W_i{}^2\sigma_i{}^2+\sum_{i=1}^{n}\sum_{\substack{j=1\\(i\neq j)}}^{n} W_iW_j\rho_{ij}\sigma_i\sigma_j \tag{6-8}$$

또는 $\sigma_p{}^2=\sum_{i=1}^{n}\sum_{j=1}^{n} W_iW_j\rho_{ij}\sigma_i\sigma_j$

식 (6-8)을 이용하여 두 증권으로 구성된 포트폴리오의 분산을 구하는 식은

$$\sigma_p{}^2=W_1{}^2\sigma_1{}^2+W_2{}^2\sigma_2{}^2+2W_1W_2\rho_{12}\sigma_1\sigma_2 \tag{6-9}$$

세 종류의 증권으로 구성된 포트폴리오의 분산을 측정하는 계산식은

$$\sigma_p{}^2=W_1{}^2\sigma_1{}^2+W_2{}^2\sigma_2{}^2+W_3{}^2\sigma_3{}^2+2W_1W_2\sigma_{12}+2W_1W_3\sigma_{13}+2W_2W_3\sigma_{23}$$

이 될 것이다.

(3) 상관계수와 포트폴리오효과

포트폴리오를 구성하는 종목의 수가 증가할수록 포트폴리오의 위험이 감소하는 현상이 나타나는데 이러한 현상을 포트폴리오효과 또는 분산투자효과라고 한다.

식 (6-8)에서 알 수 있듯이 포트폴리오의 위험을 결정하는 데 구성증권의 수익률간의 상관계수가 중요한 요소로 작용하고 있다. 상관계수(ρ_{ij})는 다음의 식으로 계산된다.

$$\begin{aligned}\rho_{ij}&=\sigma_{ij}/\sigma_i\sigma_j\\&=\mathrm{Cov}\left[\left(\frac{r_i-E(r_i)}{\sigma(r_i)}\right),\ \left(\frac{r_j-E(r_j)}{\sigma(r_j)}\right)\right]\end{aligned}$$

이러한 상관계수의 값에 따라 포트폴리오의 위험, 즉 분산이 어떻게 변화하는지를 알기 위하여 두 증권으로 구성된 포트폴리오의 분산측정식(6-9)를 이용하여 살펴보기로 한다.

1) 상관계수(ρ_{12})=1일 경우

$$\sigma_p{}^2 = W_1{}^2\sigma_1{}^2 + W_2{}^2\sigma_2{}^2 + 2W_1W_2\sigma_1\sigma_2$$

이때 $W_1+W_2=1$이므로 $W_2=1-W_1$으로 표시하면

$$\sigma_p{}^2 = W_1{}^2\sigma_1{}^2 + (1-W_1)^2\sigma_2{}^2 + 2W_1(1-W_1)\sigma_1\sigma_2$$

〈그림 6-2〉 $\rho_{12}=1$일 때 포트폴리오의 기대수익률과 위험

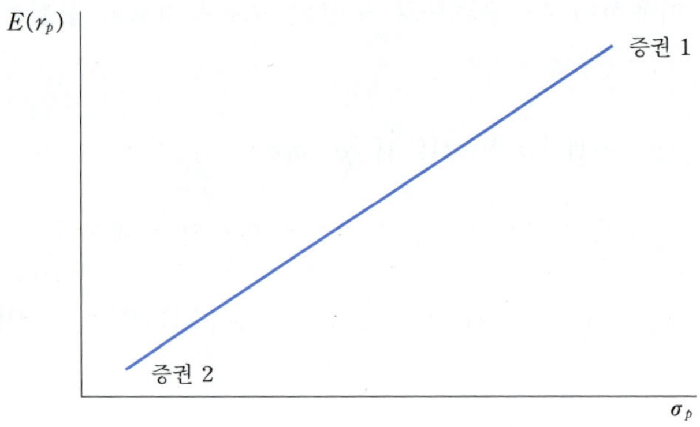

〈그림 6-3〉 $\rho_{12}=0$일 때 포트폴리오의 기대수익률과 위험

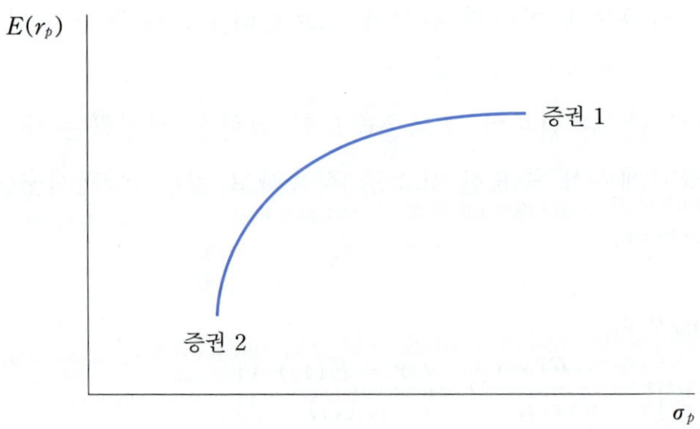

$$\sigma_p = \sqrt{\sigma_p^2} = W_1\sigma_1 + (1-W_1)\sigma_2$$
$$E(r_p) = W_1E(r_1) + (1-W_1)E(r_2)$$

위 식에서 σ_p와 $E(r_p)$는 두 증권의 투자비율(W)에 따라 비례적으로 변화하고 σ_p와 $E(r_p)$는 선형관계에 있으므로 σ_p와 $E(r_p)$의 관계를 나타내는 그래프는 〈그림 6-2〉와 같다.

2) 상관계수$(\rho_{12})=0$일 경우

$$\sigma_p^2 = W_1^2\sigma_1^2 + (1-W_1)^2\sigma_2^2$$

$\sigma_p^2 = \{W_1^2\sigma_1^2 + (1-W_1)^2\sigma_2^2\}^{1/2}$이므로 $E(r_p)\cdot\sigma_p$는 비선형관계를 갖는 그래프로 〈그림 6-3〉과 같이 된다.

3) 상관계수$(\rho_{12})=-1$일 경우

$$\sigma_p = [W_1^2\sigma_1^2 + (1-W_1)^2\sigma_2^2 - 2W_1(1-W_1)\sigma_1\sigma_2]^{1/2}$$
$$= W_1\sigma_1 - (1-W_1)\sigma_2$$

두 증권 중 수익률의 표준편차가 큰 증권의 투자비율을 줄일수록 포트폴리오의 표준편차는 감소하여, $W_1\sigma_1 = (1-W_1)\cdot\sigma_2$에서는 $\sigma_p = 0$이 되었다가 다시 σ_p는 증가한다.

이상에서 각기 상이한 상관계수에 따른 포트폴리오의 기대수익과 표준편차의 관계를 나타내는 그래프를 종합하면 〈그림 6-5〉와 같다.

〈그림 6-5〉에서와 같이 포트폴리오구성증권간의 상관계수가 (-1)에 가

〈그림 6-4〉 $\rho_{12}=-1$일 때 포트폴리오의 기대수익률과 위험

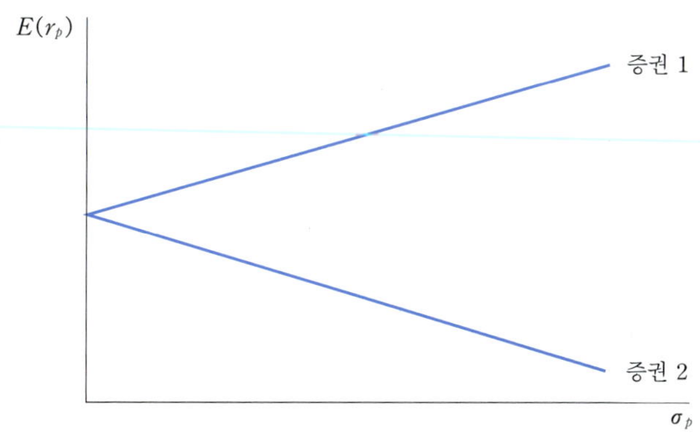

〈그림 6-5〉 상관계수와 포트폴리오의 기대수익률위험

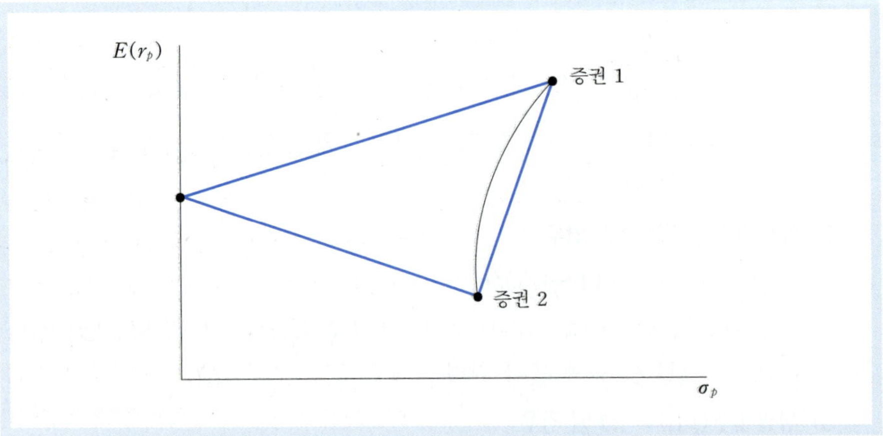

까울수록 포트폴리오의 표준편차, 즉 위험은 감소되고 (+1)에 가까울수록 위험을 감소시키는 정도는 낮아진다.

따라서 복수의 증권에 투자하여 위험을 감소시키는 포트폴리오는 가능한 구성증권간의 상관계수가 (−1)에 가까운 증권들로 구성될수록 포트폴리오의 효과는 증가한다. 그런데 현실적으로 증권간의 상관계수가 (−)값을 갖는 것은 거의 희박하고 완전부(−)의 상관관계와 완전정(+)의 상관관계는 존재하지 않으며 대부분의 증권들은 0과 1 사이의 상관계수를 갖는다.

한편 상관계수(ρ_{ij})는 (−1)과 (+1) 사이의 값을 가지므로 포트폴리오의 표준편차는 구성증권의 표준편차로 가중평균한 것보다 낮으며, 이는 복수의 증권에 분산투자함으로써 실현되는 위험감소효과로 포트폴리오효과를 설명하는 것이다.

예제 포트폴리오의 수익과 위험

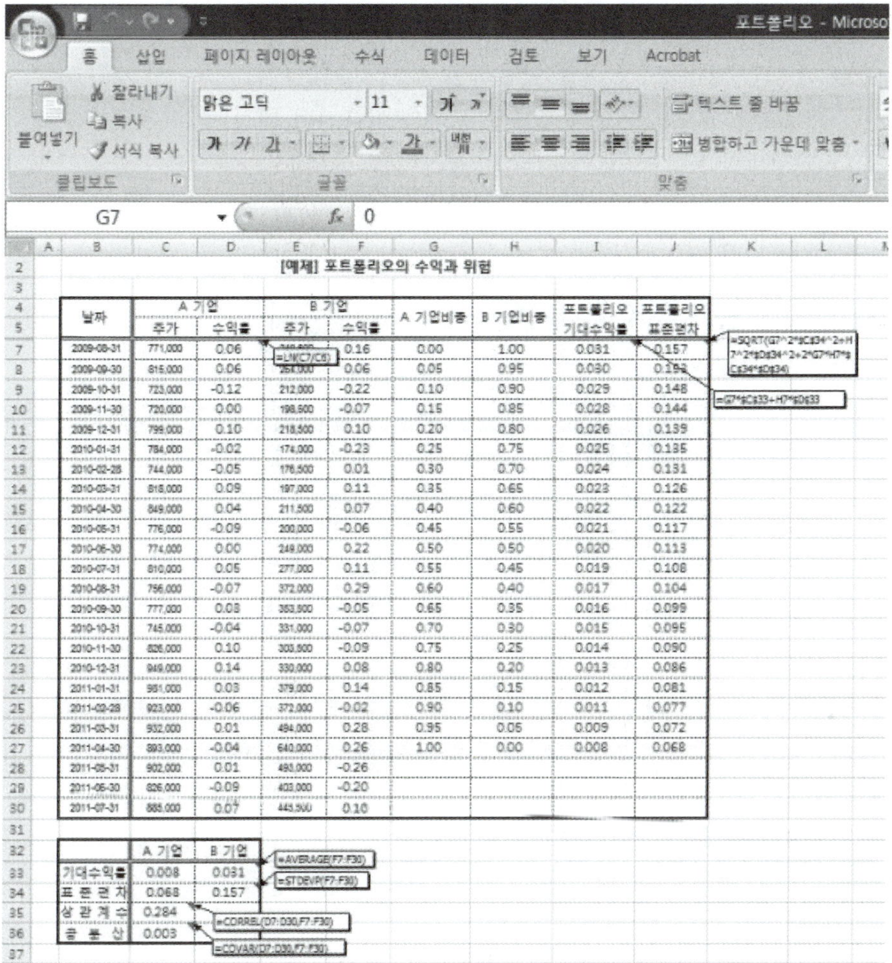

[예제] 포트폴리오의 수익과 위험

날짜	A 기업		B 기업		A 기업비중	B 기업비중	포트폴리오 기대수익률	포트폴리오 표준편차
	주가	수익률	주가	수익률				
2009-08-31	771,000	0.06	[illegible]	0.16	0.00	1.00	0.031	0.157
2009-09-30	815,000	0.06	254,000	0.06	0.05	0.95	0.030	0.15[illegible]
2009-10-31	723,000	-0.12	212,000	-0.22	0.10	0.90	0.029	0.148
2009-11-30	720,000	0.00	198,500	-0.07	0.15	0.85	0.028	0.144
2009-12-31	799,000	0.10	218,500	0.10	0.20	0.80	0.026	0.139
2010-01-31	784,000	-0.02	174,000	-0.23	0.25	0.75	0.025	0.135
2010-02-28	744,000	-0.05	176,500	0.01	0.30	0.70	0.024	0.131
2010-03-31	818,000	0.09	197,000	0.11	0.35	0.65	0.023	0.126
2010-04-30	849,000	0.04	211,500	0.07	0.40	0.60	0.022	0.122
2010-05-31	776,000	-0.09	200,000	-0.06	0.45	0.55	0.021	0.117
2010-06-30	774,000	0.00	249,000	0.22	0.50	0.50	0.020	0.113
2010-07-31	810,000	0.05	277,000	0.11	0.55	0.45	0.019	0.108
2010-08-31	756,000	-0.07	372,000	0.29	0.60	0.40	0.017	0.104
2010-09-30	777,000	0.03	353,500	-0.05	0.65	0.35	0.016	0.099
2010-10-31	745,000	-0.04	331,000	-0.07	0.70	0.30	0.015	0.095
2010-11-30	826,000	0.10	303,500	-0.09	0.75	0.25	0.014	0.090
2010-12-31	949,000	0.14	330,000	0.08	0.80	0.20	0.013	0.086
2011-01-31	951,000	0.03	379,000	0.14	0.85	0.15	0.012	0.081
2011-02-28	923,000	-0.06	372,000	-0.02	0.90	0.10	0.011	0.077
2011-03-31	932,000	0.01	494,000	0.28	0.95	0.05	0.009	0.072
2011-04-30	893,000	-0.04	640,000	0.26	1.00	0.00	0.008	0.068
2011-05-31	902,000	0.01	493,000	-0.26				
2011-06-30	826,000	-0.09	403,000	-0.20				
2011-07-31	885,000	0.07	443,500	0.10				

	A 기업	B 기업
기대수익률	0.008	0.031
표준편차	0.068	0.157
상관계수	0.284	
공분산	0.003	

① 포트폴리오를 구성하고자 하는 기업의 주가 시계열 데이터 수집

② 자연로그 LN 함수를 이용, 개별 주식의 수익률 계산

③ A 기업과 B 기업의 비중을 임의로 입력

④ 개별 기업의 기대수익률은 E(수익률)로써 AVERAGE 함수를 이용하여 계산

⑤ 개별 기업의 표준편차는 STDEVP 함수를 이용하여 개별 기업의 수익률 범위 지정 후 계산

⑥ COVAR 함수와 CORREL 함수를 이용, A · B 기업 수익률 데이터간의 상관계수와 공분산을 계산

⑦ 포트폴리오의 기대수익률은 (A기업 기대수익률×A기업 비중+B기업 기대수익률×B기업 비중) 공식을 이용하여 계산

⑧ 포트폴리오의 기대수익률은 공식을 이용하여 계산

제 3 절 포트폴리오 위험

1. 효율적 프론티어

수없이 많은 증권 중에서 어떤 증권을 선택하여 전체 투자액의 어떤 비율로 각 주식에 투자하느냐에 따라서 가능한 포트폴리오는 수없이 많이 존재한다. 이 가능한 포트폴리오는 기대수익률과 표준편차에 따라 〈그림 6-6〉과 같이 무수히 많은 점으로 표시된다.

〈그림 6-6〉의 포트폴리오집합은 투자자의 선택가능한 모든 포트폴리오의 기대수익률과 위험의 조합을 나타내는 것으로, 이것을 포트폴리오의 기회집합

〈그림 6-6〉 포트폴리오집합과 효율적 프론티어

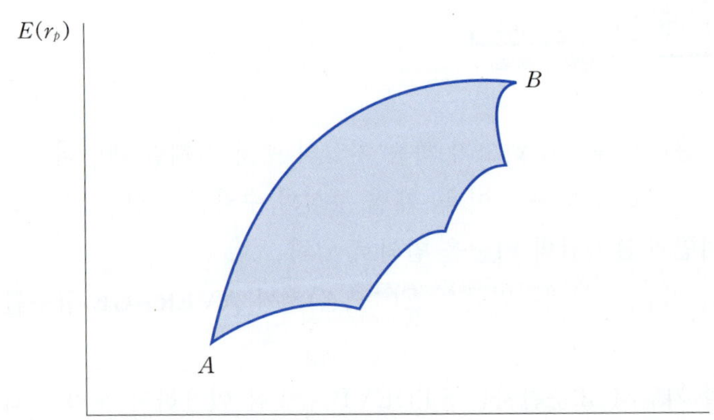

(opportunity set)이라고 하며, 마코위츠는 이를 가능조합(attainable combination)이라고 하였다.

이러한 포트폴리오의 가능집합에서 적당한 포트폴리오를 선택하기 위하여 지배원리(dominance principle)에 따라 동일수준의 위험을 갖는 포트폴리오 중에서는 가장 높은 수익을 갖는 포트폴리오를 선택하고 동일수준의 기대수익을 갖는 포트폴리오 중에서는 가장 낮은 위험의 포트폴리오를 선택하는 것이 가장 합리적이며, 이는 〈그림 6-6〉상의 AB선상에 있는 조합의 선택을 의미한다. 이때 이 AB선상의 포트폴리오를 효율적 포트폴리오(efficient portfolio) 또는 효율적 프론티어(efficient frontier)라고 하며, 마코위츠는 이를 효율적 조합(efficient combination)이라고 하였다.

따라서 효율적 프론티어는 투자가능한 모든 포트폴리오 중에서 지배원리를 충족시키는 포트폴리오이며, 이성적인 투자자는 효율적 프론티어상에 있는 어느 하나의 포트폴리오를 선택하여 투자함으로써 효율적인 분산투자를 할 수 있다.

한편, 효율적 프론티어는 앞절의 상관계수와 포트폴리오효과에서도 설명한 것처럼 현실적으로 각 증권의 수익률간의 상관계수는 (−1)과 (+1) 사이에 존재하므로 〈그림 6-6〉에서와 같이 곡선으로 나타남을 알 수 있다.

2. 포트폴리오의 선택

포트폴리오의 선택은 포트폴리오의 이론의 마지막 단계로 기대수익률과 위험을 투자평가기준으로 하여 지배원리를 충족시키는 효율적 포트폴리오 중에서 어떤 포트폴리오를 선택하여 투자하느냐 하는 것이다. 효율적 프론티어상에 있는 포트폴리오 중에서 어느 것이 더 유리한 것이라고 구별할 수는 없다. 즉 효율적 프론티어상의 포트폴리오는 위험이 크면 기대수익률이 크고, 위험이 작으면 기대수익률이 적으므로 객관적으로 가장 효율적인 최적포트폴리오(optimal portfolio)를 얻을 수는 없다.

따라서 투자자들은 효율적 프론티어상에 있는 포트폴리오 중에서 투자자 자신에게 최대의 가치를 가져다 주는, 즉 최대의 효용을 얻을 수 있는 포트폴리오를 선택하게 되는데, 이와 같이 투자대상의 선정과 선택이 다르다는 의미에서 토빈(J. Tobin)은 포트폴리오 선택과정을 분리이론(separation theorem)이

〈그림 6-7〉 포트폴리오의 선택

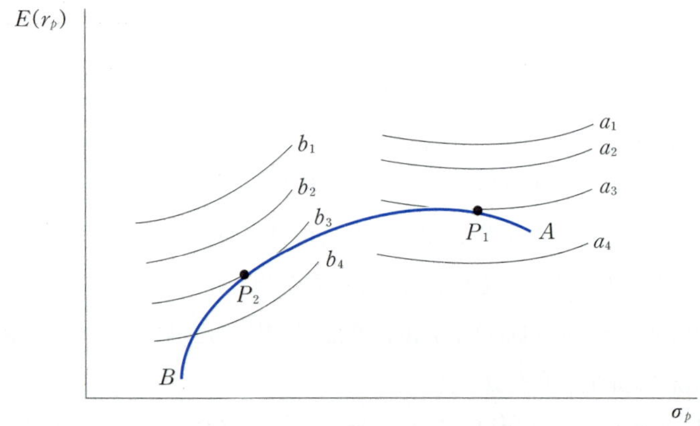

라 하였다. 그리고 불확실성하에서 투자자의 효용은 기대수익과 위험의 함수, 즉 효용=f(기대수익, 위험)으로 나타낼 수 있으며, 투자자에 따라서 효용함수는 달라진다.

투자자의 효용을 나타내는 무차별곡선(indifference curve)을 $[E(r_p)-\sigma_p]$ 평면상에 도시하게 되면 〈그림 6-7〉에서와 같이 σ_p축에 볼록한 형태의 여러 종류의 곡선군을 이루게 된다. 이것은 투자자가 이상적이어서 위험을 회피하는 가정 하에서 도출되며, 기대수익률의 크기가 증가함에 따라 한계효용이 체감하므로 σ_p축에 볼록한 형태를 취하고, 투자자의 위험과 기대수익률에 대한 가치기준이 상이하므로 각 무차별곡선의 기울기는 서로 다르게 나타난다.

〈그림 6-7〉에서 투자자 b는 투자자 a보다 위험에 대해 훨씬 민감한 반응을 보이며, 따라서 투자자 a는 투자자 b에 비해 위험선호형(risk taker), 혹은 공격적 투자자이며, 투자자 b는 위험회피형(risk averter), 혹은 보수적 투자자라고 할 수 있다.

효율적 프론티어상의 포트폴리오 중에서 효용을 극대화할 수 있는 포트폴리오는 효율적 프론티어와 투자자의 효용무차별곡선이 만나는 접점에서 나타나는데 〈그림 6-7〉에서는 p_1과 p_2가 투자자 a, b가 선택하게 되는 최적포트폴리오이다. 다시 말하면, 투자자는 자신의 효용무차별곡선과 효율적 프론티어가 접하는 점의 포트폴리오를 선택하여 효용을 극대화한다.

제 4 절 포트폴리오의 성과측정모형

투자자산에 대한 포트폴리오를 구성한 후 그 포트폴리오의 수익과 위험에 따른 성과를 측정할 필요가 있다. 투자성과의 분석은 자본자산가격결정모형이 생성되고 발달함과 더불어 다양한 평가방법이 개발되었다. 포트폴리오의 성과(performance of portfolio)란 미래의 증권가격의 성공적인 예측을 통하여 포트폴리오의 기대수익을 증가시키거나 포트폴리오 구성시에 나타나는 위험을 효율적으로 분산투자하여 최소화시킬 수 있는 기금관리자의 능력을 말한다. 이러한 포트폴리오의 성과를 측정하는 것은 적절한 투자자산을 적당한 시기에 효율적으로 분산투자가 이루어졌는가를 평가하는 것으로 포트폴리오의 주어진 위험수준에 합당하는 수익률을 달성하였는지를 평가하는 것이다.

이와 같이 포트폴리오의 성과측정도 위험과 수익에 의해서 평가되는데 자본시장선과 증권시장선을 이용하여 성과측정모형이 개발되었다. 포트폴리오의 성과측정모형은 샤프(W. Sharp) · 트레이너(J. Treynor) · 젠센(M. Jensen) 그리고 파머(E. Fama)에 의해 연구 · 개발되었는데, 샤프는 자본시장선을 이용하여 모형을 개발했고, 트레이너와 젠센은 증권시장선을 이용하여 포트폴리오의 성과를 측정하였으며, 파머는 트레이너와 젠센의 모형들의 범위를 확대하여 측정하는 모형을 제시하였다.

1. 샤프의 모형

샤프는 자본시장선의 이론을 이용하여 포트폴리오의 성과를 측정하였는데, 성과측정의 기준은 CML의 기울기를 사용하였고 이를 수익률 대 분산비율(reward to variability ratio: RVAR)이라고 하며, 샤프지수(PI_s: sharpe's performance index)라고도 한다. CML의 기울기와 샤프지수는 포트폴리오의 위험수준과 투자자의 기대수익률의 관계를 나타내는 것으로, 샤프지수는 아래의 과정을 거쳐 도출된다.

CML선상의 포트폴리오의 기대수익률은,

$$E(r_p)=r_f+\frac{E(r_m)-r_f}{\sigma_m}\sigma_p$$

$$E(r_p)-r_f=\frac{E(r_m)-r_f}{\sigma_m}\sigma_p$$

위의 식은 자본자산의 가격이 균형상태일 때 성립되는 것인데 만약 불균형이 존재한다면 위의 식은 (6-10)으로 변형된다.

$$E(r_p)-r_f=n_i+\frac{r_m-r_f}{\sigma_m}\sigma_p \tag{6-10}$$

위 식에서 양변을 σ_p로 나누면

$$\frac{E(r_p)-r_f}{\sigma_p}=\frac{n_i}{\sigma_p}+\frac{E(r_m)-r_f}{\sigma_m} \tag{6-11}$$

식 (6-11)에서 좌변인 $\{E(r_p)-r_f\}/\sigma_p$이 샤프가 성과측정의 기준으로 사용한 RVAR, 즉 샤프지수이다. 그런데 실질적으로 과거의 포트폴리오의 성과를 측정하는 것이므로 샤프지수는 식 (6-12)으로 표시된다.

$$PI_s=\frac{\overline{r}_p-\overline{r}_f}{\overline{\sigma}_p} \tag{6-12}$$

$\overline{r}_p$: 일정기간 동안의 포트폴리오의 평균수익률
$\overline{r}_f$: 일정기간 동안의 무위험자산의 평균수익률
$\overline{\sigma}_p$: 포트폴리오의 실제수익률의 표준편차

식 (6-12)에서 분자는 포트폴리오의 위험프리미엄이며 분모는 포트폴리오의 표준편차, 즉 위험을 나타내고 있으므로 샤프지수는 위험 1단위당 초과수익률을 의미한다.

샤프지수를 이용하여 포트폴리오의 성과를 측정하는 방법은 두 가지가 있는데,

① 시장포트폴리오의 샤프지수를 측정하고 이것을 기준으로 포트폴리오의 샤프지수와 비교하여 포트폴리오의 RVAR이 시장포트폴리오의 샤프지수보다 크면 시장의 위험 1단위당 수익률보다 큰 초과수익률이 발생되므로 그 포트폴리오의 성과는 좋고, 시장포트폴리오의 샤프지수보다 작으면 포트폴리오의 성

과는 좋지 않은 것으로 평가된다.

② 여러 포트폴리오에서 성과의 순위를 결정하기 위해서는 샤프지수의 크기가 큰 포트폴리오순으로 성과가 큰 것으로 평가된다.

2. 트레이너의 모형

트레이너는 샤프와는 달리 포트폴리오의 총위험 중에서 분산불가능한 위험인 구체적 위험만을 고려하여 포트폴리오의 성과를 측정하였다. 그는 포트폴리오의 성과측정을 위한 척도로 수익률 대 민감도비율(reward to volatility ratio: RVOL)을 사용하였는데 수익률대 민감도비율은 다음의 과정으로 도출된다. 증권시장선에서 포트폴리오의 기대수익률은 아래의 식으로 도출된다.

$$E(r_j)=r_f+\beta_j[E(r_m)-r_f]$$

시장이 불균형상태라면,

$$E(r_j)-r_f=n_j+\beta_j[E(r_m)-r_f] \quad (6\text{-}13)$$

위 식에서 양변을 β_j로 나누면,

$$\frac{E(r_j)-r_f}{\beta_j}=\frac{n_j}{\beta_j}+[E(r_m)-r_f] \quad (6\text{-}14)$$

식 (6-14)에서 좌변 $[E(r_j)-r_f]/\beta_j$가 트레이너가 포트폴리오의 성과측정 기준으로 사용하는 트레이너 지수, 즉 트레이너지수(PI_T: Treynor's performance index)이며, 이 지수의 분자는 포트폴리오 j의 위험프리미엄이고 분모는 포트폴리오 j의 체계적 위험으로 표시되므로 트레이너 지수는 체계적 위험의 단위당수익을 나타낸다. 따라서 트레이너 지수가 크면 클수록 포트폴리오의 성과는 큰 것으로 평가된다. 그리고 과거의 포트폴리오의 성과를 측정하기 위해서는 식 (6-15)으로 표시되는 트레이너 지수를 사용하여 평가할 수 있다.

$$PI_T=\frac{\bar{r}_p-\bar{r}_f}{\beta_p} \quad (6\text{-}15)$$

$\overline{r}_p$: 포트폴리오의 실제수익률의 평균율
$\overline{r}_f$: 무위험자산의 평균수익률
β_p: 포트폴리오의 실제 체계적 위험

3. 젠센의 알파(α)

전술한 샤프와 트레이너의 성과측정모형은 포트폴리오성과의 상대적 측정에 치중하고 포트폴리오의 성과순위에 중점을 두고 있으나, 젠센은 포트폴리오성과의 절대적 측정에 중점을 두고 모형을 개발하였다. 포트폴리오의 위험이 주어졌을 경우 증권시장선상의 예측된 수익률과 실제수익률의 차이를 젠센의 알파(α)(PI_T: Jensen's performance Index)라 한다.

그는 증권시장선에 기초를 두고 증권시장이 균형상태에 이르지 못하였을 때 포트폴리오의 기대수익률을 전절의 식 (6-13)을 이용하여 측정하였다.

$$E(r_i)-r_f=n_j+\beta_j[E(r_m)-r_f]$$

위 식에서 n_j는 시장의 불균형상태를 나타내는 불균형의 측정가(measure of disequilibrium)로 이것은 젠센이 사용한 성과측정의 기준인 것이다. 만약 $n_j=0$이면 포트폴리오는 균형상태에 놓여지고, $n_j>0$이면 포트폴리오는 과대평가되어 이러한 포트폴리오의 투자성과는 불량한 것을 의미한다.

〈그림 6-8〉에서 SML보다 위에 위치한 A, B포트폴리오는 $n_j>0$이며

〈그림 6-8〉 젠센의 포트폴리오 성과측정지수

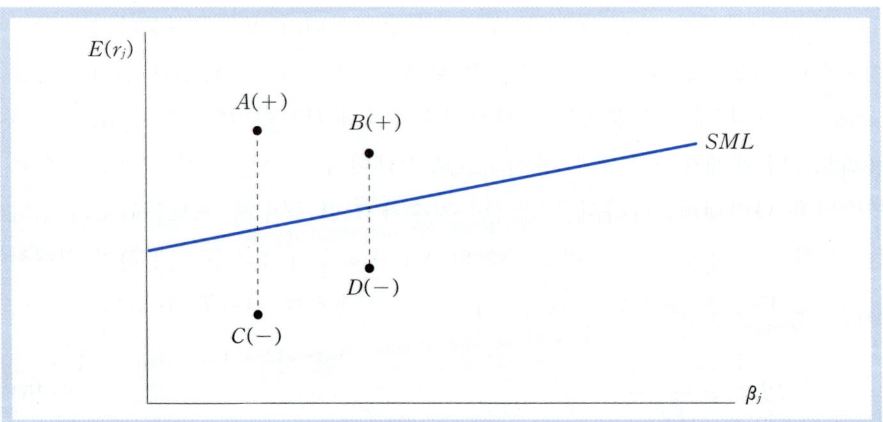

아래에 위치한 C, D포트폴리오는 $n_j<0$으로 나타난다.

그리고 증권시장이 불균형상태에 있고 투자자가 예측능력이 있다면 투자자는 $n_j>$을 실현시킬 수 있는 포트폴리오를 구성하여 주어진 위험수준에 대한 정상적인 위험프리미엄(normal risk premium)보다도 더 큰 수익을 올릴 수 있게 된다.

4. 파머의 모형

샤프 · 트레이너 그리고 젠센의 투자성과모형은 수익과 위험의 관계에 관해서만 중점을 두고 투자성과를 측정하는데, 파머는 그들의 성과측정 범위를 확대하여 주어진 수준에서 최상의 증권을 선택하는 능력에 의해 관찰된 수익부분과 일반적인 시장가격의 움직임을 예측하는 수익부분을 구별하여 성과를 예측하는 모형을 개발하였다.

그는 먼저 투자기금의 초과수익률 ER_i를 아래의 식으로 계산하여 성과측정의 1단계를 채택했다.

$$ER_i=\overline{r}_i-\overline{r}_f \tag{6-16}$$

r_i: 측정기간 동안의 평균수익률
r_f: 측정기간 동안의 평균무위험이자율

그런데 위의 식은 위험을 전혀 고려하지 않아 투자대상의 선택문세를 충분히 설명할 수 없으므로 그는 선택능력(selectivity)과 순선택능력(net selectivity)을 사용하여 설명하였다. 순선택능력은 이론적인 β계수치와 일치하는 β계수를 갖는 포트폴리오를 선택하는 능력을 의미하는 것으로 투자관리자의 능력평가의 기준으로 적정하다. 이것은 아래의 식으로 표시된다.

$$NS=\overline{r}_p-[\overline{r}_f+(\overline{r}_m-\overline{r}_f)b_t] \tag{6-17}$$

r_p: 포트폴리오의 실제수익률
b_t: 이론적인 β계수[2)]

식 (6-17)에서 순선택능력(NS)은 β계수에 의한 실제수익과 기대수익의

2) 이론적 베타계수란 다음 식에서 총위험 σ_i^2은 그대로인 채 잔차분산 $\sigma_i^2(\varepsilon_i)$을 0으로 하는 베타계수를 말한다.
$\sigma_i^2=\beta_i^2\sigma^2(R_m)+\sigma^2(\varepsilon_i)$

차이를 나타내는 것으로 NS가 0보다 클 때 포트폴리오의 성과는 좋다는 것을 의미한다.

그리고 불완전한 분산투자로 인한 손실(imperfect diversification)은 완전분산투자로 얻을 수 있는 수익률(return for perfect diversification: RPD)과 실제수익률(return for actual risk assumed: RAR)의 차이로 다음의 식으로 나타난다.

$$\begin{aligned} IDL &= RPD - RAR \\ &= (\overline{r}_m - \overline{r}_f)b_t - (r_m - r_f)b_p \end{aligned} \tag{6-18}$$

b_p: 포트폴리오의 실제 β계수

식 (6-18)로 측정된 IDL이 0보다 크면 불완전한 분산투자가 이루어진 것을 의미하므로 투자자의 투자성과는 불량함을 나타낸다.

제 5 절 포트폴리오이론에 대한 요약

마코위츠에 의해 포트폴리오선택에 관한 규범론적 이론체계가 성립되었고 이를 기초로 자본시장이론은 발전되었다. 자본자산가격결정모형을 중심으로 한 자본시장이론은 현대재무이론의 가장 중추적인 분야로 인식되고 계속적인 연구가 이루어지고 있다. 마코위츠는 개별증권(혹은 포트폴리오)의 가치평가의 기준이 되는 수익과 위험을 미래 발생가능한 수익률의 확률분포를 고려하여 기대수익률과 분산(혹은 표준편차)으로 계량화하였고, 이성적인 투자자들의 투자대상으로 고려되는 것으로 지배원리를 충족시키는 포트폴리오의 군인 효율적 프론티어를 제시하고 이의 측정을 위하여 완전공분산 모형에 따르는 도해적 방법, 라그랑지안목적함수를 이용한 수학적 방법, 그리고 $Q \cdot P$를 이용하는 방법 등을 개발하여 실질적으로 효율적 프론티어의 도출을 가능케 하였다.

그리고 투자자의 포트폴리오선택은 투자자가 효율적 프론티어상에서 투자자의 효용을 극대화시키는 포트폴리오를 선택함으로써 이루어진다는 선택규범을 제시하였다.

그런데 효율적 프론티어를 도출하는 데 완전공분산모형은 너무나 많은 독립정보를 필요로 하므로 이를 단순화하기 위한 연구의 결과, 샤프에 의해서 단순모형이 개발되었는데, 이 모형을 샤프의 단순지수모형이라고도 하며 개별 증권과 포트폴리오의 수익률을 시장지수와 관련하여 측정하고 위험 역시 이를 기초로 측정하므로 수학적 방법을 이용하여 효율적 프론티어를 도출하기 위하여 필요한 투입정보를 단순화하였다.

그리고 증권의 수익률을 단순한 하나의 지표와 관련시키는 것보다는 여러 요인과 관련시키면 더 많은 정보를 고려하고 있는 수익률을 측정할 수 있다는 전제로 다중지수모형이 개발되고 있으나 아직까지 그 장점을 설명한 연구는 불충분한 실정이다.

포트폴리오이론의 규범론적 이론체계를 실증론적 이론체계로 발전시킨 자본자산가격결정모형을 중심으로 한 자본시장이론은 투자자의 개인균형을 나타내는 자본시장선과 시장의 균형을 나타내는 증권시장선 두 부문으로 이론이 전개되고 있는데, 자본시장선은 국채와 같은 무위험자산도 위험자산과 함께 투자대상으로 고려할 때 균형이 되는 효율적 프론티어이며, 증권시장선은 자본시장선에서 고려하지 않은 비효율적 개별증권 혹은 포트폴리오를 포함한 모든 증권 혹은 포트폴리오의 위험과 수익의 관계를 나타낸다. 즉 증권시장선은 시장이 균형일 때 모든 증권 혹은 포트폴리오의 기대수익과 베타로 표시되는 체계적 위험의 관계를 설명하고 있다.

한편 비현실적 가정에서 출발한 자본자산가격결정모형은 가정의 문제점으로 실용성에 위협을 받고 있으나 가정을 현실화하려는 연구들에 따라 좀 더 정교한 모형이 개발되고 있으며 많은 검증결과에 의해 타당성이 보완되어 가고 있다.

그리고 포트폴리오의 수익과 위험에 관한 성과를 측정하는 모형들이 개발되었는데, 대표적인 모형으로 자본시장선을 이용하여 성과를 측정하는 샤프의 모형, 증권시장선을 이용한 트레이너 모형과 젠센의 모형 그리고 파머의 모형을 들 수 있다. 이들 모형들은 이론적인 성과와 실제 성과를 비교하여 성과를 평가하는 방법을 사용하고 있다.

이상에서 포트폴리오와 자본시장에 관한 현재까지의 중심이 되고 있는 개략적인 내용들을 설명하였는데, 최근에는 수익발행과정에 복합적 요인이 작용하고 있음을 나타내는 차익거래 가격결정모형(arbitrage pricing model: APM)이 로스(S. A. Rose)에 의해 개발되어 많은 관심을 일으키고 있다. 이 모형은 복합적 요인에 의하여 개인의 차익거래에 따른 이익이 제거됨으로써 시장균형이 이루어진다는 것으로 증권의 기대수익률 예측을 위한 변수로 β 이외에 배당수익률, 포트폴리오 구성주식의 비율, 산업분류, 부채비율 그리고 주가수익비율 등도 포함하여야 한다고 제시한다. 롤(R. Roll)과 로스는 *APMS*의 실증적 검증에서 그들의 이론을 지지할 수 있는 근거를 제시하고 있으나 검증방법의 문제점과 검증결과의 설득력 미약으로 많은 비판을 받고 있으며 요인들이 경제적 및 행태적으로 관련되어 있는 이유를 설명하지 못하고 있다. 따라서 아직까지는 *CAPM*의 β계수가 기대수익률을 설명하는 데 가장 적합한 척도로 인식되고 있다.

그러나 *CAPM*이론의 비현실적인 가정으로 유용성의 문제점이 있으므로 향후 *CAPM*이론은 모형의 가정을 현실화시킨 실증적 분석이 계속됨으로써 현실을 보다 적절하게 설명하여 줄 수 있는 모형으로 발전되어 갈 수 있을 것이다.

한층 보수적으로 변한 글로벌 포트폴리오

금융위기 이후 글로벌 재테크 & 자산관리 노하우

글로벌 금융위기는 각국 투자자들의 마음에 지울 수 없는 상처를 남겼다. 투자심리의 변화는 곧바로 자산 포트폴리오에 반영됐다.

가장 큰 변화는 소비 대국 미국에서 목격할 수 있다. 우선 현금을 보유하고자 하는 경향이 늘었다.

경제협력개발기구(OECD)에 따르면 금융위기 전인 2007년 2.1%였던 미국의 저축률은 지난해 말 5.7%까지 올랐다. 동시에 증시 회복세가 본격화하면서 ETF 등을 통해 높은 수익률을 좇는 일반 투자자들도 늘었다.

티머시 윌리엄스 씨티은행 부행장은 "은퇴를 20여 년 앞둔 45세 미국 남성이라면 평균적으로 30%는 안전한 현금과 채권 · 연금을, 70%는 주식시장에 투자한다"고 설명했다.

미국과 함께 세계 시장의 G2를 이루는 중국은 이제 재테크에 완전히 눈을 떴다.

중국 스탠다드차타드에 따르면 위험중립형인 고객의 경우 40%는 국내와 신흥국 주식, 30%는 채권, 20%는 예금관련 상품, 10%는 원금보장형 파생상품에 운용하는 등 다변화된 포트폴리오가 일반화됐다.

프랑스는 자산 구성에서 보험 비중이 높다.

소시에테제네랄에 따르면 PB 이용자들의 금융자산 중 연금보험 등 보험 비중은 58%에 이른다. 2004년 36%에 비해 크게 증가한 수치다. 반면 장단기 채권, 주식, 파생금융상품 등 비중은 2004년에 비해 크게 줄었다. 특히 주식 비중은 26%에서 18%로 감소했다.

영국 부유층은 안전자산과 위험자산 비중을 6 대 4 정도로 배분하고 있다. 금융위기 이후 보수화된 다른 나라들에 비하면 상대적으로 공격적인 구성이다. 안전자산은 은행 정기예금, 보험, 국고채 등으로 구성되며 위험자산은 우량주식, 장기채권, 헤지펀드 등으로 구성한다.

원래부터 보수적인 일본의 포트폴리오는 금융위기 이후 극단적인 안전지향으로 치달았다. 한 예로 도쿄의 한 중공업 업체 과장인 히로유키 고누마 씨(35)는 600만엔의 금융자산 중 70%(420만엔)를 연금리 0.01~0.03%인 정기예금과 요구불예금에 넣어두고 있다. 또한 예금·보험 등 안전자산이 전체 금융자산의 95%를 차지한다.

이유는 다르지만 신흥국인 브라질도 예·적금 비중이 높다. 시중은행이 10%대의 높은 금리를 제공하고 있어 다른 투자처의 필요성을 느끼지 못하는 데다 해외 자본의 급격한 유입으로 극심한 자본시장 변동을 이미 여러 차례 경험했기 때문이라는 게 현지 금융인들의 설명이다.

호주는 금융위기 극복에 대한 자신감과 퇴직연금 운용이 더해지면서 상대적으로 부동산을 제외한 재테크 상품 중에서는 주식 투자 비중이 높다.

– 매일경제신문 2011. 10. 7. 기사

EXERCISE 연습문제

1. 다음 용어들을 간략히 설명하시오.
   ① 포트폴리오　　② 상관계수
   ③ 포트폴리오의 기회집합　　④ 효율적 프론티어

2. 포트폴리오이론의 가정에 대해 설명하시오.

3. 포트폴리오의 위험에 대해 설명하시오.

4. 상관계수와 포트폴리오효과에 대해 설명하시오.

5. 샤프와 트레이너의 모형을 비교설명하시오.

6. 젠센과 파머의 모형을 비교설명하시오.

7. 어떤 투자자가 한양기업의 주식을 1년간 보유하려고 한다. 이 기업 주식의 현재 가격은 주당 20,000원이고 미래 경기상황에 따른 1년 후 가격은 다음과 같이 예측되고 있다. 한양기업의 주식의 기대수익률과 수익률의 표준편차를 구하시오.

경기상황	확　률	주　가
1	0.24	18,000
2	0.16	20,000
3	0.36	22,000
4	0.24	25,000

8. 주식 A와 주식 B의 미래수익률에 대한 확률분포는 다음과 같다.
   ① 주식 A와 주식 B의 기대수익률을 구하시오.
   ② 주식 A와 주식 B의 수익률의 표준편차를 계산하시오.
   ③ A, B 두 주식수익률간의 공분산과 상관계수를 구하시오.

확 률	주식 A	주식 B
0.1	−5.00%	15.005
0.2	0	10.00
0.4	11.25	8.75
0.2	15.00	5.00
0.1	20.00	0

9. A, B, C 세 증권의 기대수익률과 분산 및 공분산에 관한 자료는 다음과 같다.

증 권	기대수익률	분산 또는 공분산		
		A	B	C
A	6%	500	100%	100%
B	8	100	700	200
C	12	100	200	900

A, B, C 세 증권으로 포트폴리오를 구성하려 한다. 세 증권의 투자비율이 각각 60%, 30%, 10%일 때 이 포트폴리오의 기대수익률과 위험을 계산하시오.

10. 세 투자안 A, B, C가 있다. 투자안 A의 수익률의 표준편차는 0.4, B의 수익률의 표준편차는 0.6이고 0.4, C의 수익률의 표준편차는 0.02이다. 투자안 A와 B의 수익률간의 상관계수는 0.6이고 B와 C의 수익률 간의 상관계수는 0.2이며 A와 C의 수익률간의 상관계수는 0.1이다. 이들 세 투자안으로 포트폴리오를 구성하고, 투자안 A, B, C의 투자비율을 각각 0.5, 0.4, 0.1로 한다면 이 포트폴리오의 수익률의 표준편차는 얼마인지 계산하시오.

11. 한국증권시장에 상장되어 있는 주식들의 수익률 확률분포의 평균분산은 32.4%이다. 상장된 모든 주식을 대상으로 두 개의 주식을 뽑아 포트폴리오를 구성한다고 하자. 이 포트폴리오들의 수익률 확률분포의 평균분산은 18.4%가 된다.

① 상장된 모든 주식들의 수익률간의 공분산의 평균을 구하시오.

② 또한 상장된 모든 주식을 대상으로 100개의 주식을 뽑아 포트폴리오를 구성한다고 할 때, 구성된 포트폴리오들의 수익률 확률분포의 평균분산을 구하시오. 단, 주식들의 투자비율은 동일하다.

12. 수익률이 2개의 위험요인으로 생성된다고 가정하자. 다음과 같이 잘 분산된 3개의 포트폴리오가 존재한다. 여기서 b_{i1}과 b_{i2}는 i포트폴리오의 첫 번째와 두 번째 요인에 대한 민감도이다.

포트폴리오	기대수익률(%)	b_{i1}	b_{i2}
A	9.25	1.0	0.5
B	8.75	0.5	0.9
C	6.70	0.4	0.2

① APT(차익거래 가격결정이론) 위험-기대수익률 관계를 나타내는 식을 구하라.

② D포트폴리오의 기대수익률이 8.7%이고 b_{i1}이 0.725, b_{i2}가 0.525라고 가정하자. 차익거래 과정을 정확히 설명하고 무위험이익(%)을 계산하라(이를 위해 새로 구성한 포트폴리오를 E로 명명할 것). 또한 차익거래의 3가지 조건을 제시하고 이 조건이 모두 충족됨을 보여라.

(2005년 CPA 기출문제)

13. 자산 X와 자산 Y의 수익률의 기대값과 표준편차는 다음의 표와 같다. 이를 참조하여 다음 질문에 답하시오.

	자산 X	자산 Y
기대수익률	20%	10%
표준편차	15%	5%

① 자산 X와 자산 Y의 상관계수가 −1일 경우에 최소분산포트폴리오를 구성하기 위한 두 자산의 배합비율은 각각 얼마인가?

② 자산 X와 자산 Y의 상관계수가 −1이고 이들 두 자산만으로 구성된 포

트폴리오의 표준편차가 13%일 경우에 허용 가능한 포트폴리오의 기대수익률을 모두 구하시오. 단, 공매도(short sale)가 가능하다고 가정하시오.

③ 자본시장에 자산 X와 자산 Y만 존재한다고 가정하자. 두 자산의 상관계수는 0.2이고, 시장포트폴리오의 기대수익률과 표준편차는 각각 12.5%와 5.81%이다. 자본자산가격결정모형(CAPM)이 성립한다고 가정하여 적정 무위험수익률을 계산하시오.

(2008년 CPA 재무관리 2차 시험)

14. 시장모형이 성립한다고 가정하자. 주식 A(β_A=1.4)와 B(β_B=0.6)에 투자액의 3/4과 1/4을 각각 투자한 포트폴리오 수익률의 표준편차가 0.04이다. 시장포트폴리오 수익률의 표준편차는 0.02로 알려져 있다. 이 포트폴리오의 총위험에 대한 체계적 위험의 비율은? 정답 ③

① 32% ② 34% ③ 36% ④ 38% ⑤ 40%

(2000년 CPA 기출문제)

15. 시장가치 1억원 규모의 펀드 A를 운용하고 있는 펀드매니저는 펀드의 위험을 표준편차로 추정하려 한다. 과거 5년간 펀드 A와 KOSPI의 월간 수익률 평균은 각각 1.8%, 1.4%였다. KOSPI 수익률 표준편차는 1.6%, 펀드 A 수익률과 KOSPI 수익률의 상관계수는 0.835로 나타났다. 이어 펀드 A와 KOSPI 월간 수익률을 이용한 회귀분석 결과는 다음과 같다. 이때 펀드 A의 표준편차는 얼마인가? 정답 ②

	계수	표준오차	t 통계량	P-값
상수	−0.178	0.635	−0.281	0.779
KOSPI	1.670	0.098	16.901	5.62E−32

① 2.8% ② 3.2% ③ 3.6% ④ 3.9% ⑤ 4.2%

(2003년 CPA 기출문제)

16. 아래 표에서와 같이 세 가지 펀드만 판매되고 있는데 위험수준은 수익률의 표준편차를 나타낸다. 위험수준 25%를 추구하는 투자자에게 총투자액 1억원을 "안정주식형"에 3천만원, "성장주식형"에 5천만원, "국채투자형"에 2천만원씩 투자하는 최적포트폴리오를 추천하고 있다. 위험수준 15%를 추구하는 투자자가 총투자액 8천만원으로 최적포트폴리오를 구성한다면 "안정주식형"에 투자해야 하는 금액은 얼마인가? 정답 ②

펀드명칭	기대수익률	위험수준
안정주식형	10%	20%
성장주식형	20%	40%
국채투자형	5%	0%

① 1,152만원 ② 1,440만원 ③ 1,800만원
④ 2,400만원 ⑤ 3,840만원

(2004년 CPA 기출문제)

17. 다음은 A, B 두 주식에 대한 기대수익률, 수익률의 표준편차, 수익률의 공분산이다.

$E(R_A)=8\%$ $E(R_B)=10\%$
$\sigma(R_A)=10\%$ $\sigma(R_B)=15\%$ $Cov(R_A, R_B)=-0.006$

포트폴리오	주식 A	주식 B
I	1억원	–
II	5천만원	5천만원
III	–	1억원

총 1억원의 투자자금으로 위의 주식들을 활용하여 I, II, III 세 가지의 포트폴리오를 구축하였다고 하면 위험회피형 투자자의 투자 행태에 대한 설명으로 가장 적절한 것은? 정답 ②

① 포트폴리오 I은 적절한 투자안이 될 수 있다.
② 포트폴리오 II는 적절한 투자안이 될 수 있다.

③ 지배원리에 의하면 포트폴리오 III은 포트폴리오 II보다 효율적인 투자안이므로 II를 지배한다.

④ 위험회피도가 낮은 투자자는 포트폴리오 III에 비하여 포트폴리오 I을 선택할 가능성이 높다.

⑤ 위험회피도가 높은 투자자는 포트폴리오 II에 비하여 포트폴리오 III을 선택할 가능성이 높다.

(2005년 CPA 기출문제)

제 7 장
자본자산가격결정모형

제 6 장 포트폴리오의 기초이론에서는 이성적인 투자자가 어떠한 방법으로 포트폴리오의 투자가치를 평가하고, 어떠한 포트폴리오를 투자대상으로 고려하며, 어떻게 최적포트폴리오(optimum portfolio)를 선택하느냐에 대한 규범론적 논리체계를 전개하였다. 즉 이성적인 투자자는 기대수익과 분산을 기준으로 포트폴리오의 가치를 평가하고 지배원리를 충족시키는 효율적 프론티어상의 포트폴리오를 투자대상으로 하여 투자의 효용을 극대화할 수 있는 포트폴리오를 선택한다.

이러한 방법으로 투자자가 투자활동을 하여 시장 전체가 균형상태(equilibrium condition)에 있을 때, 주식을 비롯한 자본자산의 균형가격은 어떻게 결정되는가를 수익과 위험의 상반관계(trade-off between return and risk)로 설명하는 모형이 자본자산가격결정모형(capital asset pricing model: CAPM)이다. 여기서 시장균형(market equilibrium)이란 증권시장 전체에서 증권의 수요·공급이 일치되도록 증권가격이 형성되어 있는 상태를 말한다.

제 1 절 자본자산가격결정모형의 제 가정

자본시장의 균형이론을 모형에 의해 제시하기 위하여 복잡한 여러 요인들을 가정하여 단순화하는 것이 필요하다. 자본자산가격결정모형은 비현실적인 가정들을 기초로 하여 단순화된 균형이론의 모형을 제시하는데 CAPM이 전제로 하고 있는 제 가정들은 다음과 같다.

① 투자자들은 평균-분산 모형의 지배원리에 따라 포트폴리오를 선택한다.

② 모든 투자자가 무위험이자율로 차입 또는 대출을 할 수 있다.

③ 투자자는 위험회피형 투자자이며 기대효용을 극대화하고자 한다.

④ 단일기간의 투자기간을 고려하는 투자자들로 구성되어 있다.

⑤ 세금과 거래비용이 존재하지 않는다.

⑥ 자본시장은 완전시장으로 모든 투자자는 가격수용자(price-taker)이며, 어떤 개인의 거래도 시장가격에 영향을 줄 만큼 크지 못하다. 그리고 정보는 모든 투자자에게 공정하게 배분된다.

⑦ 모든 투자자들은 자산의 기대수익률과 위험에 대해 동질적인 예측을 한다.

이상의 가정을 기초로 자본자산가격결정모형을 중심으로 한 자본시장이론은 단계적으로 발전하여 왔는데, 그 하나는 투자자의 개인균형으로서의 자본시장선(capital market line: CML)이며, 다른 하나는 시장균형으로서의 증권시장선(security market line: SML)이다.

제 2 절 자본시장선

1. 자본시장선의 도출

마코위츠의 효율적 투자선은 투자대상으로 위험자산만을 고려하여 위험-수익의 관계를 설명하였다. 그러나 실제적으로 국·공채와 같이 위험이 전혀 없는 무위험자산이 존재하므로 이를 고려할 경우 마코위츠의 모형은 수정이 불가피하고 자본시장에서는 투자자의 새로운 개인균형으로서 자본시장선이 성립하게 되는 것이다.

무위험자산은 무위험이자율을 기대수익률로 하고 0의 표준편차를 갖는 투자자산이다. 따라서 투자자가 무위험이자율로 차입과 대출을 자유롭게 할 수 있다면 위험자산으로 구성된 포트폴리오와 무위험자산을 결합하여 새로운 포트폴리오가 형성될 수 있다.

이제 모든 투자자들에게 이와 같은 무위험자산에의 투자기회가 동일한 조건에 이용가능하고 그 수익률이 r_f라 하자. 이러한 새로운 투자환경에서 투자자들은 r_f의 수익률을 실현하는 무위험자산과 마코위츠의 효율적 투자선상에 있는 위험자산을 대상으로 그에게 최대의 기대효용을 제공하는 포트폴리오를 선택하려 할 것이다.

그런데 투자자가 자신의 투자금액 중 무위험자산에 $w\%$, 마코위츠의 효율적 투자선상의 위험자산에 $(1-w)\%$를 투자할 경우 그 포트폴리오의 기대수익률 $E(r_p)$와 위험 σ_p는 다음과 같다.

$$E(r_p)=w\cdot r_f+(1-w)E(r_m) \tag{7-1}$$

$$\sigma_p{}^2=w^2\sigma^2(r_f)+(1-w)^2\sigma^2(r_m)+2w(1-w)\rho\sigma(r_f)\sigma(r_m)$$

$$=(1-w)^2\sigma^2(r_m) \quad (\because \sigma^2(r_f)=0,\ \text{즉 } \sigma(r_f)=0)$$

$$\sigma_p=|(1-w)|\sigma(r_m) \tag{7-2}$$

r_m: 효율적 투자선상에 있는 포트폴리오의 수익률

위의 식이 가지는 특징은 무위험자산과 효율적 투자선상의 위험자산으로 구성된 포트폴리오의 기대수익률과 위험은 w에 대한 일차함수이므로 일차함수형태로 나타난다는 것이다.

이를 도시하면 〈그림 7-1〉에서와 같이 무위험자산도 투자대상으로 고려하면 (r_fP_1)선이 생성된다.

그리고 (r_fP_1)선뿐만 아니라 효율적 투자선상의 어느 위험자산과 무위험자산이 결합하느냐에 따라 (r_fP_2) (r_fMC)… 등과 같은 무수한 포트폴리오선이 도시되어질 수 있다. 그런데 〈그림 7-1〉에 도시된 네 가지의 포트폴리오선들을 지배원리를 기준으로 비교하면 r_fP_1보다는 r_fP_2, 그리고 r_fP_3, r_fMC순으로 더욱 효율적인 프론티어를 나타내고 있다. 지배원리란 동일한 기대수익률을 가지는 투자대상 중에 위험이 작은 것을 지배하거나, 동일한 위험을 가지는 투자대상 중에 기대수익률이 큰것을 지배하는 것을 말하며, 지배원리에 의해 지배할 수 없는 효율적 자산이라고 한다.

이와 같이 위험자산과 무위험자산을 투자대상으로 하였을 때 가장 효율적인 포트폴리오선은 마코위츠의 효율적 프론티어(AB선)의 접선인 〈그림 7-1〉의 r_fMC로 나타나며 이 선이 새로운 효율적 프론티어가 되고 자본시장선

〈그림 7-1〉 자본시장선

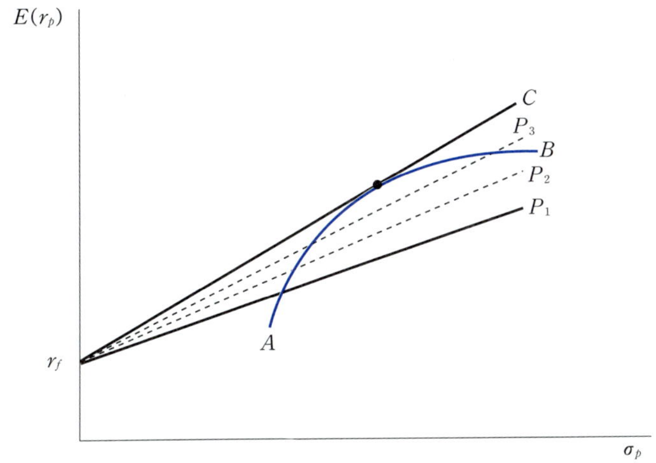

(capital market line)이라 한다. 즉 자본시장선은 투자자가 무위험자산과 위험자산에 투자할 때의 효율적 프론티어로 무위험자산의 수익률과 위험자산의 효율적 프론티어가 접하는 접선으로 도시되며 투자자 개인의 균형을 나타내는 선이다.

자본시장선을 도시한 〈그림 7-2〉에서 r_fM부분은 투자자가 무위험자산에 다만 얼마라도 투자의 일부를 보유하고 있는 것으로, 이는 무위험이자율로 자금을 빌려 주는 것을 의미하므로 대출포트폴리오(lending portfolio)라고 한다. 반면 MC부분은 무위험이자율로 자금을 차입하여 본래 가지고 있는 투자자금과 합하여 도표상의 위험포트폴리오 M에 투자하는 것을 의미하므로 차입포트폴리오(borrowing portfolio)라고 한다.

자본시장선상에 있는 포트폴리오의 기대수익률을 포트폴리오의 위험인 표준편차와 관련시키면, $E(r_p)=r_p+(CML\text{의 기울기})\times\sigma_p$로 표시된 CML의 기울기를 측정하기 위하여 앞서의 식 (7-1), 식 (7-2)로부터 W에 대한 편도함수를 구한 후 미분의 연진법칙에 따라 정리하면 다음과 같은 식으로 CML의 기울기는 도출된다.

$$CML\text{의 기울기}=\frac{\partial E(r_p)}{\partial \sigma_p}=\frac{\partial E(r_p)}{\partial W}\cdot\frac{\partial W}{\partial \sigma_p}=\frac{E(r_m)-r_f}{\sigma_m} \quad (7\text{-}3)$$

식 (7-3)과 CML의 절편인 r_f와 결합하면 CML은 다음의 식으로 표시된다.

$$E(r_p)=r_f+\frac{E(r_m)-r_f}{\sigma_m}\cdot\sigma_p \tag{7-4}$$

식 (7-4)는 어떤 효율적 포트폴리오에 대한 기대수익률을 나타내며 무위험이자율과 시장포트폴리오의 위험-수익 특성에 따라 변하게 된다. 자본시장선의 기울기인 $\frac{E(r_m)-r_f}{\sigma_m}$은 시장포트폴리오의 위험보상비율 또는 위험의 시장가격이라고 하며 항상 양의 값을 가진다.

2. 시장포트폴리오

〈그림 7-2〉에서 이성적인 투자자들이 위험자산에 투자할 경우 투자대상이 되는 위험자산의 최적포트폴리오를 나타내는 M을 시장포트폴리오(market portfolio)라고 하며, 증권시장의 모든 개별증권들이 균형가격을 형성하고 있을 경우, 이 포트폴리오는 상장된 모든 개별증권들을 다음의 식으로 표시되는 구성비율로 포함하고 있다.

〈그림 7-2〉 대출포트폴리오와 차입포트폴리오

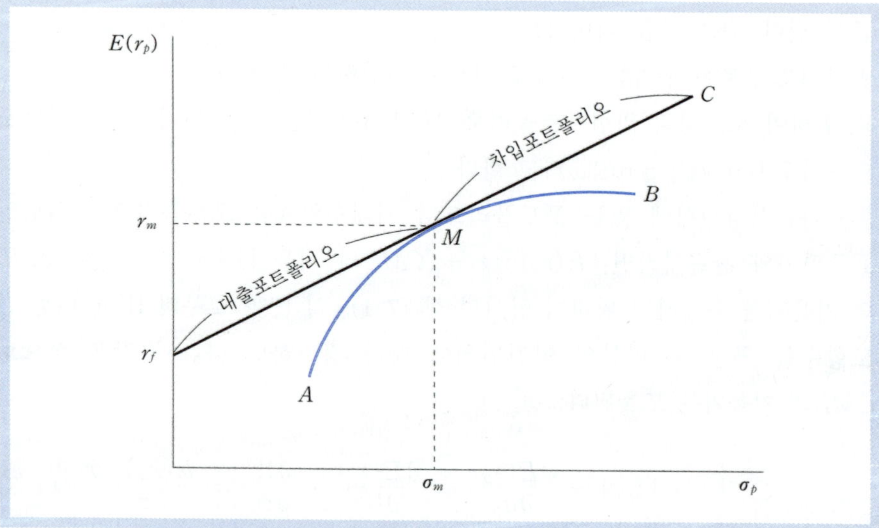

$$W_j = \frac{j\text{주식의 총평가}}{\text{시장 전체 주식의 총평가}} = \frac{P_j \cdot Q_j}{\sum_{j=1}^{n} P_j \cdot Q_j}$$

W_j : j주식의 시장포트폴리오 구성비율
P_j : j주식의 시가
Q_j : j주식의 상장주식 총수
n: 거래되는 주식의 총수

이러한 시장포트폴리오가 구체적으로 어떤 것인가에 대해서는 많은 논란이 있었으나 경제지표가 이를 대표한다고 보는 견해와 주식시장의 종합주가지표가 이를 대표한다는 견해가 지배적이다. 두 가지 견해가 모두 시장포트폴리오의 이론적 정의를 완전히 충족시키지는 못하나 현실적으로 가장 접근하는 것들이며, 경제지표의 변동과 종합주가지수의 변동은 상관관계가 크므로, 일반적으로 시장포트폴리오의 기대수익률은 종합주가지수의 변화로서 추정하고 있다.

제 3 절　포트폴리오의 시장모형과 β

지금까지 우리는 자본시장선상의 포트폴리오 수익률과 위험간의 관계를 설명하였다. 요컨대 자본시장의 효율성, 즉 많은 투자자들의 투자정보에 대한 경쟁이 치열하여 어느 누구도 보다 월등한 정보를 소유하지 못할 때 투자자들은 서로 그 구성이 다른 포트폴리오를 가질 이유가 없으며 궁극적으로 시장포트폴리오를 가지게 된다는 것이었다.

다만 문제는 현실적으로 자본시장선상에 있지 않은 개별증권이나 포트폴리오의 위험 및 수익률의 결정원리는 무엇이냐는 것이며 이는 자본시장선의 균형조건으로부터 그 원리가 추론될 수 있다. 자본자산가격결정이론(*CAPM*: capital asset pricing model)은 이와 같이 개별증권, 효율적 투자선상에 있지 않은 포트폴리오를 포함한 모든 자산의 가격결정원리를 설명하는 이론이다.

*CAPM*에 대한 본격적 이론전개를 위해서는 먼저 체계적 위험의 개념을 분명히 할 필요가 있다. 기업의 위험을 미래수익흐름의 불확실성 정도에서 파생한다고 할 때 위험은 기업 특유의 요인에 의하여 초래되는 부분(issuer specific component)과 여러 기업에 공통으로 영향을 미치는 부분으로 구분될 수 있다. 이 때 전자를 여타 기업의 사정과는 관계없이 해당 기업 고유의 특수한 성격 또는 요인에 따라 불규칙하게 실현되는 수익률의 변동이라 하여 비체계적 위험(unsystematic risk 또는 unique risk)이라 하고, 반대로 해당 기업 특유의 요인보다는 경제전반의 변화와 관련하여 초래되는 수익률의 변동가능성을 우리는 자본시장 자체의 전체적 움직임에 따라 체계적인 관련성을 갖는다는 체계적 위험(systematic risk, market risk) 또는 베타(β)위험이라 정의한다.

체계적 위험이 흔히 이자율 변동과 관련한 수익률의 변동가능성(variability), 또는 인플레 진행과 관련된 수익률 변동과 같은 경제전반의 변화위험에서 대부분 유래하는 반면 비체계적 위험은 특정 기업의 제품가격, 제품에 대한 수요, 원가구조, 경영능률 및 기술수준 등에 의하여 영향 받는 기업 고유의 경영위험(business risk)과 기업 특유의 자본구조와 관련된 재무위험(financial risk)으로부터 영향을 받는 것이 많다.

다만 중요한 것은 경영위험이나 재무위험이라 하더라도 그것이 자본시장 전체의 변화에 영향을 받는다면 그 부분은 체계적 위험의 원천으로 파악되어야 할 것이고 오직 특정 기업 고유의 요인일 경우에는 비체계적 위험으로 인식된다는 점이다. 요컨대 해당 위험이 특정 기업 고유의 특성에서 유래하느냐 아니면 대부분의 기업이 공통으로 가지는 요인이라서 자본시장 전체의 움직임과 변화를 함께 하느냐가 구분의 초점이 되는 것이다.

1. β위험(체계적 위험)

(1) 베타계수(BETA coefficient)

베타계수 β는 분산불가능한 위험을 측정하는 데 이용한다. 즉 시장수익률의 변화에 대한 개별자산의 움직임 정도를 나타내주는 지표(index)이다. 따라서 어떤 한 자산의 베타계수는 시장수익률(market return)에 대한 해당자산의 역사적 수익률을 관찰해 봄으로써 알 수 있다. 시장수익률은 시장에서 거래되는 모든 증권들로 구성된 시장포트폴리오 수익률을 의미한다. 미국의 S&P 500지수 수익률과 우리나라의 종합주가지수 수익률은 일반적으로 시장수익률의 대용치로 이용되어진다. 시장에서 거래되고 있는 주식들에 대한 베타계수는 다양한 자료원천을 통해 쉽게 취득할 수 있지만, 무엇보다도 베타계수가 어떻게 산출되며, 그것을 어떻게 해석해야 하는지, 그리고 포트폴리오 구성에 어떻게 적용하는지에 대한 이해가 중요하다 하겠다.

(2) 베타계수의 유도

한 자산의 수익률과 시장수익률간의 관계, 그리고 베타계수를 유도하는데 이들 수익률이 어떻게 이용되는지를 그래프를 통해 알아보자.

〈그림 7-3〉은 세 개의 자산(H, A, L)과 시장수익률간의 관계를 나타낸 것이다. 횡축인 X축에는 시장수익률, 종축인 Y축에는 개별자산(H, A, L)의 수익률을 기록한다.

〈그림 7-3〉 베타 그래프

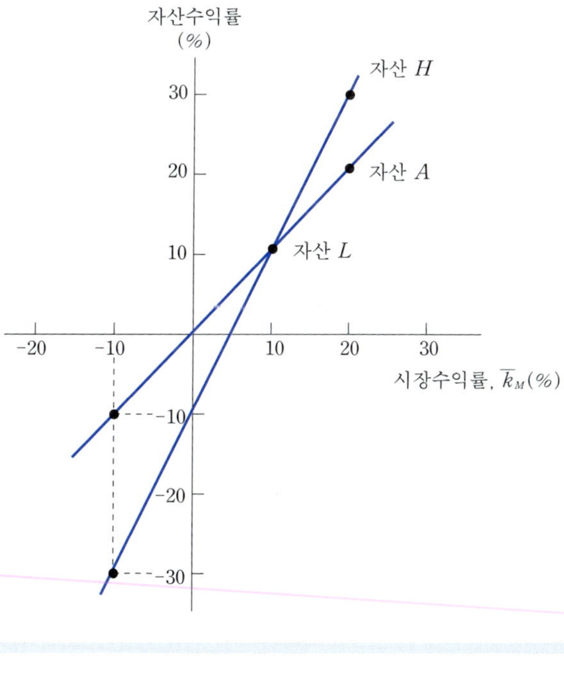

	$\overline{k}_H$	$\overline{k}_A$	$\overline{k}_L$	$\overline{k}_M$
Y_1	10%	10%	10%	10%
Y_2	30	20	15	20
Y_3	−30	−10	0	−10

베타를 유도하는 첫번째 단계는 여러 시점에서의 개별자산 수익률과 시장수익률의 좌표를 그래프에 기입(plotting)하는 것이다. 〈그림 7-3〉은 Y_1년부터 Y_3년까지의 연간수익률을 기준으로 시장수익률과 개별자산들과의 좌표를 보여 주고 있다.

예를 들어 Y_3년의 경우 시장수익률이 연 −10%일 때 자산 H의 연간수익률은 −30%이었다. 통계적인 기법을 이용해서, 이들 시장수익률과 자산 H의 수익률 좌표를 가장 잘 표현해 줄 수 있는 특성선(characteristic line)을 구할 수 있다. 이 선의 기울기가 beta계수이다. 자산 H의 베타는 2.0이고, 자산 A의 베타는 1.0이며, 자산 H가 보다 높은 베타값을 갖는데, 이는 자산 H의 수익률이 시장수익률 변화에 자산 A, L보다 더 민감하게 반응한다는 것을 나타낸다. 따라서 자산 H가 자산 A, L보다 더 위험하다고 말할 수 있다.

(3) 베타계수의 해석

시장수익률에 대한 베타계수는 1.0으로 여긴다. 그리고 다른 모든 자산들의 베타계수는 시장수익률 베타계수 1.0에 대한 상대적인 수치인 것이다. 이들 자산들의 베타계수는 (+) 또는 (−)의 값을 취할 수도 있지만, (+)베타가 일반적인 표준이다. 대부분의 베타계수는 0.5~2.0의 값을 취하게 된다.

〈표 7-1〉은 몇 개의 베타계수값과 각각 그것이 의미하는 바를 나타낸 것이다.

〈표 7-1〉 베타계수의 해석

Beta	comment	해 석
2.0	시장과 같은 방향으로 움직임	시장의 2배 반응 및 위험
1.0		시장과 동일한 반응 및 위험
0.5		시장의 1/2 반응 및 위험
0	시장움직임과 무관	시장움직임에 전혀 영향 안 받음
−0.5	시장과 상반된 방향으로 움직임	시장의 1/2 반응 및 위험
−1.0		시장과 동일한 반응 및 위험
−2.0		시장의 2배 반응 및 위험

(4) 포트폴리오 베타(Portfolio Betas)

포트폴리오 베타는 포트폴리오를 구성하고 있는 개별자산의 베타계수를 이용하여 쉽게 추정할 수 있다. 포트폴리오 베타는 다음과 같은 식으로 표현할 수 있다.

$$\beta_p = (w_1 \times \beta_1) + (w_2 \times \beta_2) + \cdots + (w_n \times \beta_n) = \sum_{j=1}^{n} w_j \times \beta_j \tag{7-5}$$

여기서 β_p : 포트폴리오의 베타계수

w_j : 포트폴리오 총가치에서 j가 차지하는 비중

β_j : j자산의 베타계수

단, $\sum_{j=1}^{n} w_j = 1$

포트폴리오 베타계수의 의미는 개별자산의 베타계수와 동일하다. 즉 포트폴리오의 베타계수는 시장수익률의 변화에 대한 반응 정도를 나타낸다. 예를 들어 시장수익률이 10%만큼 증가할 때, 베타계수가 0.75인 포트폴리오의 수익률은 7.5%, 베타계수 1.25를 가진 포트폴리오의 수익률은 12.5%가 될 것이다. 베타계수가 낮은 포트폴리오가 높은 베타계수를 가진 포트폴리오보다 덜 민감하고, 위험도 낮다고 말할 수 있다.

포트폴리오의 베타값을 계산하는 방법을 예를 들어 설명해 보면 다음과 같다. 만약 투자자가 100,000원을 가지고 주식가격과 베타계수가 각각 10,000원, 0.8인 동일한 10개 종목에 투자하였다면, 이 포트폴리오의 베타값, β_p은 0.8이 된다. 따라서 이 포트폴리오는 시장수익률에 비해 덜 위험한 것이다. 즉, 가격움직임 폭이 작기 때문에 수익률에 대한 변동률이 시장수익률의 변동률에 비해 상대적으로 작게 된다.

이제 한 개의 주식을 베타값이 2.0인 종목으로 교체하였다고 가정해 보자. 그러면 이 포트폴리오의 위험, 즉 베타계수는 0.8에서 0.92로 증가하게 된다.

$$\beta_{p2} = \sum_{i=1}^{n} w_j \beta_j = 0.9(0.8) + 0.1(2.0) = 0.92$$

만약에 베타값이 0.2인 주식으로 교체하였다면, 포트폴리오의 베타값은 0.8에서 0.74로 감소하였을 것이다. 따라서 베타값이 낮은 주식을 포트폴리오 구성항목에 추가할수록, 포트폴리오의 위험은 줄어들게 된다.

2. 포트폴리오의 시장모형

지금까지 언급한 체계적 위험과 비체계적 위험을 합하면 기업(또는 기업이 발행한 주식)의 총위험이 된다. 그런데 투자대상의 총위험이나 비체계적 위험은 투자자산의 예상수익률의 분산 또는 표준편차로 계량화할 수 있지만 체계적 위험은 β로서 나타나게 된다. 이를 식으로 쓰면 다음과 같은 시장모형(market model)이 된다.

$$r_i = \alpha_i + \beta_i r_m + \varepsilon_i \tag{7-6}$$

r_i : i증권의 수익률
r_m: 시장수익률
ε_i : i증권수익률의 오차항

여기서 β_i가 i증권의 체계적 위험을, ε_i가 비체계적 위험을 나타낸다. 수익률의 총위험은 $Var(r_i)$이므로 다음과 같이 나타낼 수 있다.

$$Var(r_i) = Var(\alpha_i + \beta_i r_m + \varepsilon_i)$$

위의 식에서 α_i와 r_m, r_m과 ε_i는 회귀방정식의 기본가정에 의해 서로 독립적이므로 다음과 같이 쓸 수 있다.

$$Var(r_i) = Var(\alpha_i) + Var(\beta_i r_m) + Var(\varepsilon_i)$$

이때 절편항을 나타내는 α_i의 분산, 즉 $Var(\alpha_i) = 0$이 되므로 총위험은 다음과 같다.

$$Var(r_i) = \beta_i^2 Var(r_m) + Var(\varepsilon_i)$$

위 식에서 체계적 위험은 베타와 관계된 $\beta_i^2 Var(r_m)$이며 비체계적 위험은 $Var(\varepsilon_i)$가 된다.

이 식은 N개의 증권으로 구성된 포트폴리오에까지 그대로 연장될 수 있다. 즉 N개의 자산에 각 개별자산별 투자비율을 W_1로 하여 포트폴리오를 구성할 경우 예상수익률과 위험은 다음과 같다.

$$r_p = \sum_{i=1}^{N} W_i r_i \tag{7-7}$$

$$Var(r_p)=\left[\sum_{i=1}^{N} W_i\beta_i\right]^2 Var(r_m)+\sum_{i=1}^{N} W_i{}^2 Var(\boldsymbol{\varepsilon}_i)$$
$$=\beta_p{}^2 Var(r_m)+Var(\boldsymbol{\varepsilon}_p)$$

이때 포트폴리오를 구성하는 개별증권 종목수 N이 커지면 커질수록 각 개별증권에의 투자비율 W_i도 그만큼 작아지게 되고 W_i는 $0<W_i<1$의 범위를 갖게 되므로 $W_i{}^2$은 더욱 작아져

$$\sum_{i=1}^{N} W_i{}^2 Var(\boldsymbol{\varepsilon}_i)\simeq 0$$

에 근접하게 된다. 그러므로

$$Var(r_p)=\beta_p{}^2 Var(r_m)$$

이 된다.

포트폴리오의 구성에 있어 개별증권의 총위험이 아닌 오직 β_i만의 중요성이 강조되는 이유가 바로 여기에 있다. 가급적 다수의 종목을 포트폴리오로 구성함으로써 개별증권의 비체계적 위험은 사실상 제거되고 포트폴리오의 위험으로 남는 것은 개별증권의 체계적 위험이 합하여 된 β_p가 된다. 이를 도시하면 〈그림 7-4〉와 같다.

한편 β의 구체적인 의미와 그 추정방법을 살펴보아야 할 것이다. 이미 앞

〈그림 7-4〉 분산투자에 따른 위험의 제거효과

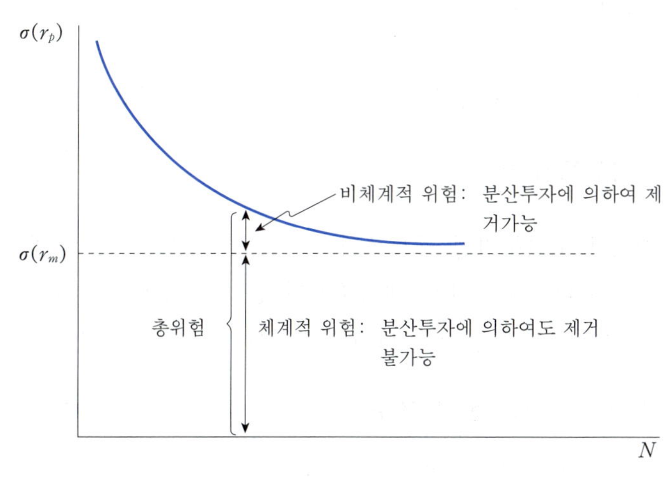

〈그림 7-5〉 포트폴리오의 위험과 개별주식의 공헌

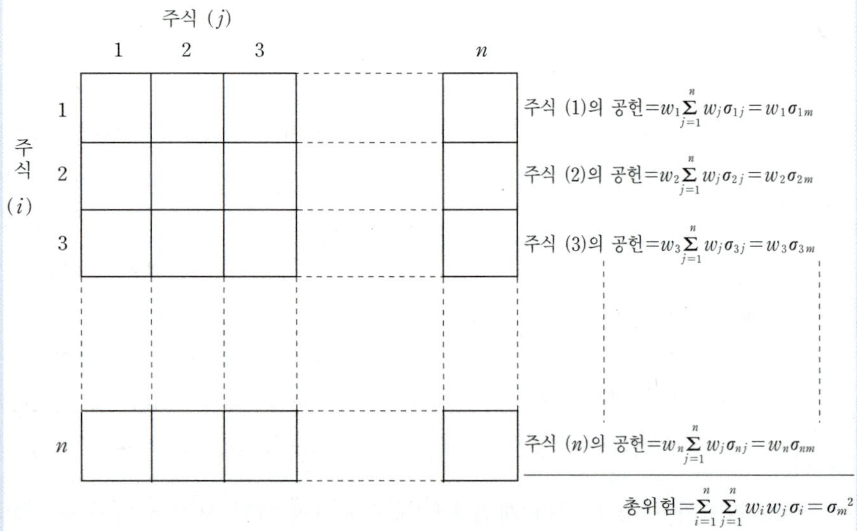

장에서 설명한 것처럼 시장포트폴리오의 위험 $\sigma^2(r_m)$은 그를 구성하고 있는 모든 개별증권 수익률간의 공분산의 합으로서 〈그림 7-5〉와 같이 나타낼 수 있다.

〈그림 7-5〉에서는 각 개별주식들이 포트폴리오의 위험에 미치는 영향을 알아볼 수 있다. 시장포트폴리오는 n개의 주식으로 구성되어 있다고 가정하자. 시장포트폴리오의 위험, 즉 분산 중에서 각 개별주식이 차지하는 부분을 살펴보자.

먼저 시장포트폴리오의 전체분산 $\sigma_m{}^2$을 살펴보면 다음과 같다.

$$\sigma_m{}^2=\sum_{i=1}^{n}\sum_{j=1}^{n} W_i W_j \sigma_{ij} \tag{7-8}$$

$\sigma_m{}^2$은 완전히 분산투자된 포트폴리오, 즉 시장포트폴리오의 수익률(r_m)의 분산(variance)이다. 이 중에서 개별주식의 영향은 위에서 찾아볼 수 있다. 즉 주식 (1)의 영향은 다음 식으로 나타낼 수 있다.

$$\text{주식 (1)의 공헌}=\sum_{j=1}^{n} W_1 W_j \sigma_{1j} \tag{7-9}$$

W_1: 주식 (1)의 구성비

σ_{1j}: 주식 (1)과 주식 (j)의 공분산

$$\sum_{j=1}^{n} W_1 W_j \sigma_{1j} = W_1 \sum_{j=1}^{n} W_j \sigma_{1j}{}^{1)} = W_1 \sigma_{1m}{}^{2)}$$

이 식은 매우 중요한 의미를 갖는 식이다. 이는 포트폴리오의 위험 중에서 개별주식의 영향을 나타내는 식이다. 개별주식 i의 영향은 다음과 같이 표현된다.

$$\text{주식 } i\text{가 시장포트폴리오에 미치는 위험의 영향} = W_i \sigma_{im}$$

즉 [개별주식의 투자비율]×[개별주식 i와 시장포트폴리오의 공분산]이다. 그러므로 시장포트폴리오의 위험 $\sigma_m{}^2$ 중에서 개별주식 i가 미치는 위험의 비율은 다음의 식으로 나타낸다.

$$\text{주식 } i\text{가 시장포트폴리오에 미치는 위험의 비율} = W_i \frac{\sigma_{im}}{\sigma_m{}^2} \quad (7\text{-}10)$$

σ_{im}은 주식시장 전체의 움직임과 개별주식 움직임간의 공분산이라고 하여 시장 전체의 변화에 대한 개별주식의 민감도를 나타낸다. 여기서 보면 시장의 움직임에 대하여 민감한 반응을 보이는 주식은 σ_{im}이 큰 값을 가지므로 시장포트폴리오의 위험을 증가시키고, 민감하지 않은 주식은 σ_{im}이 작은 값을 가지므로 시장포트폴리오의 위험에 미치는 영향이 적은 것을 알 수 있다.

위 식에서 σ_{im}/σ_m^2을 주식 i의 체계적인 위험이라 하여 β_i로 나타낼 수 있다.

$$\frac{\sigma_{im}}{\sigma_m{}^2} = \beta_i \quad (7\text{-}11)$$

체계적 위험을 베타(β)로 나타내기 때문에 이를 베타위험(β-risk)이라고 한다. β라고 하게 된 이유는 시장포트폴리오의 수익률(r_m)과 개별주식의 수익률(r_i)의 상관관계를 보기 위하여 다음과 같이 회귀식을 구할 때 $\beta_i = \sigma_{im}/\sigma_m^2$으로 계산되기 때문이다.

---

1) $\Sigma a x_i = a \Sigma x_i$ (a는 상수)

2) $\sigma_{im} = Cov(r_i, r_m)$이며 $r_m = W_1 r_1 + W_2 r_2 + W_n r_n$
$Cov(r_i, r_m) = Cov(r_i, W_1 r_1 + W_2 r_2 + \cdots + W_n r_n)$이다.
$Cov(z, ax+by) = aCov(x, z) + bCov(y, z)$이므로 $\Sigma W_i \sigma_{ij} = Cov(r_i, r_m)$과 같다.

$$r_i = \alpha_i + \beta_i r_m \tag{7-12}$$

이 식을 이용한 회귀분석을 통하여 β를 계산하면 식 (7-11)의 베타와 일치한다. 식 (7-12)는 앞에서 설명한 시장모형으로서 개별주식의 수익률과 시장수익률의 관계를 직선으로 나타낸 식이다.

제 4 절 증권시장선

1. 증권시장선의 의미

증권시장선(SML: security market line)은 개별주식 또는 포트폴리오의 기대수익률과 체계적 위험의 관계를 직선식으로 나타낸 것이다. 개별자산의 경우 시장의 균형 하에서는 그 위험에 상응한 위험프리미엄이 그 기대수익률상에 반영되어야 하는데, 분산투자를 전제로 하면 체계적 위험의 크기 β_i만이 실제위험으로 평가된다. 증권시장선을 그림으로 나타내면 〈그림 7-6〉과 같고

〈그림 7-6〉 증권시장선

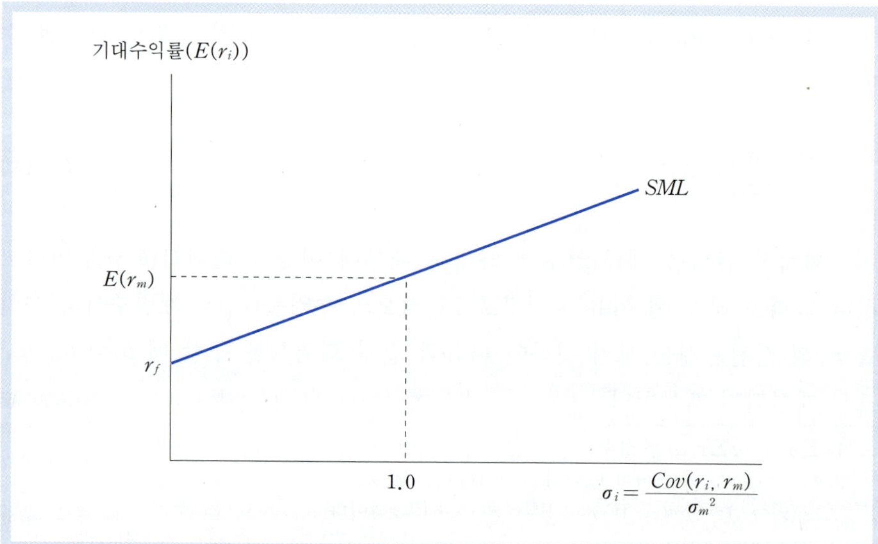

식으로는 아래와 같이 쓸 수 있다.

$$E(r_i)=r_f+\frac{E(r_m)-r_f}{\sigma_m^2}Cov(r_i,\ r_m) \qquad (7\text{-}13)$$

$E(r_i)$: 자산 i의 기대수익률
σ_m^2: 시장포트폴리오의 분산
$Cov(r_i,\ r_m)$: 자산 i의 수익률과 시장포트폴리오 수익률의 공분산

위 식에서 $[E(r_m)-r_f]/\sigma_m^2$는 위험단위당 기대수익률의 증가율이며 증권시장에서 형성되는 단위위험에 대한 프리미엄을 나타낸다. 이를 시장위험프리미엄(market risk premium)이라고 한다. 위 식을 다음과 같이 바꿔 쓸 수 있다.

$$\begin{aligned} E(r_i)&=r_f+\frac{Cov(r_i,\ r_m)}{\sigma_m^2}[E(r_m)-r_f] \\ &=r_f+\beta_i[E(r_m)-r_f] \qquad (7\text{-}14) \end{aligned}$$

이 식에서 $Cov(r_i,\ r_m)/\sigma_m^2$은 시장모형 $r_i=\alpha_i+\beta_i r_m+\varepsilon_i$에서 β_i의 계산식이며 이를 베타위험이라 한다. 위 증권시장선이 의미하는 것은 개별자산 i의 수익률(r_i)은 기본적으로 무위험자산의 수익률 r_f와 자산 i의 위험에 대한 보상이율 $\beta_i[E(r_m)-r_f]$로 구성되며, 특히 시장포트폴리오를 구성함에 있어 개별자산 i의 총위험에 대한 기여비율은 β_i이고 동 β_i는 시장포트폴리오 수익률의 변화에 대한 개별자산 i의 탄력치이므로 i의 위험에 대한 위험프리미엄은 시장포트폴리오의 위험프리미엄 $[E(r_m)-r_f]$에 β_i를 곱한 것이 된다는 뜻이겠다.

2. 증권시장선의 도출

*CML*에서 비롯되어 개별증권이나 비효율적 포트폴리오의 기대수익과 위험의 균형관계인 *SML*을 〈그림 7-7〉과 관련하여 도출하기로 한다.

① 〈그림 7-7〉에서 투자자 임의로 비효율적인 개별증권이나 포트폴리오 j를 선택하여 j에 W_j만큼 투자하고 나머지 $(1-W_j)$를 시장포트폴리오 M에 투자한다고 하면, 비효율적 포트폴리오 j의 집합인 *CD*선상에서 점 D는 모든 자금이 j에만 투자되고, 점 M에서는 시장포트폴리오에 모든 자금이 투자되고 있음을 의미한다. 그런데 시장포트폴리오에는 j가 포함되어 있으므로 약간

〈그림 7-7〉 *CML*과 비효율적 투자선

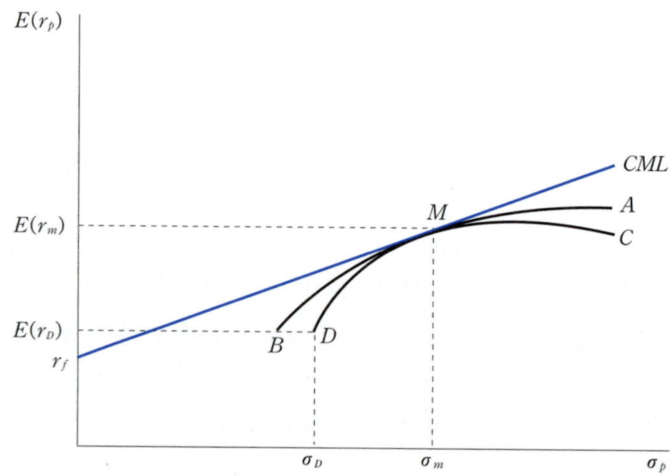

의 j를 소유할 것이며, 점 C는 j를 소유하고 있지만 j의 순보유수가 0이 되도록 공매(short selling)가 이루어짐을 나타낸다.

*CMD*를 연결하는 곡선상에 존재하는 포트폴리오의 기대수익률 $E(r_p)$와 분산 σ_p는 다음과 같이 나타낼 수 있다.

$$E(r_p)=W_jE(r_j)+(1-W_j)E(r_m) \tag{7-15}$$

$$\sigma_p{}^2=W_j{}^2\sigma_j{}^2+(1-W_j)^2\sigma_m+2W_j(1-W_j)\sigma_{jm} \tag{7-16}$$

② 실제로 W_j와 $(1-W_j)$의 크기에 따라 무수한 포트폴리오가 형성될 수 있으며, 모든 가능한 포트폴리오는 M을 포함하므로, 점 M에서 반드시 접하게 된다. 그러나 *CMD*곡선은 위험자산으로 구성된 효율적 프론티어인 *AMB*를 관통할 수 없으며, *CMD*와 *AMB*가 접하는 곳은 M뿐으로 이 점에서 *CMD*의 기울기와 *AMB*의 기울기가 같아야 한다. 이것은 *CML*과 *CMD*는 모두 점 M에서 *AMB*와 접하게 되므로, *CML*의 기울기는 점 M에서의 *CMD*의 접선의 기울기와 동일하여야 한다는 것을 의미한다.

③ 따라서 *CMD*의 접선의 기울기를 측정하여 자본시장선의 기울기를 일치시키면, j의 균형적 기대수익을 추정할 수 있다. *CMD*의 점 M에서의 접선의 기울기는 σ_p에 대한 $E(r_p)$의 편도함수이므로, 미분의 연진법칙을 이용하

고 식 (7-15)와 식 (7-16)을 사용하면 다음의 식으로 나타난다.

$$\frac{\partial E(r_p)}{\partial \sigma_p} = \frac{\partial E(r_p)}{\partial W_j} \cdot \frac{\partial W_j}{\partial \sigma_p}$$

$$= \{E(r_i) - E(r_m)\} \times \frac{\sigma_p}{W_j(\sigma_j{}^2 + \sigma_m{}^2 - 2\sigma_{jm}) + \sigma_{jm} - \sigma_m{}^2}$$

그런데 점 M에서는 $\sigma_p = \sigma_m$이고, $W_j = 0$이므로

$$= \{E(r_i) - E(r_m)\} \times \frac{\sigma_m}{\sigma_{jm} - \sigma_m{}^2} \quad (7\text{-}17)$$

그리고 자본시장선의 기울기는 식 (7-3)에서와 같이 $\frac{E(r_m) - r_f}{\sigma_m}$이므로 식 (7-17)과 결합하여 정리하면 다음과 같다.

$$\{E(r_j) - E(r_m)\} \cdot \frac{\sigma_m}{\sigma_{jm} - \sigma_m{}^2} = \frac{E(r_m) - r_f}{\sigma_m}$$

$$E(r_j) \cdot \frac{\sigma_m}{\sigma_{jm} - \sigma_m{}^2} = \frac{E(r_m) - r_f}{\sigma_m} + \frac{E(r_m) \cdot \sigma_m}{\sigma_{jm} - \sigma_m{}^2}$$

$$E(r_j) = \frac{\{E(r_m) - r_f\}\{\sigma_{jm} - \sigma_m{}^2\}}{\sigma_m{}^2} + \frac{E(r_m) \cdot \sigma_m}{\sigma_m}$$

$$= \frac{E(r_m) \cdot \sigma_{jm} - E(r_m)\sigma_m{}^2 - r_f\sigma_{jm} + r_f\sigma_m{}^2 + E(r_m)\sigma_m{}^2}{\sigma_m{}^2}$$

$$= r_f + \{E(r_m) - r_f\} \cdot \frac{\sigma_{jm}}{\sigma_m{}^2}$$

④ 증권시장선에서 포트폴리오(혹은 개별주식)의 기대수익률과 위험의 관계식은 아래의 식으로 표시된다.

$$E(r_j) = r_f + \beta_j[E(r_m) - r_f] \quad (7\text{-}18)$$

$$E(r_j) - r_f = \beta_j[E(r_m) - r_f] \quad (7\text{-}19)$$

$$\beta_j = Cov(r_j,\ r_m)/\sigma_m{}^2$$

위의 식 (7-18), 식 (7-19)는 자본자산가격결정모형의 기본식이며, β_j는 개별증권(혹은 포트폴리오) j의 체계적 위험을 나타내고 시장포트폴리오의 β는 1의 값을 갖는다. 〈그림 7-8〉은 개별증권(혹은 포트폴리오)의 기대수익률과 체계적 위험의 관계를 나타내는 증권시장선(*SML*)을 도시한 것이다. 개별자산의

〈그림 7-8〉 증권시장선

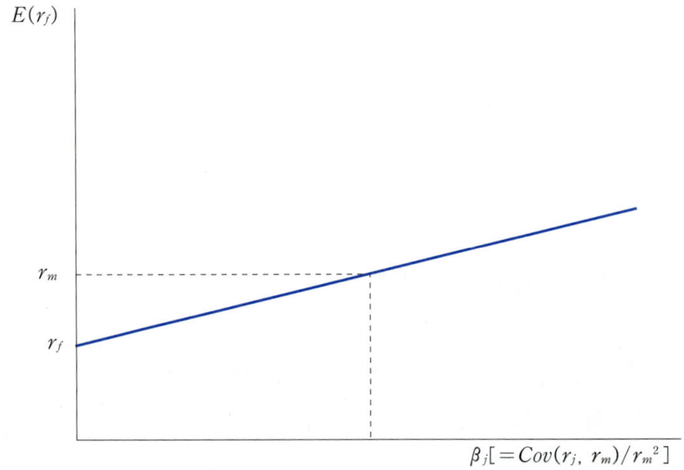

기대수익률 $E(r_j)$는 분산불가능한 위험을 나타내는 베타계수에 대한 증가함수이다. 다시 말해서 위험이 증가하면 증가할수록 기대수익률은 더 높아지고, 위험이 낮아질수록 기대수익률은 더 낮아지게 된다.

위의 모형은 크게 (1) 무위험수익률, r_f (2) 위험프리미엄, $\beta_i \times [E(r_m) - R_f]$와 같이 두 부분으로 나눠어진다. 위험프리미엄 중 $E(r_m) - r_f$부분은 시장위험프리미엄(market risk premium)이라 부르는데, 이는 투자자들이 시장포트폴리오를 보유함으로써 안게 되는 위험에 대한 보상이다. 따라서 시장위험프리미엄은 투자자들의 위험회피도에 달려있다고 하겠다. 만약에 현재 국공채 수익률(즉, 무위험수익률), r_f이 8%이고, 시장에 존재하는 주식들의 기대수익률의 평균(즉, 시장수익률)이 12%이라고 가정하자. 그러면 시장위험프리미엄은 4%가 된다.

$$시장위험프리미엄 = E(r_m) - r_f = 12\% - 8\% = 4\%$$

만약에 A주식이 B주식의 위험보다 2배 높다면, A주식의 위험프리미엄은 B주식에 비해 2배 높게 될 것이며, 반대로 A주식 위험이 B주식 위험의 1/2이라면, A주식의 위험프리미엄은 B주식의 1/2만큼이 될 것이다. 게다가 한 주식의 상대적인 위험도는 해당주식의 베타계수로 측정할 수가 있다.

따라서 시장위험프리미엄과 i주식의 위험측정치인 베타계수, β_i를 안다면, i주식의 위험프리미엄은 이들의 곱, $\beta_i \times [E(r_m) - r_f]$이 된다.

예를 들어 $\beta_i = 0.5$ 그리고 $E(r_m) - r_f = 4\%$이라면, 개별주식의 위험프리미엄은 2%가 된다.

$$
\begin{aligned}
i\text{주식의 위험프리미엄} &= \beta_i[E(r_m) - r_f] \\
&= 0.5(4\%) = 2.0\%
\end{aligned}
$$

요컨대, 무위험수익률, 시장포트폴리오의 기대수익률 그리고 베타계수가 주어져 있다면, i주식의 기대수익률은 다음과 같이 계산되어진다.

$$
\begin{aligned}
E(r_i) &= r_f + \beta_i[E(r_m) - r_f] \\
&= 8\% + 0.5(12\% - 8\%) \\
&= 10\%
\end{aligned}
$$

한편 주식 j가 주식 i보다 위험이 더 크다면, 즉 j주식의 베타값(β_i)이 2.0인 경우, j주식의 요구수익률은 16%가 될 것이다.

$$E(r_j) = 8\% + 2.0(4\%) = 16\%$$

그리고 $\beta = 1.0$인 주식들의 요구수익률은 시장수익률과 동일한 12%가 된다.

$$E(r_A) = 8\% + 1.0(4\%) = 12\%$$

3. 증권시장선과 투자결정

식 (7-18)과 식 (7-19)가 자본자산가격결정모형으로 인식되는 이유는 위험과 수익의 균형을 통하여 자본자산의 수요와 공급이 일치되는 균형가격의 결정메커니즘을 설명하고 있다는 데 기인하며, 이것은 〈그림 7-9〉를 이용하여 설명될 수도 있다.

〈그림 7-9〉와 같이 증권시장선이 형성된 상황에서 과대평가된 자산 H는 공급초과로 가격이 하락되어 기대수익률의 상승이 이루어져 H'점으로 움직이며, 과소평가된 자산 L은 수요의 초과로 가격이 상승하여 기대수익률이 하

〈그림 7-9〉 *SML*과 투자결정

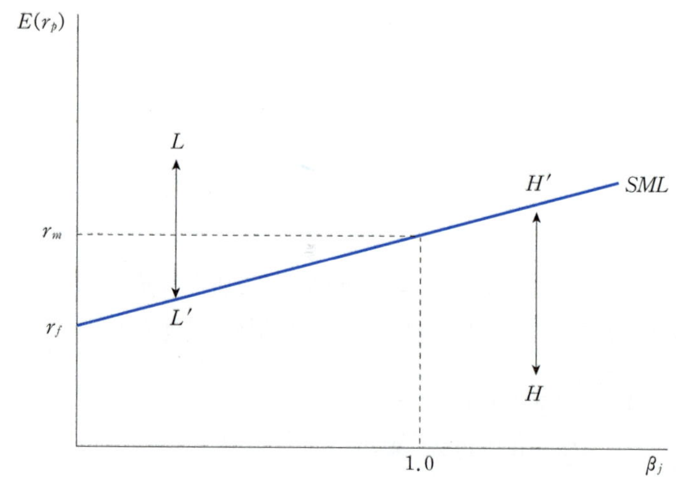

락하므로 L'점으로 이동되어 균형가격을 이루게 된다. 따라서 투자자는 자산 H는 매도하고, 자산 L은 매수하여 초과수익률을 얻을 수 있다.

4. 증권시장선의 변화

증권시장선(*SML*) 및 한 회사가 이 증권시장선에 놓이게 되는 위치는 이자율, 투자자의 위험회피도, 그리고 개별회사의 베타값 등의 변화로 인해 시간이 지남에 따라 변하게 된다. 이하에서는 이러한 사항들에 대하여 언급하기로 한다.

(1) 인플레이션의 영향

무위험수익률, r_f는 위험이 존재하지 않은 차입자에게 돈을 빌려준 대가로 받는 이자율을 뜻한다. 국공채 수익률이나 은행의 정기예금으로 측정되는 이러한 무위험수익률은 명목이자율(nominal rate)이라 불리는데, 이는 크게 두 요소로 구성되어 있다. 첫째로, 실질수익률(the real rate of return, k^*)로 이는 인플레이션이 0일 때의 수익률과 동일하다. 두 번째 요인은 인플레이션 프리미엄(inflation premium, *IP*)으로, 이는 기대 인플레이션율(anticipated rate of

〈그림 7-10〉 인플레이션 상승과 *SML*이동

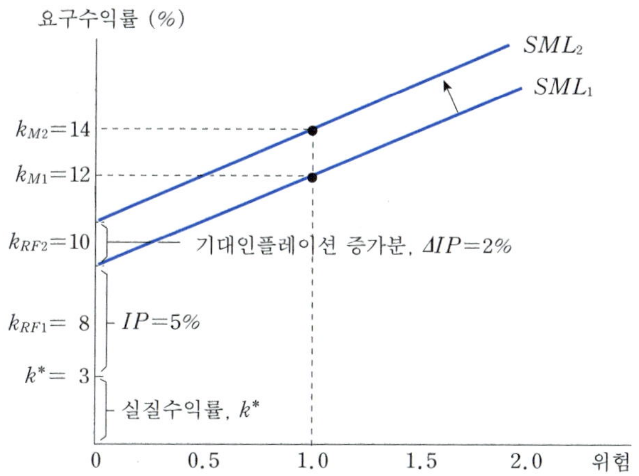

inflation)과 같다. 따라서 무위험수익률, $r_f = k^* + IP$가 된다. 따라서 기대인플레이션이 0일 것으로 기대되면, 무위험수익률은 국공채 수익률이나 은행의 정기예금과 같은 무위험증권의 수익률과 동일하게 될 것이다. 그러나 인플레이션율이 증가하면 할수록, 인플레이션으로 야기되는 투자자들의 구매력 상실에 대한 보상으로, 실질수익률에 일정한 프리미엄을 얹어 주어야만 할 것이다.

〈그림 7-10〉에 나타난 $r_f = 8\%$는 실질수익률 $=3\%$, 인플레이션 프리미엄 $=5\%$라는 가정하에서 나온 수치이다. 즉, $r_f = k^* + IP = 3\% + 5\% = 8\%$이다. 기대인플레이션율이 7%로 상승하게 되면, r_f는 10%가 될 것이다. 이러한 변화가 〈그림 7-10〉에 나타나 있다. *CAPM*하에서, 이러한 r_f의 증가는 모든 위험이 있는 자산들의 수익률에 동일한 수익률 상승을 가져다준다는 점에 주의하기 바란다. 왜냐하면 인플레이션 프리미엄은 무위험증권과 위험증권의 요구수익률 모두에 반영되기 때문이다. 예를 들어 시장수익률, $E(r_m)$이 12%에서 14%로 증가하면, 다른 위험증권들의 수익률 또한 2%포인드 상승한다.

(2) 위험회피도의 변화

*SML*의 기울기는 투자자들이 위험에 대하여 회피하는 정도를 나타낸다. 증권시장선의 기울기가 클수록, 투자자들의 위험회피도는 더욱 크게 된다. 투

〈그림 7-11〉 위험회피도 증가와 SML이동

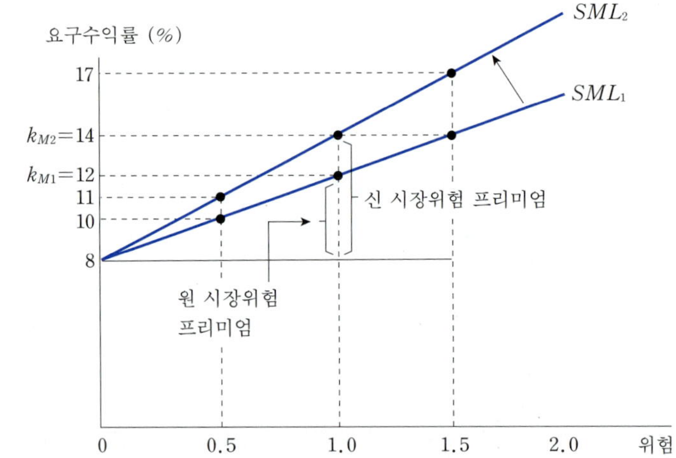

자자들이 위험에 중립적이고, r_f가 8%라면, 위험자산들은 기대수익률 8%만 제공해주면 거래가 될 것이다. 다시 말해 위험회피가 없고, 이로 인해 위험프리미엄이 존재하지 않게 된다면, *SML*은 수평선으로 될 것이다.

위험회피가 증가하면 할수록, 위험프리미엄과 *SML*의 기울기도 커지게 된다. 〈그림 7-11〉은 위험회피가 증가한 경우를 나타낸 것이다. 시장위험프리미엄은 4%에서 6%로 증가하고, 시장수익률은 12%에서 14%로 상승한 것을 볼 수 있다. 또한 다른 위험자산들도 위험회피 증가로 요구수익률이 상승하게 되고, 이러한 상승 정도는 위험이 보다 큰 증권일수록 뚜렷하게 나타난다. 예를 들어 $\beta_i=0.5$인 주식의 기대수익률은 10%에서 11%로 단지 1%포인트 증가한 반면, $\beta_i=1.5$인 주식은 14%에서 17%로 3%포인트 증가하고 있다.

(3) 베타계수의 변화

한 기업의 자산구성변화, 타인자본의 이용 등과 같은 요인은 증권시장에 반영되어, 해당기업의 베타계수와 위험에 영향을 주게 된다. 또한 산업 내의 경쟁심화, 특허권의 소멸 등과 같은 외부적인 요인에 의해서도 베타계수는 변화될 수 있다. 이러한 베타계수에 변화가 일어나게 되면, 투자자들의 기대수익률이 변화하게 되고, 이는 기업의 주가에 영향을 주게 된다. 예를 들어

$\beta=1.0$, $D_1=2{,}000$, 그리고 $g=5\%$인 항상성장(constant growth)을 하는 A기업을 고려해 보자. 그리고 A기업이 베타계수가 1.0에서 1.5로 상승하게 하는 어떤 조치를 취하였다고 가정해 보자. 앞에서 기술한 상황이 여전히 유효하다면, A기업의 기대수익률은 12%에서 14%로 증가할 것이다.

$$E(r_1)=r_f+\beta_i[E(r_m)-r_f]$$
$$=8\%+1.0(12\%-8\%)=12\%$$
$$E(r_2)=8\%+1.5(12\%-8\%)=14\%$$

만약에 A기업의 기대배당금 및 기대성장률에 변화가 없다고 가정하면, 이와 같은 기대수익률의 변화로 A기업 주식의 균형가격은 28,570원에서 22,220원으로 떨어질 것이다.

$$\text{구주가}=\hat{p}_0=\frac{D_1}{k_1-g}=\frac{2{,}000}{0.12-0.05}=28{,}570$$
$$\text{신주가}=\hat{p}_0=\frac{D_1}{k_2-g}=\frac{2{,}000}{0.14-0.05}=22{,}220$$

주가 22,220원에서 A기업의 새로운 기대수익률이 새로운 요구수익률 14%와 정확히 일치한다는 점에 주목해야 한다.

$$E(r_2)=\frac{D_1}{P_0}+g=\frac{2{,}000}{22{,}220}+5\%=14\%$$
$$E(r_2)=r_f+\beta_i[E(r_m)-r_f]=8\%+1.5(12\%-8\%)=14\%$$

기대수익률이 요구수익률과 동일하기 때문에, 주가 22,220원은 A기업의 새로운 균형가격이다. 만약에 기대수익률과 요구수익률이 동일하지 않으면, A기업의 주가는 기대수익률과 요구수익률이 일치할 때까지 조정될 것이다.

제 5 절 자본자산가격결정모형의 제 가정에 대한 완화

$CAPM$은 모형의 변수들이 사전적 예측치에서 사후적 관찰치로 전환된다

는 문제점은 있으나 기본적으로 경험적 관찰이 가능하고 통계적 실증분석을 할 수 있다는 장점이 있다. 그러나 이와 같은 *CAPM*이론은 비현실적인 가정을 전제로 하여 이론적으로나 실무적으로 자본자산의 가격결정을 충분하게 설명하지 못하므로, 보다 현실적인 가정을 도입하여 *CAPM*이론을 수정할 필요가 있다. 따라서 자본시장이론 전개를 위한 제 가정을 세분하여 각 과정을 현실적으로 변경함에 따라 *CML*과 *SML*이 어떻게 변하는지를 고찰하기로 한다.

1. 무위험이자율로의 차입과 대출에 대한 제한

*CAPM*의 가정은 무위험이자율로 차입과 대출을 무제한으로 할 수 있다고 전제하는데 현실적으로 무위험이자율로 차입하는 것은 불가능하며, 차입이자율이 대출이자율보다 높다.

따라서 차입과 대출이자율이 상이한 현실에서 *CML*은 한 개의 직선으로 나타나지 않고, 〈그림 7-12〉에서처럼 산출이자율(L)에서 대출자의 시장포트폴리오(M_L)와 차입자의 시장포트폴리오(M_B)를 지나는 LM_LM_BF선이 효율적 프론티어로 나타난다.

그리고 대출이자율과 차입이자율간의 차이가 클수록 *CML*의 곡선부분은

〈그림 7-12〉 복수이자율에서의 자본시장선

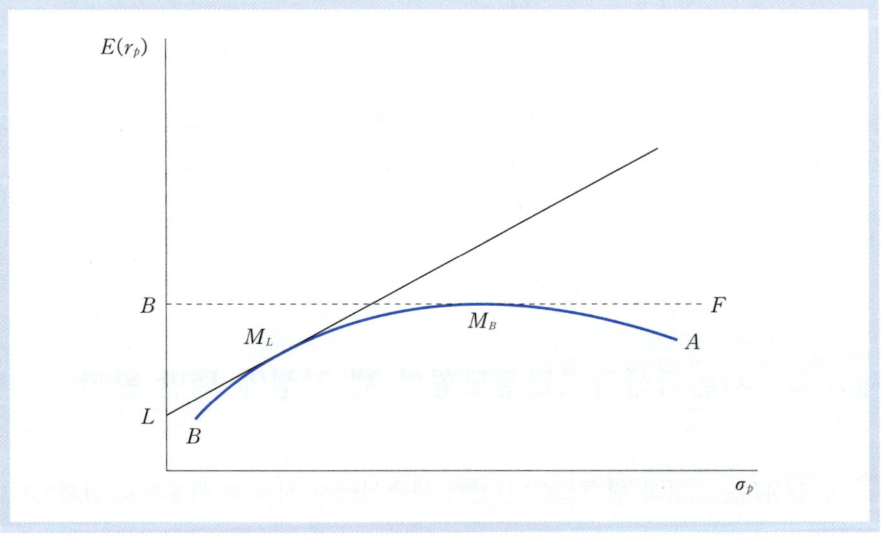

〈그림 7-13〉 복수이자율에서의 증권시장선

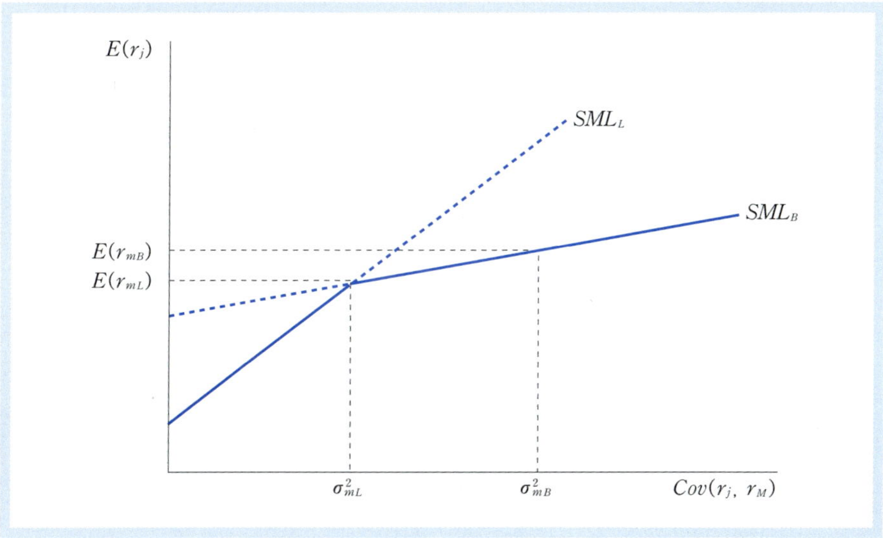

더욱 구부러지게 된다. 한편 〈그림 7-12〉와 같은 자본시장선이 존재할 때 증권시장선은 〈그림 7-13〉에서처럼 실선 두 개로 나타나며, 이를 식으로 나타내면 식 (7-20), 식 (7-21)로 표시된다.

$E(r_i) > E(r_{mB})$인 경우:

$$E(r_j) = B + \frac{Z(r_{mB}) - B}{r^2_{mB}} \cdot Cov(r_j,\ r_{mB}) \qquad (7\text{-}20)$$

$E(r_j) < E(r_{mB})$인 경우:

$$E(r_j) = L + \frac{E(r_{mL}) - L}{r^2_{mL}} \cdot Cov(r_j,\ r_{mL}) \qquad (7\text{-}21)$$

2. 무위험이자율의 비존재

무위험자산은 그 수익률에 있어 투자자의 시차선호(time preference)만이 반영되므로 기대가치가 r_f이고 분산이 0인 자산이다. 그러나 *CAPM*의 식이 사전적 균형식이라는 점에서 분산이 0인 수익률의 존재는 현실적으로 불가능하다.

이와 같이 무위험자산이 존재하지 않는 상황, 즉 자본시장이 위험자산으

〈그림 7-14〉 블랙의 제로-베타모형

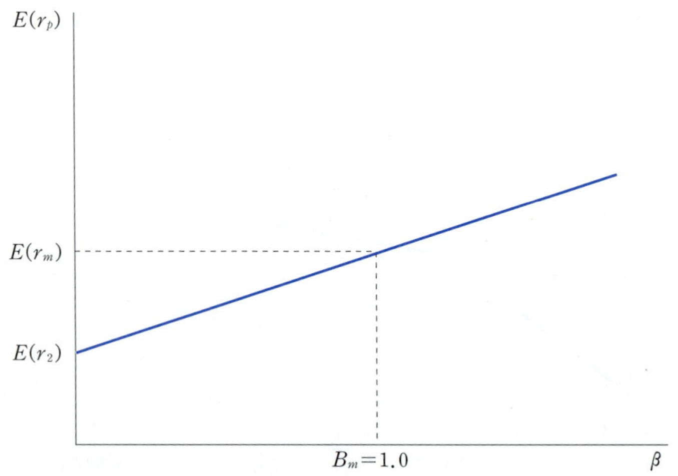

로만 구성되어 있는 경우의 *CAPM*을 블랙(F. Black)은 제시하고 있다. 제로-베타모형(zero-beta model) 혹은 2요인모형(two-factor model)으로 불리는 블랙의 모형에서 증권시장선은 0의 β계수를 갖는 제로-베타 포트폴리오의 기대수익률과 시장포트폴리오의 기대수익률 등 두 가지의 요인으로 이루어져 있다. 이 모형은 〈그림 7-14〉로 나타나는데, 기본적인 *CAPM*에서 무위험자산의 수익률 $E(r_j)$ 대신에 제로-베타 포트폴리오의 기대수익률 $E(r_2)$를 사용한 것을 제외하고는 기본적인 *CAPM*과 같다.

그리고 블랙에 의해 제시된 포트폴리오의 균형적 기대수익률모형은 아래의 식으로 표시된다.

$$E(r_p)=E(r_2)+[E(r_m)-E(r_2)]\beta_i \tag{7-22}$$

$E(r_2)$: 제로-베타 포트폴리오의 기대수익률
β_i: 체계적 위험

3. 거래비용의 존재와 세율의 차이

증권매매에 따른 거래비용은 현실적으로 존재하며, 이것을 고려할 경우 *CML*과 *SML*은 〈그림 7-15〉와 〈그림 7-16〉에서처럼 띠(bonds)의 모양을 갖게

〈그림 7-15〉 거래비용을 고려한 *CML*

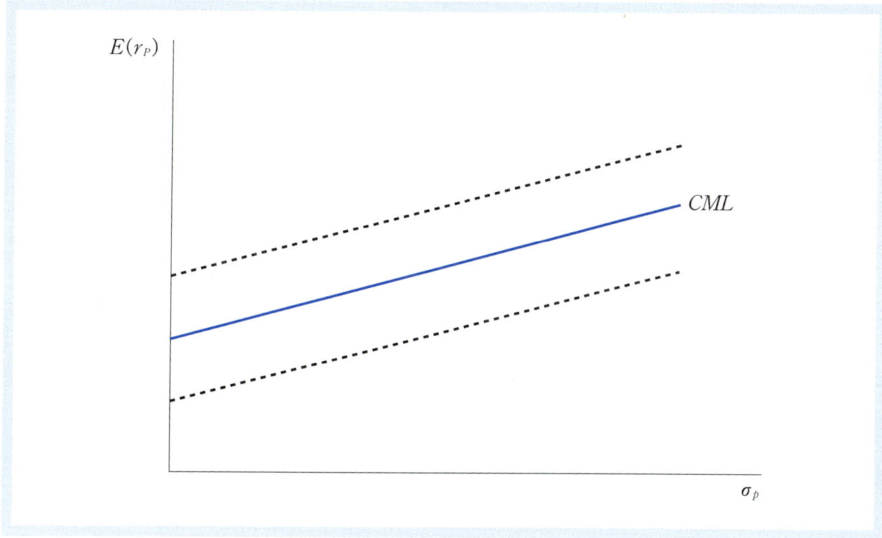

〈그림 7-16〉 거래비용을 고려한 *SML*

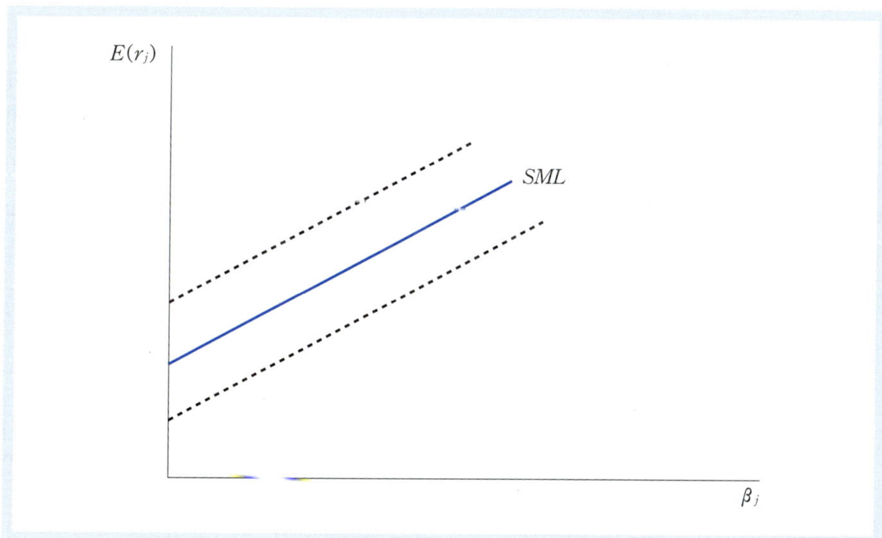

된다.

이러한 띠의 사이에서는 거래비용이 매매이익을 초과하므로 실제 거래가 이루어지지 않고 균형상태를 이루기 위해서는 가격의 조정이 있어야 한다. 그리고 현실적으로는 증권투자로부터 발생된 이익에 대해 자본소득세나 배당소

〈그림 7-17〉 세금효과를 고려한 증권시장면

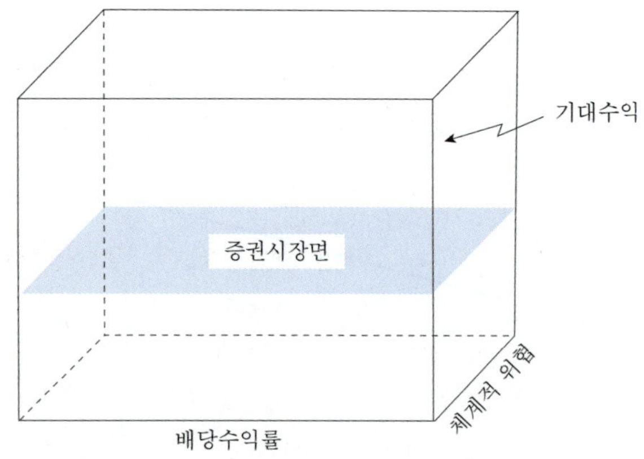

득세가 존재하고, 이들 자체의 세율과 개별투자자에게 적용되는 세율도 상이하다. 따라서 세금의 존재만을 고려할 경우 CML과 SML은 띠의 모양을 한다.

한편, 다른 조건이 동일하고 자본소득세와 배당소득세의 세율에 차이가 있다면, 증권들의 자본소득과 배당소득의 가능성에 따라 투자자의 선호도 변한다. 만약에 자본소득보다 배당소득의 세율이 높다면, 배당성향이 큰 주식은 배당성향이 낮은 주식보다 세전기대수익이 훨씬 높아야만 세금효과를 상쇄시킬 수 있다 이처럼 위험과 기대수익 이외에 증권의 기대수익률에 영향을 주는 요인으로 배당수익률을 고려하면 증권 j의 세전기대수익률 $E(r_j)$는 증권 j의 체계적 위험(β_j)과 배당수익률(d_j)의 함수로 나타낼 수 있다.

$$E(r_j)=r_f+b\cdot\beta_j+t(d_j-r_f) \quad (7\text{-}23)$$

b: β의 상대적 중요성을 나타내는 계수
t: 세금효과의 상대적 중요성을 나타내는 계수

이와 같이 배당수익률도 고려하면 SML은 기대수익 · 체계적 위험 그리고 배당수익률로 이루어지는 증권시장다면(security market surface)으로 나타난다.

그리고 세금효과와 관련된 배당수익률 이외에 증권의 유동성들의 다른 요

인을 고려하며 SML은 증권시장다면(security market hyperplane)으로 표시될 것이다.

4. 투자자의 이질적 예측

모든 투자자는 미래수익률의 분포에 대해 동일한 기대를 갖고 있지는 않으므로, 투자자에 따라 상이한 효율적 프론티어를 인식하게 될 것이고 CML

〈그림 7-18〉 이질적 예상하에서의 CML

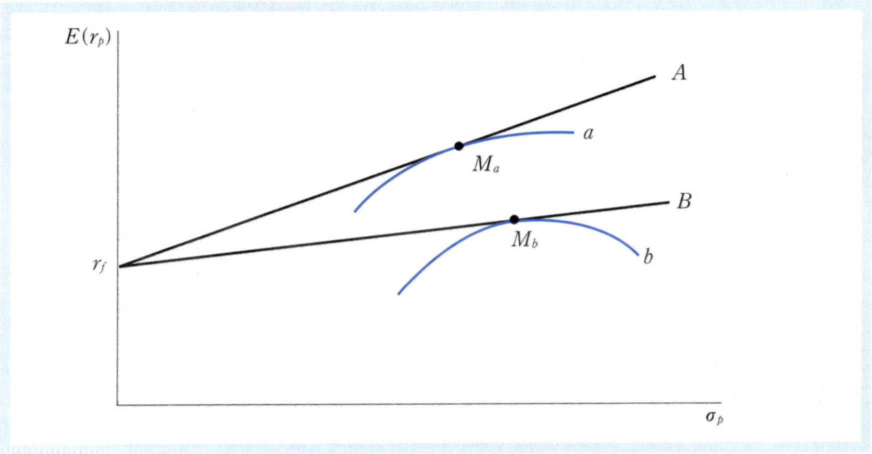

〈그림 7-19〉 이질적 예상하에서의 SML

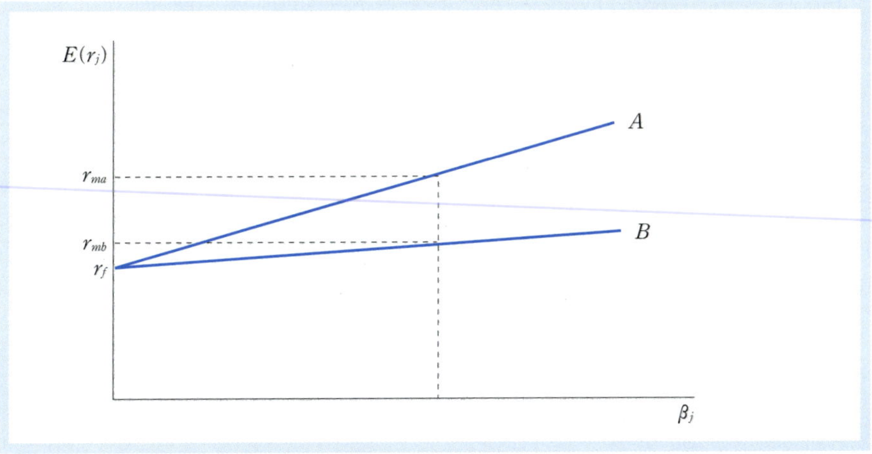

과 *SML*도 다르게 나타난다. 모든 투자자에게 무위험이자율은 동일하고 각 증권의 기대수익, 위험에 관하여 이질적 예측을 하는 경우 *CML*과 *SML*은 〈그림 7-18〉와 〈그림 7-19〉와 같이 기울기가 다른 선으로 나타난다.

〈그림 7-18, 그림 7-19〉는 두 가지 투자의 이질적 예측 하에서 *CML*과 *SML*을 도시하였는데 무수히 많은 투자자가 서로 다른 예측을 하고 있다면, 수많은 다른 *CML*과 *SML*이 존재할 것이다. 그 결과 각 증권(혹은 포트폴리오)의 균형가격은 서로 달리 평가되어 하나의 균형가격은 형성될 수 없으며, 계속해서 가격은 변화되어 시장의 균형상태는 이루어질 수 없을 것이다.

예제 CAPM을 이용한 주식가치 평가

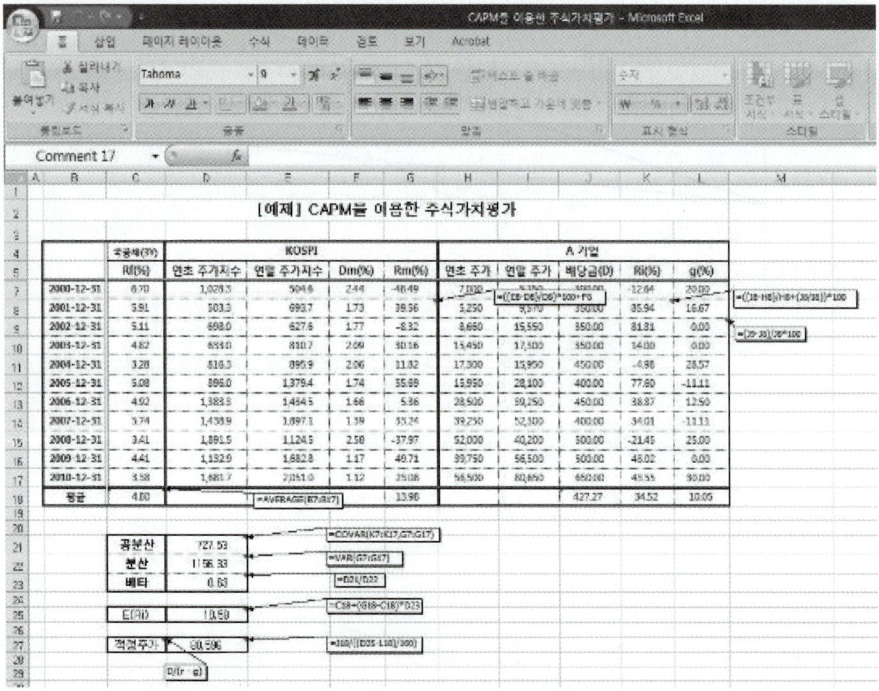

[예제] CAPM를 이용한 주식가치평가

	국공채(3Y)	KOSPI				A 기업				
	Rf(%)	연초 주가지수	연말 주가지수	Dm(%)	Rm(%)	연초 주가	연말 주가	배당금(D)	Ri(%)	g(%)
2000-12-31	6.70	1,028.5	504.6	2.44	-48.49	7,000	[illegible]	[illegible]	-12.64	20.00
2001-12-31	5.91	503.3	693.7	1.73	39.36	5,250	[illegible]	350.00	85.94	16.67
2002-12-31	5.11	698.0	627.6	1.77	-8.32	8,650	15,550	350.00	81.81	0.00
2003-12-31	4.82	683.0	810.7	2.09	30.16	15,450	17,500	350.00	14.00	0.00
2004-12-31	3.20	816.3	895.9	2.06	11.82	17,300	15,950	450.00	-4.98	28.57
2005-12-31	5.08	896.0	1,379.4	1.74	55.69	15,950	28,100	400.00	77.60	-11.11
2006-12-31	4.92	1,383.5	1,434.5	1.66	5.36	28,500	39,250	450.00	38.87	12.50
2007-12-31	5.74	1,438.9	1,897.1	1.39	33.24	39,250	52,100	400.00	34.01	-11.11
2008-12-31	3.41	1,891.5	1,124.5	2.58	-37.97	52,000	40,200	500.00	-21.45	25.00
2009-12-31	4.41	1,132.9	1,682.8	1.17	49.71	39,750	56,500	500.00	48.02	0.00
2010-12-31	3.58	1,681.7	2,051.0	1.12	25.08	56,500	80,650	650.00	45.55	30.00
평균	4.80				13.90			427.27	34.52	10.06

공분산	727.53
분산	1156.33
베타	0.63

E(Ri)	10.50

적정주가	80,596

① 3년 만기 국공채 수익률, 종합주가지수 자료(연초지수, 연말지수, 배당률), 개별 기업 자료(연초주가, 연말주가, 배당액)의 시계열 자료 수집[주1)]

② 공식을 이용 시장수익률(R_m)계산[주2)]

③ 공식을 이용 개별 주식주익률(R_i) 계산

④ 공식을 이용 배당성장률(g) 계산

⑤ AVERAGE 함수를 이용, 3년 만기 국공채 수익률(R_f), 시장수익률(R_m), 개별 주식수익률(R_i), 배당성장률(g)의 평균값을 계산

⑥ COVAR 함수를 이용, 시장수익률과, 개별 주식수익률과의 공분산을 계산

⑦ VAR 함수를 이용, 시장수익률을 계산

⑧ 공식을 이용, 베타 계산

⑨ CAPM 공식을 이용, 요구 수익률 계산

⑩ 배당성장모형을 이용, 적정주가 계산

주1) CAPM 분석은 60개의 데이터를 수집해야 하지만 설명의 편의를 위해 11개로 제한.
주2) 시계열 자료의 수익률 계산에는 자연로그함수인 ln(당기지수/전기지수)를 이용하는 것이 타당하나 직관적인 이해를 위해서 위 공식을 사용.

"펀드도 과학"… 퀀트펀드가 뜬다

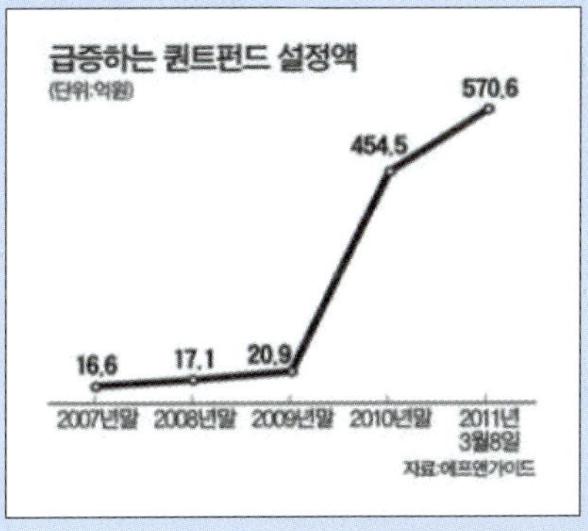

주가 움직임을 인간이 예측하는 건 불가능에 가깝다. 그래서 펀드매니저의 주관을 배제하고 과학적 계량분석 기법을 동원해 고수익을 추구하는 펀드가 있다. 바로 퀀트(quant)펀드다. 선진국과 달리 국내 퀀트펀드 시장은 그동안 불모지에 가까웠다. 그러나 최근 들어 퀀트펀드 시장이 빠르게 성장하고 있다.

9일 증권정보제공업체 에프앤가이드에 따르면 국내 퀀트펀드 설정액은 지난 8일 현재 570억원(공모펀드 기준)으로 집계됐다. 규모는 아직 작지만 글로벌 금융위기 때인 2008년 말(17억원)에 비해 33배로 불어났다.

현재 푸르덴셜자산운용의 '푸르덴셜퀀트액티브증권투자신탁' 등 17개 퀀트펀드가 출시돼 있다. 퀀트펀드의 최근 3개월 평균 수익률은 3.44%로 전체 국내주식형(2.55%)을 앞서고 있다.

연기금 등 기관 자금을 운용하는 사모펀드 시장에선 더욱 각광받고 있다. 증시 '큰손'인 국민연금은 2008년부터 주식 자산군에 '액티브 퀀트'라는

유형을 별도로 마련, 외부에 운용을 맡기기 시작했다. 국민연금이 퀀트펀드에 위탁운용을 맡긴 자금은 작년 말 3조 6,000억원에 달한다. 액티브펀드(일반 주식형펀드)보다 안정성이 높고, 인덱스펀드보다는 적극적인 투자전략을 구사한다.

미국에서는 1980년대부터 퀀트펀드가 주목받기 시작해 2000년대 들어 만개했다. 주가를 과학적으로 분석하는 기법인 포트폴리오 이론, 자본자산가격결정모형(CAPM) 등에 대한 연구가 활성화되면서 이를 실전에 적용한 펀드들이 출현한 것이다.

최근 국내에서 퀀트펀드가 급성장하고 있는 것은 무엇보다 작년 초 공모펀드에 거래세를 부과한 것이 큰 영향을 미쳤다. 신일평 대우증권 연구위원은 "지수를 추종하는 인덱스펀드들은 선·현물 차익거래를 통해 시장 대비 '플러스 알파' 수익을 추구했는데, 거래세 부과로 차익거래가 힘들어지자 퀀트펀드를 대안으로 주목하기 시작했다"고 설명했다.

자산운용사들은 최근 퀀트펀드를 새로운 성장동력으로 만들 채비를 갖추고 있다. 삼성자산운용은 지난해 인덱스운용본부를 퀀트운용본부로 바꿨고, 우리자산운용은 퀀트펀드 모델을 연구하는 알파운용본부를 신설했다. 대신자산운용은 내달부터 금융공학본부 산하 퀀트운용팀을 퀀트운용본부로 승격시킬 예정이다.

– 한국경제신문 기사

연 습 문 제

1. 다음 용어들을 간략히 설명하시오.

① 위험과 확률분포 ② 기대수익률

③ 표준편차(σ), 분산(σ^2) ④ 위험회피(risk aversion)

⑤ 변동계수(coefficient of variation) ⑥ 위험프리미엄

⑦ 시장위험프리미엄 ⑧ 시장위험

⑨ 베타계수 ⑩ 증권시장선(SML)

2. 다음은 주식 A, B의 미래 수익률에 대한 확률분포이다.

확 률	A	B
0.1	−25%	−40%
0.2	5	0
0.4	15	16
0.2	30	40
0.1	45	66

① 주식 B에 대한 기대수익률을 구하여라.($E(R_A)=15\%$)

② 주식 A의 기대수익률에 대한 표준편차를 계산하여라.

($\sigma_B=27.0\%$). 한편 주식 B가 주식 A보다 덜 위험하다고 할 수 있는가?

3. 다음은 주식 A와 B의 배당금과 주가에 대한 역사적 자료이다.

연 도	주식 A		주식 B	
	배 당 금	연말주가	배 당 금	연말주가
2005	—	12,250	—	22,000
2006	1,000	9,750	2,400	18,500
2007	1,050	11,000	2,600	19,500
2008	1,150	13,750	2,850	25,250
2009	1,300	13,250	3,050	22,500
2010	1,500	15,500	3,250	24,000

① 매해(2006~2010년) 각 주식에 대한 실현수익률(realized rate of return)을

계산하시오. 그리고 A와 B에 각각 50%씩 비중을 두는 포트폴리오를 구성하면, 2006년에서 2010년까지 이 포트폴리오의 매년 실현수익률은 얼마인가? 주식 A, B 그리고 포트폴리오의 평균수익률은 얼마인가?

② 주식 A, B 그리고 포트폴리오의 수익률에 대한 표준편차를 계산하여라.

③ 포트폴리오가 개별 주식 A, B보다 낮은 위험 정도에 기초하여 생각해 볼 때, 이 두 주식간의 상관계수가 0.9에 근접한다고 보는가, 아니면 −0.9에 가깝다고 보는가?

④ 현재의 포트폴리오에 임의대로 선택된 주식을 추가로 편입하면, σ_p이 어떻게 될 것인가에 대한 가장 정확한 답변은?

(i) σ_p는 여전히 변하지 않을 것이다.

(ii) σ_p는 15% 정도로 다소 감소할 것이다.

(iii) 충분한 주식들을 편입한다면, σ_p는 0으로 감소할 것이다.

4. $R_F=10\%$, $k_M=13\%$, 그리고 $\beta_A=1.4$라 할 때, 다음에 답하시오.

① 주식 A의 요구수익률(k_A)은 얼마인가?

② 이제 R_F가 (i) 11%로 상승하거나, (ii) 9%로 하락한다고 가정하자. *SML*의 기울기는 불변이다. 이는 k_M, k_A에 어떠한 영향을 미치겠는가?

③ 이제 R_F는 여전히 10%이지만, k_M이 (i) 15% 증가하거나 (ii) 12%로 하락한다고 가정하자. *SML*의 기울기는 변하게 된다. 이와 같은 기울기 변화가 k_M에 어떠한 영향을 미치는가?

5. 무위험수익률이 10%이고, 시장요구수익률, k_M이 15%이다. 그리고 한양기업의 베타계수는 1.6이다. 다음에 답하여라.

① 다음해 기대배당금, D_1이 2,500원이고, 향후 성장률(g)은 일정하게 5%라고 한다면, 한양기업의 주식은 얼마에 팔리는가?

② 이제 한국은행이 통화공급을 늘려서 무위험수익률이 9%로 하락한다고 가정해 보자. 주가에는 어떠한 영향을 주는가?

③ 무위험수익률이 9%로 하락한다는 가정과 더불어 투자자의 투자위험회피가 하락하여, k_M이 13%로 떨어졌다고 가정해 보자. 한양기업의 주식은 얼마에 팔리겠는가?

④ 한편 한양기업은 경영상의 변화를 도모하여, 향후 기대성장률을 일정

한 6%로 증가시키는 경영정책을 펴게 되고, 또한 매출액과 이익을 안정화시켜 베타계수는 1.6에서 1.3으로 낮아지게 된다고 가정하자. 이러한 변화 후 한양기업의 새로운 균형주가는 얼마인가?(D_1은 2,520원으로 됨에 주목하라)

6. 행당기업의 경영진은 연구검토 끝에 소비자제품 사업부를 확장하면(행당기업의 주력사업은 산업용 화학제품인데, 소비자 사업에 비해 더 위험하다), 회사의 베타계수는 1.2에서 0.9로 하락될 것이라고 한다. 그러나 소비자 제품은 다소 낮은 이익마진을 가지고 있어 이익과 배당금의 일정성장률이 7%에서 5%로 떨어지는 결과를 초래할 것이라고 한다.

① 경영진은 변화를 도모해야만 하는가? $k_M=12\%$, $R_F=9\%$, $D_0=2{,}000$이라고 하자

② 에서 가정한 것들 중 베타계수의 변화만을 제외시키자. 소비자제품 사업부의 확장을 합당한 결정으로 이끌기 위해서는 베타계수가 얼마가 되어야 하는가?

7. 주식 C의 베타계수가 0.4인 반면에 주식 D의 베타계수는 −0.5이다(주식 D의 베타값이 마이너스인데, 이는 다른 대부분의 주식들의 수익률이 떨어질 때마다 주식 D의 수익률은 상승한다는 것을 의미한다. 그러나 마이너스 베타값을 갖는 주식은 거의 드물다).

① 무위험수익률이 9%이고, 시장에 존재하는 주식들의 평균기대수익률(시장기대수익률)이 13%라고 한다면, 주식 C와 D의 요구수익률은 얼마인가?

② 주식 C의 경우, 현재 주가(P_0)가 25,000원이고, 다음 기대배당금(D_1)이 1,500원이며, 향후 기대성장률은 일정하게 4%라고 하자. 주식 C는 균형상태에 있는가? 설명하여라. 그리고 균형상태에 있지 않다면 어떻게 될 것인가?

8. ABC펀드는 5개의 주식에 총 4,000억원을 투자하였다.

주 식	투자금액	베타계수
A	1,200억원	0.5
B	1,000억원	2.0
C	600억원	4.0
D	800억원	1.0
E	400억원	3.0

ABC와 같은 펀드의 베타계수는 펀드투자금액에 대한 가중평균치로 구할 수 있다. 현재 무위험수익률은 7%이고, 다음 기간에 기대되는 시장수익률의 확률분포는 다음과 같이 추정되었다.

확 률	시장수익률
0.1	8%
0.2	10
0.4	12
0.2	14
0.1	16

① 증권시장선(*SML*)의 추정식은?(힌트: 기대시장수익률을 결정하시오.)

② 다음 기간에 대한 펀드의 요구수익률을 계산하여라.

③ ABC펀드가 새로운 주식편입에 대한 제안을 받았다고 가정하자. 이 새로운 주식에 대한 투자필요금액은 500억 원이다. 한편 새로운 주식의 기대수익률은 16%이고, 추정베타는 2.5이다. 새로운 주식을 매입하여야 하는가? ABC펀드 경영진은 기대수익률이 얼마일 때, 주식매입에 대해 무관심하게 될 것인가?

9. 다음은 시장수익률($\overline{k}_M$), 주식 A의 수익률($\overline{k}_A$), 그리고 주식 b의 수익률($\overline{k}_B$)에 대한 역사적 자료이다.

연 도	$\overline{k}_M$	$\overline{k}_A$	$\overline{k}_B$
2005	37.2%	37.2%	26.1%
2006	23.8	23.8	19.4
2007	− 7.2	−7.2	3.9
2008	6.6	6.6	10.8
2009	20.5	20.5	17.7
2010	30.6	30.6	22.8

무위험수익률은 10%이다. 다음해의 $\overline{k}_M$에 대한 확률분포는 다음과 같다.

확　률	k_M
0.1	−15%
0.2	0
0.4	15
0.2	30
0.1	45

① 주식 A, B에 대한 베타계수를 그래프를 통해 결정하라.

② 증권시장선(SML)을 그리고, 그 등식을 나타내라.

③ 주식 A, B의 요구수익률을 계산하여라.

④ $\beta_C=2$, $D_1/P_0=8\%$, 그리고 기대성장률이 8%인 주식 C를 구입하게 되었다고 가정하자. 이 주식은 균형상태에 있는가? 만일 주식이 균형상태에 있지 않다면, 균형은 어떻게 회복되는지에 대하여 설명하여라.

10. 두 개의 주식만 존재하는 자본시장에서 주식 A의 시가총액은 주식 B의 시가총액 세 배이다. A주식 수익률의 표준편차는 0.2이고 B주식 수익률의 표준편차는 0.4이다. A와 B 주식 수익률간 상관계수는 0.6이다. 계산과정과 결과의 모든 수치는 소수점 아래 다섯째 자리에서 반올림하시오.

① 시가총액가중 주가지수(market value-weighted index) 수익률의 표준편차를 구하시오.

② A 주식의 베타를 구하시오.

③ B 주식의 총위험(분산)을 체계적 위험 부분과 비체계적 위험 부분으로 분리하시오.

④ A주식과 B주식이 각각 50%로 구성된 포트폴리오가 있다. 이 포트폴리오의 총위험을 단일지수모형을 이용하여 구하시오.

(2006년 CPA 기출문제)

11. 아래의 표는 위험요인이 1개이고 잘 분산된(well-diversified) 두 개의 포트폴리오 백두산펀드와 한라산펀드의 기대수익률과 베타계수를 나타낸 것이다.

포트폴리오	기대수익률	베타계수
백두산펀드	16%	0.8
한라산펀드	20%	1.6

① 시장에서 차익거래가 존재하지 않기 위한 무위험이자율을 구하시오.

② 시장의 무위험이자율이 6%이다. 위의 두 펀드로부터 차익거래가 가능한지 여부를 밝히고, 가능할 경우 구체적인 차익거래전략과 차익의 규모를 제시하시오. 무위험차입과 무위험대여가 가능하다고 가정하며, 최대금액은 각각 50만원까지로 제한한다.

또한 차입거래전략을 수립할 때, 새로 구성한 포트폴리오의 베타계수는 0.8로 일치시킨다.

③ 시장에 CAPM모형이 성립한다고 가정하자. 또한 두 포트폴리오 백두산펀드와 한라산펀드의 수익률의 표준편차가 각각 18%, 25%이고 시장수익률의 표준편차가 14%라고 하자. 두 포트폴리오의 총위험을 체계적 위험과 비체계적 위험으로 각각 구분하고 체계적 위험이 총위험 중에서 차지하는 비율을 구하시오. 위험의 크기는 반올림하여 소수점 넷째 자리까지 표시하고 비율은 백분율로 소수점 둘째 자리까지 표시하시오.

(2009년 CPA 재무관리 2차 시험)

12. 자본시장선(CML)과 증권시장선(SML)과의 관계에 대한 서술 중 옳지 <u>않은</u> 것은? 정답 ②

① 동일한 β를 가지고 있는 자산이면 SML 선상에서 동일한 위치에 놓이게 된다.

② CML과 SML은 기대수익률과 총위험간의 선형관계를 설명하고 있다는 점에서 공통점을 가지고 있다.

③ 비체계적 위험(unsystematic risk)을 가진 포트폴리오는 CML 선상에 놓이지 않는다.

④ 어떤 자산과 시장포트폴리오간의 상관계수가 1이면 CML과 SML은 동일한 표현식이 된다.

⑤ SML 선상에 있는 자산이라고 하여 모두 다 CML 선상에 위치하지는 않는다.

(2002년 CPA 기출문제)

13. 다음의 위험(risk)에 관한 여러 설명 중 옳은 것은? 정답 ③

① 총위험이 큰 주식의 기대수익률은 총위험이 낮은 주식의 기대수익률보다 항상 크다.

② 증권시장선(SML)보다 위쪽에 위치하는 주식의 기대수익률은 과대평가되어 있으므로 매각하는 것이 바람직하다.

③ 시장포트폴리오의 베타는 항상 1로서 비체계적 위험은 모두 제거되어 있다.

④ 상관관계가 1인 두 주식으로 포트폴리오를 구성하는 경우에도 미미하지만 분산투자의 효과를 볼 수 있다.

⑤ 베타로 추정한 주식의 위험과 표준편차로 추정한 주식의 위험 사이에는 일정한 관계가 있다.

(2004년 CPA 기출문제)

14. 무위험이자율은 3%, 시장포트폴리오의 기대수익률은 13%이다. 아래 두 자산 가격의 균형/저평가/고평가 여부에 대하여 가장 적절한 것은?

정답 ④

자산	β 계수	기대수익률
A	0.5	9%
B	1.5	17%

① 두 자산의 가격은 모두 균형상태이다.

② 두 자산의 가격은 모두 저평가되어 있다.

③ 두 자산의 가격은 모두 고평가되어 있다.

④ 자산 A는 저평가되어 있고 자산 B는 고평가되어 있다.

⑤ 자산 A는 고평가되어 있고 자산 B는 저평가되어 있다.

(2005년 CPA 기출문제)

15. 다음의 설명 중 가장 옳지 않은 것은? 정답 ⑤

① 약 1,000 종목의 주식에 적절히 분산투자한 투자자가 새로운 주식을 포트폴리오에 편입할 때 요구하는 수익률은 비체계적 위험보다는 체계적 위험에 의하여 더 큰 영향을 받는다.

② 경제가 불경기에 처하여 수익성이 높은 투자기회가 축소되면 자금의 수요가 줄어들면서 전반적으로 시장이자율이 하락한다.

③ 물가가 큰 폭으로 상승할 것으로 예상되는 경우, 채권이나 주식 등 금융자산에 대한 요구수익률도 상승한다.

④ 총자산의 약 80%가 자신이 창업한 회사의 주식으로 구성된 경우 비체계적 위험도 총자산의 수익률에 큰 영향을 미칠 수 있다.

⑤ 어떤 무부채기업이 1억원 상당의 투자안에 대하여 자금을 조달하고자 할 때, 회사내부의 현금을 사용하는 경우의 자본비용은 외부로부터 자금을 차입할 때의 자본비용보다 대체적으로 낮다.

(2005년 CPA 기출문제)

제 8 장
차익거래 가격결정이론

현대 포트폴리오 이론의 목적은 투자자에게 다수의 투자대상 중에서 자신의 최적포트폴리오를 찾는 수단을 제공해 주는 데 있다. 의사결정의 기준으로 기대수익률과 표준편차가 많이 이용되기 때문에 투자자들은 포트폴리오에 포함시킬 개별 자산의 기대수익률, 표준편차 및 공분산을 추정하여야 한다. 이것들을 이용하여 투자자는 마코위츠(Markowitz)의 효율적 프론티어를 찾으며 무위험자산을 고려하여 위험자산 최적포트폴리오를 구한다. 마지막으로 투자자 자신의 위험회피도를 감안하여 위험자산 최적포트폴리오와 무위험자산에 자금을 배분하게 된다.

경제 전체적으로 보아 증권수익률에 영향을 미치는 요인은 한 가지 이상이기 때문에 증권수익률이 시장 포트폴리오의 움직임뿐만 아니라 보다 많은 요인에 의해 민감하게 움직인다고 가정하는 요인모형을 일반적인 모형으로 인식할 수 있다. 한 가지 이상의 요인이 증권수익률 결정에 영향을 미친다면 이들 요인을 찾아내 이들 요인에 대한 개별 증권수익률의 민감도가 구해져야 한다. 이러한 관계를 설명해 주는 모형을 증권수익률의 요인모형이라 한다.

제 1 절 요인모형(Factor Model)

1. 요인모형의 의의

요인모형(factor model)은 어떤 특정 요인(factors)을 매개로 하여 증권수익률이 실현되는 과정을 묘사하는 것이다. 이런 의미에서 요인모형을 일반화된 수익률 생성모형(return generating model)이라고 부른다.

요인모형에서 증권의 수익률이 한 개 또는 그 이상의 요인의 움직임에 체계적으로 반응한다고 가정한다. 요인모형의 가장 대표적인 형태인 시장모형에서는 시장지수증권의 수익률만이 수익률과 관련성을 가진다고 가정한다. 그러나 증권의 기대수익률, 분산, 공분산을 정확하게 추정하기 위해서는 다요인모형이 시장모형에 비해서 더 정교할 가능성이 있다. 증권의 실제 수익률을 관찰하여 보면 시장지수의 수익률 이외에 다른 요인에도 민감하게 반응하는 것을 볼 수 있다. 이는 증권수익률에 영향을 미치는 하나 이상의 체계적 요인이 존재한다는 가능성을 시사한다.

요인모형에서는 증권의 수익률들이 서로 상관관계를 가지는데 이는 오직 모형에서 명시하는 공통적인 요인에 대한 반응에 의해서만 이루어진다고 가정하고 있다. 이로 인해 요인모형에 의해 설명되지 않는 부분이 당연히 존재하게 된다. 그러나 여기서 설명되지 않는 부분은 각 증권의 고유한 요인으로 간주되며 다른 증권과 관계가 없는 것으로 가정한다.

한편 요인모형은 마코위츠(Markowitz) 효율적 집합을 결정하기 위한 필수조건인 기대수익률, 분산, 공분산을 계산하기 위하여 필요한 정보를 아주 간편하게 제공한다. 또한, 각 요인의 변동에 대한 포트폴리오 수익률의 민감도를 측정하는 용도로 사용되고 있다.

2. 단일요인모형

(1) 단일요인모형의 의의

모형이 채택하는 요인 수에 따라 단일요인모형과 다요인모형으로 구분한다. 여기서는 우선 단일요인모형을 중심으로 요인모형의 성질을 이해하기로 하겠다. 증권의 수익률이 GDP성장률이나 산업생산지수의 증가율 등 공통된 단일요인에 의해 결정된다고 한다면, 증권의 수익률과 단일요인과의 관계를 아래와 같이 단일요인모형(single factor model)의 식으로 표현할 수 있다.

$$R_i = a_i + b_i F + e_i \tag{8-1}$$

R_i: 증권 i의 수익률
F: 요인의 가치
a_i: 요인의 기대가치가 0일 때 i 증권의 기대수익률
b_i: i 증권수익률의 요인값에 대한 민감도
e_i: 잔차값

여기서 e_i의 특징은 다음과 같다고 가정한다.

① $E(e_i)=0$
② $Cov(e_i,\ F)=0$
③ $Cov(e_i\ ,\ e_j)=0$

증권 i의 기대수익률을 구하기 위하여 식(8-1)의 양변에 기대값을 취하면 다음과 같이 된다.

$$E(R_i) = a_i + b_i E(F) \tag{8-2}$$

또한 i 증권수익률의 분산은 다음과 같다.

$$\sigma_i^2 = b_i^2 \sigma_F^2 + \sigma_{ei}^2 \tag{8-3}$$

σ_F^2: 요인 F의 분산
σ_{ei}^2: 잔차항의 분산

또한 앞의 가정 하에서 증권 i와 j의 공분산은 다음과 같다.

$$\sigma_{ij}^2 = b_i b_j \sigma_F^2 \tag{8-4}$$

증권특성선은 시장포트폴리오 수익률을 공통요인으로 한 단일요인모형의 한 예가 될 수 있다.

$$R_i - R_f = \alpha_i + \beta_i (R_m - R_f) + e_i$$

위의 증권특성선을 요약하여 정리하면 다음과 같다.

$$R_i = \alpha_i + R_f(1 - \beta_i) + \beta_i R_m + e_i \tag{8-5}$$

식 (8-5)도 식 (8-1)과 마찬가지로 단일요인모형의 한 예로 볼 수 있으며, 식 (8-1)과 비교하면 $a_i = \alpha_i + R_f(1 - \beta_i)$ 그리고 $b_i = \beta_i$ 임을 알 수 있다.

예를 들어 증권 i의 $\alpha_i = 3\%$이고 $\beta_i = 0.9$라 하고 무위험이자율이 10%인 경우 증권특성선은 다음과 같다.

$$R_i - 10 = 3 + 0.9(R_m - 10) + e_i$$
$$R_i = 4 + 0.9R_m + e_i$$

이를 단일요인모형과 비교해 보면 a_i는 4% b_i는 0.9가 된다.

앞에서 언급한 바와 같이 단일요인모형의 다른 예를 들어보자. 증권수익률에 영향을 미치는 공통요인이 GDP성장률이라면 F는 GDP성장률이 되고 b_i는 GDP성장률에 대한 i 증권수익률의 민감도이며, a_i는 GDP기대성장률이 0 일 때 i 증권 기대수익률이 될 것이다.

(2) 단일요인모형의 특징

단일요인모형은 두 가지 특징을 가지고 있다. 첫째는 포트폴리오 구성에 필요한 계산량을 줄일 수 있다는 것이다. 효율적 프론티어를 구하기 위하여 개별 자산의 기대수익률, 표준편차, 공분산을 구해야 한다. 이들 값을 요인모형을 통해 구하기 위해서는 a_i, b_i, σ_{ei} 그리고 요인의 기대치 $E(F)$와 요인의 표준편차 σ_F가 필요하다.

이들 값을 식 (8-2), 식 (8-3), 식 (8-4)에 대입하여 각 자산의 기대수익률, 표준편차 및 공분산이 구해지면 이를 이용하여 마코위츠(Markowitz)의 효율적 프론티어가 구해진다.

원래 마코위츠(Markowitz)의 효율적 프론티어를 구하기 위해서는 총 $[(N^2+3N)^2]$개의 추정치가 필요하나 단일요인모형에서는 $(3N+2)$개의 추정치가 필요하다.

두 번째 특징은 분산효과가 크게 나타난다는 점이다. 분산에 의하여 증권고유위험은 모두 제거되고 시장위험의 평균만 남게 됨을 앞에서 확인하였다. 단일요인모형에서는 시장위험을 요인위험으로, 증권고유위험을 비요인위험으로 부르고 있다.

식 (8-3) 우변의 첫 항은 증권의 요인위험을, 두 번째 항은 비요인위험을 나타낸다. 단일요인모형에서 포트폴리오의 표준편차는 다음과 같다.

$$\sigma_p=[(\sum_{i=1}^{N} w_i b_i)^2\sigma_F^2+\sum_{i=1}^{N} w_i^2\sigma_{ei}^2]^{\frac{1}{2}}$$

$$=(b_p^2\sigma_p^2+\sigma_{ep}^2)^{\frac{1}{2}} \tag{8-6a}$$

$$b_p=\sum_{i=1}^{N} w_i b_i \tag{8-6b}$$

$$\sigma_{ep}^2=\sum_{i=1}^{N} w_i^2\sigma_{ei}^2 \tag{8-6c}$$

포트폴리오 위험도 개별증권의 경우와 마찬가지로 두 가지 위험으로 구성된다. 즉 식 (8-6a)에서 $b_p^2\sigma_F^2$은 요인위험이고 σ_{ep}^2은 비요인위험이다.

포트폴리오를 구성하는 자산수가 늘어날수록 개별 증권의 b_i가 변하지 않는 한 포트폴리오의 b_p가 증가하거나 감소하지 않는다. 왜냐하면 포트폴리오의 b_p는 개별 증권 b_i의 가중평균이기 때문이다. 그러나 포트폴리오를 구성하는 자산수가 증가할수록 분산효과로 인해 비요인 위험 σ_{ep}^2은 크게 줄어든다.

각 자산에의 투자비율이 동일하다고 가정하면 w_i는 $1/N$이 된다. 이를 식 (8-6c)에 대입한다.

$$\sigma_{ep}^2=\sum_{i=1}^{N}\left(\frac{1}{N}\right)^2\sigma_{ei}^2$$

$$=\frac{1}{N}\left[\frac{\sigma_{e_1}^2+\sigma_{e_2}^2+\cdots+\sigma_{e_N}^2}{N}\right]$$

$$=\frac{1}{N}\overline{\sigma_e^2}$$

여기서 포트폴리오를 구성하는 증권수가 증가할수록 σ_{ep}^2은 크게 감소함을 알 수 있다.

결론적으로 보면 분산투자를 하면 공통요인에 의해 발생된 요인위험(체계적 위험)은 감소되지 않으나 증권고유위험(비체계적 위험)은 일정수준까지 감소될 수 있다.

3. 다요인모형

경제상태는 대부분의 기업에 영향을 줌으로 경제예측에 대한 변화는 대부분의 증권수익률에 영향을 미치게 되는데, 일반적으로 증권수익률에 영향을 미치는 변수들을 정리해 보면 다음과 같다.

① 실질 *GDP* 성장률에 대한 기대치
② 실질금리 수준에 대한 기대치
③ 인플레이션 수준에 대한 기대치
④ 미래 유가변화에 대한 기대치 등

현실적으로 단일요인모형보다는 다요인모형(multi-factor model)이 모형의 설득력이 더 우수한 것으로 평가받고 있다.

(1) Two-Factor Model

two-factor model은 다음과 같이 나타낼 수 있다.

$$R_i = a_i + b_{i1}F_1 + b_{i2}F_2 + e_i \tag{8-7}$$

R_i: 증권 i의 수익률
F_1: 요인 1의 가치 F_2: 요인 2의 가치
a_i: 두 요인의 기대가치가 0일 때 i증권의 기대수익률
b_{1i}: 요인 1에 대한 증권 i 수익률의 민감도
b_{2i}: 요인 2에 대한 증권 i 수익률의 민감도
e_i: 잔차항

단일요인모형에서와 마찬가지로 e_i에 대한 가정은 다음과 같다.

① $E(e_i)=0$
② $Cov(e_i, F_1)=0$ ③ $Cov(e_i, F_2)=0$
④ $Cov(F_1, F_2)=0$ ⑤ $Cov(e_i, e_j)=0$

증권 i의 기대수익률과 분산 및 공분산은 다음과 같다.

$$E(R_i)=a_i+b_{1i}E(F_1)+b_{i2}E(F_2) \quad (8\text{-}8)$$

$$\sigma_i^2=b_{i1}^2\sigma_{F_1}^2+b_{i2}^2\sigma_{F_2}^2+\sigma_{ei}^2 \quad (8\text{-}9)$$

$$\sigma_{ij}=b_{i1}b_{j1}\sigma_{F_1}^2+b_{i2}b_{j2}\sigma_{F_2}^2 \quad (8\text{-}10)$$

two-factor model을 분석할 때 추정해야 할 것은 a_i, b_{i1}, b_{i2}, σ_{ei}^2, $E(F_1)$, $E(F_2)$, σ_{F_1}, σ_{F_2}이다. 따라서 이 추정치들을 이용하여 단일요인모형에서와 마찬가지로 개별 증권의 기대수익률, 표준편차 공분산을 구하고 이 값을 이용하여 마코위츠(Markowitz)의 효율적 프론티어를 구할 수 있다.

또한 단일요인모형에서와 마찬가지로 다음과 같은 동일한 위험분산효과가 나타난다.

① 분산투자로 인하여 요인위험의 평균만이 남게 된다.
② 분산투자로 인하여 비요인위험이 감소한다.
③ 잘 분산된 포트폴리오에서는 비요인위험이 거의 제거된다.

two-factor mode에서도 특정 요인에 대한 포트폴리오 민감도는 각 개별 증권 민감도의 가중평균이 된다. 물론 가중치는 포트폴리오에서 각 개별 증권이 차지하는 비율이다. 이 사실은 포트폴리오 수익률이 개별 증권수익률의 가중평균이란 사실로 증명될 수 있다.

$$R_p=\sum_{i=1}^{N}w_iR_i \quad (8\text{-}11)$$

식 (8-7)을 식 (8-11)에 대입하면 다음과 같다.

$$\begin{aligned}R_p&=\sum_{i=1}^{N}w_i(a_i+b_{i1}F_1+b_{i2}F_2+e_i)\\&=\sum_{i=1}^{N}w_i+\sum_{i=1}^{N}w_ia_i+\sum_{i=1}^{N}w_ib_{i1}F_1+\sum_{i=1}^{N}w_ib_{i2}F_2+\sum_{i=1}^{N}w_ie_i\\&=a_p+b_{p1}F_1+b_{p2}F_2+e_p\end{aligned} \quad (8\text{-}12)$$

(2) 다요인모형(multi-factor model)

다요인모형(multi-factor model)은 다음과 같이 표현된다.

$$R_i=a_i+b_{i1}F_1+b_{i2}F_2+\ \cdots\ +b_{iN}F_2+e_i \qquad N\text{: 요인의 수}$$

단일요인모형이나 two-factor model과 같이 e_i에 대한 가정은 다음과 같다.

① $E(e_i)=0$
② $Cov(e_i, F_k)=0 \quad k=1, \cdots\cdots, N$
③ $Cov(F_h, F_k)=0 \quad h=1, \cdots\cdots, N \quad k=1, \cdots\cdots, N \quad h \neq k$
④ $Cov(e_i, e_j)=0 \quad i \neq j$

다요인모형(multi-factor model)의 기대값과 분산 및 공분산은 다음과 같다.

$$E(R_i)=a_i+b_{1i}E(F_1)+b_{i2}E(F_2)+ \cdots\cdots +b_{iN}E(F_N)$$
$$\sigma_i^2=\sum_{k=1}^{N} b_{ik}^2 \sigma^2{}_{F_k}+\sigma_{ei}^2$$
$$\sigma_{ij}=\sum_{k=1}^{N} b_{ik}\sigma_{jk}\sigma_{F_k}^2$$

투자자들이 추정해야 될 것은 각 증권에 대하여 a_i, b_{i1}, b_{i2}, ……, b_{iN}, 그리고 σ_{ei}의 $(N+2)$개 추정치와 각 요인에 대하여 $E(F_k)$, σ_k의 2개로 총 $(2M+2N+M\cdot N)$개이다. 이것들을 이용하여 각 증권의 기대수익률, 표준편차, 공분산을 추정하고 결국 마코위츠(Markowitz)의 효율적 프론티어를 구할 수 있다. 이러한 일반요인모형을 다요인모형(multi-factor model)이라고 부른다.

4. 요인모형과 균형상태

요인모형은 반드시 균형모형은 아니다. 그러나 균형상태가 존재한다면 요인모형의 각 추정치와 균형모형의 각 추정치 사이에 일정한 관계가 성립될 것이다.

예를 들어보면, 실제로 증권수익률이 시장포트폴리오 수익률을 공통요인으로 한 단일요인모형에 의해 설명된다고 가정하면, 증권 i의 기대수익률은 $a_i+b_i\cdot E(R_m)$이 된다. 또한 CAPM에 의해 증권 i의 기대수익률은 $R_f+\beta_i[E(R_m)-R_f]$가 된다. 따라서 CAPM을 변형하면 아래와 같이 표현된다.

$$E(R_i)=R_f+\beta_i[E(R_m)-R_f]$$
$$=(1-\beta_i)R_f+\beta_iE(R_m)$$

이를 요인모형과 비교해보면, $a_i=(1-\beta_i)R_f$, 그리고 $b_i=\beta_i$가 됨을 알 수 있다. 즉 기대수익률이 CAPM에 의해 결정되고 실제수익률이 시장포트폴리오 수익률을 공통요인으로 한 단일모형에 의해 결정된다면 a_i와 b_i는 각각 $(1-\beta_i)R_f$와 β_i가 된다.

제 2 절 차익거래 가격결정이론(APT)

차익거래 가격결정이론(arbitrage pricing theory: APT)도 CAPM과 마찬가지로 균형가격이론이다. 그러나 CAPM과는 달리 APT는 수익률 분포 및 효율함수의 형태에 대하여 특별한 가정을 하지 않는 등 이론 유도를 위한 가정이 절대적이지 않다는 특징이 있다.

1. 차익거래(arbitrage)의 개념

차익거래 가격결정이론(arbitrage pricing theory: APT)은 차익거래(arbitrage)라는 개념에 기초하고 있다. 차익거래 기회(arbitrage opportunity)는 투자자가 "확실한" 이익을 얻을 수 있는 "무투자 포트폴리오"의 구성이 가능할 때 생긴다. 무투자 포트폴리오를 구성하기 위해서는 적어도 한 개의 자산을 공매도(short selling)하여 그 자금으로 한 개 이상의 다른 자산을 매입·보유하는 것이 가능해야 한다. 차입은 무투자 자산에 대한 공매도라고 생각할 수 있다. 차익거래가 존재할 경우 모든 투자자들은 차익거래 포트폴리오에 가능한 많은 포지션을 갖고자 할 것이다.

차익거래 기회는 일물일가의 법칙이 깨졌을 때 생기며, 한 개의 자산이 두 개의 다른 시장에서 다른 값으로 거래되고 있을 때(또한 그 가격차이가 거래비용을 상회할 때) 이 두 시장에서 동시에 거래함으로써 자금투입 없이 가격 차이에 따른 확실한 수익을 얻을 수 있다. 즉 가격이 높은 시장에서 자산을 공매하고 가격이 낮은 시장에서 매수한다. 이에 따른 순수입은 정의 값을 가지고 또한 매도와 매수 포지션이 상쇄되기 때문에 리스크는 발생하지 않는다.

전자통신이 발달하고 신속한 거래형성 체제가 확립된 현대 시장에서 차익거래 기회는 매우 적으나 완전히 소멸된 것은 아니다. 새로운 정보가 시장에 신속히 반영되도록 하는 현대 기술은 차익거래 기회가 생기는 것과 거의 동시에 대량의 거래를 통해 큰 차익거래 이익을 얻는 것도 가능하게 하고 있다.

2. APT와 요인 포트폴리오의 구성

APT는 N개의 요인이 증권의 수익률 결정에 영향을 미친다고 가정하고 있다. 우리 주위에 무수히 많은 증권이 존재하고 또한 각 요인에 대한 민감도가 각 증권마다 상이하다. 이러한 상황에서 여러 가지 투자전략이 수립될 수 있다. 우선 다음과 같은 특징들을 지닌 포트폴리오를 구성해 APT 전개 과정을 따라가 보기로 하겠다.

① 요인 1에 대해서 민감도가 매우 높다.

② 그 이외의 요인들로부터는 큰 영향을 받지 않는다.

③ 철저한 분산투자에 의해 증권고유위험(비체계적위험)이 모두 제거되었다.

예를 들어 두 개의 요인이 적절하며 각 요인에 대하여 증권 A, B, C의 민감도가 다음과 같다고 하자.

100만원을 보유한 투자자가 A증권에 30만원을 그리고 B에 70만원을 투자한다면 $w_A=0.3$, $w_B=0.7$, $w_C=0$이 된다. 요인 1과 요인 2에 대한 포트폴리오의 민감도는 다음과 같다.

$$b_{p1}=(-0.4\times0.3)+(1.6\times0.7)+(0.67\times0)=1.0$$
$$b_{p2}=(1.75\times0.3)+(-0.75\times0.7)+(-0.25\times0)=0$$

이와 같은 특성의 증권이 무수히 많이 있다면 이들 증권에 투자하여 증권고유위험이 거의 제거되어 결국 $\sigma_{ep}\fallingdotseq0$이 되는 포트폴리오가 구성될 수 있다. 그러므로 투자비율을 적절히 조정하여 요인 1에만 민감한 요인 1 포트폴리오

〈표 8-1〉 증권 A, B, C의 민감도

증　권	b_{i1}	b_{i2}
A	−0.4	1.75
B	1.6	−0.75
C	0.67	−0.25

(factor 1 portfolio)가 구성될 수 있다. 비슷한 방법으로 요인 2 포트폴리오를 구성해 보기로 하겠다. 투자자가 A증권에 62.5만원을, 그리고 C증권에 37.5만원을 투자한다고 가정하면 각 요인에 대한 민감도는 다음과 같게 된다. 많은 증권에 투자하게 되면 요인 2에 영향을 받는 포트폴리오를 구성할 수 있다.

$$b_{p1}=(-0.4\times0.625)+(1.6\times0)+(0.67\times0.375)=0$$
$$b_{p2}=(1.75\times0.625)+(-0.75\times0)+(-0.25\times0.375)=1.0$$

요인 1에만 영향을 받는 포트폴리오 수익률과 요인 2에만 영향을 받는 포트폴리오의 수익률을 구하면 다음과 같다.

$$R_{pI}=a_{pI}+F_1 \tag{8-13}$$
$$R_{pII}=a_{pII}+F_2 \tag{8-14}$$

R_pI: 요인 1에만 영향을 받는 포트폴리오의 수익률
R_pII: 요인 2에만 영향을 받는 포트폴리오의 수익률

3. 요인 포트폴리오의 기대수익률

요인 포트폴리오의 기대수익률은 무위험이자율과 요인에 대한 민감도 1단위에 대한 기대수익률 프리미엄으로 나타낼 수 있다. 각 요인 포트폴리오의 기대수익률은 다음과 같이 표시할 수 있다.

요인 1 포트폴리오의 기대수익률: $R_f+\lambda_1$
요인 2 포트폴리오의 기대수익률: $R_f+\lambda_2$
⋮

요인 1에 의해서만 영향을 받는 포트폴리오를 구성할 때 시장에는 많은

증권이 존재하므로 요인 1 포트폴리오는 무수히 존재한다. 이 경우 자본시장이 효율적이라면 요인 1 포트폴리오를 구성한 다양한 포트폴리오들의 기대수익률은 같아야 한다. 만약 요인 1 포트폴리오을 구성한 포트폴리오의 기대수익률이 상이할 경우 차익거래 기회가 발생한다. 예를 들어 낮은 기대수익률을 갖는 포트폴리오를 공매도하고 이 자금을 높은 기대수익률을 갖는 포트폴리오에 투자한다. 그렇게 하면 자기자본을 추가적으로 투입하지 않고 많은 이익을 올릴 수 있을 것이다.

이와 같은 현상이 실제로 존재하면 많은 차익거래자(arbitrager)들은 기대수익률이 높은 포트폴리오를 매입할 것이고 기대수익률이 낮은 포트폴리오를 매각할 것이다. 그렇게 되면 전자의 가격은 상승하게 되어 기대수익률이 떨어질 것이고, 후자의 가격은 하락하여 기대수익률이 상승하게 되어 결국에는 시장이 균형상태에 놓이게 된다.

4. 증권의 기간수익률

보유하고 있는 자금을 무위험자산과 요인 포트폴리오에 분산투자하면 각 요인의 민감도가 다른 포트폴리오를 구성할 수 있다. 이러한 포트폴리오의 증권의 고유위험(비체계적 위험)은 거의 제거될 수 있다.

예를 들어 증권 k의 수익률이 요인 1과 요인 2에 의해 다음과 같이 결정된다고 가정해 보자.

$$R_k=a_k+0.8F_1+1.5F_2+e_k \tag{8-15}$$

현재 100만원을 보유하고 있는 투자자가 1,300,000원을 무위험이자율로 차입하여 총 2,300,000원을 요인 1 포트폴리오에 800,000원, 그리고 요인 2 포트폴리오에 1,500,000원을 투자한 포트폴리오 K를 구성한다고 가정해 보자. 이 과정에서 예상되는 포트폴리오 K의 기대수익률은 아래와 같다.

무위험자산	: $-1.3R_f$	$=-1.3R_f$
요인 1 포트폴리오	: $0.8(R_f+\lambda_1)$	$=0.8R_f+0.8\lambda_1$
요인 2 포트폴리오	: $1.5(R_f+\lambda_2)$	$=1.5R_f+1.5\lambda_2$
		$R_f+0.8\lambda_1+1.5\lambda_2$

증권 k와 포트폴리오 K를 비교해 보면 양쪽 모두 요인 1에 대한 민감도가 0.8이고 요인 2에 대한 민감도는 1.5이다. 그러나 증권 k는 그 자신의 증권 고유위험이 존재하나 포트폴리오 K에는 이러한 위험이 없다. 이 때 만약 증권 k의 기대수익률이 포트폴리오 K의 기대수익률보다 낮다면 포트폴리오 K는 위험수준은 낮고 기대수익률이 높기 때문에 증권 k를 공매도하여 이 자금을 포트폴리오 K에 투자함으로써 차익(arbitrage profit)을 올릴 수 있게 된다. 그러므로 균형상태에서는 K 포트폴리오와 증권 k의 기대수익률은 다음과 같아야 한다.

$$E(R_k)=R_f+0.8\lambda_1+1.5\lambda_2 \tag{8-16}$$

보다 일반적인 식으로 바꾸어 쓰면 다음과 같다.

$$E(R_k)=R_f+b_{k1}\lambda_1+b_{k2}\lambda_2 \tag{8-17}$$

식 (8-17)이 APT의 자산에 대한 가격결정방정식이다. 차익거래 가격결정이론에 의하면 증권이나 포트폴리오의 기대수익률은 적절한 요인에 대한 민감도와 선형관계를 보이고 있다.

5. CAPM과 APT의 비교

CAPM은 APT와는 달리 수익률이 요인모형에 의해 생성된다고 가정하지 않는다. 하지만 수익률이 요인모형에 의해 생성되는 상황에서 APT와 CAPM의 가정이 동시에 유효할 수 있는 상황이 있을 수 있다. 따라서 CAPM과 APT를 비교하여 어떠한 관계에 있는지를 살펴볼 필요가 있다.

(1) CAPM의 베타와 APT의 요인의 민감도

만약 증권의 수익률이 요인모형에 의해 결정될 수 있다면 특정 증권의 베타값과 그 증권의 요인에 대한 민감도 사이에는 일정한 관계가 있을 수 있다. 수익률이 2개의 요인으로 설명된다고 가정하면 증권 i의 수익률과 시장포트폴리오간의 공분산은 다음과 같게 된다.

$$Cov(R_i,\ R_m)=Cov(a_i+b_{i1}F_1+b_{i2}F_2+e_i,\ R_m) \tag{8-18}$$

$$=[b_{i1}\cdot Cov(F_1, R_m)]+[b_{i2}\cdot Cov(F_2, R_m))]+Cov(e_i, R_m)$$

한편 CAPM에서 베타값은 다음과 같다.

$$\beta_i=\frac{Cov(R_i, R_m)}{\sigma_m^2}$$

식 (8-18) 양변을 σ_m^2으로 나누어 보자.

$$\beta_i=\frac{Cov(R_i, R_m)}{\sigma_m^2}=b_{i1}\cdot\frac{Cov(F_1, R_m)}{\sigma_m^2}+b_{i2}\cdot\frac{Cov(F_2, R_m)}{\sigma_m^2}+\frac{Cov(e_i, R_m)}{\sigma_m^2} \qquad (8\text{-}19)$$

실제로 $Cov(e_i, R_m)/\sigma_m^2$은 무시될 수 있을 정도로 매우 작기 때문에 제외시켜도 큰 문제는 생기지 않을 것이다. 식 (8-19)에서 보듯이 요인값과 시장포트폴리오의 공분산을 시장포트폴리오의 분산으로 나누어준 값을 요인베타(factor beta)라 하며 아래와 같이 구해진다.

$$\beta_{F1}=\frac{Cov(F_1, R_m)}{\sigma_m^2} \qquad (8\text{-}20)$$

$$\beta_{F2}=\frac{Cov(F_2, R_m)}{\sigma_m^2} \qquad (8\text{-}21)$$

그러므로 증권의 베타는 아래와 같이 표시할 수 있다.

$$\beta_i=b_{i1}\beta_{F1}+b_{i2}\beta_{F1} \qquad (8\text{-}22)$$

β_{F1}과 β_{F2}는 증권에 따라 그 값이 달라지는 것이 아니고 일정하기 때문에 식 (8-22)에서 증권의 베타 요인에 대한 민감도의 함수임을 알 수 있다. 따라서 각 증권의 베타가 다른 것은 각 증권의 요인에 대한 민감도가 다르기 때문이다.

예를 들어보자. GDP에 대한 요인베타 β_{F1}가 1.2이고 인플레이션에 대한 요인베타 β_{F2}가 0.8이라고 하자. A, B, C 세 증권의 각 요인에 대한 민감도가 〈표 8-1〉과 같다고 하면 각 증권의 베타값은 다음과 같다.

$$\beta_A = 1.2(-0.4) + 0.8(1.75) = 0.92$$
$$\beta_B = 1.2(1.6) + 0.8(-0.75) = 1.32$$
$$\beta_C = 1.2(0.67) + 0.8(-0.25) = 0.6$$

(2) 기간수익률, 요인베타 및 증권 민감도의 관계

CAPM에 의하면 증권 i의 기대수익률은 다음과 같다.

$$E(R_i) = R_f + \beta_i[E(R_m) - R_f]$$

만약 증권의 수익률이 두 요인모형에 의해 생성된다면 증권의 베타는 식 (8-22)에서처럼 증권의 각 요인에 대한 민감도와 요인베타로 표시될 수 있다.

CAPM식을 식 (8-22)에 대입하여 정리하면 다음과 같게 된다.

$$E(R_i) = R_f + [E(R_m) - R_f](\beta_{F1}b_{i1} + \beta_{F2}b_{i2})$$
$$E(R_i) = R_f + [\{E(R_m) - R_f\}\beta_{F1}]b_{i1} + [\{E(R_m) - R_f\}\beta_{F2}]b_{i2} \quad (8\text{-}23)$$

APT와 CAPM의 가정이 유효하다는 전제에서 식 (8-23)을 APT의 일반식인 식 (8-17)과 비교하면 값은 다음과 같게 된다.

$$\lambda_1 = [E(R_m) - R_f]\beta_{F1} \quad (8\text{-}24)$$
$$\lambda_2 = [E(R_m) - R_f]\beta_{F2} \quad (8\text{-}25)$$

이 두 식을 식 (8-23)에 대입하여 정리하면 다음과 같다.

$$E(R_i) = R_f + \lambda_1 b_{i1} + \lambda_2 b_{i2} \quad (8\text{-}26)$$

APT 그 자체는 요인의 기대수익률 프리미엄인 λ_1과 λ_2의 크기에 대해 아무 정보를 주지 못한다. 그러나 CAPM이 유효하다면 λ_1과 λ_2의 크기는 식 (8-24)와 식 (8-25)에 의해 결정된다는 사실을 알 수 있다.

요인 1의 시장포트폴리오와의 공분산 값이 양이라 가정하면 β_{F1}은 양의 값이 되고 $E(R_m)$이 R_f보다 크기 때문에 $[E(R_m) - R_f]$도 양의 값을 갖는다. 그러므로 $[E(R_m) - R_f]\beta_{F1}$은 항상 양의 값을 갖게 되어 λ_1이 양의 값은 갖는다. λ_1이 양이므로 식 (8-26)에서 b_{i1}의 값이 클수록 증권 i의 기대수익률은 높아진다. 일반적으로 어떤 요인의 시장포트폴리오와의 공분산이 양이면 증권의 기대수익률은 증권의 그 요인에 대한 민감도와 양의 선형관계가 수립된다.

앞의 예에서 $\beta_{F1}=1.2$, $\beta_{F2}=0.8$, $R_f=7\%$, $E(R_m)=15\%$이면 식 (8-23)은 다음과 같게 된다.

$$\begin{aligned} E(R_i) &= R_f + [\{E(R_m)-R_f\}\beta_{F1}]b_{i1} + [\{E(R_m)-R_f\}\beta_{F2}]b_{i2} \\ &= 7 + [(15-7)1.2]b_{i1} + [(15-7)0.8]b_{i2} \\ &= 7 + 9.6b_{i1} + 6.4b_{i2} \end{aligned}$$

λ_1과 λ_2가 각각 9.6과 6.4 이므로 b_{i1} 또는 b_{i2}가 클수록 기대수익률이 높아질 것이다.

(3) APT의 유용성

CAPM은 APT모형 중에서 하나의 요인을 가진 특수한 경우로 간주할 수 있다. APT는 CAPM에 비하여 훨씬 일반적인 균형모형으로서 상대적으로 여러 가지 우월성을 가지고 있다. CAPM과 비교하여 APT의 우월성을 요약하면 다음과 같다.

① APT는 자산의 수익률에 관한 분포에 대한 제약이 없다.
② APT는 투자자의 효용함수에 관한 제약이 없다.
③ APT는 위험자산의 균형수익률이 계수에 의해서만 결정되는 것이 아니고 다수의 체계적위험에 의해서 결정된다고 가정하여 현실적인 통념과 일치한다.
④ APT는 타당성을 검정하기 위해서 관찰이 불가능한 시장포트폴리오의 추정을 요구하지 않는다.
⑤ CAPM은 시장포트폴리오가 효율적이어야 함을 요구하는데 반해서 APT에서는 시장포트폴리오에 대해 특별한 역할을 요구하지 않는다.
⑥ APT는 다기간 구조로 쉽게 확장될 수 있다.
⑦ APT는 균형 상태뿐만 아니라 준균형 상태에서도 성립한다.

위에서 열거한 바와 같이 APT는 위험자산가격을 묘사하는 모형으로서 CAPM이 지닌 한계점을 극복할 수 있는 보다 현실적인 모형으로 보인다. 그러나 APT 역시 문제가 없는 것은 아니다. CAPM은 체계적 위험에 대한 해석이 확정적인 것에 비하여 APT는 체계적 위험에 관한 경제적 해석이 분명하지 않다. CAPM에서는 시장포트폴리오와 개별 자산의 공분산에 의해 구해지는 베타를 체계적 위험으로 간주하고 있으나, APT에서는 체계적 요인에 대해 구체적으로 규정할 수가 없다. 각 체계적 요인에 대한 경제적 해석이 불가능하다.

지금까지 APT와 CAPM을 비교하여 살펴보았다. 요약하면, CAPM은 단순화한 가정을 전제로 하고 있으나 '진정한 시장포트폴리오'를 확인할 수 없는 문제점으로 인하여 모형을 검정할 수 없다는 문제점이 있다. 하지만 APT에서는 체계적 요인에 경제적 해설을 하는데 있어 어려움이 있기 때문에 CAPM은 위험자산의 균형가격을 분석하는데 있어 대표적인 기준으로 계속 활용될 것으로 전망된다.

에프앤가이드, 운용사 · 펀드 新평가지표 공개
"위험조정 수익률 · 마켓타이밍 능력 · 원금보존 능력 등 포함"

펀드평가사 에프앤가이드가 국내 펀드시장의 특성에 적합한 새로운 평가체계를 개발하고 이에 근거해 펀드와 운용사에 대한 평가 결과를 발표했다고 13일 밝혔다.

이번에 새로 적용하는 평가지는 펀드와 자산운용사의 위험조정 수익률, 마켓타이밍 능력, 원금보존 능력 등을 측정, 평가할 수 있다고 회사측은 설명했다.

위험 대비 성과를 나타내는 수정샤프지수가 모든 펀드 유형에서 주된 평가지표로 사용된다. 이에 더해 국내 주식과 혼합, 채권형에 대해서는 다요인모형(팩터모형)을 이용해 펀드 운용자의 정보우위력(알파)과 마켓타이밍 능력을 평가할 수 있다. 운용기간 동안 얼마나 원금을 잘 보존하였는지에 대한 정보도 제공하게 된다.

에프앤가이드는 "유형별 특성에 맞는 다면적인 펀드평가가 가능해졌을 뿐 아니라 그동안 주로 단순히 수익률 순위로만 평가되던 운용사들의 성과에 대해서도 다양한 관점의 성과측정이 가능해질 것"으로 기대했다.

국내주식형에서 설정액이 200억원 이상인 운용사를 대상으로 지난달 말 기준 최근 3년 평균 수정샤프지수의 퍼센트 순위를 산출해 본 결과, 아이투자신탁운용이 1위를 차지한 것으로 나타났다. JP모간자산운용과 한국

투자신탁운용이 각각 2, 3위를 차지했다.

1~5위를 차지한 운용사 중 JP모간자산운용을 제외한 4개의 운용사들은 꾸준히 성과등급이 상승하는 추세를 보이고 있다. JP모간운용은 자산규모미달로 평가대상으로 편입한 시기가 최근이다.

개별펀드별로는 동양모아드림삼성그룹증권투자신탁 1(주식)A이 연평균 수익률 8.47%와 수정샤프 0.16(연환산)를 차지하며 1위에 랭크됐다. 한국투자삼성그룹증권투자신탁 1(주식)(C)와 신한BNPP프레스티지코리아테크증권투자신탁 2[주식] 이 각각 2위, 3위를 차지했다.

에프앤가이드는 운용사와 펀드간의 성과를 수익률이나 단일 평가지표로만 비교하지 않고, 위험조정 성과지수(수정샤프지수), 정보우위력(알파), 마켓타이밍 능력, 원금보존 능력 등 다양한 평가지표를 제공함으로써 펀드 유형별 특성이나 평가자의 니즈에 맞는 세부적인 평가가 가능해지고, 투자판단의 유용한 길잡이가 될 것으로 기대하고 있다.

– 이데일리 신문기사

연 습 문 제

1. 차익거래 가격결정모형의 개념에 대해 설명하시오.

2. 증권수익률이 두 요인에 의해 결정되고 두 증권의 각 요인에 대한 민감도, 무위험이자율 및 각 증권의 기대수익률이 아래와 같을 때 물음에 답하시오.

증 권	b_{i1}	b_{i2}	$E(R_i)$
X	0.5	0.8	16.2%
Y	1.5	1.4	21.6%
R_f			10.0%

① A 투자자의 투자자금이 100만원이다. 그는 Y 증권 50만원을 공매하여 150만원을 X증권에 투자하였다. 각 요인에 대한 A 투자자의 포트폴리오의 민감도를 구하시오.

② A 투자자가 100만원을 무위험이자율로 차입하여 X, Y 두 증권에 각각 100만원씩 투자할 경우 그 포트폴리오의 각 요인에 대한 민감도를 구하시오.

③ ②에서 구성한 포트폴리오의 기대수익률을 구하시오.

④ 요인 2의 위험프리미엄을 구하시오

3. 상업생산의 성장률 IP와 인플레이션율 IR이 한국 경제의 두 가지 요인이라고 가정하자. IP는 3%, IR은 5%로 예상된다. IP에 대한 베타가 1.0, IR에 대한 베타가 0.5인 주식이 현재 12%의 수익률을 보일 것으로 예상된다. 만약 산업생산이 실제로 5% 성장한 반면 인플레율은 8%라고 할 때 이 주식에 대한 기대수익률를 다시 추정하라.

4. CAPM이 유효하고 증권수익률이 다음과 같이 두 요인모형에 의해 결정된다고 가정한다.

$R_i = R_f + b_{i1}F_1 + b_{i2}F_2 + b_{i3}F_3 + e_i$

다음 자료를 이용하여 물음에 답하시오.

$\sigma^2_m = 324$ $b_{A1} = 0.8$ $b_{B1} = 1.0$

$b_{A2} = 1.1$ $b_{B2} = 0.7$

$Cov(F_1, R_m) = 156$, $Cov(F_2, R_m) = 500$

① A, B 두 증권의 베타값을 구하시오.

② 무위험 이자율이 6%, 시장포트폴리오의 기대수익률이 12%일 때, A, B 두 증권의 기대수익률을 구하시오.

5. APT의 유용성과 한계점에 대해 설명하시오.

6. 다음의 APT(차익거래가격결정이론)에 대한 설명 중 옳지 않은 것은?

정답 ②

① APT를 유도하기 위한 가정은 CAPM의 경우보다 상대적으로 약하며, 따라서 CAPM은 APT의 특수한 형태로 볼 수 있다.

② APT에서는 자산의 수익률 분포에 대한 제약이 필요 없으며, 투자자가 위험회피적이라는 가정도 필요 없다.

③ APT는 시장포트폴리오를 필요로 하지 않기 때문에 시장에 존재하는 자산 일부만으로 자산가치평가를 할 수 있다.

④ APT에서 위험자산의 기대수익률 결정에 영향을 미치는 체계적 위험은 하나 이상이다.

⑤ APT와 CAPM은 둘다 자산의 기대수익률과 관련 위험요인이 선형관계를 갖고 있다는 것을 보여 준다.

(2004년 CPA 기출문제)

제 4 편

자본구조와 자본조달

제 9 장
자본비용

기업을 경영하려면 각종 자본이 소요되며 모든 자본에는 금융비용(financial cost)이 발생된다. 그리고 금융비용은 자본의 종류에 따라 상이하다. 기업에서는 위험성의 문제를 고려하되 가급적 저렴한 비용의 자본을 이용하는 것이 유리하다. 환언하면 유동성과 수익성을 동시에 감안한 합리적 자본구성을 하여야 한다.

본장에서는 자본비용의 의의와 기능, 각종 자본의 금융비용 계산방법 및 가중평균자본비용의 계산방법 그리고 자본비용과 투자결정 등에 관하여 차례로 설명하겠다.

제 1 절 자본비용의 의의와 기능

1. 자본비용의 의의

자본비용(cost of capital)은 자본코스트라고도 하는데 이것은 자본이용의 대가를 의미한다. 타인자본을 제공한 사람에게 이자를 지급하고 우선주나 보통주의 형태로 자기자본을 제공한 사람에게는 배당금을 지급하게 된다. 외상매입을 하였을 경우에도 비용이 발생되는데 이것은 현금매입을 하면 할인을 받든지 또는 유리한 매입을 할 수 있기 때문이다. 미지급임금 · 미지급경비 및 미지급법인세 등과 같은 단기부채(유동부채)와 같이 관례적으로 단기간 이용할 수 있는 단기자본에는 금융비용이 없으므로 예외의 경우이다.

따라서 금융비용이 발생되는 모든 자본을 조달하여 투자운용할 경우에 적어도 각종 자본의 조달비용에 상당하는 경영이익은 올려야 한다. 즉 타인자본이나 자기자본으로 조달하여 경영활동을 하면 각 자본의 제공자가 기대하는 수준의 금융비용을 지급할 수 있는 수준의 이익이 있어야 한다는 것이다. 따라서 자본을 조달하여 투자 시에는 최소한도로 그 자본의 적정수익률에 상당하는 이익이 있어야 한다. 타인자본에 대한 이자와 우선주에 대한 배당금은 그 자본조달 시에 미리 결정된다. 그러나 보통주에 대한 배당금은 미리 결정할 수 없고 경영성과에 따라 상이하게 결정된다. 보통주주에게 지급되는 평균수준 이상의 이익이 발생되면 비교적 높은 보통주배당을 할 수 있고 또한 이 경우에 보통주의 시장가격은 그 액면가액보다 높게 형성되는 것이 보통이다.

앞에서 설명한 바와 같이 재무관리의 목표는 "주주부의 극대화"에 있다고 하였다. 특히 보통주주의 부가 증대될 수 있는 방법으로 자본을 합리적으로 조달하고 또한 이 자본은 효율적으로 투자 운용하여야 한다.

합리적으로 자본을 조달한다는 것은 자본구성이 합리적이라는 것이다. 즉 단기자본과 장기자본 그리고 타인자본과 자기자본의 구성이 유동성과 수익성을 동시에 만족시킬 수 있어야 한다. 단기지급능력인 유동성이 없으면 기업은 계속적으로 경영할 수 없고 또한 수익성이 없으면 결국 그 기업은 도산된다. 유동성을 유지하려면 과대한 타인자본의 이용을 지양하고 적정량의 자기자본이 있어야 한다. 그리고 수익성을 높이려면 가급적 금융비용이 저렴한 자본을 많이 이용하여야 한다. 유동성을 유지하면서 수익성을 크게 할 수 있는 자본조달이 최적자본구조이다.[1)]

2. 자본비용의 기능

자본비용은 투자결정의 기준이 되므로 투자 여부를 결정할 때에 검토되어야 할 가장 중요한 요인 중의 하나이다. 각종 자본은 상이한 비용을 발생시키므로 가급적 유리한 자본을 조달하여야 한다. 그러나 자본비용이 적다고 타인자본을 과대하게 이용하면 경영수익이 없든지 적을 때에 지급능력을 상실할

1) O. Maurice Joy, *Introduction to Financial Management*, Richard D. Irwin, Inc., 1980, pp. 479~485.

우려가 있으므로 합리적인 자본구성이 이루어져야 한다.

① 자본비용은 투자를 위한 최소한도의 수익률이므로 자본코스트는 투자결정의 기준이 된다. 가령 내부수익률(투자수익률) r이 자본비용 k보다 작으면 이 투자안은 기각하여야 한다. 이와 반대로 r이 k보다 크거나 동일하면 이 투자안은 채택될 것이다. 그리고 투자의 경제성을 검토할 경우에는 화폐의 시간적 가치를 고려한 할인현금흐름방법으로 자본비용을 계산해야 한다. 즉 새로운 투자안의 순현금흐름의 현재가치가 0보다 크다면 이 투자는 기업의 가치를 증대시킬 수 있으므로 이 안은 채택되어야 하고 이것이 0보다 작으면 이 투자안은 기각되어야 한다. 따라서 자본비용은 모든 투자결정을 할 때에 기준이 되며 거부율(cut-off rate)의 역할을 한다.

② 자본비용은 소요자금을 조달하는 방법을 결정할 때에 기준이 되고 이 기준을 참작한다. 각종 자본에는 비용이 발생되며 가급적 자본비용이 적은 방법으로 자본을 조달해야 한다. 장기부채 · 우선주 · 보통주 등으로 자본을 조달하면 상이한 자본비용이 뒤따른다. 그리고 이상의 세 가지 자본조달방법은 기업의 유동성과 위험성에도 영향을 미친다. 가령 어떤 방법으로 추가적인 자본을 조달하여도 자본구성이 건전하고 위험성이 없다면 위의 세 가지 방법 중에서 자본비용이 가장 작은 자본으로 조달해야 한다. 따라서 자본비용은 추가적 자본조달시에 가장 중요한 결정요인이 된다.

③ 자본비용은 기업의 최적자본구조(optimal capital structure)을 결정하는데 중요한 역할을 한다. 기업의 최적자본구조란 각종 형태의 타인자본과 자기자본이 합리적으로 조달되어 계속적으로 유동성이 유지되고 높은 수익성을 도모할 수 있는 자본구조를 의미한다. 자본비용을 극소화할 수 있는 방법으로 각종 자본을 조달하여 이 자본을 효율적으로 투자 운용하면 유동성과 수익성을 동시에 유지 향상시켜서 기업의 가치는 증대되고 주주의 이익(부)이 극대화된다.

④ 자본비용은 국민경제에 영향을 미친다. 일반적으로 후진국이나 개발도상국에는 투자기회가 많고 자본이 부족하다. 따라서 수익성과 자본비용이 일반적으로 선진국에 비하여 크다. 그러나 자본구성이 비합리적이거나 자본을 비효율적으로 투자 운용하여 손실을 보고 도산하게 된다. 따라서 재무관리자는 최적자본구성을 하여 자본비용을 절감하고 귀중한 자본을 효율적으로 각종 자본에 투자 운영하여 영속적으로 유동성과 수익성 목적을 달성하여 기업을

성장시켜서 국민경제 발전에 도모하여야 한다.[2)]

제 2 절 자본비용의 계산

기업에서 조달하는 각종 자본에는 금융비용이 발생되며 이 자본비용은 투자결정시에 기준이 된다. 그러나 각종 자본은 상이한 수익률 또는 이용대가를 요구하게 된다. 아래에서 자본의 종류를 부채 · 우선주 · 보통주 및 사내유보금으로 구분하고 이들의 비용을 개별적으로 산출하는 방법에 대하여 설명하겠다.[3)]

1. 부채비용

부채비용(cost of debts)은 타인자본비용(cost of borrowed capital)이라고도 하는데 이것은 타인자본을 이용한 대가이고 이 자본을 제공한 사람의 보수이다. 부채에는 지급어음 · 외상매입금 · 미지급금 · 장단기차입금 · 사채 등이 이에 속한다. 미지급임금 · 미지급법인세 · 미지급금 등의 특수한 단기부채는 관례적으로 이자를 지급하지 않으므로 자본비용이 없다. 그러나 미지급금 이외의 모든 부채에는 자본비용이 발생된다.

외상으로 재화나 용역을 매입하고 지급어음이나 외상매입금의 형태로 단기부채를 이용하여도 이에는 자본비용이 발생되는 것이 보통이다. 현금매입은 할인을 받을 수 있고 또한 기타 유리한 구매를 할 수 있기 때문에 지급어음이나 외상매입금에도 자본비용은 있는 것이다. 그러나 아래에서는 장단기차입금이나 사채 등의 자본비용을 계산하여 보겠다.

부채비용은 직접적인 것과 간접적인 것이 있는데 직접적인 부채비용은 利子이다. 그리고 간접적인 부채비용은 부채 증가에 따른 재무위험(financial risk)

---

2) 지청, 「현대재무관리」, 1979, pp. 367~368 ; Iqubal Mathur, *Introduction to Financial Management*, Macmillan Publishing Co., Inc., 1979, pp. 271~273.

3) John D. Martin, J. William Petty, Arthur J. Keown, and David F. Scott, Jr., *Basic Financial Management*, Prentice-Hall, Inc., 1979, pp. 373~397.

을 의미하는데 이것을 자본구성과 관련하여 설명하겠다.

부채 중에서 타인자본을 이용할 때에는 그 이용대가로 이자를 지급하게 된다. 이 이자는 자본을 조달할 때에 미리 결정되는 것이어서 그 비용을 용이하게 이해할 수 있다. 그러나 타인자본을 이용할 때에 이자 이외의 부수적인 비용도 약간 발생된다. 은행에서 차입할 경우에는 부동산감정료 · 등기료 등이 소요되며, 또한 사채를 발행할 경우에는 증권발행료 · 판매수수료 등이 이자 이외의 비용으로 소요된다. 아래에서는 이자지급액만 비용으로 보면 부채비용 K_i는 다음과 같은 산식으로 산출된다.

$$K_i = \frac{F}{B} \tag{9-1}$$

K_i: 부채비용
F: 연간 이자지급액
B: 순차입금

우선주나 보통주주에게 지급되는 배당금은 법인세 납부 후에 결정하지만 사채나 차입금에 대한 이자는 비용으로 처리된다. 즉 이자에 대한 법인세가 없으므로 자본비용을 계산할 경우 타인자본이 유리하다. 부채에 대한 이자가 주주에 대한 배당금과 같이 법인세를 납부한 후에 지급된다고 가정하면 법인세 공제 후의 부채비용은 아래 식에 의해 산출된다.

$$K_i = \frac{F(1-t)}{B} \tag{9-2}$$

t: 법인세율

이상의 두 식에 의하여 타인자금의 계산을 아래와 같은 가정 하에 산출하여 보겠다. 어떤 기업에서 은행으로부터 1,000,000원 차입하는 데 발생되는 기타 비용은 40,000원이고 연이자율은 20%이며 법인세율은 40%라고 가정하겠다.

F: 200,000원 =(1,000,000원 × 0.2)
B = 960,000원 =(1,000,000원 − 40,000원)
t = 0.40(40%)

부채비용 K_i는 다음과 같이 계산된다.

$$K_i = \frac{200,000\text{원} \times (1-0.40)}{960,000\text{원}} \tag{9-3}$$

$$= 0.125 = (12.5\%)$$

이 경우에 1,000,000원을 차입하는 데 연이자율 20%로 계산하면 실제 자본비용은 20.8% = 200,000원 ÷ (1,000,000원 − 40,000원)이다. 그러나 이자지급액의 법인세 40%에 상당하는 세제 이상의 혜택이 있다. 즉 부채비용 20.8%는 세제상의 혜택을 감안한다면 12.5%에 불과하다. 따라서 기업이 평균수준의 이익이 있을 때에는 추가적 자본을 부채로 조달하는 것이 자기자본보다 유리하다.

부채로 자본을 조달할 경우에 이자와 실제 지급된 기타 비용은 직접적 비용이지만 간접적 비용도 고려해야 한다. 간접적 비용은 재무위험과 환위험을 의미한다. 재무위험이란 부채가 자기자본보다 비용이 낮다고 하여 타인자본을 과대하게 이용하면 원금과 이자를 상환하지 못하여 유동성이 없어서 도산할 위험성이 있다. 이러한 경우에는 자본비용이 비교적 높은 주식을 발행하는 것이 회사나 주주에게 유리하다.

환위험이란 차관의 형태로 장기부채를 조달하였는데 환율이 인상된다면 종전보다 더 많은 원화로 원금을 상환해야하는 것을 의미한다. 차관금액은 동일하지만 원화 상환액이 증가되고 또 이에 따른 이자지급액도 증가되어 부채비용이 증대되기도 한다. 따라서 부채와 자기자본을 합리적으로 조달하는 것이 장기적으로 유리하다.

2. 자기자본비용

자기자본비용(cost of equity capital)이란 자기자본을 제공한 사람에게 그 이용대가로 지급하는 보수를 의미한다. 이 보수는 배당의 형태로 지급되는데 이것은 자기자본의 조달비용이 된다. 자기자본은 우선주 · 보통주 및 사내유보금 등으로 구분할 수 있다. 이들의 자본비용을 다음에서 차례로 산출하여 보겠다.

(1) 우선주비용

우선주비용(cost of preferred stock)이란 우선주를 발행하여 조달한 자본에 대하여 지급되는 배당금을 의미한다. 우선주는 주식을 발행하여 자본을 조달하되 일반적으로 원금상환의 약속이 없는 것이 특징이다. 그리고 이자를 지급하는 것이 아니라 보통주와 같이 배당금을 지급하게 되어 자기자본에 속한다. 그러나 우선주에 대한 배당률은 우선주발행 당시에 미리 결정되고 일정률의 배당금만 지급하게 되는데 이것은 부채로 자본을 조달할 때와 같다.

우선주비용은 아래 산식에 의하여 계산된다.

$$K_p = \frac{D_p}{P_p} \tag{9-4}$$

K_p: 우선주비용
D_p: 우선주 1주당의 연간배당액
P_p: 우선주 발행비용을 뺀 1주당 발행가액

어떤 기업에서 우선주 1주당의 액면가액 5,000원짜리를 100,000주 발행하여 5억원을 조달하였다. 이 우선주의 배당률이 20%이며 1주당 1,000원의 배당을 하게 된다. 그리고 이 우선주 100,000주를 발행하는 데 부수적으로 발생되는 기타 비용은 40,000,000원이다.

$$D_p = 1{,}000\text{원}$$

$$P_p = 5{,}000\text{원} - \left(\frac{40{,}000{,}000\text{원}}{100{,}000\text{주}}\right) = 4{,}600\text{원}$$

$$K_p = \frac{D_p}{P_p} = \frac{1{,}000\text{원}}{4{,}600\text{원}} = 0.21 = 21\%$$

이 기업의 우선주비용이 21%이어서 세제상의 혜택을 고려한 부채비용 12.5%보다 8.5%(21%−12.5%)나 크다. 앞에서 예시한 부채의 이자율과 우선주의 배당률은 똑같이 연 20%이지만 우선주비용이 부채비용보다 8.5%나 더 큰 것은 우선주배당은 법인세 40%를 납부한 후에 지급하기 때문이다.

(2) 보통주비용

보통주비용(cost of common stock)이란 보통주를 발행하여 조달된 자본에 지급되는 대가를 의미한다. 이것은 배당금의 형태로 지급된다. 환언하면 보통주비용은 이미 발행된 보통주의 가격을 계속 유지하는 데 소요되는 코스트가 보통주비용이라고 할 수 있다. 즉 보통주비용은 현재 주식의 시장가격을 유지하기 위하여 자기자본으로 조달한 투자가 얻어야 할 최소한도의 필요이익률이다. 여기서는 사내유보금은 제외하고 보통주 발행에 관련해서 설명하겠다.

부채나 우선주로 자본을 조달하게 되면 이자율과 배당률이 미리 결정되지만 보통주는 경영활동을 한 후에 이익의 대소에 따라 배당률이 상이하게 되는 것이다. 따라서 보통주에 대한 비용을 계산하려면 간단하지 않다. 보통주비용을 계산하는 방법에는 여러 가지가 있지만 이익과 배당에 관련하여 생각할 수 있다.

새로 발행되는 보통주의 필요이익률을 결정하려면 먼저 보통주식의 평가문제를 검토해야 한다. 즉 보통주식의 가치를 산출하기 위하여 미래의 배당을 주가의 함수로 하느냐 또는 이익을 주가의 함수로 하느냐에 따라서 배당설(dividend theory)과 수익설(pure earning theory)로 구분된다.[4] 즉, CAPM을 이용한 보통주 자본비용의 추정($r_S=r_f+[E(r_M)-r_f]\beta_S$), 배당액을 이용한 보통주 자본비용의 추정$\left(r_S=\dfrac{D_1}{P_0}+g\right)$으로 구분된다.

1) CAPM을 이용한 보통주 자본비용의 추정

CAPM에 의해 산출되는 주식의 기대수익률은 자본시장의 균형 하에서 투자자가 그 주식에 대해서 요구하는 수익률로 보통주의 자본비용이 된다. 그러므로 제7장에서 설명한 증권시장선(SML)을 이용하여 보통주의 r_S를 산출하는 식을 나타내면 다음과 같다.

$$r_S=r_f+[E(r_M)-r_f]\beta_S$$

예를 들어, (주)한양의 주식(보통주)베타가 1.5이고, 무위험이자율이 5%이고, 시장의 기대수익률이 10%라면 (주)한양의 보통주 자본비용은 다음과 같이 계산된다.

$r_S=0.125(12\%)=5\%+1.5(10\%-5\%)$가 된다.

4) 배당설을 지지하는 학자로 고든(M. J. Gordon), 비어만 · 스미트(Bierman and Smidt), 반혼(J. C. Van Horne) 등이 있다. 수익설의 제창자는 솔로몬(E. Solomon), 조엘딘(Joel Dean), 모딜리아니 · 밀러(Modigliani and Miller)가 있다. 김기호, 「자본코스트와 자본구성에 관한 연구」, 1976, pp. 16~17.

2) 배당액을 이용한 보통주 자본비용의 추정

보통주 1주당 배당액과 보통주의 시장가격을 비교하여 자본비용을 검토한다. 이 방법에서는 신보통주의 비용은 1주당의 배당액을 1주당의 시장가격으로 나누어 산출한다. 1주당 배당액은 법인세 납부 후의 금액이고, 1주당의 시장가격은 신주발행비용을 뺀 금액으로 계산되는데 아래에서는 신주발행비용은 고려하지 않는다면 그 산식은 아래와 같다.

$$r = \frac{D_1}{P_0} \tag{9-5}$$

r: 투자수익률
D_1: 당해연도 말의 배당액
P_0: 1주당 현재의 시장가격

어떤 회사의 1주당 현재의 시장가격이 12,000원이고 당기말에 예상되는 1주당 배당액이 2,000원이라면 보통주비용 K_e는 16.7%이다.

r대신 보통주비용 K_e를 대체하면,

$$K_e = \frac{D_1}{P_0} \tag{9-6}$$

$$K_e = \frac{2{,}000원}{12{,}000원} = 0.167 = 16.7\%$$

위의 예의 회사의 미래의 배당증가율이 연 10%라고 가정하면 보통주비용 K_e는 26.7%이다.

$$K_e = \frac{D_1}{P_0} + g \tag{9-7}$$

g: 배당의 증가율 또는 성장률
(g: $b \cdot E$, b: 사내유보율, E: 이익률)

$$K_e = \frac{2{,}000원}{12{,}000원} + 10\% = 26.7\%$$

이 회사의 경우 배당증가율이 10%라고 가정한 것은 그 기업이 그만큼 성장할 것을 예상하였기 때문이다. 이 성장률을 감안한 보통주비용은 26.7%가 된다. 이 예에서는 보통주 1주당의 이익을 전부 배당한다는 가정 하에 계산된 보통주비용이다. 환언하면 사내유보는 하지 않았으므로 이익을 전부 배당하였을 경우의 보통주비용이다.

이와 같은 보통주배당액의 대소가 새로운 보통주 발행 시에 기준이 된다. 이 배당액이 크게 예상되면 보통주의 시장가격은 높게 평가되고 배당액이 적게 예상되면 보통주의 시장가격도 낮게 평가될 것이다. 그러나 실제에 있어서 이익의 일부는 사내유보되고 이익이 전부 배당되지 않는 경우도 있다.

이익 중 어느 정도를 배당하고 어느 정도를 사내유보하느냐에 따라서 보통주의 시장가격이 약간 상이하게 된다. 우리나라 상장법인의 당해연도 이익을 전부 배당한다고 하면 보통주의 시장가격이 현재시가보다 더 크게 형성될 가능성이 많다.

3) 보통주의 예상이익과 시장가격

보통주 1주당 예상이익이 보통주의 시장가격에 영향을 미치며 보통주비용의 기준이 된다. 보통주로 자본을 조달하였을 경우의 비용은 배당금이 되지만 실제로 기업의 이익은 전부 배당되지 않는 경우가 많다. 보통주에 대한 예상이익이 크다는 것은 예상배당금과 예상사내유보가 크다는 것이다. 이것은 장기적으로 보통주의 이익이 되고 보통주주의 부를 증대시키게 된다. 따라서 보통주의 예상이익이 크면 보통주의 시장가격이 크게 형성된다는 것이다.[5)]

보통주의 예상이익을 기준으로 한 보통주의 자본비용은 미래에 예상되는 1주당의 이익을 보통주 발행비용을 뺀 순시장가격으로 나누어서 계산한다.

$$K_e = \frac{E_a}{P_0} \tag{9-8}$$

K_e: 보통주비용
E_a: 1주당 예상이익(earning per share: EPS)
P_0: 1주당 시장가격

어떤 회사의 보통주 발행총수가 1,000,000주이고 부채는 없다고 가정하여 보겠다. 그리고 이 회사의 1년 후의 순이익이 30억원이 될 것으로 예상되며 보통주 1주의 시장가격이 12,000원이라고 가정하겠다.

5) James C. Van Horne, ***Financial Management and Policy***, Prentice-Hall, Inc., 1977, pp. 198~203.

$$E_a = \frac{30\text{억원}}{1,000,000\text{주}} = 3,000\text{원}$$

$$P_0 = 12,000\text{원}$$

$$\therefore K_e = \frac{E_a}{P_0} = \frac{3,000\text{원}}{12,000\text{원}} = 0.25 = 25\% \qquad (9\text{-}9)$$

이상에서 산출된 바와 같이 보통주비용은 25%이다. 이 회사가 앞으로 성공적인 경영을 지속하여 매년 성장한다면 배당률이 증가될 것이다. 성장기업에서 배당률이 증가되는 것은 앞의 예에서 계산되었다.

보통주에 대한 예상이익이 클수록 보통주비용은 크게 계상되며 보통주 시장가격도 증대된다. 그리고 보통주 시장가격은 실제로 예상이익에 의하여 결정되지만 또한 배당정책의 영향을 받아 변동되기도 한다.

(3) 사내유보금비용

사내유보금비용(cost of retained earnings)은 이익잉여금비용이라고도 한다. 사내유보금은 기업의 순이익에서 배당금을 공제한 금액으로서 이는 기업에 재투자되는 것이다. 사내유보금으로 자본을 조달하였을 경우에 자본비용이 발생되느냐 안 되느냐 하는 데는 양론이 있다.

사내유보금에 대해서는 타인자본과 같이 이자가 지급되는 것이 아니라 보통주와 같이 배당을 지급하거나 그 발행비용이 발생되는 것이 아니다. 따라서 회계학적으로는 사내유보금에 대한 비용은 없다.

그러나 사내유보금을 보유한다는 것은 동액만큼 보통주주가 배당을 덜 받았다는 것이다. 주주가 이 사내유보금에 상당하는 배당을 받아서 다른 목적으로 투자한다면 추가적인 수익을 받을 수 있다. 그리고 회사에서 사내유보금으로 자본을 조달할 수 없다면 다른 방법으로 그에 상당하는 자본을 조달하여 비용을 지급할 것이다. 따라서 사내유보금도 자본비용이 발생된다고 보아야 한다.

회사에서 이익을 전부 배당하지 아니하고 그 일부를 사내보유하는 것은 보통주주의 이익이 되기 때문이다. 보통주주가 배당을 받으면 배당소득세를 내야하고 또한 거액의 배당을 받게 되는 대주주는 배당금이 종합소득에 가산되어 고율의 종합소득세를 납부하게 된다. 따라서 이익을 전부 배당으로 받는 것보다 그 일부를 사내유보하는 것이 그 유보금의 가치가 더 클 것으로 예상

되므로 이익잉여금으로 재투자하는 것이다.[6)]

타인자본을 조달하기 곤란한 회사나 또는 타인자본의 비용이 크다고 인정되는 경우에 사내유보를 하게 된다. 또한 새로운 보통주를 발행하여 기존 주주가 추가적으로 매입하기 어려울 경우에는 기업의 지배권을 유지하기 위하여 사내유보를 하기도 한다.

보통주주가 사내유보하는 것이 이것을 받아서 다른 방법으로 투자하는 것보다 이익이 클 경우에 사내유보를 하게 된다. 즉 사내유보를 통하여 보통주의 앞으로의 예상이익이 더 커지든지 기타 이익이 있으므로 전부 배당을 받지 않는다. 사내유보금 이외의 다른 방법으로 회사가 자본을 조달하면 또한 비용이 지급된다. 따라서 사내유보금도 자본비용을 계산하여야 한다. 따라서 사내유보금비용 K_r은 아래와 같이 계산된다.

$$K_r = \frac{E_a}{M} \tag{9-10}$$

K_r: 사내유보금비용
E_a: 보통주 1주당 이익(EPS)
M: 보통주 1주당 시장가격

사내유보금으로 조달된 자본은 보통주를 발행하여 조달된 자본과 동일하게 기업이익을 초래시키며 보통주의 시장가격에 영향을 미친다. 따라서 사내유보금은 보통주와 같은 자본비용이 발생되어 아래와 같은 공식이 형성된다.

$$K_r = \frac{E_a}{M} = \frac{E_a}{P_0} \tag{9-11}$$

그리고 이 회사에 사내유보금이 기업성장으로 말미암아 배당률이 증가된다면 보통주의 수익성이나 배당금의 증가율을 감안한 보통주비용을 계산하는 방법으로 사내유보금의 비용 K_r도 계산된다.

$$K_r = K_e \frac{D_1}{P_0} + g \tag{9-12}$$

6) 사내유보를 많이 한 회사의 보통주시장가격은 높게 형성되며 이 주식을 매각하여 매매차익이 아무리 커도 우리나라의 현 세법에서는 과세대상이 되지 않으므로 주주의 이익이 된다. 가령 사내유보를 하지 않고 배당을 받은 자금으로 자기회사의 보통주를 매입하면 세제상의 혜택을 받지 못할 것이다.

위 식에서 본 바와 같이 사내유보금의 비용은 보통주의 비용과 동일하게 계산된다. 즉 보통주비용과 사내유보금비용은 동일한데 이 두 가지 자본의 비용의 합계가 자기자본비용(cost of equity capital)이 된다.

제 3 절 가중평균자본비용

1. 가중평균자본비용의 의의

복합자본비용(combined cost of capital)이란 기업체에서 여러 가지 종류의 자본을 조달하였을 경우에 그 종합적인 자본비용을 의미한다. 즉 기업체에서는 부채 · 우선주 · 보통주 및 사내유보금 등을 통하여 자본조달을 하였는데 이들의 가중평균자본비용이 복합자본비용이다. 이상의 각종 자본의 조달규모가 상이하며 또한 이들의 자본비용도 서로 다르다. 따라서 각종 자본의 조달금액을 가중치로 환산하고 그것에 각종 자본비용을 곱해서 산출한 것이 가중평균자본비용 또는 복합자본비용이다.[7)]

전항에서 각종 자본의 비용을 계산하는 방법을 예시하였는데 이것은 기업체의 자본구성이 단일하다는 가정 하에 이루어졌다. 각종 자본을 조달하고 있는 회사에 있어서, 먼저 개별자본의 비용을 산출하고 각종 자본의 가중치를 계산하여 그 회사의 가중평균자본비용(weighted average cost of capital)을 계산해야 한다. 이것이 그 회사의 가중평균자본비용이며 복합자본비용이 된다. 따라서 자본구성이 변동되면 동일회사인 경우라도 가중평균자본비용이 상이하게 된다.

가중평균자본비용을 계산하는 방법을 자본구성의 가중치에 따라 설명하겠다. 이 회사는 부채 · 우선주 및 보통주로 자본이 구성되어 있다고 가정하겠다. 그리고 부채비용은 K_i, 우선주비용은 K_p, 보통주(사내유보금 포함)비용은 K_e라고 하고, 자본구성에 가중치를 적용한 가중평균자본비용 K_0를 계산하면 아래 식과 같다.

7) Martin, Petty, Keown, and Scott, *op. cit.*, pp. 385~391.

$$K_0 = K_i W_1 + K_p W_2 + K_e W_3 \tag{9-13}$$

$$W_1 = \frac{B}{(B+P+S)}$$

$$W_2 = \frac{P}{(B+P+S)}$$

$$W_3 = \frac{S}{(B+P+S)}$$

또는

$$K_0 = \frac{K_i \cdot B + K_p \cdot P + K_e \cdot S}{B+P+S}$$

B: 부채총액
P: 우선주총액
S: 보통주(불입자본금 + 사내유보금)

2. 가중평균자본비용의 계산

가중평균자본비용은 회사의 장부상의 자본구성을 가중치하였을 경우와 시장가치로 평가한 자본구성을 가중치하였을 경우가 상이하다. 그리고 회사의 최적자본구성을 가중치하여 가중평균자본비용을 계산하여도 각각 상이하게 산출된다. 아래에서 이 세 가지 방법을 적용한 가중평균자본비용을 계산하여 보겠다.

(1) 장부상의 자본구성에 의한 가중평균자본비용

장부상의 자본구성을 가중치로 환산하여 가중평균자본비용을 검토하여 보겠다. 가중평균자본비용은 회사의 자본구성을 가중치로 계산하여 각종 자본비용을 가중치로 곱하여 산출한 평균자본비용이다. 따라서 가중평균자본비용은 그 회사의 총자본의 평균비용으로서 투자필요수익률 또는 투자거부율이라고도 할 수 있다.

태평기계주식회사의 장부상의 자본구성과 그 가중치 및 각종 자본비용은 〈표 9-1〉과 같다.

〈표 9-1〉에서와 같이 태평기계주식회사에서는 총자본 30,000만원을 조달

〈표 9-1〉 자본구성과 자본비용 (단위: 만원)

자본구성			자본비용	
자본출처	금액(만원)	구성비(%)	자본출처	비용(%)
부채	12,000	40.0	부채	12.5
우선주	4,000	13.3	우선주	21.0
보통주	10,000	33.3	보통주	25.0
사내유보금	4,000	13.4	사내유보금	25.0
합계	30,000	100.0		

하였는데 각 자본구성비 합계는 100%이다. 그리고 부채비용은 12.5%,[8] 우선주비용은 21%, 그리고 보통주와 사내유보금(이익잉여금)비용은 각각 25%이다. 〈표 9-1〉의 각종 자본의 구성비에다 해당 자본비용을 곱하면 각종 자본의 가중비용이 산출되는데 이것은 〈표 9-2〉에서 볼 수 있다.

〈표 9-2〉에 있는 가중평균자본비용이 19.5%로 표시되어 있는데 이것은 각종 자본의 가중비용을 합계한 것이다. 즉 태평기계주식회사의 장부상의 자본구성을 가중자본비용으로 계산한 것이 19.5%이다. 환언하면 이 회사의 평균자본비용이 19.5%라는 것이다. 이와 같이 산출된 가중평균자본비용에 상당하는 필요수익률이나 그 이상의 수익률을 얻을 수 있는 투자안은 채택될 것이고 19.5% 미만의 수익을 얻게 되는 투자안은 기각될 것이다. 이 계산은 당사 자본구성이 합리적이고 각종 자본비용이 합리적으로 반영되었을 경우의 가중평균자본비용이다.

〈표 9-2〉 가중투자비용 (단위: %)

자본출처	가중치	자본비용	가중자본비용
부채	40.0	12.5	5.0
우선주	13.3	21.0	2.8
보통주	33.3	25.0	8.3
사내유보금	13.4	25.0	3.4
	100.0	가중평균자본비용	19.5

8) 부채비용 12.5%는 지급이자를 법인세 혜택을 감안한 것이다.

(2) 시장가치로 평가된 자본구성에 의한 자본비용

시장가치로 평가된 자본구성이 장부상의 자본구성과 유사한 회사도 있지만 이 양자간에 차이가 발생되는 경우도 있다. 가령 태평기계주식회사에서 조달한 부채 12,000만원이 차입금이라고 한다면 차입자본의 금리가 변동됨에 따라 금융비용이 변동될 것이다. 또한 이 부채가 사채를 발행하여 조달된 부채라고 가정하면 시중금리의 변동에 따라 사채시장가격이 변동될 것이다. 예컨대 사채 10,000원짜리를 발행할 당시의 시장이자율이 20%이었는데 1년 후에 이 이자율이 15%로 하락되면 그 사채시장가격은 10,000원 이상으로 거래될 것이다. 이와 반대로 1년 후에 시장이자율이 28%로 상승되면 그 사채시장가격은 10,000원 이하로 거래될 것이다.

우선주비용은 시장이자율이 변동되어도 우선주 발행 당시의 배당률에 상당하는 배당금만 보통주보다 먼저 지급하면 된다. 그러나 시장이자율이 변동되면 실제로 우선주시장 거래가격도 변동된다. 예를 들어 1,000원짜리 우선주를 발행할 때 배당률이 21%이었는데 그 당시의 시장이자율이 20%이었다. 그러나 일정기간 후에 시장이자율이 15%로 떨어지면 우선주 시장가격은 5,000원 이상으로 거래될 것이다. 또한 이와 반대로 시장이자율이 28%로 올라가면 그 우선주 시장가격은 5,000원 이하로 거래될 가능성이 많다.

보통주나 사내유보금비용은 경영성과의 결과에 따라 상이하게 나타난다. 즉 경영성과가 양호하여 보통주나 사내유보금에 의한 수익률이 커지면 보통주 5,000원짜리는 5,000원 이상으로 시장가격이 형성될 것이다. 이와 반대로 경영성과가 불량하여 보통주의 수익률이 없든지 또는 평균시장이자율보다 크게 떨어지면 보통주의 시장가격은 5,000원 이하로 거래될 것이다. 실제로 장부가격과 시장가격 사이에 큰 차이가 발생되는 자본은 보통주이다.[9)]

태평기계주식회사는 그 동안의 경영성과가 양호하여 사내유보금이 4,000만원이고 배당률도 높아서 보통주 5,000원짜리가 10,000원으로 시장에서 거래되고 있다고 가정하겠다. 그리고 이 회사의 부채 12,000만원이 전부 사채발행을 하여 자본을 조달하였는데 그 발행 당시 시장이자율이 20%이었다가 1 년 후에 15%로 떨어졌다고 가정하겠다. 그래서 12,000만원 사채시장가격이

9) Harold Bierman and Seymour Smidt, *The Capital Budgeting Decision*, Columbia University Press, 1966, p. 144.

〈표 9-3〉 시장가치로 평가된 가중평균자본비용

자본출처	장부가액 (만원)	시장가액 (만원)	시장가액 구성비(%)	자본비용 (%)	가중자본 비용(%)
부 채	12,000	13,000	34.2	12.5	4.3
우 선 주	4,000	5,000	13.2	21.0	2.8
보 통 주	10,000	20,000	52.6	25.0	13.1
사내유보금	4,000				
합 계	30,000	38,000	100.0		20.2

13,000만원으로 평가되었다고 하겠다. 그리고 우선주 4,000만원에 배당률이 21%인데 1년 후에 시장이자율이 20%에서 15%로 하락되어 우선주의 시장평가액이 5,000만원으로 되었다고 가정하겠다.

이상에서 설명한 바와 같이 이 회사의 경영성과가 양호하여 보통주 10,000만원의 시장평가액이 20,000만원이 되고 사채의 시장평가액이 13,000만원, 그리고 우선주의 시장평가액이 5,000만원으로 증대되었다고 가정하겠다. 이 경우에 시장평가액에 의한 가중평균자본비용은 〈표 9-3〉과 같이 산출된다.

〈표 9-3〉에서 산출된 시장가치로 평가된 가중평균자본비용은 20.2%이어서 〈표 9-2〉에서 산출된 장부상의 가중평균자본비용 19.5%보다 0.7%가 더 크다. 그러면 이 두 가지 가중평균자본비용 중 어떤 비용을 이 회사의 평균자본비용으로 택할 것인가가 문제이다.

일반적으로 시장가치로 평가된 가중평균자본비용이 투자안을 결정할 때 채택되는 것이 보통이다. 왜냐하면 보통주에 투자하는 사람은 시장가격에 의하여 자본을 투자하게 되고 그 투자액에 대한 수익성을 측정하기 때문이다. 그리고 기업의 자산가치와 수익가치 그리고 그 전망의 양부에 따라서 보통주가가 변동되므로 가중평균자본비용은 시장가치로 평가된 가중평균자본비용을 중요시하게 한다.

보통주의 시장가치는 사채나 우선주보다 일반적으로 크게 변동된다. 보통주가격은 그 기업의 경영성과나 재무상태의 변동뿐만 아니라 정치 · 사회 · 경제 및 기타 요인의 영향을 받아 변동되므로 보통주 시장가치와 자본비용을 계산하는 데 문제가 된다.

(3) 최적자본구조에 의한 가중평균자본비용

최적자본구조(optimal capital structure)는 각종 형태의 부채와 자기자본이 가장 합리적으로 구성되어 있는 것을 의미한다. 최적자본구조란 그 기업에서 조달한 가중평균자본비용이 비교적 적고 지불불능의 위험성이 없으며 동시에 수익성을 높일 수 있는 자본구조이다. 부채의 자본비용이 적다고 이것을 과다하게 조달하면 유동성을 상실하여 지불불능상태에 들어갈 위험성이 있다. 이와 반대로 장기자본을 과다하게 조달하면 보통주주에 대한 수익성이 떨어질 수도 있다.

재무관리의 목표는 보통주주의 부를 극대화하며 영속적으로 그 기업을 성장시키는 데 있다. 따라서 단기적으로 주주의 이익을 도모하기 위하여 자본비용은 적지만 위험성이 많은 부채를 과다히 이용하는 것도 문제이다. 각종 부채와 자기자본을 합리적으로 조합하여 자본비용을 가급적 적게 하여 수익성을 높이는 동시에 기업의 유동성과 안전성을 계속적으로 유지할 수 있는 자본구성이 최적자본구조가 될 것이다.

최적자본구조는 기업의 종류 · 규모 · 시기 · 재무정책 등에 따라 상이할 것이다. 이상과 같은 제 요인을 종합적으로 검토하여 자기기업의 최적자본구조를 결정해야 한다.

태평기계주식회사의 최적자본구조가 〈표 9-4〉와 같다고 가정하고 각종 자본비용을 이용하여 가중평균자본비용을 계산해 보겠다.

〈표 9-4〉에서 산출된 최적자본구성에 의한 가중평균자본비용은 18.9%이다. 이 가중평균자본비용은 자본구성이 변동되면 따라서 변동된다. 이 회사의 최적자본구조에 의한 가중평균자본비용이 18.9%로서 동사의 장부상의 자본

〈표 9-4〉 최적자본구조에 의한 가중평균자본비용

자본출처	최적자본구조 (만원)	가중치(%)	자본비용 (%)	가중평균자본 비용(%)
타인자본	14,000	46.7	12.5	5.8
우 선 주	2,000	6.7	21.0	1.4
자기자본	14,000	46.6	25.0	11.7
합 계	30,000	100.0		18.9

구성의 가중평균자본비용 19.5%나 시장가치로 평가된 가중평균자본구성 20.2%보다 낮아서 좋다. 가령 이 회사의 최적자본구조로 산출된 가중평균자본비용이 장부상 또는 시장가치의 가중평균자본비용보다 클 경우에도 수익성과 유동성을 영속적으로 도모할 수 있는 최적자본구조에 따라서 각종 자본을 조달해야 할 것이다.[10)]

(4) 신보통주발행비용과 한계자본비용

1) 신보통주발행비용의 계산

보통주비용의 계산방법은 위에서 이미 설명하였다. 위의 계산방법은 공식 (9-7)에 의하여 보통주의 배당률과 그 성장률만 적용하였다. 그러나 실제로 보통주를 새로 발행하려면 주권인쇄비 · 신주판매수수료 및 기타 발행비용(flotation cost)이 발생된다. 아래에서 이 발행비용을 감안한 신보통주의 비용을 계산하여 보겠다. 새로운 보통주를 발행하는 발행비용을 F라고 하여 신보통주 발행비용을 계산하려면 아래 공식[11)]이 적용된다.

$$K_n = \frac{D_1}{(P_0 - F)} + g = \frac{D_1}{P_n} + g \qquad (9\text{-}14)$$

K_n: 신보통주발행비용
P_n: 신보통주비용$(P_0 - F)$
P_0: 신보통주 1주당 발행가액
F: 신보통주 1주당 발행비용
g: 성장률

태평기계주식회사에서 추가적으로 소요되는 자본을 신보통주 발행으로 1억원으로 조달하기로 결정하였다고 하자. 이 회사의 보통주 1주당 액면가격은 5,000원이지만 시장가격은 1주당 10,000원으로 빈번히 거래되고 있다. 따라서 이 회사는 현재 시장가격으로 1주당 10,000원을 조달할 수 있어서 시가발행을 하기로 하였다. 이 회사에서 1억원의 자본을 새로 조달하려면 보통주의 시가대로 1주당 10,000원씩 받을 수 있으므로 10,000주만 발행하여도 1억원이 된다. 1억원 상당의 신보통주 발행비용은 5,000,000원이 소요된다. 따라서 1주당 발행비용은 200원(5,000,000원 ÷ 10,000주)이 된다. 1억원의 추가적인

10) Joel Dean, *Capital Budgeting*, Columbia University Press, 1951, pp. 1~2.
11) Martin, Petty, Keown, and Scott, *op. cit*., pp. 384~385.

자본을 투자하여 24,500,000원의 추가적인 순이익을 올리게 된다. 따라서 1주당의 배당금은 2,450원(24,500,000원 ÷ 10,000주)이 된다. 이 경우에 신보통주 발행비용은 아래와 같이 계산된다.[12)]

$$K_e = \frac{D_1}{P_0 - F} + g = \frac{2,450\text{원}}{10,000\text{원} - 200\text{원}} \times 100 = 25\% \qquad (9\text{-}15)$$

위에서 산출된 바와 같이 이 회사의 신보통주 발행비용은 25%가 된다.

2) 신보통주발행의 한계자본비용

〈표 9-4〉에 표시된 자본구성이 태평기계주식회사의 최적자본구조라고 하겠다. 그러나 새로 조달되는 자본의 종류에 따라서 최적자본구조가 상이하게 나타날 것이다. 즉 추가적으로 소요되는 1억원을 신보통주나 신우선주를 발행하여 조달하든지 또는 사채를 발행한다 하여도 종전의 최적자본구조에 영향을 미치게 될 것이다. 이상의 3가지 종류의 자본비용이 상이하므로 새로운 자본구성에 의하여 산출되는 가중평균자본비용은 종전의 최적자본구성시에 산출된 가중평균자본비용과 차이가 발생될 것이다.

가령 새로 조달하게 되는 1억원을 〈표 9-4〉에 있는 바와 같은 최적자본구성비에 비례하여 부채 · 우선주 및 보통주(자기자본)를 추가적으로 조달한다면 가중평균자본비용이 종전과 같든지 큰 차이가 없을 것이다. 이 경우를 〈표 9-5〉에서 계산하여 보겠다.

〈표 9-5〉에서 보면 새로 조달되는 1억원이 구최적자본구조와 동일한 비례로 세 가지 자본이 추가되었다. 그러므로 신구최적자본구성가중치는 동일하

〈표 9-5〉 구최적자본구성비에 비례하여 1억원 증자시 가중평균자본비용

자본출처	구최적 자본구성 (만원)	추가적 자본조달액 (만원)	신최적 자본구성 (만원)	신구가중치 (%)	신자본비용 (%)	가중평균 자본비용 (%)
부 채	14,000	4,670	18,670	46.7	12.5	5.8
우 선 주	2,000	670	2,670	6.7	21.0	1.4
자기자본	14,000	4,660	18,660	46.6	25.0	11.7
합 계	30,000	10,000	40,000	100.0		18.9

12) 우리나라에서는 현재 주식은 보통 액면가격에 의하여 신주가 발행되고 있으나 외국에서는 시가발행제도를 채택하고 있다.

다. 부채의 자본비용이 12.5%이고 우선주비용이 21%로서 종전의 최적자본구성시와 같다. 그러나 구최적자본구성시의 자기자본비용이 25%(표 9-4 참조)이었으나 신자기자본비용(표 9-5 참조)은 25%로 동일하다. 〈표 9-5〉의 최적자본구성비에 비례하여 1억원을 증자시에도 신구가중치와 신자본비용이 동일하게 되므로 가중자본비용인 가중평균자본비용도 18.9%로 〈표 9-4〉와 동일하다.

〈표 9-5〉의 가중평균자본비용은 새로운 자본 1억원을 종전의 최적자본구성에 비례하여 부채 · 우선주 및 자기자본(보통주)을 조달하였을 경우이다. 그러나 실제로 이 회사가 이상의 세 가지 자본조달방법 중에서 어떤 방법은 조달한계가 있어서 더 이상 추가적으로 자본조달을 못할 수도 있게 된다. 예컨대 이 회사에서 부채나 우선주는 추가적으로 자본조달을 하기 곤란하여 1억원을 전부 보통주 발행으로 충당하였다고 가정하면 〈표 9-6〉과 같은 가중평균자본비용이 발생된다.

〈표 9-6〉에서 보는 바와 같이 새로 1억원을 보통주 발행으로 자본조달하면 자본구성이 달라지며 가중자본비용으로 산출된 가중평균자본비용이 20.7%로 된다. 20.7%가 보통주 1억원을 발행하므로 증분자본(incremental capital)의 가중자본비용으로서 이것을 한계자본비용이라 한다. 〈표 9-6〉에서는 새로 조달되는 1억원을 종전의 최적자본구조에 비례하여 부채 · 우선주 및 자기자본을 각각 조달하여 가중평균자본비용이 18.9%였다. 즉 1.8%(20.7% − 18.9%)는 자본비용이 세 가지 자본 중 가장 높은 보통주(자기자본)로 1억원을 전부 조달하였기 때문에 가중평균자본비용이 종전에 비하여 증가된 것이다.

이상과 같이 이 회사의 가중평균자본비용이 보통주를 발행하므로 종전보

〈표 9-6〉 보통주 1억원 증자시 가중평균자본비용

자본출처	구 최 적 자본구성 (만원)	추가적 자본조달액 (만원)	신자본구성 (%)	신가중치 (%)	신자본 비용(%)	가중평균 자본비용 (%)
부 채	14,000	0	14,000	35.0	12.5	4.4
우 선 주	2,000	0	2,000	5.0	21.0	1.1
자기자본	14,000	10,000	24,000	60.0	25.0	15.2
합 계	30,000	10,000	40,000	100.0		20.7

다 증가된다 하여도 부채나 우선주로 더 이상 추가적인 자본을 조달할 수 없다면 보통주로 1억원을 조달하게 된다. 가령 이 회사가 부채나 우선주로 1억원을 더 조달할 수 있는 경우라도 수익성이 낮아서 보통주로 추가적인 소요자본 1억원을 조달하는 경우도 있겠다. 이것은 수익성과 유동성을 감안한 최적 자본구조의 문제와 관련되는 것이다.

(5) 감가상각비

감가상각비(depreciation)는 비유동자산의 감모부분이 시일경과에 따라 현금화된 자금이다. 이와 같은 감가상각비는 기업에 현금으로 유입되므로 부채 · 우선주 · 보통주 · 사내유보금으로 조달된 자본과 같이 자금의 원천이 된다. 감가상각비는 특히 사내유보금과 유사한 성격을 지닌 자금의 원천이라 할 수 있다.

따라서 사내유보금에 자본비용이 발생되는 것과 같이 감가상각비에도 자본비용이 발생된다. 그러므로 감가상각비의 개별적 자본비용은 사내유보금비용과 같고 또한 이것은 그 기업의 가중평균자본비용과 같다고 보아야 할 것이다. 감가상각비로 조달된 자금은 부채나 우선주와 같이 고정률의 이자나 배당금을 지급하지 않으므로 안전한 자금이라 할 수 있다.

감가상각비로 회수된 자금은 장차 그 비유동자산을 획득하는 데 다시 투자되겠지만 새로운 비유동자산투자는 그 투자비용의 수익률을 올릴 경우에 구입하게 된다. 즉 이 자산수익률은 그 회사자본의 기회비용과 같든지 그 이상이라야 한다.

가령 어떤 회사가 5,000만원의 보통주를 발행한 자본금으로 시작하여 그 후 다시 5,000만원을 차입하여 총자본 10,000만원을 조달하였다고 하자. 이 10,000만원으로 비유동자산에 투자하였다면 이 회사의 재무상태표는 아래와 같다.

현 금	0	부 채	5,000만원
비유동자산	10,000만원	자기자본	5,000만원
총 자 산	10,000만원	총 자 본	10,000만원

이 경우에 비유동자산의 내용연한이 10년이고 정액법에 의하여 감가상각을 한다고 가정하자. 그러면 1년 후에 이 회사 감가상각비는 1,000만원이 된다. 그리고 이 회사는 1년 동안 이익이나 손실이 없었고 또한 추가적인 투자

도 하지 않았다고 가정하자. 그러면 1차연도 이후의 이 회사 재무상태표는 아래와 같다.

현 금	1,000만원	부 채	5,000만원
비유동자산	10,000만원		
감 가 상 각	−1,000만원	자기자본	5,000만원
순비유동자산	9,000만원		
총 자 산	10,000만원		10,000만원

이 회사는 1,000만원의 여유자금이 감가상각를 통하여 생기게 되었다. 이 1,000만원으로 부채 500만원을 상환하고, 500만원으로 자기회사 주식을 재매입소각하였다고 하자. 이 경우의 이 감가상각비 1,000만원의 기회비용은 부채와 자기자본의 가중평균비용과 같다. 즉 감가상각비의 자본비용은 이 회사의 가중평균자본비용과 동일하게 된다. 따라서 감가상각비의 자본비용은 그 회사의 자본비용 계산에 포함시킬 필요가 없다.[13)]

(6) 자본비용과 투자결정

이상에서 자본비용의 기능과 각종 자본의 비용을 산출하였으며 기업의 평균자본비용인 가중평균자본비용을 산출하는 방법을 살펴보았다. 기업이 이용하는 자본의 거의 모든 종류의 자본에는 금융비용이 발생된다. 따라서 기업의 재무관리자는 자본비용을 가급적 극소화하여 이익을 증대시키는 동시에 지급능력을 고려한 유동성을 계속적으로 유지할 수 있는 최적자본구조에 의하여 자본을 조달하여야 한다.

각종 자본의 개별적 비용을 계산하고 그 기업의 자본구성을 가중치로 환산하여 가중평균자본비용을 산출한다. 이 가중평균자본비용은 기업이 조달한 자본의 평균자본비용으로서 투자결정시에 투자여부를 결정하는 절사율(cut-off rate)이 된다. 따라서 어떤 투자안을 결정하려면 그 투자수익률이 적어도 이 가중평균자본비용 이상이 되어야 채택하게 된다. 즉 어떤 투자안의 투자수익률이 그 회사의 가중평균자본비용보다 크면 유리한 투자안이므로 투자를 하여야 한다. 그러나 이와 반대로 전자가 후자보다 적으면 불리한 투자안이므로 이는 기각되어야 한다.

13) James C. Van Horne, *op. cit.*, pp. 117~118.

부채의 자본비용은 세제상의 혜택이 있으므로 평균수준의 이익을 올릴 수 있는 회사에서는 우선주나 보통주를 발행하여 조달된 자본비용보다 적고 유리하다. 그래서 부채로 비교적 많은 자본을 조달하면 기업의 수익성이 증가될 수 있으나 경영이익이 적든지 손실을 보게 되면 유동성을 상실하고 기업이 도산될 가능성이 있다. 따라서 부채에 대한 지급이자는 명시적 비용(explicit cost)이라고 하지만 또한 부채를 과다히 이용하여 기업이 도산될 위험을 묵시적 비용(implicit cost)이라 한다.

우선주비용과 보통주비용인 배당금은 법인세를 지급한 후에 지불하게 되므로 일반적으로 부채비용보다 더 높다. 우선주배당률은 이 주식을 발행할 당시에 미리 결정되므로 계산하기 용이하다. 그러나 보통주비용은 경영활동을 한 후에 발생된 이익규모와 배당정책에 따라 상이하므로 계산하기 용이하지 않다.

보통주비용은 배당액으로 표시할 수 있는데 이것은 미래의 경영성과에 따른 이익규모가 좌우한다. 그리고 기업이 성공적인 경영을 계속할 수 있다면 배당률도 성장하게 된다. 보통주비용은 장부상의 자본, 즉 액면으로 비교하느냐 또는 시장가격으로 평가한 자본, 즉 시가로 비교하느냐에 따라 상이하다. 현재 보통주에 투자하고자 하는 사람은 시장가격으로 보통주를 사게 되므로 시가와 이익 또는 배당액을 비교하여 보통주 투자여부를 결정하게 된다.

그 회사가 증권거래소에 상장되어 빈번히 거래되고 있는 보통주의 시가는 평가하기 용이하다. 그러나 비상장회사의 보통주 시가는 공정하게 평가하기 어렵다.

기업에서 어떤 투자안을 결정하려면 그 기업의 종합자본비용을 먼저 합리적으로 산출해야 한다. 그리고 그 투자를 하여 일정기간 동안 경영활동을 한 후에 얻게 되는 투자수익률을 과학적으로 추정해야 한다. 만약 이 자금을 자기회사에 투자하지 아니하고 외부에 기타 방법으로 투자하여도 일정한 투자수익이 있을 것이다. 그러므로 자사 내에 투자 시에는 기타 방법으로 투자하였을 경우의 기회수익과 비교할 필요도 있다.

재무관리자는 어떤 투자안이 있을 때 그 투자자금의 수익성과 그 투자비용 특히 그 기업의 가중평균자본비용과 비교하여 볼 것이다. 그리고 투자비용을 초과하는 투자수익률이 있으면 그 투자안은 채택되고 이 반대의 경우에는 이 투자안이 기각되어야 한다. 각종 자본의 비용은 상이하므로 가급적 자본비용이 극소화되는 방법으로 자본구성을 하는 것이 수익성이 커진다. 그러나 일반적으로 자본비용이 적은 부채의존도가 과대하게 되면 유동성을 잃고 도산될 가능성이 있으므로 최적자본구조의 문제도 신중히 검토하여야 한다.

투하자본수익률(ROIC)

투하자본수익률(ROIC)은 생산 및 영업활동에 투자한 자본으로 어느 정도 영업적 이익을 거뒀는지 나타내는 지표로 가중평균자본비용(WACC)과 비교해 재무구조의 건전성과 수익성을 판단할 수 있습니다. 다시 말해, 투하자본수익률이 가중평균자본비용 보다 높다는 것은 저렴한 자본비용으로 투자재원을 조달, 전략적 투자와 효율적 생산을 통해 높은 매출의 영업활동이 이뤄지고 있다는 것을 의미합니다.

투하자본이 자기자본과 타인자본을 모두 포괄하고 세후 영업이익이 주주 이익과 채권자 이익을 아우른다는 점에서 ROIC는 자기자본 대비 순이익의 규모를 나타내는 자기자본이익률(ROE)보다 더 원초적이고 본질적인 개념이라고 할 수 있습니다.

– 디지털타임스 신문기사

연 습 문 제

1. 다음 용어들을 간략히 설명하시오.
   ① 자본비용(cost of capital)
   ② 가중평균자본비용(weighted average cost of capital)
   ③ 부채비용(cost of debts)
   ④ 우선주비용(cost of equity capital)

2. 원천별 자본비용의 측정방법에 대해 설명하시오.

3. 기업의 가중평균자본비용(WACC)의 측정방법과 기업의 WACC를 신규투자안의 경제성 분석에 이용하기 위해서는 어떤 전제조건이 충족되어야 하는가?

4. 한일기업의 지난해 배당은 주당 500원이고, 이익과 배당은 향후 7%의 비율로 성장할 것으로 예상된다. 현재 이 기업의 주식은 주당 6,000원에 거래되고 있으며, 베타계수는 1.2라고 한다. 또한 시장수익률은 13%, 무위험수익률은 9%라고 할 때, 이 기업 보통주의 자기자본비용을 고든모형을 이용해 계산하시오.

5. 한양기업의 자본구조와 개별자본비용은 다음과 같다.

자금조달원	장부가치	시장가치	세후비용
장기부채	3,500,000	3,200,000	5.0%
우 선 주	100,000	140,000	8.0%
보 통 주	1,118,000	2,000,000	12.0%
	4,718,000	5,340,000	

   ① 장부가치와 시장가치를 가중치로 이용해 가중평균자본비용을 계산하시오.
   ② ①에 대한 결과에 대한 차이점을 설명하시오.

6. 한일기업은 다음과 같은 자본구조를 갖고 있다. 이 기업은 현재 보통주 1주당 400원의 배당을 실시하고 있으며, 향후 7%의 비율로 항상 성장할 것으로 기대된다. 한편 보통주의 시장가격은 5,000원, 우선주의 시장가격은 6,000원이며 법인세율은 40%이고 이자는 매년 1회 지급된다고 할 때 가중평균자본비용을 구하시오.

부채(채권), 6%의 쿠폰(액면가거래)	35,000,000
우선주, 600원의 배당	26,000,000
보 통 주	35,000,000
유보이익	40,000,000
합 계	136,000,000

7. 다음은 지난 6년 동안 한양기업의 보통주의 연간수익률과 시장의 연간수익률(종합주가지수 이용) 및 연간 무위험수익률 자료이다.

연 도	(1) 보통주 수익률 R_i	(2) 시장수익률 R_m	(3) 무위험 수익률 R_f
1	0.20	0.16	0.08
2	0.02	0.07	0.09
3	0.34	0.22	0.08
4	0.35	0.25	0.07
5	−0.02	0.02	0.08
6	0.15	0.12	0.08

① 보통주의 β(초과수익률 이용)를 계산하라.

② 보통주의 자본비용(*SML*이용)을 계산하라.

③ 이 기업의 부채비율이 200%이고 평균이자율이 16%일 때, 이 기업의 가중평균자본비용(WACC)을 계산하라. 법인세는 40%이다.

8. (주)한양의 2004년 12월 31일 현재의 재무상태표이다.

B/S(1999. 12. 31)	
한양기업	(단위: 백만원)
자산 2,000	타인자본 500
	보 통 주 1,500
2,000	2,500

타인자본은 모두 회사채(액면가 10,000원, 이자율 연 10%)로 조달되었는데 이 사채는 2010년 12월 31일 현재 증권시장에서 채권당 13,000원에 거래되고 있다. 또한 (주)한양의 보통주(액면가 5,000원)는 2010년 12월 31일 현재 증권시장에서 주당 12,000원에 거래되고 있다. 그리고 보통주 주주가 요구하는 최저필수수익률은 20%라고 한다. (주)한양의 가중평균자본비용을 측정하라. 법인세는 40%이다.

9. (주)한일의 현재의 자본구조는 부채 300만원, 보통주 1,000만원, 유보이익 200만원으로 구성되어 있다. 또한 차입이자율은 당분간 연 10%를 유지할 것으로 생각한다. 현재 이 기업의 주가는 6,000원이며 기말에 예상되는 주당 배당은 1,200원으로 예상된다.
이 기업의 가중평균자본비용은 얼마인가? 단 법인세율은 35%이고 (주)한일의 연평균성장률은 5%이다. 보통주자본비용은 고든의 배당평가모형을 이용한다.

10. 한양기업의 현재의 부채가치 B는 300억원 그리고 자기자본가치 S는 600억원으로 재무레버리지$\left(\frac{B}{S}\right)$는 50%이며, 보통주의 β는 0.6이라고 한다. 그리고 한양기업은 현재 기존의 경영위험과 동질적인 신규투자안을 고려하고 있다. 신규투자안에 소요되는 자본은 200억 원인데, 한양기업은 200억원의 자본을 조달함에 있어 다음과 같은 두 가지 안을 고려중이다. 법인세율은 40%이다.

원천별 자본	제 1 안	제 2 안
S	50억원	150억원
B	150억원	50억원

① 제 1 안 및 제 2 안으로 자본을 조달할 때 한양기업 보통주의 β를 각각 계산하라.

② 제 1 안 및 제 2 안 각각에서 한양기업의 보통주의 자본비용을 계산하라 (단, 무위험이자율 = 8%, 시장위험프리미엄 = 7%).

③ 한양기업의 재무관리자는 이 기업의 보통주의 β를 0.67 이하로 유지하려고 한다. 신규투자안의 자본조달을 어떻게 해야 할 것인가? 또한 이 재무레버리지 비율에서 한양기업의 보통주의 자본비용은 얼마인가?

11. 현재 자기자본만으로 자금을 조달한 (주)소라의 연말 영업이익(EBIT)은 8억원이고, 이 영업이익은 매년 말 영구적으로 발생할 것으로 기대된다. 현재 자기자본비용은 15%이고 법인세는 40%이다. MM이론을 가정하여 다음 물음에 답하시오.

① 현재 (주)소라의 시장가치를 구하시오.

② (주)소라는 자본구조를 변경하기 위해서 부채를 발행해 이 금액으로 자사주 일부를 매입할 계획이다. (주)소라가 부채를 발행할 경우 10%의 이자율로 자금을 조달할 수 있다. 만약 (주)소라가 자본구조를 50%의 부채와 50%의 지기자본으로 조정하려면 얼마의 부채를 발행해야 하는가?

③ (주)소라가 ②와 같이 자본구조를 변경하게 되면 새로운 ⅰ 기업가치, ⅱ 자기자본비용 그리고 ⅲ 가중평균자본비용(WACC)은 각각 얼마인가?

④ (주)소라는 20억원의 부채를 10%의 시장이자율에 추가로 발행해 기존의 사업과 영업위험이 동일한 프로젝트에 투자할 계획이다. 프로젝트로부터 6억원의 추가적인 영업이익(EBIT)이 영구적으로 기대된다면 이 프로젝트의 순현가(NPV)는 얼마인가?

⑤ ④에서 20억원의 부채로 자금을 조달해 프로젝트를 채택한 직후 (주)소라의 부채비율(debt-to-equity ratio)은 얼마인가?

(2008년 CPA 기출문제)

12. 자본비용과 관련된 다음 서술 중 가장 옳은 것은? 정답 ④

① 자기자본비용은 부채의존도와는 무관하다.

② 타인자본비용이 자기자본비용보다 더 크다.

③ 신규투자안 평가시 기존의 WACC을 사용한다.

④ WACC이 최소가 되는 자본구성이 최적 자본구조이다.

⑤ 사내유보이익을 투자재원으로 사용하는 경우 자본비용은 없다.

(2001년 CPA 기출문제)

제10장 자본구조이론

전 장에서 자본비용의 기능과 각종 자본의 비용을 개별적으로 계산하였다. 그리고 한 기업의 평균자본비용이라고 할 수 있는 가중평균자본비용의 계산방법을 소개하였다. 그리고 자본비용과 투자결정에 관련된 문제를 설명하였다.

본 장에서는 기업의 자본구조와 그 이론에 대하여 살펴보겠다. 기업에서는 각종 타인자본과 자기자본으로 조달하여 이 자본을 투자 운용하게 된다. 재무관리자는 기업경영에 소요되는 자본을 어떤 방법으로 조달해야 최적자본구조인가 하는 것을 연구해야 한다. 아래에서 자본구조의 의의, 자본의 특성, 기업의 위험, 그리고 자본구조의 여러 가지 이론에 대하여 차례로 설명하겠다.

제 1 절 자본구조의 의의와 자본의 특성

1. 자본구조의 의의

기업의 자본구조(capital structure)란 광의로 보면 경영활동에 소요되는 자본을 어떻게 조달하였나 하는 구성내용을 의미한다. 기업자본은 타인자본(부채총계)과 자기자본(자본총계)으로 구성되며, 또한 이들 자본은 단기자본과 장기자본으로 구분할 수 있다. 단기자본(short-term capital)은 1년 이내에 정상적인 경영활동을 통해서 지급 또는 상환하게 되는 것으로서 유동부채(current liabilities)라고도 한다. 이와 같은 단기자본의 조달에 관하여는 제16장의 운전자본관리에서 설명하기로 한다.

일반적으로 자본구조라 함은 기업의 장기자본(long-term capital)의 구성을 의미한다. 장기자본은 보통 1년 이상 기업에서 이용할 수 있는 자본이다. 장기자본에는 장기부채(long-term liabilities)와 자기자본(equity capital)이 있다.

장기부채 중에는 장기차입금과 같이 금융기관 등에서 1년 이상에 걸쳐서 원금을 분할상환하든지 또는 2년 혹은 10년 후에 원금을 일시에 상환할 수도 있다. 이상과 같은 방법으로 외국에서 기업이 장기차입을 할 수도 있는데 이것을 차관이라고 한다.

자기자본은 가장 장기간 기업이 이용할 수 있는 안전한 자본이다. 자기자본에는 우선주와 보통주가 있으며 또한 사내유보금인 이익잉여금이 있다. 자기자본 중에 자본잉여금이 있으나 이것은 기업이 실제로 자본을 조달한 것이 아니라 자산재평가 등을 통하여 증가된 자기자본이므로 자본구조를 설명하는 데는 고려하지 않겠다.

자본구조는 각종 형태의 장기타인자본과 자기자본을 어떻게 조달하였느냐에 따라서 상이하게 된다. 즉 타인자본을 많이 조달하였느냐 또는 자기자본을 많이 조달하였느냐에 따라서 기업의 가중평균자본비용이 상이하게 된다. 기업이 평균수준의 이익이 있을 경우에는 타인자본을 많이 이용하는 것이 조세상의 혜택도 있고 하여 주주의 이익이 증대된다. 그렇다고 타인자본을 과다하게 이용하면 그 기업의 수익성이 저하될 경우 주주의 이익이 감소되고 또한 유동성을 상실하여 도산될 위험이 있다. 따라서 재무관리자는 각종 형태의 타인자본과 자기자본을 적절하게 조달하여 최적자본구조가 되도록 하여야 한다. 최적자본구조란 기업의 가중평균자본비용(복합자본비용)을 가급적 적게 하여 주주의 영속적인 이익 또는 부를 크게 할 수 있는 자본구조이다. 주주의 영속적인 이익 또는 부를 증대시킨다는 것은 성공적인 경영을 지속시킨다는 것이다.

성공적인 경영을 지속시키려면 제조원가 · 일반관리비 등의 원가능률을 향상시키는 동시에 자본비용도 절감하여 이익을 증대시켜야 한다. 그리고 장기적으로 주주의 이익 또는 부를 증대시키려면 만기일이 도래하는 부채상환을 잘해야 유동성과 안전성을 도모할 수 있다. 기업의 수익성을 높이고 유동성을 영속적으로 유지할 수 있는 자본구조가 바람직하다.

2. 자본의 특성

(1) 자기자본의 특성

자기자본은 주주가 출자한 자본 또는 주주의 소유권이 있는 자본을 의미한다. 주주에는 보통주를 보유하고 있는 보통주주와 우선주를 보유하고 있는 우선주주가 있다. 우선주나 보통주를 발행하여 조달한 자본은 기업의 자기자본이고 그 주식의 원금을 그 발행회사가 상환하지 않는다. 즉 기업이 성공적인 경영을 계속한다면 영속적으로 이용할 수 있는 장기자본이다.

우선주나 보통주에 투자하였으나 일정기간 이후에 현금이 필요하다든지 혹은 그 주식투자금을 회수하여 기타 방법으로 투자하고자 할 때에는 주식을 시장에 매도하면 된다. 상장회사[1]의 우선주와 보통주는 비상장회사의 주식보다 시장성이 더 크고 그 주식을 매매하여 소유주주가 변경될 수 있다. 주식이 매매되면 그 소유주가 달라지지만 그 주식을 발행한 회사에서는 주식자금이 빠져나가지 않고 계속적으로 이용할 수 있다.

우선주주나 보통주주는 회사의 주주가 되는 것이므로 회사의 이익에 대해서 일정부분 배당을 받게 된다. 이 배당은 기업경영의 회계결산기준으로 이익이 있을 경우에만 받는 것이 보통이다. 우선주주는 보통주주보다 배당을 먼저 받을 우선권이 있다. 그리고 우선주에 대하여는 그 주식을 발행할 당시에 일정한 배당률이 결정되며 이것은 변동되지 않는다.

그러나 보통주에 대한 배당률은 미리 결정하기 곤란하다. 타인자본에 대한 이자와 우선주에 대한 우선배당을 한 후의 잔여기업이익은 보통주주의 것이다. 이 잔여기업이익이 많으면 보통주주에게 고율의 배당을 하고 이것이 적으면 저율의 배당을 한다. 그리고 이 잔여기업이익이 많아도 이것을 전부 배당하지 아니하고 사내유보하여 재투자하기도 한다. 이 사내보유금은 결국 보통주주의 몫이며 채권자나 우선주주에게는 관계가 없다. 따라서 사내유보금이 많은 회사의 보통주의 시장가격은 일반적으로 그 액면가격보다 크다.

기업경영권 또는 지배권은 보통주주에게만 있고 우선주주나 타인자본을 제공한 채권자에게는 없다. 기업경영권이라 함은 회사경영상의 주요 문제에

1) 한국증권거래소에 상장되어 일반투자가들이 그 회사의 주식을 수시로 매매할 수 있는 기업을 상장회사라고 한다.

대하여 참여할 수 있는 권리이다. 즉 보통주주는 주주총회에 참석하여 회사의 임원임명권, 주요 정책, 증자 및 배당금 결정 등에 대하여 발언하고 지배할 수 있는 권리이다. 따라서 회사측에서 보면 우선주주보다 보통주주가 더 중요한 위치에 있는 주주라 할 수 있다. 그래서 경영자는 특히 보통주주의 이익 또는 부를 극대화할 수 있는 방향의 기업경영 또는 재무관리를 하게 된다.

자기자본은 기업이 성공적으로 경영을 계속하는 동안에는 영속적으로 이용할 수 있는 장기자본이다. 자기자본을 제공한 주주는 배당을 받게 되고 자금이 필요하게 되면 주식을 매매하여 현금화할 수 있다. 경영지배권은 보통주주에게만 있고 기타 형태로 자본을 제공한 사람은 지배권이 없다.

(2) 타인자본의 특성

타인자본은 기업의 부채이며 타인자본을 제공한 사람이나 기관은 채권자가 된다. 외상판매한 사람이나 기업은 앞으로 일정기간 후에 판매대금을 받을 채권자가 된다. 단기 또는 장기융자를 제공한 사람이나 기관은 일정기간 후에 약정한 이자와 원금을 받게 되는 채권자이다. 기업이 이용하는 단기부채는 운전자본관리에서 이미 설명하였으므로 아래에서는 장기부채에 대하여 그 특성을 살펴보겠다.

장기부채에는 장기차입금 · 차관 · 사채 등이 있는데 이들은 미리 약정한 대로 이자를 지급하고 원금을 상환해야 한다. 그리고 장기부채란 기업이 1년 이상 비교적 장기간 이용하게 되는 자본이다. 장기부채의 이자는 미리 약정한 바에 따라 매월, 매 3개월 또는 매 6개월에 한 번씩 지급한다.

장기부채의 원금상환방법도 이 자금을 조달할 때에 미리 결정된다. 장기부채의 원금상환방법은 대개 세 가지로 구분된다. 첫째는 장기부채를 조달한 이후 2년, 3년 또는 10년 후에 원금을 일시불하는 방법이다. 둘째는 장기부채에 원금을 여러 해에 나누어 상환하는 분할상환방법이 있다. 셋째는 장기차입을 하고 1년 또는 3년간을 거치기간으로 설정하여 이 기간중에는 이자만 지급하고 그 이후에 일시불 또는 분할상환하는 방법이다.

부채인 타인자본은 기업이익의 유무에도 불구하고 미리 약정한 대로 이자를 지급하고 원금을 상환해야 한다. 우선주나 보통주로 조달된 자기자본은 기업이익이 있을 때만 배당금을 지급하게 되므로 타인자본과 다르다. 환언하면 자기자본에 대한 배당금은 기업이익이 없어서 지급하지 못해도 되지만 타인자본에 대한 이자지급을 못한다든지 원금을 약정한 대로 상환하지 못하면 유동성을 잃고 그 기업은 도산하게 된다.

장기차입금은 보통 금융기관에서 조달하는데 주식이나 사채발행보다 간단하다. 사채는 장기부채이지만 사채권을 발행하여 자금을 조달하게 되며 사채권을 발행하려면 관계당국의 허가를 받아야 한다. 차관은 외국의 회사나 기관에서 장기융자를 하여 주어야 하며 또한 국내에서는 외자도입의 허가를 받아야 한다.

장기차입금 · 사채 및 차관에 대하여 이자를 지급하게 되는데 이자는 법인세 지급 전에 나가므로 세제상의 혜택이 있다. 즉 1년의 20% 이자를 지급한다 하여도 그 기업의 법인세율이 50%라면 법인세로 인한 현금유출이 발생하지 않으므로 결국 10%의 이자만 지급하는 것과 같다. 따라서 장기부채비용은 일반적으로 자기자본비용보다 저렴하다.

장기부채를 제공한 채권자는 기업의 지배권이 없다. 기업에서 장기부채를 조달하고 그 원금과 이자를 약정한 대로 지급하면 그것으로 상환된다. 따라서 채권자는 경영지배권을 행사할 수 없으며 보통주주는 지배권을 유지하기 위한 방법으로 타인자본을 이용하기도 한다.

타인자본을 이용하면 일반적으로 자기자본을 조달하였을 때보다 자본비용이 저렴하고 그 조달이 간단하며 지배권에 영향을 받지 않는다. 그 결과 보통주주의 이익이나 부가 증대되고 재무관리의 목적을 달성할 수 있다. 그러나 타인자본을 과다하게 이용하면 그에 대한 원리금을 지급할 수 없는 경우도 있는데 그렇게 되면 기업이 도산될 위험이 있다. 기업의 타인자본의존도가 너무 커서 도산되는 재무위험이 생긴다면 주주의 손실이 되며 이는 재무관리자의 책임이 된다. 따라서 기업에서 적정량의 타인자본과 자기자본을 항상 조달하여 가중평균자본비용을 적게 하여 수익성을 높이는 동시에 유동성을 계속 유지할 수 있는 최적자본구조가 되도록 해야 한다.

제 2 절 기업의 위험

위에서 검토한 바와 같이 기업에서는 자본조달방법 중 타인자본을 과다하게 이용하여 도산될 위험이 있는데 이것을 재무위험이라 한다. 그리고 그 기업이 지니고 있는 특성 또는 조건의 변동으로 도산될 위험이 있는데 이것을 영업위험이라 한다. 다음에서 이 두 가지 위험에 대하여 간단히 설명하겠다.

1. 영업위험

영업위험(operating risk)이란 기업은 경영의 내적 또는 외적 요인이 변동됨에 따라서 경영성과가 상이하게 나타나는데 이와 같은 요인이 불리하게 변동되면 손실을 보게 될 위험을 의미한다. 기업의 종류 또는 그 특수성으로 말미암아 그 기업의 경영에 미치는 요인이 나쁘게 변동되면 적자가 실현되며, 이것이 심하면 도산될 위험이 있다. 따라서 영업위험은 자본구조를 결정하는데 매우 중요한 요소이다. 기업의 부채사용이 전혀 없다면, 영업위험은 미래 자산수익률(*ROA*)을 이용하여 계산할 수 있다. 그러나 기업이 부채를 사용하지 않는 경우에도 그 기업은 영업에 내재하는 영업위험을 부담하게 된다. 따라서 기타의 조건이 같다면 영업위험이 큰 기업일수록 부채사용에 따른 재무위험이 더 커진다. 이런 상황으로 인해 기업들은 부채사용을 줄이려는 경향이 있다.

이 절에서는, 어떤 기업이 부채사용을 전혀 하지 않는 경우에 그 기업의 영업위험을 미래자산수익률을 이용하여 설명하고자 한다.

〈그림 10-1-A〉는 2010년도의 *ROA*의 경향을 보여 준다. 이 그래프는 안정성분석과 과거 *ROE*의 변화도 파악할 수 있다. 〈그림 10-1-B〉는 연초에 한양(주)의 〈그림 10-1-A〉를 기초로 하여 작성한 *ROE*의 주관적 확률분포이다.

추정값은 연초에 만들어졌다. 그리고 기대값 12%는 〈그림 10-1-A〉의 경향으로 구할 수 있다. 그림에서 보듯이 2010년의 실제 *ROE*(8%)값은 기대값보다 낮은값을 나타냈다. 한양(주)의 *ROE*값의 과거 변동성은 여러 가지 요소의 영향을 받는다. 여기에서 이 기업은 부채를 전혀 사용하지 않기 때문에 자기자본수익률과 총자산수익률은 같게 된다. 영업위험을 설명하는데 있어서는 일반적으로 자기자본수익률이나 총자산수익률을 사용한다. 〈그림 10-1〉은 기대*ROE*와 실제*ROE* 사이의 차이를 쉽게 파악할 수 있도록 한다. 한양(주)의 영업위험은 미래영업이익에 대한 불확실성으로 정의되며, *ROE*의 확률분포로부터 계산된 표준편차(또는 분산)를 영업위험의 척도로 삼을 수 있다.

영업위험은 산업에 따라 다르며, 같은 산업 내에서도 기업이 처한 상황에

〈그림 10-1〉 *ROE*의 추세와 주관적 확률분포

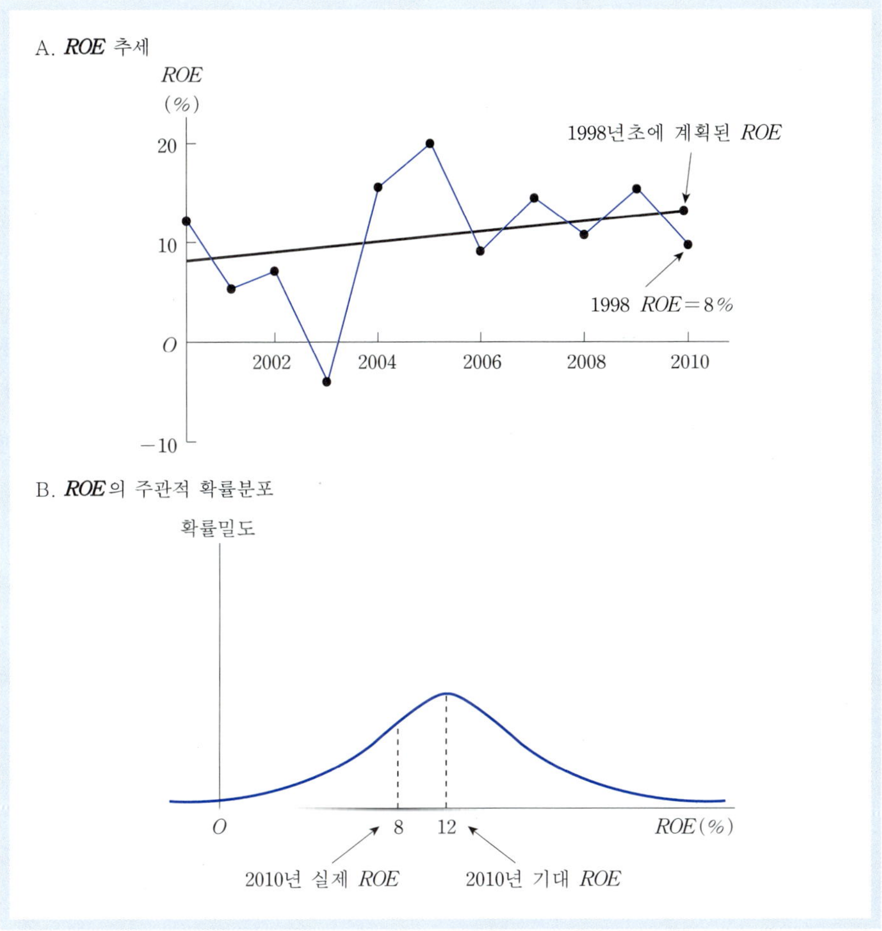

따라서 차이가 발생한다. 이러한 영업위험은 국민경제의 호·불황, 신제품 개발의 성공, 노사관계 등 기타의 환경변수 영향을 받는다. 환경변수들이 실제 상황에서 발생하게 되는 경우에 기업의 실제*ROE*값은 추정된 값과 많은 차이를 보이게 되므로 높은 영업위험을 부담하게 된다.

이 밖에도 장기의 기업수익창출에 영향을 주는 많은 요인들이 잠재해 있다. 경쟁자가 한양(주)의 매출액을 감소시키게 하는 신제품을 시장에 내놓는 경우라든지 미래 *ROE*에 대한 불확실성은 기업의 기본적인 영업위험이라고 할 수 있는데 그러한 영업위험에 영향을 주는 요인은 다음과 같다.

첫째, 수요변동성(매출액 변동성)이다. 기업의 매출이 안정적인 경우에 그 기업의 영업위험은 낮다고 할 수 있을 것이다. 여기서는 시장에서의 경쟁 정도가 중요한 요소라고 할 수 있다. 둘째, 판매가격 변동성이다. 기업이 시장에 내놓는 제품들은 시장에서의 가격경쟁이 심하기 때문에 판매가격의 변화정도가 심하다고 할 수 있다. 셋째, 투입가격의 변동성이다. 제품개발비를 포함한 기업의 투입비용은 매우 불확실하므로 높은 영업위험에 노출되어 있다고 할 수 있다. 넷째, 투입가격의 변화에 따른 산출가격을 조절할 수 있는 능력이다. 일부 기업은 투입비용이 발생할 때 산출가격을 정하는 데 별 어려움을 느끼지 않는다. 가격을 조절하는 능력이 크면 클수록 영업위험은 낮아진다. 이러한 것은 물가가 높게 유지될 경우에 특히 중요하다. 다섯째, 고정비를 어느 수준으로 정할 것인가? 하는 문제이다. 고정비의 비율이 높다면, 수요가 감소할 때 덜 영향을 받지만 기업의 영업위험은 증가한다. 이러한 요인을 영업 레버리지라고 부른다.

위의 각각의 요소들은 기업의 산업특성에 따라서 영향을 받는다. 그러나, 각 요소들은 경영자에 의해 어느 정도 통제될 수 있다. 예를 들어, 많은 기업들은 마케팅 정책을 통하여 매출액과 매출가격을 일정하게 유지시킬 수 있다. 그렇게 하기 위해서는 미래에 고정된 가격으로, 고정된 양을 구매할 수 있도록 소비자들을 유인해야 한다.

2. 재무위험

재무위험(financial risk)은 경영활동에 필요한 자본조달방법에 따라서 주주의 이익감소 또는 손실을 초래할 위험을 의미한다. 기업자본은 자기자본과 타인자본으로 조달하게 되는 데 부채의존도가 너무 크게 되면 지급능력을 상실하게 된다. 부채는 경영이익의 유무에 불구하고 미리 약정한 대로 이자를 지급하고 원금을 상환해야 한다. 그러나 기업의 수익이 적어서 원리금을 지급할 수 없게 되면 기업이 도산되고 결국 주주의 부를 감소시키는 결과가 된다.

우리나라 기업은 타인자본이 조달하기 용이하고 자본비용이 싸며 지배권을 행사할 수 없으므로 과다한 부채를 이용하는 경향이 있다. 그러나 경기변동 또는 기타 요인으로 말미암아 경영이익이 감소되든지 손실을 보게 되면 부채의존도가 높은 기업은 도산된다. 그리고 정상이익이 있어도 타인자본의 이용도가 과다하면 흑자도산하는 경우도 있으므로 최적자본구조의 문제를 항상

고려해야 한다.[2]

제 3 절 자본구조의 이론

기업에서 소요되는 자본을 각종 타인자본과 자기자본으로 각각 어느 정도씩 조달하였나에 따라서 자본구조가 상이하게 된다. 그리고 타인자본의존도나 자기자본의 규모가 변동되면 자본구조상에 변동이 발생되고 그 결과 기업의 평균자본비용인 가중평균자본비용과 기업의 평가액이 변동된다. 따라서 기업의 가중평균자본비용을 최소로 하고 기업가치를 최대로 할 수 있는 자본구조가 바람직하다.

자본구조이론은 기업의 자본구조에 있어서 부채비율(레버리지도)의 증감이 그 기업의 가중평균자본비용과 기업가치에 영향을 미치게 되는 문제를 분석하는 것이다. 기업의 가중평균자본비용과 기업가치 평가를 자본구조와 관련해서 분석하는 방법에는 여러 가지가 있다.

아래에서는 듀랜드(David Durand) 교수의 순이익방법(net income approach)과 순영업이익방법(net operating income approach)[3]을 먼저 검토하겠다. 다음에 위의 두 가지 방법의 중간형태인 전통적 방법(traditional approach)을 살펴보겠다. 그리고 자본구조이론을 더욱 발전시켜 설명한 모디글리아니(Modigliani)와 밀러(Miller)의 이론을 비교하여 보겠다.

이상의 자본구조이론을 전개함에 있어서 아래와 같은 몇 가지 가정을 내리고 그 설명을 간편히 하고자 한다.[4]

① 법인소득세를 고려하지 않는다.

② 기업의 부채와 자기자본구성비가 변동된다. 즉 부채가 증가되고 자기자본이 감소되기도 한다. 그러나 자본조달과 관련된 거래비용(transaction cost)은 없는 것으로 한다.

---

2) Ezra Solomon and John J. Pringle, *An Introduction to Financial Management*, Goodyear Publishing Co., Inc., 1977, pp. 67~68, pp. 441~463.

3) David Durand, "The Cost of Debt and Equity Funds in Business," *in The Management of Corporate Capital*, The Free Press and Ezra Solomon, 1959, pp. 91~116.

4) James C. Van Horne, *Financial Management and Policy*, Prentice-Hall, Inc., 1986, p. 222.

③ 순이익은 모두 다 배당금으로 지급한다.

④ 순영업이익은 동일하며 증감되지 않는다.

그리고 위의 자본구조이론을 설명하기 위하여 솔로몬(Solomon)이 사용한 아래와 같은 기호를 이용하겠다.[5)]

$$K_i(\text{타인자본비용})=\frac{F}{B}$$

$$K_e(\text{자기자본비용})=\frac{E}{S}$$

$$K_o(\text{가중평균자본비용})=\frac{O}{V}$$

F: 연간이자
B: 타인자본의 시장가치
E: 순이익
S: 자기자본의 시장가치
O: 순영업이익
V: 기업의 총시장가치

$O=E+F$이고 $V=B+S$로 표시된다. 이들을 기업의 가중평균자본비용인 K_o공식에 대입하면 아래와 같다.

$$K_o=K_i\left(\frac{B}{B+S}\right)+K_e\left(\frac{S}{B+S}\right) \tag{10-1}$$

따라서 자본구조이론은 $\dfrac{B(\text{타인자본의 시장가치})}{S(\text{자기자본의 시장가치})}$가 변동됨에 따라서 K_i, K_e, K_o가 변동되는 것을 비교검토하는 것이다.

1. 순이익방법

순이익방법은 먼저 영업이익에서 이자지급액을 빼고 순이익을 산출한다. 다음에 자기자본비용을 가정하고 이것을 기준으로 자기자본의 시장가치를 평가한다. 그리고 자기자본의 시장평가액에 부채의 시장평가액을 합계하여 기업의 총평가액을 산정한다.

순이익방법 · 순영업이익방법과 전통적 방법에 의한 자본비용과 기업가치

5) Ezra Solomon, *op. cit.*, chapters 7~9.

를 평가하기 위하여 다음과 같은 사례를 들어 분석하겠다.

사례 1 총평가액과 가중평균자본비용

한성주식회사의 영업이익인 O가 4,000만원이고 자기자본비용인 K_e는 20%이다. 이 회사의 부채는 6,000만원이며 연이자율인 F는 10%이다. 이 경우에 이 회사의 총평가액과 가중평균자본비용이 어떻게 될 것인가?

그리고 한성주식회사에서 추가적으로 6,000만원에 상당하는 부채를 조달하여 부채총액이 12,000만원이 되었다. 그리고 새로 조달된 부채자금으로 同社의 보통주를 매입 소각하였다고 가정하면 同社의 순영업이익과 총자본(총자산)에는 변동이 없다. 이 경우도 K_e는 20%이고 F는 10%라고 하면 이 회사의 총평가액과 가중평균자본비용은 어떻게 변동될 것인가?

〈표 10-1〉에서 보면 부채를 6,000만원 조달하였을 경우나 추가적으로 6,000만원에 부채를 조달하여 총부채가 12,000만원인 경우의 순영업이익은 4,000만원이다. 왜냐하면 추가적으로 부채자금 6,000만원으로 자기자본을 감소시켰으므로 총자본은 동일하기 때문이다. 총자본과 순영업이익규모는 동일하지만 부채의존도가 커짐에 따라서 기업의 총평가액이 3,000만원 (26,000만원－23,000만원)이 더 커졌다. 그리고 부채가 12,000만 원으로 증대되어 이 회사의 가중평균자본비용은 2%(17.4%－15.4%)가 감소되었다. 그리고 부채가

〈표 10-1〉 순이익방법에 의한 평가 (단위: 만원)

내 용	부채가 6,000만원인 경우	부채가 12,000만원인 경우
O : 순영업이익	4,000	4,000
F : 연간이자지급액(10%)	－600	－1,200
E : 순이익$(O-F)$	3,400	2,800
K_e: 자기자본비율(자본환원율)	20%	20%
S : 자기자본의 시장평가액(E/K_e)	17,000	14,000
B : 부채의 시장평가액	6,000	12,000
V : 기업의 총평가액$(B+S)$	23,000	26,000
K_o: 가중평균자본비용$\left(\frac{O}{V}\right)$	17.4%	15.4%
L : 부채비율$\left(\frac{B}{S+B}\right)$	26.1%	46.2%

〈그림 10-2〉 자본비용과 레버리지

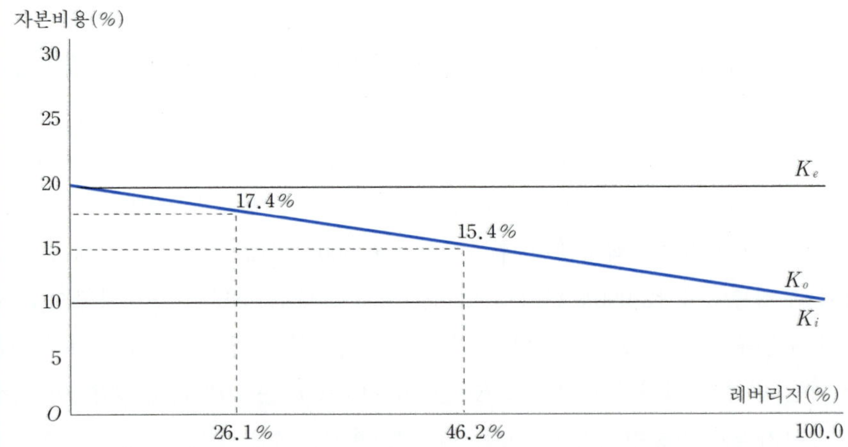

12,000만원으로 증가됨에 따라서 부채비율인 레버리지는 26.1%에서 46.2%로 20.1%나 증가되었다. 이러한 사실을 그림으로 표시하면 〈그림 10-2〉와 같다.

〈그림 10-2〉에서 보면 이 회사가 부채 6,000만원인 경우에 레버리지는 26.1%이고 가중평균자본비용이 17.4%이었다. 그러나 부채가 12,000만원으로 증가됨에 따라서 레버리지가 46.2%로 증가된 반면에 가중평균자본비용은 15.4%로 떨어졌다. 즉 레버리지가 클수록 가중평균자본비용이 적어지는 것을 알 수 있다.

〈그림 10-3〉에서 보면 이 회사의 부채가 6,000만원인 경우 레버리지가 26.1%이며 이 기업의 시장평가액은 23,000만원이었다. 그러나 부채가 12,000만원으로 증가되자 레버리지는 46.2%로 커지고 또한 기업의 시장평가액도 26,000만원으로 증대되었다. 즉 레버리지가 커지면 그 회사의 시장평가액도 커지는 것을 이해할 수 있다.

순이익방법에 의하면 부채비용(K_i)과 자기자본비용(K_e)이 변동되지 않으면 위의 〈그림 10-2〉, 〈그림 10-3〉에서 볼 수 있는 바와 같다. 이 회사의 가정에 따르면 〈그림 10-2〉에서 보는 바와 같이 부채의존도인 레버리지가 클수록 그 가중평균자본비용은 적어진다. 가령 이 회사가 자기자본이 0이고 부채가 100%라면 가중평균자본비용이 10%로서 가장 낮은 비용이 될 것이다.

〈그림 10-3〉 기업의 총시장평가액과 레버리지

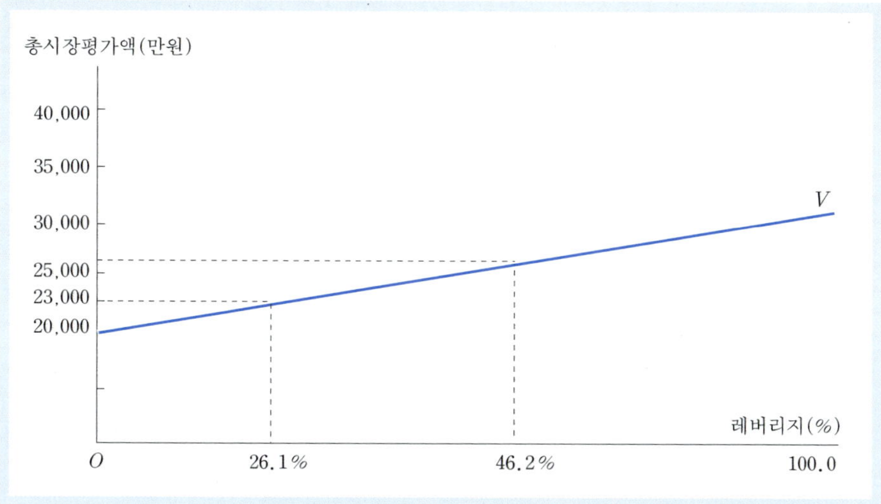

〈그림 10-3〉에서 보면 레버리지가 클수록 이 회사의 시장평가액이 커진다. 가령 이 회사가 총자본 중에서 부채도 많이 조달하고 자기자본을 극소액 이용하였다면 동사의 시장평가액이 극대화될 것이다.

2. 순영업이익방법

순영업이익방법(net operating income approach)은 기업의 총평가액이 그 회사의 가중평균자본비용인 자본환원율로 결정되는 것이다. 즉 이 방법에 의하면 부채가 증감되어 부채비율이 변동되어도 자본환원율이 동일하므로 그 기업의 총평가액은 동일하다. 왜냐하면 순영업이익을 자본환원율로 자본화하여 기업의 총평가액이 결정되기 때문이다. 환언하면 순영업이익방법에서는 자본환원율 그 자체가 가중평균자본비용이 되므로 레버리지가 변동되는 기업의 총시장평가액은 변동되지 않는다. 그러나 부채비율을 표시하는 레버리지가 변동되면 자기자본비용은 변동되는데, 이것은 〈표 10-2〉에서 볼 수 있다.

〈표 10-2〉의 계산은 〈표 10-1〉의 순이익방법에 의한 평가와 같은 회사의 사례이다. 다만 〈표 10-2〉는 순영업이익을 자본환원율 20%를 적용하여 자본화하여 기업의 총평가액을 산출한 것이다.

〈표 10-2〉 순영업이익방법에 의한 평가 (단위: 만원)

내 용	부채가 6,000만원인 경우	부채가 12,000만원인 경우
O : 순영업이익	4,000	4,000
K_o: 가중평균자본비용(자본환원율)	20%	20%
V : 총평가액	20,000	20,000
B : 부채총액	−6,000	−1,200
S : 자기자본의 시장평가액($V-B$)	14,000	8,000
K_e: 자기자본비용	24.3%	35.0%
L :레버리지$\left(\frac{B}{B+S}\right)$	30.0%	60.0%

〈표 10-2〉에서 보는 바와 같이 순영업이익방법에 있어서는 부채에 대한 이자지급액을 고려하지 않고 있다. 그리고 순영업이익 4,000만원을 자본환원율 20%로 환산하여 자본화함으로써 그 기업의 총평가액을 20,000만원으로 산출하고 있다. 총평가액 20,000만원 중에 부채 6,000만원을 빼면 자기자본인 보통주의 시장평가액은 14,000만원이 된다. 부채가 6,000만원인 경우의 자기자본비용은 24.3%이고 레버리지는 30%이다.[6)]

〈표 10-2〉에 나타난 바와 같이 이 회사가 부채 6,000만원을 추가적으로 조달하여 보통주를 매입 소각하여 자기자본을 감소시켰다면 부채총액이 12,000만원으로 증가되고 자기자본은 8,000만원으로 감소된다. 이 경우에는 부채가 6,000만원 커지고 자기자본이 6,000만원 작아졌으므로 총자본액은 동일하며 따라서 순영업이익 4,000만원도 동일하게 된다. 그리고 이 회사의 부채가 12,000만원으로 증가되고 자기자본이 8,000만원으로 감소되는 자본구성에서는 자기자본비용이 35%이고 레버리지는 60%가 된다.

위에서 설명한 바와 같이 순영업이익방법에 있어서는 부채가 증감되어 레버리지가 변동되어도 기업의 총평가액은 동일하다. 그러나 레버리지가 변동되면 자기자본비용은 변동된다. 이것을 다음 두 그림으로 설명하여 보겠다.

〈그림 10-4〉를 보면 전례에 따라 부채에 대한 이자율 K_i가 10%이고 가중평균자본비용 K_o가 20%일 때 레버리지가 변동됨에 따라서 자기자본비용

6) 자기자본비용 24.3%은 Solomon의 자기자본비용의 등식인 $K_e=K_o+(K_o-K_i)\frac{B}{S}$를 이용하여 계산한 것이다. 이 등식에 숫자를 대입하면 $K_e=0.20+(0.20-0.10)\times\frac{6,000}{14,000}=0.243=24.3\%$가 된다. Solomon, *op. cit.*, p. 83 참조.

〈그림 10-4〉 자본비용과 레버리지

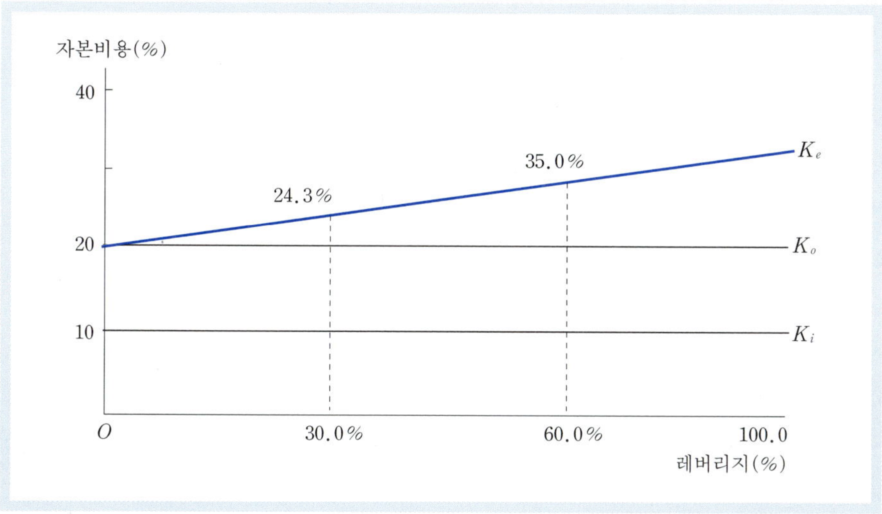

K_e가 변동된다. 즉 레버리지가 30%일 때 자기자본비용이 24.3%이고, 전자가 60%일 때 후자가 35%로 증가되었다.

환언하면 자본비용이 적은 부채(10%의 이자율)를 많이 쓸수록 레버리지가 커지고 자기자본비용도 커진다. 레버리지가 커지면 주주의 이익인 자기자본비용이 커진다. 즉 부채비용이자가 적은 만큼 자기자본비용이 커져서 서로 상쇄

〈그림 10-5〉 기업의 총시장평가액과 레버리지

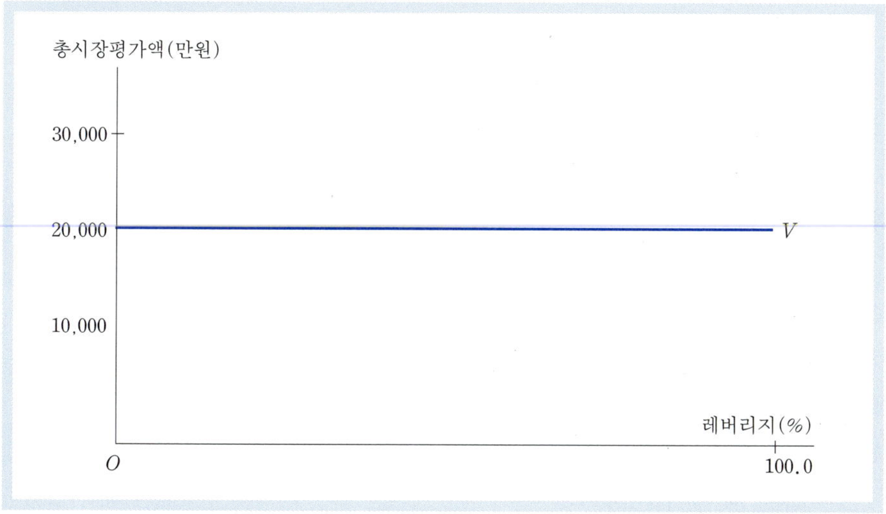

된다. 그러나 부채에 의한 자본조달액이 과대하여 레버리지가 너무 높으면 유동성을 잃고 그 기업이 도산될 위험이 있다.

〈그림 10-5〉를 보면 기업의 총시장평가액은 레버리지가 변동되어도 동일하다. 즉 총시장평가액은 순영업이익을 자본환원율로 환산하여 자본화한 것이므로 부채의 증감과는 관계가 없이 항상 동일하다. 〈그림 10-5〉에서 보면 레버리지가 변동되도 이 기업의 총시장평가액은 20,000만원선을 유지하고 있다.

순영업이익방법에 따르면 기업의 가중평균자본비용은 레버리지가 변동되어도 동일하므로 어떤 레버리지수준에 있어서도 자본구조는 이상적이다. 그리고 기업의 총시장평가액은 레버리지가 변동되어도 동일하다. 따라서 이와 같은 순영업이익방법은 다음에 설명하게 될 모디글리아니-밀러(Modigliani and Miller)의 자본구조론의 배경이 된다.

3. 전통적 방법

전통적 방법은 위에서 설명한 순이익방법과 순영업이익방법의 중간상태의 견해이다. 전통적 방법에서는 기업의 부채비율인 레버리지가 변동되면 기업의 가치나 가중평균자본비용이 상이하게 된다. 그리고 기업이 적절히 부채를 이용하여 그 특정 수준에서 기업의 가중평균자본비용이 최저가 되는 최적자본구조가 된다.

최적자본구조는 자본의 한계비용(marginal cost of capital)곡선이 평균자본비용(average cost of capital)곡선과 교차되는 점에서 이루어진다. 즉 기업의 최적자본구조란 가장 이상적인 부채와 자기자본을 조달하여 평균자본비용인 가중평균자본비용이 극소화된 것이다. 이 경우에는 기업의 총시장평가액도 극대화되어 이상적인 자본구조가 된다.[7)]

전통적 방법에 의하여 부채비율이 커짐에 따라서 재무위험이 점차 커지고 K_e, K_i가 커진다. 즉 부채의존도가 커지면 주주나 채권자는 위험성을 감안하여 보다 더 높은 이익률과 이자율을 기대할 것이다. 여기서 부채가 과대하면 재무위험을 감안한 위험료가 이자 외에 또한 부채비용으로 계산되어야 한다. 즉 부채비용은 「이자율 + 위험료」가 된다. K_o는 어느 특정 수준의 부채비율

7) Solomon, *op. cit.*, pp. 144~145.

〈그림 10-6〉 자본비용과 레버리지

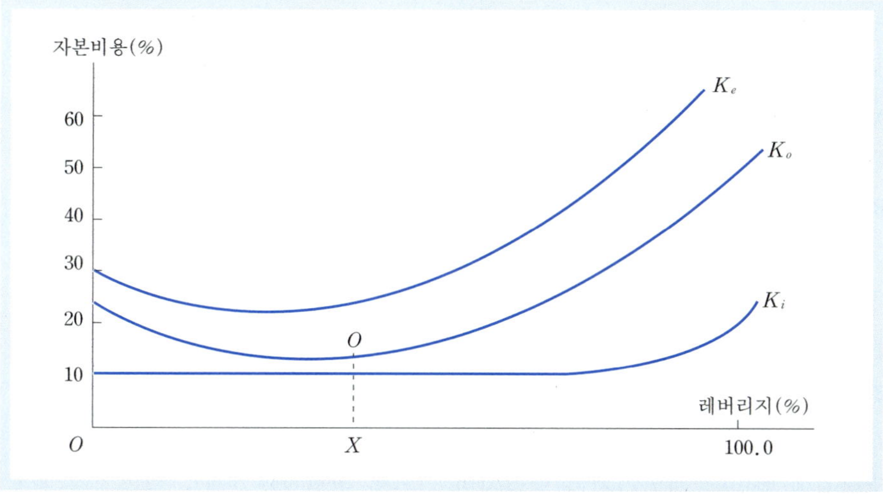

인 레버리지까지 최저로 떨어졌다가 그 점을 지나면 다시 커진다. 이것을 그림으로 보면 〈그림 10-6〉과 같다.

〈그림 10-6〉에서 보는 바와 같이 K_e와 K_i는 부채를 많이 이용하여 레버리지가 커질수록 커진다. 그러나 K_o는 레버리지가 일정수준까지 가면 최저수준이 되었다가 다시 레버리지가 커짐에 따라서 K_o도 커진다. 〈그림 10-6〉에서는 OX까지 부채를 이용하면 K_o가 최저점이 되어 가중평균자본비용을 극소

〈그림 10-7〉 기업의 순평가액과 레버리지

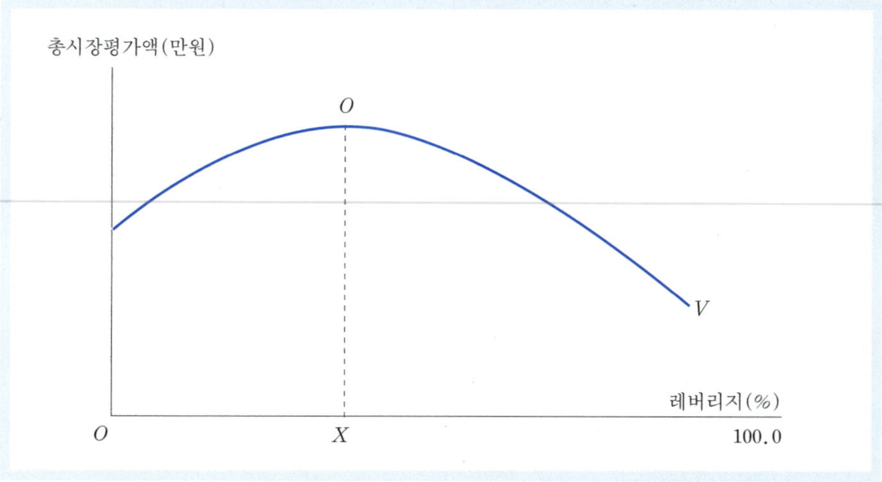

화할 수 있다.

〈그림 10-7〉에서 보면 또한 기업의 가중평균자본비용이 최저점이 되는 *OX*만큼 부채를 이용하면 그 기업의 총시장평가액이 극대화되는 것으로 나타났다. 환언하면 기업의 가중평균자본비용이 최저점이 되는 *OX*만큼의 부채비율이 형성될 수 있는 부채와 자기자본을 조달하여 이용하는 것이 최적자본구조이다.

최적자본구성이 형성되려면 먼저 그 기업의 가중평균자본비용이 극소화될 수 있어야 한다. 부채조달액과 이자율, K_i 그리고 자기자본조달액과 배당률(이익률) K_e가 변동되면 기업의 가중평균자본비용도 상이하게 산출된다. 따라서 부채와 자기자본의 구성이 합리적이라야 한다.

전통적 방법에 있어서는 최적자본구성에 있던 기업이 부채의 이용액이 달라짐에 따라서 레버리지가 달라지면 기업의 총시장평가액도 달라진다는 것이다.

사례 2

이 회사가 6,000만원의 부채를 이용하였다가 후에 다시 6,000만원의 부채를 조달하여 12,000만원의 부채를 조달하였는데 순영업이익이 4,000만원이다. 부채가 6,000만원일 때의 이자율은 10%이고 자본환원율은 22%이었다. 그러나 同社의 부채가 12,000만원으로 증가됨에 따라 재무위험성이 증대되어 이자율은 12%, 그리고 자본환원율은 28%로 인상되었다고 가정하겠다. 이 때의 그 회사의 총시장평가액과 가중평균자본비용은 〈표 10-3〉과 같다.

〈표 10-3〉 전통적 방법에 의한 평가 (단위: 만원)

내 용	부채가 6,000만원인 경우	부채가 12,000만원인 경우
O : 순영업이익	4,000	4,000
F : 연간이자지급액	(10%)−600	(12%)−1,440
E : 순이익($O-F$)	3,400	2,560
K_e: 자본환원율	22%	28%
S : 자기자본의 시장평가액	15,455	9,143
B : 부채의 시장평가액	6,000	12,000
V : 기업의 총평가액	21,455	21,143

〈표 10-3〉에서 보면 이 회사가 6,000만원의 부채를 이용하면 이자율이 10%로서 600만원의 이자를 1년에 지급한다. 이 때의 순이익은 3,400만원이 되며 자본환원율 22%를 적용하면 자기자본의 시장평가액이 15,455만원이 된다. 자기자본과 부채의 시장평가액을 합계하면 기업의 총평가액은 21,455만원(15,455만원+6,000만원)이 된다. 그리고 이 회사의 순영업이익이 4,000만원이므로 이 경우의 가중평균자본비용은 다음과 같이 산출된다.

$$K_o = \frac{O}{V} = \frac{4,000}{21,455} = 0.1864 = 18.64\%$$

그러나 이 회사가 6,000만원의 부채를 추가적으로 조달하여 이 자금으로 보통주를 매입소각하였다면 부채액은 12,000만원으로 증가되고 자기자본은 6,000만원 감소된다. 그러면 결과적으로 부채비율이 커져서 재무위험성이 증대된다. 재무위험성이 증대되면 부채로 자금을 차급하는 사람은 종전보다 더 높은 이자를 바란다. 그리고 주주도 위험성이 높아졌으므로 자기자본이익률(비용)을 종전보다 더 높게 기대할 것이다. 따라서 〈표 10-3〉에서 계산한 바와 같이 부채가 12,000만원으로 증가되면 이자는 12% 그리고 자기자본비용은 28%로 하였다. 부채가 6,000만원 증가되어도 동액의 자기자본이 감소되었으므로 동사의 순영업이익 4,000만원은 변동이 없다. 이 경우 기업의 총평가액은 21,143만원으로 되고 가중평균자본비용은 다음과 같이 계산된다.

$$K_o = \frac{O}{V} = \frac{4,000\text{만원}}{21,143\text{만원}} = 0.1892 = 18.92\%$$

즉 이 회사의 부채가 6,000만원인 경우에는 기업의 총평가액이 21,455만원이고 가중평균자본비용은 18.64%이다. 그러나 동사가 부채를 12,000만원으로 증가됨으로써 기업의 총평가액이 21,143만원으로 감소되고 가중평균자본비용은 18.92%로 증가되었다. 따라서 이 회사는 6,000만원의 부채를 이용하는 것이 12,000만원의 부채를 이용하는 것보다 유리하다는 것이다.

부채를 어느 정도 조달하여 이용해야 기업의 가중평균자본비용을 극소화하고 그 기업의 총평가액을 극대화할 수 있느냐 하는 최적자본구조의 문제를 연구해야 한다. 부채를 추가적으로 이용함으로써 부채비용이 그 자금의 투자수익률보다 크면 불리하다. 그리고 부채를 추가적으로 조달함으로써 자기자본을 추가적으로 조달하였을 경우보다 그 기업의 가중평균자본비용이 커져도 불리하다. 따라서 기업의 가중평균자본비용은 극소화하고 그 기업의 총평가액이 극대화될 수 있는 부채와 자기자본구조가 최적자본구조이다.

4. 모디글리아니 - 밀러의 자본구조론

이상에서 설명한 순이익방법 · 순영업이익방법 그리고 전통적 방법에 의한 기업의 자본비용과 총평가액 또는 최적자본이론에 대한 상이한 견해가 발표되었다. 1958년에 모디글리아니(Franco Modigliani)와 밀러(Merton M. Miller)가 "자본비용, 기업재무 및 투자론"(The Cost of Capital, Corporate Finance and the Theory of Investment)이라는 논문을 발표하여 종전의 세 가지 방법과 다른 견해를 발표했다. 이 논문에서 법인세효과를 고려하지 않는다면 자본구성 또는 레버리지가 기업의 자본비용이나 시장평가에 아무 영향을 미치지 않는다고 하였다. MM은 전통적 방법에서 레버리지도가 기업의 가중평균자본비용 K_o를 변동시킨다는 주장을 반박하였다. 그리고 K_o는 어떤 수준의 레버리지라도 동일하다고 아래와 같은 가정하에 제창하였다.

① 완전한 자본시장이 존재하고 있다. 즉 모든 투자자들은 모든 투자정보를 무료로 용이하게 얻을 수 있다. 증권의 거래수수료는 없으며, 또한 투자자들은 합리적으로 행동한다.

② 미래의 영업이익은 현재와 동일하게 발생될 것이다.

③ 모든 회사는 동일수준의 기업위험이 있고 또한 동일한 수익을 올린다.

④ 법인소득세는 없는 것으로 한다(후에 이 가정은 취소되었다).

모디글리아니와 밀러(이하 MM이라 함) 위의 네 가지 가정하에서 기업의 레버리지가 변동되어도 기업의 총시장평가액과 자본비용이 동일하다고 주장하였다. 즉 MM은 순영업이익방법을 자본시장의 차익거래(arbitrage transaction)로 증명하기 위하여 실증적인 연구를 하였다. 이 이론은 아래와 같이 세 가지 명제(proposition)로 요약된다.

① 기업의 총시장가치와 자본의 비용은 자본구조와 관계가 없다. 기업의 총시장가치는 그 기업의 위험도를 고려한 자본비용(자본환원율)으로서 결정된다.

② 자기자본의 기대수익은 그 기업의 레버리지에 따른 재무위험도를 고려한 자본비용과 부채비율로 결정된다. 즉 비용이 싼 부채를 이용하면 그 차액만큼 자기자본비용이 커진다.

③ 투자안의 거부기준은 기업의 가중평균자본비용이 되며 그 소요자금의 조달방법이 투자여부 결정에 어떤 영향을 받지 않는다.[8)]

이상의 세 가지 명제는 순영업이익방법과 비슷하게 기업의 총시장평가액은 그 기업의 자본구성 또는 부채의존도와 아무 관계가 없다는 것이다. 위의 세 가지 명제는 자본시장에서 차익거래가 뒷받침하고 있다는 것이다. 차익거래라 함은 투자가들이 자본시장에서 증권간의 가격차이로 이익을 얻기 위하여 주식이나 채권을 매매하는 것을 의미한다. 즉 수익과 위험이 동일한 수준의 두 회사의 총시장가치는 동일하다는 것이다. 그렇지 않으면 증권의 차익거래가 이루어져서 결국 그 회사의 총시장가치는 동일하게 된다.

사례 3

기업의 수익성이 동일한 두 회사가 있다. A회사는 총자본을 자기자본으로 전부 조달하였고 자기자본비용 K_e가 20%이다. 그리고 B회사는 3,000만원에 상당하는 사채를 연리 10%로 조달하였고 지급이자에 대한 법인세는 없는 것으로 하였다. B회사의 K_e를 22%로 한 것은 부채이용으로 위험도가 높아졌기 때문이다. 이 두 회사의 순영업이익 O는 4,000만원이다. 이 두 회사의 총시장평가액 V와 가중평균자본비용 K_o는 〈표 10-4〉와 같이 계산된다.

〈표 10-4〉에서 보는 바와 같이 A, B양사는 수익이 동일하여 순영업이익이 4,000만원이다. A회사는 자기자본으로 총자본을 조달하여 이자지급액이 없다. 그리고 A회사의 자본환원율을 20%로 하면 자기자본시장평가액이 20,000만원(4,000만원 ÷ 0.2)이 되고 가중평균자본비용도 20%가 된다.

B회사는 3,000만원의 부채를 이용하였으므로 순영업이익 4,000만원에서 이자지급액 300만원(3,000만원 × 10%)을 뺀 3,700만원이 순이익이 된다. B회사는 경영위험이 A회사와 동일하지만 B회사는 부채를 3,000만원 조달하였으므로 부채를 쓰지 않은 A회사보다 재무위험이 더 커진다. 따라서 B회사의 주주

---

8) Modigliani and Miller, "The Cost of Capital, Corporation Finance and the Theory of Investment," *American Economic Review*, no. 3, 1958, pp. 261~297.

〈표 10-4〉 A, B 회사의 순시장평가액과 가중평균자본비용 (단위: 만원)

내 용	A 회사	B 회사
O : 순영업이익	4,000	4,000
F : 연간이자지급액(10%)	0	−300
E : 순이익($O-F$)	4,000	3,700
K_e: 자본환원율(자기자본비율)	20%	22%
S : 자기자본의 시장평가액	20,000	16,818
B : 부채의 시장평가액	0	+3,000
V : 기업의 총평가액	20,000	19,818
K_o: 가중평균자본비용$\left(\frac{O}{V}\right)$	20%	20.18%
L : 부채비율$\left(\frac{B}{V}\right)$	0	15.14%

의 자본환원율은 A 회사보다 2% 더 큰 22%로 계산하였다. 즉 재무위험이 높으면 주주가 기대하는 수익률도 더 높아지게 된다. B 회사의 자기자본의 시장평가액은 16,818만원(3,700만원 ÷ 0.22)이 되고 부채의 시장평가액 3,000만원을 가산하면 B 회사의 총평가액은 19,818만원이 된다. A 회사의 총평가액은 20,000만원이므로 B 회사의 총평가액과 비슷하다. 〈표 10-4〉에서 B 회사의 가중평균자본비용은 20.18%로서 A 회사의 20%보다 약간 높다. 그리고 A 회사는 부채를 이용하지 않았으므로 부채비율이 0이지만 B 회사는 이것이 15.14%로 되었다.

〈표 10-4〉에서 본 바와 같이 동일한 조건하의 두 회사 중 한 회사가 부채를 이용하여도 차익거래가 이루어져서 기업의 가중평균자본비용과 차익거래가 되어 기업의 시장평가액에는 큰 차이가 없다는 것이 MM의 이론이다. 이 MM의 주장은 부채를 이용한 B 회사가 부채를 이용하지 않은 A 회사보다 가중평균자본비용이 낮고 기업의 시장평가액이 더 크다는 전통적 이론과 상이하다.

결론적으로 MM이론에서는 두 개 또는 그 이상의 회사가 동일한 조건하에 경영을 하여 순경영이익이 동일하다면 레버리지(부채를 많이 이용한 회사와 적게 이용한 회사나 또는 부채를 조금도 이용하지 않은 회사도)가 변동되어도 차익거래로 기업의 가중평균자본비용과 시장비용과 시장평가액이 비슷하다는 것이다. 이 MM주장은 전통적 자본구조론에서 레버리지의 변동이 기업의 가중평균자본비용과 시장평가액을 변동시킨다는 주장과 상이하다.

5. 세금효과와 MM이론의 수정

위에서 모디글리아니와 밀러(MM)의 자본구조이론을 전개할 때에 부채에 대한 지급이자의 세금효과는 무시하였다. 그러나 기업에서 자금조달을 할 때에는 부채의 지급이자는 비용으로 인정된다. 따라서 지급이자를 뺀 기업이익에 대하여 법인세를 납부하며 세금효과(tax effect)로 기업이 실제 지급하는 이자는 적다. 우선주나 보통주로 자본을 조달하면 배당금을 지급하게 되는데 이 배당금은 비용을 인정받을 수 없다. 따라서 법인세를 납부한 후에 배당금을 지급하게 되어 자기자본으로 조달된 비용은 비교적 크다.

법인세효과를 감안한다면 기업의 평가가치나 자본비용이 부채로 자본을 조달하느냐 또는 자기자본으로 조달하느냐에 따라 상이하게 나타난다. 따라서 MM은 1963년에 논문 "법인소득세와 자본비용: 수정"(Corporate Income Texes and Cost of Capital: A Correction)[9]을 발표하고 과거의 자본구조이론에 수정을 가하였다. 즉 종전의 MM의 자본구성이론에 있어서는 법인세의 효과를 무시하고 전개하여 자본구조나 레버리지가 변동되어도 차익거래가 이루어져서 기업의 시장평가액이나 가중평균자본비용이 비슷하다고 주장하였다. 그 후 수정논문에서 지급이자에 대한 법인세효과를 고려하였으며 따라서 레버리지가 변동되면 기업의 시장평가액과 가중평균자본비용이 달라진다고 수정하였다.

법인세효과를 고려한 MM이론에서는 레버리지가 커지면 부채비용이 커진다고 하였다. 또 부채액이 증가될수록 재무위험이 커져서 이자율도 높아지며 일정한도 이상의 추가적인 부채를 이용할 수 없다. 솔로몬(E. Solomon)은 레버리지가 커지면 부채비용이 커지고 자기자본비용도 처음에는 커진다. 그러나 어느 점을 지나면 자기자본비용이 적어지고 레버리지가 커지면 가중평균자본비용은 처음부터 계속 적어진다.[10]

MM의 수정된 자본구조이론을 앞의 사례회사의 예를 들어 설명하여 보겠다.

---

9) Modigliani and Miller, "Corporate Income Taxes and the Cost of Capital: A Correc-tion," *American Economic Review* Ⅲ, June 1963, pp. 433~442.

10) Solomon, *op. cit.*, pp. 96~116.

사례 4

기업의 수익성이 동일한 두 회사가 있다. A 회사는 총자본을 자기자본으로 전부 조달하였고 자기자본비용 K_e가 20%이다. B 회사는 3,000만원에 상당하는 사채를 이자 10%로 조달하였는데 지급이자에 대한 법인세효과를 고려하였다. B 회사의 K_e가 22%로 한 것은 부채의 이용으로 위험도가 높아졌기 때문이다. 이 두 회사의 순영업이익 O가 4,000만원이다.

위의 예와 같이 부채에 대한 지급이자에 대한 법인세 혜택을 고려하여 기업의 시장평가액과 가중평균자본비용을 계산하여 보면 〈표 10-5〉와 같다.

〈표 10-5〉에서 보면 A, B 회사는 순영업이익 4,000만원의 50%에 상당하는 법인세를 납부하면 이자지급 전, 법인세 납부 후의 이익이 2,000만원이 된다. 이 2,000만원의 이익은 양사가 부채를 고려하지 않았는데 자본환원율 20%를 계산하면 기업의 총평가액은 10,000만원이다. B회사는 연 10%의 이자를 지급하는 3,000만원의 부채가 있으므로 300만원의 이자가 지급된다. 가령 3,000만원을 자기자본으로 조달하였다면 순영업이익의 50%에 상당의 법

〈표 10-5〉 A, B 회사의 법인세효과를 고려한 순시장평가액과 가중평균자본비용 (단위: 만원)

내　　용	A 회사	B 회사
1) O : 순영업이익	4,000	4,000
2) T : 법인세(50%)	−2,000	−2,000
3) 이자지급 전, 법인세 납부 후 이익	2,000	2,000
4) K_e : 자본환원율(부채가 0이고 법인세 납부 후)	20%	22%
5) 3)의 자본화가치	10,000	9,091
6) F : 연간이자지급액	0	300
7) T : 법인세납부액(1−세율 50%)	0	150
8) 이자의 법인세 절감액($F-T$)	0	150
9) K_e : 자본환원율(부채)		10%
10) 8)의 자본화가치	0	1,500
11) V : 기업의 총평가액(5)+8))	10,000	10,591
12) K_o : 가중평균자본비용$\left(\frac{O}{V}\right)$	40%	37.77%
13) B : 부　채	0	3,590
14) L : 부채비율$\left(\frac{B}{V}\right)$	0	28.33%

인세를 지급한 후에 배당하게 된다. 따라서 부채로 자본을 조달한 경우에는 이자의 법인세상당액만큼 자본비용을 절감할 수 있으므로 실제의 150만원의 이자를 지급하는 것과 같은 효과가 나타난다.

〈표 10-5〉에서 볼 수 있는 바와 같이 150만원의 이자에 대한 자본환원율을 10%라 하면 이자의 법인세 절감액 150만원의 자본화가치는 1,500만원이 된다. 따라서 부채가 없는 A회사의 경우 총시장평가액은 10,000만원이 되고, 3,000만원의 부채를 조달한 B회사의 경우는 이것이 10,591만원이 된다. 그리고 A회사의 가중평균비용은 40%이고 B회사는 37.77%이며, 또한 A회사의 부채비율은 0이지만 B회사는 28.33%가 된다. MM이론에 의하면 부채를 이용하여 레버리지가 커지면 법인세효과를 고려할 경우 가중평균자본비용이 적어진다.[11)]

〈표 10-5〉에서 보는 바와 같이 B회사의 총시장가치평가액이 A회사보다 더 큰 것은 이자에 대한 법인세절감효과 때문이다. MM이론에서 법인세효과를 고려한다면 부채를 이용한 기업의 총시장평가액이 커진다. MM의 법인세효과를 고려한 기업의 총시장평가액의 공식[12)]은 다음과 같다.

$$V = \frac{O(1-t)}{P_k} + tB \tag{10-2}$$

V: 기업의 총시장평가액
O: 순영업이익
t: 법인세율
P_k: 법인세 납부 후 이익의 자본환원율
B: 부채의 시장가치

MM에 의하면 부채가 증가되면 레버리지가 커지고 자본비용에 변동이 생긴다는 것이다. 부채비용 K_i, 자기자본비용 K_e 및 가중평균자본비용K_o의 관계를 보면 〈그림 10-8〉과 같다.

〈그림 10-8〉에서 볼 수 있는 바와 같이 기업의 부채비용(이자) K_i는 일정액의 부채를 이용하면 동일한 수준이지만 부채이용도가 커지면 K_i는 커진다. 자기자본비용 K_e는 부채비율이 커지면 따라서 커진다. 기업의 가중평균자본비용 K_o는 부채비율이 커지면 약간씩 적어지는 경향이 있다.

MM이론에 의하면 기업의 부채비율이 클수록 가중평균자본비용이 적어

11) Van Horne, *op. cit.*, pp. 240~241.

12) Merton H. Miller and Franco Modigliani, "Some Estimates of the Cost of Capital to the Electric Utility Industry," *American Economic Riview* 56, June 1966, pp. 339~340.

〈그림 10-8〉 MM이론의 부채비율과 자본비용

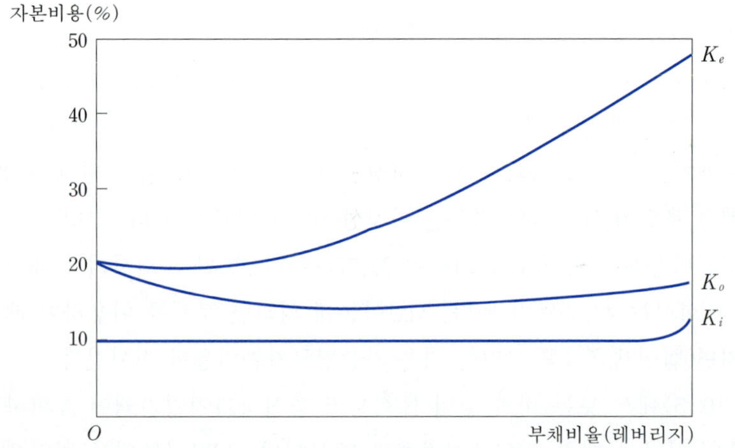

서 최적자본구조라 하였다. 그러나 부채의존도가 커질수록 재무위험이 커져서 이자율도 올라간다. 순이익방법에서는 극한점에 도달하면 재무위험이 커져서 자본비용이 더 커지는 것을 MM은 고려하지 않았다. 전통적 방법에 의한 자본구조이론에서는 부채비율이 매우 클 경우에는 재무위험이 커지므로 K_i, K_e 및 K_o가 다 커진다는 것은 MM이론과의 차이점이다.

MM이론과 전통적 이론을 비교하면 다음과 같다.

MM과 전통적 이론에서 전개된 자본구조와 기업평가액 또는 자본에 대하여 많이 논의되었다. MM의 차익거래는 자본시장에서 투자자들이 가격차이에 의한 이익을 얻기 위하여 주식이나 채권을 매매한다. 따라서 기업의 시장평가액은 그 기업의 자본구조이나 레버리지와 관계없이 비슷하다는 것이다. 그리고 MM이론에서는 법인세효과를 고려하지 않는다면 기업의 자본구조가 자본비용에 영향을 미치지 않는다는 것이다.

MM이론에서는 완전자본시장의 존재를 가정하였고 투자자들의 합리적인 차익거래를 전제로 하였다. 그리고 MM은 43개의 전기회사와 42개의 석유회사를 표본으로 분석하여 실증적 연구자료로 제공하였다.[13] 그러나 실증적 분석에도 많은 문제점이 있다. MM은 상기 사례조사된 회사들의 동질의 경영위

13) A. A. Robichek and S. C. Myers, *Optimal Financing Decision*, Prentice-Hall, Inc., 1965, p. 16.

험을 지니고 있느냐 하는 것이다. 실제로 동일한 경영위험을 가지고 있는 표본회사를 선정한다는 것은 곤란하다. 그리고 이들 회사가 레버리지만 차이가 있고 기타 요인이 동일하다고 할 수 없으며 경영상의 여러 조건이 상이할 수 있다는 것이다.

그리고 실제로 완전자본시장이 존재할 수 있느냐 하는 것과 투자자들이 합리적 차익거래를 계속할 수 있느냐 하는 것이 문제이다. 이상의 두 가지 가정이 완전히 성립되기 어려우므로 자본구성의 변동은 기업의 평가액과 자본비용에 영향을 미치게 된다는 것이다. MM이론에서 법인세효과를 고려할 때에 부채의존도가 커지면 자본비용이 적어진다고 수정하였다. 그러나 전통적 이론에 있어서도 부채의존도가 매우 커져서 레버리지가 과대하면 결국 자본비용이 커진다고 하였다.

MM이론에서도 부채의존도가 과다하면 기업의 파산(bankruptcy)비용이 발생될 가능성을 인정하였다. 부채가 많은 회사일수록 파산위험성이 크게 되며 기업의 시장평가액이 감소된다. 그 결과 부채의존도가 높으면 그 기업의 자본비용도 더 커진다는 것이다. 이런 관점에서 보면 MM이론과 전통적 자본구성이론이 비슷한 것이다. 따라서 각 기업에서는 그들의 특성을 고려하여 자기회사에 적합한 방법으로 상기한 이론을 적용하여 검토할 것이다.[14)]

제 4 절 MM 이후의 자본구조이론

현대의 자본구조이론은 1958년에 모디글리아니, 밀러에 의해 시작되었다. MM이론에 의하면, 기업의 가치는 자본구조의 영향을 받지 않는다. 즉, MM이론은 기업이 어떻게 자금을 조달하든지 중요하지 않고, 자본구조와도 관련이 없다는 것이다. 그러나 MM이론은 몇 가지 다음과 같은 비현실적인 가정을 내세우고 있다.

① 거래비용이 존재하지 않는다.

14) Alexander Barges, *The Effect of Capital Structure on the Capital*, Prentice-Hall, Inc., 1963, Chapter 2; Van Horne, *op. cit.*, pp. 242~244.

② 세금이 없다.

③ 파산비용이 존재하지 않는다.

④ 투자자들은 기업과 같은 이자율로 자금을 차입할 수 있다.

⑤ 모든 투자자들은 기업의 미래 투자기회에 대하여 경영자와 똑같은 정보를 공유하고 있다.

⑥ *EBIT*는 부채비용에 의해 영향을 받지 않는다.

이러한 가정들이 비현실적임에도 불구하고 MM이론은 매우 중요한 의미를 지니고 있다. 왜냐하면 MM이론은 최적 자본구조를 갖추도록 함으로써 기업가치를 극대화하는 데 몇 가지 기초를 제공한다. MM이론은 현대 자본구조 연구의 시초가 되었고, 그 이후의 연구들은 좀 더 자본구조의 현실적인 여건에 맞도록 수정하는 것에 초점이 맞추어졌다. 여기서는 MM이론 이후의 연구 결과들을 몇 가지로 나누어 설명을 하려고 한다.

1. 개인소득세

개인소득에 대하여 부과되는 세율이 동일하게 적용된다면, 개인소득세의 존재는 기업의 차입에 따른 세금 이점을 상쇄시키지 않는다.

다음의 표를 통해서 두 기업의 개인소득세를 추가적으로 고려하여 보자. 채권자와 주주들의 소득에 대하여 동일한 개인세율 40%로 과세된다는 가정 하에서 법인세와 개인소득세 부과 후의 총소득을 계산한 결과를 보면 〈표 10-6〉, 〈표 10-7〉과 같다.

법인세만 고려할 경우 기업 A의 투자자들에 대한 총소득은 연간 감세액인 180억원만큼 증가된다. 그러나 실제로, 그들은 이 추가소득에 대하여 개인

〈표 10-6〉 감세효과로 인한 A, B 기업간의 총지급액의 차이 (단위: 억원)

	기업 A	기업 B
이자 및 세전이익(*EBIT*)	1,000	1,000
이자(채권자소득)	0	200
세전이익	1,000	800
세금(30%)	300	240
주주에 대한 순이익	700	560
주주와 채권자에 대한 순이익	700	760

〈표 10-7〉 법인세와 개인소득세 부과 후의 투자자들에 대한 총소득 (단위: 억원)

	기업 A	기업 B
개인세 전 채권자와 주주에 대한 총소득	0+700=700	200+560=760
부채이자에 의한 감세액	0	60
채권자의 소득세	0	0.40×200=80
주주의 소득세	0.40×700=280	0.40×560=224
소득세의 합계	280	304
법인세와 개인세 후 채권자와 주주에 대한 총소득	700−280=420	760−304=456
개인세 후 감세액		456−420=36

소득세를 지불하여야 하므로, 개인소득세 후의 총소득은 180(1−0.40)=108억원만큼 증가된다.

기업 A의 부채가 영구적이라고 가정한다면 연간 감세액 108억원은 영구연금이다. 이 현금흐름은 개인소득세 납세 후 계산되기 때문에 그 현가를 계산하려면 개인소득세 납세 후 자본의 기회비용으로 할인하여야 한다. 기업 A의 주주들이 세전 12%의 이자율로 부채자금을 조달할 때, 개인소득세 후의 이자율은 단지 12%(1−0.40)=7.2%이다. 그러므로 개인소득세 납세 후 감세효과의 현가는 다음과 같이 계산할 수 있다.

$$\text{개인소득세 납세 후 감세효과의 현가} = \frac{108\text{억원}}{0.072} = 1{,}500\text{억원}$$

감세효과의 현가는 개인소득세를 전혀 무시했던 경우와 동일한 값을 가지고 있다. 개인소득세는 매년 감세액을 40%만큼 감소시킬 뿐만 아니라 자본의 기회비용도 같은 비율로 감소시킨다. 일반적으로 투자자들이 개인소득세 납세 전인 예상수익률 k로 대부하고자 한다면, 그들은 개인소득세 납세 후 $k(1-t)$의 수익률을 수취하여야 할 것이다. 여기에서 t는 한계소득세율이다.

현행 세제 하에서는 부채와 주식에 대한 수익에 대해서 동일한 개인소득세율로 과세되지 않는다. 주식소득의 일부는 자본이득의 형태로 나타나고, 자본이득세의 경우에는 주식이 매각되고 그 이득이 실제로 실현될 때까지 세금 납부가 연기된다. 자본이득세가 존재하더라도 기업이 배당금을 지급하지 않고 투자자들이 주식을 매각하지 않는다면, 주식소득에 대한 실질개인소득세율은 0이다. 이 경우 주식소득은 기업차원에서 과세된다. 반면에 이자소득은 기업차원에서는 과세되지 않고 개인차원에서만 과세된다. 그러므로 개인소득세가 도입될 때 기업은 기업소득에 대한 모든 세금의 현가를 최소화하는 데 노력하여야 한다. 그렇다면 투자자들의 소득에 부과되는 세율이 서로 다를 때 자본구조는 기업가치에 어떤 영향을 미치는가?

밀러는 1977년에 이 점에 대해 설명을 하였다. 즉, 모든 투자자들에게 $t=0$이라는 단순한 가정에서 출발하여 사채이자에 대한 세율이 투자자의 세금계층에 따라 변화한다는 점을 지적하였다. 예를 들어 어떤 기업이 처음에 주식만으로 자금을 조달한다고 가정한다. 이러한 경우에 $t=0$이므로 자금관리자는 법인세만을 고려하게 된다. 이 기업은 차입을 시작하면서 어떠한 개인소득세도 지불하지 않는 면세투자자들에게 사채를 매각한다. 그러나 부채발행이 증가됨에 따라 점차로 한계세율이 높은 투자자계층으로 하여금 보통주 대신 사채에 투자하도록 유도를 하여야 한다. 여기에서 밀러의 모형이 시사하는 바는 사채로부터 보통주로의 자금조달 변화는 부채-주식 비율을 하락시킨다는 것이다. 즉, 개인소득세율과 법인세율이 동시에 같은 비율로 증가된다면 자금 및 레버리지 변화는 발생하지 않는다.

2. 파산비용 효과

MM이론은 파산비용이 존재하지 않는다는 것을 기본 전제로 하고 있지만 사실상 파산비용은 매우 크다. 파산 시에 기업들은 높은 법적, 회계적 비용을 부담한다. 게다가, 파산으로 인해 기업이 계속 영업을 할 수 없게 되면 실제 가치보다 낮은 가격으로 자산을 처분할 수밖에 없다. 파산과 관련된 문제는 기업이 자본구조에서 부채가 차지하는 비중이 큰 경우에 발생하기 쉽다. 따라서 파산비용은 기업들이 초과해서 부채를 사용하지 못하게 유인한다.

기업의 이익실현은 매우 유동적이어서 다른 조건이 일정하다면 큰 파산상황에 직면하게 된다. 따라서 위험이 큰 기업은 안정적 기업보다 부채를 적게 사용해야 한다. 이 점은 높은 영업레버리지를 갖고, 높은 영업위험을 지닌 기업들이 재무레버리지 사용을 제한하는 점과 일치한다. 마찬가지로 기업들은 재무적 곤경이 부채에 덜 의존적일 경우 높은 비용을 부담할 것이다.

3. 상반이론(trade-off theory)

앞에서의 주장들은 높은 이자율에 대한 법인세 감세효과와 파산비용 사이에 상반관계가 존재한다는 레버리지의 상반이론이다. 상반이론을 요약하면, 〈그림 10-9〉로 나타낼 수 있다.

이자에 대하여 세금공제를 받을 수 있다는 사실은 부채가 보통주나 우선주보다 비용이 덜 든다는 의미이다. 사실, 정부는 기업이 파산할 경우에 부채비용의 일부를 지불한다. 이러한 경우에 부채를 사용한 기업은 세금공제 혜택을 받는 결과가 된다. 따라서 부채를 사용하면 기업의 영업이익이 투자자들에게 전가되도록 돕는다. 이런 면에서 기업은 더 많은 부채를 사용할수록 기업가치와 주가는 상승하게 된다. 세금효과를 고려한 모디글리아니-밀러의 가정하에서의 기업주가는 기업이 100% 부채를 사용할 때 최대가 될 것이다. 그러나 실제로 기업들이 100% 부채를 사용하는 경우는 매우 드물다. 그 한 가지 이유로는 주식은 장기자본 이득에 대한 낮은 세율 부과로 이익을 얻는다는 사실이다. 그러나, 더 중요한 사실은 기업들이 파산비용을 줄이기 위해서 부채사용을 줄인다는 것이다.

〈그림 10-9〉에서 한양(주)은 부채수준이 0일 경우에 주식가치가 $20이

〈그림 10-9〉 파산비용과 이익의 상반관계

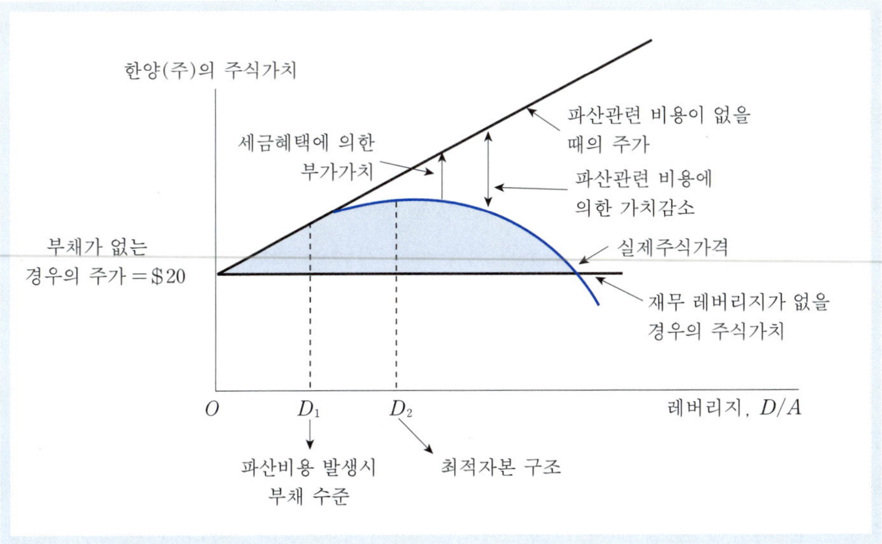

다. 또한 법인세효과를 고려한 MM이론에서의 기업의 주식가치를 나타내는 직선과 접하는 부채수준인 D_1에서 한양(주)의 최적 자본구조가 결정되는 것을 보여 주고 있다. D_1수준에서 부채비율이 정해지는 것을 알 수 있지만 이 경우에 파산확률은 너무 낮아서 비현실적이다. 반면 D_1을 지나서 파산비용은 중요한 의미를 갖게 되는데 세율이 증가함에 따라 파산비용은 부채의 세금효과를 감소시킨다. D_1에서 D_2에 이르는 범위에서는 파산비용은 감소하지만 완전하게 부채의 세금혜택을 상쇄시키는 것은 아니기 때문에 기업의 주가는 부채 비율이 증가함에 따라 상승한다. 그러나 D_2를 지나서 파산비용은 세금효과를 초과하여 이 시점부터 부채비율은 주식의 가치를 오히려 떨어뜨린다. 따라서 D_2가 최적자본구조가 된다. 물론, D_1과 D_2는 기업이 직면하고 있는 영업위험과 파산비용에 따라 다른 값을 갖게 된다.

〈그림 10-9〉에서 보는 것처럼 자본구조이론이 지니는 또 다른 측면은 Intel사, Microsoft사와 같은 성공한 기업들의 다수는 여기의 이론에서 제시하는 것처럼 부채를 사용하지 않았는데, 이러한 실증적 결과는 신호이론을 발전시키는 계기가 되었다.

4. 신호이론

MM이론은 투자자들이 경영자와 동일하게 기업의 전망에 대하여 정보를 공유한다고 가정한다. 이것을 대칭적 정보(symmetric information)라고 부른다. 그러나 사실 경영자는 외부 투자자들보다 회사의 내·외적으로 더 많은 정보를 보유하고 있기 마련이다. 이것을 비대칭적 정보(asymmetric information)라고 부르는데 이러한 비대칭적 정보는 최적자본구조에 중요한 영향을 끼친다. 미래의 전망이 좋은 기업은 새로운 주식발행을 통하여 자금을 조달하려고 하지 않는 반면에 전망이 불리한 기업들은 외부에서 자금을 조달하려고 할 것이다.

그럼 여기서, 신호이론이 자본구조 결정에 미치는 영향은 무엇인가? 주식발행은 부(−)의 신호를 내포하고 있기 때문에 주가를 하락시키는 경향이 있다. 왜냐하면, 기업이 주식을 발행하려고 할 때 투자자들은 보통 (−)의 신호로 인식하게 되기 때문에 기업의 입장에서는 안정적인 위치에 있다고 하더라도 미래의 투자기회를 대비해서 투자기회가 발생할 경우에 적정한 자본비용 수준으로 자금을 조달할 수 있는 여력을 대비해야 한다. 따라서 이러한 이유로 인하여 평상시에 기업은 앞에서 설명한 파산비용/세금효과의 상반관계 이론에서 제시했던 것처럼 부채사용을 줄이고 자기자본으로 자금을 조달해야만 한다.

기업의 전망이 좋을지라도 평상시에 좋은 투자기회를 놓치지 않기 위해 투자기회가 발생했을 때 적당한 비용으로 자금을 조달할 수 있는 능력을 유지해야 한다. 이것은 기업이 평상시에 〈그림 10-9〉에서 제시한 파산비용/세금효과의 상반관계 이론에서 제시하는 것보다 부채를 덜 사용하고 자기자본을 사용해야 한다는 것을 보여 준다.

제 5 절 최적 자본구조의 결정

부채비율은 완전자본시장에서 기업가치와 무관하다는 MM이론에 근거도 있지만, 파산비용과 절세효과, 베타값의 하마다모형을 산식에 반영하여 민감도분석에 의해 가중평균자본비용(WACC)이 최저비용일 때의 적정부채비율

〈그림 10-10〉 부채규모와 기업가치

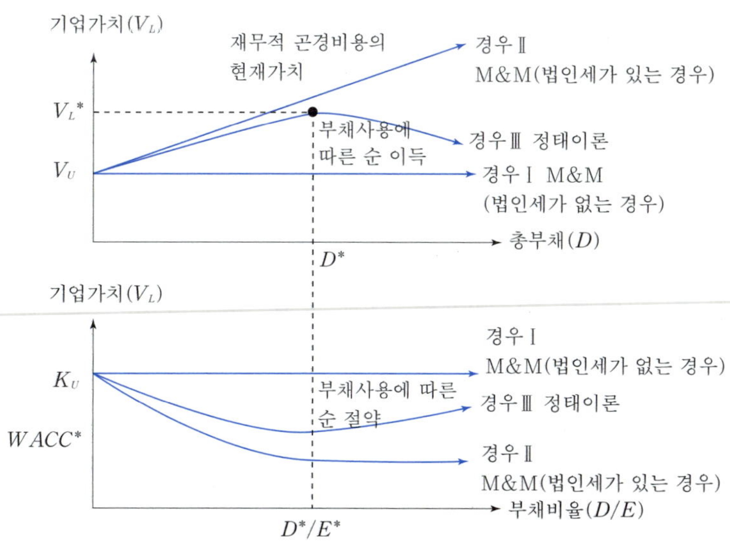

을 도출한다. 가중평균자본비용(WACC)의 요소인 무위험이자율, 베타값, 법인세 등의 변화에 따른 최저 자본비용(WACC)과 일치하는 부채비율이 적정 부채비율인 것이다.

그러나 적정부채비율은 어느 특정 시점에만 적용되는 정태적인 개념이다. 따라서 이에 대한 보완지표로서 동태적인 이자보상배율을 함께 고려하여 최적 부채비율을 규정하고 있다. 즉, 영업활동을 통한 영업이익으로 부채에 대한

〈표 10-8〉 ○○기업 2007년 적정 자본구조 도출 사례

① 부채/자산	② 부채/자본	③ $(1-T)K_d$	④ 베타	⑤ K_s	wacc
0.00%	0.00%	0	2.07	0.132	13.203%
5.00%	5.26%	0.0300	2.13	0.134	12.854%
10.00%	11.11%	0.0306	2.20	0.137	12.509%
15.00%	17.65%	0.0313	2.28	0.140	12.169%
20.00%	25.00%	0.0321	2.37	0.143	11.832%
25.00%	33.33%	0.0329	2.47	0.147	11.501%
30.00%	42.86%	0.0337	2.58	0.151	11.176%
35.00%	53.85%	0.0347	2.72	0.156	10.858%
40.00%	66.67%	0.0358	2.87	0.162	10.548%
45.00%	81.82%	0.0390	3.05	0.169	10.301%
50.00%	100.00%	0.0427	3.27	0.177	10.085%
55.00%	122.22%	0.0470	3.54	0.187	9.911%
60.00%	150.00%	0.0495	3.87	0.199	9.697%
65.00%	185.71%	0.0526	4.30	0.216	9.523%
70.00%	233.33%	0.0568	4.87	0.237	9.411%
75.00%	300.00%	0.0629	5.67	0.267	9.403%
80.00%	400.00%	0.0726	6.86	0.312	9.598%
85.00%	566.67%	0.0905	8.86	0.387	10.256%
90.00%	900.00%	0.1341	12.86	0.537	12.354%
95.00%	190.00%	0.3242	24.85	0.986	22.767%

이자를 갚을 수 있다면 부채비율 자체는 그렇게 큰 문제는 아니라는 것이다. 적정 부채비율은 절대적 의미로서가 아닌, 상기 가정에 의해 도출된 적정 부채비율이므로 기업 가치를 크게 훼손하지 않는 범위 내에서의 안정적인 자금조달 및 부채상환 계획에 있어서 가이드라인을 제공하고, 경영진의 투자의사결정에 있어서 하나의 판단기준을 제공하는 데 그 의미가 있다고 할 수 있다.

가중평균자본비용이 가장 적은 시점은 부채비율이 300% 내외일 때이고, 이 시점에 해당하는 부채비율이 적정 부채비율이다.

1. *EBIT/EPS* 분석

재무레버리지는 기업의 기대*EPS*와 실질 *EPS*의 위험에 영향을 주고 주식가격에도 영향을 미친다. 부채를 사용하지 않는 기업은 처음에 주식을 부채로 대체함으로써 기업가치를 증가시킬 수 있으나, 부채사용이 지나치게 되면 기업의 가치가 축소될 수도 있다. 기업이 지니고 있는 가치를 극대화하기 위한 목표 자본구조를 결정하기 위하여 재무레버리지와 *EPS* 사이에는 어떤 관련이 있는지 알아보기로 하자. 〈표 10-9〉을 통해 재무 레버리지와 *EPS*와의 관계를 알 수 있는데, 〈표 10-9〉에서는 부채비율이 바뀜에 따라 부채비용이 어느 정도인가를 보여 준다. 즉, 부채비율이 높을수록 부채의 위험은 더 커지고, 이자율도 커진다는 것을 알 수 있다.

기대 *EPS*와 위험, 그리고 재무레버리지 사이의 관계를 이해하기 위한 또 다른 방법은 〈그림 10-11〉을 통해서 알 수 있다.

여기에서 기대 *EPS*는 기업이 50%의 부채수준에서 자금을 조달할 때까지 상승하고 또한 이자율도 상승한다. 그러나 이러한 효과는 부채가 자기자본으로 대체되어질 때 발행주식수의 감소를 통해서 상쇄될 수 있다. 그러나 *EPS*가 50%의 부채수준에서 최고점에 도달할 경우에 이자율 상승이 너무 급

〈표 10-9〉 부채/자산비율

부　　채	20,000	40,000	60,000	80,000	100,000	120,000
부채/자산 비율	10%	20	30	40	50	60
모든 부채에 대한 이자율, K_d	8%	8.3	9	10	12	15

〈그림 10-11〉 재무레버리지와 EPS와의 관계

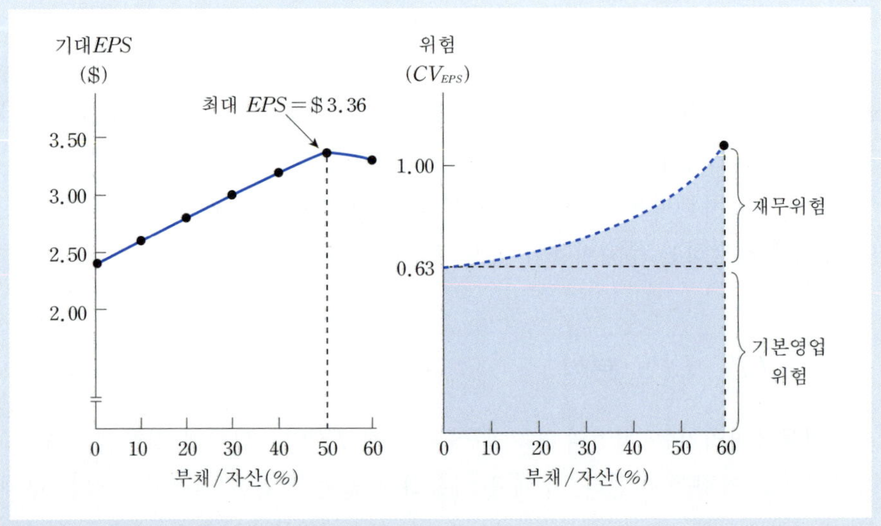

격하게 이루어지므로 발행주식수의 감소에도 불구하고 *EPS*는 감소하는 결과를 초래한다.

〈그림 10-11〉의 우측 그래프에서는 기업이 지니고 있는 부채-자산 비율에 관계없이 기본적으로 0.63의 기본영업위험을 갖고 있다는 것을 보여 준다. 그리고 부채비율이 늘어남에 따라서 기업이 추가적으로 부담하게 되는 재무위험은 증가하는 경향을 알 수 있다. 즉, 기업의 재무담당자가 고려해야 할 점은 최적 자본구조를 결정하기 위해서 적정한 기대*EPS*를 결정하는 것도 중요하지만 추가적으로 기업이 부담할 수 있을 정도의 적정한 위험수준도 고려해야 한다는 점을 나타내고 있다.

2. 주식가격과 자본비용에 대한 자본구조 효과

기업이 지녀야 하는 최적 자본구조란 기업의 가치를 최대로 한다는 것을 의미한다. 일반적으로 이러한 목표를 달성하기 위해서는 기업의 기대*EPS*를 최대로 하는 부채/자산 비율 수준보다 낮은 수준에서 최적 자본구조가 결정되어야 한다.

다음의 한양(주)의 예를 통해서 알아보면 다음과 같다. 〈표 10-10〉는 한

〈표 10-10〉 한양(주)의 가중평균자본비용

부채/자산 비율	자본비용 (k_d)	기대 *EPS* (원)	추정된 주가 (원)	*P/E* Ratio	가중평균자본비용(*WACC*)
0%	—	2,400	2,000	8.33	12.00%
10%	8%	2,560	20,980	8.20	11.46%
20%	8.3%	2,750	21,830	7.94	11.08%
30%	9%	2,970	22,500	7.58	10.86%
40%	10%	3,200	22,860	7.14	10.80%
50%	12%	3,360	22,110	6.58	11.20%
60%	15%	3,300	19,640	5.95	12.12%

〈그림 10-12〉 부채수준에 따른 요구 *ROE*

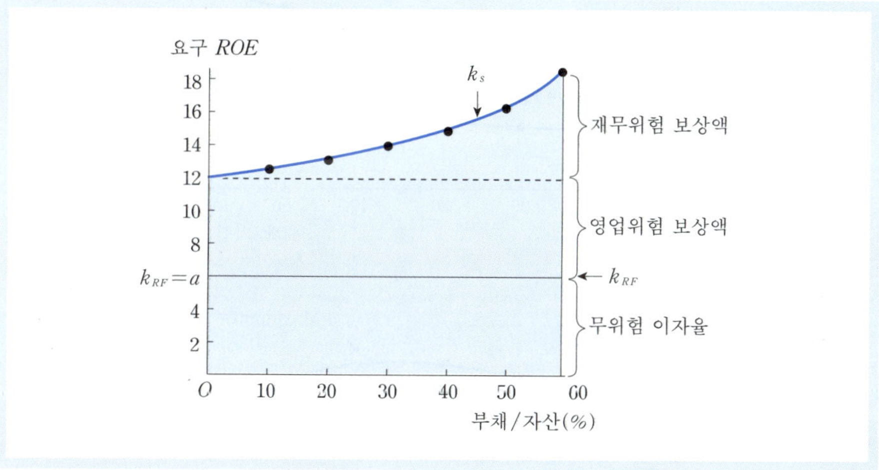

양(주)의 추정된 주식가격과 서로 다른 부채비율 수준에서의 가중평균자본비용(*WACC*)를 나타낸다.

〈그림 10-13〉에서 우리는 한양(주)의 기대*EPS*가 부채/자산 비율 50% 수준에서 최대가 됨을 알 수 있었다. 그러나, 〈표 10-10〉에서 알 수 있듯이 이 기업의 주가는 40%의 부채/자산 비율 수준에서 최대가 된다. 당기순이익이 좋은 기업은 주주들에게 많은 배당을 지급할 수 있다.

기업이 지니고 있는 적정수준의 부채는 *EPS*를 상승시키는 반면에 낮은 부채수준은 주식가치를 상승시키는 경향이 있다. 그러나 지나친 정도의 부채수준은 기업의 위험을 증가시킬 뿐만 아니라 주가를 하락시키는 것을 알 수

〈그림 10-13〉 한양(주)의 최적자본구조

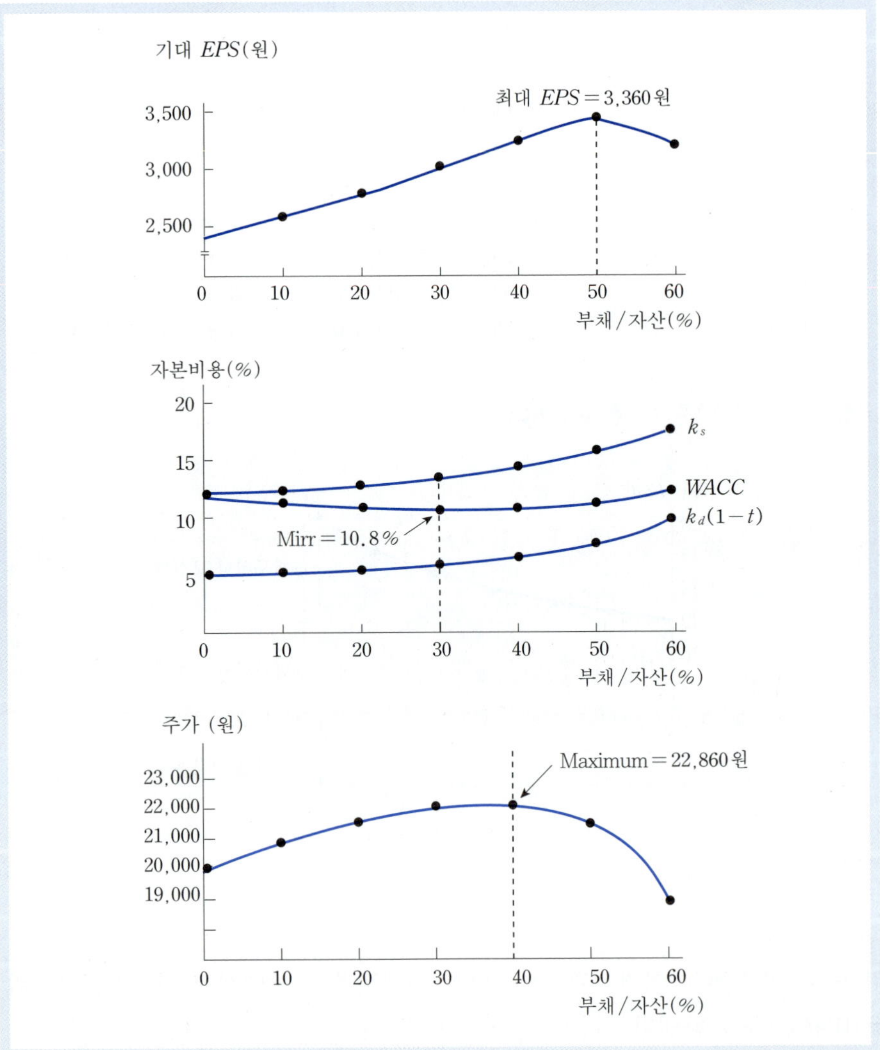

있다. 따라서, 부채/자산 비율이 40%에서 50%로 증가하는 경우에 위험증가에 따른 *EPS*가 증가하는 것을 알 수 있다.

〈표 10-10〉에서 보는 것처럼 부채/자산 비율의 증가는 기업이 부담하게 되는 자본비용도 증가하는 것을 보여 준다. 예를 들어 무위험자산의 수익률을 6%라고 가정할 때 평균 주식에 대한 요구수익률(k_s)이 10%라면 *CAPM*식을 이용하여 요구수익률의 추정치를 구할 수 있다. 재무 레버리지가 없다면, k_s

는 12%가 되지만 기업이 60%의 부채수준에서 자금을 조달한다면 k_s는 16.8%가 된다.

〈그림 10-12〉는 서로 다른 부채수준에서의 자기자본수익률(*ROE*)를 요구하는 것을 보여 준다. 여기에서, 무위험이자율 6%에 영업 및 재무위험에 관한 프리미엄을 요구하는 것을 알 수 있다. 그림에서 보는 것처럼 영업위험 프리미엄은 부채수준에 좌우되지 않고 모든 부채수준에서 6%로 동일한 것을 알 수 있다. 그러나 재무위험에 대한 프리미엄은 부채수준에 따라 다르다. 즉, 부채비율이 높으면 높을수록, 더 큰 위험 프리미엄이 추가된다.

주당이익(*EPS*), 자본비용, 주식가격은 〈그림 10-13〉에서 보는 바와 같다. 〈그림 10-13〉에서 보는 것처럼 기업의 기대*EPS*를 최대로 하는 부채/자산 비율은 50%이다.

그리고 부채/자산 비율 40% 수준에서 기대 주식가격은 최대화되고 자본비용은 가장 작다. 따라서, 한양(주)의 최적 자본구조는 부채 40%와 자기자본 60%이다. 경영자는 이 비율에 따라 목표 자본구조를 세워야 한다.

한국 국가부채, 적정비율 넘었다

"소규모 개방경제 35.2%선이 적당" … 올해 부채비율 36.1% 전망

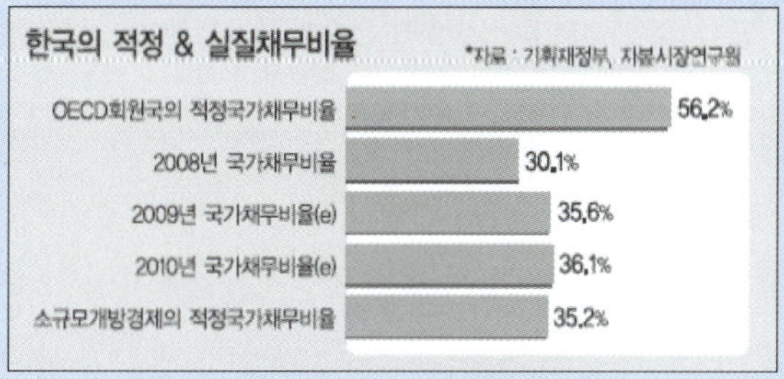

한국의 국가부채가 소규모 개방경제로 감내할 수 있는 '적정 채무비율'을 넘어섰다는 지적이 제기됐다. 그동안 정부는 국가부채의 급격한 증가를 비판하는 국회와 언론 등의 문제제기에 대해 "우리나라 2009년 GDP대비 국가부채는 35.6%로 G20 평균치인 75.1%의 절반 수준밖에 안 된다"는 논리로 방어막을 쳐왔다.

그러나 외풍에 약한 한국의 국가부채비율을 다른 선진국들과 단순 비교하는 것 자체가 '넌센스'라는 지적이 힘을 얻고 있다.

최근 발간된 '국가채무 수준의 국제비교와 정책적 시사점'이라는 자본시장연구원 보고서에서 조성원 연구위원은 "국가채무비율이 상대적으로 낮다고 해서 우리나라 재정이 다른 OECD 국가들에 비해 건전하다고 할 수 없다"면서 "우리나라처럼 대외의존도가 높고 대외충격에 취약한 소규모 개방경제 국가는 재정건전성을 보다 엄격하게 적용해야 한다"고 주장했다.

한국은 무역의존도가 90%를 웃도는 대외개방형 경제체질을 지녔지만 주요 선진국의 경우 내수비중이 수출입비중을 상회하는 것이 보통이다.

이 보고서에 따르면 한국과 같은 소규모 개방경제의 경우 최대 경제성장을 이룰 수 있는 적정채무비율은 35.2%로 제시됐다. 미국 캐나다 등 비교적 내수가 탄탄한 선진국가의 적정채무비율은 21%p 높은 56.2%로 추정됐다.

이 분석 기준에 따르면 한국은 이미 적정채무비율을 넘어섰다. 기획재정부에 따르면 2009년 GDP대비 국가채무비율은 35.6%, 올해는 36.1%로 전망됐다.

각국 경제 특성에 따라 적정 채무가 다르게 계산되어야 한다는 데는 다른 학자들도 공감하고 있다. 25일 한국개발연구원과 IMF가 공동개최한 국제회의에서 토론자들은 "최적의 부채수준을 결정하는 것은 쉽지 않으나 한국의 현재 부채수준은 역사적으로 볼 때 매우 높은 수준"이라며 우려했다.

– 내일신문기사

연 습 문 제

1. 다음 용어들을 간략히 설명하시오.
   ① 목표자본구조, 최적자본구조　　② 영업위험, 재무위험
   ③ 재무레버리지, 영업레버리지　　④ 대칭적 정보, 비대칭적 정보
   ⑤ 상반이론　　⑥ Reserve Borrowing Capacity

2. MM의 자본구조이론의 의미와 한계점에 대해 설명하시오.

3. MM의 자본구조이론에서 법인세를 고려할 때와 고려하지 않을 때를 구분하여 설명하시오.

4. MM 이후 자본구조이론 중 파산비용이론을 설명하시오.

5. 대리비용에 대해 설명하시오.

6. 한양(주)에 대한 다음의 자료를 갖고 있다.

$EBIT=4,000,000$	세율$(T)=35\%$
부채빌행규모$(D)=2,000,000$	$k_d=10\%$
$k_s=5\%$	발행주식수$(N_0)=600,000$주
주당장부가치$=10$	

한양(주)의 시장은 고정적이기 때문에, 성장이 없을 것으로 기대한다. 모든 이익은 배당금으로 지불된다. 부채는 영구채권으로 구성되어 있다.

① 한양(주)의 주당이익(EPS)과 주가(P_0)를 구하여라.

② 한양(주)의 가중평균자본비용($WACC$)은 얼마인가?

③ 한양(주)는 8,000,000까지 부채규모를 늘려, 총 10,000,000가 된다.

시가로 주식 일부는 회수할 수 있다. 채권이자율은 12% (구채권은 회수)이고, 자본비용은 15%에서 17%로 상승할 것이다. $EBIT$는 그대로 유지된다고 가정한다.

한양(주)는 현재의 자본구조를 변화시켜야 하는가?

④ 한양(주)가 구채권 2,000,000를 회수하지 않는다면, 어떤 변화가 생기는가? (단, 신구채권 모두 어느 정도의 위험을 갖고, $k_d=12\%$이다. 구채권의 이표이자율은 10%이다.)

7. 한양(주)는 냉장고를 10만원에 판매하고 있다. 고정비용은 2억원이고, 매년 5,000대를 생산하여 판매하고 있다. *EBIT*는 현재 5천만원이고, 자산(순수 자기자본만으로 구성)은 5억원이다. 한양(주)의 추정치는 생산공정에 따라 변화할 수 있고, 투자비에 4억원이 추가되고, 고정영업비에 50,000원이 추가된다.

이러한 변화로 단위당 변동비의 10,000원을 감소할 수 있고, 2,000단위 더 산출량을 늘릴 수 있다. 그러나 모든 단위에 대한 판매가는 추가 산출량 수준에서 95,000원까지 낮추어져야 한다.

한양(주)는 세율을 0으로 하는 세금손실을 갖고 있다. (단, 한양(주)는 부채가 없으며, 평균자본비용은 10%이다.)

① 한양(주)은 변화해야 하는가?

② 변화가 이루어지면 한양(주) 손익분기점은 증가 또는 감소하는가?

8. 한양(주)는 추가로 천만원의 자금을 조달하려고 한다.

한 가지 방법은 부채를 통한 자금조달 (이자율 = 12%)인 5천만원과 보통주 10,000주를 발행함으로써 자금을 조달하려 한다.

두 번째는 12%이율로 부채만을 통한 방법이 있고, 보통주 1,000주를 발행함으로써 자금을 조달하는 방법이 있다. 법인세는 40%이다.

① *EBIT-EPS* 분석을 통하여 두 방법을 비교하라.

② 두 가지 방법의 *EBIT-EPS* 그래프를 그려라.

③ 그래프를 기초로, 채권을 통한 자금조달 방법이 어떤 *EBIT*수준에서 주식을 통한 방법보다 높은가?

9. 한양컴퓨터는 자본구조와 관련하여 다음과 같은 정보를 갖고 있다.

자본구조 부채비율(%)	0	10	20	30	40	50	60
주당이익	3.12	3.90	4.80	5.44	5.51	5.00	4.40
요구수익률 k_s(%)	13	15	16	17	19	20	22

① 각각의 자본구조에서의 추정 주가를 계산하라.

② 주당기대이익을 최대화할 때의 최적자본구조와, 주당가치를 최대화할 때의 최적자본구조를 구하여라.

③ 최적의 자본구조는 어느 것인가?

10. 무부채기업인 (주)플래닛은 A, B 두 개의 사업부를 가지고 있다. 각 사업부의 기대 현금흐름은 다음 표와 같다. (−)는 현금유출을, (+)는 현금유입을 의미한다. 사업부 A의 베타는 0.5, 사업부 B의 베타는 1.5이다. 무위험 수익률은 4%, 시장포트폴리오의 기대수익률은 10%이다.

(단위: 억원)

시점 / 사업부	0년	1년
사업부 A	−100	+160.5
사업부 B	−100	+282.5

① 각 사업부의 순현재가치를 구하라.

② (주)플래닛의 베타를 이용하여 (주)플래닛의 시장가치를 구하라.

(2003년 CPA 기출문제)

11. (주)제일은 기업가치 500억원의 우량회사로 (주)서해를 흡수합병하려고 한다. (주)서해는 작년 말 기준으로 기업에 귀속되는 현금흐름(FCFF: free cashflow to the firm)이 1억원이며 앞으로 매년 5%씩 증가할 것으로 예상된다. 무위험수익률은 5%, 시장포트폴리오 기대수익률은 8%이며, 이후 모든 기간에도 계속 적용된다고 가정한다. 합병 전·후의 (주)제일과 (주)서해에 대한 자료는 다음과 같다.

	합병 전 (주)제일	(주)서해	합병 후 (주)제일
부채/자기자본 (시장가치기준)	0.8	1	0.9
주식베타	1.5	1.5	—
타인자본비용(%)	—	5	5
법인세율(%)	40	40	40

① (주)서해의 기업가치는 얼마인가?(억원 단위 미만 절사)

② 합병 후 (주)제일의 주식베타를 계산하라(소수점 셋째 자리 이하 절사).

③ (주)제일은 합병 후 기업에 귀속되는 현금흐름(FCFF)이 2년째 말부터 매년 말 10억원씩 추가적으로 영구히 발생할 것으로 예상하고 있다.

(i) 만약 (주)서해가 제시한 90억원의 현금을 지불하고 합병을 한다면 (주)제일 입장에서의 합병의 순현재가치는 얼마인가?(억원 단위 미만 절사)

(ii) (주)서해가 제시한 90억원을 현금으로 지급하는 대신에 동일 금액의 보통주를 발행하여 지급(합병후 주가 기준)하려 한다면 발행 후 (주)제일 주식의 주당 시장가치는 얼마인가? 합병 전 (주)제일의 발행주식 수는 250만주이다(금액은 원 단위 미만, 주식 수는 만주 미만 절사).

(2003년 CPA 기출문제)

12. 신설법인인 삼환기업은 유아완구업에 투자할 예정이다. 삼환기업이 부채를 조달하지 않고 투자하면 자본비용이 20%가 된다. 삼환기업은 최대한 부채를 사용하려 하지만 정부의 정책에 적극 부응하기 위해 시장가격으로 환산한 부채 비율(=부채/자기자본)을 100%로 맞출 예정이다. 이 경우 주주와 채권자에게 귀속되는 현금흐름은 이자비용으로 인한 법인세절감효과를 포함하여 9억원씩 매년 무한히 발생할 것으로 기대된다. 부채에 대한 이자율은 10%이며 법인세율은 40%이다. 또한 무위험수익률은 10%이다. MM의 명제가 성립함을 가정한다.

① 삼환기업의 현금흐름 9억원에 대한 할인율은 얼마인가?

② 삼환기업의 주주가 이 투자를 통해 얻게 되는 가치의 증가분은 10억원

이다. 이 기업의 장부가격 기준 부채 비율(=장부상 부채/장부상 자기자본)은 얼마인가?

13. 새로운 회계연도초인 현재(시점 0), 무부채기업인 (주)트윈은 1만주의 주식을 발행하고 있고 직전 회계연도말 세후순이익은 120만원이다. 시장의 무위험이자율은 6%이고 시장포트폴리오의 기대수익률은 12%이며, 이후 변동이 없을 것으로 예상된다. 법인세(세율 40%)외 개인소득세는 없으며 거래비용도 없고, 시장은 완전하다. 단, 계산은 소수점 아래 넷째 자리에서 반올림 하시오.

① (주)트윈과 동일한 영업위험을 가진 (주)쌍둥이 주식의 베타값이 1.95이고 부채대자기자본비율(B/S)이 0.5일 때, 자본자산가격결정모형(CAPM)을 이용하여 (주)트윈의 자기자본비용을 구하시오.

② (주)트윈은 향후 영속적으로 동일한 세후순이익이 기대되고 새로운 성장기회가 없어 직전 회계연도 순이익을 전액 현금배당으로 지급한 경우, (주)트윈의 현재 주가를 배당평가모형을 이용하여 구하시오.

③ ②의 상황을 전제로, (주)트윈이 내부자금 100만원을 1주당 833.333원의 조건으로 전액 자사주 매입에 사용할 것이라고 발표하였다. 만약 당신이 해당 주식을 10주 보유하고 있는 투자자라고 할 때, 제시된 조건으로 자사주 매입에 응할 것인지, 아니면 주식을 계속 보유할 것인지에 대한 의견을 두 경우간 최종 부의 차이를 통해 제시하시오.

②와 동일한 상황에서, 이번 회계연도말에 100만원을 투자하면 매년 30만원의 영업이익이 영구히 발생하면서 기존의 투자와 동일한 영업위험을 갖지만 독립적인 신규투자기회가 (주)트윈에게 발견되었다고 하자. 즉, 새로운 투자기회로 인한 매기말 예상현금흐름은 아래와 같으며, 더 이상의 투자기회는 없다고 한다.

시점	1	2	3	…
투자금액	100만원	—	—	—
영업이익(EBIT)	—	30만원	30만원	…

④ 투자금액을 전액 내부자금으로 조달하는 경우, 신규투자기회의 순현가(NPVGO)를 구하고, 이를 감안한 (주)트윈의 주가도 함께 구하시오.

⑤ 투자금액의 절반은 영구부채를 통해 무위험이자율로 조달하고, 나머지는 내부자금으로 조달하는 경우, 신규투자기회를 감안한 (주)트윈의 주가를 구하시오.

(2006년 CPA 기출문제)

14. 자본구조를 제외하고 모든 점이 동일한 두 개의 기업 U와 L이 있다. 전액 자기자본만으로 조달된 기업 U의 자본비용은 20%이다. 기업 L의 자본구조는 총 액면가 2억원, 액면이자율 7%, 만기수익률 10%의 영구채와 총 10,000주의 주식으로 구성되어 있다. 매년 말 2억원의 세전영업이익(EBIT)이 영구적으로 발생할 것으로 기대된다. 무위험이자율은 10%, 시장포트폴리오의 기대수익률은 15%, 법인세율은 40%이다. MM자본구조이론과 CAPM환경 하에서 다음에 답하시오(모든 수치는 소수점 다섯째 자리에서 반올림하시오).

① 기업 U의 총시장가치를 구하시오.

② 기업 L의 부채의 시장가치를 구하시오.

③ 기업 L의 기업가치와 주당 시장가격을 각각 구하시오.

(2007년 CPA 기출문제)

15. AXE회사의 자본구조는 회사채를 발행해서 조달한 부채(35%)와 보통주를 발행해서 조달한 자본(65%)으로 구성되어 있다. 회사채는 액면이자율(coupon rate)이 10.4%이고 만기까지는 5년이 남아 있으며 현재 액면가(par value)에 거래되고 있다. 시장포트폴리오의 기대수익률은 11%, 무위험이자율은 4%이고 이 회사의 베타는 1.6이다. 배당금은 주당 5,000원을 지급했고 향후 매년 5.4%씩 증가할 것으로 예상되며, 현재 주가는 62,000원이다. 법인세율은 25%로 가정한다.

① 배당할인모형 및 CAPM을 사용해서 각각의 자기자본비용과 이에 따른 각각의 가중평균자본비용(WACC)을 구하시오. 백분율은 반올림하여 소수점 첫째 자리까지 계산하시오.

② 현재 AXE회사의 가치는 1,000억원이고, 이 회사의 최고재무책임자

(CFO)는 400억원이 소요되는 신규 투자안에 대해 어떤 자본조달 방법을 사용할지 두 방안을 놓고 고민하고 있다.

1안: 우선주 발행 - 발행가격 35,000원
배당금 4,200원
2안: 회사채 발행 - 기존 회사채와 동일한 조건

발행비용은 없는 것으로 가정하며, CFO의 목표는 신규 투자안에 대한 자본조달 후 회사의 WACC를 최소화하는 것이다. 목표달성을 위해 어떤 자본조달 방법을 선택해야 할지 각 방안의 WACC를 구하여 답하시오. 보통주의 자본비용은 CAPM을 사용해서 추정하고, 계산결과는 %단위로 표시하되 반올림하여 소수점 첫째 자리까지 표기하시오.

(2009년 CPA 재무관리 2차 시험)

16. 자본구조와 기업가치에 대한 다음의 설명 중 가장 타당하지 않은 것은?

정답 ⑤

① Modigliani & Miller(1963)는 법인세절약효과 때문에 레버리지와 기업가치 사이에는 정(+)의 관계가 있다고 주장하였다.
② Jensen & Meckling(1976)은 총대리(인)비용이 최소가 되는 레버리지 수준에서 최적자본구조가 실현된다고 주장하였다.
③ Miller(1977)는 법인세와 (개인)소득세를 모두 고려할 경우 자본구조와 기업가치는 무관하다고 주장하였다.
④ DeAngelo & Masulis(1980)는 법인세와 (개인)소득세를 모두 고려하더라도 비부채성 세금효과 때문에 최적자본구조가 존재할 수 있다고 주장하였다.
⑤ Myers & Majluf(1984)는 내부자금 사용 후 외부자금을 사용하는 자본조달 우선순위가 있기 때문에 레버리지와 기업가치 사이에는 부(−)의 관계가 있다고 주장하였다.

(2000년 CPA 기출문제)

17. 자본구조와 기업가치의 무관련성을 주장한 Miller와 Modigliani는 시장 불완전요인 중 법인세를 고려할 경우 기업가치는 레버리지(leverage)에 따라 변화한다고 수정하였다. 만일 부채를 사용하고 있지 않은 어떤 기업이 위험의 변화 없이 8%의 금리로 100억원을 영구히 차입하여 자기자본을 대체한다면 Miller와 Modigliani의 수정 명제에 따라 이 기업의 가치는 얼마나 변화하게 될까? 단, 법인세율은 40%, 주주의 요구수익률은 10%이다. 정답 ①

① 40억원 증가 ② 10억원 증가 ③ 80억원 증가
④ 30억원 감소 ⑤ 70억원 감소

(2002년 CPA 기출문제)

18. 대리비용(agency costs)과 관련된 다음 서술 중 옳은 것은? 정답 ③

① 위험유인(risk incentive)이란 소유경영자와 외부주주간에 발생하는 이해 상충에서 파생하는 대리비용이다.
② 위험유인은 소유경영자의 지분율이 높을수록 위험한 투자안을 선택하려는 유인이다.
③ 과소투자유인(under-investment incentive)은 부채의 대리비용으로, 수익성 투자포기유인이라고도 한다.
④ 특권적 소비(perquisite consumption)는 주주와 채권자간에 발생하는 대리비용으로, 타인자본의존도에 비례하여 증가하는 경향이 있다.
⑤ 감시비용(monitoring costs)이란 대리인이 자신의 의사결정이 위임자의 이해와 일치한다는 것을 입증하기 위해 지불하는 비용이다.

(2002년 CPA 기출문제)

19. 법인세가 있는 MM이론이 성립된다고 가정하자. 현재 어느 기업의 발행 주식수는 100만주로 부채는 전혀 없으나 10%에 차입할 수 있고 가중평균 자본비용(WACC)은 16%이다. 순영업이익(EBIT)은 매년 100억원일 것으로 예상되고 법인세율은 30%로 고정되어 있다. 이 기업이 부채로 자금을 조달하여 자사주를 매입함으로써 부채의 시장가치가 기업가치의 40%가 되도록 하려고 한다. 다음의 내용 중 옳지 않은 것은? 정답 ④

① 부채로 자금을 조달하기 전 자기자본비용은 16%이다.
② 부채로 자금을 조달해 자본구조를 재구성한 후에는 자기자본비용이 18.8%로 증가한다.
③ 부채로 자금을 조달해 자본구조를 재구성한 후의 가중평균자본비용은 14.08%로 감소한다.
④ 조달해야 할 부채의 시장가치는 근사치로 198.86억원이다.
⑤ 자사주를 매입한 이후의 발행주식수는 근사치로 545,463주이다.

(2004년 CPA 기출문제)

20. 당기순이익에서 배당금으로 지급되는 비율을 나타내는 배당성향을 장기적으로 일정하게 유지하면서 안정된 배당금을 지급하는 배당정책을 채택하고 있는 무차입 기업에서 단기적으로 배당성향을 가장 많이 증가시킬 것으로 예상되는 경우는?(배당정책이론의 관점에서 답하시오) 정답 ③

① 자본이득에 대한 세율에 비해 상대적으로 개인소득세율이 높아졌다.
② 자금수급의 불균형으로 인해 시장금리가 상승했다.
③ 예상치 못한 이상기후로 매출이 급감해 기업이익이 감소했다.
④ 칠레와 자유무역협정이 체결됨에 따라 투자기회가 증가했다.
⑤ 기업지배구조의 개선으로 여유자금에 대한 사용이 투명해졌다.

(2004년 CPA 기출문제)

제11장
배당정책과 사내유보금

기업에서 소요되는 자금은 단기와 장기로 구분할 수 있는데 다음 장에서는 장기자금의 원천으로써 사채·우선주 및 보통주 등의 발행에 대해 살펴보고 본 장에서는 배당정책과 사내유보금(retained earning)에 대해 검토하겠다. 사내유보금이란 기업의 경영수익 중에서 주주에게 그 일부분을 배당금으로 지불하고 또 일부분은 기업 내에 유보하여 이것을 이용할 수 있는 자금을 말한다. 사내유보금은 장기자금의 일종으로서 이것을 자기금융[1]이라고도 부른다.

기업에서 소요되는 장기자금은 금융기관으로부터 장기차입을 할 수도 있고 또 사채 · 우선주 및 보통주를 발행할 수 있으며 또한 사내유보금의 형태로 이용하기도 한다. 어떤 방법으로 얼마를 조달하느냐 하는 결정은 자본구조상에 변동을 일으키고 수익과 지불능력에 영향을 미치게 되므로 신중을 기하여야 한다. 그리고 경영수익 중에서 얼마를 배당금으로 지불하고 얼마를 사내유보시키느냐 하는 문제도 여러 가지 요소를 고려하여 결정하지 않으면 안 된다.

제 1 절　배당의 의의

주주는 자기의 자본을 어떤 기업에 투자하고 그 기업의 자산과 이익의 일

1) 자기금융이란 기업의 자체 내에서 자금을 조달하는 것을 의미하는데 이것은 사내유보금 이외에 감가상각비도 자기금융에 속한다. 자기금융은 기업 내부에서 자금을 조달한 것으로서 이 자금은 시설 또는 운전자본으로 재투자되어 이용된다.

부에 대한 소유권을 가지게 된다. 주주는 보통주주와 우선주주로 구분할 수 있는데 이와 같은 주주는 또한 각종 주식의 특징에 따라 상이한 권리를 가지게 된다. 주주의 권리 중의 하나는 배당(dividend)을 받을 수 있다는 것이다. 배당이란 주주가 출자한 자본을 운용하여 얻은 이익을 분배받는 것을 의미한다. 보통주주에게 속하는 이익이란 타인자본에 대한 이자와 우선주주에게 일정률의 배당금을 지불하고 남은 부분을 말한다.

보통주주의 몫인 이익은 전액 배당될 수도 있고 또 그 일부만이 배당되고 그 잔여부분은 사내유보시킬 수도 있다. 앞에서 설명한 바와 같이 우선주주는 미리 결정된 일정률의 배당을 받게 되지만 보통주주에 대한 배당률은 미리 결정할 수 없다. 즉 보통주주에 대한 배당률은 타인자본에 대한 이자와 우선주에 대한 배당금을 지불하고 남은 이익부분의 크기에 의하여 달라질 뿐만 아니라 배당정책에 따라서 달라지는 것이다.

그 영업기간중에 이익이 없으면 배당을 하지 못하는 것이 통례이다. 미국에서는 과거연도에 비교적 많은 이익잉여금이 적립되어 있고 지불능력에 대한 위험성이 없을 경우에는 당해년에 이익이 발생되지 못할 경우에도 배당할 수 있도록 되어 있다. 그러나 영국에서는 당해년에 이익이 있을 경우에만 그 이익액을 한도로 하여 배당할 수 있도록 규정되어 있다.[2)]

〈표 11-1〉 배당의 척도

	정의	산식
주당배당금	1주의 주식에 대한 현금배당액	총배당액/총발행주식수
배당수익률	주식의 시장가치에 대한 배당액의 비율	주당배당금/주가
배당률	주식의 액면가치에 대한 배당액의 비율	주당배당금/액면가
배당성향	기업의 순이익 중 주주에게 배당으로 지급된 금액의 비율	주당배당금/주당순이익 =1−유보비율

2) Pearson Hunt, Charles M. Williams, and Gordon Donaldson, *Basic Business Finance, Text and Cases*, Richard D. Irwin, Inc., 1961, pp. 347～348.

〈표 II-2〉 단순평균 배당률, 배당수익률, 그리고 배당성향 (단위: %)

구분 / 연도	배 당 률	배당수익률	배당성향
1989	11.1	—	—
1990	10.3	—	—
1991	9.2	—	—
1992	8.4	—	—
1993	8.4	—	—
1994	8.6	—	—
1995	8.7	—	—
1996	8.7	—	—
1997	8.5	—	—
1998	9.4	—	—
1999	11.4	3.2	—
2000	13.3	5.5	35.3
2001	14.5	4.3	32.4
2002	17.2	4.8	28.0
2003	19.7	4.7	36.6
2004	25.1	4.6	31.8

주: 1) 보통주에 대한 배당실시기업 대상
2) 배당(수익)률 및 배당성향은 각 회사별 배당(수익)률 및 배당성향의 합을 회사수로 나눈 단순평균임.

자료: 증권선물거래소, 주식(2005. 5).

배당금지불에 대한 우리나라 상법의 규정을 보면 아래와 같다. “회사는 재무상태표상의 순자산액으로부터 i) 자본액, ii) 결산기까지 적립된 자본준비금과 이익준비금의 합계액, iii) 그 결산기에 적립하여야 할 이익준비금 등을 공제한 액을 한도로 하여 이익배당을 할 수 있다.”[3] 그리고 “전항의 규정에 위반하여 이익을 배당한 때에는 회사 채권자는 이를 회사에 반환할 것을 청구할 수 있다”라고 규정되어 있다.

위에서 검토한 바와 같이 회사가 배당할 수 있는 금액의 한도에 대하여는 규정이 있으나 그 한도액 내에서 얼마를 배당하여야 한다는 규정은 없다. 그 배당률은 주주들이 선출한 이사진에서 결정되는 것인데 이는 대다수의 주주에게 유리한 방법으로 책정되는 것이 보통이다.

3) 상법 제462조 제 1항.

제 2 절 현금배당정책

현금으로 배당하기로 결정되면 어느 정도를 어떤 방법으로 지급할 것인가 검토해야 한다. 현금배당은 안정적으로 할 수도 있고 불규칙적으로 할 수도 있는데 그 회사의 주주에게 가장 유리한 방법으로 배당정책을 수립하여야 할 것이다.

1. 안정배당정책

현금배당을 할 경우에는 장기적으로 일정액이나 일정률의 배당을 하는 안정배당정책이 주주에게 이익이 된다. 위에서 설명한 바와 같이 어떤 회사의 주식에 투자할 때에 많은 투자자들은 그 회사의 과거의 배당정책을 미리 검토하기 때문이다.

장기적으로 보면 다른 요인이 동일하다고 가정하면 매년 일정액을 배당하는 회사의 주가가 매년 일정률의 배당금을 지급하는 회사의 주가보다 더 높다고 한다. 가령 A 회사는 장기적으로 이익의 50 %를 매년 배당금으로 지급하였다. 즉 A 회사는 이익이 많은 해나 적은 해에도 그 이익의 50 %씩을 배당하였는데 이것을 그림으로 보면 〈그림 11-1〉과 같다. 그리고 수년간 B 회사는

〈그림 11-1〉 A 회사의 주당이익과 주당배당

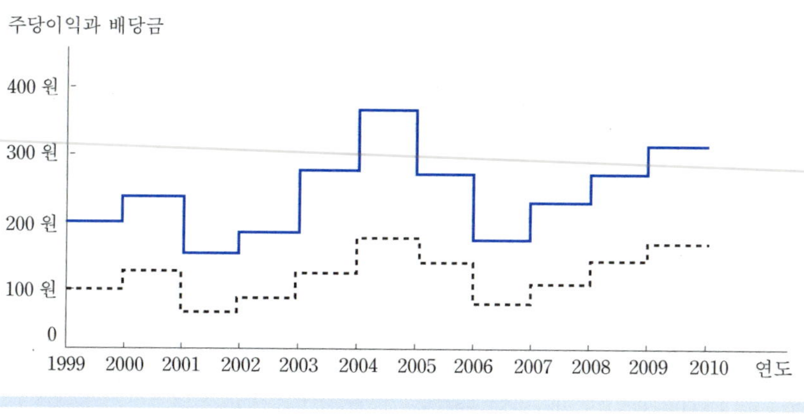

〈그림 ll-2〉 B 회사의 주당이익과 주당배당

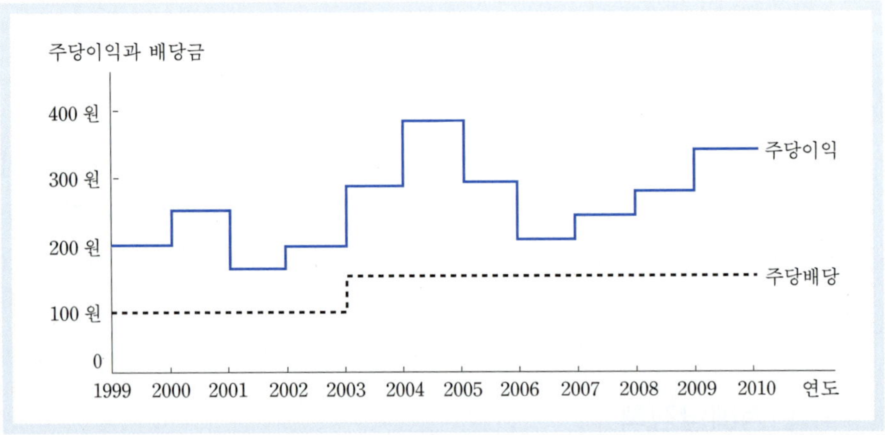

A 회사와 동일한 이익을 매년 올렸다. 그리고 B 회사의 배당금도 장기적으로 보면 A 회사가 지급한 배당금의 합계와 동일한 금액이었다. 〈그림 11-2〉에서 보는 바와 같이 다만 B회사는 매년 일정액의 배당을 하되 그 배당액수준을 몇 년에 한 번씩 변동하였다고 가정하겠다.

〈그림 11-1〉과 〈그림 11-2〉에서 보는 바와 같이 A 회사는 주당이익의 50 %씩을 매년 현금배당하였고, B 회사는 4 년간 100 원씩 주당현금배당을 하다가 5 년째서부터 7 년간 150 원씩 주당현금배당을 하였다. 그러나 이 11 년간에 발생된 주당이익과 주당현금배당의 합계액은 동일하였다. 이 경우에 다른 요인이 동일하다면 B 회사의 주가가 A 회사의 주가보다 일반적으로 높다는 것이다. B 회사의 배당정책이 주주에게 더 많은 이익을 초래할 수 있다면 가급적 동액의 현금배당을 하는 것이 좋은 배당정책이라 하겠다.[4)]

미국의 전화전신회사에서는 1922 년부터 계속적으로 매년 주당 9 달러씩의 현금배당을 계속하고 있는데 이것을 규칙적 배당이라고 한다. 따라서 매년 일정액의 현금수입이 필요한 저 · 중간소득층에서는 同社의 주식을 많이 보유하게 된다. 따라서 同社의 주주수는 최근 300만명 이상이 된다고 한다.

배당정책은 회사의 이사회에서 결정하고 주주총회의 의결을 받게 된다. 어떤 회사에서는 현금배당을 불규칙적으로 하여 매년 배당액이나 배당률이 변동되기도 한다. 불규칙배당을 하고 있는 모 회사의 예를 그림으로 보면 〈그림

4) Van Horne, *op. cit.*, pp. 298~299.

〈그림 11-3〉 C 회사의 주당이익과 주당배당

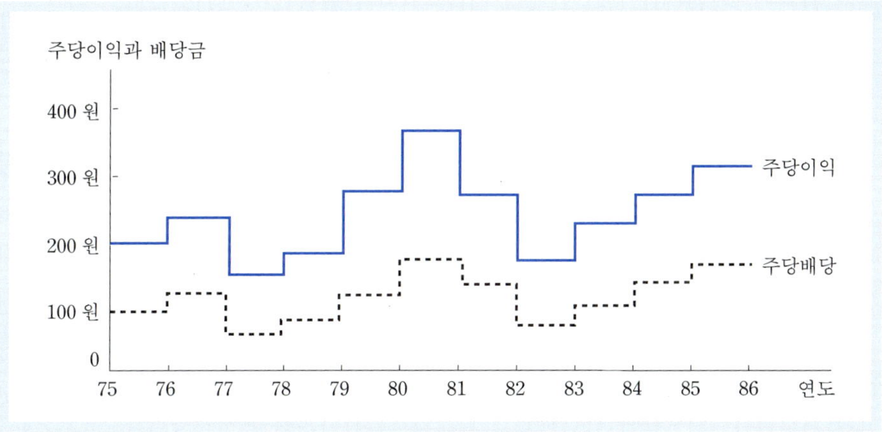

11-3〉과 같다.

C 회사에서는 매년 발생된 주당이익과 주당배당이 상이한 예이다. 이익이 많아도 회사에서 사내유보를 많이 하고 배당을 적게 하고 또한 이익이 적어도 배당을 비교적 많이 하기도 한다. 이것은 회사의 자금소요액의 규모와 사내유보금으로 조달하게 되는 자본주신비례법에 따라 배당금이 달라질 수도 있다. 이와 같이 불규칙적인 배당을 하게 되면 투자자들의 배당수입계획에 맞추기 어렵고 투자자들의 인기를 잃게 된다. 따라서 현금배당정책은 가급적 안정적이고 규칙적인 배당을 하는 것이 일반적으로 주주에게 유리하다.

2. 최적배당정책

회사에서 결정하게 되는 현금배당정책의 良否는 주가에 영향을 미치게 되므로 결과적으로 주주의 이해관계가 된다. 어떤 투자자는 배당소득세를 납부하게 되더라도 매년 높은 현금배당을 바라며, 또 다른 투자자는 가급적 배당을 하지 않고 사내유보를 많이 하는 것을 바라고 투자하게 된다. 따라서 그 회사의 대다수의 주주들이 어떠한 배당정책을 바라는가를 검토하여 최적배당정책을 마련하여 실시해야 한다.

매년 동률 또는 동액의 배당금을 지급하는 회사는 그 배당정책을 가급적 지속적으로 하는 것이 좋다. 왜냐하면 많은 주식투자가들은 그 회사의 과거의 배당정책을 참작하여 투자하기 때문이다. 즉 그 회사에 일정액을 투자하면 대개 어느 정도의 배당금을 받을 수 있으리라고 믿고 그 회사의 주식을 구매하는 사람이 많다. 특히 저소득층의 사람들은 매기의 이익배당을 받아 생활비를 보충하는 경우가 있으므로 그들은 비교적 동일액의 배당금을 받을 수 있는 주식에 투자할 것이다.

어떤 회사에서는 규칙적 배당을 하지 않고 불규칙적으로 기업의 재무상태에 따라 배당금을 지불한다. 즉 앞으로 거액의 자금이 소요될 경우에는 당기순이익의 전액 또는 그 대부분을 사내유보시키고 배당금을 전혀 지불하지 않든지 또는 극히 소액의 배당을 한다. 그리고 이와 반대로 앞으로 추가적인 자금이 소요되지 않을 경우에는 당기순이익금을 전액 배당하기도 한다. 계속적으로 성장하고 있는 회사에서는 순이익금의 대부분을 매년 사내유보하고 있다. 기업확장을 하기 위한 자금은 여러 가지 방법으로 조달할 수 있겠지만 경영이익금을 재투자하는 방법이 흔히 이용되고 있다.[5] 계속적으로 성장하는 회사에서는 과거의 배당률이 낮고 재투자율이 크므로 주식의 가격은 상승할 것이다. 그래서 비교적 고소득층의 사람들이 이러한 회사의 주식을 매수하게 된다. 고소득층의 사람들은 매년 배당금을 받지 않아도 생활에 지장이 없으며 또한 배당금을 받으면 이것이 그의 소득이 되어 누진세율로 계산된 개인소득세를 납부하게 된다. 그러므로 고소득층의 사람들은 성장하는 회사의 주식에 투자하여 그 주가의 상승을 기대하고 있다. 물론 주가가 상승하였을 때에 그 주식을 매도하면 자본이익을 얻을 수 있는데 이 이익부분에 대하여는 개인소득세보다 비교적 저율의 소득세를 납부하게 되므로 고소득자는 사내유보를 많이 하고 성장하는 회사의 주식에 투자하는 것이 유리하다. 그러나 우리나라에서는 주식의 매매차익으로 발생되는 자본이익에 대하여는 아직 비과세이다.

제 3 절 배당의 특수형태

주주에게 지급되는 배당은 일반적으로 현금으로 지급된다. 현금배당 이외

5) Raymond E. Glos and Harold A. Baker, *Introduction to Business*, South-Western Publishing Company, 1963, pp. 508~510.

에 현물배당 · 주식배당을 할 수도 있다. 그리고 유상증자 · 주식분할 · 자사주 재매입 등도 주주에게 배당을 하였을 경우와 비슷한 영향을 미칠 수 있는데 이들에 대하여 차례로 살펴보겠다.

1. 현물배당

현물배당이란 현금이나 주식으로 배당하는 것이 아니고 현물로 배당하는 것이다. 현물은 여러 가지 물건으로 배당할 수 있겠지만 주로 자기회사에서 생산되는 물건으로 주주에게 배당하는 것이다. 예컨대 그 회사에서 비누나 광목을 생산하는 경우에는 이 물품으로 배당을 하면 이것이 품귀상태인 경우에는 주주의 이익이 될 수 있다.

그러나 주주수가 많은 대규모 기업에서는 현물배당이 복잡하다. 최근에는 현물배당을 하는 예가 외국에서도 드물고 잘 이용되지 않는다. 그러나 회사의 배당정책에 따라서 또는 이익이 되고 복잡하지 않다면 현물배당을 할 수 있다.

2. 주식배당

주식배당(stock dividend)이란 주식회사에서 보통주를 발행하여 보통주주에게 주식소유비율에 따라 무상으로 배당하는 것이다. 즉 현금배당 대신에 자사주식으로 배당을 할 수 있다. 배당시기가 아니더라도 자기회사의 주식을 발행하여 보통주주에게 수시로 무상으로 주식을 지급할 수도 있는데 이것도 주식배당의 일종이다.

주식으로 배당을 한다든지 수시로 무상으로 주식을 지급하면 보통주식수가 증가되지만 회사에 현금이 유입되는 것은 아니다. 이 경우에는 그 회사의 이익잉여금이나 자본잉여금이 납입자본금으로 전입되어 자본 계정상에 변동이 발생된다. 이와 같은 잉여금은 결국 보통주주의 몫이 되므로 주식을 무상으로 받게 되는 자금의 원천은 잉여금으로 조달된 셈이다.[6)]

주식배당을 하게 되면 보통주주의 주식소유비례로 자사 주식을 받게 되므로 구주주의 주식소유비율이나 지배권에는 아무런 영향이 없다. 이 회사의

---

6) Eugene F Brigham, *Fundamentals of Financial Management*, The Dryden Press, 1978, pp. 442~443.

자기자본액은 무상주를 지급하거나 주식배당을 하여도 변동이 없다. 가령 모 회사의 보통주 납입자본금이 20억원이고 유보이익이 30억원이었는데 이 회사에서 5 억원에 상당하는 주식배당을 하였다면 자기자본 구성은 아래와 같이 변동된다.

자본금의 구분	주식배당 전	주식배당 후
보통주 납입자본금 유보이익	20억원(5,000원 × 40만 주) 30억원	25억원(5,000원 × 50만 주) 25억원
자기자본 합계	50억원	50억원

이 회사의 보통주식의 액면가액은 5,000 원이지만 시장가격이 10,000 원으로 거래되고 있다고 가정하여 보겠다. 그러면 이 회사의 자기자본 합계가 50억원이지만 이론적으로 보면 증권시장에서 40억원(5,000×40만 주)+30억원(유보이익)=70억원으로 그 기업의 가치가 평가되고 있다는 뜻이다.

그러나 주식으로 10만 주를 배당하여 5억원(5,000×10만 주)을 보통주 납입자본금으로 증가시켰다면 주식배당 후에 보통주 납입자본으로 25억원이 되고 유보이익은 25억원으로 된다. 주식배당을 5억원 하였다면 이 회사의 주식의 시장가격은 8,000원(40억원÷50만 주)으로 떨어질 것이다. 왜냐하면 이 회사에 현금의 유입이 없이 주식수가 10만 주 증가되었기 때문이다. 그러나 실제로 주식의 시장가격은 주식배당을 하거나 무상주 발행을 하면 1 주당 8,000 원에서 약간 상하로 변동되기도 한다. 주식배당을 하면 그 회사에서는 현금이 배당금으로 유출되지 않으므로 자기자본을 그만큼 조달한 것이 된다. 그리고 주주는 주식을 배당금 대신 받으므로 소유주식수가 증가된다. 이 경우에 그 주식가격이 상승하면 또한 주주의 이익이 된다.

3. 유상증자 및 무상증자

주식회사에서 주식배당을 하거나 무상증자도 하고 또한 유상증자도 한다. 무상증자는 주주가 신주대금을 내지 않고 무상으로 주식을 받는 것이지만 유상증자는 신주대금을 지급하는 것이다. 회사에서 자기자본을 증가시키기 위하여 새로운 보통주를 발행하여 구 보통주주의 소유주식수에 비례하여 배정한다.

신주를 발행하여 유상증자할 경우에는 주식의 액면가격으로 주주에게 배정할 수도 있지만 대개 시가발행제도하에서는 그 주식의 시장가격의 30 %정도를 할인하여 유상증자를 하게 된다. 가령 모 회사의 보통주 액면가격이 5,000원인데 그 시장가치가 10,000원이라면 신주인수가격은 액면가는 5,000원이고 시가배정은 1 주에 7,000원으로 한다. 신주발행수와 구주발행수에 따라서 신주인수비율이 결정된다. 현재 발행주식수가 100만 주인데 신주를 100만 주 더 발행하면 100 %의 배정률이 되지만 50만 주의 신주를 발행하면 50 %의 배정률이다. 그러나 상장법인의 경우에는 종업원에게 신주발행수의 10 %에 상당하는 것을 액면가격으로 우선 배정하게 되어 있다. 따라서 100 %에 상당하는 신주를 발행하면 90 %가 구주주의 신주인수권이 있고 50 % 신주를 발행하면 45 %(50 % − 50 % × 0.1)의 신주인수권이 있다.

가령 이 주식회사에서 100 %에 상당하는 100만 주의 신주를 발행하였다면 구주주는 90만 주를 배정받을 수 있다. 그러면 이 회사에서 발행한 주식의 액면가가 주당 5,000원인데 시장가격이 10,000원이면 시가발행을 하였을 때 약 7,000원씩에 유상증자를 한다. 즉 1 주에 7,000원에 주식을 유상증자 받아서 이것을 시장가격 10,000원씩에 매각한다면 1 주당 3,000원씩 이익을 얻을 수 있다.

신주가격은 그 발행회사와 증권시장의 상황에 따라서 시장가격이 형성된다. 그러나 액면가액보다 더 높은 시장가격이 형성되어 있는 주식회사의 경우에는 신주를 액면가액으로 인수받는 것이 주주에게 유리하다. 즉 신주의 인수가액과 그 시장가액의 차액은 주주의 이익이 되는 것이다. 이와 같은 주주의 이익은 일종의 배당과 비슷한 성격을 지니고 있다.

4. 주식분할

주식분할(stock split)이란 주식의 액면가치를 비례적으로 감소시킴으로써 주식수를 증가시키는 것이다. 즉 주식의 액면가액을 분할하여 주식의 수를 증가시키지만 납입자본금에는 변동이 없는 것이다. 우리나라에서도 주식회사 LG와 삼성전자주식회사 등이 액면 1,000원짜리 주식을 500원으로 하여 2 대 1 의 비율로 주식분할을 한 적이 있다.

모 회사가 액면 10,000원의 주식을 20만 주 발행하여 20억원의 납입자본금이 있었다. 그리고 同社에는 이익잉여금과 자본잉여금이 30억원이어서 자기자본 합계가 50억원이었다. 이 회사가 2 대 1 의 주식분할(two-to-one split)을 하여 10,000원짜리 주식액면이 5,000원으로 되었다하면 주식분할 전과 후의 자기자본 구성이 아래와 같이 변동이 없다.

자본금의 구분	주식분할 전	주식분할 후
보통주 납입자본금 잉 여 금	20억원(1,000×200만 주) 30억원	20억원(500원 ×400만 주) 30억원
자기자본 합계	50억원	50억원

위에 보는 바와 같이 보통주식의 액면가액이 10,000 원에서 5,000 원으로 분할되어 주식수가 20 만 주에서 40 만 주로 증가되었다. 그러나 보통주 납입자본금에는 변동이 없고 잉여금도 불변이어서 자기자본 합계는 주식분할 전이나 후에 다같이 50 억원이 된다.

이 회사의 주식분할 전에 주식의 시장가격이 18,000 원이었다고 하면 주식분할 후에는 그 반액인 9,000 원이 되는 것이 보통이다. 그러나 실제로 주식분할 후의 주가는 9,000 원을 중심으로 약간 높거나 낮게 형성되는 경우가 있다.

이상과 같은 주식분할은 주식배당의 형태는 아니지만 이와 비슷한 효과가 나타날 수 있다. 가령 이 회사가 주식분할을 한 이후에 그 배당률이 주식분할 전보다 높아지면 결국 주주에게 유리하다. 주식분할 전에는 액면가액이 높아서 그 주식의 시장가격이 높게 형성된다. 그러면 그 주식의 매매가 비교적 활발하지 못하고 제값으로 거래되지 못하는 경우도 있을 것이다. 주식이 시장에서 활발히 매매되면 주가가 비교적 높게 형성된다.

주가가 주식분할 후에 비교적 높게 형성된다면 그만큼 주주의 이득이 된다. 그리고 주식분할을 한다는 정보가 퍼지고 또 주식분할을 하게 되면 그 회사는 성장하고 있으며 이익도 증대될 것으로 기대하는 투자자들이 있어서 주가가 상승되는 경우도 있다.[7)]

이상에서 본 바와 같이 주식분할은 자본금의 변동이 없지만 보통주주의 소유주식의 수가 비례적으로 증가된다. 따라서 주식분할 후에도 그 회사의 주식소유비율에는 변동이 없고 그 기업에 대한 지배권에도 아무런 영향을 받지

7) O. Maurice Joy, *Introduction to Financial Management*, Richard D. Irwin, Inc., 1980, pp. 386~387.

않는다.

주식분할을 하여 주식수를 증가시키는 것과 정반대로 주식역분할(reverse split)을 하여 주식수를 감소시키는 주식병합도 한다. 즉 주식수를 줄여서 주식합병을 하여 주가를 높게 형성시키고자 하는 것이다. 주식병합은 2 대 1 로 할 수도 있고 4 대 1 로 할 수도 있다. 2 대 1 로 주식병합을 하면 5,000 원짜리 주식액면가액이 10,000 원이 되고 4 대 1 로 하면 주식액면가액이 20,000 원이 된다. 따라서 주식병합 시에는 그 비례대로 발행주식수가 감소된다. 그러나 주식분할의 경우와 같이 주식병합 시에도 납입자본금에는 변동이 없다.

주식병합은 기업의 재무상태가 불량하여 그 회사의 주식가격이 시장에서 낮게 평가되었을 경우에 주가를 끌어올릴 목적으로 하기도 한다. 그러나 주가는 그 회사의 과거와 미래의 수익성 및 기타 요인에 의하여 변동된다.[8)]

5. 자사주매입

이미 발행된 자기회사의 주식을 다시 매입하는 자사주 매입 또는 재매입은 금고주(treasury stock)라고도 한다. 주식재매입(repurchase of stock)은 이미 발행된 주식수가 감소되는 것이며 이것은 일종의 배당형태라 할 수 있다.

회사에 여유자금이 있는데 이 자금을 투자할 만한 유리한 투자기회가 없다면 이것을 배당하는 것이 주주의 이익이 된다. 주주에게 현금배당을 증가시키는 대신에 자사주를 재매입할 수도 있는데 후자의 경우에는 세제상의 혜택이 있다. 즉 자사주를 재매입하면 주주들이 그만큼 배당을 덜 받게 되므로 배당소득세를 덜 내게 된다. 그리고 자사주를 재매입하여 발행주식수가 감소되면 주가가 상승하므로 이것을 처분하여 얻은 이익은 자본이득이 되며 일반적으로 자본이득세(capital gain tax)는 배당소득세나 개인소득세보다 저율이 적용된다.[9)]

자본이득세가 있는 선진국에서는 개인소득이 높은 사람은 배당을 적게 하고 사내유보를 많이 하는 회사의 주식을 매입함으로써 세제상의 혜택을 받

---

8) Richard R. West and Alan B. Brouilette, "Reverse Stock Split," *Financial Executive* 38, January 1970, pp. 12~17.

9) 우리나라에서는 주식매매에서 발생되는 차액인 자본이득에 대하여 아직 과세하지 않고 있다.

게 된다. 이와 마찬가지로 자사주를 매입하면 그 주가가 등귀되어 이것을 처분하여 얻은 자본이득이 현금배당을 받은 것보다 결과적으로 주주에게 유리하다.[10)]

자본이득세가 아직 실시되지 않고 있는 우리나라의 상장법인이 자사주를 재매입하는 가상적인 예를 들어 보겠다. 이 사례회사는 위에서 살펴본 바와 같이 5,000 원짜리 액면의 보통주를 40 만 주 발행하여 20 억원의 납입자본금과 30 억원의 잉여금이 있어 50 억원의 자기자본 합계가 있다. 이 잉여금 중에서 액면가격 5,000 원으로 10만 주의 자사주를 매입하여 5억원을 보통주 납입자본금으로 전환하였으면 아래와 같이 자기자본구성비가 달라진다.

구 분	자사주 매입 전	자사주 매입 후
보통주 납입자본금 잉 여 금	20 억원(5,000 주×40 만 주) 30 억원	15 억원(5000 원×30 만 주) 25 억원
자기자본 합계	50 억원	40 억원

위의 경우는 배당금으로 지급할 5억원(5,000 원×10만주)으로 자사주를 매입한 예이다. 가령 이 회사 주식의 시장가격이 자사주 매입 전이나 후에도 1 주에 5,000원을 유지하고 있다고 하여 보겠다. 그러면 자사주를 매입하였다가 소각하여 자본이득을 얻는 것이 주주에게 유리할 것이다.

이 회사의 보통주를 1만 주 가지고 있는 주주가 투자한 주식대금은 5,000 만원(5,000 원×1만주)이 되고 그 추가적인 이익배당분이 1,000만원(5,000원×20 %)이라고 가정하겠다. 이 경우에 이 주주는 현금으로 1,000만원의 배당을 받는 것이 좋은가 또는 자사주를 매입하여 곧 처분하는 것이 좋은가 계산하여 보겠다.

1,000만원의 자사주를 매입하였다면 2,000주(1,000만원÷5,000원)의 새로운 자사주를 취득하게 된다. 이것을 곧 처분하였는데 시장가격의 변동이 없어서 1,000만원의 현금수입이 있을 것이다. 이 경우에 5만원(1,000만원×0.5 %)은 주식매매수수료로 지급된다고 하여도 자본이득세가 없으므로 995만원의 순현금수입이 생긴다.

그러나 이 회사에서 정규적인 배당 이외에 20 %에 상당하는 현금배당을

10) James C. Van Horne, *Financial Management and Policy*, 1977, pp. 310~313.

더 하였다면 이 주주는 1,000만원에 대한 배당소득세 등이 더 부과될 것이다. 즉 1,000만원의 추가적인 배당소득에 관련되는 세금은 상장법인의 소액주주의 경우라도 215만원이 된다.

1,000만원×20 %=200만원(배당소득세)
200만원×7.5 %=15만원(주민세)
215만원(납부세액)

따라서 이 회사가 추가적으로 20 %에 상당하는 배당금을 더 지급하여 1,000만원의 현금배당을 받았다면, 자사주를 매입하였다가 처분하였을 때보다 210만원이 적은 현금수입이 될 것이다.

995만원－(1,000만원－215만원)=210만원

이상에서 우리나라 상장법인의 주식을 재매입하면 소액주주의 경우라도 세제상의 혜택이 크다. 이 회사가 비공개회사라든지 또는 공개회사의 대주주인 경우에는 현금배당을 많이 받은 것보다 자사주 매입하는 것이 더 유리하다. 왜냐하면 비공개회사의 배당금이나 공개법인의 대주주가 받게 되는 배당금은 종합소득에 포함되어 고율의 소득세를 납부하게 되기 때문이다.

우리나라 상법 제 341 조에 의하면 원칙적으로 자사 주식의 재매입을 금지하고 있다. 그러나 주식을 매입하여 소각하기 위하여 자사주를 재매입할 수 있다. 이 경우에는 지체없이 주식실효의 절차를 밟도록 되어 있다. 자사주의 재매입에는 장단점이 있으므로 잘 검토하여야 할 것이다.

완전자본시장: 주식배당, 주식분할, 자사주 재매입 등의 효과

배당의 특수형태	발행주식수	주 가	주주의 부
주식배당	주식분할	자사주 매입	증 가
증 가	감 소	하 락	하 락
불 변	불 변	불 변	불 변*

* 발행주식 수가 감소하여 주주들이 보유하고 있는 주식의 총시장가치는 감소하나, 그 감소된 가치는 주주들이 기업에 주식을 매도하여 얻게 되는 소득과 일치하게 되므로 주주의 부는 변하지 않음

제 4 절 배당금의 지급절차

배당금을 언제 얼마를 어떤 방법으로 지불하느냐 하는 문제는 회사에 따라서 상이하지만 이런 문제는 이사회에서 결정되며 이것이 주주총액의 의결을 거쳐 집행하게 된다. 우리나라에서는 주주총회가 매결산기에 소집되고 이 회의에서는 주로 계산서류를 승인하고 준비금과 이익의 결산, 재무제표, 배당 등에 관하여 결의를 하도록 되어 있다.[11)]

그러나 배당금액, 기일 및 그 방법은 주주총회가 개최되기 전에 이사회에서 미리 결정되는 것이 통례이다.

주식회사에는 주주명부가 있으며 이 명부에는 주주명, 소유주수 및 주소가 기재되어 있다. 이 주주명부에 의하여 각 주주에게 그의 소유주수에 상당하는 배당금을 지불한다. 선진국에서는 배당금을 그 회사의 수표로써 각 주주에게 우송하는 것이 보통이지만 경우에 따라서 그 회사에서 현금 또는 수표로 지불할 수도 있다. 그러나 우리나라에서는 주주들이 그 회사에 가서 현금으로 배당을 받든지 또는 그 회사가 지명하는 은행창구에서 배당을 받는다. 주식을 증권회사에서 취득하여 그 곳에 예탁하여 놓은 경우에는 그 증권회사의 본점이나 지점에서 배당을 받아 자기구좌에 입금되기도 한다.

배당금은 1 년에 1 회 또는 4 회 지불할 수 있다. 배당금의 지불횟수는 그 회사가 1 년에 몇 번 결산하느냐에 따라서 결정된다. 즉 1 년에 1 회 결산하면 1 년에 배당금을 1 회 지불하지만 1 년에 2 회나 4 회 결산하면 2 회나 4 회의 배당금을 지불하는 것이 보통이다.[12)]

우리나라 기업에서는 1 년에 2 회 배당금을 지불하는 회사도 있지만 1 년에 1 회 배당금을 지불하는 회사가 가장 많다.

그리고 당기이익 중의 몇 %를 사내유보시키고 몇 %를 배당하느냐 하는 문제도 결정하지 않으면 안 된다. 즉 배당지불률(dividend pay-out ratio)을 결정하여야 하는데 이 비중은 배당지불액을 당기순이익금으로 나누어 계산하게 된다.

11) 상법 제 449 조.

12) E. F. Donaldson, *Corporate Finance*, The Ronald Press Company, 1957, pp. 213~239.

우리나라의 모 주식회사에서는 2010년 1 월 1 일부터 2010년 12 월 31 일까지의 12 개월간에 703,205 천 원의 당기순이익을 올렸으며 법인세충당금과 임원상여금 190,000천원을 공제한 당기순이익 513,205천원 중에서 453,000천원의 주주배당을 하고 60,205천원의 사내유보를 하였다. 이 계수를 이용하여 계산한 배당지불은 약 88.3 %인데 이것은 다음과 같은 방법으로 산출된다.

$$\text{배당지불률} = \frac{\text{배당지불액}(453{,}000\text{천원})}{\text{당기순이익률}(513{,}205\text{천원})} = 88.3\,\%$$

당기순이익금 중에서 몇 %를 배당하느냐 하는 것은 신중히 다루어져야 한다. 어떤 회사에서는 당기순이익의 대소에 불문하고 동률 또는 동액의 배당금을 지불하는데 이것을 규칙적 배당(regular dividend)이라고 한다.

배당금지불액이 결정되면 이것을 현금 또는 현물로 배당할 것인가 혹은 주식으로 배당할 것인가 하는 문제를 결정하여야 한다. 이 문제가 결정되면 이것을 언제 또는 1 년에 몇 번 배당할 것인가 하는 것을 결정하지 않으면 안된다.

제 5 절 배당정책의 결정요인

각 회사에는 그에 특수한 배당정책이 있으며 이 배당정책을 대폭 변경하지 않으려고 노력하는 경우가 많다. 경영자들이 배당정책을 수립할 때에 여러 가지 요인을 고려하여야 하겠지만 특히 다음과 같은 네 가지 요인을 고려하지 않으면 안 된다.

1. 순이익과 배당금

배당금은 순이익 중에서 지불하는 것이므로 이 순이익의 규모는 배당정책과 밀접한 관계가 있다. 위에서 설명한 바와 같이 미국에서 과거연도에 비교적 거액의 이익적립금이 있을 경우에는 당해 연도에 이익이 없어도 지불능력이 있는 한 전년도의 이익적립금으로부터 배당금을 지불할 수도 있다. 그러나 우리나라에서는 당기순이익을 전부 주주에게 배당하지 않고 그 일부분을 적립하여 두어야 한다.

이익적립금은 재무상태표에 명시되었을 경우에 이것을 공개적립금(open reserve)이라 하고, 또 재무상태표에 명시되지 않은 적립금을 비밀적립금(secret reserve)이라고 부른다.[13] 공개적립금에는 법정준비금과 임의준비금이 있다.

우리나라 상법에 의하면 "회사는 그 자본의 2 분의 1 에 달할 때까지 매결산기의 현금배당의 10 분의 1 이상의 금액을 이익준비금으로 적립하여야 한다"라고 규정되어 있다.[14]

즉 우리나라에서는 전년도의 법정이익적립금 중에서는 배당금을 지불할 수 없고 또 이익 중의 일부분은 그 일정액에 이를 때까지 법정준비금의 형태로 적립하도록 되어 있다. 그리고 회사에서는 이 이외에 임의로 이익 중의 일정액을 임의준비금의 형태로 적립하고 그 잔여부분을 주주에게 배당하는 것이다. 경영자들도 그 회사의 순이익의 규모와 또 과거의 배당지불률 등을 참작하여 배당정책을 결정할 것이다.

2. 재투자와 배당금

기업이 이용할 수 있는 자금을 어떤 방법으로 재투자할 것인가 하는 문제를 고려하여야 한다. 사내유보금은 기타 외부자금과 같이 경영활동을 하기 위하여 투자되는 것이다. 따라서 재무관리자나 경영자들은 기업이 재투자를 하기 위하여 소요되는 자본을 사내유보금으로 조달하는 것이 현재의 주주에게 유리한가 또는 기타 자본의 형태로 조달하는 것이 더 유리한가 하는 문제를 결정하여야 한다.

일반적으로 이익률이 낮다면 사내유보금을 이용하지 않고 신보통주를 발행하여 자금조달을 하고 배당금 지불을 증대시키는 것이 현재의 주주에게 유익할 것이다. 또 이와 반대로 이익률이 비교적 높고 앞으로도 계속적으로 높은 수준의 이익을 올릴 수 있으리라고 예측할 경우에는 배당을 덜하고 사내유보금을 증대시켜서 재투자하는 것이 현재의 주주의 수익을 증대시킬 수 있을

13) 고천영일, 「신경영학전집」, 1962, pp. 348~350.

14) 상법 제 458 조.

것이다. 즉 사내유보금을 그 회사에 재투자하였을 때에 수익성에 대한 전망을 고려하여 배당정책을 결정할 것이다.

3. 주가와 배당금

주식의 시장가격은 여러 가지 이유로 변동되지만 그 중에 하나는 배당금의 지불정책에 관련된다. 배당금을 비교적 많이 지불한다면 경영자산이 감소되어 미래의 수익력이 또한 감소될 것이다. 그러나 높은 수준의 배당금을 지불한다는 것은 보통주의 주가를 상승시키는 한 가지 요인이 될 수 있다.

어떤 투자가들은 장기적으로 주가가 등귀되어 자본이익을 획득할 목적으로 특정한 주식에 투자하려 하지만 또한 많은 투자가들은 이익배당에도 큰 관심을 가지고 있다. 일반적으로 평균수준 이상의 이익배당을 계속적으로 하고 있는 회사의 주가는 올라간다. 즉 현실적 배당정책을 세우고 집행할 수 있으려면 재무장치가 안정되어 있지 않으면 안 되기 때문에 투자가들은 규칙적 배당정책을 적용하고 있는 회사의 주식을 구매하려는 사람이 비교적 많다. 어떤 특수한 주식을 구매하려고 원하는 사람이 많으면 많을수록 주가도 상승되는 것이 보통이다.

4. 유동성과 배당금

배당금을 지불한다는 것은 그 회사의 순이익금의 잔액이 감소된다는 것이며 이 이익금이 감소되면 그 회사의 현금 또는 지불능력을 의미하는 유동성이 약화될 것이다. 즉 배당금은 주로 현금이나 당좌예금계정으로부터 유출되는 것이 보통이므로 이것을 현금예산과 대조하여 보는 것이 유리하다. 어떤 회사에서는 과다한 배당을 오랫동안 계속하여 지불능력을 상실한 경우도 있다.

운전자금을 조달하는 방법에도 여러 가지가 있겠지만 경영이익 중에서 그 일부분을 조달할 수도 있다. 특히 경영이익 이외의 원천으로부터 단기자금을 조달할 수 없는 경우에는 유동성을 유지하기 위하여 배당금을 줄이고 사내유보금을 증대시킬 수도 있다. 유동성이 계속적으로 유지되어야 그 회사의 수익성과 안정성을 유지 또는 향상시킬 수 있을 것이다.[15)]

15) Hunt, Williams and Donaldson, *op. cit.*, pp. 356~366.

이상에서 배당정책의 결정요인으로 순이익 · 재투자 · 주가 및 유동성의 제 문제를 고려하였다. 회사에 따라 상이하지만 위의 네 가지 결정요인 이외에도 다음과 같은 문제를 고려할 수 있다. 즉 자본구성의 문제, 동종산업 중의 타기업이 지불하는 배당률의 문제, 채권자와 약정하는 배당제한의 문제 등도 아울러 고찰하여야 할 것이다.

어떤 배당정책이라 하더라도 모든 주주 · 고객 또는 채권자들을 충분히 만족시키기는 어렵다. 그러나 경영자는 특히 현재의 주주의 최대이익을 받을 수 있는 방법으로 배당정책을 수립하고 집행하여야 할 것이다.

제 6 절 우선주에 대한 배당금

우선주도 보통주와 같이 그 회사의 자기자본이다. 그래서 우선주주도 기업자산에 대한 소유권이 있다. 그러나 우선주주의 특징은 미리 결정된 배당금을 보통주주보다 먼저 받을 수 있다는 것과 기업이 파산되었을 경우에 그 청산자금에 대하여 우선적으로 지불받을 수 있다는 것이다. 우선주에 대한 배당은 지불이자와는 성격이 다르며 그 회사의 이익이 있을 때에만 이사회 또는 주주총회의 의결을 거쳐서 지불하게 되는 것이다.

우선주주는 그 회사의 채권자가 아니고 주주 또는 출자자가 되는 것이다. 따라서 이익이 없을 경우에는 우선주주가 배당금을 받을 수 없으며, 또한 이익이 있었다고 하더라도 그 회사의 지불능력 상실의 위험성이 있을 경우에는 우선주주에 대한 배당금 지불을 연장할 수가 있다.

그러나 우선주에 투자하는 많은 사람들은 규칙적으로 배당금을 받을 수 있으리라고 믿고 투자할 것이다. 그러므로 그 회사의 경영자나 이사들은 특별한 곤란이 있지 않는 한 이익이 있을 경우에는 우선주주에 대한 배당금은 정기적으로 지불하는 것이 좋을 것이다. 그러나 우선주에 대한 배당금을 누적시켰다가 자금사정이 양호할 때에 지불할 수 있다. 이 누적배당금은 보통주주가 배당금을 받기 전에 전부 지불되어야 하는 것이다.

우선주배당금을 정기적으로 지불하는 회사의 우선주 가격은 보통주 가격에 비하여 안정되고 있다고 볼 수 있다. 그리고 또 규칙적으로 배당을 지불하는 회사의 우선주 가격은 불규칙적으로 배당하는 회사보다 일반적으로 안정되어 있다고 할 수 있다. 이상에서 배당정책에 관하여 검토하여 보았는데 이것은 자본구조의 문제와 관련된다. 즉 배당금지불액을 줄이고 사내유보금을 증대시킨다면 그 회사의 자기자본은 증가될 것이다. 그리고 이와 반대로 배당금을 많이 지불하고 사내유보금을 감소시키면 자기자본도 감소될 것이다. 배당정책을 수립할 때에는 자본구조의 문제를 더욱 신중히 고려하고 또한 현재의 주주의 장기적 이익을 증대시킬 수 있는 방법을 강구하여야 할 것이다.[16)]

제 7 절 배당정책의 제 모형

기업경영의 결과로 발생된 이익 중에서 법인세를 납부한 후의 순이익은 주주에게 돌아간다. 기업의 순이익 중에서 우선주에 대한 배당이 끝나면 보통주의 이익이 된다. 이 이익 중에서 얼마를 주주에게 배당하고 얼마를 사내유보하느냐에 따라서 주가가 변동된다. 이와 같이 배당정책과 주가에 관련된 모형을 여러 학자가 전개하였는데 아래에서 월터, 솔로몬 및 모디글리아니－밀러의 모형에 대하여 차례로 설명하겠다.

1. 월터의 모형

월터(James E. Walter)는 배당정책은 주가에 영향을 미치게 되므로 주가를 높게 형성할 수 있는 배당정책에 관심을 가졌다. 이익 · 배당 및 주가의 관계를 보기 위하여 사내유보금에 대한 자본비율을 적용하여 주식을 평가하는 방법을 최초로 연구하였다.[17)]

기업의 배당정책은 여러 가지 요인을 종합분석하여 결정하게 된다. 월터는 배당정책과 주가모형을 설명함에 있어서 아래와 같은 다섯 가지 가정을 설정하여 진행하였다.

16) Robert Lindsay and Arnold W. Sametz, *Financial Management, An Analytical Approach*, Richard D. Irwin, Inc., 1963, pp. 317～360.
17) James E. Walter, "Dividend Policy and Common Stock Prices," *Journal of Finance*, March 1956, pp. 29～41.

① 기업이 투자에 소요되는 자금은 전부 유보이익으로 조달한다. 즉 부채나 신주발행 등으로 조달하지 않는다.

② 기업은 계속기업으로서 무한히 존속한다.

③ 기업의 투자수익률(r)과 시장의 자본비율(k_e)은 일정하다.

④ 모든 순이익은 즉시 배당으로 지급되거나 사내유보되어 재투자된다.

⑤ 최초의 순이익과 배당은 변하지 않는다.

이상의 가정에는 모순이 있기는 하지만 월터가 의도하는 것은 재투자이익률과 그 자본비율이 주가에 영향을 미치는 것으로 보았다. 자기회사의 주가가 과소평가되지 않고 유리하게 형성된다면 이것이 곧 주주의 이익이 된다.

월터는 주가에 영향을 미치게 하는 두 가지 요인으로 i) 배당의 흐름에 따른 배당소득과, ii) 사내유보금이 재투자되어 발생되는 자본이득의 관계를 연구하였다. 월터는 위의 다섯 가지 가정 아래 아래와 같은 주가모형을 제시하였다.

$$P = \frac{D + \frac{r}{k_e}(E - D)}{k_e} \tag{11-1}$$

P: 보통주의 시장가치
D: 주당배당금(dividend per share : DPS)
E: 주당이익금(earnings per share : EPS)
r: 유보이익의 이익률(재투자이익률 또는 기업의 기회비용)
k_e: 시장의 자본환원율(주주의 기회비용)

위 식에서 $E-D$는 주당이익금에서 주당배당금을 뺀 유보이익이며, 이것은 재투자되는 자금이 된다. $\frac{r}{k_e}$은 기업의 재투자이익률(r)을 시장의 자본환원율(k_e)로 나누어 비교한 것이다. 이 비율이 1 보다 크면 유보이익 1 단위당의 내부자산이익률이 기업 외에서 일반적으로 얻을 수 있는 투자이익률(시장의 투자이원율)보다 크다. 이 경우에는 유보를 많이 하고 배당을 적게 하는 것이 주가가 더 높게 형성되어 주주에게 유리하게 된다. 이와 반대로 $\frac{r}{k_e}$이 1 보다 적으면 이 회사의 주가가 낮게 형성되어 사내유보를 많이 하는 것이 주주의 손실이 된다.

가령 $r > k_e$ 이면 기업 내에 투자하는 것이 시장의 일반투자이익률보다 크므로 성장주(growth stock)라고 부른다. $r < k_e$ 이면 기업 내에 재투자하는 것보

〈표 11-3〉 월터모형에 의한 주식평가계산 (단위: 원)

	성장주식 A($r>k_e$) r=20 %, k_e=15 %	중간주식 B($r=k_e$) $r=k_e$=15 %	사양주식 C($r>k_e$) r=10 %, k_e=15 %
$EPS=300$ $DPS=200$	$\frac{200+\frac{0.20}{0.15}(300-200)}{0.15}$ =2,222	$\frac{200+\frac{0.15}{0.15}(300-200)}{0.15}$ =2,000	$\frac{200+\frac{0.10}{0.15}(300-200)}{0.15}$ =1,778
$EPS=300$ $DPS=100$	$\frac{100+\frac{0.20}{0.15}(300-200)}{0.15}$ =2,444	$\frac{100+\frac{0.15}{0.15}(300-200)}{0.15}$ =2,000	$\frac{100+\frac{0.10}{0.15}(300-200)}{0.15}$ =1,556
$EPS=300$ $DPS=50$	$\frac{50+\frac{0.20}{0.15}(300-50)}{0.15}$ =2,555	$\frac{50+\frac{0.15}{0.15}(300-50)}{0.15}$ =2,000	$\frac{50+\frac{0.10}{0.15}(300-50)}{0.15}$ =1,444

다 이것을 배당하여 다른 투자기회에 투자하는 것이 유리하므로 사양주(creditor stock)라고 부른다. $r=k_e$ 이면 위의 중간형태라고 할 수 있다.

여기서 중요한 것은 k_e 와 r 를 몇 %로 가정하느냐 하는 것이 중요하다. 그리고 얼마를 배당하고 얼마를 사내유보하여 재투자하느냐 하는 것도 주가에 영향을 미친다. 〈표 11-1〉에서 성장주식 · 중간주식 및 사양주식의 시장평가방법을 살펴보겠다.

〈표 11-1〉에서 보면 k_e 인 주주의 기회비용(시장평균이익률)이 15 %이고 성장주식의 r가 기업 내에 재투자이익률의 성장주식은 20 %, 중간주식은 15 %, 그리고 사양주식은 10 %라고 가정하였다. 가령 이 회사는 주당이익금(EPS)[18]이 300원인데 주당 배당금(DPS)[19]이 300 원, 100 원 및 50 원인 경우에 주가를 계산하였다.

〈표 11-3〉에서 보는 바와 같이 성장주식의 경우에는 주당배당금이 클수록 주가는 낮고 주당배당금이 적을수록 주가는 높다. 이와 반대로 사양주식의 경우에는 주당배당금이 클수록 주가가 높고 주당배당금이 적을수록 주가가 낮다. 그리고 중간주식인 경우에는 $r=k_e$ 이므로 주당배당의 대소에 불구하고 주가가 동일하다.

---

18) EPS는 earnings per share.
19) DPS는 dividend per share.

월터의 주가모형에 있어서 배당의 대소가 주가에 영향을 미친다는 것이다. 그러나 이 모형을 전개하기 위하여 여러 가정을 내렸는데, 이에는 모순점이 있다는 데 재검토되어야 할 것이다.

2. 솔로몬의 모형

솔로몬(Ezra Solomon)은 주가의 형성은 배당과 순이익 중에서 어느 하나만에 의해서 결정되지 않는다는 것이다. 즉 그는 배당－이익방법(dividends and earnings approach)에 의하여 기업의 가치 또는 주가가 결정된다는 것이다.[20]

솔로몬은 기업의 유보이익이 보통주의 현재의 자본비용 이상의 수익률로 투자되면 성장이 가능하다는 점을 착안하였다. 그리하여 성장모형과 동태적 모형으로 구분하여 이론을 전개하였다. 솔로몬은 기업이 부채가 없으며 외부로부터 자기자본이 새로 조달되지 않고 또한 투자의 동질성과 자기자본화율의 불확실성 등을 반영한다는 가정하에 주가결정모형을 설명하였다.[21]

(1) 성장모형

성장모형은 기업에서 매년 일정액을 재투자하는 경우의 주가모형이다. 이때에 기업의 현재가치는 현재 기업이 보유하고 있는 자산으로부터 기대되는 이익흐름의 자본화가치와 투자기회의 자본화가치의 합계이어서 다음과 같은 식이 성립한다.

$$V = \frac{E}{k_e} + \frac{bEm}{k_e} - \frac{bE}{k_e} \qquad (11\text{-}2)$$

V: 기업의 시장가치

E: 현재 보유자산의 미래기대이익

b: $\frac{\text{재투자액}}{\text{순이익}}$ (재투자율 또는 유보율)

m: $\frac{\text{재투자이익률}}{\text{자기자본율}}$ $\left(\frac{r}{k_e}\text{ 로서 } r > k_e \text{ 이다.}\right)$

k_e: 자기자본화율

---

20) Ezra Solomon, *The Theory of Financial Management*, Goodyear Publishing Co., Inc., 1963, p. 59.

21) *Ibid*., pp. 60～65.

위 식에서 제 1 항과 제 3 항을 합계하면 다음과 같은 식이 된다.

$$V=\frac{E(1-b)}{k_e}+\frac{bEm}{k_e} \tag{11-3}$$

(11-3)식에서 b는 재투자율 또는 유보율이므로 $E(1-b)$는 일정한 이익흐름으로부터의 배당지급액이 된다. 따라서 배당 · 자본이익에 의한 주가모형은 다음과 같이 정리된다.

$$V=\frac{D}{k_e}+\frac{bEm}{k_e} \qquad (11\text{-}4)^{22)}$$

D: 주당배당금(dividend per share)

위의 (11-3)식을 이용하여 순이익에 의한 주가모형을 표시하면 다음 식과 같다.

$$V=\frac{E}{k_e}+\frac{bE(m-1)}{k_e} \qquad (11\text{-}5)^{22)}$$

위의 식 (11-4)와 (11-5)에서 보는 바와 같이 주가가 배당이나 이익 중 하나에 의하여 결정되는 것이 아니라 양자에 의하여 결정된다. 이 양 식에서 자본이득의 크기는 재투자액(bE), 재투자이익률($r=mk_e$), 투자기회의 존속기간(영속적인 것으로 가정하였음) 등에 의하여 결정된다는 것이다.

(1) 동태적 모형

동태적 모형에 있어서는 기업이 매기 이익의 일정률을 사내유보하여 재투자하는 경우의 주가모형이다. 즉 당기배당이 D_0이며, 내부투자를 위한 이익유보율이 b인 경우에 이익 · 배당 및 재투자액은 성장률인 $g=br$로 성장된다는 것이다. 이 때의 r는 투자이익률이며 $g=br$에 의한 주가모형은 다음과 같은 산식이 된다.

---

22) (11-4)의 솔로몬의 모형은 월터의 모형과 동일하다.

월터의 모형: $V=\dfrac{D+\dfrac{r}{k_e}(E-D)}{k_e}$

$$V=\frac{D_0}{k_e-g} \tag{11-6}$$

이 경우에 $g=br=bmk_e$ 이므로, $D=V(k_e-bmk_e)$가 되고 이것을 정리하면 다음 식과 같다.

$$V=\frac{D_0}{k_e}+Vbm \tag{11-7}$$

이와 같은 동태모형에서도 성장모형과 같이 두 부분으로 분리된다. 하나는 배당의 현재가치이고 또 하나는 성장투자로부터 기대되는 자본이득의 현재가치이다. 동태모형에 있어서는 성장모형보다 더 많은 투자기회를 전제로 하고 있기 때문에 그 자본이득의 현재가치가 성장모형의 경우보다 더 크게 나타난다.

이상에서 살펴본 솔로몬의 주가모형을 보면 현실적으로 몇 가지 모순점이 있다.

i) 동태모형에 있어서 매기의 재투자액의 대소에 불구하고 재투자수익률이 항상 일정하다는 것, ii) 성장모형에 있어서 재투자로부터 발생되는 순이익의 증가분이 모두 배당된다고 가정하는 것, iii) 부채로 인한 불확실성이 충분히 고려되지 않고 있다는 모순점이 있다.

3. 모디글리아니 - 밀러의 모형

모디글리아니(Franco Modigliani)와 밀러(Merton H. Miller)는 기업의 가치 또는 주가가 배당정책에 의하여 영향을 받지 아니하고 자산의 수익력으로 결정된다고 주장하였다. 이들은 "배당정책, 성장 및 주식의 평가"라는 논문에 의거하여 주가형성이론을 전개하였다.[23)]

(1) MM 의 기본가정

MM 은 자본시장과 투자자에 대한 기본성격을 완전확실성시장의 개념으로 파악하고 주가모형을 다음과 같은 기본가정하에 설명하고 있다.

---

23) M. H. Miller and Franco Modigliani, "Dividend Policy, Growth and the Valu-ation of Shaseo," *Journal of Business*, October 1961, pp. 411～433.

① 완전자본시장: 증권은 매매쌍방의 거래가 시장가격에 영향을 미치지 못한다. 증권매매나 증권발행시에는 수수료 · 거래세 또는 기타 비용이 발생되지 않는다. 그리고 배당소득세와 자본이득세는 차별과세되지 않는다.

② 완전확실성: 모든 투자자들은 기업의 미래 투자계획과 미래 이익에 대하여 확실성을 가지고 예측한다.

③ 합리적 행동: 모든 투자자들은 항상 보다 많은 부를 선호하며 또한 부의 증가분은 배당지급이 되거나 자본이득의 형태가 되거나 관계가 없다.

④ 수익의 불변성: 기업의 수익은 변동되지 않는다.

(2) 배당과 주가

MM의 주장에 의하면 배당을 지급하든지 이익을 사내유보하든지 주주에게 미치는 부에는 아무 영향이 없다는 것이다. 즉 새로운 투자에 소요되는 자금을 기업 외부에서 조달하면 이익을 유보하였을 때보다 주가가 떨어진다. 이익을 유보한 자금으로 재투자를 하면 그 금액만큼 주가가 상승한다는 것이다. 환언하면 현금배당을 하거나 사내유보를 하거나 주주의 부에는 변동이 없다는 것이다.

어떤 영업기간의 기초주가는 그 기말배당지급액의 현재가치의 합계이다. 따라서 (11-8)식이 성립된다.

$$P_0 = \frac{1}{1+k_e}(D_1 + P_1) \qquad (11\text{-}8)$$

P_0=: 기초의 주가
D_1: 당기말 배당지급액
P_1: 당기말 주가(배당락시세)
k_e: 자기자본환원율

그러므로 기간 0에 기발행주식총수가 n이라 하고 기간 1에 있어서 기말배당락주가(P_1)로 새로 발행하게 될 주식수를 m이라고 한다면 현재 기업의 총가치(nP_0)는 다음과 같다.

$$nP_0 = \frac{1}{(1+k_e)}[nD_1 + (n+m)P_1 - mP_1] \qquad (11\text{-}9)$$

위 식에 의하면 기간 0에 있어서 기발행주식의 총가치는 기간 1에 지급된 배당총액과 기간 1 에 있어서 기발행주식의 총가치의 합계액에서 신주의 총가치를 뺀 값의 현재가치와 같다는 것이다.

그리고 신주발행총액은 다음과 같이 계산된다.

$$mP_1 = I - (X - nD_1) \tag{11-10}$$

mP_1: 신주발행주식수의 기말주가
I: 1 기간중의 신투자총액
X: 1 기간중의 순이익총액
nD_1: 기발행주식의 당기말배당지급액

위 식에 의하면 신주발행으로 조달한 자본총액은 1 기간중의 투자액 중 보유이익으로 조달하지 않고 외부에서 조달되었다.

(11-10)식을 (11-9)식에 대입하면 nD_1 이 상쇄되고 다음 식이 성립된다.

$$nP_0 = \frac{1}{1+k_e}[(n+m)P_1 - I + X] \tag{11-11}$$

위 식에 의하면 D_1 은 직접적 변수가 아니고 또한 X, I, $(n+m)P_1$ 및 k_e는 D_1 과 무관하다. 따라서 MM 은 기업의 가치나 주가는 현재의 배당정책과 관계가 없다고 주장하였다.[24)]

MM 의 주가모형에 있어서 배당지급액이나 유보이익은 주가에 영향을 미치지 않고 주주의 부와 무관하다는 것이다. 즉 배당을 증가시키면 주식의 종가는 그만큼 하락되어 주주의 부에는 영향이 없다. MM의 이론에 의하면 주주의 부, 기업의 가치 또는 주가는 그 기업의 기대미래이익흐름에 의하여 결정된다는 것이다.

(3) MM 이론의 평가

이상에서 설명한 MM 모형의 이론은 최상재무결정부정론에서 시작하여 이익설적 성격과 등수익율원리(equal rate of return principle) 등의 성격을 내포하고 있다는 것이다. MM 이론에 있어서의 이익설적 성격이란 기업의 가치가 자산의 수익력과 투자정책에 의하여 결정되지 이익의 배분인 배당정책과는 무관하다는 것이다.

---

24) Van Horne, *op. cit.*, pp. 283~289; Eugene F. Fama and Merton H. Miller, ***The Theory of Finance***, Rinechard and Winston, Inc., 1972, p. 36.

MM의 최적재무결정부정론은 배당정책이나 자본구조는 주주의 富와 상호 독립적이기 때문에 최적배당정책과 최적자본조달정책이 있을 수 없다는 것이다.

등수익률원리란 주주의 투자이익면에서 생각할 때에 투자에 소요되는 자금을 이익유보로 조달하든지 또는 신주발행으로 조달하든지 주주의 총가치에는 아무 영향이 없다는 것이다.

MM이론을 전개함에 있어서 그들의 제 가정과 등수익률원리는 인정할 수 있으나 그 현실성이 문제가 된다. 실제로는 주식발행비용과 거래비용이 발생되며 배당소득과 자본이득에는 세율이 상이하다. 그리고 주식투자자들은 소득의 대소에 따라서 배당소득 또는 자본소득을 선호하게 되어 MM의 등수익률원리의 타당성도 비판대상이 된다.

상장기업의 배당정책

주주총회 시즌을 맞아 상장기업의 배당정책에 투자자들의 관심이 모아지고 있다. 일부 상장기업의 주총에서는 배당을 늘리라는 주주들의 요구 때문에 경영진이 진땀을 뺐다는 언론보도도 나오고 있다.

과거에는 주식투자를 하면 대부분의 투자자들이 시세차익에만 관심이 있을 뿐 배낭에 대해서는 그다지 안중에 두지 않았다. 그러나 저금리 시대가 정착이 되면서 배당에 대한 투자자들의 인식이 달라지고 있다. 배당수익률(배당금을 주가로 나눈 값)과 금리를 비교해서 개별종목을 매입하거나 아예 배당수익률이 높은 종목에 운용하는 배당주펀드'를 찾는 투자자도 늘고 있다. 따라서 상장기업은 종래와는 다르게 배당정책에 관심을 갖지 않으면 안되게 되었다.

여기에서 상장기업이나 투자자 모두가 올바르게 인식해야 할 것은 배당을 많이 주는 것만이 주주중시경영은 아니라는 점이다. 기업이 열심히 경영을 하여 벌어드린 이익은 모두 주주의 것이다. 배당의 형태로 지급되어 주주의 수중에 들어와 있는 것만이 주주의 것은 아니라는 것이다. 기업내에 유보되어 있는 것도 주주의 것이라는 뜻이다.

그런데 종래에는 기업이 배당을 하는 것을 무슨 선심이나 쓰는 것처럼 생각하는 경향이 있었다. 주주들(주로 소액주주) 또한 이익의 일부가 회사에 유보되어 있든 배당으로 현금을 받든 모두 주주의 것임에도 불구하고 그렇게 생각하지 않았다. 기업에 남겨놓은 것은 대주주의 것이지 일반 소액주주의 것이 아니라고 생각했기 때문일 것이다.

사실 일반주주들이 그렇게 생각하는 것도 무리는 아니었다. 대주주들이 회사의 돈을 부당하게 사외 유출하거나 이익을 낳지 않는 곳에 투자하여 회사를 부실하게 만든 사례가 너무 많았기 때문에, 받을 수 있을 때 한푼이라도 더 받아두거나 아예 주주라는 생각도 없이 주식을 단기매매의 대상으로만 생각했던 것이다.

그러나 이제는 다르다. 주식을 장기 보유하여 은행예금에서 금리를 받는 것처럼 배당금을 받아 생활하겠다는 투자자가 늘어나고 있다. 기업은 투자자의 이러한 변화를 인식하여 이 변화에 맞게 배당정책을 수립해야 할 것이다. 그리고 이를 투자자들에게 적극적으로 알리는 노력을 해야 할 것이다. 우선은 이익 중에서 사내에 유보시켜 놓은 것도 주주의 것이라는 인식을 갖도록 해야하는데 그러기 위해서는 유보된 돈이 어떻게 쓰여질 것인가에 대해 충분히 설명을 해야한다.

만약에 발전상에 있는 기업이라면 우리회사는 올해에 이런 정도의 이익을 올릴 것 같습니다. 그런데 좀 더 재무내용을 충실하게 해야겠고 이러이러한 유망한 사업부문의 투자 계획으로 배당은 조금밖에 드리지 못하겠습니다. 그러나 이익중에서 회사에 남겨두는 몫도 모두 주주님들의 것입니다. 유망한 곳에 투자하여 더 많은 이익을 내면 주가도 오를 것이며 다음에는 더 많은 배당을 드릴수도 있을 것입니다.'라고 정책을 밝히면 된다. 반대로 성숙된 기업이나 매년 안정된 수익을 내는 내수기업이라면 우리회사는 매년 안정된 이익을 내는 회사입니다. 재무 내용도 아주 충실합니다. 시설투자를 크게 할 것도 없습니다. 따라서 매년 벌어들이는 이익의 일정 부분은 배당금으로 지불해 드리겠습니다. 은행보다 조금 더 높은 금리를 받으신다는 생각으로 주식을 소유하고 계시면 좋으실 것입니다.'라고 밝힐 수도 있다. 그 다음에 어떻게 할 것인가는 투자자가 알아서 선택하는 것이다.

'남성패션사고' 쇼핑지원금 혜택 잡아라 "내 안에 PC있다"…키보드 일체형 고성능 PC 등장 집안을 편안하게 만드는 3가지 상품

미국에서는 일찍부터 이러한 현상이 관행화되어 왔다. 코카콜라와 같이 꾸준히 배당중시정책을 지켜온 기업이 있는가 하면 몇 년 전까지의 마이크로소프트처럼 거의 배당을 하지 않는 기업도 있다. 따라서 연기금 같은 투자자는 몇 년 전까지만 해도 마이크로소프트 주식에는 투자를 하지 않았다. 반면에 배당에는 관심이 없고 높은 시세차익만을 목표로 하는 투자자는

마이크로소프트를 좋은 투자대상으로 생각해왔다.

이상의 사례에서 보는 것처럼 배당을 많이 주는 것만이 능사가 아니다. 그 기업의 입장에서 볼 때 어떤 형태의 배당정책이 바람직한 것인가를 냉정하게 판단하고 그 내용을 투자자들에게 제대로 알리는 일이 중요한 것이다.

– 디지털타임스 신문기사

EXERCISE 연 습 문 제

1. 다음 용어를 간략히 설명하시오.
① 주식배당(stock dividend) ② 주식분할(stock split)
③ 금고주(treasury stock) ④ 유상증자

2. 배당정책의 중요성에 대해 설명하시오.

3. 유보이익이 기업의 중요한 투자원천이 되는 이유를 설명하시오.

4. 배당정책과 기업가치의 무관련성이론에 대해 설명하시오.

5. 기업에서 배당정책 결정시 고려해야 할 요인에 대해 설명하시오.

6. 한양주식회사는 현재 주당 200 원을 배당하고 있다. 이 회사는 배당성향을 60 %로 유지하려 한다. 이 기업의 투자수익률이 18 %로 일정하다고 가정하자. 이 기업의 자기자본비용은 15 %이다.

7. 한일주식회사는 금년에 주당 2,000 원씩 배당을 실시하였으며 이 배당액은 향후 2 년간 연 10 %씩, 그 후 2 년간은 연 8 %씩, 또한 그 이후부터는 매년 5 %씩 영구히 증가될 것으로 기대된다. 한일주식회사의 보통주 자본비용이 연간 15 %라 할 때 고든의 평가모형에 의해 보통주의 현재가치를 구하시오.

8. 한양기업의 차기 EPS 는 연간 2,000 원으로 예상되며, 유보비율은 매년 50 %를 유지하고 유보이익의 재투자수익률은 연간 20 %로 예상된다. 증권시장선(SML)의 식이 $r_y = -.100 + 0.064\ \beta_y$ 이고 한양기업의 보통주의 체계적위험 β_y 가 1.25 로 측정되었다고 할 때 고든의 평가모형에 의해 한양기업 보통주의 시장가치를 평가하시오.

9. 한일기업의 보통주 총발행수는 100,000 주이며, 기초인 현재 주가는 15,000 원이다. 한일기업의 자기자본환원률은 10 %이며, 한일기업은 금년도 말에 3 억원 규모의 신규투자를 계획하고 있다. 또한 한일기업의 금년 중 법인세차감후 순이익은 2 억원으로 예상되며, 금년말에도 전기와 같이 순이익의 50 %를 배당으로 지급하고자 한다. 한일기업의 금년도 말 예상 주가와 신규투자를 위해 발행해야 할 보통주의 주식수를 MM 의 모형을 이용해 추정하시오.

10. 현금배당과 자사주 매입(stock repurchase)을 비교한 다음의 서술 중 옳지 <u>않은</u> 것은? 정답 ⑤

① 현금배당 직후에는 주당순이익(EPS)의 변화가 없으나, 자사주 매입 직후에는 EPS가 증가한다.
② 시장의 불완전성(imperfections)이 없다면 투자자나 기업 모두 두 방식에 대해 무차별하다.
③ 현금배당 직후와 자사주 매입 직후 모두 주가이익비율(PER)이 감소한다.
④ 세금을 고려하는 경우 자사주 매입이 현금배당보다 투자자에게 유리하다.
⑤ 향후 자사의 이익이 많이 증가할 것으로 예상할 때, 기업은 현금배당을 선호한다.

(2001년 CPA 기출문제)

11. 다음은 10 : 1 주식분할(stock split)에 대한 설명이다. 이 중 가장 옳지 <u>않은</u> 것은?(단, 주식분할과 관련된 모든 비용은 무시한다.) 정답 ②

① 주식의 액면가는 1/10로 하락한다.
② 장부상 자본잉여금이 보통주 자본금으로 전입될 뿐 자기자본 총액에는 변동이 없다.
③ 주주의 지분권(기업지배권)에는 변동이 없다.
④ 발행주식수가 10배 증가한다.
⑤ 주당순이익(EPS)이 1/10로 하락하고, 이론적인 주가는 1/10 수준으로 하락한다.

(2003년 CPA 기출문제)

12. 배당을 지급하지 않는 A기업의 주가는 현재 10,000원이다. 투자자는 1년 동안 10,000원을 예금하는 경우 만기에 11,000원을 확정적으로 받게 되며, 예금 금리와 동일한 금리로 자금을 차입할 수 있다. 여기서 콜옵션과 풋옵션은 A기업 주식에 대한 만기 1년의 유럽형(European) 옵션을 의미하며, 행사가격은 11,000원으로 동일하다. 콜옵션 가격이 3,000원이라면 다음 중 옳은 것은? 정답 ④

① 풋옵션 가격이 2,000원이라면, 콜옵션 하나를 매수하고 풋옵션 하나를 매도함으로써 1년 후 1,100원의 무위험차익을 얻을 수 있다.

② 콜옵션 2개를 매수하고 A기업 주식 1주를 공매도(short selling)함과 동시에 10,000원을 예금하는 경우, 만기에 주가가 2,500원으로 하락하거나 12,500원으로 상승하면 이익이 발생한다.

③ A기업의 주식에 대한 만기 1년 선도계약의 선도가격이 10,500원이고 풋옵션 가격이 2,500원이라면 무위험차익거래(arbitrage) 기회는 존재하지 않는다.

④ 무위험차익거래 기회가 존재하지 않는 경우, 풋옵션 1개를 매수함과 동시에 10,000원을 차입하여 A기업 주식 한 주를 매수함으로써 A기업 주식에 대한 만기 1년의 미국형(American) 콜옵션을 매수하는 것과 같은 효과를 얻을 수 있다.

⑤ 콜옵션과 풋옵션에 대한 행사가격이 A기업 주식에 대한 1년 만기 선도계약의 선도가격과 같다면, 무위험차익거래 기회가 존재하지 않기 위해서는 콜 가격은 풋 가격보다 높아야 한다.

(2004년 CPA 기출문제)

제12장
금융시장

본 장에서는 단기자본을 공급하는 단기금융시장과 장기자본을 공급하는 자본시장의 관계와 전체금융시장에 대해서 설명하겠다. 또한, 우리나라의 단기금융시장 및 자본시장의 구조와 규모 그리고 각 금융기관들의 자금조달과 금융기관들에 대한 감독권의 영역에 대해서도 설명하겠다. 그리고 자본시장의 효율성에 대해 설명한다.

제 1 절 단기금융시장과 자본시장의 의의

금융시장(financial market)은 자금거래가 이루어지는 조직화된 장소를 의미한다. 여기서 조직화된 장소란 구체적인 형체를 지닌 시장뿐만 아니라 거래가 체계적 · 반복적으로 이루어지는 장외시장과 같은 추상적 의미의 시장도 포함하는 것이다.

금융시장은 거래되는 상품의 성격에 따라 일반적으로 예금 · 대출시장, 단기금융시장(화폐시장), 자본시장, 외환시장 및 파생금융상품시장으로 구분된다. 그리고 금융거래가 금융중개기관을 통해 이루어지느냐의 여부에 따라 금융시장을 직접금융시장과 간접금융시장으로 구분하는 경우도 있다.

거래되는 증권의 만기를 기준으로 해서는 단기금융시장(화폐시장)과 자본시장으로 구분할 수 있다. 단기금융시장에서는 콜, CP 등 만기 1년 미만의 단기 자금조달수단이 거래되고 자본시장에서는 장기자금 조달수단인 주식 및

〈그림 12-1〉 금융구조

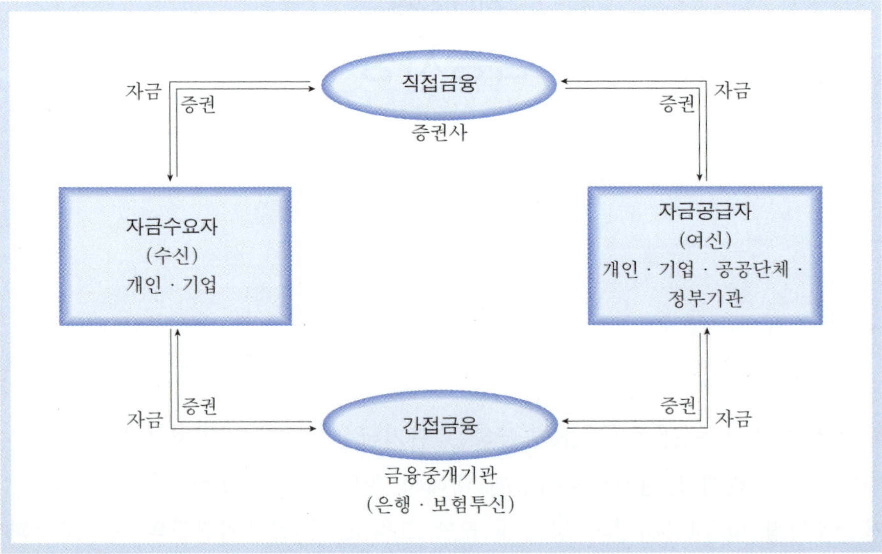

채권이 거래가 된다. 증서의 경우, 단기금융시장 증서는 그 만기가 짧기 때문에 가격변동이 적고, 시장참여자의 신용도가 높기 때문에 부도위험이 매우 낮으며, 또한 대량으로 거래되기 때문에 유동성이 높은 금융수단이다. 선진국의 경우 이런 단기금융시장 증서는 종류가 매우 다양하고 유동성이 높고 위험이 작다는 점에서 상당히 동질적이다. 이에 반해 자본시장 증서는 그 종류가 비교적 단순하지만 발행자나 발행조건에 따라 그 수익률과 위험의 차이가 크다는 점에서 동질적이지 못하다. 이런 자본시장 증서는 시장위험 및 부도위험이 상대적으로 높으나 이에 대한 보상으로서 일반적으로 비교적 높은 수익률을 제공하게 된다.

본 절에서는 이러한 특징을 가지고 있는 단기금융시장과 자본시장을 중심으로 금융시장을 설명하겠다.

1. 단기금융시장의 의의

단기금융시장은 채권 및 주식이 거래되는 자본시장에 대칭하여 화폐시장(money market)으로도 불리우며 단기자금의 수요자와 공급자간 수급불균형을 조절하기 위하여 통상 만기 1년 이내의 금융상품이 거래되는 시장이다. 현재 우리나라에는 주요 단기금융시장으로 콜시장, 기업어음시장, 양도성예금증서시장, 환매조건부채권매매시장, 통화안정증권시장 및 표지어음시장이 있다.

단기잉여자금이 있는 개인 · 기업 · 공공단체 또는 정부는 금융기관 등에 예금을 하여 예금이자를 받게 된다. 한편 단기자금을 필요로 하는 개인 · 기업 · 공공단체나 정부에서는 단기자금을 금융기관 등에서 차입하고 그 대가로 이자를 지급한다. 단기금융시장에서의 자금조달은 자금 공급자로부터 직접 융자받는 형태로 이루어지는 것이 아니다. 단기금융시장은 여러 개인 · 기업 · 단체 및 정부 기관이 저축한 예금을 자금수요자에게 대부하여 주는 중개역할을 담당하고 있다.

단기금융시장에서는 일반적으로 1년 이내에 상환하게 되는 단기자금을 공급하는 각종 은행과 금융회사가 자금의 중개 역할을 하지만 1년 이상의 예금과 대출을 취급하기도 한다. 은행의 경우 단기금융업무와 장기금융업무를 동시에 취급하고 있다. 단기금융시장의 가장 대표적인 기관은 일반은행이다. 특수은행 · 종합금융회사 · 상호저축은행 등에서도 금융 업무를 취급하고 있다. 단기금융시장에서 자금을 거래할 때에는 어음 · 수표 · 증서 등이 거래수단으로 이용된다.

이러한 단기금융시장은 다음과 같은 특징을 가지고 있다. 첫째, 단기금융시장은 가격변동위험 및 신용위험(credit risk)이 비교적 적다. 단기금융상품은 만기가 상대적으로 짧기 때문에 금리 변화가 동 상품의 가격에 큰 변동을 초래하지 않는다. 게다가 단기금융상품은 발행주체가 신용도가 높은 기업 또는 금융기관이기 때문에 상환불능위험이 작으므로 신용위험이 작다.

둘째, 단기금융시장은 개별 경제주체의 유동성 포지션을 적정수준으로 유지할 수 있게 함으로써 자금운용의 효율성을 향상시킨다. 즉 이와 같은 시장의 형성은 개별 경제주체의 일시적인 자금과부족을 신속하게 조절할 수 있는 수단을 제공함으로써 투자기회를 원활히 하고 장래의 지급을 위해 필요한 유휴(遊休)현금에 대한 기회비용을 감소시키는 기능을 가지고 있다.

셋째, 단기금융시장은 효율적인 통화신용정책의 장(場)을 제공한다. 단기금융시장이 발달하면 금리재정거래가 활발하게 이루어져 시장간 연계성이 높아짐으로써 단기금융상품의 수익률이 자금수급상황의 변화에 민감하게 반응하는 등 금융시장 전반에 합리적인 금리체계가 형성될 수 있다. 이에 따라 중앙은행은 공개시장정책효과를 신속하고 광범위하게 전파할 수 있을 뿐 아니라 단기금융시장에서의 금리 움직임을 중요한 시장신호(market signal)로 활용하여 통화신용정책의 효과를 측정하고 방향을 설정할 수 있다.

2. 자본시장의 의의

자본시장(capital market)은 주로 장기자금의 공급자와 수요자를 직접 연결시켜 주는 장기금융시장으로서 통상 증권시장(securities market)과 같은 의미로 사용되기도 한다. 이러한 자본시장(capital market)에서는 장기자금 조달수단인 주식 및 채권이 거래된다. 개인 · 기업 · 공공단체 및 정부기관은 여유자금을 주식이나 채권 등에 투자함으로써 기업이 증권을 발행하여 장기자금을 조달하는 것을 가능케 한다. 이때 채권에 대해서는 이자가 지급되는 반면 주식에 대해서는 이익 배당을 지급하게 된다.

자본시장에서는 자금의 소유자가 여러 주식회사에서 발행한 채권과 주식에 직접 투자한다. 채권은 발행 당시에 이자율 · 이자 지급일 및 원금상환방법 등이 미리 결정되어 주식보다는 일반적으로 위험이 적다. 주식에는 우선주와 보통주가 있는데, 보통주는 의결권이 있는 반면 우선주는 의결권이 없다. 우선주는 의결권이 없는 대신에 미국의 경우에는 발행당시에 배당률이 결정되는 사채성격을 지니게 되며 우리나라에서는 보통주보다 1%의 추가배당을 지급하고 있다. 또한, 우선주는 보통주보다 먼저 배당금을 받고 기업정산시에는 보통주보다 권리행사에 있어 우선순위에 놓이게 된다. 보통주에 투자하면 채권적 성격을 갖는 미국의 경우에서는 우선주에 비하여 비교적 높은 자본이득을 얻을 수도 있으나 투자 손실을 볼 가능성도 크다. 채권이나 주식에 투자할 경우, 이 투자는 자금소유자의 자기위험 아래 직접 이루어진다. 주식회사에서는 금융중개기관을 이용한 간접금융보다는 이러한 증권의 발행을 통하여 자본

〈그림 12-2〉 자본시장

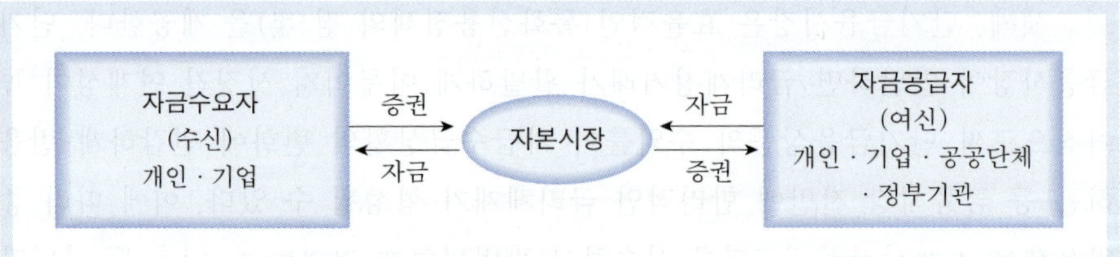

을 조달하는 금융의 증권화에 대한 비중이 점차 늘어나고 있다.

채권이나 주식을 발행하여 조달된 자금은 장기간 기업이 이용할 수 있다. 채권의 금융상환기일은 보통 1년 이상으로 비교적 장기이다. 주식발행에 의한 자금은 발행회사가 존속하는 기간 동안에는 계속적으로 이용할 수 있는 장기자본이다. 따라서 금융시장에서는 일반적으로 단기자금을 취급하지만 자본시장에서는 장기자금을 관리하는 시장이다.

제 2 절 단기금융시장과 자본시장의 구조

기업을 경영하는 데 소요되는 자본을 금융시장에서 간접적으로 조달하느냐 또는 자본시장에서 직접적으로 조달하느냐 하는 문제가 있다. 일반적으로 기업의 운전자본은 단기금융시장에서 조달하고 장기자본은 자본시장에서 조달하게 된다. 한편 여유자금의 소유자는 단기금융시장에 예금을 통한 간접투자를 하느냐 자본시장에서 직접투자하느냐를 결정하게 된다. 이러한 과정에서 자금의 소유자는 여유자금을 안전하고 수익성이 높은 곳에 투자하려하고 반면에 기업에서는 낮은 비용으로 장기성자본을 조달하려 한다. 단기금융시장이나 자본시장을 통하여 공급된 자금은 가계 · 또는 정부에서 합리적으로 조달되어 이용된다.

단기금융시장은 다시 콜시장, 기업어음시장, 양도성예금증서시장, 환매조건부채권매매시장, 통화안정증권시장 및 표지어음시장으로 구분되고 자본시장은 주식 및 채권이 발행되고 유통되는 시장으로 주식시장과 채권시장으로 구분된다.

한편 우리나라의 금융제도의 경우 경쟁기반이 약해진 금융기관에게 경쟁력의 일부를 보전해 주거나 부실금융기관을 다른 금융기관에 인수시키는 과정에서 겸영업무도 허용됐으나 기본적으로는 분업주의의 은행, 증권, 보험의 기본골격을 갖추고 있다. 이러한 상황으로 단기금융시장은 은행과 보험이 그리고 장기시장은 증권이 주영역으로 운영하고 있다고 볼 수 있다.

다음에서는 우리나라의 단기자금을 주로 운영하는 단기금융시장과 장기자금을 주로 운영하는 자본시장의 구조와 역할 그리고 감독권에 대해 살펴보겠다.

1. 단기금융시장의 구조

그간 우리나라의 금융기관에 대한 법적규제는 금융통화운영위원회와 재정경제부가 감독권을 행사해 왔으나 감독업무의 비효율이 초래되어 현행의 감독 및 검사에 대한 권한은 다음과 같다.

우선, 법령의 제·개정제안권과 금융기관의 설립에 대한 인·허가 및 취소권 등에 대한 권한과 한국산업은행, 수출입은행 및 중소기업은행 등의 특수은행에 대한 감독권은 재정경제부가 보유하고 있고 한국은행에 대한 검사 및 감독권은 감사원에서 하게 된다. 그리고 은행, 증권, 보험감독원 및 신용관리기금을 통합하여 무자본특수법인인 금융감독원을 설립(1999.1)한 금융감독위원회는 정부투자금융기관을 제외한 대부분의 금융기관에 대한 감독권을 가지고 있다.

은행에는 은행법에 의해 설립된 일반은행과 각각의 특수은행법에 의해 설립된 특수은행이 있다. 일반은행은 시중은행과 지방은행 그리고 외국은행 국내지점으로 구성되어 있다. 단기금융시장의 중추적 역할을 하는 기관으로서는 우선 일반은행을 들 수 있다. 일반은행은 주로 요구불예금으로 조달한 자금을 단기대출로 운용하는 상업금융업무를 주로하고 장기금융업무도 취급한다. 이에는 전국을 대상으로 지점망을 설치 · 운영되고 있는 8개의 시중은행과 업무구역이 서울 · 광역시 및 해당지역 내로 제한되어 운영되고 있는 6개의 지방은행이 있다. 한편 우리나라에 지점을 설치하고 은행업무를 실시하고 있는 외국은행도 일반은행의 범주에 포함되고 있는데 39개의 외국은행이 있다.

우리나라에는 또한 특수목적을 위하여 설립한 특수은행이 있다. 특수은행은 일반은행이 재원, 채산성의 제약으로 필요한 자금을 공급하기 어려운 특정부문에 자금을 공급하며 대부분 정부계 은행이다. 특수은행에는 중요산업 및 기술개발을 위한 장기시설자금을 공급하는 한국산업은행, 수출입금융을 전문적으로 공급하는 한국수출입은행, 중소기업금융 전문은행인 중소기업은행이 있다. 그리고 각각 농업 · 축산업 · 수산업 금융을 취급하는 농업협동조합중앙회의 신용사업부문, 축산업협동조합중앙회의 신용사업부문, 수산업협동조합중앙회 및 회원조합의 신용사업부문도 특수은행에 포함된다. 한편 일반은행과 특수은행은 별도의 인가를 받아 신탁업무를 하고 있다.

비은행예금취급기관(non-bank depositary institution)에는 종합금융회사, 상호저축은행, 신용협동기구 및 우체국예금이 있다. 이러한 회사들은 단기금융회사 등으로서 은행은 아니다. 이들은 금융기관이라기보다는 금융회사의 성격이 더 크다. 이 비은행예금취급기관은 일반적으로 단기자금을 공급하고 있다.

종합금융회사는 증권중개업무와 보험업무를 제외하고는 장·단기금융, 투자신탁, 시설대여업무 등 국내 금융기관이 영위하는 거의 모든 금융업을 영위한다. 상호저축은행은 지역의 서민, 소규모기업을 대상으로 하는 여수신업무에 전문화하고 있다. 신용협동기구는 조합원에 대한 여수신을 통한 조합원 상호간 상부상조를 목적으로 운영되고 있는데 신용협동조합, 새마을금고 그리고 농·수·축협 단위조합의 상호금융이 있다. 우체국예금은 전국의 우체국에서 취급하고 있는 공영금융기관이다.

보험회사는 다수의 보험계약자를 상대로 보험료를 받아 이를 대출, 유가증권, 부동산 등에 투자하여 보험계약자의 노후, 사망, 질병, 사고시 보험금을 지급하는 업무를 영위하며, 생명보험회사, 손해보험회사, 우체국보험, 공제기관 및 한국수출보험공사가 있다.[1)]

2. 자본시장의 구조

현행 자본시장은 좁은 의미에서 주식시장, 채권시장, 자산유동화증권시장으로 나눌 수 있다.

증권회사는 자본시장에서 주식, 채권 등 유가증권의 발행을 주선하고 발행된 유가증권의 매매를 중개하는 것을 주요 업무로 하고 있다. 우리나라에서는 현재 55개 증권회사(15개 외국회사지점 포함)가 있으며 이들은 주요 도시에 지점을 개설하여 운영하고 있다.

증권금융회사에서는 증권투자자들이 신용거래를 하게 되는 자금을 공급한다. 즉 증권투자자들이 증권회사의 본점이나 지점에서 증권을 신용으로 매입할 경우, 그 대금을 증권금융회사가 증권회사를 통해서 융자해 준다.

자산운용회사는 일반투자자로부터 조달한 자금을 주식, 채권 등 유가증권

1) 농협협동조합공제, 수산업협동조합공제, 신협협동조합공제, 새마을금고공제.

〈표 12-1〉 우리나라의 금융기관 (2006년 12월 기준)

구분			기관수[1]	비고
은행	일반은행	시중은행	7	
		지방은행	6	
		외국은행 국내지점	36	지점기준 51
	특수은행	한국산업은행	1	
		한국수출입은행	1	
		중소기업은행	1	
		농업협동조합중앙회	1	
		수산업협동조합중앙회	1	
비은행 예금취급 기관	종합금융회사		2	
	상호저축은행		110	
	신용협동기구	신용협동조합	1,025	
		새마을금고	1,591	
		상호금융	1,441	
	우체국예금		1	
보험회사	생명보험회사		22	외국사 지점 1 포함
	손해보험회사	손해보험회사	20	외국사 지점 6 포함
		재보험회사	8	외국사 지점 7 포함
		보증보험회사	1	
	우체국보험		1	
	공제기관[2]		4	
	수출보험공사		1	
증권 관련기관	증권회사		54	외국사 지점 14 포함
	자산운용회사[3]		49	
	선물회사		14	외국사 지점 1 포함
	증권금융회사		1	
	투자자문회사		73	
기타 금융기관	여신전문금융회사	리스회사 신용카드회사 할부금융회사 신기술사업금융회사	49	
	보험자본 금융회사	중소기업창업투자회사 기업구조조정전문회사	123	
	신탁회사[4]		24	외국은행 지점 7 포함
금융 보조기관	금융감독원		1	
	예금보험공사		1	
	금융결제원		1	
	신용보증기관	신용보증기금, 기술신용보증기금	2	
	신용평가회사		1	
	한국자산관리공사		1	
	한국주택금융공사		1	
	한국증권선물거래소		1	
	자금중개회사		5	

주: 1) 인가 및 전업사 기준
2) 농협공제, 새마을공제, 수협공제, 신협공제
3) 2006년 6월말 현황에 부동산신탁으로 포함되어 있었던 다음 부동산(6월 23일)을 자산운용회사로 수정 포함
4) 은행신탁 기준(이외에 2006년말 현재 증권신탁 9개, 부동산신탁 7개가 존재)

에 투자하여 운용수익을 배당하는 것을 주요 업무로 하고 있다. 즉, 자산운용회사에서는 증권투자의 경험이 적고 시간적 여유가 적은 투자자를 대행하여 증권투자를 해 주는 기관이다. 우리나라에는 46개의 자산운용회사가 있고 주요 도시에 그 지점을 설치하여 운영하고 있다.

금융기관은 취급하는 금융서비스의 성격에 따라 은행, 은행예금과 유사한 금융상품을 취급하는 비은행예금취급기관, 보험회사, 증권회사, 기타금융기관으로 분류할 수 있다. 종전까지는 일반적으로 우리나라의 금융기관을 통화창출기능의 정도에 따라 통화금융기관과 비통화금융기관으로 분류하여 왔다. 그러나 금융혁신의 진전으로 예금상품의 통화성 구분이 모호해짐에 따라 취급하는 금융서비스의 성격을 기준으로 금융기관을 예금취급기관, 보험회사, 증권관련기관, 기타 금융기관(여신전문금융회사, 벤처캐피탈회사 등), 금융보조기관[2]으로 구분하고 있다. 이러한 관계를 살펴보면 〈표 12-1〉과 같다.

〈그림 12-3〉 장기자금 분류

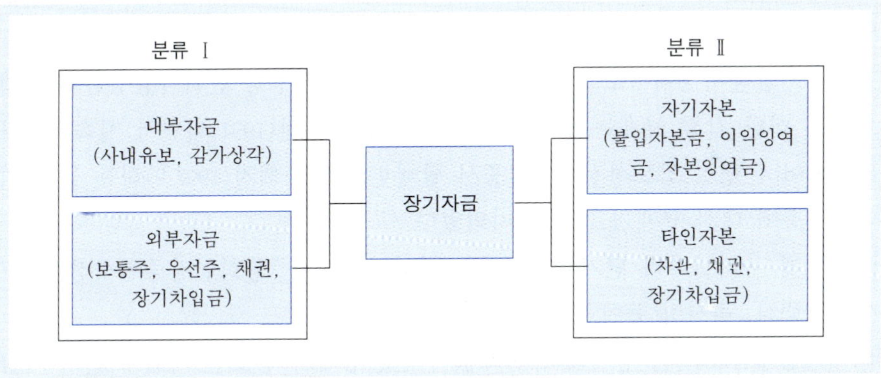

2) 금융감독원, 예금보험공사, 금융결제원, 신용보증기관, 신용평가회사, 한국자산관리공사, 한국주택금융공사, 한국증권선물거래소, 자금중개회사.

제 3 절 단기금융시장과 자본시장의 자금유통

1. 단기금융시장의 자금유통

우리나라의 단기금융시장은 1970년대 초까지는 거의 사금융(私金融)시장 형태로 이어져 왔으나 1972년에 투자금융회사가 설립되면서 제도금융권으로 흡수됐다. 그후 개별 단기금융시장이 속속 개설됨으로써 단기금융시장의 확충 및 조직화가 이루어졌고 투자금융회사의 신설과 기관들의 업무영역의 확대 등 시장 참가기관도 계속 확충되어졌다.

장내시장과 장외시장으로 이원화되어 있던 콜시장을 단일시장으로 통합(1989)과 무차별중개거래방식을 도입(1992)함으로써 금융기관간 자금수급 조절시장으로서의 기능을 일층 제고하였다. 또한 단기금융시장 거래의 원활화를 위한 전문중개기관의 육성에도 많은 노력이 있었다.

단기금융시장에서도 금리는 물론 거래금액, 만기 등 단기금융상품의 발행조건에 대한 각종 규제는 단계별 금리자유화가 추진(1991)되면서 지속적으로 완화되어 은행별 양도성정기예금증서 발행한도제를 폐지(1997.2)하는 등 단기금융상품에 대한 규제가 거의 폐지되었다.

현재 우리나라의 단기금융시장은 기업어음시장, 통화안정증권시장, 양도성예금증서, 콜시장 등이 있다.

기업어음(CD)은 상거래와 관계없이 신용상태가 양호한 기업이 단기 자금을 조달할 목적으로 발행하는 융통어음으로 CP의 할인업무는 전 은행으로 확대되었고 증권사도 취급대상의 범위가 확대되었다(1998.2).

통화안정증권은 통화량의 조절을 목적으로 한국은행이 발행하는 단기 증권이다. 한국은행에서는 공개시장조작을 통화안정증권의 발행 및 매출의 방식으로 실시하여 왔다.

양도성 예금증서(CD)는 정기예금증서의 양도를 가능하게 함으로써 정기예금에 유동성을 부여한 것이다. CD의 발행은 현재 모든 예금은행에게 허용되어 은행의 중요한 자금조달원이 되고 있다.

또한 종합금융회사와 대형증권회사도 CD를 취급하여 유동성을 제고시키고 있다.

환매조건부 채권매매(RP)는 주로 단기증권을 담보로 한 단기자금의 거래이다. 은행과 우체국이 매도업무만을 취급하고 증권금융과 증권회사는 매수 및 매도업무를 모두 취급하고 있다.

콜시장은 은행을 비롯한 거의 전 금융기관이 참여하여 즉각적으로 이용 가능한 자금을 하루 또는 수일 동안 단기적으로 거래하는 시장이다. 이러한 콜시장을 통한 자금거래는 은행 및 그 밖의 금융기관들이 유동성수준을 조절하는 주요한 수단이 된다.

이러한 단기금융상품이 거래되는 단기금융시장의 규모추이는 〈표 12-2〉와 같다.

〈표 12-2〉에 나타난 바와 같이 1990년에서 1995년에 걸쳐 우리나라 단기금융시장의 규모는 기업어음시장, 양도성예금증서시장이 활성화된 데 힘입어 3배 수준인 119조원으로 확대되었다. 1995년과 1997년을 비교해 보면 콜시장의 규모가 3배로 급격한 상승을 한 것을 알 수 있다. 외환위기 이후 단기금융시장의 규모가 급격히 감소하였으나 2000년 이후 회복되는 모습을 보이고 있다. 2005년 6월말의 경우, 단기금융시장의 구성을 개별 시장별로 보면 양도성예금증서시장의 규모가 가장 크며 이어 환매조건부채권시장, 통화안정증권시장, 기업어음시장 등의 순서로 되어 있다. 통화안정증권시장은 꾸준한 증가세를 보이고 있고 반면에 표지어음시장의 경우는 금융·외환위기 후 급격한 감소를 보이고 있다는 것도 알 수 있다.

〈표 12-2〉 단기금융시장 규모추이(기말 발행잔액 기준) (단위: 10억)

	1990	1995	1997	2000	2003	2004	2005.6
콜 시 장	3,464	5,177	14,324	10,416	17,581	19,503	17,890(9.5)
기업어음시장	12,740	44,230	87,444	37,898	30,498	27,100	27,779(14.8)
양도성예금증서시장	6,804	28,330	25,500	14,217	36,828	43,545	54,979(29.2)
환매조건부채권매매시장	3,358	6,173	23,699	26,309	38,703	34,575	42,945(22.8)
통화안정증권시장	15,241	25,319	15,867	26,488	19,515	35,518	38,900(20.7)
표지어음시장	277	10,697	12,353	11,202	4,305	3,906	5,487(2.9)
합 계	41,884	119,926	179,187	126,530	147,430	164,147	187,980(100.0)

자료: 「우리나라의 금융제도」, 한국은행(2005).

2. 자본시장의 자금유통

우리나라의 자본시장은 은행, 증권회사 및 보험회사의 공동출자에 의해 영단(營團)조직의 대한증권거래소가 설립(1956.3)되면서 비로소 조직화된 시장의 모습을 갖추게 되고 그후 증권거래법 개정에 따라 대한증권거래소는 공영제 조직으로 개편되면서 명칭이 한국증권거래소로 변경되었다. 채권장외거래에 관한 규정이 제정됨에 따라 채권장외시장이 제도화(1984.7)되었다. 그 밖에 유망중소기업의 직접금융 확대를 위해 주식장외거래에 관한 규정이 제정되고 주식장외시장이 개설(1987.4)되었다. 이 주식장외시장은 1997년 1월 증권업협회 등록주식이 매매되는 코스닥시장으로 증권거래법에 반영됨으로써 법제화되었다.

현재 우리나라의 자본시장은 크게 주식시장과 채권시장으로 나뉜다. 자본시장에서 거래되는 증서는 주식과 채권으로 분류되고, 채권은 발행주체에 따라서는 다시 국공채, 금융채 및 회사채로 분류된다.

주식(stocks)은 기업의 순이익과 자산에 대한 지분청구권을 나타낸다. 주식회사는 기업공개 및 유상증자를 통해 신주를 발행하지만 신주발행이 기업부문의 총자금 조달액에서 차지하는 비중은 비교적 낮다. 그러나 일단 발행된 주식은 다른 어떤 증권의 유통시장보다도 거대한 규모를 이루고 있다.

국공채는 중앙정부 또는 지방자치단체가 예산적자를 충당하거나 재원조달을 목적으로 발행하는 채권을 말한다. 구체적으로 보면 이러한 국공채는 재정경제부가 발행하는 국채와 지방자치단체가 발행하는 지방채로 나눌 수 있다.

금융채는 한국은행이 발행하는 통화안정증권을 제외하고는 금융기관이 장기대부자금을 조달하기 위해 발행하는 채권이고 회사채(corporate bonds)는 신용도가 높은 기업들이 발행하는 장기채권을 의미한다.

이러한 금융상품이 거래되는 자본시장의 유통규모추이를 주식시장과 채권시장으로 나누어 살펴보면 각각 〈표 12-3〉과 〈표 12-4〉와 같다.

〈표 12-3〉과 같이 1990년에는 상장회사수가 약 2배정도의 증가(1980년 352개)를 보였고 코스피지수는 696.1을 기록했다.

종합주가지수의 경우 1993년 이후 실물경제의 회복, 국내주식에 대한 외국인 투자한도 확대에 대한 기대 등으로 주가가 급등하여 1,138.8(1994.11.8)까지 상승하기도 하였으나 주식물량 수급 불균형 등의 영향으로 1995년 이후

〈표 12-3〉 주식유통시장 추이(기말기준)

연 도	회사수 (개)	상장주식수 (백만주)	상장자본금 (10억원)	시가총액 (10억원)	거래대금 (10억원)	코스피지수 (1980. 1. 4. =100)
2000	704	19,639	84,930	188,041	627,133	504.6
2001	689	19,578	82,755	255,850	491,365	693.7
2002	683	26,463	109,787	258,681	742,150	627.6
2003	684	23,662	87,942	355,363	547,509	810.7
2004	683	23,427	85,518	412,588	555,795	895.9
2005	702	23,236	80,587	655,075	786,258	1,379.4
2006	731	24,961	82,946	704,588	848,490	1,434.5
2007	746	28,244	85,589	951,918	1,362,877	1,897.1
2008	765	29,097	89,662	576,928	1,287,165	1,124.5
2009	770	31,377	92,468	887,935	1,466,275	1,682.8
2010	777	33,706	98,412	1,141,885	1,410,562	2,051.0

약세를 보이기 시작하였다. 그 이후에도 대기업의 연이은 부도, 동남아시아 주가폭락, 환율불안 등에 기인하여 주가의 하락세가 이어졌다. 특히 금융 · 외환위기 직후에는 종합주가지수가 350.7까지 하락했고 1998년에는 사상 최저치인 288을 기록하기도 하는 등 9월까지 침체국면을 벗어나지 못하였다. 그러나 1999년 상반기중 주식거래대금은 사상 최고인 311조원에 달하는 등 종합주가지수도 급등하였다. 2005년 6월에는 1994년 이후 처음으로 종합주가지수가 1,000을 돌파했다.

한편 코스닥시장의 거래는 1996년 7월 코스닥증권(주)이 설립되고 벤처기업에 대한 투자자의 관심이 높아진 데 힘입어 활발해지기 시작하였고, 특히 1999년에는 거래가 대폭 확대되어 거래대금이 상반기중에만 9.5조원에 이르고 있다.

채권의 유통시장은 상장채권만이 거래되는 증권거래소시장과 비상장채권을 포함한 모든 채권이 거래되는 장외시장으로 구분되는데 대부분의 채권거래는 장외에서 이루어지고 있다. 이렇게 채권 유통시장은 주식 유통시장과 달리 장외시장의 거래규모가 압도적으로 큰 것이 특징인데 이는 채권의 발행종목이 매우 다양하여 이를 전부 상장시켜 거래소에서 매매하는 것이 기술적으로 어려운 데 주로 기인한다.

〈표 12-4〉에서 나타난 바와 같이 채권의 유통시장(장내 및 장외시장) 거래

〈표 12-4〉 채권거래 추이(기간중 월평균)

	1998	2002	2004	2006	2008	2009. 6
장외거래	57,206	169,457	235,427	253,614	308,358	440,496
국 채	3.833	60,889	127,474	138,303	150,381	241,049
지 방 채	612	498	478	643	993	1,527
특 수 채[1)]	4,647	10,714	7,716	5,561	11,627	23,392
통화안정증권	9,685	63,354	70,176	76,553	92,671	99,649
금 융 채	6,633	25,886	22,215	26,892	47,493	59,784
회 사 채	31,796	8,116	7,368	5,662	5,193	15,095
장내거래	1,253	3,550	29,867	24,516	30,469	38,417
합 계	58,459	173,007	265,294	278,130	338,827	478,913

주: 1) 한국전력채권, 토지개발채권, 도로건설채권 및 예금보험기금채권, 한국가스공사채권 등
자료: 한국거래소, 한국금융투자협회.

추이를 보면 1990년대 들어 주식시장의 침체에 따른 기관투자가의 채권투 자수요 증대 등의 영향으로 거래규모가 1990년 중 31조원에서 1995년경에는 6.4배의 성장세를 보였다. 그러나 이 기간에는 장내거래와 장외거래의 차이가 극명하여 180조의 성장을 보인 장외거래와는 달리 장내거래의 경우 1조 6천억원 정도의 감소를 보였다. 1998년에는 시장금리의 하락세 지속으로 금융기관 및 일반의 매입수요가 증가하고 투자신탁회사에 자금이 많이 유입되어 월평균 거래규모가 약 70조원에 달했고 2000년 이후 통화안정증권이 발행되어 2008년 말 월평균 거래규모가 338조원에 이르렀다. 이러한 채권시장의 비약적인 발전에도 불구하고 우리나라에서 계속적인 거래의 확대를 위해서는 상품의 단위와 종류를 보다 단순화하여 시장참여자를 유도해야 한다는 과제를 가지고 있다.

제 4 절 자본시장의 효율성

자본시장에서 자금이 원활하게 거래되기 위해서는 자본시장이 효율적이어야 하는데 이를 위해서 필요한 원칙이 배분의 효율성, 운영의 효율성, 정보의 효율성이다.

배분의 효율성(efficiency of allocation)이란 자본시장에서 거래되는 증권의 가격이 수요자와 공급자 사이에 최적의 배분을 통해서 적절하게 형성되었을 때 이루어지는 효율성을 말한다. 운영의 효율성(efficiency of operation)이란 자본시장에서의 증권거래에 있어 거래비용, 세금, 규제 등 거래를 제약하는 요인들이 적어 시장에서 증권거래가 순조롭게 이루어지는 효율성을 말한다. 정보의 효율성(efficiency of information)이란 자본시장에 어떤 정보가 유입되었을 때 그 정보가 증권가격에 정확하고 신속하며 충분하게 반영되는 효율성을 말한다.

현대 자본시장이론에서는 세 번째 효율성인 정보의 효율성을 갖춘 자본시장을 효율적 자본시장이라고 말하는 것이 일반적인 견해이다.

제 5 절 효율적 시장가설

정보의 효율성과 관련된 효율적 시장가설(efficient market hypothesis, EMH)은 증권가격에 영향을 미칠 수 있는 모든 정보는 정확하고 신속하며 충분하게 증권가격에 반영된다는 가설이다. 효율적 시장에서는 특정정보를 통해 초과수익을 지속적으로 거두지 못한다. 그렇다면 현실적으로 효율적 시장가설이 항상 성립하는 것일까? 항상 성립하는 것은 아니다.

주가에 반영되는 정보의 성격에 따라 세 가지 유형으로 구분되는데 이는 1959년 Harry Roberts가 발표한 논문에 근거를 둔 것으로 시장효율성을 논의할 때는 일반적으로 이 유형에 따라 구분한다.

1. 약형 효율적 시장(weak-form efficient market)

현 주가는 주가형성에 영향을 주는 과거의 정보를 모두 가지고 있는 시장을 말한다. 약형 효율적 시장에서는 과거 정보를 이용하여 초과수익을 획득하는 것은 불가능하다. 이는 또 다른 의미로 주식시장의 투자자들이 기술적 분석(technical analysis)기법으로는 미래주가를 예측할 수 없음을 의미한다고 할 수 있다. 기술적 분석은 차트를 이용해 역사적 주가의 흐름을 파악하고 이를 통해 미래의 주가를 예측하는 방식이다. 약형 효율적 시장가설에 따르면 과거의 주가흐름과 미래의 주가 사이에는 아무런 관계가 없는 것이다.

2. 준강형 효율적 시장(semi-strong-form efficient market)

현 주가는 주가형성에 영향을 주는 과거의 정보뿐만 아니라 현재의 정보를 반영하고 있는 시장을 말한다. 현재의 정보는 기업의 재무제표, 기업정보, 정보의 경제정책 등도 반영한 정보이다. 준강형 효율적 시장에서는 과거와 현재의 정보를 이용하여 초과수익을 획득하는 것은 불가능하다. 그리고 준강형 효율적 시장은 약형 효율적 시장을 포함한다. 준강형 효율적 시장 가설에 따르면 시장의 투자자들은 기본적 분석(fundamental analysis)으로는 미래 주가를 예측할 수 없다. 기본적 분석은 기업의 기본적인 정보, 즉 위에서 언급했던 재무제표, 기업정책, 사업정보와 같은 정보들로 회사의 내재가치를 분석하여 미래의 주가를 예측하는 기법이다. 이미 이러한 정보들은 주가에 반영되었기 때문에 시장의 투자자들은 초과수익을 내지 못하는 것이다.

3. 강형 효율적 시장(strong-form efficient market)

현 주가는 과거정보와 현재의 모든 정보뿐만 아니라 비공개된 내부정보까지 완전히 반영하고 있는 시장을 말한다. 강형 효율적 시장은 어떠한 정보를 이용하더라고 초과수익 획득이 불가능한 가장 이상적인 효율적 시장을 나타낸

〈그림 12-4〉 효율적 자본시장에서 주가반응도

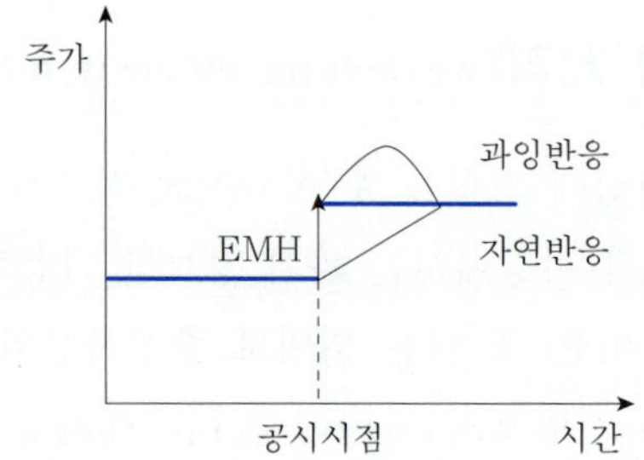

〈그림 12-5〉 세 가지 효율성의 관계

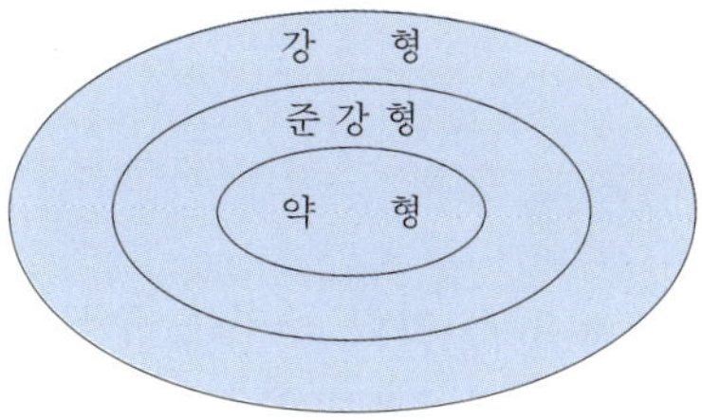

다. 그리고 강형 효율적 시장은 앞에서 설명한 약형 효율적 시장과 준강형 효율적 시장을 포함한다.

제 6 절 증권분석과 효율적 시장가설

증권분석(security analysis)이란 증권의 가치를 분석하여 투자하는 행위를 말하는데, 방법에는 세 가지가 있다.

1. 기본적 분석

기본적 분석(fundamental analysis)이란 경제분석, 산업분석 및 기업분석을 통하여 기업의 수익력 및 투자자의 기대수익률을 예측하여 주식의 본질적 가치를 평가하는 방법을 의미한다. 기본적 분석은 주식의 시장가격이 장기적으로는 그 증권의 본질적 가치에 근접한다는 가정을 한다는 점에서 기술적 분석과 차이가 있다.

기본적 분석의 분석체계는 경제 분석 → 산업분석 → 기업분석의 과정을 밟는데 이로써 당해 기업의 이익을 추정하고 평가함으로써 투자판단을 하게 된다.

경제분석에서는 거시적 관점에서 경기 · 금리 · 통화 등의 경제요인을 분석함으로써 주가흐름의 대세를 판단하고, 산업분석에서는 산업의 동향을 파악함으로서 투자유망업종을 선정한다. 그리고 기업분석에서는 경제 및 산업분석을 토대로 개별 기업의 향후 수익성을 예측하고 기업의 내재적 가치를 추정함으로써 투자유망종목을 선택하게 된다.

2. 기술적 분석

기술적 분석(technical analysis)이란 주가는 주식의 수요와 공급에 의하여 결정된다는 전제하에서 과거 거래자료를 분석하여 일정한 패턴을 찾고 이것을 이용하여 미래주가를 예측하는 분석기법을 의미한다.

주가는 항상 등락을 거듭하는 속성이 있기 때문에 본질적 가치가 좋지 않더라도 주식의 매매시점만 잘 포착하면 투자수익을 올릴 수 있다고 주장한다. 이러한 기술적 분석은 다음과 같은 가정을 하고 있다.

① 주가는 주식의 수요와 공급에 의하여 결정된다.

② 수요공급은 경제적 요인 및 비경제적 요인(정치, 심리)에 의하여 결정된다.

③ 주가는 상당기간 지속하는 추세에 따라 변화하고, 추세변화는 수요와 공급의 이동에 의하여 발생한다.

④ 수요와 공급의 이동은 시장 움직임을 나타내는 도표에 의하여 조만간에 추적가능하다.

⑤ 도표에 나타나는 패턴은 스스로 반복되는 경향이 있다.

이러한 기술적 분석의 장점은 다음과 같다.

① 공개되는 재무제표는 주가를 평가하는데 불충분하다. 왜냐하면 재무제표에 나타난 수치는 주가의 평가에 중요한 경제적 여건과 기술상의 우월성, 경영자의 자질 및 그 밖의 수치로 표현하기 어려운 요인을 감안하지 않고 있기 때문이다.

② 재무제표의 작성방법이 기업간 및 동일기업이라도 기간에 따라 달라질 수 있기 때문에 기업간 기간별 비교평가가 곤란하다.

③ 기본적 분석에서 말하는 내재적 가치뿐만 아니라 계량화하기 어려운 심리적 요인까지도 주가에 영향을 미치기 때문에 기본적 분석방법으로 주가를 평가하는 데에는 한계가 있다.

그러나 기술적 분석에도 다음과 같은 한계점을 가진다.

① 과거의 주가에 영향을 미친 요소들이 미래에도 반복해서 나타난다는

것은 지극히 비현실적인 가정이다.

② 과거의 동일한 주가양상을 놓고 어느 시점이 주가변화의 시작점인가에 대한 해석의 문제이다.

③ 투자가치를 무시하고 너무 시장의 변동에만 집착하므로 시장의 변화하는 원인을 분석할 수 없다.

3. 포트폴리오 분석

효율성의 정도가 높은 시장에서는 개별 종목의 분석을 통해서는 초과수익을 얻기가 힘들기 때문에 포트폴리오 이론에 의한 분산투자가 최선일 것이다. 왜냐하면 제 6장의 포트폴리오 이론은 기대수익과 위험을 조화시킨 기대효용을 극대화하는 것을 목표로 하고 있기 때문이다.

제 7 절 효율적 시장가설의 검증

1. 약형 효율적 시장의 검증

과거 주식의 가격이나 거래량 등을 파악하여 미래의 주가를 예측할 수 있겠지만 약형 효율적 시장이 성립하면 이러한 과거 정보로는 초과 수익을 얻을 수가 없다고 하였다.

따라서 이러한 약형 효율적 시장을 검증하기 위해서 사용되는 검정방법으로는 필터법(Filter rule) 검정, 시계열상관(Serial correlation) 검정, 연의 검증(Run test)방법 등이 이용된다.

2. 준강형 효율적 시장의 검증

준강형 효율적 시장에서 현 주가는 주가형성에 영향을 주는 과거의 정보뿐만 아니라 현재의 정보를 반영하고 있는 시장이라고 하였다. 만약 자본시장이 이런 의미에서 효율적이라면 과거 가격 거래량과 같은 시장관련 자료, 재무제표 등과 같은 기업자료, 통화정책 재정정책 등과 같은 거시경제자료들을 통해서도 초과 수익을 올릴 수 없다.

따라서 이러한 준강형 효율적 시장을 검증하기 위해서는 주가변동에 영향을 주는 정보의 공개시점에서 주가변동을 분석하여야 한다. 준강형 효율적 시장이 성립한다면 주가는 공개시점에서만 주가가 움직일 뿐 공개 이후에는 통계적으로 유의한 움직임이 없어야만 할 것이다. 이를 위한 연구방법론으로는 사건연구(event study), 잔차분석(residual analysis) 등이 이용된다.

3. 강형 효율적 시장의 검증

강형 효율적 시장에서 현 주가는 과거정보와 현재의 모든 정보뿐만 아니라 비공개된 내부정보까지 완전히 반영하고 있는 시장이라고 하였다.

강형 효율적 시장의 검증은 비공개된 자료에 접근 가능한 내부자들의 투자성과를 조사하여 초과수익을 얻었는지를 조사함으로써 가능하지만 이러한 내부자들의 자료를 얻기가 거의 불가능하므로 강형 시장의 검증을 하는데 있어서 많은 어려움이 따른다고 할 수 있다.

제 8 절 주식시장의 이례현상

효율적 증권시장에서는 모든 정보가 주가에 반영되므로 주식의 수익률이 정상수익률보다 초과수익을 얻을 수 없어야 하지만 어떤 특정한 성격이나 특정 사건을 갖는 증권들은 효율적 시장에서 위험에 상응하는 정상수익률보다 더 높은 수익률을 계속적으로 얻고 있다. 이러한 비정상적인 현상을 이상수익률현상 또는 이례현상(anomalies)이라고 한다.

① 1월효과: 만일 주식시장이 효율적이라면 합리적 투자자들의 투자에 의해 특정 월의 수익률이 지속적으로 다른 달보다 높은 현상이 나타나지 않아야 한다. 그러나 오래전부터 주식의 월별 수익률간에는 체계적 차이가 있다는 연구결과들이 제시되어 왔고, 특히 1월의 수익률은 다른 달들의 수익률의 평균치에 비해 현저히 높게 얻어지는 현상을 보이는데 이를 1월효과(January effect)라 한다.

② 주말효과(Weekend effect): 요일별로 주가지수의 수익률을 계산하였는데 주초에는 수익률이 낮으며 주말에는 수익률이 높음을 발견하였다. 특히 월요일에는 (−) 수익률까지 보이며 금요일에는 수익률이 높게 나타나는 현상을 보인다.

③ PER효과: 고PER주식보다 저PER주식의 수익률이 높게 나타는 현상을 말하며 이는 시장이 효율성을 부정하는 결과이다.

④ 기업의 규모효과: 대규모 기업 주식에 비해 소규모 기업의 주식수익률이 높은 현상을 말한다.

⑤ IPO효과: 기업공개는 주식을 증권거래소에 상장하는 방법으로 이루어지는데, 이 때의 주식을 최초공모주(initial public offerings, IPO)라고 한다. IPO 시장이 효율적이라면 상장 후 시장가격과 차이가 없어야 하지만 실증결과 IPO 발행가격이 시장가격에 비해 상당히 낮다는 것이 밝혀졌다.

제 9 절 효율적 시장이론(Efficient Market Theory) 대 인지행위적 재무론(Behavioral Finance)[3)]

지금까지의 재무학 분야는 효율적 시장가설(EMH)에 대한 한계를 보여주고 있다. 물론, 시장이 비효율적이라고 말할 수는 없으나, 몇몇 연구에 따르면 일부 비효율적 현상들이 나타나고 있다. 효율적 시장가설은 모든 투자자들이 이성적이라고 가정하지 않으나 시장은 이성적이라고 가정한다. 또한, 시장이 미래에 대해 예측할 수 있다고 가정하지 않으나 시장이 미래에 대해 편의적 예측을 한다고 가정한다. 효율성 시장이란 "가격에 이용 가능한 정보가 언제나 충분하게 반영될 때의 시장"이라 정의한다. 그런데 시장의 정보가 "충분히 반영된 시장"인가의 문제는 실증적인 점증을 요하는 문제이다, 나아가, '충분히 반영된'이란 개념은 일반적이기 때문에 이를 검증하기 위해 현재 시점에서의 주가형성과정에 대한 보다 구체적인 설명이 요구된다. Fama는 효율적 시

3) 정성훈, "처분효과 및 과신감이론에 관한 인지행위적 재무론 연구," 서강대학교 경영학 박사학위 논문(2004).

장을 다음과 같이 수리적으로 설명하였다.[4)]

$\theta_t = t$ 시점에 이용 가능한 총체적인 정보의 집합. 이는 t 시점에서 주가의 결정에 영향을 미친다.

$\theta_t^M = t$ 시점에서의 주가를 결정하기 위하여 시장이 이용하고 있는 정보의 집합. 따라서 이 θ_t^M은 θ_t의 부분집합으로서 θ_t와 같거나 작게 될 것이다.

$P_{jt} = t$ 시점에서의 주식 j에 대한 가격. $j=1, 2, \cdots, N$이며, N은 시장에 있는 총 주식종목의 수이다.

$f_M(P_{1t+h}, \cdots, P_{Nt+h} | \theta_t^M) =$ 정보 θ_t^M에 기초하여 시장이 t 시점에서 평가한 $(t+h(h>0))$ 시점에서의 주가들에 대한 결합확률분포(Joint Probability Density Function)이다.

$f_M(P_{1t+h}, \cdots, P_{Nt+h} | \theta_t) =$ 정보 θ_t에 기초한 $t+h(h>0)$ 시점에서의 주가들에 대한 '진실한' 결합확률분포이다.

t 시점의 시장에서 개별 주식의 가격형성과정은 다음과 같다고 가정한다.

즉, 정보 θ_t^M에 근거하여 시장은 $t+1$ 시점에서의 주가들에 대한 결합확률분포 $f_M(P_{1t+h}, \cdots, P_{Nt+h} | \theta_t^M)$를 먼저 추정하고 이 결합확률분포로부터 각 개별 주식들에 대한 t 시점에서의 가격 $P_{1t}, \cdots, P_{Nt}$를 결정한다는 것이다. 이 때 t 시점에서의 적정수준의 가격은 시장균형모형(Market Equilibrium Medel)에 의하여 결정되는데, 이 균형모형은 t 시점에서 각 개별 주식에 대한 투자자들의 수요와 공급이 일치할 때에 성립된다는 것을 의미한다. 이와 같은 가격형성과정에서 시장이 효율적이라는 가정은 $\theta_t^M = \theta_t$로 표현된다. 즉, t 시점에서 평가한 증권가격을 결정하기 위하여 이용되고 있는 정보 θ_t^M은 t 시점에서 이용 가능한 정보를 알고 정확하게 이용하고 있다는 것을 의미한다. 다시 말해, 효

---

4) E. F. Fama, "Efficient Capital Markets: A Review of Theory and Empirical Work", *Journal of Finance*, Vol. 25, 1970, pp. 383~417. Fama는 정보 θ_t의 종류에 따라 증권시장의 효율성을 다음 3가지로 분류하였다. 첫째, 약형 효율적 시장가설(Weak Form EMH)로서 이는 θ_t가 과거의 주가 과거자료가 완벽하게 반영되어 있다고 가정한다. 이러한 정보를 이용하여서는 투자자들이 평균적으로 보아 비정상적 초과수익률을 기대할 수 없는 경우를 일컫는다. 둘째, 준강형 효율적 시장가설(Semi-Strong Form EMH)로 θ_t가 과거의 주가 움직임 등에 관한 정보뿐만 아니라 공개된 모든 정보(이익, 배당금, 주식분할, 주식합병, 주식병합 등)가 주가에 완전하게 반영되어 있다고 가정한다. 이러한 정보를 이용하여서는 투자자들이 평균적으로 보아 비정상적 초과수익률을 기대할 수 없는 경우를 말한다. 셋째, 강형 효율적 시장가설(Semi-Strong Form EMH)로서 θ_t가 과거의 주가에 대한 정보 그리고 공개적으로 이용 가능한 공표된 정보뿐만 아니라 내부정보, 개인정보까지도 포함하는 경우로서 이러한 정보를 이용하여서는 투자자들이 평균적으로 보아 비정상적 초과수익률을 기대할 수 없는 경우를 일컫는다.

율적 시장하에서도 관련정보를 기초로 한 어떠한 거래도 Fama가 주장한 일관성 있는 초과수익률을 달성할 수 없게 된다.

한편, 효율적 시장가설의 랜덤워 모형(Random Walk Model)은 두 가지 의미를 내포하고 있다. 주가변동에 시계열 관계가 존재하지 않아야 하고, 주가변동의 분포가 독립적이고 일정해야 한다는 것이다. 1970년대 말까지 자본시장을 연구하는 학자들은 자본시장의 효율성에 대해 별다른 의심을 품지 않았다. 미국 증권시장에서, 강형 효율적 시장까지는 아니라 하더라도, 준강형 효율적 시장을 지지하는 증거는 충분한 것으로 생각되었다. 그러나 오늘날 많은 학자들은 자본시장이 효율적 시장과 비효율적 시장이 혼재하고 있다고 생각한다. 왜냐하면, 그 동안 이루어진 많은 실증적 연구들은 자본시장이 효율적이지 않다는 증거들을 충분히 제시해 주고 있기 때문이다.

오늘날 증권시장의 비효율성을 설명해 주는 여러 현상들을 이상현상(anomalies)이라 한다. 이 현상은 시장가격이 보여주는 하나의 특징이 아니라, 자본시장의 비효율성을 보여 주는 여러 가지 주가변동패턴을 총칭하고 있다. 예를 들면, 1월효과(january effect), 평균회귀(mean reversion), 과잉반응(overreaction), P/E효과(P/E effect), 규모효과(size effect) 등을 이상현상의 예로 들 수 있다. 이러한 이상현상들은 투자대상의 특성이나 투자 시기에 따라 적절하게 투자대상을 선택하면 비정상적인 투자성과가 계속적으로 나타난다는 것이다.

이러한 현상들이 나타나는 이유는 우선 비정상수익률을 측정하기 위하여 사용한 검증모형이 타당하지 않을 수도 있다는데서 찾을 수 있다. 시장의 효율성을 검증하는 많은 연구에서 *CAPM* 이나 *APM* 등의 가격결정모형을 이용하여 정상수익률을 계산하고 이를 실제 수익률과 비교하여 비정상수익률을 측정한다. 이 정상수익률의 계산을 위해 사용하는 모형에서 수익률을 설명하는 중요 요인이 빠져 있을 가능성이 있다는 것이다. 이러한 미확인된 요인이 존재한다면 시장이 실제로 효율적이라고 해도 검증결과는 증권시장이 비효율적인 것으로 나타나게 된다. 또 다른 이유는 시장이 정말로 비효율적이어서 이상현상이 나타날 수 있다는 것이다. 새로운 정보에 대한 투자자들의 신속한 반응을 어렵게 하는 제도적 장애요소나 투자자들의 비합리성은 증권의 시장가격이 비효율적일 수 있게 만드는 주요한 원인이 될 수 있다.

인간의 의사결정행동에 있어서 합리성(rationality)이라는 개념은 전통적인 경제이론의 기본적인 가정이었으며, 최근에 이르러 이 개념은 시장 메커니즘의 거시적 측면에도 적응되어 합리적 기대가설(rational expectation hypothesis)을 등장시켰다. 그러나 최근 이러한 인간행동의 합리성 가정에 대한 부정적인 연구결과가 인지심리학 분야에서 제기되고 있다. 물론, 심리적 편의(psychological biases)를 모든 잘못된 시장가치의 원인으로 볼 수는 없지만, 심리적 편의 현상은 최근 금융시장에서 쉽게 찾아볼 수 있다.

또한, 실증적 연구에서는 인간행동의 합리성에 대한 반증을 제시하여, 그 타당성에 이의를 제기하고 있다. 즉, 합리적 가설에 기초로 한 과정들은 새로운 정보에 반응하는 개인의 투자행태를 나타내기에는 적절하지 않다는 것이다. 확신이나 예측을 수행하려는 경우, 새로운 정보에 근거하여 믿음이나 예측을 수정하는 경우에 인간은 의사결정시점에 가까운 정보에 대해 과다한 비중을 두게 되고, 그 이후의 예측정보에 대해서는 가중치를 덜 주는 경향을 일관되게 보인다는 주장이다. 이는 인간의 행동이 합리적 기대이론을 따르지 않으므로 인간의 선택행동이 비합리적으로 나타나는 정보에 대해 인지적 오류를 가지며 주가가 인지오류에 의한 과잉, 과소반응을 한다는 것이다.

이러한 인간행동의 비합리성을 가정한 과잉, 과소반응현상을 실제 주식시장에 적용하여 주가의 움직임을 설명하려는 시도가 이루어지고 있다. 특정시점에서 어떤 정보가 진정한 가치보다 과대하게 평가되어 주가에 반영되고 그에 따라 초과이익이 발생하였다면, 다음 시점에서는 그에 대한 반작용으로 주가 조정이 이루어져 반대의 과소수익현상이 나타난다. 따라서 인지심리학에서 제기된 정보에 대한 과잉반응을 보였다면 이후에 이러한 과잉반응을 보인 주식은 반전현상으로 인한 주가의 예측이 가능할 것이다.

이것은 자본시장의 비효율성을 증명하는 증거가 되며, 더 나아가 이러한 비효율성이 체계적으로 나타난다면 이를 실제 주식시장의 투자전략으로 이용하여 초과수익을 달성할 수 있는 이론적 근거가 된다. 비효율성 시장의 예를 들면, 주식시장에서 주식이 저평가되어 있다고 판단되면, 주식투자자들은 저평가된 주식을 매수할 것이다. 시장이 만일 강형이라면 이러한 행위는 형성되지 않을 것이다. 또한, 주식시장이 침체되면, 기업은 주식보다는 부채로 필요한 자금을 조달할 것이다. 이 때 시장이 침체 되어 있다는 것이 단지 해당주식의 가격이 공개된 정보에 기반을 둔 내재가치보다 낮다는 것을 의미한다면 시장이 준강형으로 효율적인 경우에는 그러한 논리는 성립되지 않는다. 어쩌면,

기업경영에 관한 수많은 의사결정은 묵시적으로 시장이 비효율성이라는 가정 하에 내려지는지도 모른다.

이러한 관점에서 연구하는 학문이 인지행위적 재무론이다. 인지행위적 재무론은 "기존의 정통 재무이론으로는 설명되지 않는 이상현상들의 나타나는 원인들 중 한 요인이 인간의 지속적이고 체계적인 인지행위적 오류에 기인한다고 보고, 이러한 현상을 인간의 심리적 측면에서 연구하는 학문분야"이다.

인지행위적 재무론은 투자자들이 오인된 신념을 갖고 있거나 비이성적 시장현상에 대한 연구모델을 사용하고 있는데, 이 모델은 심리학에서의 판단과 인지의 오류의 개념을 그 기반으로 하고 있다. 여기에는 과도한 낙관(Over-optimism), 과도한 자신감(Overconfidence), 인지부조화(Cognitive dissonance), 확인오류(Confirmation bias), 유지오류(Conservatism bias), 근거찾기(Anchoring), 손실회피(Loss Aversion), 심적 계산(Mental Accounting), 선호 역전(Preference Reversal), 대표성 임의부여(Representativeness Heuristics), 과잉 · 과소반응(Over & Underreaction), 군집행동(Herd Behavior) 등 많은 심리적 요인이 내포되어 있다.

제10절 인지행위적재무론(Behavioral Finance)과 투자심리[5)]

1. 개 요

금융시장의 가격결정요인은 대체적으로 정부정책에 의한 가격결정요인과 수요, 공급에 의한 가격결정요인으로 금융시장 가격이 정해진다고 볼 수 있다. 역사적으로 봤을 때 우리나라의 정부정책에 의한 가격결정은 규제로 인한 금융시장의 버블현상을 차단하는 정책인 반면에, 수요 · 공급에 의한 가격결정요인은 효용 및 유효수요가 수요에, 상대적 희소성이 공급에 영향을 주어 상호작용에 의해 결정된다고 볼 수 있다. 그러나 이러한 상호작용은 종종 금융시장의 가격을 왜곡하는 버블현상을 나타나게 하는 원인이 되곤 한다. 그렇다면 이러한 금융버블은 왜 나타나는지 수요자와 공급자간 투자심리적 측면에서

5) 정성훈, "처분효과 및 과신감이론에 관한 인지행위적 재무론 연구," 서강대학교 경영학 박사학위 논문(2004) 참조.

저자는 논하고자 한다. 실제 금융시장에서 개인투자자의 투자 행태를 살펴보면, 이성보다는 감성에 근거한 행태를 보이는 경우가 많은 것으로 일부 학계연구(behavioral finance, behavioral economics)에서 나타나고 있다. 금융시장 선행연구를 보면, 합리적인 투자기준과 체계적 원칙에 근거하여 매매를 수행하는 기관투자자 및 외국인투자자에 비해 개인투자자들은 무분별한 원칙으로 인해 초라한 투자성과를 거두는 경우가 많다. 이러한 측면에서 이성뿐만 아니라 인간의 감정적인 측면을 고려하는 인지행위적재무론(behavioral finance)이 최근 들어 지속적으로 학계의 새로운 주목을 받고 있다. 인지행위적재무론에 따르면, 투자자들은 과거의 행복한 경험(가령, 주식매매 이익)에 대해서는 과도한 낙관론을 가지며, 과거의 불행한 경험(가령, 주식매매 손실)에는 지나친 비관에 빠지는 경향이 있다. 결론적으로 투자자의 과거 경험이 현재의 투자의사결정에 많은 영향을 줄 수 있다고 판단된다. 그렇다면 어떠한 심리적 요인이 금융시장에서 버블이 나타나는지 본 글에서 살펴보고자 한다.

2. 처분효과가 금융시장가격을 왜곡시키는 것은 아닐까?

먼저 처분효과의 정의를 살펴보면, Shefrin, and Stateman(1985)[6)]은 투자자들이 손실을 보고 있는 투자자산은 오래 보유하고, 이익을 보고 있는 투자자산은 급히 매도하는 성향을 처분효과라고 정의하였다. 이러한 이유는 인간은 이익에 대해서는 위험회피적인 성향을, 손실에 대해서는 위험추구적인 성향을 나타내기 때문이라고 학자들의 연구에서 검증되었다. 즉, 인간은 이익과 손실에 대해 합리적인 의사결정을 하지 못하고, 비대칭적인 비합리적 의사결정을 한다는 것이다.

이러한 처분효과는 Kahneman and Tversky(1979)[7)]가 발표한 전망이론[8)]에 주요한 이론적 근거를 두고 있다. 처분효과를 이해하기 위해서는 전망

6) Shefrin, Hersh, and Meir Stateman, "The disposition sell winners too early and ride losers too long: Theory and evidence," *Journal of Finance* 40, (1985), pp. 777-790.

7) Kahnenman, Daniel, and Amos Tversky, "Prospect Theory: An Analysis of Decision Under Risk," *Econometrica*, 47(2), (1979), pp. 263-291.

8) 전망 이론은 위험 하에서 소비자의 선택행위를 설명하기 위하여 광범위하게 이용되어온 기대효용이론을 비판하고, 소비자의 선택은 잘 짜여진 선호의 순서에 따라 이루어지는 것이 아니라, 선택 문제의 제시 방식이나 선택 문제와 결부된 다른 상황적인 요소들에 의하여 판단이나 선택이 영향을 받아 비일관된 선택경향을 나타낼 수 있음을 제시하고 있다(Tversky,

〈그림 12-6〉 전망이론

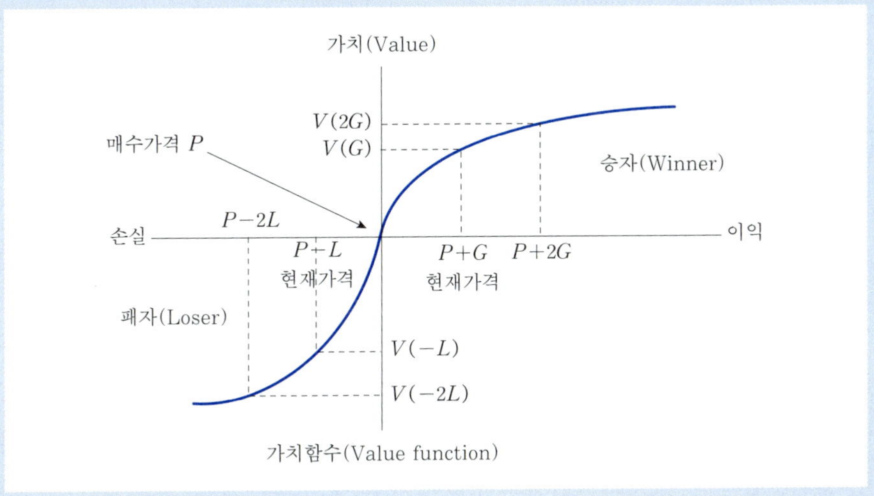

이론에 대해서 살펴볼 필요가 있다. 전망이론은 손실회피와 심적 계산이라는 심리적 요인에 의해 만들어진 메커니즘인데, 먼저 전망이론의 개념은 이익보다 손실을 볼 때, 개인의 고통이나 실망감이 훨씬 크다고 말한다. 금융투자자들은 이익과 손실을 선택할 상황에 직면하게 되면, 사람들은 S자 모양의 가치함수 〈그림 12-1〉을 극대화하는 행동을 나타낸다고 한다. 이것은 이익의 영역에 대해서는 볼록한 형태를 나타내고, 손실의 영역에 대해서는 오목한 형태로 나디난다. 또한, 이익보다 손실에 대해서 더욱 가파른 형태로 나타난다.

다시 말해, 어떤 투자자들은 주식가격이 매입가격보다 하락했을 경우에도 주식을 계속 보유하고자 한다는 것이다. 결국, 주식투자자들은 기대이익이 적정하게 평가되는 주식보다 가격이 하락하는 주식에 대해서 더 큰 거래동기를

Sattath and Slovic 1988). 전망 이론은 기대 효용 이론과 네 가지 측면에서 차이가 있다고 볼 수 있다(Payne, Bettman and Johnson 1992).

첫째, 가치함수는 준거점인 0을 기준으로 손실인 영역에서는 오목(convex)하고 이득의 영역에서는 볼록(concave)하다. 그리고 기울기는 손실의 영역에서 더욱 기울기가 가파르기 때문에 소비자는 일반적으로 손실을 더욱 크게 지각한다는 의미를 내포하고 있다. 둘째, 준거점(reference)의 위치가 지각적 구성(perceptual framing)에 의하여 변한다. 따라서 기대이론에서는 같은 선택 대안이라도 준거점이 어떻게 정해지느냐에 따라 이득이나 손실로 인식할 수 있다. 셋째, 확률함수는 객관적인 확률과 일치하지 않는다. 또한 낮은 확률을 객관적인 확률에 비하여 과대평가(overweighting)하는 경향이 있다. 넷째, 확률값의 추정에 편집과정이 포함된다. 즉 확률을 부호화(coding), 결합(combination), 소거(cancellation) 등의 과정을 거쳐서 단순화시키게 된다.

부여한다고 볼 수 있다. 예를 들어, 주식투자자가 두개의 주식자산을 가졌을 경우 한 자산은 상승하고 다른 한 자산은 하락한다면, 상승한 자산에 대한 더 이상의 새로운 정보가 없다면 상승한 주식자산을 매도할 것이다. 처분효과는 이러한 전망이론을 이론적 메커니즘으로 하여 투자행위를 하는 것을 말하고 행위적 선택이론(alternative behavioral theory)[9]으로 보다 자세하게 설명될 수 있다.

(1) 손실 회피(Loss Aversion)

Kahneman and Tversky는 의사결정자가 불확실성하에서 선택에 직면했을 때, 실제로 어떻게 행동하는지에 대한 이론을 제시했다. 가치함수는 이익과 손실의 크기에 대해 비대칭을 보여주며, 이것은 손실 회피의 요인이 될 수 있다. 손실인식은 이익인식보다 2배 정도의 가중치를 둔다고 한다. 예를 들어, $1 손실은 $1 이익의 만족보다 2배의 고통을 야기한다. Kahneman and Tversky(1991)[10]는 도박에서 손실을 경험했을 때의 현상을 손실회피의 현상과 같은 맥락으로 보고 있다. 투자자들이 보유하고 있는 손실포지션에서 언젠가는 금융가격이 회복할거라는 믿음을 갖는다는 것이고, 이것은 전망이론하에서 그러한 근거를 찾아 볼 수 있다.

(2) 심적 계산(Mental Accounting)

심적 계산은 같은 속성을 기초로 한 심적 계산의 사건보다 각기 다른 심적 계산의 특정사건을 사람들이 더 선호하는 경향이 있다는 것이다(Shiller, 1998).[11] 즉, 선호되지 않는 요인들의 합이 선호하는 요인들의 합보다 나은 심적 조건이라고 설명하고 있다. 심적 계산을 기초로 한 연구에는 의사결정자가 분리된 사고로 선택에 직면할 경우, 도박의 심리형태로 분리하는 경향이 있다

9) 인간의 행위는 어떤 목적을 추구하는 의도적인 성격을 지닐 때가 많다. 인간이 갖고 있는 욕구와 필요를 전제로 이를 얻기 위한 의식적이며, 의도적인 행위가 자주 나타난다. 이러한 의도적인 행위가 행위학적 선택이론이다. Andeassen, Paul, "Explaining the price-volume relationship: The difference between price change and changing prices," *Organizational Behavioral and Human Decision Processes* 41, (1988), pp. 371-389.

10) Kahnenman, Daniel, and Amos Tversky, and Slovic, Paul, "Loss Aversion in Riskless Choice: A Reference-Dependent model," *Qurterly Journal of Economics*, (November 1991), pp. 1039-1061.

11) Shiller, Robert, "Human Behavioral and the Efficieny of the Financial System," *National Bureau of Economic research Working Paper*, No. W6375, (1998).

고(Goldberg, von Nitsch, 2001)[12]주장하였다. 즉, 전체(aggregate)의 이익실현의 합보다 분리(segregate)된 이익실현의 합을 더욱 선호하는 경향을 말한다. 예를 들면, 주식투자자들이 이익을 실현했을 경우 $4의 이익보다 $2씩의 이익을 더 선호한다는 것이다. 이러한 "손실회피, 심적 계산 요인 등으로 나타난 처분효과 때문에 금융시장가격이 왜곡된 것은 아닐까?"라고 저자는 생각한다. 다음과 같은 실험연구는 인간이 비합리적 선택을 한다는 것을 보여준다.

실험 1. 둘 중에 하나를 선택해야 한다면 당신은 어떤 것을 선택할 것인가?
A=주식투자를 해서 7,000만원을 벌 확률이 40%인 경우
B=주식투자를 해서 3,000만원을 벌 확률이 90%인 경우

선택 A가 경제학적 관점에서 보면 확률 2,800만원(7,000×40%)이고 B가 2,700만원(3,000×90%)이므로 합리적 인간은 선택 A를 해야 할 것이다. 그러나 대부분의 사람들이 선택 A를 할 것인가? 그렇지 않을 것이다. 그러한 이유는 처분효과에서 나타난 것처럼 이익에 대해서는 위험회피적이기 때문에 확실한 것을 선호한다는 것이다. 이를 확실성 효과(certainty effect)라고 한다.

그러나 다음과 같은 또 다른 실험연구는 인간이 다른 행태로 비합리적 선택을 한다는 것을 보여준다.

실험 2. 둘 중에 하나를 선택해야 한다면 당신은 어떤 것을 선택할 것인가?
A=주식투자를 해서 6억원을 벌 확률이 1%인 경우
B=주식투자를 해서 3억원을 벌 확률이 2%인 경우

선택 A는 확률 600만원(6억×1%)이고 B가 600만원(3억×2%)이므로 합리적 인간은 선택 A나 선택 B를 해야 할 것이다. 그러나 대부분의 사람들이 선택 A나 B를 할 것인가? 그렇지 않을 것이다. 대부분의 사람들은 선택 B를 할 것이다. 그러한 이유는 벌 확률이 작기 때문에(기대효용의 크기가 작기 때문에) 이를 처분효과에서 나타난 것처럼 손실범위로 간주한다는 것이다. 손실에 대해서는 위험추구적이기 때문에 확실한 것을 선호하지 않는다는 것이다.

---

12) Goldberg, Joachim and von Nitsch, Rudiger, ***Behavioral Finance***, John Wiley & Sons Ltd. (2001).

3. 과도한 자신감, 군집행동이 금융시장가격을 왜곡시키는 것은 아닐까?

Alexandros V.benos(1998),[13] Barber and Odean(2000), Odean (1998a)[14]은 투자자들의 이익의 자산거래 빈도가 높은 것은 과신감 때문이라고 주장하였다. 즉, 그들은 너무 많은 거래를 하고 그리고 위험한 자산을 보유하지만, 과도한 자신감 때문에 부정적 정보에 대해서는 과소반응을 한다는 것이다. 금융시장에 접목한다면, 신약개발이라는 주식호재가 뉴스에 발표되면, 투자자들은 과잉반응을 하여 금융시장에서 군집행동을 나타내고 이러한 행동은 결국 금융버블을 야기한다는 것이다. 예를 들어 설명하자면, 아프리카 초원을 거닐던 수만 마리의 들소 떼가 강가를 뛰어 들 때, 악어 때문에 주춤한다. 그러다가 용감한 한 마리가 과감히 뛰어 들면 수만 마리가 같이 뛰어 드는데 이러한 모습은 인간의 금융시장에서의 행동과 큰 차이가 없다. 즉, 인간은 군집행동을 하는 것인데 효율적으로 설명하기 어려운 부분이다. 즉, 이러한 현상은 금융의 효율적 시장에 반하는 비효율적시장이며 이러한 심리현상과 깊은 관련이 있다고 볼 수 있다. 즉, 금융투자자들이 상승추세에서 이러한 심리적 요인 때문에 투자자산에 대한 지각적 오류를 범하는 것이고, 이러한 가격왜곡 현상이 우리나라 금융시장에도 나타난다고 볼 수 있다. 즉, 상승추세 일 때, 금융자산의 내재가치(본질가치)를 과대평가한다는 것이다. 다시 말해, 금융투자자들은 좋은 또는 나쁜 정보에 주가는 과민반응을 한다는 것이고, "이러한 심리적 요인이 금융시장가격을 왜곡시키는 것은 아닐까?"라고 저자는 생각한다.

4. 종　합

결론적으로 말하자면, 위에서 설명한 심리적 요인들은 투자 시에도 실패할 확률이 높으므로 투자자들은 위와 같은 행동 오류(behavioral biases)를 최소화 해야만 투자이익을 창출할 수 있고, 금융시장도 왜곡되지 않을 것이다.

13) Benos, Alexandros V., "Aggressiveness and Survival of Overconfident Traders," *Journal of Financal Markets*, 1(3-4), (1998), pp. 353-383.

14) Odean, Terrance, "Volume, Volatility, Price, and Profit When All Traders Are Above Average," *Journal of Finance*, 53(6), (1998a), pp. 1887-1934.

그러나 이러한 의사결정은 인간이 합리적이지 않기 때문에 그리 쉽지는 않다. 즉, 효율적 시장이론은 금융시장의 특별한 매매패턴과 상관없이 내재가치(intrinsic value)[15]에 의해서 결정된다고 한다. 시장참여자들이 투자의사결정 시에도 효율적 시장가설에 기반을 두고 있으며, 현대 금융학에서 아직까지 지배적인 이론은 투자자들의 합리적 가정을 기초로 한 시장이 효율적이라는 것이다(Ross 1976). 즉, 행동 오류가 효율적 시장에 단기적으로 추가적인 거래패턴[16]을 일으키고 있으나, 장기적으로는 효율적 시장가설이 지지된다고 주장하였다(Fama 1998). 그렇지만, 금융시장뿐만 아니라 금융시장에서도 효율적 시장가설로는 설명되지 않는 이상 현상이 자주 관찰되었고, 이러한 이상 현상은 인간의 심리적 오류에 의해 금융시장에서 투자손실을 발생시키고, 효율적인 시장원리를 왜곡시킨다는 것이다. 이러한 관점에서 볼 때 금융시장에서 개인투자자들의 미시적인 투자행위에 대한 연구가 활발히 이루어지지 않았는데, 이는 인지행위적재무론(Behavioral Finance) 연구의 이해가 부족한 탓으로 해석될 수 있겠다. 즉, 학계에서 금융시장에서의 투자심리연구가 매우 부족한 실정이라 이 부분의 연구가 향후에 진행된다면, 향후 투자자들에게 올바른 투자 원칙을 알려 줄 수 있는 기회가 될 것이다. 아울러, 금융시장 투자에 기업들이 이러한 심리적인 요인들을 활용하면, 투자에 적용하는데 큰 도움이 될 것으로 판단된다.

'행태재무론 펀드' 곧 나오다

투자심리 · 모멘텀 · 거래량등 분석 투자

삼성투신, 국내 도입키로

개별 종목이나 업종의 실적뿐만 아니라 투자자들의 심리, 주식의 유동성, 상대적 강점 등을 감안해 주식에 투자하는 '행태재무론 펀드'가 곧 선보일 전망이다.

삼성투신운용은 26일 '투자자들은 합리적'이라는 기존의 경제학 이론

15) 내재가치란 특정정보에 대한 반응을 나타내는 부동산의 가치로 금융시장의 과대 혹은 과소평가되어있는 자산을 찾기 위한 기준을 제공한다.

16) 추가적인 거래패턴의 예를 들면, 비효율적 현상 중 한 행태인 과민반응(overreaction)현상을 들 수 있겠다. 과민반응현상은 금융시장에서 금융투자 시, 추가적인 금융가격상승과 금융가격하락으로 거래를 발생시켜, 부동산의 내재가치를 벗어나는 것을 말한다.

과 달리 '인간은 경험에 의해 비이성적 투자를 한다'는 행태재무론에 근거, 투자종목과 시기를 결정하는 운용전략을 국내 주식시장에도 도입할 계획이라고 밝혔다.

또 해외 행태재무론 펀드에 대한 투자비중을 늘리고 행태재무론 펀드에만 투자하는 펀드오브펀드도 준비 중이라고 덧붙였다.

삼성투신운용은 지난 25일 행태재무론으로 2002년도 노벨경제학상을 수상한 버넌 스미스 조지메이슨대학 교수와 행태재무론 펀드를 운용하는 스위스 LGT펀드의 아시아 최고투자책임자(CIO)인 비트 레너를 초청해 한국 자산운용시장에 행태재무론을 접목하는 방안을 강구하기 위한 포럼을 개최했다.

이 자리에서 스미스 교수는 "기존 경제학 이론과 달리 시장은 효율적이지 않고, 투자자는 합리적이고 이성적이기보다는 자신의 주관적 지식과 경험에 따라 행동한다"며 "버블이 발생했다가 붕괴되는 것도 같은 이유로 이러한 흐름을 잘 분석하면 높은 수익을 낼 수 있다"고 주장했다.

비트 레너 CIO는 "LGT펀드는 전세계 900종목을 행태재무론에 근거한 장기분석을 통해 상대적 강점 · 투자심리 · 모멘텀 · 거래량 등을 파악하고 있다"며 "LGT펀드는 지난 2003년 이후 MSCI월드지수보다 10%포인트 가량 높은 성과를 내고 있다"고 전했다. 그는 "한국 펀드시장은 상당히 매력적이고 국민연금 등 기관투자가를 대상으로 한 판매를 확대하겠다"고 덧붙였다.

엄태종 삼성투신운용 글로벌사업본부장은 "행태재무론은 경제학 분야의 첨단 중의 첨단으로 꼽힌다"며 "최고의 자산운용 결과를 얻고 안정적인 포트폴리오 투자를 하기 위해 행태재무론을 국내 주식투자에도 접목할 계획"이라고 말했다.

– 서울경제신문 2005년 4월 기사

연습문제

1. 다음 용어를 간략히 설명하시오.
   ① 단기금융시장(money market) ② 자본시장(capital market)
   ③ 겸업은행제도(mixed banking) ④ 간접금융(indirect financing)

2. 자본시장의 의의와 기능에 대해 설명하시오.

3. 단기금융시장과 자본시장의 구조를 비교설명하시오.

4. 단기금융시장에서 거래되는 증권에 대해 설명하시오.

5. 자본시장에서 거래되는 증권에 대해 설명하시오.

6. 다음의 용어를 간략히 설명하시오.
   ① 준강형 효율적 시장
   ② 강형 효율적 시장
   ③ 시장의 이례현상
   ④ 1월효과
   ⑤ 주말효과
   ⑥ PER 효과

7. 배분의 효율성, 운영의 효율성, 정보의 효율성을 비교 · 설명하시오.

8. 준강형 시장을 검증하는 방법에 대해 설명하시오.

9. 세 가지 유형의 효율적 시장가설을 정보의 범위에 따라 구분 · 설명하시오.

10. behavioral finance에 대해 설명하시오.

11. 최소한 준강형(semi-strong form)의 효율적 시장이 성립할 때 다음 중 가장 적절하지 못한 주장은? 정답 ④

① 내부정보가 없는 상태에서 증권에 투자해 몇 년 사이 1,000%의 수익을 올린 투자자가 있을 수 있다.

② 최근 몇 년간 경영상의 어려움을 겪어 적자누적으로 주당 장부가치가 액면가를 밑도는 데도 불구하고 주가는 액면가보다 높게 형성될 수 있다.

③ 펀드매니저가 증권분석을 통해 구성한 포트폴리오가 침팬지가 무작위로 구성한 포트폴리오보다 위험 대비 수익률이 더 높을 것으로 예상된다.

④ A 회사는 환경단체와의 재판에서 패소해 추가로 부담해야 할 비용이 확정되었으므로 A 회사의 주식은 당분간 매입하지 말아야 한다.

⑤ 은행장이 그 동안 불법대출을 주선하여 은행에 막대한 손실을 입혀왔다는 사실이 일주일전 밝혀져 해당 은행의 주가가 급락했다. 그리고 오늘 아침 그 은행장이 사표를 제출했다는 사실이 알려지면서 해당 은행의 주가는 상승했다.

(2004년 CPA 기출문제)

12. 효율적 시장가설에 관한 다음의 설명 중 가장 옳지 않은 것은? 정답 ③

① 시장의 준강형 효율성 가설을 검증하는 한 방법으로 사건연구(event study)를 활용할 수 있다.

② 미국 증권시장의 일일 주가 수익률을 분석해 보면 소형주의 수익률은 전날 대형주 수익률을 추종하나, 대형주의 수익률은 전날 소형주 수익률을 추종하지 않는 것으로 나타난다. 이는 시장이 약형으로 효율적이지 않다는 증거로 볼 수 있다.

③ 시장이 강형으로 효율적이라면 베타계수가 작은 주식에 투자한 경우 베타계수가 큰 주식에 투자했을 때보다 더 높은 수익률을 올릴 수 없다.

④ 미국 주식을 가치주와 성장주로 나누어 그 수익률을 분석해 보면 양 그룹간에 확연한 차이가 발견된다. 이는 시장이 준강형으로 효율적이지 않다는 증거로 볼 수 있다.

⑤ 기업의 인수 · 합병 발표 직후 피인수?합병 기업의 주가가 상승하는 것

으로 나타난다. 이는 시장이 강형으로 효율적이지 않다는 증거로 볼 수 있다.

(2005년 CPA 기출문제)

제13장
증권시장과 주식

기업은 증권시장에서 보통주 · 우선주 및 사채 등을 발행하여 장기자본을 조달한다. 본장에서는 증권시장의 의의, 증권시장의 구조, 보통주, 우선주에 대하여 차례로 설명하겠다.

제 1 절 증권시장의 의의

증권시장(securities market)은 유가증권(증권)을 발행하고 이것을 유통시키는 시장인데 자본시장(capital market)과 동의어로 이용되고 있다. 증권시장에서 장기자본의 수요자와 그 공급자가 서로 거래하여 수요자인 기업은 장기자본을 조달하고 공급자인 투자자는 증권에 투자한다. 증권은 주식과 채권으로 구분되고 주식에는 보통주와 우선주가 있다. 그리고 채권에는 국채 · 지방채 · 금융채 · 회사채(사채) 등이 있다.

증권시장은 새로운 증권을 발행하는 발행시장과 이미 발행된 증권을 유통시키는 유통시장으로 구분할 수 있다. 협의의 증권시장은 증권을 매매하는 관계자들이 특정한 시간에 특정한 장소에 모여서 증권을 거래하는 기구이다. 그 대표적인 것이 증권거래소이며 이것을 조직적 시장(organized market)이라 한다. 증권을 매매하려는 사람은 증권회사의 본점이나 지점을 통하여서 거래한다. 증권회사의 대리인이 증권거래소에 나가서 동사의 증권거래고객의 증권매매를 대행하게 된다. 증권거래소를 통하지 않고 증권거래서의 장외나 점두에서 증권매매를 할 수 있는데, 분류에 따라 정의가 달라지는 데 증권유통시장 중에 하나가 장외시장(curb market)이고, 거래방법 중 하나가 점두시장(over-the-counter market)이라 한다. 즉, 장외시장은 거래소시장 밖에서 유가증권의 거래가 이루어지는 비조직적 · 추상적 시장을 말하지만, 점두시장은 이러한 장외시장을 제도화함으로써 거래소시장에 준하는 대형시장을 말하며 지속적으로 발전하고 있다. 점두시장의 좋은 예로 미국의 나스닥(NASDAQ)시장이 그 예이다.

광의의 증권시장은 증권의 발행시장과 유통시장을 포괄하는 기구이다. 증권의 발행시장에서 공적 및 사적 기업이나 기관이 주식 · 사채 · 국공채 등을 발행하여 장기자본을 조달한다. 증권의 유통시장에서는 이상의 증권에 다수의 투자자들이 투자하고 또 자금이 필요하거나 다른 증권으로 교환하고자 할 때에 매각한다. 이와 같이 증권의 매입과 매각을 반복적으로 하게 된다.

증권을 발행한 기업이나 기관에서는 투자자들이 증권을 반복적으로 매매하여도 주식의 경우에는 기업이 존속하는 기간 동안 장기간 자본을 이용할 수 있다. 국공채나 사채는 그 상환기일까지 장기간 자본을 이용할 수 있다. 따라서 증권을 보유할 수도 있고 단기간에 다시 매각할 수도 있다. 이와 같이 증권시장은 장기자본의 수요자와 공급자가 서로 증권거래를 하는 시장이다.

그리고 증권시장은 장기자본의 수요자와 그 공급자가 직접거래하게 되므로 직접금융이라 한다. 일반저축자가 은행 등의 금융기관에 예금한 자금을 기업에서 차입하는 경우도 있다. 이 때에는 자금의 수요자와 그 공급자 사이에 금융기관이 매개기능을 하게 되어 금융기관의 위험 아래 기업에 대출하게 되는데 이를 간접금융이라 한다. 증권시장에서는 증권회사가 증권의 매매를 매개하지만 증권거래는 어디까지나 증권거래자의 임의로 자기의 위험 아래 이루어지므로 직접금융이라 한다. 증권시장은 거액의 장기자본을 조달하고 대규모 경영을 하여 경제를 발전시키는 데 크게 이바지하고 있다.

제 2 절 증권시장의 구조

증권시장은 발행시장과 유통시장으로 구성되는데 이것을 분류하여 설명하겠다.

1. 발행시장의 성격

그 발행주체로부터 발행된 증권이 최초로 투자자에게 이전되는 곳을 증권의 발행시장(issue market of securities)이라 말한다. 증권의 발행주체는 주로 기업이지만 국가 · 지방자치단체 또는 특수금융기관이 그 발행주체가 될 수도 있다. 증권투자자는 주로 일반대중이지만 투자신탁회사 · 은행 · 보험회사 · 연금 및 기금 등과 같은 기관투자가도 있다. 이외에도 각종 기업이나 공공단체에서도 증권에 투자할 수 있다. 즉 발행시장은 증권의 발행주체가 발행하는 새로운 주식이나 채권이 최초의 투자자에게 매출되는 시장이어서 제1차적 시장(the primary market)이라고도 한다. 주식과 채권을 발행할 때 새로 발행한 것이냐 또는 이미 발행한 것이냐를 구분할 수 있다. 그리고 주식이나 채권을 발행주체가 직접발행하느냐 간접발행하느냐에 따라서 공모방법이 상이한데 이들을 차례로 설명하겠다.

2. 증권발행의 형태

(1) 증권의 모집과 매출

유가증권의 모집이라 함은 공중에 대하여 균일한 조건으로 신규로 발행되는 유가증권의 취득의 청약을 권유함을 말한다.[1] 유가증권의 매출이라 함은 공중에 대하여 균일한 조건으로 이미 발행한 유가증권의 매도의 청약을 하거나 매수의 청약을 권유함을 말한다.[2]

증권의 모집이란 신규로 발행되는 유가증권이고, 증권의 매출이란 이미 발행된 유가증권을 대주주가 자기의 소유주식분을 공매하는 것이다. 대주주의 소유주식을 일반대중에게 양도하고 분매하여 기업의 주식을 분산시키고 그 기업을 공개하는 경우도 있다. 또한 정부나 공공기관이 출자하였던 소유주식분의 일부를 민간인에게 분매하는 경우도 있다. 증권의 모집과 매출은 다같이

---

1) 증권거래법 제2조 제3항.

2) 증권거래법 제2조 제4항.

공중에게 균일한 조건으로 증권을 제공한다는 점은 동일하며, 이 양자를 증권의 공모라 한다.

(2) 증권의 공모방법

증권의 공모방법에는 그 발행기관이나 발기인이 직접발행하는 직접발행과 제3기관이 공모하여 주는 간접발행이 있다. 그리고 증권의 모집에 따르는 위험부담을 누가 지느냐에 따라서 자기공모 · 위탁공모 · 청부공모 및 매수공모로 구분된다.

1) 자기공모(직접발행)

자기공모란 증권의 발행회사나 그 발기인이 직접 발행하여 발행위험과 발행관계 사무를 직접 담당하는 방법이다. 이때에 증권이 다 소화되지 않은 부분은 그 회사나 발기인이 책임지고 인수해야 한다. 신규로 주식회사를 설립할 경우 자기공모로 주식을 발행하였는데 주주의 모집이 부족하여 주식의 발행량이 많을 경우 이것을 자체에서 소화하지 못한다면 그 회사를 설립할 수 없다. 따라서 증권의 자기공모는 발행위험이 적고 발행사무가 비교적 간단하고 소규모 발행시에만 이용된다.

2) 위탁공모(직접발행)

위탁공모란 증권의 발행회사나 발기인이 공모의 결과에 대한 발행위험을 부담하지만 그 발행사무는 제3자인 발행기관에 위탁하는 방법이다. 증권시장과 증권발행에 있어서의 전문기관인 제3의 발행기관은 발행사무만 취급하고 발행위험을 지지 않는 방법이다. 즉 증권을 공모하되 소화되지 못한 증권은 발행회사나 발행인에게 반환하게 되는 위탁공모가 오늘날 많이 이용되고 있다.

3) 잔액인수(간접발행)

잔액인수(standby underwriting)란 제3의 발행기관이 발행위험을 지고 또한 발행사무도 취급하는 방법이다. 즉 발행하는 증권의 응모자가 부족하여 매잔분이 생기게 되면 그 발행기관이 인수하는 방법으로서 총액인수라고도 한다. 발행기관에서는 발행되는 증권이 다 팔린다고 보기 어렵고 그 매잔분은 발행기관의 자금으로 투자해야 할 때도 있다. 따라서 잔액인수의 경우에는 공모금액에 대하여 공모위험을 위한 인수 수수료와 모집사무대가인 모집 수수료도 받는다.

4) 매수공모(간접발행)

매수공모(outright purchase)란 제 3의 발행기관이 발행증권금액을 자기명의로 취득하고 그 증권대금을 발행회사에 지급하고 발행위험과 발행사무를 담당하는 방법으로 총액인수라고도 한다.

이 발행기관에서는 이 증권을 일반투자자에게 매각할 때까지 비교적 오랜 시일이 소요될 수도 있으므로 거액의 자금이 마련되어 있어야 한다. 매수공모에서는 증권의 매출가액과 매수가액의 차액이 발행기관의 이익이 되므로 인수 수수료는 따로 지급하지 않는다.

3. 발행시장의 구성

증권을 발행하면 그 대금이 발행회사에 들어오는데 이 자금은 증권투자자들이 투자하게 되는 것이 보통이다. 증권은 그 발행회사가 직접발행할 수도 있지만 일반적으로 증권의 발행기관을 매개로 하여 간접발행하게 된다. 증권의 직접발행과 간접발행에 따른 증권과 그 대금의 흐름을 그림으로 보면 〈그림 13-1〉과 같다.

〈그림 13-1〉에서 보는 바와 같이 증권을 직접발행할 때에는 증권발행자와 증권투자자간에 자금의 납입과 증권의 취득이 이루어진다. 그러나 증권을 간접발행할 때에는 증권발행기관이 자금납입과 증권취득에 관련된 업무를 취급한다.

〈그림 13-1〉 증권발행자 · 발행기관 및 투자자

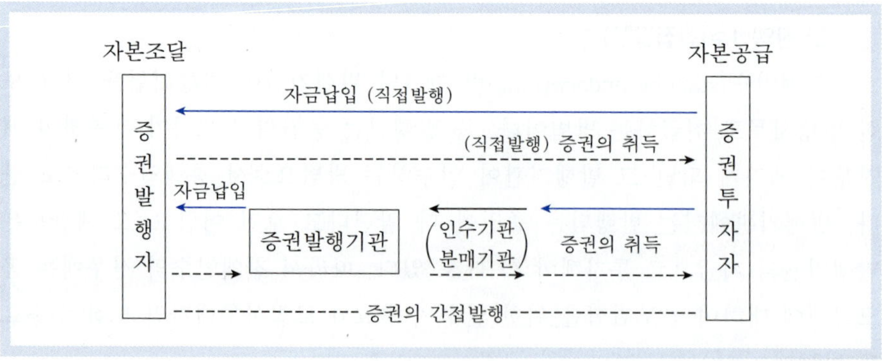

(1) 증권발행자

증권발행자는 주식이나 사채를 발행하는 사적회사가 있다. 그리고 국가에서는 국채를, 지방공공기관에서는 지방채를 발행하며 특수법인(특수은행 등)에서는 특수채를 발행한다. 예컨대 한국산업은행에서는 산업부흥채권을 발행하였다.

(2) 발행기관

증권의 발행기관은 증권발행자와 증권투자자 사이에서 증권발행에 따르는 사무와 위험을 담당하는 기관으로 구분할 수 있다. 증권의 인수경로를 보면 먼저 증권인수단(syndicate)을 조직하고 다시 원인수업자(underwriter)와 하인수업자(sub-underwriter)로 구분된다. 이 때 원인수업자는 증권발행자로부터 증권을 받아서 도매기능을 하고 하인수업자는 소매기능을 하게 된다.

우리나라의 증권거래법 제2조 제5항에 따르면 인수인(인수기관)을 다음과 같이 규정하였다.

① 유가증권을 발행함에 있어서 이를 매출할 목적으로 당해 유가증권의 발행인으로부터 그 전부 또는 일부를 취득하는 자

② 당해 유가증권을 취득하는 자가 없을 때에 그 잔액을 취득하여 계산을 하는 자

③ 발행인을 위하여 당해 유가증권의 모집 또는 매출을 주선하거나 기타 직접 또는 간접으로 유가증권의 모집 또는 매출을 분담하는 자로서 유가 증권의 판매인에게 보통 지급되는 수수료를 초과하는 액의 대가를 얻는 자를 말한다.

(3) 투 자 자

투자자는 증권대금을 지급하고 증권을 취득하면 그 대금이 증권발행자에게 유입된다. 증권투자자는 취득한 증권을 필요에 따라 매각하여 현금화할 수 있다. 증권투자자는 개인투자자(individual investor)와 기관투자자(institutional investor)로 구분할 수도 있다.

증권투자의 목적에 따라서 지배적 투자자, 투자적 투자자 및 투기적 투자자로 구분할 수 있다. i) 지배적 투자자는 증권에 투자하여 수익을 얻는 동시에 주식에 투자하여 의결권 또는 지배권을 행사하여 발행회사의 경영에 참가하고 지배할 목적으로 투자한다. ii) 투자적 투자자는 증권에 투자하여 배당

금이나 이자소득(income gain)을 얻어서 재산을 증식시킬 목적으로 투자한다. iii) 투기적 투자자는 증권의 시장가격의 변동에 따른 매매차익(capital gain)을 노리고 투기적 목적으로 투자한다.

4. 유통시장의 성격

증권의 유통시장(circulate market for securities)이란 이미 발행된 증권이 한 투자자로부터 다른 투자자에게 전매되어 유통거래되는 시장이다. 유통시장이 최초에 증권투자자로부터 다음 투자자에게 계속적으로 증권이 매매되는 시장이어서 제 2차적 시장(secondary market)이라고도 부른다. 환언하면 최초에 증권에 투자한 사람이나 기관이 그 증권을 유통시장에서 매각하여 자금을 회수한다.

유통시장에서는 "자본의 증권화"를 통하여 산업자본을 동원하는 기능을 한다. 그리고 유통시장에서는 "증권의 자본화"를 통하여 증권의 시장성 또는 환금을 보장해 주는 기능을 한다. 증권은 원래 자유로운 유통을 그 본질로 하고 있기 때문에 증권발행은 유통시장의 존재를 전제로 하고 있다. 유통시장에는 거래대상 물건이 되는 발행증권이 많아야 하고 또한 이에 투자할 투자자들이 많이 있어야 한다.

5. 유통시장의 구성

증권의 유통시장에는 조직적인 증권거래소시장과 비조직적인 장외시장, 즉 점두시장이 있다. 그리고 여러 증권투자자들의 증권매매를 중개하여 주는 증권업자인 증권회사가 있다. 이 관계를 그림으로 보면 〈그림 13-2〉와 같다.

〈그림 13-2〉에서 보는 바와 같이 발행시장에서는 증권투자자의 자금이 증권발행자(기업 또는 공공단체)에게 유입되어 산업자본이 조달된다. 최초의 증권매입투자자는 증권회사를 통하여 증권을 매각한다. 새로운 증권투자자는 다시 증권회사를 통하여 증권을 매매한다. 증권회사는 여러 증권투자자들의 매매주문을 받고 한국거래소를 통하여 증권의 매매중개를 한다.

한국거래소에 상장된 회사의 증권은 한국거래소를 통하여 거래되는 것이 보통이나 장외에서 거래되기도 한다. 비상장회사의 증권은 한국거래소를 거치지 않고 개별적으로 장외에서 매매거래된다.

〈그림 13-2〉 증권의 발행시장과 유통시장

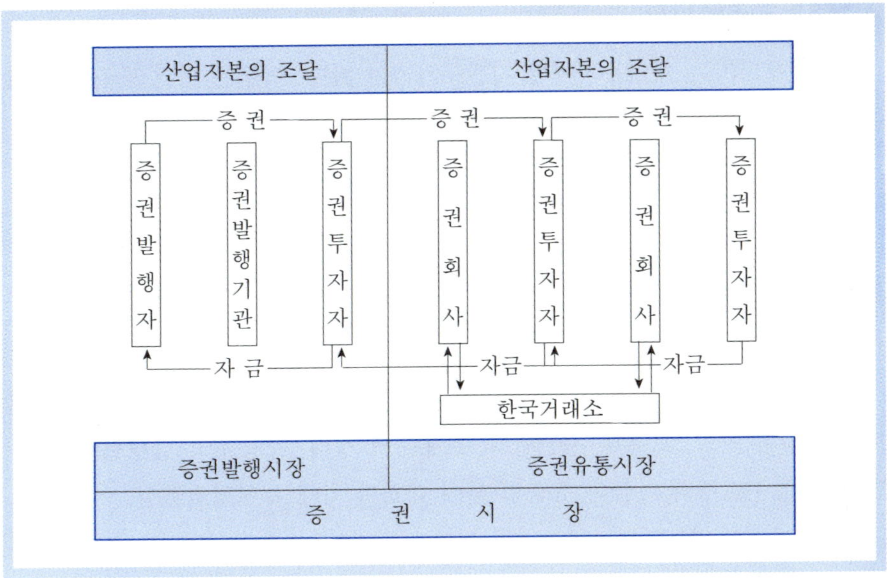

(1) 한국거래소

한국거래소(Korea Exchange)는 우리나라 상장회사의 증권거래를 행하는 조직적 시장시설을 의미한다.

한국거래소는 증권의 매입자와 매각자를 일정한 시간에 증권의 매매거래를 성립시켜 주는 장소와 시설로서 조직적 시장이다. 한국거래소에서는 매일 일정한 시간에 증권의 매매를 체결하여 주는 계속적 시장이다. 한국거래소에서는 상장회사의 증권을 매매거래대상으로 한다. 그리고 한국거래소에서는 거래원(증권회사)이 매매거래행위자가 된다.

(2) 증권회사

증권회사는 증권의 수요자와 공급자를 연결하여 한국거래소를 통하여 거래를 성립시켜 준다. 각 증권회사의 대리인(거래원)이 한국거래소에 나가서 각 社의 증권매매고객의 주문을 체결시켜 준다. 우리나라에는 55개[3] 증권회사가 있으며 이들은 전국 주요 도시에 지점을 설치하여 운영하고 있다.

3) 2005년 6월 말 현재, 외국회사 지점 15개 포함.

(3) 증권투자자

증권투자자는 개인투자자와 기관투자자가 있다. 이들은 여러 증권을 매매하여 투자수익을 올린다.

제 3 절 보 통 주

보통주는 주식회사가 발행하는 창설자본으로서 자기자본이 된다. 다음에서 보통주의 의의, 보통주주의 권리, 보통주의 형태, 보통주의 발행절차, 신주발행, 보통주발행과 자금의 유출입 들에 대하여 차례로 설명하겠다.

1. 보통주의 의의

보통주(common stock)는 보통주식의 약칭이며 이것은 주식회사에 출자한 증표로서 주권을 발행한 것이다. 보통주는 주식회사를 설립할 때에 발행하고 또 자기자본이 더 필요할 때에 추가적으로 새로운 보통주를 발행할 수 있다. 보통주의 소유자는 주식회사의 주인이 되어 주주라고 한다.

보통주주는 기업이익의 배당을 받고 기업의 해산시에는 잔여자산의 배분을 받을 수 있다. 그리고 보통주주는 우선주나 사채소유자에게 없는 경영지배권을 행사할 수 있다. 즉 기업경영에 직 · 간접적으로 참여할 수 있는 경영지배권이 있다.

보통주는 기업에서 가장 장기간 이용할 수 있는 안전한 장기자본이다. 사채와 같이 원금의 상환기일이 없으며 그 보통주 발행회사가 존속하는 동안 영구적으로 이용할 수 있다. 사채의 이자는 그 발행회사의 경영이익의 유무에도 불구하고 약정한 대로 지급해야 한다. 우선주의 배당금도 경영이익이 발생되면 보통주보다 먼저 지급해야 한다.

보통주에 대한 배당금은 경영성과의 양부에 따라 상이하다. 그리고 경영이익이 많아도 이것을 전부 배당하지 않고 전부 또는 그 일부를 사내유보하여 재투자할 수도 있다. 보통주의 발행회사의 이익이 많이 발생되면 주주의 이익배당이나 사내유보금(이익잉여금)이 증대되어 그 주가가 오르게 된다. 이와 반대로 그 회사의 이익이 적든지 손실을 보게 되면 보통주의 가격이 떨어지고 보통주주의 투자손실을 보게 될 위험도 있다.

2. 보통주주의 권리

보통주를 보유하고 있는 사람이 보통주주이다. 보통주주는 주식회사의 이익배당, 잔여자산에 대한 권리와 기업경영에 대한 지배권이 있다. 이 권리를 구체적으로 보면 다음과 같다.

① 주권에 비례한 회사재산에 대한 소유권

② 주식의 이전권

③ 이익배당의 청구권

④ 신주인수권

⑤ 주주총회에서의 의결권

⑥ 회사 해산시의 잔여재산의 분배청구권

⑦ 회사장부의 열람권

⑧ 회사 또는 경영자의 월권행위의 방지권[4)]

3. 주식회사설립

합명회사나 합자회사인 인적 공동기업은 설립 시에 사원과 출자액이 확성되므로 정관을 작성하여 등기하면 회사설립이 된다. 그러나 주식회사는 다수인이 출자하게 되는 자본적 공동기업이므로 다른 회사설립보다 복잡하다. 주식회사의 설립은 주식의 인수방법과 모집방법에 따라서 발기설립과 모집설립으로 구분된다.

발기설립은 주식회사의 발기인이 회사설립 당시에 발행되는 주식의 총수를 인수한다. 상법상 주식회사는 7인 이상의 주주만 있으면 되므로 7인이 발행주식을 전부 인수하여 주식대금을 납입하고 주식회사를 설립할 수도 있는데 이 방법을 발기설립이라 한다.

---

4) Iqbal Mathur, *Introduction to Financial Management*, Macmillan Publishing Co., Inc., 1979, pp. 383～386.

모집설립은 주식회사를 설립할 때에 발행되는 주식의 일부는 발기인이 인수하고 나머지 주식을 주주를 모집하여 그들이 인수하는 방법이다. 모집설립은 여러 주주를 모집하여 주식을 인수하게 되므로 발기설립보다 더 복잡하다.

어떤 형태로 주식회사를 설립하든지 먼저 발기인이 정관을 작성하여 7인 전원이 기명날인하고 공증인인(公證認人)의 공증을 받아야 그 정관의 효력이 나타난다. 이 정관에는 주식회사가 발행한 주식의 총수, 회사설립 당시에 발행하는 주식총수 및 1주당의 액면금액(5,000원 이상) 등이 규정되어야 한다.

우리나라 상법에서는 주식회사를 설립 시에 수권자본제도(authorized capital stock system)를 채택하도록 하였다. 이 제도는 주식회사 설립당시에 발행예정주식 총수를 정관에 규정해 놓고 그의 4분의 1이상에 상당하는 주식을 회사설립 시에 발행해야 한다. 그리고 발행예정주식 중 잔여부분은 주식회사의 이사회의 결의에 의하여 필요할 때에 추가적으로 발행한다. 수권자본제도에서는 이사회의 수권된 범위 내에서 주식회사의 이사회 의결로 신속하게 증자할 수 있도록 하였다.

발기설립 시에는 주식발행 총수에 상당하는 인수금액을 발기인이 납입하고 주식을 인수한다. 발기인 중에서 현물출자를 할 때에는 납입기간에 현물을 인도하고 등기, 등록 또는 권리의 설정을 한다. 이전이 필요한 것은 이에 관계되는 서류를 제출해야 한다. 그리고 주식금액이 납입되면 주식인수인의 의결권의 과반수로 이사와 감사를 선임한다. 그리고 회사설립의 결과를 조사하기 위하여 검사인의 선임을 법원에 청구한다. 법원에서 선임한 검사인은 주식회사 설립에 대한 사항과 법원에 청구한다. 법원에서 선임한 검사인은 주식회사 설립에 대한 사항과 자금납입, 현물출자에 관한 사항을 조사하여 법원에 보고한다. 그러면 보고일부터 2주일 이내에 이사의 공동신청으로 등기를 하면 회사가 설립된다.

모집설립은 주식회사의 발기인이 발행주식의 일부를 인수하고 나머지는 주주를 모집하여 인수하게 한다. 주주모집은 私募일 수도 있고 公募일 수도 있다. 주식인수를 원하는 사람은 주식청약 시에 증거금은 내야 한다. 모집주식수보다 청약주식수가 더 많으면 주식을 배정하고 주금을 납입하여 출자하게 한다. 모집설립 시에는 창립총회 결의에 의하여 이사와 감사를 선임하고 2주일 이내에 설립등기를 하여 회사를 설립한다.

4. 증자 시의 신주발행

증자 시에 신주를 발행하고 현금이 주식회사에 유입되는 것이 보통이다. 그러나 아래와 같이 특수한 경우에도 신주를 발행한다. i) 전환사채나 전환우선주와 같은 전환증권이 보통주로 전화되면 신보통주를 발행한다. ii) 자본잉여금을 납입자본금으로 전입하여 무상주를 발행하기도 한다. iii) 주식합병이나 흡수합병에 의하여 신주를 발행할 수도 있다. iv) 주식배당을 할 때에도 신주를 발행한다.

5. 신주발행절차

수권자본제도에 의하여 발행예정주식총수 중에서 미발행주식은 이사회의 결의로 추가적으로 발행할 수 있다. 발행예정주식 총수를 다 발행하였을 경우에는 정관을 변경하여 발행예정주식 총수를 증가시킬 수 있다. 신주발행은 이사회의 의결사항이다. 그러나 특별히 주주총회의 의결과 정관의 변경에 따라서 신주를 발행하게 할 수도 있다.

이사회에서 신주발행을 결정할 때에는 i) 신주의 종류와 수, ii) 신주의 발행절차와 납입기일, iii) 신주의 인수방법, iv) 현물출자에 관한 사항 등을 결의해야 한다. 신주의 발행은 그 발행가액에 따라서 액면발행(issue at par), 할증발행 혹은 프리미엄부발행(issue at promium) 및 할인발행(issue at discount)의 세 가지 방법이 있다.[5)]

신주는 액면가액으로 발행되는 경우가 보통이다. 그러나 그 주식회사의 수익성이 매우 양호하여 기업의 시장평가액이나 주가가 액면가액보다 높을 때 그 액면가액을 초과하는 가격으로 신주를 발행할 수 있는데 이것을 할증발행이라 한다. 할증발행은 이사회의 의결사항이다. 이와 반대로 주식회사의 수익성이 나쁘고 그 기업의 시장평가액이나 주가가 액면가액보다 낮을 때에는 액면가액 이하로 신주를 발행할 수 있는데 이것을 할인발행이라고 한다. 할인발행을 하려면 주주총회의 특별결의에 의하여 최저발행가액이 결정되고 법원의 인가를 받아야 한다.

기존보통주주 어떤 형태의 신주발행에 대하여 신주를 받을 수 있는 신주

5) 박정식, 「현대재무관리」, 다산출판사, 1998, p. 495.

인수권(pre-emptive right)이 있다. 즉 기존주주는 자기의 소유주식수에 비례하여 증자시에 발행되는 신주를 인수할 권리가 있다. 신주인수분에 상당하는 주금을 납입하면 신주를 받게 된다.

유상증자와 무상증자의 방법으로 신주를 발행할 수도 있다. 유상증자란 신주발행대금을 받고 신주를 증자하는 것이다. 유상증자는 회사에 추가적 자본이 유입되므로 자본규모가 커진다. 우리나라에서는 유상증자는 일반적으로 액면가액으로 하게 된다. 따라서 주식의 시장가액이 그 액면가액보다 적으면 유상증자를 하기 곤란하다. 왜냐하면 주식의 시장가격이 그 액면가액보다 싸면 신주를 인수함으로써 실제로 손실을 보게 되기 때문이다.

무상증자는 신주발행을 하여도 주식대금이 회사에 들어오지 않으므로 새로운 자금이 유입되지 않는다. 무상증자는 자본잉여금이나 이익잉여금으로 있는 것을 자본전입하여 신주를 발행하고 발행주식수를 증가시킨다. 무상증자시에는 기존주주는 반드시 무상주를 받아서 유리하다. 무상증자를 하면 새로운 자금이 회사에 유입되지 않고 발행주식수만 증가된다. 그러므로 무상증자 후에 기업이익이 그 증자분에 비례하여 증대되지 않으면 무상증자 후의 주당이익금이 감소된다.

6. 신주인수권의 가치

구주주는 유상 또는 무상증자 시에 신주를 인수할 권리가 있다. 다음에서 유상증자 시에 신주를 액면가액으로 발행하는데 이 주식의 시장가격이 그 액면가액을 초과하는 경우의 신주인수권의 가치를 계산해 보겠다. 이때에는 신주발행의 액면가액과 시장가격의 차이를 알아야 하며 또 구주식에 대한 신주발행비율을 알아야 한다. 신주인수권의 가치는 다음과 같은 공식으로 산출된다.

$$R=\frac{Me-S}{N} \tag{13-1}$$

Me: 구주 1주의 시장가격(market value of stock, ex-right)
S: 신주 1주의 인수가액(액면가액)(subscription price)
N: 신주 1주를 인수하기 위한 구주식수(number of right required to purchase one share)
R: 신주인수권가액(value of one right)

예컨대 구주 1주당 시장가격이 12,000원이며 신주 1주 인수가액이 5,000원이면 신주 1주를 인수하는 데 필요한 구주식수가 2주라고 하겠다. 이 경우의 신주인수권의 가치는 3,500원이 된다.

$$\frac{(Me)12,000\text{원}-(S)5,000\text{원}}{(N)^2}=(R)3,500\text{원}$$

그러나 신주인수권을 행사하여 권리락(ex-right)이 된 그 주식의 시장가격은 이론적으로 떨어진다. 권리락 후에 1주당 시장가격은 아래와 같은 공식으로 산출된다.

$$P_X=\frac{(Me\times N)+S}{N+1} \qquad (13\text{-}2)$$

P_X: 권리락 후 1주당 시장가격

위의 예에 따른 권리락 후의 1주당 시장가격은 9,667원이 된다.

$$\frac{(12,000\text{원}\times 2)+5,000\text{원}}{2+1}=9,667\text{원}$$

권리락 후의 이론적 1주당 시장가격은 9,667원이며, 3주이므로 그 합계는 29,000원[(12,000원×2)+5,000원]과 동일하게 된다. 그러나 실제로 권리락 후의 보통주 1주당 시장가격은 그 회사의 앞으로의 이익 예상액, 이 주식의 수요 및 공급 상황 및 기타 요인으로 말미암아 수시로 변동된다.

7. 보통주의 이익률

보통주에 대한 이익이 어느 정도이며 그 이익 중에서 어느 정도를 배당하고 어느 정도를 사내유보하였나 계산해 볼 필요가 있다. 그리고 주가수익률이나 주가수익배수(주가수익비율)도 계산할 수 있다.

보통주를 발행하면 사채와 같이 현금지출을 하여야 할 의무는 없지만 주주에게 이익의 일부를 배당금으로 현금지불을 함으로써 현금이 유출된다. 그리고 또 이익의 일부가 사내유보되는 경우에는 당기이익금의 일부가 이익잉여금으로 전기된다. 보통주주에게 배당금을 지불할 때에는 영업수익 중에서 법인세를 납부하고 남은 순수익금으로부터 현금이 지출된다. 보통주주에게 지불되는 배당금은 이자나 기타 비용과는 성격이 다르므로 법인세의 면제를 받지 못하는 것이 특징이다. 보통주에 투자할 경우에는 1주에 대하여 배당금을 지불하는 금액의 크기를 고려하여야 하는데 이것은 주당배당금(dividend per share)으로 표시된다. 주당배당금은 배당금을 보통주식수로 나누어서 산출한다. 보통주를 가지고 있는 보통주주는 기업의 잔여자금을 비례하여 소유할 권리가 있으며 사내유보를 많이 할수록 보통주의 가격은 상승한다. 기업이익의 일부를 사내유보하면 그 금액만큼의 자금이 당기순이익으로부터 잉여금계정으로 옮겨진다. 차입금이나 사채의 이자를 지불하고 우선주의 배당을 하고 남은 기업이익은 전부가 보통주주의 몫이 된다. 즉 영업이익 중에서 이자와 우선주에 대한 배당금을 지불하고 남은 부분을 보통주의 수로 나누면 주당순이익(earning per share)이 산출된다. 위에서 검토한 회사의 주당배당금과 주당순이익을 아래에서 분석하겠는데 후자는 전자보다 일반적으로 큰 것이다.

(단위: 100만원)

이자와 법인세 지불 전의 수익	1,491
(−)사채이자	(100)
법인세 지불 전의 이익	1,391
(−)법인세(40%)	(556.4)
보통주에 대한 순수익(보통주수 3,000,000주)	834.6
배당금	(600)
사내유보금	234.6
주당순이익	278.2원
주당배당금	200원

위 표를 보면 이 회사의 이자와 법인세를 지불하기 전의 수익 1.491백만원 중에서 사채이자와 법인세를 빼고 남은 834.6백만원이 보통주에게 돌아갈 순수익으로 되어 있다. 834.6백만원의 순수익 중에서 600백만원을 주주에게 배당하였으니까 234.6백만원(834.6백만원−600백만원)은 사내유보를 한 셈이다. 주주에게 돌아갈 순수익은 법인세를 지불한 후에 산출된 금액이며 배당금은 순수익의 일부분임을 알 수 있다.

주당순이익과 주당배당금은 법인세를 지불하기 전의 기업수익으로 계산하는 방법도 있으나 법인세를 지불한 후의 기업순수익을 이용하여 산출하는 것이 더욱 의의가 있다.

$$주당순이익=\frac{보통주에\ 대한\ 순수익}{보통주수}=\frac{834.6백만원}{300만\ 주}=278.2원$$

$$주당배당금=\frac{배당금}{보통주수}=\frac{600백만원}{300만\ 주}=200원$$

주당순이익이 주당배당금보다 더 큰 이유는 배당을 하기 전의 수익금 일부를 사내유보하였기 때문이다. 이 회사의 사내유보금은 다음과 같은 방법으로 산출할 수 있다.

사내유보금＝보통주에 대한 순이익금－배당금
234.6백만원＝834.6백만원－600백만원
사내유보금＝(주당순이익－주당배당금)×보통주주
234.6백만원＝(278.2원－200원)×300만 주

위에서 주당순이익 · 주당배당금 및 사내유보금을 계산하는 방법을 설명하였는데 아래에서 배당지급률 · 배당수익률 · 가격수익률 및 수익률에 대하여 설명하겠다. 배당지급률(pay-out ratio)이란 주당순이익 중에서 몇 %나 배당금으로 지불하였나 하는 것을 알기 위한 비율인데 이 회사의 예를 보면 다음과 같다.

$$배당지급률=\frac{주당배당금}{주당순이익}=\frac{200원\times 100}{278.2원}=72\%$$

배당수익률(dividend yield ratio)은 주식의 시장가격과 배당금을 비교하여 보는 비율이다. 어느 때의 시장가격을 배당금과 비교하느냐에 따라 이 비율이 변동될 것이다. 일반적으로 평균시장가격을 중심으로 비교한다. 同회사의 보통주의 평균시장가격이 1주에 11,000원이었는데 이것은 다음과 같이 계산된다.

$$배당수익률=\frac{이익배당금}{평균시장가격}=\frac{200원\times 100}{11,000원}=1.82\%$$

주가수익률(price yield)이란 주식의 시장가격의 몇 %에 상당하는 주당수익이 있었나 하는 것을 알기 위하여 계산한 것이다.

$$주가수익률=\frac{주당순이익}{시장가격}=\frac{278.2원\times100}{11,000원}=2.53\%$$

또한, 주가이익비율(price/earnings ratio:PER)을 계산하는데 이것은 주가수익률의 역수이다.

$$PER=\frac{주당시장가격(11,000원)}{주당순이익(278.2원)}=39.5$$

주가이익비율이 39.5라는 것은 앞으로 이 보통주의 시장가격에 상당하는 11,000원의 수익을 올리려면 1년 내에 278.2원 씩 39.5년간 걸려야 한다는 것이다. 이 주가이익비율은 적을수록 수익성이 크고 주가가 저평가되었다고 할 수 있다. 따라서 주식투자시에 다른 요인이 동일하다면 주가이익비율이 적으면 그 주식에 이용하고 비교적 싸다는 뜻이 된다.[6)]

8. 보통주의 종류

(1) 보 통 주

주식회사에서 발행하는 보통주는 동등한 권리가 있는 보통주를 발행하는 것이 통례이다. 그리고 보통주를 추가적으로 발행할 경우 그 신주가격이 그 주식의 시장가격보다 낮으면 구주주에게 우선배정을 해야 한다. 공개법인이 유상증자할 때에는 그 증자분의 15%에 상당하는 신주는 그 회사의 종업원에게 액면가격으로 우선 배정하도록 되어 있다. 그리고 구주주는 신주발행의 85%에 상당하는 신주에 대한 주식소유에 비례하여 배정을 받는다.

대부분의 회사에서는 한 가지 종류의 보통주를 발행하고 있지만 어떤 회사에서는 두 가지 종류의 보통주를 발행하기도 한다. 즉 A급의 보통주는 의결권이 있고 B급의 보통주는 의결권이 없으나 기타의 권리와 의무는 A급과 B급의 보통주가 동일한 주식을 발행할 수 있다.

그리고 또 A급의 보통주는 누적적·참가우선주와 같은 성격의 주식으로서 발행할 수도 있다. 즉 A급의 보통주는 누적적으로 일정액의 배당금을

6) O. Maurice Joy, *Introduction to Financial Management*, Richard D. Irwin, Inc., 1980, pp. 32~33.

B급의 보통주주가 배당받기 전에 받을 수 있는 주식을 발행할 수 있는데 이 경우에는 A급 보통주의 위험성이 약간 감소된다고 볼 수 있다. A급의 보통주주는 B급의 보통주와 동액의 이익배당을 받는 것이나 그 회사의 자금사정이 좋지 못할 때에는 A급의 보통주주에게만 먼저 배당금을 지불할 수 있다는 것이다.

두 가지 종류의 보통주를 발행하는 다른 방법을 예시하여 보자. 어떤 회사에서는 A급 및 B급의 보통주가 1대 1의 의결권을 가지고 있고 또한 기타의 모든 권리와 의무가 동일하지만 배당형태에 차이가 있다. 즉 A급 보통주주에게는 주식으로만 배당하고 또 B급 보통주주에게는 현금으로만 배당한다는 약정 하에 두 가지 종류의 보통주를 발행할 수 있다. 물론 협약에 의하여 A급 보통주와 B급 보통주를 상호 교환할 수 있는 규정을 마련할 수도 있다.

(2) 후배주

후배주(deferred stock)란 보통주의 특수한 주식인데 이것은 보통주에 대하여 일정률의 이익배당을 하고 난 다음에 그 잔여이익을 배당받는 것이다. 예컨데 보통주주에게 15%의 배당금을 지불하고 그 잔여이익에 대하여 이익배당금을 받을 수 있는 것이 후배주이다.

가령 어떤 지방에 철도시설을 하는데 소요되는 자본을 공급하기 위하여 그 철도지방에 거주하는 사람들이나 그 부근에 위치하고 있는 기업체는 후배주를 구매하는 경우가 있다. 즉 그 부근의 주민이나 기업체는 배당금을 바라고 투자하는 것보다는 철도가 왕래함에 따르는 부수적인 이익을 고려하여 후배주를 구매한다.

후배주는 기업의 자기자본이고 기업이익이 있어야만 배당금을 지급한다. 그리고 보통주에게 미리 약정된 이익배당을 하고 남는 이익이 있어야 후배주는 비로소 이익배당을 받을 수 있다. 후배주는 일종의 보통주에 속하는 특수한 주식이며 우리나라에서는 발행되지 않고 있다.

9. 보통주의 요약

보통주는 기업이 존속하는 한 기업에서 이용할 수 있는 장기자본으로서 자기자본에 속한다. 보통주를 소유하고 있는 보통주주에게 이자를 지불하는 것이 아니며 또한 원금을 상환할 의무도 없다. 그러나 주주는 이익배당을 받을 권리가 있다. 이익 중의 일부를 사내유보할 수도 있는데 사내유보금이 증대되면 보통주의 시장가격이 상승하는 것이 보통이다. 보통주주는 의결권이 있으며 또한 기업의 잔여자산의 소유권을 가진다. 보통주를 발행한 기업은 법인세를 납부할 때에 불리하지만 지불능력에 대한 위험성은 비교적 적다. 보통주에 투자하려면 여러 가지 문제를 고려하여야겠지만 그 중에서도 주당이익금·주당배당금 및 수익률의 문제를 잘 검토할 필요가 있다. 보통주는 기업의 장기안전자본이고 보통주주는 기업의 지배권이 있다.

제 4 절 우 선 주

증권시장에서 증권을 발행하여 장기자본을 조달하는 방법으로 보통주 이외에 우선주와 사채가 있다. 본절에서 우선주의 의의, 우선주발행과 자금의 유출, 우선주의 종류를 먼저 설명하겠다.

1. 우선주의 의의

우선주(preferred stock)는 보통주보다 배당금을 우선적으로 받고 또 기업이 파산되었을 경우에 채권자에게 채무를 지불하고 남은 기업의 잔여자산에 대하여 보통주보다 우선적인 청구권을 가지는 주식이다. 그리고 우선주에 대한 배당률은 우선주 발행 당시에 미리 결정되어 기업이익의 크기에 관계없이 이익이 발생된 범위 내에서 우선주배당금을 지급해야 한다.

그리고 우선주를 소유하고 있는 사람은 주주가 되며 그는 사채소유자인 채권자와는 그 성격이 다르다. 채권에 대하여는 미리 결정된 이자를 지불하고 원금을 일정기간 내에 상환하여야 하지만 우선주에 대하여는 미리 결정된 배당금을 지불하고 원금의 상환에 대하여는 특별한 규정이 없는 한 그 상환기일이 없는 것이 특징이다.

특수한 우선주로서 상환우선주(callable preferred stock)가 있는데 이것은 일정한 기간에 미리 결정된 금액으로 우선주를 상환할 수 있는 우선주이다. 그러나 발행기업의 재무상태가 여의치 못하여 상환하지 않아도 법적인 제약을 받지 않는다.

일반적으로 우선주는 보통주의 경우와 같이 기업이 존속하는 한 그 발행기업이 자금을 이용할 수 있는 장기자본이라 할 수 있다. 그리고 우선주에 대한 배당금은 기업이익이 있을 때에만 지불하고 이익이 없을 경우에는 이것을 누적시켜 두었다가 이익이 발생하였을 때에 전기에 밀린 배당금과 함께 지불하는 것이 보통이다. 이것을 누적적 우선주(cumulative preferred stock)[7]라고 하는데 이것이 가장 보편적인 우선주의 형태이다.

우리나라에서 우선주를 발행한 한국베어링공업주식회사의 예를 들어 보겠다. 동사에서는 1973년 6월에 기명식의결권 있는 참가적 · 누적적 · 한국우선주를 발행하였다. 앞으로 2년간 15%의 배당을 지불하고 그 이후는 보통주주와 같은 비율의 배당을 받게 되는 보통주로 전환할 수 있다. 동사는 액면가액은 1주당 500원이고 600,000주를 발행하였으므로 총우선주발행액은 3억원이었다. 1973년에 유니온세로판 · 삼환기업 및 한국잉크페인트주식회사에서도 유사한 우선주를 발행하였다.

미국의 콤몬 웰스 에디슨(Common Wealth Edison)회사에서는 1956년 10월 16일에 누적적 우선주를 발행하였는데 그 내용을 보면 아래와 같다. 누적적 우선주의 액면가치는 100달러이고 1년의 배당률은 4.64%인데 이것은 매개 3월[8]에 분할하여 1년에 4회 배당금을 지불하도록 계약되었다.

우선주주는 채권자가 아니므로 기업이익이 없을 경우에는 배당금을 강요할 수 없다. 가령 위의 회사에서 우선주의 배당률이 연 4.64%인데 1963년에 2%에 상당하는 이익밖에 없고 그 다음 해인 1964년에는 8%에 상당하는 이익이 발생하였다고 가정하여 보자. 그러면 1963년에는 2%의 배당금만 받고 1964년에는 그 해의 배당률 4.64%와 1963년에 누적된 2.64%를 합한 7.28%

7) 한국베어링공업주식회사의 누적적 우선주 1주당 액면이 500원이고 연간배당률이 15%이므로 75원의 배당이 보증된다. 그러나 1년간의 우선주 1주에 돌아오는 배당금이 10%인 50원밖에 안 되며 그 나머지 5%인 25원은 다음 해의 이익이 있을 때 누적시켜 두었다가 받는다. 즉 다음 해에는 전년도의 누적배당금 25원과 그 해의 배당금 75원을 합계한 100원의 배당금을 1주당 받게 된다. 그리고 이 회사가 발행한 우선주는 참가적이므로 보통주배당률이 우선주배당률보다 높을 경우에는 보통주주가 받는 것과 같은 수준의 우선주주도 받게 된다.

8) 매 3개월에 지불되는 배당률은 1.16%(4.64÷4)이므로 매 3개월에 지불되는 배당금은 1.16달러(100달러×1.16%)이다. 그리고 1년의 1주의 배당금은 4.64달러(100달러×4.64%)이다.

에 상당하는 배당금을 받을 수 있다는 것이다. 우선주는 보통주와 같이 자기자본에 속하므로 원금을 상환하지 않는 것이 보통이며 배당금을 지불하지 못하는 경우가 있어도 비교적 장기간 경영을 계속할 수 있다. 우선주는 사실상 보통주와 사채의 중간적 성격을 띠고 있지만 회계상 자기자본에 산입되는 것이다.

정상적인 이익을 매년 올리고 성장하여 가는 기업에서는 보통주나 우선주에 대한 배당금을 규칙적으로 지불하려고 한다. 그 이유는 회사의 소유주에 대한 책임감과 장래의 기업 확장이나 사업계획을 준비하는 의미에서 자본상태를 견고하게 하기 위한 것이다. 대개 경우에 보통주주에게 상당한 배당금을 지불하는 데 충분치 못하더라도 우선주에 대한 규칙적인 배당은 중단하지 않으려고 노력한다. 왜냐하면 우선주배당의 지체나 중단은 우선주와 보통주의 위신과 가격을 떨어뜨리는 결과가 되기 때문이다. 재무적인 관점에서 우선주의 이점은 사채에서와 마찬가지로 대개 일정률의 이익배당만 해도 된다는 점이다. 그리고 일반적으로 우선주의 이익배당률은 사채의 이자율보다 높으며 우선주를 통해 조달된 자금에 대한 이익이 과세대상에서 제외되지 않는다는 점이다.[9)]

2. 우선주와 관계된 자금의 유출

재무계획을 함에 있어서 재무관리자는 우선주배당금과 또한 감채기금이 있을 때에는 이것까지도 매기의 고정비용으로 고려하여야 할 것이다. 따라서 보통주와 우선주에 대한 배당금지불을 준비하기 위하여 재무관리자는 미리 자금소요액을 계산해야 한다. 한국의 모 주식회사의 예를 들어서 생각해 보기로 하자. 이 회사는 법인이익금 중에서 6억원의 15%인 9,000만원 우선주배당금을 지불하여야 한다. 이 9,000만원은 법인세 납부 후에 순익 중에서 배당에 필요한 금액이므로 이 금액이 납세 전에 얼마나 되는가를 계획할 필요가 있다. 이제 법인세율이 27%로 적용된다고 가정하면 그 계산방법은 다음과 같다.

우선주배당금	9,000만원
납세액 27%	3,330만원[10)]
필요한 납세 전 소득	12,330만원[11)]

9) 古川策一, 「재무관리」, 1963, pp. 149~155.

10) 3,330만원=12,330만원×27%

11) 12,330만원=9,000만원÷(1−0.27)

특히 투자자의 입장에서 우선주에 대한 배당을 계속해서 받을 수 있겠는지를 검토하는 분석의 척도는 사채의 경우와 동일하다. 우선주에서만 재무적 부담을 계산하기 위하여 우선주와 동일하거나 더 우선하는 모든 재무적 책임을 포함시켜 고려하여야 하는 것이다. 그래서 우선주에 대한 배당의 안정성을 검토 분석하려면 부담액의 수익배수율(ratio of times burden covered)이라는 측정 척도를 사용한다. 이 비율은 분자에 법인세와 감가상각을 제하기 전의 이익을 놓고 분모에는 우선주를 비롯하여 그보다 더 먼저 지불을 요하는 당기의 재무부담이 될 아래와 같은 항목들을 포함시켜 계산하여야 한다.

① 총사채이자

② 총감채기금액과 그에 대한 세금액

③ 총우선주배당액과 그에 대한 세금액

④ 우선주에 대한 감채기금과 그에 대한 세금액

우선주에 대한 감채기금은 상환우선주의 경우에 우선주상환대금을 적립하는 것이다.

이 회사의 1995년도 재무계수가 다음의 표와 같다고 가정하는 부담수익배수는 〈표 13-1〉과 같이 산출된다.

〈표 13-1〉 재무계수 (단위: 만원)

	납세 전 금액	법인세액	법인세납무후 금액
이자 및 법인세 납부 전 수익	45,000		
감가상각비	+8,220		
영업상의 자금수입	53,220		
총부채이자	17,000		
우선주배당금	+12,330	3,300	9,000
총부담액	29,330		

(단위: 만원)

이자와 법인세 공제 전 이익	45,000
(−) 총부채이자	(17,000)
법인세 공재 전 이익	28,000
(−) 법인세액(27%)	(7,560)
법인세 공제 후 순이익	20,440
(−) 우선주배당	(9,000)

보통주에 대한 순이익	11,440
주당순이익(보통주수 100,000주)	1,144

〈표 13-1〉에서 보는 바와 같이 영업상의 자금수입이 53,220만원이고 총부채이자에 우선주배당금의 합계인 총부담액이 29,330만원이므로 우선주배당을 포함한 총부담의 수익배수는 1.8배가 된다. 즉 총부담액의 1.8배에 상당하는 영업상의 자금수입이 있었다는 뜻이다.

$$\text{우선주를 포함한 총부담액의 수익배수} = \frac{53,220\text{만원}}{29,330\text{만원}} = 1.8$$

이 회사가 액면가액 5,000원짜리 보통주 100,000주를 발행하였는데 위에 계수를 가정한 보통주 1주당 수익금은 1,144원이 된다.

3. 우선주의 종류

우선주는 위에서 설명한 바와 같이 누적적 우선주가 가장 보편적인 형태이다. 그러나 우선주 발행회사에서 여러 가지 변형의 우선주를 발행할 수 있다. 우선주를 발행하는 회사와 우선주에 투자하려는 투자자의 이해관계가 서로 부합되어야 우선주를 발행할 수 있다. 주식회사에서는 위험성 · 수익성 및 지배권과 관련하여 여러 가지 종류의 우선주를 발행할 수 있다.

(1) 위험성과 관련된 우선주

1) 상환우선주

경영자와 보통주주의 위험을 경감시킬 수 있는 방법으로 상환우선주(callable or redeemable preferred stock)를 발행할 수 있다. 상환우선주란 미리 약정된 조건하에 우선주를 상환할 수 있다는 주식을 말한다. 상환우선주를 발행함에는 상환가격 · 상환기간 및 상환방법 등을 미리 결정하여야 한다. 그리고 우선주의 상환가격은 그의 액면가격[12)]보다 약간 큰 것이 보통이다.

그리고 상환우선주는 멀지 않은 장래에 이것을 상환할 계획 하에 일시적

12) 우선주에는 그의 액면가액이 화폐단위로 표시되어 있는 경우가 많은데 이와 같은 우선주를 액면우선주라 한다. 그리고 우선주를 발행하는 정책에 따라 우선주권에 액면가액이 기재되지 않은 경우도 있는데 이것을 무액면우선주(non-per preferred stock)라 한다.

으로 소요되는 자금을 충당하기 위하여 발행하는 것이므로 그 배당률은 일반적인 우선주의 배당률보다 약간 높은 것이 보통이다. 상환우선주에 투자하는 사람은 비교적 높은 배당금과 상환가격을 받을 수 있으므로 유리하고 또 한편 이것을 발행하는 회사는 장래 이익이 있을 때에 이것으로 우선주를 상환할 수 있으므로 유리하다. 상환우선주가 아니라면 우선주를 상환할 수 없고 그에 대한 배당금을 우선적으로 지불해야 한다. 그리고 또 그 배당금의 기금을 적립하여야 할 경우에는 경영자나 보통주주의 부담이 되지만 우선주를 상환하면 위험부담이 경감될 것이다.

2) 배당보증우선주

배당보증우선주(dividend guaranteed preferred stock)란 보증주라고도 하는데 이것은 일정률의 배당금을 그 발행회사가 지불하지 못할 경우도 타회사가 이것을 지불하겠다고 보증한 우선주를 말한다. 가령 A회사가 이 우선주를 발행하고 B회사가 보증하였다고 하면 A회사가 우선주의 배당금을 지불할 수 없을 경우에 B회사가 대신 그 배당금을 지불하여야 한다. 이와 같은 보증은 회사뿐만 아니라 정부, 기타 공공단체 또는 유력한 개인이 할 수도 있다. 국책회사의 보증주는 금융기관 · 증권회사 · 정부나 기타 공공단체에서 배당보증을 하는 경우가 있다.

이상에서 본 상환우선주나 배당보증우선주는 우선주 발행회사나 투자자의 위험성을 조정하기 위하여 발행하는 특수우선주이다.

(2) 수익성과 관련된 우선주

1) 이익참가우선주

이익참가우선주(participating preferred stock)는 일정한 우선주배당률 이상으로 기업이익에 참가할 수 있는 우선주인데 이것을 단순히 참가적 우선주라고도 한다. 참가적 우선주는 미리 결정된 배당률 이상의 기업이익이 발생하였을 경우에 보통주주와 동률에 상당하는 우선주배당금을 받는 것이다.

예컨대 우선주배당률이 15%인데 가령 보통주주가 30%에 상당하는 이익이 있었을 경우에 우선주주는 15%의 기정배당률과 추가적인 15%를 더 받음으로써 보통주주와 같이 30%의 이익배당을 받을 수 있다는 것이다. 기업이익에 참가할 수 없는 우선주를 비참가적 우선주라고 하는데 이것이 전형적인 우선주이다. 즉 비참가적 우선주의 경우에는 배당률이 15%로 결정되면 보통주주의 이익이 30%이거나 또는 그 이상이라도 미리 결정된 15%밖에는 배당을 받을 수 없다.

참가적 우선주는 일반적으로 발행회사의 재무 및 경영상태가 불건전하여 이익에 참가할 수 있는 특권을 우선주투자자에게 부여함으로써 투자자를 유인하려는 것이다.[13)]

우리나라에서 발행된 한국베어링 · 삼환기업 · 대한잉크페인트 · 유니온 세로판주식회사에서도 참가적 우선주를 연 15%의 배당률로 발행한 적이 있다.

2) 전환우선주

전환우선주(convertible preferred stock)란 동회사의 보통주로 전환할 수 있는 특징을 가진 우선주이다. 전환우선주는 전환사채와 유사한 성격을 지니고 있으며 일정기간에 특정한 가격으로 환산하여 보통주로 교환할 수 있다. 앞에서 제시한 4개 주식회사의 우선주도 전환우선주의 형태로 발행하였다. 즉 1973년 6월에 한국베어링은 3억원, 삼환기업은 2억원, 그리고 대한잉크페인트는 1억 5,970만원에 상당하는 전환사채를 연리 15%에 발행하였다. 이 세 회사의 1주당 우선주가액은 500원씩이고 상환일은 발행 후 2년이며 상환기일에 이 사채소유자가 임의로 그 회사의 보통주로 전환할 수 있는 사채이다. 1973년 8월에 유니온 세로판은 8억원에 상당하는 전환사채를 발행하였는데 1주당 액면가액은 1,000원이고 기타 조건은 위에 3개 회사와 동일하다.

장차 보통주를 증발하여 자금을 조달할 것을 예상하고 전환우선주를 발행할 수 있다. 미국의 어보트(Abbott)회사에서는 연 4%의 배당을 지불하는 액면 100달러의 전환우선주를 발행하였다. 그런데 이 전환우선주는 1961년 12월 31일 이후부터 우선주 1주와 보통주 1.7주의 비례로 교환하는데 그 배당금과 교환주수상의 단수는 무시하도록 되었다.[14)] 그런데 1960년에 어보트회사의 보통주가는 50~69.5달러이었으며 전환우선주가는 98.25~114.5달러이었다.

가령 1960년도의 보통주와 전환우선주의 최고가격을 이용하여 교환된다고 가정하여 보자. 그러면 우선주가 보통주로 전환됨으로써 우선주 1주당 18.15[15)]달러의 이익을 얻게 된다. 전환우선주는 재무 및 경영상태가 그리 좋

---

13) James C. Van Horne, ***Financial Management and Policy***, Prentice-Hall, Inc., 1977, pp. 576~582.

14) 예를 들어 100주의 전환우선주로 보통주를 교환하면 170주(100주×1.7)의 보통주를 받게 되고, 156주의 전환우선주를 교환하면 265.2주(156주×1.7)의 보통주를 받는다.

15) 69.5달러×1.7=118.15달러
118.15달러−100달러=18.15

지 못한 회사에서 발행하는 것이 보통인데 이 우선주에 투자하는 사람은 보통주로 전환함으로써 이익을 얻을 수 있다.

우리나라에서도 최근 우선주를 발행한 기업이 많은데 대개는 연 15~25% 배당을 하는 누적적 · 참가적 또는 전환우선주이다.

3) 누적적 우선주

누적적 우선주(cumulative preferred stock)는 우선주의 배당률이 미리 결정되지만 경영이익이 없으면 우선주의 배당도 할 수 없다. 경영이익이 없든지 적어서 우선주배당을 그 해에 다 못하면 차기년도에 이익 중에서 밀린 우선주배당과 당기의 우선주배당을 다 지급하게 되는 것이 누적적 우선주이다.

비누적적 우선주(non-cumulative preferred stock)는 경영이익이 있으면 미리 결정된 우선주배당금을 지급하지만 이익이 없는 해에는 배당금을 지급하지 못한다. 그리고 차기연도에 많은 경영이익이 발생되어도 당해년의 우선주배당만 하고 밀린 전년도 배당은 하지 못하는 것이 비누적적 우선주이다. 우량회사에서만 비누적적 우선주를 발행할 수 있지만 이 우선주는 별로 발행되지 않는다. 우선주배당금을 누적하느냐 안하느냐에 따라 수익성이 달라진다.

(3) 지배권과 관련된 우선주

1) 의결우선주

의결우선주(voting preferred stock)라 함은 경영상에 중요한 문제를 결정할 경우에 투표할 수 있는 권리가 있는 우선주를 말한다. 따라서 의결우선주를 경영참가권 또는 투표권을 가진 우선주라고 할 수 있다. 일반적인 우선주는 의결권이 없으므로 무의결우선주이다.

일반적으로 보통주에는 경영상의 중요한 문제를 결정한다든지 또는 이사 등을 선출하는 의결권을 가진다. 보통주 1주당 1표의 투표권이 있으므로 이것은 경영참가권이 있다는 것이며 또한 경영지배권이 있다는 의미이다. 그러나 일반적인 우선주와 사채는 의결권이 없다.

앞에서 설명한 한국베어링 · 삼환기업 · 대한잉크페인트 및 유니온세로판 주식회사가 1973년도에 발행한 우선주는 의결우선주이다. 즉 이 네 회사는 전환우선주 발행 후 2년인 상환기일에 보통주로 액면 그대로 전환할 수 있는 전환우선주이므로 이 우선주주에게 의결권을 미리 부여한 것에 불과하다. 그리고 이 네 회사는 누적적이고 참가적인 특전까지 부여하였으므로 투자자에게는 매우 유리한 우선주라고 할 수 있다.

본장에서 우선주 · 보통주 및 사채와 같은 기본적 증권을 변형하여 위험 · 수익 또는 지배권상에 변형을 일으키는 여러 가지 형태에 대하여 설명하였다. 증권을 발행하려는 회사는 그 증권의 시장성 또는 판매가능성을 고려하여 그 회사와 일반투자가 등과 다 같이 만족할 수 있는 형태의 증권을 발행하여야 할 것이다.

(4) 우선주의 요약

우선주는 자기자본의 일종이지만 우선주주는 보통주주보다 이익배당과 기업이 파산시에 청산자금을 우선적으로 받을 수 있는 특징을 가지고 있다. 우선주에 대한 배당금은 이익이 없을 때에는 받을 수 없고 이것을 누적시켜 두었다가 이익이 있을 때에 전기에 못 받은 배당금까지 합하여 받는 것이 보통이다. 우선주에 대한 배당률은 일반적으로 그 우선주를 발행할 당시에 일정률이 결정되는 것이다. 따라서 우선주를 발행한 회사의 입장에서 보면 우선주 배당금은 사채의 지불이자와 유사한 부담을 지게 된다.

법인세 납부와 관련하여 보면 우선주의 배당금은 보통주의 배당금의 경우와 같이 법인세의 면제를 받을 수 없으나 사채지불이자에 상당하는 금액은 비용으로 인정되어 법인세를 부과하지 않는다.

우선주를 발행하는 회사는 물론이고 이 회사의 우선주를 구매하려는 사람은 그 회사의 부채지불액과 사채의 이자 및 감채기금 그리고 우선주에 대한 배당금을 지불할 수익이 있는지 검토하지 않으면 안 된다.[16)]

---

16) Carl A. Daute, *Business Finance*, Prentice-Hall, Inc., 1956, pp. 83~90.

정유업체 '뛰는' 보통주 '걷는' 우선주

정유업체 3인방들의 보통주와 우선주와의 차이가 현격하게 확대되고 있어 그 배경에 관심이 모이고 있다.

23일 한국거래소에 따르면 S-Oil의 경우 보통주와 우선주의 가격차가 7만원 이상으로 벌어져 괴리율이 처음으로 50%를 넘어섰다.

과거 S-Oil의 경우엔 보통주와 우선주의 괴리율이 20% 수준에서 벗어나지 않았다. 배당 시즌이 끝나면 괴리율이 다소 높아졌지만 25% 이내였고 배당 시즌이 다가오면 18% 수준으로 줄어드는 양상을 보여 왔다.

하지만 최근 석유화학산업의 강세에 따라 우선주가 보통주의 상승세를 따라가지 못하고 있다. 특히 S-Oil의 경우 최근 1년간 저점 대비 190% 이상 급등하며 최근 14만원대로 올라섰다. 반면 우선주는 최근 1년간 저점 대비 약 80% 상승에 그쳤다.

업계에선 최근 정유업황이 크게 호전되면서 보통주들이 큰 폭의 실적 성장을 바탕으로 급등하면서 우선주의 매력이 반감되고 있다. 액면가 기준 배당률이 시장 기대치에 미치지 못하고 있다는 것.

SK이노베이션의 경우에도 보통주는 21만 2,500원인데 비해 우선주는 6만 400원을 기록, 최근 1년간 저점 대비 상승률은 125%대 53%에 그치고 있다. GS도 최근 1년간 저점 대비 상승률이 각각 180%, 53%다.

이런 상황에서 일부 증권 전문가들은 롱-쇼트전략(저평가된 우선주를 매수하고 고평가된 보통주를 공매도하는 것)을 준비 중인 것으로 알려졌다.

실제로 이날 S-Oil의 경우 보통주는 단기급등 부담에 전일보다 0.35% 하락했지만 S-Oil우선주는 0.85% 상승했다.

KTB투자증권 유영국 연구원은 "정유업 호황으로 인해 수익 성장에 대한 기대감이 높아져 보통주의 주가가 빠르게 올라가고 있다"면서 "배당 시즌이 도래하면 괴리율도 다소 좁혀질 수 있을 것"이라고 말했다.

LIG투자증권 김영진 연구원은 "정유주들의 주가가 크게 오르면서 배당 목적의 우선주가 크게 주목을 받지 못하고 있다"고 말했다. 액면가 대비 배당률이란 배당금이 올라가더라도 시가 대비론 현저하게 수익률이 떨어지는 상황이라는 설명이다. 한 증권사 관계자는 "정유주들의 경우 우선주와 보통주의 괴리율이 과거 평균에서 현저하게 벌어지고 있어 롱-쇼트 전략을 고려하고 있다"면서도 "최근 정유업황이 워낙 좋아 타이밍 잡기가 쉽지 않다"고 말했다.

– 파이낸셜뉴스신문기사

연 습 문 제

1. 다음 용어를 간략히 설명하시오.

① 장외시장(curb market) ② 유가증권의 모집
③ 자기공모 ④ 후배주(deferred stock)
⑤ 상환우선주 ⑥ 전환우선주

2. 증권시장의 효율성에 대해 설명하시오.

3. 증권의 모집과 매출에 대해 설명하시오.

4. 신주인수권의 가치에 대해 설명하시오.

5. 장기자본의 수단으로서 우선주가 가지는 장 · 단점을 설명하시오.

6. 한양기업에서 현재 1,500원에 거래되고 있는 주식을 1,000원에 인수할 수 있는 신주인수권을 발행하려고 한다. 신주인수에 필요한 주식의 수는 다섯 개이다.

① 신주인수권의 이론적 가치를 구하시오.
② 권리락의 경우 신주의 이론적 가치를 구하시오.
③ 권리락의 경우 주식의 시장가격이 1,200원이라면 신주인수권의 이론적 가치는 얼마인지 계산하시오.

7. 주식액면가액이 5,000원이며 연간 주당 800원씩을 배당한 행당기업의 주식은 현재 시장에서 6,500원에 거래되고 있다. 결산결과 이 기업의 법인세 공제 후 주당순이익은 1,200원이며, 20%의 무상증자가 기대된다고 한다. 행당기업의 배당수익률, 배당률, 주가수익률, 권리락주가는 각각 얼마인지 계산하시오.

제14장
채 권

제 1 절 채권의 의의

채권이란 채권의 만기까지 발행자와 투자자간에 약속된 방식하에 이자와 원금의 지급을 약속하는 금융청구권 또는 장기 자금조달을 위해 발행한 일종의 차용증서로서 채무를 표시한 유가증권이다. 채권의 발행자는 정부나 지방자치단체, 회사, 금융기관 등이다. 채권은 만기시까지 보유하면 확정된 이자와 원금을 상환받는다.

채권은 계약 참여자들이 정부나 지방자치단체, 금융기관, 상법상의 주식회사와 일반 투자자들이기 때문에 다음과 같은 법적인 제약과 보호 대상이 된다. 첫째, 채권의 발행기관이나 회사가 법률로 정해져 있다. 정부, 지방자치단체, 금융기관, 상법상의 주식회사들이 발행할 수 있다.

둘째, 정부가 발행할 경우 국회의 동의를 얻어야 하고, 주식회사와 금융기관은 금융감독위원회에 등록해서 유가증권신고서를 제출해야 발행할 수 있다.

셋째, 채권은 주식과 마찬가지로 유가증권시장에서 자유롭게 거래될 수 있다.

〈표 14-1〉 주식과 채권의 비교

구 분	주 식	채 권
발 행 자	주식회사	정부, 지방자치단체, 특수법인, 주식회사
자본조달 성격	자기자본	타인자본
투자자 지위	주주	채권자
보 상	회사의 경영성과에 따른 배당금	확정이자
투자자 권리	경영참가권, 이익배당청구권, 신주인수권, 잔여재산분배청구권	원리금 상환청구권
자본의 상환여부	영구증권으로 불상환	기한부증권으로 만기상환
경영참여	가능	불가능
이익배당여부	배당가능이익 한도 내에서 가능	확정이자의 배당
발행절차	전액납입	분할납입허용
현물출자여부	가능	불가능
자기주식/사채 취득제한여부	자기주식 취득 제한	자기사채 취득 허용

제 2 절 채권의 특징

채권의 특징은 다음의 4가지로 요약될 수 있다. 첫째, 채권은 발행시 이자와 상환원금 또는 그에 대한 기준이 확정되어있는 확정이자부채권(Level-coupon bond)과 이자를 지급하지 않고 만기일에 원금만 상환하는 순수할인채권(Pure discount bond or zero-coupon bond)로 구분된다. 투자자의 입장에서 투자수익이 투자 초기에 이미 결정되므로 발행자의 원리금 지급능력이 우선시된다. 발행자의 경우, 채권발행시 금리수준을 항상 고려해야 한다. 채권의 가치는 그 채권의 미래현금흐름을 할인율로 할인하여 현재가치로 환산한 값을 말한다. 만기일이 n기간 말에 액면가 F만을 상환하는 순수할인채권의 현재가치는 다음과 같다.

$$PV(\text{순수할인채권}) = \frac{F}{(1+r)^n}$$

그리고 만기일이 n기간 말에 액면이자 C를 지급하고 만기에 액면가 F를 상환하는 확정이자부채권의 현재가치는 다음과 같다.

$$PV(\text{확정이자부채권}) = \frac{C}{(1+r)} + \frac{C}{(1+r)^2} + \cdots + \frac{F+C}{(1+r)^n}$$

둘째, 채권은 이자지급기간과 원금의 상환기간이 발행시 정해지는 기한부 증권이다. 따라서 만기까지의 잔존기간에 따라 채권투자수익이 변동하게 된다.

셋째, 다른 유가증권에 비해 만기가 장기이다. 즉 채권의 유동성을 확보하려면 유통시장의 형성이 필수이다.

넷째, 채권의 발행자는 영업수익의 발생여부에 상관없이 이자를 지급할 의무가 있다. 이자지급은 채권발행기관이나 기업의 금융비용에서 일정부분 이상을 차지하므로 채권발행규모가 기업의 이익보다 과도할 경우 기업의 손익과 투자에 많은 영향을 미친다. 반면 투자자에게는 통화에 대한 대체성을 제공함으로써 기업에 대한 투자증대는 물론 통화조절수단으로 사용할 수 있다.

제 3 절 채권의 발행

1. 장점과 단점

대표적 채권인 회사채의 발행 시 장점은 다음과 같다. 첫째, 사채이자비용보다 매출영업이익이 높기만 하면 부채의 레버리지 효과가 발생한다. 둘째, 잉여자금의 배당압력과 경영지배권의 위험 없이 장기자금을 대량으로 조달 가능하다. 셋째, 상환기일과 이자를 확정함으로써 자금계획 수립이 용이하다. 넷째, 만기이전 또는 만기에 또 다른 회사채를 발행하여 기존의 사채를 대체함으로써 revolving이 가능하다. 다섯째, 기준금리에 따라 표면금리가 연동하는 변동금리부채권인 경우 이자율 변동에 따른 위험분산이 가능하다. 여섯째, 세법상 배당금은 세후순이익의 처분으로 지급되는 반면 이자는 법인세 과세소득 계산상 손비로 인정되어 법인세 절감효과가 있다.

단점은 첫째, 회사 수익에 관계없이 이자를 지급해야 한다. 둘째, 기업의 투자실패 시 손실확대효과가 발생한다. 셋째, 고정금리채권인 경우 만기가 길면 길수록 이자율 변동에 따른 위험분산이 힘들다.

〈표 14-2〉 무보증사채 발행절차

발행절차	관련법규	주관처	대 상 처	일 정
1. 신용등급평가 의뢰		발행사		이사회결의 전까지
2. 이사회 결의	상법 469조	발행사	지급보증기관	신고서제출 전까지
3. 원리금 지급 대행 계약 체결		발행사	납입은행	D 이전
4. 총액인수 매출 계약체결, 수탁계약서 체결		발행사	주간사	D 이전
5. 유가증권신고서관련 서류검토		발행사	주간사	D 이전
6. 유가증권신고서 접수	거래법 8조	발행사	금감위	D
7. 상장신청서 접수	상장규정 5조	발행사	한국거래소	D+1
8. 신고서 효력 발생	거래법 9조	금감위	발행사	D+8
9. 청약안내 공고	인수규정 21조	주간사		D+8
10. 청약서류 인쇄		주간사		D+8
11. 발행가액 확정 공문 및 본사 사업 설명서 공문제출	신고규정 19조	발행사	금감위	D+9
12. 채권일괄 등록신청공문발송		발행사	증권예탁결제원	D+9
13. 청약, 납입	상법474, 476조	주간사	납입금액	D+9
14. 사채 납입금 입출		발행사	납입금액	D+9
15. 채권상장		주간사		D+9
16. 발행실적 보고서 제출	거래법 17조	발행사	금감위	D+11
17. 등록필증견양 수령		발행사	증권예탁결제원	D+11

〈그림 14-1〉 상장절차

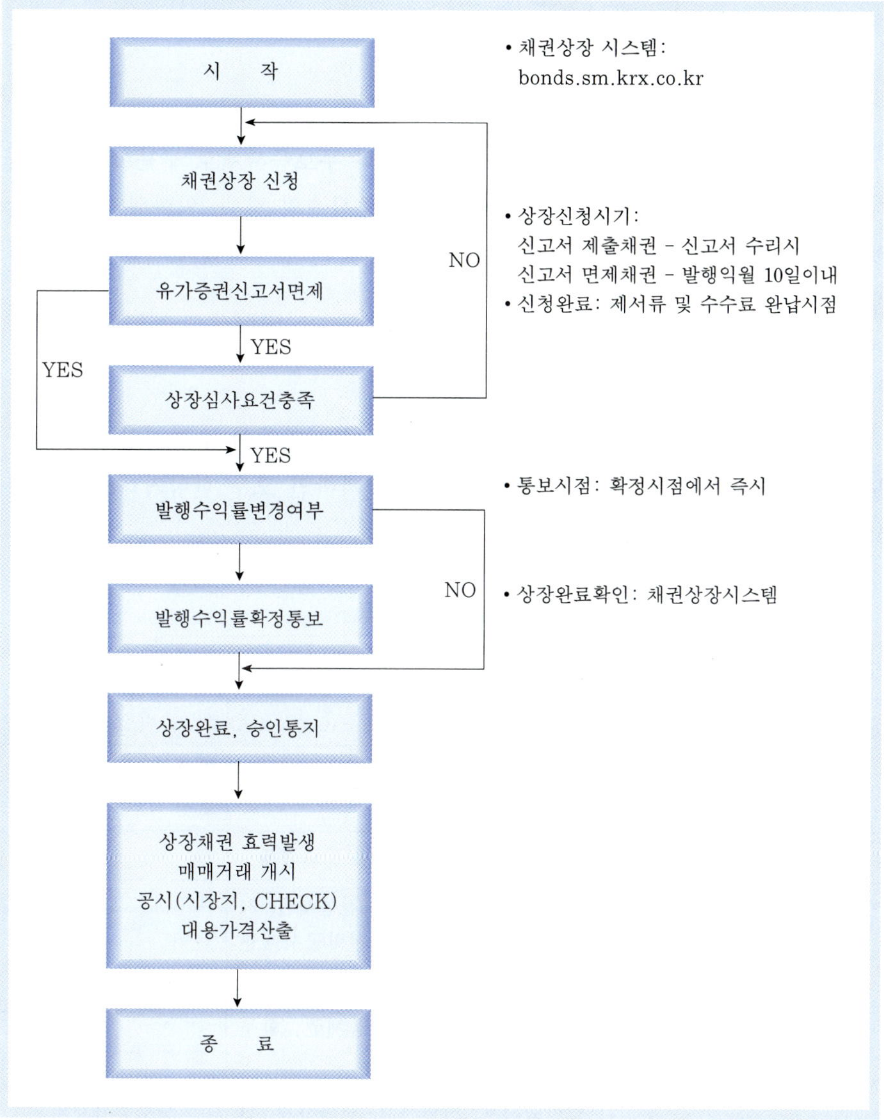
시 작
채권상장 신청
유가증권신고서면제
YES
YES
상장심사요건충족
NO
YES
발행수익률변경여부
NO
발행수익률확정통보
상장완료, 승인통지
상장채권 효력발생
매매거래 개시
공시(시장지, CHECK)
대용가격산출
종 료
• 채권상장 시스템:
bonds.sm.krx.co.kr
• 상장신청시기:
신고서 제출채권 – 신고서 수리시
신고서 면제채권 – 발행익월 10일이내
• 신청완료: 제서류 및 수수료 완납시점
• 통보시점: 확정시점에서 즉시
• 상장완료확인: 채권상장시스템

2. 절차 및 상장

(1) 발행절차

회사채의 경우 보증여부에 따라 보증사채와 무보증사채로 구분할 수 있고, 이들 각각의 발행절차와 일정은 상이하다. 보증사채의 경우, 외환위기 이후 발행이 급격히 줄어드는 반면에 무보증사채의 발행은 증가하였다. 〈표 14-2〉는 무보증사채의 발행절차이다.

(2) 채권의 상장

이상과 같이 채권이 발행되면 한국거래소에 상장해야 유통시장에서 대규모 거래가 가능하다. 채권의 상장은 신청과 결과확인 모두 한국거래소 인터넷 채권상장 시스템을 통해 이루어지고 있다.

(3) 채권의 발행주체 · 방법에 따른 분류

〈표 14-3〉 채권의 발행주체별 분류

분 류	발행주체	종 류	비 고
국 채	국 가	국고채권, 국민주택채권, 외평채	정부가 원리금지급을 보장
지방채	지방자치단체	지하철공채, 상수도 및 도로공채	-
특수채	특별법에 의해 설립된 법인	토지개발채권, 고속도로건설채권, 기술개발금융채권, 한국전력공사채권	-
금융채	특별법인 중 금융기관	통화안정증권, 산업금융채권, 신용카드채권, 중소기업금융채권, 할부금융채권, 리스채권	일반금융기관의 금융채
회사채	주식회사	일반회사채, 전환사채, 교환사채, 신주인수권부사채	무보증사채의 비중이 높음

〈표 14-4〉 채권의 발행방법에 따른 분류

분 류		방 식	비 고
직접 발행	공모	발행사가 직접 채권투자자를 모집하고 발행관련 사무를 수행한다.	금융기관이 금융채를 발행하는 경우(단, 금융기관은 특별법에 의해 설립된 경우에 한한다.)
	사모	발행사가 특정기관 투자가나 특정개인에게 채권을 발행한다.	
간접 발행	위탁 모집	발행사가 채권발행 업무일체를 위탁받은 수탁기관이 위탁기관의 대리인 또는 자신의 명의로 채권을 모집 · 매출한다.	채권매출액이 발행총액에 미달하는 경우, 발행위험을 발행사가 부담한다.
	총액 인수	발행사가 채권발행 업무 일체를 수탁 · 인수기관에 위탁한다.	인수기관은 인수한 채권을 유리한 시기에 모집 · 매출하여 매매차익을 실현할 수 있다.
	잔액 인수	발행업무를 위탁받은 수탁기관이 매출잔액발생 시 이를 인수한다.	발행사와 인수 · 수탁기관 간에 인수계약이 맺어지는 것으로 발행사 입장에서 채권모집은 실질적으로 끝난 것과 같다.

제 4 절 채권의 신용평가

신용등급은 채권의 원금과 이자가 투자자에게 채권에 명시된 것처럼 상환 및 지급될 수 있는 정도를 판정하는 데 목적이 있다. 특히 무보증사채의 경우 발행회사의 신용등급만으로 금리가 결정되므로 매우 중요하다.

〈표 14-5〉 회사채 신용등급(S&P 평가방법)

등 급	정 의
AAA	전반적인 채무상환 능력이 최고수준으로 투자위험도가 극히 낮으며, 현단계에서 합리적으로 예측가능한 장래의 어떠한 환경변화에도 영향을 받지 않을 만큼 안정적임.
AA	전반적인 채무상환 능력이 매우 높아 투자위험도가 매우 낮지만 AAA등급에 비해 다소 열등한 요소가 있음.
A	전반적인 채무상환 능력이 높아 투자위험도는 낮은 수준이지만 장래 급격한 환경변화에 따라 다소 영향을 받을 가능성이 있음.
BBB	전반적인 채무상환 능력은 인정되지만 장래 환경변화로 전반적인 채무상환 능력이 저하될 가능성이 있음.
BB	전반적인 채무상환 능력에 당면 문제는 없지만 장래의 안정성면에서는 투기적 요소가 내포되어 있음.
B	전반적인 채무상환 능력이 부족하여 투기적이며, 장래의 안정성에 대해서는 현단계에서 단언할 수 없음.
CCC	채무불이행이 발생할 가능성을 내포하고 있어 매우 투기적임.
CC	채무불이행이 발생할 가능성이 높아 등급에 비해 불안요소가 더욱 많음.
C	채무불이행이 발생할 가능성이 높고 현단계에서는 장래 회복될 가능성이 없을 것으로 판단됨.
D	채무 지급불능상태에 있음.

위 등급 중 AA등급부터 CCC등급까지는 등급 내의 상대적인 우열에 따라 +, − 기호가 첨부된다. Moody's의 평가방법은 S&P와 기본적인 형태는 비슷하나 표기방법은 Aaa, Aa, A, Ba, B, Caa로 차이가 있다. 그리고 시장에서는 보통 AAA등급부터 BBB등급까지를 투자등급이라고 부르고 BB등급부터 D등급까지 투기등급이라고 부른다.

제 5 절 회사채의 종류

1. 보증사채

IMF 이후 은행의 BIS 비율 준수와 보증보험사의 부실 등으로 회사채에 대한 보증기피가 증가함에 따라 발행이 급격히 위축되었고, 이로 인해 금융기관의 보증이나 담보제공 없이 발행회사의 신용만으로 발행되는 무보증사채가 늘어나게 되었다. 무보증사채는 보증사채보다 채무불이행 위험 등이 증가함으로 신용도가 우수한 기업을 중심으로 발행하고 있다.

2. 전환사채(Convertible Bond: CB)

전환사채의 장점은 첫째, 발행회사는 일반사채보다 낮은 금리로 채권을 발행할 수 있다. 둘째, 채권 투자자가 주식으로 전환 시 부채가 자기자본으로 전환됨으로 재무구조 개선효과를 얻을 수 있다. 셋째, 채권의 안정적인 cash flow와 주식의 시세차익 달성기회를 모두 가지고 있기 때문에 투자 매력도가 일반사채에 비해 높다.

하지만 발행회사는 주식전환시 경영권 지배에 영향을 받을 수 있고 투자자는 주가가 전환주가보다 낮을 경우 전환권을 행사할 기회가 없으며 채권보유 시 일반사채보다 낮은 이자율을 얻게 되는 단점이 있다.

3. 신주인수권부사채(Bond with Warrant: BW)

사채발행 후에 행사기간 동안 미리 정해진 행사가격으로 사채발행회사의 신주를 청구할 수 있는 신주인수권이 부여되는 사채이다. 이 사채는 사채권과 신주인수권이 분리되어 양도할 수 있는 분리형과 분리, 양도가 불가능한 비분리형이 있다.

신주인수권부사채의 장점은 첫째, 전환사채보다 낮은 금리로 발행할 수 있다. 둘째, 투자자가 신주인수권행사시 추가자금의 조달이 가능하다.

〈표 14-6〉 신주인수권부사채와 전환사채간의 차이

	신주인수권부 사채	전환사채
권 리	발행회사의 신주를 인수할 수 있는 권리	발행회사의 신주로 전환할 수 있는 권리
신주취득한도	사채금액 범위 내에서 인수	사채금액과 동일한 금액
주식대금납입	신주인수대금 신규납입	사채금액과 대체
사채권 존속여부	사채권 존속	사채권 소멸
권리행사시 재무구조 변화	현금증가, 자본금 증가	부채감소, 자본금 증가
표면금리	일반사채보다 낮음	신주인수권부사채보다 낮음

셋째, 전환사채와 마찬가지로 투자자는 신주매입 후 주가상승에 따른 시세차익을 얻을 수 있다. 넷째, 신주인수권만 거래가 가능하므로 발행회사의 주식거래 활성화 및 재무구조 개선효과가 발생한다.

하지만 신주인수권의 행사와 관계없이 채권은 존속하며, 인수권행사시 전환사채와 마찬가지로 경영권 지배에 변동이 있을 수 있다. 투자자는 신주인수시 추가자금을 투입해야 되는 단점이 있다.

4. 교환사채(Exchangeable Bond: EB)

교환사채란 투자자에게 발행회사가 보유하고 있는 타회사의 유가증권으로 교환청구할 수 있는 권리가 첨가된 사채이다. 교환청구시 발행회사의 보유자산과 부채가 동시에 감소하는 특징이 있다.

〈표 14-7〉 교환사채와 전환사채간의 차이

	교환사채	전환사채
발행회사 요건	상장법인, 협회등록법인	비 상장법인, 협회등록법인
권 리	교환권	전환권
대상 유가증권	발행회사가 보유한 타상장유가증권	발행회사 주식
지위변동	사채권자 지위상실, 타 회사 주주 지위 취득	사채권자 지위상실, 발행회사 주주 지위 취득

5. 자산유동화증권(ABS: Asset Backed Security)

(1) 자산유동화증권의 개념

자산유동화증권(Asset-Backed Securities)은 금융기관, 민간기업 및 공기관 등이 갖고 있는 유동화자산을 가지고 증권을 발행한 후, 이 자산에서 발생하는 현금흐름으로 발행증권의 원금과 이자를 상환하는 증권이라고 할 수 있다. 바꿔 말해 유동화자산이 현금흐름을 발생시키지 않으면, 원금과 이자를 상환하지 못하는 증권을 의미한다.

자산유동화증권의 종류는 다음과 같다.

자산유동화증권: ABS(Asset-Backed Securities)
자산담보부 기업어음: ABCP(Asset-Backed Commercial paper)
주택저당증권: MBS(mortgage-backed securities)
채권담보부증권: CBO(collateralized bond obligation)
대출채권담보부증권: CLO(collateralized loan obligation)
신용카드대출증권CARD: (certificates of amortizing revolving debts)
자동차할부대출증권: auto-lone ABS 등

ABCP는 자산유동화증권에서 CP형태로 발행되는 증권을 의미하는데 우리나라의 경우 자산유동화증권/ABCP 구조가 주로 활용되고 있다. 자산유동화증권/ABCP구조에 있어서 다른 자산유동화증권과 마찬가지로 SPC가 기초자산을 근거로 자산유동화증권을 발행하지만, 자산유동화기간에 상응하는 장기 자산유동화증권을 1회 발행하는 대신, 단기 자산유동화채권을 발행한 후 만기도래 시 ABCP를 발행함으로써 자산유동화채권을 상환하고 자산유동화기간 동안 계속 ABCP를 차환 발행하게 된다.

MBS(주택저당채권담보부증권(MBB: Mortgage-Backed Bond)라고도 함)는 자산담보부증권(ABS)의 일종으로 은행, 보험회사, 할부금융사 등 금융기관이 주택을 담보로 장기대출을 해준 주택저당대출채권을 대상자산으로 하여 발행한 증권이다. 한국주택금융공사법에 의한 발행방법의 MBS(근거법은 주택저당채권유동화회사법 및 한국주택금융공사법[1])는 일반적으로 자금수요자에게 주택저

1) 이 법에 따라 한국주택저당채권유동화(주)(KoMoCo)와 한국주택금융공사가 설립되었다.

당 대출업무를 취급하는 금융기관이 부동산을 담보로 대출해주고, 기초자산을 그 대가로 가지게 되는 근저당(mortgage)으로 해서 발행하는 증권을 말한다.

CBO는 회사채담보부증권이며, 자산유동화증권(ABS)의 일종이다. CBO는 금융기관이 보유한 채권을 기초자산 중 발행되는 후순위채에 주로 투자하는 수익증권이며, 부실위험을 피하기 위해서 채권담보부증권을 통해 활용되어 왔는데, 그 때는 투기등급의 고수익, 고위험 채권을 담보로 발행하는 경우이다.

CLO는 채권의 일종으로서 신용도가 낮은 기업들에 대한 은행의 대출채권을 합하여 이를 담보로 발행한다. 신용보증기금의 부분보증을 토대로 기업체 가운데 신용등급 BBB급 이하인 중·소 기업들이 거래하는 주거래은행들이 이들 기업에 제공하는 대출채권을 풀(Pool)로 구성하고, 증권을 발행, 자금을 지원하게 된다.

CARD는 미래 특정시점까지 발생할 신용카드매출채권을 기초로 해서 발행되는 자산유동화증권과 현재 발생한 특정계좌의 신용카드매출채권을 말한다. CARD는 짧은 만기를 기초로 한 신용카드매출채권을 이용함으로써 장기의 자산유동화증권을 만드는 것을 말하고, 이와 같은 방법으로 만들기 위해서 재투자구조(revolving structure)라는 것을 이용한다.

(2) 특 징

발행기관에 대해 무보증으로 발행하는 무보증사채와 발행기관에 보증기관이 보증하면서 발행하는 보증사채로 구성되는 일반적인 채권은 채권을 발행하는 기업의 원리금 상환능력을 기반으로 발행된다. 자산유동화증권은 자산보유자의 유동화자산을 완전매각(True sale)한 유동화자산의 현금흐름을 바탕으로 하여 증권을 발행하는 것을 말한다. 자산유동화증권은 투자자에게 하는 원리금 상환을 현금흐름을 통해 하기 때문에 일반채권보다 위험성이 더 크다고 할 수 있다. 즉, 극히 예외인 경우를 제외하고 투자자는 자산유동화증권의 현금흐름이 발생되지 않을 수도 있는 위험에 대한 프리미엄으로 일반채권보다 금리를 높게 받는다. 또, 발행기관에 의해 직접 발행되지 않는 자산유동화증권은 유동화전문회사의 설립을 통해 발행기관과의 신용과 구별하여 발행된다. 한편 자산유동화증권은 일반채권발행과는 다르게 기초자산의 완전매각(True sale), 신용보강(Credit Enhancement), 재투자(Reinvestment) 등으로 이루어진다. 또한, 대부분의 유동화전문회사는 신용보강이 이루어지기 때문에 유동화자산 발행기관보다 신용등급이 높다. 이러한 유동화전문회사는 자산보유자(Originator), 자산관리자(Servicer) 및 수탁기관(Trustee)과 같은 기관들이 참여하여 자산유동화증권을 발행한다.

(3) 자산유동화증권(Asset Backed Securitization) 발행의 장·단점

자산유동화의 가장 중요한 장점은 보유자산을 활용하여 사업자금을 외부 차입 없이 자체 조달하는 것과 발행기관의 부채비율에 영향을 미치지 않는 것이다. 기업이 발행기관의 부채비율과 영향 없이 자금을 조달할 수 있는 이유는 자산유동화증권을 발행할 경우에 특정목적회사(SPC: Special Purpose Company)를 설립하여 발행하기 때문이다. 즉, 발행기관과의 부채비율과는 관계없이 자금을 조달할 수 있는 이유는 특정목적회사는 기존발행기관과 분리된 목적을 가지고 설립한 유한목적회사이기 때문이다. 또한, 발행기관이 전혀 영향을 주지 않는 것은 아니다. 지분의 소유를 통해 간접적으로 영향을 주며, 자산양도의 개념으로 부채비율에만 영향을 주지 않을 뿐이다. 금융기관이 BIS 자기자본비율을 높일 수 있는 방법은 자산유동화증권을 통해 보유하고 있는 위험자산을 매각하여 현금화하는 것이다. 아울러 일부 금융기관들은 자산유동화증권을 이용하여 자금을 차입한다. 즉 보유한 자산매각을 통해 자금을 조달하여 그 자금을 새투자하는 과정을 반복하면 실제 주어진 자본금과는 상관없이 매각자금을 통해 사업을 증가시키는 효과를 얻을 수 있다. 이것은 투자자들이 판단하겠지만, 차입을 통해 사업을 증가시키는 것으로 재무제표에는 이러한 차입증가가 나타나지 않는다. 한편 발행구조가 복잡하기 때문에 기관마다 수수료가 추가적으로 발생하여 일반채권발행에 비해 약간 높은 수준의 조달비용이 발생된다. 증권사, 은행, 신용평가기관 등의 기관들이 신용과 평가를 더욱더 향상시켜 발행하는 자산유동화증권은 일반채권과 비교하면, 수익률은 다소 높고 리스크가 낮은 것이 그 이유이다. 또한 자산유동화증권의 발행의 지속적인 유지와 ABS발행에서 제공된 수준으로 추가적인 대금의 회수를 통해 부채비율을 줄이는 것은 재무구조의 개선효과를 지속시키기 위해 필요하다.

〈그림 14-2〉 자산유동화증권 거래절차

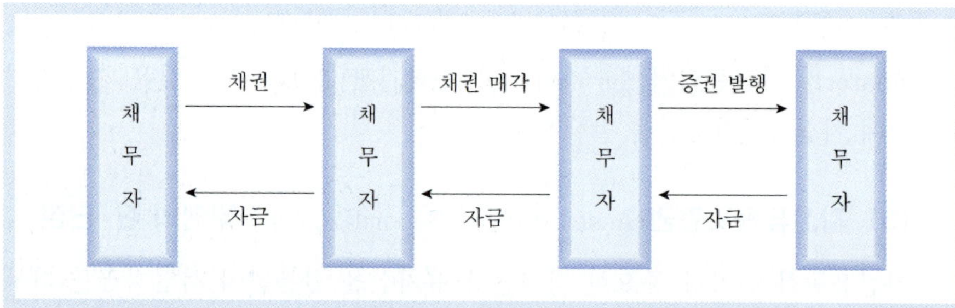

〈표 14-8〉 LG화학의 신용등급

기업신용등급			기업어음		기업신용등급			기업어음	
등급	Outlook	평정일	등급	평정일	등급	Outlook	평정일	등급	평정일
AA	Stable	2003. 10. 16.	A1	2003. 2. 6.	AA	Stable	2003. 10. 16.	AAA	2004. 2. 5.

제 6 절 채권의 투자위험도 측정

1. 듀레이션

이자율변동위험, 유동성위험 등의 채권투자위험은 실제 상황에서 복합적으로 발생하게 된다. 예를 들어 잔존기간이 짧고 표면이자율이 낮은 채권과 잔존기간은 길고 표면이자율이 높은 채권 중에서 한 채권을 선택할 때 어떤 기준을 적용해야 할까?

채권수익률변동에 따른 채권가격변동의 크기를 예측할 수 있다면 이런 선택 문제를 해결할 수 있다. 이러한 개념은 1938년 매콜리(F. R. Maculay)에 의해 듀레이션(Duration)으로 구체화되었다. 매콜리 이전에는 채권가격변동을 예측하는데 있어 화폐의 시간적 가치를 무시하여 한계를 드러내고 있었다.

듀레이션은 채권투자 시 각 시점의 현금흐름의 현재가치가 총현금흐름의 현재가치에서 차지하는 비율을 가중치로 사용하여 이를 각 현금흐름의 시간단위에 곱해 산출한 가중평균만기(weighted average maturity)이다. 즉 채권투자금액의 평균회수기간이라 할 수 있다.

$$\text{Duration} = \frac{\dfrac{1\cdot CF_1}{(1+r)} + \dfrac{2\cdot CF_2}{(1+r)^2} + \cdots + \dfrac{N\cdot CF_N}{(1+r)^N} + \dfrac{N\cdot Par}{(1+r)^N}}{\dfrac{CF_1}{(1+r)} + \dfrac{CF_2}{(1+r)^2} + \cdots + \dfrac{CF_N}{(1+r)^N} + \dfrac{Par}{(1+r)^N}}$$

$$= \frac{\sum_{t=1}^{N} \dfrac{t\cdot CF_t}{(1+r)^t}}{\sum_{t=1}^{N} \dfrac{CFt}{(1+r)^t}} = \frac{\sum_{t=1}^{N} \dfrac{t\cdot CF_t}{(1+r)^t}}{P}$$

CF_t=t기에서 발생하는 채권의 현금흐름(이자지급액)
t=현금흐름 발생기간
N=이자지급횟수
Par=채권의 액면금액
r=채권의 만기수익률
P=채권가격

$$\text{Duration} = \frac{1560.338}{200} = 7.802\text{기간} = 3.901\text{년}(=7.802/2)$$

그림에서 듀레이션 왼쪽의 각 기간별 현재가치에 듀레이션까지의 거리를

〈표 14-9〉 듀레이션 계산 예

액면가액 2백만원, 만기 5년, 표면이자율 12% 반기마다 지급, 만기수익률 12%

(단위: 만원)

t기	t기의 현금흐름	할인요소	현재가치	가중현재가치
1	12	0.943	11.321	11.321
2	12	0.890	10.680	21.360
3	12	0.840	10.080	30.226
4	12	0.792	9.505	38.021
5	12	0.747	8.967	44.835
6	12	0.705	8.460	50.757
7	12	0.665	7.981	55.865
8	12	0.627	7.5289	60.232
9	12	0.592	7.1028	63.925
10	212	0.558	118.380	1183.797
합계	—	—	200	1560.338

〈그림 14-3〉 무게중심 역할을 하는 듀레이션

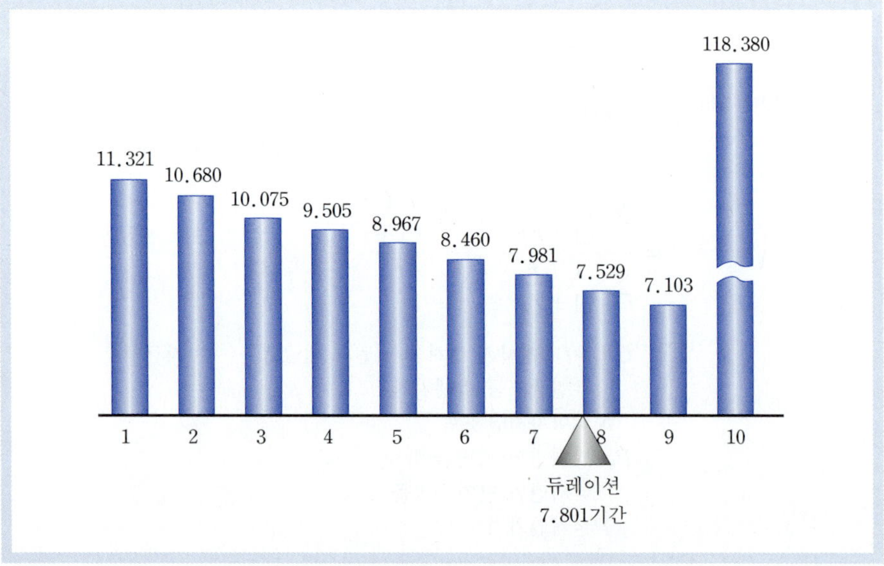

곱한 값의 합은 듀레이션 오른쪽의 각 기간별 현재가치에 듀레이션까지의 거리를 곱한 값의 합과 일치한다.

듀레이션 왼쪽가치

$11.321\times(7.802-1)+10.681\times(7.802-2)+10.075\times(7.802-3)+9.505\times(7.802-4)+8.967\times(7.802-5)+8.460\times(7.802-6)+7.981\times(7.802-7)=270.239$

듀레이션 오른쪽가치

$7.529\times(8-7.802)+7.103\times(9-7.802)+118.380\times(7.802)=270.239$

이와 같이 균형점 역할을 하는 듀레이션은 채권매입 당시의 예상 만기수익률에 대한 변동위험없이 투자수익을 실현할 수 있는 가중평균 회수기간이라 할 수 있다. 또한 이표채를 할인채로 전환할 때 할인채의 잔존만기가 된다.

(1) 듀레이션의 결정요인

듀레이션은 표면이자율과 만기, 만기수익률, 이자지급횟수에 의해 정(+)

또는 부(−)의 영향을 받는다.

$$\text{Duration} = f(\text{표면이자율},\ \text{만기},\ \text{만기수익률},\ \text{이자지급횟수})$$
$$\qquad\qquad -\qquad +\qquad -\qquad -$$

① 시장수익률(Market Yield)과 만기

채권의 만기가 길면 길수록 듀레이션은 커지며 만기수익률이 낮을수록 그 정도가 증가한다. 즉 만기가 늘어날 때 시장(만기)수익률이 낮은 채권의 듀레이션의 증가폭이 더 크다.

〈표 14-10〉에서 확인할 수 있듯이 만기수익률이 낮을수록 만기가 증가함에 따라 듀레이션이 더 크게 증가하고 있다. 즉 듀레이션은 만기수익률과 부

〈표 14-10〉 시장수익률과 듀레이션과의 관계

만기(년)	듀레이션		듀레이션	
	5% 수익률	증가율	10% 수익률	증가율
1	1	−	1	−
2	1.912863	91.29%	1.909091	90.91%
3	2.752519	43.90%	2.735537	43.29%
4	3.529852	28.24%	3.486852	27.46%
5	4.253499	20.50%	4.169865	19.59%
6	4.930401	15.91%	4.790787	14.89%
7	5.566207	12.90%	5.355261	11.78%
8	6.165564	10.77%	5.868419	9.58%
9	6.732334	9.19%	6.334926	7.95%
10	7.269755	7.98%	6.759024	6.69%

〈표 14-11〉 시장(만기)수익률과 듀레이션과의 관계

시장수익률(%)	5년채	10년채
0	5	10
5	4.253499	7.269755
10	4.169865	6.759024
15	4.082947	6.236699
20	3.993303	5.721903

〈그림 14-4〉 듀레이션과 시장수익률과의 관계

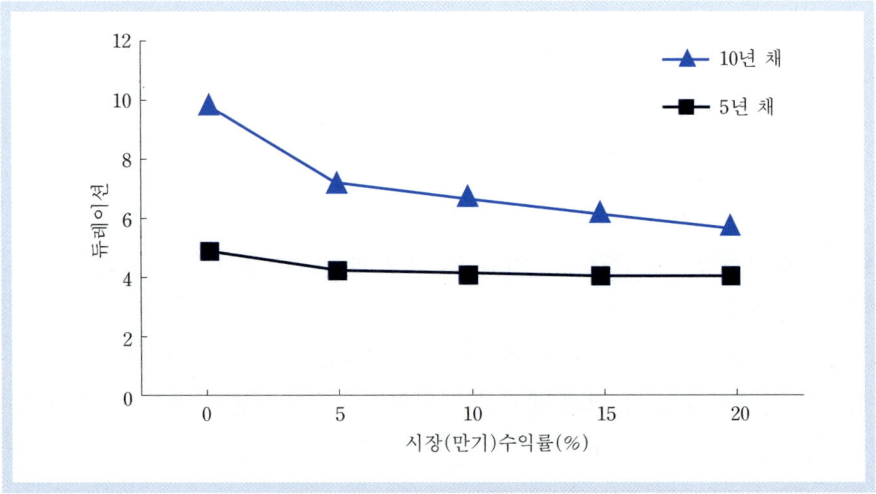

(−)의 관계를 가지며 그 영향은 만기가 긴 채권일수록 커진다.

5년 만기 채권의 경우 시장수익률이 10%에서 5%로 감소할 때 듀레이션은 4.170에서 4.253으로 약 2.01% 증가한다. 10년 만기 채권의 경우 듀레이션이 6.759에서 7.270으로 약 7.56% 증가한다.

② 표면이자율과 만기

듀레이션은 표면이자율과 부(−)의 관계가 있다. 예를 들어 표면이자율이 커질수록 듀레이션은 짧아진다.

〈표 14-12〉 표면이자율과 듀레이션과의 관계

시장수익률(%)	듀레이션	
	5년채	10년채
0	5	10
5	4.487863	7.660863
10	4.169865	6.759024
15	3.953207	6.28109
20	3.796103	5.985057

5년 만기 채권의 경우 표면이자율이 5%에서 20%로 증가하면 듀레이션

〈그림 14-5〉 표면이자율과 듀레이션과의 관계

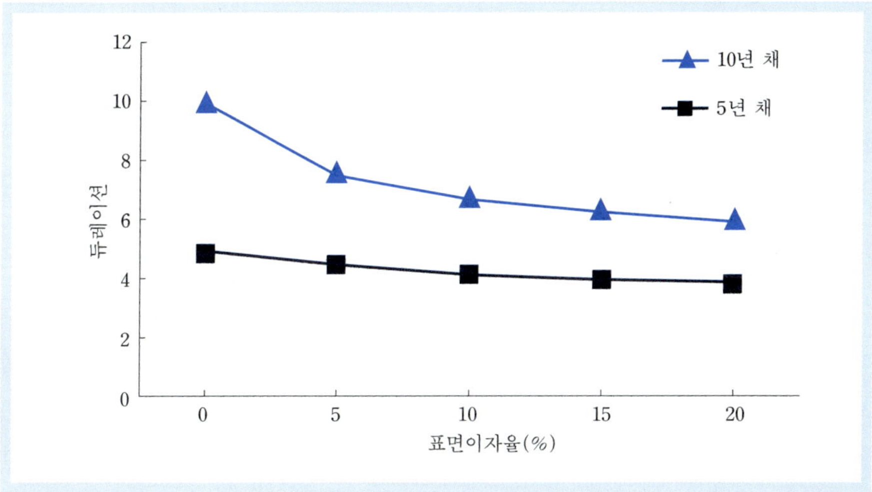

은 4.488에서 3.796으로 약 18.22% 감소한다. 10년 만기 채권의 경우 듀레이션은 7.661에서 5.985으로 약 28.00% 감소한다.

만기는 듀레이션과 정(+)의 관계를 가진다. 따라서 만기가 길수록 듀레이션은 길어진다. 이러한 정의 효과는 표면이자율이 낮을수록 커진다.

〈표 14-13〉 만기와 듀레이션과의 관계

만기(년)	표면이자율 5%	증가율	표면이자율 10%	증가율
1	1	—	1	—
5	4.487863	348.79%	4.169865	316.99%
10	7.660863	70.70%	6.759024	62.09%
20	10.74118	40.21%	9.36492	38.55%
50	11.2365	4.61%	10.9063	16.46%

표면이자율이 5%인 채권의 경우 만기가 10년에서 20년으로 늘어날 때 듀레이션은 7.661에서 10.741로 약 40.21% 증가한다. 표면이자율 10%인 채권의 경우 듀레이션이 6.759에서 9.365로 약 38.55% 증가한다.

③ 시장수익률과 표면이자율

시장수익률이 낮을수록 듀레이션은 증가하며 이런 효과는 표면이자율이

〈표 14-14〉 시장수익률과 듀레이션과의 관계 2

시장수익률(%)	표면이자율 5%	증감률	표면이자율 15%	증감률
0	8.5	–	7.3	–
5	8.107822	−4.61%	6.796851	−6.89%
10	7.660863	−5.51%	6.28109	−7.59%
15	7.170435	−6.40%	5.771584	−8.11%
20	6.65276	−7.22%	5.28481	−8.43%

낮을 때 더 커진다. 즉 시장수익률의 변동은 표면이자율이 낮은 채권의 듀레이션에 더 큰 영향을 미친다.

표면이자율이 5%인 채권의 경우 시장수익률이 10%에서 15%로 증가할 때 듀레이션이 7.661에서 7.170으로 약 6.40% 감소했다. 표면이자율이 15%인 채권의 경우 듀레이션이 6.281에서 5.772로 약 8.115 감소했다.

2. 수정듀레이션

앞서 본 매콜리 듀레이션은 주로 기업의 자산의 듀레이션과 부채의 듀레이션을 일치시키는 면역포트폴리오 구성이나 채권투자에서 면역전략[2)]에 사용된다. 즉 기존 듀레이션은 기간개념으로 사용되는데 반해 수정듀레이션(MD: Modified Duration)은 시장수익률 변동에 따른 채권가격의 변동률을 측정하는 데 사용된다.

$$\text{수정듀레이션} = \frac{\text{매콜리듀레이션}}{1+\dfrac{YTM}{m}}$$

YTM=만기수익률　　m=이자지급횟수
ΔYTM=만기수익률변동률

$$\text{채권가격변동률} = -[\text{수정듀레이션} \times \Delta YTM \times 100]$$

예를 들어 매콜리 듀레이션이 3.782이고 만기수익률이 10%, 반년마다 이

2) 채권투자 시에 사용되는 면역 전략이란 목표투자기간 중 시장수익률변동에 상관없이 채권매입 당시의 설정 수익률을 실현하도록 하는 기법이다.

자를 지급한다면 수정듀레이션은 다음과 같다.

$$MD = \frac{3.782}{1+\frac{0.1}{2}} = 3.602$$

만기수익률이 10%에서 10.73%로 증가했다면 채권가격은 얼마나 변동할까? 먼저 채권가격변동률을 계산하면 다음과 같다.

$$\Delta YTM = 10.73\% - 10\% = 0.73\%$$

$$\text{채권가격변동률} = -[3.602 \times 0.0073 \times 100] = -2.629\%$$

현재 채권가격이 ₩105,000원이라면 채권가격은 약 2.629% 하락한 ₩102,339원이 된다. 이처럼 수정듀레이션은 채권가격의 변동요인 중에 하나인 시장수익률에 따른 채권가격의 변화를 숫자로 보여준다. 따라서 채권가격변동률을 금액 듀레이션(Dollar Duration)으로 불리기도 한다.

수정듀레이션을 통해 시장수익률 변동에 따른 채권가격변동을 예측할 수 있다. 하지만 시장수익률의 변동폭이 커지게 되면 수정듀레이션을 통해 예측한 채권가격과 실제 변동한 채권가격과는 오차가 생기게 된다.

다음은 표면이자율 10%(연 1회 지급), 만기 10년, 만기수익률 10%인 채권의 기치가 시장수익률변동에 따라 변동했을 때 발생되는 듀레이션추정액과 실제채권변동액간의 오차를 나타낸 것이다. 이 채권의 현재가격은 ₩100,000이다.

〈표 14-15〉 듀레이션을 통한 채권가격변동액과 실제채권가격변동액과의 비교 (단위: 천원)

시장수익률변동폭	듀레이션추정액	실제채권변동액	추정오차율
0.01%	−0.06145	−0.06142	0.00264%
0.10%	−0.61446	−0.61183	0.26308%
1%	−6.14457	−5.88923	25.53351%

이와 같이 시장수익률변동폭이 커질수록 듀레이션추정액과 실제 채권변동액간에 오차가 커진다. 이는 채권가격은 그래프 상에서 곡선의 형태로 나타나는데 금액듀레이션(Dollar Duration)은 그래프 상에서 채권가격곡선의 접선

〈그림 14-6〉 채권가격곡선

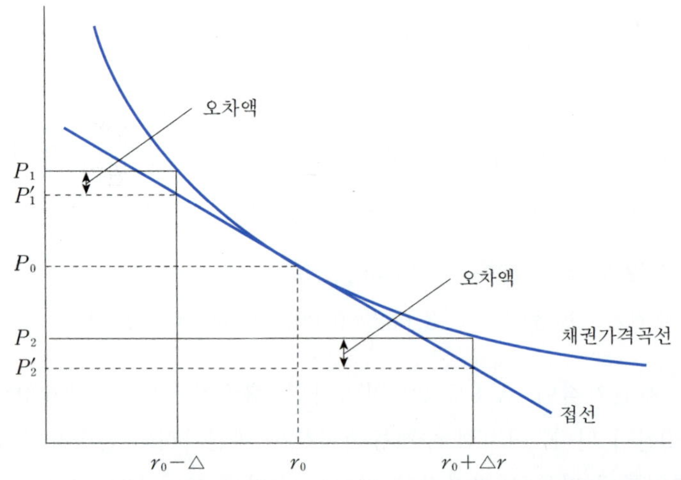

으로 나타나기 때문이다.

3. 듀레이션의 한계점

① 듀레이션은 채권가격이나 시장이자율의 변화관계를 선형으로 가정하는 개념이므로 시장이자율의 변화가 매우 크면 오차가 커져서 정확한 채권가격변동률을 구할 수 없는 단점이 있다. 이 때 볼록성을 이용하여 오차를 줄일 수 있다.

② 매콜리듀레이션이나 수정듀레이션은 매기 현금유입에 대해 동일한 시장이자율을 적용하므로, 모든 기간의 현물이자율이 동일한 수평선형태의 기간구조를 가정하고 있다.

4. 볼록성과 채권가격

(1) 볼록성의 의의

채권가격과 시장이자율간의 관계는 선형이 아닌 원점에 대해서 볼록한 형태를 갖는데 이 정도를 볼록성(convexity)이라고 한다. 볼록성이란 시장이자율변화에 따르는 듀레이션의 변동폭으로 수학적으로 시장이자율에 대한 채권가격을 2차 미분한 값으로, 듀레이션의 한계점에서 설명하였듯이 오차를 줄이는데 이용된다.

(2) 볼록성의 측정

테일러확장식에 의하면 이자율이 r에서 dr만큼 변동하여 r'가 되었을 때, 이자율변동 후의 채권가격 $P(r')$과 이자율변동 전의 채권가격 P는 다음과 같다.

$$P(r')=P+\frac{1}{1!}P'\cdot dr+\frac{1}{2!}P''\cdot(dr)^2+(3\text{차항 이상의 합})$$

단, P'=채권가격의 이자율에 대한 1차 미분항

P''= 채권가격의 이자율에 대한 2차 미분항

여기에서 3차항 이상의 합은 너무 작아서 0으로 하고, 우변의 P를 좌변으로 이항하면 채권가격변동액을 나타낸다.

$$dP=P'\cdot dr+\frac{1}{2}P''\cdot(dr)^2$$

위 식을 현재의 채권가격 P로 나누면 채권가격변동률로 표시할 수 있다.

$$\frac{dP}{P}=P'\cdot\frac{1}{P}\cdot dr+\frac{1}{2}P''\cdot\frac{1}{P}\cdot(dr)^2=-\left(\frac{D}{1+r}\right)dr+C\cdot(dr)^2$$

위 식의 우변에서 $P'\cdot\frac{1}{P}\cdot dr$는 1차 미분항에 의한 채권가격변동률로 듀레이션에 의하여 예측된 채권가격변동률을 나타낸다.

$$P'\cdot\frac{1}{P}\cdot dr=\frac{dP}{dr}\cdot\frac{1}{P}\cdot dr=-\frac{D}{1+r}dr\left(\because \frac{dP}{dr}\cdot\frac{1}{P}=-\frac{D}{1+r}\right)$$

$\frac{1}{2}P''\cdot\frac{1}{P}\cdot(dr)^2$는 2차 미분항에 의한 가격변동률로 볼록성에 의한 채권가격변동률을 나타내는데, $\frac{1}{2}P''\cdot\frac{1}{P}$을 채권의 볼록성이라고 한다. 여기에서 P''은 채권가격의 이자율에 대한 2차 미분항이다.

(3) 듀레이션과 볼록성을 모두 고려한 채권가격변동

$$\frac{dP}{P}=-\left(\frac{D}{1+r}\right)dr+C\cdot(dr)^2=-MD\cdot dr+C\cdot(dr)^2 \quad \text{(채권가격 변동률)}$$

$$dP=-\left(\frac{D}{1+r}\right)dr\cdot P+C\cdot(dr)^2\cdot P=-MD\cdot dr\cdot P+C\cdot(dr)^2\cdot P$$

(채권가격 변동액)

제 7 절 채권투자전략

1. 채권투자의 특징

채권가격을 결정짓는 채권금리는 내·외적 요인에 의해 영향을 받는다. 내적 요인에는 채권의 잔존기간, 표면이율, 채무불이행위험, 유동성 등이 있다. 외적 요인은 물가수준, 경기동향, 통화금융정책, 시장금리수준, 과세제도, 환

〈표 14-16〉 채권금리변동의 외적요인 및 영향

분류		영향
물가	물가 상승	물가상승에 따른 실질금리의 하락은 실물자산에 대한 투자를 유발시켜 채권을 비롯한 기존 금융상품의 수요가 감소하게 된다. 따라서 채권금리는 상승하게 된다.
	물가 하락	실질금리가 상승하게 되어 채권 수요가 증가하게 된다. 이에 따라 채권금리는 하락하게 된다.
경기동향	경기활황시	기업의 투자증대로 자금수요가 증가하여 채권 공급이 늘어나고 수요는 감소한다. 채권금리는 상승한다.
	경기침체시	기업의 투자감소로 인해 자금수요가 감소하여 채권금리는 하락한다.
통화금융정책	공개시장조작	중앙은행이 국채매입시 시중자금 호전되어 채권금리는 하락하고, 매각시에는 자금이 경색되어 채권금리는 상승한다.
	지급준비율·재할인율인하	재할인율 또는 지급준비율 인하시 시중자금 공급이 늘어나면서 채권금리는 하락한다.

율, 국제금리수준 등이 있다.

채권은 고정금리채의 경우 정기적으로 확정이자가 지급되고 만기에 원금이 상환되므로 미래 현금흐름을 예상할 수 있다. 변동금리채의 경우 금리가 변동함에 따라 이자지급규모가 변동하나 정기적으로 지급되고 만기에 원금이 상환되므로 대략적인 미래 현금흐름을 예상할 수 있다. 채권은 가격변동위험이 큰 주식보다는 투자위험이 적다.

하지만 발행기업의 부도나 물가 · 시장금리 변동이 발생할 경우 손실을 입을 수 있다. 채권투자위험은 회피가 불가능한 체계적 위험과 분산투자로 회피가 가능한 비체계적 위험으로 구분할 수 있다. 체계적 위험은 이자율변동위험, 구매력위험 등이고, 비체계적 위험은 채무불이행위험, 중도상환위험, 유동성위험 등이다.

(1) 이자율변동위험(Interest rate risk)

이자율이 변동하는 경우 채권의 가격도 변동하게 되어 매도 시 매입가격과 매도가격간의 차이가 발생한다. 계속 보유하는 경우에도 이자를 재투자하는데 따른 재투자위험이 발생한다. 이런 가격위험과 재투자위험은 금리변동방향에 따라 서로 상쇄된다. 예를 들어 이자율이 상승한다면 채권가격은 하락하는 반면에 이자의 재투자 시 얻게 되는 금액은 커지게 된다. 이들 위험이 서로 완전히 상쇄되지 않는 경우에 이자율변동에 따른 투자위험이 발생하게 된다.

(2) 구매력위험(Purchasing power risk or inflation risk)

물가가 상승하는 경우, 투자자는 물가상승으로 인해 발생되는 구매력손실을 보상하기 위해 현재 이자율에 물가상승률을 가산한 이자를 요구하게 된다. 즉 미래의 물가상승을 예상하여 이자율이 결정된 경우, 물가가 예상과 다르게 변동하게 되면 구매력위험이 발생하게 된다. 물가의 변동폭이 큰 경우 주로 발생하게 된다.

(3) 채무불이행위험(Default risk)

채권투자자가 발행자로부터 채권에 명시되어 있는 원금과 이자를 전부 또는 일부분을 받지 못할 위험이다. 채무불이행위험은 이자나 원금의 일부만을 지급할 수 없는 부분적 채무불이행위험과 파산시 전체 채무를 지급할 수 없는 완전 채무불이행위험으로 구분된다.

(4) 중도상환위험(Call risk)

일반적인 경우 채권의 원금은 만기에 상환된다. 만기 전에 일정한 금액으로 임의상환할 수 있는 조항(call provision)이 첨가된 채권의 경우, 발행회사는 기발행채권을 상환하고 낮은 금리로 새로운 채권을 발행할 수 있다.

임의상환조항(call provision)이 첨가된 채권을 매입한 투자자는 만기 전 임의상환으로 기대수익률을 달성하지 못할 위험을 가지게 된다.

(5) 유동성위험(Liquidity risk)

투자자가 보유하고 있는 채권을 시장가격 또는 근접한 가격에 얼마나 쉽게 매각할 수 있는가를 의미한다. 채권딜러의 매도 · 매수호가간의 금리 스프레드에 의해 측정된다. 이 스프레드가 크면 클수록 유동성위험은 증가한다. 포토폴리오 면역전략이나 시스템 운용을 하려는 경우 채권을 수시로 매매해야 하는데 시장에서는 원하는 가격과 시기에 매매하지 못하는 경우가 발생하게 된다. 시장의 자금사정이 악화될 때 유동성위험이 커진다.

(6) 잔존기간(Term to maturity)

잔존기간이 길수록 미래에 대한 불확실성 증가로 인해 채권의 투자위험은 커지게 된다. 따라서 장기채는 단기채보다 높은 프리미엄을 가지게 된다. 하지만 금리상승이 예상될 때 단기채 수요가 급증하기 때문에 장기채의 수익률이 더 높다. 금리하락이 예상될 때는 장기채 수요가 단기채보다 많아지기 때문에 장기채 수익률이 단기채보다 더 낮다.

2. 면역전략

(1) 면역전략의 의의

면역전략(immunization strategy)이란 보유기간말의 투자수익이 시장이자율의 변동과 상관없이 달성되도록 채권의 보유기간을 결정하는 채권투자전략이다. 이는 시장이자율의 변동에 따라 상반된 영향을 미치는 가격위험과 재투자위험의 크기가 같게 되는 시점이 듀레이션이므로 목표투자기간을 채권이나 채권포트폴리오의 듀레이션으로 일치시키면 이자율변동으로부터 헤지가 가능할 것이다.

(2) 면역전략의 방법

면역효과를 얻을려면 시간경과나 이자율변동에 따라 듀레이션을 잔여투자기간과 일치되도록 끊임없이 조정해야 한다. 예를 들면, 보유채권을 다른 채권으로 대체하거나 채권포트폴리오의 구성비율을 재구성하는 방법이 있다.

(3) 듀레이션 대응전략

금융기관들은 자산과 부채가 대부분 금융자산으로 이루어져 있으므로 이자율변동에 의해 자산과 부채의 가치가 모두 변동하게 된다. 이 때 자산과 부채의 듀레이션을 적절하게 조정함으로써 헤지를 할 수 있다.

$$dA = -\frac{D_A}{1+r} \cdot dr \cdot A$$

$$dL = -\frac{D_L}{1+r} \cdot dr \cdot L$$

위 식은 A, L은 각각 자산과 부채의 시장가치라 하고, D_A, D_L을 각각 자산과 부채의 듀레이션이라고 할 때 이자율이 dr만큼 변동할 경우의 자산가치의 변화량 dA와 부채가치의 변화량 dL을 측정한 것이다. 따라서 이자율변동으로부터 헤지되려면 dA와 dL이 동일하여야 할 것이다.

$$D_A C \cdot A = D_L C \cdot L$$

만약 자산과 부채의 이자율이 같다면 위 식과 같이 자산과 부채의 듀레이션을 동일하게 유지하면 이자율변동으로부터 헤지가 됨을 알 수 있다. 그러나 이자율이 틀리다면 위의 식이 성립되도록 각각의 듀레이션을 조정해야만 할 것이다.

제 8 절 ALM

1. ALM의 의의

금융기관의 자산투자에 대한 자금원천은 고객의 예탁금이고 이는 향후에 상환해야 할 부채이다. 따라서 이러한 수입금의 일정부분을 채권 등의 유가증권에 투자하여 투자수익을 높이려고 할 것이다. 뿐만 아니라 수익과 비용이 모두 이자율에 의해 결정되기 때문에 자산과 부채의 가치 모두가 이자율변동에 민감하다. 그리하여 금융기관은 자산과 부채를 효율적으로 관리하면서 수익의 극대화와 위험의 극소화를 위해 자산부채종합관리(asset liability management: ALM)가 등장하게 되었다. ALM의 대표적 기법으로는 갭관리와 듀레이션갭관리가 이용되고 있다.

2. 갭관리(GAP management)

(1) 의　　의

이자율이 변동하면 순이자소득 또는 순이자마진이 변동할 수 있고 이는 이자율에 민감한 자산과 부채에 의해 달라진다. 갭관리란 이자율 변화에 대응하여 자산과 부채의 구성을 조정하여 관리하는 기법이다. GAP은 이자율변동에 따른 이자마진의 민감도로서 금리변동위험에 노출되어 있는 정도라고 할 수 있다. 이는 금리변동에 민감한 자산(rate sensitive asset: RSA)과 금리변동에 민감한 부채(rate sensitive liability: RSL)에 의해 측정된다.

$$\text{GAP} = RSA - RSL \qquad \text{또는} \qquad \text{GAP 비율} = \frac{RSA}{RSL}$$

(2) GAP 전략

GAP 전략이란 GAP의 개념을 이용하여 이자율변동에 따른 자산과 부채를 종합적으로 관리하여 GAP을 조정해 나가는 것을 말한다.

〈표 14-17〉 GAP 전략

이자율의 예상	GAP	GAP비율
상　　승	GAP>0	GAP비율>1
하　　락	GAP<0	GAP비율<1
불 확 실	GAP=0	GAP비율=1

3. 듀레이션갭관리

(1) 자본의 수정듀레이션 이용

자기자본가치는 자산가치에서 부채가치를 차감하여 결정한다. 따라서 이자율변동으로 인한 자기자본가치의 변동액은 자산가치의 변동액에서 부채가치의 변동액을 차감하여 구할 수 있다.

$$dK = dA - dL$$

한편, 이자율변동에 의한 가치변화는 듀레이션과 수정듀레이션을 이용하여 측정할 수 있으므로 다음과 같이 표현할 수 있다.

$$dK = -\frac{D_K}{1+r} \cdot dr \cdot K = -MD_K \cdot dr \cdot K$$

$$dA = -\frac{D_A}{1+r} \cdot dr \cdot A = -MD_A \cdot dr \cdot A$$

$$dL = -\frac{D_L}{1+r} \cdot dr \cdot L = -MD_L \cdot dr \cdot L$$

그리하여 앞의 식을 정리하면 다음과 같다.

$$-\frac{D_K}{1+r} \cdot dr \cdot K = -\frac{D_A}{1+r} \cdot dr \cdot A + \frac{D_L}{1+r} \cdot dr \cdot L$$

$$-MD_K \cdot dr \cdot K = -MD_A \cdot dr \cdot A + MD_L \cdot dr \cdot L$$

여기에서 이자율변동 dr이 모두 동일하다고 가정하면 자본 수정듀레이션은

$$MD_K \cdot K = MD_A \cdot A - MD_L \cdot L$$

위 식과 같이 정리되며, 자기자본가치의 변화는 다음과 같이 나타나게 된다.

$$dK = -dr \cdot MD_K \cdot K = -dr(A \cdot MD_A - L \cdot MD_L)$$

(2) 자본의 듀레이션 갭 이용

$MD_K \cdot K = MD_A \cdot A - MD_L \cdot L$에서 레버리지 $\frac{L}{A} = W$라면

$MD_K(1-W) = MD_A - W \cdot MD_L$이 된다.

이 때 $MD_K(1-W)$를 자본의 듀레이션갭이라고 한다. 이 식 또한 자기자본의 가치변화를 측정할 때 이용한다. 그리고 이 식은 총자산을 기본으로 측정하는 점이 자본의 수정듀레이션을 이용한 가치변화와 다른 점이다.

위와 같은 방법으로 $dK = -dr \cdot MD_K \cdot K = -dr(A \cdot MD_A - L \cdot MD_L)$를 표현하면

$$\frac{dK}{A} = -dr(MD_A - W \cdot MD_L) = -dr \cdot MD_A(1-W)$$

$$dK = -dr \cdot MD_K \cdot K(1-W) \cdot A$$

(3) 듀레이션갭 전략

자본의 수정듀레이션, 듀레이션갭은 모두 자본듀레이션에서 비롯된 것이므로 이자율변동에 따라서 자산과 부채의 듀레이션을 적절하게 관리해 나가야 할 것이다.

이자율변동에 대한 예상에 의해 듀레이션을 다음과 같이 관리해야 한다.

이자율 상승이 예상되면 D_A감소 D_L증가를 통한 D_K감소(<0), 하락이 예상되면 D_A증가 D_L감소를 통한 D_K증가(>0), 불확실 할 때에는 D_A와 D_L을 일치시켜 $D_K=0$(hedge)으로 관리해야 한다.

구체적인 실현방법으로는 예를 들어 이자율이 상승하게 된다면 D_A를 감소시키는 방법과 D_L을 증가시키는 방법을 이용한다. D_A 감소방법으로는 장기대출을 단기대출로, 고정금리대출을 변동금리 대출로, 만기일시상환을 분할상환으로 대체하는 방법이 있다. D_L 증가방법으로는 단기성 예금을 장기성 예

금으로, 변동금리예금을 고정금리예금으로, 만기전 이자지급을 만기에 원리금 지급으로 대체하는 방법이 있다.

채권 불확실성 속의 투자전략

한국투자증권은 21일 "채권금리의 방향이 애매해진 상황이다"면서 "2011년 기준금리가 50bp 인상되었음에도 최근 금리가 크게 하락하면서 작년 연말보다 국고채 5년이 1bp, 10년 금리가 6bp 낮아졌기 때문이다"고 설명했다.

이정범 애널리스트는 "미국을 중심으로 한 글로벌 경기회복 기대가 높기 때문에 큰 폭의 금리 추가 하락을 기대하기는 쉽지 않다는 것이 시장의 일반적인 인식이다"면서 "그러나 우리는 일본 지진 사태로 한국의 경기하방 리스크가 높아졌다는 점에 주목하고 있다"고 지적했다.

그는 이어 "이번 주에는 차익실현과 리스크 관리 심리가 이어지며 금리가 박스권에 머물 가능성이 크다"면서 그러나 중기적으로는 금리가 높아진 경기하방 리스크를 반영할 가능성이 높다는 점에서 여전히 채권시장에는 매수관점이 유효하다고 판단했다.

이 애널리스트는 "외국인의 채권매수가 만기 3년 이하 국고채에 집중되고 있다"면서 "외국인의 채권매수가 원화강세에 베팅하는 것이라면 당분간 지속될 가능성이 높다"면서 따라서 단기적으로는 커브 스티프닝이 조금 더 이어질 것으로 전망했다.

– 파이낸셜뉴스 신문기사 2011년 3월 21일

EXERCISE 연 습 문 제

1. 주식과 채권을 비교 · 설명하시오.

2. 채권의 특징 네 가지를 설명하시오.

3. 이자율변동 위험에 대해 설명하시오.

4. 듀레이션에 대해 설명하시오.

5. 액면가액 10,000원, 만기 3년, 액면이자율 7%인 채권이 있다. 시장이자율은 6%이다.
   ① 채권의 듀레이션을 구하여라.
   ② 시장이자율이 1% 상승하여 7%가 되었다. 채권가격의 변화를 듀레이션을 통해 구하여라.
   ③ ②번에서 수정듀레이션을 산출하여 채권가격의 변화를 구하여라.

6. 채권 A와 채권 B로 포트폴리오를 구성하고 있다. 두 채권의 단위당 시장가격은 각각 10만원씩이다. 그리고 채권 A와 채권 B는 모두 할인채이다.

채권 종류	만기	액면 금액
채권 A	1년	110,000년
채권 B	3년	119,100년

위와 같은 채권이 50%씩 포함되어 있는 채권포트폴리오의 듀레이션을 구하시오.

7. 채권투자와 듀레이션에 관련된 내용이다.
   ① 이자율변화에 따른 채권투자위험 2가지를 설명하라.
   ② 듀레이션을 이용한 채권면역전략에 대하여 설명하라.

8. 듀레이션의 결정 요인에 대해 설명하시오.

9. ALM에서 자기자본가치 변화를 측정하는 방법 두 가지에 대해 설명하시오.

10. 듀레이션 갭 전략의 의의 및 구체적인 실현방법에 대해 설명하시오.

11. 덕진은행의 자금조달과 자산운용의 결과 현재의 재무상태표가 다음과 같다. 담보부 대출은 만기 1년(듀레이션 1년)의 무위험 대출로서 1년 후의 원리금 상환규모는 1,260원이다. 채권 B의 만기시 원금상환 총규모는 2,300원으로 이는 만기 3년, 연간 표면이자율 9%인 채권으로 액면가에 거래되고 있다. 연간 무위험이자율은 5%라고 가정하며, 부채의 듀레이션은 1.2년이고 수익률은 6%라고 한다. 토지는 연 20%의 수익률을 영구적으로 제공하는 자산이며, 이자율이 변화하는 경우에 이는 모든 자산, 부채에 동일하게 적용된다고 가정한다. 또한 수익률 변화에 따른 가격변화의 비대칭성은 무시하며, 재무상태표 금액은 시장가치 기준이고 개별 자산의 금액은 공란으로 되어 있다. 단, 듀레이션은 맥콜리 듀레이션을 의미한다(계산은 소수 넷째 자리까지만 표시하되 다섯째 자리에서 반올림할 것).

〈덕진은행의 재부상태표〉 (단위: 원)

자 산		부채와 자기자본	
담보부 대출(만기1년)		부채	3,450
채권 B(만기 3년, 1좌당액면가 10원)		자기자본	50
투자부동산(토지)			
합 계	3,500	합 계	3,500

① 은행의 담보부 대출은 옵션이 내포되어 있는 거래로 볼 수 있다. 차입자인 기업이 차입을 하면서 은행에 제공한 담보물의 현재 시가는 1,300원, 거래과정에 내포되어 있는 풋옵션의 가격은 50원이라고 가정하자. 대출자인 은행의 담보부 대출이 차입자와의 거래에서 공정한 시장가치로 이루어졌다면, (i) 담보부 대출채권의 공정한 시장가치를 평가하고(수식을 쓸 것), (ii) 이러한 거래에 포함되어 있는 옵션적 성격의

권리내용이 차입자의 입장에서는 무엇인지를 구체적으로 기술(2줄 이내)하고 그 권리의 가치를 구하라.

② 이자율이 변화하는 경우, 채권 B의 가격에 미치는 영향과 이자의 재투자수익에 미치는 영향이 서로 균형을 이루게 되는 시점을 구하라.

③ 금융위기 상황을 맞아 중앙은행은 2% 포인트의 큰 폭의 금리인상을 계획하고 있다고 하자. 만일 이 상황에서 구조조정을 하지 않고 현 상태의 구조를 그대로 유지한다고 할 경우 재무구조가 취약한 이 은행의 자본잠식은 어느 정도 일어나겠는가?

④ 이자율 상승이 지속된다고 판단한 은행의 자산운용자가 자산간의 구성비율이나 부채의 조정은 불가능하고, 단기적으로 조정이 가능하다고 보는 채권 B의 종목을 다른 종목으로 적극 교체하기로 결정하였다. 어떤 특성의 채권으로 교체(swap)하여야 하는지를 답하고, 그 이유를 3줄 이내로 간단히 설명하라.

(2004년 CPA 기출문제)

12. 유동성프리미엄가설(또는 유동성선호가설)이 성립한다고 가정하자. 1년 만기 현물이자율(spot rate)은 6%이다. 그리고 1년후 기준 1년 만기 현물이자율은 8%로 예상된다(6%와 8%는 명목이자율임). 만기가 2년이고 액면이자율이 8%인 채권(연 1회 이자 지급, 원금 10,000원)을 1년 보유하는 경우 보유수익률(holding return)이 6.8%로 예상된다(가격은 정수로 계산하고 수익률은 %기준으로 소수점 둘째 자리까지만 표시한다).

① 채권의 1년 후 기대 가격과 현재 가격을 계산하라.

② 가격에 반영된 유동성프리미엄은 몇 퍼센트인가?

③ 실질수익률(real yield)이 3%로 일정하다고 가정하자. 물가상승률이 2년 동안 어떻게 변할 것으로 기대되는가?

(2005년 CPA 기출문제)

13. 갑 채권은 액면가가 10,000원인 무위험 이표채이다. 이 채권의 표면금리는 8%인데 이자는 매 6개월마다 후급으로 지급된다. 어제 이자가 지급되었고 현재 잔존만기는 2년이며 만기수익률(YTM)은 8%이다. 수익률곡선이 수평하고 또한 수평이동한다고 가정하고 다음 물음에 답하시오.

① 갑 채권의 맥컬레이듀레이션(Macaulay duration; D)은 몇 년인가? (단, 계산과정 중 금액과 관련된 수치는 반올림하여 소수점아래 두 자리까지 계산하고, 듀레이션은 반올림하여 소수점아래 네 자리까지 표시하되 년 단위로 할 것)

② 갑 채권의 수정듀레이션(modified duration; D_m)은 얼마인가? (맥컬레이듀레이션을 이용하여 수정듀레이션을 구하되 그 식도 간단히 나타내시오. 또한 수정듀레이션은 반올림하여 소수점아래 네 자리까지 표시하되 단위는 ①과 동일하게 년 기준으로 할 것)

③ 갑 채권의 만기수익률이 오늘 8%에서 7%로 1%p 하락한다면 ($\triangle y=-1\%$), 채권가격의 변동률은 수정듀레이션으로 계산한 가격변동률과 볼록성(convexity)에 기인한 오차조정부분의 합으로 나타낼 수 있다. 즉,

$$\text{채권가격변동률} = -D_m \cdot \triangle y + \text{볼록성에 기인한 오차조정부분}$$

이때, 볼록성에 기인한 오차조정부분은 얼마인가? (볼록성 계산공식을 이용하시오. 단, 중간과정의 계산은 반올림하여 소수점아래 6자리까지 구하고 답은 %단위로 표시하되 반올림하여 소수점아래 네 자리까지 나타낼 것)

(2006년 CPA 기출문제)

14. A은행의 장부가치 재무상태표가 다음의 표와 같이 제시되었다.

(단위: 원)

자 산		부채와 자본	
현 금	50	요구불예금	400
대출채권	400	CD	130
장기채권	150	자기자본	70
합 계	600	합 계	600

대출채권의 연이자율은 10%이며 2년에 걸쳐 매년 말에 원리금을 균등분할상환받는 조건이다. 장기채권은 연 8%의 이자를 매년 말에 지급받는 3년 만기 채권이다. 부채 중 CD의 이자율은 연 7%이며, 1년 후에 원리금을 일시 상환하는 조건이다. 현재 시장이자율은 연 8%이다(모든 계산은 반올림하여 소수점 넷째 자리까지 표시한다).

① A은행이 보유하고 있는 자산의 듀레이션은 얼마인가?

② A은행이 보유하고 있는 부채의 듀레이션은 얼마인가?

③ 시장이자율이 100 베이시스 포인트(1%p) 상승할 경우 A은행의 자기자본의 시장가치에 미치는 영향을 듀레이션 모형을 이용하여 계산하시오.

④ 다음의 물음에 답하시오.

(i) A은행의 입장에서 순자산가치가 이자율위험으로부터 면역되기 위한 조건은 무엇인가?

(ii) 이러한 조건을 충족하기 위해서는 부채의 듀레이션이 얼마가 되어야 하는가?(단, 자산의 듀레이션은 변경될 수 없다고 가정하시오).

⑤ A은행이 이자율위험으로부터 자기자본비율(=자기자본/자산)의 변화를 "0"으로 만들 수 있는 방법을 듀레이션을 이용하여 설명하시오.

(2008년 CPA 기출문제)

15. 1년, 2년, 3년 만기 현물이자율(spot rate)이 각각 4.50%, 5.12%, 5.53%이다. 백분율은 반올림하여 소수점 넷째 자리까지 구하고, 가격은 소수점 둘째 자리까지 계산한다. 채권의 액면가는 10,000원이고 연 1회 이자를 지급한다.

① 3년 만기 액면가채권(par value bond)의 액면이자율을 계산하시오.

② 유동성프리미엄가설(liquidity premium hypothesis)이 성립하며 2차연도와 3차연도의 유동성프리미엄이 각각 50bp와 60bp라고 가정하자. 액면이자율이 6%인 3년 만기 채권의 1년 후 기대가격을 구하시오.

③ 무이표채를 이용하여 2차연도의 투자수익률을 확정시킬 수 있는 포지션을 제시하고 투자수익률을 계산하시오. 1년과 2년 만기 무이표채(액면가 10,000원)가 존재한다고 가정한다. 포지션은 1년 만기 무이표채 1개를 기준으로 구성하며 각 무이표채의 개수를 반올림하여 소수점 여섯째 자리까지 계산한다.

④ 위와는 독립적으로, 다음과 같은 상환요구사채(putable bond)와 일반사채(straight bond)가 거래되며 차익거래기회가 존재하지 않는다고 가정하자. 상환요구사채에 내재된 풋옵션의 가치는 상환요구사채 가격의 몇 퍼센트에 해당되는지 구하시오. 모든 채권의 만기, 이자지급방법 및 신용등급 등 기타 조건은 동일하며, 액면가는 10,000원이다.

채 권	채권유형	액면이자율	가 격
A	상환요구사채	6.47%	12,000원
B	일반사채	5.45%	10,528원
C	일반사채	7.15%	12,350원

(2009년 CPA 재무관리 2차 시험)

16. 투자자 K씨는 액면가 100,000원, 표면이자율 연 20%(이자는 매년 말 1회 지급), 만기 2년인 채권의 매입을 검토하고 있다. 1년간의 현물이자율과 그 후 1년간의 선도이자율은 모두 15%로 알려져 있다. 채권가격과 이자율 사이의 볼록성(convexity) 관계는 무시하기로 한다. 이 채권 투자에 따르는 이자율위험을 제거하기 위해 투자기간을 얼마로 해야 하는가?(소수점 아래 셋째 자리에서 반올림할 것) 정답 ④

① 1.57년　② 1.66년　③ 1.75년
④ 1.84년　⑤ 1.93년

(2006년 CPA 기출문제)

17. 액면금액 10,000원, 3년 만기, 표면이자율 연 16%(이자는 매분기말 지급)로 발행된 회사채가 있다. 만기일까지의 잔존기간이 5개월 남은 현시점에서 이 회사채의 만기수익률이 연 12%이면, 이 채권의 이론가격은?(가장 근사치를 고를 것) 정답 ④

① 9,890원　② 10,000원　③ 10,110원
④ 10,290원　⑤ 10,390원

(2001년 CPA 기출문제)

18. 자산의 시장가치가 1,000억원이고 듀레이션이 4년이며, 부채의 시장가치가 700억원이고 듀레이션이 5년인 가상은행이 있다고 하자. 이 은행은 어떤 금리위험에 노출되어 있으며, 이를 줄이기 위해 어떤 조치를 취할 수 있는가?(단, 아래 각 항의 조치는 나머지 변수들에는 영향을 미치지 않는다고 가정) 정답 ③

① 금리상승위험을 줄이기 위해 부채의 시장가치를 줄인다.
② 금리하락위험을 줄이기 위해 부채의 듀레이션을 늘린다.
③ 금리상승위험을 줄이기 위해 자산의 시장가치를 줄인다.
④ 금리하락위험을 줄이기 위해 자산의 듀레이션을 늘린다.
⑤ 금리하락위험을 줄이기 위해 자산과 부채의 듀레이션을 일치시킨다.

(2001년 CPA 기출문제)

19. 채권투자에 관한 설명 중 가장 옳은 것은? 정답 ③

① 채권수익률 하락이 예상되면 장기채와 쿠폰금리(액면이자율)가 높은 채권에 대한 투자를 증가시킨다.
② 채권수익률 기간구조이론 중 불편기대가설이 성립하는 경우 정부 발행 5년 만기 할인채에 투자하는 장기투자전략과 정부 발행 1년 만기 할인채에 5년 동안 반복 투자하는 롤오버전략(roll over strategy)의 사후적인 투자성과는 같다.
③ 만기가 동일한 채권에서 채권수익률 상승으로 인한 가격 하락폭보다 같은 크기의 수익률 하락으로 인한 가격 상승폭이 더 크다.
④ 이표채의 듀레이션은 만기에 정비례하고, 만기가 같은 경우에는 쿠폰금리가 높은 채권의 듀레이션이 짧다.
⑤ 수익률곡선타기전략(riding yield curve)은 수익률곡선이 상향 이동하는 경우에만 효과적인 전략이다.

(2003년 CPA 기출문제)

FINANCIAL MANAGEMENT

제15장
리스금융

제1절 리스의 개념

1. 리스의 의의

리스(lease)는 임대인이 기계설비나 자동차, 비행기 등의 자산을 일정기간 동안 리스료의 정기적인 지급을 조건으로 임차인에게 빌려주는 금융의 한 형태이다. 일반적인 임대의 경우 임대기간이 종료되면 임대된 자산은 임대인에게 반환되지만 리스계약에는 임차인이 리스기간 연장과 리스된 자산을 취득

〈표 15-1〉 리스의 대상

분 야	품 목
산업시설, 기계	모든 제조업종 및 광업, 농수산업에 사용되는 시설, 기계
전자 · 통신 및 사무기기	컴퓨터 및 주변기기, 유무선 통신기기, 방송시설 및 각종 사무화 자동기기
의료기기	진단 · 치료용기기, 기타 병원설비
운수 · 운반기기 및 건설장비	선박, 항공기, 차량, 중기 및 컨테이너
관광 및 유통설비	관광, 유통에 사용되는 시설, 기계
교육 · 연구용 기기	교육용 기기 및 과학기술 연구개발에 필요한 시설, 기계, 연구 실험용기기
공해방지 시설 및 에너지절약 시설	대기오염 및 수질오염 방지기기, 환경정비기기, 폐자원 이용설비, 산업용 보일러

〈그림 15-1〉 리스의 절차

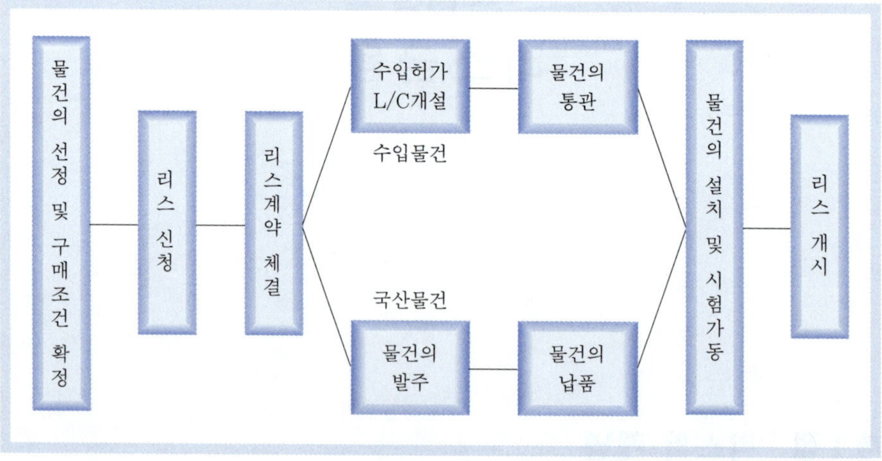

할 수 있는 옵션이 추가되기도 한다.

현재 렌탈(rental)은 리스와 실질적으로 거의 같은 성격을 지니고 있다. 다만 현재 국내법상 리스로 간주되지 않는다. 하지만 렌탈을 리스의 범주에 포함시키면 리스의 대상자산은 매우 광범위하다고 할 수 있다. 이런 경향은 앞으로 더욱 심화될 것으로 보인다.

2. 리스의 종류

리스의 종류에는 직접리스(direct lease), 매각 후 재 임차계약(sale and lease back arrangements), 운영리스(operating lease), 금융리스(financial lease), 레버리지리스(leveraged lease)가 있다. 직접리스란 임차인이 필요로 하는 자산을 결정하고, 이 자산의 매입을 리스회사에 요청하여 매입자산에 대해 리스계약을 맺는 것을 말한다.

〈그림 15-2〉 직접리스

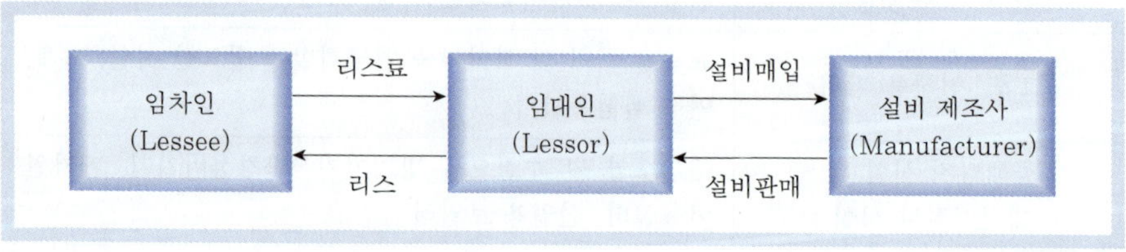

매각 후 재 임차계약이란 임차인이 이미 소유하고 있던 자산을 임대인에게 매각함과 동시에 임차계약을 맺어 임차인이 독점적으로 임대자산을 사용할 수 있는 계약이다. 부동산의 경우에 흔히 쓰이고 있다.

〈그림 15-3〉 매각 후 재 임차계약

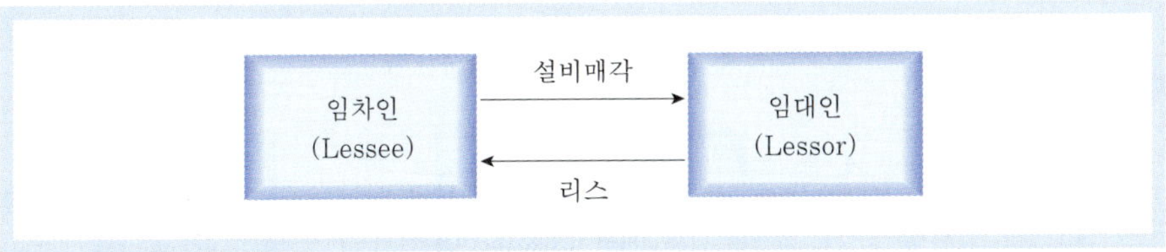

운영리스는 리스기간이 비교적 단기이고 기간 안에 임차인이 계약을 취소할 수 있다. 임대인은 리스 물건가액의 일부분만을 회수하며 리스자산에 소요되는 일체비용을 부담한다. 따라서 일부 임차인에게만 필요한 자산보다는 많은 분야에서 수요가 있고 매각처분이 용이한 자산을 대상으로 한다.

금융리스는 운영리스와는 반대로 리스기간이 장기이며 계약취소가 불가능하다. 임대인은 리스 물건가액 전부를 회수한다. 리스기간이 만료되면 리스자산은 유·무상으로 임차인에게 귀속된다. 따라서 임차인은 리스자산에 소요되는 일체비용과 위험을 부담한다.

미국의 경우, 운영리스와 금융리스의 구분을 리스자산의 소유를 기준으로 구분하고 있다. 즉 대상자산의 사용을 목적으로 하는 것은 운용리스로, 대상자산의 소유를 목적으로 하는 것은 금융리스이다. FASB(Financial Accounting Standards Board)에서 그 기준을 다음과 같이 구체적으로 분류하고 있다.

첫째, 리스계약이 종료되기 전에 리스자산의 소유권이 임차인에게 이전된다.

둘째, 임차인은 리스계약이 종료되면 시장보다 낮은 가격에 리스자산을 매입할 수 있다.

셋째, 리스기간은 리스자산의 경제적 내용연수의 75% 이상이다.

넷째, 리스료의 현재가치는 리스자산가치의 90% 이상이다.

리스계약이 위 조건 중에서 하나만이라도 충족시킨다면 금융리스로, 그 외의 리스는 운영리스로 구분한다. 금융리스와 운영리스를 분리하는 실무적인

〈그림 15-4〉 레버리지리스

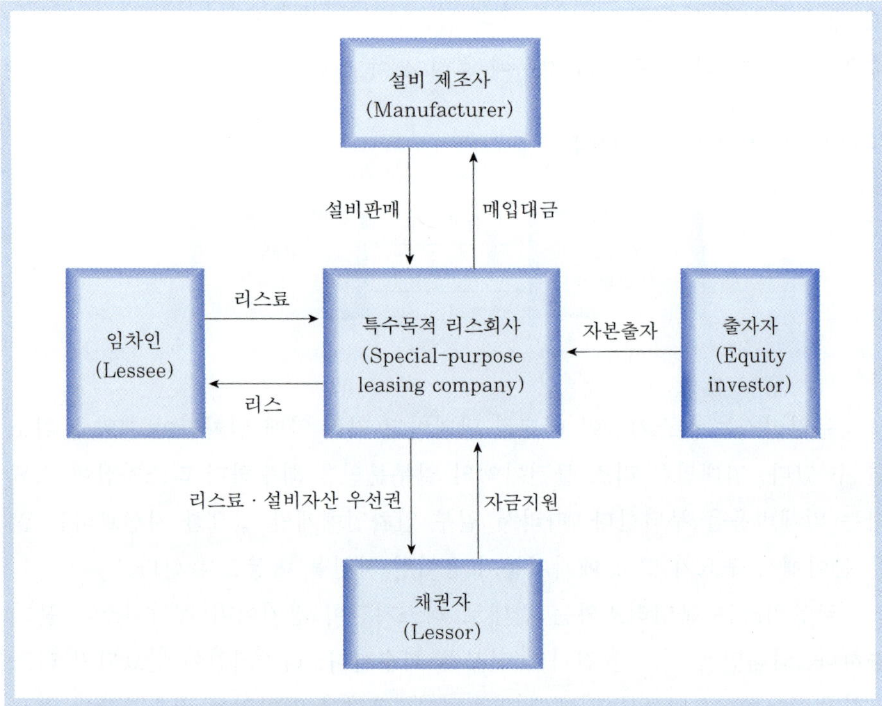

기준은 리스기간종료 후 임차인이 공정한 시장가격보다 저렴한 금액으로 리스자산을 구입 또는 재 임대를 할 수 있는가라는 측면에서 리스자산을 그 취득원가의 10% 이하로 임차인에게 양도 또는 재임대하는 경우를 금융리스로, 10% 이상으로 양도 또는 재임대하는 경우를 운영리스로 간주하고 있다.

레버리지리스는 임대인이 리스자산의 매입액의 일부를 차입으로 조달하는 리스이다. 비행기와 같이 값비싼 자산의 경우에 많이 쓰인다. 리스료와 리스자산의 우선권이 채권자에게 주어진다.

제 2 절 리스의 경제적 효과와 사례분석

1. 리스의 경제적 효과

리스를 통해서 설비 자산 등을 임차하여 사용하는데 따른 경제적 효과는 다음과 같다.

첫째, 임대인은 다량의 설비자산 소유를 통해 감가상각비에 대한 절세효과와 설비자산투자세액에 대한 세금공제의 효과를 극대화할 수 있다. 따라서 임차인은 리스를 통해 자산을 직접 매입하여 보유하는 것보다 저렴한 비용으로 설비자산을 운용할 수 있다.

둘째, 임차인의 사업영역 특성상 설비자산의 기능 진부화 위험과 설비자산 운영기간 종료 후 처분불가능 위험 및 가격저하 위험이 중요시되는 경우, 취소옵션(cancelable option)을 첨가한 리스계약을 통해 임차인은 위험을 줄일 수 있다.

셋째, 임대인은 다량의 설비자산을 보유하여 규모의 경제를 실현하고, 타 금융기관의 신용분석과 같은 상세한 분석을 행할 필요가 없다. 또한 리스계약 서류와 절차는 표준화되어 있기 때문에 거래비용과 리스료를 낮출 수 있다. 이런 이유로 리스는 중소기업에 대한 설비투자금융수단으로 많이 사용된다.

넷째, 임차인이 부도시 모든 자산이 동결되고 파산과 관련된 법적 절차를 거치기 때문에 채권자들은 자금회수에 어려움을 겪게 된다. 하지만 리스의 경우 리스자산의 소유권은 임대인에게 있기 때문에 이런 위험이 없다. 만약 임차인이 법정관리에 들어가도 임대인에 대한 리스료 지급의무는 소멸되지 않기 때문에 일정 수익이 발생하는 한 임대인은 임차인으로부터 리스료를 받을 수 있다.

다섯째, 부채제한규제(debt covenant)에 대한 회피수단으로 사용할 수 있다. 채권자와의 대출계약에 따라 과도한 부채사용이 금지된 기업은 리스를 통해 추가자금을 부채로 사용하는 효과를 얻을 수 있다.

여섯째, 리스에 따른 도입 설비자산은 재무상태표에 기록되지 않고 각주란에 기록되어 부외거래효과가 있다. 이로 인해 기업의 자산과 부채를 과소계상하게 된다. 하지만 많은 기업들은 리스료의 지출로 인한 기업순이익에 대한 영향을 최소화하기 위해 과도한 리스를 하지는 않는다. 실무에서는 금융기관과 신용평가기관 모두 이러한 리스의 부외거래효과를 고려하여 기업실적을 평가하고 있다.

이런 장점에도 불구하고 리스는 리스설비자산의 잔존가치를 어떻게 설정하느냐에 따라 그 가치가 변동하기 때문에 설비자산의 직접구입과 금융기관을 통한 구입자금 대출과의 정확한 비교가 쉽지 않은 단점이 있다.

2. 리스 사례

(1) 운영리스

다음은 운영리스의 cash flow에 대한 예이다. ㈜태성은 지하수개발과 지하수 오염방지사업을 하고 있는 회사이다. 이 두 사업영역 모두 관련 장비가 고가이고 국내에는 전문적인 A/S인력이 없어 운영리스를 검토 중에 있다.

㈜태성이 리스금융회사인 신화개발리스에 운영리스(계약기간 1년)를 신청했다. 신화개발리스는 관련 장비를 해외장비업체에 의뢰하였고 장비가격이 1

〈표 15-2〉 신화개발리스의 추정 cash flow

(단위: 백만 원)

연 도	0	1	2	3	4	5	6
1. 초기비용	−100						
2. 유지비용	−10	−10	−10	−10	−10	−10	−10
감가상각비		25	20	15	10	5	5
3. 감세효과1(유지비용)	2.7	2.7	2.7	2.7	2.7	2.7	2.7
4. 감세효과2(감가상각)		6.75	5.4	4.05	2.7	1.35	1.35
합계(=1+2+3+4)	−107.3	−0.55	−1.9	−3.25	−4.6	−5.95	−5.95
현가(7%)	−123.84						
세전 리스료	35.59	35.59	35.59	35.59	35.59	35.59	35.59
세금	9.61	9.61	9.61	9.61	9.61	9.61	9.61
세후 리스료	25.98	25.98	25.98	25.98	25.98	25.98	25.98
현가(7%)	123.84						

억원임을 알게 되었다. 다음의 표는 신화개발리스의 지하수개발 · 지하수 오염방지관련 장비의 리스에 대한 cash flow이다.

신화개발리스는 지하수 개발관련 장비를 구입하면 7년 동안 임대사업을 한다고 가정하였다.

모든 비용의 현재가치는 약 1억 2천 4백만원이다. 즉 신화개발리스의 손익분기점으로 물가상승률과 세율의 변동을 감안하지 않았을 때 연간 리스료는 약 3천 6백만원이다. 따라서 신화개발리스는 약 3천 6백만원 이상의 연간 리스료를 받을 때 수익을 얻을 수 있다.

하지만 운영리스의 경우 임차인이 언제든지 리스계약을 취소하고 경쟁업체와 리스계약을 맺을 수 있고, 특정 분야에서만 관련 장비가 사용되기 때문에 수요가 한정되어 적정 가격으로 매각을 하지 못할 수도 있다. 또한 리스계약 취소 후 재 임대를 할 때까지 경제적 손실이 발생할 수 있다. 그러므로 신화개발리스가 가정한 할인율 7%는 지하수개발관련 장비투자에 따르는 위험을 충분히 커버할 수 있어야 한다.

기업이 특정 설비와 장비를 단기간 동안 사용하고자 할 때 리스는 아주 적절한 대안이 될 수 있다. 반대로 사용기간이 장기일 경우에도 운영리스가 유리할 것인가? 장기 운영리스가 임차기업에게 유리한 경우를 살펴보면 첫째, 리스금융회사가 임차기업보다 저렴한 비용으로 설비자산을 구입 · 운영할 수 있는 경우이다. 이 경우 리스금융회사가 특정자산을 다량으로 구입하여 제조업체와의 협상에서 구매력을 행사할 수 있어야 한다. 또한 수명이 다한 설비자산을 임차기업에 적정 가격으로 매각할 수 있어야 한다.

둘째, 반대로 사업영역이 전문성을 요구하기 때문에 진입장벽이 존재하여 타 경쟁업체와의 경쟁이 치열하지 않고 설비자산의 수요가 많지 않은 경우이다. 예를 들어 신화개발리스가 ㈜태성에게 첫째, 1년 리스(리스료: 3천 6백만원), 둘째, 7년 리스(리스료: 3천 850만원)의 두 가지 안을 제안했다고 하자. ㈜태성이 지하수관련 사업을 지속적으로 할 계획이고 수명이 다한 지하수개발관련 장비의 매각이 쉽지 않고, A/S 비용이 크다면 후자의 장기 운영리스가 유리할 것이다.

(2) 금융리스

모닝전자는 공장자동화설비의 전자제어장치를 생산 · 판매하는 기업이다.

〈표 15-3〉 리스시 모닝전자의 예상 cash flow

(단위: 백만 원)

연 도	0	1	2	3	4	5	6	7
1. 차량구입비용	100							
감가상각비		14.29	14.29	14.29	14.29	14.29	14.29	14.29
2. 감세효과(감가상각비)		−3.86	−3.86	−3.86	−3.86	−3.86	−3.86	−3.86
3. 리스료	−16.98	−16.98	−16.98	−16.98	−16.98	−16.98	−16.98	−16.98
4. 감세효과(리스료)	4.58	4.58	4.58	4.58	4.58	4.58	4.58	4.58
합계(=1+2+3+4)	87.60	−16.25	−16.25	−16.25	−16.25	−16.25	−16.25	−16.25
현가(7%=$r*(1-T)$)	87.60	−123.84						

고객기업이 A/S를 요청하면 제품의 특성상 모닝전자에서 출장을 나가야 한다. 따라서 현재 모닝전자는 A/S부문을 강화하기 위해 A/S지원차량 5대를 구입할 계획인데 차량제조회사에서는 장기 오토리스(금융리스)를 제안하였다.

모닝전자는 차입을 통한 차량구입과 오토리스 중에 어느 것이 유리한 것인지를 알아보기 위해 오토리스 이용시 〈표 15-3〉과 같은 cash flow를 추정하였다.

차량구입 대신 오토리스를 이용시 절감하게 되는 차량구입비용은 현금유입과 같은 효과를 가진다. 차량을 소유하는 것이 아니므로 감가상각비에 대한 감세효과는 손실로서 처리한다. 단, 리스료를 통한 감세효과는 차량구입비용처럼 현금유입과 같은 효과를 가진다.

위의 표를 보면, 모닝전자는 A/S차량 5대의 연간 리스료 합계가 약 1천 7백만원 이하일 때 오토리스를 통한 수익이 커짐을 알 수 있다.

금융리스의 경우 계약기간 안에 임차인이 계약을 파기할 수 없지만 모닝전자가 기간 동안 일정한 수익을 창출한다면 장기 오토리스는 차량을 구입하는 경우보다 유리하다. 금융리스의 경우 임차인이 차량의 일체소요비용과 위험을 부담해야 하나 이는 차량을 구입하는 경우도 마찬가지이다.

금융리스는 다음의 재무상태표에서 보듯이 담보부 대출과 경제적으로 같은 효과가 있다. 하지만 두 가지 차이점이 있다. 첫째, 금융리스의 경우 리스기간만료시 리스설비자산의 잔존가치를 임대인에게 유·무상으로 인수해야 한다. 담보부 대출의 경우 이와 달리 대출이 모두 상환되면 담보자산에 대한 제약이 해제된다.

〈표 15-4〉 담보대출 or 리스시의 모닝전자의 재무상태표

(단위: 백만 원)

담보대출				리 스			
현금	220	100	대출(차량담보)	현금	220	100	금융리스
A/S차량	100	470	기타부채	A/S차량	100	470	기타부채
기타자산	600	350	자기자본	기타자산	600	350	자기자본
총자산	920	920	총부채와 자기자본	총자산	920	920	총부채와 자기자본

둘째, 임대인과 담보부 채권자는 임차 또는 대출을 받은 기업의 부도시 각기 다른 권리를 갖게 된다. 채권자의 경우 부도기업의 파산절차가 다 끝나야 기업자산의 일정 부분을 지급받게 된다. 하지만 임대인은 임차인이 리스료를 지급하지 못하면 리스설비자산을 회수할 수 있고, 부도시에도 파산법원(bankruptcy court)의 리스확인 절차와 부도기업의 법정관리 승인을 거쳐 부도기업이 리스설비자산을 이용하여 영업을 계속할 수 있기 때문에 리스료를 지급받을 수 있다.

3. 리스의 가치평가

리스의 순현가(NAL: Net Advantage to Leasing)는 자산구입액에서 세후 cash flow 증가액 또는 감소액의 현재가치를 차감한 것과 같다.

$$NAL = P - PV(\text{CF after tax})$$

세후 cash flow 증가액 또는 감소액의 현재가치는 리스료, 리스비용과 차입 후 매입(borrow and buy)비용간의 차액, 감가상각비에 대한 세액공제, 리스자산의 잔존가치, 투자세액 공제로 구성된다.

$$PV(\text{CF after tax}) = \sum_{t=1}^{N} \frac{(1-T)(CF_t - \Delta E_t) + TD_t}{\{1+(1-T)r'\}^t} + \frac{SAL}{(1-r)^N} + ITC$$

$$NAL = P - \sum_{t=1}^{N} \frac{(1-T)(CF_t - \Delta E_t) + TD_t}{\{1+(1-T)r'\}^t} - \frac{SAL}{(1+r)^N} - ITC$$

P=설비자산매입액

T=한계법인세율

CF_t=t기간의 리스료

ΔE_t=t기간의 리스비용과 차입 후 매입(borrow and buy)비용간의 차액
D_t=t기간의 감가상각비
r'=세전금리(100% 부채금융을 통해 설비자산을 구입했다고 가정)
r=세후 WACC
SAL=설비자산의 잔존가치
ITC=투자세액공제
N=리스기간

(1) 리스의 가치평가

〈모닝전자 A/S차량 리스의 NAL(Net Advantage to Lease)〉

P=₩100,000,000
T=27%
CF_t=₩16,980,000
D_t=₩14,000,000
r'=11.45%(=70%담보대출*11%+30%무담보대출*12.5%)
r=15%
SAL=₩2,000,000
ITC=0
N=7

$$NAL=100,000,000-\sum_{t=1}^{7}\frac{(1-0.27)16,980,000+(0.27)14,000,000}{\{1+(1-0.27)0.1145\}^t}-\frac{2,000,000}{(1+0.15)^7}-0=16,060,007$$

리스이익의 현재가치는 약 1천 6백만원이다. 모닝전자는 A/S차량 5대를 직접 구입하는 것보다 장기 오토리스(금융리스)를 통해 운영하는 것이 효율적이다. 단, 리스의 순현가는 할인율과 리스자산의 잔존가치에 따라 positive와 negative가 결정되기 때문에 정확한 추정이 필요하다.

(2) 리스와 구입의 현재가치 비교

감세효과에 따른 리스의 순현가는 NPV가 negative한 프로젝트를 positive하게 만드는 효과가 있다. 또한 리스의 순현가는 할인율과 잔존가치에 의해 많은 영향을 받는다.

최종 NPV=NPV(프로젝트)+NAL=9,410+11,883=2,472

앞의 사례를 통해 볼 때 리스는 임대인과 임차인 간의 제로섬 게임으로 보인다. 이런 경우는 자본시장이 완전자본시장이고 임대인과 임차인에게 적용되는 한계세율이 같기 때문에 발생하는 것이다. 하지만 세율이 상이하다면 임대인과 임차인 모두 이득을 얻을 수 있다. 이런 상호이득은 정부의 세금손실에 기인한다. 정부는 리스료에 대한 세금으로 cash inflow가 발생하나 임대인에게 감가상각과 이자에 대한 감세효과를 허용함으로써 실질세액의 현재가치에서 순손실을 입게 된다.

〈표 15-5〉 자산 리스시의 NAL과 자산 구입시의 NPV 비교

(단위: 천 원)

Conventional financing	0	1	2	3	4	5	6
1. 초기투자비용	−150,000						
세전순이익		18,000	24,000	28,000	37,000	40,000	41,600
2. 세후순이익		13,140	17,520	20,440	27,010	29,200	30,368
3. 잔존가치							24,000
합계(=1+2+3)	−150,000	13,140	17,520	20,440	27,010	29,200	54,368
현가(15%)	−150,000	11,426	15,235	17,774	23,487	25,391	47,277
NPV	−9,410(=−150,000+140,590[1~7동안의 세후순이익 잔존가치의 현재가치 합계])						
Lease financing	**0**	**1**	**2**	**3**	**4**	**5**	**6**
1. 초기투자비용	150,000						
2. 리스료		−20,000	−20,000	−20,000	−20,000	−20,000	−20,000
3. 감세효과 1		−5,400	−5,400	−5,400	−5,400	−5,400	−5,400
감가상각비		21,000	21,000	21,000	21,000	21,000	21,000
4. 감세효과 2		−5,670	−5,670	−5,670	−5,670	−5,670	−5,670
5. 잔존가치							−24,000
합계(=1+2+3+4+5)	150,000	−31,070	−31,070	−31,070	−31,070	−31,070	−55,070
현가(15%)	150,000	−27,741	−24,736	−22,115	−19,746	−17,630	−26,117
NAL	11,883(=150,000−138,117[1~7동안의 리스료 · 감세효과1 · 감세효과2 · 잔존가치의 현재가치 합계])						

증권사가 벤츠 · 아우디 리스영업을 한다고?

메리츠證, 증권 · 종금 합병 후 시너지 찾기 … 수입차 리스 확대

벤츠와 포르쉐, 아우디 등 유명 수입차를 리스해주는 증권사가 있다. 메리츠종합금융증권이 그 주인공이다.

메리츠종금증권은 지난해 9월부터 수입 자동차 리스시장에 본격적으로 진출했다. 아우디와 벤츠 등 글로벌 브랜드 메이커가 주요 고객사다. 최근에는 국내 포르쉐 단독 딜러인 SSCL과 자동차 리스 등에 대한 포괄적인 업무제휴 협약(MOU)을 체결했다.

향후에도 차량 리스 사업을 강화해 외형을 더욱 넓힐 방침이다. 자칫 의미없는 사업 확장으로 비춰질 수 있지만 메리츠종금증권의 외도에는 이유가 있다.

메리츠증권은 지난해 4월 메리츠종합금융과 합병을 통해 '메리츠종합금융증권'으로 탈바꿈했다. 기존 증권 브로커리지 기능뿐만 아니라 종금의 여수신 기능까지 갖게 되면서 시너지를 극대화할 수 있는 방안을 고민했다. 합병 후 가진 '임직원 경영전략회의'에서도 △차별화된 상품 및 서비스 개발과 △종금사업부문 시너지 극대화 방안 마련 등을 핵심 과제로 선정했다.

종금형 CMA 등 증권사와 종금사 간 단순 결합상품 시장은 이미 포화상태였다. 이때 메리츠종금증권이 빼내든 카드가 바로 '수입차 리스사업'이다.

다양한 복합 금융서비스를 제공할 수 있는 자동차 리스업은 메리츠종합증권의 시너지 요구와 정확히 들어맞았다. 특히 리스업의 경우, 종금사 라이선스가 없는 다른 증권사들은 진입 자체가 불가능하다. 합병 효과를 톡톡히 얻을 수 있는 사업 영역인 셈이다.

메리츠종금증권은 업무협약 파트너사에 저금리로 금융서비스를 제공함과 동시에 리스와 보험이 결합된 복합 상품을 판매해 추가 수익을 거둘 수 있을 것으로 기대하고 있다. 고급 수입차를 이용하는 우량 고객군 데이터베이스(DB)를 구축해 증권 리테일 영업과 연결짓는 시너지도 예상된다.

또 우량 자산인 자동차 리스 자산을 기초로 자산유동화증권(ABS)을 발행해 다양한 재투자 기회도 잡을 수 있을 것으로 전망된다. 실제 메리츠종금증권은 지난해 공공기관 대상 금융리스채권을 기초로 1,400억원 규모의 ABS를 발행하기도 했다.

권태길 종합금융사업총괄 전무는 “수입차 리스 사업을 기반으로 종금증권사만의 강점을 키우는 동시에 복합금융상품 개발에도 더 집중할 계획”이라고 밝혔다.

– 머니투데이 2011. 3. 18. 신문기사

연 습 문 제

1. 다음 용어를 간략히 설명하시오.
   ① 직접리스(direct lease)
   ② 매각 후 재 임차계약(sale and lease back arrangements)
   ③ 운영리스(operating lease)
   ④ 금융리스(financial lease)
   ⑤ 레버리지리스(leveraged lease)

2. 리스의 장·단점을 설명하시오.

3. 신화금속은 10억원인 금속제조기계를 리스를 하고자 한다. 리스기간은 5년이고 잔존가치는 없다. 신화금속의 담보부 대출 금리는 12%, 자기자본비용은 16%이다. 한계법인세율은 34%이다.

(단위: 백만 원)

	0	1	2	3	4	5
Net cash flow	1000	−300	−275	−250	−225	−200

   ① NAL(Net Advantage to Lease)를 계산하시오.
   ② 리스와 차입을 통한 기계구입 중에 어느 것이 신화금속에게 더 유리한가?

4. 신기술정보통신은 통신네트워크 향상을 위해 최신기계장비를 구입 또는 리스하고자 한다. 주거래은행에서는 구입예정 장비의 기능진부화속도가 빨라서 담보율을 50% 밖에 허용하지 않으려고 한다. 만약 신기술정보통신의 담보대출금리가 11%이고 무담보대출금리가 13%이라면 신기술정보통신이 리스에 적용할 적정 할인율은 얼마인가?

5. (주)한국은 미국 델라웨어 주에 새로운 공장을 설립하고자 한다. 공장설립비용은 총 $10,000,000이며 이 공장 설비는 10년 후 폐기처분될 예정이다. (주)한국은 다음과 같은 두 가지의 자금조달 방안을 고려하고 있다.

첫째는 전액을 연 8%의 이자로 차입하는 것이며, 둘째는 공장설비 회사로부터 10년간 설비를 리스하는 것이다. 차입금이나 리스료는 모두 공장설비 설치 후 1년말 시점부터 매년 1회씩 10회에 걸쳐 지불되고, (주)한국의 가중평균자본비용이 15%일 때 리스가 차입 방안보다 더 선호되게 하여주는 최대의 리스료는 약 얼마인가?(단, 세금이나 기타 비용은 무시할 수 있다고 가정하자)

정답 ①

(n=10, r=8%)

(n=10)	미래가치계수	연금의 현재가치계수
8%	2.1589	6.7101
15%	4.0456	5.0188

① 149만불　② 169만불　③ 199만불
④ 247만불　⑤ 463만불

(2005년 CPA 기출문제)

제 5 편

운전자본관리와 재무분석

제16장
운전자본관리

기업에서 매출액을 증가시키는 방법의 한 가지는 외상판매정책을 완화하는 것이다. 가령 1개월간 외상판매하던 것을 2개월간으로 외상판매기간을 연장하면 다른 요인이 동일하다면 매출액이 증대된다. 매출액이 증대되면 이익도 증대되지만 외상판매나 재고자산을 증가시키기 위한 자금이 필요한데 이것이 운전자본(working capital)이다.

이와 같은 추가적인 운전자본은 자기자본으로 조달할 수도 있지만 타인자본으로 조달하기도 한다. 타인자본에 대한 이자지급과 원금상환은 경영이익의 유무에도 불구하고 약속한 대로 이행하여야 한다. 또한 외상판매가 크게 증가되어 그 대금을 회수하지 못하면 대손이 발생되어 위험이 따르게 되며, 매출액의 증가가 이익의 증가라는 것도 불확실하다. 따라서 매출 · 위험 · 이익의 관계는 미묘한 것이어서 이 관련성도 검토되어야 한다.

운전자본정책은 유동자산에 관련된 결정을 포함하기 때문에, 결정을 함에 있어서 재무관리자는 유동자산의 자금조달(financing)에 대한 이해가 있어야 한다. 회사자본의 약 40% 정도가 유동자산에 투자되기 때문에 효과적인 운전자본관리가 재무관리자에게 중요하고 또한 회사의 이익에도 매우 중요하다. 조사에 의하면, 실제적으로 재무관리자의 대부분의 시간을 소속 회사의 운전자본관리에 사용한다고 한다.

제1절 운전자본의 의의

운전자본의 개념은 두 가지로 설명할 수 있는데 하나는 총운전자본이고 또 하나는 순운전자본이다. 총운전자본(gross working capital)이란 유동자산총액으로서 이에는 현금과 예금, 유가증권, 매출채권 등의 당좌자산과 상품, 제품 등의 재고자산이 포함된다. 총운전자본은 설비자금인 고정자산이 아닌 것을 의미한다.

순운전자본(net working capital)이란 유동자산에서 유동부채를 뺀 금액을 의미한다. 환언하면 유동부채를 초과하는 유동자산부분을 순운전자본이라 하는데 이것은 다음과 같은 산식으로 표시된다.

$$\text{유동자산} - \text{유동부채} = \text{순운전자본}$$

총운전자본과 순운전자본을 일반적으로 운전자본이라 하는데 이것은 업종·계절 또는 재무정책에 따라 상이하다. 운전자본의 규모를 결정하고 이 자본의 조달방법을 결정하는 운전자본관리의 문제는 매우 중요하다. 운전자본이 많으면 일반적으로 유동성이 양호하지만 이것이 과대하면 수익성이 저하될 가

〈표 16-1〉 한일 카드회사의 재무상태표(2010. 1. 1-2010. 6. 30) (단위: 백만원)

	1월 1일	6월 30일		1월 1일	6월 30일
현금과 유가증권	2.0	2.0	미지급어음	5.0	8.0
매출채권	8.0	2.0	장기부채의 만기도래	4.0	4.0
재고자산	10.0	20.0	유동부채	15.0	19.0
			장기부채	15.0	14.0
유동자산	20.0	24.0	주주지분	40.0	41.0
고정자산	50.0	50.0	총부채와 지분	70.0	74.0
총자산	70.0	74.0			
유동비율	1.33	1.26			
당좌비율	0.67	0.21			
매입채무	3.0	5.0			
미지급임금	1.5	1.0			
미지급세금	1.5	1.0			

능성도 있으므로 운전자본을 합리적으로 관리해야 한다. 운전자본은 유동자산에 속하는 각종 자산에 관련된 자본인데 이것은 1년 이내에 정상적인 경영활동을 통하여 현금화되는 것이다. 예금은 곧 찾아서 현금으로 지급되며, 유가증권도 단시일 내에 현금화될 수 있다. 제품은 현금으로 판매되어 현금수입이 되기도 하지만 외상판매되어도 몇 개월 후에는 현금이 들어온다. 따라서 운전자본이 크다는 것은 단기지급능력이 양호하다는 것을 의미한다.

〈표 16-1〉은 한일 카드회사의 2010년도 반기재무상태표를 나타낸다. 지금까지의 정의에 따라, 한일(주)의 1월 1일 운전자본은 20,000,000원이고 순운전자본은 20,000,000원에서 15,000,000원을 차감한 5,000,000원이 된다. 또한 한일의 초기 유동비율은 1.33이고 초기 당좌비율은 0.67이다. 여기에서, 총 15,000,000원의 유동부채는 4,000,000원의 장기유동부채 부분을 포함한다. 이러한 계정들은 회사의 장기조달정책의 함수이기 때문에 운전자본정책의 변화에도 영향을 받지 않는다. 그러므로 다음 회계기간에 만기가 되는 장기부채를 유동부채로써 정의할지라도, 운전자본결정의 변수가 되지 못한다. 그리고 한일(주)이 새 공장을 설립할 때 그 자금을 건설이 완공될 때 부동산담보채권(Mortgage bond)으로 전환가능한 단기대출로 조달이 된다면, 건설 대출 또한 운전자본관리의 대상이 되는 유동부채가 아니다.

연하장 제조는 계절을 타는 사업이다. 한일(주)은 매년 6월에 7~11월 사이에 판매할 크리스마스 및 새해 카드를 생산하기 시작한다. 그리고 연말에 그것들은 가장 많이 팔린다. 그러므로 재고는 상대적으로 연말에 가장 적지만 소비자의 대부분은 신용으로 구매를 하기 때문에 연말에 매출채권은 가장 많게 된다.

이제 〈표 16-1〉을 살펴보자. 여기에서 재고가 상대적으로 높다는 것을 알 수 있다. 반면, 매출채권은 상대적으로 낮다. 2010년 1월 1일에서 6월 30일까지의 기간동안 한일(주)의 유동자산과 부채는 어떠한지 살펴보자. 유동자산은 20,000,000원에서 24,000,000원으로 증가함에 따라 회사는 4,000,000원만큼을 조달해야 한다. 그러나 자연히 매입채무, 미지급임금 그리고 세금은 1,000,000원만큼 증가할 것이다. 이에 따라 3,000,000원의 운전자본조달을 요구하게 될 것이다. 이러한 요구는 여러 재원으로부터 조달될 것이다. 또한, 2010년 매입채무는 1월 1일의 5,000,000원에서 6월 30일에는 8,000,000원으로 상승했다. 이와 같이, 한일(주)의 운전자본 포지션의 변동은 계절적 변동에 따른 것이다. 운전자본 요구에 대한 변동은 또한 영업주기에 맞춰 발생한다. 즉, 운전자본 요구는 전형적으로 성수기에 많고 비수기에 적기 마련이다.

제 2 절 운전자본의 개념

대부분의 회사에서는 유동자산에 투자하게 될 자본액이 · 생산 · 판매활동의 크기에 따라서 증가 또는 감소된다. 그리고 계절성이 있는 제품을 생산하여 판매하고 있는 회사에서는 운전자본액이 매월 또는 분기별로 상이하며 또한 재무정책에 따라서도 운전자본액은 변동된다.

유동부채보다 더 많은 유동자산을 보유하고 있는 회사에서는 유동자산에 투자한 자금의 일부를 자기자본이나 고정부채인 장기자본으로 조달하였다는 것이다. 이와 반대로 유동부채가 유동자산보다 더 많다면 그 초과분만큼 유동부채로 자금을 조달하여 고정자산에 투자하였다는 뜻이다.

1. 운전자본조달의 원칙

재무관리의 일반적인 원칙은 고정자산에 투자한 자금은 1년 이상에 걸쳐서 그 투자액의 일부분이 매년 감가상각이라는 방법을 통하여 현금화된다. 따라서 장기자산인 고정자산에 투자하게 될 자금을 장기자본으로 조달하는 것이다. 그리고 유동자산은 1년 이내에 정상적인 경영활동을 통하여 현금화되는 단기자산이므로 유동자산에 필요한 자금은 1년 이내에 상환하게 되는 유동부채 또는 단기자금으로 조달해서 현금이 수입되면 이것으로 상환하면 된다. 이 관계를 그림으로 보면 〈그림 16-1〉과 같다.

〈그림 16-1〉에서 보면 고정자산은 점차 증가추세에 있으며 급격히 변동되지 않는다. 일반적으로 고정자산은 생산량 · 판매량의 변동과 직접적으로 비례하여 변동되는 것이 아니며 서서히 또는 단계적으로 변동되는 것이다.

고정자산은 위에서 설명한 바와 같이 장기자본으로 조달하는 것이 보통이다. 그러나 유동자산은, 특히 계절성이 있는 농작물가공업이나 과실가공업에서는 크게 증가 또는 감소된다.

〈그림 16-1〉 고정자산과 유동자산과 자금조달

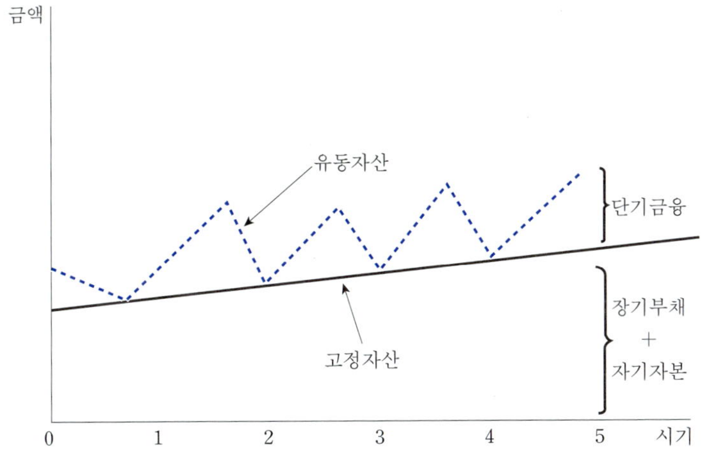

가령 복숭아통조림을 생산하는 가공회사의 유동자산 변동 상태를 예로 들어 보겠다. 복숭아는 보통 9월에는 복숭아가 나오지 않으므로 8월 중에 통조림으로 가공해야 한다. 즉 8월 중에 복숭아를 사들이고 깡통 · 상자 등의 부재료도 이 시기에 매입하여 가공한다. 복숭아를 수 개월간 저장하였다가 통조림을 한다는 것은 변질 또는 보관비용 등으로 수지가 맞기 어렵다.

8월중에 복숭아통조림을 하여 저장하였다가 이것을 앞으로 수개월 또는 1년 내내 판매하게 된다. 따라서 8월에는 운전자본이 많이 필요하고 이것은 단기금융으로 조달한다. 그리고 복숭아통조림을 판매한 대금으로 외상매입금이나 단기차입금 등을 점차 상환해 간다. 궁극적으로 단기금융을 다 갚고 또 다음 해 8월에 단기차입을 하여 경영활동을 하게 된다. 이와 같이 실제적으로 모든 회사들은 경기가 상승할 때 운전자본을 축적해야 하지만 재고나 매출채권의 양은 경기가 하강할 때 감소하게 된다. 그러나 심지어 회사가 계절적, 주기적으로 하강기에 있을 때에도 유동자산들은 0으로 떨어지지 않는다. 그리고 이러한 현실은 다음에 연계된 내용과 같이 영구적 유동자산(permanent current assets)의 개념에 대한 발전을 야기했다.

2. 헤징방법에 의한 운전자본조달

아무리 계절성이 심한 기업이라 할지라도 유동자산이 하나도 없는 0의 상태에 있을 수는 없다. 어느 정도의 현금 · 예금 · 재고자산 등이 고정적으로 있어야 경영을 계속할 수 있다. 즉 어느 정도의 상시재고자산과 현금 및 준 현금이 있어야 하는데 이것을 영구적 유동자산(permanent current assets)이라고 한다. 이와 반대로 생산량 및 판매량의 변동에 따라 변동되는 유동자산을 변동적 유동자산(fluctuating current assets)이라고 한다.

실제로 대부분의 회사에서는 유동자산의 일부분은 영구적으로 보유하고 있어야 한다. 이 경우에 고정자산과 영구적인 유동자산은 장기자본으로 조달하고 변동적인 유동자산은 단기자본으로 조달한다. 이러한 전략은 회사가 만기상환을 못할 위험을 감소시킨다. 예를 들어, 회사가 연 10%의 이자율로 1,000,000원을 빌리고 이러한 자금을 공장 설립 및 설비구입에 사용했다고 하자. 관리자는 투자의 결과로 세금공제 후 15%의 수입획득을 예상하고, 회사는 20년 동안 정액법으로 건물에 대해 감가상각을 한다고 하면 매년의 기대현금흐름은 150,000원의 순수입에 50,000원의 감가상각비를 합한 200,000원이 된다. 그러나 매년 회사는 1,000,000원과 그에 따른 이자 100,000원을 재조달하든지 보상을 해야 한다. 그래서 1,100,000원의 현금을 요구하게 된다. 그러므로 영업을 유지할 능력은 매년 대출을 할 수 있느냐의 여부에 달려있다. 따라서 어떤 이유로 자금제공자가 신규대출을 거절한다면, 회사는 심각한 문제에 봉착하게 된다. 그러나 공장설립을 위한 자금조달을 장기의 부채로 했다면 필요한 지급액(이자와 일정한 원금의 합계액)은 이익과 감가상각으로부터의 현금흐름에 더 잘 일치시킬 수 있을 것이고 신규대출에 대한 문제는 일어나지 않을 것이다. 이와 같이 변동적인 자금수요(변동적 유동부채)는 단기신용으로 조달하고, 장기적인 자금수요(고정자산 + 영구적 유동자산)는 장기자본으로 조달하는 것을 헤징방법(hedging approach)에 의한 운전자본조달이라 한다.[1)]

헤징방법의 운전자본을 조달하는 것을 그림으로 보면 〈그림 16-2〉와 같다.

〈그림 16-2〉를 보면 고정자산과 영구적 유동자산은 자기자본과 고정부채인 장기자본으로 조달하였다. 그리고 유동자산의 일부분인 변동적 유동자산만

1) Iqbal Mathur, *Introduction to Financial Management*, Macmillan Publishing Co., Inc., 1979, pp. 100~101.

〈그림 16-2〉 헤징방법의 운전자본조달

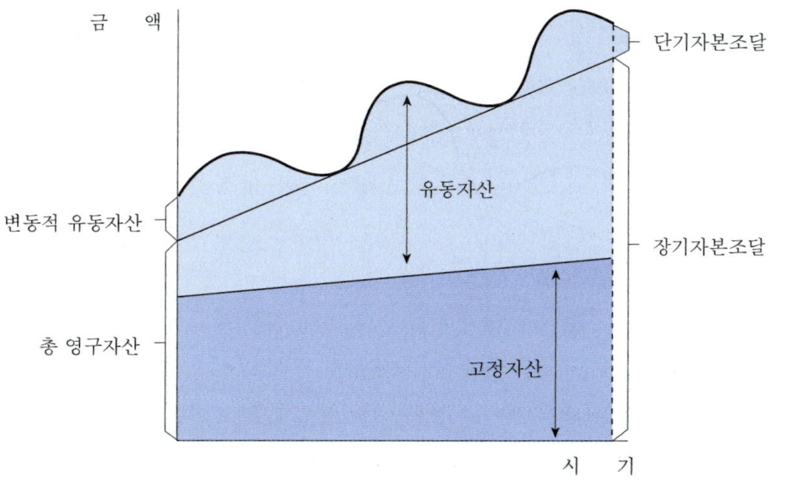

지급어음 · 매입채무 · 미지급임금 또는 단기차입금 등의 단기자본으로 조달하고 있다. 이와 같은 헤징방법에 의하여 운전자본을 조달할 경우에 여유자금이 없고 적당한 위험과 수익이 따르는 것이 보통이다. 예를 들어, 회사가 30일 만기대출을 얻어 제품을 구입하여 그 판매대금으로 대출상환을 한다고 하자. 이러한 경우 만약 판매가 늦추어지게 되면 현금의 즉각적인 유입이 어려워지고 그에 따른 단기신용 사용도 어려움이 따르게 된다.

이상과 같은 헤징방법 이외에 보수적 또는 적극적인 운전자본의 조달방법이 있는데 이들을 아래에서 설명하겠다.

3. 보수적 방법에 의한 운전자본조달

단기자본조달의 일부 또는 전부를 장기자본으로 조달하여 안전을 도모하고자 하는 회사는 보수적 방법(conservative approach)에 의하여 운전자본을 조달하였다고 한다. 이와 같이 장기안전자금으로 변동적 유동자산의 일부 또는 대부분을 조달한다면 긴축금융을 하는 기간에도 자금의 압박을 면할 수 있다.

〈그림 16-2〉와 〈그림 16-3〉은 같은 형식의 그림이지만 자본조달규모의 차이가 있다. 즉 〈그림 16-3〉은 장기자본조달의 몫이 〈그림 16-2〉보다 더 크

〈그림 16-3〉 보수적 방법의 운전자본조달

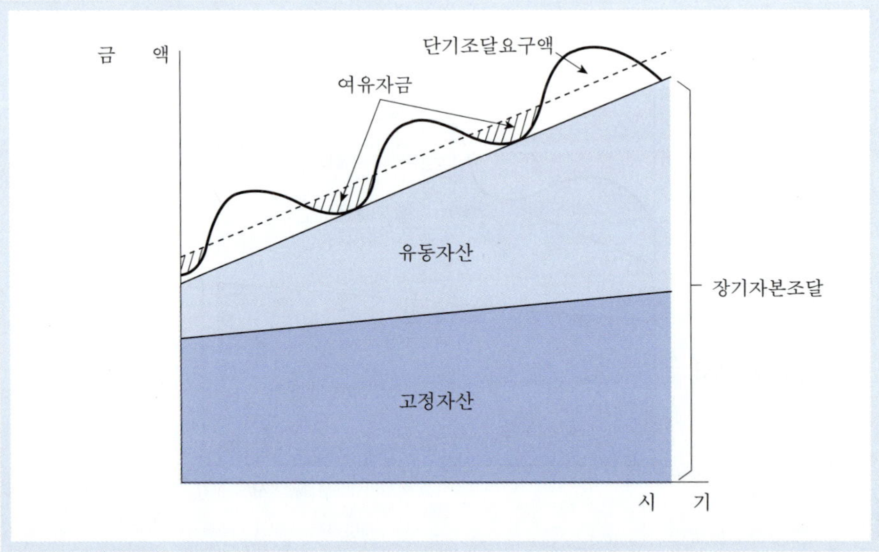

다. 다시 말해서 〈그림 16-3〉은 변동적 운전자본의 일부도 자기자본으로 조달하고 있다.

〈그림 16-3〉에서는 또한 단기자본 중에서 장기자본으로 조달된 금액(그림의 빗금부분)은 여유(유휴)자금이어서 단기유가증권에 투자할 수도 있다.

장기자본을 많이 조달하여 유동자산을 획득하는 데 많이 이용하는 보수적 운전자본 조달방법은 안전성은 높지만 수익성이 저하될 가능성이 많다. 왜냐하면 단기자본의 이자율은 장기자본의 이자율보다 일반적으로 낮기 때문이다. 또한 변동적 유동자산의 일부분인 여유자금을 단기유가증권에 투자하면 일반적으로 경영이익의 평균이익률보다 낮은 경우가 많기 때문에 장기자본의 조달규모가 너무 크면 수익성이 낮게 될 가능성이 많다.[2)]

4. 적극적 방법에 의한 운전자본조달

유동자산을 획득하는 데 소요되는 자금의 많은 부분을 단기자본으로 조달하고 있는 회사를 적극적 방법(aggressive approach)으로 운전자본을 조달한다

---

2) Eugene F. Brigham, *Fundamentals of Financial Management*, The Dryden Press, 1978, pp. 215~221.

〈그림 16-4〉 적극적 방법의 운전자본조달

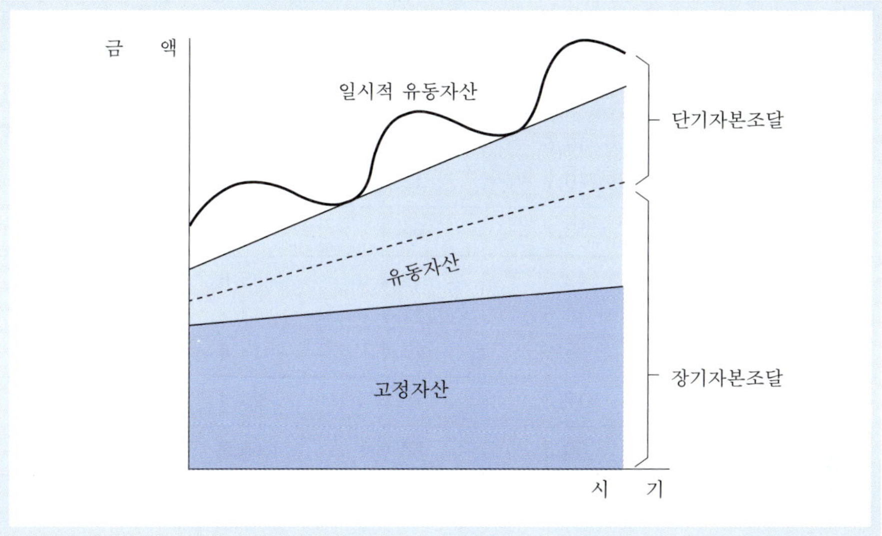

고 한다. 이 경우를 같은 회사의 그림으로 보면 〈그림 16-4〉와 같다.

〈그림 16-4〉에 표시된 점선까지는 고정자산과 영구적 유동자산을 합계한 것으로서 장기자산이라 할 수 있다. 이 그림에서 볼 수 있는 바와 같이 장기자본으로 조달한 부분은 고정자산과 영구적 유동자산의 일부분을 획득하는 데 이용되었다. 즉 영구적 유동자산의 일부분과 변동적 유동자산이 단기자본으로 조달되었다. 이와 같이 단기자본을 많이 이용하여 유동자산에 투자하는 적극적인 운선사본 조달방법은 위험성과 수익성이 다같이 증대될 수 있다.[3)]

앞에서 본 바와 같이 단기자본의 금융비용은 일반적으로 장기자본보다 낮아서 다른 요인이 동일하다면 그 기업의 수익성이 높아질 수 있다. 그러나 과대하게 단기차입을 할 경우, 이 단기신용을 계속적으로 이용하지 못하게 되면 단기지급능력이 약화되어 도산될 위험성도 증가하게 될 것이다.

위에서 설명한 바와 같이 운전자본의 조달방법에는 헤징(평균)방법 · 보수적 방법 또는 적극적 방법 등이 있는데 그 중에서 어떤 방법이 자기회사에 가장 적합한 방법인가는 연구해서 결정해야 할 것이다. 보수적인 운전자본 조달방법은 위험성은 낮지만 수익성 또한 낮을 가능성이 많다. 적극적인 방법은

3) James C. Van Horne, *Fundamentals of Financial Management*, Prentice-Hall, Inc., 1971, pp. 89~90.

〈표 16-2〉 우리나라 제조업체의 유동자산과 유동부채의 구성비 (%)

항목 \ 연도	2006	2007	2008	2009
유동자산	41.8	48.4	62.7	69.8
현금 · 현금성자산	9.7	6.1	8.1	9.7
매출채권	15.6	17.4	21.4	25.6
재고자산	10.7	12.3	16.9	16.4
비유동자산	58.2	66.4	84.0	89.4
유동부채	42.5	49.4	55.6	57.6
매입채무	10.6	11.7	13.2	16.3
단기차입금	8.9	12.4	17.6	17.5
비유동부채	17.3	19.5	25.4	25.7
자본	50.3	58.0	65.7	75.9

자료: 한국은행, 「기업경영분석」.

위험성이 크고 수익성이 높을 가능성이 많다. 그리고 헤징방법은 그 중립적인 운전자본 조달방법이다. 따라서 재무관리자는 현금의 필요도, 외상판매조건, 재고자산 투자규모 등 운전자본에 관련된 제 요인을 종합적으로 분석 검토하여 자사에 가장 유리한 운전자본 조달방법을 이용해야 할 것이다.

제 3 절 단기부채와 장기부채의 관계

1. 장기 및 단기부채의 결정요인

앞에서 운전자본은 단기자본과 장기자본으로 조달되는 것을 보았다. 그리고 운전자본 중에서 고정부채와 자기자본과 같은 장기자본으로 조달된 비중이 크면 클수록 재무유동성이 양호하여 안전하고 보수적인 운전자본정책을 수립하게 된다. 그러나 이와 반대로 운전자본 중에서 단기자본의 비중이 크면 클수록 재무유동성이 불량하고 위험성이 크게 된다.

보수적 또는 적극적 운전자본정책의 중간인 평균(헤징)정책은 유동성과 위험성은 그 중간 정도로 될 것이다. 운전자본을 단기금융으로 어느 정도 조달하고 장기금융으로 어느 정도 조달하는 것이 유리한가 하는 것을 결정하려면 다음에 언급될 자본의 탄력성, 자본코스트 및 위험의 문제를 상호 검토해야 한다.[4)]

(1) 자본의 탄력성

자본을 단기자본 또는 장기자본으로 어느 정도씩 조달할 것인가 하는 문제는 그 자본이 무엇을 위하여 얼마나 소요되나 하는 것과 관계하여 결정해야 한다. 자본은 저렴하고 안전하게 적시에 적량을 유리한 방법으로 조달해야 한다. 계절적으로 소요되는 단기자본은 단기금융으로 조달하는 것이 좋다. 가령 단기금융으로 조달해야 되는 것을 장기금융으로 조달하면 자금의 탄력성을 잃게 되며 금융비용이 비싸게 된다. 왜냐하면 i) 장기부채는 일반적으로 발행비가 더 높고, ii) 장기부채가 상환되는 동안, 초기에 작성된 대출조항은 선불지급사항을 포함하게 되는데 그에 따른 선불 위반금이 과중하다. iii) 또한, 장기대출계약은 항상 회사의 장래활동을 제한하는 엄격한 조항이나 계약서를 포함한다. 이러한 위험으로 인해 단기금융으로 조달할 것을 장기금융으로 조달하면 자금의 탄력성을 잃게 되며 금융비용이 비싸게 된다.

따라서 재무관리자는 소요자본이 언제 무엇을 위하여 얼마가 필요한 것인가를 결정하고 이에 따라서 언제 어떤 종류의 자본으로 얼마를 조달할 것인가를 결정할 것이다. 이를 위하여 현금예산 또는 자금의 흐름에 대한 분석을 먼저 하고 탄력성있게 자본을 조달해야 할 것이다.

(2) 자본비용

기업의 소요자본을 단기자본으로 조달하느냐 또는 장기자본으로 조달하느냐 하는 것을 결정할 때에 자본비용(cost of financing)의 크기를 고려해야 한다. 자본비용은 이자율의 기간구조(term structure of interest rate)와 관계되는 것으로서 일반적으로 차입자금의 만기일이 길면 길수록 이자율이 높은 것이 보통이다.

장기부채로 조달되는 장기자본은 단기자본보다 상환기간이 길어서 미래의 지급에 대한 불확실성으로 위험성이 더 큼으로 장기자본의 이자율이 단기

4) J. Fred Weston and Eugene F. Brigham, *Managerial Finance*, The Dryden Press, 1975, pp. 135~139.

자본의 이자율보다 높다. 그러나 우리나라에서는 장기자본의 이자율이 단기자본의 이자율보다 낮은 경우가 있는데 이것은 특수한 정책적 목적으로 장기자본을 방출하는 것이 국민경제 발전에 기여할 수 있기 때문이다.

단기자본의 이자율이 일반적으로 장기자본보다 낮은 것은 전자는 단기상환이어서 미래의 불확실성에 대한 위험이 적기 때문이다. 단기 및 장기자본에 의한 이자율과 기업의 수익성에 관한 분석을 다음에 비교하여 보겠다.

(3) 위　　험

단기자본과 장기자본에는 위험(risk)이 상이하게 된다. 위험이라는 것은 기업의 지급능력이 없어져서 도산되는 정도를 의미한다. 단기자본은 장기자본에 비하여 일반적으로 자본비용이 저렴하지만 위험은 많은 것이다. 단기자본의 이자율이 낮다고 하여 과대한 단기자본을 이용하면 그 이자율의 변동이 격심하고 또한 기업의 수입이 감소되면 단기자본의 상환능력이 약화된다. 그러면 기업은 계속적으로 경영하기 어렵고 도산될 위험이 있다.

장기자본은 비교적 오랜 기간 동안 이용할 수 있는 자금을 조달하게 되므로 단기자본보다 위험은 일반적으로 적다. 따라서 재무관리자는 수익성을 높이기 위하여 단기자본을 장기자본보다 더 많이 조달하면 된다. 그러나 이 경우에는 경영수입이 적게 되면 만기일이 되는 부채를 약정한 대로 상환할 수 없게 되어 도산될 위험이 있다. 어떤 때에는 경영상의 수익이 많은데 단기자본(유동부채)으로 과대하게 조달하여 단기지급능력이 없어서 흑자도산하는 예가 있다. 따라서 재무관리자는 기업의 수익성과 위험성을 동시에 고려한 자본조달방법을 연구하여야 할 것이다.

2. 수익 및 위험분석

앞에서 본 바와 같이 일반적으로 단기자본을 많이 이용하면 수익과 위험이 증대되고, 장기자본을 많이 이용하면 수익과 위험이 경감되는 경향이 있다. 따라서 재무관리자는 수익을 가급적 크게 하여 위험이 적도록 자본을 조달할 수 있도록 조정해야 한다. 이와 같은 관계를 위험과 수익의 조정(tradeoff between risk and rate of return)이라고 한다.

단기부채가 장기부채보다 종종 더 저렴할지라도 단기로 자금을 조달하는

〈표 16-3〉 자기자본수익에 대한 부채만기구조의 영향 (단위: $1,000,000)

A부분: 일반적 이자율			
	보 수 적	평 균 적	공 격 적
유동자산	50.00	50.00	50.00
고정자산	50.00	50.00	50.00
총 자 산	$100.00	$100.00	$100.00
단기부채(@7%)	$ –	$25.00	$50.00
장기부채(@9%)	50.00	25.00	–
총부채(부채/자산 = 50%)	$50.00	$50.00	$50.00
자기자본	50.00	50.00	50.00
총부채와 자본	$100.00	$100.00	$100.00
EBIT	$15.00	$15.00	$15.00
지급이자	4.50	4.00	3.50
법인세차감 전 이익	$10.50	$11.00	$11.50
법인세(@40%)	4.20	4.40	4.60
보통주주이익	$6.30	$6.60	$6.90
자기자본수익률	12.60%	13.20%	13.80%
유동비율	∞	2:1	1:1
Time-interest-earned	3.3	3.7	4.3

B부분 : 21%로 이자율 상승 시			
	보 수 적	평 균 적	공 격 적
유동자산	$50.00	$50.00	$50.00
고정자산	50.00	50.00	50.00
총 자 산	$100.00	$100.00	$100.00
단기부채(@7%)	–	$25.00	$50.00
장기부채(@9%)	50.00	25.00	–
총부채(부채/자산 = 50%)	$50.00	$50.00	$50.00
자기자본	50.00	50.00	50.00
총부채와 자본	$100.00	$100.00	$100.00
EBIT	$15.00	$15.00	$15.00
지급이자	4.50	7.50	10.50
법인세차감 전 이익	$10.50	$7.50	$4.50
법인세(@40%)	4.20	3.20	1.80
보통주주이익	$6.30	$4.50	$2.70
자기자본수익률	12.60%	9.00%	5.40%
유동비율	∞	2:1	1:1
Time-interest-earned	3.3	2.0	1.4

것이 차입회사에게는 장기로 자금을 조달하는 것보다 더 큰 위험을 안겨줄 수 있다. 이러한 위험은 다음의 두 가지 이유에서다. 첫째, 회사가 기본적으로 장기차입에 의존을 한다면 이자비용이 고정될 것이고 안정적일 것이다. 그러나 단기차입을 이용할 경우 이자비용의 변동이 심해질 수 있고 때에 따라서는 비용이 매우 높아질 수 있다. 둘째, 회사가 단기차입에 과도한 의존을 한다면 이러한 부채를 상환할 능력이 없어질 수 있고, 그에 따라 나약한 재무적 상태를 유발할 수 있다. 이러한 것은 회사를 파산으로 유도할 수 있다.

위험/수익 양면관계의 성질은 〈표 16-3〉에 나타나 있다. 다음과 같은 회사를 가정해 보자. 이 회사는 1억원의 자산을 가지고 있고 그 중 반은 고정자산으로써 그리고 나머지는 유동자산으로 보유하고 있다. 게다가 이러한 자산들에 대한 이자지급과 납세 전에 15%의 수익을 낼 것이다. 부채비율은 50%이지만 단기부채를 사용할 것인지 아니면 장기부채를 사용할 것인지의 정책문제는 아직 결정되지 않았다.

〈표 16-3〉의 A부분에서 장기부채가 9%, 단기부채는 7% 이다. 단기부채는 더 낮은 비용이 발생하기 때문에 단기부채를 장기부채 대신 사용한다면 순이익과 자기자본수익률(*ROE*)은 명확하게 더 높아질 것이다. 그러나 회사가 단기부채를 사용한다면, 이자율이 변동함에 따라 부가적인 위험이 발생할 것이다. 이러한 사실은 B부분에 잘 나타났다. 여기에는 이자율이 일반적인 수준으로 상승할 때 회사가 직면하게 될 상황이 나타나있다. 2000년 초기에 그랬던 것처럼, 단기이자율이 21%까지 상승하고, 장기이자율도 오른다 하더라도 회사는 9% 정도의 적정한 장기부채를 이미 가지고 있기 때문에 영향을 거의 받지 않을 것이다. 회사가 장기부채로 자금을 조달한다면, 이자비용이 오래도록 지속될 것이다. 그렇다고해서 단지 단기부채만 사용하게 된다면 잠재적으로 더 높은 이자율로 재투자를 해야 하는 위험을 갖게 되서 수익률이 장기부채로 조달될 때보다 더 낮게 될 수 있다.

단기부채로 자금을 조달한 회사는 대출만기 때 그 부채를 연장할 수 없는 위험에 처할 수 있다. 상대적으로 자금이 묶여 있는 일반화폐시장 및 자본시장의 상황으로 인해 회사가 부채의 만기시점에 도달했을 때에는 단기부채조달이 용이하지 않을 수 있다. 또한 회사가 대출만기가 되었을 때, 노사문제, 경쟁력 또는 제품에 대한 낮은 수요와 같은 어려움에 직면하게 될 때 자금제공자들은 대출을 연장하지 않을 것이다. 그리고 자금제공자들은 대출의 위험이 증가함에 따른 보상으로 자금에 대한 이자율을 올리려 할 것이다.

회사가 보수적인 방법에 따라서 단지 장기부채만을 사용한다면, 이자율의 만기구조나 *EBIT*(이자 및 법인세 차감 전 순이익)에 대한 단기적이고, 일시적인 변화에 크게 걱정할 필요가 없다. 단지, 그들은 장기운영(performance)에 관심을 기울일 것이다. 이러한 보수적인 재무구조는 단기유휴상태에서 생존하게 하고 장기활황할 수 있도록 할 것이다.

거래신용과 우발적인 상황으로 인해 많은 유동부채들이 발생할지라도 그것들은 편의적, 유동적이고 저비용으로 발생한다. 그러므로 대부분의 보수적인 회사들에 있어서도 그들의 장부에 어느 정도의 유동부채들이 있음을 볼 수 있다. 또한 보수적인 회사들이 일시적 자금부족을 충족하기 위해 차입을 이용할 것이고 이 자금은 부채의 만기결제에 충당할 것이다. 단기신용을 많이 사용할수록 회사는 더 위험에 직면하게 되므로, 보수적인 회사일수록 단기부채의 의존이 적어지게 된다. 따라서 운전자본조달정책은 어떠한 신용을 어느 정도로 사용할 것인가가 주요관심이 된다.

3. 매출 대 유동자산의 보유수준

기업이 생산 또는 판매를 하려면 일정수준의 유동자산과 고정자산을 보유하여야 한다. 이와 같은 각종 자산에 적정투자를 해야지 과대 또는 과소하게 투자하면 불리하다. 가령 일정수준의 생산 또는 판매에 지장이 없다면 적은 자산을 이용하는 것이 수익성이 커진다.

일반적으로 현금 · 예금 · 유가증권 · 재고자산 등의 유동자산에 과대투자하게 되면 유동성은 좋아지지만 수익성이 나빠질 가능성이 있다. 이와 반대로 고정자산을 과대투자하면 유동성이 악화되지만 수익성이 높아질 가능성이 많다.

다음에서 3개 사의 고정자산은 각각 50억원씩 동일하지만 유동자산액상에 차이가 있는 것을 그림으로 보겠다.

〈그림 16-5〉에서 보면 유동자산의 수준을 고려한 세 가지 대체적인 정책들을 묘사한다. 기본적으로, 이러한 정책들은 주어진 판매수준을 지원하기 위해 사용되는 운전자본의 양적인 면에서 차이가 난다. 〈그림 16-5〉에서 기울기가 가장 급한 것이 상대적으로 "보수적"(loose) 운전자본정책을 나타낸다. "보

〈그림 16-5〉 매출량과 유동자산보유수준

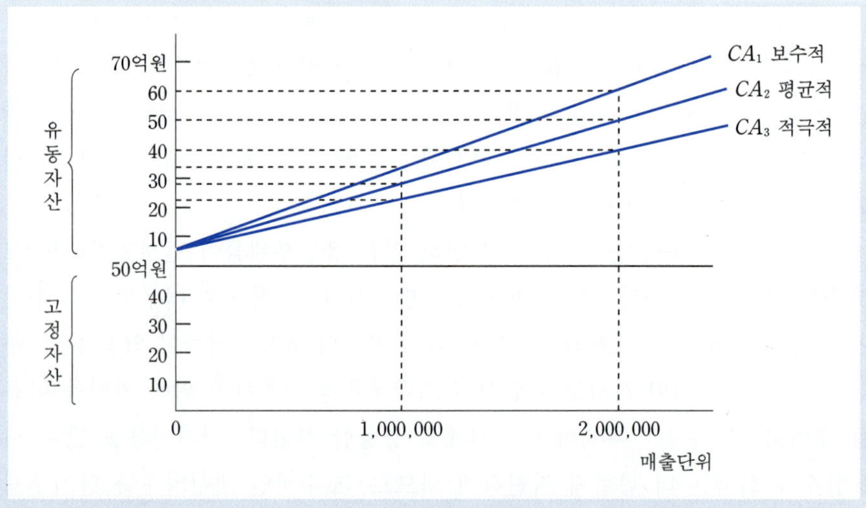

수적"이란 말이 부정적인 의미를 내포하는 것은 아니다. 단지, 상대적으로 많은 현금과 시장성있는 유가증권, 그리고 재고를 축적시키고 고객들에게는 좀 더 자유스러운 자금조달을 가능케 하는 신용정책을 사용하여 판매량을 촉진시키고 결과적으로 매출채권의 수준이 높아지게 됨을 의미한다. 반대로, "적극적"(tight) 운전자본정책은 현금, 유가증권, 재고자산 그리고 매출채권의 보유량을 최소화하는 것이다. 평균적 운전자본정책(moderate policy)은 극단적인 두 방법의 절충안이 된다.

동일한 회사라도 CA_1인 보수적 운전자본조달방법으로 유동자산에 투자

〈표 16-4〉 유동 및 고정자산의 구성과 이익율의 효과 (단위: 백만원)

	CA_1(보수적)	CA_2(평균적)	CA_3(적극적)
매 출			
매출단위(개)	2,000,000	2,000,000	2,000,000
매 출 액	25,000	25,000	25,000
이자법인세 지불 전 순이익	2,500	2,500	2,500
유동자산	6,000	5,000	4,000
고정자산	5,000	5,000	5,000
총 자 산	11,000	10,000	9,000
총자산이익률 EBIT/총자산	22.7%	25%	27.8%

하면 1,000,000단위를 생산 또는 매출하였을 경우 35억원의 유동자산투자를 하고 2,000,000단위인 경우 60억원의 유동자산투자를 하게 된다. 이와 반대로 CA_3인 적극적 운전자본조달방법에 의하여 유동자산투자를 하면 1,000,000단위를 생산 또는 판매할 경우에 23억원이 소요되지만 2,000,000단위의 경우에는 40억원의 유동자산투자를 할 수 있다. CA_2의 평균적 헤징방법으로 운전자본을 조달한다면 보수적방법과 적극적 방법의 중간의 방법이 된다.

자산투자액이 동일한 경우 매출액과 수익률이 동일하다면 유동자산투자액이 적을수록 수익성은 높다. 마찬가지로 유동자산투자액이 동일수준이라면 적은 유동자산투자를 하여 같은 수준의 매출액이 이익을 올리면 수익성이 높아진다. 확실한 상황 하에서는 모든 회사들이 동일한 수준의 유동자산을 보유하게 될 것이다. 적정수준 이상의 양은 이익의 증가없이 외부자금조달에 대한 필요만을 증가시킬 것이고 반면에 적정수준 이하의 양은 재고의 부족으로 인해 공급지연, 판매감소, 생산의 비효율을 일으킬 수 있다.

그러나 불확실한 상황이 도입되면 그래프가 변화한다. 여기에서 회사는 유동자산의 기대가치가 변화하는 것에 대처하기 위해서 지급액, 판매량, 주문조달기간 등에 기초한 현금과 재고자산에, 부가량 및 안전재고(safety stocks)를 합한 양이 최소가 될 것을 요구한다. 적극적 운전자본정책을 취하게 된다면, 회사는 현금과 재고에 대한 안전재고 수준을 더 낮게 보유할 것이고 판매량의 손실을 가져올 운영위험이 있음에도 불구하고 회사는 적극적인 신용정책을 펼 것이다. 일반적으로, 적극적인 정책은 투자에 대한 가장 높은 기대수익을 제공하지만 가장 많은 위험을 수반한다. 반대로, 보수적인 정책은 위의 사실과 역의 관계가 있다.

4. 유동자산과 유동부채의 연결관계

앞에서는 유동자산의 구성과 유동부채의 구성을 상이하게 하여 따로 분류하고 수익성분석을 하였다.

여기서는 유동자산의 구성과 유동부채의 구성을 각각 달리하였을 경우에 자기자본이익률을 비교해 보겠다. 매출액과 이익이 동일하다고 하여도 유동자산의 구성, 유동부채의 구성, 또는 유동부채와 고정부채의 구성이 상이하게 되면 자기자본이익률과 유동비율이 상이하게 된다. 즉 수익과 위험이 각종 자

〈표 16-5〉 유동자산 및 유동부채와 자기자본이익률의 효과 (단위: 백만원)

	CA_1(보수적)	CA_2(평균적)	CA_3(적극적)
유동자산	6,000	5,000	4,000
고정자산	5,000	5,000	5,000
총 자 산	11,000	10,000	9,000
단기부채(18%)	—	2,500	5,000
장기부채(20%)	5,000	2,500	—
자기자본	6,000	5,000	4,000
총 자 본	11,000	10,000	9,000
매 출 액	25,000	25,000	25,000
이자법인세 지불 전 순이익	2,500	2,500	2,500
지급이자	1,000	950	900
과세표준액	1,500	1,550	1,600
법인세(40%)	600	620	640
당기순이익(법인세 지불 후)	900	930	960
자기자본이익률(%)	15.0	18.6	24.0
유동비율(%)	∞	200.0	80.0

산의 구성과 자본의 구성에 따라서 달라진다.

앞에서 예시한 회사의 자료를 이용하여 수익과 위험이 어떻게 상이하게 나타나는가를 운전자본 조달방법에 따라서 비교 · 분석하여 보겠다.

〈표 16-5〉에서 보는 바와 같이 고정자산액 · 매출액 · 이자 · 법인세 지불 전 순이익이 동일하다고 가정하면 유동자산구성 · 유동부채구성 및 자기자본액에 따라서 수익이 상이하게 나타난다. CA_1인 보수적 운전자본 조달방법으로 재무관리를 하면 자기자본이익률이 15%이어서 가장 낮으나 유동비율은 무한대이어서 위험은 극히 적다. 이와 반대로 CA_3인 적극적 운전자본 조달방법에 의하면 자기자본이익률은 24%로서 가장 크고, 유동비율은 80%로서 유동성이 극히 낮으며 위험이 크다. 그러나 CA_2인 평균방법에 의하여 유동자산과 유동부채를 관리하면 자기자본이익률이 18.6%여서 평균수준이고, 유동비율이 200%로서 유동성이 양호한 편이다.

재무관리자가 위의 세 가지 운전자본 관리방법 중 어떠한 것을 택하느냐에 따라서 수익과 위험이 상이하게 나타난다. 이 회사의 수익규모인 경우에는 적극적인 운전자본 관리방법이 주주의 이익률은 제일 크지만 보수적인 방법은 주주의 이익률이 제일 작다. 위험도는 보수적인 방법이 제일 작고 적극적인 방법이 제일 크다.

평균적 헤징방법에 의한 운전자본관리는 자기자본이익률이 18.6%로서 비교적 높고, 유동비율도 200%로 양호하여 계속적으로 적정이윤을 올리면서 경영할 수 있다. 적극적인 방법은 자기자본이익률이 24%로서 가장 높은 수준이지만 유동비율이 80%라면 단기지급능력이 매우 약화되어 흑자도산 될 가능성도 크다. 따라서 재무관리책임자는 기업의 수익과 위험의 조정관계를 면밀히 검토하여 과학적인 운전자본관리를 하여야 한다.

'연평균 850억', 유한양행 현금창출능력 업계 '최고'

판매제휴 통한 제품라인 확보 등으로 경쟁력 상승

국내 5개 상위 제약사 중 가장 운전자본 규모가 큰 곳은 유한양행인 것으로 나타났다.

9일 동아제약, 유한양행, 한미약품, 종근당, 대웅제약 등 국내 5개 제약사를 대상으로 분석한 결과 여타 제약사들 대비 상대적으로 매출대비 운전자본 비중이 높으면서 운전자본 규모가 지속 증가하고 있는 업체는 한미약품으로 분석됐다.

제약업종 특성상 매출채권 및 재고자산 등 운전자본 관리는 영업현금흐름의 질과 직결되는 부분이자 각 업체별 실적의 주요 스윙 팩터로 작용하고 있다.

미래에셋증권 신지원 연구원은 "유한양행의 경우 지난 2005년 이후 순현금 기조가 지속 유지되고 있으며 감가상각 및 각종 투자를 감안해 산출한 잉여현금흐름(FCF) 측면에서도 업계 최상위 수준을 나타내고 있다"고 분석했다.

이어 신 연구원은 "유한양행은 지난 3년간 연평균 약 850억원 가량의 현금흐름을 나타내며 5년 연속 순현금 창출기조로 여타 추종을 불허하는 현금창출능력을 보이고 있다"고 강조했다.

한편 유한양행은 고혈압치료제 '트윈스타' 판매 등 타 제약사와의 제휴를 통한 수익창출로 올해 업계 내 경쟁력이 한층 강화될 전망이다.

최근 유한양행은 베링거인겔하임과 고혈압 복합제 '트윈스타'의 국내 영업에 대한 판매유통 계약을 맺고 순탄한 실적을 올리고 있으며 비스테로이드성 진통소염제 '이브퀵'의 판매도 전담한다.

지난달 부터 한국UCB제약의 알러지치료제와 간질치료제 등을 독점판매하고 있다.

아울러 유한양행은 최근 한국벡스팜제약과 유산균 변비치료제 락티톨에 대한 판매유통 계약을 체결, 클리닉, 종합병원 영업을 담당하게 된다.

신한금융투자 배기달 연구원은 "트윈스타가 출시 3개월차인 1월 원외처방이 12억원에 달하며 종전 한미약품 '아모잘탄'의 출시 3개월차 기록을 경신했다"며 "트윈스타가 올해 300억원대의 대형 품목으로 성장할 것으로 보인다"고 말했다.

한 제약사 관계자는 "유한양행이 제약사 간 제휴를 통해 탄탄한 제품라인을 갖춰가고 있다"며 "올해 하반기에는 가시적인 성과가 나올 것"이라고 예상했다.

- 메디파나뉴스 2011. 3. 9. 신문기사

연습문제

1. 다음 용어를 간략히 설명하시오.
   ① 운전자본(working capital)
   ② 순운전자본(net working capital)
   ③ 자본의 탄력성
   ④ 영구적 유동자산(permanent current assets)

2. 운전자본의 의의와 기능에 대해 설명하시오.

3. 운전자본정책에 대해 설명하시오.

4. (주)한양과 (주)한일의 2010년 12월 31일의 재무상태표는 다음과 같다.

(단위: 1,000원)

	한양(주)	한일(주)
유동자산	100,000	100,000
고정자산	100,000	100,000
총 자 산	200,000	200,000
유동부채	20,000	80,000
장기부채	80,000	20,000
보 통 주	50,000	50,000
잉여금(retained earning)	50,000	50,000
총 부채와 지분	200,000	200,000

양 회사에 있어서 이자 및 법인세 차감 전 순이익(*EBIT*)은 30,000,000원이고 평균세율은 40%이다.

① 유동부채에 대한 이자율이 10%이고, 장기부채에 대한 이자율이 13%인 경우 두 회사의 자본수익률은 얼마인가?

② 장기부채의 이자율이 고정되어 있는 동안 단기이자율이 20%로 상승했다고 가정하자. 이러한 상황하에서 (주)한양과 (주)한일에 대한 자본수익률은 어떻게 될 것인가?

③ 어떠한 회사가 더 위험한 포지션(position)을 취하고 있는가? 그 이유는?

5. (주)한양은 유동자산 정책을 세우려고 한다. 고정자산은 600,000원이고 부채비율을 50%로 유지하려고 하고 있다. 모든 부채에 대한 이자율은 10%이다. 세 가지의 대체적 유동자산정책들은 추진된 판매의 40, 50, 60%의 상황에서 고려되고 있다. 회사는 3,000,000원의 판매에 $EBIT$는 15%로 기대하고 있다. (주)한양의 평균세율은 40%이다. 이러한 대체적인 상황하에서 기대자본수익률은 얼마인가?

제17장
현금 및 유가증권의 관리

FINANCIAL MANAGEMENT

현금은 여러 가지 현금지출을 위하여 보유하고 있는 즉각적인 지급수단이다. 그러나 가까운 장래에 지급하게 될 부채에 대비하여 유동자산의 일부는 유가증권에 투자한다. 현금의 경우는 비수익성 자산이기 때문에 효과적인 현금관리가 중요하다. 재무관리자들은 자금의 유용성을 향상시키고 외부조달에 대한 필요성을 줄이기 위해 현금수입과 현금지출의 기술을 발전시켜 왔다. 먼저 현금관리에 대하여 검토하고 다음에 유가증권에 투자관리하는 기법을 살펴보겠다.

제 1 절 현금관리

1. 현금관리의 의의와 중요성

현금(cash)은 지폐 · 주화를 말하는데 은행의 당좌예금도 현금에 포함된다. 지폐와 주화는 비교적 소액의 지출에 대비하여 보유하고 있으며, 거액의 지출은 당좌예금인 수표를 발행하여 결제하는 것이 통례이다.

기업에 투자된 모든 자산은 직접 이익을 발생시키는 자산(income-bearing assets)이지만 현금은 직접 이익을 발생시키지 않는 자산(non income-bearing assets)이다. 물론 현금을 적정량 보유함으로써 이익을 발생시키는 데 간접적으로 도움을 준다.

그러나 현금은 즉각적인 지급수단이 되며 위험 없는 자산(risk-free assets)이다.[1] 즉 현금 이외의 모든 기업자산은 직접 경영이익을 얻기 위해 투자되며, 그 결과 일반적으로 이익을 초래하지만 경우에 따라서 손실을 볼 수 있다. 그러나 현금의 보유는 투자이익이 직접 없는 동시에 손실도 보지 않는다. 이익도 손실도 없는 현금이지만 이 자금을 조달하는 데는 금융비용이 발생되고 있는 것이다. 따라서 불필요하게 과대한 현금을 보유하고 있는 것은 유휴자산(idle-assets)이 되며, 유동성은 양호하지만 수익성이 저하된다.

기업이 경영활동에 필요한 각종 자산을 구매하려면 현금이 있어야 하며 모든 비용도 결국 현금으로 지출된다. 즉 토지 · 건물 · 기계 · 원재료 등을 구입하거나 인건비 · 제조경비를 지급하고 세금을 납부하는 데도 현금이 지출된다. 만기일이 도래한 여러 가지 부채를 상환하지 못하게 되면 신용이 떨어져서 계속적으로 거래하기 어려우며 멀지 않아서 청산을 하게 된다. 그러므로 항상 적정량의 현금을 보유하고 있어야 경영을 계속하고 이익을 얻을 수 있다.

그러나 유동성에 너무 치중하여 과대한 현금을 보유하고 있으면 직접 이익을 얻을 수 없는 현금에 대한 금융비용이 발생되어 수익성이 저하된다. 따라서 재무관리자는 앞으로 일정기간 동안 언제, 무엇으로, 얼마의 현금이 수입되고 또 언제, 무엇을 위하여, 얼마의 현금이 지출될 것인가를 예상하는 현금예산을 수립하여 이에 따라서 현금관리를 해야 한다. 재무유동성이 약화되지 않으면서 비교적 높은 재무수익성을 올릴 수 있을 정도로 적정수준의 현금을 항상 보유하는 것이 현금관리에 가장 중요하다.

2. 현금보유의 동기

기업이 일정량의 현금을 보유하고 있게 되는데, 현금을 보유하는 동기는 i) 거래동기, ii) 예비동기, iii) 투기동기 vi) 보상동기 등 네 가지로 분류된다.[2]

---

1) Iqbal Mathur, Introduction to *Financial Management*, Macmillan Publishing Co., Inc., 1979, p. 109.

2) John Maynard Keynes, *The General Theory of Employment, Interest and Money*, Harcourt Bract Jovanovich, 1936, pp. 170~174; John D. Martin, J. William Petty, Arthur J. Keown, and David F. Soctt, Jr., *Basic Financial Management*, Prentice-Hall, Inc., 1979, pp. 168~170.

(1) 거래동기

거래동기(transaction motive)는 영업상의 거래활동을 원활히 하기 위하여 현금을 보유하는 것이다. 즉 매입채무, 인건비, 배당금 또는 세금 그리고 만기일이 도래되는 각종 유동부채를 상환하기 위하여 적정량의 현금을 준비하게 된다. 현금소요량은 앞으로 일정기간의 현금수입과 현금지출의 규모를 예측하여 결정한다. 현금수입과 현금지출의 규모가 유사하면 거액의 현금보유를 하지 않아도 된다.

현금수입의 시기와 현금지출의 시기 사이에 큰 차이가 있을 경우에는 현금부족액은 차입하든지 증자를 하여 충당하게 된다. 현금의 수입과 지출의 규모는 업종 · 규모 · 계절성 · 매출량 등에 따라서 결정된다. 동절기에 많이 판매되는 스케이트 · 난방시설 등을 생산하는 업종에서는 가을에 원재료를 많이 구입하여 생산하였다가 겨울에 팔게 된다. 따라서 원재료를 현금으로 매입한다면 가을에 그 대금이 필요하고 인건비와 기타 경비도 가을에 지급하게 되어 많은 현금이 필요하게 된다. 그러나 이들을 동기에 판매하여 현금이 수입이 되므로 현금지출과 현금수입에 기간적 차이가 생기게 된다. 따라서 현금부족액은 차입금이나 증자로 충당하게 된다.

(2) 예비동기

예비동기(precautionary motive)로 현금을 보유한다는 것은 정상적인 경영활동에 필요한 현금 이외에 우발적인 사태에 대비하기 위하여 일정량의 현금을 추가적으로 준비하는 것이다. 가령 화재, 도난, 풍수해, 경기의 격심한 침체 등으로 추가적인 현금이 우발적으로 필요할 때를 대비하여 어느 정도의 현금을 보유하게 된다. 그러나 오늘날과 같이 보험제도가 발달되어 이것을 이용하고 있는 경우에는 예비동기의 목적으로 많은 현금을 보유할 필요가 없다.

여객항공회사는 우발적인 사고로 거액의 현금지출이 필요할 경우가 있지만 보험에 가입하여 큰 문제가 되지 않는다. 그리고 은행과 양호한 거래관계를 계속하고 있는 회사는 긴급사태로 필요하게 되는 현금을 단기일 내에 차입할 수 있어 많은 현금을 예비동기의 목적으로 보유하지 않아도 된다.

(3) 투기동기

투기동기(speculative motive)로 현금을 보유한다는 것은 정상적인 거래활동을 위해서가 아니라 투기를 하여 많은 이익을 도모할 목적으로 현금을 추가적으로 준비하는 것이다. 기업을 경영해 나가다 보면 특정한 원자재나 상품 등이 특별히 저가로 형성되어 있을 때가 있는데 이 때에 이들을 많이 샀다가 가격이 상승할 때 판매하여 많은 이익을 얻을 수 있다.

부동산경기가 침체되어 그 가격이 월등히 싸다든지 주식가격이 폭락되어 있을 때에 이들에 투자하였다가 그 가격이 상승되었을 때 판매하여 큰 이익을 얻기 위해 투기자금을 보유하기도 한다.

(4) 보상동기

은행은 예치된 자금을 이용하여 이익을 낸다. 그러므로 은행에 있는 예금액은 은행의 이익포지션을 향상시킬 수 있도록 한다. 따라서 은행이 고객에게 서비스를 제공한다면, 일반적으로 고객에게 그러한 비용의 상계를 위해 일정 수준의 현금잔액을 유지할 것을 요구한다. 이러한 현금보유를 보상현금잔액(compensation balance)이라고 한다.

위에서 살펴본 네 가지 현금보유의 동기 중에서 예비동기와 투기동기는 특수목적으로 초과현금을 준비하는 것이다. 그러나 실제로 현금관리의 기본목적은 거래동기에 의해서 정상적인 경영활동과정에서 필요한 현금지출을 위하여 현금을 보유하는 것이다.

3. 현금관리정책

현금관리의 기본 원칙은 현금유입은 가급적 신속히 회수하고, 이와 반대로 현금유출은 가급적 늦게 지급하는 것이다. 현금의 유입과 유출관리는 유동성과 수익성에 상호 관계가 있으므로 각 회사에 가장 적합한 방법을 이용해야 할 것이다.

(1) 현금유입관리

기업이 현금유입을 신속히 하기 위해서는 현금이나 고객지급수표가 회사

구좌에 입금되어 회사가 이를 이용하는 시간을 단축시켜야 한다. 이와 관련하여 플로트(float)를 측정한다. 플로트는 시간적 차이에 따른 기업 장부의 현금 잔액과 은행계좌의 현금잔액의 차이를 뜻한다. 기업이 거래처와의 관계에서 수표를 발행하거나 수취할 때, 결제까지의 시간적 차이가 있기 때문에 두 계정의 잔액에 차이가 발생하는 것이다. 지급플로트와 회수플로트는 다음과 같이 관리하는데, 효율적인 현금관리를 위해서 두 플로트를 합한 순플로트(net float)가 양(+)이 되도록 관리하는 것이 필요하다.

지급플로트(disbursement float):
　은행계좌의 현금잔액 − 기업장부의 현금잔액 > 0
회수플로트(collection float):
　은행계정의 현금잔액 − 기업장부의 현금잔액 < 0

세부적인 현금회수를 촉진하는 방법은 다음과 같다.

① 현금누출방지: 고객이 지급한 현금이 누락없이 회사에 도착하게 한다.
② 사서함제도: 거래회사 사서함에 대금을 우송하면 거래은행이 이를 모아 기업의 구좌에 입금시키게 함으로써 자금흐름 시간을 단축한다.
③ 내부통제제도: 입금되는 현금을 취급하는 업무를 몇 개의 단계로 나누고 서로 다른 부서 직원들이 현금수준을 확인할 수 있게 하는 제도를 말한다.
④ 집중은행제도: 대금을 수집하려는 지역이 널리 퍼져 있는 경우 각 지역에 있는 지점에 입금히게 하고 이 대금이 신속하게 집준은행에 예입되도록 하는 제도를 말한다.

(2) 현금유출관리

현금의 지출은 미리 약정된 기일 내에서 가급적 늦게 하는 것이 좋다. 왜냐하면 회수촉진과정이 현금보유기간을 늘리는 것과 같이 지출연기는 동일한 효과를 니티내기 때문이다. 그러나 단순히 지출연기만을 하기에는 어려움이 따른다. 그래서 과거에 회사들은 그들의 수표에 대한 지출연기 기간을 합법적으로 늘리기 위해, 멀리 떨어진 장소에 있는 은행에서 수표를 발행하는 정교한 방법도 고안하기도 했다. 그리고 지출연기를 위해 사용한 또 다른 방법은 환어음(draft)의 사용을 들 수 있다. 발행한 은행에 수표가 제시됐을 때 지불할 수 있는 경우는 환어음이 발행자에게 전송되고, 발행자는 그것을 인수하고 결제를 위해 자금을 예치했을 때 회수될 수 있게 된다. 그러나 이러한 지출의 연기방법에서 약정된 기일이 경과되어 현금결제를 하면 신용이 떨어지고 외상거래를 원활히 계속할 수 없게된다. 가령 외상매입조건이 「2/10, n/30」이라면 이것은 물품을 매입하고 10일 이내에 지급하면 그 대금의 2%를 할인받을 수 있다. 그러나 매입 후 11일이 되면 2%의 할인을 못 받게 되지만 그 대신 매입 후 30일 이내에 그 대금을 지불하면 된다. 이 경우에 현금이 있으면 2%의 할인을 받고 매입 후 10일에 그 대금을 지출하면 유리하다. 반면 현금을 10일 내에 지급 못하게 되면 30일에 지급해야지 20일간 현금지출을 늦추는 것이 되어 유리해진다. 즉 이 경우에 현금지출일은 10일 아니면 30일이지 그 중간 날짜에 지급하면 불리하다.

그리고 현금은 극히 소액만 취급하고 나머지는 수표나 어음으로 대금을 지급하면 유리하다. 자기회사에서 수표나 어음을 발행하여 현금지출을 대신하면 이것이 은행제도에서 청산되고 실제로 예금잔액에서 인출되기까지 2~3일이 소요된다. 그러므로 이렇게 여러 가지 지출을 수표나 어음으로 하였을 경우에는 장부상의 예금잔액과 실제 은행의 예금잔액에 큰 차액이 발생되어 이 자금을 이용할 수 있다.

4. 현금적정보유수준의 결정

위에서 살펴본 바와 같이 현금의 과소보유는 유동성을 약화시키며 과대보유는 수익성을 저하시킨다. 따라서 항상 적정수준의 현금을 보유하여야 유동성이 유지되고 수익성이 향상된다.

최근에는 현금을 적정수준으로 보유하기 위한 결정모델을 분석하게 되었다. 현금관리의 적정수준을 결정하는 모델은 보몰(W. J. Baumol), 토빈(James Tobin), 밀러(N. H. Miller)와 오어(D. Orr) 등에 의하여 전개되었다. 이들은 현금의 최고 · 최저수준의 결정과 이에 따르는 비용과 위험의 문제를 주로 다루었다.

(1) 보몰의 현금관리모형

보몰(Baumol)의 현금관리모형은 재고관리에 있어서의 경제적 주문량

〈그림 17-1〉 보몰모형의 가정에 의한 현금잔액

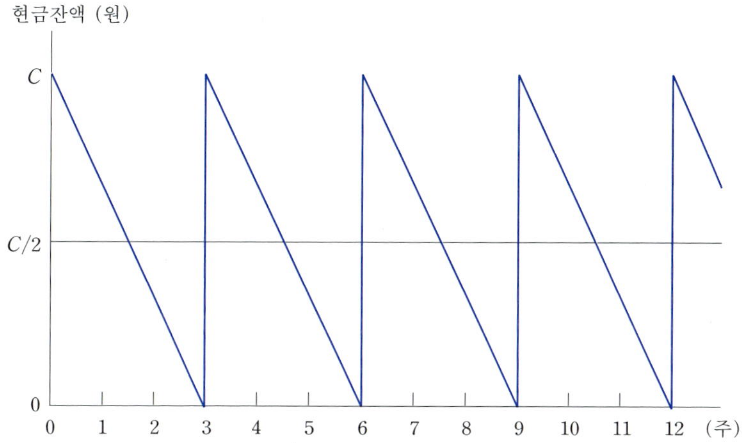

(economic order quantity)의 모형을 처음으로 적용한 것이다. 그는 현금관리가 재고관리와 유사하다고 생각하여 적정매입량을 결정함으로써 평균재고량을 유지하여 비용을 최소화하는 재고관리주법을 현금관리에 적용하였다.[3]

보몰 모형에서 i) 회사는 안정적이고 예측가능한 비율로 현금을 활용하고(가령, 1,000,000원/1주일) ii) 영업활동으로부터의 현금의 유입은 점진적이고 예측가능한 비율로 발생하기 때문에(가령, 900,000원/1주일) iii) 회사의 순현금유출이나 순현금요구액도 또한 점진적인 비율(가령, 100,000원/1주일)로 발생한다. iv) 기업은 현금잔고가 0에 도달될 때 보유 유가증권의 매각 또는 차입 등에 의해 일정 금액을 보충하며 따라서 현금부족에 의한 기회비용이 발생하지 않는다는 가정을 하고 있다. 이러한 가정하에서 회사의 현금포지션은 〈그림 17-1〉에 나와 있는 상황과 같을 것이다.

300,000원의 현금보유잔액(C)을 가지고 처음시점에서 회사가 시작을 한다고 한다면, 그리고 유출이 주당 100,000원의 유입을 초과한다면 그 때, i) 현금보유자액은 3주일의 끝시점에서는 거의 0으로 떨어질 것이고 ii) 평균보유현금잔액도 150,000원(=300,000원/2)이 된다 그러므로 3주일의 끝시점에

3) Martin, Petty, Keown, and Scott, *op. cit.*, pp. 193~196 ; William J. Baumol, "The Transaction Demand for Cash: An Inventory Theoritic Approach," *Quarterly Journal of Economics* 66, November 1952, pp. 545~556.

〈그림 17-2〉 목표현금잔액의 결정

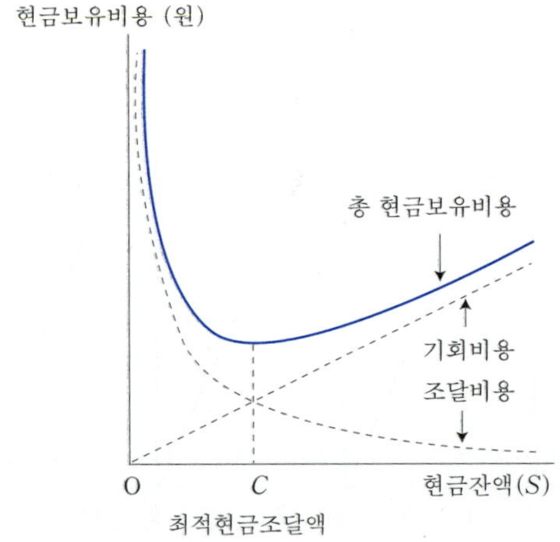

서, 회사는 유가증권을 매각하든 차입을 하든 현금보유잔액을 회복시켜야 할 것이다.

C가 더 높은 수준에서 형성되도록 하려면(가령, 600,000원) 그 때 현금공급은 더 오래 지속될 것이고(가령, 6주) 회사는 유가증권 매각이나 현금차입의 빈도가 훨씬 줄어들 것이다. 그러나 평균보유현금잔액은 150,000원에서 300,000원으로 증가할 것이다. 조달비용들이 유가증권을 매각하는 경우에 발생한다. 따라서 많은 양의 현금잔액을 보유하면 현금획득과 관련하여 발생되는 조달비용을 낮출 수 있다. 그러나 다른 한편으로는 현금은 수입을 발생시키지 않기 때문에 평균 현금보유잔액이 많아질수록, 더 높은 기회비용이 발생한다. 그러므로 〈그림 17-2〉에서 보듯이 기회비용은 현금보유잔액의 규모가 커질수록 선형증가하는 관계를 갖고, 그에 따라 조달비용은 반비례하는 곡선을 갖게 된다. 그리고 총비용곡선은 두 곡선이 만나는 점에서 최소점을 갖게 된다.

최적의 현금보유잔액 즉, 총비용곡선의 최저점은 다음의 변수와 등식을 사용하여 밝혀낼 수 있다.

C = 차입이나 유가증권매각으로 조달되는 현금의 양. $C/2$는 평균현금보유잔액이다.

C^* = 차입이나 유가증권매각으로 조달된 최적의 현금양. $C^*/2$는 최

적인 평균 현금보유잔액이다.

F =1회 현금조달비

T = 일정기간 동안 필요한 총현금

k = 보유현금의 기회비용

보유나 기회비용에 거래비용을 합한 현금보유잔액과 관련되어 이루어진 총비용은 다음과 같다.

$$
\begin{aligned}
\text{총비용} &= \qquad \text{보유비용} \qquad\qquad + \qquad \text{조달비용} \\
&= (\text{평균현금보유잔액})(\text{기회비용}) + (\text{조달횟수})(1\text{회조달비용}) \\
&= \qquad \frac{C}{2}(k) \qquad\qquad + \frac{T}{C}(F)
\end{aligned}
$$

총관리비용을 최소화하는 최적의 현금조달액은 다음과 같이 구할 수 있다.

$$C^* = \sqrt{\frac{2(F)(T)}{k}}$$

위의 방정식은 최적현금보유잔액을 결정하기 위한 보몰의 모형이다.

예를 들어, F는 150원; T = 52주 × 100,000원/주당 = 5,200,000원; 그리고 k는 15%일 때

$$C^* = \sqrt{\frac{2(150)(5,200,000)}{0.15}} = 101,980$$

그러므로 기업은 현금의 보유잔액이 거의 0에 가까워 올 때 101,980원만큼의 유가증권을 매각해야 한다. 그에 따라 현금보유잔액은 101,980원으로 다시 회복된다.

T를 C^*로 나누게 되면, 매년 조달횟수를 얻을 수 있다. 즉 5,200,000/101,980 = 50.99 ≈ 51 또는 주당 1번 정도가 된다. 회사의 평균현금보유잔액은 매각된 유가증권의 가치의 절반이 될 것이다. 따라서 $C^*/2$ = 101,980/2 = 50,990 ≈ 51,000가 된다.

최적현금보유잔액은 조달을 위해 필요한 현금액의 증가분보다 비율적으로 덜 증가한다. 예를 들어, 회사의 규모와 그에 따른 조달현금요구액이 5,200,000원에서 10,400,00원 즉, 2배만큼 커지게 되더라도, 평균현금보유잔

액은 단지 51,000원에서 72,000원 즉, 41%만이 증가하게 된다. 이러한 것은 현금보유잔액에는 규모의 경제가 있어서, 규모가 더 큰 회사가 작은 회사에 비해 강점을 가지고 있음을 나타낸다.

물론, 불확실한 현금유출을 회피하기 위해 현금의 "안전재고"(safty stock)를 유지하기 원할 것이다. 그러나 회사가 단기에 차입이나 유가증권 매각을 할 수 있을 경우에 현금의 안전재고량은 매우 낮아질 수 있다.

보몰의 모형은 많은 부분에서 매우 단순화했다. 가장 중요한 점은 상대적으로 안정적이고 예측가능한 현금의 유출입을 가정했고, 현금유출입의 계절적이거나 순환적인 경향에 대해서는 고려하지 않았다. 다른 모형들은 현금흐름의 불확실성과 경향 모두를 고려해서 발전시켜 왔다. 보몰의 모형을 포함한 이러한 모형들은 목표현금보유잔액을 세우는 데 유용한 출발점을 제시하지만, 이러한 모형들은 한계점을 가지고 있다. 그래도 이 모든 것이 많은 의사결정에 도움을 준다는 것은 틀림이 없다.

(2) 밀러와 오어의 현금관리모형

위에서 설명한 보몰의 모형은 현금유입과 유출의 모형이 일정하다고 가정하여 전개되었다. 그러나 밀러(N. H. Miller)와 오어(Daniel Orr)의 모형은 현금의 잔액이 실제적으로는 일정하지 않고 불규칙적으로 변동된다는 것을 전제로 하고 있다.[4)]

이 모형에 따르면 기업경영을 하는 데 있어서 현금의 순유입은 확실히 예측하기 어렵고 현금잔액도 시간이 경과됨에 따라서 증가 또는 감소되는데 그 규모도 일정하지 않다. 현금이 감소되어도 그 현금잔액은 0(영) 이하로 떨어지지 않는다. 가령 현금이 負(−)가 된다는 것은 그 당시에 자금의 순유출(지급초과분)을 보충할 만한 현금이 기업 내에 없어서 그 기업이 지급불능 상태에 들어갔다는 것을 의미한다. 따라서 기업의 현금잔액이 0이 되면 차입을 한다든지 증자를 하여 적정현금수준까지 보충해야 한다. 밀러와 오어의 모형을 설명함에 있어서 다음과 같은 네 가지 가정을 설정하였다.

① 현금잔액과 현금으로 전환이 빠른 유동자산(liquid assets)[5)]으로 구분하

---

4) Merton H. Miller and Daniel Orr, "A Model of the Demand for Money by Firms," *Quarterly Journal of Economics*, August 1966, vol 180, no 3, p. 413.

5) 국공채 · 예금 · 상업어음 · 단기유가증권 등으로 단시일 내에 현금화되는 자산을 의미한다.

고 이 유동자산이 투자운용되어 평균이익이 발생된다. 그리고 이 두 가지 자산간의 전환은 동시에 이루어지되 1회 전환할 때 한계비용이 발생된다.

② 현금잔액이 0이 될 수도 있겠으나 실제로는 0보다 크고 최소한도수준의 현금을 보유하고 있다.

③ 현금잔액이 항상 동일하지 않고 불규칙으로 변동되고 있다.

④ 이 현금관리모형에 있어서 장기간의 현금관리에 소요되는 평균비용을 극소화함을 목적으로 한다는 가정이다.[6)]

이상의 네 가지 가정 아래서 기업은 가급적 적정수준의 현금을 보유하도록 해야 한다. 이 모형에 있어서의 현금적정수준은 Z로 표시된다. 그러나 실제 현금관리에 있어서는 Z보다 약간 더 많든지 더 적은 것이 통례이다. 즉 적정현금 보유수준인 Z보다 현금이 더 많으면 유휴자산 또는 비수익자산이 과대하여 유동성은 양호하지만 수익성이 저하된다. 이와 반대로 Z보다 현금이 더 적으면 유동성은 약화되어도 수익성이 증대될 것이다. 따라서 가급적 Z에 가까운 선의 현금보유를 하는 것이 유동성과 수익성의 두 목적을 위하여 유리하게 된다.

〈그림 17-3〉에서 보는 바와 같이 Z가 적정현금 보유수준이고 0(영)은 현금이 하나도 없는 상태이다. 그리고 현금잔액이 아무리 증대되어도 h선을 넘

〈그림 17-3〉 밀러-오어 모형의 현금잔액변동도

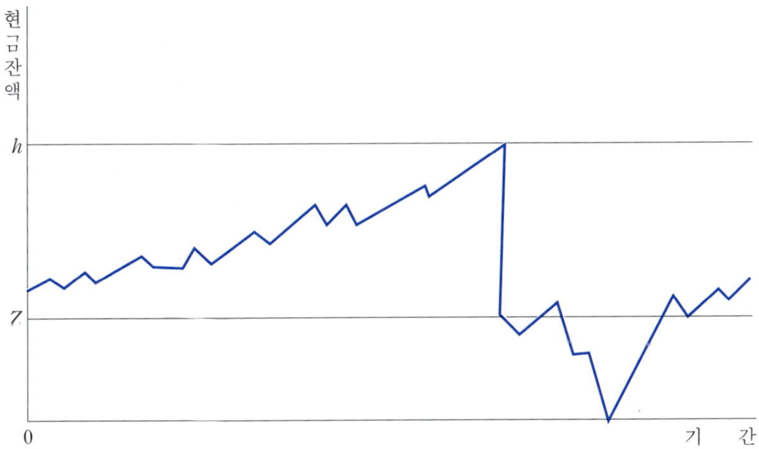

6) Miller and Orr, *op. cit.*, pp. 420~423.

지 않는다. 즉 현금잔액 상한선 h와 하한선 0에 이르기까지 방치하였다가 이 상·하한선에 현금잔액이 되면 Z수준에 오도록 현금관리를 한다.

〈그림 17-3〉을 보면 현금잔액이 Z선을 중심으로 상하로 변동되고 있다. Z선을 초과하였을 경우에는 초과현금 보유액을 유가증권 등의 유동자산에 투자하여 단기이익을 도모할 것이다. 가령 현금잔액이 h선까지 있다면 $h-Z$만큼은 단기수익자산에 투자할 수 있다. 이와 반대로 현금잔액이 0선까지 내려오면 유가증권 등을 현금으로 전환하여 적정현금 보유수준인 Z선까지 보충해야 한다. 이 때 현금화할 유가증권이 없으면 차입하여 Z선까지 채워놓아야 한다.

이 Z선인 최적치를 결정하는 방법은 보몰이나 토빈의 방법과 기본적으로 같다. 그러나 밀러-오어 모형에서는 이 방법을 더 발전시켜서 전개하였는데 결과적으로 다음 공식과 같이 도출된다.

$$Z=\sqrt[3]{\frac{3bm^2t}{4k}}$$

$$h=3Z$$

이 공식상의 h = 현금보유 상한선
Z = 현금보유 적정선
b = 금융거래 1회에 대한 비용
t = 1일에 거래되는 횟수
m = 1일의 소요지급액이다.
k = 이자 수익률

〈그림 17-4〉에서 Z선 이상으로 현금잔액을 보유하면 그 초과분이 유휴자산이어서 수익성을 올리기 위하여 단기유가증권에 투자한다. 그리고 Z선 이하로 현금잔액이 떨어지면 이 증권을 매각처분하여 Z선 수준까지 현금을 보충한다. 그리고도 Z선에 못 미치면 단기차입을 하게 된다. 현금잔액이 0이 될 수도 있으나 실제로는 약간을 현금으로 보유하게 된다. 일반적으로 최소현금 보유액이 있어야 지급능력을 유지할 수 있다.[7)]

최소액의 현금을 항상 보유하고 있어야 하는 데는 세 가지 이유가 있다.

첫째, 현금수입과 현금지출은 계획대로만 되는 것이 아니고 차질이 생기

7) Robert W. Johnson, *Financial Management*, 1962, pp. 89~98; William Beranek, *Analysis for Financial Decisions*, 1963, pp. 350~351.

는 경우가 있다. 즉 현금수입이 줄든지 현금지출이 늘 경우가 있으므로 최소한의 현금은 항상 보유해야 한다.

둘째, 현금잔액의 규모는 즉각적 지급능력을 표시하는데, 유동성을 항상 유지함으로써 채권자는 그 기업의 관계단체나 개인으로부터 신용도를 인정받기 위해서 최소현금을 보유해야 한다.

셋째, 거래은행과의 원활한 관계를 지속하기 위해서 현금 또는 당좌예금을 최소한으로 항상 보유하고 있어야 한다.

제 2 절 유가증권관리

1. 유가증권의 의의와 중요성

시장성있는 유가증권(marketable securities)은 국채 · 지방채 · 공채 · 정부단기차입증서 등과 같이 단시일 내에 약간의 수익을 올리면서 위험성 없이 현금화될 수 있는 시장성 있는 자산이다. 이들은 현금 다음으로 현금화되기 쉬운 자산으로서 준현금(near cash)이라고 한다. 광의의 유가증권에는 시장성이 높고 가치의 변동이 격심하지 않은 우량상장회사의 주식이나 사채도 이에 포함된다. 그러나 장기적인 투자목적이나 타기업을 지배 또는 통제할 목적으로 장기적인 투자를 하게 되는 주식이나 사채는 유가증권에서 제외되며 이는 투자자산에 계상해야 한다.[8)]

현금관리에서 살펴본 바와 같이 적정량의 현금을 초과하여 여유있는 현금이 있지만 이것을 앞으로 단시일 내에 쓰게 될 경우가 있다. 이 때에는 현금이나 당좌예금으로 가지고 있으면 아무런 수익이 들어오지 않는다. 따라서 시장성유가증권에 투자하면 단기간의 약간의 수익을 얻을 수 있고 현금이 필요하게 되면 수일간에 현금화하여 지급하면 된다.

가령 20일이나 1개월 후에 배당금이나 세금을 지불한다든지 기타 단기부

8) William H. Husband and James C. Dockeray, *Modern Corporation Finance*, Richard D. Irwin, Inc., 1957, pp. 337~339; Ronald I. Robinson, *The Management of Bank Funds*, 1951, pp. 55~80.

채를 상환하게 될 자금이 단기간 유휴상태에 있는 과잉현금이 있을 경우 시장성 유가증권에 투자한다. 이 자금이 장기간 유휴상태에 있게 되면 그 기간 동안에 비교적 높은 수익을 올릴 수 있는 자산에 투자하는 것이 좋다.[9)]

전형적으로, 시장성있는 유가증권은 영업용자산보다 훨씬 낮은 수익을 양산한다. 그러면서도 더 낮은 수익력을 갖는 자산을 보유하는 이유는 무엇인가? 시장성있는 유가증권으로 일시적인 투자를 하는 경우는 다음과 같은 3가지의 경우에 일반적으로 발생한다.

① 회사가 계절이나 주기적인 영업에 자금을 조달해야 될 때: 계절적인 영업에 종사하는 회사들은 일년 중 1분기 정도는 잉여의 현금유입이 발생하고 나머지 기간에는 현금이 부족해진다. 따라서 이러한 회사들은 잉여의 현금이 있을 때 시장성있는 유가증권을 구매하고 현금이 부족할 때 이러한 자산으로 유동성을 확보한다. 그러나 어떤 회사들은 이러한 자금의 부족을 충족하기 위해 은행으로부터의 차입을 선택한다.

② 회사가 몇 개의 공표된 재무적 요구들을 충족시켜야 할 때: 주요 설비건설 프로그램이 가까운 장래에 계획된다고 하거나, 발행된 사채의 만기가 다가온다면, 회사는 이러한 자금을 확보하기 위해 시장성있는 유가증권 포트폴리오를 구성할 것이다.

③ 회사가 장기유가증권을 매각했을 때: 확장추세의 기업들은 일반적으로 장기유가증권을 점차적으로 매각해야 한다. 이런 매각으로 생긴 자금을 종종 시장성있는 유가증권에 투자하고, 영구적으로 영업자산에 투자를 해야 할 때는 다시 매각을 하여 현금을 조달하게 된다.

2. 유가증권보유와 차입시의 비교

외국회사인 Melnyk Toy사를 살펴보자. 이 회사의 매출액은 점차 증가하지만, 계절수요에 기반을 두기 때문에 매출변동이 심한 편이다. 따라서 이러한 영업은 이 회사의 현금보유잔액을 변화시키게 된다. 또한, Melnyk Toy사의 현금필요량은 성수기 바로 전에 가장 많이 필요하다. 따라서 이 회사는 계절적 수요를 충당하기 위해 거래은행으로부터 자금을 차입하게 되지만 대체적

9) Robert M. Saldofsky and D. R. Schcuartz, "Have Companies Manage Cash," *Financial Executive*, vol. v 40, October 1972, pp. 45～46.

〈그림 17-4〉 계절적 현금수요를 충족시키기 위한 대체적 전략들

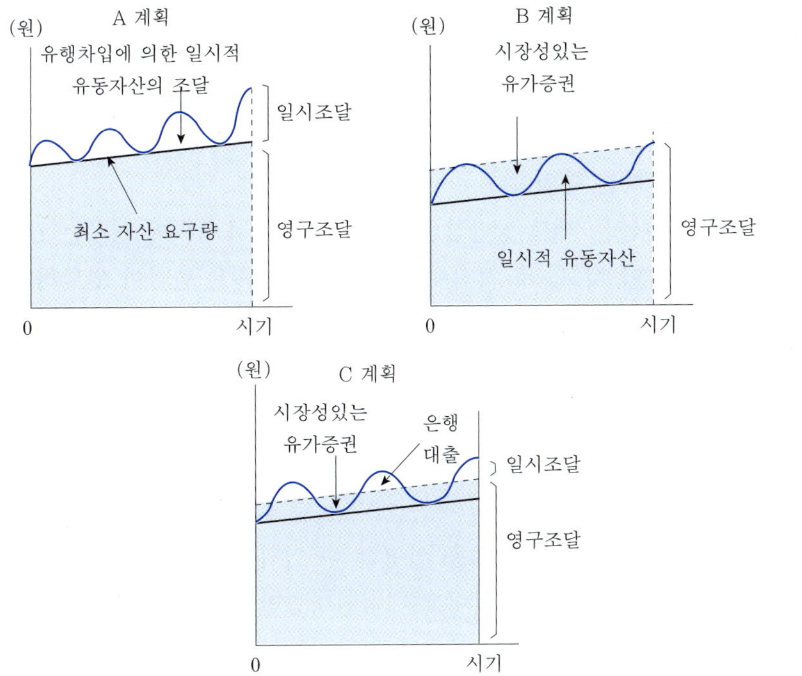

인 수단으로는 시장성있는 유가증권을 보유했다가 필요시기에 매각을 하여 자금을 조달하는 방법을 쓸 수 있을 것이다.

회사의 시상성있는 유기증권 정채은 전체적인 운전자본정책의 필수적인 구성요소이다. 회사가 보수적인 운전자본 조달정책을 갖는다면, 회사의 장기자본이 영구적 자산을 초과할 것이다. 그리고 재고와 매출채권이 적을 때에는 시장성있는 유가증권을 보유하게 될 것이다. 공격적인 정책을 취하는 기업이라면, 어떠한 유가증권도 보유를 하지 않을 것이고 많은 자금의 요구들을 차입으로만 해결하려고 할 것이다. 중간적 정책(moderate policy)을 취하는 기업이라면, 회사는 장기자본을 가지고 영구적 자산을 조달할 것이고, 단기 대출(loan)을 통해 계절적인 재고와 매출채권을 충당할 것이다 그리고 시장성있는 유가증권은 보유하기도 하고 매각하기도 할 것이다.

〈그림 17-4〉에서는 Melnyk와 같은 회사가 취할 수 있는 세 가지의 대체적인 정책들이 묘사되어 있다. *A* 계획과 같은 공격적인 조달정책을 취하게 된

다면, Melnyk은 시장성있는 유가증권을 보유하지 않고 계절적인 성수기를 위해 은행대출에 전적으로 의존하게 될 것이다. *B*계획과 같이 보수적인 방법을 취하게 된다면, Melnyk는 부족기간동안 시장성있는 유가증권을 비축하였다가 자금필요시에 매각을 하게된다. *C*계획은 절충안으로 현금이 가장 필요한 시기에 소요현금의 일부분만 시장성 유가증권으로 조달하고 나머지는 은행의 차입금으로 조달하는 방법이다.

이러한 전략들은 각각 장단점을 가지고 있다. *A*계획의 경우는 *B*계획에 비하여 유동비율이 낮고, 또 적시에 현금의 차입, 혹은 반환이 원활하지 못할 경우가 있으므로 위험이 가장 높긴 하지만, 반면에 수익률이 낮은 시장성있는 유가증권을 보유하지 않기 때문에 상대적으로 총자산이익률과 자기자본이익률은 증가하고 있다. 반면에 *B*계획은 가장 위험이 적지만, 가장 낮은 기대수익률을 가지게 된다.

시카고에 전기서비스를 제공하는 에디슨 단체의 사례를 통해 적시에 장기유가증권의 판매를 포함한 문제를 설명할 수 있다. 이 단체는 계속되는 외부자금조달을 필요로 하는 영구적이고 계속진행중인 공사프로그램을 가지고 있고 주식과 채권의 변동에 따른 잠재적 고정비용의 발생 때문에 유가증권들을 불규칙적이고 대량으로 발행했다. 1960년대에, 이 회사는 먼저, 유가증권에 투자를 해서 자산을 유동화시켜 놓고 공장건설에 자본조달이 필요한 시점에

〈그림 17-5〉 계속되는 공사프로그램에 자금조달을 하는 대체적 수단들

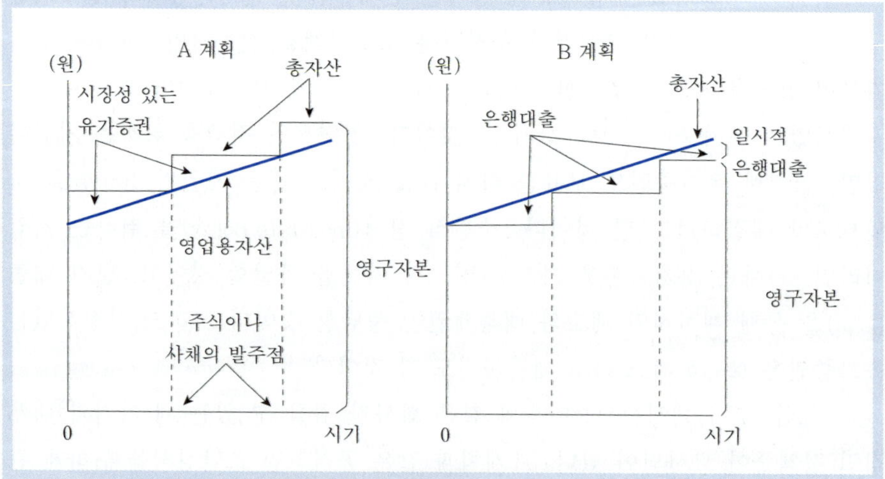

이를 매각하여 현금화하는 방법을 추구했다. 〈그림 17-5〉의 A 계획은 이런 절차를 설명해 준다. 그러나 1970년과 1980년대에, 이 단체의 핵실험프로그램으로 재무적 압박을 불러일으켜서 유동자산을 모두 소진시켜 정책을 전환하여 단기은행대출을 이용해야만 했다. 그런 다음 어느 정도의 목표수준만큼 자금이 비축됐을 때 이런 대출을 상환하기 위해 장기유가증권을 매각했다. 이러한 정책은 〈그림 17-5〉의 B 계획에 나타나 있다.

A 계획은 더 보수적이고 덜 위험하다. 왜냐하면 첫째로, 이 회사는 임박한 단기부채를 가지고 있지 않았기 때문에 유동성문제를 최소화시켰고, 둘째로, 만기가 도래했을 때 공사대금을 지급할 수 있는 이용가능한 자금을 확보해 놓았다. 반면에, 회사가 차입을 했을 때 그들은 시장성있는 유가증권을 회수하는 이익보다 더 높은 이자를 지급해야 하는 단점이 있다. 그래서 덜 위험한 전략은 비용을 수반하게 마련이다. 다시 말해 회사는 위험과 수익의 양면성(trade-off)에 직면해 있다고 할 수 있다.

어떠한 전략이 다른 것보다 더 우수하다고 단정짓기는 어렵다. 원칙적으로, 시장성있는 유가증권의 보유가 회사의 기대수익률을 떨어뜨리지만, 자기자본수익률은 감소시키게 된다. 더 보수적인 정책에 따르는 비용은 계량화할 수 있을지라도 얼마만큼 보수적인 정책이 위험을 감소시키고, 이런 위험감소가 얼마만큼 자기자본수익률에 영향을 주는지 측정할 수는 없기 때문에 서로 다른 전략들간의 우월성을 계량화하기란 불가능하다. 따라서 회사들은 판단의 근거에 따라 유가증권보유에 관한 기본정책을 세우거나 회사의 통제력을 초과하는 상황에 의해서 기본적 정책들을 세우게 된다.

3. 유가증권의 선택기준

기업은 단기간의 여유자금을 어떠한 유가증권에 투자하여야 투자 수익이 크고 또한 가까운 장래에 용이하게 현금화할 수 있겠는가를 검토해야 한다. 단기유가증권에는 국공채 · 사채 · 주식 · 상업어음(단자회사) · 수익증권(투자신탁주식회사) 등이 있는데 어떠한 유가증권에 어느 정도씩 투자할 것인가를 연구해야 한다.

이상과 같은 단기유가증권에 투자시에는 여러 가지 요인을 종합적으로 연구 검토하여야 하겠으나 그 중요한 요인은 아래와 같다. i) 원금의 안전성,

ii) 유동성, iii) 소득의 안전성, iv) 만기일 등을 검토할 것이다.[10)]

(1) 원금의 안전성(safety of principal)

유가증권에 단기적으로 투자할 경우에 먼저 원금의 회수를 안전하게 할 수 있겠느냐 하는 것을 검토해야 한다. 가까운 장래에 현금이 필요하게 될 자원이므로 원금을 안전하게 회수할 수 없으면 자금계획에 차질이 발생된다. 국공채는 정부나 공공단체가 지급보증하는 무위험증권(risk-free securities)이므로 원금회수의 안전성이 가장 높다. 상업어음 · 공사채형 수익증권 등은 원금회수의 안전성이 주식 또는 주식형 수익증권보다 일반적으로 더 높다. 사채도 그 발행회사의 경영이익의 유무에도 불구하고 약정기일에 이자를 지급하고 원금을 상환하게 되므로 원금회수의 안전성이 일반적으로 주식보다는 높다고 할 수 있다. 그러나 사채도 그 발행회사의 지급능력이 없어지면 원금의 안전성이 없고 또한 주식의 경우에도 우량주식은 원금회수에 차질이 없이 비교적 높은 수익을 얻을 수 있다.

기업에서 발행하게 되는 사채나 주식에 투자하게 되면 정도의 차이는 있으나 어느 정도의 투자위험이 있다고 보아야 한다. 미국에서는 무디투자가 서비스(Moody's investors service)나 스탠더드 푸어(Standard & Poor's)와 같은 기관에서 주식과 채권에 대한 질적 및 양적 분석을 하여 각사의 증권별 평점을 하고 있어서 이것이 투자자들의 투자지표로 이용하고 있다. 우리 나라에는 이러한 기관이나 제도가 아직 미약하지만 앞으로 이것이 정착될 것으로 보인다.

(2) 유동성(liquidity)

유동성이라 함은 유가증권이 현금으로 전환될 수 있는 능력 또는 기간이라 할 수 있다. 즉 단시일 내에 현금화될 수 있으면서 그 가치의 큰 변동으로 손실을 보지 않는 또는 수익이 발생되는 유가증권은 유동성이 높다고 한다. 이것은 그 유가증권을 구매하려고 하는 개인이나 단체가 항상 있어서 시장에서 용이하게 판매할 수 있다는 의미인데 이것을 유가증권의 환금성 또는 시장성이라고 한다.

상장회사의 주식이나 사채는 일반적으로 유동성 또는 시장성이 높다고

---

10) Mathur, *op. cit.*, 120~121: Martin, Petty, Keown, and Scott, *op. cit.*, pp. 20~27: James C. Van Horne, ***Financial Management and Policy***, Prentice-Hall, Inc., 1977, pp. 358~359.

할 수 있으나 어떤 회사의 주식이나 사채는 시가로 단시일 내에 판매할 수 없는 경우도 있다. 상장회사의 주식 중 거래정지된 주식은 시가보다 싸게 팔려고 해도 처분하기가 어렵다. 그러나 국공채나 단자회사의 상업어음 또는 투자신탁회사의 수익증권 등은 유동성이 비교적 높다.

(3) 소득의 안전성(safety of income)

유가증권 투자시에 소득의 안전성이란 수익의 안전성이라고도 하는데 투자손실이 없이 어느 정도의 수익을 얻을 수 있는 증권을 선정해야 한다. 소득의 안전성은 원금의 안전성과도 깊은 관계가 있는데 후자 없이 전자를 생각할 수 없다.

증권을 발행한 회사가 성공적인 경영을 지속하여 많은 이익을 올려야 주식배당을 많이 할 수 있고 주가도 상승된다. 이와 반대로 경영이익이 적으면 배당지급도 적고 주가가 하락된다. 사채는 경영이익의 유무에도 불구하고 원리금을 약정한 대로 상환해야 하지만 그 회사가 지급불능상태에 빠지게 되면 손해를 보게 된다. 공공채는 정부나 공공단체의 보증 또는 신용이 뒷받침하고 있으므로 소득의 안전성은 주식보다 높으나 수익률은 일반적으로 낮은 편이다. 따라서 일반적으로 소득의 안전성이 높은 증권은 수익이 낮고, 이와 반대로 소득의 안전성이 낮은 증권은 수익성이 높은 경향이 있다.

(4) 만기일(maturity)

단기적으로 유가증권에 투자시에는 원금의 상환기일인 만기일의 장단문제를 고려해야 한다. 주식투자의 경우에는 만기일의 문제가 없으며 시장에서 매매되면 단시일 내에 현금화된다. 상장회사의 우량주식은 오늘 매각하면 3일 이내에 현금으로 찾을 수 있다. 그러나 매매거래가 안 되면 이 주식이 처분될 때까지 비교적 오랫동안 현금화할 수 없는데 이것은 유동성 또는 시장성이 적은 주식이다.

국공채 · 사채는 만기일의 장단에 따라서 환금성과 수익성이 상이하게 된다. 앞으로 1~2개월 이내에 만기일이 도래되는 국공채나 사채는 그 가격변동이 적고 단시일 내에 처분도 용이하다. 앞으로 언제 현금이 필요하게 될 것인가 하는 그 기간의 장단에 맞추어서 유가증권의 종류 및 만기일의 문제를 결정하는 것이 좋겠다. 일반적으로 만기일이 장기일수록 이자율이나 수익성이 높고 유동성은 적다. 상업어음이나 수익증권은 현금으로 용이하게 회수할 수 있지만 단기간에 만기일이 되면 장기인 경우보다 수익률이 떨어진다.

위에서 설명한 바와 같이 유가증권에 단기여유자금을 투자할 경우에는 원금의 안전성, 유동성, 소득의 안전성 및 만기일에 문제를 종합 검토해야 한다. 이상의 4요인 이외에도 이자율위험, 구매력위험, 수익률의 요인도 유가증권 투자시에 고려할 수 있다. 첫째, 채권가격은 이자율의 변화에 따라 다양하다. 또한 장기유가증권의 가격변동은 단기유가증권보다 이자율변화에 더 민감하게 반응하기 때문에 장기채권은 이자율위험이 더 크다는 것을 알 수 있다. 그러므로 심지어 국채라 할지라도 완전한 무위험은 아니다. 그리고 채권의 만기가 길수록 위험은 더 커지게 된다. 둘째, 위험의 또 다른 유형으로, 구매력위험(Purchasing Power Risk)이 있는 데 이것은 인플레이션이 발생할 경우, 보유한 총화폐의 구매력을 감소시킬 수 있는 위험이다. 인플레이션기간 동안에는 회사와 개인투자자 모두에게 구매력위험은 중요하다. 이러한 구매력위험은 인플레이션기간 동안에는 고정수익 자산보다는 연동수익 자산이 더 낮게 된다. 따라서 종종 부동산과 보통주식들이 사채나 다른 고정수익증권보다 인플레이션 발생시에는 더 나은 위험회피수단으로 여겨지고 있다. 셋째, 수익률(Returns on Securities)측면을 살펴볼 수 있는데, 증권의 위험이 더 높을수록 기대수익률과 요구수익률은 더 높기 마련이다. 그러므로 다른 투자자들같이 회사재무담당자는 회사의 포트폴리오를 구성하려고 시장성있는 유가증권을 선택할 때, 위험과 수익의 양면성(trade-off)을 살펴야 한다. 유동성있는 포트폴리오는 특별히 알려진 요구나 긴급상황에 사용하려고 보유하게 되기 때문에 그 포트폴리오의 가치가 떨어진다면 회사는 재무적 곤경에 처하게 될 것이다. 게다가 대부분의 비금융회사들은 증권의 가치를 올리고 지불불능위험의 가능성도 견지할 전문가를 보유하지 못하고 있다. 이와 같이, 유가증권 포트폴리오의 주어진 목적에 따라, 재무담당자는 더 나은 수익률을 올리기 위해 안전을 희생하려고 하지 않을 것이다.

4. 시장성있는 유가증권의 유형

〈표 17-1〉은 투자에 이용가능한 주요한 유가증권의 항목들을 나타낸다. 재무관리자는 회사의 보유에 대한 적절한 만기유형을 결정해야 한다. 왜냐하

〈표 17-1〉 잉여현금의 투자에 이용가능한 유가증권

유가증권	만　기
현금성자산으로 보유하기에 적합한 증권	
미재무부 단기채권	91일, 1년
상업어음	270일 이상
미은행의 CD	1년 이상
화폐시장 뮤츄얼펀드	즉시유동화가능
변동금리 우선주 뮤츄얼펀드	즉시유동화가능
Eurodollar market time deposits	1년 이상
현금성자산으로 보유하기에 적합하지 않은 증권	
미재무부 중기채권	3-5년
미재무부 장기채권	30년 이상
회 사 채	40년 이상
주와 지방정부채	30년 이상
우 선 주	30년에서 영구
기타 회사의 보통주	제한 없음
불확실한 회사의 보통주	제한 없음

면, 유가증권은 자본시장에서 변하는 특성을 가지고 있기 때문이다. 여기에서 그것들에 대한 상세한 설명을 하기는 어렵지만, 많은 양의 잉여현금을 보유한 큰 규모의 회사들은 직접적으로 재무증권을 구매하려는 경향이 있다는 것에 주목해야 한다. 반면에 규모가 작을수록 포트폴리오를 관리할 투자전문가의 고용을 보장하지 못할 정도의 투자량이기 때문에 현금성 유가증권같은 뮤츄얼펀드를 이용하려 한다. 화폐자금으로 인해, 현금수요의 증가를 충족시키기 위해서 수표결제가 가능해 졌다. 화폐자금에 대한 이자율이 다소 동일위험의 직접투자보다 낮지만, 소규모회사에 있어서는 포트폴리오 관리비용을 제외하면, 순수익은 화폐자금이 오히려 높다.

5. 포트폴리오관리

포트폴리오(protfolio)라 함은 투자 자체가 보유하고 있는 국채 · 주식 · 회사채 등 유가증권의 일람표를 의미한다. 즉 어떤 종류의 유가증권을 어느 정도씩 매입보유하는 것이 수익성과 유동성을 높게 유지할 수 있으며 위험성을 가능한 한 줄일 수 있겠느냐 하는 것을 검토하여 포트폴리오관리(portfolio management)를 해야 한다.

수익성이 높은 증권이라 하여 한 종목에 과다하게 투자하였다가 오히려 크게 손실을 보게 되는 경우가 있고 또한 현금이 필요할 때 현금화되기 어려울 수도 있다. 따라서 유가증권에 투자시에는 현금의 유입과 유출의 규모 · 시기 등을 감안하여 여러 종목의 유가증권에 분산투자를 할 필요가 있다. 각종 유가증권에 분산투자를 하였을 경우에 그 증권의 구성을 포트폴리오라 하고, 그 구성내용을 변동시켜서 적시에 적량의 유가증권투자를 하여 수익성을 높이고 위험성을 줄이며 또한 유동성을 유지할 수 있는 관리를 포트폴리오관리라 한다.

포트폴리오관리에는 포트폴리오선택(portfolio selection)을 먼저 하게 된다. 포트폴리오선택이란 금융자산선택이라고도 부르는데 이것은 증권투자에만 적용되는 것이 아니라 효과적인 투자배분을 할 때에도 이용된다. 즉 어떤 종류의 금융자산에 각각 어느 정도씩 투자하고 있어야 그 기업의 재무관리상 가장 유리한가 하는 것을 연구하는 것이다.

유가증권투자를 의사결정하려면 먼저 투자방침을 설정하고, 다음에 투자대상 후보증권을 선택하며, 셋째로 실제 투자하게 될 여러 증권과 그 증권의 구성 · 내용 또는 그 비율을 결정하게 된다. 어떤 증권에 언제, 어느 정도씩 투자하고 있는 것이 가장 유리한가 하는 것을 결정하는 것이 포트폴리오선택시에 검토되어야 한다.

우리 나라에서는 증권투자를 잘하면 크게 투자이익을 얻을 수 있는 반면에 경우에 따라서는 큰 손실을 보기도 한다. 상장회사의 주식가격도 크게 상하변동되므로 증권의 매매시점을 잘 포착하고 투자대상종목을 과학적으로 선택해야 한다. 시장성유가증권투자를 잘못하게 되면 현금을 그대로 보유하고 있는 것보다 불리한 경우가 있다. 따라서 현금을 보유하면 손해는 안 보지만 유가증권투자를 잘못하게 되면 오히려 투자손실을 볼 수도 있으므로 신중히 검토하여 포트폴리오관리를 해야 한다.

국채에 투자하면 수익성은 일반적으로 낮지만 위험성이 적고 단시일 내에 현금화될 수 있어 좋다. 그러나 주식에 투자하면 수익성이 일반적으로 높을 수 있으나 주가가 크게 하락시에는 큰 손해를 보게 된다. 그리고 어떤 주식은 처분하려 해도 단시일 내에 현금화할 수 없어서 기업의 지급능력을 약화시킨다. 따라서 재무관리자는 자금의 흐름, 현금예산 등을 면밀히 검토하여 여유자금을 유리하게 시장성유가증권에 투자해야 한다. 포트폴리오관리시에는 위에서 살펴본 바와 같이 기업의 수익성을 높이고 위험성을 줄이며 유동성을 유지할 수 있는 관리방법을 과학적으로 연구해야 한다.

자산운용사, 현금성 자산 ↓ 유가증권 ↑

지난해 자산운용회사에 대한 고유재산운용 규제가 폐지되면서 수익증권과 주식, 채권 등 유가증권 비중이 두 배 가량 높아진 것으로 나타났다. 반면 예금 등 현금성 자산 비중은 낮아졌다.

4일 금융감독원에 따르면 올해 3월 말 기준 자산운용회사의 고유재산운용 규모는 예금 1조 7,000억원, 수익증권 3,000억원 등 모두 2조 7,000억원이었다. 이는 전년 대비 15.3% 증가한 수치다.

고유재산운용 현황

(단위 : 억원, %)

	2009.3월말		2010.3월말		전기 대비 증감	
		비중		비중	금액	비중
예 금	18,771	79.8	17,623	65.0	△1,148	△6.1
주식(지분)	1,377	5.9	2,729	10.1	1,352	98.2
채 권	840	3.6	1,748	6.4	908	108.1
수익증권	781	3.3	2,974	11.0	2,193	280.8
기 타	1,755	7.4	2,052	7.5	297	16.9
합 계	23,524	100.0	27,125	100.0	3,601	15.3

NEWSIS

예금 등 현금성 자산이 65%로 가장 많았지만 지난 해 같은 기간보다 금액과 비중이 각각 1,148억원, 14.8%포인트 감소했다. 반면 주식, 채권, 수익증권 등 유가증권 비중은 12.8%에서 27.5%로 두 배 가량 증가했다.

주식 보유는 지난해 말보다 98.2% 증가한 2,729억원으로 나타났다. 다만 해외 현지법인 설립 등에 따른 지분증권(2,277억원) 보유를 제외한 매매목적의 투자는 452억원으로 미미했고, 취득형태도 주로 공모 유상증자, 공모주 청약 등 방식이었다.

채권투자 역시 전기 말보다 108.1% 증가한 1,748억원으로 회사채(45.2%)와 국공채(44.6%)가 대부분을 차지했다. 수익증권 보유는 전기 말 대비 280.8% 증가한 2,974억원으로 대부분 자사나 계열사가 설정한 펀드에 투자했다.

자기자본 대비 유가증권 보유비율은 25.4%였다. 유가증권 등에 투자운용하는 자산운용사의 평균 영업용순자본비율(NCR)은 502%로 전체 운용사의 평균 506%와 별로 차이가 나지 않는 등 자본적정성은 양호했다.

이는 자산운용사들이 고유재산운용과 고객재산운용 간 이해 상충을 방지하기 위해 고유재산을 신중하게 운용하기 때문으로 풀이된다.

금감원 관계자는 "유가증권 등에 대한 투자운용이 증가하면서 리스크가 높아질 개연성이 크다"며 "고유재산운용에 대한 체계적인 리스크 관리를 유도하고 고객재산운용과의 이해상충에 관한 모니터링을 강화할 예정"이라고 밝혔다.

– 뉴시스 2010. 10. 4. 신문기사

EXERCISE 연습문제

1. 현금 및 당좌예금을 보유하는 이유에 대해 설명하시오.

2. 현금적정보유수준의 결정에 대해 설명하시오.

3. 유가증권의 의의와 중요성에 대해 설명하시오.

4. 유가증권의 선택기준에 대해 설명하시오.

5. 한양기업은 내년에 3,750만원의 현금유출이 발생할 것으로 예상하고 있다. 한양기업은 보유중인 유가증권을 필요한 양만큼 매각하여 현금수요에 대처하고자 한다. 유가증권의 투자수익률은 연 12%이며 유가증권매각비용은 1회에 400원이다. Baumol의 현금관리모형에 의거하여 다음 물음에 답하시오.
   ① 유가증권 매각으로 1회에 조달해야 하는 현금조달량은 얼마인가?
   ② 최적현금보유수준은 얼마인가?
   ③ 현금관리에 소요되는 연간 총 비용은 얼마인가?

6. 한일기업의 재무담당자는 이 기업의 최적현금보유액을 500만원으로 결정했다. 또한 한일기업의 과거 6개월간의 1일 현금흐름분산은 100만원으로 계산되었으며, 시장성 유가증권의 연평균수익률을 18%로 추정했다. 이 기업은 현금보유에 여유가 있을 때에는 여유현금을 시장성 유가증권에 투자하고, 현금이 부족할 때에는 유가증권을 매각해 현금부족량을 충당하려 한다. 현금과 유가증권간의 전환비용이 전환금액에 상관없이 1회에 1,000원씩이라 할 때 밀러-오어의 현금관리모형을 이용해 한일기업의 현금관리정책을 수립하시오(단, 1년은 360일로 계산).

제18장 매출채권과 재고자산의 관리

17장에서 현금 · 예금과 유가증권관리에 대하여 살펴보았는데 이들은 즉각적인 현금지급이나 가까운 장래에 지급될 현금의 수준을 고려하여 결정되는 것이다. 본장에서는 매출채권과 재고자산관리에 대하여 검토하겠는데 이들의 현금화되는 속도는 현금 · 예금이나 유가증권보다 일반적으로 느리다. 그리고 외상판매한 매출채권의 현금회수기간은 재고자산보다 일반적으로 짧다.

물론 제품과 같은 재고자산이 현금판매되는 경우에는 예외이다. 그러나 대개 원재료가 제조과정을 거쳐서 제품화되고 이 제품이 현금 또는 외상판매되려면 현금 · 예금 또는 유가증권보다 비교적 오랜 기간 동안 자금을 매출채권이나 재고자산에 투자해야 한다.

재고자산투자는 또한 매출채권투자보다 일반적으로 오랜 기간 동안 자금을 투자하게 되는 것이 보통이다. 매출채권에 많이 투자하면 매출액의 증가로 이익이 증대되지만 대손(bad debt)[1]과 금융비용의 발생문제도 고려해야 한다. 외상판매의 증대로 매출액의 증대를 기하려면 재고자산투자액이 증대되어야 하는데 그러려면 또한 금융비용과 보관비용 등의 문제가 생긴다. 매출채권과 재고자산도 운전자본으로서 그 투자액의 대소는 수익성과 유동성에 영향을 미치게 되므로 적정투자가 이루어져야 한다.

아래에서는 매출채권관리에 관하여 먼저 검토하고 다음으로 재고자산관리에 관련된 요인을 살펴보고, 끝으로 유동부채관리에 대해 간단히 살펴보도록 하겠다.

---

1) 대손이란 외상판매대금 중의 일부가 회수되지 못하고 손실을 보게 되는 것이다.

제 1 절 매출채권관리

1. 매출채권관리의 의의와 중요성

매출채권(receivable)이란 제품이나 용역을 외상으로 판매하고 일정기간 이후에 현금을 회수하는 것이다. 매출채권은 외상매출금(account receivable)과 받을어음(note receivable)으로 구분할 수 있다. 외상매출금은 외상으로 판매하고 장부상의 미수금계정에 기입하고 어음을 받지 않은 것이고, 받을어음은 외상매입자부터 어음을 받은 것이다.

외상매출금은 장부상의 기록만으로 외상판매한 것이어서 외상거래상 분쟁이 생기면 판매자는 구매자의 주문서 · 발송장 등을 증거로 하여 외상매입자와 대항한다. 받을어음은 외상매입자로부터 앞으로 일정기일에 외상매입대금을 지급하겠다는 약정서를 어음의 형태로 받는 것이다. 이 때 받은 어음은 대개 무담보부 어음이어서 외상매입자가 파산되어 청산자금을 청구할 경우에는 외상매출금이나 받을어음 등과 동등한 권리가 있다. 받을어음이 외상매출금보다 자금회수상 우선권이 있는 것은 아니지만 어음을 받으면 외상판매에 대한 법적 증거가 더 뚜렷하여 이 어음을 은행에서 할인하여 자금을 미리 이용할 수 있다.

대부분의 외상판매는 일정기일에 그 대금을 지불하겠다는 약속하에 이루어진다. 그러나 특수한 경우에는 할부제(월부제)로 외상매입대금을 지불하기도 한다. 우리 나라에서도 최근에 피아노 · 책 · 가전제품 · 양복 등을 수개월간에 걸쳐서 분할지불하는 방법이 유행되고 있다. 외상으로 상품을 매입할 때에 그 대금의 일부분은 현금으로 지불하고 또 그 잔여부분은 수개월에 걸쳐서 분할지불하기도 한다. 이와 같은 외상판매에는 약간의 위험성도 있고 또 외상판매기간의 이자도 고려하게 되므로 현금판매시보다는 다소 더 비싼 가격으로 매매되는 것이 보통이다.

선진국에서는 주택 · 자동차 · 냉장고 · TV · 세탁기 등과 같이 비교적 가격이 크고 내구성을 가진 재화가 할부제로 외상판매되는 경우가 많은 것을 알 수 있다. 우리 나라에서도 위의 내구재의 할부외상판매를 하고 있으나 아직도 현금판매의 비중이 더 크다. 재화를 판매시에 현금으로 그 대금을 지불하지 않고 할부제로 지불하게 되면 그에 대한 수요와 판매액이 증대될 것이다. 그러나 그 외상판매대금의 회수가 순조롭지 못하면 현금판매만 하는 것보다 이익이 감소될 수도 있으므로 이에 대하여 신중히 고려하여야 할 것이다.

신용판매를 하게 되면 i) 매출액, ii) 현금, 매출채권 및 재고자산의 투자수준, iii) 대손, iv) 회수비용 등에 영향을 미친다.

(1) 매 출 액

현금판매만 하는 경우보다 신용판매를 하게 되면 매출액이 증가된다. 그리고 신용정책을 더욱 확장하면 매출액은 더 증가되고 이 정책을 축소시키면 매출액이 감소된다.

(2) 투자수준

신용판매를 하면 그 신용정책에 따라서 매출액이 증감되는 동시에 매출채권 투자액도 증감된다. 신용판매로 보다 더 많이 판매하려면 재고자산이 더 준비되어야 하고 현금보유액도 증가되어야 한다. 보다 더 많은 재고자산에 투자한다는 것은 판매하기 위한 제품과 제품을 생산하기 위한 원재료 · 재공품 및 저장품 등을 많이 보유해야 한다는 것이다. 일정수준 이상의 제품을 더 생산하려면 공장 및 기계 등의 비유동자산도 증대되어야 한다. 신용판매로 매출액이 증가되면 현금 · 매출채권 · 재고자산 그리고 비유동자산 투자수준도 증대된다.

(3) 대　　손

현금판매만 한다면 대손은 발생되지 않지만 신용판매를 하면 그 일부가 대손으로 처리되는 경향이 있다. 신용정책 확장으로 신용판매액이 증가되면 대손이 증대되고 신용정책을 축소시키면 대손은 감소하게 된다.

(4) 회수비용

신용판매를 하고 외상판매대금을 회수하려면 사원에 대한 급여 및 관리비 등이 발생된다. 신용판매시에 송장을 띄우고 연락하여 대금회수를 하며 또한 장부정리를 하려면 회수비용이 발생된다. 신용판매액이 클수록 회수비용이 더 증가된다.

위에서 설명한 바와 같이 신용정책을 확장하면 매출액, 주요 자산의 투자수준, 대손, 회수비용 등이 증가되고 신용정책을 축소하면 이들이 감소된다. 따라서 재무관리자는 이상의 네 가지 요인을 종합 검토하여 어떤 신용정책을 수립하는 것이 회사의 가장 유리한가 연구해야 한다.

2. 매출채권 상태의 감시

최적의 신용정책(최적의 매출채권수준)은 기업이 갖고 있는 독특한 영업조건에 좌우된다. 잉여능력과 낮은 변동비를 갖는 회사들은 신용을 확장시켜야 하고 따라서 매출채권의 수준은 더 높아지게 된다. 최적신용정책이 기업에 따라 심지어는 한 기업의 신용정책도 시간에 따라 다르기는 하지만 전체적인 의미에서 기업의 신용정책에 대한 효율성을 분석하는 것은 중요하다.

만일 어떤 자산계정에 과도하게 투자하게되면 낮은 자본수익률의 결과를 초래할 것이다. 이를 비교하기 위해 평균회수기간(average collection period: ACP)에 초점을 맞춘다. 예를 들어 한양주식회사의 평균회수기간을 산업평균인 36일보다 긴 42일이라고 하자. 만일 이 평균회수기간을 6일 단축시켜 36일로 하면 50,000,000(6×8,333,333원)원의 매출채권에 묶인 자본을 줄일 수 있다. 만일 매출채권에 묶인 자금의 비용이 10%라면 다른 조건이 일정하다고 했을 때 1년에 5백만원을 절약할 수 있음을 의미한다.

평균회수기간은 한양주식회사의 신용기간과 비교될 수 있다. 한양주식회사는 대체적으로 「1/10, n/30」의 조건으로 판매한나. 42일의 평균회수기간은 30일의 최대신용기간보다 더 길기 때문에 고객들은 일반적으로 정확한 기간에 대금을 지불하지 않는다. 만일 몇몇 고객들이 현금할인의 이점 때문에 10일 이내에 대금을 지불한다 해도 대부분의 나머지 고객들은 42일이 지나서 대금을 지불할 것이다. 사실 몇몇 채권은 오랫동안 결제되지 않아 대손으로 나타나기도 한다. 이런 문제를 해결할 수 있는 한 방법이 연령분석표(aging schedule)이다. 연령분석표는 매출채권을 미결세된 기간에 따라 분류하는 것이다. 한양의 연령분석표는 〈표 18-1〉에서 보여 준다. 표에서 보면 매출채권의 대부분이 결제일에 결세되거나 결제일보다 약간 늦게 결제된다. 하지만 11%는 한 달 이상 지연되기도 한다. 설사 평균회수기간이 30일에 가까울지라도 한양주식회사는 결제지연으로 자금이 묶이고 몇몇 매출채권은 결국 손실로 나

〈표 18-1〉 한양주식회사의 연령분석표 (2004. 12. 31)

매출채권의 기간 (단위: 일)	모든 매출채권의 비율
0 - 10	52%
11 - 30	20
31 - 45	13
46 - 60	4
60 이상	11
	총 100%

타나게 된다. 신용관리자는 매출채권 결제의 경향과 회사의 회수경험에 대해 알아보고 신용 부서가 산업 내 다른 기업과 비교하여 얼마나 효과적으로 운영되는지를 보기 위해 기업의 평균회수기간과 연령분석표를 계속적으로 감시해야 한다.

만일 평균회수기간이 늘어나기 시작하거나 연령분석표에서 만기가 지난 매출채권의 비율이 증가하기 시작하면 기업의 신용정책은 강화되어야만 한다.

평균회수기간이나 연령분석표에서의 변화가 신용정책에 대해 조사해야 한다고 알려주는 신호임에도 불구하고 이러한 측정치가 악화됐다고 해서 반드시 기업의 신용정책에 문제점이 있다는 것을 지적하는 것은 아니다. 만일 급격한 계절변동을 경험한 기업이나 빠르게 성장하는 기업의 경우에는 평균회수기간과 연령분석표 둘 다 심하게 변화될 수 있다. 이러한 것은 한일패션의 예로 설명할 수 있다. 한일의 경우 매출량이 가장 많은 계절은 가을이다. 그러므로 매출채권은 최고 매출계절이 끝난 후 1월에 8백만원으로 높아졌고 최고 매출계절이 시작되기 전 6월말에는 2백만원으로 낮아졌다. 만일 한일의 일일 평균매출액이 200,000원이라면 평균회수기간은 1월 1일에 40일이 될 것이다. 그러나 6월 30일에는 단지 20일에 불과할 것이다. 이러한 평균회수기간의 감소는 한일이 신용정책을 축소했음을 의미한다. 매출이 크게 변동하게 되면 연령분석표에서도 유사한 문제가 발생한다. 그러므로 평균회수기간과 연령분석표에서 측정치의 악화는 더 많은 감시를 요구하는 신호가 될지 몰라도 기업의 신용정책이 약화됐다는 신호는 아니다. 하지만 종종 평균회수기간과 연령분석표는 신용 부서의 성과를 살펴보는데 유용한 도구가 될 수 있다.

만일 매출이 현금으로 이루어졌다면 이익은 확실히 얻을 수 있지만 만일 신용으로 이루어진다면 매출채권이 회수될 때까지는 실제 벌어들인 이익이 될 수 없다. 기업은 단기간에 보고된 이익을 늘리기 위해 또는 신용등급이 낮은 고객에게 매출을 장려하기 위해 신용정책을 사용하기도 한다. 이러한 행위는 주가를 올릴 수 있다. 그러나 신용손실이 나타나거나 낮은 수익이 나타나게 되면 주가는 떨어질 것이다. 위에서 제시한 분석은 매출채권의 결제에 대한 경향이나 문제점 등을 발견할 수 있도록 도와 준다. 그러한 문제점들을 조기에 발견하게 되면 투자자와 은행의 손실을 막는 데 도움이 될 것이다.

3. 신용정책

기업의 매출채권관리에서는 신용정책(credit policy)과 회수정책(collection policy)의 문제를 중심으로 다루게 된다. 신용정책을 완화하면 매출액과 대손이 증가된다. 이와 반대로 신용정책을 강화하면 대손도 감소되고 매출액이 감소된다. 따라서 합리적인 신용정책이란 매출액의 증감과 대손의 증감 사이에 균형이 이루어지도록 하는 것이다.[2] 그러기 위하여 적정량의 매출액투자규모가 결정되어야 한다.

자기기업의 제품을 현금으로만 판매하느냐 외상으로도 판매하느냐 하는 것이 먼저 결정되어야 한다. 신용정책은 자기제품의 전부 또는 일부를 외상으로 판매할 경우에 수립된다. 기업에서는 현금판매만 하고 싶지만 동일업종의 경쟁타기업에서 외상판매를 하게 되면 신용판매를 하지 않을 수 없다.

매출채권에 투자가 커지면 그만큼 자금을 매출채권에 투하하게 되어 금융비용이 발생된다. 따라서 어느 정도를 외상판매하여야 그 기업의 수익성이 높아지느냐 하는 것을 검토해야 한다. 매출채권에 적정투자를 한다는 것은 외상판매정책 또는 신용정책을 합리적으로 책정해서 집행한다는 뜻이다.

신용정책을 수립할 때는 i) 신용기준, ii) 신용기간, iii) 신용조건, iv) 현금할인, v) 계절신용, vi) 신용한도, vii) 회수정책 등의 문제를 검토해야 한다.

신용판매량의 결정

신용거래를 할 고객을 선정할 경우에 5C의 요소를 종합 검토하여야 한다. 이것은 또한 자기기업에서 각 신용거래고객에게 외상판매를 최고로 할 수

2) Pearson Hunt, Charles Willams, and Gordom Donaldsons *business Finance. Text and Cases*, Richard D. Irwin, Inc., 1961, pp. 72~73.

있는 신용판매량을 결정할 경우에도 이용된다. 즉 자본(capital) · 능력(capacity) · 특성(character) · 담보(collateral) 및 조건(condition)의 $5C$가 높게 평가되면 신용판매를 확장하고 이것이 낮게 평가되면 신용판매를 축소한다. 이 $5C$가 나쁘게 평가되는 회사에 대하여는 현금판매만 하여야 대손이 감소된다.

개별 외상거래고객의 신용기준을 참작하여 그들에게 최고로 신용판매를 할 수 있는 양을 결정한다. 그리고 어떤 수준의 신용을 가진 고객에게 어느 정도의 신용판매를 하느냐 하는 결정은 외상판매기업에서 결정하는 것이다. 이와 같은 신용판매정책은 결국 외상판매기업에서 매출채권에 투자하려는 정책과 관계를 가지게 된다. 예컨대 외상판매기업의 운전자본 상태가 양호하고 신용판매량을 증가시키는 것이 이익을 증대시킬 수 있다고 하면 매출채권에 대한 투자규모를 확대할 것이다.

신용판매량을 증대시키려면 i) 신용거래고객의 선정기준의 완화, ii) 신용판매기간의 연장, iii) 현금할인율의 인상, iv) 외상판매대금 회수의 완화 등의 신용정책을 쓰면 된다. 이와 반대로 신용판매량을 감소시키려면 이와 반대되는 신용정책을 적용하면 된다.

외상판매기업에서는 여러 가지 요인을 종합 검토하여 항상 적정 신용판매량을 결정해야 한다. 신용정책을 너무 완화하여 매출채권투자를 과대히 하였을 경우 대손의 증대와 매출채권 증가액에 대한 기회비용(투자기대이익)의 문제를 고려할 것이다. 신용정책의 완화는 매출액과 매출이익이 증대되지만 이 매출이익의 증가액과 대손의 증가액 및 기회비용을 비교해 보아야 할 것이다.

4. 신용기준

신용정책을 수립할 경우 신용판매를 하기 위한 신용기준(credit standard)을 과학적으로 결정해야 한다. 신용기준을 완화하면 매출액, 매출채권 등의 증가에 따라 투자, 대손, 회수비용 등이 증가되고 신용기준을 강화하면 이상의 네 가지가 감소된다. 이와 같은 요인의 증가 또는 감소는 결과적으로 회사의 이익에 관련되므로 자기회사에 가장 유리한 신용기준을 마련해야 한다.

(1) 신용거래고객의 선정기준

신용기준은 어떠한 신용거래고객을 선정하여 어느 정도까지 신용판매하느냐 하는 것을 먼저 결정하는 것이다. 자기기업에서 외상거래를 하여도 지장이 없으리라고 인정된 고객에게만 외상판매를 하는 것이다. 그러므로 만약에 어떤 고객의 신용상태가 충분치 못하다고 생각하였을 경우에는 현금판매만을 하든지 외상판매한도액을 감소시키든지 또는 외상판매기간을 단축시킬 수도 있다. 여러 기업에서는 그들의 고객의 신용상태를 평가하는 기준이 각각 다르다. 자기기업 제품의 수요가 감소되거나 경쟁이 심한 경우 또는 자기기업의 자금이 풍부한 경우에는 신용평가 및 거래기준을 완화하는 것이 유리하다. 그리고 이와 반대로 그 제품의 수요가 증대되었는데 생산이 부족하거나 또는 자기기업의 자금사정이 좋지 못할 경우에 신용평가 또는 거래기준을 더욱 엄격히 하게 된다. 신용거래고객을 선정하는 정책과 관습의 기준을 대폭 변동할 수는 없으나 그때그때에 적당히 조정할 수 있다.

고객에게 신용판매를 하면 대손이 발생된 위험이 따르게 되는데 신용거래고객을 선정하고 신용판매 규모를 결정할 때에는 정보를 수집하여 아래와 같은 다섯 가지 요소를 검토할 것이다.

자본(capital) · 능력(capacity) · 특성(character) · 담보(collateral) 및 조건(condition)의 $5C$의 기본요소를 잘 검토하고 분석하여 볼 것이다.

① 자본은 그 기업의 재무상태표에 나타난 자산과 부채 및 자본의 상태로부터 분석할 수 있다. 즉, 재무상태표상에 표시된 수치가 그 기업의 재무상태를 정확히 설명하지 못하는 경우도 있으므로 그 수치를 잘 분석하고 검토하여야 한다. 특히 자기자본과 타인자본의 구성비를 검토해야 할 것이다.

② 능력이라 함은 경영자들의 경영능력을 말하는 것인데 이것은 경영이익의 규모로 결정되는 것이다. 기업경영이 성공적으로 되려면 경영능력이 좋아야 하며 경영능력이 좋으면 경영이익을 증대시킬 수 있다.

③ 특성이라 함은 기업의 소유자 또는 경영자가 정직하고 공정한 경영활동을 하고 있다는 평판에 관련되는 문제이다. 즉 기업의 소유자나 경영자들이 능력은 있지만 성실성 또는 공정성이 없다고 하면 신용거래를 하기 어렵다. 예컨대 어떤 회사에서는 지불능력이 있음에도 불구하고 매입채무의 지불을 연기한다든지 주저하는 경우도 있으므로 신용매입하는 기업의 소유자나 경영자

의 성격문제도 고려하여야 한다.

④ 담보란 외상매입자의 자산 또는 담보의 양부를 평가하는 것이다. 신용거래를 하기 전에 일정금액에 상당하는 자산이나 담보물을 저당 설정하게 할 수도 있다. 이와 같은 담보물의 가치가 크고 좋으면 신용도가 약간 낮아도 비교적 많은 신용거래를 할 수 있다.[3)]

⑤ 조건의 문제도 신용거래를 하는 데 따르는 위험성을 평가할 때에 고려하여야 하는데, 조건이라 함은 호경기 또는 불경기에 따르는 기업의 경영상태를 말한다. 즉 성공적으로 경영되는 기업도 경기의 대변동 또는 산업구조 및 경영활동상의 변동으로 말미암아 기업의 경영조건이 변화되는 경우도 있다. 이러한 경우에 과거에는 신용거래를 하던 기업이라 할지라도 계속적으로 외상판매할 것인가 하는 문제에 대하여 재검토해야 한다.

신용거래를 하던 고객기업의 지불능력이 감소되거나 없어지면 외상판매대금을 회수하는 데 많은 곤란이 있으며, 비용이 발생할 뿐만 아니라 경우에 따라서는 그 자금회수가 불가능하게 된다. 따라서 외상판매를 할 수 있는 기업을 선정하고 거래하는 데 있어서 위에서 살펴본 여러 가지 요소를 잘 검토하지 않으면 안 된다. 그리고 신용거래를 하는 데 있어서 위험성이 있다고 인정되는 고객에 대하여는 외상거래를 중단하든지 또는 상당히 신중을 기하면서 거래를 해야 한다. 새로운 거래기업의 신용조사를 마친 후에 신용거래를 할 것을 결정한 다음에는 그 기업에게 외상으로 판매하는 정도를 결정하여야 한다. 즉 그 기업에게 외상판매를 할 수 있는 최고한계를 결정하여야 하는데 이것을 신용한계선(credit line)이라고 부른다.

만약에 새로 결정된 기업이 신용 있게 거래를 하고 재무 및 신용상태에 큰 변동이 없다면 그 신용한계선은 계속 유지될 것이다. 그러므로 외상판매를 하는 기업의 신용조사부에서는 새로운 거래기업의 재무 및 신용상태를 주기적으로 그리고 계속적으로 조사하여 신용한계선을 변동시키게 된다. 그리고 만약에 그 기업이 신용을 지키지 못하거나 재무 또는 경영상에 불리한 변동이 있을 경우에는 신용거래를 중단할 수도 있다. 이와 같은 신용조사는 새로 결정된 거래기업뿐만 아니라 오랫동안 거래하던 기업에도 하여야 한다.[4)]

3) J. Fred Weston and Eugene F. Brigham, ***Essentials of Managerial Finance***, The Dryden Press, 1977, p. 154: 임의순, 「재무관리」, 박영사, 1979, pp. 68～69.

4) Theodore N. Beckman and Ronald S. Foster, ***Credit and Collection***, McGraw-Hill Book Co., 1969, pp. 697～704.

(2) 신용조사의 방법

고객의 신용기준을 결정하기 위한 조사방법에는 내부와 외부조사의 자료를 이용한다. 즉 기업 내에 신용조사부를 설치하고 거래고객의 신용의 변동상태를 수시로 조사하여 참고한다. 거래기업의 재무제표를 수집하여 분석함으로써 그 신용상태를 평가할 수 있다. 외부조사의 자료로는 그 고객이 주로 거래하고 있는 은행, 동종산업의 협회, 외부의 신용조사기관 등을 통하여 신용에 관련된 전반적인 정보를 수집할 수 있다. 미국의 던 앤드 브래드스트리트회사(Dun & Bradstreet Inc.)는 미국 주요기업의 신용조사를 하여 각사별로 신용평점(credit rating)을 내고 있다.

(3) 신용기준과 대손비율

기업내부와 외부의 신용조사자료를 활용하여 외상거래고객의 신용기준을 결정한다. 그래도 매출채권의 일부는 대손금으로 손실을 보게 될 위험이 있는데 위험도가 높은 군에서는 대손비율이 높다. 그리고 동일기업이라도 외상판매 허용기간이 길면 길수록 대손비율이 높아진다. 기업 내부와 외부의 신용조사자료와 과거의 경험을 종합 검토하여 작성한 위험도군의 대손비율을 〈표 18-2〉와 같다고 가정하겠다.

위에서 본 바와 같이 위험도가 가장 없는 제1군은 대손이 없고, 제2군은 0~0.5%의 대손비율이고, 제5군은 2~5%, 그리고 제6군은 5~10%의 대손비율이다. 그러면 제1군에서 제3군까지는 신용판매를 하고, 제4군은 신용판매조건을 약간 강화하고, 제5군과 제6군은 현금판매하는 방향의 신용정책이 바람직하다.

이상의 평가는 일반적인 방법이고 실제로는 신용기준을 완화 또는 강화함으로써 증감되는 매출액 · 대손금 · 회수비용 등을 종합 검토한 순이익의 증감

〈표 18-2〉 위험도군에 따른 대손비율

위험도군	대손비율(%)	위험도군	대손비율(%)
1	0	4	1~2.0
2	0~0.5	5	2~5
3	0.5~1	6	5~10

을 추산해 보고 신용기준을 결정하는 것이 좋겠다.[5)]

5. 신용조건

신용조건(credit terms)은 신용기간, 할인료와 할인기간 그리고 계절신용 등을 결정하는 것이다. 이와 같은 신용조건을 변동시키면 매출액 · 대손 및 이익 등이 변동되는데 이 신용조건에 대하여 아래에서 설명하겠다.

(1) 신용기간

신용조건 중의 가장 중요한 것은 외상판매를 허용하는 신용기간이다. 외상판매기간의 장단의 문제는 매출채권에 투자할 금액의 대소의 문제와 관련된다. 즉 외상판매기간이 길면 매출채권계정의 금액이 증가되고 또한 이와 반대로 외상판매기간이 짧아지면 매출채권계정의 투자액이 감소되는 것이 보통이다. 외상판매기간의 장단은 자기기업의 자금사정 및 동종산업의 경쟁기업의 실례 등을 참작하여 합리적으로 결정해야 한다.[6)]

예컨대 동종산업 내의 여러 기업에서 30일간의 외상판매기간을 결정하여 거래한다고 하면 자기기업도 이 기간을 참작하지 않을 수 없을 것이다. 만약에 60일간 외상판매기간을 연장하면 타기업보다 더 많이 판매될 것이다. 기업의 외상판매조건이 한번 책정된 것을 자주 변경하면 거래회사의 혼란이 초래되므로 빈번히 변경하지 않는 것이 좋을 것이다.

어떤 회사에서는 매출채권의 형태로 자금을 동결시키지 않고 또한 대(도)손의 위험을 감소시키기 위하여 주로 현금판매만 하기도 한다. 그러한 정책을 적용하면 외상판매에 따르는 대(도)손이 감소되는 동시에 총매출액도 감소될 것이다.

(2) 할인율과 할인기간

신용판매조건의 또 한 가지 방법은 할인율과 할인기간을 결정하는 것이다. 예를 들면 「2/10 n/30」이라는 신용조건하에 외상판매를 할 수 있다. 이런

5) MathurJohnson, op. cit., pp. 466~475.

6) Mathur우리 나라의 철강업에서는 보통 1~2개월간의 외상판매기간을 이용한다고 한다. 미국의 철강공업주식회사에서는 보통 6개월간, 그리고 다이아몬드상에서는 보통 6~9개월간의 외상판매기간을 적용하고 있다 한다.

경우에는 외상매입을 하고 10일 이내에 지급하면 그 대금의 2%에 상당하는 금액을 할인받을 수 있고 외상매입일로부터 30일까지는 반드시 그 대금을 지급해야 한다는 조건이다. 즉 외상매입한 날부터 10일간은 2%의 할인을 받을 수 있으므로 10일간을 할인기간이라 한다. 가령 외상매입을 하고 11일만에 그 대금을 지급해도 2%의 할인을 못 받게 된다. 따라서 이 경우에는 대금 전액을 지급하되 외상매입한 후 30일까지 신용허용기간을 이용하는 것이 보통이다.

「2/10 n/30」의 신용조건하에 매매하였을 때 외상매입 후 30일에 그 대금을 상환하지 않으면 외상매입자의 신용이 떨어져서 다음 거래에 영향이 있다. 그리고 이 경우 2%의 할인을 할인율이라 하는데 할인율이 같은 할인기간에 3% 또는 4%로 증가되면 외상매입하고 10일 이내에 그 대금을 지급하여 할인을 받으려는 외상매입기업이 증가될 것이다. 즉 할인을 받기 위하여 10일 이내에 그 대금을 지급하는 고객이 크면 클수록 매출채권의 투자규모가 작아지고 대손이 감소되지만 할인료만큼 현금수입이 감소되어 기업이익과 관계된다.

「2/10 n/30」은 「3/10 n/30」 또는 「4/10 n/30」 등으로 조정하여 신용거래할 수 있는데 할인율이 크고 신용허용기간이 길수록 외상판매기업은 불리하지만 외상매입기업은 유리하다. 이 경우에는 할인을 받기 위하여 10일 내에 그 대금을 지급하려는 외상매입기업이 많을 것이므로 매출채권회전율은 커지고 외상판매기업의 매출채권 투자규모는 감소될 것이다. 외상판매기업의 매출채권 투자액이 감소되면 그 감소액을 다른 방법으로 투자하여 이익을 얻을 수 있는데 이 이익액과 할인료의 관계를 비교분석할 것이다.

(3) 계절신용

계절신용(seasonal datings)이란 제품을 먼저 발송하고 일정한 계절 또는 시기가 경과된 후에 그 대금을 회수하는 신용조건이다. 예컨대 크리스마스 카드 제조회사에서 이 카드를 여름이나 가을에 만들어서 가을에 발송하고 그 대금은 크리스마스가 지난 겨울에 회수할 수 있다.

① 계절신용의 방법으로 외상판매를 하면 그 기업은 비교적 한가할 때 카드를 생산하여 배급하면 유리할 수 있다.

② 그리고 카드의 재고가 외상매입기업에 쌓이게 되어 보관비용을 외상판매기업이 절약할 수 있다.

③ 또한 외상판매기업은 일찌기 카드를 판매촉진하여 매출액을 증가시킬

수 있으나 매출채권의 투자규모는 증대된다.

④ 외상매입기업은 미리 충분한 카드를 확보하였다가 이것을 판매 후 그 대금을 지급하게 되므로 유리하다.

⑤ 계절신용에 의한 거래는 외상매입기업 양자가 수익과 비용의 문제가 관련되며 장단점이 있으므로 양자의 유리한 방법으로 거래되어야 한다. 카드 이외에 스케이트 · 스키 · 수영복 · 여름 모자 등을 생산하는 기업이나 판매하는 기업에서도 계절신용을 이용할 수 있을 것이다.[7)]

이상에서 매출채권 투자시에 고려해야 할 신용기준과 신용조건에 대하여 설명하였다. 어떤 신용정책을 채택하느냐에 따라서 매출액 · 매출채권 · 대손 및 매출이익에 차이가 발생된다. 아래에서 신용정책 변동에 따른 수익성분석을 하여 보겠다.

6. 신용정책변수의 변화에 대한 분석

회사의 신용정책이 신용기간의 연장, 신용기준의 완화, 덜 엄격한 회수정책의 실시, 그리고 현금할인의 제공 등으로 변화된다면 매출은 증가할 것이다. 신용정책이 완화되면 일반적으로 매출을 자극하게 된다. 그러나 신용정책이 완화되면 매출이 증가하게 되지만 비용 역시 증가하게 된다. 왜냐하면 i) 추가적인 생산을 하는 데 있어 더 많은 노동력과 재료 등이 필요하고 ii) 미결제된 매출채권이 증가하게 되면 보유비용이 증가하고 iii) 대손 또는 할인비용 또한 증가하기 때문이다. 신용정책에 관한 결정을 할 때 중요한 문제는 다음과 같다. 순이익이 증가할 수 있도록 매출수익률이 비용보다 더 큰가? 또는 매출수익률의 증가가 비용에 의해 상쇄되는 것보다 더 큰가? 에 관한 것이다.

〈표 18-3〉은 한양설비주식회사의 신용정책을 분석한 것이다. 첫째 열은 회사의 현재 신용정책이 그 해 동안 유지된다는 전제하에 한양설비주식회사가 예측한 2010년의 손익계산서를 보여 주고 있다. 둘째 열은 신용정책을 완화하는 것에 대한 기대효과를 보여 준다.

특히 한양은 「1/10 n/30」에서 「2/10 n/40」으로 신용기간의 변화, 신용기준 완화, 결제를 지연시키는 고객에 대해 적은 독촉 등의 변화에 대한 효과를

---

7) O. Maurice Joy, Introduction to *Financial Management*, Richard D. Irwin, Inc., 1980, p. 271.

분석하고 있다. 셋째 열은 신용정책을 완화하는 것에 대한 기대효과를 반영한 새로운 정책하에서 2010년의 손익계산서를 보여 주고 있다. 일반적으로 완화된 신용정책은 매출의 증대, 회수비용의 감소를 기대할 수 있다. 그러나 할인 및 다른 유형의 비용은 증가시킨다. 전체적인 신용정책의 변화에 대한 효과는 8,700,000원의 이익증가이다. 다음에서 표에 있는 숫자가 어떻게 계산되었는지 설명할 것이다.

한양의 매년 매출액은 4억원이다. 현재의 신용정책하에서 고객의 50%는 10일째에 결제를 하여 할인을 받는다. 고객의 40%는 30일째에 결제를 하고 10%는 40일째에 결제를 한다. 그러므로 한양의 평균회수기간(*ACP*)은 21일 (0.5×10+0.4×30+0.1×40)이다.

한양이 매출채권을 분석하고 대손을 회수하기 위해 매년 5백만원을 사용한다 해도 매출의 2.5%는 결코 회수되지 않을 것이다. 그러므로 대손의 양은 천만(0.025×400,000,000)원이 된다. 그 밖에도 한양의 현금회수는 할인액의 양에 따라 감소한다.

결제고객 중에서 50%는 1%의 할인을 받는다. 그래서 할인액은 1,950,000 (400,000,000×0.975×0.01×0.5)원으로 거의 2백만원이 된다. 회수된 매출액은

〈표 18-3〉 한양설비주식회사의 신용정책의 분석 (단위: 백만원)

	현재의 신용정책하에서 2004년에 계획된 손익계산서 (1)	신용정책 변화의 효과 (2)	새로운 신용정책하에서 2004년에 계획된 손익계산서 (3)
총 매 출	400.0	+130.0	530.0
현금할인	2.0	+ 4.0	6.0
순 매 출	398.0	126.0	524.0
간접비를 포함한 생산비	280.0	+ 91.0	371.0
신용비용 및 세금 고려 전 이익	118.0	+ 35.0	153.0
신용 관련비용	—	—	—
매출채권 보유비용	3.3	+ 1.6	4.9
신용분석 및 회수비용	5.0	− 3.0	2.0
대 손	10.0	+22.0	32.0
세전 이익	99.7	+14.4	114.1
법인세(40%)	39.9	+ 5.7	45.6
순 이 익	59.8	+ 8.7	68.5

총매출액과 (1－대손율)의 곱으로 나타낸다. 그리고 나서 할인율과 할인을 받는 고객의 결제율의 곱에 회수된 매출액을 곱하게 된다.

매출채권의 매년 보유비용은 매출채권의 평균액수, 변동비 비율, 그리고 매출채권을 보유하는 데 이용된 자본의 비용의 곱으로 나타낼 수 있다.

$$\text{매출채권의 평균액수} \times \text{변동비 비율} \times \text{자본비용} = \text{매출채권의 보유비용} \tag{18-1}$$

매출채권의 평균액수는 평균회수기간과 일일 매출액의 곱으로 나타낸다. 한양의 평균회수기간(ACP)은 21일이고 변동비 비율은 70%이다. 그러므로 매출채권의 보유비용은 대략 3,300,000원 정도가 된다.

$$\text{평균회수기간}(ACP) \times \text{일일매출액} \times \text{변동비 비율} \times \text{자본비용} = \text{매출채권의 보유비용} \tag{18-2}$$

$$21 \times \frac{400,000,000}{360} \times 0.7 \times 0.2 = 3,266,667(\text{원}) \approx 3,300,000(\text{원})$$

오직 변동비만이 이 계산에 포함된다. 왜냐하면 변동비는 신용정책의 변화에 대한 결과로서 조달되는 유일한 비용요소이기 때문이다. 만일 새로운 고객이 100원어치의 상품을 산다면 한양은 단지 70원만 노동과 재료비에 투자한다. 그러므로 매출채권이 100원까지 올라가도 회사는 단지 70원만 조달하면 된다. 따라서 변동비는 상품의 판매에 있어 회사의 투자를 나타낸다.

한양의 새로운 신용정책에는 더 많은 할인, 더 긴 결제기간, 느슨한 회수노력, 더 완화된 신용기준 등이 포함된다. 회사는 이런 변화가 매출액이 일년에 5억 3천만원으로 증가할 것이라고 예측한다. 새로운 신용조건하에서 결제고객의 60%는 2%의 할인을 받게 되고 대손은 매출의 총 6%이다. 그래서 할인액은 5,978,400(530,000,000×0.94×0.02×0.6)원으로 거의 6백만원이다. 나머지 고객의 반은 14일째에 결제할 것이고 나머지 고객들은 50일째에 결제할 것이다. 그러므로 새로운 평균회수기간은 24일이 된다.

$$(0.6)(10)+(0.2)(40)+(0.2)(50)=24\text{일}$$

또한 매출채권의 보유비용은 4,900,000원으로 증가하게 된다.

$$(24)\left(\frac{530,000,000}{360}\right)(0.7)(0.2)=4,946,667\text{원}\approx 4,900,000\text{원}$$

신용정책의 변화로 평균회수기간이 더 길어지기 때문에 한양은 그들이 판매한 상품에 대한 이익을 얻기 위해서는 더 오래 기다려야 한다. 그러므로 이러한 이익을 투자를 위해 사용하는 데는 기회비용이 발생하게 된다. 이런 기회비용의 총액은 일일 구매출액, 평균회수기간의 변화율, 공헌이익 그리고 매출채권에 투자된 자본비용의 곱으로 나타낼 수 있다.

$$\begin{aligned}\text{기회비용} &= (\text{구매출액}/360)(\triangle ACP)(1-v)(k) \qquad (18\text{-}3)\\ &= (4,000,000/360)(3)(0.3)(0.2)=200,000\text{원}\end{aligned}$$

여기서 v는 변동비 비율이고 k는 자본비용이다. 회사가 신용기준(여기서는 신용감시비용)을 완화하고 회수를 천천히 하기 때문에 매년 신용분석 및 회수비용이 5백만원에서 2백만원으로 감소할 것이라고 회사는 예측하게 된다. 그러나 완화된 신용기준과 느슨해진 회수노력 때문에 대손이 매출액의 2.5%에서 6%로 올라가면 32,000,000(0.06×530,000,000)원이 될 것이다.

신용정책에 있어 모든 변화의 효과는 순이익에서 8,700,000원의 증가를 가져 올 것으로 예상되고 있다. 이것은 예측된 재무상태표에서의 변화와 유사하다. 매출액을 높이기 위해서는 현금 잔액, 재고, 비유동자산 등을 더 많이 필요로 하므로 매출채권 역시 증가하게 된다. 이런 자산들의 증가는 자금조달을 필요로 하기 때문에 부채계성과 자본 역시 증가하게 된다.

순이익에서 기대된 8,700,000원의 증가는 추정치이다. 그리고 변화의 실제효과는 이와는 아주 다르게 된다. 우선 매출에 있어 1억 3천만원이 증가할 것이라고 예상한 것은 불확실성을 고려하고 있지 않다. 만일 한양의 경쟁자가 한양의 변화와 같은 신용정책을 사용한다면 매출은 전혀 늘지 않을 것이다. 할인을 받는 고객의 수, 높거나 낮은 매출수준에서의 생산비, 추가적인 매출채권을 보유하는 데 드는 비용, 대손비율 등에도 불확실성이 존재한다. 앞에서는 신용정책에 있어서의 변화를 분석하는 방법에 대한 개요를 제시하였다. 앞에서도 말했듯이 가장 중요한 고려사항은 매출액과 생산비의 변화이다. 재무관리자는 전체적인 분석과 할인, 매출채권의 보유비용, 대손 등을 포함한 특정요소들을 평가하는 데 있어 책임이 있다. 신용정책의 변화를 평가하기 위해 재무관리자는 〈표 18-3〉에서 첫째 열과 셋째 열과 같이 계획된 손익계산서를 비교하게 된다. 재무관리자는 다른 것이 일정하다고 할 때 변화의 증분효과를 보여 주는 둘째 열을 간단하게 분석할 수 있다. 물론 두 접근은 같은 자료에 근거하고 있다. 그래서 그것들은 동일한 결과를 가져와야 한다. 그러나 종종 증분의 접근법에 집중하는 것이 바람직할 때가 있다. 왜냐하면 회사는 보통 특정지역 또는 특정상품에서 신용정책을 변화시키기 때문이다.

7. 미회수매출채권의 회수정책

신용조사부에서는 매출채권이 만기일에 제대로 회수되었나 하는 것을 조사하고 미회수매출채권에 대한 회수방책을 강구하여야 한다. 만약에 어떤 고객이 약정한 기일 내에 외상매입대금을 지불하지 않거나 못하는 경우에 이것을 가장 단시일 내에 지불하도록 독촉하여야 한다. 외상판매를 한 기업의 신용조사부에서는 외상매입을 한 기업이 만기일이 경과하여도 그 대금을 지불하지 않고 있으면 그 이유를 조사하여야 한다.

어떤 고객은 지불능력이 있어도 고의적으로 매입채무대금을 지불하지 않고 있을 수도 있다. 이 때에는 그 고객의 감정을 상하지 않는 방법을 이용하여 자발적으로 그 대금을 지불하도록 권고하는 것이 좋다. 이와 같은 권고를 무시하고 매입채무대금을 지불하지 않는 경우에 외상거래를 중단하고 법적 절차를 밟기도 하는데 이 방법은 비용이 따르게 되므로 신중을 기하지 않으면 안 된다. 그리고 그 대금이 비교적 소액의 경우에는 법적 수속비용이 더 클 수도 있으므로 그대로 포기하는 것이 좋을 때도 있다. 가령 100만원의 매출채권을 회수하기 위하여 감정적으로 법적 조치를 취하여 200만원의 회수비용을 지출한다는 것은 삼가야 할 것이다.

어떤 고객은 경영활동이 여의치 못하여 매입채무의 지불능력이 없는 경우도 있을 것이다. 이런 기업에 있어서는 다른 기업으로부터 외상매입을 하였거나 차입을 하고 있는 경우가 많다. 만약에 당분간은 지불능력이 없지만 가까운 장래에 회복될 만한 가능성이 많은 경우에는 그 기업과 거래를 하고 있는 여러 채권자들과 합의하여 좀더 도와줄 수도 있다. 그러나 그 기업의 채권자들이 합의치 못하고 어떤 채권자가 법적 절차를 밟아서 청산시키고 그 정산자금으로 각 채권자는 그들의 채권액에 따라 회수할 수도 있다.

재무관리자는 매출채권의 현황을 알기 위하여 이것을 외상판매 후의 일수별로 구분할 수도 있는데 이것을 매출채권의 연령표(aging schedule)라고 한다. 그 예를 아래에서 들어 보겠다.

외상판매일 후로부터	30일 미만	677만원	70%
〃	30일~59일	212만원	22%
〃	60일~89일	58만원	6%
〃	90일 이상	19만원	2%
		966만원	100%

위의 예에 의하면 외상판매일 후로부터 30일 미만의 매출채권은 총매출채권의 70%에 상당하며 또 90일 이상의 매출채권은 2%에 불과하다. 외상판매일부터 90일이 초과된 매출채권계정 중에는 회수불가능한 것도 있을 것이므로 이 비중이 비교적 적은 것이 일반적으로 좋을 것이다. 회수불가능하다고 인정된 매출채권계정은 공제하여 대손계정으로 취급하는 것이 편리하며 매출채권액을 정확히 파악할 수 있다.[8] 대부분의 매출채권은 그 만기일에 현금으로 회수하게 되는데 그 만기일을 토대로 하여 현금수익을 예상하고 자금계획을 세울 수 있다. 각 기업은 과거의 경험에 따라 매출채권의 몇 %쯤은 회수가 불가능하여 대손계정으로 떨어뜨리는 경우도 있는데 이것도 현금예산 작성 때 고려해야 할 것이다.

8. 신용관리자의 역할

신용관리의 기본적인 목적은 고객에 대한 신용을 확장하여 매출을 증대시켜 이익을 얻고 기업의 가치를 높이는 것이다. 신용정보를 획득하고, 분석함에 있어 그리고 매출채권을 회수함에 있어 신용관리자는 아주 중요한 역할을 담당한다. 만일 잠재적인 고객이 신용기준에 미치지 못한다면 주문을 거절하는 것도 한 방법이 될 수 있다. 이것은 주문에서 발생하는 이익과 손실을 비교하는 것에 의해 결정된다.

신용관리자의 역할은 매출에서 얻는 이익에 대한 기반을 더 많이 구축하도록 하는 것이다. 그러므로 신용관리자는 고객의 사업에 대해서 잘 알려고

8) Carl A. Dauten, *Business Finance*, Pretince-Hall, Inc., 1956, pp. 240~242.

노력해야 한다. 따라서 신용관리자는 현재의 매출 동향, 경영성과, 유동성 상태, 레버리지, 현재의 고객과 잠재적 고객의 수익성 등을 조사해야 할 것이다. 이러한 과정에서 신용관리자는 고객의 재무상태와 고객이 결제하는 데 있어 부정적인 영향을 미치는 요소를 확인할 수 있게 된다.

뛰어난 신용관리자는 고객의 사업에 영향을 미치는 모든 외적인 요소를 알고 있다. 그리고 고객의 향후 이익에 영향을 미치는 중요한 정책과 결정에 대한 조언을 제공한다. 신용관리자의 그러한 행동들은 확실하게 목표를 반영하는 것이다. 또한 목표는 시간과 비용을 현실적으로 고려하여 설정해야 할 것이다. 신용관리자는 회사에 대해 중요한 역할을 수행한다. 만일 고객의 사업이 이익을 얻고 확장된다면 신용관리자의 회사 역시 번영하게 될 것이다. 그러므로 신용관리자의 기능은 회사의 전체적인 전략에 있어 중요한 고려요소가 된다.

제 2 절 재고자산관리

1. 재고자산의 의의와 중요성

재고자산(inventory)이란 기업이 판매 또는 제조를 목적으로 보유하고 있는 유동자산의 일부로서 이것은 판매과정을 통하여 현금화된다. 재고자산은 업종에 따라 상이하여 매매업의 경우에는 상품 · 적송품 · 미착품 등이 이에 속한다. 그리고 제조업에서는 제품 · 반제품 · 원재료 · 재공품 · 소모품 · 부산물 등이 재고자산이며 조선업과 건설업에서는 미완성공사 등이 이에 속한다.[9)]

이상과 같은 재고자산은 실사자산이라고도 하는데 일반적으로 유동자산 중에서 가장 큰 비중을 점하고 있어 비교적 거액의 투자를 하고 있다. 매출채권이 판매 후에 생성되는 반면에 재고자산은 판매 이전에 획득된다. 이것이 매출채권과 재고자산의 중요한 차이점이다. 그리고 재고자산은 생산 또는 판매과정을 거쳐야 현금화되는 것이고 외상판매시에는 일정기간이 경과되어야 현금이 들어온다. 따라서 현금 · 예금 · 유가증권 및 매출채권 등의 당좌자산(quick

9) 한국은행, 「기업경영분석」, 1981, p. 34.

assets)보다는 유동성이 작지만 비유동자산보다는 현금화되는 속도가 빠르다.

재고자산에 투자규모가 기타 유동자산에 비하여 크다는 것은 그만큼 많은 자본을 소요하게 된다는 뜻이며 이에는 금융비용과 기타 재고자산관리비용이 발생된다. 그래서 최소한도의 재고자산을 보유하는 것이 좋겠으나 재고자산이 부족하게 되면 판매 또는 이익이 감소된다. 그러므로 항상 적정수준의 재고자산투자가 수익성과 유동성 목적을 위하여 요망된다.

재고자산에 투자수준을 결정할 때 마케팅관리자 · 생산관리자 · 구매관리자 및 재무관리자들의 의견이 반영되는데 이들은 상이한 견해를 가질 수 있다.

① 마케팅관리자는 가급적 풍부한 제품(상품)을 항상 재고자산으로 보유함으로써 판매에 차질이 생기지 않기를 바란다. 마케팅관리자가 앞으로의 판매계획을 수립하여 각종 제품을 충분히 보유하게 함으로써 재고부족으로 판매 또는 이익의 감소를 방지하고자 할 것이다.

② 생산관리자는 판매계획에 따라 생산계획을 수립하고 생산에 차질이 발생하지 않도록 비교적 풍부한 원재료나 재공품을 보유하기를 바란다. 생산계획에 차질이 오면 판매계획에 차질이 발생될 뿐만 아니라 단위당의 생산원가가 높아질 가능성이 있으므로 재고자산투자를 비교적 높은 수준에서 유지하고자 하는 경향이 있다.

③ 구매관리자는 생산계획에 맞추어 구매계획을 세우고 각종 원재료 · 반제품 · 소모품 등을 구입하여 생산공정에 투입해야 할 책임이 있다. 그러나 필요한 양의 원재료 등을 적시에 구입하기 곤란한 경우도 있다. 또한 원재료 등의 가격등귀현상이 있을 때에는 원재료를 미리 대량구매함으로써 매입단가를 낮게 하고 유리한 구매를 기하고자 비교적 높은 수준의 재고자산을 보유하려는 경향이 있다.

④ 재무관리자는 판매 · 생산 · 구매계획에 맞추어 자본조달계획을 수립하게 된다. 자금이 부족하면 원재료 등을 구입하지 못하여 생산 · 판매계획에 차질을 초래하게 된다. 그러나 적정수준 이상의 재고자산을 보유하게 되면 추가적인 자금이 소요되는데 이에는 금융비용과 관리비용이 발생되므로 재고통제를 해야 한다.

재무관리자는 재고자산뿐만 아니라 각종 유동자산과 비유동자산의 투자규모도 통제하면서 관리하게 된다. 가령 마케팅 · 생산 · 구매관리자들이 적정수준 이상의 재고자산투자를 바라는 경우 이 추가적인 자금을 재고자산에 투

〈그림 18-1〉 재고자산의 흐름

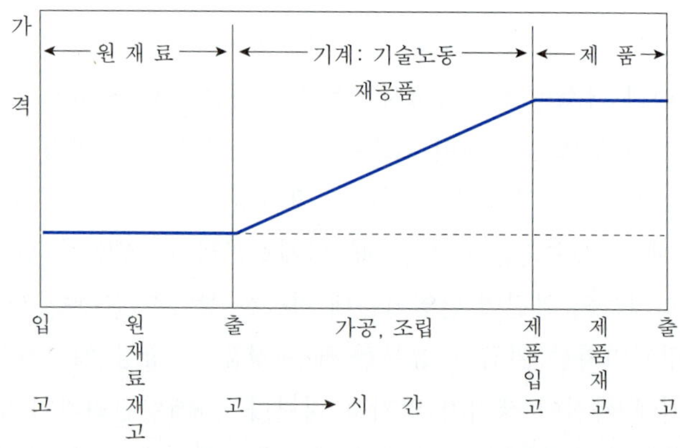

자하는 것보다 매출채권이나 비유동자산 등에 투자하는 것이 더 유리하다고 분석 판단되면 이것은 재무관리자가 통제 또는 조정할 수 있다.

재고자산에 투자시에도 원재료 · 재공품 · 제품 등에 어느 정도씩 투자하는 것이 유리한가 검토해야 한다. 가령 7,000만원에 상당하는 재고자산투자를 할 경우 원재료에 현재보다 더 많이 투자하는 것이 유리한가 또는 재공품이나 제품에 더 많이 투자하는 것이 유리한가를 분석해 볼 것이다.

재고자산의 흐름을 그림으로 보면 〈그림 18-1〉[10]과 같다.

위에서 보는 바와 같이 원재료 · 반제품 · 소모품 등 제품을 생산하는 데 필요한 것을 구매하여 기계 · 기술 · 노동 등을 투입하고 재공품기간을 거쳐 제품화된다. 제품의 일부는 재고로 남고 또 일부는 판매되기 위하여 출고된다. 재고관리는 적시에 적정량의 원재료 등을 구매하여 일정량을 원재료재고로 가지고 있고 일부는 재공과정에 투입시켜야 한다. 그리고 제품으로 생산된 재고자산의 일정량은 재고로 남고 일부분이 출고되어 판매된다. 이 경우에 각종 원재료 · 재공품 · 제품에 적정투자가 이루어지도록 재고관리를 과학적으로 하여야 수익성이 높고 유동성도 유지되는 것이다.

각종 재고자산에 적정투자를 하려면 이들에 투자할 때에 고려해야 할 중요한 문제를 먼저 고려해야 한다. i) 재고자산의 종류, ii) 재고자산 투자시에 고려할 문제, iii) 재고보유의 비용, iv) 적정재고정책 등을 연구해야 한다.

10) 심병구 · 이정규 · 서상용, 「재무관리」, 박영사, 1980, p. 246.

2. 재고자산의 종류

재고자산이란 기업이 판매나 제조할 목적으로 보유하고 있는 유동자산인데 이것은 업종에 따라 상이하다. 판매업에 있어서는 제품 · 반제품 · 원재료 등이 재고자산이 되는데 이것은 직접 개인소비자 · 상업소비자[11] · 산업소비자[12]에게 판매하여 현금화하는 것으로 상품이라고 부른다. 매매업에서 부르는 상품은 같은 물건이라 해도 제조업에서는 다음과 같이 구분하여 부른다. 제조업의 재고자산은 원재료 · 재공품 · 제품 · 저장품으로 분류할 수 있다.

원재료(raw materials)란 제품을 생산하기 위하여 외부에서 매입하는 원료와 재료를 말한다. 일반적으로 화학약품 · 시멘트 · 제지 · 제당공업 등의 화학적 공업에서는 원료라 한다. 그리고 토목 · 건축 · 조선 · 공작기계공업 등에서는 재료라고 한다. 즉 소재의 원형이 제품에 나타나지 않는 것은 원료이고 원형이 나타나는 것은 재료라고 구분할 수도 있다. 원재료는 자사에서 생산할 수도 있지만 대개 외부에서 매입하게 된다.

재공품(work in process or goods in process)이란 제품 또는 반제품으로 생산하여 판매하기 위해서 현재 공장에서 가공과정에 있는 재화이다. 건설업 또는 조선업에서 청부작업 또는 주문생산의 형태로 공사중인 것으로서 아직 인도를 끝내지 않은 미완성공사도 재공품이라 할 수 있다.

제품(finished goods)은 완제품이라 하는데 이것은 기업이 판매할 목적으로 보유하고 있는 물품을 말한다. 건설업이나 부동산업인 경우에는 판매목적으로 소유하고 있는 토지나 건물 등이 상품으로 계상된다. 반제품의 형태로 자사공장에서 가공하여 판매하는 경우에도 이것은 제품이라고 한다. 제품은 자사에서 가공을 끝내고 판매 또는 저장가능한 상태의 물품이어서 재공품과 구별된다.

저장품(supplies)은 원재료 · 재공품 · 제품 이외의 재고자산으로서 공장용 · 영업용 · 사무용으로 쓰이는 소모성재고자산의 총칭이며, 이들의 미사용액을 말한다. 저장품에 포함되는 것은 i) 소모품, ii) 소모공구기구비품, iii) 보조재료, iv) 포장용재료, v) 수선용 부분품 등 금액적으로 상당액 이상인 물품이며, 이러한 물품을 구입시 저장품으로 계상하였다가 일정기간 동안의 소

11) 상업소비자는 극장 · 여관 · 다방 · 약국 등에서 상품을 구입하되 그 목적은 주인보다는 고객을 위하여 구매하는 소비자이다.

12) 상업소비자는 제조업에서 구입하여 제품화되고 판매할 목적으로 구매하는 소비자이다.

모된 분을 수불을 통하여 비용 또는 원가로 처리하게 된다. 공구 · 기구 · 비품 등의 구입단가가 크고 내용년수가 길면 이들은 비유동자산에 포함시켜야 한다.

제조업에서는 이상과 같은 저장품에 투자규모는 재고자산 중에서 적은 편이며 또한 총자산 중의 비중은 극히 작다. 따라서 저장품관리 문제는 그리 중요하지 않다. 따라서 아래에서는 제조업에 있어서 중요한 몫을 차지하고 있는 원재료 · 재공품 및 제품에 투자시에 고려할 제문제점을 들어 설명하겠다.

3. 재고자산의 투자시에 고려할 문제

제조업의 경우에는 총자산 중의 몇 %에 상당하는 재고자산투자가 적정이냐 하는 것을 연구해야 한다. 그리고 재고자산 중에서도 각종 원재료 · 재공품 · 제품 및 저장품에 각각 몇 %씩 투자하고 있는 것이 가장 유리한가 검토해야 한다. 각종 재고자산에 적정 투자가 이루어져야 생산 및 판매계획에 차질이 없고 이익을 높일 수 있다.

일반적으로 재고관리에서는 다음 세 가지의 기본적 문제에 초점을 맞춘다.

① 회사가 유지하고 있는 재고자산의 품목은 각각 몇 단위인가?

② 주어진 시간에서 주문된 단위는 몇 단위인가?

③ 재고가 주문된 시점은 언제인가?

(1) 재고투자에 대한 결정

모든 종류의 자산을 관리하는 것은 재고자산의 문제에 포함된다고 볼 수 있다. 왜냐하면 재고자산과 같은 원리로서 현금과 비유동자산에 적용할 수 있기 때문이다.

첫째, 운전재고는 예측된 수요를 충족시키기 위해 갖고 있어야 한다. 둘째, 실제수요는 예측수요보다 클 수도 있기 때문에 안전재고를 갖는 것이 필요하다. 안전재고를 유지하는 데 드는 비용은 재고고갈에 따른 매출의 손실에 대한 비용과 균형을 이루는 점에서 결정된다. 평균적으로 재고자산의 수준은 운전자산과 안전재고의 합과 같게 된다. 자금을 차입하는 데 있어, 생산을 위해 원자재를 구매하는 데 있어, 또는 공장이나 설비를 구입하는 데 있어 대량으로 구매하는 것이 일일 또는 주단위로 소량을 구매하는 것보다 저렴할 때가 종종 있다. 그러나 현재 필요한 것보다 많은 재화를 구매하거나 생산하는 것은 회사의 재고유지비용을 증가시킨다. 그리고 만일 수요가 떨어지면 재고가 진부화 될 수 있다. 다음 부분에서는 재고에 대한 투자의 수준을 변화시키는 것에 따른 이익과 손실이 어떻게 되는지 알아보고자 한다.

1) 대표적인 재고 결정의 예

재고관리를 포함한 문제와 부적절한 재고관리에 의해 야기된 문제를 두 가지 예를 들어 설명하기로 한다.

① 의류소매점 한일스포츠웨어는 올 여름의 판매를 위해 1월 안에 수영복을 주문해야 한다. 그리고 5~6월의 밀려드는 수요를 충족시키기 위해서는 충분한 양의 수영복을 4월까지 인수해야 한다. 수영복은 형태, 색상, 크기 등이 다양하므로 만일 판매자가 재고를 적절하게 비축하고 있지 못하면 판매에 있어 문제가 생길 것이다. 만일 수영복을 너무 적게 갖고 있으면 잠재적인 판매기회를 상실하게 될 것이고 만일 재고가 너무 많거나 부적당하게 갖고 있으면 가격을 내려야 하거나 손실을 보게 될 것이다.

재무상태표상의 재고자산의 변화에 대한 결과는 중요하다.

단순히 생각해서 한일이 보통주에 의해 조달된 100원어치의 기초재고를 갖고 있다고 가정하자. 그것의 최초 재무상태표는 다음과 같다.

재고(기초자산)	100(원)	보통주	100(원)
총 자 산	100(원)	총부채와 자기자본	100(원)

현재 판매에 있어 300원의 계절적인 증가가 예상된다. 그래서 은행대부로 자금을 조달하여 그만큼의 추가적인 재고자산을 보유하게 되었다.

재 고	400(원)	은행지급어음	300(원)
		보통주	100(원)
총 자 산	400(원)	총부채와 자기자본	400(원)

만일 모든 일이 계획한 대로 진행되어 판매가 이루어지면 재고자산은 현금으로 전환될 것이고 은행대부를 상환할 수 있을 것이며 회사는 이익을 얻을 것이다. 이때의 재무상태표는 다음과 같다.

현금과 시장성 유가증권	50(원)	은행지급어음	0
재 고	100(원)	보 통 주	100(원)

		유보이익	50(원)
총 자 산	150(원)	총부채와 자기자본	150(원)

회사는 현재 유동성이 풍부한 상태이고 새로운 계절을 시작할 준비가 되어 있다. 그러나 만일 회사가 제대로 판매하지 못했을 경우에는 어떻게 될 것인가? 판매가 부진하다고 가정하자. 가을에 접근했을 때의 재무상태표는 다음과 같다.

재고자산	300(원)	은행지급어음	200(원)
		보 통 주	100(원)
총 자 산	300(원)	총부채와 자기자본	300(원)

은행은 대부를 상환하라고 주장할 것이다. 그리고 은행은 수영복이 아닌 현금을 원할 것이다. 그러나 만일 수영복이 여름에 잘 팔리지 않았다면 유행에 뒤떨어진 수영복을 가을에 어떻게 팔 것인가 ? 한일스포츠웨어가 은행대부를 상환할 현금을 조성하기 위해 수영복 가격을 절반으로 내려야 한다고 가정하자.

결과는 다음과 같다.

현 금	150(원)	은행지급어음	200(원)
		보 통 주	(50)
총 자 산	150(원)	총부채와 자기자본	150(원)

이 시점에서 은행은 현금 중에서 150원만 회수하고 50원은 손실을 보게 된다. 그러나 주주들은 손실을 입게 될 것이고 결국 회사는 도산하게 될 것이다.

② 전기기구 전기기구 제조회사 한양의 재고상태가 다음과 같다고 가정하자.

원 자 재	200 (원)
재 공 품	200 (원)
완 제 품	600 (원)
	1,000 (원)

한양은 경기가 더 좋아지고 전기기구에 대한 수요가 급격하게 상승할 것

이라고 예측하였다. 만일 예측한 대로 호황이면 한양은 생산을 증가시켜야 할 것이다. 이것은 재고를 늘려야 함을 의미하고 그러한 증가는 판매에 앞서 이루어져야 할 것이다. 또한 지급어음이 재고의 조성을 위해 증가될 것이다. 적절한 재고관리는 영업, 구매, 생산, 재무부서 사이의 통합을 필요로 한다. 영업/마케팅부서는 일반적으로 수요변화를 가장 먼저 발견해 낸다. 이러한 변화는 회사의 구매와 제조일정에 고려되어야 하고 재무담당자는 재고의 조성을 위해 필요한 자금을 마련해야 한다. 잘못된 매출예측이나 부적절한 부서간 통합은 큰 손실을 초래할 것이다. 부적절한 재고관리와 그 결과를 설명하기 위해 가정용 컴퓨터 제조업체인 (주)행당의 예를 들기로 하자. (주)행당은 2009년도 판매를 기초로 2010년의 컴퓨터 제조일정을 설정했다. 그러나 경쟁업체에서 신제품을 출시해 (주)행당은 2010년 1/4분기 동안 판매가 급격하게 감소했다. 하지만 생산일정을 하향조정하지 않았다. 그래서 재고와 은행부채가 발생하게 되었다. 상황이 적절하게 평가되었을 때 진부화된 부품의 재고는 천만원에 달했다.

상황은 다음과 같다.

(단위: 백만원)

현 금	1	미지급계정	3
매출채권	8	은행지급어음	15
재고: 양호한 것	6	총유동부채	18
불량한 것	10		
총유동자산	25	장기부채	10
비유동자산	10	보 통 주	7
총 자 산	35	총부채와 자기자본	35

은행은 어음의 지급을 요구할 것이다. 하지만 (주)행당은 필요한 현금을 조성할 수 없게 되어 도산의 위협을 받게 된다. 그렇게 되면 결국 회사는 도산하게 될 것이다.

4. 재고자산투자와 위험성

해방 이후 30년 동안 우리 나라에서는 일반적으로 물가가 계속하여 상승하였으므로 비교적 많은 재고투자를 하여 이익을 증대시킬 수도 있었다. 그러나 몇 가지 품목의 가격은 반대로 하락되었는데 이런 경우에 재고품에 과다히 투자하였다 하면 그는 많은 손실을 보았을 것이다.

최근의 중요한 문제가 되고 있는 것은 재고품의 구주화 또는 발품화되어 손해를 보는 것이다. 고급상품에 있어서와 같이 소비자들의 기호가 변동되어 제품이 구식화되기도 하고 신제품의 출현으로 구식화되기도 한다. 구식화된 제품이나 재공품 또는 원재료는 팔 수 없든지 또는 가치가 절감되는 것이 보통이므로 이 문제는 숙고하여야 한다.

그리고 또 이와 반대로 너무 적은 재고자산을 보유함으로써 수요에 충분히 응할 수 없고 이익이 감소되고 경영활동을 계속하지 못할 경우도 있다. 따라서 재무관리자는 항상 적정량의 재고량을 보유하고 있어야 할 것이다.[13)]

5. 재고와 관련된 비용

재고관리의 목적은 최소의 비용으로 운영하는 데 필요한 재고를 공급하는 것이다. 첫번째 단계는 재고의 구매와 유지에 포함된 모든 비용을 확인하는 것이다. 〈표 18-4〉는 재고유지와 관련된 비용, 재고의 주문과 인수에 관련된 비용, 그리고 재고의 부족과 관련된 비용의 세 범주로 분류된 재고와 관련된 대표적인 비용의 목록이다. 중요한 요소임에도 불구하고 이 시점에서는 세 번째 범주인 재고부족에 따른 비용은 무시한다. 이는 뒤에서 논의할 안전재고 부분에서 다뤄질 것이다.

이번 단계에서 고려할 비용은 재고유지비용과 주문비용, 그리고 총비용 등이다.

(1) 재고취득비용

만일 회사가 매년 S단위를 팔고 매년 N번씩 Q단위만큼을 주문한다면 (안전재고비용은 없다고 가정하자) 평균재고 A는 다음과 같다.

$$A = \frac{주문량}{2} = \frac{Q}{2} \tag{18-4}$$

---

13) 임모호, 「경영학원론」, 1980, pp. 262~265.

〈표 18-4〉 재고와 관련된 비용

	비용에 대한 비율
재고유지비용	
동결되어 있는 자본비용	12.0%
보관 및 처리비용	0.5
보 험 료	0.5
재 산 세	1.0
감가상각비와 진부화 손실	12.0
총 계	26.0%
주문비용, 수송, 인수비용	
생산과 배치비용을 포함한 주문비용	변함
수송 및 처리비용	2.5%
재고부족비용	
매출손실	변함
고객호의에 대한 손실	변함
생산일정의 차질	변함

주문량 Q는 S를 연간주문횟수 N으로 나눠준 것과 같고 식 (18-4)에서 Q대신 S/N을 대입하여 얻는 식은 다음과 같다.

$$A=\frac{\text{연간매출액/주문횟수}}{2}=\frac{S/N}{2} \tag{18-5}$$

예를 들어 만일 한일주식회사가 1년 매출이 120,000단위이고 연초의 주문량이 120,000단위이면 (주)한일의 평균재고는 60,000단위가 된다.

$$A=\frac{Q}{2}=\frac{S/N}{2}=\frac{120{,}000/1}{2}=60{,}000\text{단위}$$

만일 회사가 각각 30,000단위씩 4번 주문한다면 평균재고는 15,000단위로 떨어진다.

$$A=\frac{120{,}000/4}{2}=\frac{30{,}000}{2}=15{,}000\text{단위}$$

(주)한일이 단위당 2원으로 재고를 구매한다고 가정하자. 만일 1년에 4번씩 주문이 이루어진다면 평균재고의 가치는 $(P)(A)=(2\text{원})(15{,}000)=$

30,000원이다.

만일 (주)한일의 자본비용이 10%라면 재고를 유지하는 데 300원의 비용이 발생할 것이다. 더 나아가 (주)한일은 매년 2,000원의 보관비(장소, 시설, 안전, 세금 등)와 500원의 재고자산보험료, 그리고 1,000원의 감가상각비와 진부화 손실이 발생될 것이라고 가정하자. 회사의 30,000원의 평균재고를 유지하는 데 드는 총비용은 3,000+2,000+500+1,000=6,500원이 되고 그것의 %는 6,500/30,000=0.217=21.7%가 된다. 연간 총재고 유지비용을 TCC라 정의하면 이는 C(재고유지비용의 퍼센티지), P(단위당 구매가격) 그리고 A(평균주문단위)의 곱으로 나타낼 수 있다.

$$\text{총재고 유지비용} = TCC = (C)(P)(A) \tag{18-6}$$

예를 들어 $TCC=(0.217)(2\text{원})(15{,}000)=6{,}500\text{원}$

(2) 주문비용

재고유지비용이 평균재고크기에 비례하여 전체적으로 변함에도 불구하고 주문비용(Ordering Cost)은 고정되어 있다. 예를 들어 회사간 메모, 장거리 전화, 인도 등의 주문처리 및 접수비용은 본질적으로 각 주문마다 고정되어 있다. 그래서 이런 재고비용은 간단히 주문처리 및 접수비용과 주문횟수의 곱으로 나타낼 수 있다. 재고주문과 관련된 고정비를 F로 정리하자. 그리고 만일 1년에 N번의 주문을 한다면 연간 총 주문비용은 어떻게 되는지 알아보자.

$$\text{총 주문비용} = TOC = (F)(N) \tag{18-7}$$

식 (18-5)를 N에 대해 풀면 $N=S/(2A)$이다. 이를 식 (18-7)의 N에 대입하면

$$TOC = \text{총 주문비용} = F\left(\frac{S}{2A}\right) = (F)(N) \tag{18-8}$$

식 (18-8)의 값을 구하기 위해 (주)한일의 $F=100$원, $S=120{,}000$단위, 그리고 $A=15{,}000$단위로 가정하면 (주)한일의 연간 총주문비용(TOC)는 다음과 같다.

$$TOC=(F)(S/2A)=(F)(N)=100\text{원}\left(\frac{120{,}000}{30{,}000}\right)=100\text{원}(4)=400\text{원}$$

(3) 총비용

식 (18-6)에서 정의한 총재고 유지비용(TCC)과 식 (18-8)에서 정의한 총 주문비용(TOC)은 다음과 같이 총재고관리비용(TIC)을 구하기 위해 더해진다.

$$\begin{aligned} TIC &= \text{총재고관리비용} \\ &= TCC(\text{총재고 유지비용})+TOC(\text{총 주문비용}) \\ &= (C)(P)(A)+F\left(\frac{S}{2A}\right) \end{aligned} \tag{18-9}$$

그러므로 만일 (주)한일이 1년에 4번 30,000단위를 주문한다면 총재고관리비용은 6,900원이 된다.

$$\begin{aligned} TIC &= 6{,}500+400 \\ &= 6{,}900\text{원} \end{aligned}$$

식 (18-4)에서 평균재고유지비용은 $A=Q/2$ 또는 각 주문량의 반임을 상기하자.

식 (18-9)를 다시 쓰면 다음과 같다.

$$TIC=(C)(P)\left(\frac{Q}{2}\right)+\frac{(F)(S)}{Q} \tag{18-10}$$

식 (18-10)을 이용하여 (주)한일의 총재고관리비용을 계산하면 6,900원이 되어 식 (18-9)를 이용하여 계산한 값은 다음과 같다.

$$\begin{aligned} TIC &= (0.217)(2)\left(\frac{30{,}000}{2}\right)+100\left(\frac{120{,}000}{30{,}000}\right) \\ &= 6{,}500+400=6{,}900\text{원} \end{aligned}$$

위 식은 다음 부분의 최소 총재고관리비용을 구하는 데 이용된다.

6. 적정재고정책

적정재고정책(optimal inventory policies)이란 재고자산에 적정투자를 하여 비용을 최소로 하고 수익을 최대로 하는 정책이다. 각종 재고자산에 항상 적정투자를 하고 있어야 비용이 줄고 수익이 증대된다. 적정재고정책을 수립할 경우 i) 각종 재고자산의 투자비중, ii) 경제적 주문량, iii) 안전재고수준 등을 고려해야 한다.

(1) 각종 재고자산의 투자비중

대기업에서는 여러 가지 종류의 재고자산을 보유하고 있다. 10~50개 제품을 생산하고 있는 제조기업에서는 몇 천 가지의 원재료를 재고로 보유해야 하는 경우도 있다. 가령 50종의 제품을 생산하는 기업에서 어떤 제품에 어느 정도씩 투자하고 있어야 하느냐 하는 문제를 결정해야 한다.

이와 같이 다종의 원재료나 제품을 재고로 보유하고 있는 이들의 모든 재고자산이 항상 적정투자되어야 한다. 그러나 그 중에서도 가장 투자비중이 큰 품목에 대한 재고관리에 더욱 주력해야 한다. 설명을 간단히 하기 위하여 모회사에서 세 가지 종류의 품목을 다루고 있는데 그들의 품목수와 비중 그리고 그들의 재고투자액과 비중을 예시하여 보면 〈표 18-5〉와 같다.

〈표 18-5〉의 예를 보면 A 제품을 생산하는 데 20종의 원재료가 소요되는데 이것은 세 가지 품목종목의 원재료 1,000종의 2%에 불과하다. 그러나 A 제품의 원재료 투자단가가 크므로 그 투자금액은 8,000,000원이어서 세 가지 제품의 원재료 총투자액 10,000,000원의 80%나 된다. 그리고 C 제품의 원재료 종류는 680종이나 되어 있으며 그 구성비는 전체의 68%이지만 이에 대한 투자액은 500,000원이어서 총원재료 투자액 10,000,000원의 5%에 불과하다.

〈표 18-5〉 원재료품목수, 금액 및 구성비

수·금액·구성비 / 품목종류	개수(종)	구성비(%)	투자금액(원)	구성비(%)
A	20	2	8,000,000	80
B	300	30	1,500,000	15
C	680	68	500,000	5
계	1,000	100	10,000,000	100

그리고 B제품은 원재료 종류수가 그 전체의 30%이고 그 투자금액은 총투자액의 15%이다.

이 경우에는 A제품과 관련된 원재료관리문제를 더욱 역점을 두고 다루어야 할 것이다. B제품이나 C제품의 원재료관리를 등한시해서는 안 되지만 그래도 A제품에 관련된 원재료재고문제에 주력하게 되는 것이 보통이다. 이 예는 제품이나 재공품 투자관리를 할 경우에도 동일하다. 그러나 각종 원재료·재공품 및 제품에 적정재고량을 보유하도록 해야 한다.

(2) 경제적 주문량

〈그림 18-2〉는 재고이론의 기본전제를 설명하기 위해 (주)한일의 자료를 그린 것이다. 어떤 비용은 더 많은 재고를 발생시키는 반면에 다른 비용은 재고를 감소시키기도 한다. 그리고 거기에는 총재고관리비용(*TIC*)을 최소화할 수 있는 최적주문크기가 존재한다. 앞서 말한 것처럼 재고에 대한 평균투자는 주문의 빈도에 좌우된다. 만일 (주)한일이 매일 적은 양을 주문한다면 평균재고는 (주)한일이 매년 같은 양을 주문할 때보다 훨씬 적어진다. 〈그림 18-2〉가 보여 주는 것처럼 몇몇 재고와 관련된 비용은 더 많은 주문을 할 때 상승하게 된다. 보다 많은 주문은 보다 많은 평균재고를 의미한다. 그래서 창고비용, 재고에 있어 동결된 자금의 이자, 보험료, 진부화 등이 모두 증가하게 된다. 동시에 더 많은 주문을 하게 되면 주문비용은 감소한다. 왜냐하면 만일 회사가 주문의 빈도를 줄이고 더 많은 양을 주문하게 되면 주문처리비용, 생산일정의 설정, 수송처리비용 등이 모두 감소하기 때문이다.

〈그림 18-2〉에서 유지비용의 곡선과 주문비용의 곡선이 더해지는 것을 볼 수 있다. 그 합계는 총 주문비용과 총 유지비용을 나타낸다. 총비용곡선이 최소화되는 점은 경제적 주문량(*EOQ*)를 나타낸다. 그리고 경제적 주문량은 최적평균재고수준을 결정한다. 우리는 〈그림 18-2〉에서 주문량이 약 7,000단위이고 평균재고가 약 3,500단위일 때 (주)한일의 총재고관리비용이 최소가 됨을 알 수 있다. 〈그림 18-2〉와 같은 그래프는 회사의 대략적인 최저주문량을 결정하는 데 유용하다. 그러나 정확한 값을 구하기 위해서는 모든 가능한 주문량에 대해 그려볼 필요가 있다. 최적주문량을 더 쉽게 찾는 방법은 경제적 주문량(*EOQ*)을 이용하는 것이다.

*EOQ*는 적절한 가정하에서 〈그림 18-2〉의 총비용곡선을 최소화시키는

〈그림 18-2〉 한일주식회사의 최적주문량 결정

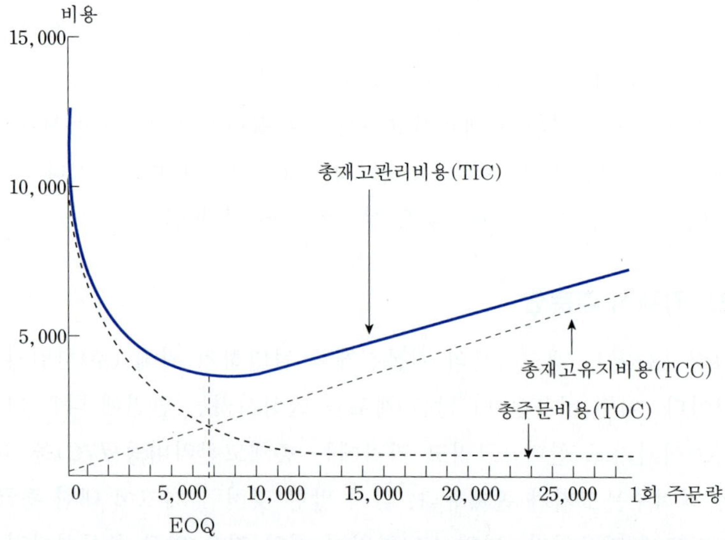

Q	평균재고	TCC	TOC	TIC
5,000	2,500	$1,085.00	$2,400.00	$3,485.00
10,000	5,000	2,170.00	1,200.00	3,370.00
15,000	7,500	3,255.00	800.00	4,055.00
20,000	10,000	4,340.00	600.00	4,940.00
25,000	12,500	5,425.00	480.00	5,905.00
30,000	15,000	6,510.00	400.00	6,910.00

주문량을 보여 준다. *EOQ*를 구하는 공식은 다음과 같다.

$$EOQ = \sqrt{\frac{2(F)(S)}{(C)(P)}} \qquad (18\text{-}11)$$

EOQ=경제적 주문량 또는 주문을 할 때마다의 최적주문량
F=주문의 처리 및 접수에 대한 고정비
S=연간 매출량
C·*P*=재고 유지 비용

*EOQ*모형의 가정은 다음과 같다.

① 매출량을 정확히 예측할 수 있다.

② 매출량은 당해연도에 대해 일정하게 분류된다.

③ 주문은 지연되지 않고 처리된다.

*EOQ*모형을 이용하여 (주)한일의 최적주문량을 구해보면 7,436단위가 된다.

$$EOQ = \sqrt{\frac{2(1{,}000)(26{,}000)}{(0.2)(6.1538)}} = \sqrt{55{,}299{,}539} = 7{,}436\text{단위}$$

*EOQ*모형에 대해 좀더 설명하기 위해 한양출판의 자료를 이용하여 *EOQ*를 구해보도록 하자.

S = 매출량 = 연간 26,000부

C = 재고유지비용 = 재고가치의 20%

P = 한양출판이 인쇄회사에 지불하는 부수당 구매가격 = 부수당 6.1538원 (한양출판이 책정한 소매가는 9원이나 이는 우리 목적에 적합하지 않다)

F = 주문을 할 때마다 드는 고정비용 = 1,000원. 이 비용의 크기는 생산에 대한 장비의 설정뿐만 아니라 노무비도 포함된다.

이 자료들을 식 (18-11)에 대입하면 *EOQ*는 6,500부가 됨을 알 수 있다.

$$EOQ = \sqrt{\frac{2(F)(S)}{(C)(P)}} = \sqrt{\frac{2(1{,}000)(26{,}000)}{(0.2)(6.1538)}} = \sqrt{42{,}250{,}317} = 6{,}500\text{부}$$

〈그림 18-3〉 안전재고가 없는 재고의 상태

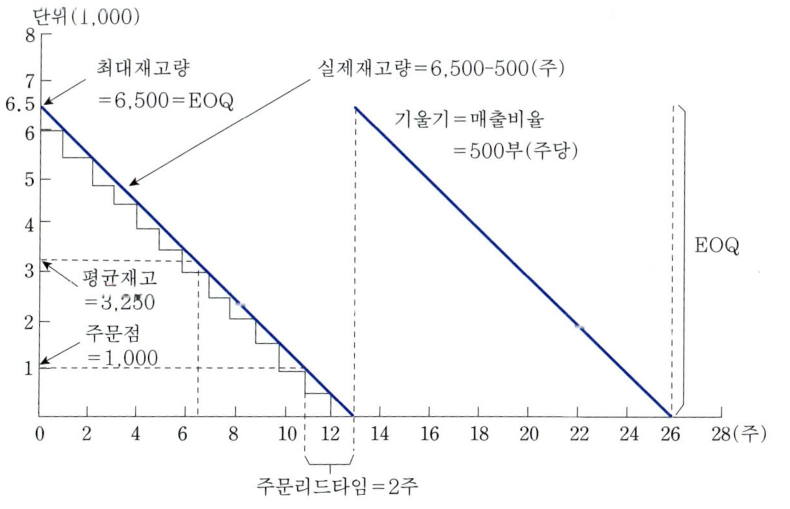

평균재고는 *EOQ*에 좌우된다. 이 관계는 〈그림 18-3〉으로 설명한다. 주문을 받자마자 6,500부는 재고가 된다. 이용률 또는 판매율은 주당 500부이다(26,000/52주). 그리고 재고는 주마다 양이 줄어든다. 실제 갖고 있는 재고는 6,500－500(지난 주문 이후의 주에 사용하는 재고) 부단위로 정의되고 재고를 보유하고 있는 단위수는 주문이 접수된 직후의 6,500부에서부터 다음 주문 전의 0부까지로 다양할 것이다. 평균적으로 보유하고 있는 단위수는 6,500/2＝3,250부가 될 것이다. 부수당 6.1538원의 비용으로 재고에 대한 평균투자액은 (3,250)(6.1538원)＝19,999.85원으로 약 20,000원이 될 것이다.

만일 은행대부에 의해서 재고에 대한 자금이 조달된다면 대부는 높을 때의 40,000원에서부터 낮을 때의 0까지 다양할 것이다. 그러나 대부의 평균액수는 20,000원이 될 것이다. *EOQ*는 매출량 증분의 제곱근의 배수로 증가한다는 것에 주의하자. 그러므로 매출량의 증가는 재고가 비례적으로 증가하는 것보다는 작게 나타난다. 그리고 재고/매출량 비율은 매출이 커질수록 감소할 것이다. 예를 들어 한양출판의 *EOQ*는 년간 매출량이 26,000부일 때 6,500부이다. 그리고 평균재고부수는 3,250단위이고 평균재고액은 20,000원이 된다. 그러나 만일 매출이 100%증가하여 매출량이 52,000부가 된다면 *EOQ*는 9,192(또는 415)로 올라갈 것이다. 그리고 평균재고 역시 같은 비율로 올라갈 것이다. 이것은 재고를 보유하는 것에 대한 규모의 경제를 보여 주고 있다.

(3) 안전재고(Safety Stocks) 수준

1) 주문점의 설정

만일 생산과 수송에 2주의 리드타임이 있다면 한양출판의 주문점이나 재고수준은 어떻게 결정되는가? 만일 1년을 52주라 하면 한양출판은 주당 500부(26,000/52)를 팔게 된다. 만일 주문과 인수 사이에 2주의 시차가 있으면 한양출판은 그들이 1,000(2×500)부를 갖고 있을 때 주문을 해야 할 것이다. 2주 동안의 생산과 수송의 끝에 재고균형은 0으로 떨어지게 된다. 그러나 그 시점에 새로운 책에 대한 주문이 이루어진다.

2) 수송중인 상품

만일 이전에 한 주문을 받기 전에 새로운 주문을 하게 되면 수송중인 상품 재고가 발생한다. 수송중인 상품은 주문은 되었으나 인수가 되지 않은 상품을 말한다. 만일 양자간의 주문시간보다 인도의 리드 타임이 더 길어지면 수송중인 상품재고가 발생한다. 이것은 다소 복잡한 문제이다. 그러나 이런 문제를 쉽게 해결하는 방법은 주문점을 계산할 때 수송중인 상품을 빼고 계산하는 것이다. 바꿔 말하면 주문점은 다음과 같이 계산된다.

$$\text{주문점} = (\text{리드타임} \times \text{매주 사용량}) - \text{수송중인 상품} \quad (18\text{-}12)$$

수송중인 상품은 한양출판과 같은 회사에게는 문제가 되지 않는다. 왜냐하면 한양출판은 1년에 4번(26,000/6,500) 또는 13주에 한 번씩 주문을 하는데 인도의 리드타임은 2주이기 때문이다. 그러나 만일 한양출판이 2주에 한 번씩 1,000부를 주문하고 인도의 리드타임이 3주라고 가정해 보자. 그렇다면 주문이 언제 이루어지든지 1,000부는 수송중에 있게 된다. 그러므로 한양출판의 주문점은 다음과 같게 된다.

$$\text{주문점} = (3 \times 500) - 1{,}000 = 1{,}500 - 1{,}000 = 500$$

3) 안전재고

만일 한양출판이 판매율과 주문리드타임이 다르지 않다는 것을 알고 있다면 한양출판은 〈그림 18-2〉에서 보여 주는 것과 같이 운영을 할 것이다. 그러나 매출액은 수시로 변할 수 있고 생산과 운송의 지연은 빈번하게 발생하므로 회사는 추가적인 재고 혹은 안전재고를 보유해야 한다.

안전재고의 개념은 〈그림 18-4〉에서 설명되고 있다. 첫째, 매출선의 기울기는 기대 매출율을 측정하고 있다. 회사는 매주 500부의 매출을 예상한다. 그러나 최대로 가능한 매출율은 이 양의 두 배나 또는 매주 1,000부라고 가정하자. 그리고 한양출판은 1,000부의 안전재고를 설정했다고 가정하자. 그렇게 되면 한양출판은 처음에 7,500부(*EOQ* 6,500부+안전재고)를 주문하게 된다. 그 후에는 재고수준이 2,000부로 떨어질 때마다 *EOQ*만큼을 다시 주문한다. 2,000부는 안전재고 1,000부와 주문의 인도를 기다리는 동안 사용될 것으로 예상되는 1,000부로 구성된다. 회사는 2주의 인도기간 동안 1주일에 1,000부 또는 예측된 매출의 2배를 팔 수 있음을 주의하자. 〈그림 18-4〉의 가파른 사선은 최대 매출률을 나타내고 있다.

회사가 더 높은 매출을 달성할 수 있도록 도와 주는 조건은 안전재고 1,000부의 도입이다. 안전재고가 없을 경우에 만일 매출이 주당 500에서

〈그림 18-4〉 안전재고가 포함된 재고 상태

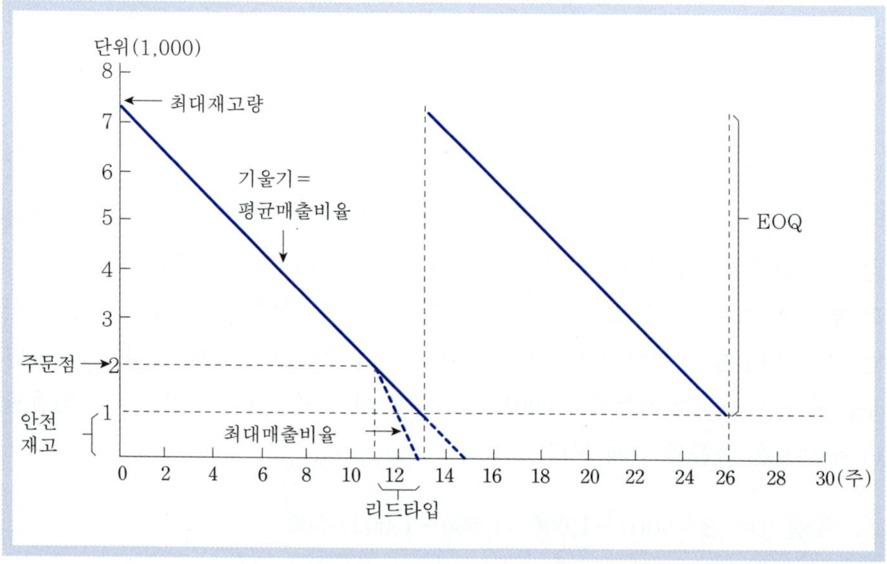

1,000으로 올라간다면 회사는 재고가 고갈될 것이다. 안전재고는 주문한 것을 인수하는 데 있어 지연될 경우에 유용하다. 안전재고는 분명히 유용하다. 그러나 거기에는 비용이 따른다. 한양출판의 평균재고량은 현재 *EOQ*/2와 안전재고 1,000부의 합, 즉 4,250부(6,500/2＋1,000＝3,250＋1,000)이다. 그리고 평균재고가치는 26,154(4,250×6.1538원)원이다. 안전재고 때문에 발생한 평균재고의 증가는 재고유지비용의 증가를 초래한다.

최적의 안전재고는 상황에 따라 다양하다. 그러나 일반적으로 안전재고는 ① 매출예측에 대한 불확실성, ② (매출손실이나 고객호의의 손실에 따른) 재고의 부족 때문에 발생한 비용, ③ 물품도착의 지연가능성에 따라 증가한다.

최적안전재고는 재고유지비용이 증가할수록 감소하게 된다.

7. 재고통제시스템(Inventory Control System)

안전재고에 대한 분석과 함께 *EOQ*모형은 적정재고수준을 설정하는 데 이용된다. 그러나 재고관리는 재고의 주문과 통제시스템을 포함하게 된다. 간단한 통제절차 중 하나는 red-line 방법이다. 이 방법에서 재고품목은 저장소 안에 저장된다. red-line은 주문시점에서 저장소의 안쪽에 그려진다. 재고담당자는 red-line이 보일 때 주문하면 된다.

two-bin 방법은 2개의 저장소에 재고품목을 저장한다. 운전중인 저장소가 비워지면 주문이 이루어지고 재고는 두 번째 저장소로부터 충당하게 된다. 이런 절차는 소매점의 다양한 품목이나 제조공장의 볼트와 같은 품목에 적합하다.

회사들은 점점 전산화된 재고통제시스템을 채택하고 있다. 이 시스템은 컴퓨터가 재고숫자를 기억하는 것으로부터 시작된다. 재고를 사용할 때마다 컴퓨터에 의해 기록되고 재고균형은 항상 수정된다. 주문점이 되면 컴퓨터는 자동적으로 주문을 한다. 새 주문이 접수되면 재고균형은 증가하게 된다. 그리고 한 품목이 팔리게되어 품목의 금액이 금전등록기에 공급되면 컴퓨터의 재고균형은 즉시 수정된다.

좋은 재고통제시스템은 역동적이어야 한다. 대기업들은 수많은 다른 종류의 품목을 저장하고 있다. 이런 품목의 판매(또는 이용)는 회사전체의 판매변동과는 독립적으로 오르거나 떨어질 수 있다. 개별항목의 이용률이 떨어지기 시작하면 재고관리자는 완제품이나 생산에 이용된 부품, 재료 등의 진부화를 막기 위해 재고균형을 조정해야만 한다.

EOQ모형은 매출량이나 이용률을 정확히 예측할 수 있을 때 주문량의 크기나 평균재고수준을 설정하는 데 유용하다. 그러나 이용률은 시간에 따라 변하게 된다. 그러므로 좋은 재고관리시스템은 매출의 변화에 즉시 반응해야 한다. 재고이용률을 감시하고 EOQ 및 재고품목 수준을 수정하기 위해 이용되는 시스템이 ABC 시스템이다. 이 시스템에서 회사는 비용, 이용빈도, 재고가 고갈될 경우, 주문리드타임 등에 기초하여 각각의 재고품목을 분석한다. 품목의 값이 비싸고 자주 이용되며 주문리드타임이 긴 품목은 A범주로 분류하고 이보다 덜 중요한 품목은 B범주로 분류한다. 그리고 가장 중요성이 적은 품목을 C범주로 분류한다. 관리자는 A범주 품목의 최근이용률, 재고현황, 인도시간 상황 등에 대해 아주 빈번하게 조사하고 필요하다면 EOQ를 조정한다. B범주의 품목은 이보다는 덜 조사하고 C범주의 품목은 B범주의 품목보다 덜(예를 들어 년 단위로) 조사한다. 이와 같이 재고관리자는 그들에게 가장 이익이 되고 중요한 품목에 관리를 집중한다. 효율적인 재고관리는 상대적으로 높은 재고자산 회전율로 나타나게 된다. 그리고 재고고갈에 의한 운전중지 및 매출손실의 경우는 상대적으로 적게 나타난다. 이런 모든 것들은 이익, 총자산 회전율, 투자수익률, 주가를 높이는 데 공헌할 것이다.

제 3 절 유동부채관리

1. 유동부채관리의 의의와 중요성

기업의 매입채무, 은행의 단기차입, 기업어음(CP) 등의 유동부채는 기업의 단기자본조달 수단이 된다. 우리 나라 제조업체들은 40% 정도의 자금을 유동부채를 통해 조달하고 있다. 따라서 유동부채의 관리가 중요함을 알 수 있다.

유동부채가 가지는 장점은 장기자본보다 상황변화가 있을 때 신속히 조달할 수 있는 자분조달의 융통성이 높고 자본비용이 낮다는 점이다. 그러나 단점으로는 잦은 차입과 상환에 따른 위험이 있고 단기간에 만기가 도래하므로 지급불능의 위험이 높아진다는 점을 들 수 있다.

2. 매입채무

매입채무란 거래신용을 의미하고 이는 물품대금의 지급연기에서 비롯되는 단기금융으로서의 일상적인 거래관계에서 발생하는 자생적인 자금조달원이다. 대표적인 형태로는 외상매입금(account payable)과 지급어음(notes payable)이 있다.

매입채무는 쉽게 이용할 수 있고 간단하고 신속한 자금원친이지만 묵시적 비용을 수반할 수 있다. 이런 묵시적 비용이란 판매자가 신용기간 동안의 외상매입대금에 묵시적으로 부과하는 비용으로서 대손비용, 매출채권투자자금의 기회비용, 회수비용과 시중의 일반금리수준에 의해 발생할 수 있는 비용을 포함한다.

매입채무를 이용할 때에는 신용조건에 따라 일정한 비용이 발생하기도 한다. 예를 들어 '3/10, net 30' 조건을 상품매입자의 입장에서 보면, 3%의 할인혜택을 받고 10일 이내네 대금을 현금으로 지급할 것인지 아니면 30일째에 전액을 지급할 것인지의 기회비용을 비교해야만 할 것이다. 일반적으로 기회비용은 외상매입대금 지급기간이 길수록 작아진다.

3. 은행차입

은행차입은 기업의 자금조달원천 중 대표적인 자금원으로 공식적인 대출 절차를 밟아야 한다.

은행차입의 종류를 은행의 입장에서 보면 일반대출, 당좌대월, 적금대출, 할인어음, 수출지원금융 등이 있다. 은행차입시의 차입금의 일부를 보상현금 잔액의 명목으로 대출금의 일정 비율을 은행에 예치한다.

은행차입의 비용은 곧 차입이자율을 뜻한다. 차입이자율은 차입기간, 차입자의 신용도, 차입 자체의 위험도, 일반 경제상황에 따라 달리 적용된다. 이때 명시적 차입이자율은 대출조건에 따라서 실효이자율과 상이할 수 있으므로 단순이자율, 할인이자율, 부가이자율을 구분해야만 한다.

4. 기업어음

기업어음은 기업이 자기신용을 바탕으로 단기자금을 투자자들로부터 직접 조달하기 위해서 발행하는 약속어음을 말한다.

1981년 기업의 단기자금 조달을 쉽게 하기 위해 새로이 도입되었다. 이제까지 고정이율로 발행되던 기업어음과는 달리 기업과 투자자 사이의 자금 수급관계 등을 고려하여 금리를 자율 결정한다는 점이 가장 큰 특징이다.

CP는 자기신용으로 발행되기 때문에 발행기업이 부도를 내면 원금은 받을 수가 없게 되므로 지명도가 높은 기업어음이 높은 인기를 얻고 있다.

양도성예금증서(CD)와 같이 최저발행금액은 1천만원, 만기는 30~270일이면 연간 수익률도 비슷한 수준이다. 기업어음은 개별 기업이 발행하는 어음이고 보통 무담보로 팔지만 개인투자자가 매입한 경우 발행기업이 부도가 나더라도 투자금융회사에서 대납하여 위험부담이 없다.

기업 재고자산관리 제대로 못했다

외환위기 전운이 감돌던 1997년. 삼성전자는 전 세계에 걸쳐 갖고 있던 재고 채권 9조여 원을 6조원으로 감축하는 작업을 최우선으로 단행했다. 당시 윤종용 삼성전자 부회장은 무수익 부실 자산을 1조원 이상 매각하기도 했다. 이처럼 발 빠른 재고자산 정리는 오늘의 삼성전자를 있게 한 '구원투수' 역할을 톡톡히 했다는 평가를 받고 있다.

"한국의 대표 기업들은 재고자산관리를 잘하고 있을까?"

지난해 국내 30대 상장기업들의 재고관리 능력이 신통치 않은 것으로 나타났다. 글로벌 금융위기 속에서 전체 자산에서 차지하는 재고자산 비중은 줄어든 반면 재고자산회전율은 더 나빠진 것. 제품생산은 줄고, 생산해 판매할 때까지 걸리는 기간이 늘었다는 얘기다.

21일 파이낸셜뉴스가 시가총액 30대 상장 제조기업들의 '2009년 사업보고서'를 분석한 결과 재고자산회전율(Inventory Turnover Ration)은 24.61회였다.

재고자산회전율 상위 기업 (단위:회)

기 업	2008년	2009년
삼성엔지니어링	392.00	238.00
한국전력	149.80	158.60
삼성물산	44.00	44.00
LG전자	22.60	28.10
신세계	23.90	22.60
두산중공업	23.30	21.70
삼성전자	15.50	18.40
삼성중공업	17.60	17.60
LG디스플레이	17.40	16.90
기아차	13.65	15.13
삼성SDI	14.50	15.10
GS건설	13.50	14.49
현대모비스	14.80	14.30
삼성전기	10.90	12.00
현대건설	12.00	12.00

자료:각사 2009년 사업보고서

제품을 생산해 판매할 때까지 걸리는 기간이 평균 14.82일이 걸렸다는 것을 의미한다. 이는 글로벌 금융위기가 터진 2008년 29.79회보다 5.18회가 더 줄어든 것이다. 재고자산회전기일도 2008년보다 2.57일이 더 걸렸다.

하지만 총자산대비 재고자산 구성비율은 2008년 8.72%에서 2009년 8.09%로 오히려 줄었다. 제품이 팔리지 않아 창고에는 물건이 쌓이고 공장에서는 물건을 만들지 않았다는 방증이다.

재고관리를 가장 잘 한 곳은 삼성엔지니어링으로 재고자산회전율이 238회로 가장 높았다.

물건이 만들어져 팔릴 때까지 걸리는 기간을 뜻하는 재고자산회전기일도 1.53일로 가장 짧았다.

한국전력공사도 재고자산회전율이 158.60회(재고자산회전기일 2.30일)나 됐다. 이어 삼성물산 44회(8.29일), LG전자 28.1회(12.98일), 신세계 22.60회(16.15일), 두산중공업 21.70회(16.82일) 등이었다.

반면 재고자산회전율이 10회 이하로 떨어지는 곳도 많았다. SK는 0.95회로 조사대상 중 가장 낮았다. KT&G, 아모레퍼시픽, 현대제철, POSCO, LG생활건강, 삼성테크윈, OCI, 롯데쇼핑, S-OIL, LG화학, LG, 하이닉스, 현대중공업, SK에너지 등도 10회 미만이었다.

재고자산관리를 잘하는 기업도 있다. 한국전력은 2008년보다 재고자산회전율이 8.80회 늘었다. LG전자(5.50회 증가), 삼성전자(2.90회 증가), 기아자동차(1.48회 증가), 삼성전기(1.10회 증가) 등도 모두 회전율이 좋아졌다.

재계 관계자는 "재고자산이 감소한 가운데 재고자산회전기일이 늘어난 것은 경기침체와 수출경기 악화로 생산이 줄어든 데다 판매되지 않아 창고에 누적됐기 때문"이라고 설명했다.

증시 전문가는 "재고자산규모가 크면 그만큼 재고관리비용이 많이 들어가고 자산의 효율적인 배분도 어려워지는 한편 재고자산규모를 줄이기 위해 저가판매에 나서 수익에 부정적인 영향을 미치게 된다"면서 "상장법인의 재고자산이 줄어드는 것 자체가 기업수지 개선에 긍정적"이라고 말했다.

– 파이낸셜뉴스신문기사

EXERCISE 연습문제

1. 신용거래고객을 선정하고 신용판매 규모를 결정할 때 검토하는 5C에 대해 설명하시오.

2. 신용관리자의 역할에 대해 설명하시오.

3. 재고관리에 관련된 비용에 대해 설명하시오.

4. 안전재고(safety stock)의 필요성에 대해 설명하시오.

5. (주)한양의 현재 1일 매출액은 300만원이고, 신용기간은 20일이다. 앞으로 신용기간을 30일로 연장한다면 1일 매출액은 500만원이 될 것으로 예상한다. 외상매출금의 증가로 인한 필요자금은 얼마인가?

6. 한양기업의 재무담당자는 현재 전체 매출채권의 10%에 해당하는 대손율을 줄이기 위해 신용판매에 있어서 신용기준을 강화할 것을 검토하고 있다. 신용기준을 강화하면 신용매출액은 10% 줄어드나 매출채권의 대손율은 10%에서 5%로 낮아질 것이 예상된다. 한양기업의 제품매출원가가 판매가격의 80%라 한다면 한양기업은 신용기준을 강화해야 하겠는가?

7. 한양주식회사는 현재의 영업정책하에서 올해 매출액을 천만달러로 예측했다. 매출에 대한 비율로서 변동비는 80%이고 자본비용은 16%이다. 현재 한양의 신용정책은 n/25(조기상환에 대한 할인은 없다)이다. 그러나 그들의 평균회수기간은 30일이고 대손율은 2%이다. 그리고 실효세율은 40%이다. 신용담당자는 한양의 신용정책의 변화에 따라 아래와 같이 주어진 두 가지 선택할 수 있는 제안을 고려하고 있다. 각 제안의 순소득에서 예측된 변화를 찾고 매출채권에 대한 보유비용에서 예측된 변화를 고려하여 가능한 대손을 구하라. 신용정책은 어떻게 변화해야 하는가?

〈제안 1〉 신용기한을 n/25에서 n/30으로 늘린다. 대손회수비용은 일정하다. 이런 제안하에서 매출액은 매년 백만원이 상승할 것이라고 예측되었다. 그리고 새로운 매출에서 대손의 비율은 4%(구매출에서는 대손비율의 변화가 없다)로 올라간 것이라고 예측되었다. 그 외에도 평균회수기간은 모든 대출에서 30일에서 45일로 증가할 것으로 예측하였다.

〈제안 2〉 신용기한을 n/25에서 n/20으로 줄인다. 제안 1과 마찬가지로 회수비용은 일정하다. 이런 변화로 인해 예측된 효과는 i) 년간 백만원의 매출감소, ii) 평균회수기간의 30일에서 20일로 감소, iii) 모든 매출에서 대손비율이 1%로 감소이다.

8. 행당기업은 매월 50,000상자씩 원재료를 사용하고 있으며 매일의 원재료 사용량은 일정하다. 1회 원재료 주문비용은 100,000원이고 1개월간의 단위당 재고유지비용은 400원이다.

① *EOQ*는 얼마인가?

② 원재료공급처에서는 행당기업이 한꺼번에 10,000상자 이상 주문할 때에는 상자당 20원씩 구입가격을 할인해 주겠다고 제의해 왔다. 행당기업이 이 제안을 받아들일 것인가를 판단하라.

9. 한양기업은 연간 1,200만원 상당의 원재료를 필요로 하며, 1회 원재료 주문비용은 6,000원이고, 재고유지비용은 평균재고가치의 10%이다. 한양기업은 총재고관리비용을 최소로 하기 위해 원재료를 연간 몇 회에 걸쳐서 한 번에 얼마씩 주문해야 하는가?

10. 행당제과는 매년 밀 2백 6십만 부쉘을 사고 판다. 밀은 2,000부쉘씩 구매된다. 창고제거비용 3,500원을 포함하여 주문비용은 주문당 5,000원이다. 매년 유지비용은 부쉘당 구매가격의 2%인 5원이다. 회사는 안전재고 200,000부쉘을 보유한다. 인도시간은 6주이다.

① *EOQ*는 얼마인가 ?

② 안전재고를 사용하지 않고 재주문을 한다면 그 때의 재고수준은 얼마인가?

③ 총재고비용은 얼마인가 ?

④ 만일 행당제과가 밀 650,000부쉘을 구입한다면 밀 가공업자는 창고제거비용을 지불하기로 합의했다.

이런 대안하에서 주문을 할 때 행당제과가 얻게되는 이점은 무엇인가?

제19장
재무분석

제1절 재무분석의 의의

재무분석(financial analysis)은 재무제표에 나타난 재무계수를 중심으로 분석하는 것이므로 재무제표분석(financial statement analysis)이라고도 부른다. 주요 재무제표에는 재무상태표 · 포괄손익계산서 · 제조원가명세서 · 현금흐름표 · 이익잉여금처분계획서 등이 있다.

재무상태표(statement of position)는 기업의 재무상태를 명백히하기 위하여 일정시점(결산기 말일 현재)에 자산 · 부채 및 자본의 관계를 표로 작성한 것이다. 이 표는 자산＝부채＋자본의 등식으로 나타난다. 즉, 차변의 자산총액과 대변의 부채와 자본총액이 일치하게 된다. 이러한 원리를 대차 평균의 원리라고 한다. 국제회계기준(IFRS)에서는 기존의 대차대조표라는 명칭 대신 재무상태표라는 명칭을 사용한다.

포괄손익계산서(statement of comprehensive income)는 기업의 일정기간(일회계기간, 보통 그 영업기간이 1년임)중에 발생한 수익과 비용을 대응시켜 비교하여 기업의 경영성과를 표시하는 표이다. 국제회계기준(IFRS)에서는 기존의 손익계산서라는 명칭 대신 포괄손익계산서라는 명칭을 사용한다. 즉, 당기순이익에서 포괄손익누계액을 포함한 것을 의미하고, 한 개의 포괄손익계산서로 만들 수 있고, 당기순이익 손익기타손익을 더한 총포괄손익으로 기존 포괄손익계산서와 분리해서 만들 수도 있다.

제조원가명세서(manufacturing cost statement)는 제조원가보고서라고도 부르는데 이 표는 제품의 제조를 위하여 소비된 경제가치인 원가의 계산명세를 나타내는 보고서이다. 여기서 산출된 당기제품 제조원가는 포괄손익계산서의 매출원가를 나타내는 가장 중요한 항목이다.

현금흐름표(statement of cashflow)는 일정기간(보통 1년간)의 기업현금의 원천과 운용을 표로 비교한 것이다. 이 표는 기초와 기말의 두 시점의 재무상태표항목 잔액의 증감을 i) 현금의 조달을 의미하는 '현금의 원천'과, ii) 현금의 사용을 의미하는 '현금의 운용'으로 분류·정리하여 현금변동 내용을 표시한 것이다.

이익잉여금처분계산서(earned surplus appropriation statement)는 결산 후 주주총회의 승인을 얻어 확정된 당기말미처분이익금액과 그 처분내역을 표시하는 보고서이다.[1)]

아래에서 재무분석을 할 경우 주로 재무상태표와 포괄손익계산서를 중심으로 하여 재무분석을 하겠다. 1981년 1월 24일 재무부에서 공표한 기업회계원칙에서 재무상태변동표를 공시하게 규정되었는데 이 표의 작성방법을 이 장에서 설명하겠다.

재무제표에 표시된 회계기록은 화폐가치로서 통계로 계상되는데 이와 같은 통계자료를 분석함으로써 재무상의 의사결정을 하는 데 큰 도움이 된다. 즉 각종 자산과 자본의 구성, 수익과 제 비용, 제품 제조원가의 내용, 자금유출입의 변동내용 등이 화폐가치로서 표시되는데 이것은 과거·현재 및 미래의 재무상태와 경영성과 그리고 유동성과 수익성을 분석하는 데 좋은 참고자료가 된다.[2)]

재무제표에 나타난 통계를 실제계수로 비교분석하는 경우도 있지만 상호 밀접한 관계가 있는 재무제표상에 주요 항목의 계수를 비율로 산출하여 분석하기도 한다. 재무분석에 있어서의 비율분석은 유동성·수익성·활동성 등을 검토하는 데 이용된다. 즉 대부은행이나 채권자들은 그 기업의 지급능력을 판단하기 위하여 유동성분석을 한다. 또한 그 기업의 보통주에 투자하고자 하는 사람은 이익의 대소를 판단하기 위하여 수익성분석을 한다. 부채의존도를 측정하기 위하여 레버리지(leverage)분석을 하고 또한 기업자산과 자본의 활용도

1) 한국은행, 「기업경영분석」, 1980, pp. 33~48: 조지호, 「현대투자론」, 일신사, 1986, pp. 176~177.

2) John D. Martin, J. William Petty, Arthur J. Keown, and David E. Scott, Jr., ***Basic Financial Management***, Prentice-Hall, Inc., 1979, p. 45.

를 판단하기 위하여 활동성분석을 하게 되는데 이들에 대하여 후에 자세히 설명하겠다. 그리고 경영내부자들은 영속적으로 유동성을 유지하면서 높은 수익을 올리기 위하여 유동성 · 수익성 · 레버리지 및 활동성에 관련된 비율분석을 하게 된다.[3]

경영관리자가 관리목적으로 하는 재무분석은 내부분석이라 하고, 채권자 · 투자자 · 종업원 및 정부나 공공단체에서 하게 되는 재무분석은 외부분석이라 하는데, 그 분석목적과 방법에 약간씩 차이가 있다.[4]

제 2 절 재무분석의 방법

재무분석이란 재무제표에 표시된 계수를 분석하는 것인데 이것은 광의로 경영분석이라고도 부른다. 재무분석은 그 분석목적에 따라 여러 가지 방법으로 할 수 있지만 그 대표적인 것은 실수법 · 비율법 및 비교법 등이다.

1. 실 수 법

실수법이란 재무제표상의 실제계수를 비교하여 분석하는 재무분석법으로서 실제계수법이라고도 부른다. 실수법은 비교재무상태표 · 비교포괄손익계산서 및 자금운용표와 같이 두 시점 또는 두 기간의 주요 항목의 증감잔액을 산출하는 분석법이다.

실수법에는 공제법이 있는데 이것은 한 항목에서 다른 항목의 계수를 빼고 남은 잔액을 분석하는 것이다. 예컨대 유동자산[5] 4,000만원에서 유동부채[6] 2,500만원을 뺀 1,500만원이 순운전자본인데 이 금액을 가지고 분석하기도 한다.

3) Iqbal Mathur, *Introduction to Financial Management*, Macmillan Publishing Co., Inc., 1979, pp. 19~20.

4) 임익순, 「경영분석」, 연세대학교출판부, 1980, pp. 16~19.

5) 유동자산은 정상적인 경영활동을 통하여 보통 1년 이내에 현금화될 수 있는 자산으로서 이에는 당좌자산과 재고자산이 포함된다.

6) 유동부채는 정상적인 경영활동을 통하여 보통 1년 이내에 반제 또는 상환해야 할 단기자본으로서 이에는 매입채무 · 단기차입금 · 미지급금 · 선수금 · 기타 유동부채 등이 포함된다.

일시점의 재무상태표나 일기간의 포괄손익계산서상의 실수분석이나 비율분석은 단일법에 의한 분석이라 하고, 두 시점이나 두 기간 이상의 재무제표상의 분석은 복수법 또는 비교법에 의한 분석이라고 한다.

2. 비 율 법

(1) 비율법의 의의

재무분석에 있어서 비율법(ratio analysis method)이란 재무제표상의 여러 항목 중에서 밀접한 관계가 있는 두 개 또는 그 이상의 항목의 계수를 분자와 분모에 놓고 100을 곱하여 산출하고 이것을 분석하는 방법이다. 먼저 예처럼 유동자산이 4,000만원이고 유동부채가 2,500만원이면 이 회사의 유동비율(current ratio)은 160%$\left(\frac{\text{유동자산 4,000만원}}{\text{유동부채 2,500만원}}\times 100\right)$가 된다. 이 경우에 유동비율을 1.6배라고 해도 되지만 100을 곱하여 160%로 하는 것이 보통이다.

기업자본과 자산의 활동성을 표시하는 회전율도 비율분석에 이용된다. 예를 들어서 이 회사의 총자본금이 9,000만원이고 1년간의 순매출액이 1억 3,500만원이었다고 하면 이 회사의 총자본회전율은 1.5회$\left(\frac{\text{순매출액 1억 3,500만원}}{\text{총자본 9,000만원}}\right)$가 된다. 이 경우에는 100을 곱하여 총자본회전율이 150%라고 해도 되지만 관례적으로 100을 곱하지 않고 1.5회라고 한다.

비율법에서는 유동성 · 수익성 · 활동성 등을 중심으로 재무제표상에 상호 밀접한 관계가 있는 관계비율을 분석하게 된다. 이러한 관계비율의 단점을 보유하기 위하여 보완비율을 산출하여 분석하기도 한다.

(2) 비율법의 체계

우리가 어떤 회사의 경영분석을 비율법에 의하여 하게 된다면 여러 가지 방법으로 할 수 있다. 비율분석의 목적이 무엇이냐에 따라서 분석방법이 달라질 것이다. 전반적인 경영분석을 하는 경우에는 유동성 · 안전성 · 활동성 · 수익성에 관련된 제 비율을 산출하여 분석하게 된다.

기업의 유동성이나 안전성은 주로 재무상태표상의 주요 항목을 상호 비교하여 분석하게 된다. 이에 관련되는 비율의 분자와 분모의 항목이 다같이 재무상태표에서 나오면 이 비율들은 정태비율이라 한다. 또한 기업의 활동성이나

〈표 19-1〉 관계비율일람표 (○=주요비율)

	비 율	산 식	목 적	표준비율
정태비율(기업의 안정성 측정)	○ 유동비율	$\frac{유동자산}{유동부채} \times 100$	지불능력 측정 신용성 측정	200%(이상)
	○ 당좌비율	$\frac{당좌자산}{유동부채} \times 100$	즉각적인 지불 능력 측정	100%(이상)
	○ 고정비율	$\frac{고정자산}{자기자본} \times 100$	설비고정화 측정	100%(이하)
	○ 고정장기적합률	$\frac{고정자산}{자기자본+고정부채} \times 100$	설비고정화를 측정하는 보조비율	100%(이하)
	○ 부채비율	$\frac{부\ 채}{자기자본} \times 100$	타인자본에 대한 안전도 측정	100%(이하)
자본회전율	총자본회전율	1) $\frac{매출액}{총자본} \times 100$ 2) $\frac{매출액}{\frac{기초자본+기말자본}{2}}$	자본이용도 측정	2.5회전(이하)
	경영자본회전율	1) $\frac{매출액}{경영자본}$ 2) $\frac{매출액}{\frac{기초경영자본+기말경영자본}{2}}$	경영자본의 이용도 측정	2.5회전(이상)
	○ 자기자본회전율	1) $\frac{매출액}{자기자본}$ 2) $\frac{매출액}{\frac{기초자기자본+기말자기자본}{2}}$	자기자본의 이용도 측정	3회전(이상)
	○ 수취계정회전율	1) $\frac{매출액}{수취계정(외상매출금+받을어음)}$ 2) $\frac{매출액}{\frac{기초수취계정+기말수취계정}{2}}$	외상채권의 결제속도 측정	6회전(이상)
	○ 고정자산회전율	1) $\frac{매출액}{고정자산}$ 2) $\frac{매출액}{\frac{기초고정자산+기말고정자산}{2}}$	고정자산의 이용도 측정	4회전(이상)

동태비율(자산 및 자본의 이용도임 수익성 측정)	○ 총자본 이익률	1) $\frac{\text{순이익}}{\text{총자본}}$ (연간) 2) $\frac{\text{이익}}{\text{자본}}=\frac{\text{이익}}{\text{매출액}}\times\frac{\text{매출액}}{\text{자본}}$ 자본이익률 = 매출액이익률 × 자본회전율	총자본에 대한 수익성 측정	10% (이상)
	경영자본 이익률	$\frac{\text{영업이익}}{\text{경영자본}}\times 100$	경영자본에 대한 수익성 측정	10% (이상)
	○ 자기자본 이익률	$\frac{\text{순이익}}{\text{자기자본}}\times 100$	자기자본에 대한 수익성 측정	20% (이상)
	○ 매출액총 이익률	$\frac{\text{이 익}}{\text{매출액}}\times 100$	매출액에 대한 총이익 측정	일정한 표준은 없음
	매 출 액 영업이익률	$\frac{\text{영업이익}}{\text{매출액}}\times 100$	영업활동의 성과 측정	〃
	매출액순 이 익 률	$\frac{\text{총이익}}{\text{매출액}}\times 100$	매출액에 대한 순이익 측정	〃
	영업비율	$\frac{\text{영업비용}}{\text{영업수익}}\times 100$	영업수지 측정	〃

주: ○ 표가 붙은 비율은 주요 비율이다. 표준비율을 표시하고 있으나 이 비율은 산업과 기업의 종류에 따라 상이하므로 이 표의 비율은 참고로 하기 바란다.

자료: 한국산업은행 기업분석부, 「산업진단실무지침」— 재무부문편, pp. 46~48.

수익성에 관련된 비율은 재무상태표와 포괄손익계산서상의 항목이 서로 비교된다. 포괄손익계산서상의 항목은 일정기간(보통 1년간)중에 발생된 계수이므로 포괄손익계산서상의 항목이 분자나 분모에 들어가 산출될 비율은 동태비율이라 한다.

비율분석의 체계는 여러 가지로 분류할 수 있으나 한국산업은행 기업분석부에서 발행한「기업진단실무지침」재무부문편에 계상된 비율의 체계를 중심으로 소개하겠다.

〈표 19-1〉에 비율의 체계 · 산식 · 목적 · 표준비율 등이 표시되어 있는데 이 표상의 표준비율은 우리 나라의 업종별 비율이 아니라, 미국의 제조업의 일반적인 비율이므로 참고로 이용하되 우리 나라 모든 기업의 표준비율로 하여 비교하면 곤란할 것이다.

〈표 19-2〉 재무비율의 분류 및 경제적 의미

분 류	경제적 의미	관련비율
유동성비율	단기채무지급능력을 측정	유동비율, 당좌비율, 순운전자본구성비율 등
레버리지비율	부채의존도를 나타내는 것으로 기업의 장기채무지급능력을 측정	부채비율, 자기자본비율, 고정비율, 이자보상비율 등
효율성비율	보유자산의 이용효율성을 측정	매출채권회전율, 재고자산회전율, 유형자산회전율, 총자산회전율 등
수익성비율	매출 또는 투자에 대한 수익성을 나타내는 것으로 경영의 총괄적 효율성을 측정	총자산순이익률, 자기자본순이익률, 매출액순이익률 등
성장성비율	외형 및 수익의 성장가능성을 측정	총자산증가율, 매출액증가율, 순이익증가율 등
생산성비율	생산요소의 성과를 측정	부가가치율, 노동생산성, 자본생산성 등
시장가치비율	주식시장에서의 평가를 측정	주가수익비율, 주가장부가치비율, 토빈의 q비율 등

자료: 「엣센스 재무관리」 김영규, 감형규 저, 박영사 참조.

제 3 절 현금흐름표의 분석

현금흐름표는 일정기간(보통 1년간)의 현금의 원천과 그 운용결과를 분석하는 표로서 자금변동의 내용을 표시하고 있다. 이 표는 기초(전년도 말)와 기말의 두 시점의 재무상태표상의 주요 항목잔액의 증가 및 감소액을 자금의 조달과 자금의 사용으로 분류하여 분석하게 된다.

현금흐름표를 작성하려면 두 시점의 재무상태가 표시된 비교재무상태표[7)]

7) 비교재무상태표는 두 시점(2년간) 이상의 자산·부채 및 자본의 구성내용을 표시한 재무상태표이다.

의 잔액증감을 먼저 계산하여야 한다. 여기서 자금이라 하면 화폐 또는 지불수단을 의미한다. 예컨대 재고품이 증가되면 자금이 유출되든지 신용을 이용하여 외상매입금이나 지급어음인 유동부채(current liabilities)가 증가되어 자금의 공급을 받게 된다. 그리고 유동부채가 감소되었다는 것은 자금의 원천이 감소되고 자금을 운용하였다는 결과가 되는데 각종 자산 · 부채 · 자본금 및 손익의 증감은 현금흐름표에 반영된다.

현금흐름표에 자금의 운용을 나타내는 주요 항목은 다음과 같은 것이다.

자산의 증가(예: 재고품이나 고정자산 등과 같은 각종 자산의 증가)
부채의 감소(예: 은행차입금이나 기타 각종 부채의 감소)
순손실(당기순손실)
이익잉여금의 감소(예: 배당금의 지급)
자본금의 감소(납입자본금의 감소나 유보이익의 감소)

현금흐름표에 자금의 원천으로 될 수 있는 주요 항목은 다음과 같은 것이다.

자산의 감소(재고품이나 기타 각종 자산의 감소)
부채의 증가(외상매입금이나 기타 각종 부채의 증가)
감가상각비
순이익의 증가(당기순이익)
자본금의 증가(보통주 · 우선주 등의 추가발행이나 이익의 증가)

현금흐름표는 1년간에 각종 자산 · 부채 · 자본금 및 손익이 어떻게 증감변동되어 자금이 어떻게 조달되고 또한 이 자금이 어떻게 투자 · 운용되었나 하는 것을 분석한 표이다.

우리 나라의 모음식료품주식회사의 비교재무상태표를 이용하여 현금흐름표를 작성하여 보겠다.

〈표 19-3〉은 모음식료품주식회사의 2008년 말과 2009년 말 현재의 비교재무상태표인데 2008년 말에는 그 전년도 말에 비하여 각종 자산이 8,634,817천원 증가되었고 또 부채와 자본의 합계도 동액만큼 증가되었다. 이 두 시점의 각종 항목계수의 증감잔액을 이용하여 현금흐름표를 작성하면 〈표 19-4〉와 같다.

〈표 19-3〉 모음식료품주식회사의 비교재무상태표 (단위: 천원)

자 산	2008. 12. 31		2009. 12. 31		증 감
	금 액	%	금 액	%	
유동자산	3,215,996	43.62	8,966,286	56.01	5.750,287
현 금	7,898	0.11	14,456	0.09	6,558
예 금	579,205	7.85	1,357,368	8.47	778,163
매 출 채 권	541,110	7.32	1,437,349	8.99	896,239
유 가 증 권	31,046	0.42	40,984	0.26	9,938
대 여 금			1,267,950	7.92	1,267,950
재고자산					
제 품	458,742	6.22	773,223	4.82	314,481
원 재 료	509,896	6.94	1,481,716	9.25	971,820
저 장 품	65,099	0.88	93,924	0.59	28,825
기 타 유 동 자 산	1,023,003	13.88	2,499,316	15.62	1,476,313
고정자산	3,569,401	48.42	6,249,322	39.04	2,679,921
토 지	567,992	7.71	614,746	3.84	46,764
건물 및 구축물	987,715	13.41	1,264,620	7.90	276,629
기 계 및 비 품	1,745,271	23.67	2,708,620	16.92	963,349
무 형 고 정 자 산	14,223	0.19	22,140	0.14	7,917
투 자 자 산	254,200	3.44	1,639,472	10.24	1,385,272
이연계정	586,628	7.96	791,237	4.95	204,609
자 산 총 계	7,372,028	100.00	16,006,845	100.00	8,634,117

부채 및 자본	2003. 12. 31		2004. 12. 31		증 감
	금 액	%	금 액	%	
유동부채	3,091,494	41.93	6,252,827	39.07	3,161,333
지 급 어 음	1,084,208	14.46	1,656,049	10.35	571,840
외 상 매 입 금	185,864	2.52	427,180	2.67	241,316
미 지 급 금	146,576	1.99	400,589	2.61	254,013
할 인 어 음			1,573,300	9.88	1,573,300
단 기 차 입 금	114,462	1.24	531	0.00	−113,931
기 타 유 동 부 채	1,560,384	21.72	2,195,178	13.66	634,794
고정부채	2,619,767	35.54	4,665,021	29.14	2,045,254
장 기 차 입 금	2,044,821	27.74	2,874,989	17.96	830,168
사 채	400,000	5.43	700,000	4.37	300,000
차 관	174,946	2.37	453,136	2.83	278,190
장 기 미 지 급 금			636,896	3.98	636,895
자본금	1,120,000	15.19	4,000,000	24.99	2,880,000
잉여금	540,767	7.34	1,088,997	6.80	548,230
부채 및 자본총계	7,372,028	100.00	16,006,845	100.00	8,634,817

자료: 모음식료품주식회사.

〈표 19-4〉 모음식료품주식회사의 현금흐름표

자금의 운용		자금의 원천	
자산의 증가		부채의 증가	
현금 및 예금의 증가	784,721	지급어음의 증가	571,840
매출채권의 증가	896,239	외상매입금의 증가	241,316
유가증권	9,938	미지급금의 증가	254,013
단기대여금의 증가	1,267,950	할인어음의 증가	1,573,300
실사자산의 증가	1,315,126	기타 유동부채의 증가	634,794
제 품	314,481	장기차입금의 증가	830,168
원 재 료	971,820	사채의 증가	300,000
저 장 품	28,825	차관의 증가	278,190
기타 유동자산의 증가	1,476,313	장기미지급금의 증가	636,896
고정자산의 증가	2,679,921		
이연자산의 증가	204,609	자본의 증가	
부채의 감소		자본금의 증가	2,880,000
단기차입금의 감소	113,931	잉여금의 증가	548,230
총운용액	,748,748	총원천액	8,748,748

자료: 〈표 19-2〉에 의거 작성됨.

〈표 19-4〉에 표시된 각종 항목의 증감액을 보면 2009년 말 현재에는 2008년 말에 비하여 현금과 예금이 784,721천원 증가하였고, 고정자산이 2,679,921천원 증가하였는데 이것은 〈표 19-4〉에 자금의 운용으로 나타났다. 또한 단기차입금의 감소도 현금으로 상환하였으므로 자금의 운용에 상당하게 되어 총운용액은 8,748,748천원이었다.

〈표 19-4〉에서 보면 2009년 말 현재 지급어음의 증가가 전년도 말에 비하여 571,840천원이 증가하고 각종 부채가 증가되었으며 자본과 잉여금도 증가되었는데 이것은 자금의 원천이 된다. 자금원천의 합계액도 자금운용의 합계액과 동일하다. 즉 2009년 말에는 전년도 말에 비하여 8,748,748천원의 자금을 추가적으로 조달하여 동액을 운용하였다. 〈표 19-4〉를 보면 이 추가적인 자금이 어떤 항목으로부터 조달되어 어떤 항목에 사용되었나 하는 것을 명백히 이해할 수 있다. 현금흐름표는 1년간에 기업자금의 변동상태를 분석한 표로서 앞으로 자금계획을 하는 데 도움이 될 것이다.

제 4 절 보완비율법

관계비율을 보완하는 보완비율에는 공통형 재무제표법 · 표준비율법 · 추세법 및 지수법 등이 있는데 이들을 차례로 간단히 설명하겠다.

1. 공통형재무제표법

공통형재무제표법이란 재무상태표나 포괄손익계산서의 전체에 대한 각 부분(항목)의 구성관계를 비율로 표시하는 방법인데 이것을 백분율재무제표법이라고도 한다.

공통형재무상태표는 〈표 19-3〉의 비교재무상태표와 같이 총자산이나 총부채 및 자본을 100%로 하여 각종 항목의 구성내용을 %로 표시하여 분석하는 방법이다. 〈표 19-5〉의 비교포괄손익계산서는 순매출액을 100%로 하여 각종 수익 · 비용 및 손익이 몇 %씩 구성되었나 하는 것을 검토하기 위한 구

〈표 19-5〉 모음식료품주식회사의 공통형포괄손익계산서 (단위: 천원)

	2008.7.1~2009.6.30		2008.7.1~2009.6.30	
	금 액	%	금 액	%
순매출액	10,914,072	100.00	15,685,125	100.00
매출원가	8,046,814	73.73	10,647,486	67.88
매출총이익	2,867,258	26.27	5,037,639	32.12
일반관리비 및 판매비	2,003,791	18.36	3,397,401	21.66
영업이익	863,468	7.91	1,640,238	10.46
영업외수익	125,952	1.15	294,580	1.88
당기총이익	989,420	9.06	1,934,818	12.34
영업외비용	670,446	6.14	1,131,612	7.21
당기순이익	318,973	2.92	803,206	5.12
전기이월이익잉여금			5,973	0.04
당기말미처분이익잉여금	318,973	2.92	809,179	5.16
이월잉여금처분액	313,000	2.86	773,000	4.93
차기이월이익잉여금	5,973	0.06	36,179	0.23

성비율법으로서, 이것을 공통형포괄손익계산서라고 부른다.

2. 표준비율법

표준비율(standard ratio)이란 경영분석을 할 때에 기준이 되는 비율을 의미한다. 재무제표상의 여러 가지 계수를 이용하여 관계비율이나 구성비율을 산출하여 그 양부를 판단하려면 비교기준이 되는 표준비율이 있어야 한다. 기업의 각종 비율의 크기가 그 회사의 유동성·수익성 및 안전성 등에 영향을 미치게 된다.

재무분석시에 비교기준이 되는 것이 표준비율이 되는데, 이것은 기업의 지급능력을 계속적으로 유지하면서 비교적 높은 수익성을 올릴 수 있는 비율이어야 한다. 표준비율을 유지하려면 재무제표상의 각종 항목의 계수가 합리적으로 구성되어 있어야 한다. 재무상태표상에는 각종 자산의 구성이 과학적이어야 하며 또한 각종 부채 및 자본의 구성이 합리적이어야 한다.

동일국가, 동일기간, 동일업종의 유사한 규모의 성공적으로 경영되고 있는 타기업의 비율이 합리적인 표준비율이라 할 수 있다. 가령 우리 나라에 청량음료를 제조하고 있는 대기업이 4개사가 있는데 그 중에서 유동성이 유지되고 수익성이 계속적으로 높아서 성공적으로 경영하고 있는 어떤 기업이 있다면 그 회사의 비율이 가장 이상적인 표준비율이라 할 수 있겠다.

즉 이 회사는 재무구조가 건전하고 원가관리를 합리적으로 하여 경영합리화를 기할 수 있었으므로 유동성과 수익성이 계속적으로 양호하게 유지되는 것이다.

자기기업과 동일하거나 비슷한 환경에 있는 타기업 중에서 가장 성공적으로 경영을 계속하여 성장되고 있는 기업과 같은 방법으로 경영을 한다면 자기기업도 유사한 재무제표가 계상되고 여기서 산출된 각종 비율도 비슷하게 될 것이다. 따라서 동일업종의 성공적으로 경영하고 있는 타회사와 같이 합리적으로 조달된 자본을 각종 기업자산에 효과적으로 투자하여 운용해야 유동성·수익성 및 안전성을 유지할 수 있다.

포괄손익계산서상에는 제조원가(재료비·노무비 및 제조경비)가 비교적 적게 지급되고 매출액이 비교적 많이 계상되는 것이 좋다. 그리고 영업외수익은 가급적 많고 영업외비용이나 일반관리비 및 판매비 등이 적고 매출액이 크면 수익성이 높아진다. 제조원가보고서상에는 원가절감과 경영합리화를 통하여 원재료비 · 노무비 및 제조경비가 매출액에 비하여 크게 경감되면 또한 수익성이 증대된다.

표준비율은 여러 가지로 규정할 수 있지만 그 대표적인 것은 다음과 같다.

(1) 일반적인 경험비율

과거의 경험에 의하여 일반적으로 유동비율은 200% 이상, 당좌비율은 100% 이상으로 보고 이것을 표준비율이라 생각하고 비교하는 경우도 있는데 이것은 미국의 제조업의 일반적인 비율이므로 우리 나라의 진정한 표준비율이라 하기는 곤란하다. 왜냐하면 미국도 업종 · 규모 · 연도에 따라 각종 표준비율이 변동되며, 또한 경제 · 금융사정 · 거래관습 · 임금비율 등이 우리 나라와 상이하기 때문이다.

(2) 동일업종의 평균비율

자기기업과 동일한 업종의 평균비율을 표준비율로 참작하는 경우도 있다. 우리 나라에서는 한국은행과 한국산업은행에서 매년 우리 나라 기업들의 재무 및 경영상태와 경영성과를 분석하여 발표하고 있다. 즉 이 양은행에서 업종별 · 규모별 · 연도별로 우리 나라 기업을 표본조사하여 산출한 평균비율이 있다. 이 비율들을 일종의 표준비율로 하여 비교분석하기도 한다. 그러나 이 평균비율에는 유동성과 수익성이 불량한 기업의 계수도 합산되어 산출된 것이므로 합리적인 표준비율이라기 어렵다.

(3) 성공적으로 경영되는 동종타기업의 비율

성공적으로 경영하고 있는 동일업종의 타기업의 경영기법을 이해하고 과학적인 경영을 하면 자기기업도 유동성과 수익성이 증대되고 자기기업의 비율도 표준비율에 가까운 상태가 될 것이다[8)]

3. 추 세 법

경영분석은 과거의 기업의 재무상태와 수익성을 검토하는 것이지만 이것

8) 임익순, 전게서, pp. 209~217.

〈표 19-6〉 A회사의 추세재무상태표

(A 회사) (12월 31일 현재) (단위: %)

	2007	2008	2009
(유동자산)	(100.000)	(120.45)	(164.26)
현금및예금	100.000	150.40	241.44
매 출 채 권	100.000	110.61	221.34
실 사 자 산	100.000	159.20	219.04
기타유동자산	100.000	76.07	66.85
(고정자산)	(100.000)	(86.94)	(97.80)
유형고정자산	100.000	86.77	97.82
무형고정자산	100.000	153.61	151.02
투 자 자 산	100.000	2.45	15.46
(이연계정)	(100.000)	(64.91)	(47.06)
자 산 총 계	100.000	91.17	105.72
(유동부채)	(100.000)	(130.92)	(379.73)
지 급 어 음	100.000	531.87	240.08
외상매입금	100.000	44.16	288.98
단기차입금	100.000	100.12	387.47
기타유동부채	100.000	220.06	389.03
(고정부채)	(100.000)	(83.15)	(73.88)
사 채	100.000	100.00	86.67
장기차입금	100.000	75.70	58.92
특약점 보증채무	100.000	134.01	77.65
외자차입금	100.000	75.75	75.84
(자 본)	(100.000)	(108.22)	(110.63)
자 본 금	100.000	100.00	100.00
이익잉여금	100.000	130.85	139.92
부채와 자본총계	100.000	91.17	105.72

을 이용하여 미래를 예측하고 계획을 수립하는 데 기초자료로 한다. 미래를 예측하려면 과거의 자료를 분석하여 그 추세(trend)를 검토하면 좋은 자료가 된다. 이와 같은 추세법은 기준연도의 각 계수를 100%로 보고 그 후년도의 계수를 지표로 표시한다.

전절에서 살펴본 관계비율은 어떤 시점 또는 기간에 있어서의 재무상태나 경영성과를 각 항목의 상호 관계별로 분석할 뿐이며 계속적으로 경영활동을 하고 있는 기업의 동태를 분석하기가 곤란하다. 그러므로 수시점과 수기간의

〈표 19-7〉 A회사의 추세포괄손익계산서 (A 회사) (12월 31일 현재) (단위: %)

	2007	2008	2009
순 매 출 액	100.00	141.95	158.95
매 출 원 가	100.00	128.75	144.39
1. 기초제품재고액	100.00	171.22	167.84
2. 당기제품제조원가	100.00	126.70	145.44
3. 기말제품재고액	100.00	98.03	186.36
매 출 총 이 익	100.00	177.35	197.97
일반관리비 및 판매비	100.00	191.39	208.07
영 업 이 익	100.00	159.93	185.52
영 업 외 수 익	100.00	81.30	126.72
1. 수입이자	100.00	190.73	191.39
2. 잡 수 입	100.00	32.63	97.97
당 기 총 이 익	100.00	150.82	178.71
영 업 외 비 용	100.00	114.99	123.61
1. 지급이자 할인료	100.00	114.92	125.83
2. 잡 지 출	100.00	116.64	71.72
당 기 순 이 익	100.00	500.45	716.37

재무제표상의 각 항목을 비율로 산출하여 그 추세를 볼 필요가 있다.

추세법은 수년도의 재무제표 중 어떤 연도를 기준연도로 선정하여 그 해의 재무제표 각 항목의 금액을 100%로 하고 그 후년도의 각 항목이 그 기준연도의 같은 항목의 몇 %가 되나 하는 것을 표시하는 방법이다. 각 항목의 변동은 백분율로 표시되므로 일종의 동태적 분석방법이라고 할 수 있다.[9] 추세법에는 어떤 기준연도를 100%로 하여 그 후년도의 재무제표상의 각 항목의 변동상태를 그 기준연도와 계속하여 비교 관찰하는 고정기준법과 또 기준연도를 그 전년도로 하여 매년 이동시키는 이동기준법이 있다. 다음에서 고정기준법에 의한 추세분석을 하고 그 다음 이동기준법에 관한 간단한 예를 들어 보겠다.

(1) 고정기준법

제시한 추세재무상태표와 추세포괄손익계산서는 고정기준법에 의하여 제시한 우리 나라 시멘트업 중 A회사의 실사에 의하여 산출된 것이다.

9) 대진연정, 「기업분석」, 1936, pp. 89~95.

〈그림 19-1〉 재무상태표의 주요항목

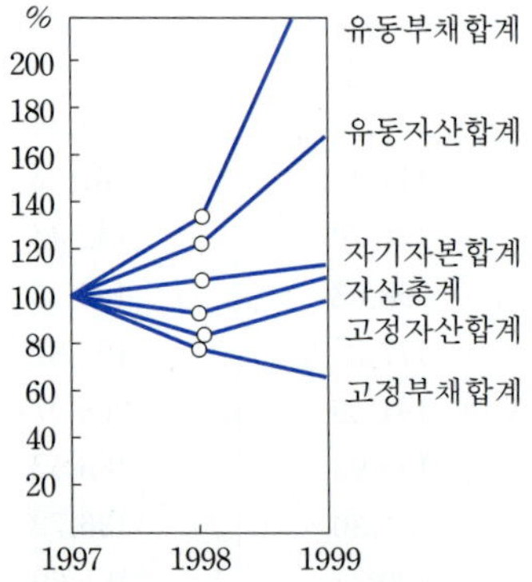

〈그림 19-2〉 포괄손익계산서의 주요항목

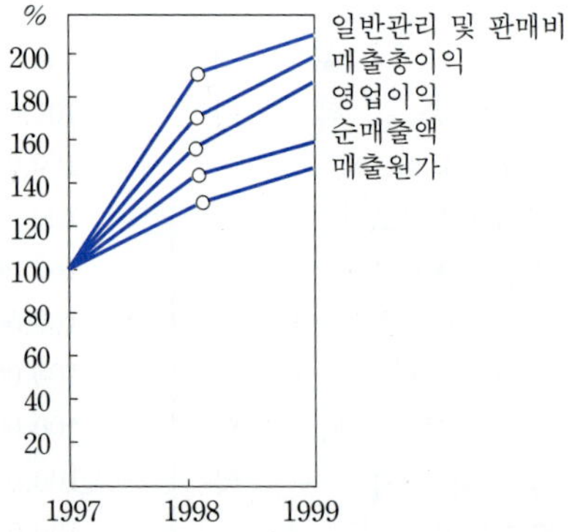

재무상태표에 나타난 유동자산 합계는 2007년도를 100%로 하여 2008년도에 120.45%, 2009년도에 164.26%로 각각 상승되었다. 유동부채합계 · 자본합계 등은 점차 상승되었는데, 자본금에는 변동이 없으며 고정부채는 2007년도를 100%로 하여 2008년도에 83.15%로 하락되었으며 2009년도에도 73.88%로 점차 하락되고 있다.

포괄손익계산서에 표시된 영업이익은 2007년도를 100%로 하여 보면 2008년도에 159.93%로 상승되고 2009년도에도 185.52%로 점차 상승되었다. 뿐만 아니라 포괄손익계산서의 모든 주요 항목들이 점차 상승되고 있음을 〈그림 19-1〉에서 알 수 있다.

(2) 이동평균법

이동평균법은 기준연도가 매년 변동되어 비교하려는 해의 전년도의 재무제표상의 각 항목을 100%로 하여 추세를 백분율로 표시한다. 비교재무상태표와 비교포괄손익계산서를 작성하고 이것을 분석할 수 있다. 〈표 19-8〉에서는 그 계산방법을 설명하기 위하여 A 회사의 몇 항목을 들어 고정평균법과 비교하여 보겠다.

〈표 19-8〉에서 보는 바와 같이 이동평균법에 의한 추세치의 크기는 매년 수치가 증가되고 있는 경우에는 고정평균법에 의한 추세치보다 작다.

〈표 19-8〉 이동평균법에 의한 유동자산과 유동부채

유동자산	2007	2008	2009
고정평균법	100.00	120.45	164.26
이동평균법	100.00	120.45 ‖ 100.00	136.37
유동부채	**2007**	**2008**	**2009**
고정평균법	100.00	130.92	379.73
이동평균법		100.00	290.05

4. 지 수 법

지수법(index method)이란 여러 가지 관계비율 중에서 몇 가지 중요한 비율을 선정하고 그 비율의 중요도를 책정하여 분석하는 가중비율종합법(weighted ratio method)이다. 지수법은 월(A. Wall)에 의하여 제창되었는데 이 방법은 중요도가 클수록 높은 비중(비율)을 책정하였으므로 관계비율을 종합한 경영분석법이라 할 수 있다.[10)]

월은 네 가지 정태비율과 네 가지 동태비율을 지수법의 비율로 선정하였다. 그러나 기업의 전반적 관찰을 할 경우에는 네 가지 정태비율 중에서 매출채권비율은 제외하였다. 기업의 전반적 관찰을 할 때에 이용되는 7종의 비율을 그 중요성에 따라 배점하여 그 합계를 100%로 보았는데 이것을 표로 보면 〈표 19-9〉와 같다.

〈표 19-9〉와 같이 월은 세 가지 정태비율에 65%의 비중을 두었으며 네 가지 동태비율에 35%의 비중을 두어 그 합계를 100%로 하였다. 월의 지수법에 이용된 비율의 종류와 그 배점의 기업경영분석에 가장 적합하느냐 하는 것을 검토할 필요가 있겠다. 경영분석의 목적에 따라서 지수법의 구성비율과 그 중요도가 상이할 것인데 이에 대하여는 후술하겠다.

월의 지수법에 있어서 각 비율의 중요도를 %로 표시하여 그 합계가 100%로 종합되지만 그 기업의 실제비율이 그대로 이용되는 것이 아니라 각 비율에 대한 표준비율을 결정하여야 하는데 이것은 동일업종의 다수기업의 비

10) 宮返保淸, 「경영분석」, 1965, pp. 134~142.

〈표 19-9〉 월의 비율채점

	비 율 명	점 수
정태비율	1. 유동비율 2. 부채비율 3. 고정비율	25% 25 15
동태비율	4. 상품회전율 5. 매출채권회전율 6. 고정자산회전율 7. 자기자본회전율	10 10 10 5
		100%

율이 기초자료로 이용된다. 표준비율산출법에 관하여는 위에서 설명하였는데 〈표 19-12〉에서는 우리 나라 「기업경영분석」에 발표된 관계종합비율을 이용하겠다. 실제비율이란 재무제표상의 각 항목의 실수를 비교하여 산출한 비율이다. 이 실제비율은 그대로 분석되는 것이 아니라 이에 관련되는 표준비율과 비교하여 관계비율로 환산하고 이것을 그의 가중치(중요도)와 비교하여 각 비율의 종합가치를 평가한다.

제 5 절 비율분석의 실제

1. 비율분석의 방법

재무제표상의 각 항목의 실제계수 중에서 밀접한 관계가 있는 항목의 계수를 %로 산출하여 그 크기를 보고 비율분석을 하게 된다. 자기기업의 과거 수년간의 재무비율을 산출하여 비교하기도 하고 동일업종의 타기업의 재무비율과 상호 비교하기도 한다.

그리고 자기기업과 동일한 업종의 동일기간의 유사규모의 여러 회사의 평균비율을 산출하여 이것을 표준비율로 보고 비교 · 분석할 수도 있다. 다음에서는 한국산업은행에서 2009년도 현재의 우리 나라 10,046개 업체를 업종별, 규모별로 표본조사하여 「재무분석」에 발표한 경영비율을 이용하겠다. 선정된

10,046개 업체는 92년 개정시행된 한국표준 산업분류에 따른 대분류, 중분류, 소분류 및 세분류로 구분하였다. 10,046개 업체 중에는 제조업체가 6,666개였다.[11] 본 절에서는 주류 및 제조업이 조사대상이 되었다. 그리고 이들의 평균비율을 표준비율로 보고 경영분석을 하였다.

〈표 19-10〉에서 우리 나라 청량음료품 제조업체 중 성공적으로 경영되고 있는 AB식품주식회사의 재무제표를 상기 양은행에서 발표한 대기업 평균치인 경영비율을 표준비율로 하여 비교 · 분석하였다.

2. 비율분석의 자료

AB식품주식회사는 콜라 및 사이다 등을 생산하여 판매하는 청량음료 제조회사로서 우리 나라에서 대규모 기업으로 경영하고 있다. 동사의 비율분석을 하기 위하여 비교재무상태표와 비교포괄손익계산서를 〈표 19-10〉〈표 19-11〉에 제시하였다.

〈표 19-10〉 AB 식품주식회사 비교재무상태표 (단위: 백만원)

연도 / 계정과목	2008 12.31	2009 12.31	연도 / 계정과목	2008 12.31	2009 12.31
유동자산	15,451	14,826	유동부채	14,338	14,708
당좌자산	11,135	12,181	매입채무	7,447	5,882
재고사산	2,031	1,460	단기차입금	5,042	7,000
기타유동자산	2,285	1,185	기타유동부채	1,849	1,826
투자와 기타자산	7,070	8,924	고정부채	14,034	13,105
투자자산	6,672	7,486	사 채	7,000	6,859
기타자산	398	1,438	장기차입금	6,857	6,051
고정자산	15,357	14,769	기타고정부채	177	195
유형고정자산	15,357	14,769	이연부채	402	302
무형고정자산	0	0	자본금	6,000	7,351
이연자산	1,430	718	자본잉여금	4,889	7,078
			이익잉여금	−355	−3,306
자산총계	39,308	39,238	부채 및 자본총계	39,308	39,238

11) 한국산업은행, 「재무분석」, 2009, p. 481.

〈표 19-11〉 AB 식품주식회사 비교포괄손익계산서 (단위: 백만원)

계정과목 \ 연 도	2008. 1. 1~12. 31	2009. 1. 1~12. 31
매 출 액	30,307	30,435
매 출 원 가	22,748	23,906
매출총이익	7,559	6,529
판매비, 일반관리비	5,208	7,071
영 업 이 익	2,351	−542
영업외수익	685	856
영업외비용	2,717	3,316
경 상 이 익	319	−3,002
특 별 이 익	3	96
특 별 손 실	16	43
법인세공제전순이익	306	−2,949
법 인 세 등	0	0
당기순이익	306	−2,949

3. 재무비율분석의 체계

재무제표상의 중요한 관계비율을 산출하여 분석하는데 그 체계는 여러 가지로 분류할 수 있다. 그러나 아래에서는 유동성비율 · 레버리지비율 · 활동성비율 및 수익성비율로 구분한 체계를 이용하였다.

(1) 유동성비율

유동성비율(liquidity ratios)은 기업의 단기지급능력을 판단하기 위하여 분석하는 비율이다. 만기일이 도래한 유동부채를 약정한 대로 상환하지 못하면 지급능력을 상실하고 도산될 것이므로 항상 유동성이 있어야 한다. 유동성이 크면 지급능력은 양호하지만 일반적으로 수익성이 저하될 가능성이 있다.

(2) 레버리지비율

레버리지비율(leverage ratios)은 기업이 부채로 자본을 조달한 정도와 자기자본의 관계를 검토하기 위한 비율이다. 과대한 타인자본의 의존도는 위험성이 높지만 이와 반대로 과소하게 타인자본을 이용하면 수익성이 저하되거나 기업의 성장성이 적다.

(3) 활동성비율

활동성비율(activity ratios)은 기업의 각종 자산 또는 각종 자본이 얼마나 효율적으로 이용되었나 하는 것을 검토하기 위한 비율이다. 활동성비율은 일정기간의 매출액과 각종 자산과 자본의 관계를 산출하여 분석하게 되는데 이 비율도 적정비율이 되어야 한다. 활동성비율이 과대하면 각종 자산이나 자본이 부족하다는 뜻이며, 이와 반대로 이 비율이 과소하면 각종 자산이나 자본이 과대하며 매출액이 비교적 적다는 뜻이다.

(4) 수익성비율

수익성비율(profitability ratios)이란 기업이 조달한 각종 자본과 이 자본을 각종 자산에 투자하여 경영활동을 한 결과 그 성과가 어떠하였나 하는 것을 분석하기 위한 비율이다. 각종 자본을 합리적으로 조달하여 이것을 효과적으로 각종 자산에 투자 운용하면 경영성과가 양호하여 수익성이 증대되고 이 반대의 경우에는 수익성의 저하나 결손을 보게 된다. 수익성비율은 일반적으로 높을수록 양호하다 하겠으나 이것이 과대하면 경쟁이 격심해지고 소비자의 비난을 받게 된다.[12)]

4. 비율분석의 실례

AB식품주식회사의 〈표 19-10〉 비교재무상태표와 〈표 19-11〉 비교포괄손익계산서에서 산출된 각종 비율을 한국은행과 한국산업은행에서 조사 발표한 청량음료품 제조업의 대기업 평균치인 경영비율(표준비율로 가정하여)과 대비하며 분석하였다. 비율분석을 더 과학적으로 하려면 AB식품주식회사의 과거 10개년간의 재무제표를 이용하여 각종 재무비율을 산출하고 또한 성공적으로 경영하고 있는 동일업종의 3개 사의 각종 비율과 또한 한국은행 및 한국산업은행의 동표준비율 등을 상호 비교하면서 분석하면 더욱 좋겠다.

과거 10개년간의 경영비율을 산출하여 비교하면 그 기간중에 경기가 양호하거나 불량할 때도 있을 수 있으므로 그 기간에 적합한 분석을 할 수 있다. 그리고 장기간의 경영분석을 하면 과거부터 현재까지의 추세를 이해할 수 있

12) Iqbal Mathur, *op. cit.*, pp. 23~41.

고 또한 미래의 전망 또는 동향을 분석하는 데 도움이 될 것이다. 아래에서 유동성 · 레버리지 · 활동성 및 수익성에 관련된 주요 비율을 차례로 분석하였다.

〈표 19-12〉는 AB식품주식회사의 관계비율을 한국은행과 한국산업은행의 표준비율과 비교하여 평가한 표이다.

(1) 유동성비율

유동성비율은 기업의 단기지급능력을 판단하기 위하여 분석하는 비율이다. 유동성비율 중에 가장 중요한 것은 유동비율 · 당좌비율 · 고정비율 등이 있다. 유동비율과 당좌비율은 크면 클수록 단기지급능력이 양호하고 이 비율들이 작을수록 단기지급능력이 약화된다. 그러나 고정비율은 클수록 단기지급능력이 약화되고 이 능력이 작을수록 지급능력은 양호하게 된다.

기업을 청산하여 그 청산자금으로 부채를 상환할 수 있다면 장기지급능력은 있다고 한다. 그러나 실제로 약정한 대로 만기일이 도래되는 각종 유동부채를 지급 또는 상환하지 못하게 되면 장기지급능력은 있어도 기업경영을 계속하지 못하고 도산하게 된다. 따라서 단기지급능력인 유동성은 항상 유지하고 있어야 성공적인 경영을 계속할 수 있다.

1) 유동비율

유동비율(current ratio)은 유동부채에 대한 유동자산의 관계를 분석하여 기업의 유동성을 측정하는 대표적인 비율이다. 이 비율은 여신을 할 경우에 수신자나 수신기업의 단기지급능력을 판단하기 위한 지표로서 은행가비율(banker's ratio)이라고도 부른다. 유동비율은 클수록 유동성이 양호하지만 이 비율이 너무 크면 수익성이 저하될 가능성이 농후하다.

AB식품주식회사의 2009년 말의 유동비율은 아래와 같이 산출된다.

$$\frac{\text{유동자산 } 14{,}826\text{백만원}}{\text{유동부채 } 14{,}708\text{백만원}} \times 100 = 100.80\%$$

〈표 19-12〉에서 보면 한국은행의 동일업종의 이 표준비율은 72.4%로서 AB식품주식회사의 100.80%와 비교하여 보면 동사의 유동비율이 약간 높아서 양호하다. 유동비율은 국가 · 업종 및 규모 등에 따라 상이하지만 일반적으로 100%보다는 커야 할 것이다. 유동비율이 100% 미만이라는 것은 1년 이내에 정상적인 경영활동을 통하여 들어오게 될 유동자산이 1년 이내에 상환해

〈표 19-12〉 재무비율의 분석 및 평가(2009년도)

비 율 명	산 식	AB 식품회사	표준비율 한국은행	평가
1. 유동성비율				
(1) 유동비율	$\frac{\text{유동자산}}{\text{유동부채}} \times 100$	100.80%	118.43%	불량
(2) 당좌비율	$\frac{\text{당좌자산}}{\text{유동부채}} \times 100$	82.82%	87.52%	불량
(3) 고정비율	$\frac{\text{고정자산+투자와 기타자산}}{\text{자기자본}} \times 100$	213.01%	119.87%	불량
2. 레버리지비율				
(4) 부채비율	$\frac{\text{총부채}}{\text{총자본}} \times 100$	71.65%	107.43%	양호
(5) 이자보상률	$\frac{\text{법인세지불전이익+지급이자}}{\text{지급이자}}$	−0.23배	1.73배	불량
(6) 재무비용보상률	법인세지불전이익+지급이자+임차료/지급이자+임차료	−0.23배	1.64배	불량
3. 활동성비율				
(7) 당좌자산회전율	$\frac{\text{매출액}}{\text{당좌자산}}$	2.50회	3.43회	불량
(8) 재고자산회전율	$\frac{\text{매출액}}{\text{재고자산}}$	20.85회	10.38회	양호
(9) 고정자산회전율	$\frac{\text{매출액}}{\text{고정자산}}$	2.06회	1.98회	양호
(10) 총자본회전율	$\frac{\text{매출액}}{\text{총자본}}$	0.78회	1.14회	양호
(11) 자기자본회전율	$\frac{\text{매출액}}{\text{자기자본}}$	2.74회	2.37회	양호
4. 수익성비율				
(12) 매출액영업이익률	$\frac{\text{영업이익}}{\text{매출액}} \times 100$	−1.78%	7.46%	불량
(13) 매출액순이익률	$\frac{\text{순이익}}{\text{매출액}} \times 100$	−9.09%	7.39%	불량
(14) 자기자본순이익률	$\frac{\text{순이익}}{\text{자기자본}} \times 100$	−26.51%	13.74%	불량
(15) 총자본순이익률	$\frac{\text{순이익}}{\text{총자본}} \times 100$	−7.52%	6.62%	불량

자료: 1) AB식품회사의 비율을 동사의 2009년도 재무제표에서 산출함.
2) 한국산업은행비율은 동행발행, 「재무분석」, 2009, 참조.

야 할 유동부채보다 적다는 뜻이어서 유동성이 좋지 못하다. 그러나 AB식품주식회사의 유동비율은 양은행에서 조사 발표한 동표준(평균)비율보다 낮으므로 유동성이 좋지 못하다고 할 수 있다.

2) 당좌비율

당좌비율(quick ratio)이란 당좌자산과 유동부채의 관계를 분석하여 즉각적인 단기지급능력을 판단하기 위한 비율이다. 당좌자산에는 현금 · 예금 · 받을어음 · 외상매출금 · 단기유가증권 등이 포함되며 유동자산 중에서 재고자산과 기타 유동자산은 제외된다. 재고자산은 판매과정을 통해서 비교적 오랜 시일을 거쳐서 현금화되므로 당좌자산에 포함되지 못한다. 당좌비율은 클수록 단기지급능력이 양호하나 이 비율이 너무 크면 수익성이 감소될 가능성이 많다. 당좌비율은 유동성분석을 함에 있어서 유동비율을 보조하는 비율로서 산성시험비율(acid test ratio) 또는 신속비율이라고도 부른다.

AB식품주식회사의 2009년 말의 당좌비율은 아래와 같이 계산된다.

$$\frac{\text{당좌자산 } 12{,}181\text{백만원}}{\text{유동부채 } 14{,}708\text{백만원}} \times 100 = 82.82\%$$

〈표 19-12〉에서 보면 한국은행에서 조사한 당좌비율의 표준비율이 87.52%이어서 AB식품주식회사의 82.82%는 낮은 편이므로 동사의 유동성은 좋지 못하다고 할 수 있다.

3) 고정비율

고정비율(fixed ratio)이란 고정자산과 자기자본의 관계를 분석하여 유동자산과 고정자산의 배분과 자본의 효율적인 이용을 통하여 기업의 지급능력을 판단하려는 비율이다. 이 비율은 기업의 고정자산을 획득하는 데 있어서 자기자본으로 조달된 비중이 어느 정도 되나 하는 것을 분석하기 위한 비율이다. 이 비율은 클수록 일반적으로 단기지급능력이 약화된다고 볼 수 있다.

그러나 물가상승이 격심하게 계속되고 있는 경우에는 타인자본을 이용하여 고정자산에 비교적 많이 투자하면 수익성이나 기업의 자산가치가 증대되는 경향이 농후하다.

AB식품주식회사의 2009년 말 현재 고정비율은 아래와 같이 산출된다.

$$\frac{\text{고정자본 } 23{,}693\text{백만원}}{\text{자기자본 } 11{,}123\text{백만원}} \times 100 = 213.01\%$$

〈표 19-12〉에 계상된 한국은행의 음료품 제조업체의 대규모 기업의 고정비율 표준치는 119.87%이고, AB식품주식회사의 동비율은 213.01%이어서

동사의 고정비율이 매우 높은 편이다. 따라서 다른 요인들이 동일하다면 동사의 단기지급능력은 동일업종의 타기업보다 작으므로 불량하다고 평가된다.

4) 순운전자본비율

$$순운전자본비율(\%)=\frac{순운전자본}{총자산}\times 100$$

(2) 레버리지비율

레버리지비율(leverage ratio)에는 영업레버리지와 재무레버리지가 있는데 여기서 후자에 관련된 비율을 분석한다. 재무레버리지비율이란 기업이 조달한 부채와 자기자본의 관계를 분석하기 위한 비율이다. 기업자산을 획득하는데 소요되는 자본은 부채와 자기자본으로 조달하게 되는데 타인자본의존도가 높아서 수익성이 증대될 경우도 있지만 이와 반대로 수익성이 감소될 수도 있다.[13)]

적정량의 부채와 자기자본으로 조달하여 자본의 구성이 합리적이라야 한다. 즉 레버리지작용이 합리적으로 되어야 하는데 이것을 검토하는 레버리지 비율에는 부채비율 · 이자보상률 및 재무비용보상률 등이 대표적인데 이들을 차례로 살펴보겠다.

1) 부채비율

부채비율(debt ratio)이란 부채와 자기자본의 관계를 검토하기 위한 비율로서 이 비율이 클수록 단기지급능력은 일반적으로 적고 위험성이 크다고 볼 수 있다. 부채는 유동부채와 고정부채를 합계한 총부채이고 자기자본도 불입자본금과 잉여금을 합계한 총자기자본이다.

부채비율은 타인자본의 의존도를 측정하게 되는 비율로서 이것은 두 가지 방법으로 계산한다. 첫째는 이 비율의 분모를 자기자본으로 보는 경우이고, 둘째는 분모를 총자본으로 보는 경우이다. 이 두 가지 방법에 있어서 분자는 총부채가 계상된다. 이 두 가지 분석방법 중 어떤 것을 이용하여도 좋지만 비교하는 표준비율도 역시 같은 방법으로 산출된 비율끼리 대비해야 한다.

AB식품주식회사의 2009년 말 현재의 부채비율은 아래와 같이 두 가지 방법으로 산출될 수 있다.

---

13) *Ibid.*, pp. 25~26.

$$\frac{\text{총부채 28,115백만원}}{\text{총자본 39,238백만원}} \times 100 = 71.65\%$$

〈표 19-12〉에서 보는 바와 같이 AB식품주식회사의 부채비율 71.65%는 한국은행의 동비율 107.43%에 비해 낮은 수준이다. 지급능력으로 본 레버리지 비율은 일 반적으로 양호하다 하겠으나 기업의 수익성이나 성장성을 중심으로 고려할 것이다.

2) 이자보상률

이자보상률(times interest earned)은 법인세 지불 전의 이익과 지급이자를 합계한 금액과 지급이자의 관계를 검토하기 위한 비율이다. 이 비율은 100을 곱하여 %로 설명할 수 있으나 배수로 분석하는 것이 통례이다. 이 비율은 일반적으로 클수록 단기지급능력은 양호하다 하겠으나 수익성이나 자산가치의 증대문제를 고려하면 재검토되어야 한다.

AB식품주식회사의 2009년 말 현재 이자보상률은 아래와 같이 산출된다.

$$\frac{\text{법인세 지불 전 이익}(-2{,}949\text{백만원}) + \text{지급이자}(2{,}396\text{원})}{\text{지급이자 2.396백만원}} = -0.23\text{배}$$

〈표 19-12〉에서 보면 AB식품주식회사의 이 비율 −0.23배는 한국은행의 동비율 1.73배와 비교하여 매우 작으므로 단기지급능력은 불량하다고 평가된다. 즉 동비율이 (−)가 되었다는 것은 이자지급액이 법인세 지불 전 이익+이자지급보다 더 많다는 뜻이다.

3) 재무비용보상률

재무비용보상률(times financial cost earned)이란 법인세 지불 전 이익+지급이자+임차료의 금액과 지급이자와 임차료의 관계를 검토하여 단기지급능력을 판단하려는 비율이다. 기업의 자금을 차입하였을 경우 이자를 지급하는 것과 같이 기업이 고정자산을 빌려서 사용할 경우에는 임차료를 지급한다.

지급이자와 임차료는 기업의 경영이익의 유무에도 불구하고 지급해야 할 재무비용 또는 금융비용이다. 이 두 가지 비용을 지급할 금액의 몇 배에 상당하는 수익이 있나 하는 것을 검토하기 위하여 재무비용보상률을 분석하는데 이것은 금융비용보상률이라고도 한다. 이 비율은 클수록 단기지급능력이 양호하지만 기업이 필요한 고정자산을 자사자산으로 구매하는 것이 유리한가 또는 임차하여 사용하는 것이 유리한가 검토해 보아야 한다.

AB 식품주식회사의 2009년도의 재무비용보상률은 −0.23배이어서 이자보상률과 같은데 이것은 임차료가 없기 때문이다.

$$\frac{\text{법인세 지불 전 이익}(-2{,}949\text{백만원}) + \text{지급이자}(2{,}396\text{원}) + \text{임차료}(0)}{\text{지급이자}(2.396\text{백만원}) + \text{임차료}(0)}$$

$$= -0.23\text{배}$$

〈표 19-12〉에서 보면 한국은행이 조사하여 발표한 재무비용보상률 1.64배와 비교하여 동사의 비율은 −0.23배이어서 단기지급능력은 대단히 불량하다고 평가된다.

(3) 활동성비율

활동성비율이란 기업에서 조달한 각종 자본이나 그 자본을 투자한 각종 자산의 활용도 또는 이용도를 측정하기 위한 비율이다. 활동성비율은 분자에 1년간의 매출액이 계상되고, 분모에는 기업의 각종 자본이나 각종 자산이 계상되어 산출된다. 이 활동성비율은 회전율로 표시되며 클수록 그 활용도가 크다는 것이어서 좋다.

그러나 활동성비율이 너무 크다는 것은 각종 자본이나 자산에 비하여 매출액이 과대하다는 것이어서 그 자본과 자산이 부족하다는 것도 생각할 수 있다. 즉 자본과 자산을 증대시키면 경영주의 이익이 더 증대될 수 있을 때에는 그 회전율이 다소 감소되더라도 증자하는 것이 유리하다. 활동성비율에는 여러 가지 종류가 있겠으나 그 대표적인 것을 보면 당좌자산회전율 · 재고자산회전율 · 고정자산회전율 · 총자산회전율 · 자기자본회전율 등이다.

1) 당좌자산회전율

당좌자산회전율(quick assets turnover)은 일정기간(1년간)의 매출액과 당좌자산의 관계를 검토하는 비율로서 당좌자산의 몇 회 또는 몇 배에 상당하는 매출액을 올렸나 분석하는 비율이다. 즉 이 비율이 클수록 당좌자산의 이용도가 높아서 많은 매출을 하여 수익을 높일 수 있다는 뜻이다. 또 이 비율이 낮으면 과대한 당좌자산을 보유하여 수익성을 저하시키게 될 것이다.

AB 식품주식회사의 2009년도 당좌자산회전율은 아래와 같이 산출한다.

$$\frac{\text{매출액 }30{,}4354\text{백만원}}{\text{당좌자산 }12{,}181\text{백만원}} = 2.50\text{회}$$

〈표 19-12〉에서 보는 바와 같이 2009년도에 한국은행의 동회전율은 3.43회이어서 AB식품주식회사의 2.50회보다 훨씬 커서 동사의 당좌자산 이용도는 매우 낮고 불량하다고 평가된다. 회전율은 높을수록 수익이 증대될 가능성이 농후하지만 항상 적정회전율이 유지되어야 바람직하다.

2) 재고자산회전율

재고자산회전율(inventories turnover)은 재고자산의 몇 회 또는 몇 배에 상당하는 매출액을 1년간에 올렸느냐 하는 것을 검토하기 위한 비율이다. 이 비율은 재고자산의 회전속도를 측정하여 재고자산의 적정보유상태를 평가하는 목적으로 이용된다. 이 비율이 크면 재고자산에 비한 매출액이 증가되어 수익이 증대되지만 이것이 과대하면 재고자산의 부족을 의미하게 되어 결국 불리하게 될 것이다.

AB식품주식회사의 2009년도 재고자산회전율은 아래와 같이 계산된다.

$$\frac{\text{매출액 30,4354백만원}}{\text{재고자산 1,460백만원}} = 20.85\text{회}$$

〈표 19-12〉에서 보면 한국은행의 2009년도 동비율이 10.38회이었는데 동사의 이 비율은 20.85회이어서 대단히 크므로 AB식품주식회사의 재고자산회전율은 양호하다고 평가된다. 그러나 동사의 동비율이 과대하므로 재고자산이 부족하여 인플레이익을 보지 못하였든지 또는 보다 더 많은 매출액을 올리지 못하였다면 수익성이 감소될 것이다.

3) 고정자산회전율

고정자산회전율(fixed assets turnover)이란 고정자산에 투자한 금액의 몇 회에 상당하는 매출액을 1년간에 올렸느냐 하는 것을 검토하기 위한 비율이다. 이 비율이 클수록 고정자산의 이용도가 높았다는 의미이며, 이 비율이 과대하면 고정자산의 부족현상을 나타낸다. 따라서 이 비율도 항상 적정회전율을 유지해야 수익성 · 안전성 · 활동성을 계속적으로 보장할 수 있다.

AB식품주식회사의 2009년도 고정자산회전율은 아래와 같이 산출된다.

$$\frac{\text{매출액 30,4354백만원}}{\text{고정자산 14,769백만원}} = 2.06\text{회}$$

〈표 19-12〉에서 보면 동사의 이 비율 2.06회는 한국은행의 동비율 1.98회

보다는 약간 높아서 동사의 고정자산 이용도가 양호하였다고 평가할 수 있다.

4) 총자본회전율

총자본회전율(total capital turnover)은 기업에서 조달한 타인자본과 자기자본의 합계인 총자본에 몇 회에 상당하는 매출액을 1년간에 올렸느냐 하는 것을 검토하기 위한 비율이다. 기업의 총자본액은 총자산액과 동일하므로 총자본회전율은 총자산회전율과 같은 비율이 된다. 이 비율이 크면 클수록 매출액이 증가되어 총자본의 활용도가 양호하다 하겠으나 이것이 과대하면 자본부족을 의미하게 된다.

AB식품주식회사의 2009년도 총자본회전율은 다음과 같다.

$$\frac{\text{매출액 } 30{,}4354\text{백만원}}{\text{총자본 } 39{,}238\text{백만원}} = 0.78\text{회}$$

〈표 19-12〉에서 보면 동사비율 0.78회는 한국은행의 동비율 1.14회 보다 작으므로 총자본이용도는 불량한 것이다.

5) 자기자본회전율

자기자본회전율(net worth turnover)은 주주가 출자한 또는 주주에 속하는 자기자본의 몇 회에 상당하는 매출액을 1년 동안에 올렸나 검토하는 비율이다. 이 비율은 자기자본의 회전속도 또는 이용도를 측정하기 위한 것으로서 일반적으로 클수록 그 이용도가 높아 양호하다. 그러나 과대하면 자기자본 부족으로 불경기시에는 기업이 도산될 위험성도 내포되어 있다. 따라서 적정량의 자기자본과 적정량의 타인자본을 소날하여 이용하여야 할 것이다.

AB식품주식회사의 2009년도 자기자본회전율은 다음과 같이 산출된다.

$$\frac{\text{매출액 } 30{,}4354\text{백만원}}{\text{자기자본 } 11{,}123\text{백만원}} = 2.74\text{회}$$

〈표 19-12〉에서 보는 바와 같이 AB식품주식회사의 동비율 2.74회는 한국은행에서 조사 발표한 2.37회와 비교하여 높은 것이어서 자기자본액에 비하여 매출액이 크다는 것이다.

(4) 수익성비율

수익성비율이란 기업경영의 성과 또는 손익에 관련된 제 비율을 분석하는 지표가 되는 것이다. 각종 자본을 조달하여 각종 자산에 투자 운용하면 일정 기간(보통 1년간)에 이익 또는 손실이 발생된다. 수익성비율에는 여러 가지 산출방법이 있지만 그 대표적인 것은 자본 또는 자산 이용에 대한 이익률로 표시된다.

수익성비율은 일반적으로 클수록 경영성과가 좋다고 할 수 있다. 그러나 이익률이 과대하면 소비자의 부담이 컸다는 뜻이 되며 결국은 경쟁기업이 많이 발생된다. 따라서 적정이익률이 영속적으로 유지되어야 하겠지만 약간 높은 수익률은 좋다. 수익성을 판단하기 위한 대표적 비율은 영업이익률 · 매출액순이익률 · 자기자본순이익률 · 총자본순이익률 등이다.

1) 영업이익률

영업이익률(operating profit to net sales)은 영업이익과 매출액의 관계를 검토하기 위한 비율이다. 영업이익은 영업외이익이나 영업외손실은 포함되지 않으며 순전히 본연의 경영활동에서 들어오는 영업이익만 계상된다. 영업이익률이 높을수록 수익성은 양호한데 영업이익이 증대되려면 매출액이 증가되거나 매출원가가 절감되어야 한다.

AB식품주식회사의 2009년도 영업이익률은 아래와 같이 계산된다.

$$\frac{\text{영업이익}-542\text{백만원}}{\text{매출액 }30{,}435\text{백만원}}=-1.78\text{회}$$

〈표 19-12〉에서 보는 바와 같이 한국은행에서 조사된 2009년도의 대규모 식료품 제조업체의 영업이익률이 7.46%이었는데 AB식품주식회사의 이 비율은 −1.78%로서 매우 불량한 것이다.

2) 매출액순이익률

매출액순이익률(net profit to net sales)는 1년간의 순이익과 매출액의 관계를 비율로 산출하여 수익성의 정도를 판단하기 위한 것이다. 이 비율이 크다는 것은 원가절감 또는 경영합리화로 매출액에 비교한 순이익이 증대되었다는 것이어서 경영의 능률화를 측정하는 것이다.

AB식품주식회사의 2009년도 매출액순이익률은 다음과 같이 계산된다.

$$\frac{\text{순이익}-2{,}949\text{백만원}}{\text{매출액 }30{,}435\text{백만원}}\times 100=-9.69\text{회}$$

〈표 19-12〉에서 보면 한국은행에서 산출한 동비율 7.39%를 AB식품주식회사의 −9.69%와 비교하면 동사의 수익성이 극히 낮으므로 불량한 상태라 평가된다.

3) 자기자본순이익률

자기자본순이익률(net profit to net worth)이란 기업의 자기자본의 몇 %에 상당하는 순이익을 1년간에 올렸나 하는 것을 검토하는 비율이다. 수익성비율 중에서 가장 중요한 것이 자기자본순이익률인데 이것이 주주의 이익을 극대화하는 것이 재무관리목표 중에 하나이기 때문이다. 즉 경영관리자는 주주에게 유리한 경영 또는 재무관리를 해야 인정을 받고 계속적으로 중책을 맡게 될 것이다.

AB식품주식회사의 2009년도 자기자본순이익률은 아래와 같이 산출된다.

$$\frac{\text{영업이익}-2{,}949\text{백만원}}{\text{자기자본 } 11{,}123\text{백만원}} \times 100 = -26.51\text{회}$$

〈표 19-12〉에서 보듯이 한국은행이 발표한 2009년도의 자기자본이익률은 13.74%이었는 데 반해 동사의 비율은 −26.51%이어서 적자이며 수익성이 대단히 불량한 상태라 평가된다.

4) 총자본순이익률

총자본순이익률(net profit to total capital)이란 기업이 조달하여 투자활동을 한 자본금에 대한 순이익이 몇 %인가를 검토하는 비율이다. 이 비율은 총자본 또는 총자산의 투자효율을 판단하기 위한 비율로서 클수록 수익성이 증대된다. 기업경영 결과 손실을 보게 될 경우에는 총자본순이익률은 (−) 몇 %로 표시된다.

AB식품주식회사의 2009년도 총자본순이익률은 아래와 같은 방법으로 산출된다.

$$\frac{\text{순이익}(-2{,}949\text{백만원})}{\text{총자본}(11{,}123\text{백만원})} \times 100 = -7.52\text{회}$$

〈표 19-12〉를 보면 AB식품주식회사의 총자본순이익률은 −7.52%이어서 손실을 보게 되었으며 한국은행에서 조사한 동일업종의 동비율 6.62%와 비교하면 매우 불량하다.

〈표 19-12〉를 전반적으로 평가하면 AB식품주식회사는 유동성비율이 모두 불량하다. 레버리지비율 중에는 부채비율은 양호하지만 이자보상률과 재무비용보상률은 약간 불량한 상태이다. 그리고 활동성에 관련된 제 회전율은 일반적으로 높아서 양호 또는 만족한 상태이다. 그러나 수익성관계비율은 일반적으로 낮아서 불량한 상태로 평가한다. AB식품주식회사의 수익성이 낮다는 것은 경영합리화를 통한 원가관리능력이 부족하다는 것으로 지적될 수 있다.

5) 성장성비율

성장성비율(growth ratios)은 기업의 경영규모와 영업성과가 얼마나 증대되었는가를 나타내는 비율을 나타내며, 일정기간 동안 성장성비율에 해당되는 재무항목이 어느 정도 증가했는지를 측정하는 지표이다. 성장성비율에는 총자산증가율, 매출액증가율, 순이익증가율 등의 지표가 있다.

① 총자산증가율

총자산증가율은 일정기간 동안 총자산이 어느 정도 증가했는지를 나타내는 비율로, 다음과 같이 나타낸다.

$$\text{총자산증가율}(\%) = \frac{\text{기말총자산} - \text{기초총자산}}{\text{기초총자산}} \times 100$$

총자산이 증가한다는 것은 기업이 적극적으로 투자규모를 증가시킨다는 것을 의미하는 것으로 자본 또는 부채가 증가하여 자산이 증가한다는 것을 의미한다. 자산이 증가하는 것은 투자규모가 늘어나 성장한다는 긍정적 신호로 볼 수 있으나, 자본증가 없이 과다한 부채사용으로 부채증가에 기인한 자산증가라면, 비용대비 수익이 창출되지 않는 것을 의미함으로 부정적 신호로 볼 수도 있다. 즉, 총자산증가가 파산위험을 높이는 결과를 초래하므로 경영자는 투자를 증가하는 것에 대해 유의해야 한다.

② 매출액증가율

매출액증가율은 일정기간 동안 매출액이 어느 정도 증가했는지를 나타내는 비율로, 다음과 같이 나타낸다.

$$\text{매출액증가율}(\%) = \frac{\text{당기매출액} - \text{전기매출액}}{\text{전기매출액}} \times 100$$

매출액이 증가한다는 것은 기업의 제품판매단가의 인상이나, 판매량이 증가한다는 것을 의미하는 것을 의미한다. 기업이 성장을 하려면 매출액은 점진적으로 증가하는 것이 좋다. 그러나 매출이 증가하여도 매출원가 상승이나, 판매관리비 증가로 영업이익과 당기순이익이 감소하는 경우도 있으므로 수익성지표와 병행하여 검토해야 한다.

③ 순이익증가율

순이익증가율은 일정기간 동안 순이익이 어느 정도 증가했는지를 나타내는 비율로, 다음과 같이 나타낸다. 기업의 가치를 구체적으로 분석하려면, 주당순이익증가율도 같이 병행하여 검토하는 것이 좋다.

$$\text{순이익증가율}(\%) = \frac{\text{당기순이익} - \text{전기순이익}}{\text{전기순이익}} \times 100$$

$$\text{주당순이익증가율}(\%) = \frac{\text{당기주당순이익} - \text{전기주당순이익}}{\text{전기주당순이익}} \times 100$$

순이익이 증가하면 기업이 성장성이 높다고 볼 수 있으나, 자본금이 더 빠르게 증가한다면 자본규모대비 순이익은 감소했다고 볼 수 있을 것이다. 즉, 자본금이 증가하거나 감소한다면 단순히 순이익증가가 실질적 성장성을 나타내는데 한계가 있으므로 자본금대비 이익증가율을 알 수 있는 주당순이익증가율을 분석하는 것이 더 타당하다고 볼 수 있을 것이다.

6) 생산성비율

생산성비율(productivity ratios)은 기업 활동의 성과 및 효율을 측정하여 개별 생산요소의 기여도 및 성과배분의 합리성 여부를 평가하는 비율이며 일정기간 동안 생산성비율에 해당되는 재무항목이 어느 정도 생산했는지를 측정하는 지표이다. 생산성비율에는 부가가치율, 노동생산성, 자본생산성 등의 지표가 있다.

① 부가가치율(value added ratio)

부가가치율은 일정기간 동안 기업이 창출한 부가가치를 매출액으로 나눈 비율을 의미한다. 부가가치율이 높으면 기업이 양호한 것이나, 부가가치 요소에서 경상이익 변동 없이 임금이나, 임차료, 금융비용 등과 같은 비용이 증가하였다면, 생산성이 향상되었다고 보기 어렵기 때문에 수익성과 병행해서 분석해야 할 것이다.

$$부가가치율(\%)=\frac{부가가치}{매출액}\times 100$$

부가가치(value added): 최종생산자가 중간생산자로부터 구입한 원재료에 자본과 노동 등 생산요소를 투입하여 새로이 창출한 증식된 가치
부가가치=경상이익+순금융비용+인건비+임차료+감가상각비+조세공과

② 노동생산성(productivity of labor)

노동생산성은 일정기간 동안 기업이 창출한 부가가치를 종업원수로 나눈 비율을 의미한다. 노동생산성이 높으면 기업이 양호한 것을 의미함으로, 생산성이 향상되었다고 볼 수 있다.

$$노동생산성=\frac{부가가치}{종업원수}$$

③ 자본생산성(productivity of capital)

자본생산성은 일정기간 동안 기업이 창출한 부가가치를 총자본으로 나눈 비율을 의미한다. 자본생산성을 나타내는 지표가 총자본투자효율인데 이는 1년 동안 어느 정도 부가가치를 창출했는지 나타내는 비율이다. 자본생산성이 높으면 양호한 것이며, 자본생산성이 높으면 노동생산성도 높게 나오는 것이 일반적이다.

$$총자본투자효율(\%)=\frac{부가가치}{총자본}\times 100$$

7) 시장가치비율

시장가치비율(market value ratios)은 기업의 시장가치를 나타내는 주가와 주당순이익 등의 관계를 분석하는 비율로 시장에서 특정기업의 과거성과 및 미래전망이 어떻게 평가되고 있는지를 보여주는 지표를 말한다. 일정기간 동안 시장가치비율에는 주가수익비율, 주가장부가치비율, 토빈의 q비율 등의 지표가 있다.

① 주가수익비율(price-earnings ratio: PER)

주가수익비율은 기업의 주가를 주당순이익(EPS: earnings per share)으로 나눈 비율을 의미한다. 즉, 주식수대비 순이익이 얼마인지를 나타내는 지표가 주당순이익인데 즉, 1주당 순이익의 질적 가치와 주가를 비교한 비율을

의미한다. PER가 낮을수록, 주가는 저평가되었다고 이론적으로는 평가할 수 있으나, 주가가 단기적으로 상승하여 적정평가를 받는다는 것을 의미하지는 않는다.

$$\text{주가수익비율} = \frac{\text{주가}}{\text{주당순이익}}$$

성장성↑, 위험↓, 회계이익↓ → PER↑

② 주가장부가치비율(price-book value ratio: PBR)

주가장부가치율은 기업의 주가를 주당순자산(BPS: book value per share)으로 나눈 비율을 의미한다. 즉, 주식수대비 순자산이 얼마인지를 나타내는 지표가 주당순이익인데 즉, 1주당 순자산의 질적 가치와 주가를 비교한 비율을 의미한다. PBR가 낮을수록, 주가는 저평가되었다고 이론적으로는 평가할 수 있으나, 주가가 단기적으로 상승하여 적정평가를 받는다는 것을 의미하지는 않는다.

$$\text{주가장부가치비율} = \frac{\text{주가}}{\text{주당순자산}}$$

③ 토빈의 q비율

토빈의 q비율은 기업이 보유하고 있는 자산의 시장가치를 자산의 대체원가(Replacement cost)로 나눈 비율을 의미한다. 즉, 분모는 주식과 부채를 시장가치로 평가한 값을 나타내며, 분자는 취득원가가 아닌 대체원가를 말한다.

$$q\text{비율} = \frac{\text{자산의 시장가치}}{\text{자산의 대체원가}}$$

q비율>1: 투자유인을 갖게 됨, q비율<1: 투자유인이 없음

5. 비율분석의 한계점

누구라도 이해하기 쉽고 간단히 구할 수 있는 방법이 비율분석이다. 구체적인 분석을 하기 전에 사전에 비율분석을 실시함으로써 개략적인 기업의 문제점을 찾을 수 있다. 따라서 처음부터 구체적 분석을 함으로써 야기되는 시간적, 경제적 비용을 사전에 예방할 수 있기 때문에 비율분석은 유용한 지표

라고 하겠다. 하지만 이러한 비율분석만을 통해서 기업의 경영 상태를 완전히 평가한다는 것은 무리가 있다. 왜냐하면 다음과 같은 이유 때문이다.

- 과거 재무제표 자료를 이용하여 미래에도 지속될 것이라는 가정
- 기업 간의 회계처리기법이 상이함
- 인플레이션 반영 못함
- 적정 재무비율 도출이 어려움
- 어느 비율이 우선 시 되어야 하는지 판단하기 어려움
- 양적 요인만 강조
- 기업 간 표준비율 선정의 자의성, 즉 서로 다른 산업에 따라 비교기준이 다를 수 있다.

버핏의 '숨은 진주株'… 투자원칙 속에 있다?

'가치투자의 달인' 워런 버핏이 21일 기자회견에서 포스코 외에 3~4개의 한국 기업에 투자하고 있다고 밝혀 버핏의 숨은 진주주가 무엇인지 관심이 고조되고 있다.

버핏은 구체적인 종목명은 언급하지 않았지만, 추측할 수 있는 몇 가지 실마리를 남겨 놓았다. 따라서 버핏의 발언과 투자원칙을 바탕으로 추론하면, 정확한 종목을 맞추지는 못해도 비슷한 유형의 주식은 꼽을 수 있다고 증권업계는 보고 있다.

실제로 이트레이드증권은 버핏의 투자기준에 적합한 종목으로 휴켐스, 신세계푸드, 웅진씽크빅, 유니드, 무학, 리노공업, 이엔에프테크놀러지 등을 꼽았다.

버핏은 우선 "기업의 10년 후 모습을 상상하기 쉬워야 한다"는 투자원칙을 제시했다.

그가 애플보다 코카콜라를 선호한 것은 이런 원칙 때문이다. 코카콜라는 오래 전부터 미국인의 기호식품이어서 지속적인 수익 창출을 예상할 수 있고, 회사의 현금흐름 추정도 상대적으로 쉽다.

반면, 애플은 최근 몇년 새 급성장했지만, 전자산업 기술은 존속기간이 짧아 몇년 후 어떤 국면을 맞을지 예측하기 어렵다는 단점이 있다. 단기적으로는 화려해 보이지만 지속성에는 문제가 있다는 지적인 셈이다.

이런 맥락에서 보면, 버핏이 삼성전자를 비롯한 IT주를 보유하지 않는 것도 쉽게 이해가 된다.

이트레이드증권 김봉기 팀장은 "버핏의 투자 스타일은 자기가 잘 알 수 있는 사업에 투자하는 '심플 비즈니스'이다. 본인이 테크니션(기술자)이 아니니 기술분야는 꺼리는 것"이라고 설명했다.

'10년 후 모습'은 버핏이 평소 강조해 온 가치투자와도 일맥 상통한다.

버핏은 내재가치가 있지만 저평가된 기업을 발굴해 투자함으로써 수익을 창출해 왔다. 그가 4.6%의 지분을 보유한 포스코도 이 원칙에 적합한 대표주다.

대우증권 한치환 연구원은 "포스코는 실적이 안정적으로 신장하고, 시장점유율이 높으며, 산업의 트렌드가 크게 변하지 않는 기업"이라고 소개했다.

"한국의 스몰캡(시가총액이 작은 중소형주) 회사 몇 곳에 주식을 일부 갖고 있다"는 버핏의 발언도 보유 주식을 짐작하게 하는게 도움이 된다.

미국 증시에서는 스몰캡이 최소 5,000억원이 넘는다는 점에서 버핏이 투자한 중소형주의 시가총액은 1조~2조원대일 가능성이 크다는 것이 전문가들의 중론이다.

봉원길 대신증권 종목전략팀장은 "시가총액이 얼마 되지 않는다고 했지만, 우리나라 스몰캡 기준인 1,000억~2,000억원 정도가 아니라 몇 조원일 가능성이 크다"고 분석했다.

대우증권 한치환 연구원도 "과거 버핏이 시가총액이 상당히 큰 기아차에 투자했던 사례로 봤을 때 그가 언급한 회사가 우리가 말하는 소형주는 아닐 것"이라고 추측했다.

- 헤럴드경제 2011. 3. 22. 신문기사

EXERCISE 연 습 문 제

1. 다음 용어들을 간략히 설명하시오.

   ① 재무분석　　② 실수법

   ③ 비율법　　④ 재무상태변동표

2. 재무비율을 의미별로 분류하여 설명하시오.

3. 비율분석의 장점과 단점을 설명하시오.

4. 유동성비율과 레버리지비율을 설명하시오.

5. 기업의 활동성과 수익성을 분석하기 위한 재무비율을 설명하시오.

6. 종합적 비율분석 기법으로서 지수법에 대해 설명하시오.

7. 다음 자료를 이용해 매출액을 구하시오.

   유동자산: 8,000만원　　유동비율: 400%

   당좌비율: 150%　　재고자산회전율: 8회전

8. 다음 자료를 이용해 아래 재무상태표를 완성하시오.

   부채비율: 140%　　당좌비율: 60%

   총자산회전율: 1.5회전　　매출채권회수기간: 30일(단, 1년을 360일로 계산)

   매출액총이익률: 20%　　재고자산회전율: 6회

〈재무상태표〉 (단위: 만원)

현금	(　　　)	외상매입금	(　　　)
외상매출금	(　　　)	자본금	24,000
재고자산	(　　　)	유보이익	35,000
고정자산	(　　　)		(　　　)
자산총계	(　　　)	부채 및 자본합계	(　　　)
매출액	(　　　)	매출원가	(　　　)

9. 다음은 한양기업의 재무상태표와 포괄손익계산서이다. 다음 물음에 답하시오.

〈재무상태표〉

자 산	금 액	부채 · 자본	금 액
Ⅰ. 유동자산		Ⅰ. 유동부채	
1. 현금	2,000	1. 지급어음	38,000
2. 예금	1,500	2. 외상매입금	55,000
3. 유가증권	3,000	3. 미지급금	54,600
4. 외상매출금	123,000	4. 단기차입금	27,400
5. 재고자산	48,000	유동부채합계	175,000
유동자산 합계	177,500	Ⅱ. 고정부채	
Ⅱ. 고정자산		1. 장기차입금	115,000
1. 토지 및 건물	62,000	2. 사채	109,500
2. 기계	245,000	고정자산합계	224,500
3. 설비	25,000	Ⅲ. 자본	
4. 기타 고정자산	5,000	1. 보통주	85,500
고정자산 합계	337,000	2. 유보이익	30,000
		자본총계	115,000
자 산 총 계	514,500	부채 · 자본총계	514,500

〈포괄손익계산서〉 (2009. 1. 1 – 2009. 12. 31)

Ⅰ. 매출액		1,050,000
Ⅱ. 매출원가		755,000
매출총이익		295,000
Ⅲ. 판매비와 일반관리비		
1. 판매비	74,000	
2. 일반관리비	75,000	
3. 감가상각비	40,000	189,000
Ⅳ. 영업이익		106,000
Ⅴ. 영업외비용		
1. 단기차입금지급이자	56,000	
2. 사채이자	20,000	76,000
Ⅵ. 법인세공제 전 순이익		30,000
Ⅶ. 법인세(50%)		15,000
Ⅷ. 당기순이익		15,000

① 다음 제 비율을 계산하고, 경영자의 입장과 채권자의 입장에서 각각 한양기업을 평가하라. (단, 괄호 내는 산업평균비율이며, 한양기업의 종업원수는 75명, 2010년도의 부가가치 생산액은 347,000천원이다.)

유동비율____1)______ (145%) 당좌비율 _____2)______ (95%)

부채비율 ___3)______ (152.4%) 이자보상비율 __4)_____ (205.2%)

재고자산회전율 ___5)_____ (10.1회) 매출채권회전율 ____6)____ (5.2회)

고정자산회전율 __7)____ (2.9회) 총자산회전율 ___8)______ (1.6회)

총자본이익률 __9)____ (4.9%) 매출액이익률 __10)______ (2.5%)

자기자본이익률 __11)___ (12.1%) 노동생산성 __12)____ (3,958천원)

자본생산성 __13)___ (54%) 종업원1인당 매출액 __14)____(12,000원)

② ①의 산업평균비율을 표준비율로 하여 Wall의 지수법으로 한양기업의 재무상태와 영업성적을 종합적으로 판단하시오. (단 고정비율과 자기자본회전율의 산업평균은 각각 189%, 5.4회전이다.)

제20장
영업레버리지와 재무레버리지의 분석

기업이 자산이용에 고정비가 발생되고 자금을 이용하면 고정이익(fixed return)을 지불하게 되는데 이것을 레버리지(leverage)라고 한다. 여기서 고정비 또는 고정이익은 지레의 받침점과 유사하다. 만약 수익에서 변동비를 차감한 금액이 고정비보다 크거나 또는 이자 및 법인세공제 전 수익(earnings before interest and taxes: EBIT)이 고정이익보다 클 때는 정(positive)의 레버리지가 된다. 그러나 수익에서 변동비를 차감한 금액이 고정비보다 적든지 또는 이자와 세금공제 전 수익이 고정이익보다 적으면 부(negative)의 레버리지가 된다.[1)]

본장에서는 영업레버리지와 재무레버리지의 개념에 대해 설명하고자 한다.

제 1 절 영업레버리지(operating leverage)

생산량에 관계없이 고정비가 있는 경우에 영업레버리지가 발생한다. 고정비의 존재로 인하여 매출액의 일정한 변화율에 대응하여 영업이익이 보다 크게 변화하는 영업손익의 확대 효과가 있게 된다. 이것을 영업레버리지라고 하며, 영업레버리지도(degree of operating leverage: DOL)는 매출량의 증가율에 대한 수익의 증가율의 비율로 나타낸다.

1) James C. Van Horne, *Financial Management and Policy*, Prentice-Hall, Inc., 1977, p.718.

$$영업레버리지도(DOL) = \frac{영업이익의\ 변화율}{매출량의\ 변화율}$$

$$DOL = \frac{\frac{\Delta Profit}{Profit}}{\frac{\Delta Q}{Q}}$$

$$DOL = \frac{Q(P-V)}{Q(P-V)-F} \qquad (20\text{-}1)$$

ΔProfit: 수익의 증가분
ΔQ: 매출량의 증가분
Profit: 수익증가 이전의 이익
Q: 매출증가액 이전의 매출량

영업레버리지의 개념은 탄력성(elasticity)개념으로서 손익분기점분석(break-even analysis), 즉 원가 · 조업도 · 수익분석(cost-volume-profit analysis)으로 설명이 된다.

매출수량 ······························· Q
판매가격(단위당) ························· P
변동비(단위당) ··························· V
고정비 ································· F
매출액 = 판매단가 × 매출수량 ········· QP
총변동비 + 고정비 ······ $(QV+F)$
이자 및 세금공제 전 이익($EBIT$) ··· $Q(P-V)-F$

P, V, F는 불변이고 Q만 변하므로

$$\Delta EBIT = \Delta Q(P-V)$$

$$\frac{\Delta EBIT}{EBIT} = \frac{\Delta Q(P-V)}{Q(P-V)-F}$$

$$\therefore 영업레버리지도(DOL) = \frac{EBIT변동률}{매출량변동률} = \frac{\frac{\Delta Q(P-V)}{Q(P-V)-F}}{\frac{\Delta Q}{Q}} = \frac{\Delta Q(P-V)}{Q(P-V)-F} \cdot \frac{Q}{\Delta Q}$$

$$= \frac{Q(P-V)}{Q(P-V)-F}$$

제 2 절 손익분기분석(break-even analysis)

손익분기점(break-even point)은 기업의 생산 또는 판매활동에서 총수익(total revenues)과 총비용(total cost)이 같아지는 점, 즉 순이익이 영이 되는 점이다.

손익분기도표에서는 총수익선과 총비용선의 교점이 손익분기점이 된다.

손익분기분석은 이익과 비용, 가격정책, 생산량과의 상호 관계를 분석하므로 이것을 CVP분석(cost-volume-profit analysis)이라고도 한다. 이 분석은 매출액변동에 따른 이익의 변동과, 비용 및 가격의 변동에 따른 이익의 변동을 다룬다.[2)]

그러면 다음의 예로서 손익분기분석을 설명해 보자.

개당 5,000원에 판매되는 인형을 생산하는 기업이 있다. 이 기업의 연고

〈그림 20-1〉 손익분기도

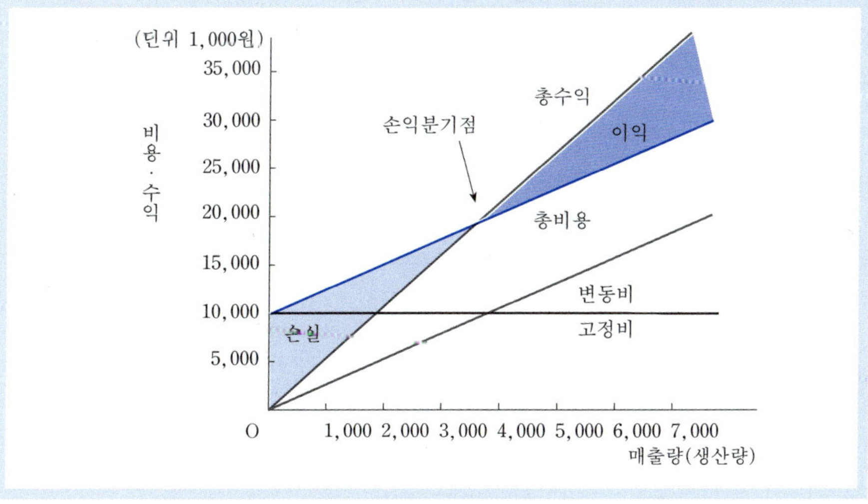

2) *Ibid*., pp. 718~719.

정비는 10,000,000원, 변동비는 개당 2,500원이다.

〈그림 20-1〉은 수익 · 고정비 · 변동비 · 판매량(생산량)의 관계를 나타낸다.

앞에서 언급한 예의 손익분기점을 구하기 위한 공식은 다음과 같다.

$$\text{매출량} = \text{변동비} + \text{고정비}$$

$$P \cdot Q = V \cdot Q + F$$

$$(P - V)Q = F$$

$$\therefore Q = \frac{F}{P - V} \tag{20-2}$$

Q : 손익분기점의 매출수량
P : 단위당 판매가격
V : 단위당 변동비

$$5,000Q = 2,500Q + 10,000,000$$

$$(5,000 - 2,500)Q = 10,000,000$$

$$\therefore Q = \frac{\text{고정비}}{\text{판매가격} - \text{변동비}} = \frac{10,000,000}{(5,000 - 2,500)}$$

$$= 4,000\text{개(손익분기점의 판매수량)}$$

위에서 든 예의 손익분기점에서의 매출수량은 4,000개이며, 이 점에서는 손실도 이익도 없다.

손익분기점에서 매출량의 증가분이 있으면 이익이 증가하며, 매출량의 감소분이 있으면 이익이 감소된다. 손익분기점은 원가 · 판매량 · 이익의 상호간의 관계를 표시해 주며, 판매량의 증감변동이 경영에 어떤 영향을 주는가를

〈표 20-1〉 판매수량과 영업이익

판매수량(개)	영업이익(원)
0	−10,000,000
1,000	−7,500,000
2,000	−5,000,000
3,000	−2,500,000
4,000	0 (손익분기점)
5,000	2,500,000
6,000	5,000,000
7,000	7,500,000

알려주는 동시에, 수익계획 · 가격결정 · 원가통제 · 재무통제에 대한 정보를 제공한다.

〈표 20-1〉은 매출수량에 따른 이익을 나타내며 매출수량과 이익의 관계는 〈그림 20-1〉에 나타나 있다.

판매량에 따른 영업레버리지도(degree of operating leverage: DOL)는 매출량 변동률에 대한 수익변동률이며 이자 및 세금공제 전 이익(EBIT)에 영향을 미친다.

그러면 매출수량에 따른 영업레버리지도를 이용하여 (20-1)식을 구해보자.

전술한 예의 매출량 5,000단위와 6,000단위에 대한 영업레버리지도를 각각 산출하면

$$DOL(5,000\text{단위}) = \frac{5,000(5,000-2,500)}{5,000(5,000-2,500)-10,000,000} = 5$$

$$DOL(6,000\text{단위}) = \frac{6,000(5,000-2,500)}{6,000(5,000-2,500)-10,000,000} = 3$$

이 된다.

5,000단위에서의 영업레버리지도는 5이며, 6,000단위에서의 영업레버지리도는 3이다. 레버리지도가 5라는 것은 매출이 1% 변동되면 이익은 5% 변동된다는 것이다.

환언하면 매출이 5,000단위에서 6,000단위로 증가하면 매출은 20% $\left(\frac{6,000}{5,000}\right)$가 증가되지만 이익은 2,500,000원에서 100%(20% × 5 = 100%) 증가하여 50,000원이 된다는 의미이며 이는 〈표 20-1〉을 보면 확인된다. 그리고 5,000단위와 6,000단위에서의 영업레버리지도는 각각 5와 3이었는데 이것은 매출량이 손익분기점에서 멀어질수록 영업레버리지도는 작아짐을 의미한다.[3)]

판매량변동 이외에도 i) 단위당 판매가격의 변동, ii) 단위당 변동비의 변동, iii) 고정비의 변동으로 인하여 영업레버리지도가 변동되고 이자 및 세금공제 전 이익(EBIT)에 영향을 미친다.

그러면 i) 단위당 판매가격의 변동, ii) 단위당 변동비의 변동, iii) 고정비의 변동의 각각에 대하여 〈그림 20-1〉의 손익분기도가 어떻게 변하는지를 살펴보자.

---

3) O. Maurice Joy, *Introduction to Financial Management*, Richard D. Inwin, Inc., 1980, pp. 471~472.

〈그림 20-2〉 가격인상과 손익분기도

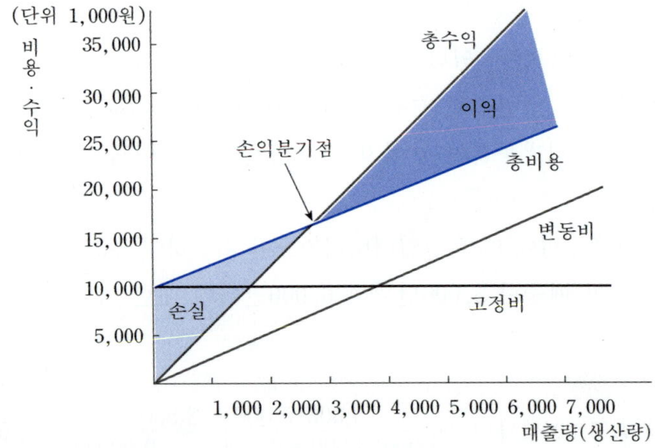

1) 단위당 판매가격의 변동

〈그림 20-2〉는 전술한 예에서 단위당 판매가격이 500원에서 650원으로 상승하였을 때의 손익분기도이다. 판매가격의 상승 때문에 손익분기점이 4,000단위에서 2,500단위 $\left(Q = \dfrac{10,000,000}{(6,500-2,500)} = 2,500 (20\text{-}2)\text{식 참조}\right)$로

〈그림 20-3〉 변동비감소와 손익분기도

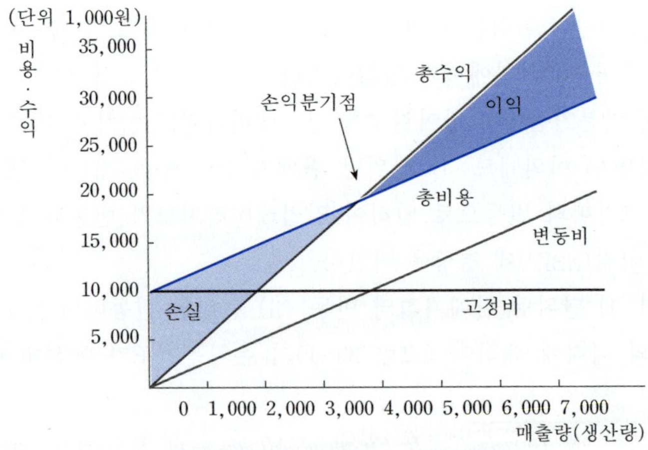

감소되었으며 한계이익은 단위당 1,500원(단위당 판매가격 6,500원 − 5,000원)씩 증가하였다.

2) 단위당 변동비의 변동

〈그림 20-3〉은 단위당 변동비가 2,500원에서 2,000원으로 감소되었을 때의 손익분기도이다. 단위당 변동비가 2,500원에서 2,000원으로 감소되었을 때 손익분기점은 〈그림 20-3〉의 손익분기점 4,000단위에서 3,333단위 $\left(Q=\dfrac{10{,}000}{5{,}000-2{,}000}=3.333\right)$로 감소되었고 한계이익은 단위당 500원씩(단위당 변동비 2,500원 − 2,000원) 증가하였다.

3) 고정비의 변동

〈그림 20-4〉는 단위당 판매가격이 5,000원이고 고정비가 10,000,000원에서 5,000,000원으로 감소되었을 때의 손익분기도이다.

손익분기점은 〈그림 20-4〉의 손익분기점 4,000단위에서 2,000단위 $\left(Q=\dfrac{50{,}000}{5{,}000-2{,}500}\right)$로 감소되었다.

이상의 그림에서 이익은 매출수량이 변동됨에 따라서 증가 또는 감소되는 것을 보았다. 그리고 생산 또는 매출수량이 동일하다면 단위당판매가격 · 단위당 변동비 · 고정비 등의 증가 또는 감소가 이익에 영향을 미치게 된다. 따라서 모든 비용은 감소시키고 매출수량과 단위당 판매가격은 증가시켜야 이익이 극대화될 수 있다. 이와 같이 하려면 경영합리화를 통하여 원가절감을 하고

〈그림 20-4〉 고정비감소와 손익분기도

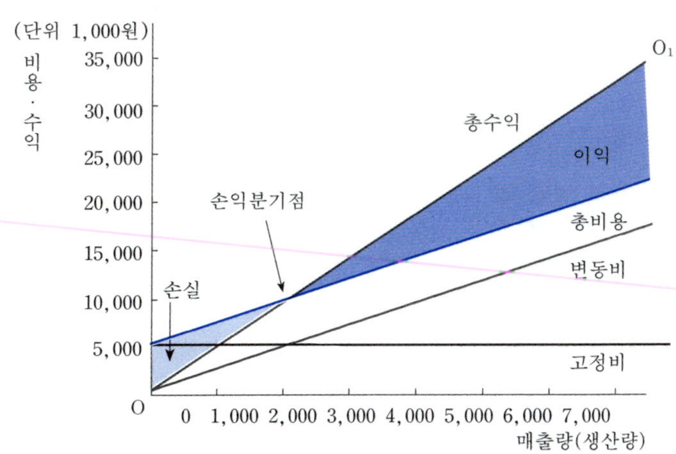

품질향상을 도모하여야 할 것이다.

제 3 절 재무레버리지(financial leverage)

재무레버리지는 자본조달방법에 따라서 주주의 부를 위협하는 위험이다. 즉 기업이 부채를 사용하게 되면 부채의 이자는 약정한 시기에 지급되어야 하므로 주주의 위험과 이익에 영향을 미친다. 타인자본을 사용함으로써 이익 또는 손실이 확대되는 것을 재무레버리지효과(financial leverage effect)라고 한다. 자본구성에 부채가 포함되어 있을 때 이자지불 전의 수익률이 이자율을 초과하면 재무레버리지는 정(positive)이 되며, 그 반대의 경우는 부(negative)의 재무레버리지가 된다.

재무레버리지도(degree of financial leverage: DFL)는 다음과 같은 공식으로 산출된다.

$$\text{재무레버리지도(DFL)} = \frac{EPS\text{변동률}}{EBIT\text{변동률}} = \frac{EBIT}{EBIT-I} = \frac{Q(P-V)-F}{Q(P-V)-F-I}$$

재무레버리지도는 다음과 같이 유도된다.

I: 이자
$EBIT$: 이자 및 세금공제 전 이익
t: 법인세율
N: 발행주식수

EPS(earnings per share): 주당순이익

$$EPS = \frac{(EBIT - I)(1-t)}{N}$$

I, t, N은 일정하므로

$$\Delta EPS = \frac{\Delta EBIT\,(1-t)}{N}$$

$$EPS\text{의 변동률} = \frac{\Delta EPS}{EPS} = \frac{\dfrac{\Delta EBIT(1-t)}{N}}{\dfrac{(EBIT-I)(1-t)}{N}}$$

$$= \frac{\Delta EBIT(1-t)}{N} \cdot \frac{N}{(EBIT-I)(1-t)}$$

$$= \frac{\Delta EBIT}{EBIT-I}$$

$$\text{재무레버리지도} = \frac{\dfrac{\Delta EPS}{EPS}}{\dfrac{\Delta EBIT}{EBIT}}$$

$$= \frac{\dfrac{\Delta EBIT}{EBIT-I}}{\dfrac{\Delta EBIT}{EBIT}} = \frac{\Delta EBIT}{EBIT-I} \times \frac{EBIT}{\Delta EBIT}$$

$$= \frac{EBIT}{EBIT-I}$$

$EBIT = Q(P-V) - F$이므로

$$\therefore\ \text{재무레버리지도} = \frac{Q(P-V)-F}{Q(P-V)-F-I} \qquad (20\text{-}3)$$

1. 주당순이익(EPS)의 계산

레버리지에 의한 손익분기분석을 설명하기 위해 100,000만원의 보통주로 된 장기자본을 가진 어느 제조회사가 다음의 세 가지 자금조달방법 중 한 방법으로 50,000만원의 자금을 추가로 조달하려 한다고 가정하자.

① 보통주 발행

② 20% 이자로 부채사용

③ 18% 우선배당의 우선주 발행

이 제조회사의 이자 및 세금공제 전 이익(EBIT)은 60,000만원, 법인세 34%이며, 현재 200,000주의 주식이 발행되어 있다.

〈표 20-2〉 주당순이익의 계산 (단위: 만원)

자금조달방법	(1) 보통주	(2) 부 채	(3) 우선주
EBIT	60,000	60,000	60,000
이자	0	10,000	0
납세전이익	60,000	50,000	60,000
법인세소득(34%)	20,400	17,000	20,400
납세후이익	39,600	33,000	39,600
우선주배당금	0	0	9,000
보통주에 대한 순이익	39,600	35,000	30,600
발행주식(주)	300,000	200,000	200,000
주당순이익(*EPS*)(원)	1,320	1,650	1,530

이 회사는 보통주를 주당 5,000원에 100,000주를 추가적으로 매각할 수 있다.

세 가지 자금조달방법에 대한 각각의 *EBIT*손익분기점을 구하기 위하여 *EBIT*가 60,000만원일 때 주당수익을 계산해 보면 〈표 20-2〉와 같다.

이자비용은 법인세가 부과되기 전에 차감되어지고 우선주배당금은 법인세 납부 후에 지급된다.

부채의 이자율(20%)이 우선주배당률(18%)보다 높은데도 불구하고 주당순이익은 우선주 발행시보다 부채 이용시에 더 많다. 〈표 20-2〉에 의하면 20% 이자를 지급하는 부채로 50,000만원의 추가적인 자본을 조달하는 것이 보통주 1주당 수익금 1,650원으로 가장 많다. 그리고 보통주를 발행하여 50,000만원을 조달하면 보통주 1주당 수익금이 1,320원으로 가장 적다. 따라서 이 회사에서는 부채로 조달하면 주당 330원(1,650원 − 1,320원)의 추가적인 주주의 수익이 보통주를 발행할 때보다 더 많다. 그러므로 부채로 500,000만원 조달하여 주당 330원의 주주수익을 증가시키는 것이 제일 유리하다. 그 다음에는 우선주 발행으로 보통주 발생시보다 주당 210원(1,530원−1,320원)이 증가되는데, 330원과 210원을 재무레버리지라 한다.

횡축을 *EBIT*, 종축을 주당순이익으로 하면 〈그림 20-5〉와 같은 손익분기도를 그릴 수 있다.

〈그림 20-5〉에서의 세 직선은 세 가지 자본조달방법 각각에 대하여 〈표 20-5〉에 따라 *EBIT*와 주당순이익의 관계를 나타낸다.

횡축은 각 자금조달방법에 대한 고정비용을 포함한 *EBIT*를 나타내고 있다.

보통주 발행시에는 고정비는 없고 횡축의 절편은 영이며, 부채사용의 경우에는 *EBIT*는 이자지불금인 10,000만원, 횡축의 절편은 10,000만원이다. 우선주를 발행하여 자금을 조달할 경우에, 배당금을 지불하기 위해 필요한 비용을 포함한 *EBIT*를 얻기 위해서는 우선주배당금을 (1－법인세율)로 나누어야 한다.

법인세율이 34%일 때 우선주배당금 9,000만원을 지불하기 위해서는 13,636만원의 *EBIT*가 필요하다. 다시 말하면 우선주배당금은 납세 후 지불된다. 우선주를 발행할 경우에는 이자를 지급할 때의 *EBIT*보다 더 큰 *EBIT*를 필요로 한다.

횡축의 절편과 어떤 임의의 *EBIT*에 대응하는 주당순이익이 주어지면 그 두 점을 연결하여 〈그림 20-5〉에서와 같은 직선을 구할 수 있다.

〈그림 20-5〉에서 부채와 보통주로 자금을 조달할 경우 주당순이익의 무차별점이 *EBIT* 30,000만원이라는 것을 알 수 있다. 만약 *EBIT*가 30,000만원보다 적으면 부채보다 보통주 발행시에 더 높은 주당수익을 가져오며, *EBIT*가 30,000만원보다 많으면 보통주보다 부채를 이용할 때 더 높은 주당수익이 생긴다.

우선주와 보통주 사이의 무차별점은 *EBIT*가 40,910만원일 때이다. 이 무차별점보다 *EBIT*가 더 크면 보통주보다 우선주 발행시에 더 높은 주당순

〈그림 20-5〉 세 가지 자금조달방법의 무차별도표 (단위: 만원)

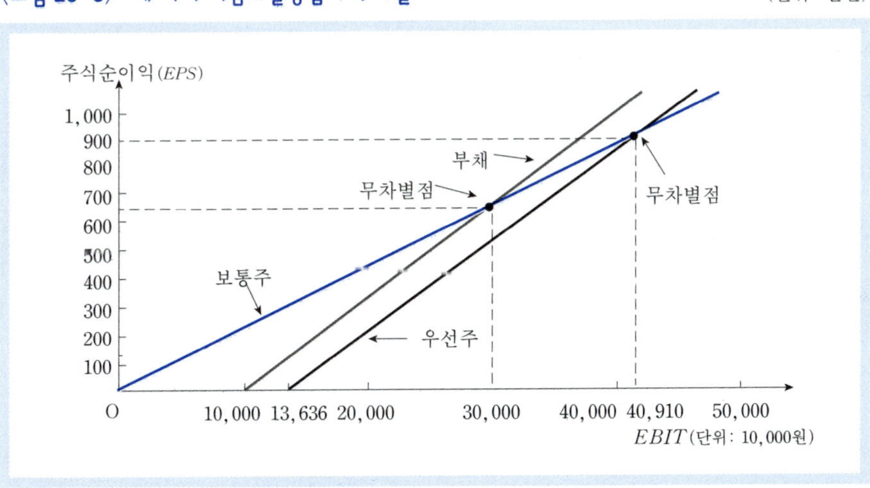

이익이 생기며, *EBIT*가 무차별점보다 적으면 우선주보다 보통주 발행시에 더 큰 주당순이익을 가져다 준다.

그런데 우선주와 사채 사이에는 무차별점이 없다는 것을 〈그림 20-5〉에서 알 수 있다.

일반적으로 자산에 대한 수익이 부채비용을 초과하면 재무레버리지가 유리하고 재무레버리지도가 높을수록 자기자본(보통주)수익률이 높아진다. 〈그림 20-5〉에서 기울기가 클수록 *EBIT* 변화에 대한 주당순이익 변화가 크다.

그러면 *EBIT*가 80,000만원인 경우 각 자금조달방법에 대한 재무레버리지도를 (20-3)공식을 사용하여 구하면 아래와 같다.

2. 재무레버리지도계산

위의 예에 따라 보통주를 발행할 경우와 부채를 조달할 경우, 그리고 우선주를 발행하였을 때에 재무레버리지도를 계산하면 다음과 같다.

(1) 보통주발행의 경우

보통주를 추가적으로 50,000만원 조달하였을 경우에 재무레버리지도는 아래와 같이 계산된다.

$$\text{재무레버리지도(DFL)} = \frac{EBIT}{EBIT - I}$$

$$= \frac{80{,}000\text{만원}}{80{,}000\text{만원}} = 1.0$$

보통주를 더 발행하면 재무레버리지도가 1이 되는데 이것은 *EBIT*(이자와 법인세지불 전 수익)가 1% 변동하면 *EPS*(주당순이익)가 1% 변동한다. 즉 보통주에 의해서만 자금이 조달되는 경우에는 *EBIT*변동률과 *EPS*의 변동률이 같다는 것을 의미한다. 따라서 구주주와 신주주의 1주당 수익금이 동일하게 된다.

(2) 부채(50,000만원) 사용시

$$재무레버리지도(DFL) = \frac{EBIT}{EBIT - I}$$

$$= \frac{80{,}000만원}{80{,}000만원 - 10{,}000만원} = 1.14$$

재무레버리지도가 1.14라는 것은 50,000만원의 부채를 사용할 경우 *EBIT*가 1% 변동하면 *EPS*가 1.14% 변동함을 뜻한다.

(3) 우선주 발행의 경우

$$재무레버리지도 = \frac{EBIT}{EBIT - C} \tag{20-4}$$

(C: 납세 전 우선주배당금)

$$= \frac{80{,}000만원}{80{,}000만원 - 9{,}000만원} = 1.13$$

우선주배당금은 납세 후 지불된다. 법인세율이 34%일 때 우선주배당금 900만원을 지급하기 위해서는 13,636만원의 납세 전 수익이 있어야 한다. 납세전 우선주배당금(C) 부채사용의 경우 이자(I)와 같은 개념이다.

우선주로 자금을 조달할 경우 재무레버리지도가 1.13인데, 이것은 *EBIT*가 1% 변동하면 *EPS*가 1.13%가 변동함을 의미한다. 재무레버리지도가 클수록 주식 1주당의 수익금이 커지는 것을 위에서 증명하였다.[4)]

우리는 지금까지 *EBIT*와 *EPS*분석을 통해서 자금조달방법에 따라 *EPS*에 영향을 미치는 재무레버리지도를 살펴보았다.

다음에는 업무레버리지와 재무레버리지를 결합했을 때 그 결합된 레버리지도가 *EPS*에 어떻게 영향을 미치는가를 분석해 보고 결합레버리지도(degree of combined leverage: DCL)를 유도해 보자.

---

4) *Ibid*., pp. 474~476.

제 4 절 영업레버리지와 재무레버리지의 결합효과

재무레버리지와 영업레버리지가 결합되면 주당순이익(EPS)에 대한 수익 변동효과는 커진다. 즉 두 레버리지의 결합은 EPS의 분산과 위험을 증가시킨다.

그러면 먼저 (20-1)식과 (20-3)식을 결합하여 결합레버리지도를 구하면 (20-5)식과 같다.

$$\text{결합레버리지도(DCL)} = DOL \times DFL = \frac{Q(P-V)}{Q(P-V)-F} \times \frac{Q(P-V)-F}{Q(P-V)-F-I} = \frac{Q(P-V)}{Q(P-V)-F-I} \qquad (20\text{-}5)$$

다음의 예로써 결합레버리지도를 계산해 보자.

단위당 판매가격이 50원, 변동비 25원인 장난감을 연간 8,000단위를 생산하여 판매하는 제조회사가 있다고 가정하자. 이 회사의 연간 고정비는 100,000원이고 법인세율은 50%이며 발행된 보통주식수는 10,000주이다.

그리고 이 회사는 16% 이자율로 100,000원을 차입하였다.

$$\text{결합레버리지도(DCL)} = \frac{Q(P-V)}{Q(P-V)-F-I} = \frac{8{,}000(50-25)}{8{,}000(50-25)-100{,}000-16{,}000} = 2.38$$

$$\text{영업레버리지도(DOL)} = \frac{Q(P-V)}{Q(P-V)-F} = \frac{8{,}000(50-25)}{8{,}000(50-25)-100{,}000} = 2$$

$$재무레버리지도(DFL) = \frac{Q(P-V)-F}{Q(P-V)-F-I}$$

$$= \frac{8{,}000(50-25)-100{,}000}{8{,}000(50-25)-100{,}000-16{,}000}$$

$$= 1.19$$

$$\therefore 결합레버리지도(DCL) = DOL \times DFL = 2 \times 1.19 = 2.38$$

결합레버리지도가 2.38이라는 것은 매출량이 1% 증가하면 주당순이익(EPS)은 2.38% 증가함을 의미한다.

결합레버리지도(2.38)와 영업레버리지도(2.0)를 비교해 볼 때 영업레버리지와 재무레버리지가 서로 결합됨으로써 레버리지효과가 확대됨을 알 수 있다.[5)]

제 5 절 손익분기분석의 한계점

손익분기분석은 개념적으로 간단하지만 여러 가지 한계점을 가지고 있다. 손익분기분석에 의한 결과를 이해하기 위해서는 그 분석법이 가지고 있는 한계점을 명확히 인식해야 한다.

손익분기분석에 있어서 그 한계점들을 요약하면 아래와 같다.

첫째로 손익분기분석에 있어서 가정 중의 하나는 생산량이나 판매량에 관계없이 단위당 판매가격과 변동비가 일정하다는 것이다. 그러나 실제 기업의 판매량은 판매가격에 영향을 주며 판매량의 증가에 따라 단위당 변동비도 변한다.

예를 들어 설명하면 매출량이 증가하면 시장가격은 감소하며, 변동비는 기업이 생산설비를 완전 가동하므로 점차 증가한다. 즉 노동의 효율성은 점차 감소하고 이전보다 더 많은 작업시간에 대한 노무비를 추가로 지급해야 한다.

이러한 손익분기분석의 가정을 현실화하기 위하여 총수익과 매출량(생산량), 총비용과 매출량(생산량)의 관계를 비선형적으로 나타내는 비선형손익분기분석(curvilinear or nonlinear break-even analysis)을 이용하는데 이를 그림으로

5) Van Horne, *op. cit.*, pp. 722~728.

〈그림 20-6〉 비선형손익분기분석

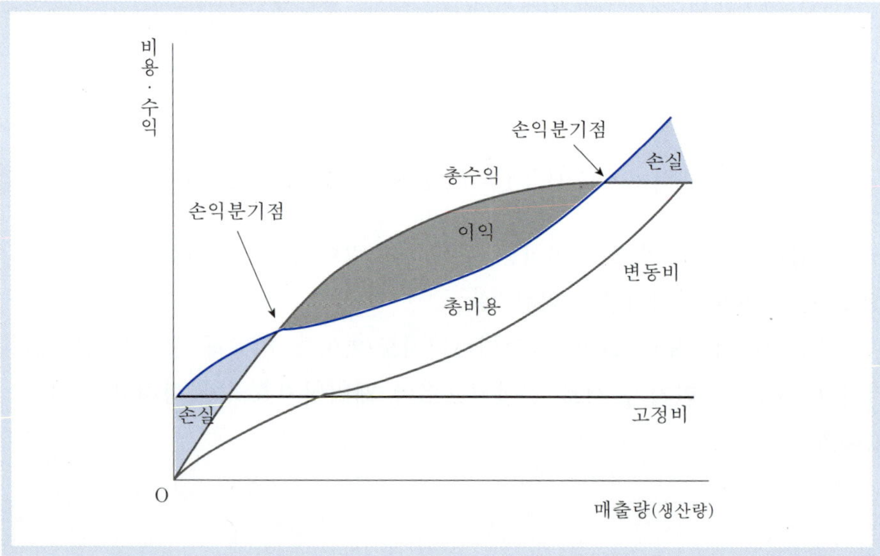

나타내면 〈그림 20-6〉과 같다.

둘째로 손익분기분석에서는 총비용을 고정비용과 변동비용으로 구분하는데, 현실적으로 그 구분이 명확하지가 않다. 실제로 대부분의 비용을 살펴보면 일부는 변동비이고, 다른 일부는 고정비의 성격을 띠고 있으므로 이것을 고정비 또는 변동비라고 명확하게 분류를 한다는 것은 어렵다. 그리고 변동비는 생산량과 정비례하여 증감되지만 경우에 따라서는 준비례하여 증감되는 준변동비(semivariable cost)도 있다. 즉 생산량이 100 증감되면 변동비가 80 증감되는 경우도 있다.

고정비로 분류된 비용은 생산량이나 매출액에 관계없이 일정하다는 가정은 장기적으로 볼 때 타당하지 못하다.

매출액의 증가 때문에 생산시설능력이 부족하여 새로운 설비를 투입한다면 고정비는 증가하게 된다. 그러므로 손익분기분석은 기존 생산시설의 변경없이 생산할 수 있는 관련범위(relevant range)내에서만 유용하다.

셋째로 한 기업에서 여러 종류의 제품을 생산하는 경우에 손익분기분석의 한계점이 나타난다. 여러 종류의 제품을 생산(매출)할 때, 제품배합(mix)이 변한다면 단일손익분기분석을 사용할 수 없다. 즉 제품배합이 변할 때는 각 제품에 대한 손익분기분석이 필요하며, 또 모든 제품공정에 공통적인 비용을 분배하는 문제가 발생한다.

넷째로 손익분기분석을 위한 비용 · 수익 · 생산량 등의 통계는 역사적 관계에 근거를 두고 있다. 그러나 시간이 경과함에 따라 이런 관계는 변동한다. 손익분기분석에서 필요로 하는 것은 과거의 원가 · 매출량 · 이익의 관계가 아니라 이들에 대한 미래의 관계이다. 미래의 비용 · 매출량 · 이익의 측정은 불확실성과 많은 위험이 따른다.

다섯째로 손익분기분석은 장기계획에 사용되지 못한다. 연구개발비(research and development outlays)와 자본적 지출(capital expenditures)과 같은 확실한 지출로부터 실현된 수익은 대부분 손익분기분석이 사용될 수 없다. 손익분기분석은 이러한 지출을 정당화할 수 없으나 계속기업(going concerns)에 있어서는 이러한 지출이 필요하다.

상기와 같은 한계점들이 있지만 손익분기분석이 적절하게 사용된다면 손익분기분석은 재무관리자에게 중요한 통제수단이 될 수 있다.

제 6 절 불확실성하에서의 손익분기분석

불확실성하에서의 손익분기분석시 중요한 요소들 중의 하나는 기대판매량(생산량)(expected volume)이다. 왜냐하면 기대판매량(생산량)에 의거하여 특정 생산공정의 영업활동의 성과를 판단하기 때문이다.

기대판매량(생산량)은 추정을 하여 구해지는 것이므로 그 값은 불확실하다. 그러므로 손익분기점은 근사하게 추정하여 구하는 것이 필요하다.

재디크(Jaedicke)와 로비체크(Robichek)가 공동으로 작성한 논문 "Cost-Volume-Profit Analysis under Conditions of Uncertainty"를 바탕으로 하여 불확실성하에서의 손익분기분석을 설명하고자 한다.

특정 기간 동안의 매출량을 확률변수(random variable)로 보고, 기대매출확률분석(probability distribution of expected outcomes)를 정규적이고 연속적(normal and continuous)인 것으로 가정한다.

다음과 같은 예로써 이 개념을 적용하여 손익분기분석을 해 보자.

제품단위당 판매가격과 변동비는 각각 3,000원, 1,750원이고 고정비는

〈그림 20-7〉 판매수량의 분포도

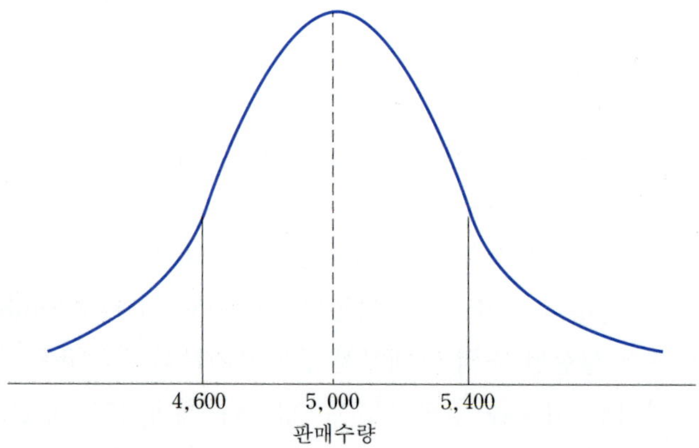

5,800,000원이며 이들 값은 확실히 알 수 있다고 가정한다.

(20-2)식을 이용하면 손익분기점을 구할 수 있다.

$$Q=\frac{F}{P-V}=\frac{5{,}800{,}000}{3{,}000-1{,}750}=4,640\text{단위}$$

여기에다 5,000단위가 판매될 가능성이 가장 크며, 실제 판매수량이 5,000±400단위의 범위 내에 있을 가능성이 $\frac{2}{3}$라는 가정을 하면 판매수량에 대한 분포는 〈그림 20-7〉과 같이 나타난다.

평균 5,000단위, 표준편차 400단위에 대한 정규분포가 주어지면 판매량이 어느 수준보다 많거나 적을 확률을 계산할 수 있다. 이 확률을 계산하는 데 사용되는 방법은, 어느 특정한 판매량이 평균으로부터 어느 정도의 표준편차를 가지는가를 결정하기 위하여 확률분포를 표준화할 것이다.

그러면 실제 판매수량이 손익분기점인 4,640단위보다 작을 확률을 구해보자.

$$Z=\frac{5{,}000-4{,}640}{400}=\frac{360}{400}=0.9$$

부표-3의 정규분포도표에서 실제 판매수량이 손익분기점보다 적을 확률이 0.184(= 0.5−0.3159)(표준편차 0.9에 대한 값)임을 알 수 있다.

〈그림 20-8〉 판매수량의 분포도

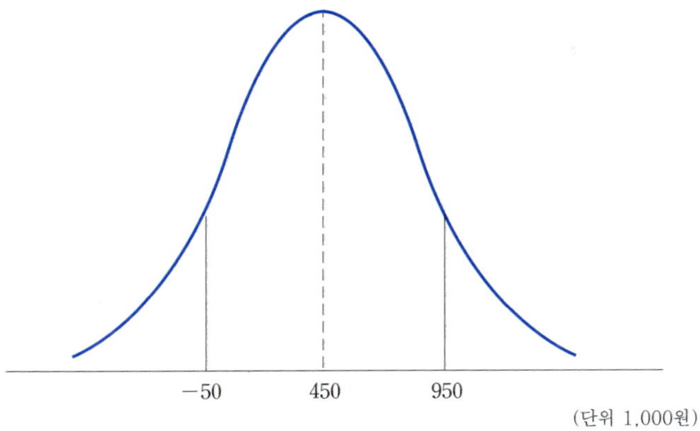

〈그림 20-7〉의 판매량에 대한 확률분포가 수익에 대한 확률분포로 바꾸어질 수 있다.

판매량 5,000단위에서의 이익은

$$5,000 \times 3,000 - 5,000 \times 1,750 - 5,800,000 = 450,000\text{원}$$

판매량 5,400단위에 대한 이익, 즉 평균에서 오른쪽 방향으로의 표준편차는

$$5,400 \times 3,000 - 5,400 \times 1,750 - 5,800,000 = 950,000\text{원}$$

이 된다.

〈그림 20-8〉에서 이익에 대한 확률분포의 평균은 450,000원이고 표준편차는 500,000원임을 알 수 있다.

이익에 대한 평균과 표준편차의 값을 알면 앞에서 언급한 방법과 같이 이익이 어느 수준보다 많거나 적을 확률을 계산할 수 있다. 이익이 0보다 작게 될 확률은 판매량이 손익분기점보다 적을 확률과 같으므로 0.184이다. 그러므로 이익이 0보다 클 확률은 0.816(1−0.184＝0.816)이다.

이와 같은 방법으로 이익이 어느 수준 이상이나 이하로 될 확률을 가능한 판매량의 전 범위에 대해 구할 수 있다. 다시 말하면 각 제품에 관련된 위험, 즉 기업이 최소한 손익분기점에서 영업을 할 수 있는 확률이나 이익이 어느 수준을 초과할 수 있는 확률을 평가할 수 있다.

확률개념을 이용한 손익분기분석은 경영자가 영업위험(operating risk)을 평가하는 데 도움을 주며 전통적인 손익분기분석법보다 위험을 평가하는 데 더욱 객관적인 틀을 제공해 준다.[6)]

레버리지펀드, 조정장서 약점 노출

승승장구하던 레버리지 펀드가 조정장 앞에서 리스크를 고스란히 노출했다. 하락장은 물론 변동성이 높은 상황에서도 리스크가 크다는 점을 유념하고 투자해야 한다는 평가다.

23일 금융정보업체 에프앤가이드에 따르면 22일 기준 지난 2월 이후 목표전환형을 제외한 국내 레버리지펀드의 평균 수익률은 −6.07%로 집계됐다. 같은 기간 코스피 하락률은 −3.2%다.

펀드별로 살펴보면 국내 최초의 레버리지 펀드인 'NH-CA1.5배레버리지인덱스증권투자신탁 A'의 경우 2월 이후 −5.06%의 성적표를 제출했고 레버리지 배율이 가장 높은 '푸르덴셜2.2배레버리지인덱스증권투자신탁 A'의 경우 −8.06%의 손실을 기록했다. '대신Forte레버리지인덱스1.6증권투자신탁 A'와 '하나UBS파워1.5배레버리지인덱스증권투자신탁 A'의 경우도 각각 −5.59%와 −5.04%의 수익률을 나타냈다.

레버리지펀드는 상승장에서의 추가 수익만큼 하락장에서의 추가 손실도 감내해야 한다. 특히 유념해야 할 점은 수익반영 구조가 일일등락이라 현재와 같이 변동성이 큰 상황에서는 하락폭이 더 커진다는 것이다. 지난 두 달여 손실 폭이 배율보다 큰 이유도 여기에 있다.

김종철 신한금융투자 애널리스트는 "1.5배 레버리지를 기준으로 보자면 하루는 10% 상승하고 하루는 10% 하락하면 인덱스펀드는 1% 하락하지만 레버리지펀드는 2.25% 하락한다"며 "상승장을 전제로 설계된 상품이라 현재 상황에서 적극적으로 투자하기는 부담스러운 상품"이라고 평가했다.

문제는 레버리지펀드가 이처럼 고위험군 상품임에도 불구하고 분할매수나 목표전환 등의 구조적인 요인만 부각하며 안정성을 강조하고 있다는 점이다.

올해 초 레버리지펀드에 투자했다는 한 투자자는 "주가 상승 여력이 크지 않기 때문에 레버리지를 이용해서 수익을 극대화해야 한다는 설명을 보고 투자를 결정했다"며 "하락 시 문제점에 대한 설명이 너무 부족했다"고

6) *Ibid*., pp. 726~736.

불만을 토로했다.

업계 관계자는 "시장이 지지부진한데 비해 투자자들의 기대수익률이 여전히 높은 상황이 문제"라며 "투자자들도 기대수익률을 낮추고 신중하게 접근할 필요가 있고 업계도 복잡한 상품구조를 좀더 확실히 안내해야 한다"고 지적했다.

김 애널리스트는 "레버리지나 인버스펀드는 특성상 장기투자처로는 적합하지 않다"며 "일시적인 헤지(hedge)나 단기투자 수단으로 이해하고 투자하는 것이 바람직하다"고 조언했다.

– 아시아경제 2011. 3. 23. 신문기사

연 습 문 제

1. 다음 용어들을 간략히 설명하시오.

① 손익분기점 ② 영업레버리지

③ 재무레버리지 ④ 결합레버리지

2. 기업의 레버리지와 위험과의 관계를 설명하시오.

3. 손익분기분석의 한계점에 대해 설명하시오.

4. 다음은 한양주식회사의 회계자료이다.

고정비	10,000만원(감각상각비 2,000만원)
단위당 변동비	3,000원
100%조업시 생산능력	6,000개
판매단가	5,000원

① 손익분기점을 구하시오.

② 2,000만원의 이익을 얻기위한 최소한의 매출액을 구하시오.

③ 70%조업시 이익을 구하시오.

④ 판매단가가 7,000원으로 변하고, 단위당 변동비가 4,500원으로 변했을 때의 손익분기점을 구하라.

5. 한일기업은 A, B, C 세 가지 제품을 생산, 판매하고 있는데 각 제품의 판매단가(P), 단위당 변동비(V), 각 제품의 매출액이 총매출액에서 차지하는 비율(매출비율)은 다음과 같으며, 이 기업의 고정비는 연간 204만원이다. 다음 물음에 답하시오.

제 품	P	V	매출비율
A	20,000원	1,600원	20%
B	3,000	2,100	30
C	4,000	3,000	50

① 한일기업의 손익분기점을 구하시오.
② 255,000원의 이익을 얻기 위한 최소한의 매출액을 구하시오.
③ 매출액이 1,000만원일 때 한일기업의 영업레버리지도를 구하시오.

6. 다음 자료를 이용해 영업레버리지도, 재무레버리지도, 결합레버리지도를 구하시오.

매출액	500,000
변동비	200,000
고정비	100,000
영업이익	200,000
이자비용	150,000
법인세차감전 이익	50,000

7. 한양기업의 현재 매출액이 9,000만원이며, 세금공제 후 순이익은 300만원이다. 이 회사가 생산하고 있는 제품은 3,000원에 팔리고 있으며, 변동비는 우산 1개당 2,000원이다. 법인세는 40%이다.
① 이 회사의 고정비는 얼마인가?
② 이 회사의 손익분기점을 매출량과 매출액으로 각각 구하시오.

8. 한일기업의 손익계산서를 요약하면 다음과 같다. 단위당 변동비가 일정하다고 할 때, 한일기업의 손익분기점은 얼마인가?

매출액	1,500,000
비용	1,200,000
변동비	800,000
고정비	400,000
영업이익	300,000

9. 한양기업의 2009년도 손익계산서는 다음과 같다.

(2009. 1. 1－2009. 12. 31)

매출액(1,000개 × 20천원) 비용 (1,000개 × 12천원) 고정비	20,000 －12,000 － 6,000
EBIT 이자비용	20,000 800
EBT 법인세(0.4)	12,000 － 480
EAT	720

한양기업의 영업레버리지도, 재무레버리지도, 결합레버리지도를 구하시오.

제 6 편

위험관리

제21장
옵션거래

현대 재무이론의 초점은 자본시장을 중심으로 한 자본자산의 균형가격결정에 관한 연구가 주류를 이루고 있으며, 이러한 연구흐름은 1952년 마코위츠(Harry Markowitz)의 평균·분산기준에 의한 포트폴리오선택이론(portfolio selection)을 기반으로 급진전되어 자본자산가격결정모형(capital asset pricing model: CAPM)을 생성·발전시켰고, 이어서 옵션가격결정모형(option pricing model: OPM)에 관한 연구가 활발히 전개되고 있다.

옵션가격결정모형에 관한 연구의 대상이 되는 옵션거래(option trade)는 1990대 중반까지는 우리 나라의 자본시장에 도입되지 않아 생소한 제도였다. 그러나 1997년 7월 한국증권거래소(KSE)에 주가지수옵션[1]이 개설되고 1999년 4월에는 한국선물거래소(KOFEX)에 미국달러 옵션이 상장되면서 급속한 성장의 기저를 마련하게 되었다. 미국의 경우는 장외시장을 중심으로 발전되다가 1972년 옵션거래의 조직화된 최초의 제도적 시장인 시카고옵션거래소(Chicago Board Option Exchange)가 출현되면서 급속히 성장하여 학계와 실무에서 가장 큰 관심분야로 대두되고 있다. 옵션거래는 선물거래와 비교할 수 있는데 선물거래는 매수, 매도자에 계약이행의 권리와 의무가 모두 부여되는 반면 옵션거래는 매수자에게는 계약이행의 권리만을, 매도자에게는 계약이행의 의무만을 부여하는 특성을 가지고 있다. 그리고 옵션거래는 계약이행의 권리는 부여받고 의무는 부과되지 않는다는 것이 선물거래와 다른 점이고, 그 영

1) 주가지수옵션은 KOSPI200을 기초자산으로 하는 유럽피언형 옵션으로서 1계약은 주가지수 1포인트에 100,000을 곱한 금액이다. 달러/원 옵션의 기본계약 단위는 10,000달러이고 유럽피언형 옵션으로서 미국달러 옵션가격에 10,000을 곱한다.

역은 주식옵션거래로 시작되어 채권옵션거래, 그리고 외국환옵션거래 등으로 확대되고 있다.

제 1 절 옵션의 기본개념과 옵션거래시장

1. 옵션의 정의

옵션이란 특정 자산(기초자산, Underlying Asset)을 미리 정한 가격(행사가격)에 미래 특정 시점(만기)에 매수하거나 매도할 수 있는 권리이다. 옵션은 기초자산을 매수(혹은 매도)할 수 있는 권리이지만 의무는 아니다. 옵션매수자는 계약기간 동안 경제적 이익이 없을 경우에는 행사를 포기할 수 있다. 또한 옵션매수자는 이러한 권리를 갖는 대가로 프리미엄을 지급하며, 옵션매도자는 그 권리를 매도하고 프리미엄을 수취한다. 옵션의 정의에서 가장 중요한 점은 옵션의 매수자는 특정 주식을 매수 혹은 매도할 수 있는 권리를 부여받으며 의무는 없는 것으로, 이것은 옵션이 선물(Futures), 선도계약(Forward Contracts)과의 차이점이다. 따라서 옵션매수자는 계약기간 동안 경제적 이익이 없을 경우에는 옵션의 행사, 즉 특정 주식의 매수 혹은 매도를 포기할 수 있다.

옵션거래에서 사용되고 있는 여러 가지의 용어들이 있는데, 이들 용어를 정의하기로 한다. 옵션거래에서 옵션을 매수하여 옵션의 행사권리를 부여받은 자는 옵션매수자(option buyer), 옵션을 판매(혹은 발행)하여 옵션의 행사권리를 부여한 자를 옵션매도자(option seller) 또는 옵션발행자(option writer)라고 한다. 옵션거래가 이루어지는 특정 자산을 기초자산(underlying security asset)이라고 하고, 옵션을 행사할 수 있는 거래의 일정시점 혹은 일정기간을 만기일(expiration date 또는 maturity)이라고 한다.

한편 옵션매수자는 옵션의 행사권리를 부여받은 대가로 옵션매수자에게 권리의 가치를 지불하여야 하는데, 이 권리의 가치를 옵션프리미엄(option premium)이라고 한다. 그리고 옵션거래 시 미리 정해진 권리를 행사할 수 있는 가격을 행사가격이라고 하는데 주식의 옵션거래는 일정수량의 주식을 일정한 가격으로 일정한 기간 내에 매수 또는 매도할 수 있는 선택권을 매매하는 것으로 이때의 일정가격이 행사가격인데 이 가격은 옵션발행 시 결정되어 있다.

2. 옵션의 유형

자본시장에서 옵션은 기본적으로 옵션매수자 측면에서 주식을 매수하기 위하여 사용하는 주식의 매수권리인 콜옵션(call option)과 주식을 매도하기 위하여 사용하는 주식의 매도권리인 풋옵션(put option)으로 분류된다. 콜옵션의 매수자는 만기일(혹은 만기일 이내)에 옵션매도자로부터 기초자산을 행사가격으로 매수할 수 있으며, 풋옵션의 매수자는 옵션매도자에게 기초자산을 행사가격으로 매도할 수 있는 옵션의 행사권리가 있다.

옵션을 행사할 수 있는 시점이 언제인가에 따라서 미국식 옵션(American option)과 유럽식 옵션(European option)으로 분류되는데, 미국식 옵션은 만기일 내의 어느 시점에서나 옵션의 행사가 가능한 데 반하여, 유럽식 옵션은 만기일에서만 옵션의 행사가 이루어질 수 있다. 따라서 미국식 옵션은 더욱 유리한 조건을 부여하는 것이라 할 수 있고 이 때문에 미국식 옵션의 경우 다른 조건이 동일한 유럽식 옵션에 비해 그 권리의 가치만큼 높은 가격에 거래된다.

옵션발행자가 옵션발행 시 옵션의 기초자산을 보유하고 있는지의 유무 여부에 따라 담보옵션(covered option)과 무담보옵션(naked option)으로 구분되는데, 담보옵션은 옵션발행자가 보유하고 있는 주식을 기초자산으로 콜옵션을 발행한 것이고, 무담보옵션은 옵션발행자가 보유하지 않고 있는 주식을 기초자산으로 콜옵션을 발행한 것이다. 그러므로 무담보옵션의 발행자는 담보옵션의 발행자에 비하여 투기적이고 위험이 크다.

그리고 콜옵션의 행사가격과 만기시의 기초자산의 시장가격과 대소, 즉 옵션행사의 가치유무에 따라 '외가격'(out of the money)옵션, '내가격'(in the money)옵션, 그리고 '등가격'(at the money)옵션으로 분류되는데, '외가격'(out of the money)옵션은 현재 주가가 행사가격보다 낮아 옵션의 행사에 따른 가치가 음인 옵션이고, 주가가 행사가격보다 높아 옵션의 행사에 따른 가치가 양인 옵션은 '내가격'(in the money)옵션, 그리고 현재 주가가 행사가격과 같은 옵션을 '등가격'(at the money)옵션이라고 한다.

3. 옵션의 특징

옵션은 특정 자산을 사거나 팔 수 있는 권리를 부여한 독특한 형태의 재무적 계약일 뿐이지 반드시 사거나 팔아야 하는 의무를 수반하지는 않는 일종의 조건부상환청구권(contingent claim)으로서 다음과 같은 특징을 지니고 있다.

첫째, 조건부상환청구권이므로 옵션소유자의 의사에 따라 자신에게 유리한 경우에만 권리를 행사하고 불리한 경우에는 옵션의 행사를 포기할 수 있다. 따라서, 이 경우 옵션매수자는 옵션매도자에게 지불한 옵션프리미엄만큼의 손해를 보게 된다.

둘째, 옵션매도자는 옵션가격을 받고서 권리를 팔았기 때문에 옵션소유자의 권리행사에 반드시 응하여야 하고, 만기일까지 권리행사가 없는 옵션은 자동 소멸되게 된다.

셋째, 옵션은 선물(futures)과 더불어 대표적인 파생증권에 해당한다. 즉, 옵션가치는 옵션 그 자체의 수익력에 의해서 결정되는 것이 아니라 기초자산이 가진 시장가치에 의해 결정된다고 할 수 있다.

넷째, 옵션은 기초자산의 발행자와 관계없이 두 투자자간의 거래, 즉 옵션을 발행한 투자자와 옵션을 구입한 투자자간에 이루어지는 거래이므로, 기초자산이 주식인 경우 해당 기업의 기업가치와는 무관하다고 할 수 있다.

4. 옵션의 기능

옵션은 선물과 더불어 주식투자의 대체수단으로서 광범위하게 활용되고 있는데, 옵션의 경제적인 기능은 다음과 같다.

(1) 레버리지(leverage) 기능

옵션은 주식이나 채권 등과 같은 상품에의 투자비용보다 상대적으로 적은 투자비용으로 높은 투자수익률을 올릴 수 있는 레버리지 수단으로 활용될 수 있다. 예를 들어 한 투자자가 특정기업의 주가가 상승할 것이라고 예상하는 경우에 주식을 매수하는 것보다는 콜옵션을 매수할 경우 적은 투자금액으로 동일한 투자이익을 얻을 수 있으며, 반대로 주가가 하락할 것으로 예상하는 경우에도 주식을 공매(short sale)하는 대신에 풋옵션을 매수함으로써 적은 투자금액으로 동일한 투자이익을 얻을 수 있게 된다.

(2) 위험 헤지(hedge) 기능

헤지기능은 예를 들어 주가가 상승할 것으로 예상하여 주식을 매수한 투자자의 경우 예상과 달리 주가가 하락하면 큰 손실을 입게 된다. 따라서 기초자산에 대해 롱 포지션을 취하고 있는 투자자는 풋옵션을 함께 매수하게 되면 손실을 크게 줄일 수 있게 된다.

반대로 주가가 하락할 것으로 예상하여 주식을 공매한 투자자의 경우 예상과 달리 주가가 상승하면 큰 손실을 입게 된다. 따라서 주식공매와 함께 콜옵션을 매수하게 되면 손실을 크게 줄일 수 있게 된다. 이러한 헤지전략은 특정 옵션에만 투자하거나, 옵션과 옵션을 적절히 결합하거나, 또는 옵션과 다른 금융상품을 결합함으로써 다른 금융상품에 투자할 때에 비하여 위험을 감소시킬 수 있는 기능이라고 할 수 있으며, 기초자산과 옵션의 적절한 결합으로 위험이 전혀 존재하지 않는 무위험 포트폴리오도 구성할 수 있게 만들어 준다.

(3) 새로운 파생금융상품의 개발

투자자는 이러한 옵션의 다양한 결합을 통해 전혀 새로운 금융상품을 개발할 수 있다. 앞에서 언급하였듯이, 금융시장의 투자자는 새로운 투자기회와 위험회피의 욕구를 계속적으로 추구하고 있다. 옵션은 이러한 투자자의 투자욕구를 잘 반영하여 다양한 투자기회를 포착할 수 있도록 도와 주며, 새로운 투자전략을 형성할 수 있도록 도와 주고 있다고 할 수 있도록 해 준다.

5. 옵션거래시장

자본시장이 발전 · 확대되면서 새로운 거래제도의 출현을 갈망해 온 투자자의 욕구에 부합하여 개발된 옵션거래는 과거 상품에 대한 옵션거래에 착안하여 자본시장에서 도입하였는데, 1973년 이전까지에는 미국의 장외시장(over-the-counter market: OTC market)에서 주로 기관투자자들에 의하여 이루어지고 있었다. 그런데 장외시장에서의 옵션거래는 매우 무질서하였고, 비효율적으로 운영됨에 따라 옵션투자자들의 불만은 고조되었고, 옵션거래의 제도적 시장을 창설하기 위한 노력의 계기가 되었다. 즉 비조직적인 시장에서 옵션투자자들은 그들의 거래상대자를 찾기 위하여 미국 전역에 걸쳐 수소문하였고, 기존의 옵션계약을 매매할 수 있는 2차시장(secondary market)도 형성되지 않아 옵션거래는 많은 제약하에서 이루어지고 있었던 것이다.

이러한 옵션거래의 무질서와 비효율성에 대한 개선과 투자자의 조직적인 시장출현에 대한 열망, 그리고 옵션거래에 대한 일반투자자들의 관심의 증가는 1973년 4월 미국 최초의 제도적 옵션시장(option market)인 시카고 옵션거래소(Chicago Board Option Exchange: CBOE)를 설립시켰다. CBOE는 처음에 거래량이 많은 16종류의 보통주에 대한 매수권부옵션으로 거래를 시작하여 옵션대상인 주식의 종목수, 옵션의 형태, 거래량 및 거래금액 등에서 획기적인 성장을 하였다. 또한 CBOE를 비롯한 미국의 제도적 옵션거래시장도 American Pacific, 그리고 필라델피아 옵션거래소 등 4곳으로 증가하여 옵션거래를 더욱 활성화시키는 역할을 수행하고 있으며, 옵션거래의 양적 및 질적 향상은 옵션거래를 더욱 대중화하여 일부 거래소에서는 옵션의 거래량이 주식의 거래량을 상회할 정도로 옵션거래의 확대를 촉진시키고 있다.

한편 네덜란드의 암스테르담(Amsterdam)에 본부를 두고 있는 유럽 옵션거래소(European Option Exchange: EOE)에서는 15종류의 보통주, 금, 그리고 네덜란드의 국채가 상장되어 옵션거래가 이루어지고 있다. 아직 EOE의 규모는 작지만 런던이나 호주의 옵션시장을 위협하면서 성장을 지속하고 있다.

CBOE를 비롯한 미국의 조직적인 옵션시장에서는 옵션매수자와 옵션매도자들의 거래를 원활히 하고 조정하기 위하여 제도적 장치와 옵션계약 및 형태를 표준화하였다. 이러한 옵션시장의 주요 기능은 첫째, 옵션결재회사(option clearing corporation: OCC)를 설치하여 옵션의 매매가 원활히 이루어질 수 있도록 옵션매수자에 대하여는 옵션발행자, 그리고 옵션발행자에 대해서는 옵션매수자의 역할을 대행하고, 유통시장인 2차시장의 기능도 수행하여 기존의 옵션계약을 거래할 수 있도록 함으로써 옵션투자자들에게 유용한 투자전략의 범위를 확장시키고 유동성도 창조하는 것이며, 둘째 옵션거래에 필요한 주요 특징을 표준화하여 거래를 질서 있고 효과적으로 이루어질 수 있게 한다.

옵션계약의 표준화란 옵션의 만기일, 옵션의 행사가격, 거래단위, 그리고 주식분할이나 주식배당이 실시되는 경우에 취해지는 절차를 표준화하는 것이다. 장외시장에서 옵션의 만기일은 장외시장의 영업일 동안은 항상 만기일로 지정될 수 있으나 제도적 옵션시장에서는 거래의 질서를 위하여 만기일을 지정하고 있다.

CBOE가 창설된 당시의 만기는 3개월 단위로 가장 긴 만기가 9개월이고, 옵션발행일로부터 9개월 이내의 1, 4, 7, 10월의 마지막 주의 월요일을 만기일로 정하였으나 옵션거래가 증가함에 따라 2, 5, 8, 11월과 3, 6, 9, 12월의 셋째주 토요일도 만기일로 지정되어졌다. CBOE는 옵션의 행사가격도 표준화하였는데, 옵션의 행사가격은 옵션의 만기일의 장단에 관계없이 동일한 기초자산에 대해서는 동일하고, 기초자산의 현 시장가격을 고려하여 CBOE에서 임의로 결정되어진다. 행사가격은 일반적으로 기초자산의 시가가 $50 미만인 경우에는 $5 단위로, $50~200인 경우에는 $10단위, $200 이상의 주가를 가진 기초자산에 대해서는 $20단위로 증가되며, 최저행사가격은 $10로 정해져 있다. 예를 들면, 기초자산의 현 주가가 $37인 주식에 대한 옵션의 행사가격은 $10, $15, … , $35, 그리고 기초자산의 현 주가가 $97인 경우 행사가격은 $10, $20, …, $90 등으로 표준화되어 있다. 그리고 옵션거래가 가능한 주식수는 100주로 정해져 있으며, 옵션의 만기일 전에 주식분할(stock splits)이나 주식배당(stock dividend)이 행해질 경우에는 옵션매수자와 옵션매도자에게 불공평한 이익을 방지하기 위하여 이에 대한 조정을 하고 있다. 즉 상장된 옵션의 기초자산에 대한 현금배당은 조정하지 않으나 주식분할과 주식배당에 대해서는 배당기준일에 옵션매수자와 옵션매도자에 공평하게 배분되도록 조정한다.

한편 옵션시장은 2차시장의 기능을 수행함으로써 가계약된 옵션도 거래가 가능하게 하는데, 계약된 옵션이라도 만기일 이전까지는 옵션시장을 통하여 항상 매매가 이루어지므로 옵션매수자는 옵션을 행사하지 않고 옵선시장에서 언제든지 매수한 옵션을 매각할 수 있다. 만약 기초자산의 주가가 상승하여 주가가 행사가격보다 높을 경우, 매수권부옵션의 매수자는 옵션을 행사하여 이익(주가 — 행사가격 — 옵션프리미엄)을 실현하거나 옵션시장의 2차 시장기능을 이용하여 옵션발행시보다 높은 옵션프리미엄으로 옵션을 다른 투자자에 매각함으로써 이익(현재의 옵션프리미엄 — 옵션매수시의 옵션프리미엄)을 성취할 수 있다.

제 2 절 옵션의 가치

옵션은 기초증권의 가치와 위험도에 의존한 조건부상환청구권이다. 이 옵션의 가치는 기초자산의 시장가격에 따라 결정되는데, 여기서는 옵션의 만기일에만 옵션을 행사할 수 있는 유러피언 옵션을 가정하여 만기시점에서 옵션의 가치가 기초자산의 가치에 의해 어떻게 결정되는지 알아보도록 한다.

1. 만기일의 콜옵션의 가치

콜옵션은 옵션소유자가 미리 정해진 만기일에 정해진 가격으로 특정 주식을 살 수 있는 권리이다. 따라서 옵션의 소유자는 자기에게 효익을 줄 수 있는 경우에만 옵션의 권리를 행사하고, 불리한 경우에는 권리행사 자체를 포기하게 된다. 즉, 만기일에 기초자산의 가격이 행사가격보다 높은 경우, 옵션소유자는 시장에서 거래되는 기초자산(이하 주식)을 현재가격보다 더욱 저렴한 가격인 미리 약정된 금액(행사가격)으로 주식을 매수할 권리를 행사할 것이다. 반대로 만기 시점에서의 행사가격이 주식의 시장가격보다 높을 경우 옵션의 소유자는 권리를 행사하지 않게 되어 해당 옵션의 가치는 0이 된다. 왜냐하면, 투자자가 행사가격으로 주식을 매수하는 비용보다 시장에서 해당 주식을 직접 매수하는 것이 훨씬 적은 비용을 투자하는 것이기 때문이다. 이러한 관계를 수식으로 나타내면 다음과 같다.

$$C_t = \text{Max}[0, (S_t - X)]$$

여기서 C_t는 만기시점의 콜옵션 가치를, S_t는 만기시점의 주식의 가치, X는 미리 약정된 행사가격을 의미한다. 즉, 콜옵션의 매수에 따른 만기일의 가치는 0과 (S_t-X) 중에서 큰 값이다. 만기일의 주식가격이 행사가격보다 작으면 (S_t-X)가 0보다 작으므로 콜옵션의 가치는 0이 되며, 만기일의 주식가격이 행사가격보다 크면, (S_t-X)가 0보다 크므로 콜옵션의 가치는 (S_t-X)가 된다. 이와 같이 만기시점의 주식가격에 따라 콜옵션의 가치가 변화함을 알 수가 있다. 즉, 만기시점의 주식가격이 행사가격 보다 낮으면, 콜옵션을 매

〈그림 21-1〉 만기일의 콜옵션 가치

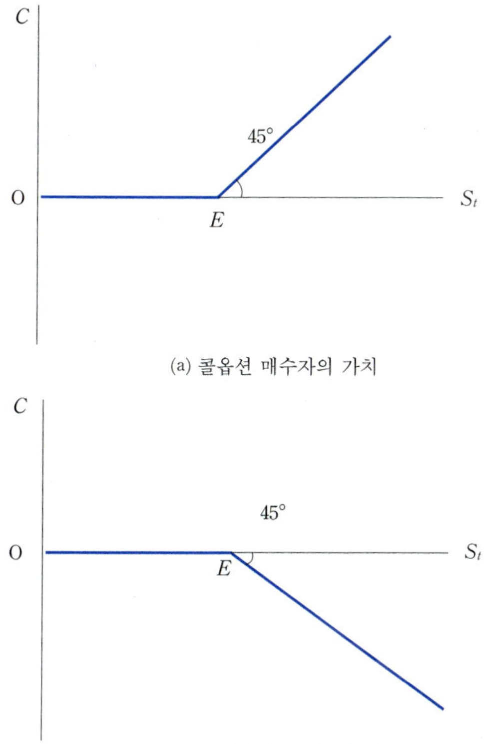

(a) 콜옵션 매수자의 가치

(b) 콜옵션 매도자의 가치

수한 옵션의 소유자는 권리를 행사하지 않을 것이므로 옵션의 가치는 0이 되고, 주식의 가격이 행사가격보다 높으면 높을수록 콜옵션의 가치는 지속적인 상승을 보이게 된다.

반대로 콜옵션을 판매한 사람의 경우는 만기에 옵션의 소유자가 권리를 행사하면, 해당 주식을 행사가격만을 받고 팔아야 한다. 이러한 행사가격이 주식가격보다 같거나 낮다면 옵션의 소유자는 권리를 행사하지 않을 것이므로 콜옵션을 매도한 사람의 이득은 0이 된다. 그러나 주식의 가격이 행사가격보다 높게 형성된다면 옵션매도자는 그 차액만큼의 손해를 보게 될 것이다. 이러한 관계를 그래프로 나타내면 〈그림 21-1〉과 같다.

2. 콜옵션 가치의 특성 및 범위

콜옵션의 가치 혹은 가격은 현재의 주식가격보다 클 수 없다. 콜옵션은 행사가격을 지불하고, 주식을 매수할 수 있는 권리이므로, 콜옵션을 매수하고자 하는 사람은 주식을 시장에서 직접 매수할 때, 지불하여야 하는 금액 이상을 지불하면서 콜옵션을 매수하지는 않을 것이다. 극단적으로 만기일이 없고, 행사가격이 0인 콜옵션의 경우일지라도 주식에는 배당과 의결권이 있는 반면, 콜옵션에는 없기 때문에 콜옵션의 가치가 주식가격보다는 클 수 없다. 그리고 콜옵션의 가격은 현재의 주식가격에서 행사가격을 뺀 값보다는 크거나 같고, 0보다도 크거나 같다고 할 수 있다. 만약 콜 옵션가격이 (S_t-X)보다 작다면 옵션을 매수하여 바로 행사함으로써 S_t-X-C_t 만큼의 차익거래이익을 얻을 수 있다. 예를 들어 다음과 같은 경우를 고려해보자.

현재의 주식가격: 20,000원
콜옵션의 행사가격: 18,000원
옵션의 가격: 1,000원

이 경우 투자자는 1,000원의 가격에 콜옵션을 매수하여 바로 행사하면 2,000원의 이익을 얻을 수 있으므로 1,000원의 차익거래이익을 얻을 수 있다. 따라서 위와 같은 차익거래이익을 미연에 방지하려면 옵션의 가격은 최소한 2,000원$(=S_t-X)$만큼은 되어야 할 것이다.

3. 풋옵션의 가치

풋옵션은 만기일에 미리 약정된 가격(행사가격)으로 주식을 팔 권리를 말한다. 따라서, 풋옵션 소유자의 입장에서 보면, 만기시점에서 기초자산의 가격이 행사가격보다 낮으면 유리하다. 예컨데, 만기일에 시장에서 행사가격보다 싼 가격으로 주식을 매수하여, 그 가격보다 높은 가격인 행사가격으로 풋옵션의 매도자에게 판매하면 될 것이기 때문이다. 반면, 만기일에 행사가격보다 주식의 가격이 높게 책정되면, 풋옵션의 소유자는 행사가격으로 주식을 풋옵션의 매도자에게 판매하는 것보다 주식시장에서 해당 주식을 매도하면 더 많은 수익을 올릴 수 있을 것이므로, 옵션의 권리를 행사하지 않을 것이다. 이

럴 경우 풋 옵션의 가치를 수식으로 나타내면 다음과 같다.

$$P_t = \text{Max}[(X - S_t),\ 0]$$

즉, 풋옵션의 매수에 따른 만기일의 가치는 0과 $(X-S_t)$ 중에서 큰 값이다. 만기일의 주식가격이 행사가격보다 작으면, $(X-S_t)$가 0보다 크므로 풋옵션의 가치는 $(X-S_t)$가 되며, 만기일의 주식가격이 행사가격보다 크면 $(X-S_t)$가 0보다 작으므로 풋옵션의 가치는 0이 된다. 이처럼 만기에 있어서의 옵션의 가치는 그 옵션이 가진 행사가격을 기준으로 손익이 결정됨을 알 수 있다. 즉, 옵션의 소유자의 경우 기초자산(주식)의 가격이 행사가격보다 높다면, 주식을 팔 권리를 포기하게 되므로, 옵션의 가치는 0이 될 것이고, 행사가격보다 주식의 가격이 낮다면, 행사가격과 주식가격과의 차익만큼 이득을

〈그림 21-2〉 풋옵션의 가치

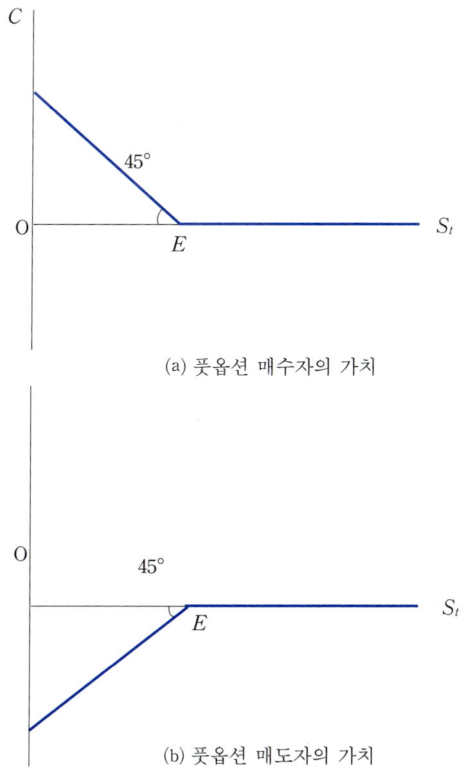

(a) 풋옵션 매수자의 가치

(b) 풋옵션 매도자의 가치

얻게 된다는 것이다. 이를 그래프로 나타내면 〈그림 21-2〉와 같다.

4. 풋옵션 가치의 특성 및 범위

풋옵션 가격은 행사가격보다 클 수가 없다. 즉, 풋옵션을 보유하는 경우 행사일의 주식가격이 0일 때, 얻을 수 있는 최대이익이 행사가격이므로 어떤 사람도 풋옵션의 가격으로 행사가격 이상의 금액을 지불하지는 않을 것이기 때문이다.

5. 풋-콜 패러티

시장이 균형인 상태에서 동일한 기초자산에 대하여 발행한 만기 및 행사가격이 동일한 콜옵션과 풋옵션간의 관계식을 풋-콜 패러티(put-call parity)라 한다.

이 풋-콜 패러티를 도출하기 위하여 어떤 투자자가 주식 1주와 이 주식을 기초자산으로 하는 풋옵션을 하나 매수하고, 이 풋옵션과 만기 및 행사가격이 같은 콜옵션을 하나 매도하는 포트폴리오를 구성하였다고 하자. 이 포트폴리오의 구성시점에서의 가치와 만기일의 가치를 구하면 〈표 21-1〉과 같다.

〈표 21-1〉에 제시된 바와 같이 이렇게 구성된 포트폴리오의 만기일의 가치는 주식가격과 관계없이 X로 일정하다. 즉, 이 포트폴리오는 위험이 전혀 없는 무위험포트폴리오이다. 따라서 이 포트폴리오의 균형적인 수익률은 무위험 이자율이며, 이 포트폴리오의 균형하에서의 현재가치는 만기일의 가치를 무위험이자율로 할인한 현재가치가 되어야 한다. 왜냐하면, 무위험포트폴리오

〈표 21-1〉 포트폴리오 구성시점에서의 가치와 만기일 가치

	현재 가치	만기일의 가치	
		$S_t < X$	$S_t \geq X$
주식매수	S	S_t	S_t
풋옵션매수	P	$X-S_t$	0
콜옵션매도	$-C$	0	$-(S_t-X)$
총 가 치	$S+P-C$	X	X

를 구성하기 위하여 투자한 금액($S+P-C$)은 현재의 현금흐름인 데 비하여 포트폴리오로부터의 수익 X는 만기에서의 현금흐름이다. 그리고 만기의 수익 X는 무위험자산에 대한 투자수익이므로 무위험 이자율 R_f로 할인해 주어 현재가치를 계산해야 한다. 만기까지의 기간을 t라고 한다면 X는 $(1+R_f)^t$로 할인해 주어야 한다. 그러므로 다음의 관계가 성립해야 하며, 이를 풋-콜 패러티라고 한다.

$$S+P-C=X \cdot B(T)$$

여기서 $X \cdot B(T)$는 행사가격의 현재가치이며 $B(T)$는 $1/(1+R_f)^t$가 된다. 따라서 위의 풋-콜 패러티는 다음의 의미를 지닌다.

첫째, 콜옵션이나 풋옵션의 가격 중에서 하나만 알면, 동일한 기초자산에 대하여 발행된 행사가격과 만기가 동일한 다른 옵션의 가격을 추정할 수 있다.

둘째, 행사가격이 현재의 주식가격과 같다면 콜옵션의 가격이 풋옵션의 가격보다 높음을 알 수 있다는 것이다. 즉, $C-P=S-X \cdot B(T) \geq 0$이므로 콜옵션의 가격이 풋옵션의 가격보다 높다는 것이다.

셋째, 주식과 그 주식을 기초자산으로 하여 발행된 콜옵션 및 풋옵션, 그리고 옵션의 행사가격과 동일한 액면가를 갖는 무위험 할인채 중 세 자산을 적절히 결합하면 다른 하나의 자산을 매수 또는 공매한 것과 동일한 가치를 갖는 포트폴리오를 구성할 수 있다.

제 3 절 옵션의 가격에 영향을 미치는 요소

앞에서 설명한 바와 같이 옵션은 기초자산(주식, 채권 등)에 근거하여 행사가격과 만기 등의 조건으로 성립되는 계약이다. 그러므로, 옵션가격은 기초자산의 가격과 이러한 가격의 변동성, 기초자산의 가격 형성에 영향을 미치는 변수들과 동일한 기초자산에 연계한 변수들, 그리고 행사가격과 만기 등의 옵션 계약에 포함된 변수들 및 기타 변수라고 할 수 있는 무위험 수익률 등에 의해 결정됨을 알 수 있다. 그러면 이러한 옵션가격에 영향을 미치는 여러 가지 변수들이 콜옵션과 풋옵션의 가격형성에 어떻게 작용하는지 알아보도록 한다.

1. 콜옵션의 가격에 영향을 미치는 요인

1) 기초자산의 현재가격(S_0)

기초자산의 현재가격이 높을수록 콜옵션의 가격은 상승한다. 왜냐하면 기초자산의 현재가격이 높아질수록 본질적 가치뿐만 아니라 콜옵션이 행사될 가능성 또한 증가할 것이기 때문이다.

2) 행사가격(X)

행사가격이 높을수록 콜옵션의 가격은 하락한다. 행사가격이 높아진다면 본질적 가치뿐만 아니라 콜옵션이 행사될 가능성이 감소할 것이기 때문이다.

3) 만기까지의 기간(T)

만기까지의 기간이 길어질수록 콜옵션의 가격은 상승한다. 만기까지의 기간이 길수록 기초자산의 가격변동성이 커질 뿐만 아니라 옵션을 행사할 수 있는 기회가 증가하기 때문이다.

4) 무위험이자율(R_f)

무위험이자율이 높을수록 콜옵션의 가격은 상승한다. 무위험이자율이 높아질수록 행사가격의 현재가치를 감소시켜 기초자산의 가격이 행사가격을 무위험이자율로 할인한 값보다 커질 가능성이 증가하기 때문이다.

5) 기초자산가격 또는 수익률의 분산(σ^2)

기초자산가격 또는 수익률의 분산이 커질수록 콜옵션의 가격은 상승한다. 기초자산의 가격 또는 수익률의 분산이 클수록 기초자산의 가격이 행사가격보다 커질 가능성이 증가하기 때문이다.

6) 현금배당(D)

기초자산의 배당성향이 클수록 콜옵션의 가격은 하락한다. 기초자산의 배당성향이 높을수록 기초자산의 가격을 감소시키게 되므로 콜옵션이 행사될 가능성이 감소하기 때문이다.

2. 풋옵션의 가격에 영향을 미치는 요인

다른 조건이 동일하다면 특정변수의 변화에 따른 풋옵션의 가격변화는 다음과 같다.

1) 기초자산의 현재가격(S_0)

기초자산의 현재가격이 높을수록 풋옵션의 가격은 하락한다. 기초자산의 현재가격이 높아질수록 본질적 가치뿐만 아니라 풋옵션이 행사될 가능성이 감소하기 때문이다.

2) 행사가격(X)

행사가격이 높을수록 풋옵션의 가격은 상승한다. 행사가격이 높아질수록 본질적 가치뿐만 아니라 풋옵션이 행사될 가능성이 증가하기 때문이다.

3) 만기까지의 기간(T)

만기까지의 기간이 길수록 풋옵션의 가격은 상승한다. 만기까지의 기간이 길수록 기초자산의 가격변동성이 커질 뿐만 아니라 옵션을 행사할 수 있는 기회가 증가하기 때문이다.

4) 무위험 이자율(R_f)

무위험이자율이 높을수록 풋옵션의 가격은 감소한다. 무위험 이자율이 높아질수록 풋옵션을 행사하여 받게 될 행사가격의 현재가치가 감소하기 때문이다.

5) 기초자산가격 또는 수익률의 분산(σ^2)

기초자산가격 또는 수익률의 분산이 클수록 풋옵션의 가격은 상승한다. 기초자산가격 또는 수익률의 분산이 클수록 기초자산의 가격이 행사가격보다 작아질 가능성이 증가하기 때문이다.

6) 현금배당(D)

기초자산의 배당성향이 클수록 풋옵션의 가격은 상승한다. 기초자산의 배당성향이 클수록 기초자산의 가격을 감소시키게 되므로 풋옵션이 행사될 가능성이 증가하기 때문이다.

제 4 절 옵션의 거래지표

옵션의 가치는 기초자산 시장의 가격변동에 따라 변화하지만, 현물시장과 선물시장과는 달리 비선형적인 변화를 보인다. 이 때문에 옵션거래를 행할 때 많은 요소를 고려해야 한다. 기초자산의 가격이 하락할 것에 대비하여 헤징할 경우에는 옵션의 만기손익만이 중요하나, 옵션 자체를 매매하여 수익을 얻고자 하는 경우에는 보다 더 자세히 옵션으로 인한 위험을 파악할 필요가 있다. 이때 옵션의 거래지표(Option Greeks)들이 옵션의 위험을 파악하는 데 도움을 준다.

1) 델타(Delta: Δ)

델타란 기초자산의 가격변화에 대한 옵션가격의 변화율을 말한다. 즉 기초자산의 가격변화에 대한 옵션가격변화의 민감도라고 할 수 있으며 수학적으로 다음과 같이 표현할 수 있다.

$$\frac{\partial C}{\partial S}$$ (단, C는 콜옵션의 가격, S는 기초자산의 가격)

예를 들어 현재 A기업의 주식이 10,000원이라고 가정하자. 이 주식의 콜옵션은 현재 1,000원에 거래되고 있다. 그리고 현재 이 옵션의 델타를 0.5라고 가정할 때, 만약 주식가격이 10,000원에서 11,000원(10%의 변화)으로 상승한다면 옵션의 가격은 1,000원에서 1,500원으로 변화한다.(=1000+1000×0.5)

콜옵션의 델타는 0과 1 사이의 값을 가지며, 풋옵션의 델타는 −1에서 0의 값을 가진다.

2) 감마(Gamma: Γ)

감마란 기초자산 가격변화에 대한 델타의 변화율을 말한다. 즉 감마는 델타의 델타를 의미하며, 수식으로 표현하면 다음과 같다.

$$\frac{\partial^2 C}{\partial S^2}$$ (단, C는 콜옵션의 가격, S는 기초자산의 가격)

어떤 옵션이 외가격 상태에서 내가격 상태로 변화한다면 옵션의 델타 또한 변화한다. 즉 델타값은 고정된 것이 아니라 기초자산의 가격변화에 따라 달라진다는 것으로, 감마는 이러한 델타값의 변화 속도를 나타내는 지표이다.

감마에 영향을 주는 주요 변수는 ① 행사가격과 환율과의 거리(델타로 특정됨), ② 옵션 잔존만기 길이, ③ 시장의 변동성이라고 할 수 있다.

동일한 행사가격의 콜옵션과 풋옵션의 감마는 같고 등가격(ATM) 옵션에서 최대값을 가진다.

3) 세타(Theta: θ)

세타란 시간경과에 따른 옵션가치의 변화분이다. 수식으로 나타내면 다음과 같다.

$$\frac{\partial C}{\partial \tau}\text{(단, }C\text{는 콜옵션의 가격, }\tau\text{는 시간)}$$

옵션이 등가격(ATM)에 있으면 기초자산가격의 변화에 대한 델타값의 변화도 가장 크고 동시에 세타값도 최대가 된다.

4) 베가(Vega: κ)

베가란 변동성의 변화에 따른 옵션가치의 변화분이다. 카파(kappa: κ)라고도 불리며, 이를 수식으로 표시하면 다음과 같다.

$$\frac{\partial C}{\partial \sigma}\text{(단, }C\text{는 콜옵션의 가격, }\sigma\text{는 변동성)}$$

주의할 점은 베가는 역사적 변동성(historical volatility)과 옵션가치의 관계가 아닌 시장에서 거래되고 있는 변동성(implied volatility)과 옵션가치의 관계라는 점이다. 변동성은 시간가치의 주요 요인이 되는데, 내가격(ITM)옵션이나 외가격(OTM)옵션은 등가격 옵션보다 시간가치가 축소하고 변동성의 변화에 대한 옵션가치 변화의 민감도도 낮아지기 때문에 등가격에서 베가값은 크게 된다. 또한 베가는 잔존만기가 증가할수록 에 비례하여 증가한다.

5) 로(Rho: ρ)

로란 이자율의 변화에 따른 옵션가치의 변화분이다.

$$\frac{\partial C}{\partial r}\text{(단, }C\text{는 콜옵션의 가격, }r\text{은 이자율)}$$

제 5 절 옵션거래전략과 손익

옵션은 주식과 같은 다른 증권과 결합하거나 다른 옵션과 결합함으로써 투자자가 원하는 투자이익패턴을 창출할 수 있는 투자전략이 가능하게 된다.

이와 같이 옵션거래전략이란 주식이나 옵션에 단독으로 투자하거나 여러 종류의 주식을 결합하여 투자하는 것으로 각 증권의 결합단위, 만기, 행사가격의 차이에 따라 기본포지션, 헤지포지션, 스프레드, 콤비네이션의 네 가지 형태로 분류할 수 있다.

1. 기본포지션

기본포지션(naked position)은 단지 하나의 주식이나 옵션만을 매수하거나 매도하는 포지션을 말한다.

(1) 주식의 매수

주식을 매수했을 경우에는 주가가 상승하면 상승하는 만큼 이익이고, 주

〈그림 21-3〉 주식거래의 손익

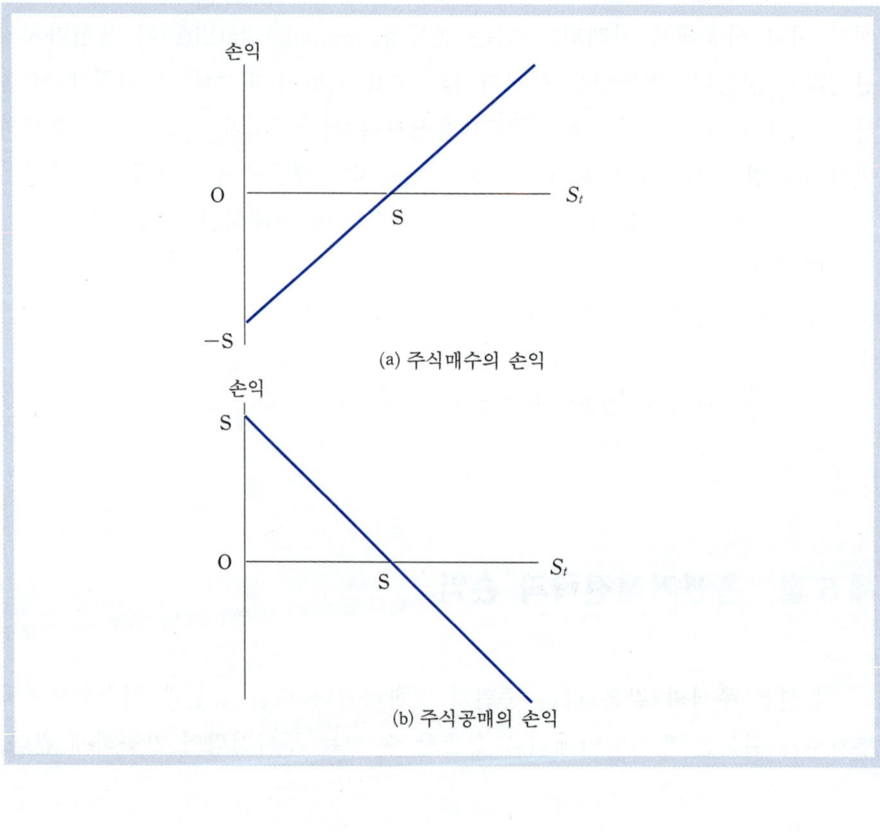

가가 하락하면 하락하는 만큼 손실이다. 따라서 주식을 매수할 경우의 손익은 만기일의 주가에서 매수시의 주가를 뺀 값이다.

$$주식매수의\ 손익 = S_t - S$$

S_t: 만기일의 주가
S: 매수시의 주가

주식을 공매했을 경우에는 주식을 매수한 경우와는 반대로 주가가 하락하면 하락하는 만큼 이익이고, 주가가 상승하면 상승하는 만큼 손실이다. 따라서 주식공매를 할 경우의 손익은 매수시의 주가에서 매도시의 주가를 뺀 값이다.

$$주식공매시의\ 손익 = S - S_t$$

(2) 콜옵션의 손익

옵션을 매수 또는 매도했을 때의 만기일의 손익은 만기일의 옵션가치에 옵션프리미엄을 더하거나 빼주면 된다. 즉, 콜옵션을 매수했을 경우 만기일의 주가가 행사가격보다 작으면 옵션의 가치가 0이므로, 옵션의 매수에 소요된 비용인 콜옵션가격(C)만큼 손실을 입게 된다. 반대로 만기일의 주가가 행사가격보다 크면, 옵션의 가치가 $S_t - X$이므로 손익은 여기에서 콜옵션가격을 뺀 값이다.

콜옵션을 매도했을 경우의 손익은 콜옵션을 매수할 경우와 반대이다. 즉 만기일의 주가가 행사가격보다 작으면 콜옵션 매도의 가치가 0이므로 옵션을 매도하고 받은 콜옵션 가격(C)만큼 이익을 얻게 된다. 반대로 만기일의 주가가 행사가격보다 크면, 콜옵션매도의 가치가 $-(S_t - X)$이므로 손익은 여기에 콜옵션 가격을 더한 값이다. 이상의 결과를 도표와 그림으로 나타내면 〈표 21-2〉, 〈그림 21-4〉와 같다.

〈표 21-2〉 콜옵션의 손익

	콜옵션 매수		콜옵션 매도	
	$S_t < X$일 때	$S_t \geq X$일 때	$S_t < X$일 때	$S_t \geq X$일 때
옵션행사에 따른 손익 +옵션프리미엄의 손익	0 $-C$	$S_t - X$ $-C$	0 C	$-(S_t - X)$ C
콜옵션의 손익	$-C$	$S_t - X - C$	C	$-(S_t - X) + C$

〈그림 21-4〉 콜옵션의 손익

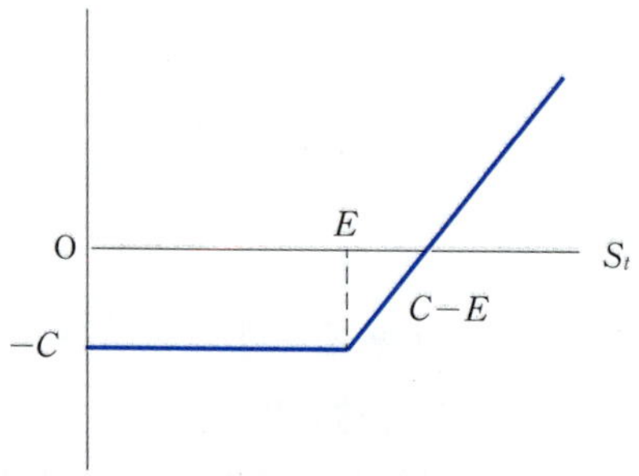

(a) 콜옵션 매수의 손익

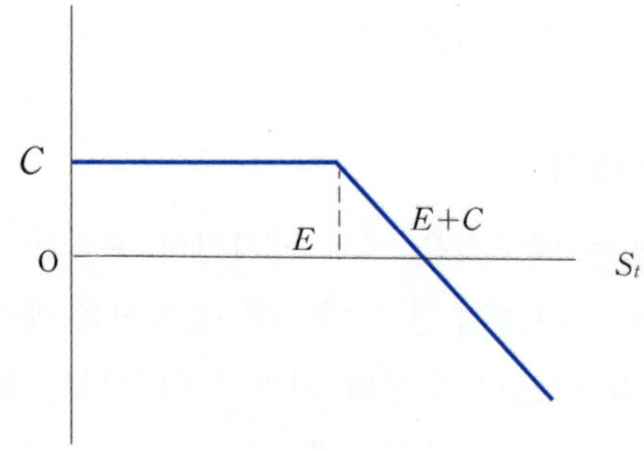

(b) 콜옵션 매도의 손익

(3) 풋옵션의 손익

풋옵션을 매수했을 경우 만기일의 주가가 행사가격보다 작으면 옵션의 가치가 $X-S_t$이므로, 손익은 여기에서 옵션의 매수에 소요된 비용인 풋옵션가격을 뺀 값이다. 반대로 만기일의 주가가 행사가격보다 크면 옵션의 가치가 0이므로, 풋옵션가격만큼 손실을 입게 된다.

풋옵션을 매도했을 경우의 손익은 풋옵션을 매수할 경우와 반대이다. 만기일의 주가가 행사가격보다 작으면 풋옵션 매도의 가치가 $-(X-S_t)$이므로, 손익은 여기에 옵션을 매도하고 받은 풋옵션 가격을 더한 값이다. 반대로 만기일에 주가가 행사가격보다 크면 풋옵션 매도의 가치가 0이므로, 풋옵션 가격만큼 이익을 얻게 된다. 이상의 결과를 도표와 그림으로 나타내면 〈표 21-3〉, 〈그림 21-5〉와 같다.

〈표 21-3〉 풋옵션의 손익

	풋옵션 매수		풋옵션 매도	
	$S_t < X$일 때	$S_t \geq X$일 때	$S_t < X$일 때	$S_t \geq X$일 때
옵션행사에 따른 손익 +옵션프리미엄의 손익	$(X-S_t)$ $-P$	0 $-P$	$-(X-S_t)$ P	0 P
풋옵션의 손익	$X-S_t-P$	$-P$	$-(X-S_t)+P$	P

〈그림 21-5〉 · 풋옵션의 손익

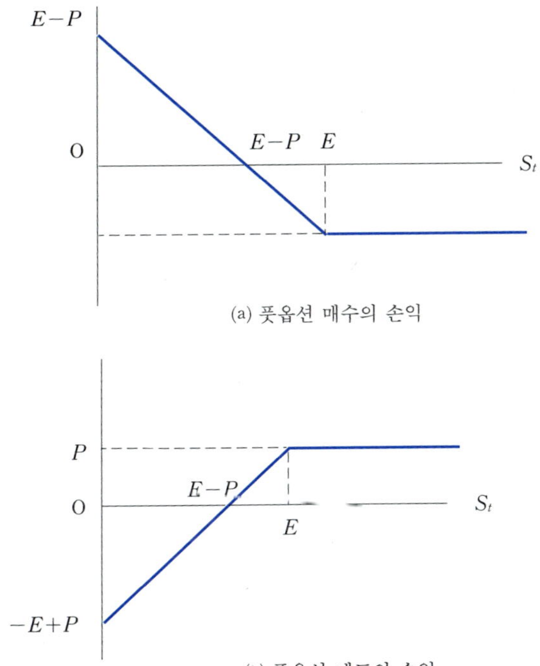

(a) 풋옵션 매수의 손익

(b) 풋옵션 매도의 손익

2. 헤지포지션

헤지포지션은 주식에서의 손실을 옵션이 보전하거나 옵션에서의 손실을 주식이 보전할 수 있도록 기초자산과 옵션을 결합시킨 포지션을 말한다. 예를 들어 주식을 매수하는 동시에 콜옵션을 매도하거나 풋옵션을 매수함으로써 주식가격의 하락에 따른 손실을 옵션으로부터의 이익으로 보충할 수 있다. 반대로 주식을 공매할 경우에는 콜옵션을 매수하거나 풋옵션을 매도함으로써 주식가격의 상승에 따른 손실을 줄일 수 있다.

(1) Covered Call

Covered Call은 주식을 매수하고 그 주식에 대한 콜옵션을 매도하는 포지션을 취하는 거래전략으로써 주가상승시 이익은 작지만 주가하락시 손실을 줄이고자 하는 투자전략이다. 이 경우의 손익은 다음과 같이 나타난다.

	$S_t < X$ 일때	$S_t \geq X$ 일때
주식매수의 손익 +콜옵션 매도의 손익 +옵션프리미엄의 손익	$S_t - S$ 0 C	$S_t - S$ $-(S_t - X)$ C
전체의 손익	$(S_t - S) + C$	$(X - S) + C$

(2) Protective Put

Protective Put은 주식을 매수하고 그 주식에 대한 풋옵션을 매수하는 포지션으로서 주가하락시 손실을 헤지하면서 주가상승시 이익을 향유하려는 투자전략이다. 이 경우의 손익은 다음과 같이 나타난다.

	$S_t < X$ 일때	$S_t \geq X$ 일때
주식매수의 손익 +풋옵션 매도의 손익 +옵션프리미엄의 손익	$S_t - S$ $X - S_t$ $-P$	$S_t - S$ 0 $-P$
전체의 손익	$X - S - P$	$(S_t - S) - P$

(3) 스프레드

스프레드는 콜옵션이나 풋옵션 중에서 한 종류의 옵션만을 이용하는 전략으로서 동일한 기초자산에 대하여 발행된 한 종류의 옵션 중에서 행사가격 또는 만기일이 다른 옵션을 하나는 매수하고 다른 하나는 매도하는 포지션을 말한다. 이 때 행사가격의 차이를 이용하여 구성한 스프레드를 수직스프레드라고 하며, 만기일의 차이를 이용하여 구성한 스프레드를 수평스프레드라고 한다. 즉 수직스프레드는 특정 행사가격을 가진 옵션을 매수함과 동시에 다른 모든 조건은 동일하나 행사가격만 다른 옵션을 매도하는 전략으로 가격스프레드라고도 한다. 수평스프레드는 특정 만기일을 가진 옵션을 매수함과 동시에 다른 모든 조건은 동일하나 만기일만 다른 옵션을 매도하는 전략으로 시간스프레드라고도 한다.

1) 수직 스프레드(vertical spread)

프리미엄 증가속도(델타값) 차이를 이용하는 전략으로 반드시 동일한 만기를 지닌 옵션을 사용해야 한다.

① Bull

Bull Call Spread	콜옵션(낮은 행사가격) 매입+콜옵션(높은 행사가격) 매도
Bull Put Spread	풋옵션(낮은 행사가격) 매입+풋옵션(높은 행사가격) 매도

② Bear

Bear Call Spread	콜옵션(낮은 행사가격) 매도+콜옵션(높은 행사가격) 매입
Bear Put Spread	풋옵션(낮은 행사가격) 매도+풋옵션(높은 행사가격) 매입

2) 수평 스프레드(Horizontal Spread)

수평 스프레드 또는 시간 스프레드(Carendar Spread)는 옵션의 시간가치 잠식속도의 차이를 이용하는 전략이다. 시간가치 잠식속도가 큰 만기가 짧은 (등가격) 옵션을 매도하고 같은 행사가격의 만기가 긴 옵션을 매입하거나, 반대로 기간이 짧은 옵션을 매입하고 같은 행사가격의 만기가 긴 옵션을 매도하는 것이다.

3) 변동성 전략

기초자산가격의 방향성보다는 변동성에 대한 거래를 하고자 할 경우 다음의 전략들을 고려할 수 있다. 스트래들, 스트랭글, 나비형 스프레드, 스트립, 스트랩이 있고, 콜백 스프레드는 낮은 행사가격의 콜옵션 1단위를 매도하고 높은 행사가격의 콜옵션을 2단위 매입하여 콜백 스프레드 포지션을 가질 수 있다. 풋백 스프레드는 낮은 행사가격의 풋옵션 2단위를 매입하고 높은 행사가격 풋옵션을 1단위 매도하여 풋백 스프레드 포지션을 가질 수 있다.

스프레드를 손익의 형태에 따라 구분하면 강세스프레드와 약세스프레드, 나비형 스프레드와 샌드위치형 스프레드로 구분된다.

가. 강세스프레드(bull spread)

동일한 기초자산에 대하여 발행된 옵션들 중 행사가격이 낮은 옵션을 매수하고, 다른 하나는 매도하는 포지션을 의미한다. 이 강세스프레드는 강세시장에서 이익을 얻기 위한 포지션이라고 할 수 있다.

〈그림 21-6〉 강세스프레드

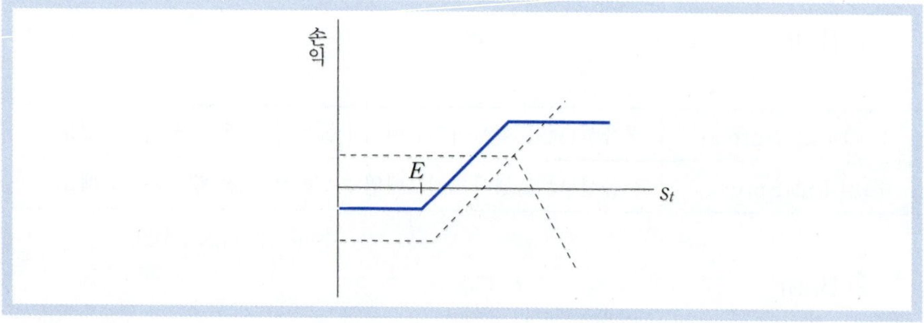

나. 약세스프레드(bear spread)

이 약세스프레드는 주가가 하락하는 약세시장에서 이익을 얻기 위한 투자전략이다. 즉 동일한 기초자산에 대하여 발행된 행사가격이 낮은 옵션을 매수하고 행사가격이 높은 주식을 매도하는 것이다.

〈그림 21-7〉 약세스프레드

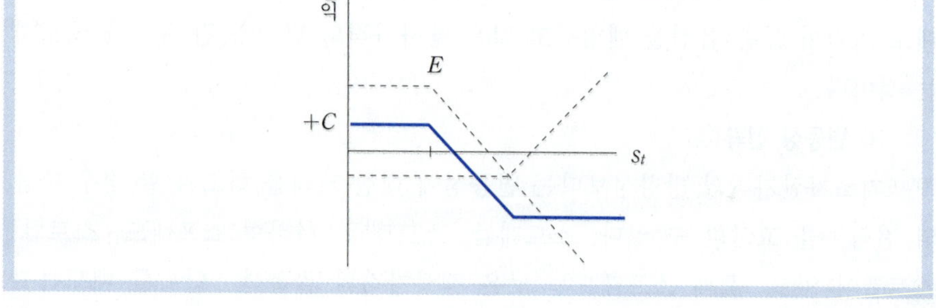

다. 나비형 스프레드(butterfly spread)와 샌드위치형 스프레드

나비형 스프레드와 샌드위치형 스프레드는 강세스프레드와 약세스프레드를 혼합한 것이다. 다른 모든 조건은 동일한 상황에서 행사가격이 서로 다른 세 개의 옵션이 있다고 가정할 때, 나비형 스프레드 행사가격이 중간인 옵션을 두 개 매도하고, 행사가격이 가장 낮은 옵션과 행사가격이 가장 높은 옵션을 하나씩 매수하는 것이다. 나비형 스프레드를 구성하는 경우에는 주가의 변동이 작을 것을 예상할 때 이익을 추구할 수 있다.

샌드위치형 스프레드는 나비형 스프레드와 반대로 구성되는 특징을 지니고 있다. 즉, 행사가격이 중간인 옵션을 두 개 매수하고 행사가격이 가장 낮은 옵션과 행사가격이 가장 높은 옵션을 하나씩 매도하는 것이다. 샌드위치형 스프레드를 구성하는 경우에는 주가의 변동이 클 때 이익을 실현할 수 있다.

〈그림 21-8〉

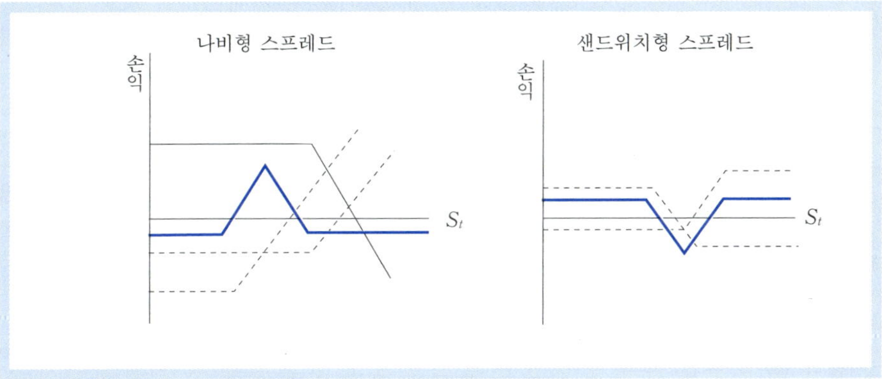

(4) 콤비네이션

콤비네이션이란 동일한 기초자산에 대하여 발행된 서로 다른 형태의 옵션을 동시에 매수 또는 매도하는 것을 말한다. 스프레드는 옵션의 종류는 동일히고 행사가격이나 만기일이 다른 옵션으로 구성되는 반면, 콤비네이션은 행사가격과 만기일은 동일하지만 종류가 다른 옵션으로 구성된다. 또한 스프레드에서는 하나의 옵션을 매수하면서 다른 옵션을 매도하는 반면, 콤비네이션에서는 동시에 매수하든지 동시에 매도한다.

1) 스트래들

동일한 기초자산에 대하여 발행된 만기일과 행사가격이 동일한 콜옵션과 풋옵션을 동시에 매수하는 것을 스트래들 매수이라고 한다. 스트래들을 매수하면 주가의 변동폭이 클 때 이익을 실현할 수 있다. 그리고, 만기일과 행사가격이 동일한 콜옵션과 풋옵션을 동시에 매도할 때 이것을 스트래들 매도라고 하는데, 이 경우는 주가의 변동폭이 크지 않을 때 이익을 실현할 수 있다. 이러한 스트래들의 매수과 매도를 그림으로 나타내면 다음과 같다.

〈그림 21-9〉 스트래들

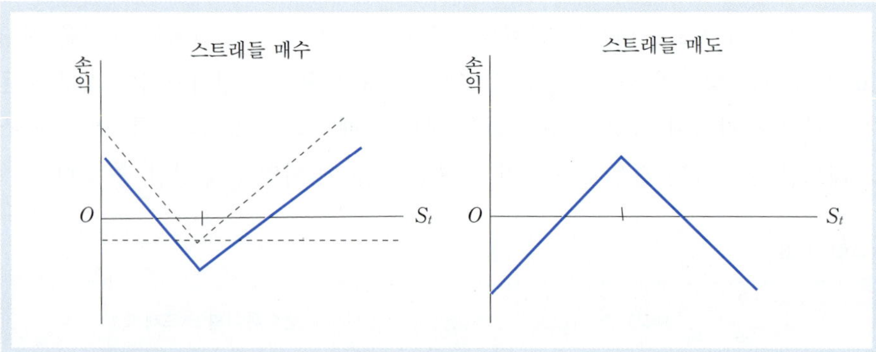

2) 스 트 립

두 개의 풋옵션과 하나의 콜옵션을 결합하는 것을 스트립이라고 한다. 기초자산 가격의 상승 가능성보다 하락가능성이 더 클 때는 풋옵션을 많이 매수하는 것이 유리하므로 스트립을 매수함으로써, 이익을 증대시킬 수 있다.

〈그림 21-10〉 스트립

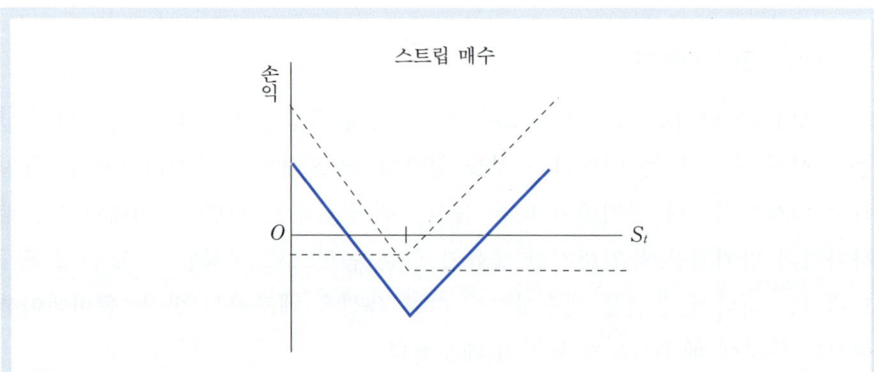

3) 스 트 랩

두 개의 콜옵션과 하나의 풋옵션을 결합하는 것을 스트랩이라고 한다. 기초자산가격의 하락가능성보다 상승가능성이 더 클 때는 콜옵션을 많이 매수하는 것이 유리하므로 스트랩을 매수함으로써 이익을 증대시킬 수 있다.

〈그림 21-11〉 스트랩

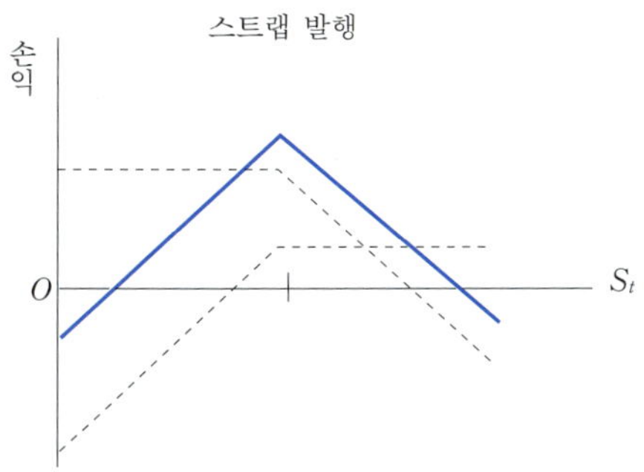

4) 스트랭글

동일한 기초자산에 대하여 발행되고 만기일까지의 기간이 같으나 행사가격이 다른 콜옵션과 풋옵션을 동시에 매수하거나 매도하는 것을 스트랭글이라고 한다. 스트랭글을 매수하면 주가의 변동이 클 때, 이익을 실현할 수 있으며, 반대로 스트랭글을 매도할 때는 주가의 변동이 적을 때, 이익을 실현할 수 있다.

제 6 절 이색옵션 전략

(1) 용어 설명

1) 배 리 어

배리어는 특정 녹아웃(Knock Out: KO)이나 녹인(Knock In: KI) 등의 여부를 결정하는 기초자산의 특정 수준을 말한다.

2) 미국식 배리어

미국식 배리어는 기초자산의 가격이 옵션의 거래일로부터 만기일까지 언제든지 그 레벨에서 거래된다면 인정되는 방식이다.

3) 유럽식 배리어

유럽식 배리어는 기초자산의 가격이 만기일 당일에만 그 수준에서 거래된다면 인정되는 방식이다.

(2) 이색옵션의 종류

1) 녹아웃 옵션(Knock-out Options)

옵션 기초자산의 가격이 특정 배리어가격에 거래되면 옵션계약이 없어지는 것을 녹아웃 옵션이라고 한다. 미국식 배리어 녹아웃 옵션은 기초자산이 만기중 언제라도 배리어가격에 거래되면 옵션이 무효화 되는 것이고 유럽식 배리어 녹아웃 옵션은 기초자산이 만기에 배리어가격에 거래되면 옵션이 무효화 되는 것이다.

2) 녹인 옵션(Knock-in Options)

옵션 기초자산의 가격(환율)이 특정 배리어에 거래되면 옵션계약이 유효화되는 것을 녹인 옵션이라고 한다. 미국식 배리어 녹인 옵션은 기초자산이 만기중 언제라도 배리어가격에 거래되면 옵션이 유효화 되는 것이고 유럽식 배리어 녹아웃 옵션은 기초자산이 만기에 배리어가격에 거래되면 옵션이 유효화 되는 것이다.

3) 디지털 옵션(Digital Options)

이원옵션(binary option)이라고도 하는 디지털(digital) 옵션은 기초자산 가격이 옵션계약 당사자 간에 정한 수준이 되면 미리 정해진 이익을 얻고, 기초자산가격이 미리 정해진 가격 이상으로 상승하더라도 정해진 수준 이상의 이익을 얻을 수 없는 옵션거래의 유형이다. 반면, 기초자산가격이 설정된 가격 이하일 경우에는 이익이 상실된다. 디지털이 0아니면 1인 것처럼 투자자는 이익의 전부 또는 전무 중 하나만 선택할 수 있다는 의미에서 디지털 옵션이라 한다.

제 7 절 옵션가격결정모형

1. 이항옵션가격결정모형

이항옵션가격결정모형에서는 주식가격이 이항분포를 따른다고 가정한다. 즉, 주식가격은 일정률로 상승하거나 하락하는 두 가지 경우만 발생하며, 이러한 변동은 독립적으로 반복된다고 가정한다. 이 때, 주식과 옵션을 적절히 결합함으로써 무위험 헤지포트폴리오를 구성할 수 있으며, 시장이 균형이라면 무위험 헤지 포트폴리오의 수익률은 무위험 이자율과 동일해야 한다는 논리로 옵션가격을 평가한다.

(1) 1기간 모형

주가의 변동이 1회만 발생한다고 가정할 경우 주식가격과 콜옵션가치의 변동을 그림으로 나타내면 〈그림 21-12〉와 같다. 즉, 현재가격이 S인 주식에 대해 발행된 콜옵션이 있으며, 콜옵션의 만기는 1기간, 행사가격은 X, 현재가격은 C라고 하자. 이때, (1+주가상승률)을 u, (1+주가하락률)을 d라고 하면 만기일의 주가는 상승하는 경우는 uS이고, 하락하는 경우는 dS가 될 것이다. 또한 만기일의 콜옵션 가치는 $\text{Max}(0, S_t - X)$이며, 주가가 상승하면

〈그림 21-12〉 **주가와 콜옵션가치의 변동**(1기간 모형)

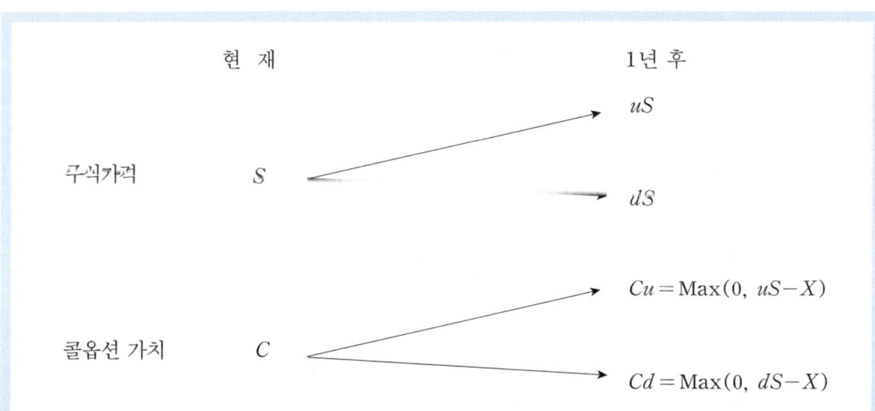

만기일의 주가가 uS가 되므로 이 때의 콜옵션 가치(C_u)는 Max(0, $uS-X$)가 된다. 반대로 주가가 하락하면 만기일의 주가가 dS가 되므로 이때의 콜옵션 가치(C_d)는 Max(0, $dS-X$)가 된다.

여기서의 옵션가격을 결정함은 콜옵션의 현재가격 C를 평가하려는 것이며, 이는 무위험헤지포트폴리오의 구성으로부터 시작된다. 즉, 주식을 1주 매수하면서, 그 주식에 대해서 발행된 콜옵션을 적절한 비율로 매도하면 주가의 변동과 관계없이 가치가 일정한 무위험 포트폴리오를 구성할 수 있다. 이 때 무위험 헤지포트폴리오를 구성하기 위하여 주식 1주당 매도해야 할 콜옵션의 수를 헤지비율이라고 한다. 헤지비율을 m이라고 하면, 주식을 1주 매수하고, m개의 콜옵션을 매도하여 구성한 포트폴리오의 현재가치는 $S-mC$이며 1기 후의 가치는 다음과 같이 변동한다. 한편, 이 포트폴리오가 무위험 포트폴리오가 되려면 주가의 상승 또는 하락과 관계없이 가치가 일정해야 하므로 헤지비율은 다음과 같다.

$$uS-mC_u=dS-mC_d$$

$$m=\frac{S(u-d)}{C_u-C_d}$$

즉, 주식을 1주 매수하면서, m개의 콜옵션을 매도하면 미래에 주가가 어떻게 변동하든 관계없이 위험이 없는 투자수익을 얻을 수 있다. 따라서 시장이 균형이라면 이 포트폴리오의 수익률은 무위험 이자율이어야 한다. 즉, 아래의 관계를 나타낸다.

〈그림 21-13〉 무위험 헤지포트폴리오의 가치변동(1기간 모형)

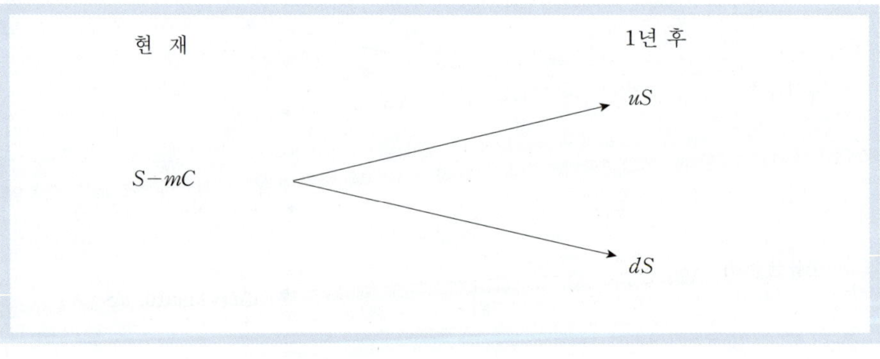

$$(S-mC)r = uS-mC_u = dS-mC_d$$

여기서 r은 $1+R_f$를 의미한다. 위의 식을 콜옵션가격 C에 대하여 정리하면, 콜옵션가격은 다음과 같이 정리된다.

$$C = \frac{S(r-u)+mC_d}{m \cdot r}$$

또한 위의 식들을 이용하면 콜옵션가격을 다음과 같이 구할 수도 있다.

$$C = \frac{P \cdot C_u+(1-P) \cdot C_d}{r}$$

단, 여기서 P는 $r-d/u-d$이며, 헤지확률이라고 한다. P는 0에서 1사이의 값을 가지며, 확률의 특성을 모두 지닌다. 또한 P는 균형상태에서 주가가 상승할 확률과 동일하다. 그러나 이 값의 문제에서 주어지는 주가의 상승확률과 동일한 값은 아니라는 점에 유의하여야 한다. 헤지확률의 개념을 이해하면, 위 식을 개념적으로 쉽게 이해할 수 있다. 위 식의 우변에서 분자는 1기 후의 주가상승확률 P에 상승시의 콜옵션가치 C_u를 곱하고, 주가 하락확률 $(1-P)$에 하락시의 콜옵션 가치 C_d를 곱하여 합한 값이므로 1기 후 콜옵션가치의 기대값이라고 할 수 있다. 그리고 현재의 옵션가격은 1기 후의 기대값을 무위험 이자율로 현재 가치화한 값임을 알 수 있다.

(2) 다기간 모형

주가변동이 2회일 때의 주식가격과 콜옵션가치의 변동을 그림으로 나타내면 〈그림 21-14〉와 같다.

주가변동이 2회 이상일 때는 주가의 변동에 따라 헤지비율을 계속 조정해 주어야 한다. 즉, 〈그림 21-14〉에서 1기 후의 주가의 상승 또는 하락에 따라 각각 헤지비율을 추정하여 C_u와 C_d를 구한 다음, 이를 토대로 현재의 헤지비율을 다시 추정하여 C를 구하여야 한다. 그러나 이러한 과정은 매우 복잡하며, 헤지확률의 개념을 이용하면 비교적 쉽게 옵션가격을 구할 수 있다.

〈그림 21-14〉에서 C_u는 주가가 상승했을 때의 콜옵션 가치가 C_{uu}이고, 주가가 하락했을 때의 콜옵션 가치가 C_{ud}인 1기간모형으로 구할 수 있으며, C_d는 주가가 상승했을 때의 콜옵션 가치가 C_{ud}이고 주가가 하락했을 때의 콜

〈그림 21-14〉 주가와 콜옵션 가치의 변동

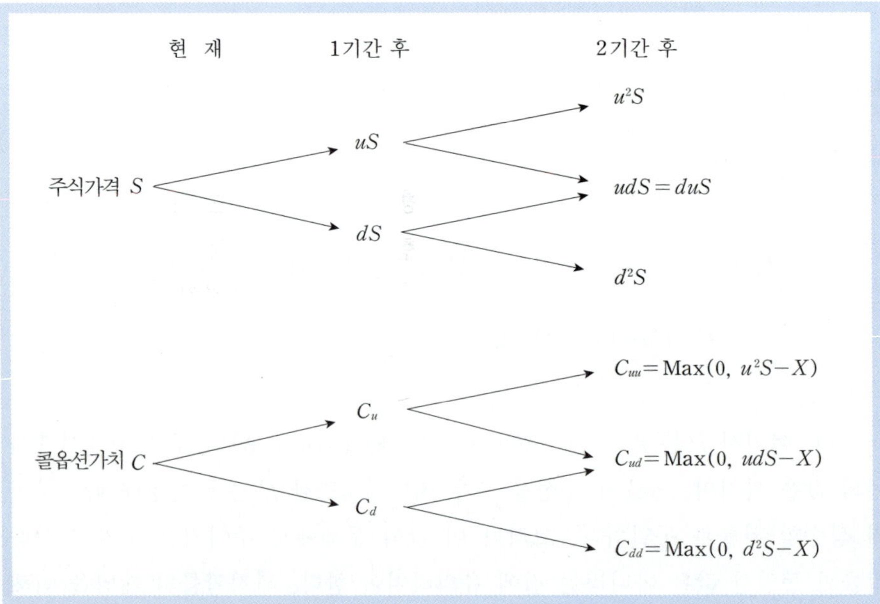

옵션 가치가 C_{dd}인 1기간모형으로 구할 수 있다. 따라서 헤지확률을 이용하면

$$C_u = \frac{P \cdot C_{uu} + (1-P) \cdot C_{ud}}{r}$$

$$C_d = \frac{P \cdot C_{ud} + (1-P) \cdot C_{dd}}{r}$$

이며, 이 값을 위 헤지확률의 식에 대입하여 정리하면 2기간 모형에서의 콜옵션가격은 다음과 같다.

$$C = \frac{P^2 C_{uu} + 2P(1-P)C_{ud} + (1-P)^2 C_{dd}}{r}$$

이상에서 살펴본 이항옵션가격결정모형은 다음의 내용을 시사하고 있다.

첫째, 옵션가격은 주가의 상승 및 하락확률과는 무관하다. 즉, 투자자들의 주가의 움직임에 대한 기대가 동일하지 않더라도 다른 모수들(u, d, S, X, R_f, T)에 따라 콜옵션의 가격을 동일하게 느낄 수 있다.

둘째, 옵션가격은 투자자들의 위험에 대한 태도와는 무관하며, 다만 시장이 균형이라면 차익거래이익의 실현이 불가능하다는 사실만이 요구된다.

셋째, 옵션가격을 결정하는 유일한 확률변수는 주식가격 뿐이다. 옵션가격에 영향을 미치는 행사가격, 만기, 무위험이자율 등은 확정적인 값을 지니기 때문이다.

위의 결과로 볼 때, 옵션가격결정 모형이 CAPM보다는 현실에 더 근접한 모형이라고 할 수 있다. CAPM에서는 위험회피형 투자자와 동질적 기대를 가정하는 반면, 옵션가격결정모형에서는 이러한 가정이 필요없기 때문이다.

2. 블랙-솔즈의 옵션가격결정모형

전절에서는 옵션가격을 결정하는 변수들이 옵션가격결정에 어떻게 작용하는가를 서술적으로는 설명하였으나 옵션의 균형가격이 구체적으로 어떻게 결정될 것인가는 설명하지 못하였다. 옵션가격결정변수를 이용하여 옵션의 균형가격을 설명하는 옵션가격결정모형(option pricing model: OPM)은 여러 학자들에 의해서 연구·개발되고 있으며 지금까지의 가장 보편적인 OPM으로 블랙(F. Black)과 솔즈(M. Scholes)의 옵션가격결정모형을 들 수 있다.

블랙과 솔즈는 시장에서 옵션이 정확한 가격으로 거래되고 있는 경우, 포트폴리오를 매수·보유(long position)하고, 그 기초자산의 매수권부옵션을 단기적으로 매각(short position)한다면 이익도 손실도 발생되지 않는다는 원리를 사용하여 옵션의 이론적 가치평가모형을 배출하였다. 그들은 OPM을 도출하기 위하여 주식시장과 옵션시장에서 다음과 같은 이상적인 조건(ideal condition)을 가정하고 있다.

① 단기이자율은 알고 있으며, 옵션의 만기일까지 일정하다.

② 주가는 주가의 제곱근과 정비례하는 분산율(variance rate)을 가지고 연속시간에서 random walk을 따른다. 그러므로 주가는 연속시간의 log-normal 분포이고, 수익률의 분산은 상수이다.

③ 주식은 배당을 지급하지 않는다.

④ 옵션은 만기일에만 행사가능한 유럽식옵션이다.

⑤ 거래비용이 없다.

⑥ 시장이자율로 차입 및 대출이 가능하다.

⑦ 공매(short selling)에 대한 제한이 없다.

이러한 가정하에서 옵션의 가치는 주가와 시간, 그리고 일정한 상수를 가진 변수에 의해 영향을 받으므로, 기초자산에의 매수 · 보유와 매수권부옵션에서의 매각으로 구성된 위험이 전혀 없는 '헤지된 포지션'(hedged position)을 만들 수 있으며, 이 헤지된 포지션의 가치는 기초자산의 가격이 아니라 시간과 알려진 상수의 가치에 의존하게 된다. 왜냐하면 기초자산의 가격이 변할 경우 옵션가격은 '헤지비율'(hedge ration)만큼 변하게 되어 기초자산에서의 매수 · 보유와 매수권부옵션에서의 매각은 서로 상쇄되므로 헤지된 포지션의 '헤지된 포트폴리오'(hedge portfolio)의 가치는 기초자산의 가격변동에 관계없이 일정하게 되기 때문이다. 그리고 이 포트폴리오는 위험이 전혀 없으므로 완전시장의 균형하에서 무위험이자율과 동일한 수익률을 갖게 된다.

옵션의 가치를 주가(s)와 시간(t)의 함수, 즉 $W(s,\ t)$로 표시하면 1주의 주식을 매수(long position)하는 데 대해 매도하여야 할 매수권부옵션의 수는 다음과 같이 표시된다.

$$1/W_1(s,\ t) \tag{21-1}$$

헤지된 포지션이 기초자산 1주의 매수(long position)과 매수권부옵션 ($1/W_1$)만큼의 매수권부옵션으로 구성되어 있다면, 헤지된 포지션에서 지분(Equity)의 가치는 다음의 식으로 표시된다.

$$S-W/W_1 \tag{21-2}$$

그리고 짧은 기간(short interval: $\varDelta t$) 동안 헤지된 포지션에서의 가치변화는

$$\varDelta S-W/W_1 \tag{21-3}$$

이 되고, 매수권부옵션에서의 매도(short position)이 계속적으로 변화한다고 가정하면 $\varDelta W$를 연장시키기 위하여 확률적 적분(stochastic calculus)을 사용할 수 있으며, $W(S+\varDelta s,\ t+\varDelta t)-W(s,\ t)$인 $\varDelta W$는 다음의 식으로 나타난다.

$$\varDelta W=W_1\varDelta S+1/2\times W_n V^2 S^2\varDelta t+W^2\varDelta t \tag{21-4}$$

여기에서 V^2: 기초자산의 수익률의 분산

식 (21-4)를 식 (21-3)에 대입하면 헤지된 포지션에서 지분(Equity)의 가치변

화는 다음의 식으로 나타난다.

$$-(1/2\times W_n V^2 S^2+W_2)\Delta t/W_1 \quad (21\text{-}5)$$

그런데 헤지된 포지션에서 지분(Equity)수익률은 일정하므로 $r\Delta t$가 되어야 하고, 헤지된 포지션이 계속적으로 변화하지 않는다고 하더라도 그것의 위험은 매우 적고 끊임없이 변화되어지므로 헤지된 포지션의 수익률은 단기이자율과 같아야 한다. 따라서 헤지된 포지션에서 지분(Equity)의 가치변화는 헤지된 포지션에서 지분(Equity)의 가치(식 21-2)에 $r\Delta t$를 곱한 값과 같아야 한다.

$$-(1/2\times W_n V^2 S^2+W_2)\Delta t W_1=(S-W/W_1)r\Delta t \quad (21\text{-}6)$$

식 (21-6)에서 양변의 Δt를 상쇄시키고 정리하면, 옵션가치에 대한 미분방정식을 얻을 수 있다.

$$W_2=rW-rSW_1-1/2\times V^2 S^2 W_n \quad (21\text{-}7)$$

그리고 식 (21-7)은 다음의 조건하에서 성립하여야 한다.

$$W(S,\ T)=S-K,\ S\geq K$$
$$W(S,\ T)=0,\ S<K$$

여기에서 $W(S,\ T)$: 만기일에서 옵션의 가치
T: 만기일
K: 행사가격

이러한 미분방정식을 풀기 위하여 다음과 같은 대입식을 만든다.

$$W(s,\ t)=e^{r(t-T)}y[(2/V^2)(r-1/2V^2)]$$
$$[\ln S/K-(r-1/2V^2)(t-T)$$
$$-(2/V^2)(r[1/2V^2)^2(t-Y)] \quad (21\text{-}8)$$

미분방정식은 $y_2=y_1$ (21-9)

가 되고 다음 조건식을 갖는다.

$$y(u,\ 0)=0 \qquad u<0$$
$$=c[e^{u(1/2v^2)/(r-v_2,\ v^2)}-1]\cdot u\geq 0$$

식 (21-9)는 물리학의 열교환방정식(heat-transfer-equation)으로 이 방정식의 해법을 이용하면 다음의 식이 성립된다.

$$y(u,\ x)=1/\sqrt{2T_1}\int_{-u}^{\infty}\sqrt{2\mathrm{x}}\cdot c[e^{(u+q\sqrt{2}\mathrm{x})(1/2v^2)(r-1/2v^2)}]\cdot e^{-q^2/2}dq \tag{21-10}$$

식 (21-10)을 식 (21-8)에 대입하고 정리하면 블랙-숄즈의 OPM이 된다.

$$W(S,\ T)=SN(d_1)-(e^{r(t-T)}N(d_2)) \tag{21-11}$$

여기에서

d_1: $\ln S/K+(r+1/2v^2)(T-t)/v\sqrt{(T-t)}$

d_2: $\ln S/K+(r+1/2v^2)(T-t)/v\sqrt{(T-t)}$

$N(d)$: 누적적 규정밀도함수(cumulative normal density function)

지금까지 전개한 블랙-숄즈의 OPM에서 다음과 같은 특징을 알 수 있다. 첫째, 이 모형은 주식으로부터의 기대수익률이 나타나 있지 않으므로 옵션의 가치는 주식의 기대수익률과 무관하다. 그러나 옵션에서의 기대수익률은 주식의 기대수익률에 의존한다. 즉 주가의 상승이 빠르면 빠를수록 옵션가격도 급격히 상승한다. 둘째, 이 모형에서 만기($T-t$)는 이자율(r) 혹은 주식수익률의 분산과 곱하여지는데, 이것은 만기의 증가가 이자율과 주식수익률의 분산에서 백분율 증가와 동일하게 옵션가치에 영향을 미친다. 셋째, 만기 · 이자률 혹은 주식수익률의 분산 중 어떤 한 변수의 값이 증가하면, 옵션가치도 증가하며, 옵션가치의 최대값은 주가에 접근한다. 넷째, 이 모형의 편도함수 w_1을 계산하면, $w_1(s,\ t)=N(d_1)$으로 나타나는데 이 식을 이용하여 헤지비율 $[1/w_1(s,\ t)]$을 측정할 수 있다. 다섯째, 이 모형과 $w_1(s,\ t)=N(d_1)$식으로부터 Sw_1/w는 항상 1보다 크다는 것을 알 수 있는데 이것은 옵션이 주식보다 더욱 변동적임을 의미한다. 한편 식 (21-11)은 유럽식 매수권부옵션을 대상으로 배출한 것인데 이 식은 미국식 매수권부옵션의 가치측정에도 동일하게 사용될 수도 있다. 왜냐하면 옵션의 가치는 만기가 길수록 증가하므로 미국식 옵션의 경우에서도 이성적인 투자가는 만기일 이전에 옵션을 행사하지 않고 만기일에 옵션을 행사할 것이기 때문이다. 그러나 만기일 이전에 옵션행사가 만기일에서 옵션행사보다 유리할 가능성이 있다는 논리를 고려하면 이 식을 미국식 옵션에 적용하기에는 문제점이 있다.

그리고 블랙과 숄즈는 식 (21-11)을 약간 변형한 유럽식 매도권부옵션의 가치평가식도 도출하였는데, 식 (21-7) 미분방정식을 매도권부옵션의 가치식으로 다음과 같이 변형하여 풀이를 전개하였다.

$$U_2 = ru - rsu_1 - 1/2u^2 su_n \tag{21-7}$$

$$\begin{aligned} \text{단, } & U(S,\ T) = 0,\ S \geq K \\ & U(S,\ T) = S - K,\ S < K \\ & W(S,\ T) - U(S,\ T) = S - K \end{aligned}$$

위의 식 (21-12) 미분방정식을 풀면 다음과 같은 유럽식 매도권부옵션의 가치평가식이 얻어진다.

$$\begin{aligned} U(S,\ T) &= W(s,\ t) - x + ce^{r(t-T)} \\ &= -SN(-d_1) + ce^{-rT}N(-d_2) \end{aligned} \tag{21-13}$$

$$\text{여기에서 } N(-d) = 1 - N(d)$$

이상과 같은 블랙-숄즈의 옵션가격결정모형에서 사용된 변수들은 현실적으로 확실하게 수집가능한 기초자산의 시장가격(S), 행사가격(K), 만기일(T), 이자율(r) 등과 대략적으로 추정가능한 주식이자율의 분산(V^2) 등이므로 옵션가치를 용이하게 측정할 수 있으니, 가정의 현실화를 주의깊게 고려하여야 한다.

제 8 절 실물옵션

1. 실물옵션의 필요성

프로젝트에 대한 가치평가방법으로는 화폐의 시간가치를 고려하지 않는 비현금할인법(non-discounted cash flow method)과 화폐의 시간가치를 고려하는 현금흐름할인법(discounted cash flow method: DCF)이 있다. 비현금흐름할인법은 계산과정은 간단하지만 현금흐름에서 시간적 가치가 고려되지 않는다는 단점이 있다. 시간의 가치를 고려하는 현금흐름할인법에는 순현재가치(net present value: NPV), 내부수익률(internal rate of return: IRR), 편익비용비율(benefit-cost ratio: B/C ratio) 등의 방법이 있다. 현금흐름할인법은 전통적인 자본예산법으로 사업의 계획이 일단 수립되고 나면 향후에는 사업 변경을 할 수 없다는 것을 전제로 하고 있다. 그러므로 환경변화에 따라 의사결정을 달리 하는 등의 대응을 할 수 있는 유연성을 가치평가에 포함하지 못한다는 단점을 갖고 있다.

현금흐름할인법 가운데 가장 많이 사용되는 것이 순현재가치법(NPV법)으로, 순현재가치는 순현금유입을 현재가치화한 값에서 투자액을 현재가치화한 값과의 차이를 말한다. NPV가 양의 값이면 투자를 고려하고 음의 값이면 투자하지 않는 결정을 내리게 된다. NPV를 구하는 것은 식 (21-14)와 같다.

$$NPV=\sum_{t=1}^{T}\frac{C_t}{(1+k)^t}-\sum_{t=0}^{T}\frac{I_t}{(1+r)^t} \qquad (21\text{-}14)$$

C_t: t 시점에서의 순현금유입의 기대값
I_t : t 시점에서의 투자액
r : 자본에 대한 무위험할인율
k : 위험조정할인율
T : 만기기간

t시점에서의 순현금유입의 기대값을 위험조정할인율로 할인해서 현재가치화한 값과 t시점에서의 투자액을 무위험이자율로 할인한 값의 차이가 된다.

내부수익률법(IRR)은 어느 투자에 있어서 예상되는 순현금흐름을 현재가치화한 값과 투자액을 현재가치화한 값을 같게 하는 할인율을 의미한다. 즉 NPV가 0이 되게 하는 수익률이라고 할 수 있다. 내부수익률은 투자에 따라 기대되는 예상수익률로, 예상수익률이 할인율보다 높은 경우에는 해당 사업은 투자가치가 있게 된다.

이외에도 편익비용비율은 NPV법과 비슷하나 현금흐름을 지수로 나타내서 평가하게 된다. 편익대비 비용(B/C)의 비율이 1보다 클 때 해당 사업은 투자가치가 있게 된다.

불확실성하에서 가치평가를 내리는 방법[2]으로는 민감도 분석(sensitivity

2) Trigeorgis(1996), *Real Options*, pp. 52-68.

analysis), 시뮬레이션(simulation), 의사결정트리(decision tree) 등이 있다. 민감도 분석은 다른 변수들이 일정한 상태에서 하나의 변수가 변동할 때 순현재가치(NPV)가 어느 정도 변화하는가를 분석하는 방법이다. 민감도 분석은 투자에 대한 위험에 가장 크게 영향을 주는 결정적인 변수들을 찾아내는데 유용하다. 민감도 분석의 한계라고 한다면 한 개의 변수가 변동하였을 때 NPV가 얼마나 변화하는가를 분석하므로 많은 변수들을 동시에 고려할 수 없다는 것이다. 또한 각각의 변수들을 따로 분석을 하기 때문에 변수들 간의 상호관계를 고려하지 못한다는 단점도 있다.

전통적인 시뮬레이션방법은 현금흐름에 영향을 주는 각 변수들에 대한 확률분포에서 무작위로 표본을 추출하여 NPV의 확률분포를 추정하는 방법이다. 대표적인 방법이 몬테카를로 시뮬레이션방법이라고 할 수 있다. 그 과정을 자세히 살펴보면, 수학적 수식으로 프로젝트를 모델화하고, 서로 다른 변수간의 상호의존성을 포함한 모든 변수들의 확률분포를 결정한다. 확률분포는 이론적으로 혹은 경험적 데이터를 통해서 만든다. 그 다음으로 각 기초변수들의 확률분포에서 무작위 추출을 통해 각 NPV를 계산한다. 이러한 과정을 반복하면 프로젝트의 현금흐름과 NPV의 확률분포를 구할 수 있다. 그러나 몬테카를로 시뮬레이션은 추정된 확률분포에 편의가 없다고 하더라도 변수들 간의 상호의존성을 추정해 내기 어렵다는 한계점이 있다. 그렇기 때문에 결과로 나타난 NPV의 분포를 의사결정으로 명확하게 연결하기에는 어려움이 있을 수 있다.

의사결정트리는 위계별로 가능한 내안들을 기지(trcc)의 형태로 보여줌으로써 의사결정을 내리는데 유용한 틀을 제공해준다. NPV분석이 처음 시점에서 사업을 할지 안할지의 결정을 내리게 되면 그 이후에는 그 결정에 따라 사업이 진행된다는 전제가 깔려 있지만, 의사결정트리는 처음의 의사결정과 그 다음 단계의 의사결정이 상호간에 연결이 되면서 순차적으로 의사결정을 내릴 수 있게 한다. 그러나 이 방법 역시 확률에 대해서 임의로 가정을 하는 문제가 있다.

부동산의 가치평가도 위와 같은 방법들을 활용해서 이루어져 왔다. 그러나 이러한 가치산정법에서는 프로젝트의 확장과 철거의 가능성이나 또는 투자와 개발시기의 연장과 같은 의사결정의 유연성에 따른 가치변화를 계산하기 어렵다. Mun(2002)에 의하면 NPV법을 따르게 되면 투자에 대한 의사결정을 지금 바로 이루어져야 하며 일단 결정이 된 사업은 그대로 진행이 되어야 한다. 그리고 모든 위험을 할인율로 설명이 된다고 전제하고 있다. 그러나 투자자의 입장에서 본다면 투자는 1년 혹은 2년 후에 미래의 불확실성이 해소된다고 한다면 사업을 연기할 수도 있을 것이며, 그 때의 가치를 계산해야 하는데 NPV법으로는 이를 계산할 수가 없다.

불확실성이 존재하는 미래에 의사결정의 유연성을 반영한 방법이 실물옵션에 의한 가치평가법이다. 실물옵션에 의한 가치평가방법은 프로젝트의 유연성을 반영하기 쉬운 특징을 갖고 있다. 현재 현금흐름할인에서는 프로젝트의 가치를 과소평가해 버릴 가능성이 있는 반면, 실물옵션모델은 프로젝트의 가치를 과대평가할 가능성이 있지만 미래의 불확실한 상황에 대응할 수 있도록 함으로써 의사결정의 유연성을 가치평가에 반영할 수 있다. 〈그림 21-15〉는 이런 상황을 잘 보여주고 있는데, 전통적 관점에서는 불확실성이 높을수록 자산가치가 낮아지지만, 실물옵션에서는 사전에 경영자가 유연하게 대응해서 실물옵션을 이용하면, 불확실성의 증가가 자산가치의 증대를 불러올 수도 있음을 보여주고 있는 것이다. 그러므로 불확실성하에서 의사결정을 내려야 하는 경우에 실물옵션모델을 활용해서 의사결정을 하게 된다면 불확실성을 피하거나 무시하는 것이 아니라 불확실성을 고려해서 의사결정을 할 수 있는 기회로 삼을 수도 있을 것이다.

〈그림 21-15〉 불확실성과 가치

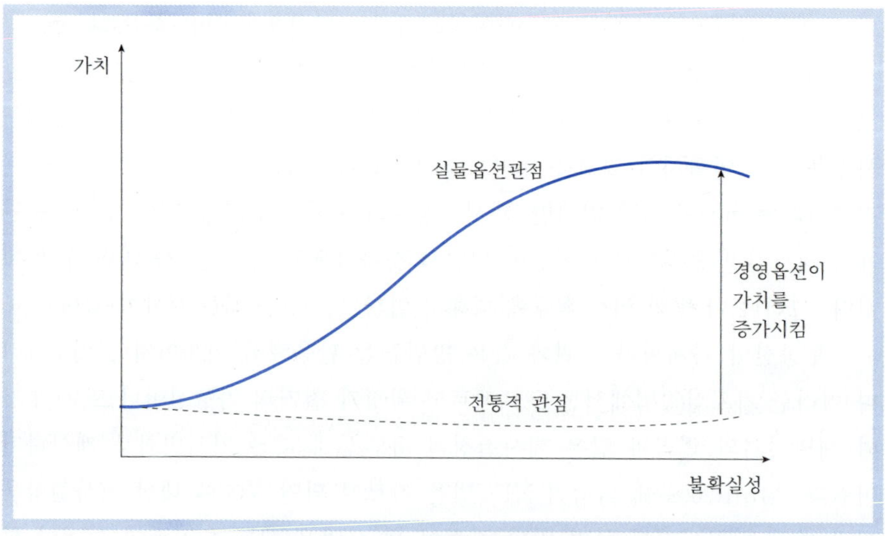

자료: Amram · Kulatilaka, Real Options: Managing Strategic Investment in an Uncertain World, 1999, p. 15.

한 예로 부동산 개발은 비교적 규모도 크고 불확실성이 큰 분야이다. 부동산 개발에서 의사결정을 할 때 실제 실물옵션의 가치를 산출하는 것은 아니지만 직감적으로 실물옵션적 사고를 하게 되는 경우가 많다. 이는 이익을 극대화하고 손실을 최소화하려는 사업에서 기본적인 생각을 따르다보면 나타나게 되는 결과들이다. 물론 실물옵션은 완벽한 해결 방법론이 아니며 의사결정의 수단의 되는 도구의 하나에 불과하지만, 지금까지 전통적으로 의사결정의 수단이 되어온 현금흐름할인법과 비교해서 미래의 불확실성을 감안한 의사결정이 유연성을 전제로 하고 있다는 점에서 의의가 있다고 할 수 있다.

2. 실물옵션의 등장배경 및 정의

실물옵션은 의사결정자에게 주어지는 선택권이라고 할 수 있으며 주식옵션, 환율옵션 등과 같은 금융상품과는 다른 것이다. 프로젝트에 대한 의사결정자는 사업을 바로 수행하거나 연기 혹은 포기할 수 있는 권리를 갖고 있는데 금융옵션에서 사용하고 있는 옵션가치평가법을 활용해서 이러한 권리의 가치를 정량적으로 평가하고 분석할 수 있다.

실물옵션이 등장하게 된 배경은 경영분야에서 경영환경이 빠르게 변화함에 따라 불확실성이 높아지고 있는 상황에서 전통적인 투자의사결정방법으로는 이러한 환경변화에 대응할 수 없는 경우가 많아졌기 때문이다. 전통적인 투자의사결정방법이라고 할 수 있는 현금흐름할인법은 미래가치를 현재가치로 할인한 후에 비용과의 차이를 계산해서 투자를 할지 안할지를 결정하는 결정적인(deterministic) 방법이기 때문에 경영환경 변화에 따른 의사결정의 변경 가능성을 고려하지 못하였다.

실물옵션이 학문분야 등장한 것은 1980년대와 1990년대 초기로 여러 학자들이 옵션가격결정모형을 이용해서 실물투자안의 가격결정의 틀을 제시하였다. Trigeorgis(1996)에 따르면 자본예산[3](capital budgeting)의 전통적인 기법들에 대한 불만이 기업가들, 전략가들, 학자들 사이에서 나오게 되고 이에 대한 대안으로 나타난 것이 실물옵션이라고 한다. 실물옵션모델은 순현재가치법(Net Present Value method: NPV법)을 보완하고 프로젝트에 내포하고

3) 자산에 대한 투자결정 중 1년 이상 그 효과가 지속되는 투자, 즉 고정자산에 대한 투자결정을 자본예산이라고 함. 김영규(2007), 「고급재무관리」, 박영사.

있는 불확실성에 관해서 의사결정자에게 주어진 선택권을 분석하는 틀을 제공한다고 할 수 있다. 기업의 가치평가뿐만 아니라 부동산 개발과 같은 사업성 평가에서도 NPV와 IRR과 같은 현금흐름할인법은 범용적으로 사용되고 있다. 임재만(1998)에 의하면 부동산의사결정을 위한 대안적 패러다임의 필요성, 즉 상호경쟁적인 프로젝트 중에서 수행할 프로젝트를 선택하는 문제를 소위 '자본예산기법'(capital budgeting technique)이라고 하는데 대부분의 조직에서는 계량적인 방법으로 순현재가치법(NPV법), 내부수익률법(IRR법), 회수기간법(payback period method) 등을 활용하고 있다고 한다. 그러나 NPV법이나 IRR법 등은 경영관리의 유연성을 고려하고 있지 못하다는 점에서 부적절한 것으로 인식되고 있다.

변화, 불확실성, 경쟁적 상호작용으로 특징지울 수 있는 실제 시장에서 현금흐름은 개발주체가 처음에 예상했던 것과는 다르게 실현될 것이다. 새로운 정보가 나타나고 시장조건과 미래의 현금흐름에 대한 불확실성이 사라지면 개발주체는 미래의 바람직한 기회로부터 이익을 얻기 위하여 또는 미래의 손실을 축소하기 위하여 운영전략을 수정할 수 있는 유연성을 가질 수 있다. 예를 들면 경영자는 해당 프로젝트를 연기할 수 있으며, 확장, 포기 또는 프로젝트의 운영기간 동안에 일정 단계에서 프로젝트를 변경할 수도 있다. 이와 같이 전통적인 투자분석기법의 정적인(static) 특성을 보완하고 보다 유연한 의사결정을 내리는 분석방법으로 실물옵션모델이 나오게 된 것이다.

실물옵션은 금융자산과 달리 건물, 공장 등과 같은 실물자산의 가치를 평가하기 위해서 옵션이론을 사용하게 된다. 실물옵션이라는 단어를 처음으로 소개한 사람은 Myers(1977)이며, 실물옵션의 정의를 Copeland and Antikarov(2001)은

> *"real option is the right, but not the obligation, to take an action (e.g., deferring, expanding contraction, or abandoning) at a predetermined cost called the exercise price, for a predetermined period of time-the life of the option."* [4)]

이라고 내렸다. 즉 만기기간 내에 사전에 정해진 비용(행사자격)으로 행동(연기, 확대, 축소, 포기 등)을 취할 수 있는 권리가 실물옵션이라는 것이다.

금융옵션에서의 옵션은 특정 자산(기초자산)을 지정된 날짜(만기일) 또는

4) Copeland and Antikarov(2001), *Real Options - A Practitioner's Guide*, p. 5.

그 이전에 약정된 가격(행사가격)으로 사거나 팔 수 있는 권리를 의미한다. 옵션에는 미국형 옵션과 유럽형 옵션이 있는데 만기일 이내에 언제든지 행사를 할 수 있는 옵션이 미국형 옵션이며 만기일에만 행사가 가능한 것이 유럽형 옵션이다. 옵션의 종류에는 콜옵션(call option)과 풋옵션(put option)이 있는데, 콜옵션은 기초자산을 미리 정한 가격에 살 수 있는 권리가 부여된 옵션이며, 풋옵션은 기초자산을 미리 정한 가격에 팔 수 있는 권리가 부여된 옵션이다. 현재 시점에서 옵션이 행사될 경우 실현될 수 있는 가치를 내재가치라고 본다면 콜옵션과 풋옵션의 만기일에서의 내재가치는 권리를 즉시 행사할 때의 가치와 0 중에서 큰 값을 의미한다고 할 수 있다. S가 기초자산 가격이고 X가 행사가격 일 때, 콜옵션의 내재가치는 Max$[S-X, 0]$, 풋옵션의 내재가치는 Max$[X-S, 0]$가 된다. 이러한 금융옵션에서의 개념을 실물자산에 적용한 것이 실물옵션이라고 할 수 있다.

3. 실물옵션의 종류

많은 학자들이 실물옵션의 종류를 제시하였으며 〈표 21-4〉는 Trigeorgis에 의한 분류를 정리한 것으로 다른 학자들과 큰 차이가 없으므로 대표적인 예로 제시한다. 연기옵션(option to defer)은 투자자의 입자에서 자산이 가치가 있을 시기까지 옵션을 보류함으로써 기다림의 가치를 얻는 것으로 기다림의 가치가 0(영)이 될 때가지 옵션행사를 연기하는 것이 유리하다. 일반적으로 천연자원채굴, 토지개발과 같은 부동산 개발에서 연기옵션을 사용하게 되는데 토지계약을 할 때 불확실한 상황 하에서 연기옵션을 행사해서 새롭게 정보가 등장해서 조건을 유리하게 만들 때까지 보류한다.

단계적 투자옵션(Time-to-Build Option; Staged option to default Investment)은 다른 용어로 복합확대옵션(compound expansion option)이라고도 할 수 있다. 단계별로 투자를 진행하게 되는데 새롭게 나온 정보가 투자에 긍정적인 영향을 주게 되면 사업에 투자하고 그렇지 않으면 중도에라도 사업을 포기할 수 있는 옵션을 의미한다. 각각의 단계에서 옵션행사는 다음 단계에서의 옵션행사에도 영향을 주게 되며 복합옵션의 성격을 갖게 된다. 에너지생산 공장, 자본집약적인 장기개발사업, 대규모 운하사업, 특허 신약품 개발사업 등에서 그 예를 찾아 볼 수 있다.

〈표 21-4〉 실물옵션의 대표적인 유형과 적용분야

종 류	내 용	적용분야
연기옵션 (Option to Defer)	현재 보유하고 있는 설비자산이나 토지에 대해 개발시점을 늦출 수 있는 옵션	• 천연자원 채굴산업 • 부동산개발 • 농장개발 • 제지산업
단계적 투자옵션 (Time-to-Build Option; Staged Investment)	투자 후 상황변화에 따라 후속투자의 규모나 철수 등에 대한 선택이 있는 옵션	• R&D투자산업 • 벤처산업 • 장기자본집약산업 • 건설, 에너지 생산시설
규모변경옵션(Option to Alter Operating Scale) - 확장, 축소, 폐쇄, 재개	시장상황이 좋은 경우에는 생산설비를 확장할 수도 있고 그렇지 않은 경우에는 축소할 수도 있는 옵션	• 천연자원채굴 • 의류산업 • 소비재 • 상업용 부동산
포기옵션 (Option to Abandon)	시장상황이 악화되면 현재의 자산을 재판매시장에서 처분하고 떠날 수 있는 옵션	• 항공, 철도 등 자본집약산업 • 금융회사 • 불확실한 시장환경에서 신제품 도입시
전환옵션 (Option to Switch)	생산투입물을 변환(process flexibility)하거나, 시장상황에 따라 산출물을 변환(product flexibility)시킬 수 있는 옵션	• 부품 기계류, 장난감 • 전기, 화학, 농산물재배
성장옵션 (Growth Options)	미래 성장기회 확보를 위해 선행투자가 필수적인 옵션	• 사회간접자본투자 • 다국적 기업경영 • 전략적 자산취득, 합병
복합적 연계옵션 (Multiple Interacting Options)	독립적으로 옵션이 존재할 경우보다 복합적으로 옵션이 존재할 경우, 옵션의 가치가 달라질 수 있는 옵션	• 현실세계 대부분의 투자안

자료: Trigeorgis(2001), 전게서, pp. 2 - 3 재정리.

규모변경옵션(Option to Alter Operating Scale)은 확대, 축소, 폐쇄, 재개의 의미를 갖고 있는 것으로 시장상황에 따라서 프로젝트의 규모를 변경시킬 수 있는 옵션이다. 시장상황에 좋으면 규모를 확대하거나 폐쇄했던 프로젝트를 재개할 수 있으며, 시장상황이 악화되면 축소하거나 폐쇄할 수 있다. 시장의 논리에 탄력적으로 운영할 수 있는 옵션이다.

포기옵션(Option to Abandon)은 시장상황이 좋지 않은 경우 프로젝트를 중단하는 옵션이다. 잔존가치(salvage value)가 높다라면 해당 시점에서 프로젝트를 중단하고 매각하는 것이 시장악화의 영향을 줄일 수 있을 것이다. 시장이 불확실한 환경 하에서 신제품을 출시할 때 시장이 악화되면 해당 제품을 시장에 매각하고 떠날 수 있다.

전환옵션(Option to Switch)은 시장변동에 따라서 투입과 산출을 전환할 수 있는 옵션이다. 산출물 변환(output shift)은 소비재 전자제품 등과 같이 소규모 단위로 구입되는 제품이나 수요변동이 심한 제품, 장난감, 특수 제지, 기계부품, 자동차 등이 대상이 되며, 투입물 변환(input shift) 분야로는 투입물에 의존하는 설비, 발전분야, 화학제품, 작물 교체 등이 대상이 될 수 있다.

성장옵션(Growth Options)은 초기에 투자가 필요한 경우, 예를 들면 R&D나 미개발 토지 또는 유전에 대한 임대차 계약, 전략적 자산취득, 정보 네트워크와 같은 분야거나 일련의 프로젝트들이 연계과정이 있는 경우에 성장옵션을 행사하게 된다. 이러한 투자 사업은 신규 제품이나 공정, 유전, 신규 시장으로의 진입, 핵심 사업의 강화 등과 같이 미래 성장기회를 제공한다. 성장옵션은 프로젝트간의 복합옵션과 유사한 형태로서 가치평가를 할 수 있다.

복합적 연계옵션(Multiple Interacting Options)은 하나하나 옵션을 행사하는 것보다 복수의 옵션이 조합되어 구성되는 것을 의미한다. 위에서 언급한 모든 분야에 적용될 수 있으며 각각의 옵션의 합보다 복합옵션을 행사하는 것이 시너지 효과로 인해 더 큰 가치를 이룬다고 본다.

제 9 절 실물옵션모델의 기본모형

옵션가치를 계산방법으로는 몇 가지 종류가 있으며 프로젝트의 종류와 분석의 목적에 의해 사용하는 모델은 다르다. 옵션의 가격을 결정하기 위한 수치적 방법으로는 세 가지 정도를 들 수 있는 데 이항격자모형(binomial lattice model), 유한차분법(finite difference method), 그리고 몬테카를로 시뮬레이션(Monte Carlo simulation)이 있다. 이항격자모형(binomial lattice model)은

Cox, Ross와 Rubinstein(1979) 그리고 Rendleman과 Bartter(1979)에 의해 제시되었으며 옵션의 가격을 결정짓는 기초자산의 가격변동이 이항분포를 따른다는 가정 속에서 옵션의 가치를 평가하는 방법이다.

유한차분법(finite difference method)은 옵션가격함수가 만족하는 편미분방정식의 모든 편도함수를 유한차분으로 근사하여 연립방정식을 구하고, 이 연립방정식을 옵션의 만기시점부터 현재시점까지 차례로 반복적으로 풀어서 옵션의 가격을 계산하는 방법이다. 유한차분법은 Brennan과 Schwartz(1977)그에 의해 최초로 옵션의 가격결정에 사용되었다.

몬테카를로 시뮬레이션(Monte Carlo simulation)방법은 Boyle(1977)에 의해서 최초로 사용되었으며 Broadie와 Glasserman(1996)는 아메리칸 옵션 가격결정에 증가된 몬테카를로 시뮬레이션방법을 적용하였다. 몬테카를로 시뮬레이션은 기초자산 가격변동에 대한 표본경로를 모의로 설정하고 각각의 표본경로에 대한 옵션의 손익을 계산하여 평가하게 된다. 몬테카를로 시뮬레이션을 이용한 방법 중에서 폐쇄형 해(closed form solution) 가격결정모형이 블랙-숄즈 모형이다.

이들 방법 중에서 널리 사용되는 방법이 이항격자모형과 블랙-숄즈 모형으로 이항격자모형은 미래에 발생 가능한 확률을 산출해서 최종시점에서 역순으로 계산해서 가치를 산출하는 방법으로 계산이 비교적 용이하며 각 시기별 가치를 알 수 있다. 이항격자모형의 기간의 폭을 작게 정의하게 되면 블랙-숄즈의 값에 근접한 결과를 얻게 된다.[5] 블랙-숄즈 모형은 단일한 해를 구할 수

〈표 21-5〉 옵션가격결정 변수들과 실물옵션 변수들

call option on stock		Real Option Valuation(ROV)
Stock Price	S	Current value of real estate development assets
Exercise Price	X	Investment Expenditure
Exercise Date	T	Time to Investment
Risk-free rate	R	Time Value of Money
Standard Deviation or Return on the Stock	σ	Volatility of Value

자료: Luehrman(1998).

있다는 장점이 있고 프로그램 상에서 계산하기도 어렵지 않지만 모형을 이해하기가 어렵고 의사결정의 유연성을 하나의 해로 모형화하기에는 한계가 있을 수 있다.

(1) 연기옵션(option to defer)을 행사할 때

연기옵션은 프로젝트가 현재시점에서 실행하기에는 시장상황이 좋지 않거나 미래에 실행을 하는 것이 프로젝트의 가치가 높아질 경우에 행사하게 된다. 연기옵션과 관련된 연구들은 대부분 언제 투자의사결정을 내리는 것이 최적인가에 대한 것들이 있으며 국내 연구 중에서 이재한 외(2001)는 투자에 관한 의사결정시점을 연기하는 모형을 제시하고 있으며 t기까지 투자결정을 연기함으로써 발생하게 되는 기대되는 기대가치의 현재가치값 $R(t)$와 기대되는 기회비용의 현재가치값 $C(t)$값의 차이가 극대화하는 시점을 구하였다. 부동산 개발과 관련해서 본다면 연기옵션을 행사한다는 것은 개발초기에 사업성을 분석해서 사업을 늦추는 것과 사업을 시작한 후 사업을 중간에 연기를 할 수 있다.

$$V_{n,j}=\max[S_0u^{n-j}d^j-I,\ 0]$$

$$j=0,\ 1,\ 2,\ \cdots,\ n$$

$$V_{ij}=\max[pV_{i+1,\ j}+(1-p)V_{i+1,\ j+1}]e^{-r\triangle t},\ V_{ij}-I]$$

$$i=0,\ 1,\ 2,\ \cdots,\ n$$

$$j=0,\ 1,\ 2,\ \cdots,\ n$$

(2) 포기옵션(option to abandon)을 행사할 때

포기옵션은 미래에 기대되는 현금흐름이 악화될 때 프로젝트를 포기하는 것으로 포기옵션은 투자성과가 기대에 미치지 못할 경우 일정수준 이상의 손실을 보전하는 보험으로 이해할 수 있다. 기업의 경우에는 보유하고 있는 자산을 처분함으로서 포기옵션을 행사할 수 있으며 부동산 개발의 경우에는 보유하고 있는 토지를 실제보다 더 낮은 가격으로 매각하거나 이미 건물이 지어진 경우에는 시장에서 형성되는 가격보다는 낮은 가격으로 매각하는 것이 포기옵션을 행사한다고 볼 수 있다.

---

5) Mun(2002), 전게서, pp. 154－158 참조.

포기옵션은 해당 프로젝트를 포기했을 때 남게 되는 잔존가치(X_{sa}, salvage value)기준으로 비교하게 되며 잔존가치와 프로젝트를 계속해서 진행했을 때 어느 것을 선택하는 것이 유리한지를 판단하게 된다. 만기 시점에서는 사업을 계속해서 진행할 때의 가치와 포기할 때의 가치 중 큰 값을 선택하게 되고, 그 이전 시점에서는 포기옵션을 하지 않았을 때의 가치와 포기옵션을 할 때의 가치(잔존가치) 중 큰 값을 선택한다.

$$V_{nj}=\max[S_0u^{n-j}d^j-I,\ X_{sa}]$$
$$j=0,\ 1,\ 2,\ \cdots,\ n$$
$$V_{ij}=\max[pV_{i+1,\ j}+(1-p)V_{i+1,\ j+1}]e^{-r\triangle t},\ X_{sa}]$$
$$i=0,\ 1,\ 2,\ \cdots,\ n-1$$
$$j=0,\ 1,\ 2,\ \cdots,\ i$$

(3) 확대옵션(option to expand)을 행사할 때

확대옵션은 지금 현재상태에서 프로젝트의 규모, 투자 등을 더 확대할 수 있을 때 그 가치를 평가하게 된다. 확대옵션을 적용하기 위해서는 기존의 현재 상태가 존재한다는 전제 하에 확대 여부를 결정해야만 하며, 현재상태가 존재하지 않는다면 포기옵션을 적용하는 것이 더 적절하다.

Mun(2002)는 확대계수(expansion factor)를 구해서 확대하는 데 들어가는 비용을 X_{ex}라 하고 확대비용 대비 기초자산 가치의 증가율을 ex로 결정해서 옵션가치를 구하면 다음의 식과 같이 된다. 계수값은 증가하므로 $(1+ex)$로 하고 여기에 비용이 추가적으로 들어가므로 그만큼을 빼서 계산을 하게 된다. 만기에서의 가치와 만기이전의 가치를 구하는 방법은 포기옵션을 구하는 과정과 동일하다.

$$V_{nj}=\max[S_0u^{n-j}d^j-I_i,\ (1+ex)S_0u^{n-j}d^j-X_{ex}]$$
$$j=0,\ 1,\ 2,\ \cdots,\ n$$
$$V_{ij}=\max[pV_{i+1,\ j}+(1-p)V_{i+1,\ j+1}]e^{-r\triangle t},\ (1+ex)S_0u^{i-j}d^j-X_{ex}]$$
$$i=0,\ 1,\ 2,\ \cdots,\ n-1$$
$$j=0,\ 1,\ 2,\ \cdots,\ i$$

(4) 축소옵션(option to contract)을 행사할 때

축소옵션은 확대옵션과는 반대의 개념으로 프로젝트의 규모, 투자 등을 만기 내에 축소할 수 있을 때 평가하는 것이다. 축소할 때 감소하게 되는 비용을 X_{co}라고 하고 축소비용 대비 기초자산 가치의 감소율을 co라고 해서 옵션의 가치를 구하면 다음의 식과 같이 된다. 확대옵션과는 반대로 축소옵션의 경우는 비용이 절감되므로 X_{co}만큼의 비용을 합해서 가치를 계산해야 한다. 만기에서의 가치와 만기이전의 가치를 구하는 방법은 포기옵션을 구하는 과정과 동일하다.

$$V_{nj}=\max[S_0u^{n-j}d^j,\ (1+co)S_0u^{n-j}d^j+X_{co}]$$
$$j=0,\ 1,\ 2,\ \cdots,\ n$$
$$V_{ij}=\max[pV_{i+1,\ j}+(1-p)V_{i+1,\ j+1}]e^{-r\triangle t},\ (1+co)S_0u^{i-j}d^j+X_{co}]$$
$$i=0,\ 1,\ 2,\ \cdots,\ n-1$$
$$j=0,\ 1,\ 2,\ \cdots,\ i$$

지금까지 실물옵션모델의 기본모형과 이항격자모형의 분석과정을 종류별로 살펴보았다. 기본적인 원리는 같으나 연기옵션을 행사할 때는 기간을 t기간 연기해서 모형을 구축하며, 확대와 축소옵션을 행사할 때는 확대계수와 축소계수를 각각 구하고 확대할 때 증가하는 가치와 축소할 때 감소하는 가치를 구해서 분석하도록 하고 있다.

제10절 기존 투자가치 평가방법론과의 비교

투자의 가치를 평가하는 전통적인 기법으로는 순현재가치법이 있다. 이는 투자로 인해 발생하는 미래 현금흐름을 가중평균 자본비용으로 할인하여 현금흐름의 현재가치를 구한 후, 투자에 소요되는 현금유출액을 차감하여 투자의 가치를 평가하는 방법이다. 그러나 이러한 순현재가치법은 투자실행 여부에 대한 판단지침은 제시하나, 투자개시 시점, 투자결정 과정, 투자범위 등에 대한 정보를 제공하지 못한다는 한계점을 가지고 있다.

다음의 간단한 예를 통해서 순현재가치법 분석의 결과를 살펴보자. 다음 상황은 투자의사결정자가 1년간 유효한 특허를 획득한 상황에서 투자의사결정을 하려고 한다. 여기서 주목할 사항은 투자자가 특허를 갖고 있기 때문에 1년간은 적어도 투자를 유예해도 된다는 전략적 위치에 있다는 사실이다.

(1) 순현재가치법 분석

가장 단순한 순현재가치법 분석은 1년 후에 투자를 감행한다는 것을 가정으로 하고 기대현금흐름을 할인하는 방법이다. 투자비용은 140이라고 가정하고 다음해에 현금흐름(cash flow)이 각각 50%의 확률로 200 또는 75가 될 수 있다고 하자. 이러한 상황에서 1년 후의 투자에 대해 현재시점에서 투자계획을 확정지을 것인가에 대한 판단은 다음의 결과에 의존하게 된다.

$$E_0(V_T)-I \tag{21-14}$$

여기서 $E_0(V_T)$는 현재시점($t=0$)에서 형성한 만기($t=T$)시점의 현금흐름에 대한 기대값이고 I는 투자비용이다. 이 값이 현재가치가 0보다 작을 경우 투자를 기각하게 된다. 현재가치를 구하기 위해서는 프로젝트가 갖는 고유의 위험을 반영하는 위험조정할인율(risk-adjusted discount rate)이 필요하다. 이 경우 객관적인 방법으로 위험조정할인율을 찾아내는 방법으로 자본자산가격결정모형(Capital Asset Pricing Model)을 활용할 수 있다. 예를 들어 자본시장에서 고려대상이 되는 프로젝트와 완벽한 상관관계의 현금흐름을 보유하고 있는, 즉 동일한 베타(beta)를 보유하고 있는 주식을 찾을 수 있다고 가정하자. 동일한 주식의 현재 시장가격은 25이고, 프로젝트와 동일주식의 가치의 변화가 일년 후에 〈표 21-6〉과 같을 경우, 주식의 현재 시장가치와 기대현금흐름의 관계를 이용하여 위험조정할인율을 산출해 낼 수 있다.

현금흐름의 기대값은 상승 및 하락의 두 가지 시나리오를 각각의 확률로

〈표 21-6〉 프로젝트의 현금흐름과 동일주식의 가치

	프로젝트	동일주식
상승시	200	40
하락시	75	15

가중평균하여 구할 수 있고 그 결과를 위험조정할인율로 할인하면 이론상의 현재가치가 계산된다. 동일주식의 경우 이미 현재의 시장가격이 존재하므로 이를 이용하여 다음과 같은 식을 설정하고 위험조정할인율 r을 구할 수 있다.

$$25 = \frac{0.5(40)+0.5(15)}{1+r}$$

이렇게 하여 계산된 $r=0.1$은 동일주식 고유의 위험을 감안한 할인율이 된다. 동일주식과 프로젝트간에는 완벽한 상관관계를 가정하였기 때문에 위험은 동일하다고 가정할 수 있고 프로젝트의 현재가치를 계산할 때 할인율 10%를 적용하여 계산할 수 있다. 이와 같이 계산할 경우 프로젝트의 현재가치는 $\frac{0.5(200)+0.5(75)}{1.10}=125$이다.

한편 순현재가치를 구하기 위해 지출되는 투자비용의 현재가치를 계산해야 되고 투자액의 경우 140으로 확정된 금액이므로 위험이자율로 할인할 수 있다. 만약 무위험이자율이 8%라고 가정할 경우 현재가치는 140/1.08=129.63이며, 따라서 프로젝트의 순현재가치는 125−129.63=−4.63임을 알 수 있다. 상기 프로젝트는 순현재가치법에 의한 평가에 의하면 투자의 수익성이 없기 때문에 기각된다.

위의 단순한 순현재가치법 분석에서 단점은 투자의사결정자가 갖고 있는 선략적인 기회를 무시하고 있다는 것이다. 투자의사결정자는 1년 동안 투자를 유예함으로써 보다 확실한 현금흐름을 분석할 수 있는 기회를 갖게 되고 이를 바탕으로 보다 정확한 판단을 할 수 있게 될 것이다. 이와 같이 전략적 의사결정을 할 수 있는 경우를 감안하기 위해 순현재가치법을 한 단계 발전시킨 것이 의사결정 분석모형(Decision Tree Analysis)이다.

(2) 의사결정 분석모형(Decision Tree Analysis)

의사결정 분석모형은 순현재가치법 방법으로는 불가능한 의사결정의 유연성(flexibility)에 대한 가치를 측정하기 위하여 활용되는 방법이다. 위의 예에서 투자계획의 확정을 1년 후로 미룰 수 있을 경우에는 만기 시점에서 현금흐름의 가치가 투자금액의 가치보다 클 경우에는 투자를 결정하고 적을 경우에는 투자를 포기할 것이다. 따라서 1년 후의 현금흐름은 다음과 같다.

〈표 21-7〉 의사결정 유연성이 존재할 경우의 프로젝트의 순현금흐름

	1년 후의 현금흐름	투자액	의사결정 후의 순현금흐름
상승시	200	140	MAX〔60,0〕
하락시	75	140	MAX〔-65,0〕

$$Max[V_T - I, 0] \tag{21-15}$$

〈표 21-7〉은 투자판단 여부를 1년 후로 연기했을 경우를 고려한 프로젝트의 순현금흐름을 나타낸다.

프로젝트의 순현금흐름이 상승 시에는 60, 하락 시에는 투자를 하지 않으므로 0이 되는데 이것의 기대순현금흐름을 계산하고 위험조정된 할인율로 할인하면 순현재가치법이 계산된다. 본 예제에서는 프로젝트의 현재가치는 27.27이 된다.

$$\frac{0.5(60)+0.5(0)}{1.10}=27.27$$

결과적으로 −4.63이었던 프로젝트의 순현재가치법이 투자결정 연기라는 의사결정의 유연성을 갖게 됨으로써 27.27로 증가하게 됨을 알 수 있다. 개념적으로는 그 차액 27.27−(−4.63)=31.90이 유예할 수 있는 옵션의 가치라 할 수 있다. 즉 실물옵션의 가치인 것이다. 그러나 이러한 의사결정 분석모형 방법은 사실상 오류를 범하고 있다. 이는 현재가치로 할인할 때 사용한 할인율 10%는 동일주식의 위험을 반영하고 있지만 투자가 유예 가능한 옵션이 포함된 투자안의 위험은 사실 위험이 비대칭적으로 발생하기 때문에 동일주식의 위험과는 다르기 때문이다.

(3) 실물옵션 분석

의사결정 분석모형에서 투자자는 1년 후의 현금흐름의 상태에 따라 투자를 집행해도 되고 포기해도 되는 선택권을 갖고 있다. 이는 분명 투자자가 소유하고 있는 옵션이며 이 투자의 집행여부는 의사결정 분석모형에서와 마찬가지로 다음과 같은 현금흐름의 가치에 의존한다.

$$Max[V_T - I, 0]$$

따라서 투자를 유예할 수 있는 옵션을 보유한 투자계획의 순현금흐름은 〈표 21-7〉에서 보듯이 60 아니면 0이라 할 수 있다. 이러한 순현금흐름의 현재가치를 구하기 위해 다음과 같은 방법을 사용할 수 있다.

우선 순현금흐름과 동일한 현금흐름을 가져다주는 포트폴리오를 구성한다. 포트폴리오 구성을 위해 주식과 현재가치가 1인 무위험 채권 B를 사용해 본다. 이 포트폴리오는 m개의 동일주식과 1개의 무위험 채권으로 구성되어 있다. 이 경우 상승 및 하락의 경우에 다음과 같은 관계가 성립한다.

상승 시 $m40+B(1+r_f) = 60$

하락 시 $m15+B(1+r_f) = 0$

여기서 r_f는 무위험이자율이다. 무위험이자율을 8%라고 가정할 경우 위의 연립방정식을 충족시키는 m과 B는 각각 2.4와 −33.33이다. 즉 채권을 33.33만큼 판매하고 그 수입으로 주식 2.4개를 구매하는 것이다. 따라서 2.4개와 채권 −33.33개로 구성한 무위험 차입 포트폴리오는 상승 및 하락 상태에서 유예옵션을 갖고 있는 투자계획의 순현금흐름과 동일하게 된다. 그러므로 투자계획의 현재가치를 구하기 위해서는 포트폴리오의 현재가치를 구하면 된다. 이는 동일주식이 현재 시장가격이 25이므로 다음과 같다.

$$2.4\times25-33.33\times1=26.67$$

여기서 26.67은 유예옵션을 포함하고 있는 투자계획의 가치이므로 유예옵션 자체의 가치는 유연성이 없는 투자계획의 순현재가치법 −4.63과의 차액 31.30이다. 이는 특허권의 획득이라는 진입장벽이 존재하기 때문에 발생하는 옵션이므로 특허권의 가치라고도 해석할 수 있다. 결국 동일한 프로젝트를 순현재가치법은 기각할 것을, 실물옵션평가는 채택할 것을 결정한다.

(4) 순현재가치법과 실물옵션 평가의 비교

두 방법 모두 프로젝트나 투자로부터 발생하는 미래의 현금흐름을 현재가치로 할인한다는 측면에서 동일하다. 순현재가치법은 실물옵션 평가의 하나의 특수한 형태로 이해할 수 있다. 즉 실물옵션 방법에서 의사결정의 유연성을 고려하지 않을 경우가 바로 순현재가치법인 것이다. 순현재가치법은 다음 식에서 보듯이 미래의 현금흐름에 대한 기대값을 현재가치로 환산한다.

$$NPV = -I + \sum_{t=1} \frac{E(FCF_t)}{(1+r)^t}$$

I는 초기투자 규모를, r은 위험조정할인율을 의미한다. 순현재가치법은 현재시점에서 가지고 있는 정보에 기초하여 프로젝트의 현금흐름과 비용을 평가하고, 프로젝트의 채택여부를 현재시점에서 결정한다. 즉 여러 가지 대안들의 현재가치를 각각 계산하고 최고의 현재가치를 가져오는 방법을 택한다. 단 모든 대안들의 현재가치가 마이너스일 경우는 프로젝트를 채택하지 않는다.

$$\text{순현재가치법: } Max(at\ t=0)\ [0,\ E_0(V_T - I)]$$

그러나 실제적으로는 프로젝트의 현금흐름과 비용은 앞서와 같이 프로젝트를 시작하여 끝나기까지 많은 변화가 있을 수 있다. 실물옵션 방법에서는 순현재가치법과는 달리 프로젝트의 시작 여부를 현재시점에서 결정할 필요가 없다. 즉 시간이 흐르면서 프로젝트가 가지는 불확실성이 없어지면서, 보다 확실한 상황에서 프로젝트의 가치를 평가하고 투자 여부를 결정한다.

$$\text{실물옵션 방법 : } E_0[Max(at\ t=T)\ [0,\ V_T - I] \tag{21-16}$$

즉 현재시점에서 기대값 가운데 최대값을 기초로 투자를 결정하는 순현재가치법과는 달리 실물옵션 방법은 최대값을 가져오는 기대에 대한 평가이다. 순현재가치법은 $t=0$에서 기대값이 $E_0(V_T - I) > 0$인 경우 투자를 결정하는 대신 실물옵션 방법은 불확실성이 사라지는 미래시점($t=T$)까지 기다리고 $(V_T - I) > 0$일 경우 투자를 결정한다.

거래소 주가지수선물 · 옵션 시세표(3/23) 2011년

1. 코스피 200선물 거래동향

(단위 : 포인트,천주,계약,백만원)

종목명	시가	고가	저가	종가	전일대비	거래량	미결제약정수량	거래대금
KOSPI 200	266.69	266.99	264.64	265.67	-0.38	146,371	0	6,597,565
코스피200 F 201106	267.40	268.30	265.60	267.00	-0.05	291,290	90,355	38,853,630
코스피200 F 201109	268.40	269.55	267.00	267.90	-0.60	99	1,698	13,268
코스피200 F 201112	0.00	0.00	0.00	269.80	-1.40	0	0	0
코스피200 F 201203	0.00	0.00	0.00	268.90	-2.05	0	0	0

2. 스타지수선물 거래동향

(단위 : 포인트,천주,계약,백만원)

종목명	시가	고가	저가	종가	전일대비	거래량	미결제약정수량	거래대금
스타지수	1,412.39	1,421.12	1,404.44	1,418.67	16.23	25,972	0	316,961
스타지수 F 201106	0.00	0.00	0.00	1,412.50	0.00	0	0	0
스타지수 F 201109	0.00	0.00	0.00	1,424.50	0.00	0	0	0
스타지수 F 201112	0.00	0.00	0.00	1,436.00	0.00	0	0	0
스타지수 F 201203	0.00	0.00	0.00	1,443.00	0.00	0	0	0

3. 코스피200옵션 거래동향

(단위 : 포인트,천주,계약,백만원)

종목명	시가	고가	저가	종가	전일대비	거래량	미결제약정수량	거래대금
코스피200 C 201104 267.5	3.60	4.05	3.00	3.35	-0.05	86,955	68,601	29,387
코스피200 C 201104 265.0	4.90	5.55	4.25	4.90	0.05	63,205	61,691	30,071
코스피200 C 201104 262.5	6.25	7.30	5.75	6.30	-0.30	17,739	35,577	11,188
코스피200 P 201104 267.5	4.95	6.00	4.45	5.05	0.10	29,648	16,970	15,497
코스피200 P 201104 265.0	3.85	4.75	3.45	4.05	0.20	90,640	28,721	37,279
코스피200 P 201104 262.5	2.98	3.75	2.70	3.10	0.05	111,168	35,714	34,257

– 이데일리신문기사

EXERCISE 연 습 문 제

1. 다음의 용어들을 간략히 설명하시오.
   ① 콜옵션, 풋옵션 ② 유러피언 옵션, 아메리칸 옵션
   ③ 무위험 헤지포트폴리오 ④ 풋-콜 패러티

2. 유럽피언 콜옵션과 풋옵션의 가격결정요소에 대하여 설명하라.

3. 옵션을 조건부 청구권이라고 할 수 있는 이유는 무엇인가?

4. 주식을 매수할 때 주식가격의 하락위험을 헤지하려면 콜옵션을 매수해야 하는가 매도해야 하는가?

5. 콜옵션의 가격은 기초자산의 가격보다 높을 수 없다. 그 이유는 무엇인가?

6. 풋옵션의 가격은 행사가격보다 높을 수 없다. 그 이유는 무엇인가?

7. 옵션가격을 결정하게 되는 요소에는 어떤 것이 있는가?

8. 다음과 같은 경제적 사건이 콜옵션 및 풋옵션의 가격에 어떤 영향을 미치게 될 것인지에 대하여 설명해보라.
   ① 미래 인플레이션 발생에 따른 무위험 이자율의 상승
   ② 기업의 현금배당 선언
   ③ 기업의 투자위험의 증가

9. 옵션을 이용한 투자전략 중 Protective Put과 Covered Call을 비교 설명 하라.

10. 한양실업의 주식은 현재 시장에서 1,500원에 거래되고 있다. 이 주식을 오늘 매수하면 150원의 배당을 지급받을 수 있지만, 내일 매수하면 배당락이

이루어져서 배당을 지급받지 못한다. 한편, 투자자 갑은 해당 주식에 대하여 발행된 행사가격이 1,300원인 콜옵션을 보유중이다. 주식가격이 1,350원일 때의 이 콜옵션의 가치는 120원일 것이라 한다. 갑이 오늘 콜옵션을 행사하는 것과 행사하지 않는 것 중에서 어느 것이 유리한가?

11. 한양기업의 주식에 대하여 발행된 콜옵션의 만기는 3개월이다.

이 콜옵션의 행사가격은 50,000원이고 시장에서 8,000원에 거래되고 있다. 한편, 이 회사 주식의 시장가격은 48,000원이다. 무위험 이자율이 8% 라고 할 때, 다음의 물음에 답하라.

① 이산복리 계산시 풋-콜 패러티를 이용하여 만기까지 3개월 남아 있고, 행사가격이 50,000원인 한양기업의 주식에 대한 풋옵션의 가치는 얼마인가?

② 연속복리 계산시에는 결과가 어떻게 달라지는가?

12. (주)한양의 주식과 콜옵션에 대한 자료가 다음과 같다.

현재의 주가: 1,000원
행사가격: 1,000원
무위험 이자율: 8%
만기일까지 남은 기간: 6개월
주식수익률의 표준편차: 0.2

① 블랙-숄즈의 모형을 이용하여 콜옵션의 가격을 구하여라

② 풋-콜 패러티를 이용하여 행사가격이 1,000원이고 만기까지 6개월 남아 있는 풋옵션의 가격을 구하여라.

13. (주)한양의 현재 주식가격은 5,000원이다. 이 주식가격은 이항분포를 따르며, 1년에 30% 상승하거나 10% 하락할 것으로 예상된다. (주)한양의 주식에 대해 발행된 콜옵션과 풋옵션은 모두 만기가 1년이고 행사가격이 5,400원이다. 무위험 이자율이 10%라고 할 때, 다음의 물음에 답하여라.

① 헤지확률(P)를 구하고 이를 이용하여 (주)한양의 주식에 대하여 발행

된 콜옵션의 가치를 구하여라

② 위의 결과를 가지고, 풋-콜패러티를 이용하여 풋옵션의 가격을 구하여라.

③ 투자자 갑은 (주)한양의 주식을 100주 보유하고 있다.

(i) 갑은 (주)한양의 주식에 대하여 발행된 콜옵션을 이용하여 주가의 변동에 따른 위험을 헤지하고자 한다. 갑은 몇 단위의 콜옵션을 매수 또는 매도해야 하는가?

(ii) 위의 결과를 이용하여 콜옵션의 가격을 구하여라

(iii) 갑이 (i)과 같이 포트폴리오를 구성하였을 때, 갑이 보유중인 포트폴리오의 현재가치와 1년 후의 가치를 구하고 투자 수익률을 구하여라.

④ 주가변동이 2회이며, 콜옵션의 만기가 2년이라는 가정을 주었다.

(i) 주식가격과 콜옵션가치의 변동을 그림으로 나타내어라.

(ii) 헤지확률을 이용하여 콜옵션의 가격을 구하여라.

(iii) 2기간 이상의 모형에서는 주가의 변동에 따라 헤지비율을 조정해 나가야 한다. 1기 후에 주가가 상승했을 경우의 헤지비율과 콜옵션 가격(Cu)을 구하라.

(iv) 1기 후에 주가가 하락했을 경우의 헤지비율과 콜옵션가격(Cd)을 구하여라.

(v) (iii)과 (iv)를 이용하여 현재의 헤지비율과 콜옵션가격을 구하고, 이를 (ii)의 결과와 비교하여 보라.

14. 다음 각각의 경우에서 실물옵션을 설명하라.

① (주)한양은 2010년에 10개의 제트비행기를 구입할 수 있는 옵션의 가치를 보잉에게 지불한다.

② (주)한양은 바닥이 강화되고 창문이 커지고 화물수송기에서도 짧은 대화를 할 수 있는 속성을 갖춘 보잉767 제트를 구입한다.

③ (주)한양은 사우디에서의 정유채굴권에 대해 7,500만 달러를 지불한다. 사우디의 유전은 너무 작아 지금 개발하기에는 비용이 많이 발생한다. 그러나 개발하는 것은 석유가격이 상승하면 수익성이 있을 수 있다.

④ 산림 투자자들은 북쪽의 외딴 수림을 구입하였다. 지금 수확하는 것은 양의 순현가치를 갖지만 그럼에도 불구하고 기업은 채벌을 연기한다.

⑤ (주)한양은 중국에 자동차엔진공장을 건설한다. 투자의 순현가는 0보

다 작다. 이 기업은 프로젝트를 전략적 투자로 정당화한다.

⑥ 생명공학 신생기업이 생명공학 연구에 맞게 설계된 빌딩의 매입기회를 거절하였다. 그 대신 이 기업은 창고를 임대하여 사용하고 있다. 이 기업은 심지어 가구와 실험기구까지도 임대한다.

⑦ 새 오피스빌딩으로부터 발생하는 렌트비의 현재가치가 건설비용을 상당히 초과함에도 불구하고 오피스빌딩을 건설하기에 적합한 대지가 개발되지 않은채 방치되어 있다.

15. (주)한양은 조그만 대지를 가지고 있다. (주)한양은 지금 개발하거나 또는 기다릴 수 있다.

① 기다리는 것의 이점은 무엇인가?

② 아니면, (주)한양은 즉각적으로 개발하려고 하겠는가?

16. (주)한반도의 무배당 주식을 기초자산으로 하는 잔존만기 3개월의 유럽형 콜옵션과 풋옵션의 시장가격을 정리하면 다음과 같다.

- 행사가격이 25,000원인 콜옵션과 풋옵션의 가격이 각각 1,000원과 522원이다.
- 행사가격이 27,000원인 콜옵션과 풋옵션의 가격이 각각 244원과 1,717원이다.

또한 동일한 만기의 주식선물의 가격은 25,490원이다. 아래의 독립된 질문에 각각 답하시오. 단, 계산은 반올림하여 원단위로 표시하시오.

① 행사가격이 25,000원인 콜옵션을 매수하고 동일 행사가격의 풋옵션을 매도하는 합성 포지션에 대해 만기손익(profit/loss)을 그림으로 나타내고, 손익이 0이 되는 만기주가를 함께 표시하시오. 시장에는 어떠한 차익거래의 기회도 존재하지 않는다고 가정하며, 옵션프리미엄의 시간적 가치를 고려하시오.

② (주)한반도의 주식 100주를 보유하고 있는 어느 투자자가 위에서 주어진 옵션을 이용하여 향후 주가의 변동에 상관없이 3개월 후 보유자산의 가치를 270만원에 고정시키고자 한다. 요구되는 옵션거래전략과 소

요되는 초기비용(또는 수익)을 계산하시오. 시장에는 어떠한 차익거래의 기회도 존재하지 않으며 초기비용(또는 수익)은 3개월 후 투자자가 보유한 자산의 가치에 영향을 주지 않는다고 가정한다.

③ (주)한반도의 현재 주가가 24,866원이라고 하자. 만약 3개월 후 시점에서 주가가 25,000원 이상이면 100만원을 받고 25,000원 미만이면 한 푼도 받지 못하는 금융상품을 고려하자.

(i) 이 상품의 적정 프리미엄을 구하시오. 단, 위에서 주어진 행사가격 25,000원인 콜옵션의 델타는 0.6165이며, 시장에는 차익거래의 기회가 존재하지 않는다고 가정한다.

(ii) 일반적으로 블랙-숄즈(Black-Scholes)의 옵션가격모형에서 과 가 무엇을 의미하는지를 각각 3줄 이내로 설명하시오.

〈힌트〉

블랙-숄즈의 옵션가격공식은 다음과 같다.

$$C=SN(d_1)-Ke^{-rT}N(d_2)$$

$$d_1=\frac{\ln(S/K)+\left(r+\frac{1}{2}\sigma^2\right)T}{\sigma\sqrt{T}}$$

$$d_2=d_1-\sigma\sqrt{T}$$

단, C는 콜옵션의 가격, S는 기초자산의 현재가격, K는 행사가격, r은 연속복리 연간 무위험이자율, T는 잔존만기, $N(\cdot)$는 누적표준정규분포 확률함수, σ는 기초자산의 변동성이다.

(2009년 CPA 재무관리 2차 시험)

17. AXE회사의 자본구조는 회사채를 발행해서 조달한 부채(35%)와 보통주를 발행해서 조달한 자본(65%)으로 구성되어 있다. 회사채는 액면이자율(coupon rate)이 10.4%이고 만기까지는 5년이 남아있으며 현재 액면가(par value)에 거래되고 있다. 시장포트폴리오의 기대수익률은 11%, 무위험이자율은 4%이고 이 회사의 베타는 1.6이다. 배당금은 주당 5,000원을 지급했고 향후 매년 5.4%씩 증가할 것으로 예상되며, 현재 주가는

62,000원이다. 법인세율은 25%로 가정한다.

자기자본은 기업의 가치를 기초자산으로 한 유럽형 콜옵션으로 볼 수 있다. 현재 BZO회사의 가치는 1,000억원으로 경쟁사인 AXE회사의 가치와 동일하지만, BZO회사의 부채는 액면가 350억원의 1년 만기 순수할인채권(zero-coupon bond)이며 보통주는 무배당 주식이다. BZO회사의 기업가치 변동성은 80%, 무위험이자율은 연속복리로 5%일 때 블랙-숄즈 옵션가격결정모형을 사용해서 BZO회사의 부채 및 자기자본의 현재 가치를 구하시오. 금액은 억원 단위로 표기하시오.

〈힌트〉

블랙-숄즈의 옵션가격공식은 다음과 같다.

$$C = SN(d_1) - Ke^{-rT}N(d_2)$$

$$d_1 = \frac{\ln(S/K) + \left(r + \frac{1}{2}\sigma^2\right)T}{\sigma\sqrt{T}}$$

$$d_2 = d_1 - \sigma\sqrt{T}$$

단, C는 콜옵션의 가격, S는 기초자산의 현재가격, K는 행사가격, r은 연속복리 연간 무위험이자율, T는 잔존만기, $N(\cdot)$는 누적표준정규분포 확률함수, σ는 기초자산의 변동성이다.

$e^{-0.04}=0.9608$, $e^{-0.05}=0.9512$, $e^{-0.06}=0.9418$

$\ln(2.8571)=1.0498$, $\ln(2.0832)=0.7339$, $\ln(1.5385)=0.4308$

$N(0.9445)=0.8275$, $N(0.9748)=0.8352$

$N(0.9889)=0.8386$, $N(1.5686)=0.9416$

$N(1.6583)=0.9514$, $N(1.7748)=0.9620$

(2009년 CPA 재무관리 2차 시험)

18. 파생상품 투자주식회사의 옵션 운용부에서 근무하는 A부터 E까지 5명의 매니저(managers)가 다음과 같은 옵션 거래전략을 구성하였다. 옵션을 발행한 기초자산(underlying assets)의 주식가격이 향후 대폭 상승할 경우에 가장 불리한 투자결과를 낳을 것으로 예상되는 매니저는 누구인가?(옵션의 행사가격들은 현재의 주가에 근접하고 있으며 동일한 주식을 기초자산으로

하고 있다고 가정함) 정답 ④

A: 주식을 매입하고 매입한 주식에 대한 콜 옵션을 동시에 발행
B: 행사가격이 동일한 콜을 매입하고 동시에 풋을 발행
C: 행사가격이 다른 콜과 풋을 동시에 매입
D:행사가격이 다른 두 개의 콜 중에서 높은 행사가격을 가진 콜을 매입하고 낮은 행사가격을 가진 콜을 발행
E: 주식을 매입하고 매입한 주식에 대한 풋 옵션을 동시에 매입

① A 매니저 ② B 매니저 ③ C 매니저
④ D 매니저 ⑤ E 매니저

(2002년 CPA 기출문제)

19. 어느 투자자가 행사가격이 25,000원인 콜옵션을 개당 4,000원에 2개 매입하였고, 행사가격이 40,000원인 콜옵션을 2,500원에 1개 발행하였다. 옵션만기일에 기초주식가격이 50,000원이라고 할 때, 이러한 투자전략의 만기가치와 투자자의 만기손익을 각각 구하라(단, 옵션의 기초주식과 만기는 동일하며 거래비용은 무시하라). 정답 ⑤

	투자전략의 만기가치	투자자의 만기손익
①	15,000원	13,500원
②	25,000원	23,500원
③	30,000원	27,000원
④	35,000원	30,000원
⑤	40,000원	34,500원

(2005년 CPA 기출문제)

제22장
선물거래

제1절 선물거래의 의의와 특성

1. 선물거래의 의의

일상적인 대부분의 거래에선 매매계약의 성립과 동시에 인수 및 인도와 대금의 결재가 이루어지는데, 이러한 거래를 현물거래(spot trading)라 한다. 현물거래와 달리 미래의 특정 시점에서 어떤 자산을 사거나 팔기로 하고, 거래가격과 인도시기를 미리 약성한 거래도 있을 수 있는데, 이를 선도계약이라고 한다. 이러한 선도계약이 공식적인 시장(선물거래소)에서 다수의 매도자와 매수자가 참여한 가운데, 정형화된 조건으로 거래될 때, 이를 선물거래라고 한다. 물론 이러한 선물계약이 대량으로 성립되고 양도될 수 있기 위해서는 거래소, 청산소(clearing house) 등의 거래조직과 거래조건의 표준화 등이 전제되어야 한다.

선물계약의 특징을 열거하면 다음과 같다.

① 계약의 대상이 되는 상품의 가격, 등급, 인도수량, 인도장소, 인도시기 등이 표준화 되어 있다.

② 선물거래는 선도거래와는 달리 시장 참여자들이 불특정 다수로 거래상대방의 신용도를 모르는 상태에서 거래가 이루어짐에 따라 모든 거래의 계약 이행을 보증할 제3자가 필요하며 이 같은 필요에서 청산기관이 존재한다.

③ 집중결제를 원활하게 하고 선물계약의 이행을 보증할 수 있도록 하기 위하여 증거금을 납부하도록 한다.

④ 고객의 미청산 계약은 청산소에서 매일매일의 정산가격으로 일일정산하여 손익을 증거금에 가감한다.

⑤ 선물거래의 대부분이 결제일 이전에 반대매매에 의하여 청산된다.

2. 선물거래와 선도거래의 차이

현물거래가 매매계약의 성립과 동시에 상품의 인수, 인도와 대금의 결제가 이루어지는 거래라고 한다면, 선물계약이나 선도거래는 미래의 특정 시점에 특정 자산에 대한 계약이라는 특징이 있다. 그러나 선물계약과 선도거래는 그 계약의 특징에 따라 구분되어 지는데, 그 차이점은 〈표 22-1〉로서 요약될

〈표 22-1〉 선물거래와 선도거래의 비교

	선 물 거 래	선 도 거 래
거래장소	조직화된 거래소	비조직적 장외시장
거래조건	거래대상, 단위, 인도시기, 품질 등의 표준화	당사자간의 직접협상
시장조성자	거래소 회원 및 브로커	국제금융기관과 다국적 기업
시장참여범위	불특정 다수인	국제금융기관과 다국적 기업(개인이나 소규모회사는 실질적으로 신용위험 때문에 제한을 받음)
규 제	규제기관이 공식적으로 규제	자율적인 규제
가격형성	공개호가 방식,전산거래 방식	당사자간의 직접협상
이행보증	청산소가 거래의 이행을 보증	거래당사자의 신용도에 좌우
증 거 금	모든 시장참여자가 증거금을 납입하고 유지하여야 함	원칙적으로 증거금의 납입이 불필요
중도청산	매수 또는 매도포지션은 반대매매를 통해 쉽게 청산된다.	매수 또는 매도포지션을 상쇄 또는 전가시키기가 어렵다.
만기청산	만기일 전 상쇄거래에 의한 현금청산결제가 일반적이므로 현물인수도는 드물다.(3~5%)	만기일에 실물의 인수, 인도가 이루어진다.
거래시간	거래소 개장시간 이내	제한이 없음
거래상대	거래소를 통한 간접거래	거래상대방과의 직접거래

수 있다.

전술한 바와 같이 매매당사자가 미래의 일정시점에 어느 특정 상품을 현 시점에서 약정한 가격으로 인수, 인도할 것을 약속한다는 점에서 선물거래와 선도거래는 유사하다. 그러나 〈표 22-1〉에서 알 수 있듯이 선물거래는 거래조건이 표준화되어 있고 일일 정산제도 등이 있다는 점에서 선도거래와 구별된다. 특히, 선물거래가 가진 일반적 특징 중 선도거래와 대별될 수 있는 것들은 증거금 제도, 일일정산제도, 표준화 등을 꼽을 수가 있는데, 이러한 것들에 대한 논의는 뒤에 있을 선물거래의 특징에서 깊이 있게 다루어 보도록 하겠다.

3. 선물과 옵션의 차이

첫째, 옵션의 매수자는 기초자산의 가격에 따라 옵션의 행사여부를 결정할 수 있는 권리만을 가질 뿐 의무는 부담하지 않는다. 반면에 선물의 매수자와 매도자는 만기일까지 반대매매를 통하여 선물계약을 청산하지 않을 경우 약속된 시기에 약속된 가격으로 대상물을 반드시 인수 혹은 인도해야 하는 의무를 부담한다. 그렇다고 모든 선물계약이 그대로 이행된다는 의미는 아니다. 대부분의 선물계약은 반대매매에 의하여 만기이전에 청산되기 때문에 실물의 인수, 인도가 이루어지는 경우는 거의 없다.

둘째, 옵션의 매수자는 발행자에게 옵션의 대가를 지급하지만, 선물의 경우에는 매수자와 매도자 모두가 증거금을 납부할 뿐 대가의 수급은 없다.

셋째, 옵션의 매수에 따른 위험은 한정시킬 수 있으나, 선물의 매수에 따른 위험은 한계가 없다.

4. 선물상품과 선물시장의 발달

(1) 선물상품의 종류

1) 상품선물

상품선물에는 금속, 에너지, 곡물, 대두제품, 가축 등을 들 수가 있다. 1980년대 금융선물이 세계적으로 확산되고 동시에 규모가 크게 증가하기 전까지 선물시장은 이러한 상품선물을 대상으로 하여 함께 발전되어 왔다. 상품선물거래는 이미 중세부터 상인들 사이에서 이용되어 왔는데, 지금과 같이 체계적인 선물거래가 형성되기 시작한 것은 1848년 미국의 시카고 선물거래소(Chicago Board of Trade)가 창설되면서부터이다. 초기의 CBOT에서는 곡물을 중심으로 한 선물거래가 주종이었으나, 그 후 각종 농산물, 임산물, 금속 및 금융상품까지 거래되면서 현재 세계 제일의 선물거래소로 성장하였다. 선물거래소의 설립이 증가함에 따라 납, 주석, 구리, 목재와 같은 선물계약이 도입되었다.

2) 금융선물

1972년 CME(Chicago Mercantile Exchange) 산하 IMM(International Monetary Market)에서 최초로 거래된 통화선물(currency futures)이 금융선물의 효시라고 할 수 있다. 이후 1975년 10월에 CBOT가 정부주택저당증서를 대상으로 한 금리선물을 개발하였으며, 그 후 뉴욕, 필라델피아 등 미국 내는 물론 영국, 일본 등 세계각지로 확산되었고, 거래대상의 폭도 미재정증권, CD 등으로 다양해졌다. 그리고, 1982년 KCBT(Kansas City Board of Trade)에서 최초로 주가지수 선물거래를 시작함으로써 이른바 금융선물은 금리선물과 통화선물, 그리고 주가지수 선물의 세 가지로 분화되었다.

〈표 22-2〉 금융선물의 분류

상품선물	금 융 선 물		
	통화선물	금리선물	주가지수선물
농산물 축산물 임산물 비철금속 귀금속 에너지	일본 엔, 영국 파운드, 스위스 프랑, 프랑스 프랑, 독일 마르크, 캐나다 달러, 호주 달러, 유럽 유로, 등	장기금리: 미국 T-Bond, 미국 지방채, 영국장기국채 (Long gilt 20년), 일본 국채(20년) 등	S&P500지수, MMI지수, NYSE 종합지수, TOPIX, 항셍지수, NIKKEI주가 평균 등
		중기 금리: 미국 T-Note, 영국 중기국채, 일본 국채 등	
		단기 금리: 미국 T-Bill 상업어음 (CP) LIBOR(런던 은행간 금리), PIBOR(파리 은행간 금리)	

5. 선물거래의 기초

(1) 기초용어

선물거래의 대상이 되는 특정 상품을 기초자산(underlying asset)이라고 부르며, 기초자산의 가격을 현물가격(Spot Price: S), 특정된 거래시기를 선물거래의 만기일(maturity or delivery date: T), 그리고 정해진 가격을 선물가격(Futures Price: F)이라 부른다. 따라서 선물가격은 만기일에 기초자산을 거래하기로 약정한 거래의 실행가격을 의미하며 선물거래의 가치를 의미하는 것이 아니다.

(2) 선물거래의 매수과 매도

선물거래의 이용은 선물거래의 매수(long position)과 선물거래의 매도(short position)로 구분할 수 있다. 선물거래의 매수은 만기일에 기초자산을 선물가격으로 매수할 것을 계약한 것이며, 선물거래의 매도는 만기일에 기초자산을 선물가격으로 매도할 것을 약정한 것이다. 선물거래를 매수한 투자자는 기초자산의 가격이 오를수록 이익을 보게 되며, 선물거래를 매도한 투자자는 기초자산의 가격이 떨어질수록 이익을 보게 된다.

선물거래 후 만기일까지 그 거래를 보유한다면 거래에 따른 손익은 다음과 같다.

선물거래 매수의 손익 = 만기일의 현물가격 − 선물거래시의 현물가격

〈그림 22-1〉 선물거래 만기일의 손익

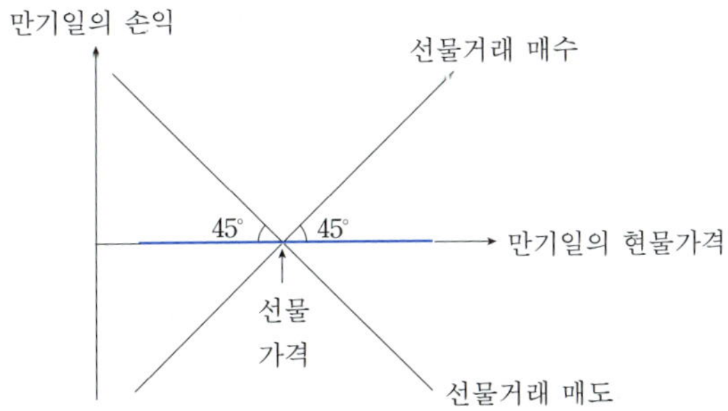

선물거래 매도의 손익 = 선물거래시의 선물가격 − 만기일의 현물가격

〈그림 22-1〉에서 보듯이 선물거래의 매수포지션은 매도포지션에 의해 정확히 상쇄됨을 알 수가 있다. 따라서 모든 선물거래의 손익은 모두 상쇄되어 0이 되므로, 특정 기초자산에 대한 선물시장의 존재는 해당 자산의 현물시장에 어떤 중대한 영향을 미치지 않는다.

제2절 선물거래의 기능

1. 가격예시기능

선물가격은 거래소에서 공개적, 경쟁적으로 결정되는 값으로서 미래에 기대되는 수요와 공급에 대한 다양한 정보를 내포하고 있다. 따라서 동일 상품에 대하여 만기가 서로 다른 선물의 가격들은 미래의 각 시점에서의 해당 상품에 대한 현재의 기대를 반영하며, 현물가격을 예측하는 데 상당한 도움을 준다.

2. 위험이전기능

현재 보유중인 자산이나 미래에 필요로 하는 자산의 가격변동위험을 회피하고자 하는 헷저(Hedger)는 위험을 부담하면서 이익을 얻고자 하는 투기자(Speculator)에게 가격변동위험을 전가시킬 수 있다. 이러한 선물거래의 위험이전 기능은 시장참여자들의 거래를 통하여 위험의 가격을 결정하고 이 가격에 위험을 서로 이전시키는 현상을 발생시킨다. 즉 선물시장은 헷저로부터 투기자에게로 적당한 가격에 위험을 이전시키는 기능을 함으로써 현물시장의 유동성과 안정성을 증대시키는 효과를 가져온다.

3. 재고의 시간적 분배기능

선물가격은 미래의 수급에 대한 정보를 반영하고 있으므로 시장 참여자들의

특정상품의 저장, 생산, 소비의 시간적 배분에 도움을 준다. 예컨대, 정부의 정책 방향 등을 예측함으로써 이후에 있을 자본의 조달에 반영할 수 있는 것이다.

4. 자본형성기능

선물시장은 투기자의 부동자금을 금융시장으로 유인하고 이를 헷저의 산업자금으로 이전시키는 자본형성기능을 간접적으로 수행한다. 또한 금융기관은 금융선물을 이용하여 주가와 이자율 변동위험을 효과적으로 관리함으로써 주식과 채권 등의 증권에 대한 수요를 증가시켜 기업의 자금조달을 용이하게 해주고 자본비용을 절감시켜 준다.

5. 새로운 금융상품 개발의 촉진기능

금융선물은 다양한 헤지상품을 공급함으로써 현물상품의 위험관리 능력을 배양시킨다. 따라서 금융선물시장은 금융기관들로 하여금 수익성, 유동성, 시장성을 동시에 충족시켜줄 수 있는 새로운 금융상품의 개발을 촉진시킨다.

제 3 절 선물거래의 특징

1. 선물거래의 결제, 거래량 및 미청산 선물계약 수

선물계약의 표준화, 결제를 용이하게 함으로써 선물시장의 환금성을 제고시킬 수 있다.

가령, 일일정산제도를 통해 거래자들이 기초상품의 총가치와 일치하는 금액을 투자한다고 할 때, 해당 거래일에 각각의 거래자들의 계정에 손익이 계상되며, 손실이 난 거래자는 그 금액만큼 청산소에 지불하여야 한다. 이처럼 거래자의 손익포지션에 따라 거래당일에 그 손익을 정산하는 것이 선물계약의 특징 중 하나이다. 미결제 선물계약수(Open Interest)는 대부분의 선물시장에서 인도일까지의 기간이 많이 남아 있을 때, 선물계약의 초기에 상대적으로 적으며, 헷저와 투기자들이 시장에 활발하게 개입함에 따라 상승하다가, 계약 인도일이 가까워짐에 따라 급격하게 줄어든다. 주가지수 선물의 경우 실제로 기초자산을 인도하는 것이 불가능하므로 계약 인도일에 어떠한 미청산 선물계약도 없다. 그러나 인도될 수 있는 상품선물인 경우에서도 극소수의 선물계약만이 인도일에 실물인도된다고 볼 수 있다.

2. 증 거 금

선물계약을 매매한 거래 상대방이 가격변동에 따른 손실을 입을 경우 계약이행을 하지 않을 수 있는 상황이 항상 존재하므로 선물거래에서는 이에 따른 거래 참가자들의 손실을 최소화하기 위한 제도적 장치로서 증거금 납입을 통한 일일정산제도를 운용하고 있다.

일반적으로 증거금은 고객이 선물회사에 납부하는 위탁증거금과 선물회사가 거래소에 납부하는 거래증거금으로 분류하며, 개시증거금, 유지증거금, 추가증거금 등으로 세분할 수 있다. 개시증거금은 최초의 선물계약 매매시점에 납부하는 것으로 KOSPI200의 경우 15%이고 유지증거금은 선물계약보유에 따른 손실발생시에 납부하는 증거금으로 KOSPI200의 경우 10%선이다. 그리고 추가증거금은 선물계약보유에 따른 손실발생시에 납부하는 증거금이다. 그림으로 살펴보면 〈그림 22-2〉와 같다.

Hartzmark의 실증분석(증거금률의 변경이 선물시장에 미치는 영향분석)에 따르면 증거금률의 인상에 따라 미청산 선물계약 수는 감소하고, 증거금률의

〈그림 22-2〉 선물거래시의 증거금제도

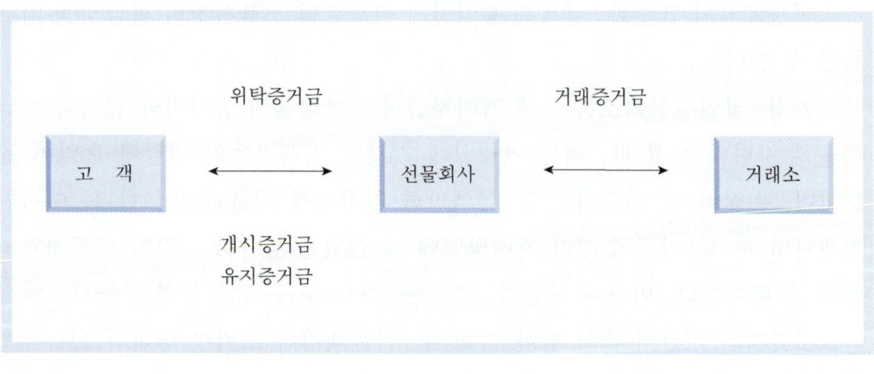

변화와 거래량 사이에는 역의 관계가 존재하며, 증거금률의 변화에 따른 선물시장 내 투자자들의 구성상의 변화가 존재하며, 증거금률의 변화와 가격변동성 사이에는 체계적이지는 않지만 유의적인 관계가 존재한다고 한다.

3. 가격폭 제한(Price Limits)

미국 상품선물거래위원회에서 가격제한폭을 설정하였는데, 이러한 가격제한에 대해서 그간 많은 논쟁이 있었다. Roll은 오렌지 쥬스의 선물가격에 가격폭 제한을 부여했을 때의 선물가격이 기후변화에 더 느리게 반응하기 때문에 정보면에서 비효율적이라고 주장했으며, Brennan은 가격폭을 제한함으로써 증거금률을 낮게 부과하는 효과가 있으며, 증거금과 가격폭 제한은 선물계약의 이행을 보장하는 대체물이라고 주장했다. 또한 현물가격이 선물가격의 훌륭한 예측치인 현물시장이 존재한다면, 투자자들이 현물가격을 통하여 불리한 정보를 알 수 있기 때문에 가격폭 제한은 의미가 없으며, 따라서 단기 선물계약에 대한 가격폭 제한은 없거나 훨씬 커져야 하며, 인도일까지 약간의 시간적 여유가 있는 농산물 선물계약의 경우에는 가격제한폭이 유용한 역할을 한다고 주장했다.

4. 선물가격의 수렴과 선물거래손익

만기일의 선물가격과 현물가격은 차익거래의 기회가 존재하지 않는 시장에서는 당연히 같게 된다. 이를 선물가격의 수렴(convergence property)이라 한다. 따라서 선물거래 후 만기일까지 보유하는 경우 일일정산에 따른 거래 참가자의 매일 매일의 손익의 합계는 최초의 선물가격과 만기일의 현물가격의 차와 동일하다.

5. 현물인도와 현금인도

선물거래 후 만기일까지 반대매매를 행하지 않으면 선물거래자는 그 선물거래를 이행하여야 한다. 만기일에 거래를 이행하는 방법은 현물인도와 현금인도의 두 가지 방법이 있다. 현물인도는 만기일에 실제 기초자산을 인도하고 대금을 결재하는 것에 의해 계약을 이행하는 것으로 정상적인 선물거래의 이행방법이다.

현물인도조건은 만기일의 선물가격과 현물가격이 일치하도록 해주는 역할을 하므로 선물시장의 효율성을 강화시켜 준다. 그러나 최종거래일에 현물의 인도 및 인수가 실제로 이루어지는 거래물량은 거의 대부분 반대매매에 의하여 청산되고 있는 실정이다. 더욱이 현물인도는 상품의 불확실성과 인도에 따르는 거래비용을 수반하는 단점을 갖고 있다.

현금인도는 현물인도가 없이 현물가격을 기준으로 일일정산하여 거래를 이행하는 방법이다. 대표적으로 주가지수선물은 주가지수를 기초자산으로 하는 선물거래이나 주가지수라는 현물이 존재하지 않으므로 현물인도가 불가능하다. 따라서, 주가지수 선물거래자들은 현물의 인도가 없이 최종거래일의 현물가격을 기준으로 일일정산을 행하고 거래를 마감하게 된다. 현금인도는 원하지 않는 현물의 인수도를 미연에 방지할 수 있고, 현물인도에 따른 상품의 불확실성과 거래비용을 수반하지 않는다는 장점을 갖고 있다.

여기에서 일일정산이란 고객의 보유한 선물계약을 매일의 정산가격으로 재평가하여 그 손익을 그 고객의 증거금에서 가감하고 가감된 증거금이 일정수준 이하로 내려가면 이를 다시 그 차감액 만큼을 다시 적립하게 해 증거금이 계약이행을 보증할 수 있는 최소한의 수준이 되도록 하는 것을 말한다. 예를 들어 오늘(11월 1일) 고객이 미국달러선물(계약단위 50,000달러)을 1달러당 1,300원의 시세로 1계약을 산다고 하자. 사전증거금은 6,500,000원(계약금액의 약 10%)으로 정해져 있고 유지증거금은 5,000,000원으로 정해져 있다고 가정하고 매수한 선물시세가 매수 당일 20원이 하락하고 다음날 30원이 떨어진다고 가정할 때, 11월 1일 당일 일일정산 결과 증거금수준은 5,500,000원(6,500,000원−50,000×20)으로 유지증거금수준보다 높기 때문에 추가증거금을 납입할 필요는 없다. 그러나 11월 2일 선물시세가 다시 30원이 떨어져 1,250원이 된다면, 일일정산 결과 증거금수준은 4,000,000원으로 유지증거금수준을 하회함으로 익일 오전 12시까지 개시증거금(6,500,000)과 11월 2일 증거금수준의 차액인 2,500,000원을 익일 오전 12시까지 현금으로 입금시켜야 한다. 반면에 앞에서 11월 1일 매수한 미국달러선물시세가 매수 당일에 20원이 오르고 다음날 30원이 오른다고 가정하면, 당일의 일일정산 결과 증거금수준은 7,500,000원이 되고 다음날 11월 2일에도 위와 같은 방법으로 계산하면 고객

〈표 22-3〉 선물가격이 하락한 경우 (단위: 일, 만원)

일 자	정산가격	손익변동	증거금 변동폭	추 가 증거금	증거금 잔액	인출 가능금액
거래일					650	
11/1	1,280	5×20=100	−100		550	
11/2	1,250	5×30=150	−150		400	
11/3				250 (650−400)	650	
최종손익: −100−150 = −250						

〈표 22-4〉 선물가격이 상승한 경우

일 자	정산가격	손익변동	증거금 변동폭	추 가 증거금	증거금 잔액	인출 가능금액
거래일					650	
11/1	1,320	5×20=100	100		750	
11/2	1,350	5×30=150	150		900	100
11/3						150
최종손익: 100+150 = +250						

의 증거금수준은 9,000,000원이 된다. 이러한 이익이 발생한 경우는 고객이 원할 경우 이익 발생분에 한해서 익일 언제라도 출금할 수 있다.

위의 거래과정을 표로 정리하면 〈표 22-3〉, 〈표 22-4〉와 같다.

제 4 절 선물시장의 구성요소

1) 기초자산

기초자산은 선물거래의 대상이 되는 상품이다.

- 주가지수선물: 주가지수(예: S&P 500, KOSPI200 등)
- 금리선물: 금리(예: LIBOR, 연방기금금리 등)
- 채권선물: 중장기채(예: T-Bond, KTB 등)
- 통화선물: 주요국 통화(예: 미국 달러, 유로, 엔, 파운드 등)

• 귀금속선물: 귀금속(예: 금, 은, 구리 등)

2) 계약단위

계약단위는 파생상품 거래의 기본단위로서 1계약의 크기를 나타낸다.

• KOSPI200 지수선물(KRX): 거래단위는 지수에 거래단위 승수인 500,000원을 곱한다. 지수가 100.00포인트라면 거래단위는 50,000,000원(100.00×500,000원)이 됨.
• 유로달러선물(CME Group): 100만달러
• T-Bond 선물(CME Group): 10만달러
• KTB선물(KRX): 1억원

3) 결 제 월

선물계약이 만기가 되어 결제가 이루어지는 달(month)을 의미하며, 인도월(delivery month)라고도 한다. 금융선물의 경우 일반적으로 분기의 마지막월(3, 6, 9, 12월)이 결제월이 된다.

4) 가격표시방법

선물계약의 가격표시방법은 대상 현물시장의 가격표시방식을 기준으로 선물거래소에서 규정하고 있다. 금리선물의 경우 일반적으로 금리를 지수화하는 방법(IMM Index 방식)을 가장 많이 사용한다. 예를 들면 유로달러선물의 경우 [100－금리(연율)]로 가격표시를 할 수 있다. 그리고 채권선물의 경우 액면 100인 채권의 가격을 %로 표시하는 방법을 많이 사용한다. T-Bond선물이나 KTB 선물에서 주로 사용하는 방식이다. 마지막으로 통화선물의 경우 해당통화 1단위를 사기 위해 지불하는 달러로 표시된다. 한편, 한국 KRX의 미국달러선물은 미국달러 1달러를 사기 위해 지불하는 원화액수로 표시된다.

5) 최소호가단위(tick)

최소호가단위는 선물거래 시 호가할 수 있는 최소가격변동폭을 말하며, 이를 금액으로 표시한 것을 틱가치(tick value)라고 한다. 유로달러의 경우는 1tick이 0.01이며 이를 금액으로 표시하면 $25가 된다. T-Bond의 경우 1tick은 $\frac{1}{64}$%이며 이는 $15.625가 된다. 우리나라에서 거래되는 KTB선물의 경우 1tick은 0.01이며 금액으로 표시하면 1만원이 된다.

6) 일일가격제한폭

하루 중 가격이 변동할 수 있는 상한과 하한을 정해 이를 벗어나는 가격으로는 거래가 이루어지지 못하게 하여 투자자를 보호함은 물론 효율적으로 시장을 관리하기 위한 제도이다. 가격이 일일가격제한폭까지 변동하는 경우 거래소마다 취하는 방법은 다르나, 일반적으로 일정기간 거래를 중단시키거나 가격제한폭 이내의 거래만 허용하는 방법을 택한다. KOSPI200선물의 경우 상하 10%의 일일가격제한폭을 두고 있다.

7) 거래량과 미청산계약수

거래량은 선물계약을 매도한 수량과 매수한 수량의 총합계로 표시하는 것이 아니고 한쪽의 수량만으로 표시한다. 그리고 미청산계약수는 어느 특정일 현재 만기일 도래에 의한 실물인수도 또는 반대매매에 의해 청산이 이루어지지 않고 남아 있는 매도포지션 또는 매수포지션의 총합이다. 이는 시장으로 유입 또는 유출되는 자금의 크기를 측정하는데 이용된다. 또한 크기가 증가하면 현재의 추세를 지속시킬 자금이 유입되고 있다고 보며, 크기가 감소하면 새로운 선물거래보다는 기존의 포지션을 청산시키는 거래가 많이 행해져 자금이 시장 밖으로 유출됨으로 머지않아 추세가 반전될 것을 암시한다.

제 5 절 선물시장의 구조

선물시장은 증권시장과 마찬가지로 거래소,고객, 선물업자(중개업자, 투자자문업자, 투자신탁업자)로 구성된다.

1. 선물시장의 조직

(1) 고 객

선물시장에 참가하는 투자자는 크게 헷저(hedger), 투기자(speculator), 그리고 치익거래자(arbitragour)로 나눌 수 있다. 헷저는 현물시장에서 투자포지션에 따라 부담하게 되는 투자위험을 회피하기 위하여 선물거래를 이용한다. 투기자는 헷저와의 거래를 통하여 헷저가 회피하려는 위험을 부담해주는 대가로 위험프리미엄을 얻기 위한 수단으로 선물거래를 이용하거나, 자산의 미래 예측능력을 근거로 이익을 얻기 위해서 선물거래를 이용한다. 차익거래자는 시장에서 거래되는 선물의 가격이 균형가격에서 이탈해 있을 때, 차익거래를 통하여 재정이익을 챙기려는 투자자를 말한다.

(2) 선물거래소(Futures Exchange)

회원인 장내거래자(Floor Trader or Floor Broker)가 고객의 선물매매거래 또는 자신의 계산에 의한 선물거래를 상호 경쟁적으로 체결시키는 장소를 말한다. 보통선물거래소는 일정액을 출자한 회원에 의해 설립, 운영되는 비영리회원 조직의 형태를 띤다. 유럽의 일부 선물거래소는 영리법인 또는 주식회사 형태를 취하기도 한다(스웨덴 OM거래소). 선진국의 선물거래소 회원권은 매매 또는 리스가 가능한 것이 일반적이다.

그 기능은 다음과 같다.

① 거래체결 집행장소 제공(회원 또는 회원권을 임차한 사람만이 장내 입장거래 가능)

② 공정거래 감시

③ 거래시간, 방법, 조건 등의 결정과 변경

④ 공식종가(Official Settlement Price)결정

⑤ 신규 상장품목 개발 도입(당국의 승인이 필요)

⑥ 거래가격의 공표(가격정보는 거래소의 소유가 됨)

(3) 선물업자

미국의 경우 선물관련 자율규제기관인 전국선물협회(NFA)에 등록 의무가 있는 선물거래업자를 통틀어 선물거래업자라고 하는데, 이를 유형별로 정리해보면 다음과 같다.

1) 선물중개회사(FCM: Futures Commission Merchant)

고객으로부터 선물계약이나 옵션의 매매주문을 받아 거래를 체결하며, 매매주문의 체결에 따른 고객의 현금이나 기타 자산을 관리하는 개인이나 법인을 말한다.

2) 소개중개회사(IB: Introduction Broker)

고객으로부터 선물계약이나 옵션의 매매주문을 받아 거래를 체결하나, 매매주문의 체결에 따른 고객의 현금이나 기타자산을 관리하지 않는 개인이나 법인을 말한다.

3) 선물투자신탁회사(CPO: Commodity Pool Operator)

투자자로부터 선물상품에 투자할 목적으로 조성된 선물기금의 운영을 맡아서 하는 개인이나 법인을 말한다.

4) 선물투자자문인(CTA: Commodity Trading Advisor)

고객에게 직접적 또는 간접적으로 선물거래와 관련하여 자문을 제공하여 그 대가로 수수료를 받거나 이익을 추구하는 자를 말하다. 고객계정에 대한 거래체결 생사권한 및 출판 또는 기타 전달매체 수단을 통한 투자자 자문제공은 간접적인 방법에 속한다.

5) 장내거래인(Floor Trader)

거래소 장내에서 자신의 계산 또는 타인의 계산하에 주문을 성사시키는 자로써 장내거래인은 local Trader(자신의 계정을 위해 주문을 성사시킴)와 floor broker(자기계정 이외의 계정을 위해 주문을 성사시킴)으로 구분한다.

6) 선물중개인(AP: Associated Person)

FCM, IB, CTA 또는 CPO의 대리인으로서 이들에 소속되어 매매주문을 받는 자와 이들의 관리자를 말한다.

2. 청산소(Clearing House)

거래소의 결제기관 역할을 수행하며 거래소의 한 부서 조직인 경우도 있고, 몇 개 거래소가 공동, 설립운영 하는 경우(영국 선물거래소 공동결제기관인 London Clearing House, 미국 증권거래소 상장옵션거래 공동결제기관인 Option Clearing Corporation 등)도 있다.

그 기능은 다음과 같다.

① 선물계약 이행의 상대방: 법적으로 선물매수자에 대하여 매도자 의무, 선물 매도자에 대하여 매수자 의무를 청산소가 진다.

② 일일증거금 청산결제: 청산소 회원 중개사(Clearing FCM)와 지정 결제은행(Clearing Bank)의 계좌를 통해 일일자금결제 업무를 수행한다.

③ 만기 현물 인도 및 결제업무 수행

이러한 청산소는 선물의 매수자임과 동시에 매도자가 되기 때문에 거래조건을 표준화하고 거래의 이행을 보증하는 역할을 수행한다. 나아가 다수의 매수자 및 매도자 사이에 이 청산소가 개입함으로써, 조직화된 경쟁적 선물시장이 형성하게 되고, 선물의 수요와 공급이 일치하는 균형선물가격이 결정될 수 있게 하여 준다.

그리고 청산소가 존재함으로써 얻을 수 있는 또 하나의 이익은 거래자가 선물거래의 의무로부터 용이하게 벗어날 수 있도록 하여 준다는 점이다. 예를 들어 어떤 거래자가 헤징의 목적으로 선물을 매수하였지만, 실제로 거래를 이행할 의도가 없는 경우, 선물을 매도하여 거래이행의 의무로부터 벗어날 수 있다. 이와 같이 거래 이행의 의무를 벗어나기 위하여, 선물매수자가 선물을 매도하고 선물매도자가 선물을 매수하는 것을 반대매매라고 한다.

제 6 절 선물거래의 분류

1. 선물거래의 절차

선물거래는 계좌개설, 증거금 예치, 거래주문 신청, 거래의 체결 등의 순으로 이루어 진다. 일반적인 선물거래의 절차를 그림으로 나타내면 〈그림 22-3〉과 같다.

2. 헤지거래

(1) 헤징의 의의

헤징은 현물시장에서의 투자포지션에 따라 발생하는 기초자산의 가격변동위험, 즉 현물가격의 변동위험에 노출되어 있는 경우 이를 상쇄시킴으로써 투자의 가치를 보전하는 것을 말한다. 선물거래는 미래시점의 거래가격을 현재시점에서 고정시키는 계약이므로 기초자산의 가격변동위험을 제거하는 헤징수단으로 유용하게 이용되고 있다. 이렇게 선물거래를 이용하여 헤징하는 전통적인 방법은 현물시장에서의 투자포지션과 동일수량, 동일금액의 반대포지션을 취하는 것으로서, 여기에는 매수헤징과 매도헤징의 두 가지 거래가 있다.

〈그림 22-3〉 선물거래의 절차

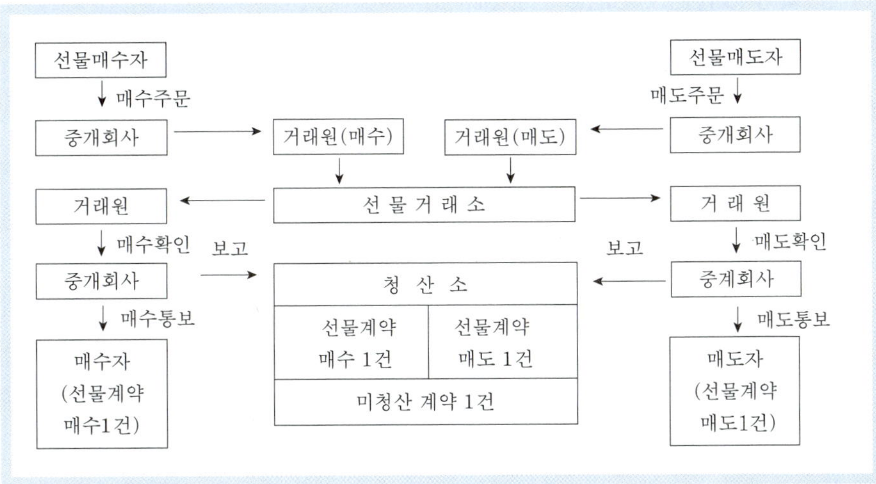

1) 매수헤징

장래 현물을 매수해야 할 상황에 처해 있을 때, 선물매수에 의해 장래가격상승 위험에 대비하는 것으로서 현물시장에서는 매도포지션(short position)을 취하고 선물시장에서는 매수포지션(long position)을 취함으로써 투자가치를 보전하려는 헤징전략을 말한다.

$$\text{매수헤징의 만기일의 현금흐름} = -S_T + (F_T - F_0) = -S_T + (S_T - F_0)$$

2) 매도헤징

장래 현물을 매각해야 할 상황에 처해 있을 때, 선물매도에 의해 장래 가격하락 위험에 대비하여 현물시장에서 매수포지션을 취하고 선물시장에서 매도포지션을 취하는 것이다.

$$\text{매도헤징의 만기일의 현금흐름} = S_T + (F_0 - F_T) = S_T + (F_0 - S_T)$$

이러한 헤지거래를 실수요(Commercial Interest)거래라고도 하며, 타거래에 비해 낮은 증거금을 적용한다.

3. 투기거래(Speculate Transaction)

투기거래란 실수거래의 뒷받침이 없이 단지 상대가격 변동에 따른 차익획득을 목적으로 선물거래에 참여하는 것이다. 이러한 투기거래는 전문가가 아닌 일반 투자자들도 자신의 책임 아래 장래 시세예상을 근거로 손쉽게 투기이익을 모색하는 것이 가능하며, 이들의 거래는 선물시장의 유동성을 제공하며 궁극적으로 실수요자들의 헤징비용 절감에 기여하는 면이 있다고 할 수 있다. 특히 투기거래는 적은 증거금만으로도 거래가 가능하기 때문에 투기자들이 비교적 용이하게 이용할 수 있다.

전형적인 투기전략은 선물가격이 상승할 것으로 예상하면 매수포지션을 취하고, 선물가격이 하락할 것으로 예상하면 매도포지션을 취하는 것이다. 이를 포지션거래라고 하는데, 선물가격이 예상한 대로 변동하게 되면 상당한 거래이익을 얻을 수 있지만, 예상과 반대로 선물가격이 변동하면 큰 손실을 보게 된다.

선물을 이용한 투기거래는 다시 이용방법에 따라 단순투기거래(outright speculation), 스프레드거래, 베이시스거래 등으로 구분된다.

1) 단순투기거래

장래의 선물가격 변화를 추정하여 가격상승이 예상되면 선물계약을 매수하고 가격하락이 예상되면 선물계약을 매도해 가격변동이 발생하면 전매 또는 환매를 통해 이익을 얻으려는 전략으로 매매차익을 획득하려는 거래유형이다.

2) 베이시스거래

베이시스라 함은 선물가격과 현물가격의 차이를 말한다. 만기일에 베이시스는 선물가격의 수렴특성에 의해 0이 되지만 만기일 이전에는 베이시스는 0이 되지 않으며 그 크기 또한 항상 일정하다고 할 수 없다. 이러한 불균형이 발생할 때 베이시스 거래가 발생한다고 볼 수 있다. 즉 현물과 선물을 동시에 매매함(과대평가된 것을 팔고, 싼 것을 사는 것)으로써 재정이익을 실현하는 것이다.

선물가격 > 적정선물가격의 경우 베이시스 매수거래
(현물매수, 선물매도)
선물가격 < 적정선물가격의 경우 베이시스 매도거래
(현물매도, 선물매수)

3) 스프레드거래

선물거래에서 대상물이 같으면서 결제월이 다르거나(intra-commodity), 거래되는 시장이 다른(inter-market) 선물계약간 또는 서로 유사한 선물상품간 가격차이의 변동상황을 전망하여 그로부터 매매차익을 얻는 거래유형이다.

구체적 기법은 가격차의 확대(축소) 전망시에는 상대적으로 높은(낮은) 가격의 선물을 매수함과 동시에 낮은(높은) 가격의 선물을 매도한 후 예상대로 가격이 변동하면 처분하는 거래유형이다.

4. 차익거래(Arbitrage Transaction)

선물가격과 현물가격, 또는 선물가격 상호간에는 일정한 관계가 성립되는데 시장에서 일시적으로 비정상적 가격관계가 형성될 때 이를 이용하는 거래를 말한다. 즉 선물가격의 일시적인 불균형을 이용하여 상대적으로 저평가된 것을 사고, 고평가된 것을 파는 거래를 함으로써 투자원금과 위험의 추가적인 부담없이 이익을 얻는 거래를 말하는 것이다. 물론 이러한 차익거래는 균형가격을 계산해 낼 수 있는 능력을 갖추어야 하고, 두 시장간의 가격차이가 거래하는 데 소요되는 거래비용을 상쇄하고도 남을 충분한 이익을 낼 수 있어야 한다.

제 7 절 선물가격의 결정

1. 선물의 가격결정이론

선물의 가격을 결정하는 데 있어서의 가정은 다음과 같다.

① 거래비용은 없다.

② 모든 거래에 관한 수익이나 손실에 대한 세율은 언제든지 동일하게 적용된다.

③ 시장참가자는 누구나 일정한 무위험 이자율로 언제든지 자금을 차입 혹은 대출할 수 있다.

④ 시장참가자는 그들이 시장에 참여하고자 할 때는 유리한 차익거래 기회를 이용할 수 있다.

이상과 같은 가정을 토대로 선물가격과 현물가격간의 관계를 보기 위해 다음과 같은 차익거래를 생각해 보자.

① 현재 기초자산(주식)의 가격인 S_0만큼을 무위험 이자율에 차입한다.

② 주식 1주를 매수한다.

③ 만기가 1기인 주식에 대한 선물거래를 매도한다(선물가격 F_0).

주식 한 주를 1기 동안 보유할 경우 D만큼의 배당수익을 얻는다고 할 때, 위의 차익거래 포트폴리오의 현금흐름은 〈표 22-5〉와 같이 정리될 수 있다.

〈표 22-5〉에서 포트폴리오는 순투자금액이 0이며, 1기 후의 주식가격 변동위험을 부담하지 않고 있는 포트폴리오이다. 따라서 차익거래의 기회가 존재하지 않는 시장상황에서는 위 차익거래 포트폴리오의 만기일의 투자 성과는 0이 되어야 한다. 이를 이용하면 선물가격(F_0)과 현물가격(S_0) 사이에는 다음의 균형관계가 성립한다.

$$F_0 = S_0(1+R_f) - D = S_0(1+R_f-d)$$

단, 여기서 d는 배당수익률을 의미한다.

이러한 식을 현물과 선물의 패러티라고 하는데, 위의 상황, 즉 차익거래 전략의 예에서 균형선물가격은 다음과 같이 결정될 수 있다.

$$F_0 = S_0(1+R_f) - D = 400(1.03) - 5 = 407$$

현물과 선물의 패러티는 보관비용의 관계로도 볼 수가 있는데, 선물가격은 당장 인도되는 현물시장에서 매수하여 만기일까지 보관하는 데 들어가는 비용과, 만기일에 인도하기로 약속하고 선물거래를 매수하는 데 들어가는 비

〈표 22-5〉 차익거래 포트폴리오의 투자성과

거래내용	현재의 현금흐름	만기일의 현금흐름
① S_0 차입	S_0	$-S_0(1+R_f)$
② 주식 1주 매수	$-S_0$	S_1+D
③ 선물거래매도	0	F_0-S_1
차익거래 포트폴리오	0	$F_0-S_0(1+R_f)+D$

용의 상대적 차이로 이해될 수 있다는 것이다.

예를 들어, 투자자가 1년 후 금 1Kg을 확보하려는 경우 두 가지 대안이 가능한다. 즉 1년 만기의 금 선물을 매수할 수도 있고, 금을 현물로 매수하여 1년간 보관할 수도 있다. 여기서 첫번째 대안의 소요비용은 선물가격(선물매수가격)이 되고 두 번째 대안의 소요비용은 현물가격과 현물매수대금에 대한 이자비용을 합한 비용이 소요된다.

즉, 현물가격에 차입금이자, 현물보관비용, 현물보험료를 합한 금액이 된다. 이러한 결과는 이론적으로 동일해야 하기 때문에 다음과 같은 관계식이 도출된다.

선물가격 = 현물가격 + (현물가격 × 차입금리이자율) + 보관비용 + 보험료

2. 선물가격과 기대 현물가격의 관계

만기일의 현물가격(S_T)과 선물가격(F_T)은 차익거래의 기회가 없는 상황에서라면 당연히 동일하다. 그러나 현재시점에서 형성되는 기대현물가격(E)과 선물가격(F_0) 사이의 관계는 이와는 다르게 보아야 할 것이다. 이러한 기대현물가격과 선물가격간의 관계를 설명한 이론으로는 기대가설, 정상적 백워데이션, 콘탱고 가설 등이 있는데 그림으로 나타내면 〈그림 22-4〉와 같다.

(1) 기대가설

기대가설(expectations hypothesis)에 의하면 선물가격(F_0)은 만기일의 현물가격의 기대치 $E(S_T)$와 동일하다. 즉, $F_0 = E(S_T)$의 관계에 있는 것이다. 선물거래에 있어서 매도 포지션의 기대이익은 $F_0 - E(S_T)$이고 매수포지션의 기대이익은 $E(S_T) - F_0$인데, 기대가설에서는 $F_0 = E(S_T)$의 관계를 전제하므로 어느 포지션이든지 기대이익은 0이 된다. 이러한 설명은 미래에 불확실성이 없어서 투자자들이 위험 중립적이라는 것을 가정하고 있는데, 만약 미래시점의 상품가격은 확실히 알 수 있다면 그 시점에서 인도하기로 하는 선물가격과 그 시점의 현물가격과는 동일하게 형성된다.

그러나 미래시점의 현물가격형성은 현실적으로 불확실성을 갖기 때문에 이 같은 주장은 타당하지 못하다고 할 수 있다. 즉, 기대가설은 선물거래가 지

〈그림 22-4〉 기대현물가격과 선물가격간의 이론

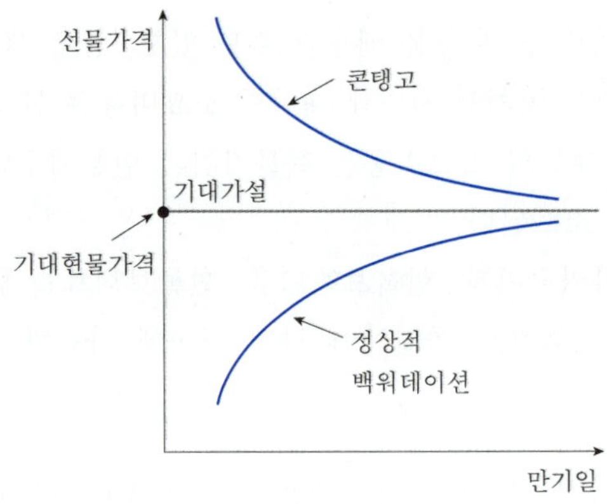

니는 위험프리미엄을 고려하지 않은 문제점을 지니고 있는 것이다.

(2) 정상적 백워데이션

J.M. Keynes와 J. Hicks는 선물가격결정에 대해서 정상적 백워데이션(normal backwardation) 가설을 주장하였는데, 이는 선물가격이 미래의 현물가격보다 낮게 형성되었다가 만기일에 접근하면서 양자가 접근해 간다고 보는 것이다.

$$F_0 = E(S_T) - \pi$$

여기서 π는 위험프리미엄을 의미한다.

이 같은 주장의 근거로 이들은 선물거래의 위험보상성격을 들고 있다. 즉, 현물시장에서의 투자위험을 헤징하기 원하는 헷저들이 주로 선물계약을 매도하는 포지션을 취할 때, 선물거래가 성립하기 위해서는 선물거래를 매수하는 투기자들의 시장참여가 있어야 한다. 이 때 선물거래를 매수하는 투기자들은 $E(S_T) > F_0$ 관계의 선물가격이 되어야 이익이 기대되므로 시장참여의 유인을 갖게 되고, 선물거래를 매도하는 헷저들은 자신들의 위험헤징에 대한 대가지급으로 선물가격이 기대현물가격보다 낮은 것을 받아들일 것이므로 $E(S_T) > F_0$의 관계가 성립한다는 것이다.

(3) 콘탱고 가설

콘탱고 가설(contango hypothesis)은 선물가격이 기대현물가격보다 크다 ($F_0 > E(S_T)$)는 주장이다.

$$F_0 = E(S_T) + \pi$$

선물시장에는 매수헷저와 매도헷저가 모두 참여하는데, 어느 쪽 포지션이 더 많은가에 따라서 F_0와 $E(S_T)$의 크기 관계가 결정된다. 만일 매도헷저가 많으면, $F_0 < E(S_T)$의 관계가 형성되며, 매수헷저가 많은 경우에는 $F_0 > E(S_T)$의 관계가 형성될 것이다. 그런데 선물거래에서는 정상적 백워데이션의 설명과는 달리 매수헷저가 위험헤징에 대한 보상을 더 지급하려고 한다는 것이다. 왜냐하면 위험을 헤징하고자 할 때 밀의 경작자와 같은 매도헷저보다도 제분업자와 같은 매수헷저가 현재시점에서 미래거래 가격을 고정시키고자 하는 바람이 더 강하기 때문이다. 아울러 선물거래를 매도하는 투기자들이 매수투기자들보다 위험부담이 크다고 할 수 있으므로, 더 큰 보상을 요구한다. 따라서 $F_0 > E(S_T)$의 관계가 성립한다는 것이다.

(4) 현대포트폴리오 이론

현대포트폴리오이론에서는 위의 세 가지 주장을 종합적으로 고려하면서, 포트폴리오 구성의 관점에서 선물거래가 체계적 위험에 미치는 영향에 따라서 선물가격이 결정된다고 보고 있다. 기초자산이 정(+)의 체계적 위험을 지니고 있으면 선물거래를 매수함으로써 체계적 위험이 증가한다. 따라서 선물가격은 기대 현물가격보다 낮게 형성된다.

기대 현물가격을 $E(S_T)$, 요구 수익률을 k라고 한다면 현재시점의 현물가격(S_0)은 $E(S_T)$의 현재가치이므로 다음과 같이 표시할 수 있다.

$$S_0 = E(S_T)/(1+k)^T$$

한편 현물-선물 패러티에서 배당지급이 없다고 가정하였을 경우 현물가격은 다음과 같이 표시된다.

$$S_0 = F_0(1+R_f)^T$$

이 식과 위의 식의 우변을 일치시켜 F_0에 대해서 정리하면 다음 관계가 성립한다.

$$F_0 = E(S_T)/\{(1+k)^T \cdot (1+R_f)^T\}$$

체계적 위험이 정인 기초자산에 대해서는 $k > R_f$이므로 위 식에서 $F_0 < E(S_T)$인 관계가 성립하게 된다. 이는 체계적 위험이 정(+)인 투자자산($k > R_f$)에 대하여 선물거래의 매수포지션을 취함으로써 $E(S_T) - F_0 > 0$의 이익을 기대할 수 있음을 의미한다.

따라서 투기자는 선물거래 매수에 따른 체계적 위험 등에 대한 보상으로 $E(S_T)$가 F_0보다 커서 정(+)의 이익이 기대될 때에만 선물매수 포지션을 취하고자 할 것이다. 반대로 선물거래 매도를 통하여 체계적 위험이 감소하게 되는 포트폴리오를 구성하고 있는 투자자는 F_0가 $E(S_T)$보다 작을 때라도 위험감소에 대한 대가를 지급하면서 선물매도계약을 이용하게 된다.

이와는 반대로 부(−)의 체계적 위험을 지닌 자산의 경우에는 선물가격이 기대 현물가격보다도 크게 된다.

이후에는 각각의 선물상품별로 균형 선물가격의 결정과 거래 유형을 살펴보고자 한다.

제 8 절 선물거래의 유형

1. 상품선물계약

상품선물계약은 다른 선물계약과는 달리 해당상품을 보관하는데, 보관비용이 존재하며, 현물시장이 존재하지 않거나 재정거래가 잘 일어나지 않으므로, 그 가격결정에 있어 다른 선물계약과는 달리 매우 복잡한 성격을 띤다.

이 상품선물계약의 가격결정은 보관비용(storage cost)과 편의수익(convenience yield)에 기초를 둔 접근방법과 CAPM의 베타와 같은 위험프리미엄에 기초를 둔 접근방법의 두 가지로 나누어 볼 수 있다. 보관비용과 편의수익에 기초를 둔 접근방법은 해당 기초상품을 투자목적 및 소비목적으로 보유하는 경우라고 볼 수 있는데, 보관비용에는 발생이자, 창고비 등이 될 것이고, 편의수익은 상품의 이용자가 선물계약의 보유에 따른 것이 아니라, 실제 상품을 보유함으로써 얻는 이익을 의미한다. 이들 이익은 물품부족이나 생산을 계속함으로써 얻게 되는 이익이라는 것인데, 즉 예상 밖의 수요에 대처함으로써 얻는 이득으로 일종의 유동성 프리미엄이라고 볼 수 있는 것이다.

2. 주가지수선물

(1) 주가지수선물의 개념

주가지수선물거래는 계약 시 정한 가격으로 장래 일정시점에 현금 결제하겠다는 선물계약을 체결하고, 결제 시에는 계약 시 정한 가격과 최종결제가격과의 차이에 일정한 승수를 곱하여 산출한 금액을 수수한다. 주가지수선물의 경우 거래대상이 주가지수이기 때문에 현금으로 결제하는 것이 특징이다.

(2) 주가지수선물의 특징

지수선물은 주식시장을 대표하는 주가지수를 거래대상으로 하고 거래비용이 저렴하여 분산투자가 잘 이루어진 주식 포트폴리오의 가격변동 리스크를 헤지하는데 매우 유용하다. 분산투자에 의하여 주식 포트폴리오의 비체계적 리스크(unsystematic risk)는 제거될 수 있기 때문에 지수선물은 주로 체계적 리스크(systematic risk) 또는 시장리스크(market risk)를 관리하는 데 이용된다. 기관투자가는 향후 주식시장의 하락이 예상될 때 주식 포트폴리오의 시장리스크를 헤지하기 위해 단기적으로 지수선물을 이용할 수 있다.

지수선물시장이 존재하지 않는 경우에도 펀드운용자는 시장상황에 따라 주식과 무위험자산(채권)의 적절한 자산배분을 통하여 ① 방어적 또는 ② 공격적인 포트폴리오 관리전략을 수립할 수 있다. 즉, 보유하고 있는 주식을 매도하고 채권을 매입하거나, 또는 반대로 보유하고 있는 채권을 매도하고 주식을 매입함으로써, 주식시장 전체의 움직임에 대처할 수 있다. 그러나 거대한 주식 포트폴리오를 보유하고 있는 기관투자가는 많은 양의 주식을 매도할 때 수반되는 막대한 거래비용과 시장충격 때문에 포트폴리오의 자산배분상태를 변화시키는 의사결정을 신속히 실행할 수 없는 경우가 있다. 이 때 지수선물을 이용하면 자산구성 상태를 즉각적으로 변경시킬 수 있다.

지수선물은 주식시장을 대표하는 주가지수를 거래대상으로 하고 거래비용이 저렴하여 분산투자가 잘 이루어진 주식 포트폴리오의 가격변동 리스크를 헤지하는 데 매우 유용하다. 분산투자에 의하여 주식 포트폴리오의 비체계적 리스크는 제거될 수 있기 때문에 지수선물은 주로 체계적 리스크 또는 시장리스크를 회피하는 데 이용된다. 한 가지 중요한 사항은, 지수선물의 기초자산은 주가지수인 반면, 이 지수를 정확히 추적하는 주식 포트폴리오를 헤지하는 경우는 매우 드물다는 것이다. 따라서 보유하고 있는 주식 포트폴리오의 수익률과 주가지수의 수익률의 차이, 즉 추적오차(tracking errors)가 생긴다. 지수선물을 이용한 주식 포트폴리오의 헤지 효율성은 주식 포트폴리오와 선물거래의 대상이 되는 주가지수의 관계(추적오차)와 헤지가 설정될 때와 해제될 때의 지수와 지수선물 가격의 관계(베이시스 리스크)에 의해 결정된다고 할 수 있다.

(3) 주가지수선물의 종류

1) KOSPI200 지수선물

1996년 5월 4일에 KRX에 상장된 KOSPI200 선물의 거래대상은 KOSPI200이다. 계약금액은 KOSPI200에 거래승수 50만원을 곱하여 산출한다. 예를 들어, KOSPI200 선물가격이 200.00이면 계약금액은 1계약당 200.00×50만원인 1억원이다. 최소호가단위는 0.05포인트(50만원×0.05=25,000원)이다. 결제월은 3, 6, 9, 12월이며, 최종거래일은 각 결제월의 두 번째 목요일(공휴일인 경우 순차적으로 앞당김), 최종결제일은 최종거래일의 다음 거래일이며, 결제방법은 현금결제방식을 택하고 있다. 시장안정화장치로서 가격제한폭과 프로그램매매호가를 일시적으로 중단하는 circuit breakers가 있다.

거래대상	KOSPI200 지수(유가증권시장본부 발표)
거래단위	KOSPI200×50만원(거래승수)
결제월	분기월 4개(3, 6, 9, 12월)
호가단위	0.05포인트(50만원×0.05=25,000원)
거래시간	09:00~15:15(최종거래일 09:00~14:50)
최종거래일	각 결제월의 두 번째 목요일(공휴일인 경우 순차적으로

	앞당김)
최종결제일	최종거래일의 다음 거래일
결제방법	현금결제
가격제한폭	기준가격±10%
증거금률	- 위탁증거금률: 15%
	- 유지증거금률: 10%
단일가격경쟁거래	개장 시(08:00~09:00) 및 거래종료 시(15:05~15:15)
필요적 거래중단 (circuit breakers)	선물가격 / 현물가격 급변 시 선물거래 일시중단

2) STAR 지수선물

2005년 11월 7일 KRX에 상장된 스타지수선물은 거래대상이 스타지수(KOSTAR: 코스닥시장 30개 우량종목의 유동주식수 가중시가총액식)이다. 거래단위 승수는 1만원이며 호가단위는 0.5포인트(5천원)이다.

거래대상	스타지수(코스닥시장본부 발표)
거래단위	스타지수×1만원(거래승수)
결제월	분기월 4개(3, 6, 9, 12월)
호가단위	0.5포인트(1만원×0.5=5,000원)
거래시간	09:00~15:15(최종거래일 09:00~14:50)
최종거래일	각 결제월의 두 번째 목요일(공휴일인 경우 순차적으로 앞당김)
최종결제일	최종거래일의 다음 거래일
결제방법	현금결제
가격제한폭	기준가격±10%
증거금률	- 위탁증거금률: 15%
	- 유지증거금률: 10%
단일가격경쟁거래	개장 시(08:00~09:00) 및 거래종료 시(15:05~15:15)
필요적 거래중단 (circuit breakers)	선물가격 / 현물가격 급변시 선물거래 일시중단

(4) 주식관련 선물의 가격결정

1) 보유비용모형

보유비용모형에 의하면 [선물가격=현물가격+순보유비용]으로 나타낼 수 있다. 주식선물의 경우 주식가격이 현물가격이 되고, 주가지수선물의 경우 주가지수가 현물가격이 된다. 주식관련 선물의 경우 순보유비용은 이자비용에서 배당수입을 차감해 주면 된다.

현재시점을 t, 선물 만기시점을 T 라고 할 때 주식관련 선물의 이론가격은 다음과 같이 결정된다. 이때 식은 이산복리를 가정한다.

$$F_t=S_t\left[1+(r-d)\times\frac{T-t}{365}\right]$$

F_t : 선물가격
S_t : 주식가격 또는 주가지수
r : 이자율
d : 배당수익률
$T-t$: t 시점부터 만기일 T 까지의 잔존일수

2) 베이시스(Basis)

베이시스는 선물가격과 현물가격의 차이를 의미한다. 현재시점을 t, 선물 만기시점을 T 라고 할 때 주식관련 선물의 이론가격은 다음과 같이 결정된다.(이산복리 가정)

$$F_t=S_t\left[1+(r-d)\times\frac{T-t}{365}\right]$$

F_t : 선물가격
S_t : 주식가격 또는 주가지수
r : 이자율
d : 배당수익률
$T-t$: t 시점부터 만기일 T 까지의 잔존일수

따라서 베이시스는 다음과 같이 결정된다.

$$B_t=F_t-S_t=S_t\times(r-d)\times\frac{T-t}{365}$$

선물이론가격과 현물가격의 차이로서 이론 베이시스라고 하며, 보유비용을 의미한다. 시장 베이시스는 선물시장가격과 현물가격의 차이로 나타낼 수 있다. 현물가격의 변동리스크를 선물로 매도헤지하는 경우 헤지시점의 베이시스와 청산시점의 베이시스가 변함에 따라 헤지 성과에 영향을 미치게 된다. 즉, 만기일 전에 헤지포지션을 청산하는 경우 베이시스 리스크에 노출된다.

3. 금리선물

(1) 금리선물의 개념과 유형

금리선물은 금리 또는 금리에 의해 가격이 결정되는 채권을 거래대상으로 하는 선물계약이다. 거래방식에 의해 세 가지로 분류할 수 있는데 첫째, 기초자산의 실물인수도가 없고 기초자산의 금리를 지수화하여 거래하는 방식이 있고 둘째, 기초자산을 만기에 인수도하는 동시에 채권가격으로 거래하는 방식이 있으며 셋째, 첫 번째 방식과 두 번째 방식의 혼합형 방식이 있다.

(2) 유로달러선물

1) 상품내역

거래대상	3M LIBOR(유로달러 정기예금 금리)
거래단위	$1,000,000
가격표시방법	IMM 방식: 100−연이자율
최소호가단위(1 tick)	최근월물: 1 basis point의 1/4(0.0025=$6.25) 기타월물: 1 basis point의 1/2(0.005=$12.50) 1 basis point=0.01=$25
일일가격변동 제한폭	없음
결제월	최근 연속 4개월물+3, 6, 9, 12월
결제방법	현금결제
결제일	최종거래일
최종거래일	각 결제월의 제 3 수요일 이틀 전 런던은행 영업일
최종결제가격	100−3M LIBOR

2) 가격결정

유로달러선물의 이론가격은 LIBOR 현물곡선에 내재되어 있는 선도금리에 의해 결정된다. 유로달러선물의 거래대상이 선물만기일부터 3개월짜리 선도 LIBOR이므로 현물금리에 내재되어 있는 선도금리를 먼저 계산한 후 100에서 차감하여 이론가격을 계산하면 된다.

(3) 채권선물

1) 미국 국채선물(Treasury Bond Futures)

① T-Bond

T-Bond는 만기 10년~30년의 이자지급 미국 재정증권이다. 할인율로 호가되는 T-Bill과는 달리 가격(액면가의 %)으로 호가된다. 또한 가격은 1%의 1/32 단위로 표시된다. 예를 들어 96-07은 액면가의 (96+5/32)%를 의미하는 것이다. 일반적으로 채권매매일과 이자지급일은 일치하지 않으며, 채권매입자는 전 이자지급일로부터 매매일까지 발생한 이자, 즉 경과이자를 호가에 더하여 매도자에게 지불하여야 한다.

② T-Bond의 상품내역

거래소	미국 CBOT(Chicago Board of Trade)
거래대상	T-Bond(만기 30년, 표면금리 6%)
인도가능채권잔존만기	15년(인도월 첫 영업일 기준) 이상인 T-Bond
계약단위	$100,000
가격표시방법	액면가의 백분율
최소호가단위	0.5/32(tick value=$15.625)
일일가격변동 제한폭	없음
인도월	3, 6, 9, 12월
인도일	인도월의 최종영업일 이전의 모든 영업일
최종거래일	인도월의 최종영업일로부터 7영업일 전 12시
결제방법	연방준비은행 book-entry상의 전산 계좌이체
거래시간 (미국 시카고 기준)	공개호가: 월~금(07:20~14:00) GLOBEX(전산거래): 일~금(18:00~(익일) 03:15) 최종거래일 22:00 거래종료

표준물이 아닌 T-Bond도 인도가 가능하도록 한 이유는 인도 가능한 채권을 정확히 이표율이 6%인 채권으로만 한정할 경우 문제가 발생할 수 있기 때문이다. 정확히 6%의 이표율을 가지는 채권이 존재하지 않을 수도 있을 뿐만 아니라 그러한 채권이 한두 종류 있다 하더라도 유통규모가 선물거래의 규모에 비해 매우 작다면 채권 선물시장은 가격조작의 위험에 직면할 수 있다. 그리고 T-Bond 선물거래에서는 숏-스퀴즈 현상이 나타날 수 있는데 이는 선물거래 규모에 비해 채권거래 규모가 작을 경우 발생할 수 있다. 막대한 자금력을 가진 투자자들이 담합을 하여 T-Bond의 선물을 매수하고 동시에 인도 가능한 T-Bond를 매집하는 행태를 보일 수 있다. 그렇게 되면 인도월이 가까워지면 선물매도자는 포지션을 청산하기 위해서 선물을 매수하거나 기초자산을 매입하여 인도해야 하는데 선물매수 포지션을 가지고 있는 동시에 인도 가능한 채권의 대부분을 보유하고 있는 투자자들이 선물매도자의 선물매수나 채권의 매수의사에 응하지 않는 경우, 선물가격과 채권가격은 계속 상승하게 되고 결국 투자자들은 손쉽게 수익을 올릴 수 있는 것이다.

③ 전환계수(conversion factor)

T-Bond 선물의 거래대상은 30년 만기, 6% 표면금리의 국채인 반면 실제 인도되는 채권은 만기와 표면금리가 매우 다양하므로 인도대상채권을 표준물 가격으로 전환시킬 필요가 있다. 이러한 조정을 위해 CBOT는 전환계수방법을 이용하고 있다.

전환계수는 표준물 가격에 대한 인도대상채권의 가격비율로 정의되고 각 현물채권 및 각 결제월별로 하나의 유일한 값을 가지며 특정 결제월 주기 동안 일정하게 유지된다. T-Bond 선물의 인수도에서 청구가격(invoice)을 계산하거나 선물의 헤지 계약수를 구할 때 사용된다.

④ 청구금액

6%의 표면이자율을 가진 T-Bond를 표준물로 하여 T-Bond의 선물거래가 이루어지므로 표준물이 아닌 T-Bond로 인수도가 이루어질 경우 T-Bond 선물의 매도자가 매수자로부터 받게 되는 청구금액은 표준물 기준으로 호가되는 T-Bond 선물의 정산가격에 전환계수를 곱하여 계산한다. 인도 가능한 모든 채권에 대해 각 월물별로 1개의 선물가격이 존재하지만, 실제 채권이 인도될 때 각 인도 가능한 채권에 대해 상이한 조정선물가격이 적용된다.

⑤ 최저가 인도채권

T-Bond 선물의 인도채권은 해당 결제월의 첫째 날을 기준으로 할 때 잔여만기가 15년 이상 남은 국채이면 표면금리와 상관없이 어느 것이든 인도가 가능하다. 선물매도자는 인도채권을 선택할 권리가 있으므로 자신에게 유리한 것을 인도하게 될 것이고 가장 낮은 가격의 채권을 인도하게 될 것이다. 즉 최저가 인도채권은 인도일 시점에서 조정선물가격과 인도 가능한 채권의 현물가격과의 차이가 가장 작은 채권을 의미한다(조정선물가격은 정산가격에서 전환계수를 곱해서 구할 수 있다).

2) 한국 국채선물(Korea Treasury Bond Futures)

① 국채선물 상품내역

거래대상	표면금리 연 8%, 6개월 이표지급방식의 3년(5년)만기 국고채권
거래단위	액면가 1억원
결제월주기	3, 6, 9, 12월
상장결제월 수	2개 결제월
가격표시방법	액면가 100원을 기준으로 표시(소수점 둘째 자리까지 표시) (예: 101.50)
최소가격변동폭	0.01(1틱의 가치=1억원×0.01×1/100=10,000원)
포지션 한도	필요시 거래소가 설정할 수 있음.
거래시간	월~금: 09:30~15:00(점심시간 없이 연속 거래) 최종거래일: 09:30~11:30
최종거래일	최종결제일 직전 1거래일
최종결제일	해당 결제월 세 번째 수요일(당일이 휴장일인 경우 다음 거래일까지 순연)
최종결제방법	현금결제(Cash Settlement)

② 한국 국채선물 차익거래

국채선물 시장가격이 이론가격보다 고평가된 경우에는 현물을 매수하고 선물을 매도하는 매수차익거래를 실행한다. 국채선물 시장가격이 이론가격보다 저평가된 경우에는 현물을 매도하고 선물을 매수하는 매도차익거래를 실행한다.

〔부록〕

① T-Bill 선물의 상품내역

거래대상	만기 3개월(13주) 미국 T-Bill 할인수익률
거래단위	\$1,000,000
가격표시방법	100－R(IMM Index) (R은 T-Bill 할인수익률에 100을 곱한 값)
상장결제월 주기 및 수	최근 연속 2개월물+3, 6, 9, 12월물
최소호가단위(tick size)	0.005(tick value=\$12.50)
결제방법	현금결제
최종결제가격	100에서 최종거래일 T-Bill 할인수익률에 100을 곱한 값을 차감한 값
최종거래일	91일물 T-Bill 입찰이 이루어지는 계약월의 세 번째 수요일

② 통안증권 금리선물

거래대상	364일물 통안증권 유통수익률
거래단위	액면가 2억원
가격표시방법	100－R(IMM Index) (R은 364일물 통안증권의 유통수익률에 100을 곱한 값)
상장결제월 주기 및 수	3, 6, 9, 12월의 4개 결제월
최소호가단위(tick size)	0.01(tick value: 20,000원)
거래시간	09:00~15:15 09:00~11:30(최종거래일)
결제방법	현금결제
최종결제가격	100에서 최종거래일 한국 증권업협회가 발표하는 364일물 통안증권 유통수익률에 100을 곱한 값을 차감한 수치
최종거래일	결제월의 세 번째 수요일(공휴일인 경우 앞당김)
최종결제일	최종거래일의 다음 거래일
호가한도가격	기준가(전일정산가격)±기준가×위탁증거금률(3%)

(4) 채권선물을 활용한 듀레이션 조정

펀드관리자는 금리하락이 예상되면 듀레이션을 증가시키기 위해 단기채권을 장기채권으로 대체시킴으로써 포트폴리오 또는 자산의 구성을 변화시킬 수 있다. 현물시장에서의 거래를 통하여 그 구성내용을 변경함으로써 포트폴리오 듀레이션을 조정할 수도 있으나, 채권선물을 이용하면 적은 비용으로 신속하게 듀레이션을 조정할 수 있다.

$$N = \frac{(D_T - D_P)}{D_F} \times \frac{P}{F}$$

D_T: 목표듀레이션
D_P: 현물듀레이션
D_F: 선물듀레이션
P : 포트폴리오의 현재가치
F : 선물 1계약의 가치
N : 선물계약수

선물계약수는 양(+)의 숫자의 경우 매수를, 음(−)의 숫자의 경우 매도를 의미한다. 그리고 헤지는 목표듀레이션을 0으로 만드는 특별한 경우이며, 목표듀레이션이 0인 경우 위의 식은 듀레이션 헤지모형으로 전환된다.

(5) 수익률곡선 거래전략

수익률곡선 거래전략은 수익률곡선의 기울기 변화로부터 이익을 얻고자 하는 거래전략이다. 수익률곡선 거래전략에는 수익률곡선 스티프닝전략(steepening strategy)과 수익률곡선 플래트닝전략(flattening strategy)이 있다.

수익률곡선 스티프닝전략은 장기물의 수익률상승폭이 단기물의 수익률상승폭보다 커서 수익률곡선이 급해질 것으로 예상하는 경우 장기물을 매도하고 단기물을 매수하는 전략이다. 그리고 수익률곡선 플래트닝전략은 단기물의 수익률 상승폭이 장기물의 수익률 상승폭보다 커서 수익률곡선이 평평해질 것으로 예상하는 경우 장기물을 매수하고 단기물을 매도하는 전략이다.

거래소 주가지수선물 · 옵션 시세표(3/22) 2011년

1. 코스피 200선물 거래동향

(단위 : 포인트,천주,계약,백만원)

종목명	시가	고가	저가	종가	전일대비	거래량	미결제약 정수량	거래대금
KOSPI 200	265.97	266.48	264.76	266.05	1.16	113,837	0	6,321,291
코스피200 F 201106	266.65	267.25	265.65	267.05	1.40	215,984	91,767	28,778,093
코스피200 F 201109	267.70	268.50	267.00	268.50	1.55	68	1,710	9,106
코스피200 F 201112	0.00	0.00	0.00	269.75	0.00	0	0	0
코스피200 F 201203	0.00	0.00	0.00	269.00	-0.55	0	0	0

2. 스타지수선물 거래동향

(단위 : 포인트,천주,계약,백만원)

종목명	시가	고가	저가	종가	전일대비	거래량	미결제약 정수량	거래대금
스타지수	1,404.19	1,410.48	1,397.56	1,402.44	8.61	20,817	0	331,667
스타지수 F 201106	0.00	0.00	0.00	1,404.00	0.00	0	0	0
스타지수 F 201109	0.00	0.00	0.00	1,415.50	0.00	0	0	0
스타지수 F 201112	0.00	0.00	0.00	1,427.50	0.00	0	0	0
스타지수 F 201203	0.00	0.00	0.00	1,433.50	0.00	0	0	0

3. 코스피200옵션 거래동향

(단위 : 포인트,천주,계약,백만원)

종목명	시가	고가	저가	종가	전일대비	거래량	미결제약 정수량	거래대금
코스피200 C 201104 267.5	3.45	3.65	3.15	3.40	0.20	73,558	71,639	25,029
코스피200 C 201104 265.0	4.90	5.05	4.45	4.85	0.40	52,985	63,627	25,297
코스피200 C 201104 262.5	6.45	6.65	5.95	6.60	0.45	16,223	35,765	10,264
코스피200 P 201104 267.5	5.70	6.05	4.95	4.95	-1.20	18,897	12,534	10,454
코스피200 P 201104 265.0	4.60	4.90	3.85	3.85	-1.05	54,690	25,491	23,918
코스피200 P 201104 262.5	3.50	3.95	3.00	3.05	-0.95	52,985	33,396	18,433

– 이데일리신문기사

연 습 문 제

1. 현물-선물 패러티란 무엇인가?

2. 선물시장이 도입되었을 경우 발생가능한 경제적 효과를 간략히 설명해 보라

3. 선물거래와 선도거래간의 차이를 설명하라.

4. 선물시장에서 투기자들의 역할에 대하여 설명하시오.

5. 선물계약의 이행을 보증하는 제도적 장치에는 어떤 것이 있는가?

6. 베이시스와 스프레드의 차이는 무엇인가?

7. 선물시장에서의 거래비용에는 어떠한 것이 있는지 설명하시오.

8. 다음은 오늘부터 5일 후에 만기가 되는 을에 대한 선물가격의 온스당 가격이다. 투자자 갑이 이러한 선물에 투자할 경우 매수시 행해져야 하는 일일정산을 나타내어라. 단, 을의 선물계약단위는 5,000온스를 기준으로 한다.

일	선물가격($)
0	5.10
1	5.20
2	5.25
3	5.18
4	5.18
5	5.21

9. 8월 24일 현재 KOSPI200의 현물지수가 124.13포인트이다. 같은 날 9월 10일 만기일인 KOSPI200 주가지수선물이 125.00포인트이다. 투자자 갑은

향후 주가지수선물이 이보다 상승할 것이라 예상하고 KOSPI200 지수선물을 125.00포인트에 10계약 매수했다. KOSPI200 지수의 거래 단위 승수는 포인트당 500,000원이며, 주가지수가 상승한 경우의 9월 10일 KOSPI200의 가격은 132.12포인트, 주가지수가 하락한 경우의 KOSPI 200 지수의 가격은 121.07포인트를 가정한다. 이러한 상황에서 투자자 갑이 올릴 수 있는 거래의 성과를 보여라.

10. 주가지수 포트폴리오에 대한 1년 만기 선물가격이 406이다. 현재시점에서의 주가지수는 400이며, 연간 무위험이자율을 3%이다. 주가지수 포트폴리오에 400을 투자시 예상되는 배당금은 5이다. 주어진 상황에서 다음의 물음에 답하라.

① 선물계약의 가격은 얼마나 잘못 평가되어 있는가?

② 현시장의 조건을 이용하여 차익거래를 얻을 수 있는 투자전략을 구성하라.

11. 시장에서 알려진 정보가 다음과 같을 때, 균형선물가격을 구하여라

현재일: 7월 6일
선물의 만기일: 9월 20일(즉, 잔존기간: 77일)
주가지수: 주식 A, B로 구성된 단순 평균주가
기준시점의 단순 평균주가: 90,000
무위험 이자율: 연 10%

구 분 ＼ 주 식	주식 A	주식 B
현재가격	115,000원	84,000원
주당예상 배당금	1,500원	1,000원
배당금 지급일	7월 23일	8월 12일
배당금 재투자기간	59일	39일

12. 기관투자가 갑은 100억원 상당의 주식을 보유하고 있다. 갑은 2월 2일 현재 미래의 주가하락을 예상하여 KOSPI200 지수선물을 선물가격 109.38

에 183계약 매도하였다. 3월 9일에 주가가 10% 하락하고 KOSPI200 지수선물가격이 98.37로 하락한 경우 헤지거래의 결과를 보여라.

13. 투자자 을은 2월 2일 현재 주가상승을 예상하여 KOSPI200 지수선물 2계약을 선물가격 109.38에 매수하고 만기까지 그 포지션을 유지하였다. 동 선물의 만기인 3월 10일 KOSPI200 지수선물가격이 98.55인 경우 거래의 결과를 보여라.

14. 시장의 상황이 다음과 같다고 했을 때, 다음의 물음에 답하라

현재일: 2월 5일
현재 KOSPI200 선물지수: 103.60
만기일: 3월 10일
3월 10일물의 선물지수: 107.00
무위험 이자율: 15%
KOSPI200의 연간 배당 수익률

① 선물가격이 균형에서 이탈했는가? 이탈했다면 적절한 선물가격을 계산하라.

② 투자자 갑은 ①에서 나온 균형선물가격을 바탕으로 지수선물을 1계약당 107.00에 10계약을 매도하고 현물 10계약에 상당하는 금액을 차입하여 그 차입금으로 현물을 매수하여 만기까지 보유했다. 해당 거래의 결과와 특징을 보여라.

15. 한양상회에서는 6월 1일에 100가마의 쌀을 필요로 하고 있다. 3월 1일 현재 쌀가격은 가마당 140,000원이며 6개월 후에 인도되는 선물거래의 가격은 150,000원이다.

한양상회는 향후 매수하게 될 쌀가격을 현재수준으로 고정시키기 위해 6개월 만기의 선물거래를 이용하기로 하였다. 어떠한 거래를 해야 하고 헤지거래의 성과는 어떠하겠는가? 단 6월 1일의 쌀 1가마당 현물가격은 155,000원이고, 선물가격은 160,000원이다.

16. 2004년 12월 10일 펀드메니저 갑은 1개월 후 500억원의 신규펀드 발매로 KOSPI200 지수 펀드를 매수하게 되어있다. 그러나 주가가 상승추세를 보이고 있으며, 앞으로도 주가의 상승행진은 계속될 것으로 보인다. 따라서, 갑은 향후 보유하게 될 주식의 가격의 현재의 수준으로 고정시키기 위하여 선물거래를 이용하기로 했다.

갑의 상황

펀드 설정금액(1달후 예정): 500억원

KOSPI200 현물주가지수: 180.00포인트

3월물 KOSPI200의 선물주가지수: 165.00포인트

2005년 1월 10일 예정대로 신규펀드가 구성되어 갑은 당초 계획했던 대로 펀드를 구성함과 동시에, 선물시장에서의 포지션을 청산하였다.

2005년 1월 10일 현재의 갑의 상황:

펀드설정금액: 500억원

KOSPI200 현물주가지수: 180.00포인트

3월물 KOSPI200 선물주가지수: 199.50포인트

상황이 이럴 때, 갑의 거래내용과 결과를 보여라.

17. 한양상사는 2010년 10월 1일에 온스당 10,000원에 500온스의 금을 인수받을 수 있는 선물계약을 5단위 매수하였다. 한양상사가 중개회사에 납입해야 하는 개시증거금은 계약가액의 10%이며, 유지증거금은 개시증거금의 80% 수준이다. 거래일별 온스당 선물계약이 아래와 같을 때, 다음의 물음에 답하여라.

거래일자	온스당 선물가격
2010. 10. 1	10,000원
2010. 10. 2	10,100원
2010. 10. 3	9,850원
2010. 10. 4	9,700원

① 한양상사가 개시증거금으로 납부해야 할 금액을 구하라

② 2010년 10월 2일 증거금 수준을 구하여라. 한양상사는 얼마의 증거금

을 인출할 수 있는가?

③ 한양상사가 10월 3일에 증거금을 인출하지 않았다는 가정하에 10월 3일의 증거금 수준을 구하여라. 한양상사는 추가로 증거금을 납부하여야 하는가? 납부해야 한다면 그 금액은 얼마인가?

④ 한양상사가 10월 3일에 증거금을 인출하지 않았다는 가정하에 10월 4일의 증거금 수준을 구하라. 한양상사가 추가고 증거금을 납부해야 한다면 그 수준은 얼마 정도인가?

⑤ 한양상사가 10월 3일에 개시 증거금을 초과하는 금액을 모두 인출하였다면 3번과 4번의 결과는 어떻게 달라지는가?

18. 한국의 무위험이자율이 8%이고 미국의 무위험이자율이 4%이며, 1 US달러당 원화의 현물환율이 950원이라고 하자. 1년 만기 선도환율이 950원이라면 어떤 차익거래가 있는지를 아래의 a, b, c 순서대로 답하시오. 단, 미국에서는 10,000달러만, 한국에서는 950만원만을 무위험이자율로 차입할 수 있으며, 세금이나 거래비용이 없으며 거래관련 신용위험도 없다고 가정한다. 차익은 만기 시점에서만 발생하도록 포지션을 구성해야 한다.

이론선도환율(₩/$)은 소수점 셋째 자리에서 반올림하시오.

a. 이자율평가설(interest-rate parity)을 이용하여 미국달러화에 대한 1년 만기 이론선도환율 도출
b. 구성해야 할 포지션
c. 만기에서의 원화기준 차익

(2006년 CPA 기출문제)

19. 통일증권거래소의 상장회사인 (주)동남아의 현재주가는 20,000원(액면가: 5,000원)이며, (주)동남아의 주가는 6개월마다 20% 상승하거나 10% 하락하는 이항과정을 따른다고 한다. 그리고 무위험이자율은 연 12%, 이산(discrete)배당수익률은 연 8%라고 한다. 단, 이하 모든 계산과정 및 결과에서 금액은 소수점 아래 셋째 자리에서 반올림하여 소수점 아래 둘째 자리까지 표시하고, 백분율은 소수점 아래 다섯째 자리에서 반올림하여

소수점 아래 넷째 자리까지 표시하시오.

① 잔존기간(time to maturity)이 1년이고, (주)동남아의 주식을 기초자산으로 하는 등가격(at-the-money) 유럽형 콜옵션의 가격은 얼마인가? 단, 문제풀이과정에 (i) (주)동남아의 주가(S)와 콜옵션(C)의 가치변화, (ii) 배당수익률을 반영한 헤지확률(p), (iii) 콜옵션의 가격 등이 반드시 나타나도록 하시오.

② 잔존기간이 1년이고, (주)동남아의 주식을 기초자산으로 하는 등가격(at-the-money) 유럽형 풋옵션의 가격을 풋-콜 패러티(put-call parity)를 사용하여 구하시오.

(2006년 CPA 기출문제)

20. 선물을 이용한 다음의 헤지거래 중 가장 <u>잘못된</u> 것은? 정답 ①

① 1개월 후에 자금을 차입하려고 하는 기업이 금리선물을 매입하였다.
② 인덱스펀드(index fund)를 보유한 투자자가 주가지수선물을 매도하였다.
③ 2개월 후에 상대국통화로 수출대금을 수취하게 되는 수출업자가 상대국통화선물을 매도하였다.
④ 3개월 후에 채권을 매입하려고 하는 투자자가 금리선물을 매입하였다.
⑤ 보유현물과 동일하지 않으나 정(+)의 상관계수가 큰 선물을 매도하였다.

(2000년 CPA 기출문제)

21. 펀드매니저 K는 1,000억원 규모의 주식포트폴리오에 대해 1년간 관리하는 임무를 부여받았다. 현재 이 주식포트폴리오의 베타는 1.5이다. K는 향후 약세장을 예상하고 주가지수선물을 이용하여 이 주식포트폴리오의 베타를 1.0으로 줄이려고 한다. 1년 만기를 갖는 주가지수선물의 현재 지수가 80.0 포인트(1포인트당 50만원)라고 할 때, 어떻게 해야 하는가?

정답 ②

① 1,250계약 매입　② 1,250계약 매도　③ 2,500계약 매입
④ 2,500계약 매도　⑤ 3,750계약 매입

(2001년 CPA 기출문제)

22. 펀드매니저 A는 10억원 규모로 KOSPI200 지수와 상관계수가 1인 주식 인덱스 펀드(index fund)를 6개월간 구성하여 운영하려고 한다. 그러나 인덱스 펀드의 관리에 어려움을 경험한 펀드매니저 B는 인덱스 펀드 대신 만기까지 6개월 남은 KOSPI200 지수선물 20계약과, 연수익률 6%이고 6개월 만기인 채권을 10억원 매입하였다. 두 펀드 매니저의 펀드 운용 결과가 향후 시장의 등락에 관계없이 동일하려면 B는 얼마의 가격에 선물을 매입하여야 하는가?(수수료 및 증거금을 포함한 거래비용은 없으며 채권은 무위험으로 가정함) 정답 ③

KOSPI200 지수=100pt, 무위험금리=연 6%
지수종목주식 기대배당수익률=연 4%, 선물승수=50만원/pt

① 97pt ② 99pt ③ 101pt ④ 103pt ⑤ 105pt

(2002년 CPA 기출문제)

23. 현재 KOSPI200 지수는 75.00포인트이고, 만기 3개월물 KOSPI200 선물지수는 76.00포인트에 거래되고 있다. KOSPI200 지수를 구성하는 주식들의 평균배당수익률은 연 4%이고, 무위험이자율은 8%이다. 이런 시장 상황에서 지수차익거래가 가능한가? 가능하다면 차익거래의 결과 어떠한 변화가 예상되는가?(차익거래와 관련된 모든 거래비용은 무시하기로 한다.) 정답 ③

① 차익거래가 불가능하다.
② 차익거래에 의해 KOSPI200 지수와 3개월물 KOSPI200 선물가격이 상승한다.
③ 차익거래에 의해 KOSPI200 지수가 상승하고, 3개월물 KOSPI200 선물가격이 하락한다.
④ 차익거래에 의해 KOSP200 지수와 3개월물 KOSPI200 선물가격이 하락한다.
⑤ 차익거래에 의해 KOSPI200 지수가 하락하고, 3개월물 KOSPI200 선물가격이 상승한다.

(2003년 CPA 기출문제)

제23장
스 왑

제 1 절 스왑과 스왑시장

1. 스왑의 개요

스왑(swap)은 두 거래 당사자가 일정기간 동안 채무에 대한 이자(때로는 원금까지)의 지불을 서로 교환하기로 합의하는 금융거래이다. 따라서 스왑에서는 현금흐름이 지급되는 날짜와 현금흐름의 규모를 계산하는 방법이 명시되어 있다.

현재 널리 사용되는 스왑의 종류로는 고정금리와 변동금리를 교환하는 금리스왑(interest rate swap)과 서로 다른 통화를 교환하는 통화스왑(currency swap)이 있다.

선도계약은 스왑의 간단한 예로 간주될 수 있다. 2010년 1월 1일에 어떤 기업이 1년 후에 온스당 500달러를 주고 1,000온스의 금을 매수하는 선도계약을 체결한다고 하면 기업은 1년 후 금을 매수하자마자 즉시 매도할 수 있다. 따라서 이 선도계약은 기업이 2011년 1월 1일에 50만달러를 지급하고 1,000S를 받는 스왑과 같다. 여기서 S는 2011년 1월 1일의 온스당 금의 현물가격과 같다. 선도계약이 미래의 한 시점에서 현금흐름을 교환하는 계약이라면, 스왑은 일반적으로 미래의 여러 시점에서 현금흐름을 교환하는 계약이다.

스왑은 세계적인 대규모 은행들이 거래의 상대방이 되어 줌으로써 시장이 형성된다고 할 수 있다. 스왑시장의 규모가 커진 오늘날에는 딜러들이 마치

선물환율을 고시하듯이 표준화된 스왑거래 가격을 고시하고 있으며 이들은 스왑거래의 당사자가 아닌 중개인으로서 단순히 거래를 중개해주기도 하는데, 이 때 스왑의 양쪽 당사자들로부터 거래액의 일정 연율을 대가로 받는다.

2. 스왑시장의 변천

스왑시장이 처음 형성되었을 당시에는 은행이 스왑거래를 원하는 양 거래당사자를 연결시켜 주는 중간자 또는 중개인으로서 역할을 할 뿐이었다. 많은 고객을 가지고 있으면서 그들의 자금수요를 알고 있는 은행의 역할은 자금차입의 동기는 유사하지만 조건이 서로 다른 거래를 가진 양 거래당사자를 연결시켜주는 것이었다. 거래성사 시 그 대가로 은행은 거래수수료를 받았을 뿐 그 이상 어떤 역할도 하지 못했다.

하지만 거래수요와 규모가 점차 증가하면서 은행은 고객이 원할 때 고객의 거래조건을 충족시켜 줄 수 있는 상대방을 즉각 발견하기 어려워졌고, 그러한 상대방이 나타날 때까지 일시적으로 거래의 직접적인 당사자가 될 수밖에 없는 상황이 많아졌다.

이 경우 스왑거래에서 발생하는 위험(특히 가격변동위험)을 관리할 필요가 생겼고 이를 위한 여러 가지 헤징수단이 고안되었다. 이와 같은 은행들의 적극적인 역할 증대로 스왑시장은 단순한 중개시장에서 딜러시장으로 변모하였다.

〈표 23-1〉 초기 스왑시장과 현재 스왑시장의 비교

비 교 점	스왑시장 생성초기	현재의 스왑시장
비교우위 존재의 당위성	스왑거래를 원하는 양 당사자의 비교우위의 차이가 있어야 함	스왑거래 상대방의 비교우위차이가 스왑거래의 전제조건이 아님
차입거래 수반 여부	스왑거래 당사자들의 차입(채권발행 등) 거래가 필요함	스왑거래를 위해 당사자의 차입거래 수반할 필요 없음
신용도 차이	스왑거래 당사자 간에 신용도 차이가 있어야 스왑거래 가능	스왑거래 당사자간의 신용도 차이가 필수적은 아님
기본 구조	중개기관에 의해 스왑당사자가 연결되는 기본구조	중개기관에 의해 스왑당사자가 연결될 필요 없음

3. 스왑시장 참가자

(1) 스왑딜러

최종이용자를 위하여 스왑시장을 조성하면서 스왑을 Trading 하기도 한다. 전 세계적으로 스왑시장에서 Market Maker 역할을 수행하는 스왑딜러는 대규모 세계유수의 상업은행들이다. 이들 은행들은 스왑시장에서 Market Maker로서 참가하고 있지만 구체적 역할은 각 은행마다 차이가 있다.

(2) 최종이용자

주로 헤징목적으로 시장에 참가하게 된다. 스왑시장에서 최종이용자들의 움직임을 좀 더 모니터 하기 위해서는 기업, 금융기관, 외국인 등으로 나누어 각각의 거래형태를 살펴보는 것이 필요하다.

(3) 브 로 커

스왑딜러간의 거래를 중개해 스왑거래가 용이하게 일어나게 한다. 자체 포지션 없이 스왑딜러간 거래의 중개를 통하여 시장의 활성화에 기여하고 있다.

4. 스왑의 기능

스왑은 대내적으로 금융시장간 연계성(market linkage)을 강화시키고 궁극적으로는 전 세계의 자본시장을 통합하는 기능을 한다. 또한 금융자산 가격의 변동성 확대로 인한 금리 및 환위험을 관리하는 측면에서 시장효율성을 제고시키는 역할을 한다. 그리고 금융기관은 자금의 조달과 운용면에서 비교우위가 있는 시장에서 자금을 차입하거나 운용한 다음, 스왑거래를 통해 자금의 금리 및 통화를 차입자나 투자자에게 유리한 금리와 통화로 바꿀 수가 있다. 이러한 행위를 통하여 조달비용을 낮추고 수익률을 증가시킴으로써 세계의 금융시장 간의 연계가 된다.

과거 채권발행시장 경우도 금리 및 통화스왑시장의 발달로 점차 스왑주도형으로 바뀌고 있다. 차입자의 경우 스왑을 통해 차입된 자금을 원하는 통화나 금리로 변화시킬 수가 있다. 마찬가지로 스왑거래를 통해 투자자는 투자대상에 관계없이 투자대금을 원하는 금리나 통화로 표시할 수가 있다. 따라서 스왑거래는 국·내외적으로 채권의 발행시장과 유통시장 간의 연계성을 증가시키고 있다.

통화스왑은 외환관련 상품의 만기구조를 장기화하였다. 과거 외환시장에서 대부분 만기 1년 이하의 상품이 거래되었으나 통화스왑의 등장으로 만기 10년의 장기 외환상품이 활발히 거래되기 시작했으며 이로 인해 장기 해외자산 및 부채를 보유한 금융기관은 이로부터 발생하는 환위험을 관리할 수 있게 되었다.

5. 스왑거래의 특성

스왑거래는 장외 거래중개인(OTC broker)를 통한 개별 거래라는 점이다. 또한 스왑은 증거금(margin)의 사전 납입이 아닌 신용거래이다. 따라서 거래 당사자의 신용도가 가격에 중요한 영향을 미치기 때문에 거래상대방에 대한 신용선(credit line)의 확보가 거래의 사전조건이다.

6. 스왑거래의 적용금리

(1) 고정금리

스왑거래는 통상 만기가 2년 이상으로 최장 10년까지도 거래되는 장기거래이므로 스왑거래에 적용할 고정금리는 통상 스왑기간과 만기가 일치하는 채권의 유통수익률을 기준으로 적정 가산금리(spread)를 더하여 결정된다. 통상 단기자금시장(Money market)에서 장기금리를 구하기는 어려우므로 채권시장에서 장기금리를 구하게 되는데 스왑금리의 결정에 활용되는 채권은 국채이다.

국채의 경우 각 국마다 가장 신용위험이 없는 장기금융상품이며, 매우 유동성이 풍부하고, 고객이 원할 때 언제라도 매매가 가능한 투자수단이기 때문에 스왑딜러들은 스왑거래로 인한 시장위험관리에 국채를 많이 활용하게 된다. 미 달러화의 경우 미국 재무성증권(Treasury bond)을 스왑금리 결정에 사용하며 우리나라의 경우 국고채 등이 스왑금리 결정에 사용된다.

미 달러화의 경우 만기 2～10년 스왑거래가격은 만기 2, 5, 10년의 경우 'T-Bond 수익률+spread'의 형식으로 고시되고 기타 기간의 경우는 이들 T-Bond 수익률을 이용하여 기간계산하는 보간법에 의한 '수익률+spread' 방식으로 고시되며, 만기 1～2년의 단기스왑거래의 가격은 금융선물거래인 유로달러(Eurodollar)선물거래의 스트립(Strip)을 이용하여 고시되기도 한다.

(2) 변동금리

금리스왑거래에서 고정금리와 변동금리를 교환할 때 변동금리쪽의 기준금리로는 LIBOR(London Inter-Bank Offered Rate)가 일반적으로 사용된다. LIBOR는 런던 금융시장에서 고시되는 주요 은행의 오퍼(offer)금리일뿐 단일 레이트가 아니어서 은행에 따라서 달리 고시될 수 있다. 금리스왑에 이용되는 LIBOR는 지정은행(Reference bank)이라 불리는 몇 개의 은행이 선정되어 이들이 고시한 레이트의 평균치를 사용한다. 또한 시간대에 따라서 다르므로 보통 런던시간 11시 기준 레이트가 사용된다. 최근에는 영국의 은행연합회에서 평균치를 계산하여 고시하는 텔러레이트와 로이터의 레이트(통상 소수점 5째 자리까지 고시됨)를 사용하는 방법이 관습화 되고 있다.

금리스왑의 변동금리로는 미 달러화를 비롯한 주요 통화들의 경우 일반적으로 만기 6개월의 LIBOR를 사용하는 것이 원칙이나 간혹 3개월 LIBOR가 사용되기도 한다. 스왑거래에 사용되는 변동금리는 거래 당사자들의 합의에 따라 LIBOR가 아닌 기타 변동금리(예를 들어 CP나 Prime금리 등)가 이용되기도 하며, 우리나라 원화의 경우는 3개월 만기의 CD금리나 RP금리를 변동금리의 기준금리로 사용한다.

7. 스왑 용어

① Bid: 시장조성자 입장에서 지급하려는 고정금리 수준을 의미한다. 시장조성자의 입장에서는 낮은 금리를 주고 높은 금리를 받는 원리가 적용된다.

② Offer: 시장조성자 입장에서 수취하려는 고정금리수준이다.

③ Money Market Basis: 금리계산방식의 종류 중 하나이다. 달러화의 경우 'Actual/360'의 방식으로 계산된다. 원화는 'Actual/365' 방식

을 적용한다.

④ ISDA: Swap거래의 일반적 기준설정을 주 목적으로 하는 스왑딜러들의 세계적 협의단체이다. Swap거래의 표준계약서, 회계처리, 일반적 거래 관행들을 제정하는 역할을 한다.

⑤ Spread: 기준금리에 더해지는 가산금리를 의미한다. bp(basis point)로 표시할 수 있다.

제 2 절 금리스왑

1. 금리스왑의 의의 및 구조

금리스왑(interest rate swap)이란 두 당사자가 동일한 통화로 표시된 차입금을 부담하고 있을 때 이에 대한 이자지급의무를 교환하여 일정기간 동안 서로 상대방의 이자를 바꾸어 부담하는 것을 말한다.

일반적으로 표준형 스왑의 기본조건은 다음과 같다.

① 스왑의 명목원금은 비상각(non-amoritizing)이다.

② 이자지급은 6개월 기준(semi annual)이다.

③ 고정금리를 지급하는 쪽과 변동금리를 지급하는 쪽의 지급액 현재가치가 동일한 par swap이다.

④ 변동금리는 6개월 LIBOR이다.

예를 들어 스왑거래 당사자 A사와 B사 모두 10년 동안 자금조달을 해야 하는 경우를 가정해 보자. A사는 변동금리로 자금을 조달함에 비교우위가 있으나 고정금리 채무를 원하고 있고 금리는 6개월 LIBOR+50bps의 변동금리 또는 7.50%의 6개월 고정금리이다. 반면 B사는 고정금리 자금조달에 비교우위가 있으나 변동금리 채무를 원하고 있으며 자금조달 비용은 6개월 LIBOR의 변동금리 또는 6.50%의 6개월 고정금리이다.

이 때 A사와 B사는 스왑딜러와 금리스왑을 체결하였는데 이 때 스왑딜러의 금리스왑 가격은 6.70%−6.75%라 하자.

〈그림 23-1〉 최초 명목 자산 대출

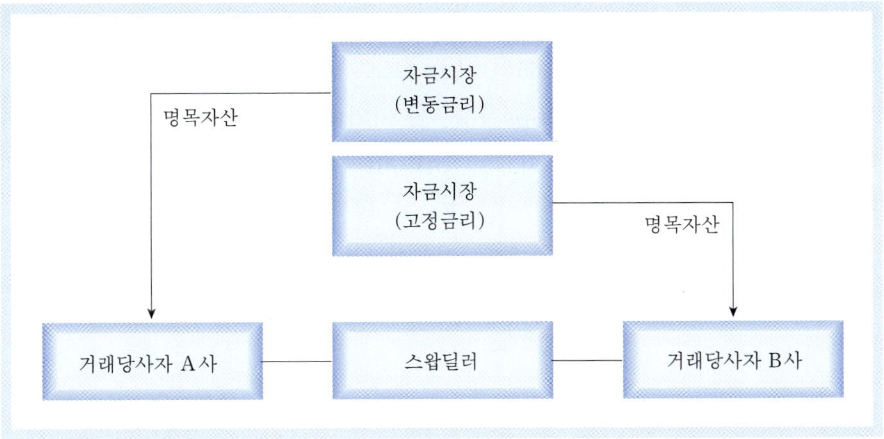

먼저 거래당사자 A사의 현금(금리)흐름을 살펴보면 자금시장으로부터 차입비용은 LIBOR+50bps이다. 여기서 변동금리 수취분(LIBOR)를 차감하면 순이자 비용은 50bps가 된다. 그런데 이는 360일 기준(MMY: Money Market Yield)이므로 스왑의 365일 기준(BEY: Bond Equivalent Yield)으로 바꾸면 50×365/360=50.7bps가 된다. 여기에 스왑률 6.75%를 더하면 최종 자금조달 비용은 7.257%로써 결국 7.50−7.257=24.3bps의 이자비용을 절감하게 된다.

〈그림 23-2〉 스왑거래 내력

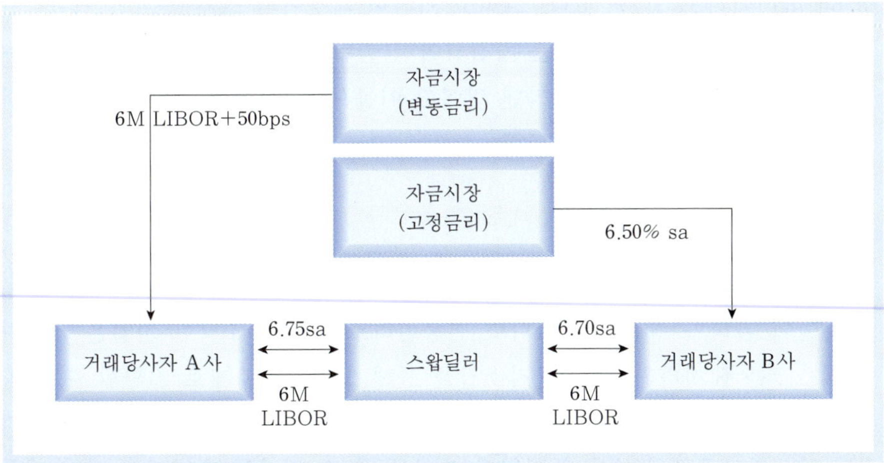

* sa: semi annual
6M: 6 month

거래당사자 B사의 경우 자금시장으로부터 차입비용은 6.50% 고정금리이다. 여기서 스왑에 의한 고정금리 수취분 6.70%를 차감하면 순이자비용은 20bps가 된다. 그런데 이는 365일 기준이므로 변동금리의 360일 기준으로 바꾸면 −20×360/365=−19.7bps가 된다. 여기에 스왑의 변동금리 LIBOR을 더하면 최종 자금조달비용은 6개월 LIBOR−19.7bps로써 결국 19.7bps의 이자비용을 절감하게 된다.

그리고 스왑딜러의 수익은 양쪽 거래상대방에 제시한 스왑률의 차이(스프레드)인 5bps가 된다.

2. 금리스왑의 이용

(1) 자금조달비용의 절감(일종의 Credit Arbitrage)

금융시장에서 정보의 비효율성이나 조세 · 금융상의 규제가 시장간에 서로 상이하여 시장에는 비교우위가 존재하게 된다. 즉, 어느 발행자가 고정금리채권을 직접 발행하는 것보다 변동금리채권을 발행한 다음 금리스왑을 통해 고정금리채권으로 전환하는 경우, 고정금리채권을 직접 발행했을 때의 조달비용보다 비용을 절감할 수 있다면 그 발행자는 금리스왑을 이용할 것이다. 이러한 비용절감액은 고정금리와 변동금리수준의 불균형을 이용한 재정이익(arbitrage)이라고 할 수 있다. 그리고 이러한 재정이익 크기는 고정금리 스프레드에서 변동이자 스프레드를 차감하여 산출된다. 그런데 이는 스왑을 통해서 얻을 수 있는 총이익을 나타낸 것이고 이를 두 당사자가 분배하는 것은 당사자간의 합의를 통하여 결정된다.

(2) 금리리스크 관리

자산과 부채의 금리리스크를 헤지하기 위하여 금리스왑을 이용하게 된다. 예를 들어 금리가 상승하고 있다면 변동금리로 자금을 조달한 기업은 금리하락 리스크를 헤지하기 위해 금리스왑을 통해 고정금리부채로 전환할 수 있을 것이다. 특히 금리스왑은 다른 어떤 이자율 헤지상품보다 헤지하려는 자산과 차입금의 현금흐름에 맞추어 정확한 헤지를 할 수 있다는 측면에서 많이 이용되고 있다.

(3) Trading

금리스왑은 금리의 상승과 하락 등 금리변동방향에 대한 Trading을 할 수 있다. 즉, 금리 하락시 채권을 사듯이 고정금리 수취(변동금리 지급)의 금리스왑을 통해 수익을 낼 수 있다.

그리고 금리스왑은 단순한 금리상승이나 하락 이외에도 수익률곡선의 기울기의 모양에 대해 거래를 할 수 있다. 현물채권과 국채선물을 이용하여 Yield Curve Play를 할 수도 있지만 상장된 채권선물의 종류가 제한적이고 시장의 유동성이 떨어져 거래가 제한적인데 비하여 금리스왑은 훨씬 유연하게 Yield Curve Trading 거래를 할 수 있다. 예를 들어, 고정금리 수취의 3년 금리스왑을 거래하고 고정금리 지급의 5년 금리스왑을 거래하면 3년과 5년 사이의 수익률곡선 기울기의 모양(가파르냐, 완만하냐)에 대해 Trading을 할 수 있다.

3. 금리스왑의 변형

(1) 베이시스 스왑(Basis Swap)

변동-변동스왑이라고 말하며 두 종류의 지수에 각각 연동되어 있는 변동금리를 각각 지급-수취하는 스왑이다. 예를 들어, 일방의 금리가 6M LIBOR에 연동되면 다른 금리는 3M LIBOR에 연동되어 있는 경우이다. 베이시스 스왑은 자산과 부채의 표시금리 차이에 따른 위험을 관리하기 위하여 사용된다.

(2) Accreting Swap, Amortizing Swap, Roller-coaster Swap

스왑은 이자지급이 기준이 되는 명목원금이 계약기간 동안 일정한 것이 일반적이다. 그러나 계약기간 동안 명목원금이 단계적으로 증가하거나 또는 감소하는 스왑이 있는데 이를 Accreting Swap과 Amortizing Swap라고 부른다. 한편 계약기간 동안 명목원금이 증감하는 스왑을 가리켜 Roller-coaster Swap이라 부른다.

(3) Yield Curve Swap

지급-수취가 모두 변동금리를 사용하나 베이시스 스왑과 달리 장기 이자율에 연동되어 있는 스왑을 말한다. 예를 들어 일방의 금리가 30년 만기 국채에 연동되어 있으면 다른 금리는 10년 만기 국채에 연동되어 있는 스왑이다.

(4) Zero-coupon 스왑

고정금리가 무이표채(zero coupon)인 고정-변동금리 스왑이다. 즉, 스왑 만기 시점까지 고정금리지급자의 경우 정기적으로 지급하는 지급액이 없고 만기일에 이르러 총액을 일시에 지불하는 것이다.

(5) Swaption

스왑에 대한 옵션을 의미한다. 미래 특정시점에서 스왑에 참여할 수 있는 권리를 부여한다. 스왑션의 매수자는 고정금리가 옵션의 행사가격과 일치하는 금리스왑을 시작할 권리를 갖는다. 거래되는 유형에 따라 유럽형과 미국형, 지급자 스왑션(payer swaption)과 수취자 스왑션(receivers swaption)으로 나누어진다. 전자는 고정금리지급자로 스왑을 시작하는 것인데 이를 콜 스왑션이라 하고, 후자는 변동금리지급자로 스왑을 시작하는 것으로 풋 스왑션이라 한다.

제 3 절 통화스왑

1. 통화스왑의 의의 및 구조

통화스왑은 한 나라의 통화를 기준으로 한 차입원금 및 이자액과 다른 나라의 통화를 기준으로 한 차입원금 및 이자액을 교환하는 스왑 형태를 말한다. 통화스왑은 두 개의 통화로 표시된 원금을 시작시점과 만료시점에서 교환하는 점이 금리스왑과 가장 다른 점이다. 원금은 보통 시작시점의 환율기준으로 거의 비슷하게 결정된다.

통화스왑은 금리스왑과 달리 이종통화의 스왑이기 때문에 계약시 원금의 교환이 이루어진다. 따라서 만기 전까지는 거래상대방에게 정해진 통화의 이자지급이 이루어지고 만기에는 원금이 재교환된다.

예를 들어 영국기업이 5년간 고정이자율로 미국 달러화 자금(USD)이 필요하고, 이에 반하여 미국기업은 5년간 고정이자율로 파운드화 자금(BP)이 필요하다면 각각의 자금조달비용은 다음과 같다.

	자금조달비용	
	BP 시장	USD 시장
미국기업	10.25% BP	11.75% USD
영국기업	9.50% BP	11.50% USD

이 때 두 기업은 각각 자국의 자금시장에서 자금을 차입한 후 스왑가격에 따라 미국기업은 영국기업에게 9.75% BP를 지급하고, 영국기업은 미국기업에게 11.50% USD를 지급하는 고정-고정 통화스왑을 체결하였다.

영국기업의 자금조달 비용은 11.50%USD+9.50%BP−9.75%BP=11.50%USD−0.25%BP이 된다. 결과적으로 유로달러 시장에서 직접적으로 미국달러화를 차입할 경우의 차입이율이 11.50%이기 때문에 영국기업은 스왑을 통해 5년간 대략적으로 연 25bps의 비용절감 효과를 얻게 되었다. 미국기업은 10.25%BP−(9.75%BP +0.25USD)=0.50BP−0.25USD의 비용절감 효과를 얻을 수 있다.

〈그림 23-3〉 고정-고정 통화스왑

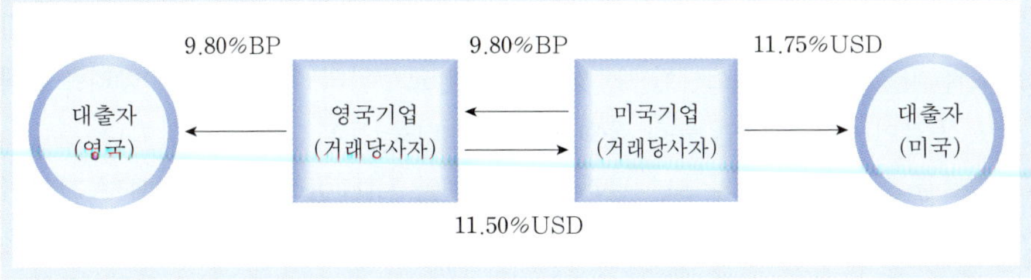

2. 통화스왑의 특성

(1) 통화스왑과 선물환

통화스왑은 환율의 변동없이 실제 이자의 현금흐름이 발생하는 반면 선물환거래는 두 통화의 금리차이가 환율에 반영된다.

현금발생에 있어서 통화스왑은 일련의 교환이 발생하나 선물환은 만기에 한번 원금을 교환하면 된다. 그러나 근본적으로 선물환과 통화스왑은 동일한 가치를 갖는다. 그것은 스왑의 계약시점에 선물환율과 현물환율의 차이가 통화스왑의 이자지급 현금흐름에 반영되기 때문이다.

(2) 통화스왑과 외환스왑(foreign exchange swap)

외환스왑은 대부분 통화스왑과 같으나 다만 만기에 원금을 재교환할 경우 계약시의 환율이 아니라 만기의 현물환율을 적용한다는 점에서 차이가 있다.

3. 통화스왑의 이용

(1) 비교우위의 자금조달

자본시장의 불완전성으로 인해 각 통화별로 시장마다 발행자의 신용스프레드의 차이가 발생하므로 발행자는 조달이 가능한 통화 중 가장 비교우위가 있는 통화를 선택하여 차입한 후 통화스왑을 통하여 원하는 통화로 전환시킴으로써 차입비용을 감소시킬 수 있다. 이 비교우위의 자금조달은 금리스왑에서도 똑같이 적용되지만 특히 통화스왑에서 더욱 두드러지는 현상이다.

예를 들어 A기업의 3년 달러 차입비용이 LIBOR+50bp일 때 A기업이 엔화를 차입한 후 달러/원 통화스왑을 통하여 달러 차입의 조달비용을 LIBOR+25bps로 만들 수 있다면 A기업은 직접 달러를 차입하는 대신 엔화 차입 후 달러/엔 통화스왑을 통하여 간접적으로 달러를 차입하려 할 것이다.

뿐만 아니라 신용상의 문제로 특정한 발행시장에 접근이 어렵거나 특정한 발행시장의 기발행잔액이 과다하여 더 이상의 발행이 어려울 때 통화스왑을 통하여 그 시장에 우회적으로 접근할 수 있다.

(2) 환리스크의 관리

통화스왑은 자산과 부채의 환리스크 관리를 위해 사용할 수 있다. 예를 들어 달러표시 외화차입금을 많이 보유하고 있는 국내기업의 경우 달러/원 환율의 변동으로 인한 외화차입금의 환리스크 관리를 위해, 달러/원 통화스왑을 통하여 달러 차입금을 원화 차입금으로 전환시킬 수 있다.

뿐만 아니라 대규모의 포트폴리오 자산을 운용하는 보험회사 같은 금융기관들은 전 세계적으로 여러 나라의 채권 등에 투자하고 있어 다양한 환리스크의 관리가 필요하고 통화스왑은 이 때 사용할 수 있는 좋은 환리스크 관리 상품이다.

(3) Trading

시장은 환율과 금리의 전망에 근거하여 통화스왑을 Trading하여 수익을 올릴 수 있다. 특히 단순한 환율상승/하락이나 이자상승/하락이 아니라 통화스왑과 금리스왑이나 채권과의 연계 Trading으로 수익률곡선의 모양, 상품들 간의 베이시스 포지션 등을 이용하여 수익을 창출할 수 있다.

4. 통화스왑의 변형

(1) 서커스스왑(Circus Swap)

고정-변동 통화스왑과 고정-변동 금리스왑을 결정함으로써 고정-고정 통화스왑인 서커스 스왑을 구성할 수 있다.

(2) Floating-for-floating rate Non-amortizing Currency Swap

거래 양측 모두 변동금리를 지급하는 점을 제외하고는 고정-변동금리 통화스왑과 같다.

〈그림 23-4〉 서커스스왑의 구조

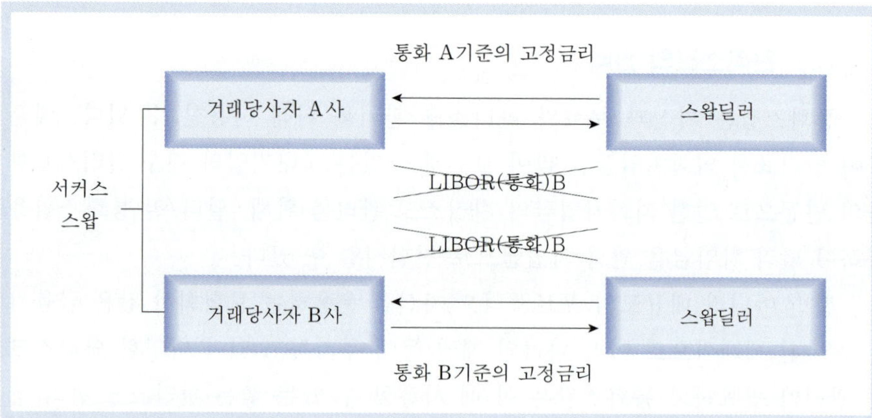

(3) Amortizing Currency Swap

스왑의 원금이 스왑기간 동안 상각되는 통화스왑을 말한다.

(4) Accreting Currency Swap

스왑의 원금이 스왑기간 동안 증가되는 통화스왑을 말한다.

(5) Cocktail Swap

유동성이 부족한 통화가 포함된 통화스왑의 경우 두 통화간 직접적으로는 스왑거래를 하지 않고 각각 제3의 통화와 스왑하여 유동성을 확보하는 거래를 말한다.

제 4 절 기타 스왑

1. 주식스왑

해외의 투자은행들이 금리스왑과 통화스왑의 구조가 주식시장에 적용되어 1980년대 중·후반부터 생성 발전된 주식스왑(Equity Swap)은 주식 장외파생상품의 발달과 함께 꾸준히 시장에서 거래되고 있다.

주식스왑의 장점은 첫째 비용 절감이다. 즉 주식수익 수취자는 실제 현물 주식투자를 수행할 경우 지불해야 하는 매매수수료, 거래세금, 배당금에 대한 원천징수, 보관수수료 등의 제비용을 회피할 수 있다. 둘째 현물주식투자나 선물투자시 발생할 수 있는 리스크를 주식스왑을 통해 회피할 수 있다. 셋째 각종 규제를 우회하는 용도로 이용되고 있다. 마지막으로 자산배분에도 신축성을 높여주면 비용과 시간을 절약시켜 줄 수 있다.

이러한 주식스왑의 가장 기본적인 구조는 변동금리와 주가지수 수익(또는 개별종목이나 특정 Basket도 가능)을 교환하는 것이다. 스왑기간 동안 변동금리와 주식의 수익이 교환되면서 그 교환금액이 스왑기간 동안 계속 변동하므로 베이시스 스왑의 일종이라 할 수 있다. 주식스왑은 실제 주식은 교환되지 않고 현금결제방식으로 결제가 일어난다.

2. 상품스왑

상품스왑(commodity swap)은 금리스왑의 구조를 상품 분야에 적용시킨 상품으로서 1980년대 중·후반 이후 생성, 발전되었다. 모든 종류의 상품이 상품스왑의 기초자산이 될 수 있지만 시장에서 상대적으로 유동성이 좋은 스왑의 기초자산은 다음과 같다.

① 에너지: 가솔린, 항공유, 원유, Gasoil, Fuel Oil

② 귀금속: 금, 은

③ 비철금속: 전기, 동, 알류미늄 등

이러한 상품스왑에는 크게 두 종류가 있는데, 하나는 서로간에 합의된 고정가격과 변동가격(시장가격)을 서로 교환하는 스왑(Fixed-for-Floating Commodity Price Swap)이고, 다른 하나는 변동금리와 상품의 변동가격이 교환(Floating Price against Floating Interest Rate Swap)되는 스왑이다. 그 밖의 다른 종류의 상품스왑은 이 두 가지의 기본 스왑을 바탕으로 변형된 종류이다.

스왑시장 폭풍전야? 수상한 글로벌煥 · 증시

IRS↓ 선물연동, 페이여전 … CRS↓ 원·달러반등

스왑시장이 일본강진사태 이후 급변동 장세에서 벗어나는 흐름이다. 다만 글로벌 환율과 증시가 급격히 안전자산쪽으로 쏠리고 있어 폭풍전야가 아니냐는 분석이다. 요며칠 글로벌 증시가 반등하는 등 회복국면이었지만 장밋빛 전망만 하기에는 부담스럽다는 진단이다.

IRS금리는 하락했다. 장후반 국채선물이 추가강세를 보였기 때문이다. 다만 요며칠보다는 줄었지만 장중내내 역외페이가 지속됐다. CRS금리도 소폭 하락했다. 원·달러환율이 4거래일만에 반등했고, 유로와 엔등도 불안한 움직임을 보였기 때문이다.

23일 스왑시장에 따르면 IRS가 전구간에서 2~2.5bp씩 하락했다. 오전중에는 1~2.5bp씩 상승세를 보인바 있다. IRS 1년물과 5년물이 각각 전장대비 2.5bp씩 내린 3.65%와 4.09%를, 3년물이 2bp 내려 3.94%를 기록했다.

본드스왑은 오전장 타이트에서 구간별혼조세로 마감했다. 1년물이 전장 8bp에서 7bp를, 10년물이 어제 −16bp에서 −17bp를 보이며 벌어졌다. 반면, 2년물이 전일 11bp에서 12bp로, 3년물이 전장 26bp에서 28bp로, 5년물은 전일 파에서 1bp로 좁혀졌다.

CRS는 전구간에서 1.5~4bp씩 하락했다. CRS 1년물이 전일비 4bp 떨어진 2.38%를, 3년물이 3.5bp 내린 2.71%를, 5년물이 1.5bp 내려 3.05%를 보였다.

스왑베이시스는 3년 이하 구간에서 1~2bp 가량 늘어 축소하루만에 확대반전했다. 1년물이 전장 −125bp에서 −126bp를, 3년물이 전일 −121bp에서 −122bp를 기록했다. 반면 5년물은 −105bp에서 −104bp로, 10년물은 전장 −95bp에서 −94bp로 오히려 좁혀졌다.

외국계은행의 한 스왑딜러는 "IRS금리가 장막판 선물상승 영향으로 하락반전했다. 커브변화는 없었다. 다만 역외비드가 많이 나왔다. CRS금리도 살짝 하락했다. 원·달러환율이 4거래일만에 반등했고, 유로와 엔화도 불안한 움직임을 보인데다 미국채금리도 하락세를 보였기 때문"이라고 전했다.

그는 "전일까지 증시가 반등하는등 회복국면을 보였지만 장밋빛만을 기대하기에는 부담스러워 보인다. 글로벌 환율이 불안한 움직임을 보인데

다 전일 미증시 막판 약세에 금일 니케이와 코스피도 후반 약세반전했다"며 "안전자산선호심리로 턴을 할 만한 이벤트가 있을지에 대해 주목해볼 시점"이라고 덧붙였다.

또다른 외국계은행 스왑딜러는 "일본강진 이후 급변동 장세속에 시달린터라 동력없이 소강상태를 보였다. 상대적으로 큰 이슈가 없는 요며칠인 듯 싶다"며 "국고3년물 기준 3.7%대는 지지되는 느낌이다. 현선물저평도 있어 외국인도 딱히 매도로 도는 기세가 보이질 않았다. IRS시장에 페이가 나왔지만 전일에 비해서는 조용해진듯 싶다. 최근 강세장속 스왑커브가 플래트닝됐지만 추가로 밀고 내려가기에는 부담스러워 보인다"고 말했다.

그는 "CRS도 큰 움직임이 없었다. 수출업체에서 포워드선물환 물량을 타진하는 듯했다. 본드크로스1년물이 −120bp 수준이어서 헤지레벨이 좀 애매한 듯해 레벨을 관망하는 모습이었다"며 "다만 글로벌환율과 증시 등 움직임이 심상치 않아 오늘내일 사이 뭔가가 있을지 지켜볼 필요가 있겠다"고 밝혔다.

– 아시아경제 2011. 3. 23. 신문기사

연 습 문 제

1. 스왑거래란 무엇이며 스왑시장의 참가자들에 대해 설명하시오.

2. 스왑의 기능에 대해 설명하시오.

3. 금리스왑이란 무엇이며, 이용방안에 대해 설명하시오.

4. 다음의 용어를 설명하시오.
   ① 베이시스 스왑(Basis Swap)
   ② Yield Curve Swap
   ③ Swaption
   ④ 서커스스왑
   ⑤ Cocktail Swap

5. 통화스왑이란 무엇이면, 이용방안에 대해 설명하시오.

6. 통화스왑과 선물환을 비교 · 설명하시오.

7. 갑기업과 을기업은 모두 3년간 5,000만달러의 자금을 차입하여 사용할 계획이다. 갑기업은 변동금리(6개월 LIBOR)조건의 차입을 원하고 있고 을기업은 고정금리조건의 차입을 원하고 있다. 이 두 기업에게 적용되는 시장금리는 다음과 같다.

	고정금리	변동금리
갑기업	11.0%	LIBOR+0.4%
을기업	11.6%	LIBOR+0.7%

갑기업은 은행에 5,000만달러에 대해서 6개월 LIBOR로 이자를 지급하는 동시에 은행으로부터 연 10.7%의 고정금리로 이자를 수령한다. 그리고 을기업은 은행으로부터 LIBOR로 이자를 받는 대신 10.8%의 고정

금리이자를 지급한다.

이러한 경우 갑기업, 을기업, 은행이 스왑을 통해서 얻게 되는 이익은 각각 얼마인가?

8. 건설업종의 중견기업 (주)다비드는 100억원 규모의 3년 만기 부채조달을 고려하고 있다. 채권시장에서 다비드기업의 부채조달조건은 고정금리 10% 혹은 LIBOR+2.3%이다. 유통업종의 대기업 (주)골리앗도 3년 만기로 100억원의 부채조달을 고려하고 있는데, 조달조건은 고정금리 8% 혹은 LIBOR+1.5%로 알려져 있다. 금액은 억원 단위로 표기하고, 반올림하여 소수점 넷째 자리까지 계산하시오.

① 우연한 기회에 두 회사의 자금담당임원들이 만나 부채조달에 대한 의견을 나누던 중 서로의 조달조건을 확인하고 금리스왑계약을 체결하기로 하였다. 다만, 골리앗기업은 자신의 유리한 조달조건 등을 내세워 스왑계약으로 인한 이익의 6할을 차지하고 나머지는 다비드기업 몫으로 하되, 동 스왑의 변동금리는 LIBOR금리로 하자고 제안하였다. 다비드기업이 제안을 받아들여 스왑계약이 체결될 경우, 해당 계약으로 인한 현금흐름을 그림으로 나타내시오.

② 스왑계약으로 인한 이익조정문제로 두 기업의 계약체결이 지연되자, 두 기업과 동시에 거래하고 있던 방코은행이 거래중재에 나섰다. 은행은 20bp의 이익을 얻고 나머지 이익은 두 기업에게 균등하게 배분되도록 하되, 변동금리는 모두 LIBOR금리로 하자고 제안하였다. 은행중개를 통한 스왑계약이 체결될 경우, 해당 계약을 통해 은행이 두 기업에게 지급하고 지급받는 고정금리를 각각 구하시오.

③ 다비드기업의 입장에서 ②에서 제시된 스왑계약의 가치를 평가하시오. 스왑계약은 매년 말에 한번씩 이자지급액의 차액만을 주고받으며, 현재 LIBOR금리의 기간구조는 다음과 같고 순수기대이론을 가정한다.

만기(년)	1	2	3
이자율(%)	5.5	6.0	6.5

(2009년 CPA 재무관리 2차 시험)

제 7 편

재무관리의 특수 문제들

제24장
기업합병과 재무문제

기업이 성공적으로 운영되면 점차 확장되어 가는데 이에 소요되는 자금은 주식이나 사채를 추가적으로 발행하거나 또는 사내유보금을 증대시킬 수 있는데 이와 같은 방법을 기업내부적 확장방법이라 한다. 그리고 또 기업이 타기업을 흡수하여 합병의 형태로 기업을 확장시킬 수 있는데 이것은 기업외부적 확장이라고 한다. 어떤 기업은 경영성과가 불량하여 타 회사와 합병되는 경우도 있다. 본장에서는 외부적 확장방법인 기업합병의 의의, 합병절차 및 기업자산가치의 평가문제를 살펴보겠다.

제 1 절　기업합병의 의무

합병이라는 용어의 의미는 독립된 두 개 혹은 그 이상의 회사가 계약에 의하여 결합되고 공통의 경영자와 주주를 가지는 하나의 조직이 되는 것을 말한다. 회사가 합병되는 데는 두 가지 방법이 있는데 그 첫째는 합병하려는 회사들이 전부·해산되고 새로운 하나의 회사가 설립되는 신설합병(consolidation)이다. 그리고 두 번째 방법은 한 개 이상 몇 개의 회사 중에 한 회사만 존속하고 다른 회사들은 해산되어 소멸되는 것인데 이것을 흡수합병(merger)이라고 한다.

우리 나라의 경우 국내기업의 경쟁력 제고를 위해 기업구조 재구축과 무능한 경영진에 대한 시장의 규제가 필요하게 되었는데 이를 위한 여러 방법

중 가장 시간이 절약되고 효과적인 수단으로 기업합병 및 매수에 관심을 가지기 시작했다. 특히, 1990년대 기업합병 및 매수를 통한 한솔그룹, 거평그룹, 신원그룹 등의 신흥그룹이 등장하게 되었다.[1]

모든 형태의 회사는 합병될 수 있지만 주식회사가 합병하는 경우 하나의 신설회사나 존속회사는 반드시 주식회사의 형태를 취하지 않으면 안 된다. 기업이 합병되면 해산된 회사들의 모든 권리와 의무는 하나의 신설회사나 존속회사에 이전되는 것이다.

두 개 이상의 회사가 합병되어 소유와 경영이 통합되려면 여러 가지 법적 또는 재무적 절차를 밟아야 하는데 아래에서는 특히 재무상의 문제를 주로 살펴보겠다.

이러한 기업간의 합병현상은 산업 전체적으로 볼 때 호황기와 불황기의 순환적 변동 그에 상응하여 기업합병의 수가 증가 또는 감소하는 것이 보통이다. 이러한 현상의 근본적인 원인은 기업합병이 기업확장의 한 형태라는 점과 기업확장이 경기변동과 상관관계를 가지기 때문이라고 볼 수 있다. 타회사를 매입 흡수하는 회사의 입장에서 보면 자기기업을 확장시키려 할 경우에 내부적 확장보다 오히려 기존 타기업을 매수하는 외부적 확장방법이 보다 더 유리하다고 생각되기 때문에 합병된다.

두 개 이상의 회사가 합병되면 자본을 결합할 수 있고 같은 시장에서 불필요한 경쟁을 제거함으로써 경비를 절약하고 보다 더 합리적인 경영활동을 하여 수익을 증대시킬 수 있는데 이와 같은 합병이 동종산업간에 이루어지면 횡적 합병 또는 확장이라고 한다. 그리고 회사에서는 원료공급회사와 그 생산회사 또는 그 제품의 판매회사와도 합병하는데 이것을 종적 합병 또는 확장이라고 한다. 이와 같이 두 개 이상의 회사가 합병함으로써 각 회사가 상호 이익을 도모할 수 있을 경우가 있을 것이다.

한 회사가 다른 회사를 매입 흡수하는 원인은 자기회사가 내부적으로 확장을 하여 새로운 설비를 증대시키는 것보다 오히려 기존 타기업의 제 설비를 유리하게 매입하는 것이 유리하기 때문이다. 즉 이 방법이 추가적 설비를 획득하는 데 소요되는 비용이 적고 또는 시일이 오래 소요되지 않고 간단히 이루어질 경우도 있기 때문이다.[2]

1) 선우석호, 「M&A」, 법문사, 1997, p.73.

2) James C. Van Horne, ***Financial Management and Policy,*** Prentice-Hall, Inc., 1977, pp.657~660.

이와 반대로 매각 또는 피흡수회사의 합병원인은 경영면과 투자면으로 구분할 수 있을 것이다. 즉 경영면에서 보면 경영자나 기업의 주요 인물이 은퇴 · 사망 또는 기타 원인으로 직접 경영에 참가할 수 없을 경우에 적절한 가격으로 기업을 매각하는 것이 가장 유리할 수도 있을 것이다. 또한 투자면에서 볼 때에 타기업에 보다 더 유리한 투자기회가 있을 경우 현재의 기업을 매각하고 그 자금으로 투자가치를 극대화할 수 있는 타기업에 재투자할 경우도 있을 것이다.

위에서 설명한 바와 같이 각 회사는 상호 합병하여 하나의 신설회사를 설립하거나 타회사를 매입 합병 또는 자기회사를 매각처분하는 이유는 각 회사의 이익을 증대시키기 위한 것이다. 각 회사에서는 합병매입 또는 매각에 따르는 장단점을 잘 비교 검토하여 이 문제를 결정해야 할 것이다.

제 2 절 합병의 동기

1. 효율성 이론

효율성 이론에서는 기업합병과 여러 형태의 자산재배치활동이 시너지효과를 발생시켜 사회적 이익을 증가시킬 수 있다고 주장한다. 시너지효과는 1+1=3이라는 논리로 1960년대 미국에서 일어났던 복합적 합병 활동을 설명할 수 있다. 그러나 자산재배치를 통해 시너지효과를 달성한다는 것은 다소 과장된 것이며, 실질적인 시너지효과는 두 기업의 통합된 영업활동들을 재구성하여 양(+)의 순현재가치 투자를 달성하였을 때 의미가 있는 것이다. 시너지를 통한 이익은 M&A의 대상이 되는 주주들에게 프리미엄 형태로 제공될 수 있다. 시너지를 발생시키는 효율성 이론은 영업시너지, 재무시너지, 경영다각화로 나누어 살펴볼 수 있다.

(1) 영업 시너지

영업시너지는 수평적 합병, 수직적 합병 및 복합적 합병 등 어떠한 형태에서도 발생할 수 있는 경제효과(시너지효과)를 말하는 것이다. 영업시너지는 규모의 경제와 범위의 경제를 통해서 이루어진다. 규모의 경제란 투입량을 증가시킬 때 산출량이 증가할수록 단위당 투입비용이 감소하는 것을 의미하며, 범위의 경제는 둘 이상의 제품생산이나 둘 이상의 사업부가 생산시설, 유통망, 광고활동, network, R&D 등의 자원을 공유함으로써 비용이 절감되는 것을 의미한다.

영업시너지는 회사의 결합으로 발생하는 비용의 절감과 노동력과 자본설비를 보다 효율적으로 사용함으로써 발생할 수 있는데 이것은 낮은 산출량수준에서는 불가능하고 일정규모의 산출량 범위 내에서만 가능하며, 회사의 영업규모가 커짐에 따라 단위당 비용의 감소로 인해 규모의 경제가 실현될 수 있다. 영업시너지의 효과를 수평적 합병과 수직적 합병으로 나누어 살펴보기로 하겠다.

동종 산업에 속하는 기업들의 합병을 의미하는 수평적 통합(horizontal integration)은 규모의 경제성을 추구하기 위하여 합병이 이루어지는 경우가 많다. 수평적 합병은 시장지배력을 증가시키는 방편으로 이용된다. 예를 들면, 두 철강회사 간의 합병이 여기에 속한다. 수평적 합병은 기업성장의 전략적 측면에서 볼 때 유사한 제품을 개발하기 때문에 마케팅 기술을 이용하여 시장에서의 점유율을 높임으로써 다른 회사와의 경쟁에서 유리한 위치를 차지할 수 있다.

시장점유율의 증가를 가져오는 기업결합은 결합 후 회사의 시장지배에 상당한 영향력을 준다. 시장지배력이 얼마만큼 증가하는가는 합병된 회사의 크기와 산업에서의 경쟁정도에 달려 있다. 동종 산업에 속하는 두 개의 기업이 합병함으로써 중복되는 본사 관리조직을 정리하거나, 광고매체를 보다 효과적으로 이용할 수 있게 되거나 또는 제품 1단위당 고정비 부담이 줄어들게 되는 경우는 합병으로 인하여 규모의 경제성이 발휘되어 영업시너지가 얻어질 수 있게 된다. 그러나 수평적 합병은 관련시장의 경쟁에 영향을 끼치고 사회적 비용을 초래할 수 있기 때문에 시장점유율 증가에 따른 정부의 반독점규제에 의해 제한될 수 있다.

수직적 합병은 생산 공정상의 전후 관계에 있는 기업들, 즉 원료공급자와 제조업자, 제조업자와 판매업자 사이에 일어나는 합병의 형태이다. 수직적 합병의 효과는 각 생산단계에서 효율적인 협조를 가능하게 하고 정보소통의 원활화와 협상, 광고, 판매 등과 관련된 거래비용을 감소시킨다는 점이다.

수직적 합병으로 기업은 첫째, 조달비용을 절감할 수 있다. 수직적인 통합으로 원재료의 안정적인 공급을 원할 경우나 시장이 불안정으로 인해 가격변동 위험이 클 때 특히 유효하다. 둘째, 고객수요를 신속하게 파악할 수 있다. 고객수요와 같은 복잡한 정보를 기업 간에 주고받는 데는 시간이 걸린다. 따라서 기업간의 벽을 제거하고 하위의 정보를 신속히 파악하기 위해 수직통합이 실행되는 경우가 있다. 셋째, 수요확장에 의해 시너지 효과가 일어난다. 수직통합이나 다각화로 인해 복수사업 사이에 상승작용이 발생할 수 있음을 의미한다. 그러나 외부의 값싼 공급원을 무시하고 값비싼 자사소유의 공급원을 고집함으로써 원가 측면의 이점이 약점으로 바뀔 수도 있다. 또한 기술이 빠른 속도로 변화할 때 수직적 통합은 기술진부화의 위험에 직면할 수 있다. 수직적 통합이 심할수록 기업은 상대적으로 기술변화에 신속히 대응하기 어렵다. 왜냐하면 기존의 공급원과 분배시스템에 집착함으로써 새롭게 변화하는 기술에 필요한 새로운 공급원과 분배시스템을 신속하게 개발하기 어렵기 때문이다.

(2) 재무시너지

합병으로 인하여 현금흐름 변동성(위험)이 감소할 경우 얻어질 수 있다. 만일 어느 두 기업의 현금흐름의 상관계수가 1보다 작다면, 이 두 개의 기업을 합병한 후 현금흐름은 합병이전보다 적은 위험을 갖게 될 것이며 파산확률 역시 작아질 것이다. 이와 같이 합병에 의해 파산확률이 낮아지는 효과를 합병의 공동보험효과(coinsurance effect)라고 부르며, 합병의 공동보험효과는 자본비용의 하락 및 기업가치의 상승을 가져오고, 차입능력의 증가 및 부채비용의 법인세 절감효과의 증가를 가져온다.

재무시너지의 또 다른 강점으로는 자본조달에 따른 마찰적 비용의 절약에 있다. 기업합병으로 인해 기업규모가 증가하면 자본조달 규모 역시 증대된다. 자본조달의 규모가 증가하면 이에 따른 발생비용 및 거래비용의 부담이 줄어들게 되어 재무시너지가 얻어질 수 있다. 합병으로 인하여 성장기회를 이용할 수 있는 경우에도 재무시너지가 얻어진다. 충분한 여유자금을 가지고 있지만 좋은 투자기회를 갖고 있지 못한 기업의 경우는 좋은 투자기회를 가지고 있으면서도 여유자금을 갖고 있지 못하는 다른 기업을 합병함으로써 재무시너지를 얻어낼 수 있다. 또한 재무적 시너지 효과는 합병에 따른 자본비용의 감소 또는 자본조달상의 이익으로 나타난다.

즉 투자수요를 초과하는 자금흐름을 가진 기업과 이에 미달하는 자금흐름을 가진 기업이 합병함으로써 자금조달비용의 절감, 기업의 채무부담능력내지 차입능력의 증대, 원활한 자금흐름, 대규모 자금거래에 따른 단위당 자금조달 비용의 저하 등이 달성되는 효과를 말하는 것으로, 다각적 통합의 경우에 달성될 가능성이 크다.

(3) 경영다각화

경영다각화 또한 M&A에 있어서 중요한 동기 중의 하나이다. 경영다각화의 목적은 기업의 장기적인 전략으로서 사업 확장을 통한 수익성이 있는 사업으로 신규진출을 위해서이다. 그러나 기업의 현재 수익성이 있는 사업이 미래에도 지속적인 수익성을 제공할 것인가 하는 문제에 직면하게 된다. 경제적 이론에서 보면 장기적으로 평균 이상의 수익률을 얻고 있는 산업에는 진입장벽이 존재한다. 수익성은 있지만 낮은 진입장벽의 산업에 들어간다면 기업은 일시적인 수익률을 올릴 수 있지만 낮은 진입장벽으로 인하여 또 다른 기업들의 진입으로 경쟁을 하여야 할 것이다. 따라서 증가하는 경쟁자들로 인해 수익성 있는 산업으로 진출하려는 다각화 전략은 실패할 것이다.

그럼에도 경영다각화가 기업합병의 동기가 될 수 있는 이유는 다각화 합병을 통하여 위험을 감소시키는 분산투자효과를 누릴 수 있으며, 업종다각화로 상관관계가 적은 기업가치의 결합을 통한 재무적 이익인 공동보험효과를 얻을 수 있고 위험도 줄일 수 있기 때문이다.

일반적으로 효율적인 증권시장에서는 투자자 자신들이 투자를 분산시킬 수 있기 때문에 기업자체가 실물을 분산투자를 할 필요가 없다는 이론이 있다. 그러나 이것은 투자포트폴리오의 분산효과에 한정된 이론이며 기업자체에 의한 분산투자의 실질적 이익을 무시하는 이론에 지나지 않다. 분산투자이론은 그 재산의 대부분을 당해기업에 투자하고 있는 소유경영자에게도 해당된다. 소유경영자는 경영권의 확보를 위해서 지분의 매각을 원하지 않을 것이며 따라서 이와 같이 분산투자가 미흡한 소유주는 투자에 대하여 높은 위험프리미엄을 적용하게 되고 그 결과 적정수준 이하의 투자를 하게 된다. 따라서 소유경영자에게는 기업자체의 분산투자가 바람직하다.

분산투자는 합병뿐만 아니라 내부투자에 의한 성장을 통해서도 달성할 수 있다. 그러나 내부성장기회는 한계가 있을 수 있고 새로 진출하는 업종에 과잉설비의 문제를 초래할 수도 있다. 또한 사업진출시기가 매우 중요한데 합병을 통해 이러한 시기를 선택할 수 있다.

2. 대리인이론

대리인문제(agency problem)란 기업의 소유자(주주)와 경영자가 분리되어 있을 경우(또는 경영진의 기업소유 지분비율이 낮은 경우) 주주의 목표와 경영자의 목표가 상충됨으로써 발생하는 문제이다. 주주의 목표는 주가 또는 기업가치 극대화인 반면, 주주의 대리인인 경영자의 목표는 대부분 성장과 매출액 극대화 또는 경영자 자신의 직위의 안정, 지배욕 등이 목표이다. 이러한 대리인문제에 따른 손실을 극소화하기 위해 수반되는 관리비용이 바로 대리인비용(agency cost)이다.

대리인문제는 기업의 조직체계와 시장메커니즘에 의해 효과적으로 통제될 수 있다. Fama and Jensen(1983)은 기업의 소유와 지배가 분리된 경우 의사결정 대리인들이 주주의 이익을 침범하는 것을 제한하기 위해 의사결정관리(제안 및 실행)와 의사결정통제(인준 및 감시)가 분리된 의사결정체계를 기업이 채택하게 된다고 한다. 즉, 통제기능은 주주들에 의해서 이사회에 이전되고 주주들은 이사의 선임, 합병, 주식발행 등 주요 사항에 대한 승인권만을 보유하게 된다는 것이나.

Fama(1980)의 대리인비용이론에 의하면 대리인비용이 너무 크거나 또는 대리인비용을 극소화하려는 메커니즘이 대리인문제를 조정하는 데 충분하지 않을 경우, M&A라는 외부통제수단으로 기존기업의 낭비요인을 제거함으로써 효율성을 개선시킬 수 있다고 하였다. 즉, M&A는 기업의 과도한 잉여현금흐름을 배당으로 주주에게 지급하는 대신 순현재가치가 부(−)인 프로젝트에 투자하거나, 대리인의 비용과 관련 비효율적 경영을 하고 있는 경영자에게 위협을 가함으로써 주주의 내적통제의 부족을 메우고 외적통제의 시장기능을 수행하는 수단으로 보았다. 이와 같이 M&A는 대리인문제를 해소하는 하나의 방법으로 이용된다.

대리인문제로 인하여 기업의 잠재적인 가치보다 낮게 평가된 경우에 외부투자자들이 기업을 인수하려는 위협(takeover threat)이 발생하게 된다. 기업이 새로운 투자자들에 의하여 M&A되는 경우에 기존의 경영진이 교체될 것이므로 경영진은 대리인문제로 인하여 시장에서 인수대상기업으로 인식되지 않도록 외부주주들을 위한 경영에 신경을 쓰게 된다. 따라서 이러한 기업인수위협은 일반주주들의 경영진에 대한 감독기능을 대신하게 되어 대리인문제를 감소시키고 기업가치가 정상적으로 평가받게 하는데 기여한다는 것이다.

3. 과소평가설

합병의 동기로 인수대상기업이 증권시장에서 과소평가되고 있는 것을 지적하는 경우도 있다. 대상기업의 시장가치가 어떠한 이유 때문에 기업의 진정한 내재적 가치(intrinsic values)를 반영하지 못하고 저평가되어 있다는 것이 과소평가가설이다.

기업가치가 과소평가되어 있는 경우, 풍부한 자금능력을 갖고 있는 투자자가 저평가된 기업을 인수함으로써 자본이득을 얻을 수 있다. 따라서 기업의 인수란 거래당사자간에 자산의 교환을 통하여 이루어지는데, 인수기업의 입장에서 볼 때 자산의 교환은 인수대상기업이 보유하고 있는 자산의 시장가치가 인수기업이 자체개발하는 경우에 소요되는 비용인 대체비용(replacement cost)보다 작을 경우에 일어나게 된다는 주장이 있다.

이러한 과소평가의 발생원인은 다음과 같다. 먼저, 경영진이 기업의 잠재력을 충분히 발휘시키지 못하고 있는 경우이다. 두 번째는 인수기업이 내부자정보를 가지고 있을 경우이다. 어떤 원인에서든지 증권시장이 알지 못하는 정보를 인수기업이 가지고 있다면 현재의 주가보다 높은 가격을 제시할 수 있을 것이다. 예로써 다각화한 기업의 경우, 각 부분의 가치에 관한 정보나 감춰진 자산(hidden assets)에 관한 정보가 충분히 시장에 알려져 있지 않은 경우가 있을 수 있다. 세 번째 원인은 증권시장에서 투자자들, 특히 기관투자가들이 근시안적인 행태를 보인다는 것이다. 즉 기관투자자들은 기업의 단기적 이익에 너무 많은 관심을 기울이기 때문에 장기투자 프로젝트를 추진하는 기업의 주가는 시장에서 과소평가된다는 것이다.

4. 정보가설

자본시장의 비효율성과 관련된 합병의 한 동기로 제시되는 정보가설 또는 신호가설은 합병협상이나 공개매수과정에서 생성된 기업에 관한 새로운 정보에 의하여 기업가치가 재평가된다는 것이다. 즉, 합병이나 공개매수 자체가 피인수 기업의 주식이 과소평가되었다는 것을 투자자에게 알리는 기능을 함으로써 시장이 기업가치를 정확하게 평가하도록 한다는 것이다. 합병 또는 공개매수가 정보의 비대칭성 때문에 저평가된 기업의 가치를 재평가하도록 하며, 따라서 시장주가에 프리미엄을 지급하여 기업을 인수하는 것이 경제적이라는 설명을 할 수 있다.

정보효과는 과소평가설의 변형으로써 기업이 여러 가지 이유로 인해 실질적 가치가 과소평가되는 경우가 발생하게 되는데 인수기업이 이러한 정보를 독단적으로 보유하고 있는 경우, 과소평가된 자산의 취득을 통한 이득을 얻을 수 있기 때문에 기업인수동기가 생기게 된다는 것이다.

정보가설은 두 가지 가설로 나누어진다. 하나는 공개매수제의 그 자체가 인수대상기업의 주가가 과소평가되어 있다는 정보를 확산시키고 시장에서 주식을 재평가하도록 하는 역할을 한다는 것이다. 이것을 Bradly, Desai and Kim(1983)은 은폐자산가설이라 부르고 있다.

다른 하나의 가설은 공개매수제의가 대상기업 경영진에게 보다 효율적인 경영전략을 취하도록 자극한다는 것이며, 이것을 질책가설이라 한다. 이러한 경우에는 대상기업 가치의 상승을 위해서는 매수제의 이외에 다른 외부적 투입은 필요하지 않다.

제 3 절 매수전략

기업인수는 일반적으로 우호적 인수(friendly takeover)와 적대적 인수(hostile takeover)로 구분하나 실제로는 이들의 중간형태에 해당되는 인수제의가 많다. 우호적 인수는 매수자가 인수대상기업의 경영권 행사자에게 인수의사를 타진하고, 협상을 통해 인수합의에 이르는 경우이다. 적대적 인수는 사전에 대상기업 경영진의 의사를 묻지 않거나, 또는 이들의 의사에 반하여 공개매수, 공개시장 매입, 위임장 대결 등을 통하여 경영권을 탈취하는 것을 말한다. 즉, 기업인수가 우호적인가 적대적인가의 판단은 대상기업 이사회의 태도에 달려 있다고 할 수 있다.

매수전략(takeover tactics)은 크게 구분하여 공개매수(tender offer)와 위임장 경쟁(proxy flight)으로 나눌 수 있다. 그리고 두 전략을 사용하기 위해 흔히 선행적으로 이용되는 공개시장을 통한 매입이 있다.

1. 공개매수(TOB: Take Over Bid)

공개매수는 선진국에서 보편화된 적대적 M&A 방법으로, 일정한 기간 동안 일정한 가격으로 원하는 수량의 주식을 매수하는 합법적인 주식매수방법이다. 우리나라 증권거래법에도 공개매수제도를 규정하고 있으며 최근 들어 그 사례가 증가하고 있는 추세이다. 공개매수는 단기간에 원하는 수량의 지분을 확보할 수 있다는 것이 가장 큰 장점인 반면, 목표기업에 대한 적대적 M&A 실행의 공개적 선전포고로 인해 기존 경영진의 방어 및 대응전략을 구사할 수 있는 기회를 제공하게 되는 약점이 있다. 그러나 공개매수는 모든 주주를 대상으로 주식을 매수하는 것이므로 기존 대주주만이 향유하던 경영권 Premium을 일반 소액 주주들도 함께 누릴 수 있다는 점에서 매수의 공정성을 확보할 수 있으므로, 소액주주로부터의 긍정적 호응을 얻을 수 있는 무시할 수 없는 장점을 가지고 있다. 공개매수에는 대상기업주식의 전량을 매수하고자 하는 전량매수제의(any and all offer)와 일부만을 매수하고자 하는 부분공개매수(partial offer)가 있다. 대표적인 부분공개매수의 한 방법으로 매수조건이 각기 다른 두 기간을 나누어 공개매수를 제의하는 이 단계 공개매수(two-tiered tender offers)가 있다. 공개매수의 또 다른 종류로는 매수대금의 지불수단에 따라 구분하는 방식으로 현금으로 지급하는 현금매수(cash offer)와 유가증권과 교환하는 교환매수(exchange offer)가 있다.

2. 공개시장 매입(open market purchase)

공개매수가 공개적으로 단기간에 특정주식을 장외에서 매수하는 제도인 반면, 공개시장 매입은 주식시장을 통해 목표주식을 비공개적으로 원하는 지분율까지 지속적으로 매수해 나가는 전략을 말한다. 공개시장 매입은 기존의 대주주가 눈치채지 못하는 사이에 은밀하게 지분을 늘려나가는 방법이므로 공개매수에 비해 상대적으로 장기간에 걸쳐 이루어지게 된다. 공개시장 매입은 비합법적으로 이루어지는 경우가 많은데 매입과정에서의 위법성이 들어날 경우 적대적 인수합병 자체가 실패할 위험이 있으므로 합법적인 공개시장 매입이 되도록 사전에 치밀한 법적검토가 이루어져야 한다.

경영권확보에 필요한 지분율에 해당하는 주식을 매수하는 일반적 방법은 먼저 공개시장 매입을 통해 일정지분의 주식(예:4.9%)을 확보한 후, 공개매수를 통해 추가적으로 지분율을 높여 나가는 2단계 전략으로 이루어지게 된다. 따라서 공개시장 매입은 적대적 인수 합병의 보조수단으로 이루어지는 경향이 많으며 공개시장 매입만을 통한 경영권 인수는 선진국에서도 그 사례를 찾아보기 힘들다. 그리고 장내에서 지속적으로 주식을 대량 취득하는 과정에서 합병정보가 사전에 누출될 가능성이 높으며, 이에 따른 주가급등 및 상대방의 방어전략에 의해 합병 가능성 자체가 좌절될 위험 또한 크다.

공개시장 매입은 그 과정에서의 위법성 및 비도덕성 등으로 비호위적인 여론에 부딪힐 가능성이 높기 때문에 목표지분의 일정부분은 가능한 한 공개매수방법을 이용함으로써 지분확보의 공정성을 기하고, 일반투자가의 이익 또한 배려해 준다는 명분을 쌓을 필요가 있다. 더구나, 증권거래법 5% 공시 Rule에 합산되는 특별관계사의 범위가 확대되고 특히, 공동목적 보유자가 포함되므로 첨예한 지분율경쟁 또는 주주총회에서의 의결권 다툼이 일어날 경우 공시의무의 위력이 예상외로 커질 수 있음에 주의하여야 한다. 즉, 은밀한 공개시장 매입만으로는 일거에 최대주주로서의 경영권주장을 하기가 어렵게 된다. 이를 위해서는 적절한 공시 또는 공개매수가 뒤따라야 될 것이다.

3. 위임장 대결(Proxy Fight)

소유지분율이 아니라 다수의 주주로부터 주주총회에서의 의결권행사 위임장을 확보하여 합병을 추진하는 전략을 위임장 대결이라 한다. 위임장 대결은 매수대상기업의 방어전략이 강력하여 공개매수가 어려운 상황에서 공개매수의 대안으로써 사용될 수 있고, 공개매수와 결합하여 사용함으로써 효과적

〈표 24-1〉 매수전략 비교

구 분	공개 매수	공개시장 매수	위임장 대결
특 징	일정기간 동안 일정주식수를 일정한 가격으로 장외에서 취득할 수 있는 법적제도	주식시장을 통해 은밀하게 목표주식을 매수하여 보유지분을 늘려나가는 전략	목표기업의 주요주주 또는 일반주주에 대한 설득 및 권유를 통한 의결권행사의 위임을 받아 주주총회 결의에 강력한 영향력을 행사하는 전략
장 점	• 단기간에 원하는 지분율 확보 가능 • 매수 자금 예측 가능 • 매수의 투명성 • 일반 투자자의 이익 배려	• 은밀한 진행 가능 • 주식시세에 따라 탄력적 매수 가능 → 저가 매집 가능	• 상대적으로 소규모의 매수자금 • 공개적 여론조성
단 점	• 선전포고 효과 • 실패에 따른 이미지 실추 • 상대적으로 고가 매수	• 장기간 소요 • 정보누출에 따른 주가 급등 • 위법성 시비 위험	• 엄격한 법적절차 • 목표기업의 확실한 내부정보 필요 • 불완전한 경영권 확보

인 매수전략을 구사할 수도 있다. 또한 완전한 지배권 인수가 목적이 아니라 주주들이 소수의 이사를 이사회에 진출시키거나 현경영진의 경영정책을 반대하는데 이용되기도 한다.

우리 나라에서는 증권거래법 199조 (의결권 대리행사의 권유의 제한)의 규정에 따라 상장주식의 의결권 행사를 자기 또는 타인에게 대리하게 할 것을 권유하는 것에 대한 일정한 규제를 하고 있다. 증권거래법에서는 의결권의 위임을 권유할 때는 법에서 정한 위임장 양식과 참고서류를 피권유자에게 제공하여야 하며, 그 사본을 증권감독원에 제출하여 검토를 받아야 되는 등의 절차상 까다로운 규제를 하고 있어서, 실제로 이런 절차에 의해 의결권의 위임을 받아 적대적 인수합병을 추진한 사례를 찾아보기는 어렵다. 그러나 향후에는 보다 선진국형의 법개정이 추진되어 주주총회 진행도 현재와 같은 형식적 관행의 틀이 많이 바뀌게 될 것이며 소수주주의 주주권도 계속 강화될 것이므로, 이런 위임장 대결에 의한 경영권 다툼이 조만간 현실로 다가올 것으로 보인다.

제 4 절 방어전략

대상회사의 경영권을 획득하기 위한 매수전략이 복잡해지고 다양화 되면서 합병대상회사의 이사 등 경영자는 이에 대항하기 위해 다양한 방어대책을 개발하여 적극적으로 대처하는 것이 필요하게 되었다. 특히, 합병이 적대적 성격을 띠는 경우 대상회사의 경영자는 M&A의 철회 또는 실패를 유도하기 위해 복합적인 방어대책을 사용하는 것이 일반적인 경우이다. 합병의 방어대책으로는 경영권 인수시도 전의 사전적 방어대책과 경영권 인수시도 후의 사후적 방어대책으로 구분할 수 있다. 사전적 방어대책과 사후적 방어대책의 구분은 이해를 위한 편의상의 구분이며 대부분의 경우 사전적이면서 동시에 사후적인 방어대책에 해당하여 단일의 방어대책이 아닌 복합적인 방어대책을 사용하는 것이 일반적인 경우이다.

대표적인 사전적 방어전략은 독약계획(poison pills), 정관개정(corporate charter amendments), 황금낙하산(golden parachutes), 기타 주주관리와 회사설립 주의 변경 등이 있다.

- 독약계획(poison pills): 잠재적인 대상기업이 발행하는 증권으로서 적대적 매수자의 입장에서 볼 때 기업의 가치를 감소시키려는 목적으로 발행된다. flip-over[3]와 flip-in[4]의 두 가지 일반적 유형이 있다. 적대적 매수자에 대한 효과적인 방어수단이 된다.
- 정관개정(corporate charter amendments): 대상기업은 적대적 매수자가 경영권을 탈취하는 것을 보다 어렵게 만들기 위해 기업의 정관을 개정할 수 있다. 정관개정은 상어퇴치제(shark repellent)라고도 하며, 특별다수의결조항, 시차이사회조항, 공정가격조항, 이중자본화(dual

3) flip-over 독약계획은 배당성격의 주식매수권을 발행한 후 합병기업의 주식을 저가에 매수할 수 있게 하는 flip-over-right를 발행하는 것으로 매수자로 하여금 매수 후 경영권을 장악하는 데 어려움을 주기위한 것으로 특정기간 동안 특정가격에 일정량의 주식을 구매할 수 있는 콜옵션(call option)의 형태를 갖고 있다.

4) flip-in독약계획은 주식의 과반수 매입을 통한 경영권 확보가 아니라도 대상기업의 경영권에 영향력을 끼치는 정도의 지분만을 취득하여 경영에 관여하려는 자와 그린메일을 받아내려 하는 기업사냥꾼들에게도 효과적인 대응수단이 된다.

capitalization)등 다양하다.

- **황금낙하산**(golden parachutes): 최고경영진에게 과도한 퇴직금 지급계약을 체결하는 것으로 사전적 방어전략수단의 일환으로 이용된다. 황금낙하산만으로는 기업매수를 막을 수 없지만 다른 방어전략과 같이 사용하여 방어의 효과를 강화하거나, 매수자의 매수 인센티브를 약화시키는 역할을 한다.
- **기타 주주관리와 회사설립 주**(State)**의 변경 방법**: 주주관리를 강화하거나 강력한 반매수법률을 제정한 주에서 회사를 재설립함으로써 매수자가 용이하게 공격적인 매수를 시도하지 못하도록 하는 것이다.

사전적인 방어대책을 채택하면 매수자의 기업인수를 어렵게 하고 비용을 증가시키게 되지만 그것이 기업의 독립성 자체를 완벽하게 보장하지는 못한다. 매수자는 자신들의 매수대상기업의 방어전략이 견고하지 못하다고 판단되면 사전적 방어전략에도 불구하고 매수를 결정할 수 있다. 따라서 일단 적대적 매수의 대상이 되면 대상기업은 적극적으로 기업 사냥꾼에 대항할 필요가 있다.

이 경우 대상기업들은 그린메일(greenmails), 불가침협정(standstill agreements), 백기사(white knights), 백지주(white squires), 자본구조개편(capital structure changes), 기업재편(Restructuring), 소송(litigations), 역매수전략(pac-man defences) 등의 사후적 방어전략들을 취하게 된다.

- **그린메일**(greenmails): 프리미엄을 지급하고 매수자의 주식을 재매입하는 전략이다.
- **불가침협정**(standstill agreements): 보통 그린메일과 동시에 사용된다. 매수자는 그린메일과 같은 보상을 받고 더 이상 추가지분을 매입하지 않겠다는 불가침협정을 체결한다.
- **백기사**(white knights): 인수대상기업은 적대적 인수자로부터 벗어나기 위해 우호적인 매수자를 물색하는데 이 때의 우호적 매수자를 백기사라 일컫는다.
- **백지주**(white squires): 백기사에게 기업의 전부를 넘기는 것과는 달리 백지주는 주식이나 자산의 일부를 우호적인 기업에게 넘기는 것을 말한다.

- **자본구조개편**(capital structure changes): 매수대상기업은 회사의 자본구조를 조정하는 다양한 행동을 취할 수 있다. 부채를 조달하여 주주에게 대규모의 배당을 실시하는 방법이 있고, 단순히 배당없이 대규모의 부채를 차입하는 방법도 있다. 이처럼 부채비율 증가를 통해 자본구조를 변경시켜 기업의 차입능력을 감소시킴으로써 매수자가 보는 대상기업의 가치를 감소시킨다. 또 인수대상기업은 상장된 주식의 총수를 변화시킴으로써 자본구성을 조정할 수도 있다. 이 방법은 신주를 발행하여 백지주나 종업원지주계획에 배정하여 달성할 수 있다.
- **기업재편**(Restructuring): 매수자가 관심을 가지는 주요자산을 매각하거나 매수시 매수기업이 독과점 문제를 일으킬 제3의 사업을 매수함으로써 매수자의 매수동기를 감소시키고자 하는 행위로서 주로 최후의 방어 수단 중 하나로 이용된다.
- **소송**(litigations): 일반적으로 대상기업은 매수자를 고소하고, 매수자 역시 맞고소로 대응하는 경우가 많다. 양자의 방어와 매수의 수단으로서 소송은 매수경쟁에서 제외되는 경우가 거의 보기 드물다.
- **역매수전략**(pac-man defences): 인수대상기업이 매수제의 기업의 역매수를 시도하는 것으로 가장 극단적인 방어전략의 하나라고 할 수 있다. 이 방법은 방어전략 중에서도 가장 화려한 전략이라고 볼 수 있지만 실제로 자주 사용되는 것은 아니다.

제 5 절 기업합병의 절차

법적 합병은 소위 공동의 소유와 경영하에 두 개 또는 그 이상의 기업체가 통합되는 방법이며, 피합병회사를 해산하는 회사법상 제 조치가 때로는 형식적인 절차에 불과하며 이미 법적 합병 이전에 사실상 합병이 되어 있는 수가 많다.

그러므로 여기서 논하려는 합병의 절차행위는 합병관계회사 중의 어느 회사가 시작할 수도 있고 제삼자인 투자기관이 그의 직접 또는 간접적 이익을 얻기 위한 방법으로 시작되어야 한다. 또 합병협상은 관계회사의 최고경영자간에 이루어지기는 하는데 만약에 최고경영자들이 합병을 반대하리라고 생각되는 경우에는 소유주들간에 직접 이루어지기도 한다. 소유와 경영을 통합하는 데 가장 많이 사용되는 것은 한 회사가 타회사의 의결권이 있는 주식을 전부 혹은 대부분을 획득하는 방법이다.

이 경우에 그 두 회사는 법적 합병절차가 있기 전까지 각각 독립성을 유지하면서 단기간 또는 장기간에 걸쳐 실질적인 주종관계를 갖는 것이다. 합병되는 회사의 주식을 구입하는 데도 몇 가지 다른 방법이 있다. 즉 합병회사가 피합병회사의 소수의 주주나 주주의 소집단으로부터 개별적으로 주식을 살 수도 있고 또 다수의 주주가 소유하고 있는 주식의 경우는 일반주식시장에서 조금씩 그때 그때의 시세로 살 수도 있을 것이다. 또는 특정 회사의 주식 전부 또는 일정수를 시가 이상의 가격으로 구매한다고 공개적으로 발표하는 수도 있을 것이다. 이상과 같은 방법으로 타회사의 주식을 구입할 수도 있지만 또한 합병회사의 주식을 대신 줄 수도 있다. 이 경우에 피합병회사의 주주는 하나의 존속회사의 주주가 되는데 이와 같은 주식의 교환으로부터 얻은 이득이 있을 것이고 또한 대기업의 주주가 된다는 데 상당한 매력을 느끼는 것이다.

합병회사는 타회사의 주식을 구매하지 않고 타기업의 자산을 매입하는 방법도 있다. 이 방법이 보다 직접적이기 때문에 합병회사에게는 보다 간편한 절차가 될 수도 있다. 왜냐하면 다른 회사의 주식을 구매하는 궁극의 목적은 그 회사의 자산을 이용하자는 데 있기 때문이다. 이 때에는 그 회사가 자산을 매각한 대금을 그 기업은 해산할 때에 청산배당금을 포함시켜 채권자 또는 주주들에게 분배하는 것이다.

그러나 실제적으로 기업합병을 할 때에 자산매입방법보다는 주식구입방법이 많이 이용되고 있다. 타회사의 주식을 구매할 때 증권가격이 시장가격으로 결정되어 있는 경우에는 가격평가가 매우 간단하다. 그리고 주식의 매입방법은 주식시장이라고 하는 비인격적 매개체를 통하여 가장 은밀하게 합병을 달성할 수 있는 방법이므로 그 회사의 경영자는 그의 주주나 외부관계자들의 항의를 받을 염려가 적다.

주식구입에 의하여 기업이 합병되는 경우 합병회사는 피합병회사의 자산은 물론 부채까지도 간접적으로 책임져야 한다. 왜냐하면 회사의 부채는 회사의 소유자의 책임으로 되기 때문이다. 그러나 직접 그 회사의 자산을 구입하는 경우에는 그 부채에 대한 책임을 질 필요가 없다. 이 때에는 그 자산의 판

〈표 24-2〉 합병절차

구 분	주요절차	대 상 처	기한(기일)
사전준비	당사회사간 협의		
	자산재평가	세무서	
	비등록법인 기업등록신청	금감위	합병승인주총 3개월 전
	합병비율적정성 외부평가의뢰	외부평가기관	결산 후
합병계약	합병이사회 결의		
	합병계약 체결		
	합병신고서 제출	금감위, 거래소	이사회결의 후 지체없이(폐쇄 또는 기준일 공고일의 전일)
기업결합신고	기업결합 신고	공정거래위	합병계약 후 30일 이내
합병승인 주주총회	주총소집 이사회결의		
	주주명부 폐쇄기간 공고		폐쇄기간 2주 전
	주주명부 폐쇄개시		3개월 이내
	주총 소집통지 발송(공고)		주총 2주 전
	합병 재무상태표 공시		주주총회 2주 전부터 합병 후 6월까지
	합병 반대의사 통지마감	당해 법인	주주총회 전까지
	주총개최(승인결의)		
주식병합 절차	주권제출 공고, 통지	피합병 회사 주주	합병승인주총 후 1개월 이상
	주권제출 완료		
채권자 보호절차	이의제출 공고, 최고	채권자	주총일 2주간내
	이의제출 기간 완료		1개월 이상
주주 보호절차	반대주주 주식매수 청구	당해법인	주총 후 20일 이내 청구
	청구주식 매수기간 완료		청구받은 후 2개월내 매수
합병실행, 합병보고 주주총회	주총소집 이사회결의		
	주주명부 폐쇄공고		폐쇄기간 2주 전
	주주명부 폐쇄개시		3월 이내
	합병기일		

	주총소집통지발송(공고)		주주총회 2주 전
	주총개최		
합병등기	변경등기(존속회사)	등기소	본점: 보고총회 후 2주간 이내 지점: 3주간 이내
	해산등기(소멸회사)		(상동)
합병 사후보고	합병종료 보고서 제출	금감위, 거래소, 공정위	등기 후 지체없이
	합병사실 통지	(상동)	(상동)
신주권 및 합병교부금 교부	신주권교부		등기 후 1개월내
	합병교부금지급		등기 후
	신주상장추진	거래소	

매회사가 자산을 현금화하는 데 지나지 않는다고 볼 수 있다. 그러므로 그 회사가 해산하기 전에 그 회사의 부채를 먼저 지불하여야 한다.[5)]

제 6 절 기업의 평가문제

두 개 또는 그 이상의 독립기업체가 합병되는 경우에는 기업의 평가문제가 필연적으로 따르게 된다. 만약 그 합병이 증권이나 자산을 구매함으로써 이루어진다면 증권이나 자산의 가격과 지불되는 현금액이 같아야 할 것이다.

그리고 합병이 주식교환으로 이루어진다면 피합병회사의 주주들이 새로운 합병회사에서 얼마의 주식을 받아야 할 것인가를 결정하기 위해 양증권(주식)간의 평가가 공정하게 되어야 할 것이다. 그러므로 합병관계회사간의 협상에서 중심문제가 되는 것이 이 평가의 문제이다. 이와 같은 기업의 평가문제가 합병에 있어서만 일어나는 것은 아니다. 새로운 증권의 발행, 기존 증권의 매매, 과세 및 담보를 하게 되는 때와 자본의 재투자, 재조직 및 청산시에도

5) Eugene F. Brigham, *Fundamentals of Financial Management,* The Dryden Press, 1978, pp. 504~505; Pearson Hunt, Charles M. Williams, and Gordon Donaldson, *Basic Business Finance, Text and Cases,* Richard D. Irwin, Inc., 1961, p. 546.

이 문제가 발생된다.

가치라는 용어에는 여러 가지 종류가 있는데 이들은 각각 상이한 의의를 가진다. 아래에서는 특히 재무관리에서 사용되는 가치의 종류를 들어 보겠다. 재산세 산출을 목적으로 하는 평가가치(assessed value), 재무제표계정상에 나타나는 장부가치(book value), 기업이 보유하는 유형고정자산을 새로 획득할 때 소요되는 자금을 표시하는 재생산가치(reproduction value), 잠재적 수익획득 가능성이 있는 기업자산에 대한 계속기업의 가치(going concern value), 해산시의 기업자산에 대한 청산가치(liquidating value), 차입에 이용할 수 있는 기업자산의 담보가치(collateral value), 여러 조건하에서 판매되었을 때에 예상수익을 나타내는 판매가치(sales value), 실제가격에 의해 규정되거나 시장의 수요공급에 의해 결정되는 시장가치(market value), 그리고 수요자가 시장정보에 정통하고 그들의 가치평가가 전적으로 합리적이라는 가정을 세웠을 때에 나타나는 공정시장가치(fair market value)들이 있다.

이와 같이 가치개념에는 여러 가지가 있지만 대개 증권을 평가하는 방법은 아래와 같은 세 가지가 가장 중요하다. 첫째, 자본수익력(capitalization of earning)의 개념에 의한 평가, 둘째, 자산가치(actual imputed price)에 의한 평가, 셋째, 실제 또는 환산시장가격(actual imputed price)에 의한 평가 등 세 가지이다.

여기서 가치를 말할 때에는 기업 전반에 대해서 말하거나 기업 일부분에 대해 말하거나 결국 같은 개념인 것이고 기업 일부분의 가치와 기업 전체의 가치는 직접적인 관계가 있는 것이다. 기업이나 증권의 가치를 결정하는 경우 모든 상태에 적용할 수 있는 평가방법은 있을 수 없다. 위에 말한 세 가지 방법이나 그 외의 여러 평가방법이 종합적으로 사용되는 것이며 그것도 평가하는 사람의 특정 평가목적에 따라 각 방법이 여러 모양으로 종합되어 사용되는 것이다.[6)]

1. 자본수익력에 의한 평가

주식평가란 자본수익력을 기준으로 하는 방법이다. 이것은 기업자산의 현가치가 그 자산을 이용하여 과거에 올린 수익에 의해 결정되는 것이므로 주주

6) Hunt, Williams, and Donaldson, *Ibid.*, pp. 546~547.

의 주식은 그 기업의 수익력으로 평가해야 한다는 주장이다. 사실상 주주의 소득이 기업의 수익력에 따라서 결정되기 때문에 물리적 자산 자체보다 수익력이 더 중요하다고 볼 수 있다.

이와 같이 증권의 가치가 기업의 현실수익력이나 잠재적 수익력에 의존한다는 것은 사실이다. 그러나 이러한 원리에 실제로 증권을 평가하려면 여러 가지 문제가 발생하는 것이다. 일정의 자본을 투자하여 어떤 수준의 수익을 올린다고 하여도 그 수익금액 전부가 자본투자가, 즉 주주의 이익이 되지는 못하는 것이다. 그러므로 투자가의 관심은 수익중에서 주주가 획득할 수 있는 금액이 얼마인가 하는 데 있으며, 이 실질적인 이익취득금액이 주식증권평가의 기준이 되어야 할 것이다. 그러므로 자본투자에 대한 실질적인 이익금액을 결정함에는 먼저 앞으로 1년 동안 얼마의 이익을 올릴 것인가를 추산하는 일과 그 이익 중에서 얼마만큼의 금액이 주주의 소득으로 되는가 하는 두 가지의 문제를 고려하여야 한다.

미래의 수익을 합리적으로 예측하기란 쉬운 일이 아니다. 그리고 미래의 수익예측은 기간적으로 한다. 즉 앞으로 6개월 또는 1년 동안에 기업의 총수익은 얼마나 될 것인가를 결정하는 것이 보통이다. 앞으로 일정기간 한 기업의 수익액을 추정하려면 수익에 영향을 주는 산업전반의 제조건이나 경영 전체의 동향에 올바른 예측과 판단을 할 수 있어야 할 것이다. 즉 최근 수년간에 그 기업이 올린 수익성과를 기초로 하고 또한 앞으로 제변동요인이 그 기업의 수익에 미칠 결과를 평가하고 조정하여 수익액을 추정한다. 그러나 이러한 경제의 변동요소를 다 고려한다고 하더라도 평균치의 상승 또는 하락 등의 추세예측과 그 계산이 단순하고 부정확하므로 앞으로 다년간의 수익변동을 정확히 예측한다는 것은 거의 불가능한 것이다.

주주가 받을 기업의 수익이 매년 동일하다고 가정한다면 연간소득액을 계산하는 일은 매우 간단할 것이다. 즉 기업총수익에서 감가상각액을 차감한 순이익으로부터 재투자할 비율을 결정하기만 하면 소유주인 주주가 소득으로 차지할 최종금액이 결정될 것이다. 그러나 실제에 있어서는 최종소유액의 계산이 그렇게 간단할 수 없다. 사실상 기업의 수익액은 매기마다 달라지며 정확한 수익예측은 매우 곤란한 것이다.

가령 예를 들어서 어떤 회사의 주식 1주의 순수익액이 3,000원이었는데 이것이 시장가격의 20%이었다고 하면 그 시장가격은 아래와 같이 계산할 수 있다.

$$\frac{\text{1주당 순수익액(3,000원)}}{\text{1주당 순수익률(0.2)}} = 15,000\text{원}$$

즉 이 회사의 주식 1주의 시장가격이 15,000원이라는 계산이 된다.[7)]

2. 자산가치에 의한 평가

자산가치로서 증권을 평가하는 방법은 기업자산 중에서 주식증권이 차지하는 몫을 표시한다는 데 이론적 근거를 두고 있다. 이 방법에 있어서 중요한 가치개념은 장부가치 · 재생산가치 및 청산가치와 같은 것들이다. 재무상태표에 표시된 자산가치는 일반적으로 장부가치이다.

부채액을 초과하는 자산액은 그 기업계정상의 순자기자본을 의미하며 이것은 주주들이 투자한 데 대한 장부가치라고 볼 수 있다. 그러나 우선주를 발행하였을 경우에는 순자기자본 중에서 우선주의 발행금액을 빼고 남은 것이 보통주주에게 속하는 자기자본의 몫이 될 것이다.

보통주에 배당될 순자기자본액을 최종적으로 상환되지 않은 보통주수로 나누면 주당의 장부가치를 산출할 수 있다.

여기에 실질적 문제가 되는 점은 영업권(good-will) · 특허권 · 사채할인 · 창입비 및 이연제비와 같은 무형자산의 일부 또는 전부를 기업자신의 순가치에서 공제하여야 한다는 것이다. 그리고 적립금계정을 분석하여 본질적인 이익잉여금을 산출하여 자기자본에 부가해야 할 것이다.

계산절차상 여러 다른 방법이 있기는 하지만 이와 같은 장부가격이 그래도 비교적 쉽고 단순히 결정되는 평가의 기준이 된다. 사실 장부가격이 정확하고 명백하기 때문에 최근에 증권가치의 기준으로 널리 인정되어 있는 것이다.

그러나 좀더 깊이 검토하여 보면 어떤 회사의 장부가격의 숫자가 그 회사의 회계제도와 정책에 따라서 영향을 받는다는 점을 고려하지 않을 수 없다. 유동자산에 대한 회계적 처리에 있어서 회사간의 차이는 비교적 적다고 볼 수

---

7) Lester V. Plum, Joseph H. Humphry, and John W. Bowyer, Jr., *Investment Analysis* and *Management*, Richard D. Irwin, Inc., 1961, pp. 49~56.

있지만 고정자산의 평가나 특허권, 영업권과 같은 무형고정자산[8]의 회계적 처리에 있어서는 회계실무상의 정책여하에 따라 그 차이가 크다.

예를 들어 어떤 회사가 감가상각정책을 엄밀하게 적용하는 경우에는 보다 적은 순고정자산액의 장부가치를 보여줄 것이다. 그러므로 회계처리방법이 상위한 두 회사의 장부가치를 공정히 비교하여 평가할 경우에는 상당한 노력과 시간을 들여 조정하지 않으면 안 된다는 문제가 있다. 그리고 장부가치만 사용하는 것은 신빙성 있는 평가라고 할 수 없게 된다. 따라서 장부가치에 의한 기업자산의 평가방법 이외에 또 하나의 평가기준이 있는데 이것은 재생산가치이다. 이 재생산가치는 현 상태의 회사자산을 새로 설비한다고 가정하는 경우 현 시가로 얼마의 비용이 들 것인가 하는 면에서 기업의 가치를 측정하는 방법이다. 기업이 가치평가를 함에 이 재생산가치만을 사용하는 일은 극히 드물다. 그 중요한 이유로는 많은 기업은 그 기업의 물자적 자산의 총액보다는 훨씬 더 큰 가치가 있기 때문이다. 현재와 같은 모든 물질적인 자산을 설치하는 데에 소요되는 비용을 산출하기는 용이하다. 그러나 물질적 자산을 획득하는 비용 이외에 기업을 조직하고 경영활동상의 지식 및 명성을 다시 얻는 데 소요될 비용을 결정하고 산출한다는 것은 매우 곤란한 것이다.

기업의 자산가치가 가장 적게 평가되는 방법은 소위 청산가치이다. 기업자산을 처분하여 청산하는 기업에서는 그 자산을 이용하여 경영활동을 하여도 이익이 별로 없든지 또는 손실이 발생하게 되므로 기업자산을 판매하려는 것이다. 이와 같이 기업자산을 처분하여 청산할 때에는 그 자산의 가치가 최소한으로 평가되는 것이다.

기업의 청산은 호경기인 시기에도 되지만 불경기의 기간중보다 더 많이 발생된다. 기업의 자산이 비록 청산가치로 평가되는 경우에도 간접적으로는 그 자산의 잠재적인 수익능력에 기반을 두게 되는 것이다. 기업의 자산이 폐품으로 인정되어 극히 싼 값으로 처분되어야 할 경우가 아니면 결국은 그 자산을 효율적으로 사용하여 이익을 올리 수 있다고 생각하는 사람에게 판매되지만 그래도 청산시의 자산가치는 비교적 작은 것이 보통이다.

기업의 가치를 전체적으로 평가할 때에 자본수익력평가에 의한 방법과 자산가치평가에 의한 방법을 결합하여 사용하는 것이 적절한 때도 있다. 예컨대 기업의 현금유가증권 또는 현금으로 단시일 내에 전환되는 동시에 그 가치를

8) 무형고정자산이란 성가 · 특허권 · 창업비와 같이 눈에 보이지 않는 자산을 말한다.

상실치 않는 형태의 자산은 그의 자산가치로 평가하고 기타의 기업자산은 그의 자본수익의 문제를 참작하여 그 생산가치를 평가함으로써 그 회사의 주가를 결정하는 방법도 있다. 이와 같은 방법을 여분자산평가법(redundant assets method)이라 한다.

3. 시장가치에 의한 평가

기업의 가치를 평가하는 또 하나의 방법은 시장에서 증권의 구매자와 판매자간의 실제적인 거래를 통해서 기업증권의 시장가격을 결정하는 것이다. 즉 기업증권의 수요자와 공급자가 각각 자기들의 이익을 추구하기 위하여 증권을 매매하는데 이 양자간에 결정된 시장가격이 다른 이론적 가치보다 훨씬 실제적이고 유용하다고 할 수 있다. 그리고 증권시장에서 자유로이 결정되는 증권의 가격은 다른 투자기회와 비교하여 결정된 것이므로 그 가치를 잘 나타낸다고 볼 수 있다.

물론 증권의 시장가격이 그 증권의 가치를 결정할 수 있는 객관적인 척도라고 생각할 수 있지만 실제로 가치의 표준으로 이 시장가격을 적용하려면 여러 가지 문제점이 있다. 즉 어떤 증권은 그 공급량이 수요량보다 매우 적을 때의 시장가격과 또 이와 반대로 그 증권의 공급량이 수요량보다 매우 많을 때에 결정되는 시장가격 사이에 가격차가 심하다는 것이다. 그리고 또 같은 회사의 증권이라도 이것이 대량 또는 소량으로 매매될 때에 증권가격이 상이할 경우도 있는데 그 어느 가격을 그 회사의 증권가격으로 평가할 것인가를 결정하여야 한다.

그리고 증권시장에서 증권가격이 상승 또는 하락되며 항상 변동된다는 것이다. 즉 호경기시에는 일반적으로 투자가들의 투기적인 구매의 영향을 받아 주식가격이 평균수준을 훨씬 넘는 가격을 나타내게 되는 수가 있다. 그리고 또 이와 반대로 불경기시에는 주식의 진정한 가치보다도 낮은 가격으로 떨어지는 경향이 있다. 특히 우리 나라에 있었던 증권파동시의 주식의 시장가격은 기업을 평가하는 방법으로서 적당하지 못할 것이다.

이와 같은 이론적 결점들을 부분적으로 해결하려고 연구한 결과 나타난 것이 소위 공정시장가치(fair market value) 또는 실질가치(intrinsic value)의 이론이다. 이 가치는 증권의 판매자와 구매자들이 모두 이 증권에 대한 자세한 지식을 가지고 있으며 또 완전하고 이성적인 행동을 한다는 전제하에 결정되는 증권의 가치이다. 그러나 이것도 결국은 증권평가의 척도로 사용하기에는 현실시장가격도 아닌 또 다른 가치의 기준이 필요하다는 문제를 야기시키고 있다. 따라서 일반적으로 법원이나 세무당국은 적용하기 쉬운 시장가격에 의한 평가를 이용하고 있다. 시장가격이 기본가치의 척도로서의 이론적인 약점도 있지만 보다 낮은 수준에서 판매하려 하지 않는 판매자와 사실상 시장시세 이상을 지불하려고 하지 않는 구매자간의 협상에서 결정된 가격이므로 실제적으로 시장가격이 많이 이용된다.

위에서 세 가지의 평가방법, 즉 자본수익력에 의한 평가, 자산가치에 의한 평가 및 시장가격에 의한 평가법을 설명하였다. 우리는 기업의 가치를 공정하게 평가하기 위하여 개인적인 의견을 피하여 보다 객관적인 근거로 평가하려는 데 목적이 있는 것이다. 그럼에도 불구하고 위에서 설명한 바와 같이 각 방법들은 부분적으로는 타당하지만 전체적으로 적용하기에는 역시 결점이 있으며 개인적 주관이 나타나게 된다.

또한 합병이나 기타의 이유로 기업을 평가할 경우에 최종적으로 결정되는 가격도 순수한 의미의 가치보다는 타협에 의하여 그 가치가 결정되는 것이다. 물론 이 타협에 의한 가치가 우연히 위에서 말한 평가방법으로 산출된 가치와 일치하는 경우도 있을 것이다.[9)]

제 7 절 기업합병이 흡수회사의 자본구조에 미치는 영향

기업합병이 생기는 경우에 피합병회사의 많은 자산과 부채가 인수되고 구주를 신주로 교환발행해 줌으로써 하나의 크고 새로운 기업이 발생하게 된다. 그러나 대개의 경우는 큰 회사가 다른 작은 회사를 흡수하여 합병하게 되는 것이며 이 때에도 이 합병이 흡수회사의 자본구조에 영향을 미치게 된다. 어떤 회사가 합병시에는 매우 급진적이고 큰 변동을 일으키기 때문에 때로는 재무적 부조화가 일어나는 수도 있다. 이러한 부조화는 주로 자기자본과 부채의

9) O. Maurice Joy, ***Introduction to Financial Management,*** Richard D. Irwin, Inc., 1980, p. 100; Jahn H. Prime, ***Investment Analysis,*** Prentice-Hall, Inc., 1953, pp. 113~124.

균형이 현저하게 변동된다는 것이다. 만약에 충분한 잉여자본을 보유하지 못한 경우에는 이 자금을 마련하기 위하여 신주를 판매하여 현금을 획득하거나 주식교환으로 지불할 신주를 발행할 필요가 있을 것이다.

그러므로 대개의 합병은 부채와 자기자본의 균형을 변동시키되 자기자본이 증가되는 방향으로 될 가능성이 있다. 혹은 피합병회사에게서 인수하는 부채의 금액이 클 경우에는 어느 정도 자기자본을 증가시켜서 부채와 자기자본의 균형을 유지하도록 하여야 한다.

이와 같이 합병이 흡수회사의 재무에 미치는 영향과 중요도는 여러 가지 요인에 의해 결정되는데 이 원인에는 피흡수회사의 자본구조, 피흡수회사에게 지불하는 가격 및 흡수회사와의 상대적 크기 등이 있다. 기업합병을 한 결과 흡수회사의 수익능력이 증감되고 또 주가가 변동하는 경우가 있으므로 투자가들은 그 주식의 수익력과 시장가격의 변동상황을 주시하여야 한다.

피흡수회사로부터 추가적으로 획득한 자산의 운용으로부터 들어오는 수익액과 또 그 자산의 대가로 지불하는 현금액이나 신주식발행액은 합병회사의 구주주들의 소득에 직접적인 영향을 주는 것이다.

합병의 결과로서 생기는 추가적인 수익액이 얼마나 될 것인가 하는 것을 고려하여야 한다. 만약 구주주의 수익률이 합병함으로써 감소된다면 그 합병이 불리하였다고 생각할 수 있을 것이다.

그리고 만일 두 회사의 배당정책이 달리졌다면 합병 또는 피합병회사의 주주들 중의 어느 한 쪽은 합병으로 인한 배당금액의 변동을 감수하여야 한다. 비단 배당정책뿐만 아니라 경영활동상의 제 정책에 대하여도 신주주와 구주주는 동일한 행동을 하고 동등한 권리와 의무를 가지게 되는 것이다.[10]

---

10) Hunt, Williams, and Donaldson, *op. cit.*, pp. 552~558.

삼성전자와 인수합병

18일 오전 9시. 서울 서초동 소재 삼성전자 사옥 다목적실. 이날 삼성전자는 제42회 주주총회를 개최했다. 최지성 삼성전자 대표(부회장)의 성과 발표가 끝나고 질문 시간이 돌아오자 한 주주는 최 부회장에게 이렇게 말했다.

"애플 스티브 잡스가 갤럭시 탭에 대해 무시하는 발언을 했는데 삼성전자는 말이 없다. 말이 없으면 사실처럼 굳어질 수 있다. 잡스의 이 같은 무시 발언에 일침을 놓아달라."

최 부회장은 "애플은 작년도 기준 삼성전자 제1의 거래선이다. 우리 거래선에 대해 언급하는 것은 주주 여러분의 이익에도 부합되지 않는다. 양해해 달라."고 답했다. 이어 "정 궁금하면 추후 우리 전략 담당이 설명 말씀을 올리면 안되겠나?"라고 물었다.

이 주주는 답답했던지 다시 마이크를 잡고 "그쪽도 바쁘고 나도 바쁜데 뭘 또 끝나고 보나. 나는 단지 삼성도 애플을 이길 수 있는 능력이 있고, 1~2년만 하면 애플을 넘어설 수 있다는 그런 답변을 듣고 싶었던 것"이라고 말했다.

애플이 삼성전자의 고객사가 아니었다면 최 부회장은 어떤 식으로 이 주주에게 비전을 제시했을까. 삼성전자는 이 주주의 말처럼 1~2년만 하면 스마트폰과 스마트패드 분야에서 애플을 넘어설 수 있을까.

삼성의 씽크탱크 삼성경제연구소는 최근 스마트폰 · 스마트패드 시대를 맞이해 구글과 ARM이 차세대 '윈텔(MS+인텔)'로 부상하고 있다며 'GARM(구글+ARM)'에 주목하라는 보고서를 냈다. 연구소는 이 보고서를 통해 "시대의 흐름을 포착하고 작더라도 강한 세력(구글과 ARM 등)에 동참하라"고 조언했다. 갤럭시S로 주가를 높이고 있는 지금 삼성전자의 모습이다.

다만 연구소는 의존도가 지나치게 높을 경우 전략 변화에 휘둘릴 수밖에 없고 하청 제조업체에 머물 가능성이 크다는 경고도 했다. 혁신 세력에 동참하는 대신 종속은 되지 말란 뜻이다. 이들 세력에 종속되어 있는 한 일등을 한들 진정한 일등이 아니라는 것이다. 그러나 현실적으로 종속에서 탈피할 수 있는 방법이 존재하는지는 의문이다.

삼성전자는 혁신 세력과 협력하며 슬금슬금 바다를 키울 생각을 갖고 있는지도 모르겠다. 그러나 주력 세트 품목인 TV와 휴대폰이 개별적으로 개발자 생태계를 가져가고 있기에 바다로 그릴 수 있는 비전의 크기가 구글 · 애플의 그것과 비교해 작을 수밖에 없다.

팜을 인수한 HP는 향후 모든 자사 디바이스에 웹OS를 심겠다고 한다. 삼성이 팜을 인수했더라면 어땠을까란 생각을 한다. 스마트폰 · 스마트패드와 관련되지 않았더라도 인수합병이 백지 상태에서 시장에 진입하는 것 보단 효율적일 수 있다. 애플이 인텔이 MS가 크고 작은 인수합병을 성사시키는 동안 삼성전자가 했던 일이란 내 것도 아닌 남의 플랫폼을 최적화하고 애플리케이션을 개발하는 데 돈과 시간을 썼던 것이다.

한국 내 사정에 정통한 후카가와 유키코 일본 와세다대 교수는 지난 16일 삼성 수요사장단 회의에서 "오너인 이건희 회장의 강한 통찰력과 리더십이 삼성전자를 키웠고, 일본 기업들도 이러한 삼성전자를 공부하고 있다"고 말했다. 삼성전자가 인수 합병할 수 있는 기업이 얼마 남아 있지 않을 지도 모른다. 오너의 결단이 필요한 시기다.

– 디지털데일리 신문기사

EXERCISE 연 습 문 제

1. 다음 용어들을 간략히 설명하시오.
   ① 파산　② 신설합병(consolidation)
   ③ 흡수합병(merger)　④ 횡적 합병
   ⑤ 종적 합병　⑥ 여분자산평가법(redundant assets method)

2. 기업이 합병을 했을 때 얻을 수 있는 이점에 대해 설명하시오.

3. 기업합병의 의의와 목적에 대해 설명하시오.

4. 기업합병시 고려해야 할 재무적 요인에 대해 설명하시오.

5. 합병을 하게 되는 동기에는 어떠한 것들이 있는가?

6. 경영다각화가 가져오는 재무적 이점은 무엇인지 설명하시오.

7. 대리인문제의 해결을 위해 이사회와 같은 내부통제기구보다 합병시장과 같은 외부통제기구의 활성화가 더 유효할 수 있는 실제적인 조건을 설명하여 보시오.

8. 공격적 매수의 두 대분류를 열거하고, 이들의 특징과 이들 방법 중 어떤 것을 선택할 것인가에 영향을 끼치는 요인을 설명하시오.

9. 강력한 방어수단의 유형과 그 특징을 간단히 기술하시오.

10. 기업합병의 절차에 대해 설명하시오.

11. 한양기업이 한일기업을 흡수합병하기로 했는데, 합병 전의 두 기업의 재무자료는 다음과 같다.

구 분	한 양 기 업	한 일 기 업
순이익	₩3,500,000,000	₩500,000,000
발행주식수	2,000,000주	1,000,000주
주당이익	₩1,750	₩500
주가수익률	18	12
주식의 시장가격	₩31,500	₩6,000

합병은 주식교환을 통해서 이루어지며 주식교환비율은 한일기업의 보통주 1주당 한양기업의 보통주 0.4주이다. 합병 후의 주가수익률은 15배라고 가정한다.

① 합병 후의 한양기업의 주가와 주당이익을 합병 전과 비교하시오.

② 한일기업의 기존주주의 입장에서 합병 후의 주당이익을 합병 전과 비교해 보시오.

③ 합병이 두 회사의 주가에 어떤 영향을 미칠 것인가를 설명하시오.

12. 한양기업은 행당기업을 흡수합병하였는데, 두 기업의 합병관련 자료는 다음과 같다.

구 분	한 양 기 업	한 일 기 업
주당이익	₩1,500	₩400
주당이익의 예상성장률	10%	15%
발행주식수	3,000,000주	1,000,000주
주식의 시장가격	₩20,000	₩8,000

① 주식교환비율이 시장가격에 바탕을 두고 결정되었다면, 합병 후의 주당이익은 어떻게 되겠는가?

② 한양기업의 주당이익은 합병을 하지 않았을 경우와 합병을 한 경우에 어떻게 달라지는지 비교해 보시오.

제25장
국제재무관리

정보통신망의 발달과 각국 경제의 상호 의존관계의 확대, 기업에 있어서는 국제적 규모의 경제실현 및 기업 · 정치적 위험의 분산 등 여러 가지 이유에서 기업활동의 국제화가 최근에는 더욱 두드러지고 있는 것이 현실이다. 더욱이 우리 나라의 경우 경제규모의 확대와 더불어 기업의 해외거래활동이 날로 증가하고 있어 기업의 해외경영활동과 관련하여 발생되는 경제문제를 해결하기 위한 연구가 필요하게 되었고, 특히 자금의 조달과 운용에 관한 국제재무관리에 대한 관심이 고조되고 있다. 이에 본장에서는 국제재무관리에 있어 가장 중요한 연구대상이 되고 있는 환위험 · 환율결정이론 · 환위험관리 등을 살펴보고, 해외간접자본의 의의 및 국제금융시장에서의 자금조달방안 등을 살펴보기로 한다.

제 1 절 국제재무관리의 의의

오늘날 미국을 위시한 대부분의 선진국 기업들은 이미 알려진 바와 같이 이익의 많은 부분을 해외경영활동에서 벌어들이고 있다.

IBM은 총자산의 47.7%를 해외에 보유하고 경영이익의 74.9%를 해외경영활동에서 벌어들이고 있으며, Coca Cola는 총자산의 24.7%만을 해외에 보유하고 있으면서도 영업이익의 62.5%를 해외경영활동에서 얻고 있다.[1)]

1) Alan C. Shapiro, *Multinational Financial Management*, 3rd ed., p. 6.

〈표 25-1〉 해외투자 현황 (단위: 1,000달러)

연 도	송금횟수	총투자액
1980	145,986	127,004
1985	112,775	63,752
1990	963,117	816,895
1995	3,100,690	2,787,232
1997	3,671,649	3,404,567
2000	5,064,781	3,558,574
2001	5,551,372	1,874,341
2002	3,685,859	2,583,458
2003	4,029,313	3,336,251
2004	5,964,386	5,140,712

자료: 한국수출입은행.

우리 나라 기업의 경우는 〈표 25-1〉에서 보는 바와 같이 1980년 중반까지는 국제적 투자와 영업활동이 크게 이루어지지는 않고 있었으나 1993년 이후로 해외의 투자가 급격히 성장했음을 알 수 있다. 이렇게 해외투자는 1997년의 외환위기 당시를 제외하면 2004년 현재까지 활발한 투자가 이루어지고 있다고 볼 수 있다.

정유회사 · 은행의 해외경영활동이 자동차회사 · 식품회사들의 해외경영활동보다는 보다 밀접하고 복잡하게 해외경영활동과 관계를 갖듯이 회사마다 그 정도의 차이는 있을 수 있으나 해외거래에서 발생되는 여러 가지 문제를 해결하기 위한 노력이 확대되고 있으며, 기업활동에서 해외거래활동이 차지하는 부분이 증가됨에 따라 국제재무관리에 대한 비중이 점차 높아지고 있다. 기업이 그 활동의 범위를 해외로 확대하였을 때 직면하게 될 문제는 국가간의 환율 및 이자율의 변화, 인플레이션, 정치적 사건 등에서 오는 위험들이다. 이러한 위험들을 어떻게 하면 효율적으로 풀어나갈 수 있는가를 모색하는 것이 국제재무관리와 국내기업활동을 대상으로 한 일반의 재무관리와 다른 점이라 하겠다. 따라서 국제재무관리의 의의는 일반재무관리의 의의에 덧붙여, 기업의 다국간 경영활동에서 직면하게 되는 환위험(foreign exchange risk)과 정치적 위험(political risk)을 인식시켜 주고 그 해결점을 찾는 데 도움이 되어지는 것에 있다.

환위험이란 각국 통화간의 교환비율인 환율이 변화할 경우 기업의 수익이 변동할 위험이 발생하는 것을 말하고, 정치적 위험이란 제도가 서로 다른 나라에서 활동함에 따라 기업에서 가해지는 제약(기업자산의 몰수, 과실송금의 제한, 정치적 변혁 등)에서 비롯되어지는 위험을 말한다. 그런데 자금의 운용과 조달에 관한 의사결정의 환경변화에서 기업은 능동적으로 환위험을 회피할 수 있는 노력이 이루어질 수 있으나 정치적 위험은 국가에 따라 차이가 크고 기업이 능동적으로 통제할 수 있는 요소가 되지 못하기 때문에, 본장에서는 환위험을 중심으로 하여 다국간 기업활동에서 발생되는 문제들의 관리 및 해결기법 중심으로 국제재무관리의 적용부분을 찾기로 하겠다.

제2절 환위험

1. 환위험의 의의와 종류

기업이 외화로 표시된 자산 · 부채 · 수익 및 비용을 소유하고 있거나, 국가간 거래를 수행하고 있다면 환율의 변동으로 인해 해외영업활동에서 비롯된 영업성과의 변화위험을 갖게 되고, 기업의 가치의 하락 및 부채의 증가 등의 위험에 직면하게 된다. 이렇듯 환위험이란 환율변동으로 인해 기업이 직면하게 되는 손실의 가능성을 말한다.

환위험을 계량화한 것을 환노출(foreign exchange exposure)이라고 하는데, 환위험을 기업이 외화로 표시된 자산 · 부채 · 수익 · 비용의 소유에 따르는 환노출비용 및 국제거래 실행에 따르는 환율변동에 노출될 비용으로 인식한다면 환위험은 다음과 같이 세 가지 환노출(foreign exchange exposure)비용으로 나타낼 수 있다.

첫째 환산노출(translation exposure)비용으로 재무상태표상에 이미 거래가 끝나서 외화로 표시된 거래결과를 자국통화로 환산함에 있어서 발생하는 환노출비용, 둘째 거래노출(transaction exposure)비용으로 외화표시 영업거래나 자본거래에 있어서 거래는 이미 끝이 났으나 결제가 환율변동시점 이후인 거래항목들에서 환율변동으로 발생하는 손실과 관련한 환노출비용, 마지막으로, 장기적 관점에서 환율이 변동하여 회사의 순자산이 변동하거나 거래에 기대되는 현금흐름이 변화에서 발생되는 손실과 관련한 경제적 노출(economic exposure)비용 등이 있다.

2. 환산노출

환산노출(translation exposure)은 회계노출(accounting exposure)이라고도 하며, 다국적기업(multinational enterprise)의 해외영업활동의 결과를 본사의 자국통화로 추정할 때 발생하는 환노출이다. 즉 이미 재무상태표상에 외화로 기록된 현금 · 받을어음 · 지급어음 · 차입금과 같은 외화자산과 외화부채 및 외화로 표시된 수익 · 비용 등을 자국통화가치로 환산할 때 환율이 변동함으로써 발생하는 환노출을 말한다.

예를 들어 환율이 $1 = ₩700일 당시에 한국에서 영업활동을 하는 미국의 자회사인 S사가 한국의 K사에 자동차부품 ₩6,300,000을 매출하고 현금으로 ₩6,300,000 받아 재무상태표상에 현금 ₩6,300,000을 기록하였다. 그러나 환율이 $1 = ₩1,100로 변화한 후에 미국 본사에서 S사의 재무제표를 자국화폐로 환산 재기입할 때 $5,727로 기입하고 이에 따라 S사는 재무제표 재기입시 $3,727(6,300,000/700−6,300,000/1,100)의 영업실적 손실을 나타내게 되는 환노출을 말하는 것이다. 대체로 이러한 환산과정은 모기업의 정부, 회계협회 또는 기업 자체가 설정한 방법에 의해 환산하는데 환산방법은 다음과 같이 네 가지의 방법이 있다.

(1) 유동성법(current-noncurrent method)

이 방법은 현금 · 받을어음 · 재고자산 및 단기차입금과 같은 유동자산과 유동부채에만 재무상태표 작성일 현재의 현물환율(spot rate)[2]을 적용하고, 건물 · 기계 · 장기차입금 등의 고정자산 및 고정부채 등은 거래당시의 환율을 적용하는 방법이다. 따라서 이 방법을 사용할 경우 유동자산 및 유동부채만이 환노출대상이 되며, 위의 예는 현금이므로 재무상태표 작성일 현재의 현물환율인 $1 = ₩1,100을 적용하여 환노출대상이 된다.

---

2) 재무상태표 작성일 현재의 위 예의 거래가 이루어져 대가수급이 완료된다면 $1 = ₩700이 아닌 $1 = ₩1,100의 환율이 적용될 것이다. 이렇게 거래당일 거래대가의 수급이 완료되어 적용되는 환율을 현물환율(spot rate)이라고 한다.

(2) 화폐성법(monetary-nonmonetary method)

이 방법은 그 가치가 외국통화의 일정금액으로 표시되어 고정적인 화폐가치를 가지고 있는 화폐성자산이나 부채는 현재환율을 적용하고 시간이 지남에 따라 그 가격의 변화가 발생할 수 있는 토지 · 건물 · 시설재 · 재고자산 등의 비화폐성자산은 취득당시의 환율을 적용시키는 방법으로 비화폐성자산에 당초환율을 적용함으로써 환율이 변동함에 따라 실제의 현금흐름과 관계없이 자산의 외화표시가치 상승 및 하락에 따르는 기업이익의 왜곡현상을 방지할 수 있는 이점을 지니고 있다.

(3) 순금융자산법(net financial asset method)

이 방법은 유동자산 및 모든 부채에 현재환율을 적용하는 방법으로 장기차입금과 같은 고정부채도 환노출대상에 포함시켜 재무제표 작성시점의 부채현황을 바르게 표현하기 위한 방법이다.

(4) 현금환율법(all current rate method)

현행환율법은 모든 외화표시자산 및 부채를 현행환율에 노출시키는 방법으로 가장 간단하여 광범위하게 이용되고 있다.

이상에서 살펴본 환산방법에서 환노출에 포함되는 대상을 도표로 나타내면 〈표 25-2〉와 같다.

〈표 25-2〉 환노출대상

	유동성법	화폐성법	순금융자산법	현행환율법
재고자산	○	×	○	○
유동자산	○	○	○	○
고정자산	×	×	×	○
유동부채	○	○	○	○
고정부채	×	○	○	○

주: ○=대상, ×=비대상.

3. 거래노출

거래노출(transaction exposure)은 일반적으로 외화표시 영업거래나 자본거래에 있어 계약의 체결시점과 결제시점이 다르기 때문에 발생하는 것으로 환율의 변화로 인해 계약체결 당시의 자국통화로 환산된 금액과 결제당시의 환산금액의 차이로 인해 발생되는 환노출이다. 이러한 거래노출위험을 일반적으로 상품선물매매, 차입 및 대출, 증권투자 및 상품 수출입 등에서 발생하고 예를 들면 다음과 같다.

미국의 S사는 한국의 K사에 상품을 60일 후에 인도하기로 하고 60일 후의 환율이 $1 = ₩900으로 예상, 상품대금을 ₩9,000,000 받기로 계약했다. 그러면 미국의 S사는 대금수취일에 $1,000을 받을 것으로 기대할 것이다. 그러나 계약체결 후, 환율이 $1 = ₩1,000으로 변동하여 원화가치가 하락하였다면 S사는 기대했던 것보다 적은 $9,000을 받게 되어 $1,000 손실을 보게 된다. 이렇게 계약체결시점과 결제시점의 차이로 인해 발생하는 환노출을 거래노출이라고 한다.

4. 경제적 노출

경제적 노출(economic exposure)은 기대하지 않은 환율의 변동으로 인하여 발생되는 기업의 거래경영활동과 관련한 환노출로 환산노출과 거래노출이 이미 이루어진 기업영업활동에 관련된 환노출이라는 점에서 그것들과 다른 의미를 갖는다.

예를 들어 상품을 한국 회사에 팔고 있는 미국 회사는 환율이 $1 = ₩1,000이었을 때보다 환율이 $1 = ₩900이었을 때에 원화의 절상으로 매출량이 감소하고, $표시 가격의 상승, 판매비용의 증가 등 회계적 변수 외에 경제적 변수로 인한 미래영업활동의 변화가능성을 고려해야만 한다. 이렇듯 환율의 변화로 인하여 미래영업활동과 관련한 환노출이 발생되는데, 이를 경제적 노출이라고 한다.

이러한 경제적 노출에 대한 평가는 회사의 장래 영업활동에 대한 예상결과의 평가에 따라 달라지게 된다.

제3절 환 율

환율(foreign exchange rate)이란 어떤 통화 한 단위에 대한 다른 통화의 교환비율, 즉 가격을 말하는 것이다. 통화는 상품의 교환가치를 측정하는 척도이며 상품과의 직접교환을 매개하는 교환수단이기도 하다. 따라서 통화의 가치는 일정단위의 통화가 가지는 구매력이 되는 것이다. 이때 어떤 통화가 자국 내에서의 가치가 구매력으로 평가된다면 외국에 있어서의 가치는 외국통화의 교환비율, 즉 환율로 평가된다.

1. 환율표시방법

환율의 표시방법에는 특별한 원칙이 있는 것이 아니고 어느 나라의 통화를 기준으로 표현하느냐에 따라 그 표시방법이 달라진다.

(1) 자국통화표시환율(rate in home currency)

이 방법은 외국통화를 기준으로 하여 외화 한 단위와 교환되는 자국통화 단위량, 즉 외화 한 단위당 자국통화를 얼마나 지급하여야 하는가를 나타내는 환율표시법으로 직접표시방법(direct quotation)이라고도 한다. 우리 나라는 이 방법을 이용하여 $1 = ₩1,100으로 표시하고 있고, 대부분의 나라들이 이 방법을 이용하고 있다.

(2) 외국통화표시환율(rate in foreign currency)

이 방법은 자국환율표시환율과 반대의 개념으로, 자국통화를 기준으로 하여 자국통화 한 단위와 교환되는 외화단위량, 즉 자국통화 한 단위로 외국통화 몇 단위를 구매할 수 있는가를 표시하는 방법이다. 이는 간접표시방법(indirect quotation)이라고도 하며 만약 우리 나라가 이 표시방법으로 환율을 표시한다면 ₩1 = $1/1,100로 표시된다.

(3) 할증(premium) 또는 할인(discount) 표시법

이 방법은 기본적으로 자국통화표시환율 또는 외화표시환율의 한 방법으로 자국과 동일한 화폐단위를 채택하고 있는 국가의 통화를 표시할 때 쓰인다. 두 나라가 공히 화폐단위로 $를 사용하고 있는 홍콩과 미국을 예로 든다면, 환율표시가 H $1＝US $0.90로 되어 있다면 홍콩 달러화가 미국 달러화에 대해 10cent discount라고 하고, 반대로 환율표시가 H $1＝US $1.10이라면 홍콩 달러화가 미국 달러화에 대해 10cent premium이라고 한다.

(4) 재정환율(arbitrage rate)

이 방법도 표시방법상에는 자국통화표시환율 또는 외화표시환율의 한 방법이나, 다른 표시방법이 자국화폐와 타화폐간의 직접적인 비율인 직접환율(direct rate)로 나타내는 반면 이 표시방법은 재정환율을 구하여 표시하는 기법이다.

먼저 대외거래가 많은 나라의 통화에 대한 환율인 기준환율(basic rate)을 설정하고, 그 기준환율의 대상이 되는 외화와 타외화의 환율인 cross rate를 설정하여 그것을 바탕으로 자국통화와 타외화의 환율인 재정환율을 결정 · 표시하는 방법이다.

예를 들면 우리 나라에서는 대외거래가 많은 달러화를 기준으로 달러화와 원화와의 환율을 기준환율로 설정하였는데 $1＝₩1,000이었다. 이 때 일본의 엔화와 원화의 환율을 결정하기 위해 먼저 달러화와 엔화의 환율인 cross

〈그림 25-1〉 재정환율을 위한 기준환율과 cross rate

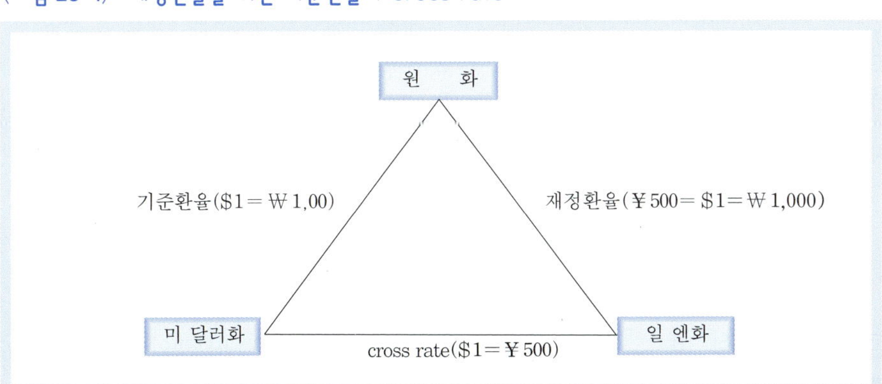

rate를 살펴보고 환율이 $1= ¥500이었다면 원화와 엔화의 환율인 재정환율은 ¥500 = $1 = ₩1,000로 ¥1= ₩2로 표시되는 것이다.

이들의 관계를 표시하면 〈그림 25-1〉과 같다.

2. 환율의 종류

(1) 고정환율과 변동환율

고정환율제(fixed exchange rate system)란 외환시장에서 환율의 변동을 전혀 인정하지 않거나, 환율의 변동폭을 고정시켜 놓은 환율제도이다. 즉 일정한 평가(par value or parity)를 설정하고, 이를 대외거래에 적용할 환율로 하거나 아니면 동평가의 일정범위 내에서 환율이 유지되게 하는 제도이다. 이 때 적용되는 환율을 고정환율(fixed rate)이라고 한다. 이와는 반대로 변동환율제(floating exchange rate system)는 환율이 외환시장에서의 수요와 공급에 의하여 아무런 제약 없이 변동하도록 하는 제도로 이 때 적용되는 환율을 변동환율(floating rate)이라고 한다.

그러나 현실적으로는 완전한 자유변동환율제(freely floating exchange rate system)란 없고, 많은 나라들이 자국의 정책목표를 반영하기 위해 중앙은행이나 통화관리당국이 개입하는 소위 관리변동환율제도(managed floating exchange rate system)를 채택하고 있다.

(2) 단일환율과 복수환율

단일환율(single exchange rate)은 복수환율(multiple exchange rate)에 대응하는 개념으로 모든 거래에 한 가지의 기준환율을 적용하기 위해 설정된 환율이다. 그러나 복수환율은 특정 외환거래에 특정 환율을 차별적으로 적용시키고자 기준을 달리해서 설정한 복수의 기준환율을 말한다.

(3) 현물환율과 선물환율

현물환율(spot rate)은 외환의 매매계약이 성립됨과 동시에 자금을 매도하는 현물환거래에 적용되는 환율을 말하며, 선물환율(forward rate)은 매매계약의 성립으로부터 일정기간이 경과된 후 그 대가의 수급이 이루어지는 선물환거래에 적용되는 환율을 말한다. 이 때 현물환율과 선물환율의 차를 스왑환율(swap rate)라고 한다.

3. 환율결정이론

환율은 관리변동환율제(managed floating exchange rate system)와 고정환율제(fixed exchange rate system)를 혼용하여 사용하고 있는 현재의 국제통화체제에서 획일적으로 적용하는 환율결정이론을 정립하여 측정하기가 매우 어려운 실정이다. 따라서 환율이 외환시장에서의 외화수요와 공급에 의하여 아무런 제약 없이 변동하는 자유변동환율제(freely floating exchange rate system) 아래에서의 환율결정이론을 중심으로 환율결정의 메커니즘을 살펴보기로 하겠다.

자유변동환율제도 아래에서의 두 나라간 현물환율은 양국의 인플레이션율 · 이자율 · 선물환할인 또는 할증률 등의 상호작용에 의해 결정된다.

〈그림 25-2〉에서 보면 미래의 예상되는 현물환율은 PPP, IFE, EM 및 보조적으로 IRP, FE 등을 통해서 예측될 수 있다.

〈그림 25-2〉 환율결정이론의 체계흐름도

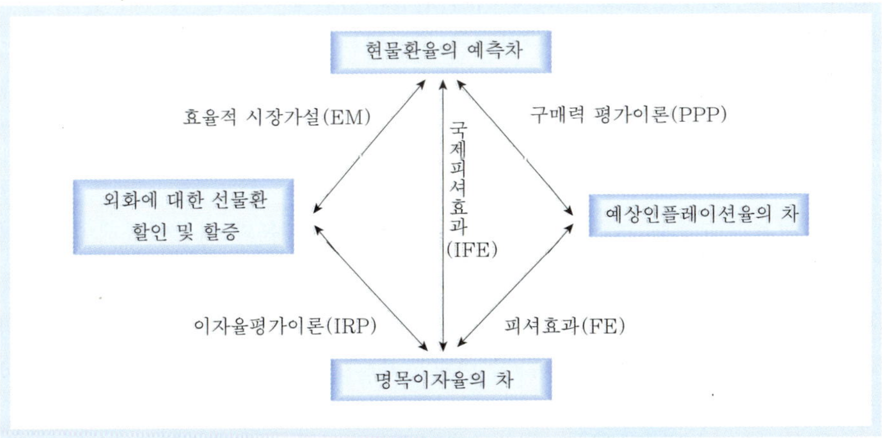

(1) 구매력평가이론(PPP)

구매력평가이론(theory of purchasing power parity)은 당초 균형상태에 있는 두 나라의 현물환율이 두 나라 사이의 인플레이션율의 차이에 의해서 한 나라

〈그림 25-3〉 구매력평가이론에서의 새로운 균형환율결정 흐름도

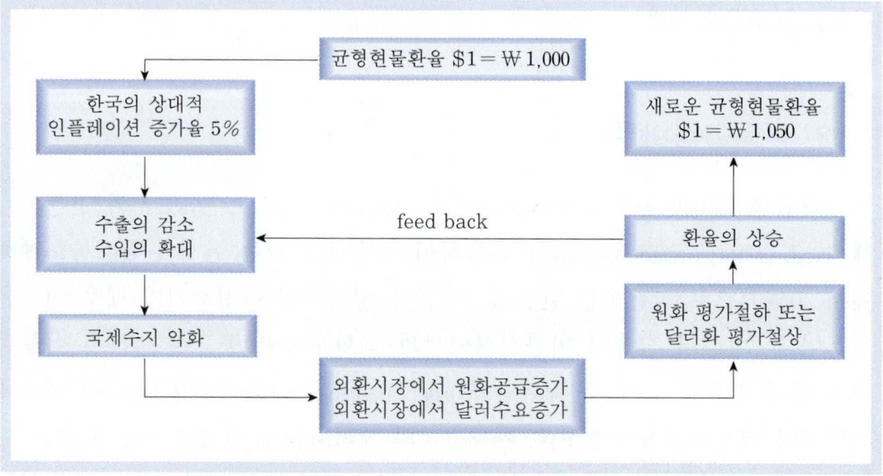

의 화폐가치가 보다 크게 하락한 경우에도 균형상태의 현물환율을 그대로 유지한다면 인플레이션율이 큰 나라의 상품 및 용역수출은 상대국보다 종전에 비해 가격면에서 비교세력에 놓이게 되고, 반면 수입은 비교우선를 점하게 되어 해외에서 자금을 차입하지 않으면 수입을 충당하기 위한 외화수요가 수출로 획득한 외화의 공급보다 크게 되어 인플레이션율이 높은 국가의 통화는 현물시장에서 평가절하의 압력을 받아 하락한다는 이론이다.

이를 그림으로 살펴보면 〈그림 25-3〉과 같다.

(2) 피셔효과(FE)

피셔효과(Fisher effect)는 명목이자율은 실질이자율과 예상인플레이션율의 합이며, 또 투자의 제한이 없다면 세계 어느 지역에서나 실질수익률은 같고, 단지 명목이자율만이 투자지역의 예상물가상승률의 차이만큼, 즉 두 나라간의 예상인플레이션율의 차가 5%라면 명목이자율의 차도 5%만큼 나타난다는 이론이다.

예를 들어 미국의 예상인플레이션율이 5%, 명목이자율이 12%, 한국의 예상인플레이션율이 10%, 명목이자율이 15%라면 두 나라간의 인플레이션율의 차이가 5%인 데 반해, 명목이자율의 차가 3%밖에 되지 않아 한국의 실질이자율이 미국에 비해 상대적으로 적게(2%) 된다. 따라서 실질이자율(실질수

〈그림 25-4〉 피셔효과

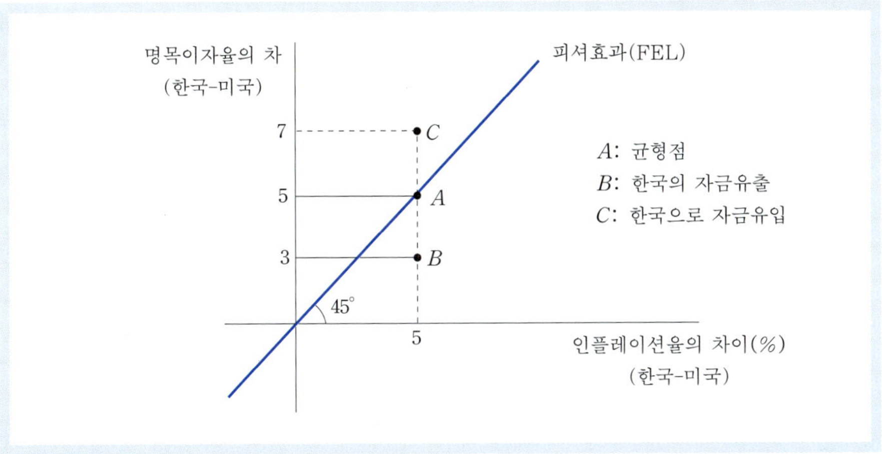

익률)이 높은 미국쪽으로 한국의 자금의 유출되어 한국은 통화부족현상이 나타나 이자율이 상승하여 균형을 이룬다는 것이다.

(3) 국제피셔효과(IFE)

국제피셔효과(international Fisher effect)는 국가간의 명목이자율의 차가 환율에 미치는 영향을 파악하기 위해 구매력평가이론과 피셔효과를 결합한 이론으로 현물환율의 변동은 양국의 명목이자율 차이만큼 변동한다는 것이다.

〈그림 25-5〉 국제피셔효과

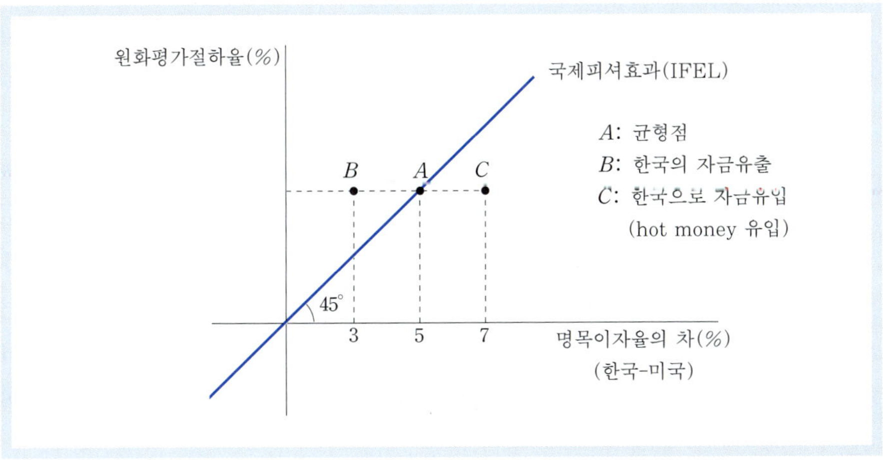

달러화와 원화의 균형현물환율이 \$1=₩1,000이라는 가정하에 한국과 미국을 기준으로 예를 든다면, 양국의 명목이자율의 차가 5%라면 피셔효과에 의해 양국의 인플레이션율의 차가 5%가 된다. 이 때 한국의 인플레이션율이 미국보다 높다면 구매력평가이론에 의해 원화는 달러화에 비해 상대적으로 5% 평가절하가 되어야 하므로 새로운 균형현물환율 \$1=₩1,000(1+0.05)이 형성된다는 것이다. 이를 그래프로 나타내면 〈그림 25-5〉와 같다.

그래프에서 C점은 원화평가절하율, 즉 달러평가절상률이 5%에 불과한데 이자율 상승이 7%에 달해 달러화의 평가절상을 2%나 초과보상하고 있어 대규모 자금이 한국으로 유입된다.

(4) 이자율평가이론(IRP)

이자율평가이론(interest rate parity theorem)은 모든 거래비용(증권매매에 따르는 거래비용(투자비용), 현물환 · 선물환 거래에 따른 환거래비용 등)을 무시한다면 두 나라 사이의 이자율(투자수익률)의 차이는 외국통화에 대한 선물환율(forward exchange rate)의 할인 또는 할증률과 같다는 이론이다.

이를 살펴보기 위해 선물환 할인율과 이자율의 차가 같지 않을 경우 어떤 현상이 일어나는지 살펴보자.

한국의 K사는 잉여자금 ₩1,000을 투자하려 하는데, 연간 투자수익률이 15%인 한국 금융시장에 투자하는 방안과 연간 투자수익률이 10%인 미국 금융시장에 투자하는 방안 등 두 가지가 있다. 2010년 1월 1일 현재 양국 통화간의 현물환율은 \$1 = ₩1,000이고, 1년 선물환율은 \$1 = ₩1,100으로 한국에서의 투자수익률이 미국보다 5% 높을 뿐인데, 달러화에 대한 원화의 선물환율은 현물환율보다 10% 할인되어 있다. 따라서 달러화에 대한 원화의 선물환 할인율이 10%로 이자율차 5%보다 5% 더 큰 상황이다.

이 때 K사가 한국 금융시장에 잉여자금을 투자하게 되면 1년 후인 2011년 12월 31일에 1,000(1+0.15), 즉 1,150원을 받게 될 것이다. 반대로 미국 금융시장에 투자하였다면 현물환율이 \$1 = ₩1,000이기 때문에 \$1 투자했을 것이다. 투자시 K사가 선물환계약을 체결하였다면 1년 후 K회사는 \$1×(1+0.10), 즉 \$1.10을 받게 되고, 선물환계약에 따라 한화로는 ₩1,210(\$1.10×₩1,100)을 받게 되어 한국 내 금융시장에 투자한 금액보다 ₩60 많게 된다.

따라서 한국 내 많은 투자가들이 재정거래(arbitrage process)[3]를 통한 무위험이익을 취하기 위해 미국 금융시장으로 자금을 대량투자(유출)할 것이다.[4]

이 경우 한국 금융시장에서 2010년 1월 1일 달러화에 대한 원화의 현물환율은 달러화에 대한 수요가 급증하고 원화공급이 늘어남에 따라 평가절하되고, 1년 선물환거래(달러화를 원화로 바꾸는 거래)의 공급이 팽창됨에 따라 2010년 12월 31일의 현물환시장의 달러화 공급은 증가하고 원화수요가 증가할 것으로 기대되므로 달러화에 대한 원화의 현물환율은 평가절상될 것으로 예상된다. 따라서 2010년 1월 1일 현재의 달러화에 대한 원화의 1년 선물환율은 평가절상된다. 즉 2010년 1월 1일 현물환율에 대한 선물환할인율은 줄어들게 되는 것이다. 또한 미국 금융시장은 자금의 대량유입으로 이자율이 떨어지고, 한국 금융시장은 자금의 대량유출로 이자율이 상승하여 두 나라간의 이자율차는 더욱 커지게 되어 재정거래에 따른 이익이 발생되지 않는 균형상태, 즉 선물환할인율과 양국간 이자율차가 같은 상태가 된다. 따라서 선물환할인 및 할증률은 두 나라간 이자율차와 같다는 이자율평가이론이 성립하게 된다. 그래프로 살펴보면 〈그림 25-6〉과 같다.

B 점은 선물환할인율이 이자율차보다 더 크므로 위의 예와 같이 선물환할

〈그림 25-6〉 이자율평가이론

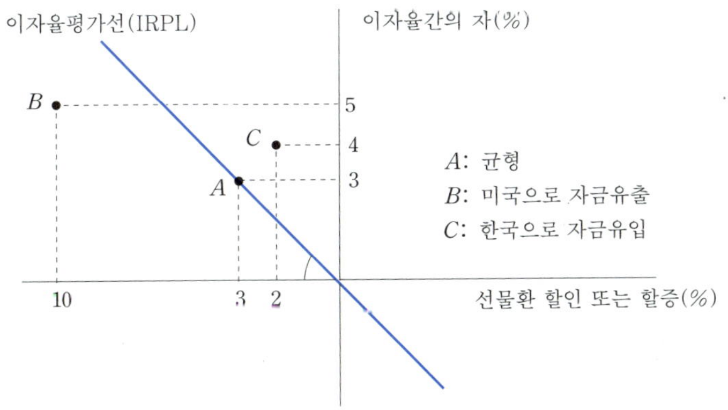

3) 시장간의 환율, 이자율 등의 시세차를 파악하여 이윤을 추구하는 거래.

4) 미국의 S사가 $1를 한국 금융시장에 투자한다면 ₩1,000을 투자하게 되는 것이고 1년 후 ₩1,150을 받는다. 이를 선물환율기준으로 달러로 환산하면 약 $1.05이다. 따라서 S사가 미국 금융시장 투자에서 얻을 수 있는 $1.10보다 $0.05 적게 된다.

인율은 줄어들고 이자율차는 커져서 IRPL 위에 어떤 점에서 균형이 되고 C 점은 이자율차가 더 크므로 이자율차는 줄어들고 선물환할인율은 커져서 역시 IRPL 위의 어떤 점에서 균형이 된다. B 점은 재정거래가 발생될 수 없는 균형점이다.

(5) 효율적 시장가설접근법

현물환율의 변화예측에 있어 이 이론은 만일 외환시장이 모든 새로운 정보를 수시로 현물환율 및 선물환율에 신속하게 반영시켜 재정거래가 발생되지 않을 정도로 효율적인 시장이라면 선물환율 자체가 미래 현물환율의 불편추정치(unbiased estimator)[5)]가 된다는 이론이다. 이 이론은 두 국가간의 이자율 차이는 재정거래(arbitrage process)를 통해 선물환할인 또는 할증률과 같게 된다는 이자율평가이론(interest rate parity theorem)을 배경으로 하고 있다.

예를 들면 달러화에 대한 원화의 환율이 2010년 1월 1일 현재 현물환율이 \$1 = ₩1,000이다. 미국의 연간 이자율이 5%, 한국의 연간 이자율이 10%라면 양국간 이자율의 차는 5%이다. 이 때 이자율평가이론에서 시장이 효율적이라면 이자율차가 신속하게 반영되므로 1년 선물환율은 5% 할인(discount)된 \$1 = ₩1,050이 된다. 또한 국제피셔효과에 의해 양국간 이자율의 차는 현물

〈그림 25-7〉 효율적 시장가설상의 불편추정그래프

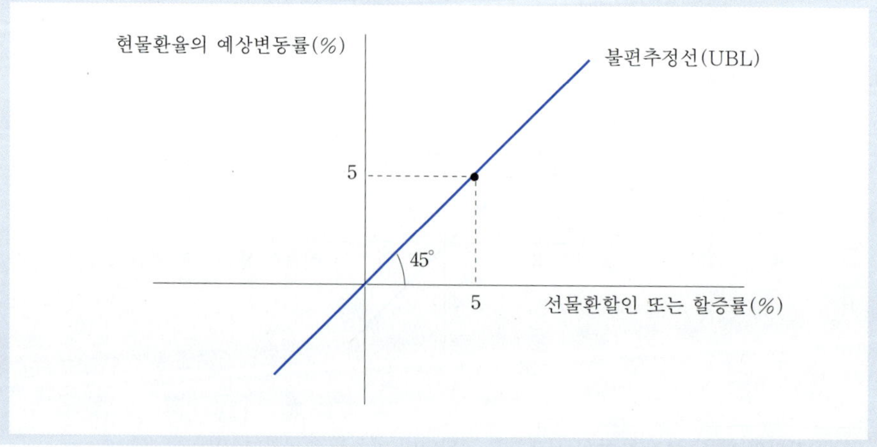

5) 통계학에서 불편추정치란 모수(parameter) θ의 추정치(estimator)의 기대값이 진정한 모수값, 즉 $E(\theta) = \theta$의 값을 가질 때의 θ를 가리킨다.

환율의 변동률과 같으므로 1년 후의 현물환율은 2011년 1월 1일 현재 현물환율이 5% 할인된 $1＝₩1,050이 된다. 따라서 2010년 1월 1일의 선물환율 $1＝₩1,050은 2010년 12월 31일의 현물환율 $1＝₩1,050의 불편추정치가 되는 것이다. 이를 그래프로 나타내면 〈그림 25-7〉과 같다.

제 4 절 환위험관리

1. 환위험관리의 의의

환위험(foreign exchange risk)이란 환율변동으로 초래될 수 있는 환노출위험으로 인식된다. 따라서 환위험관리란 여러 형태의 환노출위험 ― 환산노출, 거래노출, 경제적 노출위험 등을 동원가능한 관리기법으로 제거하거나 유리한 방향으로 개선하는 데 그 의의가 있다 하겠다. 그러나 환위험관리에 대한 평가는 환노출위험을 완전히 제거한다는 데에 따른 비용이 소모되기 때문에 사실상 불가능하고, 유리한 방향으로의 개선이라는 측면도 위험에 대한 경영자의 평가, 기업의 목표 등에 따라 변화하기 때문에 쉽게 단정하기는 어렵다.

따라서 어떻게 여러 가지 환노출위험을 적절하게 줄이거나 개선할 수 있는가 하는 환위험관리는 환노출의 유형, 환위험관리에 따르는 수익과 비용의 분석 등과 기업의 목표, 위험에 대한 경영자의 인식, 환위험 제거를 위한 기법의 이용가능성 등을 종합적으로 고려하여 평가해야 한다.

일반적으로 경제적 노출의 관리에는 기업활동의 국제적 분산 등이 많이 이용되고 거래노출위험의 관리는 선물환시장(forward market)·화폐시장(money market)·옵션시장에서의 헤징을 이용한다. 또한 환산거래 노출은 대표적으로 재무상태표상의 헤징을 이용하나, 선물환시장·화폐시장 등에서의 헤징이 이용되기도 한다.

2. 경제적 노출위험의 관리

경제적 노출위험의 관리목적은 기대하지 않은 환율변동으로 인한 미래현금흐름의 변화를 유리한 방향으로 이끌어 현금유입의 극대화를 통한 기업가치의 극대화에 있다 하겠다. 이러한 경제적 노출의 관리에는 경영활동의 다국화(multinational diversifying operations)와 자본조달의 다국화(multinational diversifying for the financing base)방안 등이 있다.

(1) 영업활동의 다국화

영업활동을 다국화한다는 것은 기업이 판매·생산·원료공급처 등 기업활동과 관련한 영업의 장을 국제적으로 다각화한다는 것으로, 이렇게 되면 기업은 환율변동에 민감해지고, 따라서 환율변동에 따른 미래 현금흐름이 유리하게 작용할 수 있게 경영활동을 변경, 결과적으로 경제적 환노출위험을 관리할 수 있게 된다. 즉 원료구매 등은 상대적으로 저렴한 곳으로 이전하고, 생산비용이 상대적으로 상승할 것으로 예상되는 곳에서는 생산량을 감소시켜 기업의 미래현금흐름을 유리하게 변경할 수 있다는 것이다. 또한 영업활동을 다각화하면 포트폴리오효과를 얻을 수도 있다.

(2) 자본조달의 다국화

자본조달의 다국화란 기업이 자본조달을 할 때 자본시장 및 통화종류를 국제적으로 다각화하는 것이다. 이렇게 되면 영업활동의 다국화와 마찬가지로 환율변동으로 인한 경제적 노출위험이 발생할 때 자본구조 등의 변경을 통해서 환노출위험을 부분적으로 방지할 수 있게 된다.

3. 거래노출위험의 관리

거래노출위험은 거래대금의 지불과 수취가 외환으로 이루어지고 계약과 결제시점 사이의 환율변동으로 발생될 수 있는 환노출이다. 따라서 거래노출위험은 거래대금과 상응하는 규모의 헤징으로 줄일 수 있다.

(1) 선물환시장헤징(forward exchange market hedging)

선물환헤징(forward hedging)이라고도 하는 선물환시장헤징은 미래의 일정시점의 불확실한 현물환율로 발생할 수 있는 환노출위험을 선물환 매매계약을 통해 고정시켜 놓아 환노출을 없애고자 하는 환위험관리기법이다.

예를 들어 설명하면 다음과 같다.

한국의 K사는 미국 S사로부터 자동차 10대를 ₩100,000에 수입하고 대금은 6개월 후 환율이 $1 = ₩1,000일 것으로 예상되어 6개월 후에 $100 지급하기로 했다. 그러나 K사는 달러화 평가절상으로 인한 추가비용을 고려하지 않을 수 없다. 따라서 K사는 달러화 선물환매입계약을 체결하여 미래현물환율을 고정시켜 놓고 환율변동으로 인한 환위험을 상쇄하려고 할 것이다. 이러한 과정을 선물환시장헤징이라고 한다. 그런데 이 때, K사가 선물환계약을 실행하는 데 필요한 자금을 현재 확보하고 있거나 영업결과 확실히 확보할 수 있게 된다면 선물환거래로 환노출위험을 완전히 상쇄할 수 있다. 반면 그렇지 못하다면 미래의 불확실한 현물환율에 의해 자금을 구입하여야 하므로 환위험이 추가적으로 발생하게 된다.

전자를 완전헤징(covered, perfect, square hedging)이라고 하며 거래노출위험관리에 쓰이고, 후자를 불완전헤징(uncovered, open hedging)이라고 말하며 환산노출위험관리에 널리 쓰이는 대응책이다.

(2) 자본시장헤징(money market hedging)

자본시장헤징 또한 금융계약에 의해 환위험의 가능성을 없앤다는 점에서 원칙적으로 선물환시장을 통한 환노출관리방법과 차이는 없으나 선물환시장헤징이 선물환 매매계약에 의해 환노출위험을 관리하는 반면 자본시장헤징은 이자율의 차이를 이용한 환노출위험관리라는 점에서 그 차이점이 있다.

예를 들어 설명하면 다음과 같다.

한국의 K사는 미국 S사로부터 자동차 10대를 ₩100,000에 수입하고 대금은 6개월 후 달러로 지급하기로 하였다. 이 때 K사는 달러화의 평가절상으로 인한 추가비용을 회피하기 위해 노력할 것이다. 이에 K사는 국내 금융시장에서 결제대금만큼인 ₩100,000을 차입, 이를 달러로 환전하여 미국 금융시장에서 운용함으로써 환율변동으로 인한 환노출위험을 제어할 수 있게 된다. 이런 제 과정을 통한 환노출관리기법을 헤징이라 한다.

이 방법은 선물환시장을 통한 헤징보다 장기적으로 이용할 수 있고 선물환시장이 발달하지 못한 지역과의 거래에 대해서도 이용될 수 있다. 그렇지만 자본시장헤징은 외환시장과 자금시장을 동시에 이용하여야 하는 단점을 가지고 있다.

4. 환산노출위험의 관리

환산노출위험을 관리하는 데는 선물환헤징이나 자본시장헤징 등도 이용되나 일반적으로 널리 이용되는 방법은 임차대조표헤징이다. 이 방법은 특정외화로 표시되어 있는 화폐성 자산과 화폐성 부채를 동일금액이 되도록 함으로써 환노출위험을 줄이는 데 이용된다.

이 밖에도 환위험을 관리하는 방법에는 외국통화로 지급하여야 할 자금의 지급시기를 앞당기거나 늦춤으로써 환노출을 감축시켜 주는 자금이전 시기의 조정(lead and lag)법이 있고, 환매조건부 외화자금매매를 통한 통화 SWAP법 등이 있다.

제 5 절 해외투자

1. 해외투자의 의의 및 효과

해외투자란 일반적으로 장래의 이윤을 목적으로 하여 외국에 자본을 투하하거나 기술 또는 용역 등을 제공하는 것을 말하는데, 자원확보, 신시장 개척 및 확보, 생산비용과 수입규제방지 측면에서의 생산요소의 이전, 기술제공 및 도입을 위해 이루어지고 있다. 해외투자는 크게 투자대상기업에 대한 경영참가와는 관계없이 배당 · 이자소득 등을 목적으로 하는 해외간접자본과 경영에 직접참가, 자국 내 생산요소와 투자국의 생산요소의 결합을 통한 보다 큰 이익획득에 목적이 있는 해외직접자본으로 나눌 수 있다.

이러한 해외투자는 세계경제의 측면에서는 자원배분의 효율화, 국제산업구조의 균형을 통한 세계경제의 발전, 투자국 측면에서는 산업구조의 고도화, 물가안정, 투자수입국 측면에서는 신기술 도입으로 인한 국제경쟁력의 강화 등의 이득이 있다.

2. 해외직접투자의 결정요소

기업이 해외직접투자의 동기를 갖게 되는 것은 해외시장의 확대, 원자재의 안정적 확보, 관세장벽의 극복, 저임노동력 확보 등 여러 가지 측면에서 그 이유를 찾아볼 수 있다. 그러나 기업이 아무리 해외직접투자에 큰 이유와 동기를 가지고 있다 할지라도 해외직접투자에 따르는 위험보다 기대되는 수익률이 적게 된다면 투자를 포기할 수밖에 없을 것이다. 따라서 해외직접투자의 결정은 회사가 처한 경영환경에 덧붙여 해외직접투자에 따른 비용과 기대수익을 결합하여 결정하여야 한다.

제 6 절　국제금융

국제금융이란 국내금융과 마찬가지로 자금의 여유가 있는 자로부터 자금을 필요로 하는 자에게 자금이 융통되는 국제간 대차현상을 말하나 금융거래의 상대방이 지리적으로 멀 뿐만 아니라, 법률 · 금융제도 등의 상이성 때문에 위험이 더 높고 이종통화의 사용으로 국제외환시장과 불가분의 관계를 갖는다는 특성이 있다.

1. 국제금융조달방법

국제금융시장에서의 자금조달은 고객이 예금잔고를 초과하여 자금을 사용할 수 있는 최고한도를 은행과의 계약에 의해 설정한 대출형식의 당좌대월(overdraft)을 들 수 있다. 당좌대월은 비교적 장기간의 자금대출에 이용되며, 단기자금의 조달을 위해서는 인수어음할인(the use of discounted trade bills)이 널리 이용된다. 이 밖에 유로본드의 이용, 재정대출(arbitrage-loans) · 연계금융(link financings) 등을 이용하여 이루어지고 있다.

여기서 연계금융이라고 하는 것은 한국의 K사가 미국 S은행으로 부터 자금을 대출받으려고 할 때 미국 S은행이 한국의 은행에 자금을 예치하고 한국의 은행이 K사에게 자금을 대출하는 형태를 취하는 것이고, 재정대출은 자사가 필요한 자금을 얻기 위해 자금의 여유가 있는 나라에서 자금을 대출받아 자사가 실제로 필요한 통화로 바꾸는 환거래가 이루어진다.

이러한 국제금융시장에서의 자금조달은 공신력이 높은 금융기관들이 개입하는 특징을 가지고 있다.

2. 국제금융시장

(1) 유로통화(euro-currency) 시장

유로달러(euro-dollar)는 미국 이외의 지역에 소재하는 금융기관에 예치·운용되는 미국 달러자금을 말하는 것으로, 이를 유로달러라고 하는 것은 해외에서 운용되는 달러화의 많은 부분이 유럽지역에 예치·운용되고 있기 때문이다. 그러나 오늘날에는 달러화뿐만 아니라 영국의 파운드화, 독일의 마르크화 등도 국제통화로서의 위치를 확보하여 국제금융시장에서 운용되고 있는데 이러한 자금이 운용되는 시장을 통칭하여 유로통화시장이라고 한다.

유로통화시장의 자금은 주로 각국의 중앙은행과 정부, 국제기구 등과 같은 공적 관계, 상업은행 등에 의해 공급되어지고 있다.

(2) 런던금융시장

런던금융시장은 상업어음과 무역어음의 할인시장을 축으로 성장한 금융시장이나 오늘날에는 평형시장을 중심으로 여타의 금융시장과 같은 역할을 수행하고 있다.

런던금융시장은 전통적인 금융시장과 평형시장(parallel money market) 등으로 구분되어 운용되고 있는데, 이자율 결정의 자유화와 지급준비금 및 유동성자산 보유비율 등에 관한 규제가 면제되어 운용되는 평형시장을 중심으로 빠르게 성장하고 있다.

(3) 뉴욕금융시장

뉴욕금융시장은 단기금융시장과 중장기자본시장 등으로 구분된다. 단기금융시장은 미재정증권(treasury bill/T.B.)을 비롯 단기정부채시장·연방자금시장·은행인수어음시장·상업어음시장 등을 포함하며, 중장기자본시장은 중

장기정부채시장 · 저당대출시장 및 증권시장이 포함된다. 이러한 뉴욕금융시장은 달러경제권의 최종결제시장으로의 역할을 수행하며 세계최대 금융시장으로 성장하였다.

(4) 아시안달러시장

아시안달러시장은 A.C.U.(Asian currency unit)특별계정을 설치하여 싱가포르 역외거주자의 외화예금을 흡수하기 위하여 설치된 유로달러시장의 연장선에 있는 금융시장이다.

A.C.U.특별계정이란 싱가포르정부가 승인한 아시안달러의 수취 및 대출을 기록한 계정으로 외환거래에 전혀 규제를 받지 않는다. 아시안달러시장의 자금도 유로달러의 경우와 마찬가지로 주로 공신력 있는 여러 기관을 통해 조달 · 운영되고 있다.

제 7 절 위험관리: VaR(Value at Risk)

1. VaR의 개념

계량 모형에 의한 위험의 측정은 시계열 독립성이 만족하지 않는 상황을 극복하려는 것이다. 하지만 다소 그 계산의 복잡성과 여전히 표준편차의 개념에 국한하여 투자자에게는 다소 어려운 개념이다. Value at Risk는 실무적으로 먼저 등장하여 각종 금융규제, 위험관리, 포트폴리오 성과평가 등 광범위하게 사용되는 개념이다. Value at Rist는 조직의 포트폴리오가 조직이 감당할 수 있는 손실 범위 내에 그 위험이 통제될 수 있도록 관리하는 과정을 말한다.

위험관리의 목표는 위험을 0으로 만드는 것이 아니다. 우리는 위험-수익 관계에서 높은 수익은 높은 위험이 수반한다는 것을 알고 있다. 따라서 위험관리의 목표는 조직이 허용할 수 있는 위험의 크기(손실의 크기) 내에 포트폴리오를 관리하는 것이다.

Value at Risk를 측정하는 방법은 다음과 같다.

① 델타노멀 접근법: 자산의 수익률을 생성하는 위험요소를 정의한 후

그 위험요소의 분포를 정규분포로 가정하여 위험요소 변동에 따른 포트폴리오의 손실분포를 찾는다.

② 역사적 시뮬레이션: 위험요소의 역사적 실제 자료를 사용하여 시뮬레이션을 통해 현재 포트폴리오의 손실분포를 찾는다.

③ 몬테칼로 시뮬레이션: 위험요소의 분포를 특정한 분포로 가정하여 난수발생을 통하여 현재 포트폴리오의 손실분포를 찾는다.

2. VaR의 계산

간단한 사례를 통해 이해해보자.

다음과 같은 식이 있다.

$$99\%\ 1-year\ VaR = 99\%\ 1-day\ VaR \times \sqrt{365}$$

이식은 1년 안에 내 포트폴리오가 신뢰수준 99%로 나타날 수 있는 손실의 최대 크기를 의미하며, 1년 안에 내 포트폴리오가 VaR의 크기를 넘어서는 확률은 1%라는 것을 의미한다.

$$99\%\ 1-day\ VaR = 2.33 \times \sigma_P$$

또한, 99%의 통계치 Z값의 신뢰상수는 2.33이다. 이 값을 포트폴리오 표준편차값에 곱한 값이 VaR를 의미하고, σ_P는 포트폴리오의 표준편차를 의미한다(투자금액단위).

다음과 같은 포트폴리오를 구성하고 있다고 하자.

포트폴리오	투자금액	일별 표준편차	상관계수
A	6,000만원	0.04	0.7
B	3,000만원	0.03	

먼저, 포트폴리오의 표준편차를 구하고, 그리고 VaR를 구한다. 식은 아래와 같다.

$$\sigma_P = \sqrt{6000^2\sigma_A^2 + 3000^2\sigma_B^2 + 2 \times 6000 \times 3000 \times \sigma_{AB}}$$

이 값이 구해지면, 아래의 식에 대입하여 VaR값을 구할 수 있다.

$$99\%\ 1-month\ VaR = 99\%\ 1-day\ VaR \times \sqrt{30} = 3,952$$

이 값의 의미는 1개월 후 내 포트폴리오 손실이 3,952만원을 넘어설 확률이 1%라는 것을 의미한다. 1개월 후 내 포트폴리오의 최대 손실은 99% 신뢰수준으로 3,952만원이라는 것이다. 만일 내가 설정한 한도가 2,000만원이라면, 내 포트폴리오의 VaR의 크기가 한도를 넘어섰기 때문에 안전한 자산 A에 더 투자하거나 파생상품을 이용한 헤징이 필요하다.

만일 내가 설정한 한도가 5,000만원이라면, 내 포트폴리오의 VaR의 크기가 한도 안에 있기 때문에 위험한 자산 B의 투자비율을 늘려 기대수익률을 올리는 방향을 고려할 수 있다.

무역거래 결제통화 원화로 바꿔 환위험 없애

기업은행 원화경상거래 서비스

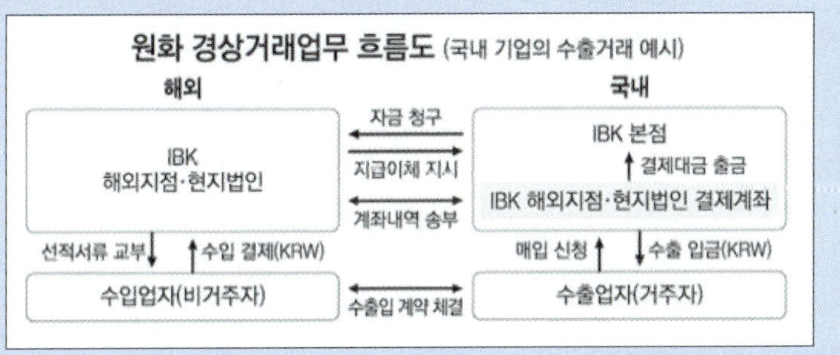

중소기업들의 최대 경영애로 중 하나는 환위험이다. 대기업에 비해 환율예측 능력이 떨어지는 데다 통화결제 수단이 한정적이라 환율변동위험에 고스란히 노출되기 일쑤다.

환헤지마저도 쉽지 않다. 상당수 기업들이 통화옵션 상품인 키코(KIKO)로 막대한 피해를 본 경험까지 있어 환위험 관리에 극히 소극적인 실정이다. 전통적인 환헤지 방법인 선물환거래를 이용하려고 해도 규모가 작아 비용이 많이 드는 어려움이 있다.

원화경상거래는 이처럼 환위험에 시달리는 중소기업들을 위한 외환상품이다. 기업은행이 국내 은행권 최초로 시행하는 상품으로, 무역거래에서 결제통화를 기존 달러화 등의 외화에서 원화로 전환해 환위험을 제거한 것이 특징이다. 한국과 수출입거래를 하는 기업들을 대상으로 원화예금업무는 물론 원화수출입거래, 원화송금거래 서비스를 제공한다.

이 서비스는 대이란 제재조치로 인해 지난해 10월 1일 시행한 대이란 원화경상결제 거래에 이은 기업은행의 후속조치로, 원화대외결제시스템을 구축해 적용 대상 무역거래를 이란 이외의 국가로까지 확대했다.

우선 기업은행의 해외 네트워크가 구축된 베트남과 미국, 일본, 홍콩, 영국 등 지역에서 거래가 가능하다. 다른 국가는 현지 외국은행과의 업무협약을 통해 거래가능 지역을 확대해 나갈 예정이다.

원화경상거래는 기업경쟁력에도 도움이 된다. 환전비용과 환위험관리 비용 등을 절감할 수 있어 보다 탄력적인 수출단가 적용이 가능하고, 이에 따라 가격경쟁력을 확보할 수 있다.

수출기업의 경우 원·달러 환율의 급격한 변동성에 따른 리스크에서 해방돼 안정적인 이익관리가 가능해진다. 해외 수입기업이 부담하는 환리스크는 기업은행 해외 지점에서 환헤지상품을 제공해 해소할 수 있다. 특히 베트남 지역의 경우 미 달러화의 송금거래에 대한 추가 비용이 발생하는 실정으로 현지 진출기업들로부터 호평이 쏟아지고 있다고 기업은행은 밝혔다.

최근 베트남에서 필터, 식료품, 타이어원료 등을 수입해 판매하는 중견기업들이 이 서비스를 활용해 환전수수료 절감과 환율변동 리스크 방지 등의 수혜를 보고 있다. 일부 대기업도 이 서비스 활용을 적극 검토 중이다.

기업은행 관계자는 "원화경상거래를 우선적으로 해외 지점, 현지법인 등이 진출한 지역의 기업을 주요 타깃으로 해 업무를 확대할 계획"이라며 "앞으로 기업은행 해외 네트워크가 없는 지역에도 점차 넓혀갈 예정"이라고 밝혔다.

– 매일경제 2011. 3. 15. 신문기사

연 습 문 제

1. 다음 용어들을 간략히 설명하시오.
   ① 환산노출(translation exposure) ② 거래노출(transaction exposure)
   ③ 환율(foreign exchange rate) ④ 피셔효과(Fisher effect)
   ⑤ 환위험(foreign exchange risk) ⑥ 유로커런시(Euro-currency)시장

2. 국제재무관리의 의의와 중요성을 설명하시오.

3. 환율의 의의와 종류에 대해 설명하시오.

4. 환율결정이론에 대해 설명하시오.

5. 환위험관리의 의의와 그 방법을 설명하시오.

6. 한양주식회사는 미국 내에서의 자사제품의 판매를 담당할 현지 자회사인 한일회사를 미국에 설립했다. 한양회사는 모든 거래를 미 달러로 하고 있는데, 2004년 12월 31일 현재 한일회사의 미 달러 표시 재무상태표는 다음과 같다.

〈재무상태표〉 (2010. 12. 31)

자산		부채 및 자본	
현금	U$ 500,000	유동부채	U$ 300,000
받을어음	1,000,000	고정부채	600,000
재고자산	800,000	자본금	3,000,000
고정자산	1,600,000		
합계	U$ 3,900,000	합계	U$ 3,900,000

한일회사의 환노출 대상순자산을 유동성법, 화폐성법을 적용해서 산출하시오.

7. 또한 6번의 자료를 가지고 순금융자산법과 현행환율법을 적용해서 산출하시오.

8. 외환시장에서 미국 달러화에 대한 원화의 환율은 1 : 1,200이며, 일본 엔화에 대한 원화의 환율은 1: 900이라고 하자. 이 때 달러화에 대한 엔화의 환율이 1: 200이라면 외환재정거래를 이용하면 차익을 볼 수 있을 것이다. 이를 설명하시오.

9. 행당국에 소재하고 있는 (주)한양의 현지자회사인 한일회사는 화폐성자산과 부채를 현지통화인 LK화로 각각 LK 1,000,000과 LK 1,500,000을 갖고 있다. 다음과 같은 두 가지 경우에 있어서 모회사인 (주)한양의 손익은 얼마가 될 것인지 산출하시오.

① 행당국 통화의 가치가 ₩1 = LK30에서 ₩1 = LK35로 하락한 경우

② 행당국 통화의 가치가 ₩1 = LK30에서 ₩1 = LK25로 상승한 경우

10. 다음과 같은 상황하에서 금리재정거래이익을 산출하시오.

거래일 현재의 외환시장 여건

현물환율: £1 = U$ 1.8800

90일선물환율: £1 = U$ 1.8600

£의 선물환할인율: $\left(\frac{1.8600-1.8800}{1.8800}\right)\times 100 = \triangle 1.0638\%$/분기

(연율로는 △4.2552%)

90일 만기 영국 재무성증권의 수익률: 2.25%/분기(연율로는 △9.0%)

90일 만기 미국 재무성증권의 수익률: 1.00%/분기(연율로는 △4.0%)

거래수수료: 0.06%

단, 거래 당일에 90일간 1.00%의 이자율로 U$ 1,800,000을 차입한다고 가정함.

11. 외환시장에서 1년 후 달러화의 현물환율이 각각 1,100원/$ 또는 950원/$으로 상승 또는 하락하는 두 가지 경우만 존재한다고 가정하자. 달러옵션

과 달러선물의 잔존만기는 1년으로 동일하며, 달러선물은 현재 1,050원/$의 가격에 거래되고 있다. 이 기간 동안 국내 자본시장의 무위험이자율은 6%이다. 자본시장은 완전하고 차익거래의 기회는 존재하지 않는다고 가정하자. 달러선물과 달러옵션계약의 1계약 규모는 50만달러이다. 다음 질문에 답하라.

① 행사가격이 980원/$인 달러에 대한 풋옵션 1계약 매수포지션에 대하여 헤지해야 할 달러화의 규모를 밝히고 아울러 매수 또는 매도 여부를 제시하라.

② 위험중립자의 입장에서 환율이 1년 후 1,100원/$ 으로 상승할 확률은 얼마인가?(계산은 반올림하여 소수점 둘째 자리까지만 표시한다.)

(2005년 CPA 기출문제)

12. 리스크관리를 위해서는 노출된 리스크의 크기를 측정하는 것이 필수적인데 이에 대한 측정치 중의 하나가 Value-at-Risk(*VaR*)이다. *VaR*은 시장상황이 정상적일 때 주어진 신뢰수준에서 특정 기간 내에 발생할 수 있는 최대 손실금액으로 정의된다. *VaR*을 추정하는 방법 중 하나인 정규분포에 기초한 분석적 방법(analytical method)을 이용하여 다음의 물음에 답하시오. 백분율은 반올림하여 소수점 첫째 자리까지 계산하고, 금액은 억원 단위로 표기하시오.

〈힌트〉

정규분포를 따르는 확률변수가 평균(μ)에서 각 표준편차(σ)범위 내에 포함될 확률은 다음과 같다.

$$\text{Prob}(\mu \pm 1 \times \sigma) = 68.3\%$$
$$\text{Prob}(\mu \pm 1.65 \times \sigma) = 90.0\%$$
$$\text{Prob}(\mu \pm 1.96 \times \sigma) = 95.0\%$$
$$\text{Prob}(\mu \pm 2 \times \sigma) = 95.4\%$$
$$\text{Prob}(\mu \pm 2.33 \times \sigma) = 98.0\%$$
$$\text{Prob}(\mu \pm 3 \times \sigma) = 99.7\%$$

① 포트폴리오 연간 수익률의 평균이 16%이고 표준편차가 33%라고 하자.

1년 후 이 포트폴리오의 가치가 절반 이하로 감소할 확률을 구하시오.

② 주식 A 수익률의 연간 표준편차는 25%이고 주식 B 수익률의 연간 표준편차는 35%이며, 두 주식 수익률간의 상관계수는 0.4이다. 주식 A에는 40억원, 주식 B에는 60억원을 투자해서 구성된 포트폴리오의 VaR을 95% 신뢰수준에서 구하시오. 두 주식의 연간 기대수익률은 0%로 가정한다.

③ 수익률이 독립적이고 동일하게 분포(iid, independently and identically distributed)되어 있다고 하자. 투자기간을 6개월로 설정하는 경우 ②에 주어진 정보를 이용하여 포트폴리오의 VaR을 구하시오.

(2009년 CPA 재무관리 2차 시험)

13. 미국에 물품을 수출하고 6개월 후에 대금 1백만달러를 받기로 한 무역업자가 있다. 이 무역업자가 사용하기에 가장 적절한 환위험 헤지 방법은?

정답 ⑤

① 6개월 만기의 달러 콜옵션을 매수한다.
② 6개월 만기의 달러 풋옵션을 매도한다.
③ 6개월 만기의 선물환 계약에서 달러 매수포지션을 취한다.
④ 동일한 행사가격의 만기 6개월짜리 달러 콜옵션과 달러 풋옵션을 동시에 매수한다.
⑤ 6개월 만기 달러 대출을 받아 달러를 외환시장에서 매각한다.

(2004년 CPA 기출문제)

14. (주)한국의 외화자금 수급에 대한 예측에 의하면 1년 후인 2006년 3월에 5억엔 상당의 엔화 수입자금에 대한 결제와 500만달러 상당의 달러화 수출자금에 대한 결제가 동시에 이루어진다. 다음과 같은 정보가 주어져 있을 때 (주)한국이 환위험을 헤지(hedge)하기 위하여 택할 수 있는 방법으로 가장 적절한 것은?(단, 수수료는 무시하라.)

정답 ②

달러화 이자율	: 연 3%
엔화 이자율	: 연 1%
엔/달러 현물환율	: ¥101.98/$

1년 엔/달러 선물환율	: ¥100/$
1년 만기 행사가격 ¥100/$의 달러화 풋옵션	: ¥9.86
1년 만기 행사가격 ¥100/$의 달러화 콜옵션	: ¥9.84

① 엔/달러 선물시장에서 500만달러 상당의 달러 선물환을 매입한다.
② 달러 자금 시장에서 1년 후 500만달러를 상환하기로 하고 달러를 차입하여 엔/달러 현물 시장에서 엔화로 교환한 후 엔화 자금 시장에 1년간 예치한다.
③ 엔/달러 현물시장에서 500만달러 상당의 달러 현물환을 매입한다.
④ 달러화 풋옵션과 달러화 콜옵션을 동시에 매입한다.
⑤ 달러화 풋옵션을 매도한다.

(2005년 CPA 기출문제)

부 록

금융 용어 해설

부표-1 복리이자요소

부표-2 연금의 복리이자요소

부표-3 현가이자요소

부표-4 연금의 현가이자요소

부표-5 표준정규분포표

금융 용어 해설

[ㄱ]

감채기금(bond sinking fund) 장기부채의 상환을 목적으로 자산의 일부를 분리하여 기금으로 설정한 금액.

강세스프레드(bull spread) 선물과 옵션거래에서 기초자산의 가격이 상승할 경우에 그 스프레드를 이용한 사람이 이익을 볼 수 있도록 한 계약을 매입하고 상이한 다른 계약을 매도하는 투자전략.

결합레버리지도(DCL, Degree of Combined Leverage) 재무레버지리도와 영업레버리지도를 결합하여 매출액의 변화가 주당순이익에 어떠한 영향을 미치는가를 측정하는 것.

경제적 노출(economic exposure) 예상과 다른 환율의 변동으로 인하여 미래 현금흐름의 순현재가치가 달라 질 수 있는 가능성

고정비율(fixed assets to equity capital ratio) 유형자산 등 고정자산의 구입에 자기자본이 얼마나 투입되어 있는가를 알아보기 위한 재무비율.

고정자산회전율(fixed assets turnover) 매출액을 평균고정자산으로 나누어 산출한 것으로 고정자산이 일정기간 중에 몇 회전하였는가 하는 고정자산의 회전 속도를 표시하는 비율.

공정시장가치(fair market value) 재고자산 평가에 사용되는 거래의 객관적 시장가치. 재고자산의 평가에는 현행원가, 순실현 가능가치, 공정시장가치 등이 사용되는데, 특히 공정시장가치는 시장에서 구매자와 판매자간에 거래를 수행하는 계약으로 객관적이고 정확한 재고자산의 평가에 기본이 된다.

구매력평가이론(PPP, Purchasing Power Parity) 환율의 결정을 각국 화폐의 구매력의 차이로 설명하는 이론. 스웨덴의 경제학자 구스파트 카셀은 외국통화의 구매력과 자국 통화의 구매력의 비율에 의해 환율이 결정된다고 주장하였다.

국제금융(international financial market) 국제적인 금융거래가 이루어지는 시장을 말하는데 국제적인 금융기관들이 지점 또는 현지법인의 형태로 영업망을 집중시킴으로써 국제금융거래가 지속적으로 이루어지는 장소.

국제피셔효과(international Fisher effect) 두나라 사이의 금리의 격차와 환율의 변동률과의 관계에 관한 균형조건. 여기서는 표시통화만 다르고 위험과 만기가 동일한 금융상품간의 금리의 격차는 환율의 기대변동률과 동일하다는 것이다.

권리락 구주에 부여되는 신주인수권 또는 신주의 유, 무상 교부를 받을 권리가 없어진 상태.

금리선물(interest rate futures) 금리(이자율)를 매매대상으로 하는 선물거래. 그러나 실제에 있어서는 금리자체가 매매 되는 것이 아니라 금리가 변동함에 따라 그 가치가 변동하는 금융자산인 채권, 예금, CP, CD 등을 타상품의 선물거래와 마찬가지로 소직화된 시징(기래소)에서 정해진 매매제도에 따라 장래의 일정시점에 해당금리상품의 특정수량을 매매계약시에 정한 가격으로 인도, 인수할 것을 약속하는 거래.

기대가설(expectation hypothesis) 피셔

(Fisher)와 롯츠(Lutz)등에 의해 제시된 채권수익률의 기간구조를 설명하는 이론. 장기채권 수익률은 현재의 단기수익률과 미래에 예상되는 단기수익률들의 평균과 같다는 것이다.

기본적 분석(fundamental analysis) 증권의 가치를 기업이익, 대차대조표 항목, 경영능력 등의 기본적 요소를 기초로 평가하는 분석기법.

기술적 분석(technical analysis) 증권의 수급에 관한 예측을 하기 위하여 가격수준, 거래량, 가격변동과 같은 주식시장 내의 제 변수들이 갖는 상호관계를 분석하는 것.

기업어음(CP, Commercial Paper) 기업이 자금 조달을 목적으로 발행하는 어음형식의 단기채권.

[ㄴ]

나비형 스프레드(butterfly spread) 옵션거래 기법의 하나로서 만기일은 같으나 권리행사가격이 다른 3개의 옵션을 이용하여 나비형의 스프레드 그래프가 만들어지는 것.

내부수익률(IRR, Internal Rate of Return) 투자안으로부터 기대되는 미래현금유출의 현재가치와 현금유입의 현재가치를 갖게 하는 할인율.

누적적 우선주(cumulative preferred stock) 특정연도에 지급받지 못한 이익배당액을 차후연도의 보통주에 대한 배당에 앞서 지급받을 수 있는 권리가 부여된 우선주.

[ㄷ]

다요인모형(multifactor model) 증권이나 자산의 가격결정모형으로서 시장모형과 달리 여러 공통요인들에 의해 가격이 결정된다고 가정하는 모형.

단일요인모형(singlefactor model) 증권의 수익률이 공통된 단일요인에 의해 결정된다고 가정하는 모형.

당좌비율(quick ratio) 현금과 유동성자산 중 현금화할 수 있는 매출채권, 시장성 있는 유가증권 등의 당좌자산으로 당기채무를 지급할 수 있는 기업의 능력을 측정하는 재무비율.

대출포트폴리오(lending portfolio) 무위험자산과 위험자산의 효율적 집합과 접하는 포트폴리오를 접점 포트폴리오라고 할 때, 투자자가 자기의 투자자금을 무위험자산과 접점포트폴리오에 나누어 투자했을 경우 얻어지는 포트폴리오.

던 앤드 브래드스트리트(Dun & Bradstreet) 뉴저지에 본사를 둔 신용정보회사이며, 국가신용평가 전문기관인 무디스(Moody' s)의 모회사.

[ㄹ]

레버리지 비율(leverage ratio) 기업이 어느 정도 타인자본에 의존하고 있는가 하는 것과 타인자본이 기업에 미치는 영향을 측정하는 비율.

리스(lease) 리스회사가 특정 자산의 사용권을 일정기간동안 리스이용자에게 이전하고, 리스 이용자는 그 대가로 사용료를 리스회사에 지급하는 계약.

[ㅁ]

매수공모(outright purchase) 제 3의 발행기관이 발행증권금액을 자기명의로 취득하고 그 증권대금을 발행회사에 지급하고 발생위험과 발행 사무를 담당하는 방법.

매출액 순이익률(net profit margin, net income to sales) 세금을 포함한 모든 비용을 공제한 후의 순이익을 매출액으로 나눈 비율.

명목이자율(nominal interest rate) 인플레율을 고려한 실질이자율에 대해, 인플레를 고려하지 않은 이자율.

무위험자산(riskless assets, risk-free

assets) 자본시장에서 거래되고 있는 자산 또는 증권중에서 미래현금흐름이 변동할 가능성, 즉 위험이 전혀 없는 자산 또는 증권.

무차별 곡선(indifference curve) 경제학에서 현재 소비의 효용곡선과 1기간 후의 소비효용 곡선간에는 상충관계가 존재하게 되는데, 현재소비와 미래소비의 수많은 조합들 중에서 서로 소비효용이 동일한 조합들끼리 연결한 선.

미국식 옵션(american option) 옵션만기 이전 언제라도 옵션보유자의 선호에 따라 권리를 행사할 수 있는 옵션

미래가치(future value) 현재 시점에서 보유한 금액과 동일한 가치를 갖도록 화폐의 시간가치인 이자를 포함하는 미래시점의 금액.

민감도 분석(sensitivity analysis) 다른 조건이 일정한 경우에 어느 한 투입요소가 변동할 때 그 투자안의 순현재가치가 어느 정도 변동하는가를 분석하는 것.

[ㅂ]

배당소득세(dividend income tax) 배당소득에 대한 세금.

베이시스(basis) 선물거래에 있어서 특정 상품의 현물가격과 선물가격의 차이

베타계수(beta coefficient) 한 기업이 시장의 다른 모든 기업들과 갖게 되는 공분산을 시장의 총분산으로 나눈 값으로 그 기업이 시장의 총분산 즉 총위험에 얼마만큼 공헌하는가를 나타내는 척도.

볼록성(convexity) 채권면역전략에 있어서 금리변동과 채권가격 변동간의 선형적 관계의 단점을 보완하기 위하여 사용된다.

부채비율(debt ratio) 대차대조표의 부채총액을 자기자본으로 나누어 구한 비율.

분리이론(separation theory) 시장에 참여하고 있는 모든 투자자들이 미래의 상황에 대하여 동질적인 기대(homogeneous expectation)를 한다면, 모든 투자자의 선택은 위험자산의 최적 결합으로써 시장 포트폴리오만을 선택하게 된다는 포트폴리오 분리 정리.

분리정리(separation theorem) 확실성 상황 하에서 완전자본시장을 가정하면 생산결정과정은 소비자의 주관적인 선호체계에 의하여 결정되는 소비과정결정과 관계없이 부를 극대화하는 객관적인 시장기준에 의하여 결정된다는 핏셔의 분리정리.

불편추정치(unbiased predictor) 통계 처리한 값이 실제의 상태와 다르게 나타나는 평균적 차이가 없는 추정치를 통칭하여 나타내는 용어.

블랙&솔츠 공식(black-scholes formula) 주가와 행사가격, 무리스크 이자율, 만기까지의 기간 및 주식 수익률의 표준편차를 사용하여 콜 옵션의 가치를 산정하는 공식.

비율법(ratio analysis) 재무제표 등과 같은 수치화된 자료를 이용하여 항목 사이의 비율을 산출, 기준이 되는 비율이나 과거의 실적 그리고 다른 기업과의 비교 등을 통하여 그 의미나 특징, 추세 등을 분석 평가하는 방법.

비체계적 위험(unsystematic risk) 시장 전체의 변동과 관계없이 특정 개별주식에 한정된 위험.

[ㅅ]

사내유보금(retained earnings) 기업이 설비를 확충하거나 배당을 안정적으로 지급할 목적으로 당기순이익 가운데 일부분을 사내에 유보시켜 두는 것.

상관계수(correlation coefficient) 두 주식 사이에 존재하는 상호관련성을 특정하는 지표

상관관계(correlation) 두 확률변수 사이의 선형적인 움직임을 나타내는 값.

상환우선주(callable preferred stock) 주식

의 발행 당초부터 이익으로써 소각이 예정되어 있는 특수한 주식

생산가능곡선(production possibilities curve) 한 사회의 자원과 기준이 주어진 경우 그 사회가 모든 자원을 가장 효율적으로 사용하여 생산할 수 있는 두 생산물의 여러가지 보합을 나타내는 곡선

선도계약(forward contract) 장래의 일정한 시점에 일정량의 특정 상품을 미리 정한 가격으로 매매하기로 맺은 계약.

선물(futures) 현재시점에서 정한 가격으로, 특정미래 시점에 자산과 결제 대금을 인수(인도)하는 거래.

선물거래(future trading) 장래의 일정시점(기간)에 수량, 규격, 품질 등이 규정된 특정대상물을, 계약 체결시에 정한 가격(선물가격)으로 인도 인수할 것을 약속하는 계약.

선물거래소(future exchange) 선물거래가 이루어지는 공식적 거래소로서, 주문이 제출되고 결제되는 장소.

선물중개회사(FCM, Futures Commission Merchant) 고객으로부터 선물계약이나 옵션의 매매주문을 받아 거래를 체결하며, 매매주문의 체결에 따른 고객의 현금이나 유가증권을 관리해주는 선물거래 중개인 또는 중개회사.

수권자본제도(authorized capital(stock) system) 주식회사에서 정관에 기재한 총발행 예정 주식수 중에 일부는 회사 설립시에 발행하지만, 나머지는 회사설립 후에 필요에 따라 이사회가 발행하는 것을 인정하는 제도

수시상환조약(call provision) 채권의 발행 조건에, 발행자가 채권의 만기가 도달하기 이전에 일정한 가격으로 원금을 상환할 수 있는 권리를 가진다는 조건을 명시한 조항.

수익성비율(profitability ratio) 기업의 수익 창출능력을 나타내주는 비율.

수익성지수(profitability index) 현금유입의 현재가치를 현금유출의 현재가치로 나눈 것.

수정듀레이션(modified duration) 듀레이션이란 채권의 실질만기 개념으로, 현금이 지급되는 시점까지의 기간들을 가중평균한 값.

순현가법(net present value method) 자본예산기법의 하나로, 순현가가 0보다 크면 투자안을 선택하고, 0보다 작으면 투자안을 기각하는 의사결정기준.

스왑(swap) 거래 쌍방이 미리 정한 계약 조건에 따라, 장래의 일정시점에 두개의 서로 다른 방향의 자금흐름(cash flow)을 교환하는 거래.

스트래들(straddle) 동일한 기초자산에 대하여 동일한 행사가격과 동일한 만료일을 가진 풋과 콜을 동시에 매입하거나 매도하는 전략.

스트랩(strap) 만료일이 같고 권리행사가격이 동일한 콜 2단위와 풋 1단위를 결합한 거래.

스트랭글(strangle) 만료일이 같고 권리행사가격이 다른 콜과 풋을 매입 또는 매도하는 전략.

스트립(strip) 옵션거래에서 만기일과 행사가격이 같은 하나의 콜 옵션과 두개의 풋 옵션을 결합한 거래.

스프레드(spread) 특정 증권의 매수호가와 매도호가의 차이

시장가치(market value) 주식이 현재 시장에서 팔릴 때의 가격으로, 미래 이득을 필요수익률로 자본환원(capitalization)함으로써 얻어지는 현재가치.

시장균형(market equilibrium) 시장에서 일단 정해진 가격이 상승 또는 하락하려 하지 않고 그 수준을 그대로 유지하려 할 때 달성되는 상태.

시장분할이론(market segmentation theory) Cullbertson(1957) 등에 의해

제시된 것으로, 장단기 채권시장의 수익률은 미래의 단기금리에 대한 기대에 의해서 결정되는 것이 아니라, 채무자나 채권자의 특정만기에 대한 선호도에 의해서 결정된다는 이론.

시장위험프리미엄(market adjusted return) 시장포트폴리오의 기대수익률에서 무위험이자율을 차감한 값으로 나타내며, 시장포트폴리오에 대한 위험프리미엄을 의미.

신설합병(statutory consolidation) 합병의 당사자인 회사 모두가 소멸하고 동시에 새로운 회사가 설립되어 소멸회사의 재산과 주주를 수용하는 합병의 형태.

신용기준 고객의 성격, 고객의 재무상태, 고객의 담보능력, 경제상태 등의 관점에서 고객에게 제공될 신용의 크기를 결정하는 기준.

신용위험(credit risk) 계약에서 채무자가 지급불능 또는 지급거절에 의하여 지급이 이행되지 않는 위험.

신용정책 통화 공급량 증감을 통해 총수요에 영향을 미쳐 정책목표를 달성하려는 중앙은행의 정책을 통화정책, 신용정책, 또는 통화신용 정책이라고 한다.

실질수익률(real return) 인플레이션율이 고려되어 조정된 투자수익률.

[ㅇ]

약세스프레드(bear spread) 선물과 옵션거래에서, 기초자산의 가격이 하락할 경우에 그 스프레드를 이용한 사람이 이익을 볼 수 있도록, 한계약을 매입하고 상이한 다른 계약을 매도하는 투자전략.

양도성예금증서(CD, Certificate of deposit transferable) 제 3자에게 양도가 가능한 일종의 정기예금증서로서 유동성이 매우 높은 상품.

영구연금(perpetuity) 만기일이 없이 일정액의 현금흐름이 무한히 지속되는 현금흐름.

영업레버리지(operation leverage) 기업이 영업비용 중에서 고정비를 부담하는 정도

옵션가격결정모형(OPM, Option Pricing Model) 옵션이 거래되어야 할 가격결정에 관한 수학적 산식으로 이 모형에서 옵션가치는 기초자산의 가치, 만기, 행사가격, 대체투자물의 이익률, 위험의 함수로 표시된다.

위험조정할인율법(liquidity preference) 케인즈가 사용한 말로 재산을 화폐 즉 유동성의 형태로 보유하려는 욕구

유동성 선호이론(liquidity preference theory) 선도 이자율이 기대 미래 이자율을 상회한다는 이론

유동성 프리미엄(liquidity premium) 유동성이 부족한 자산을 구입할 때 요구하거나 제공받는 프리미엄.

유럽식 옵션(european option) 만기일에만 행사 할 수 있는 옵션.

유상증자(capital increase with consideration) 새로 발행하는 신주를 돈을 내고 사는 증자.

유효이자율(effective interest rate) 복리를 고려한 이자율

의사결정수(decision tree) 의사결정문제를 나무에 비유하여 나무의 가지가 뻗어나가는 것처럼 미래의 여러 상황에 따라 선택할 수 있는 모든 대안들을 고려하여 현재 시점에서의 최적 의사결정을 모색하는 방법

이자보상률(interest coverage ratio) 영업이익 또는 이자 및 법인세 공제전 순이익을 장기부채의 이자지급액으로 나눈 비율.

이자율위험(interest rate risk) 이자율이 변동함에 따라 채권의 가치가 변하는 위험.

이자율의 기간구조(term structure of interest rates) 만기가 다양한 여러 채권들간의 만기수익률.

이자율평가이론 (interest rate parity theory)

표시통화만 다르고 위험과 만기가 같은 두 가지 금융상품이 있는 경우 이 중 한 금융상품에 투자하고 선물환으로 헷지하는 경우의 수익률과 다른 금융상품에 투자한 경우의 수익률이 같아야 한다는 시장조건.

이항옵션가격결정모형(binomial option pricing model) 1979년 콕스(cox), 로스(ross), 루빈스타인(rubinstein)에 의하여 개발된 옵션가격결정 모형.

일일정산제도(daily marking to market) 고객의 미결제 약정을 매일의 최종가격으로 재평가하여 선물거래의 손익을 당일중 고객증거금에 반영하는 것.

[ㅈ]

자기자본비용(cost of equity capital) 자기자본을 제공한 투자자들이 요구하는 최소한의 수익률.

자기자본순이익률(ROE, return on equity) 기업의 소유주가 투자한 자기자본에 대하여 벌어들인 수익성을 측정하는 지표로 ROE라고 불림.

자기자본회전율(sales to stockholders equity ratio) 자기자본의 회전속도를 나타내는 지표.

자본시장(capital market) 기업의 설비자금, 정부 및 지방자치단체의 사업자금 등 장기자금이 조달되는 시장.

자본시장선(CML, Capital Market Line) 자산의 위험을 가로축에 그리고 기대수익률을 세로축에 표시한 그래프에서 무위험자산을 표시하는 점과 시장포트폴리오를 표시하는 점을 연결하는 선.

자본예산(capital budgeting) 투자로 인한 수익이 앞으로 1년 이상 걸쳐 장기적으로 실현될 투자안에 대한 평가를 중심으로 한 계획과 평가 및 진단과정.

자본이득세(capital gain tax) 자본자산의 매각에서 발생하는 이득과 손실에 대한 조세.

자본자산가격결정모형(CAPM, Capital Asset Pricing Model) 기대수익률과 베타의 관계를 보여주는 SML방정식.

자유변동환율제(freely floating system) 외환의 수급상황에 따라 외환시장에서 환율이 자유롭게 변동하도록 하는 제도.

장부가치(book value) 기업의 자산, 부채 등이 그 장부에 기재되고 있는 가격.

장외시장(over the counter market) 증권의 매매를 협상하는 브로커나 딜러의 비공식 네트워크.

재고자산회전율(inventory turnover) 매출액에 대한 재고자산의 비율.

재무레버리지효과(financial leverage effect) 기업에 타인자본, 즉 부채가 존재하는 경우 고정적인 금융비용의 지급으로 인해 영업이익의 변동, 세후 순이익의 변동을 확대시키게 하는 효과.

재무분석(financial analysis) 재무제표를 기초로 하여 기업의 재무상태 및 경영성과를 분석적 방법에 의하여 판단, 인식하는 방법.

재무비용보상률(fixed charge coverage) 기업의 이자비용을 영업이익으로 나눈 비율.

재투자 수익률 위험(reinvestment risk) 이표채에 투자하는 경우 이자율 변동에 따라 쿠폰의 재투자 수익률이 변동하는 위험.

전환우선주(convertible preferred stock) 소유주의 청구에 따라 보통주로 전환가능한 우선주.

정상적 백워데이션(nomal backwardation) 선물가격이 미래 현물가격의 기대치보다 낮은 상황.

제로-베타 모형(zero-beta model) CAPM 변형된 자본자산가격결정 모형의 하나. 무위험 이자율 대신 베타가 0인 포트폴리오의 기대수익률을 사용.

젠센 지수(Jensen index) 투자자산의 알파

주가이익비율(P/E ratio) 주가를 최근 12개월간의 주당이익으로 나눈 비율.

주식분할(stock split) 주주의 권리관계를 바꾸지 않고 발행주식수를 늘이는 것.

지배원리(dominance principle) 포트폴리 관리에 있어서 동일한 기대수익률을 가지고 있는 포트폴리오 중에서 위험이 가장 작은 포트폴리오를 선택하고, 또 동일한 수준의 위험을 수반하는 포트폴리오중에서는 기대수익율이 가장 큰 포트폴리오를 선택하는 원리.

지수법(index method) 비율분석에서 유동성, 안정성, 활동성, 수익성 등을 나타내는 각 비율에 가중치를 부여해 가중 평균한 지수로 기업경영상태를 종합평가하는 방법.

[ㅊ]

차익거래(arbitrage trading) 위험부담없이 일정한 수익률을 올릴 수 있는 거래.

차익거래결정모형(APT, Arbitrage Pricing Model) 1976년 Ross에 의해 개발된 자본자산의 결정이론.

채무불이행 프리미엄(default risk premium) 투자자에게 채무불이행위험을 보상해 주기 위해서 명시된 수익률에 부가된 수익률.

청산소(clearing house) 증권매매에 따른 증권의 이전을 원활히 하기 위해 증권거래소가 설립한 기구.

체계적 위험(systematic risk) 분산투자로 제거되지 않는 위험.

총자본순이익률(ROI, Return On Investment) 기업의 당기순이익의 총자본에 대한 비율.

최적자본구조이론(optimal capital structure theory) 기업의 가치를 극대화하는 자기자본과 부채의 최적결합인 최적자본구조에 대한 이론.

최적포트폴리오(optimal portfolio) 마코위츠의 포트폴리오 선택모형 중 효율적 투자선과 투자자의 무차별효용곡선의 접점.

추세법(trend analysis) 과거에 그 기업의 여러 비율이 어떠한 추세를 가지고 변화하여 왔는가를 관찰하여 미래를 예측하려는 방법.

[ㅋ]

콘탱고(contango) 선물가격이 현물가격보다 높거나 결제월이 멀수록 선물가격이 높아지는 현상.

[ㅌ]

타인비용(borrowed capital) 기업이 경영활동에 사용하고 있는 자본 가운데 차입금이나 사채와 같이 외부로부터 조달한 부분.

토빈q(Tobin's q) 설비투자의 동향을 설명하는 지표.

통화금융기관(monetary institution) 통화지표 편제를 위해 통화창출기능 여부를 기준으로 통화에 포함되는 금융자산을 창출하는 금융회사.

통화선물(currency futures) 선물환과 같이 일정 통화를 미래의 일정 시점에서 약정한 가격으로 사거나 파는 금융 선물의 일종.

통화안정증권(monetary stabilization bond) 중앙은행이 통화량을 조절하기 위하여 금융기관이나 일반인을 대상으로 발행하는 특별유통 증권.

투기거래(speculative trading) 장래의 가격 변동을 예측하여 시세 변동에 따른 시세차익 획득을 목적으로 위험을 감수하고 이익을 추구하기 위하여 행하는 거래.

투자신탁회사(investment trust company) 불특정 다수의 일반투자자들로부터 자금을 모아 위탁자로서 유가증권에 분산투자해 전문적으로 운용하고 여기서 생긴 투자수익을 투자자에게 분배하여 주는 업무를 하는 회사.

트레이너지수(Treynor index) 투자보수대 체계적 위험 비율.

[ㅍ]

파산비용(bankruptcy cost) 파산에 따르는 직,간접적 비용.

평가가치(AV, Appraised Value) 내재가치(EV)와 신규보험영업에서 발생할 미래 주주이익의 현재가치를 더하여 산출한 가치.

평균회계이익률(AAR, Average Accounting Return) 투자의 평균순수익을 평균장부가치로 나눈 값.

포트폴리오 관리(portfolio management) 같은 위험수준에서 보다 수익률이 높거나 또는 같은 수익률 수준에서 보다 위험이 작은 투자 구성을 모색하는 투자전략.

포트폴리오 이론(portfolio theory) 대규모의 펀드를 대상으로, 분산투자를 기본으로 하여, 수리적으로 체계화된 증권 투자 이론의 총칭.

표준비율(standard ratio) 한기업의 재무상태와 경영성과를 평가하기 위하여 재무비율을 비교, 평가할 기준이 되는 비율.

풋-콜 패러티(put-call parity) 균형하에서 동일한 기초증권과 만기 및 행사가격을 가지고 있는 콜옵션과 풋옵션의 가격의 일정한 관계.

피셔효과(Fisher effect) 실질금리는 명목금리에서 예상 인플레이션률을 차감한 것과 같음을 나타내는 식.

[ㅎ]

현물거래(spot trading) 매매계약의 성립과 동시에 대상물의 인도와 대금지불이 이루어지는 거래.

현물배당(commodity dividend) 현금이나 주식이 아닌 실물로 지급하는 배당.

현물환율(spot exchange rate) 외환의 매매계약의 성립과 동시에 외환의 인도와 대금결제가 이루어지는 현물거래에 적용되는 환시세.

현재가치(PV, Present value) 미래에 발생하는 현금흐름을 화폐의 시간가치를 반영하여 적절한 할인율로 현재시점에서의 가치로 환산 한 값.

화폐성, 비화폐성법(monetary-nonmonetary method) 외화표시 자산 및 부채를 환산함에 있어서, 발생한 시점의 환율인 역사적 환율을 적용할 것인가 또는 보고시점의 환율인 현행환율을 적용할 것인가를 결정하는 환산방법 중의 하나.

환매조건부 채권(repuchase agreement) 투자자에게 일정기간 경과 후 사전에 제시한 확정 이자율을 받을 수 있도록 일정가격으로 매입하는 조건을 붙여서 발행하는 채권.

환산노출(translation exposure) 외화로 표시되어 있는 자산, 부채, 수익과 경비 등을 자국 통화로 환산하여 연결재무제표를 작성할 때에 환율 변동에 따른 연결 재무제표의 회계수치의 변화 또는 환차손익의 가능성.

활동성비율(activity ratio) 기업이 소유하고 있는 자산들이 얼마나 효율적으로 이용되고 있는가를 추정하는 비율.

효율적 시장가설(EMH, efficient market hypothesis) 증권 가격은 모든 이용가능한 정보를 반영한다는 이론. 효율적 시장에서는 증권을 매입하는 투자자는 균형수익률을 얻을 것으로 기대된다. 약형 EMH는 주가는 과거 주가에 포함된 모든 정보를 반영하고 있다는 가설임. 준강형 EMH는 주가는 모든 공개적으로 이용가능한 정보를 반영하고 있다는 가설임. 강형 EMH는 내부정보를 포함한 모든 정보를 반영하고 있다는 가설이다.

효율적 프론티어(efficient frontier) 포트폴

리오의 각 리스크 수준에 있어서 기대수익률을 극대화하는 포트폴리오의 집합을 나타내는 그림.

후배주(deferred stock) 배당이나 잔여 재산의 분배 등의 이익분배의 참가순위가 보통주보다 후위인 주식.

흡수합병(statutory merger) 둘 이상의 회사가 하나의 회사로 합병할 때 기존 회사 중 하나는 존속하면서 다른 회사의 모든 권리와 의무를 인수하는 합병형태.

부표-1 복리이자요소$(CVIF_{r,\ n})=(1+r)^n$

기간	이자율									
	1%	2%	3%	4%	5%	6%	7%	8%	9%	10%
1	1.0100	1.0200	1.0300	1.0400	1.0500	1.0600	1.0700	1.0800	1.0900	1.1000
2	1.0201	1.0404	1.0609	1.0816	1.1025	1.1236	1.1449	1.1664	1.1881	1.2100
3	1.0303	1.0612	1.0927	1.1249	1.1576	1.1910	1.2250	1.2597	1.2950	1.3310
4	1.0406	1.0824	1.1255	1.1699	1.2155	1.2625	1.3108	1.3605	1.4116	1.4641
5	1.0510	1.1041	1.1593	1.2167	1.2763	1.3382	1.4026	1.4693	1.5386	1.6105
6	1.0615	1.1262	1.1941	1.2653	1.3401	1.4185	1.5007	1.5869	1.6771	1.7716
7	1.0721	1.1487	1.2299	1.3159	1.4071	1.5036	1.6058	1.7138	1.8280	1.9487
8	1.0829	1.1717	1.2668	1.3686	1.4775	1.5938	1.7182	1.8509	1.9926	2.1436
9	1.0937	1.1951	1.3048	1.4233	1.5513	1.6895	1.8385	1.9990	2.1719	2.3579
10	1.1046	1.2190	1.3439	1.4802	1.6289	1.7908	1.9672	2.1589	2.3674	2.5937
11	1.1157	1.2434	1.3842	1.5395	1.7103	1.8983	2.1049	2.3316	2.5804	2.8531
12	1.1268	1.2682	1.4258	1.6010	1.7959	2.0122	2.2522	2.5182	2.8127	3.1384
13	1.1381	1.2936	1.4685	1.6651	1.8856	2.1329	2.4098	2.7196	3.0658	3.4523
14	1.1495	1.3195	1.5126	1.7317	1.9799	2.2609	2.5785	2.9372	3.3417	3.7975
15	1.1610	1.3459	1.5580	1.8009	2.0789	2.3966	2.7590	3.1722	3.6425	4.1772
16	1.1726	1.3728	1.6047	1.8730	2.1829	2.5404	2.9522	3.4259	3.9703	4.5950
17	1.1843	1.4002	1.6528	1.9479	2.2920	2.6928	3.1588	3.7000	4.3276	5.0545
18	1.1961	1.4282	1.7024	2.0258	2.4066	2.8543	3.3799	3.9960	4.7171	5.5599
19	1.2081	1.4568	1.7535	2.1068	2.5270	3.0256	3.6165	4.3157	5.1417	6.1159
20	1.2202	1.4859	1.8061	2.1911	2.6533	3.2071	3.8697	4.6610	5.6044	6.7275
21	1.2324	1.5157	1.8603	2.2788	2.7860	3.3996	4.1406	5.0338	6.1088	7.4002
22	1.2447	1.5460	1.9161	2.3699	2.9253	3.6035	4.4304	5.4365	6.6586	8.1403
23	1.2572	1.5769	1.9736	2.4647	3.0715	3.8197	4.7405	5.8715	7.2579	8.9543
24	1.2697	1.6084	2.0328	2.5633	3.2251	4.0489	5.0724	6.3412	7.9111	9.8497
25	1.2824	1.6406	2.0938	2.6658	3.3864	4.2919	5.4274	6.8485	8.6231	10.835
30	1.3478	1.8114	2.4273	3.2434	4.3219	5.7435	7.6123	10.063	13.268	17.449
40	1.4889	2.2080	3.2620	4.8010	7.0400	10.286	14.974	21.725	31.409	45.259
50	1.6446	2.6916	4.3839	7.1067	11.467	18.420	29.457	46.902	74.358	117.39
60	1.8167	3.2810	5.8916	10.520	18.679	32.988	57.946	101.26	176.03	304.48

* $CVIF>$99,999

기간	이 자 율									
	12%	14%	15%	16%	18%	20%	24%	28%	32%	36%
1	1.1200	1.1400	1.1500	1.1600	1.1800	1.2000	1.2400	1.2800	1.3200	1.3600
2	1.2544	1.2996	1.3225	1.3456	1.3924	1.4400	1.5376	1.6384	1.7424	1.8496
3	1.4049	1.4815	1.5209	1.5609	1.6430	1.7280	1.9066	2.0972	2.3000	2.5155
4	1.5735	1.6890	1.7490	1.8106	1.9388	2.0736	2.3642	2.6844	3.0360	3.4210
5	1.7623	1.9254	2.0114	2.1003	2.2878	2.4883	2.9316	3.4360	4.0075	4.6526
6	1.9738	2.1950	2.3131	2.4364	2.6996	2.9860	3.6352	4.3980	5.2899	6.3275
7	2.2107	2.5023	2.6600	2.8262	3.1855	3.5832	4.5077	5.6295	6.9826	8.6054
8	2.4760	2.8526	3.0590	3.2784	3.7589	4.2998	5.5895	7.2058	9.2170	11.703
9	2.7731	3.2519	3.5179	3.8030	4.4355	5.1598	6.9310	9.2234	12.166	15.917
10	3.1058	3.7072	4.0456	4.4114	5.2338	6.1917	8.5944	11.806	16.060	21.647
11	3.4785	4.2262	4.6524	5.1173	6.1759	7.4301	10.657	15.112	21.199	29.439
12	3.8960	4.8179	5.3503	5.9360	7.2876	8.9161	13.215	19.343	27.983	40.037
13	4.3635	5.4924	6.1528	6.8858	8.5994	10.699	16.386	24.759	36.937	54.451
14	4.8871	6.2613	7.0757	7.9875	10.147	12.839	20.319	31.691	48.757	74.053
15	5.4736	7.1379	8.1371	9.2655	11.974	15.407	25.196	40.565	64.359	100.71
16	6.1304	8.1372	9.3576	10.748	14.129	18.488	31.243	51.923	84.954	136.97
17	6.8660	9.2765	10.761	12.468	16.672	22.186	38.741	66.461	112.14	186.28
18	7.6900	10.575	12.375	14.463	19.673	26.623	48.039	85.071	148.02	253.34
19	8.6128	12.056	14.232	16.777	23.214	31.948	59.568	108.89	195.39	344.54
20	9.6463	13.743	16.367	19.461	27.393	38.338	73.864	139.38	257.92	468.57
21	10.804	15.668	18.822	22.574	32.324	46.005	91.592	178.41	340.45	637.26
22	12.100	17.861	21.645	26.186	38.142	55.206	113.57	228.36	449.39	866.67
23	13.522	20.362	24.891	30.376	45.008	66.247	140.83	292.30	593.20	1178.7
24	15.179	23.212	28.625	35.236	53.109	79.497	174.63	374.14	783.02	1603.0
25	17.000	26.462	32.919	40.874	62.669	95.396	216.54	478.90	1033.6	2180.1
30	29.960	50.950	66.212	85.850	143.37	237.38	634.82	1645.5	4142.1	10143.
40	93.051	188.88	267.86	378.72	750.38	1469.8	5455.9	19427.	66521.	*
50	289.00	700.23	1083.7	1670.7	3927.4	9100.4	46890.	*	*	*
60	897.60	2595.9	4384.0	7370.2	20555.	56348.	*	*	*	*

부표-2 연금의 복리이자요소 $(CVIF_{r,\ n})=\left[\frac{(1+r)^n}{r}-\frac{1}{r}\right]$

기간	이자율									
	1%	2%	3%	4%	5%	6%	7%	8%	9%	10%
1	1.0000	1.0000	1.0000	1.0000	1.0000	1.0000	1.0000	1.0000	1.0000	1.0000
2	2.0100	2.0200	2.0300	2.0400	2.0500	2.0600	2.0700	2.0800	2.0900	2.1000
3	3.0301	3.0604	3.0909	3.1216	3.1525	3.1836	3.2149	3.2464	3.2781	3.3100
4	4.0604	4.1216	4.1836	4.2465	4.3101	4.3746	4.4399	4.5061	4.5731	4.6410
5	5.1010	5.2040	5.3091	5.4163	5.5256	5.6371	5.7507	5.8666	5.9847	6.1051
6	6.1520	6.3081	6.4684	6.6330	6.8019	6.9753	7.1533	7.3359	7.5233	7.7156
7	7.2135	7.4343	7.6625	7.8983	8.1420	8.3938	8.6540	8.9228	9.2004	9.4872
8	8.2857	8.5830	8.8932	9.2142	9.5491	9.8975	10.260	10.637	11.028	11.436
9	9.3685	9.7546	10.159	10.583	11.027	11.491	11.978	12.488	13.021	13.570
10	10.462	10.950	11.464	12.006	12.578	13.181	13.816	14.487	15.193	15.937
11	11.567	12.169	12.808	13.486	14.207	14.972	15.784	16.645	17.560	18.531
12	12.683	13.412	14.192	15.026	15.917	16.870	17.888	18.977	20.141	21.384
13	13.809	14.680	15.618	16.627	17.713	18.882	20.141	21.495	22.953	24.523
14	14.947	15.974	17.086	18.292	19.599	21.015	22.550	24.215	26.019	27.975
15	16.097	17.293	18.599	20.024	21.579	23.276	25.129	27.152	29.361	31.772
16	17.258	18.639	20.157	21.825	23.657	25.673	27.888	30.324	33.003	35.950
17	18.430	20.012	21.762	23.698	25.840	28.213	30.840	33.750	36.974	40.545
18	19.615	21.412	23.414	25.645	28.132	30.906	33.999	37.450	41.301	45.599
19	20.811	22.841	25.117	27.671	30.539	33.760	37.379	41.446	46.018	51.159
20	22.019	24.297	26.870	29.778	33.066	36.786	40.995	45.762	51.160	57.275
21	23.239	25.783	28.676	31.969	35.719	39.993	44.865	50.423	56.765	64.002
22	24.472	27.299	30.537	34.248	38.505	43.392	49.006	55.457	62.873	71.403
23	25.716	28.845	32.453	36.618	41.430	46.996	53.436	60.893	69.532	79.543
24	26.973	30.422	34.426	39.083	44.502	50.816	58.177	66.765	76.790	88.497
25	28.243	32.030	36.459	41.646	47.727	54.865	63.249	73.106	84.701	98.347
30	34.785	40.568	47.575	56.085	66.439	79.058	94.461	113.28	136.31	164.49
40	48.886	60.402	75.401	95.026	120.80	154.76	199.64	259.06	337.88	442.59
50	64.463	84.579	112.80	152.67	209.35	290.34	406.53	573.77	815.08	1163.9
60	81.670	114.05	163.05	237.99	353.58	533.13	813.52	1253.2	1944.8	3034.8

* $CVIFA>$99,999

기간	이자율									
	12%	14%	15%	16%	18%	20%	24%	28%	32%	36%
1	1.0000	1.0000	1.0000	1.0000	1.0000	1.0000	1.0000	1.0000	1.0000	1.0000
2	2.1200	2.1400	2.1500	2.1600	2.1800	2.2000	2.2400	2.2800	2.3200	2.3600
3	3.3744	3.4396	3.4725	3.5056	3.5724	3.6400	3.7776	3.9184	4.0624	4.2096
4	4.7793	4.9211	4.9934	5.0665	5.2154	5.3680	5.6842	6.0156	6.3624	6.7251
5	6.3528	6.6101	6.7424	6.8771	7.1542	7.4416	8.0484	8.6999	9.3983	10.146
6	8.1152	8.5355	8.7537	8.9775	9.4420	9.9299	10.980	12.136	13.406	14.799
7	10.089	10.730	11.067	11.414	12.142	12.916	14.615	16.534	18.696	21.126
8	12.300	13.233	13.727	14.240	15.327	16.499	19.123	22.163	25.678	29.732
9	14.776	16.085	16.786	17.519	19.086	20.799	24.712	29.369	34.895	41.435
10	17.549	19.337	20.304	21.321	23.521	25.959	31.643	38.593	47.062	57.352
11	20.655	23.045	23.349	25.733	28.755	32.150	40.238	50.398	63.122	78.998
12	24.133	27.271	29.002	30.850	34.931	39.581	50.895	65.510	84.320	108.44
13	28.029	32.089	34.352	36.786	42.219	48.497	64.110	84.853	112.30	148.47
14	32.393	37.581	40.505	43.672	50.818	59.196	80.496	109.61	149.24	202.93
15	37.280	43.842	47.580	51.660	60.965	72.035	100.82	141.30	198.00	276.98
16	42.753	50.980	55.717	60.925	72.939	87.442	126.01	181.87	262.36	377.69
17	48.884	59.118	65.075	71.673	87.068	105.93	157.25	233.79	347.31	514.66
18	55.750	68.394	75.836	84.141	103.74	128.12	195.99	300.25	459.45	700.94
19	63.440	78.969	88.212	98.603	123.41	154.74	244.03	385.32	607.47	954.28
20	72.052	91.025	102.44	115.38	146.63	186.69	303.60	494.21	802.86	1298.8
21	81.699	104.77	118.81	134.84	174.02	225.03	377.46	633.59	1060.8	1767.4
22	92.503	120.44	137.63	157.41	206.34	271.03	469.06	812.00	1401.2	2404.7
23	104.60	138.30	159.28	183.60	244.49	326.24	582.63	1040.4	1850.6	3271.3
24	118.16	158.66	184.17	213.98	289.49	392.48	723.46	1332.7	2443.8	4450.0
25	133.33	181.87	212.79	249.21	342.60	471.98	898.09	1706.8	3226.8	6053.0
30	241.33	356.79	434.75	530.31	790.95	1181.9	2640.9	5873.2	12941.	28172.3
40	767.09	1342.0	1779.1	2360.8	4163.2	7343.9	22729.	69377.	*	*
50	2400.0	4994.5	7217.7	10436.	21813	45497	*	*	*	*
60	7471.6	18535.	29220.	46058.	*	*	*	*	*	*

부표-3 현가이자요소$(PVIF_{r,n}) = \frac{1}{(1+r)^n}$

기간	이자율									
	1%	2%	3%	4%	5%	6%	7%	8%	9%	10%
1	0.9901	0.9804	0.9709	0.9615	0.9524	0.9434	0.9346	0.9259	0.9174	0.9091
2	0.9803	0.9612	0.9426	0.9246	0.9070	0.8900	0.8734	0.8573	0.8417	0.8264
3	0.9706	0.9423	0.9151	0.8890	0.8638	0.8396	0.8163	0.7938	0.7722	0.7513
4	0.9610	0.9238	0.8885	0.8548	0.8227	0.7921	0.7629	0.7350	0.7084	0.6830
5	0.9515	0.9057	0.8626	0.8219	0.7835	0.7473	0.7130	0.6806	0.6499	0.6209
6	0.9420	0.8880	0.8375	0.7903	0.7462	0.7050	0.6663	0.6302	0.5963	0.5645
7	0.9327	0.8706	0.8131	0.7599	0.7107	0.6651	0.6227	0.5835	0.5470	0.5132
8	0.9235	0.8535	0.7894	0.7307	0.6768	0.6274	0.5820	0.5403	0.5019	0.4665
9	0.9143	0.8368	0.7664	0.7026	0.6446	0.5919	0.5439	0.5002	0.4604	0.4241
10	0.9053	0.8203	0.7441	0.6756	0.6139	0.5584	0.5083	0.4632	0.4224	0.3855
11	0.8963	0.8043	0.7224	0.6496	0.5847	0.5268	0.4751	0.4289	0.3875	0.3505
12	0.8874	0.7885	0.7014	0.6246	0.5568	0.4970	0.4440	0.3971	0.3555	0.3186
13	0.8787	0.7730	0.6810	0.6006	0.5303	0.4688	0.4150	0.3677	0.3262	0.2897
14	0.8700	0.7579	0.6611	0.5775	0.5051	0.4423	0.3878	0.3405	0.2992	0.2633
15	0.8613	0.7430	0.6419	0.5553	0.4810	0.4173	0.3624	0.3152	0.2745	0.2394
16	0.8528	0.7284	0.6232	0.5339	0.4581	0.3936	0.3387	0.2919	0.2519	0.2176
17	0.8444	0.7142	0.6050	0.5134	0.4346	0.3714	0.3166	0.2703	0.2311	0.1978
18	0.8360	0.7002	0.5874	0.4936	0.4155	0.3503	0.2959	0.2502	0.2120	0.1799
19	0.8277	0.6864	0.5703	0.4746	0.3957	0.3305	0.2765	0.2317	0.1945	0.1635
20	0.8195	0.6730	0.5537	0.4564	0.3769	0.3118	0.2584	0.2145	0.1784	0.1486
21	0.8114	0.6598	0.5375	0.4388	0.3589	0.2942	0.2415	0.1987	0.1637	0.1351
22	0.8034	0.6468	0.5219	0.4220	0.3418	0.2775	0.2257	0.1839	0.1502	0.1228
23	0.7954	0.6342	0.5067	0.4057	0.3256	0.2618	0.2109	0.1703	0.1378	0.1117
24	0.7876	0.6217	0.4919	0.3901	0.3101	0.2470	0.1971	0.1577	0.1264	0.1015
25	0.7798	0.6095	0.4776	0.3751	0.2953	0.2330	0.1842	0.1460	0.1160	0.0923
30	0.7419	0.5521	0.4120	0.3083	0.2314	0.1741	0.1314	0.0994	0.0754	0.0573
40	0.6717	0.4529	0.3066	0.2083	0.1420	0.0972	0.0668	0.0460	0.0318	0.0221
50	0.6080	0.3715	0.2281	0.1407	0.0872	0.0543	0.0339	0.0213	0.0134	0.0085

기간	이자율									
	12%	14%	15%	16%	18%	20%	24%	28%	32%	36%
1	0.8929	0.8772	0.8696	0.8621	0.8475	0.8333	0.8065	0.7813	0.7576	0.7353
2	0.7972	0.7695	0.7561	0.7432	0.7182	0.6944	0.6504	0.6104	0.5739	0.5407
3	0.7118	0.6750	0.6575	0.6407	0.6086	0.5787	0.5245	0.4768	0.4348	0.3975
4	0.6355	0.5921	0.5718	0.5523	0.5158	0.4823	0.4230	0.3725	0.3294	0.2923
5	0.5674	0.5194	0.4972	0.4761	0.4371	0.4019	0.3411	0.2910	0.2495	0.2149
6	0.5066	0.4556	0.4323	0.4104	0.3704	0.3349	0.2751	0.2274	0.1890	0.1580
7	0.4523	0.3996	0.3759	0.3538	0.3139	0.2791	0.2218	0.1776	0.1432	0.1162
8	0.4039	0.3506	0.3269	0.3050	0.2660	0.2326	0.1789	0.1388	0.1085	0.0854
9	0.3606	0.3075	0.2843	0.2630	0.2255	0.1938	0.1443	0.1084	0.0822	0.0628
10	0.3220	0.2697	0.2472	0.2267	0.1911	0.1615	0.1164	0.0847	0.0623	0.0462
11	0.2875	0.2366	0.2149	0.1954	0.1619	0.1346	0.0938	0.0662	0.0472	0.0340
12	0.2567	0.2076	0.1869	0.1685	0.1372	0.1122	0.0757	0.0517	0.0357	0.0250
13	0.2292	0.1821	0.1625	0.1452	0.1163	0.0935	0.0610	0.0404	0.0271	0.0184
14	0.2046	0.1597	0.1413	0.1252	0.0985	0.0779	0.0492	0.0316	0.0205	0.0135
15	0.1827	0.1401	0.1229	0.1079	0.0835	0.0649	0.0397	0.0247	0.0155	0.0099
16	0.1631	0.1229	0.1069	0.0930	0.0708	0.0541	0.0320	0.0193	0.0118	0.0073
17	0.1456	0.1078	0.0929	0.0802	0.0600	0.0451	0.0258	0.0150	0.0089	0.0054
18	0.1300	0.0946	0.0808	0.0691	0.0508	0.0376	0.0208	0.0118	0.0068	0.0039
19	0.1161	0.0829	0.0703	0.0596	0.0431	0.0313	0.0168	0.0092	0.0051	0.0029
20	0.1037	0.0728	0.0611	0.0514	0.0365	0.0261	0.0135	0.0072	0.0039	0.0021
21	0.0926	0.0638	0.0531	0.0443	0.0309	0.0217	0.0109	0.0056	0.0029	0.0016
22	0.0826	0.0560	0.0462	0.0382	0.0262	0.0181	0.0088	0.0044	0.0022	0.0012
23	0.0738	0.0491	0.0402	0.0329	0.0222	0.0151	0.0071	0.0034	0.0017	0.0008
24	0.0659	0.0431	0.0349	0.0284	0.0188	0.0126	0.0057	0.0027	0.0013	0.0006
25	0.0588	0.0378	0.0304	0.0245	0.0160	0.0105	0.0046	0.0021	0.0010	0.0005
30	0.0334	0.0196	0.0151	0.0116	0.0070	0.0042	0.0016	0.0006	0.0002	0.0001
40	0.0107	0.0053	0.0037	0.0026	0.0013	0.0007	0.0002	0.0001	*	*
50	0.0035	0.0014	0.0009	0.0006	0.0003	0.0001	*	*	*	*

부표-4 연금의 현가이자요소$(PVIEA_{r,\ n}) = \left[\frac{1}{r} - \frac{1}{r(1+r)^n}\right]$

기간	이자율									
	1%	2%	3%	4%	5%	6%	7%	8%	9%	10%
1	0.9901	0.9804	0.9709	0.9615	0.9524	0.9434	0.9346	0.9259	0.9174	0.9091
2	1.9704	1.9416	1.9135	1.8861	1.8594	1.8334	1.8080	1.7833	1.7591	1.7355
3	2.9410	2.8839	2.8286	2.7751	2.7232	2.6730	2.6243	2.5771	2.5313	2.4869
4	3.9020	3.8077	3.7171	3.6299	3.5460	3.4651	3.3872	3.3121	3.2397	3.1699
5	4.8534	4.7135	4.5797	4.4518	4.3295	4.2124	4.1002	3.9927	3.8897	3.7908
6	5.7955	5.6014	5.4172	5.2421	5.0757	4.9173	4.7665	4.6229	4.4859	4.3553
7	6.7282	6.4720	6.2303	6.0021	5.7864	5.5824	5.3893	5.2064	5.0330	4.8684
8	7.6517	7.3255	7.0197	6.7327	6.4632	6.2098	5.9713	5.7466	5.5348	5.3349
9	8.5660	8.1622	7.7861	7.4353	7.1078	6.8017	6.5152	6.2469	5.9952	5.7590
10	9.4713	8.9826	8.5302	8.1109	7.7217	7.3601	7.0236	6.7101	6.4177	6.1446
11	10.3676	9.7868	9.2526	8.7605	8.3064	7.8869	7.4987	7.1390	6.8052	6.4951
12	11.2551	10.5753	9.9540	9.3851	8.8633	8.3838	7.9427	7.5361	7.1607	6.8137
13	12.1337	11.3484	10.6350	9.9856	9.3936	8.8527	8.3577	7.9038	7.4869	7.1034
14	13.0037	12.1062	11.2961	10.5631	9.8986	9.2950	8.7455	8.2442	7.7862	7.3667
15	13.8651	12.8493	11.9379	11.1184	10.3797	9.7122	9.1079	8.5595	8.0607	7.6061
16	14.7179	13.5777	12.5611	11.6523	10.8378	10.1059	9.4466	8.8514	8.3126	7.8237
17	15.5623	14.2919	13.1661	12.1657	11.2741	10.4773	9.7632	9.1216	8.5436	8.0216
18	16.3983	14.9920	13.7535	12.6593	11.6896	10.8276	10.0591	9.3719	8.7556	8.2014
19	17.2260	15.6785	14.3238	13.1339	12.0853	11.1581	10.3356	9.6036	8.9501	8.3649
20	18.0456	16.3514	14.8775	13.5903	12.4622	11.4699	10.5940	9.8181	9.1285	8.5136
21	18.8570	17.0112	15.4150	14.0292	12.8212	11.7641	10.8355	10.0168	9.2922	8.6487
22	19.6604	17.6580	15.9369	14.4511	13.1630	12.0416	11.0612	10.2007	9.4424	8.7715
23	20.4558	18.2922	16.4436	14.8568	13.4886	12.3034	11.2722	10.3741	9.5802	8.8832
24	21.2434	18.9139	16.9355	15.2470	13.7986	12.5504	11.4693	10.5288	9.7066	8.9847
25	22.0232	19.5235	17.4131	15.6221	14.0939	12.7834	11.6536	10.6748	9.8226	9.0770
30	25.8077	22.3965	19.6004	17.2920	15.3725	13.7648	12.4090	11.2578	10.2737	9.4269
40	32.8347	27.3555	23.1148	19.7928	17.1591	15.0463	13.3317	11.9246	10.7574	9.7791
50	39.1961	31.4236	25.7298	21.4822	18.2559	15.7619	13.8007	12.2335	10.9617	9.9148

기간	이 자 율								
	12%	14%	15%	16%	18%	20%	24%	28%	32%	36%
1	0.8929	0.8772	0.8696	0.8621	0.8475	0.8333	0.8065	0.7813	0.7576
2	1.6901	1.6467	1.6257	1.6052	1.5656	1.5278	1.4568	1.3916	1.3315
3	2.4018	2.3216	2.2832	2.2459	2.1743	2.1065	1.9813	1.8684	1.7663
4	3.0373	2.9137	2.8550	2.7982	2.6901	2.5887	2.4043	2.2410	2.0957
5	3.6048	3.4331	3.3522	3.2743	3.1272	2.9906	2.7454	2.5320	2.3452
6	4.1114	3.8887	3.7845	3.6847	3.4976	3.3255	3.0205	2.7594	2.5342
7	4.5638	4.2883	4.1604	4.0386	3.8115	3.6046	3.2423	2.9370	2.6775
8	4.9676	4.6389	4.4873	4.3436	4.0776	3.8372	3.4212	3.0758	2.7860
9	5.3282	4.9464	4.7716	4.6065	4.3030	4.0310	3.5655	3.1842	2.8681
10	5.6502	5.2161	5.0188	4.8332	4.4941	4.1925	3.6819	3.2689	2.9304
11	5.9377	5.4527	5.2337	5.0286	4.6560	4.3271	3.7757	3.3351	2.9776
12	6.1944	5.6603	5.4206	5.1971	4.7932	4.4392	3.8514	3.3868	3.0133
13	6.4235	5.8424	5.5831	5.3423	4.9095	4.5327	3.9124	3.4272	3.0404
14	6.6282	6.0021	5.7245	5.4675	5.0081	4.6106	3.9616	3.4587	3.0609
15	6.8109	6.1422	5.8474	5.5755	5.0916	4.6755	4.0013	3.4834	3.0764
16	6.9740	6.2651	5.9542	5.6685	5.1624	4.7296	4.0333	3.5026	3.0882
17	7.1196	6.3729	6.0472	5.7487	5.2223	4.7746	4.0591	3.5177	3.0971
18	7.2497	6.4674	6.1280	5.8178	5.2732	4.8122	4.0799	3.5294	3.1039
19	7.3658	6.5504	6.1982	5.8775	5.3162	4.8435	4.0967	3.5386	3.1090
20	7.4694	6.6231	6.2593	5.9288	5.3527	4.8696	4.1103	3.5458	3.1129
21	7.5620	6.6870	6.3125	5.9731	5.3837	4.8913	4.1212	3.5514	3.1158
22	7.6446	6.7429	6.3587	6.0113	5.4099	4.9094	4.1300	3.5558	3.1180
23	7.7184	6.7921	6.3988	6.0442	5.4321	4.9245	4.1371	3.5592	3.1197
24	7.7843	6.8351	6.4338	6.0726	5.4509	4.9371	4.1428	3.5619	3.1210
25	7.8431	6.8729	6.4641	6.0971	5.4669	4.9476	4.1474	3.5640	3.1220
30	8.0552	7.0027	6.5660	6.1772	5.5168	4.9789	4.1601	3.5693	3.1242
40	8.2438	7.1050	6.6418	6.2335	5.5482	4.9966	4.1659	3.5712	3.1250
50	8.3045	7.1327	6.6605	6.2463	5.5541	4.9995	4.1666	3.5714	3.1250

부표-5　표준정규분포표

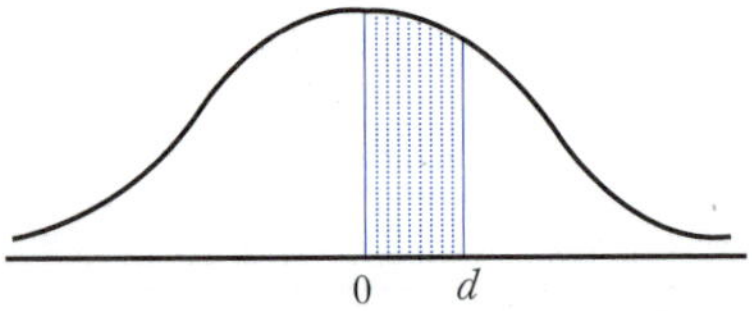

d	0.00	0.01	0.02	0.03	0.04	0.05	0.06	0.07	0.08	0.09
0.0	0.0000	0.0040	0.0080	0.0120	0.0160	0.0199	0.0239	0.0279	0.0319	0.0359
0.1	.0398	.0438	.0478	.0517	.0557	.0596	.0636	.0675	.0714	.0753
0.2	.0793	.0832	.0871	.0910	.0948	.0987	.1026	.1064	.1103	.1141
0.3	.1179	.1217	.1255	.1293	.1331	.1368	.1406	.1443	.1480	.1517
0.4	.1554	.1591	.1628	.1664	.1700	.1736	.1772	.1808	.1844	.1879
0.5	.1915	.1950	.1985	.2019	.2054	.2088	.2123	.2157	.2190	.2224
0.6	.2257	.2291	.2324	.2357	.2389	.2422	.2454	.2486	.2517	.2549
0.7	.2580	.2611	.2642	.2673	.2704	.2734	.2764	.2794	.2823	.2852
0.8	.2881	.2910	.2939	.2967	.2995	.3023	.3051	.3078	.3106	.3133
0.9	.3159	.3186	.3212	.3238	.3264	.3289	.3315	.3340	.3365	.3389
1.0	.3413	.3438	.3461	.3485	.3508	.3531	.3554	.3577	.3599	.3621
1.1	.3643	.3665	.3686	.3708	.3729	3749	.3770	.3790	.3810	3830
1.2	.3849	.3869	.3888	.3907	.3925	.3944	.3962	.3980	.3997	.4015
1.3	.4032	.4049	.4066	.4082	.4099	.4115	.4131	.4147	.4162	.4177
1.4	.4192	.4207	.4222	.4236	.4251	.4265	.4279	.4292	.4306	.4319
1.5	.4332	.4345	.4357	.4370	.4382	.4394	.4406	.4418	.4429	.4441
1.6	.4452	.4463	.4474	.4484	.4495	.4505	.4515	.4525	.4535	.4545
1.7	.4554	.4564	.4573	.4582	.4591	.4599	.4608	.4616	.4625	.4633
1.8	.4641	.4649	.4656	.4664	.4671	.4678	.4686	.4693	.4699	.4706
1.9	.4713	.4719	.4726	.4732	.4738	.4744	.4750	.4756	.4761	.4767
2.0	.4772	.4778	.4783	.4788	.4793	.4798	.4803	.4808	.4812	.4817
2.1	.4821	.4826	.4830	.4834	.4838	.4842	.4846	.4850	.4854	.4857
2.2	.4861	.4864	.4868	.4871	.4875	.4878	.4881	.4884	.4887	.4890
2.3	.4893	.4896	.4898	.4901	.4904	.4906	.4909	.4911	.4913	.4916
2.4	.4918	.4920	.4922	.4925	.4927	.4929	.4931	.4932	.4934	.4936
2.5	.4938	.4940	.4941	.4943	.4945	.4946	.4948	.4949	.4951	.4952
2.6	.4953	.4955	.4956	.4957	.4959	.4960	.4961	.4962	.4963	.4964
2.7	.4965	.4966	.4967	.4968	.4969	.4970	.4971	.4972	.4973	.4974
2.8	.4974	.4975	.4976	.4977	.4977	.4978	.4979	.4979	.4980	.4981
2.9	.4981	.4982	.4982	.4983	.4984	.4984	.4985	.4985	.4986	.4986
3.0	.4987	.4987	.4987	.4988	.4988	.4989	.4989	.4989	.4990	.4990
3.1	4990	.4991	.4991	.4991	.4992	.4992	.4992	.4992	.4993	.4993
3.2	.4993	.4993	.4994	.4994	.4994	.4994	.4994	.4995	.4995	.4995
3.3	.4995	.4995	.4995	.4996	.4996	.4996	.4996	.4996	.4996	.4997
3.4	.4997	.4997	.4997	.4997	.4997	.4997	.4997	.4997	.4997	.4998
3.6	.4998	.4998	.4999	.4999	.4999	.4999	.4999	.4999	.4999	.4999
3.9	.5000									

사항색인

영문색인

공저자 약력

조 지 호

연세대학교 상경대학 경영학과를 졸업하고 미국 St. Louis 경영대학원에서 재무관리를 전공으로 경영학 박사 학위를 취득하였다. 학위 취득 후 미국 Boeing社 기획실의 연구원을 거쳐 현재는 한양대 경영학과 교수로 재직중이다. 재경원 금융발전심의위원회위원, 증권거래소 상장심사위원, 증권감독원 증권회사 경영평가위원, 한국증권학회회장, 한양대 경영연구소장, 한양대 경영전문대학원 원장을 역임하였다. 주요 관심분야는 기업신용평가, 부실기업예측, 발행시장에 관한 시장효율성 등이다.

주요 저서로 「한국증권산업의 발전과제」(공저), 1995, 한국증권학회, 「벤처산업의 자금조달 특성분석」, 1998, 한양대경영연구소, 「투자자가 주의해야 할 20가지 편견: 행동재무학과 자산관리」(공저), 2007, 한양대, 「금융위기를 극복하는 CEO의 지혜」, 2009, 시그마북스 등이 있다.

논문으로 "한국주식시장의 주가반응," 증권학회지, 1994, "고정자산 매각公示가 주가에 미치는 영향," 증권학회지, 1996, "자본시장 정보와 기업부실과의 관련성에 관한 연구," 재무연구, 1997, "한국채권시장의 신용평가제도에 관한 연구," 재무연구, 1998, "한 · 러 경제협력의 회고와 전망: 한국기업측 시각을 중심으로," 경영연구, 1999, "주식대차거래가 주가지수차익거래와 현물시장에 미친 영향에 관한 실증분석," 한국선물거래소, 2000, "Investment Pattern of Institutional Investors in the Korean Stock Market," Korean Academic Society of Business Administration, 2003, "The Effect of Corporate Governance on Performance of Mergers and Acquisitions," The Korean Financial Management Association, 2004, "The Relationship between Insider Ownership and Financial Policy," The Korean Financial Management Association, 2005, "조정속도계수에 관한 실증분석," 재무관리연구, 2011. 외 다수가 있다.

정 성 훈

성균관대학교 경영학과를 졸업하고, 서강대학교 경영학과 재무관리박사를 받았다. 서강대학교 대우교수, 아주대학교 겸임교수를 역임하였고, 공인중개사시험 출제위원, 현대경제연구원 연구위원, 삼성증권 근무, 주택산업연구원 연구위원, 한국토지공사 책임연구원 등의 경력이 있다. 현재 대구가톨릭대학교 경상대학 경제금융부동산학과 교수로 재직 중이다.

주요 저서로 「valuation of hotel」, 「자본시장에서의 행동재무론」, 「채권투자분석」, 「valuation of the food service company by using ROV and DCF」(저서), 「금융투자와 심리: behavioral finance의 이해」, 「투자자들이 주의해야 할 20가지 편견」, 「당신은 현명한 투자자인가?」, 「인지행위적 재무론」(공역) 등이 있다.

논문으로 "인지행위적 재무론에서 개인투자자들의 처분효과에 관한 연구," "투자자들의 인지적 편의에 관한 소고," "코스닥시장에서 인수합병에 따른 성과와 소유구조," "조정속도계수에 관한 실증분석," "한국주식시장에서 개인투자자의 학습효과: 사이버/비사이버 계좌별 분석," "이항옵션을 활용한 부동산 개발 사업의 가치평가 및 투자시기 결정에 관한 연구" 외 다수가 있다.

제 2 판

현대재무관리

2006년 9월 10일 초판발행
2012년 2월 25일 제2판인쇄
2012년 3월 5일 제2판발행

공저자 조지호 · 정성훈
발행인 안 종 만
발행처 (주) 박영사
서울특별시 종로구 평동 13-31번지
전화 (733)6771 FAX (736)4818
등록 1959. 3. 11. 제300-1959-1호(倫)

www.pybook.co.kr e-mail: pys@pybook.co.kr

파본은 바꿔드립니다. 본서의 무단복제행위를 금합니다.

정 가 38,000원 ISBN 978-89-6454-211-8